房地產登記實務

陳銘福 編著
陳冠融 修訂

二十三版序

　　本書初版迄今將近四十年，為家父一生從事不動產教學及實務之心血結晶，亦為深受廣大讀者及不動產業者喜愛的實用工具書。因有承接家父衣缽的重責大任，經手修訂本書時，總是抱持戒慎恐懼、如履薄冰的態度，小心翼翼逐頁校核相關登記法令、解釋函令及各類申請書表，故花費較多時間進行修正。

　　本版修訂時，地政士法、土地登記規則、地籍測量實施規則、建物所有權第一次登記相關法令、遺產及贈與稅法等部分條文均已修正，此外，政府為居住正義，使房地課稅合理化，在所得稅法增訂了房地合一課稅相關之規定，以及修正並提高房屋稅條例所規定非自住房屋之稅率。最後，內政部針對各種定型化契約書範本，例如預售屋買賣契約書、成屋買賣契約書、預售停車位買賣契約書及房屋租賃契約書，亦已修正。基此，於本書相關章節之內容，進行修訂。

　　本版付印前，適逢內政部修正公布地籍測量實施規則部分條文，故及時據以修正本版相關內容。

　　本版修訂時，又適逢內政部預告修正土地登記規則，故先行將草案修文修訂入於本版，讀者參考使用本書時，請參閱正式公布實施之條文是否有差異，以免有誤。

　　本版書續由陳冠融負責修訂，疏漏之處祈盼讀者惠續指正。

陳冠融　敬識

民國105年12月

序　言

一、房地產登記實務，事涉博雜，疏於體驗者，實難免「望洋興嘆」。地政諸賢，有感於此，乃不遺餘力地或理論探討，或法令整編，或實務撰述，故有關房地產登記之書籍頗多，其於地政登記之「公開化」，助益斐淺。惟綜觀坊間書籍，對於每一登記個案分別作有系統之敘說者，似尚闕如，是以筆者乃奮地政小兵之勇，以補地政諸賢之失，斯為拙著之動機。

二、本書係基於登記聲請人之立場撰述，故有關地政機關內部作業實務，均置之不言，庶使本書之敘說，更具簡潔性。

三、本書以登記聲請實務為主，並涉及與登記息息相關之調查、簽約及賦稅等事務，庶使本書之敘說，更具完整性。

四、本書登記實務各章節，首列有關之法條規定及相關而重要之行政解釋，庶使本書之敘說，更具實用性。

五、台灣省地區，部分地政事務所或因業務不多，或因人手不足，故登記櫃台化後，仍有一人兼辦計費、開單或收費、收件等情事。故本書登記實務之申辦手續，乃就首善地區之臺北市為主題，庶使本書之敘說，更具激勵性。

六、本書各章節之書表填寫說明，係根據政府擬定之填寫說明，針對各登記個案予以分解，庶使本書之敘說，更具確實性。

七、本書各章節之末，均附各登記個案之書表填寫範例，庶使本書之敘說，更具參考性。

八、筆者學於地政一門，亦致用於地政一途，惟學驗俱淺，是以本書漏誤之處，勢所難免，尚祈　師長賢達，有以教正，是所企盼。

陳銘福　謹識於臺北
民國67年1月1日

作者簡介　陳銘福

籍貫：台灣省彰化縣人

生日：民國36年12月1日生

學歷：中興大學地政學士

政治大學地政碩士

1972年高等考試地政及格

1972年乙等考試地政及格

1995年土地登記專業代理人檢覈及格

1999年不動產經紀人普考及格

2004年不動產估價師特考及格第一名

現職：大聖不動產估價師事務所創辦人

普提地政士事務所創辦人

政治大學地政系退休教師

中華民國地政士公會全國聯合會第一屆理事長

得獎：內政部第一屆中華民國地政貢獻獎

修訂者簡介　陳冠融

籍貫：台灣省彰化縣人

生日：民國62年8月4日生

學歷：中興大學地政學士

逢甲大學土地管理碩士

美國加州大學河邊分校英文研修

廈門大學博士生

1995年地政士特考考試及格

2006年不動產經紀人普考及格

2006年不動產估價師高考及格

現職：中原大學財經法律系兼任講師

普提地政士事務所地政士

大聖不動產估價師事務所執行估價師

法名全稱、簡稱一覽表

全　稱	簡　稱
民法	民
土地法	土
土地登記規則	土登
土地稅法	土稅
土地稅法施行細則	土稅細則
地籍測量實施規則	地測規則
平均地權條例	平均
平均地權條例施行細則	平均細則
農業發展條例	農展例
消費者保護法	消保
消費者保護法施行細則	消保細則
都市更新條例	都更
工程受益費徵收條例	工益條例
遺產及贈與稅法	遺贈稅
稅捐稽徵法	稽徵
契稅條例	契稅例
信託法	信託
非訟事件法	非訟
公證法	公證

目　次

第一編

基本認識

第 **1** 章　認識地政士

第一節　地政士與代理

一、代理申請

　　由於民法總則編有「代理」之規定，故土地登記得由他人代理申請，該代理人即一般所謂「代書人」。於民國90年10月4日制定公布「地政士法」，並於公布後六個月施行以後，該「代書人」，由「地政士」取而代之。

　　土地法第37條之1第1項規定，土地登記之申請，得出具委託書，委託代理人為之。準此，可知土地登記得由當事人親自申請（註：對行政機關應以「申請」為之，對法院始以「聲請」為之），亦得附具委託書委託他人申請。該委託他人申請之「他人」，得為「一般人」或「地政士」，即土地登記專業代理制度，並未排斥一般代理，惟以土地登記代理為專業者，應具備「地政士」資格並應依法「開業」。

二、代理人應親自申請

　　土地登記規則第37條第1項前段規定，土地登記之申請，委託代理人為之者，應附具委託書。同法條第2項規定，代理申請登記時，除法律另有規定外，代理人應親自到場，並由登記機關核對其身分。故代理人受託辦理登記，除應有委託書外，尚應持身分證件親自送件，地政事務所始予受理。

三、登記助理員

　　因法令規定代理人應親自持身分證件送件，但甚多代理人由於表現良好，致業務繁忙，於接待當事人、研究案情、審理案件，已經分身乏術，欲其親自送件，實有困難。因此，乃有「複代理」之產生。「複代理人」通常係「地政士事務所」的外務人員，其僅係代理「地政士」申請收件及領狀，故不作為「代書」所得稅的課徵對象。

　　所謂「複代理」，應是「地政士」受託代理申請之「土地登記案件」，委託另一「地政士」代理申請之意。故前述外務人員之代理收件及領狀，並非實質上之「複代理」。為解決前述「地政士」分身乏術之困難及提升其服務品

質，地政士法第29條乃有「登記助理員」之規定：

地政士受託向登記機關辦理土地登記之送件及領件工作，得由其僱用之登記助理員為之。但登記機關認有必要時，得通知地政士本人到場。

前項登記助理員，應具備下列資格之一：

㈠領有地政士證書者。

㈡專科以上學校地政相關系科畢業者。

㈢高中或高職以上學校畢業，並於地政士事務所服務二年以上者。

地政士僱用登記助理員以二人為限，並應於僱傭關係開始前或終止後向直轄市、縣（市）主管機關及所在地之地政士公會申請備查。

四、委託書

土地登記規則第37條第1項規定，土地登記之申請，委託代理人為之者，應附具委託書。其委託複代理人者，並應出具複代理人之委託書。但登記申請書已載明委任關係者，不在此限。目前登記申請書均已載明委任關係，故均免附委託書。

複代理人代理申請登記時，除法律另有規定外，如同前述代理人，應親自到場，並由登記機關核對其身分。

第二節　地政士的歷史

一、過去的代書人

㈠承襲日據時代的司法書士

日據時代的房地產登記係由地方法院的登記所辦理，是以當時的代書人名為「司法書士」——如今之日本亦仍以此為名，韓國原名為「司法書士」，嗣改為「法務士」。

臺灣光復後，為便於土地權利之清理，當時的臺灣省行政長官公署乃於民國35年8月3日訂頒「臺灣省土地代書人規則」，將日據時代之司法書士及測量代書人充任為代書人，以協助政府推行土地政策及嗣後之土地改革。

㈡民國41年訂頒「臺灣省土地代書人管理規則」

由於代書人有其社會之需要性及一定之功能，故臺灣省政府為加強管理，乃於民國41年11月4日修正「臺灣省土地代書人規則」為「臺灣省土地代書人管理規則」，並訂頒「各縣市辦理土地代書人考試注意事項」，從民國41年起至民國49年止，由各縣市政府舉辦土地代書人考試或審查，及格者發給「土地代書人登記合格證明書」，是為一般人所說之「代書執照」。當時持有「代書執照」者約1,200人左右。

(三)民國57年廢止土地代書制度

民國50年以後，由於政府實施登記簡化革新，益以代書人良莠不齊，時有弊案發生。行政院乃於民國57年2月2日函請臺灣省政府廢止「臺灣省土地代書人管理規則」。惟臺灣省政府送請省議會決議時為省議會所保留，直至民國72年8月18日始正式廢止。

(四)制度廢止後代書人數激增

民國57年廢止代書制度，本擬藉登記手續的簡化，使民眾能自行申請登記，進而使代書人從社會上消失。但由於登記簡化的結果，民眾仍無法自行申請登記，且長久依賴代書人的習慣，無法一時改變，再加以社會分工的趨勢，使得代書人在無管制而人人均可當代書的情形下日益增多。因此，主管機關乃有再管理之議。

(五)代書人的重新管理與考檢

1. 民國64年修正土地法，將代書人納入管理

民國64年7月24日修正土地法，其第37條之1第2項規定代書人為專業者，其管理辦法由中央地政機關定之。準此，內政部乃據以擬定「土地登記專業代理人管理辦法」，並於民國70年6月發布。

2. 民國70年發布「土地登記專業代理人管理辦法」

民國70年6月22日內政部發布「土地登記專業代理人管理辦法」。同年12月29日考試院發布「特種考試土地登記專業代理人考試規則」，翌年2月6日，考試院會同行政院發布「土地登記專業代理人檢覈辦法」，擬以考試及檢覈的方式，確認代書人的資格，俾據以管理。

由於土地法第37條之1僅規定管理，並未規定「考檢」，主管機關竟以行政命令訂頒「考檢」辦法及規則，顯然考檢無據，且各該辦法及規則頗多不當之處，於送立法院審議時，引起代書業者激烈反應，最後乃由行政院及考試院收回重新檢討修正。

3. 持有登記卡者有15,000多人

土地登記專業代理人管理辦法於70年6月22日發布後，依該辦法第28條規定，代書人應於71年2月底以前向縣市地政機關辦理繼續執業登記，經登記完畢發給「代理他人申辦土地登記案件專業人員登記卡」，截止登記後，經統計持有登記卡者，臺灣省8,830人，臺北市4,987人，高雄1,614人，合計15,431人。

原規定於民國71年3月1日起，限制持有「登記卡」之代書人才能代理申請土地登記，但因管理辦法重新檢討修正，故於民國71年5月間，全國各縣市陸陸續續解除限制，亦即回復為任何人（除軍公教人員外）均可當代書人。

4. 重新修正土地法第37條之1，使「考檢」依法有據

由於代書業者反對的理由之一，係考試依法無據，且「行政命令」有「違背法律」之嫌，故重新修正土地法第37條之1，加上「考檢」，使代書人考檢依

法有據。

　　於土地法修正過程中，立法院採納業界之意見，將原領有「土地代書人登記合格證書」及「代理他人申辦土地登記案件專業人員登記卡」者，修正為得繼續執業，其餘得繼續執業五年，嗣於84年1月20日再修正延至84年12月31日，其間必須考試及格或檢覈及格，否則不得再執業。84年1月20日修正後土地法第37條之1全文如次：

　　土地登記之聲請，得出具委託書，委託代理人為之。

　　土地登記專業代理人，應經土地登記專業代理人考試或檢覈及格。但在本法修正施行前，已從事土地登記專業代理業務，並曾領有政府發給土地代書人登記合格證明或代理他人申辦土地登記案件專業人員登記卡者，得繼續執業；未領有土地代書人登記合格證明或登記卡者，得繼續執業至中華民國84年12月31日止。

　　非土地登記專業代理人擅自以代理申請土地登記為業者，其代理申請土地登記之件，登記機關應不予受理。

　　土地登記專業代理人管理辦法，由中央地政機關定之。

　　5.土地登記專業代理人之管理與考檢

　　土地法於78年12月29日修正公布後，旋於79年6月29日修正發布「土地登記專業代理人管理辦法」，內政部並於79年9月1日受理申請「土地登記專業代理人證書」，至80年1月開始核發，各縣市政府亦於80年2月1日受理「開業執照」之申請，考試院亦擬訂每年舉行考試與檢覈，故未領有「合格證書」及「登記卡」之代書人，不僅關心有關考檢消息，亦正忙碌於準備考試。至今20餘年來，經考試及檢覈及格者已有20,000多人，再加上不必經過考試及檢覈即可取得資格之「合格證書」或「登記卡」持有者，總共之人數已有30,000多人。惟因臺灣幅員有限，且長期的房地產市場不景氣，其實際開業人數約為12,000人左右。

二、今後的地政士

　　由於「土地登記專業代理人」的名稱冗長，故一般人仍以「代書人」的習慣法相稱。經由公會的努力，主管機關的認同，立法機關的肯定，終於民國90年10月24日制定公布「地政士法」，不僅將「土地登記專業代理人」正名為「地政士」，且將屬於行政命令性質之「管理辦法」提升為法律位階；嗣於民國92年4月24日廢止「土地登記專業代理人管理辦法」。今後「地政士法」的實施，不僅將使土地登記代理制度益臻合理及健全，亦將使「代書人」成為歷史名詞。

　　依地政士法第16條規定，地政士得執行下列業務：

　　㈠代理申請土地登記事項。

　　㈡代理申請土地測量事項。

　　㈢代理申請與土地登記有關之稅務事項。

　　㈣代理申請與土地登記有關之公證、認證事項。

　　㈤代理申請土地法規規定之提存事項。

　　㈥代理撰擬不動產契約或協議事項。

　　㈦不動產契約或協議之簽證。

　　㈧代理其他與地政業務有關事項。

第三節　地政士的需要性及重要性

　　民國60年代以來，因工商經濟的快速繁榮，民間已逐漸注意到地政，並且更需要地政，如今是民國100年之時代，民間已經不能不需要地政了。民間對地政的需要與重視，帶動了政府地政的利用與管理業務，因此為地政人的出路，不但帶來了轉機，而且勾畫出光明的前途。因為過去的地政，其重心完全在於政府機關，今後的地政，除政府地政機關外，其重心應在於民間。

　　何以今後地政的重心在民間，因為：

一、企業現代化

　　由於企業現代化，使企業無限制地成長，終於大規模化，企業大規模化的結果，勢必購置土地並興建廠房與辦公室，勢必要貸款融資，勢必要資產管理，而企業員工的經濟能力也勢必隨之提升，終於也有能力購置房地產。似此，在在需要地政，此由各大企業徵求地政人才的廣告與事實，即可驗證。

二、營建企業化

　　營建業不再是早期僅止於「做土木」或承包工程，也不再是僅止於自地自建或是自建自住，營建業企業化經營的結果，所看到的情形是積極尋找土地大規模開發土地，不但購地建屋，而且合建大大流行，尤其是建屋出售，更是比比皆是，如此一來，營建業可以不需要地政嗎？

三、不動產資金化

　　過去企業未現代化，一般人比較沒有足夠的資金，而且一般人作風也比較保守。因此，視貸款建屋及貸款購屋為不名譽的事。如今不動產資金化的觀念，已經為一般人所普遍接受。因此，不但建屋與購屋要想盡辦法向金融機關貸款，並且希望貸款金額越多越好，尤其是向銀行貸款，仍嫌不足，更希望向民間貸款。似此，對於估價、登記、產權等有關之地政，能予漠視嗎？

四、代書地政化

過去的代書，由於地政偏重於政府機關，因此只能作登記的代書工作。今後由於民間的地政需要，因此代書人不僅僅是登記代書，而是地政代書，作為一位地政代書，除了地政學理、法令與實務應全盤瞭解外，對於相關的法律、財稅與建築亦應有所涵養。

五、產權複雜化

過去的土地，共有的情形較少，如今一代繼承一代，人際關係密切，所以土地共有的情形越來越多，甚至於共有人也越來越多。而過去的房屋，多是平房或是透天厝，而且多不產權登記，如今高樓大廈處處皆是，不但買賣頻繁，而且分層分區登記，使原來單純的產權日趨於複雜，產權趨於複雜後，不但使地政機關的登記工作益形重要，更使民間的地政益形重要——因為民間的地政人要事先予以協調、分配。

六、問題表面化

過去土地多是自用或是自建自住，對於土地本身所存在的產權問題、稅賦問題，幾乎多可說是不成問題。而營建業取得土地，也多是先著手於產權清楚的土地，因此，所謂土地有問題，多是潛在性的。如今土地出賣，土地建屋出售，產權清楚的土地幾乎被建築業用光了，不得不漸漸考慮到有問題的土地，如此一來，有潛在性問題的土地，終於拋頭露面了。這一些問題的存在，影響到土地的利用，所以解決這一些問題，是地政責無旁貸的工作，而地政機關不可能主動去發掘問題，因此只有靠民間的地政人去解決這些土地問題，諸如祭祀公業、神明會、繼承、畸零地與稅賦等等均是。

七、糾紛普及化

過去由於房地產價值不大，爭議較少。如今地價高漲，對祖先遺產的爭執，對相鄰關係越界占用的爭執，也就越來越多，爭執也越來越激烈。尤其是債權債務的糾紛，因工商經濟的繁榮，也有日益增多的趨勢，似此，為避免糾紛的發生，以及發生後的解決，民間地政扮演相當重要的角色。

八、地政國際化

臺灣的經濟發展奇蹟，世界有目共睹，益以臺灣加入世界經貿組織後，臺灣的國際化乃必然的趨勢。因此，臺灣的地政，不應僅是臺灣化，臺灣的地政，在「走出去」和「接進來」的發展下，應該也是免不了要國際化。欲地政國際化，除政府有關機關的努力外，民間的努力，也是責無旁貸。

　　基於前述之觀點，能不說今後的地政重心在民間嗎？筆者認為民國40年代是地政的光輝時代，民國50年代是地政的黯淡時代，其地政重心均在政府機關，民國60年代是民間地政的萌芽時代，民國70年代是民間地政成長茁壯的時代，民國80年代以後更是民間地政的光輝時代。是以「代書」不應解釋為「代他人書寫」，而應解釋為「代他人唸書」，唸書的代書，於提升能力後，才能提供專業化的高品質服務，此亦是「代書人」正名為「地政士」的理由之一。

第四節　地政士應有的素養

一、代書的存廢

　　土地代書的存廢，曾經為多年來各方人士爭議的焦點，亦是社會大眾所關心的問題。筆者在過去的爭議中學習地政，並在關心中從事土地代書，雖然對於代書存廢的各種主張，始終並未動搖筆者執行代書業務的信心與決心，惟「代書不需學問」的論點，筆者認為有待商榷。

　　有些人認為：「其實土地代書，只是繁文縟節土地制度的產物，說穿了，只要你懂得土地登記所需添附的幾種附件，其他在申請書上都說得非常清楚，根本不要填寫幾個字，有小學程度足可當代書，事實也是這樣。只是現代的文人學者工商老闆，懶得花時間去跑腿向人低頭。」此種說法，筆者有幾許淺見如下：

　　㈠我國現行的土地制度——尤其是登記制度——固然頗為繁複，惟繁複的制度，若能發揮嚴密性的作用而產生優良的效果，則應屬於好制度，而不應認為是壞制度。我國的土地制度，雖非「只見其利而不見其弊」，但亦非「只見其弊而不見其利」，在利弊互見中，利還是大於弊，這就是好制度。何況長年來，為因應社會型態的轉變，政府已在體制內做了許多的改良與革新，這是身為地政從業人員以及社會大眾有目共睹的事實。因此，土地代書無可否認地是土地制度的產物，但絕非不良的土地制度的產物。

　　㈡在土地制度的規範下，地政業務包含了地籍、地價、地用、地稅、徵收、重劃等等。土地登記係其中的一部分，也是最重要的一部分，蓋土地登記未能做好，地籍管理無從健全，若地籍無從健全管理，則遑論地價、地用、地稅等等業務的推展與制度的建立。因此，土地登記為地政的根本基礎，與登記以外之其他地政業務具有不可割裂的連鎖性。土地代書係民間地政從業人員，在土地制度的規範下，執行土地登記代理業務，執行業務時，必須對土地制度、土地政策、土地行政、土地經濟、土地有關法規等等有專業性的認知，否則不但無法協助政府解決民間的土地疑難問題，更將製造出甚多的土地登記問題及其他問題。是以土地代書絕非「只要你懂得土地登記所需添附的幾種附件……」即可。

㈢對於簡易單純的登記案件，固然「只要你懂得土地登記所需添附的幾種附件……根本不要填寫幾個字……」，惟多數的登記案件，並非如此單純，在填寫書表之前，需要研究者有之，需要協調者有之，需要溝通者有之；而研究、協調或溝通，均需要有關法規或理論的運用，俟有具體結論，始能下筆填寫書表。過去的地政事務所公設代書收費低廉，仍然無法取代民間代書，其主因在於研究、協調與溝通的作業上，無法與民間代書相提並論所致。是以不應僅就代書業務的「層面」立論，而應透視代書業務的「內涵」，否則難免有偏頗之嫌。

㈣如果開業當代書，只接辦「根本不要填寫幾個字」的簡單案件，相信「有小學程度足可當代書」，「事實也是這樣」。但是開張代書事務所，若只接辦「根本不要填寫幾個字」的簡單案件，該代書事務所勢將馬上關門大吉，因為業務清淡的關係。實際上，我們所看到的，只有小學程度的代書，其事務所能生存發展，除了具備可敬的敬業精神外，尚有外人不易得知的學習精神。在學習精神的引導下，學歷固僅小學程度而已，惟地政的素養，卻不亞於其他科系大專以上的畢業生。是以就學歷的高低，予以立論代書不需學問，實有不當。

㈤「只是現代的文人學者工商老闆，懶得花時間去跑腿向人低頭」，這句話，似有意強調現代文人學者工商老闆的「懶性」以及需要民眾「低頭」的政府機關的僚氣。惟一般而言，吾人應很清楚地瞭解，社會分工合作係文明進步的表徵之一，現代的文人學者工商老闆並非「懶得花時間」、「去跑腿」，而是認為「不必去花時間」，應「尊重專業人員」。至於洽辦公務，所看到的是「只……懂得土地登記所需添附的幾種附件……」的代書在「低頭」，在民主法治的政府機關裡，有內涵的代書——包括僅小學程度而有學習精神的代書——無不昂首闊步，振振有詞地執行代書業務。此一事實，只要有心人士去作更深度性及廣度性的觀察，即可得到明證。否則，實有損政府、代書及「現代的文人學者工商老闆」們的形象。

基於上述的理由與事實，對於有些人士認為：「土地代書只要懂得登記的這一套手續就夠，根本不需要什麼學問」的說法，筆者認為有待商榷。

在現行的土地登記制度下，土地代書有其不可忽視的功能與意義。在土地登記制度未予興革前，如何去建立合理而完善的制度，以導代書業入於正軌，使代書業者能夠安心立命，勤學不息，才是根本之道，否則，即應徹底簡化土地登記制度——就像銀行之提款存款——則土地代書庶可「自行趨於消滅」。

地政士法的立法，應印證了筆者前述的看法。因此，筆者認為地政士應有廣博的知識、靈敏的反應，以及夠水準的意思表達能力。靈敏的反應及夠水準的意思表達能力，得因天賦及後天的訓練而養成，至於廣博的知識，則應靠長時期的不斷研讀。緣此，除應具備地政、財稅等學理知識外，至少對於下列法

規應予研習。

二、地政士的專業素養

㈠基本法規

1.民法。

2.土地法及其施行法。

3.土地登記規則。

4.地籍測量實施規則。

5.平均地權條例及其施行細則。

6.土地徵收條例。

7.都市更新條例。

8.地籍清理條例。

9.祭祀公業條例。

10.地政士法。

11.其他有關登記之法規。

㈡關係法規

1.稅捐事務法規

⑴稅捐稽徵法。

⑵契稅條例。

⑶房屋稅條例。

⑷遺產及贈與稅法及其施行細則。

⑸印花稅法。

⑹土地稅減免規則。

⑺土地稅法及其施行細則。

⑻工程受益費徵收條例。

2.戶政事務法規

⑴姓名條例。

⑵國籍法。

⑶戶籍法。

3.糧農事務法規

⑴農業發展條例。

⑵耕地三七五減租條例。

4.建築事務法規

⑴建築法規。

⑵都市計畫法。

⑶區域計畫法。

(4)公寓大廈管理條例。

(5)國軍老舊眷村改建條例。

(6)新市鎮開發條例。

5.水利交通事務法規

(1)水利法。

(2)礦業法。

6.司法事務法規

(1)民、刑法。

(2)民、刑事訴訟法。

(3)非訟事件法。

(4)公證法。

(5)提存法。

(6)強制執行法。

7.財政事務法規

(1)國有財產法。

(2)產業創新條例。

8.其他法規

(1)公司法。

(2)訴願法。

(3)行政訴訟法。

(4)行政程序法。

(5)行政執行法。

(6)公平交易法。

(7)消費者保護法。

(8)住宅法。

(9)大眾捷運法。

(10)臺灣地區與大陸地區人民關係條例。

(11)其他：例如信託法、不動產證券化條例、金融資產證券化條例、農地
　　重劃條例、農村社區土地重劃條例、山坡地保育利用條例、文化資產
　　保存法、國家賠償法、行政罰法等等。

◎地政士法（90.10.24制定公布；103.2.5修正公布）

第一章 總 則

第1條

為維護不動產交易安全，保障人民財產權益，建立地政士制度，特制定本法。

第2條

地政士應精通專業法令及實務，並應依法誠信執行業務。

第3條

本法所稱主管機關：在中央為內政部；在直轄市為直轄市政府；在縣（市）為縣（市）政府。

第4條

中華民國國民經地政士考試及格，並領有地政士證書者，得充任地政士。

本法施行前，依法領有土地登記專業代理人證書者，仍得充任地政士。

第5條

經地政士考試及格者，得檢具申請書及資格證明文件，向中央主管機關申請核發地政士證書。

第6條

有下列情事之一者，不得充任地政士；其已充任者，中央主管機關應撤銷或廢止其地政士證書：

一、曾因業務上有詐欺、背信、侵占、偽造文書等犯罪行為，受有期徒刑一年以上刑之裁判確定者。

二、受本法所定除名處分者。

三、依專門職業及技術人員考試法規定，經撤銷考試及格資格者。

中央主管機關為前項之撤銷或廢止時，應公告並通知直轄市、縣（市）主管機關及地政士公會。

第二章 執 業

第7條

地政士應檢具申請書及資格證明文件，向直轄市或縣（市）主管機關申請登記，並領得地政士開業執照（以下簡稱開業執照），始得執業。

第8條

開業執照有效期限為四年，期滿前，地政士應檢附其於四年內在中央主管機關認可之機關（構）、學校、團體完成專業訓練三十個小時以上或與專業訓練相當之證明文件，向直轄市或縣（市）主管機關辦理換發開業執照。屆期未換照者，應備具申請書，並檢附最近四年內完成專業訓練三十個小時以上或與專業訓練相當之證明文件，依前條規定，重行申領開業執照。

換發開業執照，得以於原開業執照加註延長有效期限之方式為之。

第1項機關（構）、學校、團體，應具備之資格、認可程序及訓練課程範圍等事項之辦法，由中央主管機關定之。

第9條

直轄市或縣（市）主管機關應備置地政士名簿，載明下列事項：

一、姓名、性別、出生日期、國民身分證統一編號、住址。

二、地政士證書字號。

三、學歷、經歷。

四、事務所或聯合事務所名稱及地址。

五、登記助理員之姓名、學歷、經歷、出生日期、國民身分證統一編號、住址。

六、登記日期及其開業執照字號。

七、加入地政士公會日期。

八、獎懲之種類、日期及事由。

前項第1款至第5款事項變更時，地政士應於三十日內，向直轄市或縣（市）主管機關申報備查。

第10條

直轄市或縣（市）主管機關於地政士登記後，應公告與通知相關機關及地政士公會，並報請中央主管機關備查；註銷登記時，亦同。

第11條

有下列情事之一者，不發給開業執照；已領者，撤銷或廢止之：

一、經撤銷或廢止地政士證書。

二、罹患精神疾病或身心狀況違常，經直轄市或縣（市）主管機關委請二位以上相關專科醫師諮詢，並經直轄市或縣（市）主管機關認定不能執行業務。

三、受監護或輔助宣告尚未撤銷。

四、受破產宣告尚未復權。

直轄市或縣（市）主管機關為前項之撤銷或廢止時，應公告並通知他直轄市、縣（市）主管機關及地政士公會，並報請中央主管機關備查。

依第1項第2款至第4款規定不發、撤銷或廢止開業執照者，於原因消滅後，仍得依本法之規定，請領開業執照。

第12條

地政士應設立事務所執行業務，或由地政士二人以上組織聯合事務所，共同執行業務。

前項事務所，以一處為限，不得設立分事務所。

第13條

地政士事務所名稱，應標明地政士之字樣。

第14條

地政士事務所遷移於原登記之直轄市或縣（市）主管機關所管轄以外之區域時，

應重新申請登記。

第15條

地政士有下列情形之一者，本人或利害關係人應向直轄市或縣（市）主管機關申請註銷登記：

一、自行停止執業。

二、死亡。

直轄市或縣（市）主管機關知悉前項事由時，應依職權予以註銷登記；地政士公會知悉前項事由時，得報請直轄市或縣（市）主管機關辦理。

第三章　業務及責任

第16條

地政士得執行下列業務：

一、代理申請土地登記事項。

二、代理申請土地測量事項。

三、代理申請與土地登記有關之稅務事項。

四、代理申請與土地登記有關之公證、認證事項。

五、代理申請土地法規規定之提存事項。

六、代理撰擬不動產契約或協議事項。

七、不動產契約或協議之簽證。

八、代理其他與地政業務有關事項。

第17條

地政士應自己處理受託事務。但經委託人同意、另有習慣或有不得已之事由者，得將業務委由其他地政士辦理。

第18條

地政士於受託辦理業務時，應查明委託人確為登記標的物之權利人或權利關係人，並確實核對其身分後，始得接受委託。

第19條

地政士符合下列各款規定，得向直轄市或縣（市）主管機關申請簽證人登記，於受託辦理業務時，對契約或協議之簽訂人辦理簽證：

一、經地政士公會全國聯合會推薦者。

二、最近五年內，其中二年主管稽徵機關核定之地政士執行業務收入總額達一定金額以上者。

前項第2款之一定金額，由中央主管機關定之。

第20條

地政士有下列情事之一，不得申請簽證人登記；已登記者，廢止其登記：

一、經地政士公會全國聯合會撤回推薦者。

二、曾有第22條第2項因簽證不實或錯誤，致當事人受有損害者。

三、曾依第44條規定受申誡以上處分者。

第21條

地政士就下列土地登記事項，不得辦理簽證：

一、繼承開始在中華民國74年6月4日以前之繼承登記。

二、書狀補給登記。

三、依土地法第34條之1規定為共有土地處分、變更或設定負擔之登記。

四、寺廟、祭祀公業、神明會土地之處分或設定負擔之登記。

五、須有第三人同意之登記。

六、權利價值逾新臺幣1,000萬元之登記。

七、其他經中央主管機關公告之土地登記事項。

第22條

地政士為不動產契約或協議之簽證時，應查明簽訂人之身分為真正，不動產契約或協議經地政士簽證後，地政機關得免重複查核簽訂人身分。

地政士辦理簽證業務前，應向地政士公會全國聯合會繳納簽證保證金新臺幣20萬元，作為簽證基金。地政士辦理簽證業務，因簽證不實或錯誤，致當事人受有損害者，簽證人應負損害賠償責任；其未能完全賠償之部分，由簽證基金於每一簽證人新臺幣400萬元之範圍內代為支付，並由地政士公會全國聯合會對該簽證人求償。

前項有關簽證責任及簽證基金之管理辦法，由中央主管機關定之。

第23條

地政士應將受託收取費用之標準於事務所適當處所標明；其收取之委託費用，應掣給收據。

第24條

地政士接受委託人之有關文件，應掣給收據。

地政士受委託後，非有正當事由，不得終止其契約。如須終止契約，應於十日前通知委託人，在未得委託人同意前，不得終止進行。

第25條

地政士應置業務紀錄簿，記載受託案件辦理情形。

前項紀錄簿，應至少保存十五年。

第26條

地政士受託辦理各項業務，不得有不正當行為或違反業務上應盡之義務。

地政士違反前項規定，致委託人或其他利害關係人受有損害時，應負賠償責任。

第26條之1

地政士應於買賣受託案件辦竣所有權移轉登記三十日內，向主管機關申報登錄土地及建物成交案件實際資訊。

前項申報受理登錄成交案件實際資訊，主管機關得委任所屬機關辦理。

前二項登錄之資訊，除涉及個人資料外，得供政府機關利用並以區段化、去識別

化方式提供查詢。

已登錄之不動產交易價格資訊，在相關配套措施完全建立並完成立法後，始得為課稅依據。

第1項登錄資訊類別、內容與第3項提供之內容、方式、收費費額及其他應遵行事項之辦法，由中央主管機關定之。

第27條

地政士不得有下列行為：

一、違反法令執行業務。

二、允諾他人假藉其名義執行業務。

三、以不正當方法招攬業務。

四、為開業、遷移或業務範圍以外之宣傳性廣告。

五、要求、期約或收受規定外之任何酬金。

六、明知為不實之權利書狀、印鑑證明或其他證明文件而向登記機關申辦登記。

第28條

地政士執行業務所為之登記案件，主管機關或轄區登記機關認為有必要時，得查詢或取閱地政士之有關文件，地政士不得規避、妨礙或拒絕。

第29條

地政士受託向登記機關辦理土地登記之送件及領件工作，得由其僱用之登記助理員為之。但登記機關認有必要時，得通知地政士本人到場。

前項登記助理員，應具備下列資格之一：

一、領有地政士證書者。

二、專科以上學校地政相關系科畢業者。

三、高中或高職以上學校畢業，並於地政士事務所服務二年以上者。

地政士僱用登記助理員以二人為限，並應於僱傭關係開始前或終止後向直轄市、縣（市）主管機關及所在地之地政士公會申請備查。

第四章　公　會

第30條

地政士公會之組織區域依現有之行政區域劃分，分為直轄市公會、縣（市）公會，並得設地政士公會全國聯合會。

在同一區域內，同級之地政士公會，以一個為原則。但二個以上之同級公會，其名稱不得相同。

第31條

直轄市或縣（市）已登記之地政士達十五人以上者，應組織地政士公會；其未滿十五人者，得加入鄰近公會或聯合組織之。

第32條

地政士公會全國聯合會應由直轄市及過半數之縣（市）地政士公會完成組織後，

始得發起組織。但經中央主管機關核准者，不在此限。

第33條

地政士登記後，非加入該管直轄市或縣（市）地政士公會，不得執業。

地政士公會不得拒絕地政士之加入。

地政士申請加入所在地公會遭拒絕時，其會員資格經人民團體主管機關認定後，視同業已入會。

本法施行後，各直轄市、縣（市）地政士公會成立前，地政士之執業，不受第1項規定之限制。

第34條

地政士於加入地政士公會時，應繳納會費，並由公會就會費中提撥不低於百分之十之金額作為地政業務研究發展經費，交由地政士公會全國聯合會設管理委員會負責保管；以其孳息或其他收入，用於研究發展地政業務有關事項。

前項管理委員會之組織及經費運用規定，由地政士公會全國聯合會定之，並報中央主管機關備查。

第35條

各級地政士公會應訂立章程，造具會員名冊及職員簡歷冊，報請該管人民團體主管機關核准立案，並報所在地主管機關備查。

地政士公會全國聯合會應訂定地政士倫理規範，提經會員代表大會通過後，報請中央主管機關備查。

第36條

地政士公會應置理事、監事，由會員（會員代表）大會選舉之，其名額依下列之規定：

一、縣（市）地政士公會之理事，不得超過十五人。

二、直轄市地政士公會之理事，不得超過二十五人。

三、地政士公會全國聯合會之理事，不得超過三十五人。

四、各級地政士公會之監事名額，不得超過各該公會理事名額三分之一。

五、各級地政士公會均得置候補理、監事，其名額不得超過各該公會理、監事名額三分之一。

前項各款理事、監事名額在三人以上者，得分別互選常務理事及常務監事，其名額不得超過理事或監事總額之三分之一；並由理事就常務理事中選舉一人為理事長；其不置常務理事者，就理事中互選之。常務監事在三人以上時，應互推一人為監事會召集人。

理事、監事之任期為三年，連選連任者，不得超過全體理事、監事名額二分之一。理事長之連任，以一次為限。

第37條

地政士公會章程，應載明下列事項：

一、名稱、組織區域及會址。

二、宗旨、組織及任務。

三、會員之入會及出會。

四、會員之權利及義務。

五、理事、監事、候補理事、候補監事之名額、權限、任期及其選任、解任。

六、會員（會員代表）大會及理事會、監事會會議之規定。

七、會員應遵守之公約。

八、風紀之維持方法。

九、經費及會計。

十、章程修訂之程序。

十一、其他有關會務之必要事項。

第38條

各級地政士公會每年召開會員（會員代表）大會一次；必要時，得召開臨時大會。

地政士公會會員人數超過三百人時，得依章程之規定，就會員分布狀況劃定區域，按會員人數比例選出代表，召開會員代表大會，行使會員大會之職權。

第39條

各級地政士公會舉行會員（會員代表）大會、理事會、監事會或理監事聯席會議時，應將開會時間、地點及會議議程陳報所在地主管機關及人民團體主管機關。

前項會議，所在地主管機關及人民團體主管機關得派員列席。

第40條

各級地政士公會應將下列事項，陳報所在地主管機關及人民團體主管機關：

一、會員名冊與會員之入會及出會。

二、理事、監事、候補理事、候補監事選舉情形及當選人名冊。

三、會員（會員代表）大會、理事會、監事會或理監事聯席會會議紀錄。

第41條

各級地政士公會違反法令或章程、妨害公益或廢弛會務者，人民團體主管機關得為下列處分：

一、警告。

二、撤銷其決議。

三、停止其業務之一部或全部。

四、撤免其理事、監事或職員。

五、限期整理。

六、解散。

前項第1款至第3款之處分，所在地主管機關亦得為之。

各級地政士公會經依第1項第6款解散後，應即重行組織。

第五章　獎　懲

第42條

地政士有下列情事之一者，直轄市或縣（市）主管機關應予獎勵，特別優異者，報請中央主管機關獎勵之：

一、執行地政業務連續二年以上，成績優良者。

二、有助革新土地登記或其他地政業務之研究或著作，貢獻卓著者。

三、舉發虛偽之土地登記案件，確能防止犯罪行為，保障人民財產權益者。

四、協助政府推行地政業務，成績卓著者。

第43條

地政士之懲戒處分如下：

一、警告。

二、申誡。

三、停止執行業務二月以上二年以下。

四、除名。

地政士受警告處分三次者，視為申誡處分一次；受申誡處分三次者，應另予停止執行業務之處分；受停止執行業務期間累計滿三年者，應予除名。

第44條

地政士違反本法規定者，依下列規定懲戒之：

一、違反第9條第2項、第12條第1項、第13條、第14條、第15條第1項、第17條、第23條至第25條或第29條第3項規定者，應予警告或申誡，並限期命其改正；屆期仍未改正者，得繼續限期命其改正，並按次連續予以警告或申誡至改正為止。

二、違反第12條第2項、第18條、第27條第3款、第4款、第28條規定、違背地政士倫理規範或違反地政士公會章程情節重大者，應予申誡或停止執行業務。

三、違反依第22條第3項所定之管理辦法、第26條第1項、第27條第1款、第2款、第5款、第6款或第29條第2項規定者，應予停止執行業務或除名。

第45條

直轄市或縣（市）主管機關應設立地政士懲戒委員會（以下簡稱懲戒委員會），處理地政士懲戒事項；其組織，由直轄市或縣（市）主管機關定之。

懲戒委員會置委員九人，其中一人為主任委員，由直轄市政府地政處長或縣（市）政府地政局長兼任，其餘委員，由直轄市或縣（市）主管機關就下列人員派兼或聘兼之：

一、公會代表二人。

二、人民團體業務主管一人。

三、地政業務主管三人。

四、社會公正人士二人。

第46條

地政士有第44條各款情事之一時，委託人、利害關係人、各級主管機關、地政事務所或地政士公會得列舉事實，提出證據，報請地政士登記之直轄市或縣（市）主管機關所設懲戒委員會處理。

第47條

懲戒委員會於受理懲戒案件後，應將懲戒事由通知被付懲戒之地政士，並通知其於二十日內提出答辯書或到會陳述；不依限提出答辯書或到會陳述時，得逕行決定。

懲戒委員會處理懲戒事件，認為有犯罪嫌疑者，應即移送司法機關偵辦。

第48條

地政士受懲戒處分後，應由直轄市或縣（市）主管機關公告，並通知所轄地政事務所及地政士公會。

前項地政士受停止執行業務或除名之處分者，直轄市或縣（市）主管機關應報請中央主管機關備查，並副知其他直轄市、縣（市）主管機關及刊登公報。

第49條

未依法取得地政士證書或地政士證書經撤銷或廢止，而擅自以地政士為業者，處新臺幣5萬元以上25萬元以下罰鍰。

第50條

有下列情形之一，而擅自以地政士為業者，由直轄市或縣（市）主管機關處新臺幣3萬元以上15萬元以下罰鍰，並限期命其改正或停止其行為；屆期仍不改正或停止其行為者，得繼續限期命其改正或停止其行為，並按次連續處罰至改正或停止為止：

一、未依法取得開業執照。

二、領有開業執照未加入公會。

三、領有開業執照，其有效期限屆滿未依本法規定辦理換發。

四、開業執照經撤銷或廢止者。

五、受停止執行業務處分。

第51條

地政士公會違反第33條第2項規定者，由直轄市或縣（市）主管機關處新臺幣3萬元以上15萬元以下罰鍰。

第51條之1

地政士違反第26條之1第1項規定者，處新臺幣3萬元以上15萬元以下罰鍰，並限期改正；屆期未改正者，應按次處罰。

第52條（刪除）

第六章　附　則

第53條

　　本法施行前，依法領有土地登記專業代理人證書者，於本法施行後，得依第7條規定，申請開業執照；已執業者，自本法施行之日起，得繼續執業四年，期滿前，應依第8條規定申請換發，始得繼續執業。

　　本法施行前，已領有土地登記專業代理人考試及格或檢覈及格證書者，得依本法規定，請領地政士證書。

　　未依第1項規定申請換發而繼續執業者，依第50條第3款規定處理。

第54條

　　本法施行前，領有直轄市、縣（市）政府核發土地代書人登記合格證明或領有代理他人申辦土地登記案件專業人員登記卡，而未申領土地登記專業代理人證書者，應於本法施行後一年內申請地政士證書，逾期不得請領。

第55條

　　本法公布施行前已成立之土地登記專業代理人公會符合本法第30條規定者，視為已依本法規定完成組織。

　　本法施行後，其組織與本法規定不相符合者，應於本法施行後三個月內解散，逾期未解散，主管機關應撤銷其許可。

第56條

　　主管機關依本法受理申請核發證書、開業執照，應收取證照費；其收費基準，由中央主管機關定之。

第57條

　　本法所需書表格式，由中央主管機關定之。

第58條

　　本法施行細則，由中央主管機關定之。

第59條

　　本法自公布後六個月施行。

　　本法中華民國98年5月12日修正之條文，自98年11月23日施行。

　　本法中華民國100年12月13日修正之第26條之1、第51條之1及第52條之施行日期，由行政院定之。

　　本法中華民國103年1月3日修正之第11條，自公布日施行；第51條之1，自公布後三個月施行。

◎**專門職業及技術人員普通考試地政士考試規則**（102.8.6修正發布）

第1條

　　本規則依專門職業及技術人員考試法第11條第1項規定訂定之。

第2條

　　專門職業及技術人員普通考試地政士考試（以下簡稱本考試），每年或間年舉行

一次。

第3條（刪除）

第4條

本考試採筆試方式行之。

第5條

應考人有地政士法第6條第1項各款情事之一者，不得應本考試。

第6條

中華民國國民年滿二十歲，具有下列資格之一者，得應本考試：

一、公立或立案之私立高級中等或高級職業以上學校畢業，領有畢業證書。

二、高等或普通檢定考試及格。

三、中華民國78年12月29日土地法第37條之1修正公布施行前已從事土地登記專業代理業務，且於修法後仍繼續執業未取得證照，並有地政機關核發之證明文件。

第7條

本考試應試科目分普通科目及專業科目：

一、普通科目：

　　㈠國文（作文與測驗）。作文占百分之六十，測驗占百分之四十。

二、專業科目：

　　㈡民法概要與信託法概要。

　　㈢土地法規。

　　㈣土地登記實務。

　　㈤土地稅法規。

前項應試科目之試題題型，除國文採申論式與測驗式之混合式試題外，其餘應試科目均採申論式試題。

第8條

中華民國國民，具有下列資格之一者，得申請全部科目免試：

一、公立或立案之私立專科以上學校或經教育部承認之國外專科以上學校地政、土地資源、土地管理、法律、不動產經營、不動產與城鄉環境、土地管理與開發、資產（管理）科學等科、系、組、所畢業，領有畢業證書，並經公務人員高等考試三級考試或相當等級之特種考試土地行政類科及格，在地政機關辦理地政業務一年以上，有證明文件。

二、公立或立案之私立專科以上學校或經教育部承認之國外專科以上學校地政、土地資源、土地管理、法律、不動產經營、不動產與城鄉環境、土地管理與開發、資產（管理）科學等科、系、組、所畢業，領有畢業證書，並經公務人員普通考試或相當等級之特種考試土地行政類科及格，在地政機關辦理地政業務三年以上，有證明文件。

三、公立或立案之私立專科以上學校或經教育部承認之國外專科以上學校畢業，曾修習土地法、土地登記二科，及民法（概要）、土地行政、土地稅、土地測量四科中至少二科，合計在十二學分以上，並經公務人員高等考試三級考試或相當等級之特種考試土地行政類科及格，在地政機關辦理地政業務一年以上，有證明文件。

四、公立或立案之私立專科以上學校或經教育部承認之國外專科以上學校畢業，曾修習土地法、土地登記二科，及民法（概要）、土地行政、土地稅、土地測量四科中至少二科，合計在十二學分以上，並經公務人員普通考試或相當等級之特種考試土地行政類科及格，在地政機關辦理地政業務三年以上，有證明文件。

第9條

證明第8條第1款或第2款之資格，應繳驗畢業證書或學位證書、考試及格證書及地政機關出具之服務年資證明書。

第10條

證明第8條第3款或第4款之資格，應繳驗畢業證書或學位證書、成績單或學分證明、考試及格證書及地政機關出具之服務年資證明書。

第11條

應考人具有第8條各款資格之一，申請全部科目免試者，其案件之審議，由考選部設地政士考試審議委員會辦理。審議結果，由考選部核定，並報請考試院備查。

前項審議結果，經核定准予全部科目免試者，由考選部報請考試院發給及格證書，並函內政部查照。

第12條

應考人報名本考試應繳下列費件，並以通訊方式為之：

一、報名履歷表。

二、應考資格證明文件。

三、國民身分證影本。華僑應繳僑務委員會核發之華僑身分證明書或外交部或僑居地之中華民國使領館、代表處、辦事處、其他外交部授權機構（以下簡稱駐外館處）加簽僑居身分之有效中華民國護照。

四、最近一年內一吋正面脫帽半身照片。

五、報名費。

應考人以網路報名本考試時，其應繳費件之方式，載明於本考試應考須知及考選部國家考試報名網站。

第13條

應考人依第8條規定，向考選部申請全部科目免試時，應繳下列費件：

一、全部科目免試申請表。

二、資格證明文件。

三、國民身分證影本。華僑應繳僑務委員會核發之華僑身分證明書或外交部或僑
　　居地之駐外館處加簽僑居身分之有效中華民國護照。

四、最近一年內一吋正面脫帽半身照片。

五、申請全部科目免試審議費。

前項申請全部科目免試，得隨時以通訊方式為之。

第14條

繳驗外國畢業證書、學位證書、在學全部成績單、學分證明、法規抄本或其他有關證明文件，均須附繳正本及經駐外館處驗證之影本及中文譯本或國內公證人認證之中文譯本。

前項各種證明文件之正本，得改繳經當地國合法公證人證明與正本完全一致，並經駐外館處驗證之影本。

第15條

本考試及格方式，以應試科目總成績滿六十分及格。

前項應試科目總成績之計算，以普通科目成績加專業科目成績合併計算之。其中普通科目成績以國文成績乘以百分之十計算之；專業科目成績以各科目成績總和除以科目數再乘以所占剩餘百分比計算之。

本考試應試科目有一科成績為零分或專業科目平均成績未滿五十分者，均不予及格。缺考之科目，以零分計算。

第16條（刪除）

第17條

外國人具有第6條第1款規定之資格，且無第5條情事者，得應本考試。

第18條

本考試及格人員，由考選部報請考試院發給考試及格證書，並函內政部查照。

第19條

本考試組織典試委員會，主持典試事宜；其試務由考選部辦理。

第20條

本考試辦理竣事，考選部應將辦理典試及試務情形，連同關係文件，報請考試院核備。

第21條

本規則自發布日施行。

第 2 章　認識房地產

第一節　不動產與房地產

在日常生活中，可以發現一般人的理念，總是認為不動產就是房地產，房地產就是不動產，其實不盡然，因為兩者之實際界說不太一致。

一、不動產的定義

所謂不動產，依據民法第66條的規定，係指土地及其定著物，如不動產有出產物而尚未分離者，亦屬於該不動產之一部分。可見不動產包含土地、土地上之定著物及其尚未分離之出產物。

人們常常以為住與行所不可分離之陸地，就是土地。其實根據土地法第1條之規定，所謂土地，係指水、陸及天然富源等三種。

至於土地上之定著物，如以二分法之方式予以劃分，有天然定著物——如野生之花草樹木，有人為定著物——即人們投施資本勞力所造成之改良物，土地法謂之為「土地改良物」。

所謂「土地改良物」，依土地法第5條之規定，分為建築改良物及農作改良物。附著於土地之建築物或工事，為建築改良物；附著於土地之農作物及其他植物與水利土壤之改良為農作改良物。

此外，果樹上之水果，未收割之稻穀，均為不動產之出產物，於尚未分離前，均屬於不動產之一部分。

由以上之分析，可知不動產包含之「物」相當多，並非僅僅房與地兩種。由於房地產在人們之日常生活中，佔比較重要之份量，所以人們總是以為不動產就是房地產，其實房地產是不動產，而不動產不一定是房地產。

二、房屋的定義

所謂房地產，簡單而言，係指房屋與土地。

依前述土地法之規定，建築改良物係指附著於土地之建築物或工事。可見房屋係建築改良物之一種，而建築改良物不一定就是房屋。

依據房屋稅條例第2條之規定，所謂房屋，係指固定於土地上之建築物，供

營業、工業或住宅用者而言，也就是人們日常生活所接觸到之房屋。

依據建築法第4條之規定，所謂「建築物」，為定著於土地上或地面下具有頂蓋、樑柱或牆壁，供個人或公眾使用之構造物或雜項工作物。所謂「供公眾使用之建築物」，依同法第5條之規定，為供公眾工作、營業、居住、遊覽、娛樂及其他供公眾使用之建築物。所謂「雜項工作物」，依同法第7條之規定，為營業爐竈、水塔、瞭望臺、招牌廣告、樹立廣告、散裝倉、廣播塔、煙囪、圍牆、機械遊樂設施、游泳池、地下儲藏庫、建築所需駁崁、挖填土石方等工程及建築物興建完成後增設之中央系統空氣調節設備、昇降設備、機械停車設備、防空避難設備、污物處理設施等。可見「建築物」不一定就是「房屋」，但「房屋」是「建築物」。

三、土地的定義

至於土地，除前述土地法第1條之規定，指水、陸及天然富源外，依土地法第2條之規定，更將土地按其使用性質之不同，分為建築用地、直接生產用地、交通水利用地及其他土地等四大類土地，各類土地並分成21種地目。各類土地，可能因都市計畫之變更，或都市計畫之擴張，或自然之變遷，或實際使用之異動，致有所改變，例如原來屬於交通水利用地，可能因道路之廢除，或是溝渠水道之變遷，而變更為建築用地。

由前述之分析，可見房屋與土地所包含之對象，是相當廣泛而複雜。不過基於房地產經營之立場而言，所謂房地產，當側重於建築法所規定之建築物及可供建築之土地。

目前房屋產權並未強制登記，至於土地部分，土地法第41條規定，對於交通水利用地及其他土地免編號登記，是所謂「未登錄地」。由於臺灣多山多河流，36,000平方公里的土地，未登錄地原約有一半左右，但因地籍圖重新測量及因地籍管理之需要，原屬未登錄之土地，亦逐漸辦理登記，如今約有百分之九十三左右之土地，分為1,400多萬筆之地號，已經登記完畢。

第二節　使用管制

執行業務，時常因業務上的需要，受當事人的委託，對於房地產進行使用管制的調查。茲分房屋、都市土地及非都市土地等三方面予以敘述。

一、房屋的使用管制

興建房屋，均需依都市計畫或區域計畫等有關法規的規定予以設計建築，興建完畢後，亦均依都市計畫法或區域計畫法等有關規定予以使用。

對於房屋使用管制的瞭解，茲就成屋及預售屋分述之：

㈠成　屋

1. 從房屋登記簿上瞭解其用途

興建完成的房屋，如已辦理所有權第一次登記，其登記簿上均記載用途，故向主管地政事務所申請房屋登記簿謄本一看便知。

2. 宜查閱都市計畫或區域計畫之土地分區使用

欲徹底瞭解房屋所能供作使用之用途，宜查閱都市土地及非都市土地之分區使用規定。

3. 未辦理產權登記的房屋，不一定是違章建築

由於目前房屋產權並未強制登記，是以甚多老房屋係合法房屋，可是未辦理產權登記，並不屬於違章建築。

㈡預售屋

依公寓大廈管理條例第58條第1項規定，預售屋應領得建造執照，始得銷售。故查證建造執照，即可知土地之分區及房屋之用途。

二、都市土地的使用管制

所謂「都市土地」，係指依法發布都市計畫範圍內之全部土地（平均第3條及土稅第8條）。都市土地的使用管制，依都市計畫法的規定，目前省市分別發布都市計畫法的施行細則，臺北市政府並另行訂頒「臺北市土地使用分區管制自治條例」，故欲瞭解都市土地的使用管制，應查閱各該法規的規定。對於都市土地的使用管制應有如下的基本瞭解：

㈠分區使用

1. 都市計畫分區：依都市計畫法第三章有關條文的規定，都市計畫將都市土地劃定住宅區、商業區、工業區、農業區、保護區、行政區、文教區、風景區及其他區。故取得土地前，應依取得動機，先行查明分區。

2. 主管機關：得向土地所在地之直轄市或縣（市）政府都市發展局或城鄉發展局查明。

3. 申請證明：為確定分區，除上網查詢外，亦可向主管機關申請核發分區證明書。

4. 確認使用分區後，再查閱都市計畫法臺灣省施行細則、都市計畫法高雄市施行細則及臺北市土地使用分區管制自治條例，以確認用途及建蔽、容積率。

㈡公共設施用地及保留地

1. 都市計畫法第42條規定，都市計畫地區範圍內，應視實際情況，分別設置下列公共設施用地：

⑴道路、公園、綠地、廣場、兒童遊樂場、民用航空站、停車場所、河道及港埠用地。

⑵學校、社教機構、體育場所、市場、醫療衛生機構及機關用地。

⑶上下水道、郵政、電信、變電所及其他公用事業用地。

⑷本章規定之其他公共設施用地。

前項各款公共設施用地應儘先利用適當之公有土地。

2.已經開發的公共設施用地，任何人到現場一看，均可一目瞭然，但如為公共設施保留地而為從來使用，不易明瞭，因此宜查閱或請領都市計畫圖或申請證明，比較安全可靠。有關證明書得臨櫃申請或線上申請亦可。

(三)特殊情形之注意

此外，欲取得的土地，附近地區若有特殊狀況，如國防軍事設施等，亦宜注意，因為可能有限建或禁建的規定。

(四)實　例

◎**臺北市都市計畫公共設施用地及土地使用分區證明申請辦法**（100.10.24修正發布）

第1條

臺北市政府（以下簡稱本府）為規範都市計畫公共設施用地及土地使用分區證明（以下簡稱證明書）之核發事宜，並依規費法第10條規定訂定本辦法。

第2條

本辦法之主管機關為本府都市發展局。

第3條

依本辦法申請核發證明書者，應填具申請書並繳納規費向主管機關提出申請。其經主管機關認定有查證地籍資料之必要時，並應檢附最新地籍圖謄本一份。

前項規費，申請土地筆數在五筆以下者，每份為新臺幣100元；超過五筆者，每增加一筆加收新臺幣20元。

第4條

依本辦法核發證明書之種類如下：

一、都市計畫公共設施用地及土地使用分區證明。

二、都市計畫公共設施用地及土地使用分區並加註劃設日期證明。

第5條

主管機關核發之證明書，應以都市計畫發布實施並已套繪地籍圖者為依據，實施時仍應以都市計畫公告書圖為準；其有誤差時，應依有關機關實地指示（定）地籍線或建築線為準；分區界線不明確時，應俟地籍測量分割後再行核辦。

第6條

依本辦法核發之證明書有效期間為四個月。

前項期間內，如經都市計畫變更時，應依公告發布實施之計畫為準，不再另行通

　知申請人。

第7條

　　本辦法所定書表格式及依本辦法核發之證明書之作業方式，由主管機關定之。

第8條

　　本辦法自發布日施行。

臺北市政府都市計畫公共設施用地及土地使用分區證明申請書

收據抬頭	△△地政士事務所	電話號碼	△△△△△△△
通訊地址	臺北市△△△△△△△	郵遞區號	△△△

土地座落	松山　區　美仁　段　二　小段
	地號：　21.22.23地號
	共計　3　筆
	註：地號請逐筆填寫。

請惠予核發	1. ☐ 都市計畫公共設施用地及土地使用分區證明 2. ☑ 公共設施用地加註劃設日期

一　份。

此　致
臺北市政府都市發展局

☑　自取。

☐　郵寄（請附足額規費及掛號回郵信封）。

規費　　100　　元

申請人：林△△　　印

性　別：☐女　☐男

中　華　民　國　△△△年　△　月　△　日

※　注意事項：

1. 申請證明項目應明確項勾選，並填具申請份數。
2. 申請證明如勾選郵寄，為免遺失一律採**掛號**寄件，**地址請詳細填寫**。
3. 臨櫃辦理、隨到隨辦、立即取件；網路申請者均採用郵寄處理，並於收到所繳費用後，於作業完成寄送。
4. 申請加註劃設日期之地號未超過 **20 筆**，作業時間以 **2 天**為原則；20 筆以上每超過 **10 筆**，增加作業時間 **1 天**。
5. 土地使用分區證明之收費如表所示：

收費基準	應繳規費
申請土地筆數在 5 筆（含）以內者	每份收費新臺幣 100 元
申請土地筆數超過 5 筆者	除依前項收費外，每增加 1 筆加收新臺幣 20 元

都市計畫土地使用分區（或公共設施用地）證明申請書

中華民國 △△ 年 △ 月 △ 日

<table>
<tr>
<td rowspan="6">一、基本資料</td>
<td>申請人姓名</td>
<td colspan="2">林△△   印</td>
<td>電話號碼</td>
<td colspan="3">(△△)　△△△△△△△△</td>
</tr>
<tr>
<td>通訊地址</td>
<td colspan="6">桃園市 △△ 區 △△ （村/里） 鄰（路/街）
△ 段 △ 巷 弄 △ 號 △ 樓</td>
</tr>
<tr>
<td>郵寄請✓</td>
<td colspan="2">✓ （是請打✓）</td>
<td>E-Mail</td>
<td colspan="3">△△△△△△△△△</td>
</tr>
<tr>
<td>查復表</td>
<td colspan="2">✓ （是請打✓）</td>
<td>申請份數</td>
<td colspan="3">1 份</td>
</tr>
</table>

<table>
<tr>
<td rowspan="10">二、土地座落</td>
<td>鄉鎮市
（請填代碼）</td>
<td colspan="6">A</td>
<td colspan="2">A.桃園區　B.中壢區　C.平鎮區　D.八德區　E.龍潭區
F.觀音區　G.龜山區　H.大園區　I.新屋區　J.蘆竹區
K.復興區　L.大溪區　M.楊梅區</td>
</tr>
<tr>
<td>段別</td>
<td colspan="8">代碼（ 182 ）　　國強 段　　　　小段</td>
</tr>
</table>

<table>
<tr>
<td rowspan="8">地號（一）</td>
<td></td>
<td>1</td>
<td>2</td>
<td>3</td>
<td>4</td>
<td>5</td>
<td>6</td>
</tr>
<tr>
<td>1</td>
<td>25</td>
<td>26</td>
<td>26-1</td>
<td>27</td>
<td>27-2</td>
<td></td>
</tr>
<tr>
<td>2</td>
<td></td><td></td><td></td><td></td><td></td><td></td>
</tr>
<tr>
<td>3</td>
<td></td><td></td><td></td><td></td><td></td><td></td>
</tr>
<tr>
<td>4</td>
<td></td><td></td><td></td><td></td><td></td><td></td>
</tr>
<tr>
<td>5</td>
<td></td><td></td><td></td><td></td><td></td><td></td>
</tr>
<tr>
<td>6</td>
<td></td><td></td><td></td><td></td><td></td><td></td>
</tr>
<tr>
<td colspan="2">總筆數 共計　5　筆</td>
<td colspan="5">※（地號請由左至右填寫，欄位不足時請填寫於背面）</td>
</tr>
</table>

三、申請須知（一）

應檢附資料：規費單乙份。

補充規定：

1. 請申請人自行核對申請土地筆數及是否屬都市計畫區內土地後再繳納規費，已繳規費概不退還。

2. 收費標準：以土地筆數計算，每筆地號貳拾元整，如須申請兩份，則應檢附兩份規費單，以此類推。

四、申請須知（二）	依桃園市政府 90.6.22 九十府城都字第一一七五七〇號函訂定，內容如下： 一、說明：市民為瞭解本市都市計畫實施情形，得向桃園市政府（都市發展局）申請土地使用分區（或公共設施用地）證明。 二、應備書件： 　（1）請依式填寫申請書一份。 　（2）於完成地籍分割地區，檢具申請土地之地籍圖謄本（正本）一份。 　（3）未完成地籍分割或其他特殊原因地區，由本政府視實際需要另行規定載明其他必要書件。 三、申辦機關：桃園市政府（都市發展局）、經本府授權之區公所。 四、注意事項： 　（1）都市計畫土地使用分區（或公共設施用地）證明之使用分區（或公共設施用地）係依據已公告實施之都市計畫圖及地籍套繪圖核對，僅供參考之用，若作為實施買賣之依據應依現地指示建築線為準。 　（2）都市計畫土地使用分區（或公共設施用地）證明，係就申請地號查核都市土地使用分區（或公共設施用地）及計畫說明書中之特殊土地使用規定，如以市地重劃方式整體開發及公共設施負擔比例之規定等予以查列，至計畫書中其他土地使用分區管制，如使用類別、使用性質、建蔽率、容積率、高度、前後院側院及開發限制等之其他限制規定，請逕洽都市計畫主管機關查詢。 　（3）證明書有效期間依證明書所載為準。 　（4）本證明書核發後有關土地位置、地號或都市計畫內容如經依法公告變更，應以公告變更者為準，不再另行通知。

五、土地座落（補充）	地號填寫處		1	2	3	4	5	6
		1						
		2						
		3						
		4						
		5						
		6						
		7						
		8						
		9						
		10						

（地號請由左至右填寫欄位不足時請填寫於下列空白處）

新北市都市計畫使用分區（或公共設施用地）證明申請書

<table>
<tr><td rowspan="5">一、基本資料</td><td>申請人</td><td>林△△</td><td>申請日期</td><td colspan="2">民國△△年△△月△△日</td></tr>
<tr><td>聯絡人</td><td>林△△</td><td>電話</td><td colspan="2">△△△△△△△△
（請填方便連絡之電話）</td></tr>
<tr><td rowspan="2">通訊地址</td><td colspan="4">□□□□□郵遞區號</td></tr>
<tr><td colspan="4">△△（縣/市）　△△（鄉/鎮/市/區）　　（村/里）　　鄰
（路/街）△段△巷　弄△號　　樓</td></tr>
<tr><td>電子信箱</td><td colspan="4">△△△△△△△△</td></tr>
</table>

<table>
<tr><td rowspan="7">二、申請範圍</td><td>申請段別</td><td colspan="4">新店區　　△△　段　△△　小段</td></tr>
<tr><td>是□否□</td><td colspan="4">加註公共設施保留地</td></tr>
<tr><td>是□否□</td><td colspan="4">做為申請農會會員資格使用</td></tr>
<tr><td>是□否□</td><td colspan="4">加註土地取得（開發）方式</td></tr>
<tr><td colspan="5">申請地號：32、33、33-1</td></tr>
<tr><td colspan="5">

</td></tr>
<tr><td colspan="5">共計＿＿3＿＿筆，需申請＿＿1＿＿份</td></tr>
<tr><td>領件方式</td><td colspan="5">□自取（請帶繳款收據領件）　　□郵寄（請附足額規費及掛號回郵信封）</td></tr>
</table>

此　致

新北市　　　區公所

<table>
<tr><td rowspan="3">三、申請須知</td><td>申請：請詳細填寫本申請書，每份限填受理區公所行政轄區內同一地段50筆
　　　地號以內。</td></tr>
<tr><td>收費標準：依「新北市都市計畫土地使用分區證明書收費標準」規定辦理。</td></tr>
<tr><td>領件時間：依各公所規定辦理（證明書自開立日起8個月內未領取者，所申請
　　　　　之證明書銷毀，不另發給）。</td></tr>
<tr><td>證明書字號</td><td>字第　　　　　　　　　　　　　　號</td></tr>
</table>

三、非都市土地的使用管制

所謂「非都市土地」，係指依法發布都市計畫範圍以外之全部土地。非都市土地的使用管制，依區域計畫法及非都市土地使用管制規則的規定。目前依各該規定，將非都市土地劃定為11種使用區，並將11種使用區再編定為19種用地，並登記於土地登記簿上，各種用地則規定其容許使用之項目。

是以欲瞭解非都市土地的使用管制，應先至土地所在地之地政事務所申請土地登記簿謄本，查明其使用編定種類，再據以查閱非都市土地使用管制規則所規定；建蔽率、容積率、容許使用項目及許可使用細目表。

第三節　畸零地的合併使用

我國平均地權的土地政策，係以地盡其利及地利共享為最終目標，故有關土地政策及土地立法，均以此為依歸。

農業用地之面積畸零不整，勢將影響農業經營技術之機械化或現代化，進而影響農業生產量，亦影響農業生產品質，是以政府乃有農地重劃之實施，期能地盡其利。

至於建築用地之面積，如係畸零不整，非特影響到土地不能適度利用，甚至無法利用，既有礙吾人生活品質之提高，市容觀瞻亦將因此破壞。故建築法第44條規定，直轄市或縣（市）政府應視當地實際情形，規定建築基地最小面積之寬度及深度。建築基地面積畸零狹小不合規定者，非與鄰接土地協議調整地形或合併使用，達到規定最小面積之寬度及深度，不得建築。

建築業長期以來的蓬勃發展，單純的土地多數均已建築使用，而尚未建築使用的土地，可能或多或少存在些許問題，在這些問題中，畸零地可能扮演著重要的角色。因此，為減輕建築業面對畸零地的迷惑與困難，特介紹畸零地的合併使用，聊供業者參考。

一、私有畸零地合併使用

（一）畸零地的認識

以一般常識而言，所謂畸零地，是指土地的面積狹小或地界曲折。茲依據臺北市所發布實施的「畸零地使用規則」的規定分述如下：

　　1. 面積狹小的畸零地

面積狹小之畸零地，係指該建築基地之寬度與深度不足一定標準而言。該一定之寬度與深度，各縣市所訂標準不一。

面積狹小之畸零地，其寬度與深度之標準，係按使用分區及所面臨道路寬度而分別訂定。是以欲認定一塊土地是否為畸零地，應先確認其都市計畫之使

用分區及面臨道路之路寬。確認的方法，係向縣市政府都市計畫主管單位申請分區使用證明（或查閱亦可）及都市計畫圖。

前述所謂寬度，係指基地臨接建築線之尺寸。其在商業區之角地應以臨接較寬道路建築線之尺寸為該基地之寬度。例如有一塊商業之角地，分別面臨20公尺及15公尺之道路，則以面臨20公尺道路這一邊計算其寬度。

前述所謂深度，係指自基地臨接之建築線至該基地後側境界線之垂直距離。基地深度不同者，以其平均深度為其深度。基地有截角者，其長度以未截角之尺寸為準。如前例兩條道路垂直相交，則其寬度以面臨20公尺較寬道路這一邊為準，則面臨15公尺較窄道路這一邊，為其深度。

　2. 地界曲折的畸零地

　　僅僅地界曲折不整，不一定就是畸零地，因為該地界曲折不整之土地，可能面積相當大而有足夠之寬度與深度，是以畸零地使用法規特明文規定所謂地界曲折之畸零地，係指有下列情形之一者為限：

　　　⑴基地界線曲折不齊成為畸零，而該曲折部分無法規則配置建築物者：意即地界線曲折不齊不一定就是畸零地，而必須曲折無法建築始為畸零地。如果最小寬度與深度達到前述標準，可建築使用，僅地界曲折，但能建築使用者，則非為畸零地。

　　　⑵基地界線與建築線斜交之角度不滿60度或超過120度者：最理想之基地地形為基地界線與建築線成直角。如基地界線與建築線斜交角度小於60度，或大於120度，將使土地無法有效建築使用，縱使勉為其難地建築使用，該建築物亦將畸形怪狀，不但影響吾人生活之不便，更影響市容之觀瞻，甚至與鄰地建築使用有不良影響。是以將其列為畸零地，而予以建築管制。

　　　⑶基地為三角形者：土地形狀呈三角形者，亦將使土地無法有效利用，猶如地界線與建築線斜交角度不滿60度或大於120度者一樣，所以亦將其視為畸零地。

　㈡畸零地的禁止建築使用

　　凡是屬於前述面積狹小或地界曲折之畸零地，如予以建築使用，其地上建築物因受地形地界之限制必然畸形怪狀，而有礙生活水準與建築水準之提高，是以建築法第44條特予明文規定，建築基地面積畸零狹小不合規定者，非與鄰接土地協議調整地形或合併使用，達到規定最小面積之寬度及深度，不得建築。

　㈢得建築使用的畸零地

　　畸零地原則上不得單獨建築使用，必須與鄰地合併補足或整理後，才可以建築使用。但有特殊情形時，得以建築使用。請讀者參閱各縣市發布之畸零地使用自治條例或使用規則。

四畸零地合併使用協議

畸零地若僅相鄰一塊土地，則該畸零地不得建築使用，該相鄰土地亦不得單獨建築使用。該相鄰土地，必須留出合併所需之土地，始得單獨建築使用，但留出後所剩餘之土地成為畸零地時，則應全部合併使用。

有關合併使用，由畸零地所有權人與鄰地所有權人自行協議。由於係自行協議，故達成協議之條件，無一定標準，全看各人之「議價能力」而定。

五畸零地合併使用調處

畸零地之合併使用，如無法自行達成協議時，得申請調處，有關申請調處之情形如次：

1. 申請人：畸零地無法協議合併使用時，畸零地所有權人或鄰地所有權人均得為申請人提出申請調處。
2. 受理機關：申請人應向土地所在地之縣市政府提出申請調處，縣市政府由畸零地調處委員會予以進行調處。
3. 通知關係人：畸零地調處會應於收到申請調處案件之日起一個月內，通知有關土地所有權人、承租人、地上權人、永佃權人、典權人等權利關係人進行調處。
4. 應備文件：申請調處，應檢附下列書件正本一份，副本十份：
   (1)需合併使用土地之土地登記簿謄本及地籍謄本。
   (2)相關土地地籍配置圖及現況圖，並表明申請及需合併使用土地最小面積之寬度及深度。
   (3)相關土地所有權人及他項權利人之姓名、住址。
   (4)土地之公告現值、市價概估及地上建築物之重建價格概估。
   (5)建築線指定（示）圖。但有本市建築管理規則第9條規定之情事者，不在此限。

六畸零地徵收與標售

畸零地合併使用，依建築法第45條規定於不能達成協議時，得申請調處，直轄市、縣（市）（局）政府應於收到申請之日起一個月內予以調處；調處不成時，基地所有權人或鄰接土地所有權人得就規定最小面積之寬度及深度範圍內之土地按徵收補償金額預繳承買價款申請該管地方政府徵收後辦理出售。徵收之補償，土地以市價為準，建築物以重建價格為準，所有權人如有爭議，由標準地價評議委員會評定之。

徵收土地之出售，不受土地法第25條程序限制，辦理出售時應予公告三十日，並通知申請人，經公告期滿無其他利害關係人聲明異議者，即出售予申請人，發給權利移轉證明書；如有異議，公開標售之。但原申請人有優先承購權。標售所得超過徵收補償者，其超過部分發給被徵收之原土地所有權人。

第1項範圍內之土地，屬於公有者，准照該宗土地或相鄰土地當期土地公告

現值讓售鄰接土地所有權人。

二、非都市土地的使用管制

　　所謂「非都市土地」，係指「都市土地」以外之土地，亦即未都市計畫之土地。非都市土地的使用管制係依區域計畫法授權內政部訂定之「非都市土地使用管制規則」之規定辦理，因內容頗為繁多，於此不贅述，請讀者自行參閱「內政部地政司」網站之法規資料。

三、公私有畸零地合併使用

　　私有土地之相鄰土地，若係公有畸零地，得向市縣政府先申請合併使用證明，再憑該證明向公有土地管理機關申購。
　　以臺北市及國有土地為例，附錄有關資料如下：
◎臺北市公私有畸零地合併使用證明申請須知（101.8.20修正發布）
　一、說明
　　㈠公私有畸零土地合併使用證明書（以下簡稱本證明書），係臺北市政府（以下簡稱市政府）都市發展局（以下簡稱都發局）基於都市計畫觀點，促進都市土地經濟合理利用，依都市計畫法、建築法、臺北市畸零地使用規則及臺北市土地使用分區管制自治條例規定，證明該私有土地與所臨接公有土地合併使用成為完整之建築基地而予以核發。
　　㈡有關土地產權及地上改良物、地下埋設物，另由各該土地管理機關依法處理，概與本證明書之發給無關。
　　㈢擬合併之公有土地，公有土地管理機關有依法協議調整地形或保留公用或依公產相關法規處理，申請人不得以本證明書為對抗。
　二、應具備書件

項別	名稱	份數	說　　　明	備　　　註
一	申請書	一	載明： 1.申請人姓名（蓋章）、地址、電話。 2.申請合併私有土地所有權人。 3.申請合併公私有土地地號。 4.申請合併公有土地管理機關名稱。	申請人限申請合併使用之私有土地所有權人。
二	申請圖	二	包括下列圖件： 1.位置圖：以簡明方法明確標示申請地點位置。 2.套繪都市計畫之地籍配置圖： 　(1)至少一個街廓以上。 　(2)比例尺大小為五百分之一。 　(3)申請土地範圍應著色表明。 　(4)都市計畫情形應分別著色表明。 　(5)標示所臨都市計畫道路或經指	1.請採用藍曬圖或影印圖，並勿塗改。 2.請預留空白處，俾便加蓋印戳。 3.請標明申請公私有土地地號及權屬。 4.請標明申請人姓名並加蓋印章。 5.字體應力求工整，線條應力求正確，圖例務須清楚，著色並應均勻一致。

二	申請圖	二	（認）定建築線之現有巷道路寬。 (6)圖例：包含擬合併公私有地、計畫道路、經指（認）定建築線之現有巷道、地界線、合併使用後土地範圍等。	6.公有土地以黃色塗滿，私有土地以紅色塗滿，計畫道路以紅色線條表示，指（認）定道路以粉紅色塗滿表示，地界線以綠色線條表示，合併使用後土地範圍以斜線表示之。 7.申請合併公有土地，其產權若為二個以上公有機關所有者，每增一個公有機關，申請圖應增加乙份。
三	土地權利證明文件	一	1.申請人非申請合併使用之全部私有土地所有權人時，應附其餘所有權人同意書。 2.申請合併使用之公有土地，與申請合併範圍外之他人土地相臨接，且該他人土地在合併該公有土地後亦為一宗完整建築基地時，請檢具該他人土地所有權人放棄合併權利之同意書。 3.土地所有權人死亡，尚未辦理繼承登記者，應檢附繼承系統表及繼承人現在戶籍謄本。 4.土地所有權人為祭祀公業者，應檢附派下員名冊、規約及會議紀錄影本。 5.土地所有權人為法人者，應檢附法人登記證明文件。	
四	照片	一	實地拍攝申請合併之公、私有土地。	1.彩色照片。 2.應能清楚顯示目前狀況。 3.應檢附索引圖並標示拍攝照片之角度。 4.照片上應標示申請合併私有及公有土地之範圍。
五	其他	一	申請合併之公有土地，涉及現有巷道或排水溝者，應檢附切結書。	1.涉及現有道路之切結書內容應包含： (1)未依規定廢巷或改道前，應保持現狀供公共通行。 (2)無法辦理廢巷或改道時，同意僅作為空地比使用。 2.涉及現有排水溝之切結書內容應包含： (1)將來申請建築時，應依規定辦理廢止、改道或加蓋。 (2)未辦理廢止、改道或加蓋前，應保持現狀供公共排水。

三、申請手續

㈠請備妥應具備書件後送交都市發展局總收發處掛號收辦。

㈡申請書、土地使用權同意書等格式，得於都市發展局網站（網址：http://www.udd.taipei.gov.tw）下載使用。

四、不予核發證明之情形

㈠都市計畫之公共設施保留地。

㈡在政府明令規定予以保留或限制其使用之地區內者（如辦理市地重劃中地區、禁建區、辦理區段徵收中地區、擬變更都市計畫地區、農業區、保護區等）。

㈢在未發布細部計畫地區內。但經都發局指定建築線者，不在此限。

㈣申請合併使用之私有土地，未與相關之公有土地相臨接。

㈤合併使用後仍未臨接建築線。

㈥申請合併之私有與公有土地均非屬畸零地。

㈦合併使用後，基地仍未符合最小建築基地規模。但其所臨接之鄰地，為本市畸零地使用規則所稱已建築完成者，或經本府畸零地調處委員會審決准予單獨建築者，不在此限。

㈧申請合併之公有土地內現有排水溝，經目的事業主管機關認定不宜廢止、改道或加蓋等情形。

㈨申請合併之公有土地位於經指（認）定建築線有案之現有巷道範圍內。

㈩申請合併之公有土地現況為現有巷道且均符合下列情形：

　　1.現有巷道整段均為公有土地。

　　2.現有巷道最小寬度在3.5公尺以上。

　　3.現有巷道兩側皆聯通計畫道路。

㈪申請合併之公有土地為已建築完成之土地。

㈫申請合併之私有土地為已建築完成之土地。但其與申請合併之公有土地互為唯一合併地關係者，不在此限。

㈬申請合併之公、私有土地分別為符合臺北市畸零地使用規則第6條第1項但書規定無礙建築之土地且相連部分寬度小於建築基地最小寬度之規定。

㈭申請合併之公有土地非屬畸零地，且申請合併之私有土地與鄰接未建築完成之私有土地合併後非屬畸零地者。但經本府畸零地調處委員會審決公、私有土地應予合併建築者，不在此限。

㈮其他經都發局認為不宜核發。

五、注意事項

㈠申請合併之公有土地位在申請合併之私有土地裡側，且在該街廓內之任何一條建築線起算，規定最小平均深度之範圍外者，或公有土地狹長不

整部分可留待鄰地建物日後改建合併者，其合併使用範圍由都發局視當地情形予以處理。

㈡本須知發布實施後，未建築使用之土地自行分割產生之畸零地，應與分割前之同筆土地先行合併。

㈢申請合併使用之土地其所有權如屬財團法人或人民團體者，應逕向該團體洽購，不發給合併使用證明。

㈣各級政府機關為公務或公共所需而依法須合併鄰地公有畸零地者，應逕依相關法令規定辦理撥用或價購。

㈤申請案件免檢附地籍相關資料，但必要時，經受理申請機關通知，仍應請檢附包含申請合併使用土地全部地號之最新（如未異動以三個月內核發為準）地籍圖謄本及土地登記謄本之正本各乙份。

㈥本證明書有效期間為八個月，逾期自動失效。若於有效期間內遺失證明書且申請重新補發者，應登報作廢原核發之證明書。

臺北市公私有畸零地合併使用證明申請書

申 請 人 姓 名	陳△△		
通 訊 地 址	臺北市△△△△△△	郵遞 區號	
申 請 合 併 之 私 地 所 有 人 姓 名	陳△△		
申 請 合 併 之 公 地 管 理 機 關 名 稱	國有財產署		

申請合併使用土地座落

私有地	臺北市 松山區 美仁段 一 小段	21	地號計 1 筆
公有地	臺北市 松山區 美仁段 一 小段	21-1	地號計 1 筆

　　茲為申請上開土地之合併使用證明謹檢附申請書一份，申請圖兩份（公有土地之權屬如為一個管理機關以上者，申請圖份數應予遞增）。土地使用同意書一份（如私有土地均為申請人所有免附）、照片△△張，敬請核發合併使用證明書。
　　　　此致
臺北市政府都市發展局

申請人：陳△△
電　話：△△△△△△△△

中　華　民　國　　△△　年　　△　月　　△　日

附註：
一、私有係指申請人申請使用範圍之私人土地。
二、擬申請合併使用之土地，其所有權如屬財團法人或人民團體，應視為私有土地；請逕向該團體洽購，勿需本局發給合併使用證明。

（正面）

承購國有非公用不動產申請書

受理機關	財政部國有財產署　　區分署（所屬　辦事處）			收件日期	年　月　日		申購案編號	年度　字　　號		

申購標的	土地	區分	市縣（市）	鄉鎮市區	地段		地號或建號	面積（平方公尺）
					段	小段		

	房屋	村里	路街	段　巷　弄　號　樓	主建物
					附建屬物

申購類別（請打"✓"）	□租用基地（房屋）　□畸零（裡）地　□專案讓售（奉准讓售後才填）□其他

附繳證件	如背面應繳證件一覽表內編號第　　　　　　　　號共　　　件

申購人承諾事項

一、附繳之證件如有虛偽不實時，申購人願負法律責任，並無條件同意撤銷或解除買賣關係，已完成移轉登記者，並願辦理回復國有登記。

二、上開不動產申購經受理收件，申購人絕不據此認定受理機關已為同意讓售之要約或承諾。

三、申購人如有二人以上，未註明承買持分，除租用國有非公用不動產有約明承租持分外，同意以均分方式辦理；未指定代表人者，申購人願以申請書所填之第一人為代表人。

四、申購人對承購之國有非公用土地，因地政機關測量登記錯誤，致實際面積較出售面積有所增減時，自繳款之日起十五年內願照土地實際面積按讓售當時價格無息補退價款。

五、出售機關依申請書所載住址所為之通知，無法送達時，申購人任由出售機關註銷。

六、申購之國有非公用土地，如為巷道、人行道或水溝使用時，申購人願於取得土地後，依相關法令規定使用，如有損害第三人權益，申購人願自行負責。

七、申購人同意自繳付價款當月起，負擔申購之國有非公用不動產之地價稅、房屋稅、工程受益費等賦稅，因遲延繳納而發生之滯納金、罰鍰等，亦願全部負責。

八、申購人向地政機關申辦承購之國有非公用不動產所有權移轉登記，所發生之登記規費等，及逾期申辦而發生之罰鍰，願全部自行負責。

九、同意出售機關依個人資料保護法第十五條規定，基於國有財產管理之特定目的，於必要範圍內蒐集或處理申購人及代理人之個人資料，並依同法第十六條規定，依法定職務為必要之利用。

十、申購之國有非公用土地於通知繳款時，未有辦理地籍圖重測成果公告之情形，申購人同意依土地產權移轉證明書核發當時之土地登記謄本記載之土地面積計價承購，日後該申購土地辦理重測，重測後面積縱有增減，一律互不補退價款；位屬地籍圖重測區內且已辦理重測成果公告者，於地政機關辦理土地標示變更登記前，申購人同意依重測成果公告之面積計價，並俟地政機關辦理土地標示變更登記後，依重測後面積相互補退價款。

十一、申購之國有非公用土地倘日後查證屬出售時依法 得私有之情形，致賣約及移轉所有權之物權 為無效，經依法塗銷移轉登記時，同意出售機關無息退還已繳之價款，絕 提出議。

十二、其他：　　　　　　　　　　　　　　　　　申購人蓋章（詳填表說明7）：

※以上事項確係本申購人＿＿＿＿＿承諾無誤。本申購案委託＿＿＿＿＿代理。

身分類別	姓名及身分證統一編號	出生日期及承買持分	住　　　　址	聯絡電話電子郵件信箱	蓋章
申購人		年　月　日			
		持分			
代理人（或法定代理人等）		年　月　日			

申請日期	中華民國　　　　　　　　年　　　　　　　月　　　　　　　日

（背面）

申購國有非公用不動產應繳一般證件一覽表

編號	證件名稱	核發機關	申購類別 租用基地	租用房地	畸零（裡）地	專案讓售
1	國有土地最近三個月內登記謄本。（＃）	地政事務所	✓	✓	✓	✓
2	合併使用範圍內各筆土地最近三個月內登記謄本。（＃）	〃			✓	
3	建物最近三個月內登記謄本。（未登記建物免附）（＃）	〃		✓		
4	國有土地最近三個月內地籍圖謄本。（＃）	〃	✓	✓	✓	✓
5	合併使用範圍內各筆土地最近三個月內地籍圖謄本。（＃）	〃			✓	
6	都市計畫土地使用分區證明。（八個月內正本）（尚未實施都市計畫或畸零、裡地合併使用證明書或權責機關之公文書已記載都市計畫分區者免附）	工務（建管）機關	✓	✓	✓	✓
7	原租約。（租約遺失附切結書）	出租機關	✓	✓		
8	地上房屋所有權證明文件。	（自備）	✓			
9	申購人戶口名簿或身分證影本；法人應附法人登記證明文件及其代表人資格證明，或法人設立（變更）登記表。	（自備）	✓	✓	✓	✓
10	房屋共同使用範圍協議書。（非共同使用者免附）	（自備）		✓		
11	畸零（裡）地合併使用證明書。（八個月內正本）	工務（建管）機關			✓	
12	合併使用範圍內未會同申購之私有土地所有權人同意申購人承購或放棄申購之同意書及印鑑證明。	（自備）			✓	
13	協議書。（法人或寺廟未完成法人設立登記或寺廟登記前，全體籌備人協議以公推之代表人申購）	（自備）	✓	✓	✓	✓
14	承諾書。（以公推之代表人申購者，全體籌備人應另附承諾書承諾本申購案應承諾事項）	（自備）	✓	✓	✓	✓
15	其他。					

填表說明：1.「收件日期」及「申購案編號」粗框欄申購人請勿填寫。
2.請依本申請書背面「申購類別」欄所有"✓"符號項目檢送證件；證件名稱後標註（＃）符號者，由出售機關以電子處理查詢，但無法以電子處理查詢者，應由申購人檢附。
3.法人或寺廟在未完成法人設立登記或寺廟登記前，以公推之代表人名義申請。
4.申購人為未成年人、受監護或輔助宣告之人，應由法定代理人、監護人或輔助人親自到場核對身分，於申請書內簽名並蓋章。
5.所附影印本應自行核對與正本相符並註明認章。
6.申購標的、申購人欄位不敷使用時，另以附表填寫。
7.申購人應以下列方式之一表明真意：(1)申購人為有行為能力之自然人，親自到場核對身分並簽章；(2)蓋印鑑章並附具印鑑證明（其有指定用途者，應以與國有財產事務相關文字為限）。(3)申購人為已出租國有非公用不動產之承租人時，申請書蓋用與租約相同之印章。

第四節　地籍圖與房屋平面位置圖

一、地籍圖

㈠地籍圖在表示地形及位置

地籍圖在表示土地的位置、界址及形狀。是以從地籍圖上可瞭解到土地是否屬於畸零地？能否利用及如何利用。依土地登記規則第20條規定，地籍圖應永久保存。

㈡重測前地籍圖

過去所使用的地籍圖，係日據時代所測繪，其比例為1：1200，由於長久的使用，可能有所破損，致時有不正確的情形。且未套繪都市計畫圖，使用上較為不便，因此，乃全面實施地籍圖重測。目前臺北市及高雄市均早已重測完畢，至於臺灣省各縣（市）則尚有部分土地正在積極推動中。

㈢重測後地籍圖

重測後的地籍圖，其比例在都市地區大多為1：500，且套繪都市計畫圖，在農地或山地等地區其比例大多為1：1000，使用上不但較為正確而且方便。

㈣閱覽地籍圖

目前地籍圖可供閱覽，任何人對於任何一筆土地均可申請閱覽藍曬圖，或複製圖，限時20分鐘，每幅收新臺臺幣10元。至於電子處理者，到地政事務所閱覽費每筆（棟）20元，限時5分鐘，電傳視訊閱覽費每人每筆10元。

㈤申請地籍圖謄本

任何人對於任何一筆土地，均可臨櫃、網路或通信申請地籍圖謄本。尚未重測地區之地籍圖，無法影印，而需描繪，致需時較久，約6小時以上，至於重測後地籍圖，其採電腦列印者，以每張新臺幣20元計收。地籍圖人工掃描每張40元，人工影印每張15元。

二、房屋平面位置圖

有產權登記的房屋，始有其平面位置圖，因登記前，地政機關應先測量，該測量成果圖上，表示房屋的平面及位置，並永久保存，是以任何人對於任何房屋均得申請謄本，惟應先從權狀上得知建號始可。若未產權登記的房屋，則無是項圖說。房屋平面圖或測量成果圖影印本，每張新臺幣15元，採電腦列印者，每張20元。

◎**核發地籍圖謄本注意事項**（91.2.7修正發布）

一、地籍圖謄本得採複印、電腦繪製或人工描繪發給之。

二、地籍圖破損，無法辨讓經界線，致不能謄繪時，得依地籍副圖、土地複丈圖或該管測量機關保管之地籍藍曬圖描繪發給之，並於謄本上註明地籍圖破損，本謄本

　係依據××圖謄繪，僅供參考字樣。

三、地政事務所核發地籍圖謄本，得授權承辦人辦理。

四、核發已停止使用之地籍圖謄本，應於謄本上註明原地籍圖已停止使用，本謄本僅
　　供參考字樣。

　　前項已停止使用之地籍圖已送內政部土地測量局或有關機關典藏者，其謄本由地
　　政事務所向該機關洽取後核發之。

五、地籍圖重測界址爭議土地，司法機關因審判上需要，囑託提供重測前之地籍圖謄
　　本時，應予受理。並於謄本上註明本宗土地因辦理重測時，界址爭議未解決，本
　　謄本僅供參考字樣。

六、重測區建物，不論其坐落基地有無界址爭議，建物所有權人申請核發該建物測量
　　成果圖謄本時，應予受理。

正面

收件日期：
受文機關：臺北市（縣）　　大安　地政事務所
收件號碼：　　　　　2-6
收件者章：

表

訂

線

地籍謄本及相關資料申請書

申請項目（請就申請項目□內打✓）	
☑一、土地登記及地價資料謄本　□第一類　☑第二類　□第三類　【□公務用　□利害關係人，依核發土地登記及地價資料謄本注意事項第4點第___款規定申請】	

（一）土地建物登記謄本　☑全部　□部分　□他項權利部　□標示部　□所有權部（□無需列印主建物號　□無需列印地上建物號）　□所有權部之個人（□所有權部及他項權利之個人統編）　□他項權利部（他項權利部）　及所有權部（□土地標示及他項權利部□建物標示及他項權利部）
（二）地價謄本　□　　　年公告土地現值　□前次移轉現值　【□全部　□標示部　□所有權部　□他項權利部】
（三）人工登記簿謄本　□信託專簿　□重造前舊簿　□電子處理前舊簿　□土地使用收益限制約定專簿：收件號
（四）專簿　□信託專簿　□共有物使用管理專簿　□土地建物異動清冊
（五）其他　□地籍異動索引　□土地建物異動清冊

☑二、地籍圖謄本（□指定比例尺1/　　　　）或影印地籍圖手繪地籍圖及坐標表
☑三、建物測量成果圖或建物標示圖

□四、閱覽、抄錄或複印　□地籍資料之藍曬圖或複製圖　□地籍圖（本所轄區）　載值列印界址點號及建物號　□以門牌查詢地建號　□土地、建物參考資訊　□藍曬地籍圖
□五、攝影　□閱覽（查詢）　□電子處理地籍資料　□歸戶資料（本所轄區）　字第　　號　□土地登記申請書　車　□土地/建物參考資訊
（□不動產成交案件實際資訊　□申報書序號）　　字第　　號
□六、其他　□土地登記簿謄本　□台帳　□歸戶資料（本所轄區）　　　　　利人或管理者姓名　　　　代理人送件者姓名

申請標示	鄉鎮市區	段	小段	地號	建號	所有權人·他項權利人或管理者姓名	統一編號	申請份數	建物門牌
	大安	通化二小段		21	315	張三	△△△△△△	1	敦化南路二段○號

（續背面）

背面

申請人（含利害關係人）	姓名	張三	統一編號	△△△△△	住	△△△△△△△
代理人	名	林△△		△△△△△		△△△△△△△
複代理人					址	

| 聯絡電話 | △△△△△ | △△△△△ |
| 簽章 | 印 | |

委任關係
☑本申請案，係受申請人之委託，如有虛偽不實，本代理人願負法律責任。
□本申請案，係經複代理人之委託，如有虛偽不實，本複代理人願負法律責任。

利害關係切結事項

申請用途
☑購屋、貸款使用 □處理訴訟案件 □自行參考 □政府機關
（名稱：　　　　　　　　申請案或貸款案使用）

領件簽章		
張（筆）數		
規費		元
收據	字第	號
右列欄位申請人免填	核定人員	
	列印人員（影印時間）	

填寫說明

一、「申請項目」及「申請標示」欄位，應依格式填寫明確，字跡請勿潦草；如申請書不敷使用，請另填申請書。

二、第一類土地登記及地價資料謄本（以下簡稱謄本）個人全部登記及地籍資料均予顯示；至其他共有人、他項權利人及其管理者之出生日期、部分姓名、部分統一編號、債務人及設定義務人之出生日期、部分姓名、部分統一編號、隱匿匿名之資料，並得由任何人申請之；第二類謄本，隱匿部分姓名、部分統一編號、出生日期之資料，並得由任何人申請之；第三類謄本，係由登記名義人、他項權利人或其繼承人、管理者為限。

三、申請各類謄本者，應依個人資料保護法規定蒐集、處理及利用資料。

四、歸戶資料（本所轄區）之閱覽（查詢）或列印，以所有權人、他項權利人或管理者為限。

五、申請登記案件，請填寫登記收件年字號。

六、本申請案如由代理人代為申請，應請代理人及其簽名或蓋章；如係複代理人代為申請，應於複代理人同時填寫明申請人之統一編號或統一編號及其姓名、代理人及其姓名、統一編號等並於委任關係欄勾選切結「本申請案，係受申請人之委託」，如有虛偽不實，本代理人願負法律責任。「本申請案，係複代理人之委託，如有虛偽不實，本複代理人願負法律責任」後簽章。

七、利害關係人申請第三類謄本，應於申請書載明所繫利害關係事由或法律依據，如無法檢附證明文件正本，應檢附影本並切結與正本相符，如有虛偽不實，應負法律責任。請於申請用途欄，確實填寫，如係向政府機關申請案或貸款案使用者，應確實填寫機關名稱。

八、為配合行政院推動地籍謄本減量，請於申請書內切結事由。

◎臺北市政府地政局暨所屬各地政事務所網路申請地籍謄本及相關資料作業要
　點（101.11.2修正發布）

一、為加強臺北市政府地政局（以下簡稱本局）暨所屬各地政事務所（以下簡稱各
　　所）地政便民服務，受理民眾以網路申請地籍謄本及相關資料，特訂定本要點。

二、本要點適用之申請項目如下：

　　㈠土地登記謄本。

　　㈡建物登記謄本。

　　㈢地價謄本。

　　㈣地籍圖謄本。

　　㈤建物測量成果圖謄本。

　　㈥地籍異動索引。

　　㈦地籍異動清冊。

　　㈧土地參考資訊。

三、申請人應辦理事項：

　　㈠依申請項目於網站上逐欄填妥申請資料，最遲應於預定領取時間之前一日申
　　　請。

　　㈡視需要選擇「到所取件」或「郵寄到家」服務。

　　㈢選擇「郵寄到家」服務者，於接獲地政事務所通知後，應依規定繳清地籍謄本
　　　或相關資料工本費及郵資。

四、各所應辦理事項：

　　㈠各所應指派專責人員定時接收網路申請案件，並登載於收件簿（如附件）；如
　　　網路申請書填寫錯誤或不完整時，應即聯絡申請人確認其申請內容，若無法聯
　　　絡申請人時，得暫不受理。

　　㈡各所於接收網路申請書後，應於一工作天內辦理完竣，以供申請人領取。

　　㈢申請土地登記謄本、建物登記謄本及地價謄本張數超過60張以上，或地籍圖謄
　　　本、建物測量成果圖謄本超過30張以上，及地籍資料檔無建立地價資料者，不
　　　受前款限制。

　　㈣各所專責人員應定時查催通知申請人繳納地籍謄本或相關資料工本費及郵資，
　　　俟其繳納費用後，依申請人取件方式發（寄）給地籍謄本或相關資料，並於收
　　　件簿備考欄加蓋「已發」戳記。另規費單第四聯存根應黏貼於申請書後歸檔。

五、申請案為第4點第3款所列數量者，應先經申請人確認。

六、各所專責人員每月底應統計申請件數、筆棟數及張數，並清查領件紀錄，就該月
　　未經申請人領取之謄本項目予以列冊、管制。如有申請2次或申請謄本張數達10
　　張以上未領取者，嗣後得拒絕其以網路申請，並通報其他各所。

七、本作業要點自發布日施行，內容如有未盡事宜，得依實際作業需要修訂之。

◎臺北市各地政事務所受理通信申請地籍謄本及相關資料作業要點（101.1.20修正
　發布）

一、為便利民眾以通信方式向本市各地政事所（以下簡稱各所）申請地籍謄本及相關
　　資料，提高工作效率，特訂定本要點。

二、本要點受理申請項目如下：
　　㈠土地登記謄本。
　　㈡建物登記謄本。
　　㈢地籍圖謄本。
　　㈣建物測量成果圖謄本。
　　㈤地價謄本。
　　㈥地籍異動索引。
　　㈦土地參考資訊。

三、申請人依本要點申請時，應依內政部訂頒之地籍謄本及相關資料申請書（以下簡
　　稱申請書）逐欄填妥並簽名或蓋章後，檢附工本費（多退少補）及掛號回郵郵資
　　郵寄本市任一地政事務所，並在信封正面左上角書明「通信申請地籍謄本及相關
　　資料」字樣。

四、各所收到前點申請書件，應即將申請人姓名等填載於收件簿（如附件），依地籍
　　謄本及相關資料申請案收件。

五、各所審查申請人填載資料無誤者，應辦理下列事項：
　　㈠依規定程序列印謄本或相關資料、計收規費、找零等手續，並於申請書及地政
　　　規費收據上填具「○○年○○月○○日○第○○號申請案，寄發○○謄本○○
　　　張（或○○資料○○張）、規費收據○○張、代扣郵資○○元、找零○○元」
　　　等事項，並核章後，將地政規費收據第一聯、找零、謄本或相關資料等寄還申
　　　請人。
　　㈡於收件簿註記「已發」字樣，地政規費收據第四聯存根，黏貼於申請書後，由
　　　業務課歸檔保管。

六、各所審查第3點申請書件，發現標示填寫錯誤、不完整或字跡潦草無法辨識，或
　　雖填具不動產標示，惟地籍資料庫查無資料者，應將處理情形註記於申請書後，
　　併同工本費，寄還申請人。上開申請書應影印一份，由業務課歸檔保管。

七、各所審查第3點申請書件，發現申請人預繳之工本費及郵資費用不足時，得以電
　　話通知申請人補繳相關費用，並於申請書註記電話通知補正時間，逾通知十五日
　　未補正者，依前點規定程序予以退回。

八、申請人於接獲各所依前點電話通知補正事項，補寄不足費用後，地政事務所應於
　　申請書註記補正時間，依本要點第五點規定辦理。

九、各所依本要點受理申請地籍謄本及相關資料，其處理時限依本府申請案件處理時
　　限表之規定期限辦理。但依第2點第5款申請83年以前地價謄本（申報地價）者，

不在此限。

第7點及第8點之補正期間，依臺北市政府文書處理實施要點第171點規定得予扣除。

十、本要點自發布日施行。

第五節　權利書狀與登記簿

一、權利書狀

(一)權利書狀的種類

臺灣光復初期，對於共有土地的登記，僅發給其中一人土地所有權狀，其餘共有人則發給共有人保持證。

嗣後共有人保持證則陸陸續續收回改發土地所有權狀或地籍圖重測換發新土地所有權狀，權狀上記明持分。惟尚未重測換狀地區，仍有部分人持有該共有人保持證。由於事實上的需要，光復後到目前為止，土地所有權狀的規格一再改變，致實務上新舊並陳。

房屋如有所有權第一次登記，早期係發給建物附表，附貼於土地所有權狀或他項權利證明書之後，嗣後則改發「建築改良物所有權狀」，於登記作業電腦化後，則改發「建物所有權狀」。

此外，如有他項權利設定登記，則發給他項權利證明書。

綜上所述，所謂權利書狀計有土地所有權狀、共有人保持證、建物附表、建築改良物所有權狀、建物所有權狀及他項權利證明書等六種。

(二)不能僅相信權狀

權利書狀僅係一種憑證，其產權是否有變動或設定他項權利，仍應以登記簿所登記者為準，因為所有權人取得所有權狀後，如歷時甚久，其間政府機關可能因實際需要，依據職權逕為分割登記或地目等則調整登記，或公告徵收禁止移轉登記，或因假處分、假扣押、查封等登記，或他項權利登記，權狀均未顯示，因此僅憑所有權狀，實難明真相。

尤其工商科技越進步，智慧型之犯罪越多，是以偽造所有權狀或他項權利證明書之事件時有所聞。為此，主管機關曾訂頒防止要點。

◎加強防範偽造土地登記證明文件注意事項（105.11.3修正發布）

一、為加強防範偽造變造權利書狀、身分證明、印鑑證明及其他有關文件不法申請土地登記，以確保土地登記之安全，特訂定本注意事項。

二、登記機關應將歷次核發不同版之權利書狀樣式、防偽措施說明、機關印信、歷任首長簽字章及其任期等資料以密件建檔保存，供審查人員查對並列入移交。權利

書狀之規格由內政部訂定。

三、登記機關接收登記案件時，應確實核對送件人身分，並查核所附權利書狀、印鑑證明、身分證明及稅捐繳（免）納證明等有關文件，發現上述文件有疑義時，應調閱原案比對或與原文件核發機關聯繫，請其協助審認文件之真偽。

電腦化作業前之權利書狀與登記簿係由同一人繕寫者，如發現疑義時，應注意核對登記簿與權利書狀之筆跡是否相符。

登記機關於發現有偽造變造情事者，應迅即密報治安單位偵辦並通報上級地政機關，該上級地政機關認案情重大者應迅即層報內政部及轉知其他直轄市、縣（市）地政機關預為防杜。

四、登記名義人或當事人親自到場辦理而免檢附印鑑證明案件，登記機關指定核對簽證之人員，應確實查核其身分，並將其國民身分證影印附案存檔。

五、申請住址變更登記案件，應注意審查其身分證明文件，必要時應向核發機關查證。

六、未能繳附原權利書狀之申請案件，應注意審查其原因證明文件，必要時應調閱原案或登記簿，或向權利利害關係人、原文件核發機關查證。

前項申請案件於公告原權利書狀註銷時，應以登記名義人之申請案載住所、登記簿登記住所併同通知。但登記名義人死亡，其繼承人僅有一人時之繼承登記者，並應就繼承人申請案載住所及最近一次於戶政機關辦竣變更前之住所通知。

七、權利書狀補給登記之通知依行政程序法送達規定辦理之。但其應受送達人以登記名義人本人，或其法定代理人、代表人、管理人或指定之代收人為限。

前項通知之送達處所有下列各款情形者，應以登記名義人其他相關住所併同通知：

㈠送達登記名義人之住所與登記簿登記住所不同者。

㈡送達登記名義人之居所、事務所、營業所、就業處所或法定代理人、指定代收人處所與登記名義人之申請案載住所、登記簿登記住所不同者。

㈢登記名義人最近一次於戶政機關辦竣變更前之住所與送達處所不同者。

八、登記機關應加強保管空白權利書狀用紙，對其領用及存量，須按月清點並記錄。

九、登記機關應依直轄市、縣（市）地政機關訂定之地籍資料庫管理規定加強地籍資料管理，以防範地籍資料遺失或被偽造變造。直轄市、縣（市）地政機關並應加強督導。

十、直轄市、縣（市）地政機關應加強與登記名義人、地政士、戶政、稅捐等機關進行防偽作業之聯繫、交流；受理跨所收辦登記案件者，於遇有疑義時，應速與管轄登記機關聯繫，加強民眾防偽方法之宣導，並鼓勵民眾申辦地籍異動即時通。

十一、登記機關人員因適時查覺偽造變造情事，而有效防止不法申請登記案件者，直轄市、縣（市）地政機關應優予獎勵。

共有人書狀保持證

本證奉令收取工本費新臺幣　　元

臺北市　大字　地號　甲　分　公頃　公畝　公釐

查係該業戶等所共有現據該業戶等推定執管書狀除將此項地產管業書狀發給執管外合行分發各共有人書狀保持證各一張俾資執憑

右給共有業戶

注意：如此項地產有轉移買賣時此證應隨書狀呈驗

中華民國　年　月　日

臺北市政府核發

字第　　號

共有人姓名表

共有人姓名	所有權部分或比率	附記
		書狀△△字第△△△號發給該戶 該戶給予△△書字第△△號狀保持證

| 狀　　權　　有　　所　　地　　土 | | | | | |

土地所有權狀

臺灣省臺北市政府為發給土地所有權狀事據土地所有權人

此狀

聲請登記左記土地所有權業經審核符合准予登記合行發狀以憑執案

計開：

（北市字第　　　　號）

市（局縣）
區（鄉鎮）
里（村）
　　路　段　戶號
街（　）鄰
巷
弄門牌
號　口號
號

土地標示

土地面積				土地地類	地目	申報地價		轉移現值		
				改良物情形		每坪	全宗	每坪	全宗	
區						萬千百拾元角	十萬千百拾元角	萬千百拾元角	十萬千百拾元角	
段	公頃							萬千百拾元角	千百十萬千百拾元角	
小段	甲				改良物法定價值						
	坪									
地號										

所有權

登記年月日及登記字號	共有關係比率	持分面積（登記標的）	收件年月日及收件字號
中華民國			中華民國
年		公頃	年
月		甲	月
日		坪	日
字號			字號

他項權利

權利人姓名	權利種類（登記標的）	權利價值設定年月日	存續時間證明書字號	他項權利情形	記要
權	權利價值	年	自　年月日起	本欄奉令省略以土地權利登記總簿記載為準	本欄奉令省略以土地權利登記總簿記載為準
元	設定年月日	月	至　年月日止		
元	年月日	日	共　年月日		
字號	字號	字號			

中右給

中華民國　　年　　月　　日

臺北市長

（正面）

土地所有權狀

發狀日期		權利範圍	登記字號	標示	土地坐落	管理人	所有權人	發狀事由
中華民國			地字第　　　號	地目	坐落			桃園縣政府為左記土地所有權業經依法登記完畢合行發給本權狀以憑執管
		縣長		等則	鎮鄉　段			
年			權狀字號　字第　　　號	面積	小段	所	住	
月			登記日期　民國　年　月　日	公頃　公畝　平方公尺公尺	地號	縣　市　鄉鎮市區　村里鄉　街路　段　巷弄　號		
日								

（背面）

臺北市松山地政事務所為左記土地所有權業經依法登記完畢合行發給本權狀以憑執管	土　地　所　有　權　狀					
	所有權人	管理人	土　地標　示		權利範圍	貼　印花　處
				坐落		發狀日期
			地目	區		
			等則	段	登記日期	中華民國
				小段	民國	主任
	住	所	面積	地號	年月日	
	縣市		公頃		權狀字號	年
	鄉鎮市區	街路	公畝		字第	月
	村里	巷段	公平方公尺		號	日
	鄰	號弄	號			

土　地　所　有　權　狀

發狀事由	所有權人	管理人	土地標示		權利範圍		木書狀物權是否有變更或已設定他項權利以地政事務所登記簿所載者為準。	發狀日期
臺北市古亭地政事務所為左記土地所有權業經依法登記完畢合行發給本權狀以憑執管			坐落 鄉鎮市區	地目				中華民國
				等則	原因日期 民國 年 月 日	登記日期 民國 年 月 日		年
			段				主任	
	住	所	小段	面積	權狀字號			月
	縣市 鄉鎮市區 村里 鄰	路街 段 巷 弄 號	地號	公頃 公畝 平方公尺	字第 號			日

變　更　登　記　紀　要

							登記日期字號
						年	
						月	
						日	
						字	
						號	
							登記原因
							變更登記事項
							土地政機關 土地登記專用章

繕書

校對

臺北市松山地政事務所

土地所有權狀

登記日期：中華民國　年　月　日

發狀日期：中華民國　年　月　日

權狀字號：△△北△字第△△號

所有權人：

統一編號：

土地標示：

坐　　落：△△區△△段△小段

地　　號：

地　　目：建

等　　則：（空白）

面　　積：********120（平方公尺）

權利範圍：應有部分********4分之1********

以上土地所有權業經依法登記完畢，合行發給本權狀以憑執管。

主　任　△△△

注意：本表為土地所有權狀附表嗣後如權利移轉變更或設定負擔應一併呈驗。

表				附		物					建	
市長官章	值價及形情物良改築建									名姓人權有所物建		土地所有權狀
	附註	法定價值	建築及取得日期	附屬建物	積	建坪	種類	構造	建築式樣	建物號數	登記日期	字第 號
					合計	停仔腳	層					

（以下為多列填寫欄）

市長官章	附註	法定價值	取得 年月日 建築	附屬建物	公厘勺才	公畝坪合	種類 造	構造	建築式樣 式	建物號數 號	登記日期 年月日	共有　姓名　所有權部分比率
			取得 年月日 建築		公厘勺才	公畝坪合	造		式	號	年月日	姓名　所有權部分比率
			取得 年月日 建築		公厘勺才	公畝坪合	造		式	號	年月日	姓名　所有權部分比率
			取得 年月日 建築		公厘勺才	公畝坪合	造		式	號	年月日	姓名　所有權部分比率
			取得 年月日 建築		公厘勺才	公畝坪合	造		式	號	年月日	登記 字第 第 姓名　所有權部分比率
			取得 年月日 建築		公厘勺才	公畝坪合	造		式	號	年月日	號

建 築 改 良 物 所 有 權 狀

發狀日期	貼印花處	權利範圍	建 築 改 良 物 標 示		管理人	所有權人
中華民國			基地座落	建物門牌　建號　構造建築式樣		臺北市古亭地政事務所為左記建築改良物所有權業經依法登記完畢合行發給本權狀以憑執管
		建物面積	街路	層次　公方公尺　公方公寸		
		地面層／二層／三層／四層／五層				
		登記日期 民國　年　月　日	段	層次　公方公尺　公方公寸	住　所	住　市縣　鄉鎮里
年	主任	附屬建物	平房或樓房層數	用途　主要建築材料	路街	市區村
		面積　公方公尺　公方公寸	建築完成日期 民國		段	鄰
月		權狀字號　公方公尺　公方公寸	年	主要建築材料	巷	路街
		字第	月		弄	段　巷　弄
日		號	日		號	號

（正面）

建築改良物所有權狀

臺北市古亭地政事務所為左記建築改良物所有權業經依法登記完畢合行發給本權狀以憑執管

所有權人	住			
	市　縣	鄉鎮市區　村里　鄰		
管理人	所			
	路街	段	巷	弄　號

建築改良物標示

基地座落	街路　鄉鎮市區	段	小段	段　巷　弄　號　號
建物門牌				
建號				
構造／建築式樣				
建築完成日期	民國　年　月　日			
平房或樓房層數				
主要建築材料				

建物面積

層次	平方公尺	平方公寸

附屬建物

用途	主要建築材料	面積	平方公尺	平方公寸

權利範圍

登記日期	民國　年　月　日
權狀字號	字第　　號

本書狀物權是否有變更或已設定他項權利以地政事務所登記簿所載者為準。

主任

發狀日期 中華民國　年　月　日

（背面）

變　更　登　記　紀　要							登記日期字號	
							年	
							月	
							日	
							字	
							號	
							原登記原因	
							變更登記事項	
							土地登記專用章	地政機關

繕書
校對

臺北市△△地政事務所
建物所有權狀

登記日期：中華民國　年　月　日
發狀日期：中華民國　年　月　日
權狀字號：△△北△字第△△號

所有權人：

統一編號：

建物標示：

坐　　落：△△區△△段△小段

建　　號：

門 牌 號：八德路4段　巷　弄　號

建築完成日期：民國　年　月　日

主要建材：鋼筋混凝土造　　　　　　　主要用途：商業用

建物層數：06層

層　　次：一層

面　　積：****57.94　　（平方公尺）

總 面 積：*****57.94　　（平方公尺）

附屬建物：平台

面　　積：*****9.36　　（平方公尺）

權利範圍：所有權全部

基 地 號：西松段三小段0059-0000地號

共同使用部分：

建　　號：02899-000

面　　積：**1,321.56（平方公尺）

權利範圍：應有部分*****10000分之186*****

以上建物所有權業經依法登記完畢，合行發給本權狀以憑執管。

主 任　△△△

他　項　權　利　證　明　書

臺灣省臺北市政府

為發給他項權利證明書事據
證件核明登記合給證明書為憑此證
計開：

（年份　字第　　號）

權利人　　　　現取得左記土地　　權業經呈驗

土地標示

收件年月日及收件字號

法定價值	改良物	改良物情形	地類	地積	等級	地號	小段	段
			甲	公頃				
			地目					
			地價					

年　月　日字　號

權利事項

其他事項	所有權狀人字號	所有權人姓名	權利先後次序	登記年月日及字號	存續期間	權利範圍	權利價值	登記標的（權利種類）	設定日期
					自　年　月　日起 至　年　月　日止				
	字			年月日字					年　月
	號			號			元	權	日

中華民國　　年　　月　　日

市長
右給　　權利人　收執

（正面）

他項權利證明書

臺北市古亭地政事務所為左記他項權利業經依法登記完畢合行發給本證明書以憑執管

權利人	管理人	他項權利標示		他項權利標的示		權利種類	權利總價值	利息（地租）	義務人	本書狀物權是否有變更或已設定他項權利以地政事務所登記簿所載者為準。	發狀日期
住		土地坐落	建								中華民國
市		鄉鎮市區	號 建	市鄉鎮區	土地坐落						
縣		段	路街 建物門牌	段							
鄉鎮市區		小段	巷 段	小段							
里		地號	號 弄	地號							
村		地目	市鄉鎮區 基地坐落	地目	權利範圍						年
所		地等面	段	等面				債務人			
路街	住	公頃	段 小	公頃			遲延利息				
段		公畝	號 地	公畝							
巷	所	平方公尺	式 築建	平方公尺					主		月
弄		權利範圍	樓數 或房及層 平房	權利範圍				存續期限	原發生日期		
號	路街		建料 要材 主築					民國	民國		
鄰	段		層面地		建物面積（單位：平方公尺）			年	年		
	巷		層二				違約金	月	月	任	日
	弄		層三四					日	日		
	號		層				證明書字號	登記日期	清償日期		
	鄰		層					民國	民國		
			層				字第	年	年		
			層					月	月		
			層下地					日	日		
			地面 騎樓平					號			
			計 共用		附屬建物						
			途 用								
			建料 要材 主築								
			積 面								
			圍範利權								
	利 後先 號		利 後		利 先						

主任

（背面）

變更紀要	登記	建物標示	共同權利標的	
		建 號	土地坐落	鄉鎮市區
	登記日期字號	建物門牌 街路		段
	年月日字號	段 巷弄 號		小段
		鄉鎮市區 段		地號
	登記原因	基地坐落 小段 地號		地目
		主要用途		等則
	變更登記事項	建築式樣	面積	公頃
		平房及房或樓數		公畝
		主要建材		平方公尺
		建物面積（單位：平方公尺）地面層 二三四層…… 騎樓 地下層 共用平地 地面 計		權利範圍
		附屬建物 用途 主要建材 面積 權利範圍 權利先後		原權利先後
書繕	地政機關登記專用章			
對校				

新北市板橋地政事務所
他項權利證明書

登 記 日 期：中華民國　年　月　日
發 狀 日 期：中華民國　年　月　日
證明書字號：

權 利 人：
統一編號：
權利種類：抵押權
債權範圍：全部*********1分之1*********
權利價值：最高限額新臺幣
存續期間：
清償日期：依照各個契約約定
利　　息：依照各個契約約定
遲延利息：依照各個契約約定
違 約 金：依照各個契約約定
債 務 人：
收件字號：　板登字第　　號
他項權利檔號：
抵押權標的：
土　　地：板橋　段　　地號
面　　積：　　　00平方公尺
登記次序：0490-000
權利標的：所有權　　標的登記次序：0002
設定權利範圍：*****10000分之1439*****
設定義務人：
建　　物：板橋市　段　　建號
門 牌 號：中山路　段　號　樓
總 面 積：****587.51平方公尺
登記次序：0001-000
權利標的：所有權　　　標的登記次序：0001
設定權利範圍：全部*********1分之1*********
設定義務人：
建　　物：板橋市　段　　建號
門 牌 號：中山路　段　號　樓
總 面 積：*******8.57平方公尺
登記次序：0001-000
權利標的：所有權　　標的登記次序：0001
設定權利範圍：全部*********1分之1*********
設定義務人：

二、登記簿

㈠土地登記規則的規定

　　土地登記具有絕對效力，其效力的發生，係以登記簿所登記的資料為準。茲列述土地登記規則對於登記簿有關規定如次：

1. 登記機關應備土地登記簿及建物登記簿。（第14條）
2. 登記簿用紙除區分所有建物共有部分之登記僅建立標示部及加附區分所有建物共有部分附表外，應分標示部、所有權部及他項權利部，依次排列分別註明頁次，並於標示部用紙記明各部用紙之頁數。（第16條）
3. 登記簿就登記機關轄區情形按鄉（鎮、市、區）或地段登記之，並應於簿面標明某鄉（鎮、市、區）某地段土地或建物登記簿冊次及起止地號或建號，裡面各頁蓋土地登記之章。同一地段經分編二冊以上登記簿時，其記載方式與前項同。（第17條）
4. 登記簿應按地號或建號順序，採用活頁裝訂之，並於頁首附索引表。（第18條）
5. 登記簿及地籍圖由登記機關永久保存之。除法律或中央地政機關另有規定或為避免遭受損害外，不得攜出登記機關。（第20條）

㈡應檢視謄本是否為地政機關所核發及是否漏頁

　　共有人數如很多時，登記簿謄本的頁數就相當多，因此，得申請部分謄本，即指明特定對象的有效部分申請謄本比較經濟省費。

　　登記簿謄本不論頁數多少，地政事務所核發時，均加蓋騎縫章，若是騎縫章不符，表示可能其中一頁或數頁，有被抽換之情事發生，所以檢視土地登記簿謄本時，應特別去注意。土地登記簿謄本之核發，由於行政革新，實施分層負責後，已授權由承辦人員決行，故僅加蓋承辦人員的職名章。

　　目前申請登記簿謄本約1小時可領到，但電腦列印者，所需時間較短。人工影印每張新臺幣5元，電腦列印每張20元，申請時應出示身分證並蓋章，任何人對於任何一筆土地均可申請謄本。

　　關於登記簿謄本之申請書，如同前節地籍圖謄本申請書，請參閱。

㈢登記簿不供閱覽

　　為保持登記簿的完整性，目前登記簿不供民眾閱覽，以免易於破損。但電子處理者可閱覽，每筆（棟）20元，限時5分鐘。此外，電子處理之地籍資料電傳視訊閱覽費，每人每筆10元。

◎關於受理人民申請日據時期土地登記簿謄本事宜（74.7.17內政部臺內地字第322528號函）

　　法務部、省市地政機關會商獲致結論如下：「臺灣地區辦理土地總登記後，日據時期之土地登記簿即停止適用，所有土地權利均應以現土地登記簿之

記載為準。倘人民為參考需要申請日據時期土地登記簿謄本時，以地政機關尚保存完整者為限，並應加註『本謄本係按照日據時期土地登記簿影印，僅供參考，其權利仍應以現土地登記簿記載為準』等字樣。」

㈣土地登記簿的看法

土地登記簿分為土地標示部、所有權部及他項權利部等三大部分，茲分述如次：

1.人工作業之登記簿

(1)土地標示部：標示部在於表明收件登記之日期、原因，及鄉鎮區、段、小段、地號、地目、等則、面積、其他登記事項、編定使用種類、地上建築改良物之建號等等項目，惟以面積、地段及地號為主體。

標示部之最底下部分，表明登記簿各部分已登記用紙頁數，由該記載，可查知各部分之登記用紙頁數之多寡。如係法定空地，則於備註欄註記。

因合併分割或地目變更致面積等標示有變更，則依登記次序之先後排列登記，並以最後一欄之登記資料為準。其前面各欄之登記資料，僅係該筆土地標示之歷次變更過程，屬歷史性之資料。

土地面積係以公頃為單位，並算至平方公尺為止，平方公尺以下四捨五入，惟如此影響都市地區或其他地價較高之土地，因此，目前均算至平方公尺以下二位，二位以下四捨五入，標示部面積欄之「平方公尺」項內以小數點表示之。

政府機關如因徵收或重劃，通常禁止移轉買賣或設定負擔，並於「其他登記事項」欄或「備考」欄內記明，因此如「其他登記事項」欄或「備考」欄內清清白白且所有權未被限制登記時，則表示該筆土地之使用收益及處分，不受任何限制。

(2)所有權部：所有權部在於表明收件登記之日期、原因及所有權人姓名、住址、權利範圍、義務人姓名、剩餘持分、書狀字號。

如土地共有人甚多，且屢經移轉，則所有權之記載就比較複雜。因此，在取得登記簿謄本後，必須依據所有權部的主登記次序，從頭到尾逐一列明於另一張紙上，才比較容易明瞭其權利變動之情形。各共有人之持分額相加，一定要等於一，如不等於一，則表示各所有權人錯誤，或各所有權人之持分額錯誤。似此，勢必要再重新檢視一番。

所有權部不能像標示部的看法以最後一欄為準，需逐欄逐項逐次查明，凡所有權未經移轉者，均為所有權人。所謂產權清楚與否，或權利範圍之多寡，均以所有權部的記載為準。

所有權人之權利，如被預告登記、假扣押、假執行、假處分及查封等各種登記時，則依主登記次序逐次編號登記。各該登記通常於「其他登記事項」欄

內註明法院囑託登記之日期、文號及權利人之姓名、持分額。

　　至於附記登記，係主登記次序的各項資料有變動，如姓名變更，或住址變更時，所為之附記登記，其登記並不影響產權之移轉變更。

　　　　(3)他項權利部：房地產如設定他項權利，登記簿則有他項權利部，否則僅標示部及所有權部。所謂他項權利計有地上權、抵押權、不動產役權、典權、永佃權、農育權及耕作權；一般而言，以抵押權居多。

　　他項權利部記載權利種類、登記收件日期、原因、權利範圍、權利價值、權利存續期間、利息、違約金、權利人之姓名住址及義務人債務人之姓名、權利書狀字號，如有共同擔保情事，則於其他事項欄內或備註欄內記明。

　　如土地共有人很多，欲瞭解是否有設定他項權利，則以義務人為準，因共有人可能分別各設定他項權利，則他項權利部的記載，就比較複雜。

　　他項權利如經過塗銷後，於主登記次序欄內逐次編號登記，並於「其他登記事項」欄內，記明「塗銷權利先後第○欄之○○權登記」。由此可知已設定之權利，是否已經塗銷。

　　2.電腦處理之登記

　　電腦處理之登記，無「簿」可言，故申請列印者，其名稱為「登記謄本」，除表明地段及地號外，亦表明列印時間。但因涉及個人資料保護，申請之謄本，分第一類、第二類、第三類及公務用四種。

　　　　(1)土地標示部：標示部在於表明該筆土地之登記日期、登記原因、地目、面積、使用分區、編定使用種類、當年期公告現值、地上建物建號及其他登記事項。其中面積以平方公尺表示，使用分區及編定使用種類，於都市土地則多為空白，僅非都市土地始有記載。至於其他登記事項之記載，則如前述人工作業之登記簿之記載。

　　　　(2)所有權部：已不生效之資料均不於登記謄本中出現，僅就生效中之資料，表示其主登記次序、登記日期、登記原因、原因發生日期、所有權人之姓名、統一編號、住址、權利範圍、申報地價及其他登記事項。已無如人工登記簿之附記登記，但如有查封等限制登記，則仍如人工登記簿之登記。

　　　　(3)他項權利部：此部亦如所有權部，已不生效之資料亦均不於登記謄本中出現，僅就生效中之資料，表示有關他項權利之登記資料。其內容猶如前述人工登記簿，故於此不贅述。

臺北市　　　區　　　段　　　　小段　　　　地號　（　　）

登　記　次　序										
收	日　　　期	民國　年　月　日		民國　年　月　日		民國　年　月　日		民國　年　月　日			
	字			字		字		字		字	
件	號			號		號		號		號	
登	日　　　期	民國　年　月　日		民國　年　月　日		民國　年　月　日		民國　年　月　日			
	原　　　因										
	原因發生日期	民國　年　月　日		民國　年　月　日		民國　年　月　日		民國　年　月　日			
記	地　　　目										
等　　　則										
面　　　積		公頃	公畝	公平方尺	公頃	公畝	公平方尺	公頃	公畝	公平方尺	公頃 公畝 公平方尺
其他登記事項										
登　記　者　章		登簿　校對		登簿　校對		登簿　校對		登簿　校對			
編定使用種類										
地上建築改良物之建號										
備　　　考										
標示部已登記用紙頁數										
所有權部已登記用紙頁數										
他項權利部已登記用紙頁數										

臺北市土地登記簿

標示部第　　　　頁

臺北市　　　區　　　段　　　小段　　地號　　（　　　）

主 登 記 次 序					
附記登記次序					
收	日　　　期	民國　年　月　日	民國　年　月　日	民國　年　月　日	民國　年　月　日
件	字 號	字 號	字 號	字 號	字 號
登	日　　　期	民國　年　月　日	民國　年　月　日	民國　年　月　日	民國　年　月　日
	原　　　因				
記	原因發生日期	民國　年　月　日	民國　年　月　日	民國　年　月　日	民國　年　月　日
所	姓　　　名				
	管　理　者				
有	住　　　　所	縣市　鄉鎮市區　村里　鄰	街路　段　巷弄　號	縣市　鄉鎮市區　村里　鄰	街路　段　巷弄　號
權		縣市　鄉鎮市區　村里　鄰	街路　段　巷弄　號	縣市　鄉鎮市區　村里　鄰	街路　段　巷弄　號
人	國民身分證統一號碼				
權利範圍	取得持分或全部				
	連前共有持分				
義務人	姓　　　名				
	權利剩餘額				
其他登記事項					
書　狀　字　號	字第　　號	字第　　號	字第　　號	字第　　號	
登 記 者 章	登簿　校對	登簿　校對	登簿　校對	登簿　校對	
備　　　考					

臺北市土地登記簿

所有權部第

頁

臺北市 　　　　區 　　段 　　小段 　地號 （　　　）

臺北市土地登記簿

他項權利部第

主　登　記　次　序					
附記登記次序					
收件	日　　　期	民國　年　月　日	民國　年　月　日	民國　年　月　日	民國　年　月　日
	字	字	字	字	字
	號	號	號	號	號
登記	日　　　期	民國　年　月　日	民國　年　月　日	民國　年　月　日	民國　年　月　日
	原　　　因				
	原因發生日期	民國　年　月　日	民國　年　月　日	民國　年　月　日	民國　年　月　日
所有權人	姓　　　名				
	管　理　者				
	住	縣市 街路	縣市 街路	縣市 街路	縣市 街路
		鄉鎮市區 段	鄉鎮市區 段	鄉鎮市區 段	鄉鎮市區 段
		村里 巷弄	村里 巷弄	村里 巷弄	村里 巷弄
	所	鄰 號	鄰 號	鄰 號	鄰 號
	國民身分證統一號碼				
權　利　範　圍					
權　利　價　值					
存　續　期　限					
清　償　日　期					
利　息　或　地　租					
遲　延　利　息					
違　約　金					
義　務　人					
債　務　人					
權利移轉後剩餘額					
其　他　登　記　事　項					
證　明　書　字　號		字第　號	字第　號	字第　號	字第　號
登　記　者　章		登簿　　校對	登簿　　校對	登簿　　校對	登簿　　校對
備　　　考					

頁

土地登記第二類謄本（部分）

南港區玉成段△小段 0742-0000地號
列印時間：民國△年△月△日16時11分45秒
　　　　　　＊＊＊＊＊＊＊＊＊＊＊＊＊土地標示部＊＊＊＊＊＊＊＊＊＊＊
登記日期：民國△年△月△日　　　　　　登記原因：地籍圖重測
地目：建等則：　　　　　　　　　　　面積：＊＊＊＊120平方公尺
使用分區：（空白）　　　　　　　　　編定使用種類：（空白）
民國△年△月△日公告現值：＊＊＊90,100／平方公尺
地上建物編號：
南港區玉成段△小段
00311-000　00312-000　00313-000　00314-000
其他登記事項：重測前：後山坡段：810-7
　　　　　　＊＊＊＊＊＊＊＊＊＊＊＊土地所有權部＊＊＊＊＊＊＊＊＊＊＊
登記次序：0001
登記日期：民國△年△月△日　　　　　　登記原因：買賣
原因發生日期：民國△年△月△日
所有權人姓名：
統一編號：
出生日期：
住址：臺北市南港區合成里5鄰永吉路△巷△弄△號
權利範圍：應有部分＊＊＊＊4分之1＊＊＊＊
權狀字號：
申報地價：民國△年△月△日　＊＊＊＊24,800元／平方公尺
前次移轉現值或原規定地價：民國△年△月△日　元／平方公尺
其他登記事項：（空白）
　　　　　　＊＊＊＊＊＊＊＊＊＊＊＊土地他項權利部＊＊＊＊＊＊＊＊＊＊＊
（0001）登記次序：0018-000　　　　　權利種類：抵押權
收件年期：民國△年　　　　　　　　　字號：松山字第042440號
登記日期：民國△年△月△日　　　　　登記原因：設定
　權利人：合作金庫商業銀行股份有限公司
　住址：臺北市中正區館前路77號
債權額比例：全部＊＊＊＊＊＊＊＊＊1分之1＊＊＊＊＊＊＊＊＊
擔保債權總金額：：最高限額新臺幣＊＊＊48,000,000元正
存續期間：自△年△月△日至△年△月△日
清償日期：依照各個契約約定
利息（率）：依照各個契約約定
遲延利息（率）：依照各個契約約定
違約金：依照各個契約約定
債務人及債務比例：△
權利標的：所有權
標的登記次序：0003
設定權利範圍：＊＊＊＊＊10000分之151＊＊＊＊＊
設定義務人：△
證明書字號：095北松字第002646號
共同擔保地號：美仁段△小段0100-0000
共同擔保建號：美仁段△小段04068-000　04069-000　04104-000
其他登記事項：（空白）

(五)房屋登記簿的看法

房屋登記簿的看法要領與土地登記簿一樣。其申請手續亦同，於此不贅述。

房屋登記簿係按建號順序編定，是以申請謄本前，應先查知建號，房屋登記簿亦分為標示部及所有權部，如有他項權利設定登記，則另加他項權利部。茲分述如次：

1.人工作業之登記簿

(1)建物標示部：標示部記載土地的區、段及建物的建號，「標示先後」即如土地登記簿標示部之「登記次序」，名稱不一樣，但實質意義則一樣。

一棟建物，均編定一建號，並將該建物之門牌、基地坐落、用途、構造、面積建築完成日期及其附屬建物予以詳細登記。建物除了門牌號及基地號可能變更外，其餘大致上較少變動，故標示部多數之情形僅只有一欄，如有門牌號變更、基地號變更或面積增減情事，則依登記次序以最後一欄為準。備考欄通常加註使用執照字號或完工證明字號及公共設施建號。惟早期登記之房屋，則無是項記載。

公共設施如辦理登記，則另建立標示部，並於備註欄記載主建物的建號。

(2)所有權部：所有權部除記載土地的區段及建物之建號外，尚記載主登記次序、附記登記次序、登記原因、所有權人姓名、住所、權利範圍及其他有關事項。多數之建物，多是個人單獨所有，縱使有移轉，其次數亦不會太多。因此，所有權部之登記簿頁數不多，看起來也就比較容易。

所有權人如有姓名變更或住所變更，則於「附記登記次序」欄內逐次編號登記。所有權人之權利，如被預告登記、假扣押、假處分及查封等登記，則依主登記次序逐次編號登記，並於「其他登記事項」欄內註明法院囑託登記之日期、文號及權利人之姓名、持分額。備考欄目前均加註出生年月日。

一般所謂產權清楚與否，或權利範圍多寡，均以所有權部之資料為準。

(3)他項權利部：如有他項權利設定登記，則該建物登記簿所有權部之後面，增加他項權利部。他項權利部記明其土地之區段及建物之建號，如附表。登記簿內容則表明主登記次序、附記登記次序、登記標的、登記原因、權利人及其住所、權利範圍、權利價值等等有關權利內容。

共有房屋欲瞭解是否有設定他項權利，則以義務人欄所登記者為準。

如數棟建物與數筆土地共同擔保設定一權利，則於「備考」欄內註記，如設定之權利已經辦理塗銷，則依主登記次序逐次編號登記。例如辦理抵押權設定登記時，其主登記次序為「壹」、塗銷該抵押權時主登記次序為「貳」，若

再次辦理抵押權設定登記時，其主登記次序為「參」。似此，其有效之抵押權設定登記，雖主登記次序排列為「參」，但主登記次序為「壹」之抵押權已經塗銷，是仍居於第一順位。

　　(4)公共設施附表：房屋之共有部分——即一般所謂公共設施，如另編建號辦理登記，該共有部分係另建立標示部及附表。標示部的看法已如前述，至於附表則記載各區分所有建物之建號及所分擔之公共設施持分。是以依附表所載，可算出公共設施的分擔面積。

　　通常房屋買賣面積的計算，係以標示部所記載的主建物面積、附屬建物面積及公共設施面積等總和為準。

　　2.電腦處理之登記

　　電腦處理之登記，亦如土地之登記，無「簿」可言，故申請列印者，其名稱為「登記謄本」，除表明地段及建號外，亦表明列印時間。但因涉及個人資料保護，申請之謄本，亦分第一類、第二類、第三類及公務用。

　　(1)建物標示部：標示部在於表明該建號建物之登記日期、登記原因、建物門牌、基地坐落、主要用途、主要建材、層數、層次、面積、建築完成日期及其他登記事項。

　　(2)所有權部：已不生效之資料，亦均不出現。僅就生效中之資料，表示其主登記次序、登記原因、原因發生日期、所有權人姓名、統一編號、住址、權利範圍及其他登記事項。

　　(3)他項權利部：此部亦如所有權部，已不生效之資料亦均不於登記謄本中出現，僅就生效中之資料，表示有關他項權利之登記資料。其內容猶如前述人工登記簿，故於此不贅述。

◎有關建築物有遭受放射性污染之虞者，其於辦理移轉登記疑義（92.5.14內政部內授中辦地字第0920007629號函）

一、為配合游離輻射防護法第25條第1項規定：「為保障民眾生命財產安全，建築物有遭受放射性污染之虞者，其移轉應出示輻射偵測證明。」貴府於收到行政院原子能委員會檢送之貴府轄內有遭受放射性污染之虞之建築物名冊時，應即轉送建物之登記機關，並以登記原因「註記」於建物標示部其他登記事項欄加註：「本建物有遭受放射性污染之虞，其移轉應出示輻射偵測證明」字樣（以一般註記事項之代碼「○○」登載）。

二、另游離輻射防護法第24條第2、3規定：「主管機關發現建築物遭受放射性污染時，應立即通知該建築物之居民及所有人。前項建築物之輻射劑量達一定劑量者，主管機關應造冊函送該管直轄市、縣（市）地政主管機關將相關資料建檔，並開放民眾查詢。」故本部83年7月27日臺內地字第8380473號函釋「輻射污染建築物資料送請地政機關建檔並開放供民眾查詢執行事宜」仍予維持。

本建號標示部第　　頁

臺北市　　　　　區　　　　　段建築改良物登記簿

備考			
登記者章			
面積（平方公尺）			
建號　權利人所有建物附屬建　主要建築材料			
用途			
建築完成日期	民國　年　月　日	民國　年　月　日	民國　年　月　日
面積　建　物　所　有　人　權　利	共計	共計	共計
	騎樓地平面	騎樓地平面	騎樓地平面
	地面層	地面層	地面層
二層　地面層			
層次　平方公寸　平方公寸	層次　平方公寸　平方公寸	層次　平方公寸　平方公寸	層次　平方公寸　平方公寸
構造　主要建築材料			
平房或樓房層數			
建築式樣			
主要用途			
基地坐落　小段　段　地號			
建物門牌　號數　巷　弄　街路　段	號　巷　弄　街路　段	號　巷　弄　街路　段	號　巷　弄　街路　段
收件日期	民國　年　月　日	民國　年　月　日	民國　年　月　日
登記原因發生日期	民國　年　月　日	民國　年　月　日	民國　年　月　日
登記原因			
登記字號	字第　號	字第　號	字第　號
登記日期	民國　年　月　日	民國　年　月　日	民國　年　月　日
標示先後			

本建號所有權部第　　頁

臺北市　　　　　區　　　　　段　建築改良物登記簿

項目	欄一	欄二	欄三
備考			
登記者章	登簿校對	登簿校對	登簿校對
建號　填發書狀字號	字第　　號	字第　　號	字第　　號
其他事項			
支付後之剩餘額			
權利移轉支付人			
權利範圍			
住所　巷弄號			
住所　街路段			
住所　村里鄰			
住所　縣市　鄉鎮市區			
管理人			
所有權人			
收件日期	民國　年　月　日	民國　年　月　日	民國　年　月　日
登記原因發生日期	民國　年　月　日	民國　年　月　日	民國　年　月　日
登記原因			
登記標的			
登記字號	字第　　號	字第　　號	字第　　號
登記日期	民國　年　月　日	民國　年　月　日	民國　年　月　日
附記登記次序	（屬主登記）	（屬主登記）	（屬主登記）
主登記次序			

本建號他項權利部第　　頁

臺北市　　區　　　段建築改良物登記簿

項目	登記一	登記二	登記三
備　　考			
登記者章	登簿校對	登簿校對	登簿校對
填發證明書字號	字第　　號	字第　　號	字第　　號
其他事項			
後之剩餘額			
支付人支付			
權利移轉支付人			
債務人			
設定人			
違約金			
遲延利息			
清償日期	民國　年　月　日	民國　年　月　日	民國　年　月　日
存續期間	民國　年　月　日	民國　年　月　日	民國　年　月　日
設定日期	民國　年　月　日	民國　年　月　日	民國　年　月　日
權利價值			
權利範圍			
住所	巷弄號／街路段／村里／鄉鎮市區／縣市	巷弄號／街路段／村里／鄉鎮市區／縣市	巷弄號／街路段／村里／鄉鎮市區／縣市
管理人			
權利人			
收件日期	民國　年　月　日	民國　年　月　日	民國　年　月　日
登記原因發生日期	民國　年　月　日	民國　年　月　日	民國　年　月　日
登記原因			
登記標的			
登記字號	字第　　號	字第　　號	字第　　號
登記日期	民國　年　月　日	民國　年　月　日	民國　年　月　日
附記登記次序	（屬主登記）	（屬主登記）	（屬主登記）
主登記次序			

臺　北　市　　　　區　　　　段　建　築　改　良　物　登　記　簿

建號

區分所有建物建號	權利範圍	變更登記紀要	登簿	校對

區分所有建物共同使用部分附表

區分所有建物建號	權利範圍	變更登記紀要	登簿	校對

本建號附表已登記用紙頁數

建物登記第二類謄本（建號全部）

松山區美仁段△小段02915-000建號

列印時間：民國△年△月△日△時△分

本謄本本係網路申領之電子謄本，由陳銘福自行列印

謄本檢查號：097AD072831REGD85D6424B141AFA0DC4647DBCFA1C1，可至：

http://land.hinet.nct查驗本謄本之正確性

松山地政事務所　主任　林△△

松山電謄字第072831號

資料管轄機關：臺北市松山地政事務所　謄本核發機關：臺北市松山地政事務所

＊＊＊＊＊＊＊＊＊＊＊＊建物標示部＊＊＊＊＊＊＊＊＊＊＊＊

登記日期：民國△年△月△日　　　　　　　登記原因：第一次登記

建物門牌：光復北路△號7樓

建物坐落地號：美仁段△小段　0126-0000

主要用途：商業用

主要建材：鋼筋混擬土造

層數：012層　　　　　　　　　　　總面積：＊＊＊159.44平方公

層次：七層　　　　　　　　　　　層次面積：＊＊＊＊159.44平方公

建築完成日期：民國△年△月△日

共用部分：美仁段△小段02926-000建號＊＊＊321.77平方公尺

權利範圍：＊＊＊＊＊6分之1＊＊＊＊＊＊

其他登記事項：使用執照字號：△年使1690號

＊＊＊＊＊＊＊＊＊＊＊＊建物所有權部＊＊＊＊＊＊＊＊＊＊＊＊

（0001）登記次序：0005

登記日期：民國△年△月△日　　　　　　　登記原因：買賣

原因發生日期：民國△年△月△日

所有權人：△

住址：

權利範圍：全部

權狀字號：△北松字第012100號

相關他項權利登記次序：0005-000

其他登記事項：（空白）

＊＊＊＊＊＊＊＊＊＊＊＊建物他項權利部＊＊＊＊＊＊＊＊＊＊＊＊

（0001）登記次序：0005　　　　　　　　權利種類：抵押權

收件年期：民國△年　　　　　　　　　　字號：松山字第117740號

登記日期：民國△年△月△日

登記原因：設定

權利：渣打國際商業銀行股份有限公司

住址：新竹市中正里中央路106號

債權額比例：全部＊＊＊＊＊1分之1＊＊＊＊＊

擔保債權總金額：本金最高限額新臺幣＊＊＊18,000,000元正

存續期間：自△年△月△日至△年△月△日

清償日期：依照各個契約約定

利息（率）：依照各個契約約定

遲延利息（率）：依照各個契約約定

違約金：依照各個契約約定

債務人及債務比例：△

權利標的：所有權

標的登記次序：0005

設定權利範圍：＊＊＊＊＊1分之1＊＊＊＊＊

設定義務人：△

證明書字號：北松字第007315號

共同擔保地號：美仁段△小段0126-0000

共同擔保建號：美仁段△小段02915-000

其他登記事項：（空白）

◎土地或建築改良物權利書狀及申請應用地籍資料規費收費標準（103.3.17內政部
　內授中辦地字第10366503253號令）

第1條

　　本標準依土地法第67條、第79條之2第2項及規費法第10條第1項規定訂定之。

第2條

　　土地或建築改良物所有權狀及他項權利證明書，其書狀費或換發、補發工本費之
費額為每張新臺幣80元。

　　申請應用地籍資料，其工本費或閱覽費之費額如附表。

第3條

本標準自發布日施行。

項　目	費　額
登記（簿）謄本或節本工本費	人工影印：每張新臺幣5元 電腦列印：每張新臺幣20元
地籍圖謄本工本費	人工影印：每張新臺幣15元 人工描繪：每筆新臺幣40元 電腦列印：每張新臺幣20元
登記申（聲）請書及其附件影印工本費	每張新臺幣10元
登記申（聲）請書及其附件閱覽、抄錄或攝影閱覽費	每案新臺幣75元 限時20分鐘
各類登記專簿影印工本費	每張新臺幣10元
各類登記專簿閱覽、抄錄或攝影閱覽費	每案新臺幣75元 限時20分鐘
地籍圖之藍曬圖或複製圖閱覽費	每幅新臺幣10元 限時20分鐘
電子處理之地籍資料（含土地資料及地籍圖）到所查詢閱覽費	每筆（棟）新臺幣20元 限時5分鐘
電子處理之地籍資料電傳資訊閱覽費	每人每筆（棟）新臺幣10元
歸戶查詢閱覽費	每次新臺幣45元 限時10分鐘
地籍異動索引查詢閱覽費	每筆（棟）新臺幣10元 限時3分鐘
各項查詢畫面列印工本費	每張新臺幣20元
土地建物異動清冊影印工本費	每張新臺幣5元

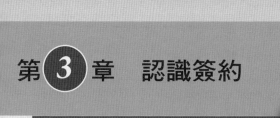

第 **3** 章　認識簽約

第一節　權利主體——人

人為權利義務的主體，無論簽約或是辦理登記，均應符合有關法律的規定，否則可能無效。我國民法將人分為自然人及法人兩種，茲分述如次：

一、自然人

㈠權利能力始於出生，終於死亡

民法第6條規定，人之權利能力，始於出生，終於死亡。是以人一出生，直到死亡為止，均得為簽約及房地產登記之主體。至於未出生的胎兒，民法第7條規定，以將來非死產者為限，關於其個人利益之保護，視為既已出生——亦即於權利得喪變更時，為保護胎兒之權利，該胎兒視為出生，如於繼承開始時，胎兒雖尚未出生，仍為繼承人，應依土地登記規則第121條規定辦理繼承登記。

關於出生與死亡，登記實務均以戶籍記載為準。

㈡依行為能力為準，分為三種人

自然人以行為能力為準，依民法總則編規定，共分為三種人：

1.有行為能力人

⑴滿二十歲：民法第12條規定，滿二十歲為成年。成年人是有行為能力。

⑵未滿二十歲已結婚者：民法第13條規定，未成年人已結婚者，有行為能力。

有行為能力人得基於其自由意願，而為簽約及登記之主體。

2.限制行為能力人

民法第13條規定，滿七歲以上之未成年人，有限制行為能力。限制行為能力人未得法定代理人之允許，依民法第78條規定，所為之單獨行為無效。亦即其不能單獨簽約及作為登記主體，但下列情形除外：

⑴應得其法定代理人之允許：

①依民法第77條及第78條規定，限制行為能力人為意思表示及受意思表示，應得法定代理人之允許。簽約時通常法定代理人及該限制行

為人同時出面，辦理登記時，亦同時列名蓋章。

②限制行為能力人未得法定代理人之允許，所訂立之契約，須經法定代理人之承認——即如經法定代理人事後承認——始生效力。（第79條）契約相對人得定一個月以上期限，催告法定代理人，確答是否承認，如於期限內，法定代理人不為確答者，視為拒絕承認。（第80條）

③法定代理人允許限制行為能力人處分之財產，限制行為能力人就該財產有處分之能力。（第84條）

④法定代理人允許限制行為能力人獨立營業者，限制行為能力人，關於其營業，有行為能力。（第85條第1項）

(2)本人自己承認：限制行為能力人於限制原因消滅後，承認其所訂立之契約者，其承認與法定代理人之承認，有同一效力。契約相對人亦得定一個月以上期限，催告限制原因消滅後之原限制行為能力人，確答是否承認，於期限內若不為確答，視為拒絕承認。（第81條）

(3)使用詐術：限制行為能力人用詐術使人信其為有行為能力人或已得法定代理人之允許者，其法律行為為有效。（第83條）

日常生活行為：純獲法律上之利益或依其年齡及身分，日常生活所必需者。（第77條但書）

3.無行為能力人

(1)未滿七歲：民法第13條規定，未滿七歲之未成年人，無行為能力。

(2)受監護宣告之人：民法第15條規定，受監護宣告之人，無行為能力。

無行為能力人自己簽約及申請登記，無效，（第75條）而應由法定代理人代為簽約及辦理登記。（第76條）即只要列名不需蓋章，而由法定代理人全權代理。

所謂「受監護宣告之人」，依據民法第14條規定，對於因精神障礙或其他心智缺陷，致不能為意思表示或受意思表示，或不能辨識其意思表示之效果者，法院得因本人、配偶、四親等內之親屬、最近一年有同居事實之其他親屬、檢察官、主管機關或社會福利機構之聲請，為監護之宣告。

受監護之原因消滅時，法院應依前項聲請權人之聲請，撤銷其宣告。

法院對於監護之聲請，認為未達第1項之程度者，得依第15條之1第1項規定，為輔助之宣告。

受監護之原因消滅，而仍有輔助之必要者，法院得依第15條之1第1項規定，變更為輔助之宣告。

實務上，甚多實例顯示，出賣人為心神喪失者或係精神耗弱者，惟未聲請法院宣告禁治產，而由其親友備具全套文書證件為其出賣其房地產。似此，若非其本人之真意，依民法第75條規定，雖非無行為能力人，而其意思表示，係

在無意識或精神錯亂中所為者，無效。

　4.受輔助宣告

　　⑴受輔助宣告之人（第15條之1）

　對於因精神障礙或其他心智缺陷，致其為意思表示或受意思表示，或辨識其意思表示效果之能力，顯有不足者，法院得因本人、配偶、四親等內之親屬、最近一年有同居事實之其他親屬、檢察官、主管機關或社會福利機構之聲請，為輔助之宣告。

　受輔助之原因消滅時，法院應依前項聲請權人之聲請，撤銷其宣告。

　受輔助宣告之人有受監護之必要者，法院得依第14條第1項規定，變更為監護之宣告。

　　⑵受輔助宣告之人應經輔助人同意之行為

　受輔助宣告之人為下列行為時，應經輔助人同意。但純獲法律上利益，或依其年齡及身分、日常生活所必需者，不在此限：

　　　①為獨資、合夥營業或為法人之負責人。

　　　②為消費借貸、消費寄託、保證、贈與或信託。

　　　③為訴訟行為。

　　　④為和解、調解、調處或簽訂仲裁契約。

　　　⑤為不動產、船舶、航空器、汽車或其他重要財產之處分、設定負擔、買賣、租賃或借貸。

　　　⑥為遺產分割、遺贈、拋棄繼承權或其他相關權利。

　　　⑦法院依前條聲請權人或輔助人之聲請，所指定之其他行為。

　第78條至第83條規定，於未依前項規定得輔助人同意之情形，準用之。

　第85條規定，於輔助人同意受輔助宣告之人為第1項第1款行為時，準用之。

　第1項所列應經同意之行為，無損害受輔助宣告之人利益之虞，而輔助人仍不為同意時，受輔助宣告之人得逕行聲請法院許可後為之。

　㈢外國人的行為能力認定

　外國人處分其在我國境內不動產，應否審查當事人已否成年，內政部發布「外國人在我國取得土地權利作業要點」規定如次：

　　1.外國人處分其在我國不動產時，仍應審查其有無行為能力。

　　2.外國人之行為能力，依其本國法。外國人依其本國法無行為能力或僅有限制行為能力，而依中華民國法律有行為能力者，就其在中華民國之法律行為，視為有行為能力。

　　3.未成年外國人處分其在我國不動產，應依民法規定，由法定代理人代為或代受意思表示，或應得法定代理人允許或承認。

㈣大陸來臺人士的行為能力認定

兩岸通流後，大陸來臺人士漸多，關於其行為能力之認定，依「臺灣地區與大陸地區人民關係條例」之規定如下：

1.行為能力之準據法（第46條）

大陸地區人民之行為能力，依該地區之規定。但未成年人已結婚者，就其在臺灣地區之法律行為，視為有行為能力。

大陸地區之法人、團體或其他機構，其權利能力及行為能力，依該地區之規定。

2.法律行為方式之準據法（第47條）

法律行為之方式，依該行為所應適用之規定。但依行為地之規定所定之方式者，亦為有效。

物權之法律行為，其方式依物之所在地之規定。

行使或保全票據上權利之法律行為，其方式依行為地之規定。

3.債之準據法（第48條）

債之契約依訂約地之規定。但當事人另有約定者，從其約定。

前項訂約地不明而當事人又無約定者，依履行地之規定，履行地不明者，依訴訟地或仲裁地之規定。

4.物權之準據法（第51條）

物權依物之所在地之規定。

關於以權利為標的之物權，依權利成立地之規定。

物之所在地如有變更，其物權之得喪，依其原因事實完成時之所在地之規定。

船舶之物權，依船籍登記地之規定；航空器之物權，依航空器登記地之規定。

5.父母子女法律關係之準據法（第57條）

父母之一方為臺灣地區人民，一方為大陸地區人民者，其與子女間之法律關係，依子女設籍地區之規定。

6.監護之準據法（第58條）

受監護人為大陸地區人民者，關於監護，依該地區之規定。但受監護人在臺灣地區有居所者，依臺灣地區之法律。

㈤法定代理人

1.未成年人的法定代理人

(1)父母為法定代理人

①民法第1086條規定：父母為其未成年子女之法定代理人。

②民法第1088條規定：未成年子女之特有財產，由父母共同管理。父母對於未成年子女之特有財產，有使用、收益之權。但非為子女之

利益，不得處分之。

③民法第1089條規定：對於未成年子女之權利義務，除法律另有規定外，由父母共同行使或負擔之。父母之一方不能行使權利時，由他方行使之。父母不能共同負擔義務時，由有能力者負擔之。父母對於未成年子女重大事項權利之行使意思不一致時，得請求法院依子女之最佳利益酌定之。法院為前項裁判前，應聽取未成年子女、主管機關或社會福利機構之意見。

④處分時應加註：父母為法定代理人，處分其未成年子女所有之土地，或拋棄其繼承權，於申請登記時，依土地登記規則第39條第1項規定，應於申請書適當欄（通常為備註欄）記明確為該子女之利益處分之事由並簽名。

(2)監護人為法定代理人

①監護人的設置：未成年人無父母或父母均不能行使、負擔對於其未成年子女之權利義務時，依民法第1091條規定，應置監護人，但未成年人已結婚者，不在此限。並以監護人於監護權限內為法定代理人。（第1098條）

②監護人的產生：

(A)父母委託：父母對未成年之子女，得因特定事項，於一定期限內，以書面委託他人行使監護之職務，（第1092條）並以所委託之職務為限。（第1097條但書）

(B)遺囑指定：最後行使、負擔對於未成年子女之權利、義務之父或母得以遺囑指定監護人。（第1093條）

(C)法定監護：父母均不能行使、負擔對於未成年子女之權利義務，或父母死亡而無遺囑指定監護人或遺囑指定之監護人拒絕就職時，依下列順序定其監護人：（第1094條）

(a)與未成年人同居之祖父母。

(b)與未成年人同居之兄姊。

(c)不與未成年人同居之祖父母。

前項監護人，應於知悉其為監護人後十五日內，將姓名、住所報告法院，並應申請當地直轄市、縣（市）政府指派人員會同開具財產清冊。

未能依第1項之順序定其監護人時，法院得依未成年子女、四親等內之親屬、檢察官、主管機關或其他利害關係人之聲請，為未成年子女之最佳利益，就其三親等旁系血親尊親屬、主管機關、社會福利機構或其他適當之人選定為監護人，並得指定監護之方法。

法院依前項選定監護人或依第1106條及第1106條之1另行選定或改定監護人時，應同時指定會同開具財產清冊之人。

　　未成年人無第1項之監護人，於法院依第3項為其選定確定前，由當地社會福利主管機關為其監護人。

　　　　(3)受讓的限制：監護人不得受讓受監護人之財產。（第1102條）

　　　　(4)監護人對受監護人財產之權義——限制：（第1101條）

　　監護人對於受監護人之財產，非為受監護人之利益，不得使用、代為或同意處分。

　　監護人為下列行為，非經法院許可，不生效力：

①代理受監護人購置或處分不動產。

②代理受監護人，就供其居住之建築物或其基地出租、供他人使用或終止租賃。

　　監護人不得以受監護人之財產為投資。但購買公債、國庫券、中央銀行儲蓄券、金融債券、可轉讓定期存單、金融機構承兌匯票或保證商業本票，不在此限。

　　因此，如監護人為法定代理人處分未成年人之財產，除應附監護人之身分證明外，尚應附法院許可之證明文件，以昭慎重。

　　2.受監護宣告之人的法定代理人

　　　　(1)監護人的產生：依民法的規定，受監護宣告之人應置監護人，（第1110條）監護人為受監護宣告之法定代理人。（第1113條準用第1098條）

　　法院為監護之宣告時，應依職權就配偶、四親等內之親屬、最近一年有同居事實之其他親屬、主管機關、社會福利機構或其他適當之人選定一人或數人為監護人，並同時指定會同開具財產清冊之人。

　　法院為前項選定及指定前，得命主管機關或社會福利機構進行訪視，提出調查報告及建議。監護之聲請人或利害關係人亦得提出相關資料或證據，供法院斟酌。（第1111條）

　　　　(2)處分的限制：

①父母為監護人：由於民法第1113條規定，父母為監護人時，準用未成年之監護，而不適用民法第1101條，即父母為監護人處分受監護人之不動產時，不必經由法院之許可，亦即比照父母為未成年子女之法定代理人處分其不動產之有關規定辦理。

②其他人為監護人：父母以外之人為監護人，如處分禁治產人之不動產，則應得法院之許可。（第1113條準用第1101條）

二、法　人

㈠權利能力始於設立，終於解散

　　1.依民法的規定，法人非依民法或其他法律之規定，不得成立，（第25條）非經向主管機關登記，不得成立。（第30條）

2.法人依法成立後，於法令限制內，有享受權利、負擔義務之能力，但專屬於自然人之權利義務，不在此限。（第26條）

㈡有社團及財團之分

依民法總則編規定，法人有社團法人及財團法人兩種。由於本書係房地產登記實務之介紹，故對於法人之組織與性質，不予贅言。

㈢法人應有設立證明及其代表人

1.法人應依法設立登記，始可為房地產登記之主體，故於簽約或辦理房地產登記時，應檢附其設立登記之證明文件。

2.法人應有代表人，依民法第27條規定，法人應設置董事，董事就法人一切事務，對外代表法人──通常係以董事長或理事長為法定代理人。故於簽約或辦理登記時，應附代表人資格證明。

㈣土地登記規則第42條之規定

1.申請人為法人者，應提出法人登記證明文件及其代表人之資格證明。其為義務人時，應另提出法人登記機關核發之法人及代表人印鑑證明或其他足資證明之文件，及於登記申請書適當欄記明確依有關法令規定完成處分程序，並蓋章。

2.前項應提出之文件，於申請人為公司法人者，為法人登記機關核發之法人設立、變更登記表或其抄錄本、影本。

3.義務人為財團法人或祭祀公業法人者，應提出其主管機關核准或同意備查之證明文件。

三、授權處分

因房地產處分，致簽約及辦理產權登記，除無行為能力人外，承辦之地政士均應予以核對本人身分證，確認其本人處分房地產的真意，否則一旦發生糾紛，地政士即應負疏忽之職責。

如本人於簽約時未能親自出面，則應出具合法的授權書，授權他人代理，地政士則應核對該授權書及受託人之身分證。

㈠應特別授權

1.依民法規定，委任分為特別委任及概括委任。受任人受特別委任者，就委任事務之處理，得為委任人為一切必要之行為。（第533條）受任人受概括委任者，得為委任人為一切行為。（第534條）

2.房地產之出賣或設定負擔、房地產之租賃其期限逾二年者、或房地產之贈與，依民法第534條但書規定，須有特別之授權。

3.為委任處理之事務，必須為法律行為，而該法律行為，依法應以文字為之者，依民法第531條規定，其處理權之授與，亦應以文字為之，其授與代理權者，代理權之授與，亦同。故必須要有委任書或授權書。

　　特別委任書或授權書，除委任人及受任人之個人資料應詳細記載外，對於房地產之標示、權利範圍以及授權處分方式，均應詳細記載。

(二)**本人在國內之授權**

　　房地產處分，如所有權人在國內而未能於簽約時出面，應出具特別授權之委任書及印鑑證明，委任他人全權簽約、收款、用印、交付證件及有關之一切事宜。

委　任　書

　　委任人陳○○因事忙不克分身，特立本委任書委任林○○，全權代理委任人處理下列不動產出售有關事宜：

一、委任人所有○○市○○區○○段○小段○○地號土地一筆，面積
　　○○○平方公尺，權利範圍○○○／○○○○及其地上建物○○市
　　○○路○○號第○層房屋一戶，所有權全部，特委任林○○全權代理
　　出售。

二、前項全權代理出售事宜，包括簽約、收款、用印、交付證件、領取稅
　　單及納稅、交屋及其他有關之事宜。

　　　　　　　　　委任人：陳○○　　印（蓋印鑑章並附印鑑證明）

　　　　　　　　　身分證字號：○○○○○○○○○○

　　　　　　　　　出生年月日：○年○月○日

　　　　　　　　　住址：○○○○○○○○○○

　　　　　　　　　受任人：林○○　　印

　　　　　　　　　身分證字號：○○○○○○○○○○

　　　　　　　　　出生年月日：○年○月○日

　　　　　　　　　住址：○○○○○○○○○○

中　華　民　國　　○　　○　　年　　○　　月　　○　　日

(三)**國外授權書應經簽證**

　　1.只要被授權人的資料即可：房地產處分，若所有權人在國外，應出具由
　　　我國駐外單位簽證之授權書，憑該授權書者，只要被授權人之印鑑章、
　　　印鑑證明、身分證及有關文件，即可辦理。

　　2.政府查證真偽：為保障旅外僑民在國內不動產權益，其授權國內親友處
　　　分不動產申辦登記時，政府均查證其授權書之真偽。

授 權 書
Power of Attorney

	中文姓名 (Name in Chinese)	英文姓名 (Name in English)	性別 (Sex)	出生年月日 (Date of Birth)	出生地 (Place of Birth)	護照號碼 (Passport No.)	身分證號碼(ID No.)
授權人 (Principal)							
	國內住址(Address in Taiwan, R.O.C.)				國外住址 (Address Abroad)		

	姓名(Name)		性別 (Sex)	出生年月日 (Date of Birth)	護照或身分證號碼 (Passport/ ID No.)	住址 (Address)	
被授權人 (Agent)							

授權人與被授權人之關係(Relationship to the Principal)		備註（Note）	

房地標示 及 權利範圍 (Land Location and Extent of Ownership)	

辦理不動產變更登記之轄區地政事務所: (Competent Land Office)	

授權事項 (Scope of Authorization)				

授權期間 (Duration of Authorization)	自 中 華 民 國 　　年　　　月　　　日 至 中 華 民 國 　　年　　　月　　　日 止
	Since 　(Day)　(Month)　(Year) till 　(Day)　(Month)　(Year)

授權人簽字(Principal Signature)：

備註：
1. 授權（委託）辦理戶籍登記前，當事人應先向戶政事務所洽詢是否得授權（委託）他人申請。
2. 請領國民身分證之當事人如在國外，應俟回國後再行辦理，不得授權（委託）辦理。
3. 授權（委託）辦理印鑑登記、印鑑變更、印鑑廢止、印鑑證明，應附繳委任人之國民身分證影本或有效之中華民國護照或其他身分證明文件影本。

「中華民國文件證明專用」貼紙

黏

貼

處

授權書填寫說明：

一、授權人欄：請將授權人之姓名、性別、出生年月日、出生地、護照或身分證號碼、住址，逐欄詳實填寫。

二、被授權人欄：依被授權人之姓名、性別、出生年月日、身分證號碼、戶籍住址逐欄詳實填寫。

三、房地標示及權利範圍：依授權處分房地標示範圍填寫。

例如：土地標示：臺北市○○區○○段○○小段○○○地號土地（全部或
　　　　　　　　　持分○○○分之○○）。

　　　房屋標示：臺北市○○區○○路○○段○○巷○○弄○○號○樓建
　　　　　　　　物一戶（全部或持分○○○之○○）。

　　　公共設施標示：臺北市○○區○○路○○段○○巷○○弄○○號等
　　　　　　　　　　持分○○○分之○○。

四、授權事項欄：

㈠依實際授權事項填寫，非授權事項勿須填寫。

例如：代理本人就前開（土地、建物）全權行使（辦理出售、移轉、贈與、出典、抵押、出租、分割、補（換）發權利書狀、徵收稅款等手續及其他有關權利變更管理、收益、處分等行為）。

㈡授權事項為授權國內親友代為辦理有關不動產處分事宜者，務須於房地標示及權利範圍欄內逐一列明所處分之房地標示。如授權事項為授權國內親友代為辦理有關遺產繼承登記事宜者，應詳載房地標示，倘確無法詳填，至少應填寫不動產所在地之縣（市）名稱。

㈢授權事項僅為代領印鑑證明者，宜以「印鑑登記辦法」規定之「委任書」填之。倘使用本授權書則須比照該「委任書」內容填寫。即本人未曾辦理過印鑑登記者，須先註明：「代理本人申請印鑑登記」；其欲變更登記者，亦須比照註明；同時亦須註明所授權領取之印鑑證明份數，以利國內戶政單位作業並保障授權人權益。

例如：代理本人申請印鑑登記並領取印鑑證明　　份。

五、授權期間欄：由授權人自行填寫，俾便確定授權之起算及終止日期。

六、授權書內容不得塗改，如填寫錯誤，應全份重新填寫或由授權人於更正處簽章以示負責，再由駐外館處加蓋校正章。

七、授權書內如有空欄應加蓋「本欄空白」戳記，房地標示及權利範圍欄及授權事項欄內如有空白處，應在連接最後一行文字末尾處（或左方），加蓋「以下空白」戳記。

第二節 簽約要領

代理撰擬不動產契約或協議事項，為地政士得執行的業務之一，故地政士時常應當事人之要求簽訂各種契約。故本節特予敘述簽約有關事宜。

實務上的契約有二種，一種係登記用的契約，通常稱為「公定契紙契約書」，簡稱為「公契」，買賣、贈與、交換、分割等「公契」應按契價貼千分之一印花。另一種為民間當事人合意所簽訂之契約，通常稱為「私契」，此種「私契」為預約，如不具備「收據」性質，不必貼印花。

契約如以書面文字表示者，是為契約書。

一、成立契約

　㈠正式成立

　　民法第153條第1項規定，當事人互相表示意思一致者，無論其為明示或默示，契約即為成立。

　㈡推定成立

　　1.民法第153條第2項規定，當事人對於必要之點，意思一致，而對於非必要之點，未經表示意思者，推定其契約成立，關於該非必要之點，當事人意思不一致時，法院應依其事件之性質定之。

　　2.民法第248條規定，訂約當事人之一方，由他方受有定金時，推定其契約成立。

二、簽約一般注意事項

　㈠契約書原則上至少訂立兩份，雙方各執乙份為憑，依筆者之經驗，如事務所能存檔一份更佳。

　㈡有關日期、金額、面積、持分等數量，以大寫為宜。

　㈢契約書之文義應明確，內容應周詳，如有增減刪改時，應於增刪處由簽約人核章。如能於增刪處之上方空白處另行加註增刪之字數及由當事人核章，則屬較為完善的作法。

　㈣契約書應記明當事人之姓名、住址、身分證號碼，如係公司法人，則應記明其名稱全銜、地址、證號及其法定代理人姓名、住址。

　㈤契約書用紙如係兩頁以上，應予裝訂成冊，並應於兩頁之間加蓋騎縫章。

三、簽約特別注意事項

　㈠應注意有關人的事宜

　　1.契約當事人原則上應親自出面簽約，否則應有「特別授權」之委任書或

授權書，而由被委任人代理簽訂契約並履行契約所訂之一切權利義務。關於委任書或授權書，詳見第一節。

2.限制行為能力人簽約應得其法定代理人之允許，（民第77條）否則無效。（民第78條）無行為能力人則以其法定代理人代為簽約，而無庸其本人簽名或蓋章。至於限制行為能力人簽約時，通常以限制行為能力人及其法定代理人均於契約書上簽章，較為簡便。關於限制行為能力人，無行為能力人及法定代理人等，詳見第一節。

㈡應注意有關房地產的事宜

房地產為契約之客體，應依雙方契約之真意予以全盤瞭解，否則易於發生糾紛，請參閱第二章。

㈢同時履行抗辯原則

如係雙務契約，應把握雙方同時履行抗辯原則。所謂雙務契約，即契約之雙方，均為權利人及義務人之身分，如買賣契約、合建契約。所謂同時履行抗辯原則，即享受權利之同時並負擔義務，如買賣契約，賣方於收受價金之同時，應給付產權移轉所需文書證件，或交屋，或繳納增值稅等均是。

㈣應按較高稅率貼用印花

1.契約書應按其性質，依法貼銷印花，如兼作兩種以上之不同性質使用，應按較高之稅率計算稅額。（印花稅法第13條）目前買賣私契，視為預定買賣契約，無需貼用印花。惟如於契約上載明簽收價金，則具有收據性質，依法應貼銷印花千分之四稅額。

2.不動產契約書之貼用印花，依印花稅法第5條及第7條規定如次：

　⑴承攬契據：指一方為他方完成一定工作之契據，如承包各種工程契約、承印印刷品契約及代理加工契據等，每件按金額千分之一，由立約或立據人貼印花稅票。

　⑵典賣、讓受及分割不動產契據：指設定典權及買賣、交換、贈與、分割不動產所立向主管機關申請物權登記之契據，每件按金額千分之一，由立約或立據人貼印花稅票——如是私契不用貼印花。

㈤簽名與蓋章

契約書文字得不必由當事人自寫，但必須親自簽名，如蓋章亦可，因蓋章與簽名生同一效力，如以指印、十字或其他符號代簽名者，在契約書上經二人簽名證明者亦可，因如此，亦與簽名生同等效力。（民第3條）

㈥有保證人宜記明放棄先訴抗辯權

簽約當事人如有保證人時，宜記明「放棄先訴抗辯權」，惟如無保證人時，或保證人為連帶保證人時，則無需如此註記。

四、契約見證與公證

㈠見 證

契約經雙方意思表示一致時即成立，惟當事人簽約後，時常會邀請律師或地政士予以見證，以為如此，較具法律效力。其實見證人係證人身分，除非雙方發生爭議而無法探究原意，可以酌採證人之證言外，所謂見證，一般而言，似屬多餘。

㈡公 證

1. 簽約當事人亦時常希望契約公證，以為契約公證，具有完全法律效力。其實契約當事人如有爭議而無法探究原意時，該契約雖經公證，仍需經過裁判。如契約書所定之債權，係以給付金錢或其他代替物或有價證券之一定數量為標的者，或以給付特定之動產為標的者，或租用、借用建築物或其他工作物，定有期間並應於期間屆滿時交還者，或租用、借用土地，約定非供耕作或建築為目的，而於期限屆滿時應交還土地者，於契約之公證書上載明應逕受強制執行，債權人得不必經由訴訟程序，即可申請強制執行。（公證第13條）

2. 民法第166條之1規定：
   ⑴契約以負擔不動產物權之移轉、設定或變更之義務為標的者，應由公證人作成公證書。
   ⑵未依前項規定公證之契約，如當事人已合意為不動產物權之移轉、設定或變更而完成登記者，仍為有效。

3. 民法債編施行法第36條規定：
   ⑴本施行法自民法債編施行之日施行。
   ⑵民法債編修正條文及本施行法修正條文自民國89年5月5日施行。但民法第166條之1施行日期，由行政院會同司法院另定之。

五、契約無效

㈠違反強行規定

契約書內容違反強制或禁止之規定者無效，（民第71條）有背於公共秩序或善良風俗者無效，（民第72條）不依法定方式者無效，但法律另有規定者不在此限。（民第73條）

㈡不能給付

以不能之給付為契約標的者，其契約為無效。但其不能情形可以除去，而當事人訂約時並預期於不能之情形除去後為給付者，其契約仍為有效。（民第246條第1項）

(三)附條件或期限

附停止條件或始期之契約，於條件成就或期限屆至前，不能之情形已除去者，其契約為有效。（民第246條第2項）

(四)消費者保護法之規定

1.定型化契約條款不限於書面（消保第2條）

所稱定型化契約條款不限於書面，其以放映字幕、張貼、牌示、網際網路或其他方法表示者，亦屬之。

2.平等互惠原則（消保第11條）

企業經營者在定型化契約中所用之條款，應本平等互惠之原則。

定型化契約條款如有疑義時，應為有利於消費者之解釋。

3.契約審閱期間（消保第11條之1）

企業經營者與消費者訂立定型化契約前，應有三十日以內之合理期間，供消費者審閱全部條款內容。

違反前項規定者，其條款不構成契約之內容。但消費者得主張該條款仍構成契約之內容。

中央主管機關得選擇特定行業，參酌定型化契約條款之重要性、涉及事項之多寡及複雜程度等事項，公告定型化契約之審閱期間。

4.契約無效（消保第12條）

定型化契約中之條款違反誠信原則，對消費者顯失公平者，無效。

定型化契約中之條款有下列情形之一者，推定其顯失公平：

　　(1)違反平等互惠原則者。

　　(2)條款與其所排除不予適用之任意規定之立法意旨顯相矛盾者。

　　(3)契約之主要權利或義務，因受條款之限制，致契約之目的難以達成者。

5.牴觸無效（消保第15條）

定型化契約中之定型化契約條款牴觸個別磋商條款之約定者，其牴觸部分無效。

6.部分無效（消保第16條）

定型化契約中之定型化契約條款，全部或一部無效或不構成契約內容之一部者，除去該部分，契約亦可成立者，該契約之其他部分，仍為有效。但對當事人之一方顯失公平者，該契約全部無效。

7.構成契約內容之要件（消保第13條）

企業經營者應向消費者明示定型化契約條款之內容；明示其內容顯有困難者，應以顯著之方式，公告其內容，並經消費者同意者，該條款即為契約之內容。

企業經營者應給與消費者定型化契約書。但依其契約之性質致給與顯有困

難者，不在此限。

　　定型化契約書經消費者簽名或蓋章者，企業經營者應給與消費者該定型化契約書正本。

　　8.不構成契約內容之要件

　　　(1)定型化契約條款未經記載於定型化契約中而依正常情形顯非消費者所得預見者，該條款不構成契約之內容。（消保第14條）

　　　(2)定型化契約條款因字體、印刷或其他情事，致難以注意其存在或辨識者，該條款不構成契約之內容。但消費者得主張該條款仍構成契約之內容。（消保細則第12條）

　　9.是否造成違反誠信原則之認定（消保細則第13條）

　　定型化契約條款是否違反誠信原則，對消費者顯失公平，應斟酌契約之性質、締約目的、全部條款內容、交易習慣及其他情事判斷之。

　　10.違反平等互惠原則之事項（消保細則第14條）

　　定型化契約條款，有下列情事之一者，為違反平等互惠原則：

　　　(1)當事人間之給付與對待給付顯不相當者。

　　　(2)消費者應負擔非其所能控制之危險者。

　　　(3)消費者違約時，應負擔顯不相當之賠償責任者。

　　　(4)其他顯有不利於消費者之情形者。

　　11.應記載及不得記載事項（消保第17條）

　　中央主管機關為預防消費糾紛，保護消費者權益，促進定型化契約之公平化，得選擇特定行業，擬訂其定型化契約應記載或不得記載事項，報請行政院核定後公告之。

　　前項應記載事項，依契約之性質及目的，其內容得包括：

　　　(1)契約之重要權利義務事項。

　　　(2)違反契約之法律效果。

　　　(3)預付型交易之履約擔保。

　　　(4)契約之解除權、終止權及其法律效果。

　　　(5)其他與契約履行有關之事項。

　　第1項不得記載事項，依契約之性質及目的，其內容得包括：

　　　(1)企業經營者保留契約內容或期限之變更權或解釋權。

　　　(2)限制或免除企業經營者之義務或責任。

　　　(3)限制或剝奪消費者行使權利，加重消費者之義務或責任。

　　　(4)其他對消費者顯失公平事項。

　　違反第1項公告之定型化契約，其定型化契約條款無效。該定型化契約之效力，依前條規定定之。

　　中央主管機關公告應記載之事項，雖未記載於定型化契約，仍構成契約之

內容。

　　企業經營者使用定型化契約者，主管機關得隨時派員查核。

　　12.構成契約之內容（消保細則第15條）

　　定型化契約記載經中央主管機關公告應記載之事項者，仍有本法關於定型化契約規定之適用。

　　中央主管機關公告應記載之事項，未經記載於定型化契約者，仍構成契約之內容。

六、契約自由原則

　　於法令限制內，契約當事人得本其自由意願予以簽約，是為契約自由原則，如締結自由、相對人選擇自由、內容決定自由及方式自由等。

七、定金的處理

㈠收受定金

　　訂約當事人之一方，由他方受有定金時，推定其契約成立。（民第248條）

㈡定金的處理

　　定金，除當事人另有訂定外，適用下列之規定：（民第249條）

　　1.契約履行時，定金應返還或作為給付之一部。

　　2.契約因可歸責於付定金當事人之事由，致不能履行時，定金不得請求返還。

　　3.契約因可歸責於受定金當事人之事由，致不能履行時，該當事人應加倍返還其所受之定金。

　　4.契約因不可歸責於雙方當事人之事由，致不能履行時，定金應返還之。

八、違約的處理

㈠催告履約

　　契約當事人若有一方違約，他方當事人得定相當期限，催告履約。（民第254條）

㈡違約金的訂定

　　當事人得約定債務人不履行債務時，應支付違約金。違約金，除當事人另有訂定外，視為因不履行而生損害之賠償總額。其約定如債務人不於適當時期，或不依適當方法履行債務時，即須支付違約金者，債權人除得請求履行債務外，違約金視為因不於適當時期或不依適當方法履行債務所生損害之賠償總額。（民第250條）

㈢違約金的酌減

　　1.一部履行的酌減：債務已為一部履行者，法院得比照債權人因一部履行

所受之利益，減少違約金。（民第251條）

2.過多的酌減：約定之違約金額過高者，法院得減至相當之數額。（民第252條）

九、解約的處理

㈠催告履約再解約

契約當事人之一方遲延給付者，他方當事人得定相當期限，催告其履行，如於期限內不履行時，得解除其契約。（民第254條）

㈡不催告履約即行解約

依契約之性質或當事人之意思表示，非於一定時期為給付不能達其契約之目的，而契約當事人之一方不按照時期給付者，他方當事人得不為前條之催告，解除契約。（民第255條）

㈢解除權的行使

解除權之行使，應向他方當事人以意思表示為之。契約當事人之一方有數人者，前項意思表示，應由其全體或向其全體為之。解除契約之意思表示，不得撤銷。（民第258條）

㈣解約後回復原狀

契約解除時，當事人雙方回復原狀之義務，除法律另有規定或契約另有訂定外，依左列之規定。（民第259條）

1.由他方所受領之給付物，應返還之。

2.受領之給付為金錢者，應附加自受領時起之利息償還之。

3.受領之給付為勞務或為物之使用者，應照受領時之價額，以金錢償還之。

4.受領之給付物生有孳息者，應返還之。

5.就返還之物，已支出必要或有益之費用，得於他方受返還時所得利益之限度內，請求其返還。

6.應返還之物有毀損、滅失或因其他事由，致不能返還者，應償還其價額。

十、買賣費用的負擔

買賣費用之負擔，除法律另有規定或契約另有訂定或另有習慣外，依下列之規定：（民第378條）

㈠買賣契約之費用，由當事人雙方平均負擔。

㈡移轉權利之費用、運送標的物至清償地之費用及交付之費用，由出賣人負擔。

㈢受領標的物之費用、登記之費用及送交清償地以外處所之費用，由買受

人負擔。

第三節　買賣的付款方式

　　臺灣由於工商發達，經濟繁榮，致房地產買賣交易頗為頻繁。甚多的實例顯示，付款方式之合理與否，影響買賣交易之成敗，甚且影響成交後所有權取得過程中之安危。

　　依據筆者多年之經驗，買賣雙方在洽談房地產交易時，常常僅議定總價款後即行支付定金，迨至簽約時，始論及付款方式，斯時，如付款方式能夠達成協議，買賣移轉登記當能順利進行，惟因付款方式買賣雙方發生歧見，致買賣不成或花費很多時間去協議後始行簽約者，頗不乏實例。

　　通常，房地產買賣時，賣方或因財務週轉問題、或因遷移住所問題、或因安全顧慮問題等等，總是希望買賣價款支付得越快越好，最好是能在賣方給付產權移轉登記所需文書證件之同時一次付清價款。而買方則基於相對之立場，總是能在產權移轉登記完畢並交屋時一次付清價款。事實上，這是各自一廂情願的想法，常常造成買賣雙方意見上的分歧，尤其雙方互不認識時，此種情形將越趨明顯。

　　似此，可知付款方式實為買賣場合中不可忽視的重點，是特為之一述：

一、一次付款

　　實務場合中，一次付款之買賣方式較少。此種實例，以付款時間而言，約可分為三種——即賣方交付證件時一次付清、產權登記完畢並交屋時一次付清、產權移轉登記過程中擇定時間一次付清。茲將三種方式敘述如次：

㈠賣方交付證件時一次付清

　　此種付款方式，純對賣方有利，不但可因為財務週轉之需要，更可省去分次取款之麻煩。惟就買方而言，就不宜採取此法，因為一次付清後，在長期時間的產權移轉繁複過程中，萬一需要賣方補證件、補印章或補繳稅款，而賣方已行蹤不明，或藉詞拖延刁難時，對於買方總是一件麻煩事，而承辦之代書人，亦將多擔待一分責任。因此，實務上，除非賣方急於出國他遷，或賣方急需用錢，或買賣雙方有相當的認識與深厚的交情等特殊情況，否則均為多數人所不予採行。

㈡產權登記完畢並交屋時一次付清

　　此種付款方式，對於買方最為有利，因為買方於取得產權並交屋時始一次付清，不但安全性高，而且付款輕鬆。惟就賣方而言，則屬不利，因為萬一產權於移轉登記完畢並交屋時，買方拒不付款或拖泥帶水地付款，很可能變成法律問題，勢需循求司法程序解決。尤其很多個案顯示，賣方售屋多係基於財務

上的需要，因此，出售房地而未能馬上收取價款以滿足財務上的需要或解決財務上的問題，其不利於賣方，至為顯然。實務上，除非賣方不急於用錢而買賣雙方有相當的認識與深厚的交情，或賣方之房地產抵押擔保債權金額已幾近於買賣金額，為求安全起見，先行產權移轉登記與買方，再由買方清償債權塗銷抵押權等情形，否則亦均為一般人所不予採行。

㈢產權移轉登記過程中擇定時間一次付清

前述兩種付款方式之優劣，對於買賣雙方而言，適互為相對，而於產權移轉登記過程中擇定時間一次付清之方式，則可中和該相對之優劣性，惟實務上此種付款方式亦不多見，如非採行此種付款方式不可時，其付款時間以土地增值稅完納並辦妥完稅證明時為宜。

二、分次付款

買賣場合通行分次付款方式，實務上常見之分次付款方式約有下列三種：

㈠按工程進度分次付款

此種付款方式盛行於預售場合，其法係將買賣價款按房屋興建工程之進度予以分期，並訂定每期的付款金額，至於精確的付款時間，則由賣方依工程進度情況，適時通知買方付款。就買方而言，此種付款方式優點在於依實際工程進度付款，較具安全性，無未施工亦應付款之弊病，惟缺點在於無法事先預計準確的付款時間，對於應付款之資金準備，易生困擾。對賣方而言，其優點在於完成某一進度之工程後，即可收受買方一定的價款，不但可及時充裕下一進度之工程資金，且全盤之財務運作，可作長期而有效地計畫安排，惟缺點在於萬一銷售成績不理想而資金準備又不充裕時，可能影響到工程的進度，若工程進度落後，買方勢必不予付款，在因果循環下，資金的運轉遭困難，不幸的，甚至可能導致停工或宣布倒閉。

雖然按工程進度分次付款有其優劣之處，惟其優點大於其缺點，尤其預售房屋，在漫長的興建過程中，一切以順利施工如期完工之安全性為最高前提，此種付款方式具備了最大的安全性，因此受到普遍性的採行。

㈡按時分次付款

此種付款方式即是由買賣雙方議定分次應行付款之年月。就買方而言，其優點在於容易事先預計並準備應行給付之價款，惟缺點在於萬一產權移轉登記過程中遭遇難以解決之疑難雜症時，買方遲遲未能取得產權而卻應準時付款，實有失保障性。就賣方而言，其優點在於可以事先作資金運轉之安排或預算，惟其缺點在於產權移轉登記之進度萬一超前，俟產權移轉登記完畢時，仍有多次付款時間未屆至，對於賣方顯然不利。

在預售場合中，亦時常看到按月分期付款之實例，此種方式，以信譽卓著之大公司為宜，否則基於安全問題，將動搖購屋者之信心而影響銷售成績。

按時分次付款，或因利少弊多，是以實務上並不很普遍地流行。

(三)按產權移轉進度分次付款

如房屋興建完成並已辦妥產權登記之買賣，採行此種付款方式者居多。依筆者之經驗，按產權移轉進度分次付款，以下列方式最易為買賣雙方所接受：

第一次付款：於簽約時，按總價給付百分之十。

第二次付款：於賣方交付產權移轉登記所需之文書證件並蓋妥印鑑章時，按總價給付百分之三十。若於簽約時，賣方同時交付證件並核章時，本次付款併入第一次付款。

第三次付款：於賣方繳納土地增值稅並辦妥完稅證明時，按總價給付百分之三十。

第四次付款：於賣方交屋與買方時，按總價給付百分之二十。很多實例顯示，買賣雙方均願於產權移轉登記完畢時交屋，似此，則本次付款併入第五次付款。

第五次付款：於產權移轉登記完畢時，按總價給付百分之十。

前述付款之時及付款之金額，得由買賣雙方詳細予以議定，並非一成不變。尤其買賣之房地產，如賣方原有抵押貸款時，如何清償亦應予以議定，筆者認為以先行產權移轉登記予買方，再由買方就應給付予賣方之價款中，扣除該應清償之貸款額，並由買方清償貸款塗銷抵押權為宜。

房地產買賣之價款頗鉅，如何去議定買賣雙方均認為合理而安全之付款方式，實難執一而論，其要者在於雙方之誠信，否則再完密之付款方式或約定，亦總有其缺失之處，任何一方若存心違約，則糾紛涉訟難免。

第四節　各種買賣契約書範本

一、預售契約

(一)預售屋買賣契約書範本（103.4.28內政部內授中辦地字第1036650686號公告修正）

契約審閱權

本契約於中華民國○年○月○日經買方攜回審閱○日（契約審閱期間至少五日）。

買方簽章：

賣方簽章：

立契約書人：買方：○○○　賣方：○○○　茲為「○○○○○○」房地買賣事宜，雙方同意訂定本買賣契約條款如下，以資共同遵守：

第1條 賣方對廣告之義務

賣方應確保廣告內容之真實，本預售屋之廣告宣傳品及其所記載之建材設備表、房屋及停車位平面圖與位置示意圖，為契約之一部分。

第2條 房地標示及停車位規格

一 土地坐落：

○○縣（市）○○鄉（鎮、市、區）○○段○○小段○○地號等○○筆土地，面積共計○○○○○平方公尺（○○坪），使用分區為都市計畫內○○區（或非都市土地使用編定為○○區○○用地）。

二 房屋坐落：

同前述基地內「○○○○○○」編號第○○○棟第○○○樓第○○○戶（共計○○○戶），為主管建築機關核准○○年○○月○○日第○○○○○○號建造執照（建造執照暨核准之該戶房屋平面圖影本如附件）。

三 停車位性質、位置、型式、編號、規格：

㈠買方購買之停車位屬□法定停車位□自行增設停車空間□獎勵增設停車空間為□地上□地面□地下第__層□平面式□機械式□其他__，依建造執照圖說編號第__號之停車空間計__位，該停車位□有□無獨立權狀，編號第__號車位__個，其車位規格為長__公尺，寬__公尺，高__公尺。另含車道及其他必要空間，面積共計__平方公尺（__坪），如停車空間位於共有部分且無獨立權狀者，其面積應按車位（格）數量、型式種類、車位大小、位置、使用性質或其他與停車空間有關之因素，依第二目之比例計算之（計算方式如附表所示）（建造執照核准之該層停車空間平面圖影本如附件）。

㈡前目停車空間如位於共有部分且無獨立權狀者，應列明停車空間面積占共有部分總面積之比例。

㈢買方購買之停車位屬自行增設或獎勵增設停車位者，雙方如有另訂該種停車位買賣契約書，其有關事宜悉依該契約約定為之。

第3條 房地出售面積及認定標準

一 土地面積：

買方購買「__」__戶，其土地持分面積__平方公尺（__坪），應有權利範圍為__，計算方式係以主建物面積__平方公尺（__坪）占區分所有全部主建物總面積__平方公尺（__坪）比例計算（註：如有停車位應敘明車位權利範圍或以其他明確計算方式列明），如因土地分割、合併或地籍圖重測，則依新地號、新面積辦理所有權登記。

二 房屋登記面積：

本房屋面積共計__平方公尺（__坪），包含：

(一)專有部分，面積計__平方公尺（__坪）。

　　1.主建物面積計__平方公尺（__坪）。

　　2.附屬建物面積，即陽臺__平方公尺（__坪）、雨遮__平方公尺（__坪）及屋簷__平方公尺（__坪），合計__平方公尺（__坪）。

(二)共有部分，面積計__平方公尺（__坪）。

(三)主建物面積占本房屋得登記總面積之比例__%。

三　前二款所列面積與地政機關登記面積有誤差時，買賣雙方應依第5條規定互為找補。

第4條　共有部分項目、總面積及面積分配比例計算

一　共同使用部分除法定停車位另計外，係指□門廳、□走道、□樓梯間、□電梯間、□電梯機房、□電氣室、□機械室、□管理室、□受電室、□幫浦室、□配電室、□水箱、□蓄水池、□儲藏室、□防空避難室（未兼作停車使用）、□屋頂突出物、□健身房、□交誼室□管理維護使用空間及其他依法令應列入共有部分之項目（○○○○○○○）。本「○○○○○」共有部分總面積計○○○○平方公尺（○○坪）。

二　前款共有部分之權利範圍係依買受主建物面積與主建物總面積之比例而為計算（註：或以其他明確之計算方式列明）。本「○○○○○」主建物總面積計○○○○平方公尺（○○坪）。

第5條　房屋面積誤差及其價款找補

一　房屋面積以地政機關登記完竣之面積為準，部分原可依法登記之面積，倘因簽約後法令改變，致無法辦理建物所有權第一次登記時，其面積應依公寓大廈管理條例第56條第3項之規定計算。

二　依第3條計算之土地面積、主建物或本房屋登記總面積如有誤差，其不足部分賣方均應全部找補；其超過部分，買方只找補百分之二為限（至多找補不超過百分之二），且雙方同意面積誤差之找補，分別以土地、主建物、附屬建物、共有部分價款，除以各該面積所得之單價（應扣除車位價款及面積），無息於交屋時結算。

三　前款之土地面積、主建物或本房屋登記總面積如有誤差超過百分之三者，買方得解除契約。

第6條　契約總價

本契約總價款合計新臺幣__仟__佰__拾__萬__仟元整。

一　土地價款：新臺幣__仟__佰__拾__萬__仟元整。

二　房屋價款：新臺幣__仟__佰__拾__萬__仟元整。

(一)專有部分：新臺幣__仟__佰__拾__萬__仟元整。

　　1.主建物部分：新臺幣__仟__佰__拾__萬__仟元整。

　　2.附屬建物陽臺部分：新臺幣__仟__佰__拾__萬__仟元整（除陽臺外，

　　其餘項目不得計入買賣價格）。

　　(二)共有部分：新臺幣__仟__佰__拾__萬__仟元整。

三　車位價款：新臺幣__佰__拾__萬__仟元整。

第6條之1　履約保證機制

本預售屋應辦理履約保證，履約保證依下列方式擇一處理：

□內政部同意之履約保證方式：不動產開發信託

　　由建商或起造人將建案土地及興建資金信託予某金融機構或經政府許可之信託業者執行履約管理。興建資金應依工程進度專款專用。又簽定預售屋買賣契約時，賣方應提供上開信託之證明文件或影本予買方。

□其他替代性履約保證方式。

　　□價金返還之保證

　　　本預售屋由__（金融機構）負責承作價金返還保證。

　　　價金返還之保證費用由賣方負擔。

　　　賣方應提供第一項之保證契約影本予買方。

　　□價金信託

　　　本預售屋將價金交付信託，由__（金融機構）負責承作，設立專款專用帳戶，並由受託機構於信託存續期間，按信託契約約定辦理工程款交付、繳納各項稅費等資金控管事宜。

　　　前項信託之受益人為賣方（即建方或合建雙方）而非買方，受託人係受託為賣方而非為買方管理信託財產，但賣方無法依約定完工或交屋者，受益權歸屬於買方。

　　　賣方應提供第1項之信託契約影本予買方。

　　□同業連帶擔保

　　　本預售屋已與○○公司（同業同級之公司，市占率由內政部另定之）等相互連帶擔保，持本買賣契約可向上列公司請求完成本建案後交屋。上列公司不得為任何異議，亦不得要求任何費用或補償。

　　　賣方應提供連帶擔保之書面影本予方。

　　□公會連帶保證

　　　本預售屋已加入由全國或各縣市建築開發商同業公會辦理之連帶保證協定，持本買賣契約可向加入本協定之○○公司請求共同完成本建案後交屋。加入本協定之○○公司不得為任何異議，亦不得要求任何費用或補償。

　　　賣方應提供加入前項同業聯合連帶保證協定之書面影本予買方。

第7條　付款條件

付款，除簽約款及開工款外，應依已完成之工程進度所定付款明細表之規定於工程完工後繳款，其每次付款間隔日數應在二十日以上。

如賣方未依工程進度定付款條件者，買方得於工程全部完工時一次支付之。

第8條　逾期付款之處理方式

買方如逾期達五日仍未繳清期款或已繳之票據無法兌現時，買方應加付按逾期期款部分每日萬分之二單利計算之遲延利息，於補繳期款時一併繳付賣方。

如逾期二個月或逾使用執照核發後一個月不繳期款或遲延利息，經賣方以存證信函或其他書面催繳，經送達七日內仍未繳者，雙方同意依違約之處罰規定處理。但前項情形賣方同意緩期支付者，不在此限。

第9條　地下層、屋頂及法定空地之使用方式及權屬

一　地下層停車位

本契約地下層共＿層，總面積＿平方公尺（＿坪），扣除第4條所列地下層共有部分及依法令得為區分所有之標的者外，其餘面積＿平方公尺（＿坪），由賣方依法令以停車位應有部分（持分）設定專用使用權予本預售屋承購戶。

二　法定空地

本建物法定空地之所有權應登記為全體區分所有權人共有，並為區分所有權人共用。但部分區分所有權人不需使用該共有部分者，得予除外。

三　屋頂平臺及突出物

共有部分之屋頂突出物及屋頂避難平臺，不得為約定專用部分，除法令另有規定外，不得作為其他使用。

四　法定空地、露臺、非屬避難之屋頂平臺，如有約定專用部分，應於規約草約訂定之。

第10條　主要建材及其廠牌、規格

一　施工標準悉依核准之工程圖樣與說明書及本契約附件之建材設備表施工，除經買方同意、不得以同級品之名義變更建材設備或以附件所列舉品牌以外之產品替代，但賣方能證明有不可歸責於賣方之事由，致無法供應原建材設備，且所更換之建材設備之價值、效用及品質不低於原約定之建材設備或補償價金者，不在此限。

二　賣方保證建造本預售屋不含有損建築結構安全或有害人體安全健康之輻射鋼筋、石棉、未經處理之海砂等材料或其他類似物。

三　前款石棉之使用，不得違反主管機關所定之標準及許可之目的用途，但如有造成買方生命、身體及健康之損害者，仍應依法負責。

四　賣方如有違反前三款之情形，雙方同意依違約之處罰規定處理。

第11條　開工及取得使用執照期限

一　本預售屋之建築工程應在民國＿年＿月＿日之前開工，民國＿年＿月＿日之前完成主建物、附屬建物及使用執照所定之必要設施，並取得使用

執照。但有下列情事之一者，得順延其期間：

㈠因天災地變等不可抗力之事由，致賣方不能施工者，其停工期間。

㈡因政府法令變更或其他非可歸責於賣方之事由發生時，其影響期間。

二　賣方如逾前款期限未開工或未取得使用執照者，每逾一日應按已繳房地價款依萬分之五單利計算遲延利息予買方。若逾期三個月仍未開工或未取得使用執照，視同賣方違約，雙方同意依違約之處罰規定處理。

第12條　建築設計變更之處理

一　買方申請變更設計之範圍以室內隔間及裝修為限，如需變更污水管線，以不影響下層樓為原則，其他有關建築主要結構、大樓立面外觀、管道間、消防設施、公共設施等不得要求變更。

二　買方若要求室內隔間或裝修變更時，應經賣方同意於賣方指定之相當期限內為之，並於賣方所提供之工程變更單上簽認為準，且此項變更之要求以一次為限。辦理變更時，買方需親自簽認，並附詳圖配合本工程辦理之，且不得有違反建管法令之規定，如須主管機關核准時，賣方應依規定申請之。

三　工程變更事項經雙方於工程變更單上簽認後，由賣方於簽認日起＿日內提出追加減帳，以書面通知買方簽認。工程變更若為追加帳，買方應於追加減帳簽認日起十天內繳清工程追加款始為有效，若未如期繳清追加款，視同買方無條件取消工程變更要求，賣方得拒絕受理並按原設計施工。工程變更若為減帳，則於交屋時一次結清。若賣方無故未予結清，買方得於第13條之交屋保留款予以扣除。雙方無法簽認時，則依原圖施工。

第13條　驗收

賣方依約完成本戶一切主建物、附屬建物之設備及領得使用執照並接通自來水、電力、於有天然瓦斯地區，並應達成瓦斯配管之可接通狀態及完成契約、廣告圖說所示之設施後，應通知買方進行驗收手續。

雙方驗收時，賣方應提供驗收單，如發現房屋有瑕疵，應載明於驗收單上，由賣方限期完成修繕；買方並有權於自備款部分保留房地總價百分之五作為交屋保留款，於完成修繕並經雙方複驗合格後支付。

第一項項有關達成天然瓦斯配管之可接通狀態之約定，如契約有約定，並於相關銷售文件上特別標明不予配設者，不適用之。

第14條　房地所有權移轉登記期限

一　土地所有權移轉登記

土地所有權之移轉，除另有約定，依其約定者外，應於使用執照核發後四個月內備妥文件申辦有關稅費及權利移轉登記。其土地增值稅之負擔方式，依有關稅費負擔之約定辦理。

二　房屋所有權移轉登記

　　房屋所有權之移轉，應於使用執照核發後四個月內備妥文件申辦有關稅費及權利移轉登記。

三　賣方違反前二款之規定，致各項稅費增加或罰鍰（滯納金）時，賣方應全數負擔；如損及買方權益時，賣方應負損害賠償之責。

四　賣方應於買方履行下列義務時，辦理房地所有權移轉登記：

　　㈠依契約約定之付款辦法，除約定之交屋保留款外，應繳清房地移轉登記前應繳之款項及逾期加付之遲延利息。

　　㈡提出辦理所有權移轉登記及貸款有關文件，辦理各項貸款手續，繳清各項稅費，預立各項取款或委託撥付文件，並應開立受款人為賣方及票面上註明禁止背書轉讓，及記載擔保之債權金額及範圍之本票予賣方。

　　㈢本款第1目、第2目之費用如以票據支付，應在登記以前全部兌現。

五　第1款、第2款之辦理事項，由賣方指定之地政士辦理之，倘為配合各項手續需要，需由買方加蓋印章，出具證件或繳納各項稅費時，買方應於接獲賣方或承辦地政士通知日起七日內提供，如有逾期，每逾一日應按已繳房地價款依萬分之二單利計算遲延利息予賣方，另如因買方之延誤或不協辦，致各項稅費增加或罰鍰（滯納金）時，買方應全數負擔；如損及賣方權益時，買方應負損害賠償之責。

第15條　通知交屋期限

一　賣方應於領得使用執照六個月內，通知買方進行交屋。於交屋時雙方應履行下列各目義務：

　　㈠賣方付清因延遲完工所應付之遲延利息於買方。

　　㈡賣方就契約約定之房屋瑕疵或未盡事宜，應於交屋前完成修繕。

　　㈢買方繳清所有之應付未付款（含交屋保留款）及完成一切交屋手續。

　　㈣賣方如未於領得使用執照六個月內通知買方進行交屋，每逾一日應按已繳房地價款依萬分之五單利計算遲延利息予買方。

二　賣方應於買方辦妥交屋手續後，將土地及建物所有權狀、房屋保固服務紀錄卡、使用維護手冊、規約草約、使用執照（若數戶同一張使用執照，則日後移交管理委員會）或使用執照影本及賣方代繳稅費之收據交付買方，並發給遷入證明書，俾憑換取鎖匙，本契約則無需返還。

三　買方應於收到交屋通知日起＿＿日內配合辦理交屋手續，賣方不負保管責任。但可歸責於賣方時，不在此限。

四　買方同意於通知之交屋日起三十日後，不論已否遷入，即應負本戶水電費、瓦斯基本費，另瓦斯裝錶費用及保證金亦由買方負擔。

第16條 共有部分之點交

一 賣方應擔任本預售屋共有部分管理人，並於成立管理委員會或推選管理負責人後移交之。雙方同意自交屋日起，由買方按月繳付共有部分管理費。

二 賣方於完成管理委員會或推選管理負責人後七日內，應會同管理委員會或推選管理負責人現場針對水電、機械設施、消防設施及各類管線進行檢測，確認其功能正常無誤後，將共用部分、約定共用部分與其附屬設施設備；設施設備使用維護手冊及廠商資料、使用執照謄本、竣工圖說、水電、機械設施、消防及管線圖說等資料，移交之。上開檢測責任由賣方負責，檢測方式，由賣方及管理委員會或管理負責人，雙方協議為之，賣方並通知政府主管機關派員會同見證雙方已否移交。

第17條 保固期限及範圍

一 本契約房屋自買方完成交屋日起，或如有可歸責於買方之原因時自賣方通知交屋日起，除賣方能證明可歸責於買方或不可抗力因素外，結構部分（如：樑柱、樓梯、擋土牆、雜項工作…等）負責保固十五年，固定建材及設備部分（如：門窗、粉刷、地磚…等）負責保固一年，賣方並應於交屋時出具房屋保固服務紀錄卡予買方作為憑證。

二 前款期限經過後，買方仍得依民法及其他法律主張權利。

第18條 貸款約定

一 第6條契約總價內之部分價款新臺幣＿元整，由買方與賣方洽定之金融機構之貸款給付，由買賣雙方依約定辦妥一切貸款手續。惟買方可得較低利率或有利於買方之貸款條件時，買方有權變更貸款之金融機構，自行辦理貸款，除享有政府所舉辦之優惠貸款利率外，買方應於賣方通知辦理貸款日起二十日內辦妥對保手續，並由承貸金融機構同意將約定貸款金額撥付賣方。

二 前款由賣方洽定辦理之貸款金額少於預定貸款金額，其差額依下列各目處理：

㈠不可歸責於雙方時之處理方式如下：

　1.差額在預定貸款金額百分之三十以內部分，賣方同意以原承諾貸款相同年限及條件由買方分期清償。

　2.差額超過原預定貸款金額百分之三十部分，賣方同意依原承諾貸款之利率，計算利息，縮短償還期限為＿年（期間不得少於七年）由買方按月分期攤還。

　3.差額超過原預定貸款金額百分之三十者，買賣雙方得選擇前述方式辦理或解除契約。

㈡可歸責於賣方時，差額部分，賣方應依原承諾貸款相同年限及條件由

買方分期清償。如賣方不能補足不足額部分，買方有權解除契約。

㈢可歸責於買方時，買方應於接獲通知之日起＿天（不得少於三十天）內一次給付其差額或經賣方同意分期給付其差額。

三　有關金融機構核撥貸款後之利息，由買方負擔。但於賣方通知之交屋日前之利息應由賣方返還買方。

第19條　貸款撥付

買賣契約如訂有交屋保留款者，於所有權移轉登記完竣並由金融機構設定抵押權後，除有輻射鋼筋、未經處理之海砂或其他縱經修繕仍無法達到應有使用功能之重大瑕疵外，買方不得通知金融機構終止撥付前條貸款予賣方。

第20條　房地轉讓條件

一　買方繳清已屆滿之各期應繳款項者，於本契約房地所有權移轉登記完成前，如欲將本契約轉讓他人時，必須事先以書面徵求賣方同意，賣方非有正當理由不得拒絕。

二　前款之轉讓，除配偶、直系血親間之轉讓免手續費外，賣方得向買方收取本契約房地總價款千分之＿＿＿＿（最高以千分之一為限）之手續費。

第21條　地價稅、房屋稅之分擔比例

一　地價稅以賣方通知書所載之交屋日為準，該日期前由賣方負擔，該日期後由買方負擔，其稅期已開始而尚未開徵者，則依前一年度地價稅單所載該宗基地課稅之基本稅額，按持分比例及年度日數比例分算賣方應負擔之稅額，由買方應給付賣方之買賣尾款中扣除，俟地價稅開徵時由買方自行繳納。

二　房屋稅以賣方通知書所載之交屋日為準，該日期前由賣方負擔，該日期後由買方負擔，並依法定稅率及年度月份比例分算稅額。

第22條　稅費負擔之約定

一　土地增值稅應於使用執照核發後申報，並以使用執照核發日之當年度公告現值計算增值稅，其逾三十日申報者，以提出申報日當期之公告現值計算增值稅，由賣方負擔，但買方未依第14條規定備妥申辦文件，其增加之增值稅，由買方負擔。

二　所有權移轉登記規費、印花稅、契稅、代辦手續費、貸款保險費及各項附加稅捐由買方負擔。但起造人為賣方時，建物所有權第一次登記規費及代辦手續費由賣方負擔。

三　公證費由買賣雙方各負擔二分之一。但另有約定者從其約定。

四　應由買方繳交之稅費，買方於辦理所有權移轉登記時，應將此等費用全額預繳，並於交屋時結清，多退少補。

第23條　賣方之瑕疵擔保責任

一　賣方保證產權清楚，絕無一物數賣、無權占有他人土地、承攬人依民法

第513條行使法定抵押權或設定他項權利等情事之一；如有上述情形，賣方應於本預售屋交屋日或其他約定之期日＿前負責排除、塗銷之。但本契約有利於買方者，從其約定。

二　有關本契約標的物之瑕疵擔保責任，悉依民法及其他有關法令規定辦理。

第24條　不可抗力因素之處理

如因天災、地變、政府法令變更或不可抗力之事由，致本契約房屋不能繼續興建時，雙方同意解約。解約時賣方應將所收價款按法定利息計算退還買方。

第25條　違約之處罰

一　賣方違反「主要建材及其廠牌、規格」、「開工及取得使用執照期限」之規定者，買方得解除本契約。

二　賣方違反「賣方之瑕疵擔保責任」之規定者，即為賣方違約，買方得依法解除契約。

三　買方依第1款或第2款解除契約時，賣方除應將買方已繳之房地價款退還予買方，如有遲延利息應一併退還，並應同時賠償房地總價款百分之＿（不得低於百分之十五）之違約金。但該賠償之金額超過已繳價款者，則以已繳價款為限。

四　買方違反有關「付款條件及方式」之規定者，賣方得沒收依房地總價款百分之＿（最高不得超過百分之十五）計算之金額。但該沒收之金額超過已繳價款者，則以已繳價款為限，買賣雙方並得解除本契約。

五　買賣雙方當事人除依前二款之請求外，不得另行請求其他損害賠償。

第26條　疑義之處理

本契約各條款如有疑義時，應依消費者保護法第11條第2項規定，為有利於買方之解釋。

第27條　合意管轄法院

因本契約發生之消費訴訟，雙方同意以房地所在地之地方法院為第一審管轄法院。

第28條　附件效力及契約分存

本契約自簽約日起生效，賣方應將契約正本交付予買方。

本契約之相關附件視為本契約之一部分。

第29條　未盡事宜之處置

本契約如有未盡事宜，依相關法令、習慣及平等互惠與誠實信用原則公平解決之。

附件：

一、建造執照暨核准之房屋平面圖影本乙份。

二、停車空間平面圖影本乙份。

三、付款明細表乙份。

四、建材設備表乙份。

五、申請建造執照所附之規約草約。

立契約書人

買方（姓名或公司名稱）：

國民身分證統一編號：

戶籍地址：

通訊地址：

連絡電話：

賣方（姓名或公司名稱）：

法定代理人：

公司（或商號）統一編號：

公司（或商號）地址：

公司（或商號）電話：

不動產經紀業：

名稱（公司或商號）：

公司（或商號）統一編號：

負責人：

國民身分證統一編號：

公司（或商號）地址：

公司（或商號）電話：

不動產經紀人：　　　　　　　　　　　　　　　　（簽章）

國民身分證統一編號：

電話：

地址：

中　華　民　國　　　　　　年　　　　　　月　　　　　　日

㈡簽約注意事項

1.適用範圍

本契約範本提供消費者、企業經營者及大眾買賣預售屋時參考使用。

前項預售屋，指領有建造執照尚未建造完成而以將來完成之建築物為交易標的之物。

2.契約審閱

關於契約審閱，按預售屋買賣契約屬消費者契約之一種，買賣雙方對於契約內容之主客觀認知頗有差異，是以建築投資業者所提供之定型化契

約應給予消費者合理期間以瞭解契約條款之內容，此於消費者保護法第11條之1已有明訂。另外，參照「行政院公平交易委員會對於預售屋銷售行為之規範說明」，賣方銷售預售屋時，有下列行為之一者，將有違反公平交易法第24條行規定之虞：

(1)要求買方須給付定金始提供契約書。

(2)收受定金或簽約前，未提供買方至少五天契約審閱期間。

3. 廣告效力

第1條廣告效力中之建材設備表、房屋平面圖與位置示意圖係指廣告宣傳品所記載者，至房屋平面圖及建材設備表則指賣方提供之定型化契約所附之附件。

4. 土地使用分區部分

第2條房地標示第1款土地坐落部分，依法令規定，如屬都市計畫內住宅區者，係供住宅居住使用；如屬非都市土地編定為甲種建築用地者，係供農業區內建築使用；如屬非都市土地編定為乙種建築用地者，係供鄉村區內建築使用，如屬非都市土地編定為丙種建築用地者，係供森林區、山坡地保育區及風景區內建築使用；如屬非都市土地編定為丁種建築用地者，係供工廠及有關工業設施建築使用（即一般所稱之工業住宅）。

5. 車位部位

第2條房地標示第3款車位部分，若勾選自行增設停車位或獎勵增設停車位者，宜另訂該種停車位買賣契約書，其有關事宜悉依該契約約定為之。本契約範本有關停車位部分，僅適用於法定停車位。

6. 第4條共有部分項目、面積及面積分配比例計算

(1)共有部分之項目，乃屬例示性質，應依房屋買賣個案之實際情況於契約中列舉共有部分項目名稱。

(2)第2款共有部分面積之分配比例計算，法定停車位雖列入共有部分登記，但其權利範圍乃另行計算，至其他共有部分項目面積以主建物之比例而為計算，而另有購買法定停車位者，再行計入。

(3)參照行政院公平交易委員會對於預售屋銷售行為之規範說明，賣方銷售預售屋時，有下列情形之一者，將有違反公平交易法第24條規定之虞：

①賣方未於預售屋買賣契約書中揭露共有部分之項目。

②賣方未於預售屋買賣契約書中，載明共有部分面積或比例分攤之計算方式。

③各戶持分總表未足以顯示全區共有部分分攤之計算結果，或未列出各戶各項目之持分占總共有部分之比例，並未提供公眾閱覽、分送

或自由取閱等方式。

7.交屋保留款之付款規定

　本契約範本附件付款明細表所訂自備款之各期期款，賣方應依已完成之工程進度訂定之。房地總價之百分之五交屋保留款訂於最後一期（交屋時），但賣方未依已完成之工程進度定付款明細者，買方得於工程全部完工時一次支付之。

8.輻射鋼筋及未經處理海砂之檢驗

　⑴第10條第2款有關本預售屋之材料不含輻射鋼筋部分，詳情請洽詢行政院原子能委員會。

　⑵同款有關本預售屋之材料不含未經處理之海砂部分，消費者如有疑義，可攜帶600公克結構物之混凝土塊或50至100公克之砂樣逕送財團法人工業技術研究院工業材料研究所（新竹縣竹東鎮中興路4段195號77館）委託檢驗（檢驗費用由委託者負擔）或郵寄至該所工業服務室登錄辦理（備妥委託單、樣品及費用），詳情請洽詢（03）5916835。

9.有關擅自變更設計之責任

　第12條第2款之室內隔間或裝修變更，如有違建築法令或未經主管機關核准時，將有導致保固請求權喪失及損及鄰近房屋之損害賠償之虞。

10.房地所有權移轉登記期限

　第14條第1款土地所有權移轉登記，參照行政院公平交易委員會對於預售屋銷售行為之規範說明，賣方未於契約中明定土地移轉年度或日期，將有違反公平交易法第24條規定之虞。

11.規約草約

　第9條第4款、第15條第2款之規約草約，經買方簽署同意後，於區分所有權人會議訂定規約前，視同規約。

12.買方自行辦理貸款之規定

　買方如欲自行辦理貸款，除於訂約時明示自行辦理外，並預立貸款撥款委託書予賣方，賣方則須配合買方貸款需要提供房地權狀或配合辦理貸款手續，賣方如因而增加之費用支出得向買方求償。

13.優惠貸款之類別

　第19條第1款所稱政府所舉辦之優惠貸款係指國民住宅貸款、公教人員貸款及勞工貸款等。

14.房地轉讓條件

　關於第20條房地轉讓條件，按預售屋賣方會同買方辦理房地轉售時，需說明契約內容及提供相關資料，俾辦理契約簽訂等其他相關事宜，其所需成本似得准收手續費。故本範本爰例示約定手續費為房地總價款最高千分之一，以供參考。

15.違約金之約定

關於第25條違約金之約定，按違約金數額多寡之約定，視簽約時社會經濟及房地產景氣狀況而定，是以買賣雙方簽約時，就違約金數額之約定，仍應考量上開狀況磋商而定。

16.消費爭議之申訴與調解

因本契約所發生之消費爭議，依消費者保護法第43條及第44條規定，買方得向賣方、消費者保護團體或消費者服務中心申訴；未獲妥適處理時，得向房地所在地之直轄市或縣（市）政府消費者保護官申訴；再未獲妥適處理時得向直轄市或縣（市）消費爭議調解委員會申請調解。

17.消費者保護法對消費者權益之保障

本預售屋買賣契約所訂之條款，均不影響買方依消費者保護法規定之權利。

18.經紀業及經紀人員之責任

預售屋買賣，若透過不動產經紀業務之公司（或商號）仲介或代銷居間服務者，應由該公司（或商號）指派經紀人員於本契約簽章及解說等事宜。

(三)**預售屋買賣定型化契約應記載及不得記載事項**（103.4.28內政部內授中辦地字第1036650687號公告修正）

1.預售屋買賣定型化契約應記載事項

(1)契約審閱期

本契約於中華民國○○年○○月○○日經買方攜回審閱○○日（契約審閱期間至少五日）。

買方簽章：

賣方簽章：

(2)賣方對廣告之義務

賣方應確保廣告內容之真實，本預售屋之廣告宣傳品及其所記載之建材設備表、房屋及停車位平面圖與位置示意圖，為契約之一部分。

(3)房地標示及停車位規格

①土地坐落：

○縣（市）○鄉（鎮、市、區）○段○小段○地號等○筆土地，面積共計○平方公尺（○坪），使用分區為都市計畫內○區（或非都市土地使用編定為○區○用地）。

②房屋坐落：

同前述基地內「○」編號第○棟第○樓第○戶（共計○戶），為主管建築機關核准○年○月○日第○號建造執照（建造執照暨核准之該戶房屋平面圖影本如附件）。

③停車位性質、位置、型式、編號、規格：

㈠買方購買之停車位屬□法定停車位□自行增設停車空間□獎勵增設停車空間為□地上□地面□地下第＿層□平面式□機械式□其他＿，依建造執照圖說編號第○號之停車空間計○位，該停車位□有□無獨立權狀，編號第○號車位○個，其車位規格為長○公尺，寬○公尺，高○公尺。另含車道及其他必要空間，面積共計○平方公尺（○坪），如停車空間位於共有部分且無獨立權狀者，其面積應按車位（格）數量、型式種類、車位大小、位置、使用性質或其他與停車空間有關之因素，依第2目之比例計算之（計算方式如附表所示）（建造執照核准之該層停車空間平面圖影本如附件）。

㈡前目停車空間如位於共有部分且無獨立權狀者，應列明停車空間面積占共有部分總面積之比例。

㈢買方購買之停車位屬自行增設或獎勵增設停車位者，雙方如有另訂該種停車位買賣契約書，其有關事宜悉依該契約約定為之。

⑷房地出售面積及認定標準

①土地面積：

買方購買「○」○戶，其土地持分面積○平方公尺（○坪），應有權利範圍為○，計算方式係以主建物面積○平方公尺（○坪）占區分所有全部主建物總面積○平方公尺（○坪）比例計算（註：如有停車位應敘明車位權利範圍或以其他明確計算方式列明），如因土地分割、合併或地籍圖重測，則依新地號、新面積辦理所有權登記。

②房屋登記面積：

本房屋面積共計○平方公尺（○坪），包含：

㈠專有部分，面積計○平方公尺（○坪）。

⑴主建物面積計○平方公尺（○坪）。

⑵附屬建物面積，即陽臺○平方公尺（○坪）、雨遮○平方公尺（○坪）及屋簷○平方公尺（○坪），合計○平方公尺（○坪）。

㈡共有部分，面積計○平方公尺（○坪）。

㈢主建物面積占本房屋得登記總面積之比例○%。

③前二款所列面積與地政機關登記面積有誤差時，買賣雙方應依第6點規定互為找補。

⑸共有部分項目、總面積及面積分配比例計算

①共有部分除法定停車位另計外，係指□門廳、□走道、□樓梯間、□電梯間、□電梯機房、□電氣室、□機械室、□管理室、□受電室、□幫浦室、□配電室、□水箱、□蓄水池、□儲藏室、□防空

避難室（未兼作停車使用）、□屋頂突出物、□健身房、□交誼室□
管理維護使用空間及其他依法令應列入共有部分之項目（○）。本
「○」共有部分總面積計○平方公尺（○坪）。

②前款共有部分之權利範圍係依買受主建物面積與主建物總面積之比
例而為計算（註：或以其他明確之計算方式列明）。本「○」主建
物總面積計○平方公尺（○坪）。

(6)房屋面積誤差及其價款找補

①房屋面積以地政機關登記完竣之面積為準，部分原可依法登記之面
積，倘因簽約後法令改變，致無法辦理建物所有權第一次登記時，
其面積應依公寓大廈管理條例第56條第3項之規定計算。

②依第4點計算之土地面積、主建物或本房屋登記總面積如有誤差，其
不足部分賣方均應全部找補；其超過部分，買方只找補百分之二為
限（至多找補不超過百分之二），且雙方同意面積誤差之找補，分別
以土地、主建物、附屬建物、共有部分價款，除以各該面積所得之
單價（應扣除車位價款及面積），無息於交屋時結清。

③前款之土地面積、主建物或本房屋登記總面積如有誤差超過百分之
三者，買方得解除契約。

(6-1) 履約保證機制

本預售屋應辦理履約保證，履約保證依下列方式擇一處理：

□內政部同意之履約保證方式。

□其他替代性履約保證方式。

□價金返還之保證

本預售屋由○○（金融機構）負責承作價金返還保證。

價金返還之保證費用由賣方負擔。

賣方應提供第1項之保證契約影本予買方。

□價金信託

本預售屋將價金交付信託，由○○（金融機構）負責承作，設立專款
專用帳戶，並由受託機構於信託存續期間，按信託契約約定辦理工
程款交付、繳納各項稅費等資金控管事宜。

前項信託之受益人為賣方（即建方或合建雙方）而非買方，受託人係
受託為賣方而非 買方管理信託財產，但賣方無法依約定完工或交屋
者，受益權歸屬於買方。

賣方應提供第1項之信託契約影本予買方。

□同業連帶擔保

本預售屋已與○○公司（同業同級之公司，市占率由內政部另定之）等
相互連帶擔保，持本買賣契約可向上列公司請求完成本建案後交

屋。上列公司不得為任何異議，亦不得要求任何費用或補償。

賣方應提供連帶擔保之書面影本予買方。

□公會連帶保證

本預售屋已加入由全國或各縣市建築開發商同業公會辦理之連帶保證協定，持本買賣契約可向加入本協定之○○公司請求共同完成本建案後交屋。加入本協定之○○公司不得為任何異議，亦不得要求任何費用或補償。

賣方應提供加入前項同業聯合連帶保證協定之書面影本予買方。

(7)契約總價

本契約總價款合計新臺幣○仟○佰○拾○萬○仟元整。

①土地價款：新臺幣○仟○佰○拾○萬○仟元整。

②房屋價款：新臺幣○仟○佰○拾○萬○仟元整。

　一專有部分：新臺幣○仟○佰○拾○萬○仟元整。

　　⑴主建物部分：新臺幣○仟○佰○拾○萬○仟元整。

　　⑵附屬建物陽臺部分：新臺幣○仟○佰○拾○萬○仟元整（除陽臺外，其餘項目不得計入買賣價格）。

　二共有部分：新臺幣○仟○佰○拾○萬○仟元整。

③車位價款：新臺幣○佰○拾○萬○仟元整。

(8)付款條件

付款，除簽約款及開工款外，應依已完成之工程進度所定付款明細表之規定於工程完工後繳款，其每次付款間隔日數應在二十日以上。

如賣方未依工程進度定付款條件者，買方得於工程全部完工時一次支付之。

(9)逾期付款之處理方式

買方如逾期達五日仍未繳清期款或已繳之票據無法兌現時，買方應加付按逾期期款部分每日萬分之二單利計算之遲延利息，於補繳期款時一併繳付賣方。

如逾期二個月或逾使用執照核發後一個月不繳期款或遲延利息，經賣方以存證信函或其他書面催繳，經送達七日內仍未繳者，雙方同意依違約之處罰規定處理。但前項情形賣方同意緩期支付者，不在此限。

(10)地下層、屋頂及法定空地之使用方式及權屬

①地下層停車位

本契約地下層共○層，總面積○平方公尺（○坪），扣除第五點所列地下層共有部分及依法令得為區分所有之標的者外，其餘面積○平方公尺（○坪），由賣方依法令以停車位應有部分（持分）設定專用使用權予本預售屋承購戶。

　　②法定空地

　　　本建物法定空地之所有權應登記為全體區分所有權人共有，並為區分所有權人共用。但部分區分所有權人不需使用該共有部分者，得予除外。

　　③屋頂平臺及突出物

　　　共有部分之屋頂突出物及屋頂避難平臺，不得為約定專用部分，除法令另有規定外，不得作為其他使用。

　　④法定空地、露臺、非屬避難之屋頂平臺，如有約定專用部分，應於規約草約訂定之。

⑾主要建材及其廠牌、規格

　　①施工標準悉依核准之工程圖樣與說明書及本契約附件之建材設備表施工，除經買方同意，不得以同級品之名義變更建材設備或以附件所列舉品牌以外之產品替代，但賣方能證明有不可歸責於賣方之事由，致無法供應原建材設備，且所更換之建材設備之價值、效用及品質不低於原約定之建材設備或補償價金者，不在此限。

　　②賣方保證建造本預售屋不含有損建築結構安全或有害人體安全健康之輻射鋼筋、石棉、未經處理之海砂等材料或其他類似物。

　　③前款石棉之使用，不得違反主管機關所定之標準及許可之目的用途，但如有造成買方生命、身體及健康之損害者，仍應依法負責。

　　④賣方如有違反前三款之情形，雙方同意依違約之處罰規定處理。

⑿開工及取得使用執照期限

　　①本預售屋之建築工程應在民國○年○月○日之前開工，民國○年○月○日之前完成主建物、附屬建物及使用執照所定之必要設施，並取得使用執照。但有下列情事之一者，得順延其期間：

　　　㊀因天災地變等不可抗力之事由，致賣方不能施工者，其停工期間。

　　　㊁因政府法令變更或其他非可歸責於賣方之事由發生時，其影響期間。

　　②賣方如逾前款期限未開工或未取得使用執照者，每逾一日應按已繳房地價款依萬分之五單利計算遲延利息予買方。若逾期三個月仍未開工或未取得使用執照，視同賣方違約，雙方同意依違約之處罰規定處理。

⒀驗收

　　賣方依約完成本戶一切主建物、附屬建物之設備及領得使用執照並接通自來水、電力、於有天然瓦斯地區，並應達成瓦斯配管之可接通狀態及完成契約、廣告圖說所示之設施後，應通知買方進行驗收手續。

雙方驗收時，賣方應提供驗收單，如發現房屋有瑕疵，應載明於驗收單上，由賣方限期完成修繕；買方並有權於自備款部分保留房地總價百分之五作為交屋保留款，於完成修繕並經雙方複驗合格後支付。

第1項有關達成天然瓦斯配管之可接通狀態之約定，如契約有約定，並於相關銷售文件上特別標明不予配設者，不適用之。

⒁房地所有權移轉登記期限

　①土地所有權移轉登記

　　土地所有權之移轉，除另有約定，依其約定者外，應於使用執照核發後四個月內備妥文件申辦有關稅費及權利移轉登記。其土地增值稅之負擔方式，依有關稅費負擔之約定辦理。

　②房屋所有權移轉登記

　　房屋所有權之移轉，應於使用執照核發後四個月內備妥文件申辦有關稅費及權利移轉登記。

　③賣方違反前二款之規定，致各項稅費增加或罰鍰（滯納金）時，賣方應全數負擔；如損及買方權益時，賣方應負損害賠償之責。

　④賣方應於買方履行下列義務時，辦理房地所有權移轉登記：

　　㊀依契約約定之付款辦法，除約定之交屋保留款外，應繳清房地移轉登記前應繳之款項及逾期加付之遲延利息。

　　㊁提出辦理所有權移轉登記及貸款有關文件，辦理各項貸款手續，繳清各項稅費，預立各項取款或委託撥付文件，並應開立受款人為賣方及票面上註明禁止背書轉讓，及記載擔保之債權金額及範圍之本票予賣方。

　　㊂本款第1目、第2目之費用如以票據支付，應在登記以前全部兌現。

　⑤第1款、第2款之辦理事項，由賣方指定之地政士辦理之，倘為配合各項手續需要，需由買方加蓋印章，出具證件或繳納各項稅費時，買方應於接獲賣方或承辦地政士通知日起七日內提供，如有逾期，每逾一日應按已繳房地價款依萬分之二單利計算遲延利息予賣方，另如因買方之延誤或不協辦，致各項稅費增加或罰鍰（滯納金）時，買方應全數負擔；如損及賣方權益時，買方應負損害賠償之責。

⒂通知交屋期限

　①賣方應於領得使用執照六個月內，通知買方進行交屋。於交屋時雙方應履行下列各目義務：

　　㊀賣方付清因延遲完工所應付之遲延利息於買方。

　　㊁賣方就契約約定之房屋瑕疵或未盡事宜，應於交屋前完成修繕。

　　㊂買方繳清所有之應付未付款（含交屋保留款）及完成一切交屋手

續。

　　㈣賣方如未於領得使用執照六個月內通知買方進行交屋，每逾一日
　　　應按已繳房地價款依萬分之五單利計算遲延利息予買方。

②賣方應於買方辦妥交屋手續後，將土地及建物所有權狀、房屋保固
　服務紀錄卡、使用維護手冊、規約草約、使用執照（若數戶同一張使
　用執照，則日後移交管理委員會）或使用執照影本及賣方代繳稅費之收
　據交付買方，並發給遷入證明書，俾憑換取鎖匙，本契約則無需返
　還。

③買方應於收到交屋通知日起〇日內配合辦理交屋手續，賣方不負保
　管責任。但可歸責於賣方時，不在此限。

④買方同意於通知之交屋日起三十日後，不論已否遷入，即應負本戶
　水電費、瓦斯基本費，另瓦斯裝錶費用及保證金亦由買方負擔。

⒃共有部分之點交

①賣方應擔任本預售屋共有部分管理人，並於成立管理委員會或推選
　管理負責人後移交之。雙方同意自交屋日起，由買方按月繳付共有
　部分管理費。

②賣方於完成管理委員會或推選管理負責人後七日內，應會同管理委
　員會或推選管理負責人現場針對水電、機械設施、消防設施及各類
　管線進行檢測，確認其功能正常無誤後，將共用部分、約定共用部
　分與其附屬設施設備；設施設備使用維護手冊及廠商資料、使用執
　照謄本、竣工圖說、水電、機械設施、消防及管線圖說等資料，移
　交之。上開檢測責任由賣方負責，檢測方式，由賣方及管理委員會
　或管理負責人，雙方協議為之，賣方並通知政府主管機關派員會同
　見證雙方已否移交。

⒄保固期限及範圍

①本契約房屋自買方完成交屋日起，或如有可歸責於買方之原因時
　自賣方通知交屋日起，除賣方能證明可歸責於買方或不可抗力因
　素外，結構部分（如：樑柱、樓梯、擋土牆、雜項工作…等）負責保固
　十五年，固定建材及設備部分（如：門窗、粉刷、地磚…等）負責保
　固一年，賣方並應於交屋時出具房屋保固服務紀錄卡予買方作為憑
　證。

②前款期限經過後，買方仍得依民法及其他法律主張權利。

⒅貸款約定

①第7點契約總價內之部分價款新臺幣〇元整，由買方與賣方洽定之金
　融機構之貸款給付，由買賣雙方依約定辦妥一切貸款手續。惟買方
　可得較低利率或有利於買方之貸款條件時，買方有權變更貸款之金

融機構，自行辦理貸款，除享有政府所舉辦之優惠貸款利率外，買方應於賣方通知辦理貸款日起二十日內辦妥對保手續，並由承貸金融機構同意將約定貸款金額撥付賣方。

②前款由賣方洽定辦理之貸款金額少於預定貸款金額，其差額依下列各目處理：

㈠不可歸責於雙方時之處理方式如下：

⑴差額在預定貸款金額百分之三十以內者，賣方同意以原承諾貸款相同年限及條件由買方分期清償。

⑵差額超過原預定貸款金額百分之三十者，賣方同意依原承諾貸款之利率計算利息，縮短償還期限為○年（期間不得少於七年），由買方按月分期攤還。

⑶差額超過原預定貸款金額百分之三十者，買賣雙方得選擇前述方式辦理或解除契約。

㈡可歸責於賣方時，差額部分，賣方應依原承諾貸款相同年限及條件由買方分期清償。如賣方不能補足不足額部分，買方有權解除契約。

㈢可歸責於買方時，買方應於接獲通知之日起○天（不得少於三十天）內一次給付其差額或經賣方同意分期給付其差額。

③有關金融機構核撥貸款後之利息，由買方負擔。但於賣方通知之交屋日前之利息應由賣方返還買方。

⑲貸款撥付

買賣契約如訂有交屋保留款者，於產權移轉登記完竣並由金融機構設定抵押權後，除有輻射鋼筋、未經處理之海砂或其他縱經修繕仍無法達到應有使用功能之重大瑕疵外，買方不得通知金融機構終止撥付前條貸款予賣方。

⑳房地轉讓條件

①買方繳清已屆滿之各期應繳款項者，於本契約房地所有權移轉登記完成前，如欲將本契約轉讓他人時，必須事先以書面徵求賣方同意，賣方非有正當理由不得拒絕。

②前款之轉讓，除配偶、直系血親間之轉讓免手續費外，賣方得向買方收取本契約房地總價款千分之○（最高以千分之一為限）之手續費。

㉑地價稅、房屋稅之分擔比例

①地價稅以賣方通知書所載之交屋日為準，該日期前由賣方負擔，該日期後由買方負擔，其稅期已開始而尚未開徵者，則依前一年度地價稅單所載該宗基地課稅之基本稅額，按持分比例及年度日數比例

　分算賣方應負擔之稅額，由買方應給付賣方之買賣尾款中扣除，俟
　地價稅開徵時由買方自行繳納。

②房屋稅以賣方通知書所載之交屋日為準，該日期前由賣方負擔，該
　日期後由買方負擔，並依法定稅率及年度月份比例分算稅額。

⑵稅費負擔之約定

①土地增值稅應於使用執照核發後申報，並以使用執照核發日之當年
　度公告現值計算增值稅，其逾三十日申報者，以提出申報日當期之
　公告現值計算增值稅，由賣方負擔，但買方未依第14點規定備妥申
　辦文件，其增加之增值稅，由買方負擔。

②所有權移轉登記規費、印花稅、契稅、代辦手續費、貸款保險費及
　各項附加稅捐由買方負擔。但起造人為賣方時，建物所有權第一次
　登記規費及代辦手續費由賣方負擔。

③公證費由買賣雙方各負擔二分之一。但另有約定者從其約定。

④應由買方繳交之稅費，買方於辦理所有權移轉登記時，應將此等費
　用全額預繳，並於交屋時結清，多退少補。

⑵賣方之瑕疵擔保責任

①賣方保證產權清楚，絕無一物數賣、無權占有他人土地、承攬人依
　民法第513條行使法定抵押權或設定他項權利等情事之一；如有上述
　情形，賣方應於本預售屋交屋日或其他約定之期日○前負責排除、
　塗銷之。但本契約有利於買方者，從其約定。

②有關本契約標的物之瑕疵擔保責任，悉依民法及其他有關法令規定
　辦理。

⑵違約之處罰

①賣方違反「主要建材及其廠牌、規格」、「開工及取得使用執照期
　限」之規定者，買方得解除本契約。

②賣方違反「賣方之瑕疵擔保責任」之規定者，即為賣方違約，買方
　得依法解除契約。

③買方依第1款或第2款解除契約時，賣方除應將買方已繳之房地價款
　退還予買方，如有遲延利息應一併退還，並應同時賠償房地總價款
　百分之○（不得低於百分之十五）之違約金。但該賠償之金額超過已
　繳價款者，則以已繳價款為限。

④買方違反有關「付款條件及方式」之規定者，賣方得沒收依房地總
　價款百分之○（最高不得超過百分之十五）計算之金額。但該沒收之
　金額超過已繳價款者，則以已繳價款為限，買賣雙方並得解除本契
　約。

⑤買賣雙方當事人除依前二款之請求外，不得另行請求其他損害賠

償。

(25)當事人及其基本資料

本契約應記載當事人及其基本資料:

①買方之姓名、國民身分證統一編號、戶籍地址、通訊地址、連絡電話。

②賣方之名稱、法定代理人、公司(或商號)統一編號、公司(或商號)地址、公司(或商號)電話。

(26)契約及其相關附件效力

本契約自簽約日起生效,賣方應將契約正本交付予買方。

本契約之相關附件視為本契約之一部分。

2.預售屋買賣定型化契約不得記載事項

(1)不得約定廣告僅供參考。

(2)出售標的不得包括未經依法領有建造執照之夾層設計或夾層空間面積。

(3)不得使用未經明確定義之「使用面積」、「受益面積」、「銷售面積」等名詞。

(4)不得約定買方須繳回原買賣契約書。

(5)不得約定請求超過民法第205條所訂百分之二十年利率之利息。

(6)不得為其他違反法律強制或禁止規定之約定。

(7)附屬建物陽臺外,其餘項目不得計入買賣價格。

(四)預售屋買賣定型化契約應記載事項履約保證機制補充規定(102.9.13內政部內授中辦地字第1026651765號公告修正)

1.預售屋買賣定型化契約應記載事項(以下簡稱應記載事項)第6點之1第一選項,內政部同意之履約保證方式為「不動產開發信託」,其內容係指由建商或起造人將建案土地及興建資金信託予某金融機構或經政府許可之信託業者執行履約管理。興建資金應依工程進度專款專用。又簽定預售屋買賣契約時,賣方應提供上開信託之證明有件或影本予買方。

2.應記載事項第6點之1第二選項「其他替代性履約保證方式」之「同業連帶擔保」部分補充規定如下:

(1)所謂「同業公司」指經濟部之公司登記之營業項目列有「H701010住宅及大樓開發租售業」者。

(2)所謂「分級依據」指同業公司之市占率,以設立年資、資本額及營業額區分為以下三級:

丙級:設立滿三年,資本額新臺幣2億元以下,營業總額新臺幣2億元以下。

乙級:設立三年以上,資本額逾新臺幣2億元,未達20億元;營業總額

逾新臺幣2億元，未達20億元。

甲級：設立六年以上，資本額新臺幣20億元以上，營業總額新臺幣20億元以上。

營業總額以最近三年（整年度）「營業人銷售額與稅額申報書（401）」或會計師簽證財務報表銷售額為準，惟土地銷售金額不計入。

(3)提供擔保之同業公司資格條件：

①被擔保及提供擔保之業者，必須為該直轄市或縣（市）不動產開發商業同業公會會員。

②提供擔保者，最近五年內不得有退票及欠稅紀錄。

③提供擔保者，僅得擔保一個建案至取得使用執照後，始得再擔保其他建案。

④被擔保業者推出之個案總樓地板面積於二萬平方尺以下時，應由丙級以上之不動產投資業擔任其預售屋履約保證之同業連帶擔保公司。

⑤被擔保者推出之個案總樓地板面積逾二萬平方公尺，未達二十萬平方公尺時，由乙級以上之不動產投資業擔任其預售屋履約保證之同業連帶擔保公司。

⑥被擔保者推出之個案總樓地板面積二十萬平方公尺以上時，由甲級不動產投資業擔任其預售屋履約保證之同業連帶擔保公司。

(4)市占率及得提供連帶擔保資格，由不動產投資業者所屬之直轄市、縣（市）不動產開發商業同業會審核。

㈤**消費者購買預售屋須知及簽約注意事項**（105.8.29內政部內授中辦地字第1051307468號函公告發布）

1.消費者購買預售屋注意事項

(1)有否請領建造執照

建築物的興建，必須要領有建造執照，才可以廣告或銷售及向建築管理機關申請開工，完成時才可以申報完工，經檢驗合格才可以領取使用執照，而後才能申請接通水、電，並據以辦理建築物保存登記（建物所有權第一次登記），並申請建築改良物所有權狀。

(2)定金之支付

建商於銷售預售屋時，如有要求買方須先行支付定金才提供契約書，或收取定金簽約前，未提供買方至少五天的契約審閱期間，可能涉及違反公平交易法相關規定，買方可以向公平交易委員會檢舉。

(3)瞭解房屋面積坪數及單價

建商所計算房屋坪數，通常包括室內（含夾層屋）、陽臺及公共設施面積，在購買房屋時應考慮夾層屋是否合法及公共設施、陽臺所占坪

數的比例。有些建商只列私有面積及公共設施面積，但未說明該夾層
屋是否合法，而所謂私有面積則包括室內、夾層屋、陽臺及該層電梯
間、樓梯間及走廊等分擔面積在內，公共設施面積包括地下室及屋頂
突出物之公共面積的分擔，所以事實上，私有面積並不等於自用面
積，購屋者應予注意，否則自以為單價便宜，但是扣除公用面積外，
其單價則相對較高。

(4)注意房屋室內的格局

室內的隔間與平面配置會影響生活起居是否舒適與方便，房間的通風
與採光是否良好，也都是購屋者應注意的地方。

(5)瞭解付款辦法及貸款額度

許多建商為了促銷，常會以動人的廣告來吸引民眾購屋，但是付款辦
法是否合適，貸款額度多少，購屋者應充分瞭解。

(6)瞭解建材及設備

許多建商銷售房屋時，常印有精美說明書，其中說明地坪、門窗、衛
浴、廚房、水電等建材，購屋者應注意契約中是否有註明建材規格、
廠牌、等級等事項，以防止賣方以劣質品充數，而在交屋時發生糾
紛。

(7)房屋買賣標的應標示清楚

買賣契約中應註明土地坐落地段、地號、建築基地面積與持分比例或
坪數，註明房屋是那一棟那一層那一戶，若有購買停車位應註明車位
規格，並影印賣方建造執照之配置圖、平面圖附於契約中，較為明確
清楚。

(8)防止拿不到土地產權

建商蓋房子，有時是自地自建，有時是和地主合建。如果建商是和地
主合建，購屋者最好和地主簽立土地買賣契約及與建商簽立房屋買賣
契約，以免日後建商和地主一旦發生合建糾紛時，拿不到土地產權。

(9)注意開工、完工、交屋日期

購屋者最關心的是交屋日期，簽約時應詳細註明開工日期，以及完工
期限與交屋日期，以保障自身的權益。

(10)完工後之管理維護及保固期限

有些社區完工後建商會輔導成立住戶委員會，並按月繳納一定金額之
管理費用，購屋者應事先瞭解並配合，以維持社區整潔。又建商對於
房屋交屋後，是否有保固期限及範圍亦應瞭解，一般結構部分保固
十五年，固定建材及設備部分保固一年。

(11)違約事項

購買預售屋，從簽約到實際交屋約需經一至三年的時間，因此於簽定

契約時，有關違約條款內容應詳加注意，以免日後發現房屋有瑕疵或重大問題時，如欲解約卻因違約條款，而可能造成鉅大損失。

2.消費者（買方）簽訂預售屋買賣契約書注意事項

(1)適用範圍

預售屋，指領有建造執照尚未建造完成而以將來完成之建築物為交易標的之物。

(2)契約審閱

關於契約審閱，按預售屋買賣契約屬消費者契約之一種，買賣雙方對於契約內容之主客觀認知頗有差異，是以建築開發業者所提供之定型化契約應給予消費者合理期間以瞭解契約條款之內容，此於消費者保護法第11條之1已有明訂。另外，參照「公平交易委員會對於預售屋銷售行為案件之處理原則」，不動產開發業者或不動產經紀業者銷售預售屋時，不得為下列限制購屋人契約審閱之顯失公平行為：

①要求購屋人須給付定金或一定費用始提供預售屋買賣契約書攜回審閱。

②簽約前未提供購屋人至少五日審閱期。但經購屋人已充分審閱契約並同意縮短期限者，不在此限。

前項第1款預售屋買賣契約書得以樣本、影本及足以呈現內容之光碟或其他電子媒體之形式提供之。

(3)廣告效力

廣告宣傳品所記載之建材設備表、房屋平面圖與位置示意圖，係賣方對消費者應履行之義務，至房屋平面圖及建材設備表則指賣方提供之定型化契約所附之附件。

(4)土地使用分區部分

房地標示土地坐落部分，依法令規定，如屬都市計畫內住宅區者，係供住宅居住使用；如屬非都市土地編定為甲種建築用地者，係供農業區內建築使用；如屬非都市土地編定為乙種建築用地者，係供鄉村區內建築使用，如屬非都市土地編定為丙種建築用地者，係供森林區、山坡地保育區及風景區內建築使用；如屬非都市土地編定為丁種建築用地者，係供工廠及有關工業設施建築使用（即一般所稱之工業住宅）。

(5)車位部位

房地標示車位部分，若勾選自行增設停車位或獎勵增設停車位者，宜另訂該種停車位買賣契約書，其有關事宜悉依該契約約定為之。預售屋買賣契約有關停車位部分，僅適用於法定停車位。

(6)共有部分項目、面積及面積分配比例計算

①共有部分之項目，乃屬例示性質，應依房屋買賣個案之實際情況於契約中列舉共有部分項目名稱。

②共有部分面積之分配比例計算，法定停車位雖列入共有部分登記，但其權利範圍乃另行計算，至其他共有部分項目面積以主建物之比例而為計算，而另有購買法定停車位者，再行計入。

③參照公平交易委員會對於預售屋銷售行為案件之處理原則，不動產開發業者或不動產經紀業者銷售預售屋時，未以書面提供下列重要交易資訊予購屋人審閱，構成顯失公平行為：

　(A)建造執照影本。

　(B)核准之基地位置圖、地盤圖（坐落基地之地籍圖）、各層平面圖及停車空間平面圖。

　(C)銷售時最近一次建管機關核准之各戶持分總表（應足以顯示全區各戶之主建物、附屬建物與共有部分之面積及共有部分之分攤比例）。

　(D)預售屋買賣契約書（應含共有部分之項目、面積或比例分攤之計算方式）。

　(E)配合建案貸款之金融機構名稱。

　(F)土地位於重劃用地限制資訊與所須負擔之重劃費用。

④前項各款文件，不動產開發業者或不動產經紀業者已於銷售現場公開陳列，經購屋人自由審閱，並簽名確認審閱者，得認已提供各該款交易資訊。

(7)交屋保留款之付款規定

付款明細表所訂自備款之各期期款，賣方應依已完成之工程進度訂定之。房地總價之百分之五交屋保留款訂於最後一期（交屋時），但賣方未依已完成之工程進度定付款明細者，買方得於工程全部完工時一次支付之。

(8)輻射鋼筋及未經處理海砂之檢驗

①預售屋之材料不含輻射鋼筋部分，詳情請洽詢行政院原子能委員會。

②預售屋之材料是否含未經處理之海砂部分，消費者如有疑義，可攜帶600公克結構物之混凝土塊或50至100公克之砂樣逕送財團法人工業技術研究院材料與化工研究所（新竹縣竹東鎮中興路4段195號77館）委託檢驗（檢驗費用由委託者負擔）或郵寄至該所工業服務室登錄辦理（備妥委託單、樣品及費用），詳情請洽詢（03）5916835。

(9)有關擅自變更設計之責任

室內隔間或裝修變更，如有違建築法令或未經主管機關核准時，將有導致保固請求權喪失及損及鄰近房屋之損害賠償之虞。

(10)規約草約

規約草約經買方簽署同意後，於區分所有權人會議訂定規約前，視同規約。

(11)買方自行辦理貸款之規定

買方如欲自行辦理貸款，除於訂約時明示自行辦理外，並預立貸款撥款委託書予賣方，賣方則須配合買方貸款需要提供房地權狀或配合辦理貸款手續，賣方如因而增加之費用支出得向買方求償。

(12)優惠貸款之類別

政府所舉辦之優惠貸款係指公教人員貸款及勞工貸款等。

(13)房地轉讓條件

按預售屋賣方會同買方辦理房地轉售時，需說明契約內容及提供相關資料，俾辦理契約簽訂等其他相關事宜，其所需成本得收取手續費，其手續費為房地總價款最高千分之一。

(14)違約金之約定

按違約金數額多寡之約定，視簽約時社會經濟及房地產景氣狀況而定，是以買賣雙方簽約時，就違約金數額之約定，仍應考量上開狀況磋商而定。

(15)消費爭議之申訴與調解

因本契約所發生之消費爭議，依消費者保護法第43條及第44條規定，買方得向賣方、消費者保護團體或消費者服務中心申訴；未獲妥適處理時，得向房地所在地之直轄市或縣（市）政府消費者保護官申訴；再未獲妥適處理時得向直轄市或縣（市）消費爭議調解委員會申請調解。

(16)消費者保護法對消費者權益之保障

預售屋買賣契約所訂之條款，均不影響買方依消費者保護法規定之權利。

(17)經紀業及經紀人員之責任

預售屋買賣，若透過不動產經紀業務之公司（或商號）仲介或代銷居間服務者，應由該公司（或商號）指派經紀人員於本契約簽章及解說等事宜。

二、成屋買賣契約

(一)成屋買賣契約書範本（101.10.29內政部內授中辦地字第1016651845號公告修正）

契約審閱權

契約於中華民國○○年○○月○○日經買方攜回審閱○日（契約審閱期間至少五日）。

買方簽章：

賣方簽章：

立契約書人 買方○○○ 賣方○○○ 茲為下列成屋買賣事宜，雙方同意簽訂本契約，協議條款如下：

第1條　買賣標的

成屋標示及權利範圍：已登記者應以登記簿登載之面積為準。

一　土地標示：

土地坐落○○縣（市）○○鄉（鎮、市、區）○○段○○小段○○地號等○○筆土地，面積○○平方公尺（○○坪），權利範圍○○，使用分區為都市計畫內○○區（或非都市土地使用編定為○○區○○用地）。

二　建物標示：

㈠建號○○。

㈡門牌○○鄉（鎮、市、區）○○街（路）○○段○○巷○○弄○○號○○樓。

㈢建物坐落○○段○○小段○○地號，面積○○層○○平方公尺○○層○○平方公尺○○層○○平方公尺其他○○平方公尺共計○○平方公尺，權利範圍○○，用途○○。

㈣附屬建物用途○○面積○○平方公尺。

㈤共有部分建號○○，共有持分面積○○平方公尺，權利範圍○○。

三　本買賣停車位（如無則免填）為：

㈠□法定停車位□自行增設停車位□獎勵增設停車位□其他＿。

㈡地上（下）第○○層□平面式停車位□機械式停車位，總停車位○○個。

㈢□有獨立權狀面積○○平方公尺（○○坪）□無獨立權狀，編號第○○號車位○○個。（如附圖所示或登記簿記載）

本買賣範圍包括共有部分之持分面積在內，房屋現況除水電、門窗等固定設備外，買賣雙方應於建物現況確認書互為確認（附件一），賣方於交屋時應維持原狀點交，但點交時另有協議者，從其協議。

第2條　買賣價款

本買賣總價款為新臺幣○○○○○○○○○○元整。

一　土地價款：新臺幣○○○○○○○○○元整。

二　建物價款：新臺幣○○○○○○○○○元整。

三　車位價款：新臺幣○○○○○○○○○元整。

第3條　付款約定

買方應支付之各期價款，雙方同意依下列約定，於○○○（地址：○○○
○○），交付賣方。

一　簽約款，新臺幣○○○元，於簽訂本契約同時支付（本款項包括已收定金
　　○○○元）。

二　備證款，新臺幣○○○元，於○○年○○月○○日，賣方備齊所有權移
　　轉登記應備文件同時支付。

三　完稅款，新臺幣○○○元，於土地增值稅、契稅稅單核下後，經○○通
　　知日起○○日內支付；同時雙方應依約繳清稅款。

四　交屋款，新臺幣○○○元
　　□無貸款者，於辦妥所有權移轉登記後，經○○通知日起○○日內支
　　　付；同時點交本買賣標的。
　　□有貸款者，依第5條及第6條約定。

賣方收取前項價款時，應開立收訖價款之證明交買方收執。

第4條　原設定抵押權之處理

本買賣標的物原有抵押權設定者，其所擔保之未償債務（包括本金、利息、遲
延利息及違約金）依下列約定方式之一處理：

□買方貸款時：
　□買方承受者，雙方應以書面另為協議確認（附件二承受原貸款確認書）。
　□買方依第5條第1款約定授權貸款銀行代為清償並塗銷抵押權。

□買方不貸款，賣方應於完稅款或申請所有權移轉登記前清償並塗銷抵押
　權。如未依上述期限清償者，買方有權自價金中扣除未償債務金額並於交
　屋款交付前代為清償。

□其他：＿＿＿＿＿＿。

第5條　貸款處理之一

買方預定貸款新臺幣○○元抵付部分買賣價款，並依下列約定辦理貸款、付
款事宜：

一　買方應於交付備證款同時提供辦理貸款必備之授權代償等文件及指定融
　　資貸款之金融機構；未指定者，得由賣方指定之。

二　貸款金額少於預定貸款金額，應依下列方式擇一處理：
　　㈠不可歸責於雙方時：
　　　□買方應於貸款核撥同時以現金一次補足。
　　　□買賣雙方得解除契約。
　　　□其他＿＿＿＿＿。
　　㈡可歸責於賣方時：
　　　□買方得解除契約，其已付價款於解除契約○○日內，賣方應連同遲

延利息一併返還買方。

□賣方同意以原承諾貸款相同年限及條件由買方分期清償。

□賣方同意依原承諾貸款之利率計算利息，縮短償還期限為○○年（期間不得少於七年）由買方按月分期攤還。

□其他_____。

㈢可歸責於買方時：

除經賣方同意分期給付其差額外，買方應於接獲通知之日起○○日（不得少於十個金融機構營業日）給付其差額，逾期未給付賣方得解除契約。

第6條　貸款處理之二

買方應於交付完稅款前，依○○通知之日期親自完成辦理貸款所需之開戶、對保及用印等，並依下列方式擇一處理：

一　簽訂撥款委託書，授權金融機構依下列方式擇一辦理撥付。

□將實際核准之貸款金額悉數撥（匯）入賣方於○○銀行○○分行存款第○○○○號帳戶。

□於實際核准貸款金額範圍內，撥（匯）入○○銀行○○分行第○○○○號帳戶（還款專戶），以清償原設定抵押權所擔保之貸款，俟該抵押權塗銷後，由受託金融機構將剩餘款項悉數撥（匯）入○○銀行○○分行第○○○○號，賣方所開立或指定之專戶。

□其他撥付方式：_____。

二　由○○通知雙方會同領款交付。但買方應於交付備證款同時開立與完稅款及交屋款同額且註明以賣方為受款人及「禁止背書轉讓」之本票（號碼：○○○○○○）或提供相當之擔保予賣方；賣方收受該價款時應將本票返還買方或解除擔保。買方未依約交付未付價款，經催告仍拒絕履行者，賣方得行使本票或擔保權利。

三　第1款撥款委託書所載金額不足支付交屋款者，其差額部分準用前款規定。

買方簽訂撥款委託書交付貸款之金融機構後，除房屋有附件一第5項至第7項所確認事項內容不實之重大瑕疵者外，買方不得撤銷、解除或變更前開貸款案之授信契約及撥款委託，或請求貸款之金融機構暫緩或停止撥付貸款。

第7條　所有權移轉

雙方應於備證款付款同時將所有權移轉登記所須檢附之文件書類備齊，並加蓋專用印章交予□受託地政士□受託律師□買方□賣方□其他__負責辦理。

本件所有權移轉登記及相關手續，倘須任何一方補繳證件、用印或為其他必要之行為者，應無條件於○○通知之期日內配合照辦，不得刁難、推諉或藉故要求任何補貼。

買方於簽約時如指定第三人為登記名義人，應於交付必備文件前確認登記名
義人，並提出以第三人為登記名義人聲明書（附件三），該第三人應在該聲明
書上聲明是否同意與本契約買方所未履行之債務負連帶給付責任並簽章。

辦理所有權移轉時，除本契約另有約定外，依下列方式辦理：

一　申報移轉現值：

　　□以本契約第2條之土地及建物價款申報。

　　□以○○年度公告土地現值及建物評定現值申報。

二　賣方若主張按自用住宅用地優惠稅率課徵土地增值稅時，應於契約書內
　　（附件四：按優惠稅率申請核課土地增值稅確認書）另行確認後，據以辦理
　　之。

第8條　稅費負擔之約定

本買賣標的物應繳納之稅費負擔約定如下：

一　地價稅、房屋稅、水電費、瓦斯費、管理費、公共基金等稅捐或費用，
　　在土地、建物交屋日前由賣方負責繳納，交屋日後由買方繳納；前開稅
　　費以交屋日為準，按當年度日數比例負擔之。

二　辦理所有權移轉、抵押權設定登記時應納之稅費負擔：

　　㈠所有權買賣移轉：

　　　1.買方負擔：印花稅、契稅、登記規費及火災或其他保險費等。

　　　2.賣方負擔：土地增值稅由賣方負擔。但有延遲申報而可歸責於買方
　　　　之事由，其因而增加之土地增值稅部分由買方負擔。

　　　3.其他：簽約前如有已公告徵收工程受益費應由賣方負責繳納。其有
　　　　未到期之工程受益費□由買方繳納者，買方應出具續繳承諾書。
　　　　　　　　　　　　□由賣方繳清。

　　㈡抵押權設定登記：

　　　抵押權設定登記規費由買方負擔。

三　辦理本買賣有關之手續費用：

　　㈠簽約費：

　　　□由買賣雙方各負擔新臺幣○○元，並於簽約時付清。

　　　□其他＿＿＿＿＿。

　　㈡所有權移轉代辦費新臺幣○○元：

　　　□由買方負擔。

　　　□由賣方負擔。

　　　□由雙方當事人平均負擔。

　　　□其他＿＿＿＿＿。

　　㈢如辦理公證者，加收辦理公證之代辦費新臺幣○○元：

　　　□由買方負擔。

　　　　　　□由賣方負擔。

　　　　　　□由雙方當事人平均負擔。

　　　　　　□其他＿＿＿＿。

　　　㈣公證費用：

　　　　　　□由買方負擔。

　　　　　　□由賣方負擔。

　　　　　　□其他＿＿＿＿。

　　　㈤抵押權設定登記或抵押權內容變更登記代辦費新臺幣○○元：

　　　　　　□由買方負擔。

　　　　　　□由賣方負擔。

　　　　　　□其他＿＿＿＿。

　　　㈥塗銷原抵押權之代辦費新臺幣○○元，由賣方負擔。

　四　如有其他未約定之稅捐、費用應依有關法令或習慣辦理。但交屋日逾第9
　　　條所載交屋日者，因逾期所產生之費用，由可歸責之一方負擔。

前項應由賣方負擔之稅費，買方得予代為繳納並自未付之價款中憑單抵扣。

第9條　交屋

本買賣標的物，應於□尾款交付日

　　　　　　　　　　□貸款撥付日

　　　　　　　　　　□○○年○○月○○日

由賣方於現場交付買方或登記名義人，賣方應於約定交屋日前搬遷完畢。交
屋時，如有未搬離之物件，視同廢棄物處理，清理費用由賣方負擔。

因可歸責於賣方之事由，未依前項所定日期交付標的物者，買方得請求賣方
自應交付日起至依約交付日止，每日按已支付全部價款萬分之二單利計算之
金額，賠償買方因此所受之損害。

本買賣標的物倘有使用執照（正本或影本）、使用現況之分管協議、規約、大
樓管理辦法、停車位使用辦法、使用維護手冊等文件，賣方除應於訂約時將
其情形告知買方外，並應於本買賣標的物交屋時一併交付予買方或其登記名
義人，買方或其登記名義人應繼受其有關之權利義務。

賣方應於交屋前將原設籍於本買賣標的之戶籍、公司登記、營利事業登記、
營業情形等全部遷離。倘未如期遷離致買方受有損害者，賣方負損害賠償責
任。

第10條　賣方之瑕疵擔保責任

賣方擔保本買賣標的物權利清楚，並無一物數賣、被他人占用或占用他人土
地等情事，如有出租或出借、設定他項權利或債務糾紛等情事，賣方應予告
知，並於完稅款交付日前負責理清。有關本標的物之瑕疵擔保責任，悉依民
法及其他有關法令規定辦理。

第11條 違約之處罰

賣方違反第7條（所有權移轉）第1項或第2項、第9條（交屋）第1項前段約定時，買方得定相當期限催告賣方解決，逾期仍未解決者，買方得解除本契約。解約時賣方除應將買方已支付之房地價款並附加每日按萬分之二單利計算之金額，全部退還買方外，並應支付與已付房地價款同額之違約金；惟該違約金以不超過房地總價款百分之十五為限。買方不得另行請求損害賠償。

買方因賣方違反第9條（交屋）第1項前段約定而依本條前項約定解除契約者，除依前項約定請求損害賠償及違約金外，不得另依第9條第2項約定請求損害賠償。

買方逾期達五日仍未付清期款或已付之票據無法兌現時，買方應附加自應給付日起每日按萬分之二單利計算之遲延利息一併支付賣方，如逾期一個月不付期款或遲延利息，經賣方以存證信函或其他書面催告後，自送達之次日起算逾七日仍未支付者，賣方得解除契約並沒收已付價款充作違約金；惟所沒收之已付價款以不超過房地總價款百分之十五為限，賣方不得另行請求損害賠償。已過戶於買方或登記名義人名下之所有權及移交買方使用之不動產，買方應即無條件將標的物回復原狀並返還賣方。

賣方或買方有第1項或第3項可歸責之事由致本契約解除時，第8條所定一切稅費均由違約之一方負擔。

除第1項、第3項之事由應依本條約定辦理外，因本契約所生其他違約事由，依有關法令規定處理。

第12條 通知送達及寄送

履行本契約之各項通知均應以契約書上記載之地址為準，如有變更未經通知他方或○○○○，致無法送達時（包括拒收），均以第一次郵遞之日期視為送達。

本契約所定之權利義務對雙方之繼受人均有效力。

第13條 合意管轄法院

因本契約發生之爭議，雙方同意□依仲裁法規定進行仲裁。

　　　　　　　　　　□除專屬管轄外，以本契約不動產所在地之法院為第一審法院。

第14條 契約及其相關附件效力

本契約自簽約日起生效，買賣雙方各執一份契約正本。

本契約廣告及相關附件視為本契約之一部分。

第15條 未盡事宜之處置

本契約如有未盡事宜，依相關法令、習慣及平等互惠與誠實信用原則公平解決之。

定型化契約條款如有疑義時，應為有利於消費者之解釋。

立契約人（買方）：　　　　　　　　　　　　　　　（簽章）

　　國民身分證統一編號：

　　地　　　　　址：

　　電　　　　　話：

立契約人（賣方）：　　　　　　　　　　　　　　　（簽章）

　　國民身分證統一編號：

　　地　　　　　址：

　　電　　　　　話：

地政士：（由買賣雙方勾選下列方式之一）

　　□買賣雙方各自指定地政士

　　　　買方地政士：

　　　　賣方地政士：

　　□買賣雙方協議之地政士：

不動產經紀業：

　　□買方委託之不動產經紀業

　　□賣方委託之不動產經紀業

　　□買賣雙方委託之不動產經紀業

　　　　名稱（公司或商號）：

　　　　地　　　　　址：

　　　　電　　　　　話：

　　　　統　一　編　號：

　　　　負　　責　　人：　　　　　　　　　　　（簽章）

　　　　國民身分證統一編號：

不動產經紀人：

　　□買方委託之不動產經紀人

　　□賣方委託之不動產經紀人

　　□買賣方委託之不動產經紀人

　　　　姓　　　　　名：　　　　　　　　　　　（簽章）

　　　　電　　　　　話：

　　　　地　　　　　址：

　　　　國民身分證統一編號：

　　　　證　書　字　號：

中　華　民　國　　　　　年　　　　　月　　　　　日

㈡成屋買賣契約書範本簽約注意事項

　1.適用範圍

　　本契約書範本提供消費者、企業經營者及社會大眾買賣成屋時參考使

用。

前項成屋，指領有使用執照，或於實施建築管理前建造完成之建築物。

2. 買賣意義

稱買賣者，謂當事人約定一方移轉財產權於他方，他方支付價金之契約。（民第345條）當事人就標的物及其價金互為同意時，買賣契約即為成立。故買受人為支付價金之人，出賣人為負移轉標的物之人。民間一般契約多以甲方、乙方稱呼之，為使交易當事人直接、清楚理解自己所處之立場與權利義務關係，乃簡稱支付價金之買受人為買方，負移轉標的物之出賣人為賣方。

3. 買賣標的

(1)由於契約書之應記載事項繁多，為防止填寫筆誤或疏漏，建議將土地使用分區證明書、土地、建物權狀影本（或登記簿謄本）、共有部分附表、車位種類、位置、分管協議、規約等重要文件列為本契約之附件，視為契約之一部分。

(2)樓頂平臺、法定空地、露臺等，如為約定專用部分，宜特別註明，如有分管協議或規約者宜列為附件。

(3)買賣雙方對於買賣標的物是否包含違章建物、冷氣、傢俱…或其他附屬設備等，時有爭執，本契約範本乃設計「建物現況確認書」，由買賣雙方互為確認，以杜糾紛。

(4)未依法申請增、加建之建物（定著物、工作物）仍得為買賣標的；惟政府編撰之契約書範本不鼓勵違章建築物之買賣，故未於契約本文明示，而移列於「建物現況確認書」。

(5)買賣標的之價值或其通常之效用，有滅失或減少之瑕疵，除當事人有免除擔保責任之特約外，出賣人應負法律上之擔保責任，為釐清瑕疵擔保責任歸屬，關於違章建物、房屋漏水…等瑕疵，由買賣雙方於「建物現況確認書」確認之。

(6)所有權人於公寓大廈有數專有部分者，於部分移轉時（如二戶僅移轉一戶）其基地之應有部分多寡，依內政部85年2月5日臺（85）內地字第8578394號函規定，係由當事人自行約定，惟不得約定為「零」或「全部」。然為防止基地應有部分不足致買方申請貸款被金融機構駁回等情事，買賣雙方於訂約時應查明基地應有部分比例是否合理、相當，以維護買方權益。

(7)由於停車位之登記方式不一，故簽約時應查明停車位之產權登記方式、有無分擔基地持分等事實。

4. 價款議定

(1)本契約範本例示土地、房屋分別計價，有益建立土地及房屋各自之交

易價格資訊，又分開計價可使房屋再出售時，本契約書得為財產交易所得之原始取得憑證，倘僅列明買賣總價，依財政部規定，出售時，必須按公告土地現值與房屋評定現值之比例計算房屋交易價格。

(2)賣方為法人時，其建物價金應註明營業稅內含或外加。

(3)如買賣標的包含違章建築，或整幢透天厝之空地、一樓前後院空地有被占用者，雙方得預為議定其扣減之價額，俾利違章建築物於交屋前被拆除或被占用部分無法於限期交付使用時，買方得自買賣總價額中扣除減損標的物效用之價值。

5.付款約定

(1)依一般交易習慣，買方按簽約、備證、完稅、交屋四期付款；賣方則同時履行其相對義務。但契約另有約定者，從其約定。

(2)民法第249條第1款規定「契約履行時，定金應返還或作為給付之一部」，故明定第一次款包含定金在內，以杜買賣價金是否包括定金之爭議。

(3)關於各項付款之期間或對待給付之相對條件僅為例示性質，當事人得斟酌「同時履行」原則，按實際需要增減之。

6.貸款處理

(1)買方應衡量個人債信或先向金融機構洽辦貸款額度。

(2)買賣標的物原已設定抵押權者，買賣雙方宜於附件「買方承受原貸款確認書」簽字確認，以明責任歸屬，並提示買方應為債務人變更等行為，以保障其權利。

7.所有權移轉

(1)課稅標準、買賣價格攸關稅費負擔之多寡，其申報日期、申報價格等應於契約書中約定。

(2)賣方若主張享受優惠稅率，應先查明是否符合平均地權條例第41條及土地稅法第34條自用住宅用地優惠稅率等相關規定。

8.擔保責任

(1)依民法第348條至第366條規定，賣方應於產權移轉登記前排除任何權利瑕疵，確保買方完整取得產權及使用權，賣方並應擔保標的物於交付時，無任何價值、效用或保證品質上之物之瑕疵。

(2)當事人就標的物之權利瑕疵擔保及物之瑕疵擔保，得另為約定，但其約定不得違反民法第366條及其他強制或禁止規定。

9.違約罰則

(1)訂定契約之目的在於求某種契約內容之實現，而違約金者，乃以確保債務之履行為目的。違約金之種類可包括損害賠償預定性違約金與懲罰性違約金兩種。民法第250條第2項規定之違約金係以損害賠償額預

定性質為原則，本契約範本從之。但當事人仍得依契約自由原則訂定懲罰性違約金。

(2)以往為促使契約內容之實現，其懲罰性之違約金多以已收價款總數或加倍為之，依契約自由原則而論，當事人約定之金額，無論高低，皆有其自由；然我國民法基於保護債務人經濟能力之考量，倘訂約之際債權人要求之違約金過高時，得依民法第252條規定向法院聲請酌減。

10.其他約定

(1)買賣雙方履行契約之各項權利義務，如以非對話之意思表示，其意思表示，以通知到達相對人時，發生效力，惟為慎重起見宜以「存證信函」方式通知，以利到達時間之舉證及避免糾紛。

(2)如有特殊情形者，應依相關法令規定及程序處理，例如：

①父母處分其未成年子女之財產。

②法人處分財產。

③土地法第34條之1、第104條、第107條優先購買權。

11.契約分存

(1)契約附件種類，諸如：權狀影本、登記簿謄本、規約、車位分管協議書等。企業經營者採用本契約範本時，應向消費者說明附件之內容及效力，經消費者充分瞭解、確認，以杜糾紛。

(2)訂約時務必詳審契約條文，由雙方簽章並寫明戶籍住址及國民身分證統一編號，以免權益受損。

12.經紀人簽章

買賣若透過不動產經紀業辦理者，應由該經紀業指派經紀人於本契約簽章。

13.確定訂約者之身分

簽約時應先確定簽訂人之身分為真正，例如國民身分證或駕駛執照或健保卡等身分證明文件之提示。如限制行為能力人或無行為能力人訂定契約時，應依民法相關規定。

14.辦理本契約相關事宜

(1)辦理本契約所有權移轉等相關事宜，得由買方或賣方委託另一方辦理；或由雙方共同委託或各自委託合法地政士，代理申請土地（建物）相關稅務及登記事務之處理。

(2)買賣雙方若各自委託合法地政士辦理買賣相關事務，可藉由買賣雙方之地政士確認、監督、稽核不動產的交易流程是否合理，保障雙方當事人權利。依土地登記規則第26條、第27條、第36條第2項及第37條規定，土地登記之申請，得委託代理人為之，且除上開規則另有規定外，應由權利人及義務人會同申請之。亦即現行法令尚無禁止買賣雙

方各自委託地政士申辦土地登記等相關事項，惟買賣雙方將增加服務費用支出。

附件一　建物現況確認書

項次	內　　　容	備　註　說　明
1	□是□否有包括未登記之改建、增建、加建、違建部分： □壹樓○○平方公尺□○○樓○○平方公尺 □頂樓○○平方公尺□其他○○平方公尺	若為違建（未依法申請增、加建之建物），賣方應確實加以說明使買方得以充分認知此範圍隨時有被拆除之虞或其他危險。
2	建物現況格局：○房○廳○衛　□無隔間 建物型態：＿＿＿＿＿＿。	(1)建物現況格局以交易當時實際之現況格局為準。 (2)建物型態依建物型態分為公寓（五樓含以下無電梯）、透天厝、店面（店鋪）、辦公商業大樓、住宅大樓（十一層含以上有電梯）、華廈（十層含以下有電梯）、套房（一房（一廳）一衛）、工廠、廠辦、農舍、倉庫、其他等型態。
3	車位情況為□地上　　□平面式 　　　　　□地面第＿層□機械式車位 　　　　　□地下　　□其他（＿） 編號：○○號□有獨立權狀 　　　　　□無 □是□否檢附分管協議及圖說	(1)有關車位之使用方式，依本契約第9條第3項規定。 (2)所稱機械式係指須以機械移動進出者。
4	□是□否有滲漏水之情形，滲漏水處：＿＿＿。 若有滲漏水處，買賣雙方同意： □賣方修繕後交屋。 □以現況交屋：□減價□買方自行修繕□其他＿＿＿＿	
5	□是□否曾經做過輻射屋檢測？ 若有，請檢附檢測證明文件。 檢測結果是否有輻射異常？□是□否 □賣方修繕後交屋。 □以現況交屋：□減價□買方自行修繕□其他＿＿	民國71年至73年領得使用執照之建築物，應特別留意檢測。如欲進行改善，應向行政院原子能委員會洽詢技術協助。
6	□是□否曾經做過混凝土中水溶性氯離子含量檢測（例如海砂屋檢測事項） 檢測結果：＿＿＿＿＿＿＿＿＿。	(1)84年6月30日（含）以前已建築完成之建築物，參照83年7月22日修訂公布之CNS 3090檢測標準，混凝土中最大水溶性氯離子含量（依水溶法）容許值為0.6kg/m³。84年7月1日（含）以後之建築物，混凝土中最大水溶性氯離子含量（依水溶法）容許值為0.3kg/m³。 (2)84年7月1日（含）以後依建築法規申報施工勘驗之建築物，混凝土中最大水溶性氯離子含量參照CNS 3090檢測標準，容許值含量為0.3kg/m³，檢測資料可向建築主管機關申請。

項次	內　　　　容	備　註　說　明
7	本建物（專有部分）是否曾發生兇殺、自殺或一氧化碳中毒致死之情事： ⑴於產權持有期間□是□否曾發生上列情事。 ⑵於產權持有前，賣方 　□確認無上列情事。 　□知道曾發生上列情事。 　□不知道曾否發生上列情事。	
8	□是□否有消防設施 若有，項目：⑴＿＿⑵＿＿⑶＿＿。	
9	自來水及排水系統經雙方當場檢驗□是□否正常，若不正常，由□買方□賣方負責維修。	
10	現況□是□否有出租或被他人占用之情形，若有，則 　　　　　　　□終止租約 □賣方應於交屋前□拆除 　　　　　　　□排除 □以現況交屋 □買賣雙方另有協議＿＿＿＿＿。	
11	現況□是□否有承租或占用他人土地之情形，若有，則 　　　　　　　□終止租約 □賣方應於交屋前□拆除 　　　　　　　□排除 □以現況交屋 □買賣雙方另有協議＿＿＿＿＿。	
12	□是□否為直轄市、縣（市）政府列管之山坡地住宅社區。 建築主管機關□有□無提供評估建議資料。	所有權人或其受託人可向縣市政府建築主管機關申請相關評估建議資料。
13	□是□否約定專用部分□有（詳見規約）□無	
14	□是□否有規約；□有□無檢附規約。	檢附住戶規約
15	□是□否有管理委員會統一管理 若有，管理費為□月繳○○元□季繳○○元□年繳○○元□其他＿。 □有□無積欠管理費；若有，新臺幣○○元。	
16	下列附屬設備 □計入建物價款中，隨同建物移轉 □不計入建物價款中，由賣方無償贈與買方 □不計入建物價款中，由賣方搬離 □冷氣○○臺□沙發○○組□床頭○○件□熱水器○○臺□窗簾○○組□燈飾○○件□梳妝臺○○件□排油煙機□流理臺□瓦斯爐□天然瓦斯（買方負擔錶租保證金費用）□電話○○具（買方負擔過戶費及保證金）□其他＿。	

賣方：＿＿＿＿＿＿＿＿＿＿（簽章）
買方：＿＿＿＿＿＿＿＿＿＿（簽章）
簽章日期：＿＿＿年＿＿＿月＿＿＿日

附件二　承受原貸款確認書

本件買賣原設定之抵押權之債務，承受情形如下：
1.收件字號：__年__月__日地政事務所__登字第__號
2.抵押權人△△△△△△△△△。
3.設定金額：_____元整
4.約定時買方承受本件抵押權所擔保之未償債務（本金、遲延利息）金額新臺幣_____元整。
5.承受日期_____年_____月_____日。
6.債務承受日期前已發生之利息、遲延利息、違約金等概由賣方負擔。
7.買受人承受債務後是否享有優惠利率，應以買受人之資格條件為斷。

　　　　　　　　　　　　賣方：△△△△△△△△△△（簽章）
　　　　　　　　　　　　買方：△△△△△△△△△△（簽章）

　　　　　　　　簽章日期____年____月____日

附件三　以第三人為登記名義人聲明書

買方△△△向賣方_____購買座落____縣（市）____鄉（鎮、市、區）__段__小段__地號等__筆土地，及其地上建物____建號，茲指定_____（國民身分證統一編號△△△△△△）為登記名義人，登記名義人□同意□不同意與本契約買方所應負之債務負連帶給付責任。
　　　　　　　　　　　買　　方：△△△△△△△△（簽章）
　　　　　　　　　　　登記名義人：△△△△△△△△（簽章）

　　　　　　　　簽章日期：____年____月____日

附件四　按優惠稅率核課土地增值稅確認書

　　賣方主張按自用住宅用地優惠稅率申請核課土地增值稅。但經稅捐稽徵機關否准其申請者，賣方同意即以一般稅率開單繳納之。以上事項確認無誤。

　　　　　　　　　　確認人：△△△△△△△△（簽章）

　　　　　　　　簽章日期____年____月____日

三、不動產委託銷售契約書範本（92.6.26內政部修正發布）

(一)不動產委託銷售契約書簽約注意事項

　　1.適用範圍

　　　　本契約範本適用於不動產所有權人將其不動產委託不動產仲介公司（或商號）銷售時之參考，本契約之主體應為企業經營者（即仲介公司或商號），由其提供予消費者使用（即委託人）。惟消費者與仲介公司（或商號）參考本範本訂立委託銷售契約時，仍可依民法第153條規定意旨，就個別情況磋商合意而訂定之。

　　2.關於仲介業以加盟型態或直營型態經營時，在其廣告、市招及名片上加

註經營型態之規定

(1)依據行政院公平交易委員會90年5月22日公壹字第01524號令發布「公平交易法對房屋仲介業之規範說明」之規定，倘房屋仲介加盟店未於廣告、市招及名片上明顯加註「加盟店」字樣，明確表示或表徵其經營之主體，而縱使施以普通注意力之消費者，仍無法分辨提供仲介服務之主體，究係該加盟體系之直營店，抑或是加盟店，並引起相當數量之交易相對人陷於錯誤之認知或決定，而與其簽訂委託買賣不動產者，將有違反公平交易法第21條規定之虞。故房屋仲介業者宜於廣告、市招及名片等明顯處加註「加盟店」字樣，以使消費者能清楚分辨提供仲介服務之行為主體，至於標示方式，原則上由房屋仲介業者自行斟酌採行。

(2)依據不動產經紀業管理條例施行細則第22條規定，經紀業係加盟經營者，應於廣告、市招及名片等明顯處，標明加盟店或加盟經營字樣。

3. 有關委託銷售契約書之性質

目前國內仲介業所使用之委託契約書有兩種，即專任委託銷售契約書及一般委託銷售契約書，如屬專任委託銷售契約書則有「在委託期間內，不得自行出售或另行委託其他第三者從事與受託人同樣的仲介行為」之規定，反之，則屬一般委託銷售契約書；依本範本第11條第1款第1目之規定，本範本係屬專任委託銷售契約書性質。

4. 有關服務報酬之規定

本範本第5條服務報酬額度，應依內政部規定不動產經紀業報酬計收標準計收。其內容如下：

不動產經紀業報酬計收標準規定事宜如下，並自89年7月1日實施。

（89年 $\frac{5}{7}$ 月 $\frac{2}{19}$ 日臺（89）中地字第 $\frac{8979087}{8979517}$ 號函）

(1)不動產經紀業或經紀人員經營仲介業務者，其向買賣或租賃之一方或雙方收取報酬之總額合計不得超過該不動產實際成交價金百分之六或一個半月之租金。

(2)前述報酬標準為收費之最高上限，並非主管機關規定之固定收費比率，經紀業或經紀人員仍應本於自由市場公平競爭原則個別訂定明確之收費標準，且不得有聯合壟斷、欺罔或顯失公平之行為。

(3)本項報酬標準應提供仲介服務之項目，不得少於內政部頒「不動產說明書應記載事項」所訂之範圍，不包括「租賃」案件。

(4)經紀業或經紀人員應將所欲收取報酬標準及買賣或租賃一方或雙方之比率，記載於房地產委託銷售契約書、要約書，或租賃委託契約書、要約書，俾使買賣或租賃雙方事先充分瞭解。

5.沒收定金之效力

依坊間一般買賣習慣，承買人支付定金後，該買賣契約視同成立，如承買人不買，出賣人得沒收定金並解除契約。

6.消費爭議之申訴與調解

因本契約所發生之消費爭議，依消費者保護法第43條及第44條規定，買方得向賣方、消費者保護團體或消費者服務中心申訴；未獲妥適處理時，得向房地所在地之直轄市或縣（市）政府消費者保護官申訴；再未獲妥適處理時，得向直轄市或縣（市）消費爭議調解委員會申請調解。

㈡不動產委託銷售契約書

受託人_____公司（或商號）接受委託人_____之委託仲介銷售下列不動產，經雙方同意訂定本契約條款如下，以資共同遵守：

第1條　委託銷售之標的

一　土地標示（詳如登記簿謄本）：

所有權人	縣市	市區鄉鎮	段	小段	地號	都市計畫使用分區（或非都市土地使用地類別）	面積（平方公尺）	有無設定他項權利、權利種類	有無租賃或占用之情形	權利範圍

二　建築改良物標示（詳如登記簿謄本）：

所有權人	縣市	市區鄉鎮	路街	段	巷	弄	號	樓	建築物完成日期		面積（平方公尺）	建號	權利範圍	有無設定他項權利、權利種類	有無租賃或占用之情形	權利範圍
									民國　年　月　日	主建物						
										附屬建物						
										共用部分						

三　車位標示（詳如登記簿謄本）：

本停車位屬□法定停車位□自行增設停車位□獎勵增設停車位□其他_____（車位情況或無法得知者自行說明）為地上（面、下）第____層□平面式□機械式□坡道式□升降式停車位，編號第____號車位。

□有編號登記。

□有土地及建築改良物所有權狀。

□有建築改良物所有權狀（土地持分合併於區分所有建物之土地面積內）。

　　　　□共用部分（如有停車位之所有權及使用權之約定文件，應檢附之）。
　四　□附隨買賣設備
　　　　□願意附贈買方現有設備項目，計有：
　　　　□燈飾　　　　□床組　　　　□梳妝臺　　　□窗簾　□熱水器
　　　　□冰箱　　　　□洗衣機　　　□瓦斯爐　　　□沙發＿＿＿組
　　　　□冷氣＿＿臺　□廚具＿＿式　□電話＿＿線　□其他＿＿＿＿。

第2條　委託銷售價格

委託人願意出售之土地、建築改良物、＿＿＿＿總價格為新臺幣＿＿＿＿元整，車位價格為新臺幣＿＿＿＿元整，合計新臺幣＿＿＿＿元整。委託售價得經委託人及受託人雙方以書面變更之。

第3條　委託銷售期間

委託銷售期間自民國＿＿年＿＿月＿＿日起至＿＿年＿＿月＿＿日止。
前項委託期間得經委託人及受託人雙方以書面同意延長之。

第4條　收款條件及方式

委託人同意收款條件及方式如下：

收款期別	約定收款金額	應同時履行條件
第一期 （簽約款）	新臺幣○○○○○○元整 （即總價款○○○○％）	於簽訂□成屋□土地買賣契約同時，應攜帶國民身分證以供核對，並交付土地或建築改良物所有權狀正本予：□地政士□○○。
第二期 （備證款）	新臺幣○○○○○○元整 （即總價款○○○○％）	應備齊權狀正本，攜帶印鑑章並交付印鑑證明、身分證明文件及稅單。
第三期 （完稅款）	新臺幣○○○○○○元整 （即總價款○○○○％）	於土地增值稅、契稅單核下後，經□地政士□○○通知日起○日內，於委託人收款同時由委託人與買方依約繳清土地增值稅、契稅及其他欠稅。
第四期 （交屋款）	新臺幣○○○○○○元整 （即總價款○○○○％）	房屋鎖匙及水電、瓦斯、管理費收據等。

　　　□委託人同意受託人為促銷起見，配合買方協辦金融機構貸款，此一貸款視同交屋款。
　　　□委託人在委託銷售標的物上原設定抵押權之處理：
　　　　□由買方向金融機構辦理貸款撥款清償並塗銷。
　　　　□由委託人於交付交屋款前清償並塗銷。
　　　　□由買方承受原債權及其抵押權。
　　　　□由買方清償並塗銷。
　　　　□＿＿＿＿＿＿＿＿＿＿＿＿＿。

第5條　服務報酬

　一　買賣成交者，受託人得向委託人收取服務報酬，其數額為實際成交價之百分之＿＿＿＿（最高不得超過中央主管機關之規定）。

二　前項受託人之服務報酬，委託人於與買方簽訂買賣契約時，支付服務報酬百分之＿＿＿予受託人，餘百分之＿＿＿於交屋時繳清。

第6條　委託人之義務

一　於買賣成交時，稅捐稽徵機關所開具以委託人為納稅義務人之稅費，均由委託人負責繳納。

二　簽約代理人代理委託人簽立委託銷售契約書者，應檢附所有權人之授權書及印鑑證明交付受託人驗證並影印壹份，由受託人收執，以利受託人作業。

三　委託人應就不動產之重要事項簽認於不動產標的現況說明書（其格式如附件一），委託人對受託人負有誠實告知之義務，如有虛偽不實，由委託人負法律責任。

四　簽訂本契約時，委託人應提供本不動產之土地、建築改良物所有權狀影本及國民身分證影本，並交付房屋之鎖匙等物品予受託人，如有使用執照影本、管路配置圖及住戶使用維護手冊等，一併提供。

第7條　受託人之義務

一　受託人受託處理仲介事務應以善良管理人之注意為之。

二　受託人於簽約前，應據實提供該公司（或商號）近三個月之成交行情，供委託人訂定售價之參考；如有隱匿不實，應負賠償責任。

三　受託人受託仲介銷售所做市場調查、廣告企劃、買賣交涉、諮商服務、差旅出勤等活動與支出，除有第10條之規定外，均由受託人負責，受託人不得以任何理由請求委託人補貼。

四　受託人製作之不動產說明書，應指派不動產經紀人簽章，並經委託人簽認後，將副本交委託人留存；經紀人員並負有誠實告知買方之義務，如有隱瞞不實，受託人與其經紀人員應連帶負一切法律責任；其因而生損害於委託人者，受託人應負賠償責任。

五　如買方簽立「要約書」（如附件二），受託人應於24小時內將該要約書轉交委託人，不得隱瞞或扣留。但如因委託人之事由致無法送達者，不在此限。

六　受託人應隨時依委託人之查詢，向委託人報告銷售狀況。

七　契約成立後，委託人□同　意／□不同意授權受託人代為收受買方支付之定金。

八　受託人應於收受定金後24小時內送達委託人。但如因委託人之事由致無法送交者，不在此限。

九　有前款但書情形者，受託人應於二日內寄出書面通知表明收受定金及無法送交之事實通知委託人。

十　受託人於仲介買賣成交時，為維護交易安全，得協助辦理有關過戶及貸

款手續。

十一　受託人應委託人之請求，有提供相關廣告文案資料予委託人參考之義
　　　務。

第8條　沒收定金之處理

買方支付定金後，如買方違約不買，致定金由委託人沒收者，委託人應支付
該沒收定金之百分之＿＿＿予受託人，以作為該次委託銷售服務之支出費用，
且不得就該次再收取服務報酬。

第9條　買賣契約之簽訂及所有權移轉

受託人依本契約仲介完成者，委託人應與受託人所仲介成交之買方另行簽訂

「不動產買賣契約書」，並由委託人及買方 □共同 □協商指定地政士 辦理一切所有

權移轉登記及相關手續。

第10條　委託人終止契約之責任

本契約非經雙方書面同意，不得單方任意變更之；如尚未仲介成交前因可歸
責於委託人之事由而終止時，委託人應支付受託人必要之仲介銷售服務費
用，本項費用視已進行之委託期間等實際情形，由受託人檢據向委託人請領
之。但最高不得超過第5條原約定服務報酬之半數。

第11條　違約之處罰

一　委託人如有下列情形之一者，視為受託人已完成仲介之義務，委託人仍
　　應支付第5條約定之服務報酬，並應全額一次付予受託人：
　　㈠委託期間內，委託人自行將本契約不動產標的物出售或另行委託第三
　　　者仲介者。
　　㈡簽立書面買賣契約後，因可歸責於委託人之事由而解除買賣契約者。
　　㈢受託人已提供委託人曾經仲介之客戶資料，而委託人於委託期間屆滿
　　　後二個月內，逕與該資料內之客戶成交者。但經其他不動產經紀業仲
　　　介成交者，不在此限。
二　受託人違反第7條第4款、第5款或第8款情形之一者，委託人得解除本委
　　託契約。

第12條　廣告張貼

委託人 □同　意 □不同意 受託人於本不動產標的物上張貼銷售廣告。

第13條　通知送達

委託人及受託人雙方所為之徵詢、洽商或通知辦理事項，如以書面通知時，
均依本契約所載之地址為準，如任何一方遇有地址變更時，應即以書面通知
他方，其因拒收或無法送達而遭退回者，均以退件日視為已依本契約受通
知。

第14條　疑義之處理

本契約各條款如有疑義時，應依消費者保護法第11條第2項規定，為有利於委託人之解釋。

第15條　合意管轄法院

因本契約發生之消費訴訟，雙方同意

□除專屬管轄外，以不動產所在地之法院為第一審管轄法院。但不影響消費者依其他法律所得主張之管轄。

□依仲裁法規定進行仲裁。

第16條　附件效力及契約分存

本契約之附件一視為本契約之一部分。本契約壹式貳份，由雙方各執乙份為憑，並自簽約日起生效。

第17條　未盡事宜之處置

本契約如有未盡事宜，依相關法令、習慣及平等互惠與誠實信用原則公平解決之。

立契約書人

受託人：

姓名（公司或商號）：

地址：

電話：

營利事業登記證：（　　　）字第　　　　號

負責人：　　　　　　　（簽章）

國民身分證統一編號：

經紀人：

姓名：　　　　　　　　（簽章）

電話：

地址：

國民身分證統一編號：

經紀人證書字號：

委託人：

姓名：　　　　　　　　（簽章）

電話：

地址：

國民身分證統一編號：

中　華　民　國　　　　年　　　　月　　　　日

附件一　不動產標的現況說明書

填表日期　年　月　日

項次	內　　　　　　容	是否	說　　　　　　明
1	是否為共有土地	□□	若是，□有□無分管協議書
2	土地現況是否有出租情形	□□	若有，則□賣方於點交前終止租約 　　　　□以現況點交 　　　　□另外協議
3	土地現況是否有被他人占用情形	□□	若有，□賣方應於交屋前□拆除□排除 　　　□以現況點交 　　　□其他
4	是否有地上物	□□	若有，地上物□建築改良物 　　　　　□農作改良物 　　　　　□其他
5	是否有未登記之法定他項權利	□□	□不知 □知 □＿＿＿＿＿
6	建築改良物是否包括未登記之改建、增建、加建、違建部分：	□□	□不知 □知 □壹樓＿＿＿平方公尺　□＿＿＿樓＿＿＿平方公尺 □頂樓＿＿＿平方公尺　□其　他＿＿＿平方公尺
7	是否有車位之分管協議及圖說	□□	□有書面或圖說（請檢附） □口頭約定 車位管理費□有，月繳新臺幣＿＿＿＿＿元 　　　　　□無 　　　　　□車位包含在大樓管理費內 使用狀況□固定位置使用　□需承租 　　　　　　　　　　　　□需排隊等侯 　　　　□需定期抽籤，每＿＿＿月抽籤。 　　　　□每日先到先停。 　　　　□其他＿＿＿＿＿。
8	建築改良物是否有滲漏水之情形	□□	若有，滲漏水處：＿＿＿＿＿＿＿＿＿＿＿＿ 　　　　□以現況交屋 　　　　□賣方修繕後交屋
9	建築改良物是否曾經做過輻射屋檢測	□□	檢測結果：＿＿＿＿＿＿＿＿＿＿＿＿＿＿＿ 輻射是否異常□是　　□以現況交屋 　　　　　　□否　　□賣方修繕後交屋 （民國71年至73年領得使用執照之建築物，應特別留意檢測。如欲進行改善，應向行政院原子能委員會洽詢技術協助。）

10	是否曾經做過海砂屋檢測（氯離子檢測事項）	☐☐	檢測日期：＿＿年＿＿月＿＿日（請附檢測證明文件） 檢測結果：＿＿＿＿＿＿＿＿＿＿＿＿＿＿ （參考值：依CNS 3090規定預力混凝土為0.15 kg/m³，鋼筋混凝土為0.3kg/m³。）
11	本建築改良物（專有部分）於賣方產權是否曾發生兇殺或自殺致死之情事	☐☐	
12	屋內自來水及排水系統是否正常	☐☐	☐以現況交屋 ☐若不正常，賣方修繕後交屋
13	建築改良物現況是否有出租之情形	☐☐	若有，則☐賣方應於交屋前☐排除 　　　　　　　　　　　　☐終止租約 ☐以現況交屋 ☐其他
14	建築改良物現況是否有被他人占用之情形	☐☐	若有，則☐賣方應於交屋前排除 　　　　☐以現況交屋 　　　　☐其他
15	建築改良物現況是否占用他人土地之情形	☐☐	若有，則☐賣方應於交屋前解決 　　　　☐以現況交屋
16	是否使用自來水廠之自來水	☐☐	
17	是否使用天然瓦斯	☐☐	
18	是否有住戶規約	☐☐	若有，詳見住戶規約
19	是否約定專用協議	☐☐	☐有規約約定（請檢附） ☐依第＿＿＿次區分所有權會議決定 管理費☐有使用償金 　　　　☐有增繳新臺幣＿＿＿元／月 使用範圍☐空地　☐露臺 　　　　☐非避難之屋頂平臺 　　　　☐非供車位使用之防空避難室 　　　　☐其他
20	是否有管理委員會或管理負責人	☐☐	若有，管理費為☐月繳＿＿＿元　☐季繳＿＿＿元 　　　　　　　☐年繳＿＿＿元　☐其他＿＿＿
21	管理費是否有積欠情形	☐☐	若有，管理費＿＿＿元，由☐買方☐賣方支付。
22	是否有附屬設備	☐☐	☐冷　氣＿＿臺　☐沙發＿＿組　☐床組＿＿件 ☐熱水器＿＿臺　☐窗簾＿＿組　☐燈飾＿＿件 ☐梳妝臺＿＿件　☐排油煙機　☐流理臺 ☐瓦斯爐　☐天然瓦斯（買方負擔錶租保證金費用）　☐電話：＿＿＿具（買方負擔過戶費及保證金）　☐其他

注意：一、輻射屋檢測，輻射若有異常，應洽請行政院原子能委員會確認是否為輻射屋。
　　　二、海砂屋檢測，海砂屋含氯量，將因採樣點及採樣時間之不同而異，目前海砂屋含氯
　　　　　量尚無國家標準值。

其他重要事項：

1.

2.

3.

　　　　　　受託人：＿＿＿＿＿＿＿＿（簽章）

　　　　　　委託人：＿＿＿＿＿＿＿＿（簽章）

　　　　　　簽章日期：＿＿＿年＿＿＿月＿＿＿日

(三)要約書簽約注意事項

1. 要約書之性質

   本範本附件二所訂要約書之性質為預約，故簽訂本要約書後，買賣雙方有協商簽立本約（不動產買賣契約）之義務。

2. 要約書之審閱期限

   本要約書係為消費者保護法第17條所稱之定型化契約，故要約書前言所敘「……經買方攜回審閱日（至少三日以上）……」旨在使買方於簽訂要約書前能充分瞭解賣方之出售條件、不動產說明書，以保障其權益。

3. 要約書之效力

   買方所簽訂之要約書，除有民法第154條第1項但書之規定外，要約人因要約而受拘束。故本要約書如經賣方簽章同意並送達買方時，預約即為成立生效，除因買賣契約之內容無法合意外，雙方應履行簽立本約（不動產買賣契約書）之一切義務。

4. 要約書送達之方式

   關於送達之方式有許多種，舉凡郵務送達、留置送達、交付送達、囑託送達…等，皆屬送達之方式，其主要之目的在於證據保全，以便日後發生爭議時舉證之方便，故本要約書第3條並不限制送達的方式。謹提供部分民事訴訟法送達之方法以為參考：

   (1)送達人：

   　①買方或賣方本人。

   　②郵政機關之郵差。

   　③受買賣雙方所授權（或委託）之人（如仲介業者、代理人）。

   (2)應受送達之人：

   　①可以送達的情況：

   　　㈠由賣方或買方本人收受。

㋁未獲晤賣方或買方（如賣方或買方亦未委託或授權他人）時，由有辨別事理能力之同居人或受僱人代為收受。

㋂由受買賣雙方所授權（或委託）之人收受。

②無法送達的情況：

㋐寄存送達：將文書寄存送達地之自治（如鄉、鎮、市、區公所）或警察機關，並作送達通知書，黏貼於應受送達人住居所、事務所或營業所門首，以為送達。

㋑留置送達：應受送達人拒絕收領而無法律上理由者，應將文書置於送達處所，以為送達。

5. 為提醒消費者簽立本約（不動產買賣契約書）時應注意之事項，謹提供有關稅費及其他費用之負擔、委託人及買方共同申請辦理或協商指定地政士及交屋約定等條文內容如下，以為參考（其內容仍可經由雙方磋商而更改）。

(1)稅費及其他費用之負擔

買賣雙方應負擔之稅費除依有關規定外，並依下列規定辦理：

①地價稅以賣方通知之交屋日為準，該日前由賣方負擔，該日後由買方負擔，其稅期已開始而尚未開徵者，則依前一年度地價稅單所載該宗基地課稅之基本稅額，按持分比例及年度日數比例分算賣方應負擔之稅額，由買方應給付賣方之買賣尾款中扣除，俟地價稅開徵時由買方自行繳納。

②房屋稅以通知之交屋日為準，該日前由賣方負擔，該日後由買方負擔，並依法定稅率及年度月份比例分算稅額。

③土地增值稅、交屋日前之水電、瓦斯、電話費、管理費、簽約日前已公告並開徵之工程受益費、抵押權塗銷登記規費、抵押權塗銷代辦手續費等由賣方負擔。

④登記規費、登記代辦手續費、印花稅、契稅、簽約日前尚未公告或已公告但尚未開徵之工程受益費等由買方負擔。

⑤公證費用，得由雙方磋商由買方或賣方或當事人雙方平均負擔。

⑥如有其他未約定之稅捐、費用應依法令或習慣辦理之。

(2)辦理所有權移轉登記人之指定

本買賣契約成立生效後，有關登記事宜，由買賣雙方共同申請辦理或協商指定地政士辦理一切產權過戶手續。

(3)交付

①登記完竣＿＿日內，賣方應依約交付不動產予買方。

②本約不動產如有出租或有第三人佔用或非本約內之物品，概由賣方負責於點交前排除之。

③買方給付之價款如為票據者，應俟票據兌現時，賣方始交付房屋。

④本約不動產含房屋及其室內外定著物、門窗、燈飾、廚廁、衛浴設備及公共設施等均以簽約時現狀為準，賣方不得任意取卸、破壞，水、電、瓦斯設施應保持或恢復正常使用，如有增建建物等均應依簽約現狀連同本標的建物一併移交買方。約定之動產部分，按現狀全部點交予買方。

⑤賣方應於交屋前將原設籍於本約不動產之戶籍或公司登記、營利事業登記、營業情事等全部移出。

6.仲介業者應提供消費者公平自由選擇交付「斡旋金」或使用內政部所頒「要約書」之資訊

為促進公平合理之購屋交易秩序，行政院公平交易委員會業於90年5月22日以公壹字第01524號令發布「公平交易法對房屋仲介業之規範說明」，明訂房屋仲介業者如提出斡旋金要求，未同時告知消費者亦得選擇採用內政部版要約書，及斡旋金契約與內政部版「要約書」之區別及其替代關係，將有違反公平交易法第24條規定之虞。故房屋仲介業者宜以另份書面告知購屋人有選擇採用內政部版要約書之權利，且該份書面之內容宜扼要說明「要約書」與「斡旋金」之區別及其替代關係，並經購屋人簽名確認，以釐清仲介業者之告知義務。另若仲介業者約定交付斡旋金，則宜以書面明訂交付斡旋金之目的，明確告知消費者之權利義務。

附件二　要約書

契約審閱權

本要約書及附件（不動產說明書及出售條款影本）於中華民國＿＿＿年＿＿＿月＿＿＿日經買方攜回審閱＿＿＿日。（契約審閱期間至少三日）

買方簽章：

立要約書人＿＿＿＿＿＿＿（以下簡稱買方）經由＿＿＿＿＿＿＿公司（或商號）仲介，買方願依下列條件承購上開不動產，爰特立此要約書：

第1條　不動產買賣標的

本要約書有關不動產買賣標的之土地標示、建築改良物標示、車位標示，均詳如不動產說明書。

第2條　承購總價款、付款條件及其他要約條件

一　承購總價款及同時履行條件

項　　　　目	金額（新臺幣：元）	應　同　時　履　行　條　件
承購總價款	元整	
第一期 （頭期款【含定金】）	元整	於簽訂□成屋□土地買賣契約同時，應攜帶國民身分證以供核對，並交付土地或建築改良物所有權狀正本予：□地政士□＿＿＿＿。

項　　目	金額（新臺幣：元）	應 同 時 履 行 條 件
承購總價款	元整	
第二期（備證款）	元整	賣方應備齊權狀正本，攜帶印鑑章並交付印鑑證明、身分證明文件及稅單。
第三期（完稅款）	元整	於土地增值稅、契稅單核下後，經□地政士□＿＿＿通知日起＿＿＿日內，於委託人收款同時由委託人與買方依約繳清土地增值稅、契稅及其他欠稅。
第四期（交屋款）	元整	房屋鎖匙及水電、瓦斯、管理費收據等。
貸款	元整	

二　其他要約條件＿＿＿＿＿＿＿＿＿＿＿＿＿＿＿＿＿＿＿＿＿＿＿＿＿＿＿＿＿

第3條　要約之拘束

一　本要約書須經賣方親自記明承諾時間及簽章並送達買方時，雙方即應負履行簽立本約之一切義務。但賣方將要約擴張、限制或變更而為承諾時，視為拒絕原要約而為新要約，須再經買方承諾並送達賣方。本要約書須併同其附件送達之。

二　賣方或其受託人（仲介公司或商號）所提供之不動產說明書，經買方簽章同意者，為本要約書之一部分，但本要約書應優先適用。

第4條　要約撤回權

一　買方於第7條之要約期限內有撤回權。但賣方已承諾買方之要約條件，並經受託人（仲介公司或商號）送達買方者，不在此限。

二　買方於行使撤回權時應以郵局存證信函送達，或以書面親自送達賣方，或送達至賣方所授權本要約書末頁所載＿＿＿＿＿＿＿公司（或商號）地址，即生撤回效力。

第5條　簽訂不動產買賣契約書之期間

本要約書依第3條承諾送達他方之日起＿＿＿日內，買賣雙方應於共同指定之處所，就有關稅費及其他費用之負擔、委託人及買方共同申請辦理或協商指定地政士、付款條件、貸款問題、交屋約定及其他相關事項進行協商後，簽訂不動產買賣契約書。

第6條　要約之生效

本要約書及其附件壹式肆份，由買賣雙方及＿＿＿＿＿＿＿公司（或商號）各執乙份為憑，另一份係為買賣雙方要約及承諾時之憑據，並自簽認日起即生要約之效力。

第7條　要約之有效期間

買方之要約期間至民國＿＿＿年＿＿＿月＿＿＿日＿＿＿時止。但要約有第3條第1款但書之情形時，本要約書及其附件同時失效。

買方：＿＿＿＿＿＿＿（簽章）於＿＿＿年＿＿＿月＿＿＿日時簽訂本要約書。（仲介公司或商號於收受買方之要約書時，應同時於空白處簽名並附註日期及時間）

電話：

地址：

國民身分證統一編號：

賣方：_____（簽章）於___年___月___日時同意本要約書內容並簽章。
（仲介公司或商號於賣方承諾要約條件後送達至買方時，應同時於空白處簽名並附註日期及時間）

※賣方如有修改本要約書之要約條件時，應同時註明重新要約之要約有效期限。

電話：

地址：

國民身分證統一編號：

受託人：　　　　　　　　　　（公司或商號）

地址：

電話：

營利事業登記證：（　　　）字第　　　　號

負責人：

國民身分證統一編號：

經紀人：

國民身分證統一編號：

經紀人證書字號：

中　華　民　國　　　　年　　　月　　　日　　　時

(四)不動產委託銷售定型化契約應記載及不得記載事項（92.6.26內政部公告修正）

1.應記載事項

(1)契約審閱期間

本定型化契約及其附件之審閱期間__（不得少於三日）。

違反前項規定者，該條款不構成契約內容。但消費者得主張該條款仍構成契約內容。

(2)委託銷售之標的

①土地標示（詳如登記簿謄本）：

所有權人	縣市	市區鄉鎮	段	小段	地號	都市計畫使用分區（或非都市土地使用地類別）	面積（平方公尺）	有無設定他項權利、權利種類	有無租賃或占用之情形	權利範圍

②建築改良物標示（詳如登記簿謄本）：

所有權人	縣市	市區鄉鎮	路街	段	巷	弄	號	樓	建築物完成日期		面積（平方公尺）	建號	權利範圍	有無設定他項權利、權利種類	有無租賃或占用之情形
									民國　年　月　日	主建物					
										附屬建物					
										共用部分					

③車位標示（詳如登記簿謄本）：

本停車位屬□法定停車位□自行增設停車位□獎勵增設停車位□其他＿＿＿（車位情況或無法得知者自行說明）為地上（面、下）第＿＿＿層□平面式□機械式□坡道式□升降式停車位，編號第＿＿＿號車位。

□有編號登記。

□有土地及建築改良物所有權狀。

□有建築改良物所有權狀（土地持分合併於區分所有建物之土地面積內）。

□共用部分（如有停車位之所有權及使用權之約定文件，應檢附之）。

④□附隨買賣設備

□願意附贈買方現有設備項目，計有：

□燈飾□床組□梳妝臺□窗簾□熱水器□冰箱□洗衣機□瓦斯爐□沙發＿＿＿組□冷氣＿＿＿臺□廚具＿＿＿式□電話＿＿＿線□其他＿＿＿。

前項①②③之標的未記載者，以地政機關所登載為準；④未記載者，以不動產委託銷售定型化契約簽定時之現況為準。

(3)委託銷售價格

委託人願意出售之土地、建築改良物、＿＿＿，總價格為新臺幣＿＿＿元整，車位價格為新臺幣＿＿＿元整，合計新臺幣＿＿＿元整。

前項之金額未記載者，不動產委託銷售定型化契約無效。

(4)委託銷售期間

委託銷售期間自民國＿＿＿年＿＿＿月＿＿＿日起至＿＿＿年＿＿＿月＿＿＿日止。

未記載委託銷售期間者，委託人得隨時以書面終止。

(5)服務報酬

買賣成交者，受託人得向委託人收取服務報酬，其數額為實際成交價之百分之＿＿＿（最高不得超過中央主管機關之規定）。

前項空白處未記載者，受託人不得向委託人收取服務報酬。

(6)受託人之義務

　①受託人受託處理仲介事務應以善良管理人之注意為之。

　②受託人於簽約前，應據實提供該公司（或商號）近三個月之成交行情，供委託人訂定售價之參考；如有隱匿不實，應負賠償責任。

　③受託人受託仲介銷售所做市場調查、廣告企劃、買賣交涉、諮商服務、差旅出勤等活動與支出，除有委託人與受託人雙方同意終止及委託人終止契約外，均由受託人負責，受託人不得以任何理由請求委託人補貼。

　④受託人製作之不動產說明書，應指派不動產經紀人簽章，並經委託人簽認後，將副本交委託人留存；經紀人員並負有誠實告知買方之義務，如有隱瞞不實，受託人與其經紀人員應連帶負一切法律責任；其因而生損害於委託人者，受託人應負賠償責任。

　⑤如買方簽立「要約書」（如附件），受託人應於24小時內將該要約書轉交委託人，不得隱瞞或扣留。但如因委託人之事由致無法送達者，不在此限。

　⑥受託人應隨時依委託人之查詢，向委託人報告銷售狀況。

　⑦契約成立後，除委託人同意授權受託人代為收受買方支付之定金外。否則視為不同意授權。

　⑧受託人應於收受定金後24小時內送交委託人。但如因委託人之事由致無法送達者，不在此限。

　⑨有前款但書情形者，受託人應於二日內寄出書面通知表明收受定金及無法送交之事實通知委託人。

　⑩受託人於仲介買賣成交時，為維護交易安全，得協助辦理有關過戶及貸款手續。

　⑪受託人應委託人之請求，有提供相關廣告文案資料予委託人參考之義務。

(7)沒收定金之處理

買方支付定金後，如買方違約不買，致定金由委託人沒收者，委託人應支付該沒收定金之百分之＿＿＿＿（但不得逾約定定金百分之五十且不得逾約定之服務報酬）予受託人，以作為該次委託銷售服務之支出費用，且不得再收取服務報酬。

前項沒收定金百分比未記載者，受託人不得向委託人請求服務報酬或費用。

(8)買賣契約之簽訂及所有權移轉

買賣雙方價金與條件一致時，委託人應與受託人所仲介成交之買方另行簽訂「不動產買賣契約書」，並約定由委託人及買方共同或協商指定地政士辦理所有權移轉登記及相關手續；如未約明者，由委託人指定之。

2.不得記載事項

(1)不得約定「不動產委託銷售契約書範本」內容僅供參考。

(2)不得使用未經明確定義之「使用面積」、「受益面積」、「銷售面積」等名詞。

(3)不得約定繳回委託銷售契約。

(4)不得約定服務報酬得超過中央主管機關之規定。

(5)不得為其他違反強制或禁止規定之約定。

附件　要約書定型化契約應記載及不得記載事項

㈠應記載事項

1.契約審閱期間

本定型化契約及其附件之審閱期間（不得少於三日）。

違反前項規定者，該條款不構成契約內容。但消費者得主張該條款仍構成契約內容。

2.不動產買賣標的

本要約書有關不動產買賣標的之土地標示、建築改良物標示、車位標示，均詳如不動產說明書。

不動產說明書之內容不得低於內政部公告之不動產說明書應記載事項。

3.承購總價款、付款條件及其他要約條件

(1)承購總價款及應同時履行條件：

項　目	金額（新臺幣：元）	應　同　時　履　行　條　件
承購總價款	元整	
第一期 （頭期款【含定金】）	元整	於簽訂□成屋□土地買賣契約同時，應攜帶國民身分證以供核對，並交付土地或建築改良物所有權狀正本予：□地政士□＿＿＿。
第二期（備證款）	元整	賣方應備齊權狀正本，攜帶印鑑章並交付印鑑證明、身分證明文件及稅單。
第三期（完稅款）	元整	於土地增值稅、契稅單核下後，經□地政士□＿＿＿通知日起＿＿＿日內，於委託人收款同時由委託人與買方依約繳清土地增值稅、契稅及其他欠稅。
第四期（交屋款）	元整	房屋鎖匙及水電、瓦斯、管理費收據等。
貸款	元整	

(2)其他要約條件＿＿＿＿＿＿＿＿＿＿＿＿＿＿＿＿＿＿＿。

4.要約之拘束

(1)本要約書須經賣方親自記明承諾時間及簽章並送達買方時，雙方即應負洽商簽立本約之一切義務。但賣方將要約擴張、限制或變更而為承諾時，視為拒絕原要約而為新要約，須再經買方承諾並送達賣方。本要約書須併同其附件送達之。

(2)賣方或其受託人（仲介公司或商號）所提供之不動產說明書，經買方簽章同意者，為本要約書之一部分，但本要約書應優先適用。

5.要約撤回權

(1)買方於要約期限內有撤回權。但賣方已承諾買方之要約條件，並經受託人（仲介公司或商號）送達買方者，不在此限。

(2)買方於行使撤回權時應以郵局存證信函送達，或以書面親自送達賣方，或送達至賣方所授權本要約書末頁所載公司（或商號）地址，即生撤回效力。

6.簽訂不動產買賣契約書之期間

本要約書依第4點承諾送達他方之日起＿＿＿日內，買賣雙方應於共同指定之處所，就有關稅費及其他費用之負擔、委託人及買方共同申請辦理或協商指定地政士、付款條件、貸款問題、交屋約定及其他相關事項進行協商後，簽訂不動產買賣契約書。

7.要約之生效

本要約書及其附件壹式肆份，由買賣雙方及＿＿＿公司（或商號）各執乙份為憑，另一份係為買賣雙方要約及承諾時之憑據，並自簽認日起即生要約之效力。

(二)不得記載事項

不得約定在契約成立前，受託人得向消費者收取斡旋金、訂金或其他任何名目之費用。

四、預售停車位買賣契約書範本（101.1.3內政部修正發布）

(一)預售停車位買賣契約書範本簽約注意事項

1.適用範圍

建築物之室內停車位可分三種，即法定停車位、自行增設停車位及獎勵增設停車位。

(1)所謂法定停車位，係指依都市計畫書、建築技術規則建築設計施工編第59條及其他有關法令規定所應附設之停車位，無獨立權狀，以共用部分持分分配給承購戶，須隨主建物一併移轉或設定負擔，但經約定專用或依分管協議，得交由某一戶或某些住戶使用。自行增設停車

位指法定停車位以外由建商自行增設之停車位；獎勵增設停車位指依「臺北市建築物增設室內公用停車空間鼓勵要點」、「高雄市鼓勵建築物增設停車空間實施要點」或當地縣（市）政府訂定之鼓勵建築物增設停車空間有關法令規定增設之停車位。

(2)自行增設停車位與獎勵增設停車位得以獨立產權單獨移轉。

(3)前揭各種停車位如何區分？地方主管建築機關於核准建築執照之設計圖說時，在每一停車位上均有明確標示為法定、自行增設或獎勵增設。為避免糾紛，消費大眾在購買前最好先查閱設計圖說，以瞭解所購買停車位之類別。

(4)本契約範本僅適用於自行增設停車位、獎勵增設停車位或停車塔等其他可做為獨立產權登記之停車位預售買賣時之參考，買賣雙方參考本範本訂立契約時，仍可依民法第153條規定意旨，就個別情況磋商合意而訂定之。

(5)至有關法定停車位，請參考適用內政部100年3月24日函頒「預售屋買賣契約書範本」第2條房地標示及停車位規格第3款及第9條地下層共用部分權屬。

2.契約審閱

關於契約審閱，按預售停車位買賣契約屬消費者契約之一種，買賣雙方對於契約內容之主客觀認知頗有差異，是以建築投資業者所提供之定型化契約應給予消費者合理期間以瞭解契約條款之內容，此於消費者保護法第11條之1已有明定。

3.停車位基地權利範圍之計算

關於第2條第2款，停車位於公寓大廈中應分攤之基地權利比例，係以全部主建物及停車位面積之總和為分母，個別之停車位面積為分子，計算其應分攤之基地比例；其停車位面積依建築技術規則建築設計施工篇第60條規定之規格計算之。

4.買方自行辦理貸款或火險之規定

買方如欲自行辦理貸款或火險，除於訂約時明示自行辦理外，並預立貸款撥款委託書予賣方，賣方則須配合買方貸款需要提供土地、建物權狀或配合辦理貸款手續，賣方如因而增加之費用支出得向買方求償。

5.轉讓條件

按預售停車位賣方會同買方辦理轉讓時，需說明契約內容及提供相關資料，俾辦理契約簽訂等其他相關事宜，其所需成本似得准收手續費。本契約範本爰例示約定手續費不超過停車位總價款千分之一，以供參考。

6.違約罰則

按違約金數額多寡之約定，係視簽約時社會經濟及房地產景氣狀況而

定，是以買賣雙方簽約時，就違約金數額之約定，仍應考量上開狀況磋
商而定。

7.消費爭議之申訴與調解

因本契約所發生之消費爭議，依消費者保護法第43條及第44條規定，
買方得向賣方、消費者保護團體或消費者服務中心申訴；未獲妥適處理
時，得向停車位所在地之直轄市或縣（市）政府消費者保護官申訴；再未
獲妥適處理時得向直轄市或縣（市）消費爭議調解委員會申請調解。

㈡預售停車位買賣契約書範本

本契約於中華民國　　年　　月　　日攜回審閱日。（契約審閱期間至少為五
日）

買方簽章：

賣方簽章：

立契約書人買方：＿＿＿＿＿　茲為停車位所有權之買賣事宜，雙方同意訂
　　　　　　賣方：＿＿＿＿＿

定本買賣契約條款如下，以資共同遵守：

第1條　賣方對廣告之義務

賣方應確保廣告內容之真實，本預售停車位之廣告宣傳品及其所記載之建材
設備表、停車位平面圖與位置示意圖，為契約之一部分。

第2條　買賣標示及停車位規格

一　停車位基地座落

　　＿＿＿縣（市）＿＿＿鄉（鎮、市、區）＿＿＿段＿＿＿小段＿＿＿地號等＿＿＿筆土
地，使用分區為都市計畫內＿＿＿區（或非都市土地使用編定為＿＿＿區＿＿＿用
地）。

二　停車位面積之權利範圍

　　停車位面積＿＿＿平方公尺、買賣權利範圍＿＿＿。（全部車位加總之面積，
應等於全部停車場部分主建物面積。）

三　基地持分

　　土地面積＿＿＿平方公尺（＿＿＿坪），應有權利範圍為＿＿＿，持分計算方式
係以非停車位之專有部分面積＿＿＿平方公尺（＿＿＿坪）及停車位（格）面
積（機械車位則以其垂直投影面積為準）之總和為分母，個別車位（格）面
積為分子計算應分攤之基地持分比例（註：或以其他明確計算方式列明）。

四　停車位性質、位置、型式、規格、編號

　　買方購買之停車位屬□停車塔□自行增設停車空間□獎勵增設停車空間
為□地上□地面□地下第＿＿＿層□平面式□機械式□其他＿＿＿，依建造
執照圖說編號第＿＿＿號之停車空間計＿＿＿位。其規格為長＿＿＿公尺，寬
＿＿＿公尺，高＿＿＿公尺。

五　停車位平面圖及建造執照

　　本停車位以主管建築機關核准之停車空間平面圖為準（影本如附件一），建造執照為主管建築機關＿＿＿年＿＿＿月＿＿＿日＿＿＿字第＿＿＿號。

第3條　停車位數量及價款

本契約總價款合計新臺幣＿＿＿千＿＿＿百＿＿＿十＿＿＿萬元整。

本契約停車位數量為＿＿＿＿＿位，個別價款如下：

編　　號	土地價款 （新臺幣／元）			建物價款 （新臺幣／元）			合計價款 （新臺幣／元）		
第　　號	百	十	萬元整	百	十	萬元整	百	十	萬元整
第　　號	百	十	萬元整	百	十	萬元整	百	十	萬元整
第　　號	百	十	萬元整	百	十	萬元整	百	十	萬元整
第　　號	百	十	萬元整	百	十	萬元整	百	十	萬元整

第4條　付款條件

付款，除簽約款及開工款外，應依已完成之工程進度所定付款條件之規定於工程完工後繳款，其每次付款間隔日數應在二十日以上。如賣方未依工程進度定付款條件者，買方得於工程全部完工時一次支付之。

第5條　逾期付款之處理方式

買方如逾期達五日仍未繳清期款或已繳之票據無法兌現時，買方應加付按逾期期款部分每日萬分之二單利計算之遲延利息，於補繳期款時一併繳付賣方。

如逾期二個月或逾使用執照核發後一個月不繳期款或遲延利息，經賣方以存證信函或其他書面催繳，經送達七日內仍未繳者，雙方同意依違約之處罰規定處理。但前項情形賣方同意緩期支付者，不在此限。

第6條　主要建材及其廠牌、規格

一　施工標準悉依核准之工程圖樣與說明書及本契約附件之建材設備表施工，除經買方同意、不得以同級品之名義變更建材設備或以附件所列舉品牌以外之產品替代。但賣方能證明有不可歸責於賣方之事由，致無法供應原建材設備，且所更換之建材設備之價值、效用及品質不低於原約定之建材設備或補償價金者，不在此限。

二　賣方保證建造本預售停車位不含有損建築結構安全或有害人體安全健康之輻射鋼筋、石綿、未經處理之海砂等材料或其他類似物。

三　前款建築材料或其他類似物之使用，如有造成買方生命、身體及健康之損害者，買方除依第20條解除契約外，並得請求賠償，不受第20條第5款限制。

四　賣方如有違反前三款之情形，雙方同意依違約之處罰規定處理。

第7條　開工及取得使用執照期限

一　賣方應提供預售停車位種類及所有權登記說明書（格式如附件五）予買方，並就說明書內各項詳實填註，如有虛偽不實，由賣方負法律責任。

二　本預售停車位之建築工程應在民國＿＿＿年＿＿＿月＿＿＿日之前開工，民國＿＿＿年＿＿＿月＿＿＿日之前完成使用執照所定之必要設施，並取得使用執照。但有下列情事之一者，得順延其期間：

　　㈠因天災地變等不可抗力之事由，致賣方不能施工者，其停工期間。

　　㈡因政府法令變更或其他非可歸責於賣方之事由發生時，其影響期間。

三　賣方如逾前款期限未開工或未取得使用執照者，每逾一日應按已繳停車位價款依萬分之五單利計算遲延利息予買方。若逾期三個月仍未開工或未取得使用執照，視同賣方違約，雙方同意依違約之處罰規定處理。

第8條　驗收

賣方完成預售停車位必要設施及領得使用執照後，應通知買方進行驗收手續。

雙方驗收時，賣方應提供驗收單，如發現停車位有瑕疵，應載明於驗收單上，由賣方限期完成修繕；買方並有權於自備款部分保留停車位總價百分之五作為點交保留款，於完成修繕並經雙方複驗合格後支付。

第9條　停車位所有權移轉登記期限

一　土地所有權移轉登記

　　土地所有權之移轉，除另有約定，依其約定者外，應於使用執照核發後四個月內備妥文件申辦有關稅費及權利移轉登記。其土地增值稅之負擔方式，依有關稅費負擔之約定辦理。

二　建物所有權移轉登記

　　建物所有權之移轉，應於使用執照核發後四個月內備妥文件申辦有關稅費及權利移轉登記。

三　賣方違反前二款之規定，致各項稅費增加或罰鍰（滯納金）時，賣方應全數負擔；如損及買方權益時，賣方應負損害賠償之責。

四　賣方應於買方履行下列義務時，辦理停車位所有權移轉登記：

　　㈠依契約約定之付款條件，除約定之點交停車位保留款外，應繳清停車位移轉登記前應繳之款項及逾期加付之遲延利息。

　　㈡提出辦理所有權移轉登記及貸款有關文件，辦理各項貸款手續，繳清各項稅費，預立各項取款或委託撥付文件，並應開立受款人為賣方及票面上註明禁止背書轉讓，及記載擔保之債權金額及範圍之本票予賣方。

　　㈢本款第1目、第2目之費用如以票據支付，應在登記以前全部兌現。

五　第1款、第2款之辦理事項，由賣方指定之地政士辦理之，倘為配合各項

手續需要，需由買方加蓋印章，出具證件或繳納各項稅費時，買方應於接獲賣方或承辦地政士通知日起七日內提供，如有逾期，每逾一日應按已繳停車位價款依萬分之二單利計算遲延利息予賣方，另如因買方之延誤或不協辦，致各項稅費增加或罰鍰（滯納金）時，買方應全數負擔；如損及賣方權益時，買方應負損害賠償之責。

第10條　通知點交期限

一　賣方應於領得使用執照六個月內，通知買方進行點交。於點交時雙方應履行下列各目義務：

　　㈠賣方付清因延遲完工所應付之遲延利息於買方。

　　㈡賣方就契約約定之停車位瑕疵或未盡事宜，應於點交前完成修繕。

　　㈢買方繳清所有之應付未付款（含點交保留款）及完成一切點交手續。

　　㈣賣方如未於領得使用執照六個月內通知買方進行點交，每逾一日應按已繳停車位價款依萬分之五單利計算遲延利息予買方。

二　賣方應於買方辦妥點交停車位手續後，將土地及建物所有權狀、保固服務紀錄卡、規約草約、停車場管理規章、使用執照（若數戶同一張使用執照，則日後移交管理委員會）或使用執照影本及賣方代繳稅費之收據交付買方，本契約則無需返還。

三　買方應於收到點交通知日起＿＿＿日內配合辦理點交停車位手續，賣方不負保管責任。但可歸責於賣方時，不在此限。

四　買方同意於通知之點交日起三十日後，不論已否使用，即應負本停車位水電及管理費等。

第11條　保固期限及範圍

一　本契約停車位自買方完成點交停車位日起，或如有可歸責於買方之原因時自賣方通知點交日起，除賣方能證明可歸責於買方或不可抗力因素外，結構部分（如：樑柱、樓梯、擋土牆、雜項工作……等）負責保固十五年，機械設備及固定建材部分負責保固三年，賣方並應於點交停車位時出具停車位保固服務紀錄卡予買方作為憑證。

二　前款期限經過後，買方仍得依民法及其他法律主張權利。

第12條　貸款約定

一　停車位總價內之部分價款新臺幣＿＿＿＿＿＿元整，由買方與賣方洽定之金融機構之貸款給付，由買賣雙方依約定辦妥一切貸款手續。惟買方可得較低利率或有利於買方之貸款條件時，買方有權變更貸款之金融機構，自行辦理貸款，除享有政府所舉辦之優惠貸款利率外，買方應於賣方通知辦理貸款日起二十日內辦妥對保手續，並由承貸金融機構同意將約定貸款金額撥付賣方。

二　前款由賣方洽定辦理之貸款金額少於預定貸款金額，其差額依下列各目

處理：

(一)不可歸責於雙方時之處理方式如下：

 1.差額在預定貸款金額百分之三十以內部分，賣方同意以原承諾貸款相同年限及條件由買方分期清償。

 2.差額超過原預定貸款金額百分之三十部分，賣方同意依原承諾貸款之利率，計算利息，縮短償還期限為＿＿年（期間不得少於七年）由買方按月分期攤還。

 3.差額超過原預定貸款金額百分之三十者，買賣雙方得選擇前述方式辦理或解除契約。

(二)可歸責於賣方時，差額部分，賣方應依原承諾貸款相同年限及條件由買方分期清償。如賣方不能補足不足額部分，買方有權解除契約。

(三)可歸責於買方時，買方應於接獲通知之日起＿＿天（不得少於三十天）內一次給付其差額或經賣方同意分期給付其差額。

三　有關金融機構核撥貸款後之利息，由買方負擔。但於賣方通知之點交停車位日前之利息應由賣方返還買方。

第13條　貸款撥付

買賣契約如訂有點交停車位保留款者，於所有權移轉登記完竣並由金融機構設定抵押權後，除有輻射鋼筋、未經處理之海砂或其他縱經修繕仍無法達到應有使用功能之重大瑕疵外，買方不得通知金融機構終止撥付前條貸款予賣方。

第14條　停車位轉讓條件

一　買方繳清已屆期之各期應繳款項者，於本契約停車位所有權移轉登記完成前，如欲將本契約轉讓他人時，必須事先以書面徵求賣方同意，賣方非有正當理由不得拒絕。

二　前項之轉讓，除配偶、直系血親間之轉讓免手續費外，賣方得向買方收取本契約停車位總價款千分之＿＿（最高以千分之一為限）之手續費。

第15條　地價稅、房屋稅之分擔比例

一　地價稅以賣方通知書所載之點交日為準，該日期前由賣方負擔，該日期後由買方負擔，其稅期已開始而尚未開徵者，則依前一年度地價稅單所載該宗基地課稅之基本稅額，按持分比例及年度日數比例分算賣方應負擔之稅額，由買方應給付賣方之買賣尾款中扣除，俟地價稅開徵時由買方自行繳納。

二　房屋稅以賣方通知書所載之點交日為準，該日期前由賣方負擔，該日期後由買方負擔，並依法定稅率及年度月份比例分算稅額。

第16條　稅費負擔之約定

一　土地增值稅應於使用執照核發後申報，並以使用執照核發日之當年度公

告現值計算增值稅，其逾三十日申報者，以提出申報日當期之公告現值計算增值稅，由賣方負擔，但買方未依第9條規定備妥申辦文件，其增加之增值稅，由買方負擔。

二　所有權移轉登記規費、印花稅、契稅、代辦手續費、貸款保險費及各項附加稅捐由買方負擔。但起造人為賣方時，建物所有權第一次登記規費及代辦手續費由賣方負擔。

三　公證費由買賣雙方各負擔二分之一，但另有約定者從其約定。

四　應由買方繳交之稅費，買方應於辦理所有權移轉登記時，應將此等費用全額預繳，並於點交時結清，多退少補。

第17條　規格誤差之處理

停車位竣工規格之尺寸產生誤差，買方得就減少部分請求減少價金。

雙方未達成前項協議者，買受人得主張解除契約，但依情形，解除契約顯失公平者，買方僅得請求減少價金。

第18條　賣方之瑕疵擔保責任

一　賣方保證產權清楚，絕無一物數賣、無權占有他人土地、承攬人依民法第513條行使法定抵押權或設定他項權利等情事之一；如有上述情形，賣方應於本停車位點交日或其他約定之期日＿＿前負責排除、塗銷之。但本契約有利於買方者，從其約定。

二　有關本契約標的物之瑕疵擔保責任，悉依民法及其他有關法令規定辦理。

第19條　不可抗力因素之處理

如因天災、地變、政府法令變更或不可抗力之事由，致本契約停車位不能繼續興建時，雙方同意解約。解約時賣方應將所收價款按法定利息計算退還買方。

第20條　違約之處罰

一　賣方違反「主要建材及其廠牌、規格」、「開工及取得使用執照期限」之規定者，買方得解除本契約。

二　賣方違反「賣方之瑕疵擔保責任」之規定者，即為賣方違約，買方得依法解除契約。

三　買方依第1款或第2款解除契約時，賣方除應將買方已繳之停車位價款退還予買方，如有遲延利息應一併退還，並應同時賠償停車位總價款百分之＿＿（不得低於百分之十五）之違約金。但該賠償之金額超過已繳價款者，則以已繳價款為限。

四　買方違反有關「付款條件」之規定者，賣方得沒收依停車位總價款百分之＿＿（最高不得超過百分之十五）計算之金額。但該沒收之金額超過已繳價款者，則以已繳價款為限，買賣雙方並得解除本契約。

五　買賣雙方當事人除依前二款之請求外，不得另行請求其他損害賠償。

第21條　疑義之處理

本契約各條款如有疑義時，應依消費者保護法第11條第2項規定，為有利於買方之解釋。

第22條　合意管轄法院

因本契約發生之消費訴訟，雙方同意以本契約第2條土地所在地之地方法院為第一審管轄法院。但不影響消費者依其他法律所得主張之管轄。

第23條　附件效力及契約分存

本契約自簽約日起生效，賣方應將契約正本交付予買方。

本契約之相關附件視為本契約之一部分。

第24條　未盡事宜之處置

本契約如有未盡事宜，依相關法令、習慣及平等互惠與誠實信用原則公平解決之。

附件：

一、停車空間該樓層平面圖影本乙份。

二、建造執照影本乙份。

三、付款明細表乙份。

四、建材設備表。

五、停車位種類及所有權登記說明書。

六、規約草約及停車場管理規章各乙份。

　　　　　　　立契約書人
　　　　　　　　買方（姓名或公司名稱）：
　　　　　　　　　　國民身分證統一編號：
　　　　　　　　　　戶籍地址：
　　　　　　　　　　通訊地址：
　　　　　　　　　　連絡電話：
　　　　　　　　　　賣方（姓名或公司名稱）：
　　　　　　　　　　法定代理人：
　　　　　　　　　　公司（或商號）統一編號：
　　　　　　　　　　公司（或商號）地址：
　　　　　　　　　　公司（或商號）電話：
　　　　　　　　　　不動產經紀業：
　　　　　　　　　　名稱（公司或商號）：
　　　　　　　　　　公司（或商號）統一編號：

　　　　　　　　　　　負責人：

　　　　　　　　　　　國民身分證統一編號：

　　　　　　　　　　　公司（或商號）地址：

　　　　　　　　　　　公司（或商號）電話：

　　　　　　　　不動產經紀人：（簽章）

　　　　　　　　　　　國民身分證統一編號：

　　　　　　　　　　　電話：

　　　　　　　　　　　地址：

　　　　　　　　　　　經紀人證書字號：

中　華　民　國　　　　年　　　　月　　　　日

第五節　合建契約

一、說　明

㈠合建的意義

　　所謂合建，係一方提供其所有土地，另一方提供資金合作興建房屋，雙方並按協議同意之一定比例，各自分取房屋及房屋應占基地之產權是也。

　　合建就地主而言，可免去自行興建之煩，且可保持原有財產。就建築商而言，可免增加資本之投資，且興建完成後，就分取之房屋予以銷售，數量上較易處理。所以，近幾年來，隨著建築業之蓬勃發展，合建乃大行其道，故合建契約書因此產生。惟因各個合建案之情形不一，故難有範本之產生，但仍有其基本要點。

㈡契約的主要內容

　　1.土地標示：表明合建之土地座落、地號、面積、權利範圍。

　　2.擬建房屋標示：表明擬建房屋之棟數、層數、戶數、面積及構造。

　　3.分屋比例及位置。

　　4.保證金之收受及返還。

　　5.委請建築師、地政士。

　　6.起造人名義。

　　7.建材及設備。

　　8.請照、開工、完工之期限。

　　9.稅賦問題。

　　10.交付土地事宜。

　　11.地主分取之房屋銷售事宜。

　　12.地上物處理事宜。

　　13.意外風險之責任。

14.變更設計問題。

15.工程監造問題。

16.土地所有權移轉問題。

17.契約時效問題。

二、範　例

合建契約書

　　立契約書人地主○○○（以下簡稱甲方）建主○○○（以下簡稱乙方），茲因合作興建房屋事宜，經雙方協議同意訂定各條款如左：

第1條

　　甲方所有座落○○○○○○地號土地壹筆，如附圖所示，約○○○○坪，願提供與乙方合作興建房屋。

第2條

　　本約甲方所提供之土地雙方協議同意興建四層式鋼筋混凝土造之集合住宅，除依法應設置之公私道路用地外，其餘可建土地，乙方應依法合理充分利用。

第3條

　　本約雙方合作興建房屋，其土地規劃，建築設計，請領建造執照，施工建材，營造施工及有關之風險等，均由乙方負責處理並負完全責任，其各類費用亦均由乙方負責處理並負完全責任，其各類費用亦均由乙方負擔，概與甲方無涉。乙方營造施工過程中，甲方得隨時親自或派員監督。

第4條

　　本約甲乙雙方按附圖所示之擬建房屋為準，採立體分屋方式，由甲方取得百分之○○，乙方取得百分之○○。若雙方分取之房屋戶數未能整數時，其間之差額，得經雙方之同意，由取得之一方按協議價格以現金補償對方。

第5條

　　本約有關建築設計文件圖說應徵求甲方同意，並按前條雙方分配之位置，標明於圖說上，各自具名或指定第三人為起造人，由乙方負責提出申請建造執照。

第6條

　　本約興建房屋事宜，均依現行建築法令辦理，若法令變更而受有限制時，則依變更後之法令辦理。

第7條

　　凡畸零地及水利地之合併承買等事宜，均由甲方備齊所需證件交由乙方負責辦理。惟費用由甲方負擔，產權亦歸屬甲方所有。

第8條

　　本約土地之地上物由乙方負責處理，惟甲方應從旁協助。地上物理清之日起壹個

月內，乙方應提出申請建造執照，乙方並應先期通知甲方備齊請照所需之有關證件交付乙方。

第9條

　　本約乙方應於領取建造執照之日起貳個月內開工，於開工之日起○○○個工作天內建築完竣，於建築完竣後○○月內領得使用執照，並以接輸水電完妥之日為完工日。惟如政令變更或其他天災地變等不可抗力之原因而延誤時，經雙方同意者不在此限。

第10條

　　本約甲方應於乙方工程進度至一樓頂板完成時辦理基地合併、分割、地目變更等手續，其所需之各項費用，由雙方各半負擔。乙方工程進度至三樓頂板完成時，雙方會同辦理乙方分得房屋之應有基地持分產權移轉登記。其所需之各項費用由乙方負擔，增值稅由甲方負擔。

第11條

　　本約保證金為新臺幣○○○○○○元正，於本約簽訂時，由乙方壹次交付予甲方，甲方應於本約第9條所定之完工日，壹次無息返還全部保證金予乙方。以支票為保證金之交付或返還，若各該支票一部分或全部不能兌現時，則以違約論處。

第12條

　　甲乙雙方應切實照約履行，如甲方違約時，甲方除將所收之保證金加倍全部退還（無息）予乙方外，同時並須賠償乙方已施工之工程損失及其他因該工程而支出之一切費用（可由乙方另列清冊），如乙方違約時，甲方得將已收之保證金予以沒收。如工程逾期時，乙方每逾壹天應賠償甲方分得間數總售價金額千分之一之逾期違約金，違約之一方應於違約日起拾天內履行賠償，不得拖延，否則，未違約之一方，得請求法院依法強制執行抵償。

第13條

　　凡申請建造、使用執照、接水電等須甲方蓋章或出具證件時，甲方應隨時提供，所需費用由乙方負擔。

第14條

　　本約有效期間內，如因政府變更都市計畫致無法全部履行契約或只履行一部契約時，甲方應將本約第11條所收之保證金依照可建之土地比率於上開情事發生之日起一個月內無息退還予乙方，若在該土地上乙方業已施工之工程損失，政府有意補償時，其土地部分歸屬甲方，建物部分歸屬乙方，如有用甲方名義須甲方協助者，甲方應無條件親自辦理或備齊證件及加蓋印章給乙方，甲方不得藉故刁難或異議，如甲方須乙方協助者，乙方亦應無條件協助辦理清楚。

第15條

　　本約所定之土地，其應繳之一切稅費，在開工日以前者，均由甲方負擔，開工日以後者，由甲乙雙方各半負擔。

第16條

本約成立之日起，甲、乙雙方不得以本約土地向任何公私機關或個人辦理他項權利設定，於契約存續期間，甲方亦不得將本約土地提供予第三人建築或出售予他人。

第17條

甲、乙雙方對本約權利均不得轉讓、典當或作保。

第18條

本約土地如有來歷不明、瓜葛糾紛或他項權利設定，訂立三七五租約等情事應由甲方於本約成立之日起一個月內予以理清，所須之一切費用由甲方自行負擔，惟地上物清理按本約第8條約定辦理之。

第19條

甲方戶籍地址以本契約記載為準，如有變更時甲方應即以書面通知乙方，否則因此誤時誤事致乙方蒙受損失時，甲方應負責賠償。

第20條

本約若有未盡事宜，悉依照有關法令規定及一般社會慣例處理。

第21條

本約建物構造——施工說明：

一、結構：鋼筋混凝土構造，依政府核定圖樣施工、防火、防颱、耐震、安全堅固。

二、外牆：正面貼高級馬賽克後面水泥粉光。

三、內牆：除廚廁隔牆外餘不隔間，其餘牆面為水泥粉光。漆PVC漆。

四、平頂：水泥粉光後加PVC漆。

五、浴廁：地面舖馬賽克，牆面貼白磁磚到頂，玻璃纖維浴缸、冷熱水龍頭、馬桶及面盆均為白色國產高級品（和成牌或電光牌），毛巾架、鏡箱等附件俱全。

六、廚房：地面舖紅鋼磚，牆面貼白磁磚到頂，不鏽鋼廚具全套。另設電鍋、排油煙機專用插座，及冷熱水龍頭、掛廚。

七、地面：一樓磨石子，二、三、四樓貼PVC地板，一樓不設圍牆。

八、門窗：住家客廳採用落地鋁門窗，外窗採用高級鋁窗（中華或力霸），一樓店舖為鐵捲門，二樓以上每戶大門為雕花大門附高級名鎖，後門採用檜木材料，陽臺加裝曬衣架及洗衣插座。

九、電力：每戶獨立電錶採用單相三線式110V及220V供電，客廳、餐廳、臥室、浴廁、廚房預留電燈座一處，插座孔兩處，開關一隻，並留設電視天線暗管及電話線管。

十、水力：地下蓄水池及屋頂水塔間之供給，設總錶一只，各戶設分錶一只，總錶與分錶差額由分錶各戶共同負擔。

十一、屋頂：舖設五皮柏油油毛毯（或毡），防水層上覆泡沫混凝土，具防水隔
　　　　熱之效果。

十二、樓梯：磨石子階梯加PVC扶手鐵欄杆。

十三、地下設蓄水池須加裝電動抽水機送到屋頂儲水塔。

第22條

本約前條（即第21條）之訂定均係大原則，其細部及詳細設計應由乙方依一般慣例辦理，其使用材料除特定產品外，其餘均以臺灣出品之高級品為原則。

第23條

本約土地內現有電柱之遷移等一切費用手續均由乙方負責辦理，如需甲方各項證件或簽章時，甲方應無條件即時協助，不得刁難。

第24條

除本約土地外，其餘甲方所有之土地，若甲方未有使用計畫時，於本約建築期間內，甲方同意由乙方無償使用。

第25條

甲方分得之建物，可委由乙方代售，代售費用另議。

第26條

本契約書之權利義務及於甲方之繼承人及受贈人。

第27條

本約自簽訂日起生效，至雙方工務及財務理清之日起失效。

第28條

本約同文乙式兩份，雙方各執乙份為憑。

　　　　　　　　　　立契約書人甲方：○○○
　　　　　　　　　　住　　　　　所：○○○○○○
　　　　　　　　　　身分證統一號碼：○○○○○○○○○
　　　　　　　　　　立契約書人乙方：○○○
　　　　　　　　　　住　　　　　所：○○○○○○
　　　　　　　　　　身分證統一號碼：○○○○○○○○○
　　　　　　　　　　見　　證　　人：○○○

中　華　民　國　　○　　年　　○　　月　　○　　日

第六節　租賃契約

一、說　明

所謂租賃，係當事人約定，一方以物租與他方使用收益，他方支付租金是也。（民第421條）

若房屋與基地同屬一人所有，通常租賃房屋均連帶基地同時承租。此外，尚有租賃土地興建房屋或做為耕作等生產之用。惟無論何種租賃，其內容至少包括下列數點：

(一)標的物標示。

(二)租金：每月租金多少，其支付之方式？

(三)保證金：保證金多少，其返還之方式？

(四)租期：租賃期限多久，其起訖日期。

(五)轉租之約定：可否轉租。

(六)改裝改良之約定：可否改裝房屋或改良土地，其費用是否由承租人負擔？終止租約時，是否恢復原狀。

(七)損害賠償之約定：若有使用上或是不可抗力之損害時，是否賠償，其標準若何。

(八)稅費負擔之約定：地價稅、房屋稅通常由出租人負擔，水電費、管理費或清潔費由承租人負擔。

(九)違約收回：若有違約則依法收回。

二、範　例

(一)**房屋租賃契約書範本**（105.6.23內政部公告修正）

契約審閱權

本契約於中華民國＿＿＿年＿＿＿月＿＿＿日經承租人攜回審閱＿＿＿日（契約審閱期間至少三日）

承租人簽章：

出租人簽章：

立契約書人承租人＿＿＿＿＿＿，出租人＿＿＿＿＿＿【為□所有權人□轉租人（應提示經原所有權人同意轉租之證明文件）】茲為房屋租賃事宜，雙方同意本契約條款如下：

第1條　房屋租賃標的

一　房屋標示：

(一)門牌＿＿＿縣（市）＿＿＿鄉（鎮、市、區）＿＿＿街（路）＿＿＿段＿＿＿巷＿＿＿弄＿＿＿號＿＿＿樓（基地坐落＿＿＿段＿＿＿小段＿＿＿地號）。

(二)專有部分建號＿＿＿，權利範圍＿＿＿，面積共計＿＿＿平方公尺。

      1.主建物面積：

        ____層____平方公尺，____層____平方公尺，____層____平方公
尺，共計____平方公尺，用途____。

      2.附屬建物用途____，面積____平方公尺。

    ㈢共有部分建號_____，權利範圍____，持分面積____平方公尺。

    ㈣□有□無設定他項權利，若有，權利種類：____。

    ㈤□有□無查封登記。

二　租賃範圍：

    ㈠房屋□全部□部分：第____層□房間____間□第____室，面積____平
方公尺（如「房屋位置格局示意圖」標註之租賃範圍）。

    ㈡車位：

      1.車位種類及編號：

      地上（下）第____層□平面式停車位□機械式停車位，編號第____
號車位____個。

      2.使用時間：

      □全日□日間□夜間□其他____。（如無則免填）

    ㈢租賃附屬設備：

    □有□無附屬設備，若有，除另有附屬設備清單外，詳如後附房屋租
賃標的現況確認書。

    ㈣其他：_____。

第2條　租賃期間

租賃期間自民國____年____月____日起至民國____年____月____日止。

第3條　租金約定及支付

承租人每月租金為新臺幣（下同）元整，每期應繳納____個月租金，並於每□
月□期____日前支付，不得藉任何理由拖延或拒絕；出租人亦不得任意要求
調整租金。

租金支付方式：□現金繳付□轉帳繳付：金融機構：____，戶名：____，帳
號：____。□其他：____。

第4條　擔保金（押金）約定及返還

擔保金（押金）由租賃雙方約定為____個月租金，金額為____元整（最高不得
超過二個月房屋租金之總額）。承租人應於簽訂本契約之同時給付出租人。

前項擔保金（押金），除有第11條第3項、第12條第4項及第16條第2項之情形
外，出租人應於租期屆滿或租賃契約終止，承租人交還房屋時返還之。

第5條　租賃期間相關費用之支付

租賃期間，使用房屋所生之相關費用：

一　管理費：

　　□由出租人負擔。
　　□由承租人負擔。
　　房屋每月＿＿元整。
　　停車位每月＿＿元整。
　　租賃期間因不可歸責於雙方當事人之事由，致本費用增加者，承租人就增加部分之金額，以負擔百分之十為限；如本費用減少者，承租人負擔減少後之金額。
　　□其他：＿＿＿＿＿＿。
二　水費：
　　□由出租人負擔。
　　□由承租人負擔。
　　□其他：＿＿＿＿＿＿。（例如每度＿＿元整）
三　電費：
　　□由出租人負擔。
　　□由承租人負擔。
　　□其他：＿＿＿＿＿＿。（例如每度＿＿元整）
四　瓦斯費：
　　□由出租人負擔。
　　□由承租人負擔。
　　□其他：＿＿＿＿＿＿。
五　其他費用及其支付方式：＿＿。

第6條　稅費負擔之約定

本租賃契約有關稅費、代辦費，依下列約定辦理：
一　房屋稅、地價稅由出租人負擔。
二　銀錢收據之印花稅由出租人負擔。
三　簽約代辦費＿＿元
　　□由出租人負擔。
　　□由承租人負擔。
　　□由租賃雙方平均負擔。
　　□其他：＿＿＿＿＿＿。
四　公證費＿＿元
　　□由出租人負擔。
　　□由承租人負擔。
　　□由租賃雙方平均負擔。
　　□其他：＿＿＿＿＿。
五　公證代辦費＿＿＿＿元

　　　□由出租人負擔。

　　　□由承租人負擔。

　　　□由租賃雙方平均負擔。

　　　□其他：＿＿＿＿＿＿。

六　其他稅費及其支付方式：＿＿＿＿＿＿。

第7條　使用房屋之限制

本房屋係供住宅使用。非經出租人同意，不得變更用途。

承租人同意遵守住戶規約，不得違法使用，或存放有爆炸性或易燃性物品，影響公共安全。

出租人 □同　意 □不同意 將本房屋之全部或一部分轉租、出借或以其他方式供他人使用，或將租賃權轉讓於他人。

前項出租人同意轉租者，承租人應提示出租人同意轉租之證明文件。

第8條　修繕及改裝

房屋或附屬設備損壞而有修繕之必要時，應由出租人負責修繕。但租賃雙方另有約定、習慣或可歸責於承租人之事由者，不在此限。

前項由出租人負責修繕者，如出租人未於承租人所定相當期限內修繕時，承租人得自行修繕並請求出租人償還其費用或於第3條約定之租金中扣除。

房屋有改裝設施之必要，承租人應經出租人同意，始得依相關法令自行裝設，但不得損害原有建築之結構安全。

前項情形承租人返還房屋時，□應負責回復原狀□現況返還□其他＿＿＿。

第9條　承租人之責任

承租人應以善良管理人之注意保管房屋，如違反此項義務，致房屋毀損或滅失者，應負損害賠償責任。但依約定之方法或依房屋之性質使用、收益，致房屋有毀損或滅失者，不在此限。

第10條　房屋部分滅失

租賃關係存續中，因不可歸責於承租人之事由，致房屋之一部滅失者，承租人得按滅失之部分，請求減少租金。

第11條　提前終止租約

本契約於期限屆滿前，租賃雙方 □得 □不得 終止租約。

依約定得終止租約者，租賃之一方應於 □一個月前 □＿＿＿個月前 通知他方。

一方未為先期通知而逕行終止租約者，應賠償他方＿＿＿個月（最高不得超過一個月）租金額之違約金。

前項承租人應賠償之違約金得由第4條之擔保金（押金）中扣抵。

租期屆滿前，依第2項終止租約者，出租人已預收之租金應返還予承租人。

第12條　房屋之返還

租期屆滿或租賃契約終止時，承租人應即將房屋返還出租人並遷出戶籍或其他登記。

前項房屋之返還，應由租賃雙方共同完成屋況及設備之點交手續。租賃之一方未會同點交，經他方定相當期限催告仍不會同者，視為完成點交。

承租人未依第1項約定返還房屋時，出租人得向承租人請求未返還房屋期間之相當月租金額外，並得請求相當月租金額一倍（未足一個月者，以日租金折算）之違約金至返還為止。

前項金額及承租人未繳清之相關費用，出租人得由第4條之擔保金（押金）中扣抵。

第13條　房屋所有權之讓與

出租人於房屋交付後，承租人占有中，縱將其所有權讓與第三人，本契約對於受讓人仍繼續存在。

前項情形，出租人應移交擔保金（押金）及已預收之租金與受讓人，並以書面通知承租人。

本契約如未經公證，其期限逾五年或未定期限者，不適用前二項之約定。

第14條　出租人終止租約

承租人有下列情形之一者，出租人得終止租約：

一　遲付租金之總額達二個月之金額，並經出租人定相當期限催告，承租人仍不為支付。

二　違反第7條規定而為使用。

三　違反第8條第3項規定而為使用。

四　積欠管理費或其他應負擔之費用達相當二個月之租金額，經出租人定相當期限催告，承租人仍不為支付。

第15條　承租人終止租約

出租人有下列情形之一者，承租人得終止租約：

一　房屋損害而有修繕之必要時，其應由出租人負責修繕者，經承租人定相當期限催告，仍未修繕完畢。

二　有第10條規定之情形，減少租金無法議定，或房屋存餘部分不能達租賃之目的。

三　房屋有危及承租人或其同居人之安全或健康之瑕疵時。

第16條　遺留物之處理

租期屆滿或租賃契約終止後，承租人之遺留物依下列方式處理：

一　承租人返還房屋時，任由出租人處理。

二　承租人未返還房屋時，經出租人定相當期限催告搬離仍不搬離時，視為

廢棄物任由出租人處理。

前項遺留物處理所需費用，由擔保金（押金）先行扣抵，如有不足，出租人得向承租人請求給付不足之費用。

第17條　通知送達及寄送

除本契約另有約定外，出租人與承租人雙方相互間之通知，以郵寄為之者，應以本契約所記載之地址為準；並得以□電子郵件□簡訊□其他＿＿＿＿＿＿方式為之（無約定通知方式者，應以郵寄為之）；如因地址變更未通知他方或因＿＿＿，致通知無法到達時（包括拒收），以他方第一次郵遞或通知之日期推定為到達日。

第18條　疑義處理

本契約各條款如有疑義時，應為有利於承租人之解釋。

第19條　其他約定

本契約雙方同意□辦理公證□不辦理公證。

本契約經辦理公證者，租賃雙方□不同意；□同意公證書載明下列事項應逕受強制執行：

□一　承租人如於租期屆滿後不返還房屋。

□二　承租人未依約給付之欠繳租金、出租人代繳之管理費，或違約時應支付之金額。

□三　出租人如於租期屆滿或租賃契約終止時，應返還之全部或一部擔保金（押金）。

公證書載明金錢債務逕受強制執行時，如有保證人者，前項後段第＿＿＿款之效力及於保證人。

第20條　爭議處理

因本契約發生之爭議，雙方得依下列方式處理：

一　向房屋所在地之直轄市、縣（市）不動產糾紛調處委員會申請調處。

二　向直轄市、縣（市）消費爭議調解委員會申請調解。

三　向鄉鎮市（區）調解委員會申請調解。

四　向房屋所在地之法院聲請調解或進行訴訟。

第21條　契約及其相關附件效力

本契約自簽約日起生效，雙方各執一份契約正本。

本契約廣告及相關附件視為本契約之一部分。

本契約所定之權利義務對雙方之繼受人均有效力。

第22條　未盡事宜之處置

本契約如有未盡事宜，依有關法令、習慣、平等互惠及誠實信用原則公平解決之。

附件：
□建物所有權狀影本
□使用執照影本
□雙方身分證影本
□保證人身分證影本
□授權代理人簽約同意書
□房屋租賃標的現況確認書
□附屬設備清單
□房屋位置格局示意圖
□其他（測量成果圖、室內空間現狀照片）

　　　　　立契約書人
　　　　　　出租人
　　　　　　　　姓名（名稱）：　　　　　　　　　　（簽章）
　　　　　　　　統一編號：
　　　　　　　　戶籍地址：
　　　　　　　　通訊地址：
　　　　　　　　聯絡電話：
　　　　　　　　負責人：　　　　　　　　　　　　　（簽章）
　　　　　　　　統一編號：
　　　　　　　　電子郵件信箱：
　　　　　　承租人
　　　　　　　　姓名（名稱）：　　　　　　　　　　（簽章）
　　　　　　　　統一編號：
　　　　　　　　戶籍地址：
　　　　　　　　通訊地址：
　　　　　　　　聯絡電話：
　　　　　　　　電子郵件信箱：
　　　　　　保證人
　　　　　　　　姓名（名稱）：　　　　　　　　　　（簽章）
　　　　　　　　統一編號：
　　　　　　　　戶籍地址：
　　　　　　　　通訊地址：
　　　　　　　　聯絡電話：
　　　　　　　　電子郵件信箱：

不動產經紀業
　　名稱（公司或商號）：
　　地址：
　　電話：
　　統一編號：
　　負責人：　　　　　　　　　　　　（簽章）
　　統一編號：
　　電子郵件信箱：
不動產經紀人
　　姓名：　　　　　　　　　　　　　（簽章）
　　統一編號：
　　通訊地址：
　　聯絡電話：
　　證書字號：
　　電子郵件信箱：
　中　華　民　國　　　　年　　　　月　　　　日

簽約注意事項

1. 適用範圍

　本契約書範本之租賃房屋用途，係由承租人供作住宅使用，並提供消費者與企業經營者簽訂房屋租賃契約時參考使用。

2. 契約審閱權

　房屋出租人為企業經營者，其與承租人訂立定型化契約前，應有三十日以內之合理期間，供承租人審閱全部條款內容。

　出租人以定型化契約條款使承租人拋棄前項權利者，無效。

　出租人與承租人訂立定型化契約未提供第1項之契約審閱期間者，其條款不構成契約之內容。但承租人得主張該條款仍構成契約之內容。（消保第11條之1第1項至第3項）

3. 租賃意義

　稱租賃者，謂當事人約定，一方以物租與他方使用收益，他方支付租金之契約。（民第421條）當事人就標的物及租金為同意時，租賃契約即為成立。為使租賃當事人清楚瞭解自己所處之立場與權利義務關係，乃簡稱支付租金之人為承租人，交付租賃標的物之人為出租人。

4. 房屋租賃標的

　(1)房屋租賃範圍屬已登記者，以登記簿記載為準；未登記者以房屋稅籍證明或實際測繪結果為準。

(2)房屋租賃範圍非屬全部者（如部分樓層之套房或雅房出租），應由出租人出具「房屋位置格局示意圖」標註租賃範圍，以確認實際房屋租賃位置或範圍。

(3)為避免租賃雙方對於租賃房屋是否包含未登記之改建、增建、加建及違建部分，或冷氣、傢俱等其他附屬設備認知差異，得參依本契約範本附件「房屋租賃標的現況確認書」，由租賃雙方互為確認，以杜糾紛。

(4)承租人遷入房屋時，可請出租人會同檢查房屋設備現況並拍照存證，如有附屬設備，並得以清單列明，以供返還租屋回復原狀之參考。

5.租賃期間

(1)房屋租賃之期間超過一年者，應訂立契約，未訂立契約者，視為不定期限之租賃。租賃契約之期限，不得超過二十年，超過二十年者，縮短為二十年。

(2)房屋租賃契約未定期限者，租賃雙方當事人得隨時終止租約。但有利於承租人之習慣者，從其習慣。故租賃雙方簽約時宜明訂租賃期間，以保障雙方權益。

6.租金約定及支付

(1)土地法第97條第1項之規定，城市地方房屋之租金，以不超過土地及其建築物申報總價額年息百分之十為限。

(2)土地法第97條所稱「城市地方」，依內政部67年9月15日臺內地字第805447號函釋，係指已依法公布實施都市計畫之地方。又同條所稱「房屋」，依內政部71年5月24日臺內地字第87103號函釋，係指供住宅用之房屋。

7.擔保金（押金）約定及返還

(1)土地法第99條規定，擔保金（押金）以不得超過二個月之租金總額為宜，超過部分，承租人得以超過之部分抵付房租。承租人仍得於二個月之租金總額範圍內與出租人議定擔保金（押金）額度，如經約定承租人無須支付者，因屬私權行為，尚非法所不許。有關擔保金額之限制，依內政部102年10月3日內授中辦地字第1026038908號函釋，係指供住宅用之房屋，至營業用房屋，其應付擔保金額，不受土地法第99條之限制。

(2)承租人於支付擔保金（押金）或租金時，應要求出租人簽寫收據或於承租人所持有之租賃契約書上註明收訖為宜；若以轉帳方式支付，應保留轉帳收據。同時出租人返還擔保金（押金）予承租人時，亦應要求承租人簽寫收據或於出租人所持有之租賃契約書上記明收訖為宜。

8.租賃期間相關費用之支付

(1)有關使用房屋而連帶產生之相關費用如水、電、瓦斯及管理費等，實務上有不同類型，部分契約係包含於租金中，部分則約定由承租人另行支

付，亦有係由租賃雙方共同分擔等情形，宜事先於契約中明訂數額或雙方分擔之方式，以免日後產生爭議。

　(2)房屋租賃範圍非屬全部者（如部分樓層之套房或雅房出租），相關費用及其支付方式，宜由租賃雙方依實際租賃情形事先於契約中明訂數額或雙方分擔之方式，例如以房間分度表數計算每度電費應支付之金額。

9.使用房屋之限制

　(1)承租人應依約定方法，為租賃房屋之使用、收益，並應遵守規約所定之一切權利義務及住戶共同約定事項。

　(2)租賃物為房屋者，依民法第443條第1項規定，除出租人有反對轉租之約定外，承租人得將其一部分轉租他人。故出租人未於契約中約定不得轉租，則承租人即得將房屋之一部分轉租他人。

　(3)本契約書範本之租賃房屋用途，係由承租人供作住宅使用，而非營業使用，出租人得不同意承租人為公司登記、商業登記及營業（稅籍）登記。

10.修繕及改裝

　(1)房屋或附屬設備之修繕，依民法第429條第1項規定，除契約另有訂定或另有習慣外，由出租人負擔。

　(2)出租人之修繕義務，在使承租人就租賃物能為約定之使用收益，如承租人就租賃物以外有所增設時，該增設物即不在出租人修繕義務範圍。（最高法院63年臺上字第99號判例）

　(3)房屋有無滲漏水之情形，租賃雙方宜於交屋前確認，若有滲漏水，宜約定其處理方式（如由出租人修繕後交屋、以現況交屋、減租或由承租人自行修繕等）。

11.提前終止租約

　(1)租賃定有期限者，其租賃關係，於期限屆滿時消滅。未定期限者，租賃雙方得隨時終止契約。故契約當事人於簽訂契約時，請記得約定得否於租賃期間終止租約，以保障自身權益。

　(2)租賃雙方雖約定不得終止租約，但如有本契約書範本第14條或第15條得終止租約之情形，因係屬法律規定，仍得終止租約。

　(3)定有期限之租賃契約，如約定租賃之一方於期限屆滿前，得終止契約者，其終止契約，應按照本契約書範本第11條約定先期通知他方。

12.房屋之返還

　(1)承租人返還房屋時，如有附屬設備清單或拍照存證相片，宜由租賃雙方會同逐一檢視點交返還。

　(2)承租人返還房屋時，如未將戶籍或商業登記或營業（稅籍）登記遷出，房屋所有權人得依戶籍法或商業登記法或營業登記規則等相關規定，證明無租借房屋情事，向房屋所在地戶政事務所或主管機關申請遷離或廢

止。

13.出租人終止租約

不定期之房屋租賃，承租人積欠租金除擔保金抵償外達二個月以上時，依土地法第100條第3款之規定，出租人固得收回房屋。惟該條款所謂因承租人積欠租金之事由收回房屋，應仍依民法第440條第1項規定，對於支付租金遲延之承租人，定相當期限催告其支付，承租人於其期限內不為支付者，始得終止租賃契約。在租賃契約得為終止前，尚難謂出租人有收回房屋請求權存在。（最高法院42年臺上字第1186號判例）

14.疑義處理

(1)本契約書範本所訂之條款，均不影響承租人依消費者保護法規定之權利。

(2)本契約各條款如有疑義時，依消費者保護法第11條第2項規定，應為有利於承租人之解釋。惟承租人為再轉租之二房東者，因二房東所承租之房屋非屬最終消費，如有契約條款之疑義，尚無消費者保護法有利於承租人解釋之適用。

15.消費爭議處理

因本契約發生之消費爭議，雙方得依下列方式處理：

(1)依直轄市縣（市）不動產糾紛調處委員會設置及調處辦法規定申請調處。

(2)依消費者保護法第43條及第44條規定，承租人得向出租人、消費者保護團體或消費者服務中心申訴；未獲妥適處理時，得向租賃房屋所在地之直轄市或縣（市）政府消費者保護官申訴；再未獲妥適處理時得向直轄市或縣（市）消費爭議調解委員會申請調解。

(3)依鄉鎮市調解條例規定向鄉鎮市（區）調解委員會申請調解，或依民事訴訟法第403條及第404條規定，向房屋所在地之法院聲請調解或進行訴訟。

16.租賃契約之效力

為確保私權及避免爭議，簽訂房屋租賃契約時不宜輕率，宜請求公證人就法律行為或私權事實作成公證書或認證文書。

17.契約分存

訂約時務必詳審契約條文，由雙方簽章或按手印，寫明戶籍、通訊住址及統一編號並分存契約，以免權益受損。

18.確定訂約者之身分

(1)簽約時應先確定簽訂人之身分，例如國民身分證、駕駛執照或健保卡等身分證明文件之提示。如未成年人（除已結婚者外）訂定本契約，應依民法規定，經法定代理人或監護人之允許或承認。若非租賃雙方本人簽約時，應請簽約人出具授權簽約同意書。

⑵出租人是否為屋主或二房東，可要求出租人提示產權證明如所有權狀、
登記謄本或原租賃契約書（應注意其租賃期間有無禁止轉租之約定）。

19.經紀人簽章

房屋租賃若透過不動產經紀業辦理者，應由該經紀業指派經紀人於本契約
簽章。

◎**房屋租賃定型化契約應記載及不得記載事項**（105.6.23內政部內授中辦地字第
1051305384號公告發布）

一、應記載事項

㈠契約審閱期

本契約於中華民國____年____月____日經承租人攜回審閱____日（契
約審閱期間至少三日）。

出租人簽章：

承租人簽章：

㈡房屋租賃標的

1.房屋標示：

⑴門牌__縣（市）____鄉（鎮、市、區）____街（路）____段____巷
____弄____號____樓（基地坐落____段____小段____地號）。

⑵專有部分____建號，權利範圍____，面積共計____平方公尺。

①主建物面積：

____層____平方公尺，____層____平方公尺，____層____平方
公尺，共計____平方公尺，用途____。

②附屬建物用途____，面積____平方公尺。

⑶共有部分建號____，權利範圍____，持分面積____平方公尺。

⑷□有□無設定他項權利，若有，權利種類：_____。

⑸□有□無查封登記。

2.租賃範圍：

⑴房屋□全部□部分：第____層□房間____間□第____室，面積__
__平方公尺（如「房屋位置格局示意圖」標註之租賃範圍）。

⑵車位：

①車位種類及編號：

地上（下）第____層□平面式停車位□機械式停車位，編號第
____號車位____個。（如無則免填）

②使用時間：

□全日□日間□夜間□其他_____。

⑶租賃附屬設備：

□有□無附屬設備，若有，除另有附屬設備清單外，詳如後附房

屋租賃標的現況確認書。

　　⑷其他：＿＿＿＿＿＿＿。

㈢租賃期間

　　租賃期間自民國＿＿年＿＿月＿＿日起至民國＿＿年＿＿月＿＿日止。

㈣租金約定及支付

　　承租人每月租金為新臺幣（下同）＿＿＿＿＿元整，每期應繳納＿＿個月租金，並於每□月□期＿＿日前支付，不得藉任何理由拖延或拒絕；出租人亦不得任意要求調整租金。

　　租金支付方式：□現金繳付□轉帳繳付：金融機構：＿＿＿＿＿＿，戶名：＿＿＿＿＿，帳號：＿＿＿＿＿。□其他：＿＿＿＿＿＿。

㈤擔保金（押金）約定及返還

　　擔保金（押金）由租賃雙方約定為＿＿個月租金，金額為＿＿＿＿元整（最高不得超過二個月房屋租金之總額）。承租人應於簽訂本契約之同時給付出租人。

　　前項擔保金（押金），除有第12點第3項及第13點第4項之情形外，出租人應於租期屆滿或租賃契約終止，承租人交還房屋時返還之。

㈥租賃期間相關費用之支付

　　租賃期間，使用房屋所生之相關費用：

　1.管理費：

　　□由出租人負擔。

　　□由承租人負擔。

　　　房屋每月＿＿＿＿元整。

　　　停車位每月＿＿＿＿元整。

　　　租賃期間因不可歸責於雙方當事人之事由，致本費用增加者，承租人就增加部分之金額，以負擔百分之十為限；如本費用減少者，承租人負擔減少後之金額。

　　□其他：＿＿＿＿＿＿。

　2.水費：

　　□由出租人負擔。

　　□由承租人負擔。

　　□其他：＿＿＿＿＿＿。（例如每度＿＿＿＿元整）

　3.電費：

　　□由出租人負擔。

　　□由承租人負擔。

　　□其他：＿＿＿＿＿＿。（例如每度＿＿＿＿元整）

4.瓦斯費：

　　□由出租人負擔。

　　□由承租人負擔。

　　□其他：＿＿＿＿＿＿。

5.其他費用及其支付方式：＿＿＿＿＿＿。

(七)稅費負擔之約定

　　本租賃契約有關稅費、代辦費，依下列約定辦理：

1.房屋稅、地價稅由出租人負擔。

2.銀錢收據之印花稅由出租人負擔。

3.簽約代辦費＿＿＿＿＿元整。

　　□由出租人負擔。

　　□由承租人負擔。

　　□由租賃雙方平均負擔。

　　□其他：＿＿＿＿＿。

4.公證費＿＿＿＿＿元整。

　　□由出租人負擔。

　　□由承租人負擔。

　　□由租賃雙方平均負擔。

　　□其他：＿＿＿＿＿。

5.公證代辦費＿＿＿＿＿元整。

　　□由出租人負擔。

　　□由承租人負擔。

　　□由租賃雙方平均負擔。

　　□其他：＿＿＿＿＿。

6.其他稅費及其支付方式：＿＿＿＿＿＿。

(八)使用房屋之限制

　　本房屋係供住宅使用。非經出租人同意，不得變更用途。

　　承租人同意遵守住戶規約，不得違法使用，或存放有爆炸性或易燃性物品，影響公共安全。

　　出租人□同　意／□不同意將本房屋之全部或一部分轉租、出借或以其他方式供他人使用，或將租賃權轉讓於他人。

　　前項出租人同意轉租者，承租人應提示出租人同意轉租之證明文件。

(九)修繕及改裝

　　房屋或附屬設備損壞而有修繕之必要時，應由出租人負責修繕。但租賃雙方另有約定、習慣或可歸責於承租人之事由者，不在此限。

前項由出租人負責修繕者，如出租人未於承租人所定相當期限內修繕時，承租人得自行修繕並請求出租人償還其費用或於第4點約定之租金中扣除。

房屋有改裝設施之必要，承租人應經出租人同意，始得依相關法令自行裝設，但不得損害原有建築之結構安全。

前項情形承租人返還房屋時，□應負責回復原狀□現況返還□其他＿＿＿＿＿＿＿＿＿＿。

(十)承租人之責任

承租人應以善良管理人之注意保管房屋，如違反此項義務，致房屋毀損或滅失者，應負損害賠償責任。但依約定之方法或依房屋之性質使用、收益，致房屋有毀損或滅失者，不在此限。

(土)房屋部分滅失

租賃關係存續中，因不可歸責於承租人之事由，致房屋之一部滅失者，承租人得按滅失之部分，請求減少租金。

(圭)提前終止租約

本契約於期限屆滿前，租賃雙方□得□不得終止租約。

依約定得終止租約者，租賃之一方應於□一個月前□＿＿＿個月前通知他方。一方未為先期通知而逕行終止租約者，應賠償他方＿＿＿個月（最高不得超過一個月）租金額之違約金。

前項承租人應賠償之違約金得由第5點之擔保金（押金）中扣抵。

租期屆滿前，依第二項終止租約者，出租人已預收之租金應返還予承租人。

(圭)房屋之返還

租期屆滿或租賃契約終止時，承租人應即將房屋返還出租人並遷出戶籍或其他登記。

前項房屋之返還，應由租賃雙方共同完成屋況及設備之點交手續。租賃之一方未會同點交，經他方定相當期限催告仍不會同者，視為完成點交。

承租人未依第1項約定返還房屋時，出租人得向承租人請求未返還房屋期間之相當月租金額外，並得請求相當月租金額一倍（未足一個月者，以日租金折算）之違約金至返還為止。

前項金額及承租人未繳清之相關費用，出租人得由第5點之擔保金（押金）中扣抵。

㈮房屋所有權之讓與

出租人於房屋交付後，承租人占有中，縱將其所有權讓與第三人，本契約對於受讓人仍繼續存在。

前項情形，出租人應移交擔保金（押金）及已預收之租金與受讓人，並以書面通知承租人。

本契約如未經公證，其期限逾五年或未定期限者，不適用前二項之約定。

㈯出租人終止租約

承租人有下列情形之一者，出租人得終止租約：

1. 遲付租金之總額達二個月之金額，並經出租人定相當期限催告，承租人仍不為支付。

2. 違反第8點規定而為使用。

3. 違反第9點第3項規定而為使用。

4. 積欠管理費或其他應負擔之費用達相當二個月之租金額，經出租人定相當期限催告，承租人仍不為支付。

㈹承租人終止租約

出租人有下列情形之一者，承租人得終止租約：

1. 房屋損害而有修繕之必要時，其應由出租人負責修繕者，經承租人定相當期限催告，仍未修繕完畢。

2. 有第11點規定之情形，減少租金無法議定，或房屋存餘部分不能達租賃之目的。

3. 房屋有危及承租人或其同居人之安全或健康之瑕疵時。

㈺通知送達及寄送

除本契約另有約定外，出租人與承租人雙方相互間之通知，以郵寄為之者，應以本契約所記載之地址為準；並得以□電子郵件□簡訊□其他_____方式為之（無約定通知方式者，應以郵寄為之）；如因地址變更未通知他方或因_____，致通知無法到達時（包括拒收），以他方第一次郵遞或通知之日期推定為到達日。

㈻其他約定

本契約雙方同意□辦理公證□不辦理公證。

本契約經辦理公證者，經租賃雙方□不同意；□同意公證書載明下列事項應逕受強制執行：

□一　承租人如於租期屆滿後不返還房屋。

□二　承租人未依約給付之欠繳租金、出租人代繳之管理費，或違約時應支付之金額。

□三　出租人如於租期屆滿或租賃契約終止時，應返還之全部或一部

　　　　擔保金（押金）。
　　公證書載明金錢債務逕受強制執行時，如有保證人者，前項後段第＿＿
　　＿＿款之效力及於保證人。
㈨契約及其相關附件效力
　　本契約自簽約日起生效，雙方各執一份契約正本。
　　本契約廣告及相關附件視為本契約之一部分。
　　本契約所定之權利義務對雙方之繼受人均有效力。
㈩當事人及其基本資料
　　本契約應記載當事人及其基本資料：
　　1.承租人之姓名（名稱）、統一編號、戶籍地址、通訊地址、聯絡電
　　　話、電子郵件信箱。
　　2.出租人之姓名（名稱）、統一編號、戶籍地址、通訊地址、聯絡電
　　　話、電子郵件信箱。

二、不得記載事項

㈠不得約定拋棄審閱期間。
㈡不得約定廣告僅供參考。
㈢不得約定承租人不得申報租賃費用支出。
㈣不得約定承租人不得遷入戶籍。
㈤不得約定應由出租人負擔之稅賦，若較出租前增加時，其增加部分由
　　承租人負擔。
㈥出租人故意不告知承租人房屋有瑕疵者，不得約定排除民法上瑕疵擔
　　保責任。
㈦不得約定承租人須繳回契約書。
㈧不得約定違反法律上強制或禁止規定。

附件　房屋租賃標的現況確認書

填表日期　年　月　日

項次	內容	備註說明
1	□有□無包括未登記之改建、增建、加建、違建部分： □壹樓__平方公尺□__樓__平方公尺。 □頂樓__平方公尺□其他__平方公尺。	若為違建（未依法申請增、加建之建物），出租人應確實加以說明，使承租人得以充分認知此範圍之建物隨時有被拆除之虞或其他危險。
2	建物型態：_____。 建物現況格局：__房（間、室）__廳__衛 □有□無隔間。	(1)建物型態： 　①一般建物：透天厝、別墅（單獨所有權無共有部分）。 　②區分所有建物：公寓（五樓含以下無電梯）、透天厝、店面（店鋪）、辦公商業大樓、住宅或複合型大樓（十一層含以上有電梯）、華廈（十層含以下有電梯）、套房（一房、一廳、一衛）等。 　③其他特殊建物：如工廠、廠辦、農舍、倉庫等型態。 (2)現況格局（例如：房間、廳、衛浴數，有無隔間）。
3	車位類別□坡道平面□升降平面□坡道機 　　　　械□升降機械□塔式車位□一樓 　　　　平面□其他__。 編號：__號□有□無獨立權狀。 □有□無檢附分管協議及圖說。	
4	□是□否□不知有消防設施，若有，項目： (1)_____(2)_____(3)_____。	
5	供水及排水□是□否正常。	
6	□是□否有公寓大廈規約；若有，□有□無檢附規約。	
7	附屬設備項目如下： □電視__臺□電視櫃__件□沙發__組□茶几__件□餐桌__張□餐桌椅__張□鞋櫃__件□窗簾__組□燈飾__件□冰箱__臺□洗衣機__臺□書櫃__件□床組（頭）__件□衣櫃__組□梳妝臺__件□書桌椅__張□置物櫃__件□電話__具□保全設施__組□微波爐__臺□洗碗機__臺□冷氣__臺□排油煙機__臺□流理臺__件□瓦斯爐__臺□熱水器__臺□天然瓦斯□其他__。	

出租人：_____（簽章）
承租人：_____（簽章）
不動產經紀人：_____（簽章）
簽章日期：_____年_____月_____日

㈡**房屋委託租賃契約書範本**（91.3.13內政部公告修正）

　　受託人_____公司（或商號）接受委託人_____之委託仲介出租下列房屋，經雙方同意訂定本契約條款如下，以資共同遵守：

第1條　委託租賃之標的及租賃範圍、房屋現況

　一　房屋標示：

所有權人	縣市	市區鄉鎮	路街	段	巷	弄	號	樓	完成建築物日期	建築物	租賃範圍	面積（平方公尺）	建號	權利範圍	有無設定他項權利、權利種類	有無租賃或占用之情形	備註
									民國　年　月　日	主建物							
										附屬建物							
										共用部分							

　二　車位：地上（面、下）□坡道式□升降式 第____層 □平面式□機械式 停車位第____層，編號第____號車位。

　三　使用範圍：
　　　㈠房屋□全部□____樓□房間____間□第____室。
　　　㈡車位□全部□_____（日、夜間）。
　　　㈢其他：_____。

　四　房屋現況：
　　　□房屋所有權人自行使用。
　　　□現為空屋無人使用。
　　　□現有_____承租，租期至____年____月____日屆滿，由委託人負責令其遷離。
　　　□其他_____。

第2條　租賃標的附屬設備

　租賃之附屬設備有：
　□電視____臺　□冰箱____臺　□冷氣____臺　□中央空調系統
　□沙發____組　□床組____套　□窗簾____組　□燈飾____件
　□梳妝臺____件　□電話____具　□熱水器____臺　□排油煙機
　□流理臺　□瓦斯爐　□天然瓦斯　□其他_____。

第3條　委託期間

　委託期間自民國____年____月____日起至____年____月____日止。

第4條　委託租賃之主要條件

一　租金：

每個月新臺幣_____元整，每期收款□_____年　租金以□現金
　　　　　　　　　　　　　　　　　□____個月份

□票據收取租金。□_____。

二　□擔保金新臺幣_____元整。

三　□押租金新臺幣_____元整，□不另收租金。□另收租金。

四　本房屋係出租供____之使用。□得轉租。□不得轉租。

五　租賃期間為□____年□____月。

六　_____。

第5條　服務報酬

受託人於租賃成立時，得向委託人收取服務報酬，其數額為實際成交租金之
____個月（最高不得超過中央主管機關之規定）；如以押租金所生利息為租金
者，其利率以雙方約定為之，未約定者依法定利率。

前項受託人之服務報酬，委託人於與承租人簽訂租賃契約時，支付服務報酬
之百分之____，於交付房屋時支付百分之____。

第6條　委託人之義務

一　簽約代理人代理委託人簽立委託租賃契約書者，應檢附委託人之授權書
　　交付受託人。

二　委託人係將房屋□全部　轉租時，應提示原出租人同意書及原租賃契約書
　　　　　　　　　□部分

　　（已載明有轉租約定者為限）。

三　委託人應交付本房屋之權狀影本、使用執照影本、鑰匙、____予受託
　　人，如有住戶規約等，一併提供其影本。

第7條　受託人之義務

一　受託人於簽約前，應據實提供該公司（或商號）近三個月之成交行情，供
　　委託人訂定租金之參考；不得隱匿或為不實說明。

二　受託人受託仲介租賃所做市場調查、廣告企劃、租賃交涉、諮商服務、
　　差旅出勤等活動與支出，除有第11條之情形外，均由受託人負責及負
　　擔，受託人不得以任何理由請求委託人補貼。

三　受託人仲介過程中與有意承租相對人說明時，應以經委託人簽章之「租
　　賃契約書草約」提供相對人審閱。

四　受託人應隨時依委託人之查詢，向委託人報告仲介活動及有無要約之情
　　形。

五　受託人於仲介租賃成交時，應協助辦理有關交屋手續。

六　受託人應依委託人之請求，提供相關廣告文案資料予委託人。

七 委託人交付於受託人之各種資料文件，不得移供他用。

第8條 代收租屋定金

委託人 □同　意 □不同意 授權受託人代為收受租屋定金。

受託人經委託人授權代為收受租屋定金，應於收受前項定金後二十四小時內送達委託人。但如因委託人之事由致無法送達者，不在此限。

有前項但書情形者，受託人應於二日內寄出書面通知說明收受定金及無法送達之情形通知委託人。

第9條 沒收定金之處理

承租人支付定金後，如不租，致定金由委託人沒收者，應支付該沒收定金之百分之＿＿＿予受託人，以作為該次委託租賃服務之支出費用，且不得就該次再收取服務報酬。

第10條 租賃契約之簽訂及房屋之交付

受託人依本契約仲介完成時，委託人應與受託人所仲介成交之承租人簽定「房屋租賃契約書」及辦理相關交屋手續。

第11條 終止契約時委託人之責任

尚未仲介成交前，因可歸責於委託人之事由而終止時，委託人應支付受託人必要之仲介租賃服務費用。

前項費用視已進行之委託期間等實際情形，由受託人檢據向委託人請領之。但最高不得超過第5條原約定服務報酬。

第12條 視為仲介成立

受託人已提供委託人曾經仲介之客戶名單，而委託人於委託期間屆滿後二個月內，逕與該名單內之客戶成交者，視為受託人已完成仲介之義務，委託人仍應支付第5條約定之服務報酬，並應全額一次付予受託人。

第13條 廣告張貼

委託人 □同　意 □不同意 受託人於本租賃標的上張貼租賃廣告。

第14條 通知送達

委託人及受託人雙方所為之徵詢、洽商或通知辦理事項，如以書面通知時，均依本契約所載之通訊地址為準，如任何一方遇有通訊地址變更時，應即以書面通知他方，其因拒收或無法送達而遭退回者，均以郵寄日視為已依本契約受通知。

第15條 疑義之處理

本契約各條款如有疑義時，應為有利於委託人之解釋。

第16條 爭議處理

因本契約發生爭議，雙方同意：

□除專屬管轄及小額訴訟外，以租賃標的所在地之地方法院為第一審管轄法
　院。

□依仲裁法規定進行仲裁。

第17條　契約分存

本契約壹式貳份，由雙方各執乙份為憑，並自簽約日起生效。

第18條　未盡事宜之處置

本契約如有未盡事宜，依相關法令、習慣及平等互惠與誠實信用原則公平解
決之。

　　　　　　　立契約書人

　　　　　　　　受託人

　　　　　　　　　姓名：　　　　　　　　　（公司或商號）

　　　　　　　　　電話：

　　　　　　　　　通訊住址：

　　　　　　　　　地址：

　　　　　　　　　營利事業登記證：（　　）字第　　　號

　　　　　　　　　負責人：

　　　　　　　　　國民身分證統一編號：

　　　　　　　　經紀人

　　　　　　　　　姓名：　　　　　　　　　（簽章）

　　　　　　　　　電話：

　　　　　　　　　通訊住址：

　　　　　　　　　地址：

　　　　　　　　　國民身分證統一編號：

　　　　　　　　　經紀人證書字號：

　　　　　　　　委託人

　　　　　　　　　姓名：　　　　　　　　　（簽章）

　　　　　　　　　電話：

　　　　　　　　　通訊住址：

　　　　　　　　　地址：

　　　　　　　　　國民身分證統一編號：

　　　中　　華　　民　　國　　　　年　　　月　　　日

簽約注意事項

1.適用範圍

本契約範本適用於房屋所有權人將其房屋委託不動產仲介公司（或商號）租
賃時之參考，本契約之主體應為企業經營者（即仲介公司或商號），由其提

供予消費者使用（即委託人）。惟消費者與仲介公司（或商號）參考本範本訂立委託租賃契約時，仍可依民法第153條規定意旨，就個別情況磋商合意而訂定之。

2.關於仲介業以加盟型態或直營型態經營時，在其廣告、市招及名片上加註經營型態之規定

　(1)依據行政院公平交易委員會84年9月6日第204次委員會議決議內容如下：

　　①本案情形經84年3月24日與84年7月28日兩次邀請業者、專家進行座談溝通，結論為目前仲介業以加盟型態經營而未標示「加盟店」之情形甚為普遍，關於加盟店之仲介公司應於廣告、市招及名片上加註「加盟店」字樣，與會業者皆表示願意配合。

　　②應請房屋仲介業者於本（84）年12月31日前在廣告、市招、名片等明顯處加註「加盟店」字樣，以使消費者能清楚分辨提供仲介服務之行為主體，至於標示方式原則上由房屋仲介業者自行斟酌採行。

　(2)依據不動產經紀業管理條例施行細則第22條規定；經紀業係加盟經營者，應於廣告、市招及名片等明顯處，標明加盟店或加盟經營字樣。

3.有關委託租賃契約書之性質

　目前國內仲介業所使用之委託契約書有兩種，即專任委託租賃契約書及一般委託租賃契約書，如屬專任委託租賃契約書則有「在委託期間內，不得自行出租或另行委託其他第三者從事與受託人同樣的仲介行為」之規定，反之，則屬一般委託租賃契約書；依本範本第11條規定，本範本係屬專任委託租賃契約書性質。

4.契約審閱權

　企業經營者與出租人訂立定型化契約前，應有三十日以內之合理期間，供出租者審閱全部條款內容。（消保細則第11條）

5.稱委任者，謂當事人約定，一方委託他方處理事務，他方允為處理之契約。（民第528條）

6.土地法第99條之規定，擔保金以不超過二個月之租金總額為宜，超過部分，承租人得以超過之部分抵付房租。

7.有關服務報酬之規定

　(1)不動產經紀業管理條例第19條：

　　經紀業或經紀人員不得收取差價或其他報酬，其經營仲介業務者，並應依實際成交價金或租金依中央主管機關規定之報酬標準計收。

　　違反前項規定者，其已收取之差價或其他報酬，應於加計利息後加倍返還支付人。

　(2)本範本第5條服務報酬額度，應依內政部規定不動產經紀業報酬計收標準計收。其內容如下：

不動產經紀業報酬計收標準規定事宜如下，並自89年7月1日實施。

（89年 $\frac{5}{7}$ 月 $\frac{2}{19}$ 日臺（89）中地字第 $\frac{8979087}{8979517}$ 號函）

①不動產經紀業或經紀人員經營仲介業務者，其向買賣或租賃之一方或雙方收取報酬之總額合計不得超過該不動產實際成交價金百分之六或一個半月之租金。

②前述報酬標準為收費之最高上限，並非主管機關規定之固定收費比率，經紀業或經紀人員仍應本於自由市場公平競爭原則個別訂定明確之收費標準，且不得有聯合壟斷、欺罔或顯失公平之行為。

8.委託人之義務

承租人非經出租人承諾，不得將租賃物轉租於他人。但租賃物為房屋者，除有反對之約定外，承租人得將其一部分，轉租於他人。承租人未經出租人承諾將租賃物轉租於他人者，出租人得終止契約。（民第443條）

9.受託人之義務

(1)受任人應將委任事務進行之狀況，報告委任人，委任關係終止時，應明確報告其顛末。（民第540條）

(2)受任人因處理委任事務，所收取之金錢物品應交付於委託人。（民第541條）

(3)以居間為營業者，關於訂約事項及當事人之履行能力或訂立該約之能力，有調查之義務。（民第567條第2項）

(4)租賃契約書草約係指委託人所預擬之草約為要約性質。

(5)將要約擴張、限制或為其他變更而承諾者，視為拒絕原要約而為新要約。（民第160條第2項）

10.消費爭議之申訴與調解

因本契約所發生之消費爭議，依消費者保護法第43條及第44條規定，委託人得向企業經營者、消費者保護團體或消費者服務中心申訴；未獲妥適處理時，得向房屋所在地之直轄市或縣（市）政府消費者保護官申訴；再未獲妥適處理時，得向直轄市或縣（市）消費爭議調解委員會申請調解。

11.契約分存

(1)訂約時務必詳審契約條文，由雙方簽名、蓋章或按手印，並寫明戶籍住址及身分證號碼，以杜糾紛。

(2)訂約時應先確定訂約者之身分，身分證或駕照等身分證明文件之提示。

12.未盡事宜之處理

民法第148條第2項規定「行使權利，履行義務，應依誠實及信用方法」，此乃民法之帝王條款，其適用於任何權利行使及義務之履行，故如有未盡事宜，悉依誠實信用原則處理。

第 4 章　認識稅賦

第一節　概　述

一、土地法規定之稅制

㈠土地稅

1. 土地法規定，土地及其改良物除依法免稅者外，依本法之規定徵稅，（土第143條）土地稅分地價稅及土地增值稅二種。（土第144條）
2. 地價稅照法定地價按年徵收一次，必要時得准分兩期繳納。（土第167條）此外，私有空地，經限期強制使用，而逾期未使用者，應於依法使用前加徵空地稅。（土第173條）私有荒地，經限期強制使用而逾期未使用者，應於依法使用前加徵荒地稅。（土第174條）
3. 土地增值稅於土地所有權移轉時，或雖無移轉而屆滿十年時徵收之。（土第176條）

㈡土地改良物稅

土地改良物分為建築改良物及農作改良物。（土第5條）農作改良物不得徵稅。（土第188條）故土地法第四編第五章土地改良物稅，亦即建築改良物稅。

㈢工程受益費

因建築道路、堤防、溝渠或其他土地改良之水陸工程所需費用，得依法徵收工程受益費。（土第147條）

㈣表　解

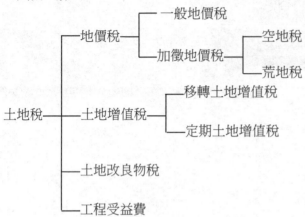

二、現行稅制（前述土地法之規定，已被各種稅法架空而不適用）

㈠**土地稅法及平均地權條例之規定**

1. 已規定地價之土地，除依法課徵田賦者外，應課徵地價稅。（土稅第14條）

2. 土地經限制農業用地使用者，都市土地因限建、禁建、公共設施未完成或保留地而仍作農業用地使用者，及未規定地價者，均徵收田賦。（土稅第22條及平均第22條）

3. 土地稅法第22條之1有徵收荒地稅之規定。此外亦有徵收空地稅之規定。（土稅第21條，平均第26條）

4. 已規定地價之土地，於土地所有權移轉時，徵收土地增值稅，（土稅第28條）設定典權時，應預繳土地增值稅，（土稅第29條）而無徵收定期土地增值稅之規定。

㈡**房屋稅條例之規定**

房屋稅條例第1條規定，房屋稅之徵收，依本條例之規定，本條例未規定者，依其他有關法律之規定。故現行徵收之房屋稅，取代了土地改良物稅。

㈢**契稅條例之規定**

契稅條例第2條規定，除開徵土地增值稅區域之土地外，凡不動產之買賣、承典、交換、贈與、分割或因占有而取得所有權者，應申報繳納契稅。目前全面平均地權，是以已無土地契稅。

㈣**工程受益費條例之規定**

各級政府徵收工程受益費，依工程受益費徵收條例之規定辦理。（工益條例第1條）

（五）**遺產及贈與稅法之規定**

遺產及贈與稅法第8條規定，遺產稅未繳清前，不得分割遺產、交付遺贈或辦理移轉登記。贈與稅未繳清前，不得辦理贈與移轉登記。故房地產若有繼承或贈與之事實發生，尚應繳納遺產稅或贈與稅。

（六）**所得稅法之規定**

依所得稅法規定，房地產出售尚有財產交易所得稅或房地合一稅。

（七）**表　解**

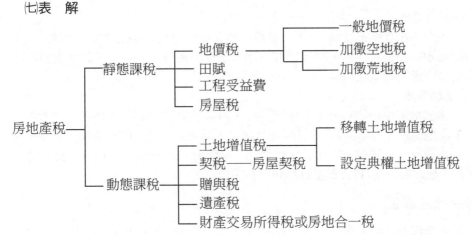

第二節　地價稅

國父平均地權之理論，主張規定地價，並照價徵稅。我國憲法，土地法規等有關規定，即遵循　國父遺教立法。

土地法有地價稅章，平均地權條例亦有照價徵稅章，土地稅法亦有地價稅章。對於地價稅之課徵，自以土地稅法為適用。惟土地稅法之規定，與平均地權條例之規定，大致相同，可互為參閱。

茲依據土地稅法之規定，並參照平均地權條例有關規定，將地價稅之課徵扼要列述如後：

一、課徵範圍

（一）**課稅土地**

已規定地價之土地，除依法課徵田賦者外，應課徵地價稅。（土稅第14條）

（二）**全面規定地價**

平均地權條例第13條規定，本條例施行區域內，未規定地價之土地，應即全面舉辦規定地價。但偏遠地區及未登記之土地，得由直轄市或縣（市）主管機關劃定範圍，報經中央主管機關核定後分期辦理。

二、課徵標準

地價稅按每一土地所有權人在每一直轄市或縣市轄區內之地價總額計徵之。所謂地價總額，指每一土地所有權人依法定程序辦理規定地價或重新規定地價，經核列歸戶冊之地價總額。（土稅第15條）

三、課徵時機

㈠分期徵收

地價稅由直轄市及縣（市）主管稽徵機關按照地政機關編送之地價歸戶冊及地籍異動通知資料核定，每年徵收一次，必要時得分二期徵收，其開徵日期由省市政府定之。（土稅第40條）

㈡課徵時機

過去地價稅均每年分上下兩期課徵，每年自3月16日至4月15日，課徵前一年下期地價稅，每年自9月16日至10月15日，課徵該年度上期地價稅。惟自民國73年起改為一年課徵一次，其課徵期間為每年11月16日至12月15日。自民國90年起，再改為每年11月1日至11月30日為課徵期間。

四、課徵機關

主管機關在中央為財政部，在直轄市為直轄市政府，在縣（市）為縣（市）政府。（土稅第2條第1項）

五、納稅義務人

㈠地價稅納稅義務人如下（土稅第3條）

1. 土地所有權人：若所有權屬於公有或公同共有者，以管理機關或管理人為納稅義務人，其為分別共有者，以共有人各按其應有部分為納稅義務人。
2. 設有典權土地，為典權人。
3. 承領土地，為承領人。
4. 承墾土地，為耕作權人。

㈡信託土地之納稅義務人（土稅第3條之1，平均第19條之1）

1. 土地為信託財產者，於信託關係存續中，以受託人為地價稅或田賦之納稅義務人。
2. 前項土地應與委託人在同一直轄市或縣（市）轄區內所有之土地合併計算地價總額，依第16條規定稅率課徵地價稅，分別就各該土地地價占地價總額之比例，計算其應納之地價稅。但信託利益之受益人為非委託人且符合左列各款規定者，前項土地應與受益人在同一直轄市或縣（市）轄區

內所有之土地合併計算地價總額：

(1)受益人已確定並享有全部信託利益者。

(2)委託人未保留變更受益人之權利者。

㈢**代繳人**

1.土地有下列情形之一者，主管稽徵機關得指定土地使用人負責代繳其使用部分之地價稅：（土稅第4條）

(1)納稅義務人行蹤不明者。

(2)權屬不明者。

(3)無人管理者。

(4)土地所有權人申請由占有人代繳者。

2.土地所有權人在同一直轄市、縣（市）內有兩筆以上土地，為不同之使用人所使用時，如土地所有權人之地價稅係按累進稅率計算，各土地使用人應就所使用土地之地價比例，負代繳地價稅之義務。

3.第1項第1款至第3款代繳義務人代繳之地價稅或田賦，得抵付使用期間應付之地租或向納稅義務人求償。

㈣**納稅義務基準日**

自民國90年1月1日起地價稅若每年一次徵收者，以8月31日為納稅義務基準日，每年分二期徵收者，上期以2月28日，下期以8月31日為納稅義務基準日。各年期地價稅以納稅義務基準日土地登記簿所載之所有權人或典權人為納稅義務人。（土稅細則第20條）

㈤**都市更新條例規定**（都更第48條）

1.以更新地區內之土地為信託財產者，於信託關係存續中，以受託人為地價稅或田賦之納稅義務人。

2.前項土地應與委託人在同一直轄市或縣（市）轄區內所有之土地合併計算地價總額，依土地稅法第16條規定稅率課徵地價稅，分別就各該土地地價占地價總額之比例，計算其應納之地價稅。但信託利益之受益人為非委託人且符合下列各款規定者，前項土地應與受益人在同一直轄市或縣（市）轄區內所有之土地合併計算地價總額：

(1)受益人已確定並享有全部信託利益者。

(2)委託人未保留變更受益人之權利者。

六、稅　率

㈠**基本稅率**

地價稅基本稅率為千分之十，土地所有權人之地價總額未超過土地所在地直轄市及縣（市）累進起點地價時，其地價稅按基本稅率徵收，超過累進起點地價時，其超過部分，則分別按累進稅率課徵地價稅（平均第19條，土稅第16條第1

項）。

　　㈡**累進起點地價**

　　　所謂累進起點地價，係以各該直轄市及縣市土地七公畝之平均地價為累進
起點地價，但不包括工業用地、礦業用地、農業用地及免稅土地在內，（土稅第
16條第2項，平均第18條）其計算公式如左。（土稅細則第6條，平均細則第27條）

$$
\text{地價稅累進起點地價} = \frac{\text{直轄市或縣（市）規定地價總額} - （\text{農業用地地價} + \text{工業用地地價} + \text{礦業用地地價} + \text{免稅地地價}）}{\text{直轄市或縣（市）規定地價總面積（公畝）} - （\text{農業用地面積} + \text{工業用地面積} + \text{礦業用地面積} + \text{免稅地面積}）（公畝）} \times 7
$$

　　　地價稅累進地點地價，應於舉辦規定地價或重新舉辦規定地價後當期地價
稅開徵前計算完竣，並分別報請內政部及財政部備查。

　　　累進起點地價以千元為單位，以下四捨五入。

　　㈢**累進稅率**

　　　地價稅超過累進起點地價時，依下列規定累進課稅：（土稅第16條第1項，平
均第19條）

　　　1.超過累進起點地價未達五倍者，就其超過部分課徵千分之十五。

　　　2.超過累進起點地價五倍至十倍者，就其超過部分課徵千分之二十五。

　　　3.超過累進起點地價十倍至十五倍者，就其超過部分課徵千分之三十五。

　　　4.超過累進起點地價十五倍至二十倍者，就其超過部分課徵千分之四十五。

　　　5.超過累進起點地價二十倍以上者，就其超過部分課徵千分之五十五。

七、稅率減輕

　　㈠**自用住宅用地**

　　　1.稅率千分之二，但應合於下列規定（土稅第17條，平均第20條）

　　　　⑴都市土地面積未超過三公畝部分。

　　　　⑵非都市土地面積未超過七公畝部分。

　　　　⑶政府興建國民住宅及企業或公營事業興建之勞工宿舍，自動工興建或
　　　　　取得土地所有權之日起，其土地地價稅適用前項稅率計徵。

　　　　⑷土地所有權人與其配偶及未成年之受扶養親屬，適用前項稅率，以一
　　　　　處為限。

　　　2.適用自用住宅用地稅率之認定（土稅細則第8條）

　　　土地所有權人與其配偶及未成年之受扶養親屬，在本法施行區域內申報一
處以上之自用住宅用地時，依本法第17條第3項認定一處適用自用住宅用地稅率
之順序如下：

　　　　⑴土地所有權人之戶籍所在地。

　　　　⑵配偶之戶籍所在地。

　　　　⑶未成年受扶養親屬之戶籍所在地。

　　土地所有權人與其配偶或未成年之受扶養親屬分別以所有土地申請自用住宅用地者，應以共同擇定之戶籍所在地為準；未擇定者，應以土地所有權人與其配偶、未成年之受扶養親屬申請當年度之自用住宅用地地價稅最高者為準。

　　第1項第3款戶籍所在地之適用順序，依長幼次序定之。

　　3.超額自用住宅用地之計算（土稅細則第9條）

　　土地所有權人在本法施行區域內申請之自用住宅用地面積超過本法第17條第1項規定時，應依土地所有權人擇定之適用順序計算至該規定之面積限制為止；土地所有權人未擇定者，其適用順序如下：

　　　⑴土地所有權人與其配偶及未成年之受扶養親屬之戶籍所在地。

　　　⑵直系血親尊親屬之戶籍所在地。

　　　⑶直系血親卑親屬之戶籍所在地。

　　　⑷直系姻親之戶籍所在地。

　　前項第2款至第4款之適用順序，依長幼次序定之。

　　4.符合自用住宅要件者，得免費向稅捐機關索取自用住宅用地申請函，填寫完畢後，檢附戶口名簿影本乙份及建物證明文件乙份，向主管之稅捐機關提出申請，經主管機關派員查證屬實後，於開徵日四十日前提出申請者，即予改按自用住宅用地優惠稅率課徵地價稅。於開徵日四十日後提出申請者，自次年期開始適用。前已核定而用途未變更者，以後免再申請。

㈡**工業用地**

　　1.供下列事業直接使用之土地，按千分之十計徵地價稅。但未按目的事業主管機關核定規劃使用者，不適用之：（土稅第18條，平均第21條）

　　　⑴工業用地、礦業用地。

　　　⑵私立公園、動物園、體育場所用地。

　　　⑶寺廟、教堂用地、政府指定之名勝古蹟用地。

　　　⑷經主管機關核准設置之加油站及依都市計畫法規定設置之供公眾使用之停車場用地。

　　　⑸其他經行政院核定之土地。

　　2.在依法劃定之工業區或工業用地公告前，已在非工業區或工業用地設立之工廠，經政府核准有案者，其直接供工廠使用之土地，準用前項規定。

　　3.第1項各款土地之地價稅，符合第6條減免規定者，依該條減免之。

◎自用住宅用地地價稅書面審查作業要點（99.2.1財政部修正發布）

壹、總　則

一、為簡化自用住宅用地地價稅之審查作業，特訂定本要點。

二、土地所有權人申請按自用住宅用地稅率課徵地價稅之案件，除有本要點第8點規
定之特殊情形外，應依據納稅義務人所檢附之戶口名簿影本、建築改良物證明文
件與戶政機關及稽徵機關內部有關課稅資料，予以書面審查核定之，不再實地勘
查。

貳、書面審查程序

三、地價稅承辦人於收到申請按自用住宅用地稅率課徵地價稅之案件後，應依左列規
定辦理：

　　㈠函請自用住宅所屬戶政事務所查詢該址有無他人設立戶籍，或經洽商戶政事務
　　　所同意者，得指定人員前往查閱戶籍有關資料。但經查其他資料足以證明無他
　　　人設籍者，得免向戶政事務所查閱資料。

　　㈡土地所有權人或其配偶、未成年之受扶養親屬之戶籍，非設於本縣（市）或直
　　　轄市者，應函請該主管稽徵機關於文到七日內查復有無按自用住宅用地稅率課
　　　徵地價稅之土地及其面積。

　　㈢查明地上建物有無供營業使用。

　　㈣查明地上建物使用情形。

　　㈤查明土地所有權人及其配偶、未成年之受扶養親屬在本縣（市）或直轄市內有
　　　無已按自用住宅用地稅率課徵地價稅之土地及其面積。

　　前項第㈢至第㈤款，得利用電腦線上查詢營業稅、房屋稅及土地稅主檔資料，免
　　予移會相關業務單位。

四、地價稅承辦人於收到戶政事務所查復或指定人員查得之戶籍資料或經查其他設籍
資料後，應為以下之處理：

　　㈠查無他人設立戶籍之案件，應依據其他內部資料繼續審查。

　　㈡查有土地所有權人或其配偶、直系親屬、三親等內親屬以外之他人設立戶籍之
　　　案件，應通知設籍之他人或土地所有權人於文到五日內或指定日（有正當理由
　　　時，得申請延期）到達辦公處所說明，並填具申明書（附件一、二、三、四）
　　　表示確無租賃之事實者，免再調查。但該設籍之他人如事先已檢具申明書並附
　　　有身分證影本者，免予通知到達辦公處所說明。

　　㈢前款通知經合法送達後，設籍之他人或土地所有權人未依規定期限或指定日前
　　　來說明者，得不予核准按自用住宅用地稅率課徵地價稅。但於當年（期）地價
　　　稅繳納期限屆滿前或納稅義務基準日前，補辦完成前項手續者，仍准予認定。

五、設籍之他人有左列情形之一者，得免予前來辦公處所辦理前點規定之說明手續。
但有第㈠㈡款之情形者，仍應檢具申明書，表示確無租賃之事實。

㈠因重病不能前來，經提出醫院出具之證明書。

㈡因出國期間不能前來，經提出證明文件者。

㈢設籍人為出售房地之前所有權人。

㈣設籍人為空戶或行方不明，經提出證明文件者。

㈤土地所有權人依第4點規定出具申明書者。

㈥有其他正當理由，經提出證明文件者。

六、查明地上建物有無供營業使用，應查填有無營業、暫停營業、歇業、及營業地址變更等資料，於二日內移回地價稅業務單位。

七、查明地上建物使用情形，應註明下列資料：

㈠依據稅籍資料，查填該址房屋課稅情形，其屬兩種以上稅率者，應分別註明其層次及面積。

㈡如係按營業用稅率課徵，應註明營業商號、課徵期間等資料。

㈢如係按非住家非營業用稅率課徵，應註明房屋使用情形（例如：○○診所，○○會計師事務所）。

㈣已申請拆除地上房屋或已接獲營繕資料核准拆除改建，應予註明。

八、申請按自用住宅用地稅率課徵地價稅之案件，有左列情形之一者，得簽報機關首長核准後，派員至現場實地勘查：

㈠地上房屋有打通合併使用者。

㈡拆除改建者。

㈢未檢附使用執照或建物所有權狀影本，以建物勘測成果表或其他證明文件代替者。

㈣營業稅及房屋稅籍資料有不一致者。

㈤行政救濟案件或書面審查結果納稅義務人提出異議者。

㈥同一樓層房屋部分供自用住宅使用者。

㈦其他經書面審查發現顯有疑問者。

九、經核准按自用住宅用地稅率課徵地價稅之案件，應擬訂計畫，定期清查，發現有出租或營業者，應改按一般稅率課徵，並通知納稅義務人。

參、健全內部課稅資料

十、為配合自用住宅用地地價稅之書面審查作業，稽徵機關應健全相關之營業稅、房屋稅及綜合所得稅之課稅資料，俾相互勾稽並確實核課地價稅。

十一、國稅局應行辦理事項：

㈠依現行國稅與地方稅平臺作業通報機制，定期提供最新之營業稅籍主檔，供地方稅稽徵機關房屋稅業務單位即時線上查詢房屋之設籍營業情形。

㈡對未依法辦理營業登記而擅自營業之情形，應即通知辦理，並隨時通報地方稅稽徵機關。

十二、地方稅稽徵機關房屋稅業務單位應行辦理事項：

㈠加強辦理房屋稅清查，對營業用房屋，應將商號名稱及房屋使用情形註記於稅籍記錄表，其無商號名稱者，註記營業項目，並將與營業有關資料通報國稅局運用。

㈡主動洽商律師、會計師、醫師等執行業務者所屬公會以及有關單位，提供執行業務者以及各類補習班、幼稚園、托兒所、育幼院、養老院等之名稱、地址等資料，登錄於稅籍記錄表內以供地價稅業務單位之參考運用。

㈢對空置未使用之房屋，應於稅籍記錄表內註明，如經查明已供使用，應即按實際使用情形釐正。

㈣對前點及第13點國稅局通報之資料，應於房屋稅籍記錄表註記，並查明核課房屋稅。有關申請營業登記、營業地址變更案件及房屋租賃所得資料，應移會或副知地價稅業務單位。

十三、國稅局應加強查核房屋租賃所得，並將執行業務者扣繳租金所得稅款之有關資料通報地方稅稽徵機關。

十四、地方稅稽徵機關地價稅業務單位應行辦理事項：

㈠對核准按自用住宅用地稅率課徵地價稅之案件，應建置管制檔，以利勾稽查核運用。

㈡對第12點第㈣款房屋稅業務單位移會或副知之申請營業登記、營業地址變更案件及房屋租賃所得資料，如有自用住宅用地應改按一般稅率課徵地價稅者，應即釐正稅籍改課，並通知納稅義務人。

地價稅自用住宅用地申請書　(三之一)

（請於9月22日前提出申請，逾期申請自次年起適用）

本人所有表列土地係自用住宅用地，業經辦竣戶籍登記，且無出租或供營業用情事。

檢附證件：

1. 戶口名簿影本，包括本人、配偶及未成年之受扶養親屬，表列土地如供直系親屬設籍請檢附設籍人戶口名簿影本，夫妻非設同一戶籍時，檢附雙方戶口名簿影本（設籍人資料欄已詳實填載者免附）。

2. 建物證明文件：(1)建物所有權狀影本、使用執照影本或建物測量成果圖。
   (2)若房屋於97年4月29日以前建築完成而無上款資料之一者，請填具房屋基地座落申明書（如範例1）

3. 其他：如有三親等內親屬以外之他人設籍且無租賃關係者，請填具土地所有權人無租賃關係申明書或設籍人無租賃關係申明書（如範例2、3）

一、土地使用情形

土地坐落 區段	小段	地號	宗地面積（平方公尺）	權利範圍	持分面積（平方公尺）	房屋坐落（包括里別）	實際使用面積
松山 敦化	二	15	300	121/10000	3.63	松山區 敦化里 敦化南路(街)一段△△巷 弄△△號△樓之	□1.全棟均自用並無出租或營業情形 □2.本棟房屋共7層其中第3層供： □營業使用：名稱　　面積　　平方公尺 □出租使用：面積　　平方公尺 □3.持分土地上樓層房屋係： 　自用：87.11　平方公尺 　營業：　　平方公尺 　出租：　　平方公尺
						建號 2100	

二、土地所有權人及配偶、未成年之受扶養親屬設籍人資料：

（已檢附戶口名簿影本者免填）

項目	姓名	身分統一編號	證號	出生年月日	戶籍地址（包括村里別）
土地所有權人	林△△	A100231311	△△△△		台北 縣(市) 松山 鄉(鎮市區) 敦化 里(村) 敦化南路(街) 一 段△△巷 弄△△號△樓
配偶	陳△△	A201223111	△△△△		縣(市)　鄉(鎮市區)　里(村) 路(街)　段 巷 弄　號　樓
未成年受扶養親屬（稱謂）	長子 林△△	A100335561	△△△△		縣(市)　鄉(鎮市區)　里(村) 路(街)　段 巷 弄　號　樓
設籍人（稱謂）					縣(市)　鄉(鎮市區)　里(村) 路(街)　段 巷 弄　號　樓

三、本人所有土地申請自用住宅用地已達二處以上，請依下列勾選方式認定適用順序：

（如二處以上自用住宅用地面積未超過都市土地3公畝、非都市土地7公畝者，且免依土地稅法第17條第3項規定選擇一處者，本項免填）

□依檢附之「地價稅自用住宅用地適用順序申明書」認定適用順序（申明書如附件）。

□不擇定,請依土地稅法施行細則第8條第1項或第9條規定認定。

四、本人及配偶、未成年之受扶養親屬所有符合土地稅法第9條及第17條第1項規定
　　之自用住宅用地,依同法第17條第3項規定僅以一處為限,請依下列勾選方式認
　　定:(如無此情況者,本項免填)

　　□依檢附之「地價稅依土地稅法第17條第3項規定適用自用住宅用地申明書」認
　　　定,即以本人及配偶、未成年之受扶養親屬共同擇定之戶籍所在地為準(申明
　　　書如附件)。

　　□不擇定,請依土地稅法施行細則第8條第2項規定認定。

五、上列房屋原供△△△△△使用,現已變更為住宅使用,請同時改按住家用稅率課
　　徵房屋稅。

此致　　臺北市稅捐稽徵處　　　　　分處

申請人(土地所有權人):　　　　　　　(簽名或蓋章)

身分證統一編號:

居住所地址:　　　縣　　　鄉鎮　　村　　鄰　　　路　　段　巷　弄　　號　　樓之
　　　　　　　　　市　　　市區　　里　　　　　　街

電話:

※上開地址為地價稅繳款書送單地址,日後如需變更,請以電話或書面洽稽徵機關辦理更址。

申請日期:　　年　　月　　日　　□檢附委託書或授權書,請核定後副知代理人。

附件一　地價稅自用住宅用地適用順序申明書

本人所有土地申請自用住宅用地已達2處以上,請依下列順序依序適用自用住宅用地稅率:

適用順序	土　地　標　示					宗地面積（平方公尺）	權利範圍	持分面積（平方公尺）
	縣市	鄉鎮市區	段	小段	地號			
1								
2								
3								
4								
5								

　　此致

　　　　　處(局)

申明人(土地所有權人):　　　　　　　(簽名或蓋章)

身分證統一編號:□□□□□□□□□□

日期:　　年　　月　　日

附件二　地價稅依土地稅法第17條第3項規定適用自用住宅用地申明書

本人所有下列土地

　　　　　縣　　　　　市區　　　　　　段　　　　　小段　　　　　地號
　　　　　市　　　　　鄉鎮

係本人與配偶、未成年之受扶養親屬依土地稅法施行細則第8條第2項規定共同擇定之戶籍所在地。

　　　　此　致

　　　　　　　　　處（局）

申明人

本人（土地所有權人）：　　　　　　　　（簽名或蓋章）

配偶：　　　　　　　　　　　　　　　　（簽名或蓋章）

身分證統一編號：□□□□□□□□□□

未成年之受扶養親屬：

序號	姓名	身分證統一編號
1		
2		
3		
4		

法定代理人（簽名或蓋章）：

（依民法第1089條規定，未成年子女之權利應由父母雙方共同行使。）

日期：　　年　　月　　日

註：上開「未成年之受扶養親屬」欄，所留空格如不夠填用時，請於空白處填寫完整後或加紙粘貼於本申明書下。

附件三　土地所有權人無租賃關係申明書

一、本人所有坐落

　　　　　縣　　　市區　　村　　鄰　　路　　段　　巷　　弄　　號　　樓之　房屋，
　　　　　市　　　鄉鎮　　里　　　　街

　　自民國　　年　　月　　日起有　　　　　及其家屬設戶籍，該設籍人因　　無法前來貴處（局）說明。

二、該設籍人因　　　設戶籍於上址，自民國　　年　　月　　日起確無租賃關係，如有不實，願依稅捐稽徵法第41條規定接受處罰。

　　　　此　致

　　　　　　　　　處（局）

申明人（土地所有權人）：　　　　　　　　（簽名或蓋章）

身 分 證 統 一 編 號：☐☐☐☐☐☐☐☐☐☐

住址：　縣　　市區　　村　　鄰　　路　　段　巷　弄　號　　樓之
　　　　市　　鄉鎮　　里　　　　街

申明日期：　　年　　月　　日

稅捐稽徵法：第41條　納稅義務人以詐術或其他不正當方法逃漏稅捐者，處5年以下有期徒刑、
　　　　　　　　　　拘役或科或併科新臺幣6萬元以下罰金。

附件四　設籍人無租賃關係申明書

本人及家屬戶籍自民國　　年　　月　　日至　　年　　月　　日設於

　　　　縣　　　市區　　　村　　鄰　　路　　段　巷　弄　　號　　樓之　房屋，
　　　　市　　　鄉鎮　　　里　　　　街

確無租賃關係，如有不實，願依稅捐稽徵法第43條規定接受處罰。

　　　此　致

　　　　　　處（局）

申明人（設籍人）：　　　　　　　　（簽名或蓋章）

身 分 證 統 一 編 號：☐☐☐☐☐☐☐☐☐☐

住址：　縣　　市區　　村　　鄰　　路　　段　巷　弄　號　　樓之
　　　　市　　鄉鎮　　里　　　　街

申明日期：　　年　　月　　日

稅捐稽徵法：第43條　教唆或幫助犯第41條或第42條之罪者，處三年以下有期徒刑、拘役或科新
　　　　　　　　　　臺幣6萬元以下罰金。稅務人員、執行業務之律師、會計師或其他合法代
　　　　　　　　　　理人犯前項之罪者，加重其刑至二分之一。

(三)公共設施保留地

　　都市計畫公共設施保留地，在保留期間仍為建築使用者，除自用住宅用地
依第17條之規定外，統按千分之六計徵地價稅，其未作任何使用並與使用中之
土地隔離者，免徵地價稅。（土稅第19條，平均第23條）

(四)公有土地

　　公有土地統按基本稅率千分之十徵收地價稅或田賦，但供公共使用者，免
地價稅或田賦。（土稅第20條，平均第24條）

(五)**其他減免土地**

1. 供國防、政府機關、公共設施、騎樓走廊、研究機構、教育、交通、水利、給水、鹽業、宗教、醫療、衛生、公私墓、慈善或公益事業等所使用之土地，及重劃、墾荒、改良土地者，其地價稅或田賦得予適當之減免；減免標準與程序，由行政院定之。（平均第25條，土稅第6條）

2. 行政院依前述規定「土地稅減免規則」請參閱之，於此不贅述。

(六)**公告與申請**

1. 公告：主管稽徵機關應於每年（期）地價稅開徵六十日前，將第17條及第18條適用特別稅率課徵地價稅之有關規定及其申請手續公告週知。（土稅第42條）

2. 申請：依第17條及第18條規定，得適用特別稅率之用地，土地所有權人應於每年（期）地價稅開徵四十日前提出申請，逾期申請者，自申請之次年（期）開始適用。前已核定用途未變更者，以後免再申請。適用特別稅率之原因、事實消滅時，應即向主管稽徵機關申報。（土稅第41條）

(七)**都市更新地區之減免**（都更第46條）

更新地區內之土地及建築物，依下列規定減免稅捐：

1. 更新期間土地無法使用者，免徵地價稅；其仍可繼續使用者，減半徵收。但未依計畫進度完成更新且可歸責於土地所有權人之情形者，依法課徵之。

2. 更新後地價稅及房屋稅減半徵收二年。

八、空地稅之課徵

(一)**空地之定義**

所謂空地，指已完成道路、排水及電力設施，於有自來水地區並已完成自來水系統，而仍未依法建築使用；或雖建築使用，而其建築改良物價值不及所占基地申報地價百分之十，且經直轄市或縣市政府認定應予增建、改建或重建之私有及公有非公用建築用地。（土稅第11條，平均第3條）

(二)**加徵倍數**

凡經直轄市或縣（市）政府核定應徵空地稅之土地，按該宗土地應納地價稅基本稅額加徵二至五倍之空地稅。（土稅第21條）

(三)**建築強度之限制**

經依規定限期建築、增建、改建或重建之土地，其新建之改良物價值不及所占基地申報地價百分之五十者，直轄市或縣（市）政府不予核發建築執照。（平均第26條第2項）

九、罰　則

㈠逾期納稅

地價稅納稅義務人或代繳義務人應於收到地價稅稅單後三十日內，向指定公庫繳納。（土稅第44條）逾期未繳納稅款者，每逾二日按滯納數額加徵百分之一滯納金，逾三十日仍未繳納者，移送法務部行政執行署所屬行政執行分署強制執行。經核准以票據繳納稅款者，以票據兌現日為繳納之日。（土稅第53條第1項）

㈡逃　稅

納稅義務人藉變更，隱匿地目等則或於適用特別稅率、減免地價稅之原因事實消滅時，未向主管稽徵機關申報者，其逃稅或減輕稅賦者，除追補應繳納部分外，處短匿稅額或賦額三倍以下之罰鍰，納稅義務人應於通知繳納之日起一個月內繳納之，逾期不繳納者，移送強制執行。（土稅第54條第1項）

㈢欠稅登記之限制

欠繳土地稅之土地，在欠稅未繳清前，不得辦理移轉登記或設定典權。（土稅第51條第1項）

第三節　田　賦

田賦之課徵，原係依據田賦徵收實物條例辦理，惟土地稅法公布後，該條例已廢止而停止適用。自民國76年下期起，停徵田賦至今，故僅就土地稅法及平均地權條例之規定，將田賦之課徵扼要列述如後：

一、課徵範圍

㈠課稅土地

1.非都市土地依法編定之農業用地或未規定地價者，徵收田賦。但都市土地合於下列規定者，亦同：（土稅第22條，平均第22條）

　⑴依都市計畫編為農業區及保護區，限作農業用地使用者。

　⑵公共設施尚未完竣前，仍作農業用地使用者。

　⑶依法限制建築，仍作農業用地使用者。

　⑷依法不能建築，仍作農業用地使用者。

　⑸依都市計畫編為公共設施保留地，仍作農業用地使用者。

2.前項第2款及第3款，以自耕農地及依耕地三七五減租條例出租之耕地為限。

3.農民團體與合作農場所有直接供農業使用之倉庫、冷凍（藏）庫、農機中心、蠶種製造（繁殖）場、集貨場、檢驗場、水稻育苗用地、儲水池、農用溫室、農產品批發市場等用地，仍徵收田賦。

　　4.公有土地供公共使用及都市計畫公共設施保留地在保留期間未作任何使用並與使用中之土地隔離者，免徵田賦。

㈡所稱都市土地，指依法發布都市計畫範圍內之全部土地。所稱非都市土地，指都市土地範圍外各地類、地目之全部土地。（土稅第8條）

二、課徵標準

　　㈠田賦徵收實物，就各地方生產稻穀或小麥徵收之。不產稻穀或小麥之土地及有特殊情形地方，得按應徵實物折徵當地生產雜糧或折徵代金。實物計算一律使用公制衡器，以公斤為單位，公兩以下四捨五入。代金以元為單位。（土稅第23條）

　　㈡田賦徵收實物，依左列標準計徵：（土稅第24條）

　　1.徵收稻穀區域之土地，每賦元徵收稻穀二十七公斤。

　　2.徵收小麥區域之土地，每賦元徵收小麥二十五公斤。

　　3.前述標準，得由行政院視各地土地稅捐負擔情形酌予減低。

　　㈢實物驗收，以新穀同一種類，質色未變及未受蟲害者為限。其所含沙、石、泥土、稗子等類雜物及水分標準如左：（土稅第25條）

　　1.稻穀：夾雜物不得超過千分之五，水分不得超過百分之十三，重量一公石在五十三公斤二公兩以上者。

　　2.小麥：夾雜物不得超過千分之四，水分不得超過百分之十三。重量一公石在七十四公斤以上者。

　　3.因災害、季節或特殊情形，難達前述實物驗收標準時，得由直轄市、縣（市）政府視實際情形，酌予降低。

　　㈣徵收實物地方，得視當地糧食生產情形，辦理隨賦徵購實物，其標準由行政院核定之。（土稅第26條）

　　㈤名詞定義：（土稅第13條）

　　本法課徵田賦之用辭定義如下：

　　1.地目：指各直轄市、縣（市）地籍冊所載之土地使用類別。

　　2.等則：指按各種地目土地單位面積全年收益或地價高低所區分之賦率等級。

　　3.賦元：指按各種地目等則土地單位面積全年收益或地價釐定全年賦額之單位。

　　4.賦額：指依每種地目等則之土地面積，乘各該地目等則單位面積釐定之賦元所得每筆土地全年賦元之積。

　　5.實物：指各地區徵收之稻穀、小麥或就其折徵之他種農作產物。

　　6.代金：指按應徵實物折徵之現金。

　　7.夾雜物：指實物中含帶之沙、泥、土、石、稗子等雜物。

三、課徵時機

(一)田賦每年以分上下二期徵收為原則，並於農作物收穫後一個月內開徵。（土稅第45條）

(二)田賦開徵前十日，主管稽徵機關應將開徵日期，繳納處所及繳納須知等事項，公告周知，並填發繳納通知單，分送納稅義務人或代繳義務人，持憑繳納。（土稅第46條）

(三)納稅人於收到田賦繳納通知單後，徵收實物者，應於三十日內向指定地點繳納。折徵代金者，應於三十日內向公庫繳納。（土稅第47條）

(四)田賦徵收實物之土地，因受環境或自然限制變更使用，申請改徵實物代金者，納稅人應於當地徵收實物之農作物普遍播種後三十日內，向鄉（鎮）（市）（區）公所申報。（土稅第48條第1項）

四、納稅義務人

(一)**田賦納稅義務人**（土稅第3條）

　　1.土地所有權人：若所有權屬於公有或公同共有者，以管理機關或管理人為納稅義務人。其為分別共有者，以共有人各按其應有部分為納稅義務人。

　　2.設有典權土地，為典權人。

　　3.承領土地，為承領人。

　　4.承墾土地，為耕作權人。

(二)**信託土地之納稅義務人**（土稅第3條之1，平均第19條之1）

　　1.土地為信託財產者，於信託關係存續中，以受託人為地價稅或田賦之納稅義務人。

　　2.前項土地應與委託人在同一直轄市或縣（市）轄區內所有之土地合併計算地價總額，依第16條規定稅率課徵地價稅，分別就各該土地地價占地價總額之比例，計算其應納之地價稅。但信託利益之受益人為非委託人且符合左列各款規定者，前項土地應與受益人在同一直轄市或縣（市）轄區內所有之土地合併計算地價總額：

　　　(1)受益人已確定並享有全部信託利益者。

　　　(2)委託人未保留變更受益人之權利者。

(三)**土地有左列情形之一者，主管稽徵機關得指定土地使用人負責代繳其使用部分之田賦**（土稅第4條）

　　1.納稅義務人行蹤不明者。

　　2.權屬不明者。

　　3.無人管理者。

　　4.土地所有權人申請由占有人代繳者。

五、課徵機關

主管機關在中央為財政部，在直轄市為直轄市政府，在縣（市）為縣（市）政府，田賦實物經收機關為直轄市、縣（市）糧政主管機關。（土稅第2條）

六、罰　則

㈠納稅義務人或代繳義務人未於徵收限期內繳納者，每逾二日按滯納額加徵百分之一滯納金，逾三十日仍未繳納者，移送法務部行政執行署所屬行政執行分署強制執行。欠繳之田賦代金及應發或應追收欠繳之隨賦徵購實物價款，均應按照繳付或徵購當時政府核定之標準計算。（土稅第53條）

㈡納稅義務人，藉變更或隱匿地目等則或於適用特別稅率、減免田賦之原因事實消滅時，未向主管稽徵機關申報者，除追補應納部分外，其屬短匿賦額者處短匿賦額三倍以下之罰鍰，其屬規避繳納實物者，處應繳田賦實物額一倍之罰鍰。（土稅第54條第1項）

㈢追補之賦額與隨賦徵購實物及罰鍰，繳納義務人應於通知繳納之日起一個月內繳納之，逾期不繳納者，移送強制執行。（土稅第54條第3項）

㈣追補應繳田賦時，實物部分按實物追收之，代金及罰鍰部分，按繳交時實物折徵代金標準折收之，應發隨賦徵購實物價款，按繳購時核定標準計發之。（土稅第55條）

㈤欠繳田賦之土地，欠稅未繳清前，不得辦理所有權移轉登記或設定典權。（土稅第51條第1項）

七、加徵荒地稅

農業用地閒置不用，經直轄市或縣（市）政府報經內政部核准通知限期使用或命其委託經營，逾期仍未使用或委託經營者，按應納田賦加徵一倍至三倍之荒地稅；經加徵荒地稅滿三年，仍不使用者，得照價收買。但有左列情形之一者不在此限：（土稅第22條之1，平均第26條之1）

㈠因農業生產或政策之必要而休閒者。
㈡因地區性生產不經濟而休耕者。
㈢因公害污染不能耕作者。
㈣因灌溉、排水設施損壞不能耕作者。
㈤因不可抗力不能耕作者。
前項規定實施辦法，依平均地權條例有關規定辦理。

八、停徵田賦

㈠為調劑農業生產狀況或因應農業發展需要，行政院得決定停徵全部或部分田賦。（土稅第27條之1）

㈡自民國76年下期起，臺灣地區已停徵田賦，至今尚未恢復開徵。

第四節　工程受益費

工程受益費之徵收係依據工程受益費徵收條例辦理，茲將該條例扼要列述如次：

一、課徵時機

㈠因推行都市建設，提高土地使用，便利交通或防止天然災害而建築或改善道路、橋樑、溝渠、港口、碼頭、水庫、堤防、疏濬水道及其他水陸等工程時課徵之。（工益條例第2條）

㈡於工程開工前三十日公告，並於開工之日起至完工後一年內徵收，徵收時得一次或分期為之，以車輛、船舶為徵收對象者，得計次徵收。（工益條例第6條、第7條）

㈢各級政府如因財政困難，無力墊付工程費用者，得於完成一定程序後，先行開徵，或以應繳之工程受益費為擔保向金融機關借款辦理。（工益條例第7條）

二、課徵範圍

㈠直接受益之公私有土地及其改良物，（工益條例第2條）經公告徵收後不因用途變更而免徵。（工益條例第11條）

㈡無直接受益之土地，向其使用該項工程設施之車輛、船舶徵收之。（工益條例第2條）

三、課徵機關

㈠以土地及其改良物為徵收標的者，以稅捐稽徵機關為經徵機關。（工益條例第13條）

㈡以車輛或船舶為徵收標的者，以交通管理機關為經徵機關。（工益條例第13條）

四、課徵限制

㈠徵收數額最高不超過該工程實際所需費用百分之八十，但就車輛、船舶為徵收對象者，得按全額徵收之。（工益條例第2條第2項）

㈡工程實際所需費用包括：（工益條例第3條）

　　1.工程興建費。

　　2.工程用地之徵購費及公地地價。

3.地上物拆遷補償費。

4.工程管理費。

5.借款之利息負擔。

㈢工程受益費,以徵足原定數額為限。但就車輛、船舶為徵收對象之工程,而有繼續維持保養、改善必要者,經各該級民意機關決議,並完成收支預算程序後,得徵收之。(工益條例第5條第3項)

五、徵收對象

㈠有直接受益之土地建物者

1.公告徵收時之土地所有權人。(工益條例第8條)

2.公告徵收時設有典權者之典權人。(工益條例第8條)

3.若所有權人或典權人未自行使用不動產,經催繳而不繳納者,得責由承租人或使用人扣繳或墊繳。(工益條例第8條)

4.放領公地之承領人。(工益條例第8條)

5.土地及其改良物不屬同一人者,由辦理工程之政府訂定分擔比率,由各人分別負擔之。(工益條例第9條第1項)

6.土地改良物未繳清全部受益費以前,因土地租賃期限屆滿而予以拆除,由土地所有權人負責繳納未到期之部分,如係於租賃期間內拆除或改建,由改建人負責繳納之。(工益條例第9條第2項)

㈡無直接受益之土地建物者

向其使用該項工程設施之車輛或船舶徵收之。(工益條例第10條)

六、移轉限制

土地及其改良物公告後之移轉,除繼承外,應由買受人出具承諾書,願依照規定繳納未到期之工程受益費或先行全部繳清,始得辦理移轉登記,經查封拍賣者亦同。(工益條例第6條)

七、免徵對象

下列各款免予徵收工程受益費:(工益條例第14條)

㈠非營業性或依都市計畫法規定保留之公共設施用地及其改良物。

㈡駐軍兵營、要塞、軍用機場、軍用基地及其改良物。

㈢軍用港口、碼頭、船舶、戰備及訓練車輛。

八、罰 則

不依規定期限繳納者,自期限屆滿之次日起,每逾三日按應納費額加徵滯納金百分之一,逾期超過一個月,經催繳而仍不繳納者,除加徵滯納金百分之

十外，應由經徵機關移送法院強制執行。（工益條例第15條）

九、行政救濟

(一)復　查

對應納工程受益費有異議時，應於收到繳納通知後，按照通知單所列數額及規定期限，先行繳納二分之一款項，申請復查。（工益條例第16條）

(二)訴　願

對復查之核定仍有不服，得依法提起訴願及行政訴訟。（工益條例第16條）

(三)退　補

經訴願、再訴願、行政訴訟程序確定應繳納之工程受益費數額，高於已繳數額時，應予補足，低於已繳數額時，其溢繳部分應予退還，並均按銀行定期存款利率加計利息。（工益條例第16條）

第五節　土地增值稅

平均地權條例有漲價歸公之規定，土地稅法亦有土地增值稅之規定。兩者大致相同可互為參閱。

茲依據土地稅法之規定，並參照平均地權條例有關規定，將土地增值稅之課徵，扼要列述如後：

一、課徵時機

(一)移　轉

已規定地價之土地，於土地所有權移轉時，應按其土地漲價總數額徵收土地增值稅。但因繼承而移轉之土地，各級政府出售或依法贈與之公有土地，及受贈之私有土地，免徵土地增值稅。（土稅第28條，平均第35條）

(二)設定典權

已規定地價之土地，設定典權時，出典人應依本法規定預繳土地增值稅。但出典人回贖，原繳之土地增值稅，應無息退還。（土稅第29條，平均第36條）

(三)交換、分割與合併

土地稅法施行細則第42條及平均地權條例施行細則第65條規定：

1. 土地交換，應分別向原土地所有權人徵收土地增值稅。
2. 分別共有土地分割後，各人所取得之土地價值與其分割前應有部分價值相等者，免徵土地增值稅；其價值減少者，就其減少部分課徵土地增值稅。
3. 公同共有土地分割，其土地增值稅之課徵，準用前項規定。
4. 土地合併後，各共有人應有部分價值與其合併前之土地價值相等者，免

徵土地增值稅。其價值減少者，就其減少部分課徵土地增值稅。

　　5.前三項土地價值之計算，以共有土地分割或土地合併時之公告土地現值為準。

二、納稅義務人

(一)移轉及設定典權

　　土地因買賣、交換或政府照價收買等有償移轉者，以原土地所有權人為納稅義務人。土地因遺贈及贈與等無償移轉者，以取得所有權人為納稅義務人。土地設定典權者，以出典人為納稅義務人。（土稅第5條）

(二)信託土地

　　土地稅法第5條之2及平均地權條例第37條之1規定：

　　1.受託人就受託土地，於信託關係存續中，有償移轉所有權、設定典權或依信託法第35條第1項規定轉為其自有土地時，以受託人為納稅義務人，課徵土地增值稅。

　　2.以土地為信託財產，受託人依信託本旨移轉信託土地與委託人以外之歸屬權利人時，以該歸屬權利人為納稅義務人，課徵土地增值稅。

(三)代繳人

　　土地稅法第5條之1及平均地權條例第50條規定，土地所有權移轉，其應納之土地增值稅，納稅義務人未於規定期限內繳納者，得由取得所有權之人代為繳納。依平均地權條例第47條規定由權利人單獨申報土地移轉現值者，其應納之土地增值稅，應由權利人代為繳納。

三、課徵標準

(一)課徵標準

　　土地增值稅，應按土地漲價總數額徵收。（土稅第28條）

(二)申報移轉現值審核標準

　　1.土地所有權移轉或設定典權，其申報移轉現值之審核標準，依下列規定：（土稅第30條，平均第47條之1）

　　　(1)申報人於訂定契約之日起三十日內申報者，以訂約日當期之公告土地現值為準。

　　　(2)申報人逾訂定契約之日起三十日始申報者，以受理申報機關收件日當期之公告土地現值為準。

　　　(3)遺贈之土地，以遺贈人死亡日當期之公告土地現值為準。

　　　(4)依法院判決移轉登記者，以申報人向法院起訴日當期之公告土地現值為準。

　　　(5)經法院拍賣之土地，以拍定日當期之公告土地現值為準。但拍定價額

低於公告土地現值者，以拍定價額為準；拍定價額如已將設定抵押金額及其他債務予以扣除者，應以併同計算之金額為準。

(6)經政府核定照價收買或協議購買之土地，以政府收買日或購買日當期之公告土地現值為準。但政府給付之地價低於收買日或購買日當期之公告土地現值者，以政府給付之地價為準。

2. 前項第1款至第4款申報人申報之移轉現值，經審核低於公告土地現值者，得由主管機關照其自行申報之移轉現值收買或照公告土地現值徵收土地增值稅。前項第1款至第3款之申報移轉現值，經審核超過公告土地現值者，應以其自行申報之移轉現值為準，徵收土地增值稅。

3. 86年1月17日本條修正公布生效日後經法院判決移轉、法院拍賣、政府核定照價收買或協議購買之案件，於本條修正公布生效日尚未核課或尚未核課確定者，其申報移轉現值之審核標準適用第1項第4款至第6款及第2項規定。

◎有關平均地權條例第47條之1第1項第1款、第2款所稱「訂定契約之日起三十日」，案經財政部97年5月15日臺財稅字第09704526040號令暨法務部97年4月24日法律決字第0970008037號函略以；核屬行政程序法第48條第2項但書所定「但法律規定即日起算者，不在此限」之情形，自應計入「訂定契約之日」及「契約成立之日」。（97.6.17內政部臺內地字第0970094567號函）

◎權利人以原土地所有權人之繼承人為被告提起請求土地所有權人移轉登記訴訟案件，該繼承人於法院判決確定後死亡，嗣權利人依該判決申報土地移轉現值時，其申報移轉現值之審核，應以該繼承人死亡日當期之公告土地現值為準。（102.6.17內政部臺財稅字第10204567880號令）

四、土地漲價總數額之計算

㈠減除額──原地價及費用

1. 計算土地漲價總數額時，應自該土地所有權移轉或設定典權時，經核定之申報移轉現值中，減除下列各項之餘額，為漲價總額數。（土稅第31條第1項，平均第36條及第38條）

(1)規定地價後，未經過移轉之土地，其原規定地價。規定地價後，曾經移轉之土地，其前次移轉現值。

(2)土地所有權人為改良土地已支付之全部費用，包括已繳納工程受益費、土地重劃費用及因土地使用變更而無償捐贈一定比率土地作為公共設施用地者，其捐贈時捐贈土地之公告現值總額。

2. 所謂原規定地價係指：（土稅第31條第2項，平均第38條第2項）

(1)中華民國53年規定之地價為原規定地價。

(2)其在中華民國53年以前已依土地法規定辦理規定地價，以其第一次規

定之地價為原規定地價。

　　⑶其在中華民國53年以後舉辦規定地價之土地，以其第一次規定之地價為原規定地價。

3.所謂前次移轉時核計土地增值稅之現值，於因繼承取得之土地再行移轉者，係指繼承開始時該土地之公告現值。但繼承前依第30條之1第3款規定領回區段徵收抵價地之地價，高於繼承開始時該土地之公告現值者，應從高認定。（土稅第31條第2項）

4.本法第31條所稱土地漲價總數額，在因繼承取得之土地，於所有權移轉或設定典權時，以其申報移轉現值超過被繼承人死亡時公告土地現值之數額為準。但繼承土地有下列各款情形之一者，以超過各該款地價之數額為準。（土稅細則第48條）

　　⑴被繼承人於其土地第一次規定地價以前死亡者，以該土地於中華民國53年之規定地價為準。該土地於中華民國53年以前已依土地法辦理規定地價，或於中華民國53年以後始舉辦規定地價者，以其第一次規定地價為準。

　　⑵繼承人於中華民國62年2月8日起至中華民國65年6月30日止，依當時遺產及贈與稅法第57條或依遺產稅補報期限及處理辦法之規定補報遺產稅，且於中華民國65年12月31日以前向地政機關補辦繼承登記者，以該土地補辦繼承登記收件時之公告土地現值為準。

　　⑶繼承人於中華民國62年2月8日起至中華民國65年6月30日止，依當時遺產及贈與稅法第57條或依遺產稅補報期限及處理辦法之規定補報遺產稅，於中華民國66年1月1日以後始向地政機關補辦繼承登記者，以其補報遺產稅收件時之公告土地現值為準。

㈡物價指數調整

　　原規定地價或前次移轉時核計土地增值稅之現值，遇一般物價有變動時，應按政府發布之物價指數調整後再計算其土地漲價總數額。（土稅第32條）

㈢計算公式

　　土地漲價總數額計算公式，依平均地權條例施行細則第56條及土地稅法施行細則第50條規定如次：

$$土地漲價總數額 = 申報土地移轉現值 - (原規定地價或前次移轉時核計土地增值稅之現值 \times \frac{臺灣地區消費者物價總指數}{100})$$

$$- (改良土地費用 + 工程受益費 + 土地重劃負擔總費用 + 因土地使用變更而無償捐贈作為公共設施用地其捐贈土地之公告現值總額)$$

㈣費用減除之申請

1.土地漲價總數額依規定減去之費用，應由土地所有權人於土地增值稅繳納期限屆滿前檢附工程受益費繳納收據、直轄市或縣（市）主管機關發給

之改良土地費用證明書或地政機關發給之土地重劃負擔總費用證明書，及因土地使用變更而無償捐贈作為公共設施用地，其捐贈土地之公告現值總額之證明文件，向主管稽徵機關提出申請。（土稅細則第51條第2項）

2. 前述土地改良費之有關規定如次

　(1)土地改良係指下列情況而言：（平均細則第11條）

　　①建築基地改良：包括整平或填挖基地、水土保持、埋設管道、修築駁嵌、開挖水溝、舖築道路等。

　　②農地改良：包括耕地整理、水土保持、土壤改良及修築農路、灌溉、排水、防風、防沙、堤防等設施。

　　③其他用地開發所為之土地改良。

　(2)所有權人為土地改良須申請核發土地改良費用證明者，應於改良前先依下列程序申請驗證，於驗證核准前已改良之部分，不予核發土地改良費用證明：（平均細則第12條）

　　①於開始興工改良前，填具申請書，向直轄市或縣（市）主管機關申請驗證，並於工程完竣後十日內申請復勘。

　　②直轄市或縣（市）主管機關於接到申請書後，派員實地勘查工程開始或完竣情形。

　　③改良土地費用核定後，直轄市或縣（市）主管機關應按宗發給證明，並通知地政機關及稅捐稽徵機關。

　　④改良土地費用評估基準，由直轄市或縣（市）主管機關定之。

　　⑤在實施建築管理之地區，建築基地改良得併同雜項執照申請驗證，並按宗發給證明。

(五)信託土地之原地價

土地稅法第31條之1及平均地權條例第38條之1規定：

1. 依第28條之3規定不課徵土地增值稅之土地，於所有權移轉、設定典權或依信託法第35條第1項規定轉為受託人自有土地時，以該土地不課徵土地增值稅前之原規定地價或最近一次經核定之移轉現值為原地價，計算漲價總數額，課徵土地增值稅。但屬第39條第2項但書規定情形者，其原地價之認定，依其規定。

2. 因遺囑成立之信託，於成立時以土地為信託財產者，該土地有前項應課徵土地增值稅之情形時，其原地價指遺囑人死亡日當期之公告土地現值。

3. 以自有土地交付信託，且信託契約明定受益人為委託人並享有全部信託利益，受益人於信託關係存續中死亡者，該土地有第1項應課徵土地增值稅之情形時，其原地價指受益人死亡日當期之公告土地現值。

4. 前項委託人藉信託契約，不當為他人或自己規避或減少納稅義務者，不適用該項規定。

5. 第1項土地，於計課土地增值稅時，委託人或受託人於信託前或信託關係存續中，有支付第31條第1項第2款改良土地之改良費用或同條第3項增繳之地價稅者，準用該條之減除或抵繳規定；第2項及第3項土地，遺囑人或受益人死亡後，受託人有支付前開費用及地價稅者，亦準用之。

6. 本法中華民國10年6月12日修正之條文施行時，尚未核課或尚未核課確定案件，適用前三項規定。

五、稅　率

㈠超額倍數累進稅率

土地增值稅係採超額倍數之累進稅率，計算稅額。

㈡稅　率（土稅第33條）

1. 土地增值稅之稅率，依下列規定：

　⑴土地漲價總數額超過原規定地價或前次移轉時核計土地增值稅之現值數額未達百分之一百者，就其漲價總數額徵收增值稅百分之二十。

　⑵土地漲價總數額超過原規定地價或前次移轉時核計土地增值稅之現值數額在百分之一百以上未達百分之二百者，除按前款規定辦理外，其超過部分徵收增值稅百分之三十。

　⑶土地漲價總數額超過原規定地價或前次移轉時核計土地增值稅之現值數額在百分之二百以上者，除按前二款規定分別辦理外，其超過部分徵收增值稅百分之四十。

2. 因修正前項稅率造成直轄市政府及縣（市）政府稅收之實質損失，於財政收支劃分法修正擴大中央統籌分配稅款規模之規定施行前，由中央政府補足之，並不受預算法第23條有關公債收入不得充經常支出之用之限制。

3. 前項實質損失之計算，由中央主管機關與直轄市政府及縣（市）政府協商之。公告土地現值應調整至一般正常交易價格。

4. 全國平均之公告土地現值調整達一般正常交易價格百分之九十以上時，第1項稅率應檢討修正。

5. 持有土地年限超過二十年以上者，就其土地增值稅超過第1項最低稅率部分減徵百分之二十。

6. 持有土地年限超過三十年以上者，就其土地增值稅超過第1項最低稅率部分減徵百分之三十。

7. 持有土地年限超過四十年以上者，就其土地增值稅超過第1項最低稅率部分減徵百分之四十。

(三)計算公式（土稅細則第53條）

稅級別	計算公式
第一級	應徵稅額＝土地漲價總數額【超過原規定地價或前次移轉時申報現值（按臺灣地區消費者物價總指數調整後）未達百分之一百者】×稅率（20％）
第二級	應徵稅額＝土地漲價總數額【超過原規定地價或前次移轉時申報現值（按臺灣地區消費者物價總指數調整後）在百分之一百以上未達百分之二百者】×【稅率（30％）－[（30％－20％）×減徵率]】－累進差額（按臺灣地區消費者物價總指數調整後之原規定地價或前次移轉現值×A） 註：持有土地年限未超過20年者，無減徵，A為0.10 　　持有土地年限超過20年以上者，減徵率為20％，A為0.08 　　持有土地年限超過30年以上者，減徵率為30％，A為0.07 　　持有土地年限超過40年以上者，減徵率為40％，A為0.06
第三級	應徵稅額＝土地漲價總數額【超過原規定地價或前次移轉時申報現值（按臺灣地區消費者物價總指數調整後）在百分之二百以上者】×【稅率（40％）－[（40％－20％）×減徵率]】－累進差額（按臺灣地區消費者物價總指數調整後之原規定地價或前次移轉現值×B） 註：持有土地年限未超過20年者，無減徵，B為0.30 　　持有土地年限超過20年以上者，減徵率為20％，B為0.24 　　持有土地年限超過30年以上者，減徵率為30％，B為0.21 　　持有土地年限超過40年以上者，減徵率為40％，B為0.18

(四)計算實例

土地增值稅之計算

第一公式：計算土地漲價總數額

申報移轉現值－【原地價×〈臺灣地區消費者物價總指數/100〉】－（土地改良費＋工程受益費＋土地重劃負擔總費用＋因土地使用變更而無償捐贈作為公共設施用地其捐贈土地之公告現值總額）＝土地漲價總數額

上式假設為：A－B－C＝D

第二公式：決定稅率並計算稅額

1.第一級：B＞D（無持有20年以上之減徵）；稅率20％

公式：D×20％＝稅額

A100－B50－C20＝D30　　B50＞D30為第一級稅率

故：30×20％＝稅額6

例：土地面積0.0125公頃，持分1/5，公告現值65,000元/m²，原規定地價或前次移轉地價30,000元/m²，物價指數150％，曾經繳納過工程受益費67,000元，進行土地改良之費用85,000元及負擔土地重劃費120,000元，於民國86年重劃後如今第一次移轉，持有未滿20年，試計算一般稅率之土地增值稅。

計算：

0.0125公頃＝125m²

移轉持分面積：125m²×1/5＝25m²

第一公式：計算土地漲價總數額

（65,000元/m²×25m²）－（30,000元/m²×150%×25m²）－（67,000元＋85,000元＋120,000元）＝1,625,000元－1,125,000元－272,000元＝228,000元

B（1,125,000元）＞D（228,000元），故為第一級稅率：

第二公式：

⑴一般稅率之稅額：

228,000元×20%＝45,600元

重劃後第一次移轉減徵40%，減徵後稅額：

45,600元×（1－40%）＝27,360元

⑵自用住宅用地稅率之稅額：

228,000元×10%＝22,800元

重劃後第一次移轉減徵40%，減徵後稅額：

22,800元×（1－40%）＝13,680元

2.第二級：B＜（或＝）D＜2B；稅率30%

⑴持有未滿20年（持有未滿20年無減徵）

公式：D×30%－B×0.1＝稅額

例：A100－B40－C10＝D50　B40＜D50＜2B80

故：50×30%－40×0.1＝稅額11

原理：

0→B→D

　↓　↓

20% 30%，其中0→B稅率20%，全部以30%算，多算了10%，為累進差額應予減去，故B×0.1

前例稍微變換：土地面積0.0125公頃，持分1/5，公告現值65,000元/m²，原規定地價或前次移轉地價15,000元/m²，物價指數150%，曾經繳納過工程受益費67,000元，進行土地改良之費用85,000元及負擔土地重劃費120,000元，於民國86年重劃後如今第一次移轉，持有未滿20年，試計算一般稅率之土地增值稅。

計算：

0.0125公頃＝125m²

移轉持分面積：125m²×1/5＝25m²

第一公式：計算土地漲價總數額

（65,000元/m²×25m²）－（15,000元/m²×150%×25m²）－（67,000元＋85,000元＋120,000元）＝1,625,000元－562,500元－272,000元＝790,500元

B（562,500元）＜D（790,500元）＜2B（2×562,500元＝1,125,000元），故為第二級稅率：

第二公式：

A.一般稅率之稅額：

$790,500$元$\times 30\% - 562,500$元$\times 0.1 = 180,900$元

重劃後第一次移轉減徵40%，減徵後稅額：

$180,900$元$\times（1-40\%）= 108,540$元

B.自用住宅用地稅率之稅額：

$790,500$元$\times 10\% = 79,050$元

重劃後第一次移轉減徵40%，減徵後稅額：

$79,050$元$\times（1-40\%）= 47,430$元

⑵持有滿20年＜持有未滿30年

公式：$D\times 28\% - B\times 0.08 =$ 稅額

如前例：$A100 - B40 - C10 = D50$

$B40 < D50 < 2B80$

故：$50\times 28\% - 40\times 0.08 =$ 稅額10.8

公式：$D\times 28\% - B\times 0.08 =$ 稅額→原理：

因稅法規定持有20年以上就超過最低稅率部分減徵20%

故$D\times【30\% -（30\% - 20\%）\times 20\%】- B\times 0.08 =$ 稅額

即$D\times 28\% - B\times 0.08 =$ 稅額

$0\rightarrow B\rightarrow D$

　　↓　↓

20% 28%其中$0\rightarrow B$稅率20%，全部以28%算，多算了8%，為累進差額應予減去，故$B\times 0.08$

如前例：土地面積0.0125公頃，持分1/5，公告現值65,000元/m^2，原規定地價或前次移轉地價15,000元/m^2，物價指數150%，曾經繳納過工程受益費67,000元，進行土地改良之費用85,000元及負擔土地重劃費120,000元，於民國86年重劃後如今第一次移轉，持有滿20年未滿30年，試計算一般稅率之土地增值稅。

計算：

0.0125公頃$= 125m^2$

移轉持分面積：$125m^2 \times 1/5 = 25m^2$

第一公式：計算土地漲價總數額

$（65,000$元/$m^2 \times 25m^2）-（15,000$元/$m^2 \times 150\% \times 25m^2）-（67,000$元$+ 85,000$元$+ 120,000$元）$= 1,625,000$元$- 562,500$元$- 272,000$元$= 790,500$元

$B（562,500$元）$< D（790,500$元）$< 2B（2\times 562,500$元$= 1,125,000$元），故為第二級稅率：

第二公式：

A.一般稅率之稅額：

790,500元×28%－562,500元×0.08＝221,340元－45,000元＝176,340元
重劃後第一次移轉減徵40%，減徵後稅額：
176,340元×（1－40%）＝105,804元
B.自用住宅用地稅率之稅額：
790,500元×10%＝79,050元
重劃後第一次移轉減徵40%，減徵後稅額：
79,050元×（1－40%）＝47,430元
⑶持有滿30年＜持有未滿40年
公式：D×27%－B×0.07＝稅額
如前例：A100－B40－C10＝D50　B40＜D50＜2B80
故：50×27%－40×0.07＝稅額10.7
公式：D×27%－B×0.07＝稅額→原理：
因稅法規定持有30年以上就超過最低稅率部分減徵30%
故D×【30%－（30%－20%）×30%】－B×0.07＝稅額
即D×27%－B×0.07＝稅額
0→B→D
　↓　↓
　　20%　27%其中0→B稅率20%，全部以27%算，多算了7%，為累進差額應予
減去，故B×0.07
　　如前例：土地面積0.0125公頃，持分1/5，公告現值65,000元/m²，原規定地
價或前次移轉地價15,000元/m²，物價指數150%，曾經繳納過工程受益費67,000
元，進行土地改良之費用85,000元及負擔土地重劃費120,000元，於民國86年重
劃後如今第一次移轉，持有滿30年未滿40年，試計算一般稅率之土地增值稅。
　　計算：
0.0125公頃＝125m²
移轉持分面積：125m²×1/5＝25m²
第一公式：計算土地漲價總數額
　　（65,000元/m²×25m²）－（15,000元/m²×150%×25m²）－（67,000元＋
85,000元＋120,000元）＝1,625,000元－562,500元－272,000元＝790,500元
　　B（562,500元）＜D（790,500元）＜2B（2×562,500元＝1,125,000元），
故為第二級稅率：
第二公式：
A.一般稅率之稅額：
790,500元×27%－562,500元×0.07＝213,435元－39,375元＝174,060元
重劃後第一次移轉減徵40%，減徵後稅額：
174,060元×（1－40%）＝104,436元

B.自用住宅用地稅率之稅額：

790,500元×10%＝79,050元

重劃後第一次移轉減徵40%，減徵後稅額：

79,050元×（1－40%）＝47,430元

⑷持有滿40年

公式：D×26%－B×0.06＝稅額

如前例：A100－B40－C10＝D50　B40＜D50＜2B80

故：50×26%－40×0.06＝稅額10.6

公式：D×26%－B×0.06＝稅額→原理：

因稅法規定持有40年以上就超過最低稅率部分減徵40%

故D×【30%－（30%－20%）×40%】－B×0.06＝稅額

即D×26%－B×0.06＝稅額

0→B→D

　↓　↓

20% 26%其中0→B稅率20%，全部以26%算，多算了6%，為累進差額應予減去，故B×0.06

如前例：土地面積0.0125公頃，持分1/5，公告現值65,000元/m²，原規定地價或前次移轉地價15,000元/m²，物價指數150%，曾經繳納過工程受益費67,000元，進行土地改良之費用85,000元及負擔土地重劃費120,000元，於民國86年重劃後如今第一次移轉，持有滿40年，試計算一般稅率之土地增值稅。

計算：

0.0125公頃＝125m²

移轉持分面積：125m²×1/5＝25m²

第一公式：計算土地漲價總數額

（65,000元/m²×25m²）－（15,000元/m²×150%×25m²）－（67,000元＋85,000元＋120,000元）＝1,625,000元－562,500元－272,000元＝790,500元

B（562,500元）＜D（790,500元）＜2B（2×562,500元＝1,125,000元），故為第二級稅率：

第二公式：

A.一般稅率之稅額：

790,500元×26%－562,500元×0.06＝205,530元－33,750元＝171,780元

重劃後第一次移轉減徵40%，減徵後稅額：

171,780元×（1－40%）＝103,068元

B.自用住宅用地稅率之稅額：

790,500元×10%＝79,050元

重劃後第一次移轉減徵40%，減徵後稅額：

79,050元×（1－40%）＝47,430元

　3.第三級：2B＜（或＝）D；稅率40%

⑴持有未滿20年

公式：D×40%－B×0.3＝稅額

例：A100－B20－C10＝D70　2B40＜D70

故：70×40%－20×0.3＝稅額22

原理：

0→B→2B→D

20% 30% 40%，其中0→B稅率20%，全部以40%算，多算了20%；B→2B稅率30%，全部以40%算，多算了10%；全部多算了30%，為累進差額應予減去，故B×0.3

前例稍微變換：土地面積0.0125公頃，持分1/5，公告現值65,000元/m^2，原規定地價或前次移轉地價10,000元/m^2，物價指數150%，曾經繳納過工程受益費67,000元，進行土地改良之費用85,000元及負擔土地重劃費120,000元，於民國86年重劃後如今第一次移轉，持有未滿20年，試計算一般稅率之土地增值稅。

計算：

0.0125公頃＝125m^2

移轉持分面積：125m^2×1/5＝25m^2

第一公式：計算土地漲價總數額

（65,000元/m^2×25m^2）－（10,000元/m^2×150%×25m^2）－（67,000元＋85,000元＋120,000元）＝1,625,000元－375,000元－272,000元＝978,000元

D（978,000元）＞2B（2×375,000元＝750,000元），故為第三級稅率：

第二公式：

A.一般稅率之稅額：

978,000元×40%－375,000元×0.3＝391,200元－112,500元＝278,700元

重劃後第一次移轉減徵40%，減徵後稅額：

278,700元×（1－40%）＝167,220元

B.自用住宅用地稅率之稅額：

978,000元×10%＝97,800元

重劃後第一次移轉減徵40%，減徵後稅額：

97,800元×（1－40%）＝58,680元

⑵持有滿20年＜持有未滿30年

公式：D×36%－B×0.24＝稅額

如前例：A100－B20－C10＝D70　2B40＜D70

故：70×36%－20×0.24＝稅額20.4

公式：D×36%－B×0.24＝稅額→原理：

因稅法規定持有20年以上就超過最低稅率部分減徵20%

故D×【40%－（40%－20%）×20%】－B×0.24＝稅額

即D×36%－B×0.24＝稅額

0→B→2B→D

　↓　　↓　　↓

20%28%36%其中0→B稅率20%，全部以36%算，多算了16%；B→2B稅率28%（參見第二級之稅率），全部以36%算，多算了8%；全部多算了24%，為累進差額應予減去，故B×0.24

如前例：土地面積0.0125公頃，持分1/5，公告現值65,000元/m^2，原規定地價或前次移轉地價10,000元/m^2，物價指數150%，曾經繳納過工程受益費67,000元，進行土地改良之費用85,000元及負擔土地重劃費120,000元，於民國86年重劃後如今第一次移轉，持有滿20年未滿30年，試計算一般稅率之土地增值稅。

計算：

0.0125公頃＝125m^2

移轉持分面積：125m^2×1/5＝25m^2

第一公式：計算土地漲價總數額

（65,000元/m^2×25m^2）－（10,000元/m^2×150%×25m^2）－（67,000元＋85,000元＋120,000元）＝1,625,000元－375,000元－272,000元＝978,000元

D（978,000元）＞2B（2×375,000元＝750,000元），故為第三級稅率：

第二公式：

A.一般稅率之稅額：

978,000元×36%－375,000元×0.24＝352,080元－90,000元＝262,080元

重劃後第一次移轉減徵40%，減徵後稅額：

262,080元×（1－40%）＝157,248元

B.自用住宅用地稅率之稅額：

978,000元×10%＝97,800元

重劃後第一次移轉減徵40%，減徵後稅額：

97,800元×（1－40%）＝58,680元

⑶持有滿30年＜持有未滿40年

公式：D×34%－B×0.21＝稅額

如前例：A100－B20－C10＝D70　2B40＜D70

故：70×34%－20×0.21＝稅額19.6

公式：D×34%－B×0.21＝稅額→原理：

因稅法規定持有30年以上就超過最低稅率部分減徵30%

故D×【40%－（40%－20%）×30%】－B×0.21＝稅額

即D×34%－B×0.21＝稅額

0→B→2B→D

　↓　　↓　　↓

20% 27% 34%其中0→B稅率20%，全部以34%算，多算了14%；B→2B稅率27%（參見第二級之稅率），全部以34%算，多算了7%；全部多算了21%，為累進差額應予減去，故B×0.21

如前例：土地面積0.0125公頃，持分1/5，公告現值65,000元/m²，原規定地價或前次移轉地價10,000元/m²，物價指數150%，曾經繳納過工程受益費67,000元，進行土地改良之費用85,000元及負擔土地重劃費120,000元，於民國86年重劃後如今第一次移轉，持有滿30年未滿40年，試計算一般稅率之土地增值稅。

計算：

0.0125公頃＝125m²

移轉持分面積：125m²×1/5＝25m²

第一公式：計算土地漲價總數額

（65,000元/m²×25m²）－（10,000元/m²×150%×25m²）－（67,000元＋85,000元＋120,000元）＝1,625,000元－375,000元－272,000元＝978,000元

D（978,000元）＞2B（2×375,000元＝750,000元），故為第三級稅率：

第二公式：

A.一般稅率之稅額：

978,000元×34%－375,000元×0.21＝332,520元－78,750元＝253,770元

重劃後第一次移轉減徵40%，減徵後稅額：

253,770元×（1－40%）＝152,262元

B.自用住宅用地稅率之稅額：

978,000元×10%＝97,800元

重劃後第一次移轉減徵40%，減徵後稅額：

97,800元×（1－40%）＝58,680元

⑷持有滿40年

公式：D×32%－B×0.18＝稅額

如前例：A100－B20－C10＝D70　2B40＜D70

故：70×32%－20×0.18＝稅額18.8

公式：D×32%－B×0.18＝稅額→原理：

因稅法規定持有40年以上就超過最低稅率部分減徵40%

故D×【40%－（40%－20%）×40%】－B×0.18＝稅額

即D×32%－B×0.18＝稅額

0→B→2B→D

20%26%32%其中0→B稅率20%，全部以32%算，多算了12%；B→2B稅率26%（參見第二級之稅率），全部以32%算，多算了6%；全部多算了18%，為累進差額應予減去，故B×0.18

如前例：土地面積0.0125公頃，持分1/5，公告現值65,000元/m²，原規定地價或前次移轉地價10,000元/m²，物價指數150%，曾經繳納過工程受益費67,000元，進行土地改良之費用85,000元及負擔土地重劃費120,000元，於民國86年重劃後如今第一次移轉，持有滿40年，試計算一般稅率之土地增值稅。

計算：

0.0125公頃＝125m²

移轉持分面積：125m²×1/5＝25m²

第一公式：計算土地漲價總數額

（65,000元/m²×25m²）－（10,000元/m²×150%×25m²）－（67,000元＋85,000元＋120,000元）＝1,625,000元－375,000元－272,000元＝978,000元

D（978,000元）>2B（2×375,000元＝750,000元），故為第三級稅率：

第二公式：

A.一般稅率之稅額：

978,000元×32%－375,000元×0.18＝312,960元－67,500元＝245,460元

重劃後第一次移轉減徵40%，減徵後稅額：

245,460元×（1－40%）＝147,276元

B.自用住宅用地稅率之稅額：

978,000元×10%＝97,800元

重劃後第一次移轉減徵40%，減徵後稅額：

97,800元×（1－40%）＝58,680元

六、免徵增值稅

㈠繼承等免稅

因繼承而移轉土地，各級政府出售或依法贈與之公有土地，及受贈之私有土地，免徵土地增值稅。（土稅第28條，平均第35條但書及第36條第1項但書）

㈡捐贈特定對象之免稅

私人捐贈供興辦社會福利事業或依法設立私立學校使用之土地，免徵土地增值稅。但以符合下列各款規定者為限：（土稅第28條之1，平均第35條之1）

1.受贈人為財團法人。

2.法人章程載明法人解散時，其剩餘財產歸屬當地地方政府所有。

3.捐贈人未以任何方式取得所捐贈土地之利益。

◎**土地稅法施行細則第43條**

本法第28條之1所稱社會福利事業，指依法經社會福利事業主管機關許可設立，以興辦社會福利服務及社會救助為主要目的之事業。所稱依法設立私立學校，指依私立學校法規定，經主管教育行政機關許可設立之各級、各類私立學校。

依本法第28條之1申請免徵土地增值稅時，應檢附社會福利事業主管機關許可設立之證明文件或主管教育行政機關許可設立之證明文件、捐贈文書、法人登記證書（或法人登記簿謄本）、法人章程及當事人出具捐贈人未因捐贈土地以任何方式取得利益之文書。

依本法第28條之1核定免徵土地增值稅之土地，主管稽徵機關應將核准文號註記有關稅冊，並列冊（或建卡）保管，定期會同有關機關檢查有無第55條之1規定之情形。

㈢**徵收免稅**

土地稅法第39條第1至第3項及平均地權條例第42條第1項至第3項規定：

1. 被徵收之土地，免徵其土地增值稅。
2. 依都市計畫法指定之公共設施保留地尚未被徵收前之移轉，準用前項規定，免徵土地增值稅。但經變更為非公共設施保留地後再移轉時，以該土地第一次免徵土地增值稅前之原規定地價或前次移轉現值為原地價，計算漲價總數額，課徵土地增值稅。
3. 依法得徵收之私有土地，土地所有權人自願按公告土地現值之價格售與需地機關者，準用第1項之規定。

㈣**區段徵收之免稅**

土地稅法第39條之1及平均地權條例第42條之1規定：

1. 區段徵收之土地，以現金補償其地價者，依前條第1項規定，免徵其土地增值稅。但依平均地權條例第54條第3項規定因領回抵價地不足最小建築單位面積而領取現金補償者，亦免徵土地增值稅。
2. 區段徵收土地依平均地權條例第54條第1項、第2項規定以抵價地補償其地價者，免徵土地增值稅。但領回抵價地後第一次移轉時，應以原土地所有權人實際領回抵價地之地價為原地價，計算漲價總數額，課徵土地增值稅，準用前條第3項之規定。

㈤**免稅之現值核定**

土地稅法第30條之1及平均地權條例第47條之2規定：依法免徵土地增值稅之土地，主管稽徵機關應依左列規定核定其移轉現值並發給免稅證明，以憑辦理土地所有權移轉登記：

1. 依第28條規定免徵土地增值稅之公有土地，以實際出售價額為準；各級政府贈與或受贈之土地，以贈與契約訂約日當期之公告土地現值為準。

2.依第28條之1規定，免徵土地增值稅之私有土地，以贈與契約訂約日當期之公告土地現值為準。

3.依第39條之1第2項規定，免徵土地增值稅之抵價地，以區段徵收時實際領回抵價地之地價為準。

4.依第39條之2第1項規定，免徵土地增值稅之農業用地，以權利變更之日當期之公告土地現值為準。

七、不徵增值稅——不徵屬暫時性，嗣將來課徵時，再一併課徵

㈠配偶相互贈與不徵稅

土地稅法第28條之2及平均地權條例第35條之2規定：配偶相互贈與之土地，得申請不課徵土地增值稅。但於再移轉第三人時，以該土地第一次贈與前之原規定地價或前次移轉現值為原地價，計算漲價總數額，課徵土地增值稅。

前項受贈土地，於再移轉計課土地增值稅時，贈與人或受贈人於其具有土地所有權之期間內，有支付第31條第1項第2款改良土地之改良費用或同條第3項增繳之地價稅者，準用該條之減除或抵繳規定；其為經重劃之土地，準用第39條第4項之減徵規定。該項再移轉土地，於申請適用第34條規定稅率課徵土地增值稅時，其出售前一年內未曾供營業使用或出租之期間，應合併計算。

◎有關土地稅法第28條之2條文增訂後，配偶相互贈與土地之案件，是否需向主管稽徵機關申報土地移轉現值及如何查欠作業乙案（86.10.13財政部臺財稅字第8619390號函）

一、案經函准內政部86年9月18日臺（86）內地字第8608732號函略以：「查新增訂後之土地稅法第28條之2，有關配偶間相互間贈與之土地，『不課徵』土地增值稅之規定，與平均地權條例第40條之2（土稅第30條之1）所定『免徵』土地增值稅之土地，應核定其移轉現值並發給免稅證明，以憑辦理土地所有權移轉登記之性質有別，且該贈與土地之移轉現值依法無需異動；基於簡政便民之考量，本案配偶間相互贈與土地之案件，似無需向主管稽徵機關申報土地移轉現值。……另此類配偶相互贈與案件，因無需申報現值，故應由地政機關於土地登記完畢後，依本部80年9月13日臺（80）內地字第8075309號函頒『地籍異動通知書』格式，通報稅捐機關釐正稅籍資料。」本部同意上開內政部意見。

二、另依土地稅法第51條第1項規定：欠繳土地稅之土地，在欠稅未繳清前，不得辦理移轉登記。準此，配偶相互贈與之土地，如有欠繳土地稅者，在欠稅未繳清前，仍不得辦理移轉登記。至其查欠作業，可由納稅義務人持憑國稅局核發該贈與土地不計入贈與總額證明書，逕向管轄稅捐稽徵處、分處辦理查欠作業，並於查無欠稅或完納應納稅費後，於該證明書上加蓋「截至○年○月○日無欠繳地價稅、田賦及工程受益費」戳記及「主辦人

職名章」後，憑向地政機關辦理移轉登記。

(二)信託土地不徵稅

土地稅法第28條之3及平均地權條例第35條之3規定：土地為信託財產者，於左列各款信託關係人間移轉所有權，不課徵土地增值稅：

1. 因信託行為成立，委託人與受託人間。
2. 信託關係存續中受託人變更時，原受託人與新受託人間。
3. 信託契約明定信託財產之受益人為委託人者，信託關係消滅時，受託人與受益人間。
4. 因遺囑成立之信託，於信託關係消滅時，受託人與受益人間。
5. 因信託行為不成立、無效、解除或撤銷，委託人與受託人間。

(三)農業用地得申請不徵稅

1. 申請不徵稅之情形（土稅第39條之2，平均第45條）
   (1) 作農業使用之農業用地，移轉與自然人時，得申請不課徵土地增值稅。
   (2) 前項不課徵土地增值稅之土地承受人於其具有土地所有權之期間內，曾經有關機關查獲該土地未作農業使用且未在有關機關所令期限內恢復作農業使用，或雖在有關機關所令期限內已恢復作農業使用而再有未作農業使用情事時，於再移轉時應課徵土地增值稅。
   (3) 前項所定土地承受人有未作農業使用之情事，於配偶間相互贈與之情形，應合併計算。
   (4) 作農業使用之農業用地，於本法中華民國89年1月6日修正施行後第一次移轉，或依第1項規定取得不課徵土地增值稅之土地後再移轉，依法應課徵土地增值稅時，以該修正施行日當期之公告土地現值為原地價，計算漲價總數額，課徵土地增值稅。
   (5) 本法中華民國89年1月6日修正施行後，曾經課徵土地增值稅之農業用地再移轉，依法應課徵土地增值稅時，以該土地最近一次課徵土地增值稅時核定之申報移轉現值為原地價，計算漲價總數額，課徵土地增值稅，不適用前項規定。
2. 申請程序（土稅第39條之3）
   (1) 依前條第1項規定申請不課徵土地增值稅者，應由權利人及義務人於申報土地移轉現值時，於土地現值申報書註明農業用地字樣提出申請；其未註明者，得於土地增值稅繳納期間屆滿前補行申請，逾期不得申請不課徵土地增值稅。但依規定得由權利人單獨申報土地移轉現值者，該權利人得單獨提出申請。
   (2) 農業用地移轉，其屬無須申報土地移轉現值者，主管稽徵機關應通知權利人及義務人，其屬權利人單獨申報土地移轉現值者，應通知義務

人，如合於前條第1項規定不課徵土地增值稅之要件者，權利或義務人應於收到通知之次日起三十日內提出申請，逾期不得申請不課徵土地增值稅。

3. 農業發展條例於92年2月7日修正，其中第37條第1項修正為：作農業使用之農業用地移轉與自然人時，得申請不課徵土地增值稅。作農業使用之耕地依第33條及第34條規定移轉與農民團體、農業企業機構及農業試驗研究機構時，其符合產業發展需要、一定規模或其他條件，經直轄市、縣（市）主管機關同意者，得申請不課徵土地增值稅。

◎農業用地作農業使用認定及核發證明辦法（105.2.15農委會修正發布）

第1條

本辦法依農業發展條例（以下簡稱本條例）第39條第2項規定訂定之。

第2條

本辦法所稱農業用地之範圍如下：

一、本條例第3條第11款所稱之耕地。

二、依區域計畫法劃定為各種使用分區內所編定之林業用地、養殖用地、水利用地、生態保護用地、國土保安用地及供農路使用之土地，或上開分區內暫未依法編定用地別之土地。

三、依區域計畫法劃定為特定農業區、一般農業區、山坡地保育區、森林區以外之分區內所編定之農牧用地。

四、依都市計畫法劃定為農業區、保護區內之土地。

五、依國家公園法劃定為國家公園區內按各分區別及使用性質，經國家公園管理機關會同有關機關認定合於前三款規定之土地。

第3條

有下列各款情形之一者，得申請核發農業用地作農業使用證明書：

一、依本條例第37條第1項或第2項規定申請農業用地移轉不課徵土地增值稅。

二、依本條例第38條規定申請農業用地及其地上農作物免徵遺產稅、贈與稅或田賦。

第4條

農業用地符合下列情形，且無第五條所定情形者，認定為作農業使用：

一、農業用地實際作農作、森林、養殖、畜牧、保育使用者；其依規定辦理休耕、休養、停養或有不可抗力等事由而未使用者，亦得認定為作農業使用。

二、農業用地上施設有農業設施，並檢附下列各款文件之一：

　　㈠容許使用同意書及建築執照。但依法免申請建築執照者，免附建築執照。

　　㈡農業設施得為從來使用之證明文件。

三、農業用地上興建有農舍，並檢附農舍之建築執照。

第5條

農業用地有下列各款情形之一者,不得認定為作農業使用:

一、農業設施或農舍之興建面積,超過核准使用面積或未依核定用途使用。

二、本條例中華民國89年1月26日修正公布施行前,以多筆農業用地合併計算基地面積申請興建農舍,其原合併計算之農業用地部分或全部業已移轉他人,致農舍坐落之農業用地不符合原申請興建農舍之要件。

三、現場有阻斷排灌水系統等情事。

四、現場有與農業經營無關或妨礙耕作之障礙物、砂石、廢棄物、柏油、水泥等使用情形。

第6條

農業用地部分面積有下列情形之一,且不影響供農業使用者,得認定為作農業使用:

一、於非都市土地使用編定公告前已存在有墳墓,經檢具證明文件。

二、農業用地存在之土地公廟、有應公廟等,其面積在十平方公尺以下。

三、農業用地存在私人無償提供政府施設供公眾使用之道路或屬依法應徵收而未徵收性質之其他公共設施。

四、農業用地存在非都市土地使用編定公告前之合法房屋,經檢具證明文件。

五、農業用地上存在由中央主管機關興建或補助供農村社區使用之農村再生相關公共設施,且符合下列各目規定:

　(一)位於已核定農村再生計畫範圍內。

　(二)該筆農業用地為私人無償提供且具公眾使用之公共設施。

　(三)經中央主管機關出具符合前二目之證明文件。

六、共有農業用地有違反使用管制規定之情形,其違規面積未大於違規使用共有人之應有部分面積,其他未違規使用共有人之應有部分,經檢具第8條之文件。

第7條

依本辦法申請核發農業用地作農業使用證明書時,應填具申請書並檢具下列文件資料,向直轄市或縣(市)政府申請:

一、最近一個月內核發之土地登記謄本及地籍圖謄本。但直轄市、縣(市)地政主管機關能提供網路查詢者,得免予檢附。

二、申請人國民身分證影本或戶口名簿影本;其屬法人者,檢具相關證明文件。

三、目的事業主管機關許可文件及其他相關文件。

前項農業用地如屬都市土地者,應另檢附都市計畫土地使用分區證明。

第1項農業用地如位於國家公園範圍內,應另檢附國家公園管理機關出具符合第2條第5款規定之證明文件。

第8條

　　符合第6條第6款之共有人申請核發其應有部分作農業使用證明書時，除依前條規定辦理外，並應檢附下列文件之一：

一、全體共有人簽署之分管契約書圖。

二、違規使用之共有人切結書；其切結書內容應包括違規使用面積未大於違規使用共有人之應有部分面積。

三、因他共有人無法尋覓、死亡或不願切結違規使用等情事，共有人得檢附民法第820條所為之多數決分管證明，或其他由行政機關出具足資證明共有分管區位之相關書圖文件。

　　依前項第3款規定辦理者，受理機關應踐行行政程序法第一章第六節及第104條至第106條規定。

第9條

　　直轄市或縣（市）政府為辦理農業用地作農業使用之認定及證明書核發作業，得組成審查小組，其成員由農業、地政、建設（工務）、環境保護等有關機關（單位）派員組成之；依其業務性質分工如下：

一、農業：業務聯繫與執行及現場是否作農業用途之認定工作。

二、地政：非都市土地使用分區、用地編定類別及土地登記文件謄本之審查及協助第10條第3項之認定工作。

三、都市計畫或國家公園：是否符合都市土地分區使用管制規定或國家公園土地分區使用管制規定之認定工作。

四、建設（工務）：農舍、建物是否為合法使用之認定。

五、環境保護：農業用地是否遭受污染不適作農業使用之認定。

　　前項第2款至第5款有關機關（單位）得就其審認部分提供書面審查意見，有現場認定之必要者，應配合農業機關（單位）依第10條規定之實地勘查辦理。

第10條

　　直轄市或縣（市）政府受理申請案件後，應實地勘查，並以一次為限。

　　前項勘查結果應填具勘查紀錄表。

　　直轄市或縣（市）政府辦理第1項勘查時，應通知申請人到場指界及說明，如界址無法確定，應告知申請人向地政機關申請鑑界。

　　申請人非土地所有權人時，應通知土地所有權人到場。

第11條

　　申請案件經審查符合本條例第3條第12款及本辦法第4條或第6條規定者，受理機關應核發農業用地作農業使用證明書。

第12條

　　申請案件不符合規定，其情形可補正者，應通知申請人限期補正；不能補正、屆期仍未補正或經補正仍未符合規定者，受理機關應敘明理由駁回之。

第13條

直轄市或縣（市）政府應依農業主管機關受理申請許可案件及核發證明文件收費標準規定，向申請人收取行政規費。

依第11條規定核發之農業用地作農業使用證明書以一份為原則，申請者為同一申請案件要求核發多份證明書時，其超過部分應另收取證明書費，每一份以新臺幣100元計算。

第14條

農業用地作農業使用證明書之有效期限為六個月；逾期失其效力。

第15條

直轄市或縣（市）政府為辦理第7條至第13條規定事項，得將權限之一部分委任或委辦鄉（鎮、市、區）公所辦理，並依法公告；其作業方式，由直轄市或縣（市）政府定之。

第16條

本辦法自發布日施行。

農業用地作農業使用證明申請書（105.2.15修訂）　　　年　　月　　日

受文機關：

本人為辦理□農業發展條例第37條申請農業用地不課徵土地增值稅
　　　　　　□農業發展條例第38條申請農業用地免徵遺產稅、贈與稅

在下列土地上須申請農業用地作農業使用證明書，請惠予核發證明書　　份。

土地標示							土地所有權人		現有設施項目及面積		土地使用現況
鄉鎮市區	地段	小段	地號	面積（平方公尺）	使用分區	編定類別	姓名	權利範圍	現有設施名稱及核准文號	面積（平方公尺）	現　況

申請人：　　　　　　（簽章）　　　　代理人：　　　　　　（簽章）

出生日期：　　　　　　　　　　　　　住址：

國民身分證統一編號：　　　　　　　　電話：

住址：

電話：

附註：

本申請書應填寫一份，並檢附下列文件，向土地所在地直轄市、縣（市）政府或其委任（辦）之鄉（鎮市區）公所申請：

一、最近一個月內核發之土地登記謄本及地籍圖謄本。但直轄市、縣（市）地政主管機
　　關能提供網路查詢者，得免予檢附。

二、申請人身分證影本或戶口名簿影本。

三、目的事業主管機關許可文件及其他相關文件。

四、申請土地屬都市計畫農業區、保護區者，請填寫於「使用分區」欄，並應檢附都市
　　計畫土地使用分區證明。

五、申請土地位於國家公園範圍內者，應另檢附國家公園管理機關出具之符合農業發展
　　條例施行細則第2條第5款之證明文件。

　　　　　　　　○○市
　　　　　　　　○○縣（市）　　　鄉（鎮、市、區）農業用地作農業使用證明書
　　　　　　　　　　　　　　　　　　發文日期：

本證明書之用途：　　　　　　　　　發文字號：

□農業發展條例第37條申請農業用地不課徵土地增值稅

□農業發展條例第38條申請農業用地免徵遺產稅、贈與稅

茲證明　　　　　君所申請下列農業用地於本證明書核發之時點係作農業使用無
誤。

鄉鎮市區	地段	小段	地號	面積（平方公尺）	使用分區	編定類別	所有權人	權利範圍

附註：

一、本證明書有效期間為六個月；逾六個月期限者，本證明書失其效力。

二、前開農業用地經查核專案列管檔案，□有□無農業發展條例第37條第3項或
　　第4項之情事。（本項係依直轄市、縣（市）主管機關所提供之列管資料註
　　記）

三、本證明書作為所勾列申辦用途文件之一，前開農業用地辦理不課徵土地增
　　值稅或免徵遺產稅、贈與稅者，應符合土地稅法、遺產及贈與稅法等相關
　　規定。

四、其他：

　　　　　　　　　　　　　　　　　　　　　　　　（受理機關全銜）

中　華　民　國　　　　　年　　　　　月　　　　　日

◎**國家公園區域內農業用地認定作業要點**（92.6.10內政部營建署臺內營字第
　0920086724號令修正發布）

一、為國家公園管理處執行農業發展條例施行細則第2條第1項第5款之規定事項，並
　　配合國家公園經營管理需要，特訂定本要點。

二、國家公園區域內所稱之農業用地，指合於下列規定，並經國家公園管理處視實際
　　需要會同直轄市或縣（市）政府農業、地政單位及鄉（鎮、市、區）公所共同現
　　場勘定之土地：

　㈠生態保護區。

　㈡特別景觀區內供農作、森林、養殖、畜牧、保育使用及設置相關之農業設施之
　　土地。

　㈢一般管制區：

　　1.區內經國家公園管理處劃定用地別，其屬農業用地、林業用地、畜產試驗用
　　　地、水利用地之土地。

　　2.區內未經國家公園管理處劃定用地別，而供農作、森林、養殖、畜牧、保育
　　　使用及設置相關之農業設施或農舍使用之土地。

　㈣遊憩區內劃定為保育性質之用地，而供農作、森林、養殖、畜牧、保育使用及
　　設置相關之農業設施之土地。

　㈤其他經國家公園管理處會同直轄市或縣（市）政府農業、地政單位及鄉（鎮、
　　市、區）公所共同現場勘定之土地。

三、依本要點核發之農業用地證明書格式如附件。

附件
　　　○○國家公園區域內農業用地證明書

　　　　　　　　　　　　　　　　中華民國92年　　月　　日
　　　　　　　　　　　　　　　　（○○）營○企字第○○○○號

受文者：　　　　　　戶籍住址：
　　　　　　　　　　通訊住址：

主旨：茲核發下列土地　筆係為農業用地證明書　份，復請　查照。

說明：

一、復台端　年　月　日申請書。

二、土地標示

鄉鎮市區	地段	小段	地號	面積（公頃）	權利範圍	土地所有權人	分區使用類別	用地別（無用地別者免填）	是否為農業用地
備註	一、符合農業發展條例施行細則第二條第一項第五款之農業用地。 二、詳細地籍界線應以實際測量釘樁為準。 三、本證明書僅供辦理申請免稅證明之用，其土地利用仍應依國家公園法及國家公園計畫之規定辦理。 四、（備註欄若各國家公園管理處需自行增加內容，得自第四項起增列）								

本證明書自核發日起六個月內有效。

處長○○○

八、減徵增值稅

㈠自用住宅用地

1. 土地稅法第34條及平均地權條例第41條規定，土地所有權人出售其自用住宅用地者，都市土地面積未超過3公畝部分或非都市土地面積未超過7公畝部分，其土地增值稅統就該部分之土地漲價總數額按百分之十徵收之；超過3公畝或7公畝者，其超過部分之土地漲價總數額，依前條規定之稅率徵收之。

前項土地於出售前一年內，曾供營業使用或出租者，不適用前項規定。

第1項規定於自用住宅之評定現值不及所占基地公告土地現值百分之十者，不適用之。但自用住宅建築工程完成滿一年以上者不在此限。

土地所有權人，依第1項規定稅率繳納土地增值稅者，以一次為限。

土地所有權人適用前項規定後，再出售其自用住宅用地，符合下列各款規定者，不受前項一次之限制：

(1)出售都市土地面積未超過1.5公畝部分或非都市土地面積未超過3.5公畝部分。

(2)出售時土地所有權人與其配偶及未成年子女，無該自用住宅以外之房屋。

(3)出售前持有土地六年以上。

(4)土地所有權人或其配偶、未成年子女於土地出售前，在該地設有戶籍且持有該自用住宅連續滿六年。

(5)出售前五年內，無供營業使用或出租。

因增訂前項規定造成直轄市政府及縣（市）政府稅收之實質損失，於財政收支劃分法修正擴大中央統籌分配稅款規模之規定施行前，由中央政府補足之，並不受預算法第23條有關公債收入不得充經常支出之用之限制。

前項實質損失之計算，由中央主管機關與直轄市政府及縣（市）政府協商

之。

  2.所謂自用住宅用地，係指土地所有權人或其配偶，直系親屬於該地辦竣戶籍登記，且無出租或供營業用之住宅用地。（土稅第9條）

  3.所謂都市土地，係指依法發布都市計畫範圍內之全部土地。（土稅第8條）

  4.所謂非都市土地，係指都市土地範圍外各地類地目之全部土地。（土稅第8條）

  5.申請程序。（土稅第34條之1）

  土地所有權人申請按自用住宅用地稅率課徵土地增值稅，應於土地增值申報書註明自用住宅字樣，並檢附戶口名簿影本及建築改良物證明文件；其未註明者，得於繳納期間屆滿前，向當地稽徵機關補行申請，逾期不得申請依自用住宅用地稅率課徵土地增值稅。

  土地所有權移轉，依規定由權利人單獨申報土地移轉現值或無須申報土地移轉現值之案件，稽徵機關應主動通知土地所有權人，其合於自用住宅用地要件者，應於收到通知之次日起三十日內提出申請，逾期申請者，不得適用自用住宅用地稅率課徵土地增值稅。

  6.出售面積超過法令規定時之適用順序。（土稅細則第44條）

  土地所有權人申報出售在本法施行區域內之自用住宅用地，面積超過本法第34條第1項規定時，應依土地所有權人擇定之適用順序計算至該規定之面積限制為止；土地所有權人未擇定者，應以各筆土地依本法第33條規定計算之土地增值稅，由高至低之適用順序計算之。

  本細則中華民國103年1月13日修正施行前出售自用住宅用地尚未核課確定案件，適用前項規定。

◎關於財政部就工業用地不得核准適用自用住宅用地稅率課徵地價稅及土地增值稅之相關函釋規定，不再適用（85.11.27財政部財稅字第851924269號函）

一、依據財政部賦稅革新小組85.10.29工作會議決議辦理。

二、有關工業用地申請適用自用住宅用地稅率課徵土地稅案件，財政部75.3.22臺財稅字第7583967號，75.11.26臺財稅字第7519032號，80.3.6臺財稅字第80049040號，80.4.17臺財稅字第800686091號及84.11.22臺財稅字第841660242號等五則函釋，停止適用。

三、工業用地申請按自用住宅用地稅率課徵地價稅或土地增值稅之案件，於本函發布日尚未確定者，均不再適用前揭五則函釋之規定，如符合自用住宅用地要件者，應准適用自用住宅用地稅率課徵地價稅或土地增值稅。

四、至於85.11.16開徵之85年地價稅，依土地稅法第41條規定，原應在85.10.7以前提出申請者，始有特別稅率之適用，惟因本函發布日已逾上揭申請截止日

（85.10.9），為兼顧工業用地改作自用住宅用地使用之土地所有權人權益，該類土地所有權人如在85年地價稅繳納期限屆滿（85.12.15）前，申請該年地價稅改按自用住宅用地稅率課徵者，准依說明三所述未確定案件之處理原則辦理。

◎自用住宅用地土地增值稅書面審查作業要點（101.3.28財政部修正發布）

壹、總　則

一、為簡化自用住宅用地土地增值稅之審查作業，特訂定本要點。

二、土地所有權人申請適用自用住宅用地稅率課徵土地增值稅之案件，除有第11點或第21點規定之特殊情形外，應依據戶政機關及稽徵機關有關課稅資料，以書面審查方式辦理，不再實地勘查。

貳、適用土地稅法第34條第1項自用住宅用地稅率案件書面審查程序

三、土地增值稅承辦人員（以下簡稱承辦人員）收到申請適用土地稅法第34條第1項規定（以下簡稱一生一次）按自用住宅用地稅率課徵土地增值稅之案件後，應依下列規定辦理：

　㈠利用電腦戶政系統查詢該址於出售前一年內有無他人設立戶籍，必要時得另函詢自用住宅用地所在戶政事務所查調戶籍有關資料。

　㈡利用電腦網路向財政部財稅資料中心（以下簡稱財稅資料中心）查詢土地所有權人是否曾經適用自用住宅用地稅率繳納土地增值稅。

　㈢利用國稅局所提供租賃所得資料檔，線上列印最近一年租賃所得檔案資料。但無法確認該址出售前一年內有無租賃情形時，應填列「自用住宅用地地上建物租賃所得查復表」，送請國稅局綜合所得稅業務單位查填。惟土地所有權人已檢附無租賃情形申明書（附件一）者，得免予查填租賃所得資料。

　㈣線上列印出售前一年內房屋稅及營業稅之電腦檔案資料。但房屋稅與營業稅資料不一致，或無法確認該址於出售前一年內之地上建物使用情形時，應填列「自用住宅用地地上建物使用情形查復表（房屋稅用）」暨「自用住宅用地地上建物使用情形查復表（營業稅用）」，分別送請房屋稅及國稅局營業稅業務單位查填。

　㈤房屋設立稅籍未滿一年者，應查詢其評定現值是否不及所占基地公告土地現值百分之十。

四、承辦人員查詢戶政資料後，應為以下之處理：

　㈠查無他人設立戶籍之案件，應依據其他內部資料繼續審查。

　㈡查有土地所有權人或其配偶、直系親屬、三親等內親屬以外之他人設立戶籍之案件，應通知設籍之他人於文到五日內或指定日（有正當理由時，得申請延期）到辦公處所說明，並填具申明書（附件二、三）申明確無租賃之事實者，免再調查。但該設籍之他人如事先已檢具申明書並附有身分證影本者，免予通知到辦公處所說明。

(三)前款通知經合法送達後，設籍之他人未依規定期限或指定日前來說明者，得先按一般用地稅率核課土地增值稅。但於土地增值稅繳納期間屆滿前補辦完成前項說明手續申明確未有出租之事實者，仍准予認定，免再調查。

五、設籍之他人有下列情形之一者，得免辦理前點規定之說明手續：

(一)因重病不能前來，經提出醫院出具之證明者。

(二)設籍人死亡，經提出證明文件者。

(三)因出國期間不能前來，經提出證明者。

(四)設籍人為出售房地之前所有權人，或設籍人為承買人於訂立買賣契約後遷入者。

(五)設籍人為空戶或行蹤不明，經提出證明文件者。

(六)有其他正當理由，經提出證明文件者。

六、財稅資料中心收到稽徵機關上傳之查詢資料後，應即處理並產生「適用自用住宅用地稅率查詢案件回覆通知書檔」及「適用自用住宅用地查詢案件回覆清單檔」，提供稽徵機關下載查詢運用。

七、國稅局綜合所得稅業務單位收到「自用住宅用地地上建物租賃所得查復表」後，應就現有資料查填有無租賃所得資料，其於出售前一年內有租賃所得者，應註明承租人、每月租金及出租起迄日期等資料，於五日內回復。

八、國稅局營業稅業務單位收到「自用住宅用地地上建物使用情形查復表（營業稅用）」後，就以下各點查明後查註，並於五日內回復：

(一)依據稅籍主檔登載，查填該址於出售前一年內有無營業商號。

(二)該營業商號如於前一年內有申請歇業、暫停營業、營業地址變更等登記事項，應註明其申請日期、文號，其屬遷出者，應註明其遷出地址。

(三)查對前一年擅自營業違章送罰資料，該址於出售前一年有無擅自營業之情形。

九、房屋稅業務單位收到「自用住宅用地地上建物使用情形查復表（房屋稅用）」後，就以下各款查明處理，並於二日內回復：

(一)依據稅籍資料，查填該址房屋於出售前一年內房屋課稅情形，其屬兩種以上稅率者，應分別註明其層次及面積。

(二)如係按營業用稅率課徵，應註明營業商號、課徵期間等資料。

(三)如係按非住家非營業用稅率課徵，應註明房屋使用情形（例如：○○診所、○○會計師事務所）。

(四)房屋設立稅籍未滿一年者，應註明房屋之評定現值。

十、承辦人員收到前二點之查復表，經核對其營業資料仍有不一致者，得檢附相關資料後移回國稅局營業稅業務單位重查，如重查結果仍不一致者，其有無營業事實之認定以國稅局營業稅業務單位調查結果為準。

依第9點第3款查復有執行業務情形者，應向國稅局綜合所得稅業務單位查詢，經核對其執行業務情形與房屋稅或地價稅有不一致者，得檢附相關資料移回國稅

局綜合所得稅業務單位重查，如重查結果仍不一致者，其有無執行業務情形之認定，以國稅局綜合所得稅業務單位調查結果為準。

十一、申請適用一生一次自用住宅用地稅率課徵土地增值稅之案件有下列情形之一者，經簽報核准後，得派員至現場實地勘查：

　　㈠地上房屋有合併打通使用之情形。

　　㈡拆除改建之情形。

　　㈢無使用執照或建物所有權狀，以建物勘測成果圖或建築改良物勘查結果通知書代替之情形。

　　㈣行政救濟案件。

　　㈤其他經書面審查發現顯有疑問之重大特殊案件。

十二、經認定與自用住宅用地規定要件不合，按一般稅率課徵土地增值稅之案件，買賣雙方於辦妥土地移轉登記前，得申請撤回土地移轉現值申報；經核准撤回之案件，稽徵機關應通報財稅資料中心建檔列管。土地所有權人於一年內重行申報土地移轉現值並申請按自用住宅用地稅率課徵土地增值稅者，稽徵機關列印「適用自用住宅用地稅率查詢案件回覆通知書」時，並加印撤回案件申報書之收件文號，承辦人員並應調原申報案併核。

十三、經核准按自用住宅用地稅率課徵土地增值稅之案件，每年由財稅資料中心利用相關資料檔交查勾稽，如發現出售前一年內有租賃所得資料者，應通知土地增值稅業務單位查明補徵土地增值稅。

參、適用土地稅法第34條第5項自用住宅用地稅率案件書面審查程序

十四、承辦人員收到申請適用土地稅法第34條第5項規定（以下簡稱一生一屋）按自用住宅用地稅率課徵土地增值稅之案件後，應依下列規定辦理：

　　㈠利用電腦戶政系統查詢該址出售前有無土地所有權人或其配偶、未成年子女在該地設立戶籍連續滿六年及出售前五年內有無他人設立戶籍，必要時得另函詢自用住宅用地所在地戶政事務所查調戶籍有關資料。

　　㈡利用電腦網路向財稅資料中心查詢土地所有權人是否曾經適用一生一次自用住宅用地稅率繳納土地增值稅。

　　㈢利用國稅地方稅資訊運用系統查詢列印最近五年申報核定租賃所得檔案資料。但無法確認該址出售前五年內有無租賃情形時，應填列「自用住宅用地地上建物租賃所得查復表」，送請國稅局綜合所得稅業務單位查填。

　　㈣線上列印出售前五年內房屋稅及國稅局營業稅之電腦檔案資料。但房屋稅與營業稅資料不一致，或無法確認該址於出售前五年之地上建物使用情形時，應填列「自用住宅用地地上建物使用情形查復表（房屋稅用）」暨「自用住宅用地地上建物使用情形查復表（營業稅用）」，分別送請房屋稅及國稅局營業稅業務單位查填。

　　㈤運用戶政系統或國稅地方稅資訊運用系統（綜所稅稅籍資料檔等）查詢未成

年子女資料。

㈥運用全國財產稅總歸戶系統查詢土地所有權人與其配偶、未成年子女，出售時是否有該自用住宅以外之房屋（含未辦保存登記及信託移轉）。經查有該自用住宅以外之房屋，應查調該房屋資料；如為他轄房屋，請所轄地方稅稽徵機關提供該房屋相關資料供核。

十五、承辦人員查詢戶政資料後，依第4點、第5點規定辦理。

十六、財稅資料中心收到稽徵機關上傳之查詢資料後，依第6點規定辦理。

十七、國稅局綜合所得稅業務單位收到「自用住宅用地地上建物租賃所得查復表」後，應就現有資料查填有無租賃所得資料，其於出售前五年內有租賃所得者，應註明承租人、每月租金及出租起迄日期等資料，於五日內回復。

十八、國稅局營業稅業務單位收到「自用住宅用地地上建物使用情形查復表（營業稅用）」後就以下各點查明後查註，並於五日內回復：

㈠依據稅籍主檔登載，查填該址於出售前五年內有無營業商號。

㈡該營業商號如於前五年內有申請歇業、暫停營業、營業地址變更等登載事項，應註明其申請日期、文號，其屬遷出者，應註明其遷出地址。

㈢查對前五年擅自營業違章送罰資料，該址於出售前五年內有無擅自營業之情形。

十九、房屋稅業務單位收到「自用住宅用地地上建物使用情形查復表（房屋稅用）」後就以下各點查明後查註，並於二日內回復：

㈠依據稅籍資料，查填該址房屋於出售前五年內房屋課稅情形，其屬兩種以上稅率者，應分別註明其層次及面積。

㈡如係按營業用稅率課徵，應註明營業商號、課徵期間等資料。

㈢如係按非住家非營業用稅率課徵，應註明房屋使用情形（例如○○診所、○○會計師事務所）。

二十、承辦人員收到前二點之查復表，經核對其營業資料仍有不一致者，依第10點規定辦理。

二一、申請適用一生一屋自用住宅用地稅率課徵土地增值稅之案件有第11點各款情形之一者，依該點規定辦理。

二二、經認定與自用住宅用地規定要件不合者，依第12點規定辦理。

二三、經核准按自用住宅用地稅率課徵土地增值稅之案件，每年由財稅資料中心利用相關資料檔交查勾稽，如發現出售前五年內有租賃所得資料者，應通知土地增值稅業務單位查明補徵土地增值稅。

◎同時出售都市及非都市土地其自宅用地面積限制標準之認定（84.8.24財政部臺財稅字第841644298號函）

本案經本部於84年8月14日邀集內政部等有關機關會商決定：土地所有權人同時

出售都市土地及非都市土地，其適用自用住宅用地稅率課徵土地增值稅之面積，得由土地所有權人自行就都市土地面積三公畝或非都市土地面積7公畝之範圍擇一適用；未超過部分，都市土地按三分之七比例，非都市土地按七分之三比例分別換算為非都市土地或都市土地適用。其計算方式例示如次：

同時		所有權人選擇適用優惠稅率之土地	
都市土地	非都市土地	都市土地	非都市土地
4公畝	8公畝	3公畝	7公畝
2公畝	8公畝	1×(7/3)=2.33<8（非都市土地） （差額換算為非都市土地） 都市2公畝，非都市2.33公畝	7公畝
4公畝	5公畝	3公畝	2×(3/7)=0.86<4（都市土地） （差額換算為非都市土地） 都市0.86公畝，非都市5公畝
1公畝	2公畝	2×(7/3)=4.67>2（非都市土地） （差額換算為非都市土地） 都市1公畝，非都市2公畝	5×(3/7)=2.14>1（都市土地） （差額換算為都市土地） 都市1公畝，非都市2公畝

(二)重劃土地

1. 經重劃之土地，於重劃後第一次移轉時，其土地增值稅減徵百分之四十。（土稅第39條第4項，平均第42條第4項）
2. 依本法第39條第4項減徵土地增值稅之重劃土地，以左列土地，於中華民國66年2月2日平均地權條例公布施行後移轉者為限。（土稅細則第56條）
   (1)在中華民國53年舉辦規定地價或重新規定地價之地區，於該次規定地價或重新規定地價以後辦理重劃之土地。
   (2)在中華民國53年以前已依土地法規定辦理地價及在中華民國53年以後始舉辦規定地價之地區，於其第一次規定地價以後辦理重劃之土地。

(三)抵價地移轉

　　土地稅法第39條之1第2項及平均地權條例第42條之1第2項規定：區段徵收之土地依平均地權條例第54條第1項、第2項規定以抵價地補償其地價者，免徵土地增值稅。但領回抵價地後第一次移轉時，應以原土地所有權人實際領回抵價地之地價為原地價，計算漲價總數額，課徵土地增值稅，準用前條第4項之規定。

◎**農村社區土地重劃祖先遺留共有土地減徵土地增值稅標準**（89.4.25財政部臺財稅字第0890452131號）

第1條

本標準依農村社區土地重劃條例（以下簡稱本條例）第32條規定訂定之。

第2條

重劃區祖先遺留之共有土地經整體開發建築者，於建築後第一次土地移轉時，共有土地增值稅之減免，除依其他法律規定外，另減百分之二十。

第3條

本條例第32條所稱整體開發，係指以實施重劃或區段徵收方式辦理開發者。

本條例所稱建築後第一次移轉，係指建築物取得使用執照後，其基地所有權第一次移轉。

第4條

本標準自本條例施行之日施行。

九、退還增值稅

㈠重購退稅

1. 土地所有權人於出售土地後，自完成移轉登記之日起，二年內重購土地合於下列規定之一，其新購土地地價超過原出售土地地價，扣除繳納土地增值稅後之餘額者，得向主管稽徵機關申請就其已納土地增值稅額內，退還其不足支付新購土地地價之數額。（土稅第35條，平均第44條）

   ⑴自用住宅用地出售後，另行購買都市土地未超過3公畝部分或非都市土地未超過7公畝部分，仍作自用住宅用地者。

   ⑵自營工廠用地出售後，另於其他都市計畫工業區或政府編定之工業用地內購地設廠者。

   ⑶自耕之農業用地出售後，另行購買仍供自耕之農業用地者。

   前項規定土地所有權人於先購買土地後，自完成移轉登記之日起二年內，始行出售土地者，準用之。

   第1項第1款及第2項規定，於土地出售前一年內，曾供營業使用或出租者，不適用之。

2. 前述所稱原出售地價，以該次移轉計徵土地增值稅之地價為準。所稱新購土地地價，以該次移轉計徵土地增值稅之地價為準，該次移轉課徵契稅之土地，以該次移轉計徵契稅之地價為準。（土稅第36條）

3. 土地所有權人因重購土地，退還土地增值稅者，其重購之土地，自完成移轉登記之日起，五年內再行移轉時，除就該次移轉之漲價總數額課徵

土地增值稅外，並應追繳原退還稅款。重購之土地，改作其他用途者亦同。（土稅第37條）

    4.由前述之規定，可歸納為如下各點：

      (1)賣出及買進，均應為自用。

      (2)賣出及買進之所有權，均應為同一人。

      (3)賣出及買進，均應在兩年內。

      (4)應賣少買多。

      (5)就納稅額度內，退賣少買多之不足部分。

      (6)列管五年。

(二)出典回贖之退稅

設定典權預繳土地增值稅，出典人回贖時，原繳之土地增值稅，應無息退還。（土稅第29條）

十、抵繳增值稅

土地所有權人辦理土地移轉繳納土地增值稅時，在其持有土地期間內，因重新規定地價增繳之地價稅，就其移轉土地部分，准予抵繳其應納之土地增值稅，但准予抵繳之總額，以不超過土地移轉時應繳增值稅總額百分之五為限。（土稅第31條第3項）

◎**增繳地價稅抵繳土地增值稅辦法**（80.8.16修正發布）

第1條

    本辦法依土地稅法（以下簡稱本法）第31條第4項及平均地權條例（以下簡稱本條例）第36條第4項之規定訂定之。

第2條

    依本法第31條及本條例第26條規定加徵之空地稅，不適用本辦法抵繳土地增值稅之規定。

第3條

    受贈土地在未辦妥登記前，原所有權人所繳納之增繳地價稅，準用本辦法之規定，抵繳受贈土地應納之土地增值稅。

第4條

    增繳之地價稅，應以每筆土地計算；其為分別共有之土地，就其應有部分計算之。

    前項土地僅有部分移轉者，就其移轉部分比例分別計算。

第5條

    土地所有權人在持有土地期間，經重新規定地價者，其增繳之地價稅，自重新規定地價起（按新地價核計之稅額），每繳納一年地價稅抵繳該筆土地應繳土地增值

稅總額百分之一（繳納半年者，抵繳百分之0.5）。如納稅義務人申請按實際增繳稅額抵繳其應納土地增值稅者，應檢附地價稅繳納收據，送該管稽徵機關按實抵繳，其計算公式如附件。

依前項計算公式計算增繳之地價稅，因重新規定地價、地價有變動或使用情形變更，致適用課徵地價稅之稅率不同者，應分別計算之。

附件

一、原按特別稅率、公共設施保留地稅率及基本稅率課徵地價稅者：

增徵之地價稅＝〔（最近一次重新規定地價之申報地價－取得土地時之原規定地價或重新規定地價之申報地價）×原課徵地價稅稅率〕×同稅率已徵收地價稅年數。

二、原按累進稅率課徵地價稅者：

增繳之地價稅＝〔各該戶累進課徵地價稅土地每年地價稅額÷各該戶累進課徵地價稅土地課徵地價總額×（最近一次重新規定地價之申報地價－取得土地時之原規定地價或重新規定地價之申報地價）〕×同稅率已徵收地價稅年數。

第6條

稅捐稽徵機關於辦理課徵土地增值稅時，應先查明該土地有無欠繳地價稅。其有欠稅者，應於繳清欠稅後，再計算增繳稅額，並於查定之土地增值稅中予以扣除後，填發土地增值稅繳納通知書交由納稅義務人持向公庫繳納。

前項土地增值稅繳納通知書，應填明左列事項：

一、原核定土地增值稅額。

二、准予抵繳數額。

三、應納土地增值稅額。

第7條

本辦法自發布日施行。

十一、代扣增值稅

稅捐稽徵法第6條規定：

㈠稅捐之徵收，優先於普通債權。

㈡土地增值稅、地價稅、房屋稅之徵收及法院、行政執行處執行拍賣或變賣貨物應課徵之營業稅，優先於一切債權及抵押權。

㈢經法院、行政執行處執行拍賣或交債權人承受之土地、房屋及貨物，執行法院或行政執行處應於拍定或承受五日內，將拍定或承受價額通知當地主管稅捐稽徵機關，依法核課土地增值稅、地價稅、房屋稅及營業稅，並由執行法院或行政執行處代為扣繳。

十二、都市更新條例之特別規定

(一)更新地區內之土地及建築物，依下列規定減免稅捐（第46條）

1. 更新期間土地無法使用者，免徵地價稅；其仍可繼續使用者，減半徵收。但未依計畫進度完成更新且可歸責於土地所有權人之情形者，依法課徵之。
2. 更新後地價稅及房屋稅減半徵收二年。
3. 依權利變換取得之土地及建築物，於更新後第一次移轉時，減徵土地增值稅及契稅百分之四十。
4. 不願參加權利變換而領取現金補償者，減徵土地增值稅百分之四十。
5. 實施權利變換應分配之土地未達最小分配面積單元，而改領現金者，免徵土地增值稅。
6. 實施權利變換，以土地及建築物抵付權利變換負擔者，免徵土地增值稅及契稅。

(二)不課徵（第47條）

1. 以更新地區內之土地為信託財產，訂定以委託人為受益人之信託契約者，不課徵贈與稅。
2. 前項信託土地，因信託關係而於委託人與受託人間移轉所有權者，不課徵土地增值稅。

十三、現值申報之限制

(一)期　限

土地所有權移轉或設定典權時，權利人及義務人應於訂定契約之日起三十日內，檢同契約影本及有關文件，共同向主管稽徵機關申報其土地移轉現值，但依規定得由權利人單獨申請登記者，權利人得單獨申報其移轉現值。（土稅第49條第1項）

(二)低報之處理

1. 照價收買

申報人所申報之土地移轉現值，經主管機關審核，其低於申報當期之公告土地現值者，得照其申報之移轉現值收買。（平均第47條之1，土稅第30條第2項）

2. 照公告現值徵稅

申報人所申報之土地移轉現值，經主管機關審核，其低於申報當期之公告土地現值者，如決定不買時，地政機關應於決定後五日內，通知稅捐機關照公告現值課徵土地增值稅。（平均第47條之1，土稅細則第43條第3項）

宮照申報現值課稅

申報之移轉現值不低於當期之公告現值者，照申報移轉現值徵收增值稅。
（平均第47條之1，土稅第30條第2項）

十四、公告現值

直轄市或縣（市）政府對於轄區內之土地，應經常調查其地價動態，繪製地
價區段圖並估計區段地價後，提經地價評議委員會評定，據以編製土地現值表
於每年1月1日公告，作為土地移轉及設定典權時，申報土地移轉現值之參考；
並作為主管機關審核土地移轉現值及補償徵收土地地價之依據。（平均第46條）

十五、增值稅之用途

土地增值稅之收入，以供育幼、養老、救災、濟貧、衛生、扶助殘障等公
共福利事業，興建國民住宅、徵收公共設施保留地、興辦公共設施、促進農業
發展、農村建設、推展國民教育及實施平均地權之用。（平均第51條）

十六、罰　則

㈠逾期納稅

土地增值稅，逾期繳納者，每逾二日按滯納數額加徵百分之一滯納金，逾
三十日仍未繳納者，移送法務部行政執行署所屬行政執行分署強制執行。經核
準以票據繳納稅款者，以票據兌現日為繳納日。（土稅第53條第1項）

㈡捐贈後違規之補稅及處罰

依第28條之1受贈土地之財團法人，有左列情形之一者，除追補應納之土地
增值稅外，並處應納土地增值稅額二倍之罰鍰：（土稅第55條之1）

　1.未按捐贈目的使用土地者。
　2.違反各該事業設立宗旨者。
　3.土地收益未全部用於各該事業者。
　4.經稽徵機關查獲或經人舉發查明捐贈人有以任何方式取得所捐贈土地之
　　利益者。

十七、現值申報之辦理

㈠申報、開單、納稅與移轉

　1.申報與開單（土稅第49條）

土地所有權移轉或設定典權時，權利人及義務人應於訂立契約之日起
三十日內，檢附契約影本及有關文件，共同向主管稽徵機關申報其土地移轉
現值。但依規定得由權利人單獨申請登記者，權利人得單獨申報其移轉現
值。

　　主管稽徵機關應於申報土地移轉現值收件之日起七日內（註：目前係電腦化作業，速度相當快，約二至三天即可領到稅單），核定應納土地增值稅額，並填發稅單，送達納稅義務人。但申請按自用住宅用地稅率課徵土地增值稅之案件，其期間得延長為二十日。

　　權利人及義務人應於繳納土地增值稅後，共同向主管地政機關申請土地所有權移轉或設定典權登記。主管地政機關於登記時，發現該公告土地現值、原規定地價或前次移轉現值有錯誤者，立即移送主管稽徵機關更正重核土地增值稅。

　　2.納稅與移轉

　　　(1)納稅：土地增值稅納稅義務人於收到土地增值稅繳納通知書後，應於三十日內向公庫繳納。（土稅第50條）

　　　(2)移轉：欠繳土地稅之土地，在欠稅未繳清前，不得辦理移轉登記或設定典權。（土稅第51條）

　　經法院拍賣之土地，依第30條第1項第5款但書規定審定之移轉現值核定其土地增值稅者，如拍定價額不足扣繳土地增值稅時，拍賣法院應俟拍定人代為繳清差額後，再行發給權利移轉證書。

　　第1項所欠稅款，土地承受人得申請代繳或在買價、典價內照數扣留完納；其屬代繳者，得向納稅義務人求償。

◎土地稅法第49條第2項規定，核定應納土地增值稅並填發稅單及送達納稅義務人之期間，如有通知當事人補正或函請有關機關查證者，於計算期間時可予扣除（80.7.16財政部臺財稅字第800700061號函）

　　土地移轉現值申報案件：自收件至稅單送達納稅義務人之期間，土地稅法第49條第2項已有明文規定。如須通知當事人補正或函請有關機關查證者，其補正或查證期間准依左列規定扣除。

一、通知當事人補正案件：自補正函發文之日起至當事人完成補正之日止。但逾期未補正案件，應分別依本部68.6.8臺財稅字第33776號函規定註銷原申報收件號碼，及74.5.20臺財稅字第16244號函規定按一般稅率課徵土地增值稅。

二、函請有關機關查證案件：自查證函發文之日起至有關機關復函收文之日止。

　㈡土地所有權移轉或設定典權申報現值作業要點（102.11.7修正發布）

　　1.為聯繫地政、稅捐稽徵機關，辦理土地所有權移轉或設定典權申報現值作業，特訂定本要點。

　　2.土地所有權移轉（不包括繼承、法院拍賣及政府徵收）或設定典權時，權利人及義務人應於訂定契約之日起三十日內，填具土地增值稅（土地現值）申報書（用紙由稅捐稽徵機關免費提供），並檢附契約影本及有關文件，

共同向主管稽徵機關申報土地移轉現值；但依規定得由權利人單獨申請
登記者，權利人得單獨申報其移轉現值。其為贈與移轉或有遺產及贈與
稅法第五條各款情形之一者，當事人應依法另向稅捐稽徵機關申報贈與
稅。

3. 稅捐稽徵機關受理申報時，應於申報書加蓋收件之章註明收件日期文號
或黏貼收件貼紙，並製給收件收據。

4. 稅捐稽徵機關受理申報後，應依土地稅法第30條及第30條之1（平均地權
條例第47條之1及第47條之2）規定，審核申報移轉現值，並依下列規定辦
理：

(1)申報現值經審核低於公告土地現值者，應於五日內將申報書移送直轄
市或縣（市）地政機關依平均地權條例施行細則第43條第1項及第3項規
定處理。

(2)申報現值經審核不低於公告土地現值，或雖低於公告土地現值，但經
核定不照價收買者，應於收件之日起或收到地政機關通知不照價收買
之日起依土地稅法第49條第2項規定之期限，查明有無欠稅費（包括地
價稅、田賦及工程受益費），並核發土地增值稅繳款書、免稅或不課徵
證明書，送達納稅義務人或代理人。

(3)經查無欠稅費者，應於土地增值稅繳款書、免稅或不課徵證明書上加
蓋「截至○年○月○日無欠繳地價稅、田賦及工程受益費」戳記或註
明「地價稅無欠稅、工程受益費無欠費」及「承辦人員職名章」；其
有欠稅費者，應加蓋「另有欠稅費」戳記或註明「地價稅有（無）欠
稅、工程受益費有（無）欠費」，連同所有欠稅費繳款書一併送達納稅
義務人或代理人。

(4)依當事人申報應課徵贈與稅者，不論有無欠稅費，均應於土地增值稅
繳款書、免稅或不課徵證明書上註明「另有贈與稅」。

5. 移轉或設定典權之土地如有欠稅費者，納稅義務人於繳清欠稅費後，應
將繳稅收據送稅捐稽徵機關，經稅捐稽徵機關核對無誤後，在土地增值
稅繳款書、免稅或不課徵證明書上加蓋「截至○年○月○日欠繳地價
稅、田賦及工程受益費已完納」戳記及「承辦人員職名章」。

6. 土地增值稅繳款書、免稅或不課徵證明書，應註明申報書收件日期文
號，以供地政機關受理登記案件時核對。地政機關於登記時發現該土地
公告現值、原規定地價或前次移轉現值有錯誤者，應立即移送主管稽徵
機關更正重核土地增值稅。

7. 稅捐稽徵機關於審核現值確定後，應將申報書第一聯及第二聯送地政機
關，於辦理土地登記時，作為核對承受人及權利範圍之用，並建立前次
移轉現值資料。地政機關於辦竣登記後，應將申報書第二聯送回稅捐稽

徵機關釐正稅籍。

已利用地籍、地價異動媒體傳輸轉檔釐正稅籍或利用媒體傳輸申報書檔之直轄市或縣（市），經地政機關、稅捐稽徵機關協商後，得免依前項規定送申報書。

8.納稅義務人於繳清土地增值稅後，應將土地增值稅繳款書、免稅或不課徵證明書之辦理產權登記聯粘貼於契約書副本上，併同土地所有權移轉登記或設定典權登記申請書及有關文件，向地政機關申請登記；其有贈與稅者，並應檢附贈與稅繳清證明書或贈與稅免稅證明書或不計入贈與總額證明書或同意移轉證明書。

9.稅捐稽徵機關於每一期田賦或地價稅或工程受益費開徵日期確定後，應將開徵日期函知地政機關。地政機關受理登記案件時，如有新一期田賦或地價稅或工程受益費業已開徵者，應通知當事人補送繳納稅費收據。

10.土地所有權移轉或設定典權，經向稅捐稽徵機關申報現值後，如有申請撤銷者，應由雙方當事人敘明理由並檢附有關文件以書面向稅捐稽徵機關提出之。但依規定由權利人單獨申報移轉現值者，得由權利人依上述規定單獨申請撤銷。

11.土地增值稅逾期未繳之滯欠案件，稅捐稽徵機關除依土地稅法施行細則第60條規定辦理外，並應查明是否已辦竣所有權移轉或設定典權登記。如已辦竣登記，應函請地政機關將土地增值稅繳納收據影本送稅捐稽徵機關查處。

12.稅捐稽徵機關對於當期公告土地現值，原規定地價或前次移轉現值等資料，如有缺漏時，應函請地政機關查復。

13.地政機關辦理土地分割、合併及其他異動事項時，應於登記完畢後十日內，將土地分割（合併）分算地價表及有關異動事項通報稅捐稽徵機關；其因重劃、重測等，應於公告確定後三十日內編造對照清冊、公告土地現值表及重劃後土地地價清冊送稅捐稽徵機關。

14.為加強便民服務，縮短處理申報案件作業時間，地政、稅捐稽徵機關應密切配合聯繫，對彼此查對有關資料，手續應力求迅捷簡化。

㈢實務上，時常見到提出現值申報後，擬再予撤銷。申報撤銷時，應由原申報之權利人、義務人及代理人會同申請。

㈣現值申報，亦時常有申報錯誤、缺漏或未完成登記前之土地移轉、分割、合併等案件，主管機關訂有處理原則，茲附錄於後，以資參考。

◎稽徵機關受理土地現值申報錯誤缺漏等之處理原則（96.1.18財政部臺財稅字第09604702660號函）

稽徵機關受理土地現值申報時，除申報書⑥申報現值欄內「□按每平方公尺　元計課」一項，有錯誤、缺漏且未勾選按申報當期公告現值計課、塗改、

挖補情事者不能收件外，其餘各欄項如有上列情事，經當事人更正並註記刪改
文字字數，加蓋與原申報書同一之印章後，准予受理收件。

十八、現值申報實務

㈠土地現值（土地增值稅）申報書填寫說明

1.注意事項

⑴本申報書需填寫一式二聯，如第⑪欄所留空格不夠填用時，請另依格
式用紙黏貼於該欄下，並於黏貼處加蓋申報人印章。

⑵本申報書金額各欄均應以新臺幣填寫。

⑶上面格式雙線以上各欄申報人參閱填寫說明書填妥，雙線以下各欄申
報人不必填寫。

⑷本申報書第⑥欄內如「□按每平方公尺　元計課」一項如有錯誤、缺
漏且未勾選按申報當期公告現值計課、塗改、挖補情事者不予收件。
其餘各欄項如有上列情事，當事人應註記刪改文字字數，加蓋與原申
報書同一之印章後，始予受理收件。

⑸依土地稅法第49條規定申報土地移轉現值應檢附契約影本及有關文
件。

⑹權利人住址在國外者，請在本申報書第⑪欄最後一行填寫在國內之納
稅代理人姓名、國民身分證統一編號及住址。

2.填寫說明

政府公布之填寫說明，內容相當詳細，惟因與本節前述各點，有些許重
複，故不予全部敘述，僅針對申報書之實際填寫技術，擇要摘錄如次：

⑴第①欄「受理機關」：應向土地所在地所屬縣市的稅捐稽徵處或分處
辦理申報。

⑵第②欄「土地坐落」、第④欄「土地面積」：按照土地所有權狀或土
地登記簿的記載填寫。其為持分移轉應計算持分面積後填入。如為共
有土地分割（土地合併）移轉，不論筆數多少，僅填寫「如附共有土
地分割或土地合併明細表」字樣，並另填寫共有土地分割或土地合併
明細表，分別黏貼於各聯申報書之後且於黏貼處加蓋申報人印章。

⑶第③欄「移轉或設典比率」：移轉或設典土地為全筆，則在全筆的方
格□內劃「✓」記號，如為持分移轉時，除在持分的方格□內劃「✓」
記號，並填寫持分之比例。

⑷第⑤欄「原規定地價或前次移轉現值」：應填寫「原因發生日期」及
「每平方公尺地價」。

①規定地價後未經過移轉的土地，填寫民國53年規定的地價，但在民
國53年以前已依土地法辦理規定地價及民國53年以後始舉辦規定地

價的土地，均填寫第一次規定的地價。

②規定地價後，曾經移轉的土地，填寫前次移轉時課徵土地增值稅的現值，但因繼承而取得的土地，再行移轉時，填寫繼承開始時的公告土地現值，如繼承土地為區段徵收領回之抵價地，且實際領回地價高於繼承開始時該土地之公告現值者，則填寫該領回地價。

(5)第⑥欄「申報移轉現值」：

①土地移轉申報，如選擇按照公告土地現值計算土地增值稅時，其認定標準如下：

　　㊀訂定契約之日起30日內申報者，為訂約日當期之公告土地現值。

　　㊁逾訂定契約之日起30日始申報者，為受理申報機關收件日當期之公告土地現值。

　　㊂遺贈之土地，為遺贈人死亡日當期之公告土地現值。

　　㊃依法院判決移轉登記者，為向法院起訴日當期之公告土地現值。

②依企業併購法、金融機構合併法等規定記存土地增值稅者，土地移轉申報，如選擇按照公告土地現值計算土地增值稅者，其認定標準如下：

　　㊀併購基準日起30日內申報者，為併購基準日當期之公告土地現值。

　　㊁逾併購基準日起30日始申報者，為受理申報機關收件日當期之公告土地現值。

③因離婚或夫妻一方死亡而行使剩餘財產差額分配請求權移轉登記者，土地移轉申報，其認定標準如下：

　　㊀請求權因離婚而發生：

　　　⑴配偶雙方同意日起30日內申報者，為同意日當期之公告土地現值。

　　　⑵逾配偶雙方同意日起30日始申報者，為申報日當期之公告土地現值。

　　　⑶依法院判決移轉登記者，為向法院起訴日當期之公告土地現值。

　　㊁請求權因夫妻一方死亡而發生：

　　　⑴生存配偶與全體繼承人訂立協議給付文件之日起30日內申報者，為訂立協議給付文件日當期之公告土地現值。

　　　⑵逾訂立協議給付文件之日起30日始申報者，為受理申報機關收件日當期之公告土地現值。

　　　⑶依法院判決移轉登記者，為向法院起訴日當期之公告土地現值。

④依土地稅法第28條規定免徵土地增值稅之公有土地為實際出售價額；各級政府贈與或受贈之土地，為贈與契約訂約日當期之公告土地現值。

⑤依土地稅法第28條之1規定免徵土地增值稅之私有土地，為贈與契約訂約日當期之公告土地現值。

⑥依土地稅法第39條之1第2項規定，免徵土地增值稅之抵價地，為區段徵收時實際領回抵價地之地價。

⑦經政府協議購買之土地，為購買日當期之公告土地現值。但政府購買金額低於購買日當期之公告土地現值者，為政府給付之地價。

⑧抵繳遺產稅申報移轉，為國稅局核定之抵繳單價。

⑨自辦市地重劃區之抵費地出售，為出售時之當期公告土地現值。

⑩上開①㈠㈢、②及③㈠(1)(2)、㈡(1)(2)之申報現值，如選擇按高於公告土地現值之價格計算繳納土地增值稅時，按選擇的金額填寫。

⑪所選擇填寫金額低於公告土地現值時，政府得照價收買或照公告土地現值計算土地增值稅。

(6)第⑦欄「本筆土地契約所載金額」：按照契約書所載金額填寫。

(7)第⑧欄「有無遺產及贈與稅法第5條規定視同贈與的各款情事之一」：移轉的土地，如有視同贈與之情形者，在有的方格□內劃「✓」記號，如無視同贈與之情形者，在無的方格□內劃「✓」記號。

(8)第⑨欄：

①按照契約書或有關證件所載日期填寫移轉或設典的年月日，並區分移轉行為的性質，分別在「設定典權」「買賣」「贈與」「配偶贈與」「交換」「共有土地分割」「土地合併」的方格□內劃「✓」記號。

②如有改良土地費用、繳納工程受益費、負擔重劃費用或捐贈土地的情形，就檢附主管機關核發的改良費證明書、重劃費用負擔證明書、繳納工程受益費收據或捐贈證明，於土地增值稅繳納期限屆滿前提出申請，逾期就不予受理。

③申報土地現值，如符合自用住宅稅率條件，就在全部或部分之□內打「✓」，並另附建築改良物（房屋）所有權狀影本乙份及原所有權人戶口名簿影本乙份。

④如為農業用地，符合規定，得申請不課徵土地增值稅，則於其□內打「✓」，並附證明。

⑤如符合其他免稅規定，則分別記明，並附證明。

(9)第⑩欄「委託書」：委託代理人代辦申報及代領應納稅費單者，應將受託人之姓名填寫。

(10)第⑪欄「申報人」：

①按照義務人及權利人的稱謂、姓名、權利範圍，逐項填寫。並依照身分證所載的出生年月日、住址及國民身分證統一編號逐項填入後蓋章。如有電話請填寫電話號碼。

②國民身分證統一編號連同首位英文字母共有十個字，未領身分證者，可依照戶口名簿內的國民身分證統一編號抄填。

③法人依照法人登記證有關資料填寫，並填報扣繳單位編號代替國民身分證統一編號。

(11)第⑫欄「繳款書送達方式」：自行選擇於□內打「✓」。

(12)第⑬⑭欄：自行選擇於□內打「✓」。

共有土地分割或土地合併，如何辦理申報：共有土地分割或土地合併時，除填報土地現值（土地增值稅）申報書外，還要填報共有土地分割或土地合併明細表。明細表所留空格不夠填用時，請另依格式用紙黏貼於各該欄下，並於黏貼處加蓋申報人印章。

共有土地分割或土地合併明細表之填寫：

(1)第①②欄「土地坐落」及「面積」：照土地所有權狀或土地登記簿之記載填寫。

(2)第③欄「公告現值」：照共有土地分割或土地合併移轉申報當期的公告土地現值填寫。

(3)第④欄「分割或合併前資料」：照土地所有權狀或土地登記謄本之記載填寫。

(4)第④欄「原規定地價或前次移轉現值」：參照土地增值稅申報書相關規定填寫。

(5)第⑤欄「分割或合併後資料」：照共有土地分割或土地合併契約書記載填寫。

(6)第⑥⑦欄「總計」：應將該欄各筆土地現值統計後總數填入。

(7)第⑧欄「所有權人姓名」：照土地所有權狀或土地登記謄本之記載填寫並蓋章。

(8)第⑨欄「分割或合併前公告現值總額」：按各土地所有權人共有土地分割前或合併前的公告土地現值總額填列。

(9)第⑩欄「分割或合併後公告現值總額」：按各土地所有權人共有土地分割後或合併後的公告土地現值總額填列。

(10)第⑪欄「分割或合併後較分割或合併前總現值增減」：由第⑨⑩欄比較增減填列。

◎有關稅捐機關於受理土地移轉現值申報時，土地增值稅申報書第7欄「本筆土地契約所載金額」如何審核，及其金額低於公告現值時，如何處理（92.9.8財政部臺財稅字第0920453833號函）

　　查本部編印之土地增值稅稽徵作業手冊，有關土地增值稅（土地現值）申報書填寫說明九、「本筆土地契約所載金額」（第7欄）如何填寫乙項，業已敘明：「按照實際買賣契約金額填寫。土地買賣實際金額超過申報當期公告土地現值時，移轉申報現值只要不低於當期公告土地現值，依照現行土地稅法並無處罰的規定，自然亦不發生違反土地稅法短漏或補徵土地增值稅的問題，因此第7欄請切實按契約書實際所載金額填入。一是以，土地增值稅申報書第7欄主要用以反映該移轉土地實際買賣金額，其與第6欄一申報現值」係作為核課土地增值稅之依據，二者具有不同之目的與功能，自亦無須一致。至於涉及印花稅及贈與稅之疑慮，如經稽徵機關查有積極而直接之證據，顯示申報雙方通謀而為虛偽意思表示，刻意壓低憑證金額以規避印花稅情形者，可依稅捐稽徵法第41條及「稅捐稽徵法第41條所定納稅義務人逃漏稅行為移送偵辦注意事項」第1項第6點規定辦理；如涉有遺產及贈與稅法第5條第2款規定情事者，應移請轄區國稅局查處。

　　㈡申請按自用住宅稅率課徵土地增值稅應備文件
　　　　1.土地現值申報書一式二聯。
　　　　2.全戶戶籍謄本乙份或戶口名簿影印本乙份。
　　　　3.房屋所有權狀影印本乙份，若房屋未產權登記亦無建造執照或使用執照時，得先辦理位置測量，以成果圖代替之。
◎辦理土地複丈與建物測量補充規定第25點
　　未登記建物，為申辦自用住宅優惠稅率需要，得申請建物之基地號勘查或勘測建物位置。依前項辦理基地號勘查或勘測建物位置完畢，應於建物測量成果圖（表）內註明「本項成果圖（表）僅供申請核課自用住宅用地稅率用」。
　　㈢土地買賣現值申報書填寫範例

地　政　事　務　所		土地增值稅（土地現值）申報書	稽　徵　機　關	
收　文	日期	第1聯：本聯由稽徵機關移送地政機關	收　文	日期
	字號			號碼
通　知　日　期				

①	受　理　機　關		△△△△△△△△△△局（處）			
②	土　地　坐　落	③移轉或設典比率	④土　地　面　積（平方公尺）	⑤原規定地價或前次移轉現值	⑥申報移轉現值（請二擇一勾選）	

鄉鎮市區	段	小段	地號	☑全筆	整　筆	369	原因發生日期	86年5月2日	☑按公告土地現值計課
△△	△△	△	999	□持分____	移轉或設典面積	369	每平方公尺	1,500 元	□按每平方公尺____元計課

⑦本筆土地契約所載金額	1,845,000	⑧有無「遺產及贈與稅法」第5條規定視同贈與各款情事之一□有☑無

上列土地於民國△△年△月△日訂約 ☑買賣□贈與□配偶贈與□交換□共有土地分割□設定典權□土地合併□____，依法據實申報現值如上。

⑨☑檢附土地改良費用證明書1張，工程受益費繳納收據　張，重劃費用證明書　張，捐贈土地公告現值證明文件　張，請依法扣除土地漲價總數額。
　☑本筆土地符合☑土地稅法第34條第1項至第4項規定，☑全部□部分（第　層供自用住宅使用面積　　平方公尺，非自用住宅使用面積　　　　平方公尺）符合自用住宅用地條件（倘出售面積超過都市土地300平方公尺或非都市土地700平方公尺者，另附土地增值稅自用住宅用地適用順序申明書）。
　　　　□土地稅法第34條第5項規定（另附申請適用土地稅法第34條第5項規定申明書），檢附建築改良物資料影本1份，請按自用住宅用地稅率核計。
　□本筆土地為農業用地，檢附農業用地作農業使用證明書等證明文件　　份，請依土地稅法第39條之2第1項規定不課徵土地增值稅。□並於89年1月28日土地稅法修正生效當期公告土地現值調整原地價。
　□本筆土地於89年1月28日土地稅法修正公布生效時，為作農業使用之農業用地，檢附相關證明文件　　份，請依修正生效當期公告土地現值為原地價課徵土地增值稅。
　□本筆土地為公共設施保留地，檢附相關證明文件　　份，請依土地稅法第39條第2項規定免徵土地增值稅。
　□本筆土地為配偶相互贈與之土地，檢附相關證明文件　　份，請依土地稅法第28條之2規定不課徵土地增值稅。
　□本筆土地符合　　　　　規定，檢附相關證明文件，請准予　　　　土地增值稅。

⑩茲委託林△△代辦土地現值申報、領取土地增值稅繳款書或免稅／不課徵證明書及應納未納土地稅繳款書、工程受益費繳款書等事項。

⑪申報人		姓名或名稱	國民身分證號或統一編號	出生年月日	權利移轉範圍	戶籍地址／住居所 縣市 鄉鎮市區 村里 鄰 街路 段 巷 弄 號 樓	蓋　章	電　　話
義務人（原所有權人）								
權利人（新所有權人）								
	義務人	陳△△	A100000000	△△ △△	全部	△△△ △△△△△△△△△△△△△△	印	△△△
						△△△		
	權利人	林△△	B100000000	△△ △△	全部	△△△ △△△△△△△△△△△△△△	印	△△△
代　理　人		林△△	B100000000				印	△△△

⑫繳款書送達方式：□郵寄送達；受送達人：____ 住居所：□□□ ☑親自領取（本欄如未勾劃者視為親自領取）

⑬移轉後新所有權人地價稅繳款書寄送地址：同第⑪欄所填☑戶籍地址、□住居所。□請寄：□□□

⑭本申報書所列房屋基地土地係購供自用住宅用地使用，茲先行提出申請按自用住宅用地稅率課徵地價稅，俟辦妥土地所有權移轉登記並於本年地價稅開徵40日前（9月22日）辦竣戶籍登記後，再補送有關文件，請准自本年起按自用住宅用地稅率課徵地價稅。☑申請　□不申請　（請務必勾選）

土地增值稅(土地現值)申報書第1聯下頁

收文號碼：＿＿＿＿＿＿＿＿＿　　　※以下申報人不必填寫

土	地	登	記	送	稽	徵	機	關	日	期	編	號	承 辦 員 章
收件日期		登記日期			日　期			編　號					
課	稅	資	料	之	查	註	及	核	章		稅籍異動通報處理及蓋章		
移轉現值	每平方公尺　元		經　辦　人	覆		核	股		長	釐正人員蓋章			釐正人員核對登記面積
應納稅額	元												
資料號碼	號												

注意事項：

一、本申報書需填寫1式2聯，如第⑪欄所留空格不夠填用時，請另依格式用紙粘貼於該欄下，並於粘貼處加蓋申報人印章。

二、本申報書金額各欄均應以新臺幣填寫。

三、上面格式雙線以上各欄請申報人參閱填寫說明書填妥，雙線以下各欄申報人不必填寫。

四、本申報書第⑥欄內如「□按每平方公尺　　元計課」一項如有錯誤、缺漏且未勾選按申報當期公告現值計課、塗改、挖補情事者不予收件。其餘各欄項如有上列情事，當事人應註記刪改文字字數，加蓋與原申報書同一之印章後，始予受理收件。

五、依土地稅法第49條規定申報土地移轉現值應檢附契約影本及有關文件。

六、權利人住址在國外者，請在本申報書第⑪欄最後一行填寫在國內之納稅代理人姓名，國民身分證統一編號及住址。

1. 茲收到　　　　君土地增值稅（土地現值）申報書及契約書影本1份、土地改良費證明書　　張、工程受益費繳納收據　　張、重劃費用證明書　　張、捐贈土地公告現值證明文件　　張、建築改良物所有權狀影本　　份和原所有權人戶口名簿影本　　份及　　　　　　　　　　　　　份。

2. 地價稅納稅義務基準日為8月31日，於9月1日後至12月31日始辦竣土地移轉登記者，當年地價稅納稅義務人仍為原所有權人。

3. 申請減免地價稅及適用特別稅率課地價稅者，土地所有權人應於每年（期）地價稅開徵40日前（9月22日）提出申請，逾期申請者自申請之次年（期）開始適用。前已核定而用途未變更者，以後免再申請。適用上開稅率課徵之原因、事實消滅時，應即向主管稽徵機關申報（土地稅法第41條、土地稅減免規則第24條）。

4. 本申報書所報移轉土地，權利人如係供自用住宅用地使用，並擬申請按自用住宅稅率課地價稅者，請在本申報書第⑭欄位勾選先提出申請，俟辦竣權產移轉登記及戶籍登記後再補具證明文件。

收件　　　年　　月　　日　　第　　　　　號

稅捐稽徵處＿＿＿＿＿＿分處＿＿＿＿＿＿簽收

（下面這一欄申報人不必填寫）

地	政	事	務	所
收	文	日期		
		字號		
通	知	日	期	

（下面這一欄申報人不必填寫）

稽	徵	機	關
收	文	日期	
		號碼	

土地增值稅（土地現值）申報書
第2聯：本聯供稽徵機關查定土地增值稅
及查欠稅費

①	受 理 機 關	△△△△△△△△局（處）				
②	土 地 坐 落	③移轉或設典比率	④ 土 地 面 積（平方公尺）	⑤原規定地價或前次移轉現值	⑥申報移轉現值（請二擇一勾選）	

鄉鎮市區	段	小段	地號	□全筆　整　筆	原因發生日期　　年　月　日	□按公告土地現值計課
				□持分＿＿　移轉或設典面積	每平方公尺　　　　元	□按每平方公尺＿＿＿＿元計課

⑦本筆土地契約所載金額　　　　　　⑧有無「遺產及贈與稅法」第5條規定視同贈與各款情事之一□有□無

上列土地於民國　　年　　月　　日訂約□買賣□贈與□配偶贈與□交換□共有土地分割□設定典權□土地合併＿＿＿＿，依法據實申報現值如上。

⑨□檢附土地改良費用證明書1張，工程受益費繳納收據　張，重劃費用證明書　張，捐贈土地公告現值證明
　文件　張，請依法扣除土地漲價總數額。
　☑本筆土地符合☑土地稅法第34條第1項至第4項規定，☑全部□部分（第　　層供自用住宅使用面積
　　　平方公尺，非自用住宅使用面積　　　平方公尺）符合自用住宅用地條件（倘出售
　　面積超過都市土地300平方公尺或非都市土地700平方公尺者，另附土地增值稅自用住宅用
　　地適用順序申明書）。
□土地稅法第34條第5項規定（另附申請適用土地稅法第34條第5項規定申明書），檢附建築改良物資料影
　本1份，請按自用住宅用地稅率核課。□本筆土地為農業用地，檢附農業用地作業使用證明書等證明文件
　份，請依土地稅法第39條之2第1項規定不課徵土地增值稅。□並依89年1月28日土地稅法修正生效當
　期公告土地現值調整原地價。
□本筆土地於89年1月28日土地稅法修正公布生效後，為作農業使用之農業用地，檢附相關證明文件　　份，
　請依修正生效當期公告土地現值為原地價課徵土地增值稅。
□本筆土地為公共設施保留地，檢附相關證明文件　　份，請依土地稅法第39條第2項規定免徵土地增值稅。
□本筆土地為配偶相互贈與之土地，檢附相關證明文件　　份，請依土地稅法第28條之2規定不課徵土地增值稅。
□本筆土地符合　　　　　　　　規定，檢附相關證明文件　　份，請准予　　　　　　　土地增值稅。

⑩茲委託林△△代辦土地現值申報、領取土地增值稅繳款書或免稅／不課徵證明書及應納未納土地稅繳款書、工
程受益費繳款書等事項。

⑪申報人	義務人（原所有權人）	姓 名 或 名 稱	國民身分證號或統一編號	出生年月日	權利移轉範圍	戶籍地址	縣市　鄉鎮市區　村里　鄰　街段弄路巷號	蓋 章	電 話
	權利人（新所有權人）					住居所	縣市　鄉鎮市區　村里　鄰　街段弄路巷號		
						□□□			
						□□□			
						□□□			
						□□□			
						□□□			
						□□□			
	代理人					□□□			

⑫繳款書送達：□郵寄送達□受送達人：　　　　住居所：□□□
　方　　式　　□親自領取（本欄如未勾劃者視為親自領取）

⑬移轉後新所有權人地價稅繳款書寄送地址：同第⑪欄所填□戶籍地址、□住居所。□請寄：□□□

⑭本申報書所列房屋基地土地係購供自用住宅用地使用，茲先行提出申請按自用住宅用地稅率課徵地價稅，俟辦
妥土地所有權移轉登記並於本年地價稅開徵40日前（9月22日）辦竣戶籍登記後，再補送有關文件，請准自
本年起按自用住宅用地稅率課徵地價稅。☑申請　　□不申請　　（請務必勾選）

土地增值稅(土地現值)申報書第2聯下頁
收文號碼：_____　　　※以下申報人不必填寫

稅 額 查 定 基 本 資 料 表				原土地所有權人：					
重測(劃)前土地標示	段	小 段	地號	原規定地價或前次移轉現值	坪 單 價 元	平方公尺單價 元	移轉日期文號(底冊號)	每平方公尺公告現值	現值 審核意見 人員
已繳工程受益費或土地改良費或土地重劃費用或捐贈土地現值總額	本宗土地面積 M²	本宗土地金額 元	每M²金額 元	本次移轉面積 M²	本次移轉攤計額 元	底冊或證明單號碼		元	

稅地種類代號：以打 V 表示

1.宗地面積	平方公尺	自住/稅種		一般/稅種		一般/稅種		免稅/稅種	
		自用買賣	01	信託歸屬	30	促產記存	49	農地贈與	78
2.移轉持分	/	一生一屋	02	一般買賣	31	其他記存	50	農地交換	79
3.移轉現值		自用交換	03	一般贈與	32	都更記存	51	農地分割	80
	每平方公尺_____元	自用分割	05	一般交換	33	水一般20	52	農地法拍	81
4.原規定地價或前次移轉現值		自用法拍	06	一般典權	34	水一般30	53	徵收全免	82
	每平方公尺_____元	自用收買	09	一般分割	35	水一般50	54	協議價購	83
5.物價指數	%	自用合併	10	一般法拍	36			農地合併	84
		自用重購	11	一般收買	39			公設移轉	85
6.改良土地費用	元	水自用20	12	一般合併	40	免稅/稅種		信託移轉	86
		水自用30	13	一般重購	41	水一般免	55	金融合併	87
7.空荒地未改良移轉加徵比例	(+)　%	水自用50	14	信託取得	42	公有移轉	71	騰財不課	88
8.空荒地改良後移轉減徵比例	(-)　%			判決移轉	43	政府受贈	72	配偶贈與	89
9.重劃後第一次移轉減徵比例	(-)　%			判決分割	44	政府贈與	73	都市更新	90
10.增繳之地價稅	%或　元			最低稅率	45	社福受贈	74	視為農地	91
				一般/稅種 抵繳稅款	46	私校受贈	75	原有不課	92
11.已繳納稅款	元	都更減徵	28	遺贈	47	領償抵地	76	水利不課	93
12.持有年限起算日		一般騰財	29	分期繳納	48	農地買賣	77		
13.持有年限截止日		適用自用住宅用地稅率面積							m²

查欠稅費情形	地價稅及田賦	
	工程受益費	

資料查證人員	登錄計算人員	覆核人員	股 長	審核員	科長(主任)

注意事項：

一、本申報書需填寫1式2聯，如第⑪欄所留空格不夠填用時，請另依格式用紙粘貼於該欄下，並於黏貼處加蓋申報人印章。

二、本申報書金額各欄均應以新臺幣填寫。

三、上面格式雙線以上各欄請參閱填寫說明書填妥，雙線以下各欄申報人不必填寫。

四、本申報書第⑥欄內如「□按每平方公尺　元計課」一項如有錯誤、缺漏且未勾選按申報當期公告現值計課、塗改、挖補情事者不予收件。其餘各欄如有上列情事，當事人應註記刪改文字字數，加蓋與原申報書同一之印章後，始予受理收件。

五、依土地稅法第49條規定申報土地移轉現值應附約影本及有關文件。

六、權利人住址在國外者，請在本申報書第⑪欄最後一行填寫在國內之納稅代理人姓名，國民身分證統一編號及住址。

共有土地分割或土地合併明細表

（1）土地坐落				（2）宗地面積（平方公尺）	（3）每平方公尺公告現值	（4）分割或合併前資料						（5）分割或合併後資料		
市區鄉鎮	段	小段	地號			所有權人姓名	權利範圍	持分現值	原規定地價或前次移轉現值			所有權人姓名	權利範圍	取得現值
									年月	每㎡單價	總價			
松山	敦化	一	100	120	25,000	張三	2/5	1,200,000	66.10	100	4,800	張三	全部	3,000,000
						李四	3/5	1,800,000	94.1	10,000	720,000			
松山	敦化	一	100-1	100	25,000	張三	2/5	1,000,000	66.10	100	4,000	李四	全部	2,500,000
						李四	3/5	1,500,000	94.1	10,000	600,000			
總計						（6）5,500,000						（7）5,500,000		

（8）所有權人姓名	（9）分割或合併前公告現值總額	（10）分割或合併後公告現值總額	分割或合併後較分割或合併前總現值增減（11）	
			增	減
張三	2,200,000	3,000,000	800,000	
李四	3,300,000	2,500,000		800,000

一式4份（依各直轄市、縣市申報書聯數調整）：由稽徵機關辦理查定土地增值稅及查欠稅費後2份抽存。2份附現值申報書移送地政事務所辦理登記審核。

土地所有權人無租賃情形申明書（請詳閱稅捐稽徵法第41條、第43條條文）

本人所有 臺北 縣市 松山 鄉鎮市區 美仁 段一小段 ○○ 地號土地（地上建物門

牌：松山 鄉鎮市區 敦化 林里 1 鄰 ○○ 路街 段○巷○弄○號 7 樓之1）

於○年○月○日出售，出售前一年內

☑ 有本人、配偶直系親屬三親等內以外之他人設立戶籍，惟確無租賃關係
（另檢附設籍人無租賃關係申明書）

☐ 無他人設立戶籍，亦確無出租情事

如有不實願意補繳稅款，並依稅捐稽徵法第41條規定接受處罰。

　　此致

臺北市稅捐稽徵處 松山 分處

　　申　明　人：○○○　　印　　　（簽名或蓋章）

　　國民身分證
　　統一編號：☐☐☐☐☐☐☐☐☐☐

　　住　　　址：臺北 縣市 松山 鄉鎮市區 敦化 林里 1 鄰 路街 段
　　○巷　弄○號 7 樓之1

　　電話號碼：○○○○○○○○

　　申明日期：△△ 年 △ 月 △ 日

土地稅法第34條第2項所稱「出售前一年」之期間計算，以「出售日」之前一日起往前推算一年，該「出售日」之認定標準如下：

1. 出售土地於訂定契約之日起三十日內申報移轉現值，以訂約日為準。
2. 出售土地於訂定契約之日起逾三十日始申報移轉現值，以申報日為準。
3. 法院拍賣土地，以法院拍定日為準。
4. 法院判決移轉土地，以申請人向法院起訴日為準。
5. 拆除改建中出售之土地，以核准拆除日為準。

稅捐稽徵法：第41條 納稅義務人以詐術或其他不正當方法逃漏稅捐者，處五年以下有期徒刑、拘役或科或併科新臺幣6萬元以下罰金。

　　　　　第43條 教唆或幫助犯第41條或第42條之罪者，處三年以下有期徒刑、拘役或科新臺幣6萬元以下罰金。稅務人員、執行業務之律師、會計師或其他合法代理人犯前項之罪者，加重其刑至二分之一。

設籍人無租賃關係申明書（請詳閱稅捐稽徵法第41、43條條文）

　　本人及家屬戶籍自民國△△年△月△日至△△年△月△日設

於△△縣市△△鄉鎮市區△△村里△鄉△△路街　段　巷　弄△號△樓

之　　房屋，確無租賃關係，如有不實，願依稅捐稽徵法第43條規定

接受處罰。

　　此致

　　縣市稅捐稽徵處△△分處

　　申明人：○○○　　印

　　國民身分證
　　統一編號：□□□□□□□□□□

　　住址：△△縣市△△鄉鎮市區△△村里△△路街　段　巷　弄△號△樓

　　電話號碼：○○○○○○○

　　申明日期：△△年△月△日

稅捐稽徵法：第41條　納稅義務人以詐術或其他不正當方法逃漏稅捐者，處五年以
　　　　　　　　　　　下有期徒刑、拘役或科或併科新臺幣6萬元以下罰金。

　　　　　　第43條　教唆或幫助犯第41條或第42條之罪者，處三年以下有期徒
　　　　　　　　　　　刑、拘役或科新臺幣6萬元以下罰金。稅務人員、執行業務
　　　　　　　　　　　之律師、會計師或其他合法代理人犯前項之罪者，加重其刑
　　　　　　　　　　　至二分之一。

設籍人有租賃關係申明書（請詳閱稅捐稽徵法第41、43條條文）

本人及家屬戶籍自民國△△年△月△日至△△年△月△日設於

△△縣市△△鄉鎮市區△△村里△鄰△△路街　　段　　巷　　弄△號△樓

之　　房屋，確係向王○○承租，押金新臺幣○○○○元，每月（年）

租金新臺幣○○○元，承租日期：自民國△△年△月△日至△△年△

月△日止，如有不實，願意接受處罰。

　　此致

縣市稅捐稽徵處△△分處

　　申明人：○○○　[印]
　　國民身分證
　　統一編號：☐☐☐☐☐☐☐☐☐☐
　　住址：△△縣市△△鄉鎮市區△△村里△△路街　　段　　巷　　弄△號△樓

　　電話號碼：○○○○○○○

　　申明日期：△△年△月△日

稅捐稽徵法：第41條　納稅義務人以詐術或其他不正當方法逃漏稅捐者，處五年以
　　　　　　　　　　下有期徒刑、拘役或科或併科新臺幣6萬元以下罰金。
　　　　　　第43條　教唆或幫助犯第41條或第42條之罪者，處三年以下有期徒
　　　　　　　　　　刑、拘役或科新臺幣6萬元以下罰金。稅務人員、執行業務
　　　　　　　　　　之律師、會計師或其他合法代理人犯前項之罪者，加重其刑
　　　　　　　　　　至二分之一。

出售土地改按自用住宅用地稅率申請書

本人出售下列土地為自用住宅用地，茲檢附戶口名簿影本及建築改良物證明文件（建築物使用執照或建築改良物所有權狀影本或建物勘測成果圖或建築改良物勘查結果通知書），請依土地稅法第34條規定，按自用住宅用地稅率課徵土地增值稅。

　　　此　　致

　　　稅捐稽徵處　○○　分處

土　地　坐　落　標　示				移轉面積（平方公尺）	移轉日期
鄉鎮市區	段	小段	地號		
△△	△△	△	25	36	△△.△.△△

房屋座落	△△ 市 △△ 區 △△ 村里 △△ 路 　段 　巷 弄 △ 號 　△ 樓之
土　地使用情形	☐1.全棟均自用並無出租或營業情形。 ☐2.本棟房屋共　層其中第　層供 　　☐營業：名稱　　　　面積　　平方公尺 　　☐出租：面積　　平方公尺 ☑3.持分土地地上樓層房屋係： 　　自用：面積　36　平方公尺 　　出租：面積　　平方公尺 　　營業：名稱　　　　面積　　平方公尺

申請人（出售人）：　陳○○　 印 　（簽名或蓋章）

住　　　　　　址：△△△△△△△△△△△△

身分證統一編號：☐☐☐☐☐☐☐☐☐☐

電　　　　　　話：△△△△△△△△

申　請　日　期：△△ 年 △ 月 △ 日

註：拍賣土地，未能確認土地所有權人本人申請者，另附印鑑證明

土地增值稅曾否適用自用住宅用地稅率申請書

受文者：臺北市稅捐稽徵處 △△分處

主　旨：請查覆本人曾否依土地稅法第 34 條（平均地權條例第 41 條）規定適用自用住宅用地稅率課徵土地增值稅。

說　明：

　　　　土地所有權人資料：

　　　　一、姓名：　陳○○

　　　　二、身分證統一編號： | | | | | | | | | |

　　　　三、出生日期：△△ 年△△ 月 △ 日

　　　　　　　　申請人：陳○○　　[印]　（簽名或蓋章）
　　　　　　　　住　址：△△△△△△△△△△△△△△△
　　　　　　　　電　話：△△△△△△△△

　　　　　　　　受委託人：　　　　　　（簽名或蓋章）
　　　　　　　　身分證統一編號：
　　　　　　　　電　話：

檢附證件：

☑ 1 身分證影本。

□ 2 受託人身分證影本。

□ 3 授權書。

中　華　民　國　△△　年　△　月　△　日

撤 回 土 地 現 值 申 報 申 請 書

一、申請人等原於○○年○月○日訂立買賣契約移轉臺北市
　　○○區○○段○小段25地號等1筆土地，並於
　　○○年○月○日向貴處辦理土地現值申報（收件號碼第
　　○○○號）在案，茲因買賣貸款條件不符，經雙
　　方協議解除該土地移轉契約，檢送契約書正本及土地增值稅繳款
　　書，請准予撤回土地移轉現值申報案。

二、☑原核定土地增值稅額○○○○元，業於○○年○月○日
　　繳納，請准予辦理退稅。退稅方式：☑支票退稅

　　　　□直撥退稅：同意由貴處以直接劃撥方式存入本人存款帳戶（不含
　　　　　　　　　　郵局帳戶，檢附存摺影本乙份），存款帳戶帳號：

金融機構帳號	總分支機構代碼：			
	分行別	科目	帳(戶)號	檢支號

　　此致

臺北市稅捐稽徵處　松山　分處

申　請　人（義務人）：○○○　印　　　　　（簽名蓋章）
身分證統一編號：□□□□□□□□□□
住　　　　址：△△△△△△△△△△△△△
電話號碼：△△△△△△△
申　請　人（權利人）：○○○　印　　　　　（簽名蓋章）
身分證統一編號：□□□□□□□□□□
住　　　　址：△△△△△△△△△△△△△
電話號碼：△△△△△△△

中　華　民　國　　△△　年　　△　月　　△　日

土地增值稅更正申請書

本人於○○年○月○日申報○○鄉鎮市區○○段○小段25地號等1筆土地移轉現值（收件編號第○○○號），茲檢附土地增值稅繳款書1份，請依規定更正土地增值稅。

此致

稅捐稽徵處○○分處

申請更正原因及檢附證件：

□1.都市計畫法劃設之公共設施保留地徵收前移轉免徵土地增值稅。（檢附土地使用分區證明書）

☑2.工程受益費、土地改良費用、土地重劃費用或因土地使用變更而無償捐贈一定比率土地作為公共設施用地，其捐贈時捐贈土地之公告現值總額抵扣漲價總數額。（檢附相關證明文件）

□3.經重劃之土地於重劃後第一次移轉或領回抵價地後第一次移轉時，減徵土地增值稅。（檢附相關證明文件）

☑4.增繳地價稅抵繳土地增值稅。（地價稅繳款書收據聯影本）

□5.土地於89年1月28日土地稅法修正公布生效時，為作農業使用之農業用地，請依修正生效當期公告土地現值為原地價課徵土地增值稅。（檢附相關證明文件）

□6.其他：

退稅方式：

□支票退稅。

☑直撥退稅：同意由貴處以直接劃撥方式存入本人存款帳戶（檢附存摺影本乙份）。

金融機構名稱	△△△△△△△	帳號										

若無法辦理匯款存入時，該項稅款同意改以退稅支票方式辦退。

申請人：陳○○　　[印]　　（簽名或蓋章）

身分證統一編號：☐☐☐☐☐☐☐☐☐☐

地　址：△△△△△△△△△△△△

電　話：△△△△△△△△

中　華　民　國　　△△　年　△　月　△　日

土地增值稅自用住宅用地重購退稅申請書

本人出售自用住宅用地，另購自用住宅用地，茲檢附下列文件，請依土地稅法第 35 條規定，就已納土地增值稅額內退還不足支付新購土地地價之數額。

退稅方式☑支票退稅□直撥退稅：同意由貴處以直接劃撥方式存入本人存款帳戶(不含郵局帳戶，檢附存摺影本乙份)，存款帳戶帳號：

金融機構帳號	總分支機構代碼：			
	分行別	科目	帳(戶)號	檢支號

此　致
臺北市稅捐稽徵處　○○　分處

	原　　出　　售　　土　　地	新　　購　　土　　地
土地標示	△△　鄉鎮市區　△△　段　△　小段　25　地號	△△　鄉鎮市區　△△　段　△　小段　32　地號
建物門牌	△△　縣市　△△　市區　△△　鄉鎮村里　△△　街路　段　巷　弄△號△樓之	△△　縣市　△△　市區　△△　鄉鎮村里　△△　街路　段　巷　弄△號△樓之
移轉登記日期	△△　年　△　月　△　日	△△　年　△　月　△　日

出售
重購土地所有權人無租賃情形申明書

本人重購土地及建物(如上)，出售於△△年　△　月△△日出售，出售前 1 年內自完成移轉登記日起(　　年　　月　　日)
□有本人、配偶、直系親屬 3 親等內以外之他人設立戶籍，惟確無租賃關係(另檢附設籍人無租賃關係申明書)
☑無他人設立戶籍，亦確無出租情事
如有不實願意補繳稅款，並依稅捐稽徵法第 41 條規定接受處罰。

檢附證件：
☑1.原出售及重購土地向地政機關辦理登記時之契約文件影本，或原被徵收土地徵收日期之證明文件。
☑2.原出售及重購土地之土地及建物所有權狀影本或其他證明文件。
☑3.原出售土地之土地增值稅繳款書收據聯正本。(如無法提示，改立具切結書)
☑4.於重購地辦竣戶籍登記之戶口名簿影本。
□5.原出售土地係按一般用地稅率課徵土地增值稅，檢附在該地辦竣戶籍登記之戶口名簿影本。
□6.檢附委託書或授權書，請於核定後副知代理人。

　　　　　納稅義務人：△△△　印 (簽名或蓋章)
　　　　　身分證統一編號：☐☐☐☐☐☐☐☐☐☐
　　　　　地　　　　址：△△△△△△△△△△△△△
　　　　　電　　　　話：△△△△△△△△△
　　　　　日　　　　期：△△　年　△　月　△　日

土地所有權人出售自用住宅用地申請適用土地稅法
第34條第5項規定申明書

本人所有△△ 縣　△△ 鄉鎮 △△段△△小段△△地號等1筆自用住宅用地（地上建物門牌：
　　　　　市　　　市區

△△ 鄉鎮 △△ 村　　鄉△△ 路　段　巷　弄△號△樓）於△△年△月△日出售，確符合下列
　　市區　　里　　　街

各款規定。

☑本人之前出售之自用住宅用地曾依土地稅法第34條第1項至第4項（一生一次）規定按自用住
　宅用地稅率課徵土地增值稅。

☑出售時本人與配偶及未成年子女，無本自用住宅以外房屋（含未辦保存登記、信託移轉之房
　屋及因繼承、強制執行、法院判決或其他非因法律行為已取得不動產所有權但尚未完成移轉
　登記之房屋）。

☑出售前本人持有該土地6年以上。

☑出售前本人或配偶、未成年子女在本地設有戶籍且持有本自用住宅連續滿6年。

　　出售前5年內：

　　　　☑無他人設立戶籍，☑無出租或供營業情事。

　　　　　□有部分出租或部分供本人、他人營業使用情形：

　　　　　　出租使用：第　層　面積　　　平方公尺

　　　　　　營業使用：第　層　面積　　　平方公尺

　　　□有本人、配偶、直系親屬、3親等內親屬以外之他人設立戶籍：

　　　　　□無出租或供營業情事。（另檢附設籍人無租賃關係申明書）

　　　　　□有部分出租或部分供本人、他人營業使用情形：

　　　　　　出租使用：第　層　面積　　　平方公尺

　　　　　　營業使用：第　層　面積　　　平方公尺

本人之配偶、未成年子女資料如下：

項　目	姓　名	國民身分證統一編號	出　生年月日	戶籍地址（包括村里別）
配　偶	陳○○			縣（市）　　鄉（鎮市區）　　村（里） 路（街）　段巷弄　號　樓之
未成年子女	王○○			縣（市）　　鄉（鎮市區）　　村（里） 路（街）　段巷弄　號　樓之
				縣（市）　　鄉（鎮市區）　　村（里） 路（街）　段巷弄　號　樓之
				縣（市）　　鄉（鎮市區）　　村（里） 路（街）　段巷弄　號　樓之
				縣（市）　　鄉（鎮市區）　　村（里） 路（街）　段巷弄　號　樓之

以上申明及填寫資料均屬實無缺漏，如有不實，願依稅捐稽徵法第41條規定接受處罰及補繳稅
款。

此致
臺北市稅捐稽徵處　　○○　分處

　　　土地所有權人姓名：△△△　　印　　（簽名或蓋章）

　　　身分證統一編號：△△△△△△△△△△

　　　地址：△△△△△△△△

　　　電話：△△△△△△△△

　　　日期：中華民國 △△ 年 △ 月 △△ 日

土地增值稅自用住宅用地適用順序申明書

本人所有下列土地於△△年△月△日立契，於△△年△月△日申報土地移轉現值，因出售自用住宅用地面積超過土地稅法第34條第1項規定（都市土地300平方公尺或非都市土地700平方公尺）：

☑請依下列土地之適用順序計算至土地稅法第34條第1項規定之面積限制

適用順序	土地標示			移轉面積平方公尺	前次移轉現值元/平方公尺（說明）
1	臺北 縣市 松山 鎮區鄉市	敦化 段	小段 100 地號	120	
2	臺北 縣市 松山 鎮區鄉市	敦化 段	小段 120 地號	100	
3	臺北 縣市 松山 鎮區鄉市	敦化 段	小段 150 地號	80	
4	縣市 鎮區鄉市	段	小段 地號		
5	縣市 鎮區鄉市	段	小段 地號		

說明：如分次取得同一地號之土地，請依前次移轉現值按適用順序分別填列移轉面積及前次移轉現值；如為一次取得且前次移轉現值相同者，則僅須填寫移轉面積。

□以出售之各筆（次）土地依土地稅法第33條規定計算之土地增值稅，由高至低之適用順序計算之。

此致
臺北市稅捐稽徵處 ○○ 分處

　　　土地所有權人姓名：△△△ 　[印]　 （簽名或蓋章）
　　　身分證統一編號：△△△△△△△△△
　　　地址：△△△△△△△△
　　　電話：△△△△△△△△

中 華 民 國 　△△　 年 　△　 月 　△△　 日

第六節　房屋稅

房屋興建完成，應行申報課徵房屋稅，茲依據現行「房屋稅條例」之規定扼要略述如次：

一、課徵依據

房屋稅之徵收，依本條例之規定。本條例未規定者，依其他有關法律之規定。（第1條）

二、課徵對象

㈠對　象

房屋稅以附著於土地之各種房屋，及有關增加該房屋使用價值之建築物為課稅對象。（第3條）

㈡定　義

所謂房屋，係指固定於土地上之建築物，供營業工作或住宅用者。所謂增加該房屋使用價值之建築物，係指附屬於應徵房屋稅房屋之其他建築物，因而增加該房屋之使用價值者。（第2條）

㈢起徵現值

住家用房屋稅起徵點為新臺幣十萬元正，房屋現值未達起徵點者，免稅。（第15條第1項第9款）

三、課徵標準

㈠依現值課徵

房屋稅依房屋現值課徵。（第5條）

㈡申　報

納稅義務人應於房屋建造完成之日起三十日內檢附有關文件，向當地主管稽徵機關申報房屋稅籍有關事項及使用情形；其有增建、改建、變更使用或移轉、承典時，亦同。（第7條）

㈢核計現值及異議

房屋稅條例第10條規定：

1. 主管稽徵機關應依據不動產評價委員會評定之標準，核計房屋現值。
2. 依前項規定核計之房屋現值，主管稽徵機關應通知納稅義務人。納稅義務人如有異議，得於接到通知書之日起三十日內，檢附證件，申請重行核計。

㈣標準價格評定

房屋稅條例第11條規定：

1. 房屋標準價格，由不動產評價委員會依據下列事項分別評定，並由直轄
   市、縣（市）政府公告之：
   (1)按各種建造材料所建房屋，區分種類及等級。
   (2)各類房屋之耐用年數及折舊標準。
   (3)按房屋所處街道村里之商業交通情形及房屋之供求概況，並比較各該
      不同地段之房屋買賣價格減除地價部分，訂定標準。
2. 前項房屋標準價格，每三年重行評定一次，並應依其耐用年數予以折
   舊，按年遞減其價格。

四、課徵時機

(一)按年徵收

房屋稅每年徵收一次，其開徵日期由省（市）政府定之。新建、增建或改建
房屋，於當期建造完成者，均須按月比例計課，未滿一個月者不計。（第12條）

(二)開徵日期

自民國74年起每年7月1日起至次年6月30日止徵收一次，其開徵日期為5月
份。

五、納稅義務人

房屋稅條例第4條規定：

(一)房屋稅向房屋所有人徵收之。其設有典權者，向典權人徵收之。共有房
屋向共有人徵收之，由共有人推定一人繳納，其不為推定者，由現住人或使用
人代繳。

(二)前項代繳之房屋稅，在其應負擔部分以外之稅款，對於其他共有人有求
償權。

(三)第1項所有權人或典權人住址不明，或非居住房屋所在地者，應由管理人
或現住人繳納之。如屬出租，應由承租人負責代繳，抵扣房租。

(四)未辦建物所有權第一次登記且所有人不明之房屋，其房屋稅向使用執照
所載起造人徵收之；無使用執照者，向建造執照所載起造人徵收之；無建造執
照者，向現住人或管理人徵收之。

(五)房屋為信託財產者，於信託關係存續中，以受託人為房屋稅之納稅義務
人。受託人為二人以上者，準用第1項有關共有房屋之規定。

六、稅　率

(一)稅率幅度

房屋稅條例第5條規定房屋稅依房屋現值，按下列稅率課徵之：

1. 住家用房屋：供自住或公益出租人出租使用者，為其房屋現值百分之一

點二；其他供住家用者，最低不得少於其房屋現值百分之一點五，最高
不得超過百分之三點六。各地方政府得視所有權人持有房屋戶數訂定差
別稅率。

2.非住家用房屋：供營業、私人醫院、診所或自由職業事務所使用者，最
低不得少於其房屋現值百分之三，最高不得超過百分之五；供人民團體
等非營業使用者，最低不得少於其房屋現值百分之一點五，最高不得超
過百分之二點五。

3.房屋同時作住家及非住家用者，應以實際使用面積，分別按住家用或非
住家用稅率，課徵房屋稅。但非住家用者，課稅面積最低不得少於全部
面積六分之一。

前項第1款供自住及公益出租人出租使用之認定標準，由財政部定之。

(二)**住家用房屋供自住及公益出租人出租使用認定標準**（103.6.29財政部訂定發
布）

1.本標準依房屋稅條例（以下簡稱本條例）第5條第2項規定訂定之。

2.個人所有之住家用房屋符合下列情形者，屬供自住使用：

(1)房屋無出租使用。

(2)供本人、配偶或直系親屬實際居住使用。

(3)本人、配偶及未成年子女全國合計三戶以內。

3.房屋屬公益出租人出租使用，指持有直轄市、縣（市）主管機關核發公益
出租人核定函之公益出租人，將房屋出租予領有政府最近年度核發之租
金補貼核定函或資格證明之中低所得家庭供住家使用者。

4.本標準自發布日施行。

(三)**徵收率**

房屋稅條例第6條規定，直轄市及縣（市）政府得視地方實際情形，在前條
規定稅率範圍內，分別規定房屋稅徵收率，提經當地民意機關通過，報請或層
轉財政部備案。現階段自住或公益出租人出租使用之住家用房屋，稅率為百分
之一點二，三戶以上之住家用房屋，稅率為百分之一點五至百分之三點六；營
業、私人醫院、診所或自由職業事務所，稅率為百分之三；人民團體等非營業
使用，稅率為百分之二。

◎**原供住家用房屋，作為從事網路銷售貨物或勞務之營業登記場所，實際交**
易均於網路交易平臺完成，准續按住家用及自住用稅率課徵房屋稅及地價稅
（104.9.16財政部臺財稅字第10400128120號令）

一、原供住家使用之房屋，作為從事網路銷售貨物或勞務之營業登記場所，惟
實際交易均於網路交易平臺完成，且該房屋未供辦公或堆置貨物等其他營
業使用者，仍准繼續按住家用稅率課徵房屋稅。其原經核准按自用住宅用
地稅率課徵地價稅之用地，亦准繼續按自用住宅用地稅率課徵地價稅。

二、廢止本部94.10.28臺財稅字第09404576540號令。

◎公同共有房屋適用房屋稅條例第5條按住家用房屋供自住使用稅率課徵房屋稅規定（103.11.26財政部臺財稅字第10304597910號令）

一、公同共有房屋，其公同共有關係所由成立之法律、法律行為或習慣定有公同共有人可分之權利義務範圍，經稽徵機關查明屬實者，該公同共有人所有潛在應有權利部分如供其本人、配偶或直系親屬實際居住使用，認屬符合「住家用房屋供自住及公益出租人出租使用認定標準」第2條第2款規定。

二、共有房屋，其共有人有屬夫、妻或其未成年子女之關係者，該等共有人持有該公同共有房屋部分，於依上開標準第2條第3款規定審認戶數時，以1戶計算。

◎自益信託房屋如符合「住家用房屋供自住及公益出租人出租使用認定標準」第2條規定，准按自住稅率課徵房屋稅（103.9.26財政部臺財稅字第10304619480號令）

信託房屋於信託關係存續中由受託人持有，應無房屋稅條例第5條第1項第1款規定按住家用房屋供自住使用稅率課徵房屋稅之適用。惟委託人與受益人同屬一人（自益信託），且該房屋仍供委託人本人、配偶或其直系親屬實際居住使用，與該房屋信託目的不相違背者，該委託人視同房屋所有權人，如其他要件符合「住家用房屋供自住及公益出租人出租使用認定標準」第2條規定，准按住家用房屋供自住使用稅率課徵房屋稅。

七、停止課稅

房屋遇有焚燬、坍塌、拆除至已不堪居住程度者，由納稅人申報，經稽徵機關查實後，在未重建完成期間內停止課稅。（第8條）

八、減免稅

㈠公有房屋

房屋稅條例第14條規定，公有房屋供左列各款使用者，免徵房屋稅：

1. 各級政府機關及地方自治機關之辦公房屋及其員工宿舍。
2. 軍事機關部隊之辦公房屋及其官兵宿舍。
3. 監獄、看守所及其辦公房屋暨員工宿舍。
4. 公立學校、醫院、社會教育學術研究機構及救濟機構之校舍、院舍、辦公房屋及其員工宿舍。
5. 工礦、農林、水利、漁牧事業機關之研究或試驗所所用之房屋。
6. 糧政機關之糧倉、鹽務機關之鹽倉、公賣事業及政府經營之自來水廠（場）所使用之廠房及辦公房屋。

7. 郵政、電信、鐵路、公路、航空、氣象、港務事業，供本身業務所使用之房屋及其員工宿舍。

8. 名勝古蹟及紀念先賢先烈之祠廟。

9. 政府配供貧民居住之房屋。

10. 政府機關為輔導退除役官兵就業所舉辦事業使用之房屋。

(二)私有房屋

房屋稅條例第15條規定：

1. 私有房屋有左列情形之一者，免徵房屋稅：

   (1)業經立案之私立學校及學術研究機構，完成財團法人登記者，其供校舍或辦公使用之自有房屋。

   (2)業經立案之私立慈善救濟事業，不以營利為目的，完成財團法人登記者，其直接供辦理事業所使用之自有房屋。

   (3)專供祭祀用之宗祠、宗教團體供傳教佈道之教堂及寺廟。但以完成財團法人或寺廟登記，且房屋為其所有者為限。

   (4)無償供政府機關公用或供軍用之房屋。

   (5)不以營利為目的，並經政府核准之公益社團自有供辦公使用之房屋。但以同業、同鄉、同學或宗親社團為受益對象者，除依工會法組成之工會經由當地主管稽徵機關報經直轄市、縣（市）政府核准免徵外，不在此限。

   (6)專供飼養禽畜之房舍、培植農產品之溫室、稻米育苗中心作業室、人工繁殖場、抽水機房舍；專供農民自用之燻菸房、稻穀及茶葉烘乾機房、存放農機具倉庫及堆肥舍等房屋。

   (7)受重大災害，毀損面積占整棟面積五成以上，必須修復始能使用之房屋。

   (8)司法保護事業所有之房屋。

   (9)住家房屋現值在新臺幣十萬元以下者。但房屋標準價格如依第11條第2項規定重行評定時，按該重行評定時之標準價格增減程度調整之。調整金額以千元為單位，未達千元者，按千元計算。

   (10)農會所有之倉庫，專供糧政機關儲存公糧，經主管機關證明者。

   (11)經目的事業主管機關許可設立之公益信託，其受託人因該信託關係而取得之房屋，直接供辦理公益活動使用者。

2. 私有房屋有左列情形之一者，其房屋稅減半徵收：

   (1)政府平價配售之平民住宅。

   (2)合法登記之工廠供直接生產使用之自有房屋。

   (3)農會所有之自用倉庫及檢驗場，經主管機關證明者。

   (4)受重大災害，毀損面積佔整棟面積三成以上不及五成之房屋。

3.第1項第1款至第8款、第10款、第11款及第2項規定減免房屋稅者，應由納稅義務人於減免原因、事實發生之日起三十日內，申報當地主管稽徵機關調查核定之；逾期申報者，自申報日當月份起減免。

九、罰　則

㈠未依限申報現值者

納稅義務人未依規定於新建、增建、改建完成之日起三十日內申報房屋稅籍有關事項及使用情形，因而發生漏稅者，除責令補繳應納稅額外，並按所漏稅額處以二倍以下之罰鍰。（第16條）

㈡逾期納稅者

納稅義務人未於稅單所載限繳日期以內繳清應納稅款者，每逾二日按滯納數額加徵百分之一滯納金；逾三十日仍未繳納者，移送法院強制執行。（第18條）

十、欠稅登記之限制

房屋稅條例第22條規定：

㈠欠繳房屋稅之房屋，在欠稅未繳清前，不得辦理移轉登記或設定典權登記。

㈡前項所欠稅款，房屋承受人得申請代繳，其代繳稅額得向納稅義務人求償，或在買價、典價內照數扣除。

十一、通　知

房屋之新建、重建、增建或典賣移轉，主管建築機關及主辦登記機關應於核准發照或登記之日，同時通知主管稽徵機關。（第23條）

房屋新、增、改建稅籍及使用情形申報書

房屋坐落門牌編號	※公有 A	※私有 B
△△市△△鄉鎮區市	村里	街路段	巷	弄	號	樓之 號
房屋基地坐落	△△市	△△段	△△小段	△△ 地號

稅籍編號	淡稅籍編號
區	里	冊	頁	分 號

構造種類	鋼筋混凝土造	總層數 15	完成日期 △△年△月△日
所有人（申報人）	△△△ 蓋印	身分證統一編號	持分比率 全部
		淡身分證統一編號	戶籍地址 住居所／就業處所	同房屋坐落

使用執照 △△字第△△△號 △△年△月△日

| 使用別 | 住宅 |
| 使用情形 | 住家（自住家用 100／非自住住家用／公益出租用／營業用／私人醫院診所或自由職業事務所用）非住家非營業用 |

| 申報日期 | △△△△年△月△日 | 建物建號 段 小段 | 地號 |

代理人 △△△ 蓋印　　此致　臺北市稅捐稽徵處　　△△　分處

注意事項：
1. 新、增、改建房屋應於完成之日起30日內檢附使用執照影本、平面圖、側面圖（平面、側面非住家非營業用），送本機關辦理房屋稅籍設定、使用情形變更者（例如住家
2. 若裝設電梯請附電梯建築省工程合約書（臺灣省適用）。
3. 如為無使用執照者，由房屋所有人出具承諾書及其他小數字為公尺填列至整數。
4. 房屋使用情形應按使用面積平方公尺填報至整數。
5. 公益出租人，指符合住宅法，配偶或本人、配偶及直系親屬實際居住使用，且本人、配偶及成年子女全國合計3戶以內之住家用房屋。
6. 庭供住家使用者係指營業用等非營業用使用者。
7. 本房屋出租人，指將房屋出租之公益出租人核發繳稅證或直轄市、縣市主管機關核發補貼金補貼證之租賃住宅或最近年度核發補貼之租予領有政府最近年度核發補貼證之中低所得家
8. ※註記免填。

房屋評定現值重核申請書

本人所有坐落：△△ 區　　　里 △△ 路(街)　　段△△巷 △△ 弄

　△ 號　△　樓之　房屋，因對原核定之房屋現值不服，惠請就

☐核定單價(含構造別、用途別、加減項)

☐房屋街路等級調整率

☐經歷年數　　　　　　　　　　　　　　事項，重新核定。

☑面積

☐其他

　　此　　致

臺北市稅捐稽徵處　△△ 分處

申請人：△△△　　印　　　　（簽章）

國民身分證
營利事業　統一編號：△△△△△△△△△△
扣繳單位

住址：△△△△△△△△△△

電話：△△△△△△△△△△

申請日期：　△△ 年　　△ 月 △△ 日

檢附證件：1.申請人為公司行號或機關團體應加蓋公司行號或機關團體印章
　　　　　　及負責人或代表人印章。
　　　　　2.代為申請者，請檢附委託人、受託人身分證影本及授權書。

房屋稅現值證明申請書

一、稅籍編號：

二、年度別：　△△

三、房屋坐落：　　△△　區　△△　里　△△　路(街)　△　段　△　巷

　　　　　　　　　弄　△　號　△　樓之

申請人：　△△△　　　　　印　　　　（簽章）

國民身分證

營利事業　統一編號：△△△△△△△△△

扣繳單位

住址：△△　縣　　鄉市　　　路　段　弄　樓
　　　　　　市　△△　鎮區　△△　街　巷　△　號　室

電話：　△△△△△△△△△

申請日期：　△△　年　　△　月　△△　日

授　權　書

茲授權　　　陳△△　　　君代理本人申請及具領上列房屋現值證明。

授權人：　　△△△　　　（簽章）　印

被授權人：　陳△△　　　（簽章）　印

國民身分證統一編號：△△△△△△△△△△

住址：　△△△△△△△△△

電話：　△△△△△△△△

注意事項
1. 依據稅捐稽徵法第33條規定，稅捐稽徵機關對納稅人之財產資料應保守秘密。非納稅義務人本人或其繼承人，或未經授權之代理人、辯護人，請勿申請。
2. 請提示申請人國民身分證明文件驗畢即還，通訊申請請檢附影本。
3. 代理案件請填寫授權書並檢附授權人國民身分證明文件影本及被授權人國民身分證明文件正本（查驗即還，通訊辦理請檢附影本），繼承案件檢附與納稅義務人之關係證明文件影本。
4. 申請人為公司行號或機關團體應加蓋公司行號或機關團體印章及負責人或代表人章。

房屋稅籍證明申請書

本人所有坐落於本市 △△ 區　　里　△△　路（街）　段　　巷　　弄 △號 △樓之

稅籍編號

市	區	里	冊（棟）	頁	分（戶）號
△ △	△ △	△ △	△ △	△ △	△ △

房屋，因辦理產權登記需要，

請核發上列房屋稅籍證明書一份。

　　此　致

臺北市稅捐稽徵處　　△△　　分處

　　　　　　　　　　　申請人：　△△△　　　　　印　　　　（簽章）

　　　　　　　　　　　國民身分證

　　　　　　　　　　　營利事業　統一編號：△△△△△△△△△

　　　　　　　　　　　扣繳單位

　　　　　　　　　　　　　　　　△△　縣　鄉市　　　路△段　　弄△樓
　　　　　　　　　　　住址：△△　市　鎮區　△△　街　巷 △號　室

　　　　　　　　　　　電話：△△△△△△△△△

　　　　　　　　　　　受委託人：　陳△△　　　（簽章）　印

　　　　　　　　　　　國民身分證統一編號：△△△△△△△△△

　　　　　　　　　　　　　　　　△△　縣△鄉市　　　路△段　　弄△樓
　　　　　　　　　　　住址：△△　市△鎮區　△△　街　巷△號　　室

　　　　　　　　　　　電話：△△△△△△△△△

　　　　　　　　　　　申請日期：　△△　年　△　月　△△　日

注意事項

1. 依據稅捐稽徵法第33條規定，稅捐稽徵機關對納稅人之財產資料應保守秘密。非納稅義務人本人或其繼承人，或未經授權之代理人、辯護人，請勿申請。
2. 本申請書列有□請打✓表示。
3. 請提示申請人身分證（驗畢即還），通訊申請請檢附影本。
4. 代理案件另附授權書及授權人身分證影本，繼承案件檢附與納稅義務人之關係證明文件影本。

房屋納稅義務人名義變更申請書

申請人所有臺北市△△區　　里△△ 路　△段　△巷　弄△號　△樓之
　　　　　　　　　　　　　　　　街

房屋（稅籍編號☐☐☐☐☐☐☐☐☐☐）業於 △△ 年 △ 月 △ 日

☑ 已辦理建物登記之繼承

☐ 未辦理建物登記之繼承

☐ 更名

持分共有房屋：

☐ 推定共有人　　　　　　　為管理人繳納房屋稅。

　管理人簽名或蓋章：　　　　　　（申請人同為管理人者免簽章）

☐ 請依稅捐稽徵法第12條規定，按持分比率分別發單課徵房屋稅。

　　此　　致

　　臺北市稅捐稽徵處　△△　分處

　　申請人：△△△　　　　☐印☐

　　國民身分證

　　營利事業　統一編號：☐☐☐☐☐☐☐☐

　　扣繳單位

　　住址：△△△△△△△△

　　電話：△△△△△△△△　　申請日期：△△ 年 △ 月 △ 日

　　※代為申請者＿＿＿＿☐請檢附委託人、受託人身分證影本及授權書。

注意事項

一、未辦建物登記之繼承申請變更房屋稅納稅義務人名義者，應填寫申請書並檢附
　　下列附件：㈠遺產稅繳清（或免稅）證明書㈡繼承系統表㈢遺產分割協議書
　　（依民法第1141條規定平均繼承者免附）㈣法院核准拋棄繼承權證明書㈤印鑑
　　證明書。

二、未辦建物登記之非繼承申請變更房屋稅納稅義務人名義者，應填寫申請書並檢
　　附已完稅之契稅繳款書等其他關證明文件。

註：房屋基地如符合自用住宅用地規定者，請於適用特別稅率課稅之原因發生日當
　　年9月22日前，檢附戶口名簿及建築改良物所有權狀影本，向土地所在地稅捐
　　（分）處申請依自用住宅用地稅率課徵地價稅。

房屋災害損失稅捐減免申請書

本人所有房屋坐落：△△ 市 △△ 區 △△ 里 △△ 路(街) △ 段

　巷　弄 △ 號 △ 樓之 ，於民國 △△ 年 △ 月 △ 日

因 地震　　　　　　　　　　　　（請填寫原因），造成房屋

☐淹水

☐全倒（毀損面積佔整棟面積五成以上者）

☑受重大災害（毀損面積佔整棟面積三成以上不及五成者）

惠請減免房屋稅。

本件房屋稅已於△△年△月△△日繳納，溢繳房屋稅請予退還。

退稅方式

☑支票退稅

☐直撥退稅：同意由貴處以直接劃撥方式存入本人存款帳戶（不含郵局帳戶，檢附存摺影本乙份），存款帳戶帳號：

金融機構	總分支機構代碼：			
	分行別	科目	帳(戶)號	檢支號
帳號				

　此　致

臺北市稅捐稽徵處 △△ 分處

　　　　申請人： △△△ 　[印]　　　（簽章）

　　　　國民身分證

　　　　營利事業　統一編號： △△△△△△△△△

　　　　扣繳單位

　　　　地　　址：△△縣(市)△△鄉(鎮市區) △△ 村(里)

　　　　　　　　　△△ 路(街)△ 段 巷 弄 △ 號△樓之

　　　　電話： △△△△△△△△△

　　　　申請日期： △△ 年 △ 月 △ 日

房屋拆除、焚燬、坍塌申請書

申請人所有 △△ 區　　里 △△ 路/街 △ 段 △ 巷　弄 △ 號 △ 樓之

房屋（稅籍編號 ☐☐☐☐☐☐☐☐☐☐ ）業經 △△ 年 △ 月 △ 日

☑拆除

☐焚燬

☐坍塌

　　　　　　　　　　　　　　☑全部

請派員實地調查，准予　　　　　　　　停止課徵房屋稅

　　　　　　　　　　　　　　☐部分

　　　此　致

臺北市稅捐稽徵處　△△　分處

　　　申請人：△△△　　　　印　　（簽名或蓋章）

　　　國民身分證

　　　或營利事業統一編號：☐☐☐☐☐☐☐☐☐☐

　　　或扣繳單位

　　　住址：△△△△△△△△△

　　　電話：△△△△△△△△△

　　　申請日期：　△△　年 △ 月 △ 日

※代為申請者＿＿＿＿☐請檢附委託人、受託人身分證影本及授權書。

房屋使用情形變更申請書

申請人所有△△區　　里△△路（街）　段　巷　弄△△號　樓
之　房屋（稅籍編號 ☐☐☐☐☐☐☐☐☐ ）業經於 △△ 年 △ 月 △ 日

☑使用情形變更　☑改為自住或☐公益出租住家使用
　　　　　　　　☐改為非自住住家使用
　　　　　　　　☐改為營業使用
　　　　　　　　☐改為私人醫院、診所或自由職業事務所使用
　　　　　　　　☐改為　　　　　使用
　　　　　　　　☐地下室停車空間改為自用停車且無出租收費情事
　　　　　　　　☐因超過全國自住房屋3戶之限制，願放棄　　　　　
　　　　　　　　　所有　　　　　　　　之自住房屋

土地一併申請改按　☑自用住宅用地稅率　　　課徵地價稅。
　　　　　　　　　（房屋須無出租營業等情事，
　　　　　　　　　並已辦竣戶籍登記，免附相關
　　　　　　　　　資料者，請填背面房屋建號及
　　　　　　　　　設籍人資料。）

　　　　　　　　☐一般用地稅率
　　　　　　　　☐公共設施保留地稅率

☐本件房屋稅已於　年　月　日繳納，請一併退還溢繳房屋稅。
退稅方式：
☐支票退稅
☐直撥退稅：同意由貴處以直接劃撥方式存入本人存款帳戶（不含郵局帳戶，檢
　附存摺影本乙份），存款帳戶帳號：

金融機構	總分支機構代碼：			
	分行別	科目	帳（戶）號	檢支號
帳號				

此致
臺北市稅捐稽徵處　　△△　　分處
　　申請人：△△△　　　㊞　　（簽章）
　　國民身分證
　　或營利事業　統一編號：☐☐☐☐☐☐☐☐
　　或扣繳單位
　　住址：△△△△△△△△△
　　電話：△△△△△△△△△
　　申請日期：△△ 年 △ 月 △ 日

註：

1. 自住房屋，指個人所有之住家用房屋，符合無出租並供本人、配偶或直系親屬實際居住使用，且本人、配偶及未成年子女全國合計3戶以內。

2. 公益出租使用房屋，指持有直轄市、縣（市）主管機關核發公益出租人核定函之公益出租人，將房屋出租予領有政府最近年度核發之租金補貼核定函或資格證明之中低所得家庭供住家使用者。

3. 申請人為公司行號或機關團體應加蓋公司行號或機關團體印章及負責人或代表人章。

   自用住宅用地，指土地所有權人或其配偶、直系親屬於該地辦竣戶籍登記，且無出租或供營業用住宅用地，並應由土地所有權人於每年地價稅開徵40日前（即9月22日）提出申請，逾期申請者，自申請次年起開始適用。

5. 土地一併申請地價稅自用住宅用地應檢附文件：

   (1)戶口名簿影本，包括本人、配偶及未成年之受扶養親屬，如土地供直系親屬設籍請檢附設籍人戶口名簿影本，夫妻非設同一戶籍時，請附雙方戶口名簿影本。

   (2)建築改良物所有權狀影本、使用執照影本或建物勘測成果圖，若房屋於77年4月29日以前建築完成而無上述資料者，請填具「房屋基地坐落申明書」。

   (3)如有三親等內親屬以外之他人設籍且無租賃關係者，請填具「土地所有權人無租賃關係申明書」或「設籍人無租賃關係申明書」。

★建號及設籍人等必填欄位已填列正確資料者，免附戶口名簿影本及建築改良物所有權狀影本。

房 屋 坐 落			
區市鄉鎮	段	小段	建號
△△	△△	△△	△△

項目	姓名	身分證統一編號	出生年月日	戶籍地址（包括村里別）
土地所有權人	△△△			△△縣（市）△△鄉（鎮市區）村（里） △△路（街）　段　巷　弄△△號　樓
配偶	△△△			△△縣（市）△△鄉（鎮市區）村（里） △△路（街）　段　巷　弄△△號　樓
未成年受扶養親屬（稱謂）				△△縣（市）△△鄉（鎮市區）村（里） △△路（街）　段　巷　弄△△號　樓
				△△縣（市）△△鄉（鎮市區）村（里） △△路（街）　段　巷　弄△△號　樓
設籍人（稱謂）				△△縣（市）△△鄉（鎮市區）村（里） △△路（街）　段　巷　弄△△號　樓

第七節　契　稅

　　契稅係依據契稅條例之規定予以課徵。（第1條）茲將該條例之規定及契稅報繳實務扼要說明如次：

一、課徵範圍

　　開徵土地增值稅區域之土地，免徵契稅。（第2條）即凡是建物均為課徵契稅之對象。

二、課徵場合

　　不動產之買賣、承典、交換、贈與、分割，或因占有而取得所有權者，均應申報繳納契稅。（第2條）

三、納稅義務人

　　㈠買賣：買受人。（第4條）
　　㈡典權：典權人。（第5條）
　　㈢交換：交換人。（第6條）
　　㈣贈與：受贈人。（第7條）
　　㈤分割：分割人。（第8條）
　　㈥占有：占有取得所有權人。（第9條）
　　㈦信託財產：以不動產為信託財產，受託人依信託本旨移轉信託財產與委託人以外之歸屬權利人時，應由歸屬權利人估價立契，依第16條規定之期限申報繳納贈與契稅。（第7條之1）

四、稅　率

　　契稅條例第3條規定：
　　㈠買賣：為其契價6%。
　　㈡典權：為其契價4%。先典後賣者，若典權人與買主同屬一人者，得以原納典權契額抵繳買賣契稅。（第10條）
　　㈢交換：為其契價2%。若交換有給付差額價款者，其差額價款應依買賣契稅稅率課稅。（第6條）
　　㈣贈與：為其契價6%。
　　㈤分割：為其契價2%。
　　㈥占有：為其契價6%。

五、課徵標準

㈠以契約所載價額為準

買賣、設定典權之不動產，買受人或典權人申報納稅。（第4條及第5條）

㈡估　價

交換、贈與、分割、占有及信託財產依信託本旨移轉與歸屬權利人之不動產，應由納稅人估價立契，申報納稅。（第6、7、8、9條）

㈢低報之處理

納稅義務人申報契價，以當地不動產評價委員會評定之標準價格為準。但依法領買或標購公產及向法院標購拍賣而取得不動產之移轉價格低於評定標準價格者，從其移轉價格。（第13條）

六、變相之課稅

契稅條例第12條規定：

㈠凡以遷移、補償等變相方式支付產價，取得不動產所有權者，應照買賣契稅申報納稅；其以抵押、借貸等變相方式代替設典，取得使用權者，應照典權契稅申報納稅。

㈡建築物於建造完成前，因買賣、交換、贈與，以承受人為建造執照原始起造人或中途變更起造人名義，並取得使用執照者，應由使用執照所載起造人申報納稅。

七、契稅減免

㈠契稅條例第14條規定

有下列情形之一者，免徵契稅：

1. 各級政府機關、地方自治團體、公立學校因公使用而取得之不動產。但供營業用者，不適用之。
2. 政府經營之郵政事業，因業務使用而取得之不動產。
3. 政府因公務需要，以公有不動產交換，或因土地重劃而交換不動產取得所有權者。
4. 建築物於建造完成前，變更起造人名義者。但依第12條第2項規定應申報納稅者，不適用之。
5. 建築物於建造完成前，其興建中之建築工程讓與他人繼續建造未完工部分，因而變更起造人名義為受讓人，並以該受讓人為起造人名義取得使用執照者。

㈡信託財產

契稅條例第14條之1規定，不動產為信託財產者，於左列各款信託關係人間

移轉所有權，不課徵契稅：

1.因信託行為成立，委託人與受託人間。

2.信託關係存續中受託人變更時，原受託人與新受託人間。

3.信託契約明定信託財產之受益人為委託人者，信託關係消滅時，受託人與受益人間。

4.因遺囑成立之信託，於信託關係消滅時，受託人與受益人間。

5.因信託行為不成立、無效、解除或撤銷，委託人與受託人間。

（三）**免稅申請**

依規定免稅者，應填具契稅免稅申請書，並檢附契約及有關證件，向主管稽徵機關申請發給契稅免稅證明書，以憑辦理權利變更登記。（第15條）

（四）**都市更新條例第46條規定**

更新地區內之土地及建築物，依下列規定減免稅捐：

1.更新期間土地無法使用者，免徵地價稅；其仍可繼續使用者，減半徵收。但未依計畫進度完成更新且可歸責於土地所有權人之情形者，依法課徵之。

2.更新後地價稅及房屋稅減半徵收二年。

3.依權利變換取得之土地及建築物，於更新後第一次移轉時，減徵土地增值稅及契稅百分之四十。

4.不願參加權利變換而領取現金補償者，減徵土地增值稅百分之四十。

5.實施權利變換應分配之土地未達最小分配面積單元，而改領現金者，免徵土地增值稅。

6.實施權利變換，以土地及建築物抵付權利變換負擔者，免徵土地增值稅及契稅。

八、課徵時機

（一）申　報

1.契稅條例第16條規定：

(1)納稅義務人應於不動產買賣、承典、交換、贈與及分割契約成立之日起，或因占有而依法申請為所有人之日起三十日內，填具契稅申報書表，檢附公定格式契約書及有關文件，向當地主管稽徵機關申報契稅。但未辦建物所有權第一次登記之房屋買賣、交換、贈與、分割，應由雙方當事人共同申報。

(2)不動產移轉發生糾紛時，其申報契稅之起算日期，應以法院判決確定日為準。

(3)向政府機關標購或領買公產，以政府機關核發產權移轉證明書之日為申報起算日。

(4)向法院標購拍賣之不動產，以法院發給權利移轉證明書之日為申報起
算日。

(5)建築物於建造完成前，因買賣、交換、贈與，以承受人為建造執照原
始起造人或中途變更起造人名義並取得使用執照者，以主管建築機關
核發使用執照之日起滿三十日為申報起算日。

2.契稅條例第17條規定：主管稽徵機關收到納稅義務人之契稅申報書表暨
所附證件，應即填給收件清單，加蓋機關印信及經手人名章，交付納稅
義務人執存。

（二）查定稅額

1.契稅條例第18條規定：

(1)主管稽徵機關收到納稅義務人契稅申報案件，應於十五日內審查完
竣，查定應納稅額，發單通知納稅義務人依限繳納。

(2)主管稽徵機關對納稅義務人所檢送表件，如認為有欠完備或有疑問
時，應於收件後七日內通知納稅義務人補正或說明。

2.目前係電腦化作業，速度相當快，約二至三天即可領到稅單。

（三）繳　納

納稅義務人應於稽徵機關核定繳款書送達後三十日內繳納。（第19條）

（四）期限延緩

於規定期限內，因不可抗力致不能如期申報或繳納者，應於不可抗力之原
因消滅後十日內申明事由，經查明屬實免予加徵怠報金或滯納金。（第30條）

九、課徵機關

契稅由直轄市及縣（市）稅捐稽徵處徵收或鄉、鎮、市、區公所代徵之。
（第29條）

十、罰　則

（一）逾期申報

每逾三日，加徵應納稅額百分之一怠報金，但最高以應納稅額為限。但不
得超過新臺幣1萬5千元。（第24條）

（二）逾期納稅

每逾二日，加徵應納稅額百分之一滯納金，逾期三十日仍不繳納稅款及滯
納金、怠報金者，移送法院強制執行。（第25條）

（三）匿報短報

應納契稅、匿報或短報，經主管稽徵機關查得，或經人舉發查明屬實者，
除應補繳稅額外，並加處應納稅額一倍以上，三倍以下之罰鍰。（第26條）

十一、登記限制

凡因不動產之買賣、承典、交換、贈與、分割及占有而辦理所有權登記者，地政機關應憑繳納契稅收據、免稅證明書或同意移轉證明書，辦理權利變更登記。（第23條）

十二、檢舉及獎金

契稅條例第32條規定：

㈠告發或檢舉納稅義務人逃漏、匿報、短報或以其他不正當之行為逃稅者，稽徵機關得以罰鍰百分之二十獎給舉發人，並為舉發人絕對保守秘密。

㈡前項告發或檢舉獎金，稽徵機關應於收到罰鍰後三日內，通知原檢舉人，限期領取。

㈢公務員為舉發人時，不適用本條獎金之規定。

十三、契稅申報應備書件

㈠直轄市

1.主管機關：房屋所在地之各稅捐分處。

2.應備文件：

　⑴契稅申報書乙份。

　⑵契約書2份：正本貼千分之一印花，查證後退還；影本（貼印花部分）則由稅捐單位留存。

　⑶所有權狀影本1份。

　⑷雙方身分證明文件影本各1份。

㈡直轄市以外縣市

1.主管機關：縣轄市及鄉鎮，由房屋所在地之公所辦理，至於原省轄市則由稅捐機關辦理。

2.應備文件：

　⑴契稅申報書1至2份。

　⑵契約書2份：正本貼千分之一印花，查證後退還；影本（貼印花部分）則由稅捐單位留存。

　⑶所有權狀影本1份。

　⑷雙方身分證明文件影本各1份。

　⑸最近一期房屋稅繳納收據（或房屋稅籍證明書）。

十四、契稅申報手續

㈠將應備書件填寫蓋章並裝訂後提出申報，契稅申報書置於最上面。

㈡收件：送至主管稽徵機關收件，並索取收件收據。

㈢開單繳納：申報案件經主管機關審核無誤後，即開發契稅繳納通知書。

㈣領件：契稅經持單至公庫代收機關繳納後，即可憑收據至原申報之主管
機關領回契約書正副本各乙份（另副本乙份被抽存）。

十五、契稅申報書填寫範例

※	檔　案　編　號					契稅申報書			※總收文	日期	年　月　日
年 月	資　料　編　號									字	
	服務區	總分局	流	水	號					號	

(1)房屋稅籍編號	鄉鎮市區	村里	冊頁（棟）	分戶號	(2)建號	△△段△△小段 △△建號	(3)移轉房屋坐落	台北市△△區△△路△△號△樓
	0	1 2 3	0 4 2	1 5 6 3				

(4)立契日期或使用執照核發日期（限房屋建造完成前取得所有權案件）	年　月　日	☑1.一般申報案件 □2.房屋建造完成前取得所有權案件	(5)申報日期	年　月　日

(6)移轉價格（新臺幣）	3 5 1 0 0 0 0 元	☑1.請按照評定標準價格核課契稅。 □2.本件係領買標購公產或法院拍賣案件請按照評定標準價格或申報移轉價格從低核課契稅。

(7)茲委託 △△△ 先生/女士 代辦契稅申報、領取契稅繳款書或免稅證明書、前業主應繳未繳之房屋稅繳款書及領回證件等事項。

	姓名或名稱蓋章	國民身分證或事業機關團體統一編號	身分代號	公私有別	通訊地址／新所有權人請填移轉後房屋稅繳款書送單地址 縣市 鄉鎮區 村里 鄰 街路 段 巷 弄 號 樓	權利範圍持分比例	※房屋稅查欠情形
(8)原所有權人	張△△ ㊞ 電話 電話				△△市△△區△△路△△段△△號△樓	全	
(9)新所有權人（如為持分共有房屋，請另填寫第(16)欄）	李△△ ㊞ 電話 電話				△△市△△區△△路△△段△△號△樓	全	□一般案件 □截至　年　月無欠繳房屋稅 □尚有欠繳房屋稅 □即予開徵　元 □未即予開徵
(10)契稅代理人	陳△△ ㊞ 電話				△△市△△區△△路△△段△△號△樓	領回件蓋章	□法院拍賣案件
(11)在國內房屋稅納稅代理人	電話						

(12)案件類型	□1.買賣 □2.典權 □3.交換 □4.0贈與 □4.1夫妻贈與 □5.分割 □6.占有 □7.二親等間買賣 □8.1標購 □8.2拍賣 □8.3領買 □9.1判決 □9.2調解 □9.3和解	※查欠人員蓋章

(13)移轉情形	層次	七	陽台	花台	公設建號	△△△	□未辦保存登記部分一併移轉
	構造	鋼筋混凝土造			面積（m²）	18.61	
	面積（平方公尺）	91.27	10.27	0.98	持分比例	1/10000	

(14)申請減免項目	□1.全免 合於契稅條例第（　）條規定。 □2.減徵 合於（　）條例第（　）條（　）款規定。	*□准 □不准	※房屋稅承辦人員蓋章

(15)檢附	☑契約書正本（查驗後退還）、影本（貼印花部分）1份，□所有權狀影本共1份。 □不動產權利移轉證明書影本（　）份，□法院判決書及判決確定證明書影本（　）份。 ☑身分證明文件影本1份，□該移轉房屋已納房屋稅繳款書影本（　）份，□其他文件（　）份。

(16)持分共有房屋繳書填發方式	□本房屋為持分共有，已推定共有人　　為管理人繳納房屋稅。 印章 管理人 ☑本房屋為持分共有，請依稅捐稽徵法第12條規定，按持分比例分別發單課徵房屋稅。

(17)契稅繳款書領回方式	☑親領 □郵寄 寄請：

(18)結案簡訊通知	☑需要 □不需要	(19)※急報日數	(20)備註 手機號碼：△△△△△△△△△△

茲依照契稅條例第14條、第15條、第16條規定填具契稅申報書，請依法核定應納契稅，並依照房屋稅條例第7條之規定申請變更房屋稅納稅義務人名義。　　　此　致
　　臺北市稅捐稽徵第 △△ 分處

申報人 李△△ ㊞

一、本表有※之欄位請免填。
二、申報人取得房屋，請依附聯填報不動產移轉後使用情形，供自住使用者，可申請按自住房屋稅率課徵房屋稅及自用住宅用地稅率課徵地價稅，以維護您的權益。

契稅申報書附聯
（不動產移轉後使用情形申報表）

一、房屋部分（稅籍編號）　　　　　　　　　　　　　　　年　　月　　日
坐　落　臺北市△△區△△路△△號△樓　　　　房屋移轉後使用情形如下：

使用別＼面積＼層次	7樓			
住家　自住或公益出租	102.52			
住家　非自住				
非住家　營業用				
非住家　營業用減半				
非住家　私人醫院、診所或自由職業事務所				
非住家　非住家非營業				

☑地下室停車空間係供自用停車且無出租收費情事，請准予免徵房屋稅。

　☑本人選取上述房屋為自住使用，因超過本人、配偶及未成年子女持有自住房屋全國3戶之限制，放棄☑本人□配偶□未成年子女所有臺北市△△區△△路△△號△樓房屋按自住稅率課徵房屋稅。

二、土地部分
　本申報書所列房屋基地係△△段△△小段△△地號
　☑供自用住宅用地使用，茲先行提出申請按自用住宅用地稅率課徵地價稅，俟辦妥土地所有權移轉登記並於本年9月22日前辦竣戶籍登記後，再補送有關文件，請准自本年起按自用住宅用地稅率課徵地價稅。
　□符合減免地價稅或適用特別稅率土地，茲先行提出申請減免或按特別稅率課徵地價稅，俟辦妥土地所有權移轉登記後補送有關證明文件，請准自本年起減免或按特別稅率課徵地價稅。

　　申報人：李△△　　　簽名或蓋章：印
　（申報人為公司行號或機關團體除蓋印鑑章外，並須由負責人或代表人簽章）

備註：
1.自住房屋，指個人所有之住家用房屋符合無出租使用，並供本人、配偶或直系親屬實際居住使用，且本人、配偶及未成年子女全國合計3戶以內之住家用房屋。
2.公益出租使用房屋，指持有直轄市、縣（市）主管機關核發公益出租人核定函之公益出租人，將房屋出租予領有政府最近年度核發之租金補貼核定函或資格證明之中低所得家供住家使用者。如房屋符合公益出租使用之條件，請備妥前述資料逕向房屋所在地主管稽徵機關申請辦理。

＊審核結果：房屋□使用情形申請按自住房屋稅率課徵房屋稅，另行函復申報人。
　　　　　　　□使用情形未變更，不另行函復申報人。
　　　　　　　□使用情形變更經查核結果與申報相符，不另函復申報人。
　　　　　　　□使用情形經查核結果與申報不符，另行函復申報人。
　　　　　　　□經查設有營業登記資料，惟申報使用情形變更為住家用或非住家非營業用，經查核結果房屋實際情形與申報資料相符，不另函復申報人，惟須加會或發文財政部臺北國稅局稽徵所或分局依規定辦理。
　　　　　　　　　　　　　　　　　　　　承辦員核章

契稅撤銷申報申請書

主旨：為因故請准撤銷房屋契稅申報案。

說明：申請人等於民國△△年△△月△△日向貴分處申報坐落：△△區
　　　　里 △△ 路（街） △ 段 △ 巷　弄 △ 號 △ 樓之　房屋繳納契稅
　　　在案，茲因兩造無法履行契約義務，經雙方同意解除契約，檢附有關文件，請
　　　准予撤銷申報。

　　☑本件契稅已於△△年△△月△△日繳納，請一併退還已納契稅及房屋稅。

　　　退稅方式：

　　☑支票退稅

　　□直撥退稅：同意以直接劃撥方式存入納稅義務人本人存款帳戶（不含郵局帳
　　　　　　　　戶，檢附存摺影本1份），若無法辦理匯款存入時，同意改以退
　　　　　　　　稅支票方式辦理。

金融機構	總分支機構代碼：			
	分行別	科目	帳（戶）號	檢支號
帳號				

附件：☑1原申報所檢附之公定格式契約書正本
　　　☑2原核發免稅證明書或契稅繳款書收據聯及收據副聯正本
　　　☑3存摺封面影本

　　此　　致

臺北市稅捐稽徵處　△△　分處

　　　　　　　　　申請人：　　△△△　　[印]　　　　（簽章）
　　　　　　　　　國民身分證
　　　　　　　　　營利事業　統一編號：△△△△△△△△△△
　　　　　　　　　扣繳單位
　　　　　　　　　住址：臺北市△△區　△△　路　　段　　弄
　　　　　　　　　　　　　　巷 △ 號 △ 樓　室
　　　　　　　　　電話：△△△△△△△△△△

　　　　　　　　　申請人：　　△△△　　[印]　　　　（簽章）
　　　　　　　　　國民身分證
　　　　　　　　　營利事業　統一編號：△△△△△△△△△△
　　　　　　　　　扣繳單位
　　　　　　　　　住址：臺北市△△區　△△　路　　段　　弄
　　　　　　　　　　　　　　巷 △ 號 △ 樓　室
　　　　　　　　　電話：△△△△△△△△△△
　　　　　　　　　申請日期：△△年△月△日

注意事項：申請人所蓋印章應與申報契稅時檢附契約書之印章相符。

第八節　贈與稅

一、課徵範圍

(一)贈 與

所謂贈與，指財產所有人以自己之財產無償給與他人，經他人允受而生效力之行為。（遺贈稅第4條第2項）

(二)贈與論

1. 財產之移動，具有下列情形之一者，以贈與論：（遺贈稅第5條）

   (1)在請求權時效內無償免除或承擔債務者，其免除或承擔之債務。

   (2)以顯著不相當之代價，讓與財產，免除或承擔債務者，其差額部分。

   (3)以自己之資金，無償為他人購置財產者，其資金。但該財產為不動產者，其不動產。

   (4)因顯著不相當之代價，出資為他人購置財產者，其出資與代價之差額部分。

   (5)限制行為能力人或無行為能力人所購置之財產視為法定代理人或監護人之贈與，但能證明支付之款項屬於購買人所有者，不在此限。

   (6)二親等以內親屬間財產之買賣，但能提出已支付價款之確實證明，且該已支付之價款非由出賣人貸與或提供擔保向他人借得者，不在此限。

2. 債務人經依破產法和解、破產、依消費者債務清理條例更生、清算或依公司法聲請重整，以致債權人之債權無法十足取償者，其免除之差額部分，非本法第5條第1款之贈與。（遺贈稅細則第2條）

3. 保證人因履行保證責任，而代主債務人清償債務並無償免除其債務者，應以贈與論。但主債務人宣告破產者，保證人之代償行為不視為贈與。以保證債務為目的而為連帶債務人者，仍適用前項規定。（遺贈稅細則第3條）

◎92年7月2日以後之不動產三角移轉，應補稅處罰，不再輔導（92.4.9財政部臺財稅字第0910456303號函）

一、有關不動產所有人經由第三人移轉不動產予特定人（通稱三角移轉）之案件，如其移轉給特定人之行為（第二次移轉）係在92年7月1日以前者，仍應依本部83年2月16日臺財稅第831583193號函辦理，如該行為係在92年7月2日以後者，不再依上開函進行輔導，應逕行查明依法處理。如經查明其移轉予第三者以及第三者移轉予特定人之有償行為係屬虛偽者，應依遺產及贈與稅法第4條第2項規定課徵贈與稅，並依同法第46條處罰鍰及依稅捐稽徵法第41條追究刑事責任，其有教唆或幫助者，亦應依稅捐稽徵法第43條追究刑事責任。

二、各稽徵機關應加強宣導，請納稅義務人勿以此類不正當方法逃漏贈與稅，以避免被處罰鍰及追究刑事責任；亦請他人，尤其是執行業務之律師、會計師、代書等合法代理人，勿教唆或幫助納稅義務人以此類不正當方法逃漏贈與稅，以避免被追究刑事責任。對上開基準日後之行為，並應籲請納稅義務人依稅捐稽徵法第48條之1自動補報。

◎**假借免徵土地取巧安排移轉其他應稅財產者，應課徵贈與稅**（92.4.9財政部臺財稅字第0910456306號函）

一、贈與人假借免徵贈與稅之土地，取巧安排移轉其他應稅財產予子女者，例如：先贈與子女公共設施保留地，再以現金買回；或先贈與子女公共設施保留地，再以建地與之交換；或先贈與子女公共設施保留地之大部分持分及建地之極小部分持分，再經由共有土地分割，使其子女取得整筆建地等，其實質與直接贈與現金、建地等應稅財產並無不同，應就實質贈與移轉之財產，依遺產及贈與稅法第4條第2項規定課徵贈與稅。

二、贈與人假借免徵贈與稅之土地取巧安排移轉其他應稅財產，如其買回、交換或分割等行為，係在92年7月1日以前者，准予補稅免罰，如其買回、交換或分割等行為，係在92年7月2日以後且未申報贈與稅者，除補稅外並應依同法第44條處罰。各稽徵機關並應加強宣導，請納稅義務人勿取巧逃漏，對上開基準日後之行為，並應籲請納稅義務人依稅捐稽徵法第48條之1自動補報。

　㈢**財　產**

　　1.所謂財產，指動產、不動產及其他一切有財產價值之權利。（遺贈稅第4條第1項）

　　2.本法稱農業用地，適用農業發展條例之規定。（遺贈稅第4條第5項）

　㈣**信託財產之課稅**

　　遺產及贈與稅法第5條之1規定：

　　1.信託契約明定信託利益之全部或一部之受益人為非委託人者，視為委託人將享有信託利益之權利贈與該受益人，依本法規定，課徵贈與稅。

　　2.信託契約明定信託利益之全部或一部之受益人為委託人，於信託關係存續中，變更為非委託人者，於變更時，適用前項規定課徵贈與稅。

　　3.信託關係存續中，委託人追加信託財產，致增加非委託人享有信託利益之權利者，於追加時，就增加部分，適用第1項規定課徵贈與稅。

　　4.前三項之納稅義務人為委託人。但委託人有第7條第1項但書各款情形之一者，以受託人為納稅義務人。

　㈤**信託財產之免稅**

　　遺產及贈與稅法第5條之2規定，信託財產於左列各款信託關係人間移轉或為其他處分者，不課徵贈與稅：

1. 因信託行為成立，委託人與受託人間。
2. 信託關係存續中受託人變更時，原受託人與新受託人間。
3. 信託關係存續中，受託人依信託本旨交付信託財產，受託人與受益人間。
4. 因信託關係消滅，委託人與受託人間或受託人與受益人間。
5. 因信託行為不成立、無效、解除或撤銷，委託人與受託人間。

二、課徵對象

(一)屬人主義

凡經常居住中華民國境內之中華民國國民，就其在中華民國境內或境外之財產為贈與者，應課徵贈與稅。（遺贈稅第3條第1項）

(二)屬地主義

經常居住中華民國境外之中華民國國民，及非中華民國國民，就其在中華民國境內之財產為贈與者，應課徵贈與稅。（遺贈稅第3條第2項）

(三)經常居住在境內外

遺產及贈與稅法第4條第3、4項規定：

1. 本法稱經常居住中華民國境內，係指被繼承人或贈與人有左列情形之一：

   (1)死亡事實或贈與行為發生前二年內，在中華民國境內有住所者。

   (2)在中華民國境內無住所而有居所，且在死亡事實或贈與行為發生前二年內，在中華民國境內居留時間合計逾三百六十五天者。但受中華民國政府聘請從事工作，在中華民國境內有特定居留期限者，不在此限。

2. 本法稱經常居住中華民國境外，係指不合前項經常居住中華民國境內規定者而言。

(四)喪失國籍

遺產及贈與稅法第3條之1規定：死亡事實或贈與行為發生前二年內，被繼承人或贈與人自願喪失中華民國國籍者，仍應依本法關於中華民國國民之規定，課徵遺產稅或贈與稅。

(五)境外財產之認定

遺產及贈與稅法第9條規定：

1. 第1條及第3條所稱中華民國境內或境外之財產，按被繼承人死亡時或贈與人贈與時之財產所在地認定之：

   (1)動產、不動產及附著於不動產之權利，以動產或不動產之所在地為準。但船舶、車輛及航空器，以其船籍、車輛或航空器登記機關之所在地為準。

(2)礦業權，以其礦區或礦場之所在地為準。

(3)漁業權，以其行政管轄權之所在地為準。

(4)專利權、商標權、著作權及出版權，以其登記機關之所在地為準。

(5)其他營業上之權利，以其營業所在地為準。

(6)金融機關收受之存款及寄託物，以金融機關之事務所或營業所所在地為準。

(7)債權，以債務人經常居住之所在地或事務所或營業所所在地為準。

(8)公債、公司債、股權或出資，以其發行機關或被投資事業之主事務所所在地為準。

(9)有關信託之權益，以其承受信託事業之事務所或營業所所在地為準。

2.前列各款以外之財產，其所在地之認定有疑義時，由財政部核定之。

三、納稅義務人

遺產及贈與稅法第7條規定：

㈠贈與稅之納稅義務人為贈與人。但贈與人有下列情形之一者，以受贈人為納稅義務人：

1.行蹤不明者。

2.逾本法規定繳納期限尚未繳納，且在中華民國境內無財產可供執行者。

3.死亡時贈與稅尚未核課。

㈡依前項規定受贈人有二人以上者，應按受贈財產之價值比例，依本法規定計算之應納稅額，負納稅義務。

四、課徵標準

㈠估價原則

遺產及贈與稅法第10條規定：

1.贈與財產價值之計算，以贈與人贈與時之時價為準。

2.本法中華民國84年1月15日修正生效前贈與行為而尚未核課或尚未核課確定之案件，其估價適用修正後之前項規定辦理。

3.所謂時價，土地以公告土地現值或評定標準價格為準，房屋以評定標準價格為準，其他財產時價之估定，本法未規定者，由財政部定之。

㈡信託財產之計價

遺產及贈與稅法第10條之2規定，依第5條之1規定應課徵贈與稅之權利，其價值之計算，依下列規定估定之：

1.享有全部信託利益之權利者，該信託利益為金錢時，以信託金額為準；信託利益為金錢以外之財產時，以贈與時信託財產之時價為準。

2.享有孳息以外信託利益之權利者，該信託利益為金錢時，以信託金額按

贈與時起至受益時止之期間，依贈與時郵政儲金匯業局一年期定期儲金固定利率複利折算現值計算之；信託利益為金錢以外之財產時，以贈與時信託財產之時價，按贈與時起至受益時止之期間，依贈與時郵政儲金匯業局一年期定期儲金固定利率複利折算現值計算之。

3. 享有孳息部分信託利益之權利者，以信託金額或贈與時信託財產之時價，減除依前款規定所計算之價值後之餘額為準。但該孳息係給付公債、公司債、金融債券或其他約載之固定利息者，其價值之計算，以每年享有之利息，依贈與時郵政儲金匯業局一年期定期儲金固定利率，按年複利折算現值之總和計算之。

4. 享有信託利益之權利為按期定額給付者，其價值之計算，以每年享有信託利益之數額，依贈與時郵政儲金匯業局一年期定期儲金固定利率，按年複利折算現值之總和計算之；享有信託利益之權利為全部信託利益扣除按期定額給付後之餘額者，其價值之計算，以贈與時信託財產之時價減除依前段規定計算之價值後之餘額計算之。

5. 享有前四款所規定信託利益之一部者，按受益比率計算之。

(三)有關財產之估價

1. 國外財產（遺贈稅細則第23條）

被繼承人在國外之遺產或贈與人在國外之贈與財產，依本法第1條或第3條規定應徵稅者，得由財政部委託遺產或贈與財產所在地之中華民國使領館調查估定其價額，其無使領館者，得委託當地公定會計師或公證人調查估定之。

2. 林木（遺贈稅細則第24條）

林木依其種類、數量及林地時價為標準估定之。

3. 珍寶古物（遺贈稅細則第25條）

動產中珍寶、古物、美術品、圖書及其他不易確定其市價之物品，得由專家估定之。

4. 車輛船舶（遺贈稅細則第26條）

車輛、船舶、航空器之價值，以其原始成本減除合理折舊之餘額為準，其不能提出原始成本之證明或提出原始成本之證明而與事實顯不相符者，得按其年式及使用情形估定。

5. 債權（遺贈稅細則第27條）

債權之估價，以其債權額為其價額。其有約定利息者，應加計至被繼承人死亡日或贈與行為發生日止已經過期間之利息額。

6. 上市有價證券（遺贈稅細則第28條）

(1)凡已在證券交易所上市（以下簡稱上市）或證券商營業處所買賣（以下簡稱上櫃或興櫃）之有價證券，依繼承開始日或贈與日該項上市或上櫃有

價證券之收盤價或興櫃股票之當日加權平均成交價估定之。但當日無買賣價格者，依繼承開始日或贈與日前最後一日該項上市或上櫃有價證券之收盤價或興櫃股票之加權平均成交價估定之，其價格有劇烈變動者，則依其繼承開始日或贈與日前一個月內該項上市或上櫃有價證券各日收盤價或興櫃股票各日加權平均成交價之平均價格估定之。

　(2)有價證券初次上市或上櫃者，於其契約經證券主管機關核准後至掛牌買賣前，或登錄為興櫃股票者，於其契約經證券櫃檯買賣中心同意後至開始櫃檯買賣前，應依該項證券之承銷價格或主辦輔導推薦證券商認購之價格估定之。

7.未上市股票（遺贈稅細則第29條）

　未上市、未上櫃且非興櫃之股份有限公司股票，除前條第2項規定情形外，應以繼承開始日或贈與日該公司之資產淨值估定，並按下列情形調整估價：

　(1)公司資產中之土地或房屋，其帳面價值低於公告土地現值或房屋評定標準價格者，依公告土地現值或房屋評定標準價格估價。

　(2)公司持有之上市、上櫃有價證券或興櫃股票，依第28條規定估價。

　前項所定公司，已擅自停業、歇業、他遷不明或有其他具體事證，足資認定其股票價值已減少或已無價值者，應核實認定之。

　非股份有限公司組織之事業，其出資價值之估價，準用前二項規定。

8.預付租金（遺贈稅細則第30條）

　預付租金，應就該預付租金額按租期比例計算其賸餘期間之租金額，為其承租權之價額，但付押金者，應按押金額計算之。

9.地上權（遺贈稅細則第31條）

　地上權之設定有期限及年租者，其賸餘期間依左列標準估定其價額：

　(1)賸餘期間在五年以下者，以一年地租額為其價額。

　(2)賸餘期間超過五年至十年以下者，以一年地租額之二倍為其價額。

　(3)賸餘期間超過十年至三十年以下者，以一年地租額之三倍為其價額。

　(4)賸餘期間超過三十年至五十年以下者，以一年地租額之五倍為其價額。

　(5)賸餘期間超過五十年至一百年以下者，以一年地租額之七倍為其價額。

　(6)賸餘期間超過一百年者，以一年地租額之十倍為其價額。

　地上權之設定，未定有年限者，均以一年地租額之七倍為其價額。但當地另有習慣者，得依其習慣決定其賸餘年限。

　地上權之設定，未定有年租者，其年租按申報地價年息百分之四估定之。

　　地上權之設定一次付租、按年加租或以一定之利益代租金者，應按其設定之期間規定其平均年租後，依第1項規定估定其價額。

10.永佃權（遺贈稅細則第32條）

　　永佃權價值之計算，均依一年應納佃租額之五倍為標準。

11.典權（遺贈稅細則第33條）

　　典權以典價為其價額。

12.礦業權及漁業權（遺贈稅細則第34條）

　　礦業權、漁業權之價值，應就其贖餘年數依左列倍數估計之：

　⑴贖餘年數為一年以下者，以其額外利益額為其價額。

　⑵贖餘年數超過一年至三年以下者，以其額外利益額之二倍為其價額。

　⑶贖餘年數超過三年至五年以下者，以其額外利益額之三倍為其價額。

　⑷贖餘年數超過五年至七年以下者，以其額外利益額之四倍為其價額。

　⑸贖餘年數超過七年至十二年以下者，以其額外利益額之六倍為其價額。

　⑹贖餘年數超過十二年至十六年以下者，以其額外利益額之七倍為其價額。

　⑺贖餘年數超過十六年者，以其額外利益額之八倍為其價額。

　　前項額外利益額，謂由各該權利最近三年平均純益減除其實際投入資本，依年息百分之十計算之普通利益額後之餘額，未經設權之土法礦窯及未經領證之漁業，本無期限，不能認為享有礦業權、漁業權者，應就其營業利得，依週息百分之五還原計算其價額。

　　礦業權、漁業權除依前二項規定，就各該權利徵遺產稅或贈與稅外，就經營各該業所設廠號之商號權，不再徵遺產稅或贈與稅。

13.無形資產（遺贈稅細則第35條）

　　無形資產之估價，除另有規定外，準用前條之規定。

14.定期年金（遺贈稅細則第36條）

　　定期年金之價值，就其未受領年數，依左列標準估計之：

　⑴未領受年數在一年以下者，以一年年金額為其價額。

　⑵未領受年數超過一年至三年以下者，以一年年金額之二倍為其價額。

　⑶未領受年數超過三年至五年以下者，以一年年金額之三倍為其價額。

　⑷未領受年數超過五年至七年以下者，以一年年金額之四倍為其價額。

　⑸未領受年數超過七年至九年以下者，以一年年金額之五倍為其價額。

　⑹未領受年數超過九年至十二年以下者，以一年年金額之六倍為其價額。

　⑺未領受年數超過十二年至十六年以下者，以一年年金額之七倍為其價額。

⑻未領受年數超過十六年至二十四年以下者，以一年年金額之八倍為其
　　價額。

⑼未領受年數超過二十四年至一百年以下者，以一年年金額之九倍為其
　　價額。

⑽未領受年數超過一百年者，以一年年金額之十倍為其價額。

15.無期年金（遺贈稅細則第37條）

　　無期年金或因特殊情形不能依前條規定計算之年金，其價值之計算，得
按實際情形，比照前條所列標準估定之。

16.終身年金（遺贈稅細則第38條）

　　終身年金以給付人或受領人或第三人之終身為付給之標準者，其年金價
值之計算方法，依左列標準估定之：

⑴年齡未滿十歲者，以一年年金額之九倍為其價額。

⑵年齡十歲以上未滿二十歲者，以一年年金額之八倍為其價額。

⑶年齡二十歲以上未滿三十歲者，以一年年金額之七倍為其價額。

⑷年齡三十歲以上未滿四十歲者，以一年年金額之五倍為其價額。

⑸年齡四十歲以上未滿五十歲者，以一年年金額之三倍為其價額。

⑹年齡五十歲以上未滿六十歲者，以一年年金額之二倍為其價額。

⑺年齡在六十歲以上者，以一年年金額為其價額。

17.附條件之權利（遺贈稅細則第39條）

　　附有條件之權利及不定期之權利，就其權利之性質，斟酌當時實際情形
估定其價額。

18.共有財產（遺贈稅細則第40條）

　　共有財產或共營財產之價額估定，應先估計其財產總淨值，再核算被繼
承人遺產部分或贈與人贈與部分之價值。

19.未規定者（遺贈稅細則第41條）

　　遺產或贈與財產價值之計算，本法及本細則無規定者，依市場價值估定
之。

五、不計入贈與總額財產

㈠一般贈與

1.依遺產及贈與稅法第20條第1項規定，下列各款不計入贈與稅額：

⑴捐贈各級政府及公立教育、文化、公益、慈善機關之財產。

⑵捐贈公有事業機構或全部公股之公營事業之財產。

⑶捐贈依法登記為財團法人組織且符合行政院規定標準之教育、文化、
　　公益、慈善、宗教團體及祭祀公業之財產。

⑷扶養義務人為受扶養人支付之生活費、教育費及醫藥費。

(5)作農業使用之農業用地及其地上農作物，贈與民法第1138條所定繼承人者，不計入其土地及地上農作物價值之全數。受贈人自受贈之日起五年內，未將該土地繼續作農業使用且未在有關機關所令期限內恢復作農業使用，或雖在有關機關所令期限內已恢復作農業使用而再有未作農業使用情事者，應追繳應納稅賦。但如因該受贈人死亡、該受贈土地被徵收或依法變更為非農業用地者，不在此限。

(6)配偶相互贈與之財產。

(7)父母於子女婚嫁時所贈與之財物，總金額不超過100萬元。

84年1月14日以前配偶相互贈與之財產，及婚嫁時受贈於父母之財物在100萬元以內者，於本項修正公布生效日尚未核課或尚未核課確定者，適用前項第6款及第7款之規定。

2.本法第20條第1項第4款所稱受扶養人，指符合下列各款情形之一之受扶養人：（遺贈稅細則第17條）

(1)贈與人及其配偶之直系尊親屬年滿六十歲或未滿六十歲而無謀生能力，受贈與人扶養。

(2)贈與人之直系血親卑親屬未滿二十歲者，或滿二十歲以上而因在校就學，或因身心障礙，或因無謀生能力，受贈與人扶養。

(3)贈與人之同胞兄弟姊妹未滿二十歲者，或滿二十歲以上而因在校就學，或因身心障礙，或因無謀生能力，受贈與人扶養。

(4)贈與人之其他親屬或家屬，合於民法第1114條第4款及第1123條第3項規定，未滿二十歲，或滿二十歲以上而因在校就學、身心障礙或無謀生能力，確係受贈與人扶養。

㈡公益信託

遺產及贈與稅法第20條之1規定，因委託人提供財產成立、捐贈或加入符合第16條之1各款規定之公益信託，受益人得享有信託利益之權利，不計入贈與總額。

◎夫妻兩願離婚，依離婚協議一方應給付他方財產者，非屬贈與行為，免予課徵贈與稅（89.12.14財政部臺財稅字第890456320號）

本案楊君於離婚生效後，於離婚協議書記載外，再給予陳君之現金部分，是否屬離婚當時之約定？係屬事實認定問題，請本於職權查明認定。又本案離婚給付內容已載明於離婚協議書，則該書面記載以外之給付，楊君如主張亦屬離婚約定之給付，應由其負舉證責任，如無法證明係離婚當時約定之給付且屬無償移轉時，應課徵贈與稅。

六、扣除額

㈠扣除限制

贈與附有負擔者，由受贈人負擔部分應自贈與額中扣除。（遺贈稅第21條）惟以具有財產價值，業經履行或能確保其履行者為限。負擔內容係向贈與人以外之人為給付得認係間接之贈與者，不得主張扣除。負擔之扣除以不超過該負擔贈與財產之價值為限。（遺贈稅細則第18條）

㈡稅之扣除

不動產贈與移轉所繳納之契稅或土地增值稅得自贈與總額中扣除。（遺贈稅細則第19條）

七、扣抵額

國外財產依所在地國法律已納之贈與稅，得由納稅義務人提出所在地國稅務機關發給之納稅憑證，並應取得所在地中華民國使領館之簽證；其無使領館者，應取得當地公定會計師或公證人之簽證，自其應納贈與稅額中扣抵。但扣抵額不得超過因加計其國外遺產而依國內適用稅率計算增加之應納稅額。（遺贈稅細則第11條第1項）

八、免稅額

贈與稅納稅義務人，每年得自贈與總額中減除免稅額新臺幣二百二十萬元。（遺贈稅細則第22條）

九、稅　率

贈與稅按贈與人每年贈與總額，減去扣除額及免稅額後之課稅贈與淨額，課徵百分之十。（遺贈稅細則第19條第1項）

十、減除額

㈠合併申報

同一贈與人在同一年內有兩次以上依本法規定應申報納稅之贈與行為者，應於辦理後一次贈與稅申報時，將同一年內以前各次之贈與事實及納稅情形合併申報。（遺贈稅細則第25條）

㈡稅額之減除

一年內有二次以上之贈與者，應合併計算其贈與額，並計算其稅額，減除其已繳之贈與稅額後，為當次之贈與稅額。（遺贈稅第19條第2項）

十一、申報期限

㈠限期申報

除不計入贈與總額之贈與外，贈與人在一年內贈與他人之財產總值超過贈與稅免稅額時，應於贈與行為發生後三十日內向主管機關辦理贈與稅申報。（遺贈稅第24條第1項）

㈡延期申報

具有正當理由不能如期申報者，得於期限屆滿前以書面申請延長期限，延長期限以三個月為限，但因不可抗力或其他特殊事由者，得由稽徵機關視實際情形核定。（遺贈稅細則第26條）

㈢信託行為之申報

除第20條之1所規定之公益信託外，委託人有第5條之1應課徵贈與稅情形者，應以訂定、變更信託契約之日為贈與行為發生日，依前條第1項規定辦理。（遺贈稅細則第24條之1）

㈣調查及估價

稽徵機關應於接到遺產稅或贈與稅申報書表之日起二個月內，辦理調查及估價，決定應納稅額，繕發納稅通知書，通知納稅義務人繳納；其有特殊情形不能在二個月內辦竣者，應於限期內呈准上級主管機關核准延期。（遺贈稅細則第29條）

㈤未申報之處理

遺產稅或贈與稅納稅義務人違反第23條或第24條之規定，未依限辦理遺產稅或贈與稅申報，或未依第26條規定申請延期申報者，該管稽徵機關應即進行調查，並於第29條規定之期限內調查，核定其應納稅額，通知納稅義務人依第30條規定之期限繳納。（遺贈稅細則第33條）

十二、課徵機關

㈠境　內

贈與人為經常居住中華民國境內之中華民國國民者，向戶籍所在地主管稽徵機關申報。（遺贈稅細則第24條第2項）

㈡境　外

贈與人為經常居住中華民國境外之中華民國國民或非中華民國國民，就其在中華民國境內之財產為贈與者，向中華民國中央政府所在地主管稽徵機關申報——財政部臺北國稅局。（遺贈稅細則第24條第2項）

十三、未繳贈與稅之限制

㈠限　制

未繳清贈與稅之前，不得辦理贈與移轉登記，但事前申請核發同意移轉證明書、免稅證明書、不計入贈與總額證明書者不在此限。（遺贈稅第8條第1項）

㈡登記應檢附證明

辦理產權移轉登記時，應檢附前項之證明書副本，其不能繳附者，不得逕為移轉登記。（遺贈稅細則第42條）

㈢處　罰

1. 贈與稅未繳清前，辦理移轉登記者，處一年以下有期徒刑。（遺贈稅細則第50條）
2. 於辦理產權移轉登記時，未通知當事人繳驗遺產稅或贈與稅繳清證明書，或核定免稅證明書，或不計入遺產總額證明書，或不計入贈與總額證明書，或同意移轉證明書等之副本，即予受理者，其屬民營事業，處15,000元以下之罰鍰；其屬政府機關及公有公營事業，由主管機關對主辦及直接主管人員從嚴議處。（遺贈稅細則第52條）

㈣應發給證明（遺贈稅細則第41條）

1. 遺產稅或贈與稅納稅義務人繳清應納稅款、罰鍰及加徵之滯納金、利息後，主管稽徵機關應發給稅款繳清證明書；其經核定無應納稅款者，應發給核定免稅證明書；其有特殊原因必須於繳清稅款前辦理產權移轉者，得提出確切納稅保證，申請該管主管稽徵機關核發同意移轉證明書。
2. 依第16條規定，不計入遺產總額之財產，或依第20條規定不計入贈與總額之財產，經納稅義務人之申請，稽徵機關應發給不計入遺產總額證明書，或不計入贈與總額證明書。

十四、獎　懲

㈠逾期申報

未依限申報者，按核定應納稅額加處二倍以下之罰鍰。（遺贈稅細則第44條）

㈡漏報短報

已依法申報而有漏報或短報情事者，應按所漏稅額處以二倍以下之罰鍰。（遺贈稅細則第45條）

㈢故意逃稅

故意以詐欺或其他不正當方法，逃漏稅者，除依贈與發生年度稅率重行核計補徵外，並應處以所漏稅額一倍至三倍之罰鍰。（遺贈稅細則第46條）

㈣罰鍰最高限額

前三條規定之罰鍰,連同應徵之稅款,最多不得超過遺產總額或贈與總額。(遺贈稅細則第47條)

㈤公務員之懲處

稽徵人員違反第29條之規定,戶籍人員違反第37條之規定者,應由各該主管機關從嚴懲處,並責令迅行補辦;其涉有犯罪行為者,應依刑法及其有關法律處斷。(遺贈稅細則第48條)

㈥檢舉獎金

告發或檢舉納稅義務人及其他關係人有短報、漏報、匿報或故意以虛偽不實及其他不正當行為之逃稅,或幫助他人逃稅情事,經查明屬實者,主管稽徵機關應以罰鍰提成獎給舉發人,並為舉發人保守秘密。(遺贈稅細則第43條)

㈦逾期納稅

每逾二日加徵百分之一滯納金,逾期三十日,仍未繳納者,移送法院強制執行,法院應於稽徵機關移送後七日內開始辦理。其應納稅款及滯納金,應自滯納期限屆滿之次日起,至納稅義務人繳納之日止,依郵政儲金匯業局一年期定期存款利率,按日加計利息,一併徵收。(遺贈稅第51條)

◎依遺產及贈與稅法第5條規定,以贈與論課徵贈與稅之案件,自本函發布之日起,稽徵機關應先通知當事人於收到通知後十日內申報,如逾期仍未申報,並經課稅確定者,始得依同法第44條規定處罰(76.5.6財政部臺財稅字第7571716號函)

一、依據本部賦稅署案陳賦稅法令研究審查委員會76年1月9日(76)臺財制字第0020號箋函辦理。

二、本案前經本部第19次全國賦稅會報討論通過,並經本部76年2月20日臺財稅字第7621145號函檢送會報紀錄,請各有關機關依決議事項辦理;該決議案內原訂之通知納稅義務人補報期限(三十日),自本函發布之日起,應一律改為十日。

三、本函發布前已開徵尚未送罰之案件,免予送罰;已送罰尚未裁罰確定者,應向法院撤回。

十五、延期納稅

遺產及贈與稅法第30條規定:

㈠限期納稅

贈與稅納稅義務人,應於稽徵機關送達核定納稅通知書之日起二個月內,繳清應納稅款;必要時,得於限期內申請稽徵機關核准延期二個月。

㈡分期納稅

贈與稅應納稅額在30萬元以上,納稅義務人確有困難,不能一次繳納現金

時，得於納稅期限內，向該管稽徵機關申請，分十八期以內繳納；每期間隔以不超過二個月為限。

（三）加計利息

經申請分期繳納者，應自繳納期限屆滿之次日起，至納稅義務人繳納之日止，依郵政儲金一年期定期儲金固定利率，分別加計利息；利率有變動時，依變動後利率計算。

十六、實物抵繳

（一）**遺產及贈與稅法第30條第4項至第6項規定**

遺產稅或贈與稅應納稅額在30萬元以上，納稅義務人確有困難，不能一次繳納現金時，得於納稅期限內，就現金不足繳納部分申請以在中華民國境內之課徵標的物或納稅義務人所有易於變價及保管之實物一次抵繳。中華民國境內之課徵標的物屬不易變價或保管，或申請抵繳日之時價較死亡或贈與日之時價為低者，其得抵繳之稅額，以該項財產價值占全部課徵標的物價值比例計算之應納稅額為限。

本法中華民國98年1月12日修正之條文施行前所發生未結之案件，適用修正後之前三項規定。但依修正前之規定有利於納稅義務人者，適用修正前之規定。

第4項抵繳財產價值之估定，由財政部定之。

第4項抵繳之財產為繼承人公同共有之遺產且該遺產為被繼承人單獨所有或持分共有者，得由繼承人過半數及其應繼分合計過半數之同意，或繼承人之應繼分合計逾三分之二之同意提出申請，不受民法第828條第3項限制。

（二）**申請及核定**（遺贈稅細則第45條）

1. 申請抵繳時，應於贈與稅核定繳納期限內繕具抵繳之財產清單，申請主管機關核准，主管機關接到申請後三十日內應調查核定。

2. 申請抵繳稅款之實物，不合於本法第30條第4項規定者，主管稽徵機關應即述明不准之理由，通知納稅義務人仍按原規定繳納期限繳納。如不准抵繳之通知書送達納稅義務人時，已逾原核定繳納期限或距原核定繳納期限不滿十日者，應准納稅義務人於通知書送達日起十日內繳納。

3. 申請抵繳稅款之實物，如有部分不合本法第30條第4項規定者，應通知納稅義務人就不合部分補繳現金。

（三）**應備文件**

納稅義務人應於接到核准通知書後三十日內將下列有關文件或財產檢送主管機關以憑辦理抵繳：（遺贈稅細則第49條）

1. 移轉登記之申請書。

2. 土地或房屋之所有權狀、其他財產之證明文件或抵繳之財產。

　3.其他依法令應提出之文件。

㈣**其他相關規定**

　1.本法第30條第4項所稱中華民國境內之課徵標的物，指依本法規定計入本次遺產總額或贈與總額並經課徵遺產稅之遺產或課徵贈與稅之受贈財產，其所在地於中華民國境內者。（遺贈稅細則第43條之1）

　2.公設保留地抵繳（遺贈稅細則第44條第2項）

依本法第7條第1項之規定，以受贈人為納稅義務人時，得以受贈財產中依都市計畫法第50條之1免徵贈與稅之公共設施保留地申請抵繳贈與稅款。

　3.抵繳價值之計算（遺贈稅細則第46條）

　⑴納稅義務人申請以繼承或受贈中華民國境內之課徵標的物抵繳遺產稅或贈與稅者，其抵繳價值之計算，以該項財產核課遺產稅或贈與稅之價值為準。

　⑵前項抵繳之標的物為折舊或折耗性之財產者，應扣除繼承發生日或贈與日至申請抵繳日之折舊或折耗額；其經設定他項權利者，應扣除該項權利之價值或擔保之債權額。

　⑶前項之他項權利為抵押權者，其擔保之債權於抵繳後經債務人清償，致抵繳價值超過原抵繳稅款者，準用第48條第1項規定辦理。

　⑷納稅義務人申請以課徵標的物以外之財產抵繳遺產稅或贈與稅者，其抵繳價值之計算，以申請日為準，並準用有關遺產或贈與財產之估價規定辦理。

　4.其他欠稅之同時抵繳（遺贈稅細則第47條）

以土地或房屋抵繳應納稅款者，主管稽徵機關應查明該項土地或房屋應納未納之其他稅款同時抵繳。

　5.抵繳物低值或超值之處理（遺贈稅細則第48條）

以實物抵繳應納稅款者，用以抵繳之實物其價額如低於應納稅額，納稅義務人應於辦理抵繳時以現金補足。其價額超過應納稅額者，應俟實物處理變價後，就賣得價款淨額，按抵繳時超過稅額部分占抵繳實物全部價額之比例，計算其應退還之價額，於處理變價完竣之日起一個月內通知納稅義務人具領。

前項所稱賣得價款淨額，指抵繳實物處分之價款，扣除各項稅捐、規費、管理及處分費用後之餘額。

依第1項及第45條第3項規定，應以現金補繳者，納稅義務人得依本法第30條第2項規定申請分期繳納。

　6.核准後之抵繳（遺贈稅細則第49條）

經主管稽徵機關核准以土地、房屋或其他實物抵繳稅款者，納稅義務人應於接到核准通知書後三十日內將有關文件或財產檢送主管稽徵機關以憑辦理抵繳。

前項抵繳之財產為繼承人公同共有之遺產者，應檢送下列文件或財產：

　(1)繼承登記及移轉登記之申請書。

　(2)符合本法第30條第7項規定之繼承人簽章出具抵繳同意書一份，如有拋棄繼承權者，應附法院准予備查之證明文件。

　(3)土地或房屋之所有權狀、其他財產之證明文件或抵繳之財產。

　(4)符合本法第30條第7項規定之繼承人簽章出具切結書一份，聲明該抵繳之土地倘在未經辦妥移轉登記為國有財產前，經政府公告徵收時，其徵收補償地價，應由財政部國有財產署具領。

　(5)其他依法令應提出之文件。

　　第1項抵繳之財產為納稅義務人所有屬前項以外之財產者，應檢送下列文件或財產：

　(1)移轉登記之申請書。

　(2)土地或房屋之所有權狀、其他財產之證明文件或抵繳之財產。

　(3)其他依法令應提出之文件。

　7.預期未抵繳之處理（遺贈稅細則第50條）

　　納稅義務人未於前條規定限期內，將各項產權移轉登記所需之有關文件或抵繳之財產，檢送主管稽徵機關者，應依本法第51條規定辦理。其應以現金補足應納稅款者亦同。

　8.移轉登記（遺贈稅細則第51條）

　　經主管稽徵機關核准抵繳遺產稅、贈與稅及第47條規定欠稅之實物，應移轉登記為國有，管理機關為財政部國有財產署，並依財政收支劃分法之規定註明直轄市、市及鄉（鎮、市）應分給之成數。但抵繳之實物為公共設施保留地且坐落於收入歸屬之直轄市、市、鄉（鎮、市）轄區內者，按其分給之成數分別移轉登記為國、直轄市、市、鄉（鎮、市）有。

　　抵繳之實物應儘速處理，在管理期間之收益及處理後之價款，均應依規定成數分解各該級政府之公庫，其應繳納各項稅捐、規費、管理及處分費用，應由管理機關墊繳，就各該財產之收益及變賣或放領後之價款抵償。

十七、物價指數調整

　　遺產及贈與稅法第12條之1規定：

　㈠調整項目

　　本法規定之左列各項金額，每遇消費者物價指數較上次調整之指數累計上漲達百分之十以上時，自次年起按上漲程度調整之。調整金額以萬元為單位，未達萬元者按千元數四捨五入：

　1.免稅額。

　2.課稅級距金額。

3.被繼承人日常生活必需之器具及用具、職業上之工具，不計入遺產總額之金額。

4.被繼承人之配偶、直系血親卑親屬、父母、兄弟姊妹、祖父母扣除額、喪葬費扣除額及殘障特別扣除額。

㈡調整公告

財政部於每年12月底前，應依據前項規定，計算次年發生之繼承與贈與案件所應適用之各項金額後公告之。所稱消費者物價指數，係指行政院主計處公布，自前一年11月起至該年10月底為止十二個月平均消費者物價指數。

十八、遺產及贈與稅法部分條文修正草案（105.10.20行政院院會通過）

遺產及贈與稅法自62年2月6日制定公布施行，迄今已逾40年，期間為健全稅制，促進租稅公平，歷經11次修正，最近一次修正公布日期為104年7月1日。近年來國際間對於財富分配議題日益重視，實施遺產稅及贈與稅制之其他國家大多數採行累進稅率，對照我國現行遺產稅及贈與稅稅率為單一稅率百分之十，外界時有稅率偏低可能造成世代不公之議論。為期發揮遺產稅及贈與稅課徵對社會公平之正面意義，衡酌我國經濟財政狀況，並配合長期照顧服務制度之建立，調增遺產稅及贈與稅稅率所增加之稅課收入作為長期照顧服務之支應財源，爰擬具「遺產及贈與稅法」部分條文修正草案，其修正要點如下：

㈠第12條之1

本法規定之下列各項金額，每遇消費者物價指數較上次調整之指數累計上漲達百分之十以上時，自次年起按上漲程度調整之。調整金額以萬元為單位，未達萬元者按千元數四捨五入：

1.免稅額。

2.課稅級距金額。

3.被繼承人日常生活必需之器具及用具、職業上之工具，不計入遺產總額之金額。

4.被繼承人之配偶、直系血親卑親屬、父母、兄弟姊妹、祖父母扣除額、喪葬費扣除額及身心障礙特別扣除額。

5.政部於每年十二月底前，應依據前項規定，計算次年發生之繼承或贈與案件所應適用之各項金額後公告之。所稱消費者物價指數，係指行政院主計處公布，自前一年11月起至該年10月底為止十二個月平均消費者物價指數。

㈡第13條

遺產稅按被繼承人死亡時，依本法遺產稅按被繼承人死亡時，依本法規定計算之遺產總額，減除第17條、第17條之1規定之各項扣除額及第18條規定之免稅額後之課稅遺產淨額，依下列稅率課徵之：

　　　1.5,000萬元以下者，課徵百分之十。

　　　2.超過5,000萬元至1億元者，課徵500萬元，加超過5,000萬元部分之百分之十五。

　　　3.超過1億元者，課徵1,250萬元，加超過1億元部分之百分之二十。

　　㈢第19條

　　贈與稅按贈與人每年贈與總額，減除第21條規定之扣除額及第22條規定之免稅額後之課稅贈與淨額，依下列稅率課徵之：

　　　1.2,500萬元以下者，課徵百分之十。

　　　2.超過2,500萬元至5,000萬元者，課徵250萬元，加超過2,500萬元部分之百分之十五。

　　　3.超過5,000萬元者，課徵625萬元，加超過5,000萬元部分之百分之二十。

　　一年內有二次以上贈與者，應合併計算其贈與額，依前項規定計算稅額，減除其已繳之贈與稅額後，為當次之贈與稅額。

　　㈣第58條之2

　　本法中華民國○年○月○日修正之條文施行後，依第13條及第19條第1項規定稅率課徵之遺產稅及贈與稅，屬稅率超過百分之十至百分之二十以內之稅課收入，撥入依長期照顧服務法設置之特種基金，用於長期照顧服務支出，不適用財政收支劃分法之規定。

十九、申報實務

　㈠應備文件

　　1.一般應檢附基本資料

　　　⑴贈與稅申報書乙份，申報書應加蓋納稅義務人私章（委任他人代辦者，應加蓋受任人私章）。

　　　⑵贈與人及受贈人贈與時之戶籍資料（如身分證、戶口名簿、護照或在臺居留證）影本各乙份。贈與人當年度戶籍有異動時尚須加附異動前之戶籍資料。

　　　⑶贈與、信託或買賣契約書影本乙份。

　　　⑷委任他人代辦時，檢附委任書及受任人身分證明文件或身分證正反面影本。

　　　⑸贈與人僑居國外且贈與人贈與時在我國境外者，應檢附經我國駐外單位簽證之授權書影本乙份；若贈與時在我國境內者，應檢附護照影本乙份，以供核對入境紀錄。

　　　⑹法定代理人或監護人對於未成年子女或受監護人之不動產為處分時，應檢附身分證影本、法定代理人或監護人之相關證明文件、親屬會議允許（98.11.23以後應由法律許可）處分不動產之文件。

(7)依各地區國稅局通知函申報之案件,請檢附通知函影本。

(8)經核准延期申報者,應檢附核准延期申報文件。

(9)申報時請攜帶贈與人私章,委任他人辦理時請攜帶受任人印章,以備領取贈與稅繳納通知書或贈與稅免稅或繳清證明書等使用。

2.其他申報事項應檢附之資料

(1)贈與土地者,應檢附贈與或買賣契約書、土地增值稅稅單影本、免納土地增值稅證明書影本。

(2)贈與房屋者,應檢附贈與或買賣契約書、房屋契稅單影本或房屋評定標準價格證明,新建房屋應檢附使用執照及稅捐機關發給之房屋評定標準價格證明影本。

(3)贈與現金者,應檢附贈與人之存摺影本及贈與資金來源相關證明文件、受贈人之存摺或定期存單影本。

(4)贈與公司股票(股權):贈與標的為未上市、未上櫃且非興櫃公司之股票,應檢附贈與或買賣契約書、足以核算該股票價值之證明文件(贈與日之資產負債表、損益表及每股面額資料如股票樣張、股票影本或公司變更登記表等)。

(5)申報扣除土地增值稅、契稅或貸款者:應檢附已繳納之稅單影本或承接舊貸、貸款餘額及土地、建物登記謄本等證明文件。

(6)申報扣除公共設施保留地:應檢附土地使用分區證明(需註明編定日期及是否為公共設施保留地)及土地登記謄本。

(7)申報「不計入贈與總額」除分別就贈與財產種類依前述規定檢附外,並應另行檢附相關證明文件:

①贈與政府或公有事業,應檢附贈與契約書、受贈單位同意受贈函。

②贈與財團法人者:

(A)財團法人登記證書影本或載明「專用於辦理法人取得財產登記」字樣之法人登記簿謄本影本(適用於受贈單位係新設立者)。

(B)財團法人組織章程影本。

(C)財團法人董監事名冊影本。

(D)受贈單位同意書。

(E)主管機關核發辦理具有成績證明(財團法人設立未滿一年者免附)。

(F)受贈單位最近一年核定免稅之「機關團體作業組織所得決算申報核定通知書」或免辦申報之證明文件。

③成立、捐贈或加入符合規定之公益信託:

(A)公益信託之設立及其受託人經目的事業主管機關許可之證明文件。

(B)受託人為信託業法所稱之信託業證明文件。

　④農業用地贈與民法第1138條所定繼承人繼續經營農業生產者：應檢附主管機關核發之農業用地作農業使用證明書。

　⑤父母於子女婚嫁時所贈與之財物，其各自贈與總金額不超過100萬元者，應檢附辦妥婚姻登記後之戶籍資料。

(8)主張「買賣」案件，除分別就該財產種類依前述規定檢附外，應檢附買賣價金收付憑證、買方資金來源證明文件、買賣價金尾款未付切結書及相關之證明文件供核。

(9)其他相關證明文件。

3.以上所列各項資料，係申報贈與稅時，應檢附之基本資料，如經本局受理後，於調查過程中發現尚有應補件者，則另行通知補正。

4.以影本送件者，請加註「影本與正本相符，如有不實，願負法律責任」字樣，並蓋章。

(二)**贈與稅申報書填寫說明**（本書僅針對土地房屋之贈與而言，稽徵機關有印製現成之填寫說明備索）

1.申報各欄金額，均以新臺幣填寫。

2.申報書各欄如不敷填寫時，得依格式另加附紙黏貼於各該欄下，並於黏貼處加蓋申報人印章。

3.「贈與人姓名」、「國民身分證統一編號」，依贈與人之戶籍記載資料填寫。

4.「住址」：若贈與行為發生後，曾遷移住址，則分別依據贈與時及現時之戶籍記載資料填寫「住址」。

5.「贈與日期」：若一年內有兩次以上之贈與時，則依據前次之贈與契約書或買賣契約書（如二親等間之買賣契約書，未成年人之買賣契約書）及本次之贈與契約書及買賣契約書所訂之日期填寫。若無前次贈與時，則僅填寫本次贈與日期。

6.「受贈人姓名或名稱」「年齡」「住址」「國民身分證統一編號」：依據受贈人戶籍記載之資料填寫，若受贈人為公司法人，則依據公司法人登記記載之資料填寫，並應加附其法定代理人之資格證明及戶籍資料。

7.「與贈與人之關係」：依贈與人與受贈人間之關係填寫，如父母子女、伯叔父母侄、夫妻、兄弟姊妹、親屬、朋友等，若受贈人為公同法人，則免予填寫。

8.贈與財產總額：

(1)土地部分：依贈與契約書或買賣契約書上所記載之資料填寫。契約書上所記載之資料係依據土地登記簿資料及實際贈與或買賣之資料填寫。

(2)房屋部分：依贈與契約書或買賣契約書上所記載之資料填寫。若為尚

　　未申請登記之房屋則依據建物使用執照或建物複丈結果通知書之資料
　　填寫。「稅籍號碼」，可依房屋稅單上所載之資料填寫，若無房屋稅
　　單，可向主管稅捐機關或鄉鎮市公所查明填寫。

　(3)以上贈與財產總額：依土地及房屋贈與價額之和填寫。

　(4)若係買賣另行申報贈與稅時，贈與財產總額中尚應加上贈與增值稅。

9.扣除額：

　(1)贈與財產附有負擔者，如由受贈人負擔之土地增值稅、契稅或尚未繳
　　納之地價稅、房屋稅、工程受益費或其他尚未支付之價款，均得扣
　　除。

　(2)產生扣除額之贈與財產名稱及說明：填寫贈與財產——土地房屋之座落
　　及應負擔之稅費名稱。

　(3)扣除金額：依應負擔之稅費單據所列金額填寫。

　　證明文件名稱及字號：依所檢附應負擔之稅費單據名稱及字號填寫。

10.課稅贈與額及稅額計算：贈與財產總額減去免稅額及扣除額，即為課稅
　　贈與額。查出課稅贈與額之稅率，以及本年可扣抵之稅額，求出應納稅
　　額，分別填入「稅額計算」各欄內。

11.本年度內以前曾為贈與者，若一年內有二次以上之贈與時，應填寫本次
　　贈與以前各次之贈與日期，贈與金額及已繳納之贈與稅額，證明文件名
　　稱及字號。俾據以扣抵本次之贈與稅。

12.不計入贈與總額財產：贈與財產符合遺產及贈與稅法第20條規定時，則
　　依據登記簿或契約書上所記載之資料填寫。

13.附件：依所附繳之文件，分別填於各欄。

14.最後填寫納稅義務人或代表人：即贈與人之姓名或名稱及申報之年月日
　　並蓋章。

㈢贈與稅申報書填寫範例

贈與稅申報書	收件日期		年　　月　　日
	案件編號	第	號
下載網址：http://www.etax.nat.gov.tw/etwmain/front/ETW118W/VIEW/441	本次贈與日期		年　　月　　日

※注意事項：

1.本申報書限 98 年 1 月 23 日以後發生之贈與案件適用。

2.填寫申報書前，請詳閱申報說明；申報應檢附之文件，請參考申報書第 8、9 頁。

3.本申報書欄項如不敷填寫，得自行依格式附紙粘貼各該欄項下，並於黏貼處加蓋申報人印章。

4.同 1 年內，歷次贈與之財產，請合併申報；本申報書各金額欄請以新臺幣填寫。

※請依申報性質分別於□內打「√」：

1.案件類別為☑一般贈與案件□不計入贈與總額案件□二親等以內親屬間買賣案件□未成年自有資金購置財產案件□信託贈與案件□其他：＿＿＿＿＿＿＿＿＿＿。

2.繳款書及證明書採☑自領□郵寄。

※本贈與稅申報案件有關之附件影本均與正本相符，如有不符願負法律責任。

　　　　　　　　　　　　　　　　　贈與人請確認並簽章　　㊞

贈與人	姓名	△△△	國民身分證統一編號										
	贈與時戶籍地址： △△縣市　△△鄉鎮市區　△△村里　△鄰　△△路街　段　巷弄　△號之　△樓室												
	現在通訊地址： △△縣市　△△鄉鎮市區　△△村里　△鄰　△△路街　段　　電話：△△△△△△△△　巷弄　△號之　△樓室												

贈與人配偶	姓名	△△△	國民身分證統一編號										
	戶籍地址： △△縣市　△△鄉鎮市區　△△村里　△鄰　△△路街　段　巷弄　△號之　△樓室												

（一）受贈人	姓 名 或 名 稱	出生（設立）年 月 日	統　一　編　號										與贈與人之關　係
		地址											
	△△△		△△△△△△△△△△△△										父子
	△△△		△△△△△△△△△△△△										父子

（二）贈與總額（請看說明第 9 項）

財產種類	財　　　　　　產　　　　　　內　　　　　　容							
	縣市　鄉鎮市區　段　小段　地號	土地現況勾選 非公共設施保留地 / 公共設施保留地		面積(平方公尺) 持　分	(105)年度每平方公尺公告現值	贈與價額	稽徵機關審核意見	
土地	△△△△△△△△	✓		300 2/3	26,000	5,200,000		
	△△△△△△△△	✓		138 3/5	26,500	2,194,200		
	土　　地　　小　　計					7,394,200		

財產種類	土　地　地　號	種類名稱	數量	持分	贈與價額	稽徵機關審核意見
地上物						
	地　上　物　小　計					

財產種類	門　牌　號　碼	稅籍編號	持分	贈與價額	稽徵機關審核意見
建物					
	建　物　小　計				

	信　託　財　產　標　的	委託人	受託人	受益人	信　託　期　間	贈　與　價　額	稽徵機關審核意見
信託利益之權利							
	信　託　利　益　之　權　利　小　計						

	名　稱　類　別　及　所　在　地（有　價　證　券　請　註　明　號　碼）	面額	單位時價	數量	贈　與　價　額	稽徵機關審核意見
動產及其他有財產價值之權利						
	動　產　及　其　他　有　財　產　價　值　之　權　利　小　計					

本次贈與價額合計	7,394,200 元	

(三) 本年度內尚未使用之免稅額　　　　　　2,200,000 元

(四) 扣除額（請看說明第 12 項）

扣除項目	扣除金額	扣除內容及證明文件	稽徵機關審核意見
土地增值稅	800,000	繳納收據	
契稅			
銀行貸款			
公共設施保留地			
其他贈與負擔			
合計	800,000		

課稅贈與淨額	4,394,200 元	

（五）不計入贈與總額的財產（請看說明第 15 項）

<table>
<tr><td rowspan="7">土地</td><td colspan="2">縣
市</td><td colspan="2">鄉鎮
市區</td><td>段</td><td>小段</td><td>地號</td><td>面積(平方公尺)
持分</td><td>(105)年度
每平方公尺
公告現值</td><td>贈與價額</td><td>稽徵機關
審核意見</td></tr>
<tr><td colspan="7">△△△△△△△△</td><td>500</td><td rowspan="2">17,000</td><td rowspan="2">8,500,000</td><td></td></tr>
<tr><td colspan="7"></td><td>全部</td></tr>
<tr><td colspan="7">△△△△△△△△</td><td>200</td><td rowspan="2">17,600</td><td rowspan="2">3,520,000</td><td></td></tr>
<tr><td colspan="7"></td><td>全部</td></tr>
<tr><td colspan="7"></td><td></td><td></td><td></td><td></td></tr>
<tr><td colspan="8">不 計 入 贈 與 總 額 土 地 小 計</td><td></td><td>12,020,000</td><td></td></tr>
</table>

<table>
<tr><td rowspan="4">建物</td><td colspan="4">門 牌 號 碼</td><td>稅籍號碼</td><td>持分</td><td>贈與價額</td><td>稽徵機關
審核意見</td></tr>
<tr><td colspan="4"></td><td></td><td></td><td></td><td></td></tr>
<tr><td colspan="4"></td><td></td><td></td><td></td><td></td></tr>
<tr><td colspan="4">不 計 入 贈 與 總 額 建 物 小 計</td><td></td><td></td><td></td><td></td></tr>
</table>

<table>
<tr><td rowspan="4">公益信託</td><td>信託財產標的</td><td>委託人</td><td>受託人</td><td>受益人</td><td>信託期間</td><td>贈與價額</td><td>稽徵機關
審核意見</td></tr>
<tr><td></td><td></td><td></td><td></td><td></td><td></td><td></td></tr>
<tr><td></td><td></td><td></td><td></td><td></td><td></td><td></td></tr>
<tr><td colspan="5">不 計 入 贈 與 總 額 公 益 信 託 小 計</td><td></td><td></td></tr>
</table>

<table>
<tr><td rowspan="5">動產及其他有財產價值之權利</td><td>名 稱 類 別 及 所 在 地
（有價證券請註明號碼）</td><td>面額</td><td>單位時價</td><td>數量</td><td>贈與價額</td><td>稽徵機關
審核意見</td></tr>
<tr><td></td><td></td><td></td><td></td><td></td><td></td></tr>
<tr><td></td><td></td><td></td><td></td><td></td><td></td></tr>
<tr><td></td><td></td><td></td><td></td><td></td><td></td></tr>
<tr><td>不 計 入 贈 與 總 額 動 產 及 其 他 有 財 產 價 值 之 權 利 小 計</td><td></td><td></td><td></td><td></td><td></td></tr>
</table>

（六）本年度內以前各次贈與（請看說明第 10、13、17 項）

贈與日期	各次贈與額	各次扣除額	可扣抵稅額	扣抵稅額的證明文件名稱及字號	稽徵機關審核意見
月　日					
月　日					
月　日					
月　日					
月　日					

以上各次贈與財產總額	元，扣除額計	元，可扣抵稅額計	元

附件	受託代辦時附委任書 ＿＿張	贈與、買賣或信託契約書影本 ＿＿張	土地增值稅及契稅稅單影本 ＿＿張	扣抵稅額證明文件 ＿＿張	戶籍資料 ＿＿張	其他證明文件 ＿＿張

納稅義務人（贈與人）：△△△　　㊞　　　　（簽章）

通訊地址：△△△△△△△△

電話：△△△△△△△△　　　　　電子郵件信箱：△△△△△△△△△

茲收到納稅義務人　△△△　君贈與稅申報書乙份，贈與稅申報資料 8 張

☐ 財政部臺北國稅局　　　　　　　分局/稽徵所
☑ 財政部北區國稅局　△△△　分局/稽徵所/服務處
☐ 財政部中區國稅局　　　　　　　分局/稽徵所/服務處
☐ 財政部南區國稅局　　　　　　　分局/稽徵所/服務處
☐ 財政部高雄國稅局　　　　　　　分局/稽徵所

收件日期　　　年　　　月　　　日

收件人　　　　　　　　（簽章）

申報人填寫（請看說明第14項）

本次贈與總額	減	本年度內剩餘尚未使用之免稅額	減	扣除額	等於	本次課稅贈與淨額
7,394,200	－	2,200,000	－	800,000	＝	4,394,200

本次課稅贈與淨額	乘	稅率	減	本次可扣抵稅額	等於	本次應納贈與稅額
4,394,200	×	10%	－	0	＝	439,420

稽徵機關填寫

本次課稅贈與淨額計算

本年度免稅額	減	同一年度內以前各次贈與已使用之免稅額	等於	本年度內剩餘尚未使用之免稅額
	－		＝	

本次贈與總額	減	本年度內剩餘尚未使用之免稅額	減	扣除額	等於	本次課稅贈與淨額
	－		－		＝	

本次應納稅額計算

本次課稅贈與淨額	乘	稅率	減	本次可扣抵稅額	等於	本次應納贈與稅額
	×	10%	－		＝	

審核意見

審查結果

☐核定課徵贈與稅　　　　　☐核非屬贈與財產

☐核定免徵贈與稅　　　　　☐存查

☐核定不計入贈與總額　　　☐列管追蹤

☐逾核課　　　　　　　　　☐其他

承辦人	股(課)長	稽(審)核	科長/主任/分局長

贈與稅案件申報委任書

為贈與人　△△　年度贈與稅事件，特委任受任人處理下列事務：

一、代為辦理贈與稅申報及審查程序之一切相關事宜。

二、代理受領贈與稅繳款書、核定通知書、繳清證明書及其他有關文件。

三、贈與稅申報案之撤回。

附帶聲明：

受任人領取繳款書後（含郵寄送達簽收），如逾期未繳，本稅、罰鍰及應加徵之滯納金與利息，仍由納稅義務人（贈與人）負責並願受強制執行。

委任關係		基　本　資　料			簽章
贈與人（委任人）	姓名	△△△	身分證統一編號	電話：	印
			△△△△△△△△△		
	地址	△△△△△△△△△△△△			
受任人	事務所	名稱	△△地政士事務所	統一編號	電話：	簽章
				△△△△△△△△		印
		代理人姓名 請勾選：□會計師☑地政士□律師□記帳士（記帳及報稅代理業務人）□其他	△△△	身分證統一編號	電話：	
				△△△△△△△△△		
		地址	△△△△△△△△			
	個人	姓名		身分證統一編號	電話：	簽章
				△△△△△△△△△		
		地址				
送件人		△△△	☑受任人員工　□快遞　□其他		

中華民國　　△△　年　　△△　月　　△△　日

遺產稅、贈與稅延期或分期繳納申請書

本人應納 ☐遺產稅 ☑贈與稅 因稅額較鉅，繳納確有困難，請准予 ☑延期 ☑分期 繳納。

申　　　　請　　　　項　　　　目

一、☐遺產稅 ☑贈與稅　延期 2 個月。　☐被繼承人：　　　，身分證統一編號：
☑贈 與 人：△△△，身分證統一編號：△△△△△△△△△

二、☐遺產稅 ☑贈與稅　稅額在 30 萬元以上，分 _____18_____ 期繳納。

　　　　☐被繼承人：　　　　　，身分證統一編號：
　　　　☑贈 與 人：　△△△　，身分證統一編號：△△△△△△△△△

三、其他：

檢附資料：☑繳款書 乙 份　　☐委任書　　☐受任人身分證明影本　　☐其他：

　　　此　　致

財政部北區國稅局　　△△△　　　分　局

　　　　　　申　請　人：△△△　　　[印]（蓋章）

　　　　　　身分證統一編號：△△△△△△△△△△

　　　　　　通訊地址：△△△△△△△△△

　　　　　　電　　話：△△△△△△△△

　　　　　　代　理　人：　　　　　　　　（簽章）

　　　　　　身分證統一編號：

　　　　　　通訊地址：

　　　　　　電　　話：

中 華 民 國　　△△　　年　　△　　月　　△△　　日

贈與人抵繳同意書—不動產抵繳

△△年△△月△△日

一、贈與人　　△△△　　君贈與稅應繳稅額　　△△△　　元，繳納期限至
　　　△△　年　　△△　月　　△△　日，因稅額龐大，繳納現金有困難，贈與人同意
　　提供下列
　　　　　　　☑抵繳尚有不足部分，同意以現金繳納
　　不動產抵繳，□抵繳尚有溢價部分，同意捐贈政府
　　　　　　　□抵繳尚有溢價部分，同意依遺產及贈與稅法施行細則第48條規定俟
　　　　　　　　變價後比例退還
二、下列不動產如經辦妥國、市有登記後，原核定贈與稅因更正或經行政救濟確定
　　產生溢繳稅款時，若已處分變價，則依溢繳比例退還價額；若尚未處分變價，
　　贈與人
同意，　☑退還與溢繳價值相當部分之土地
　　　　　□俟變價後按溢繳比例退還價額
恐口無憑，特立此書。

　　　此　致
財政部北區國稅局　　△△　　分局

立同意書人：△△△　印
即納稅義務人

抵繳贈與稅不動產明細表

土地標示	地目	核定面積 (m²)	核定持分	抵繳持分	每平方公尺核定抵繳單價	抵繳價額
△△△△△△△△△△△△	建	50	1/1	1/1	25,345	1,267,250
合計						1,267,250

贈與人抵繳同意書—股票抵繳

△△年△△月△△日

一、贈與人　△△△　君　　年贈與稅應繳稅額　△△△　元，繳納期限
　　至　△△　年　△△　月　△△　日，因稅額龐大，繳納現金有困難，所有權
　　人及納稅義務人同意提供下列股票抵繳，
　　☑抵繳尚有不足部分，同意以現金繳納
　　□抵繳尚有溢價部分，同意捐贈政府或
　　　　　　同意依遺產及贈與稅法施行細則第48條規定俟變價後比
　　　　　例退還
二、下列股票如經辦妥國有登記後，原核定贈與稅因更正或經行政救濟確定產生溢
　　繳稅款時，若已處分變價，則依溢繳比例退還價額；若尚未處分變價，所有權
　　人及納稅義務人
　　　　　□退還與溢繳價值相當部分之股票
同意，　☑俟變價後按溢繳比例退還價額
恐口無憑，特立此書。

　　此　致
財政部北區國稅局　　△△　　分局

立同意書人：△△△　印
即納稅義務人

抵繳贈與稅股票明細表

股票公司名稱	股票號碼	抵繳股數	抵繳單價	抵繳價值（元）
△△股份有限公司		40,000	30	1,200,000

合計：抵繳張數　40　張；　　抵繳股數　40,000　股；　　抵繳價值 1,200,000元

遺產稅、贈與稅申請實物抵繳委任書

□被繼承人：　　　　　　　　年度					
茲為　　遺產稅案　　　　　　　　　　，申請辦理實物抵繳（詳如實物抵繳財產					
☑本人　　　　　△△　　年度					
贈與稅案					

清單），特委任　　　△△△　　君處理下列事務：

一、代為辦理遺產稅、贈與稅實物抵繳之一切事宜。

二、代理受領遺產稅、贈與稅繳款書、核定通知書、繳清證明書及其他有關文件。

附帶聲明：

　　受任人領取繳款書後（含郵寄送達簽收），如逾期繳納或未繳本稅、罰鍰及應加徵之滯納金與利息概由委任人負責並願受強制執行。

	姓　　　名	身分證統一編號	住　　　　　　址	電　　話	簽　章
委任人	△△△	△△△△△△△△△	△△△△△△△△△	△△△△△△△△	印
受任人	△△△	△△△△△△△△△	△△△△△△△△△	△△△△△△△△	印

中　華　民　國　　△△　　年　　△　　月　　△△　　日

第一聯：國稅局存查

第二聯：隨案檢送國有財產署

實物抵繳附件（一）－全部財產清單

財產種類	所有人	所在地或名稱	財產數量	持分	核定價額	備註
土地	△△△	△△△△△△	乙筆	全	△△△△	

☐被繼承人：＿＿＿＿＿＿

☑贈　與　人：＿△△△＿＿

實物抵繳附件（二）－不動產財產清單

財產標示	所有人	地目	核定面積（m²）	核定持分	抵繳面積（m²）	抵繳持分	每平方公尺核定抵繳（同課繳遺產稅）單價	抵繳價額
土地	△△△	道	30m²	全	30m²	全	△△△△	△△△△
合　計								

☐被繼承人：＿＿＿＿＿

☑贈與人：　△△△

第九節　遺產稅

一、課徵對象

㈠屬人主義

凡經常居住中華民國境內之中華民國國民死亡時，遺有財產者，應就其在中華民國境內境外全部遺產，課徵遺產稅。（遺贈稅第1條第1項）

㈡屬地主義

經常居住中華民國境外之中華民國國民及非中華民國國民，死亡時在中華民國境內遺有財產者，應就其在中華民國境內之遺產，課徵遺產稅。（遺贈稅第1條第2項）

㈢經常居住在境內外

遺產及贈與稅法第4條第3、4項規定：

1.本法稱經常居住中華民國境內，係指被繼承人或贈與人有下列情形之一：

　⑴死亡事實或贈與行為發生前二年內，在中華民國境內有住所者。

　⑵在中華民國境內無住所而有居所，且在死亡事實或贈與行為發生前二年內，在中華民國境內居留時間合計逾三百六十五天者。但受中華民國政府聘請從事工作，在中華民國境內有特定居留期限者，不在此限。

2.本法稱經常居住中華民國境外，係指不合前項經常居住中華民國境內規定者而言。

㈣喪失國籍

遺產及贈與稅法第3條之1規定：死亡事實或贈與行為發生前二年內，被繼承人或贈與人自願喪失中華民國國籍者，仍應依本法關於中華民國國民之規定，課徵遺產稅或贈與稅。

㈤境外財產之認定

遺產及贈與稅法第9條規定：

1.第1條及第3條所稱中華民國境內或境外之財產，按被繼承人死亡時或贈與人贈與時之財產所在地認定之：

　⑴動產、不動產及附著於不動產之權利，以動產或不動產之所在地為準。但船舶、車輛及航空器，以其船籍、車輛或航空器登記機關之所在地為準。

　⑵礦業權，以其礦區或礦場之所在地為準。

　⑶漁業權，以其行政管轄權之所在地為準。

　⑷專利權、商標權、著作權及出版權，以其登記機關之所在地為準。

　⑸其他營業上之權利，以其營業所在地為準。

⑹金融機關收受之存款及寄託物,以金融機關之事務所或營業所所在地為準。

⑺債權,以債務人經常居住之所在地或事務所或營業所所在地為準。

⑻公債、公司債、股權或出資,以其發行機關或被投資事業之主事務所所在地為準。

⑼有關信託之權益,以其承受信託事業之事務所或營業所所在地為準。

2.前列各款以外之財產,其所在地之認定有疑義時,由財政部核定之。

二、課稅範圍

㈠財　產

1.所謂財產指動產、不動產及其他一切有財產價值之權利。(遺贈稅第4條)

2.本法稱農業用地,適用農業發展條例之規定。(遺贈稅第4條第5項)

㈡視為遺產之贈與

1.被繼承人死亡前二年內贈與下列個人之財產,應於被繼承人死亡時,視為被繼承人之遺產,併入其遺產總額徵稅:(遺贈稅第15條)

⑴被繼承人之配偶。

⑵被繼承人之直系血親卑親屬、父母、兄弟姊妹、祖父母或依法代位繼承權人。

⑶前述各繼承人之配偶。

2.87年6月26日以後至前項修正公布生效前發生之繼承案件,適用前項之規定。

㈢借款等之列入遺產

被繼承人死亡前因重病無法處理事務期間,舉債、出售財產或提領存款,而其繼承人對該項借款、價金或存款不能證明其用途者,該項借款、價金或存款仍應列入遺產課稅。(遺贈稅細則第13條)

㈣信託財產

遺產及贈與稅法第3條之2規定:

1.因遺囑成立之信託,於遺囑人死亡時,其信託財產應依本法規定,課徵遺產稅。

2.信託關係存續中受益人死亡時,應就其享有信託利益之權利未領受部分,依本法規定課徵遺產稅。

㈤再轉繼承

被繼承人生前已繼承而尚未登記之財產。

㈥遺產之點驗及登記

被繼承人死亡前在金融或信託機關租有保管箱或有存款者,繼承人或利害關係人於被繼承人死亡後,依法定程序,得開啟被繼承人之保管箱或提取被繼

承人之存款時，應先通知主管稽徵機關會同點驗、登記。（遺贈稅第40條）

㈦無人繼承之財產

遺產及贈與稅法第2條規定，無人承認繼承之遺產，依法歸屬國庫；其應繳之遺產稅，由國庫依財政收支劃分法之規定分配之。

三、納稅義務人

㈠納稅義務人

遺產稅之納稅義務人如下：（遺贈稅第6條）

1. 有遺囑執行人者，為遺囑執行人。
2. 無遺囑執行人者，為繼承人及受遺贈人。
3. 無遺囑執行人及繼承人者，為依法選定遺產管理人：其應選定遺產管理人，於死亡發生之日起六個月內未經選定呈報法院者，或因特定原因不能選定者，稽徵機關得依非訟事件法之規定，申請法院指定遺產管理人。

㈡申報人

遺產及贈與稅法施行細則第22條規定：

1. 遺產稅納稅義務人為二人以上時，應由其全體會同申報，未成年人或受監護宣告之人應由其法定代理人代為申報。但納稅義務人一人出面申報者，視同全體已申報。
2. 稽徵機關核定之納稅通知書應送達於出面申報之人，如對出面申報人無法送達時，得送達於其他納稅義務人，但應納稅額、滯納金、罰鍰及應加徵之利息，在不超過遺產總額範圍內，仍得對遺產及已受納稅通知確定之繼承人之財產執行之。

四、課徵標準

㈠估價原則

1. 遺產價值之計算，以被繼承人死亡時之時價為準。其為宣告死亡者，則以法院宣告死亡判決內所確定死亡日之時價為準。（遺贈稅第10條第1項）
2. 本法中華民國84年1月15日修正生效前發生死亡事實或贈與行為而尚未核課或尚未核課確定之案件，其估價適用修正後之前項規定辦理。（遺贈稅第10條第2項）
3. 所謂時價，土地以公告土地現值或評定標準價格為準，房屋以評定標準價格為準；其他財產時價之估定，本法未規定者，由財政部定之。（遺贈稅第10條第3項）

㈡信託財產之計價

遺產及贈與稅法第10條之1規定，依第3條之2第2項規定應課徵遺產稅之權

利，其價值之計算，依下列規定估定之：

　　1.享有全部信託利益之權利者，該信託利益為金錢時，以信託金額為準，信託利益為金錢以外之財產時，以受益人死亡時信託財產之時價為準。

　　2.享有孳息以外信託利益之權利者，該信託利益為金錢時，以信託金額按受益人死亡時起至受益時止之期間，依受益人死亡時郵政儲金匯業局一年期定期儲金固定利率複利折算現值計算之；信託利益為金錢以外之財產時，以受益人死亡時信託財產之時價，按受益人死亡時起至受益時止之期間，依受益人死亡時郵政儲金匯業局一年期定期儲金固定利率複利折算現值計算之。

　　3.享有孳息部分信託利益之權利者，以信託金額或受益人死亡時信託財產之時價，減除依前款規定所計算之價值後之餘額為準。但該孳息係給付公債、公司債、金融債券或其他約載之固定利息者，其價值之計算，以每年享有之利息，依受益人死亡時郵政儲金匯業局一年期定期儲金固定利率，按年複利折算現值之總和計算之。

　　4.享有信託利益之權利為按期定額給付者，其價值之計算，以每年享有信託利益之數額，依受益人死亡時郵政儲金匯業局一年期定期儲金固定利率，按年複利折算現值之總和計算之；享有信託利益之權利為全部信託利益扣除按期定額給付後之餘額者，其價值之計算，以受益人死亡時信託財產之時價減除依前段規定計算之價值後之餘額計算之。

　　5.享有前四款所規定信託利益之一部者，按受益比率計算之。

　㈢**其他財產之估價請參閱前節贈與稅。**

五、不計入遺產總額

　㈠**一般遺產**

　　下列各款不計入遺產總額：（遺贈稅第16條）

　　1.遺贈人、受遺贈人或繼承人捐贈各級政府及公立教育、文化、公益、慈善機關之財產。

　　2.遺贈人、受遺贈人或繼承人捐贈公有事業機構或全部公股之公營事業之財產。

　　3.遺贈人、受遺贈人或繼承人捐贈於被繼承人死亡時，已依法登記設立為財團法人組織且符合行政院規定標準之教育、文化、公益、慈善、宗教團體及祭祀公業之財產。

　　4.遺產中有關文化、歷史、美術之圖書、物品，經繼承人向主管稽徵機關申明登記者。但繼承人將此項圖書、物品轉讓時，仍須自動申報補稅。

　　5.被繼承人自己創作之著作權、發明專利權及藝術品。

　　6.被繼承人日常生活必需之器具及用具，其總價值在72萬元以下部分。

7.被繼承人職業上之工具，其總價值在40萬元以下部分。

8.依法禁止或限制採伐之森林。但解禁後仍須自動申報補稅。

9.約定於被繼承人死亡時，給付其所指定受益人之人壽保險金額、軍公教人員、勞工或農民保險之保險金額及互助金。

10.被繼承人死亡前五年內，繼承之財產已納遺產稅者。

11.被繼承人配偶及子女之原有財產或特有財產，經辦理登記或確有證明者。

12.被繼承人遺產中經政府闢為公眾通行道路之土地或其他無償供公眾通行之道路土地，經主管機關證明者。但其屬建造房屋應保留之法定空地部分，仍應計入遺產總額。

13.被繼承人之債權及其他請求權不能收取或行使確有證明者。

㈡公益信託財產

遺贈人、受遺贈人或繼承人提供財產，捐贈或加入於被繼承人死亡時已成立之公益信託並符合下列各款規定者，該財產不計入遺產總額：（遺贈稅第16條之1）

1.受託人為信託業法所稱之信託業。

2.各該公益信託除為其設立目的舉辦事業而必須支付之費用外，不以任何方式對特定或可得特定之人給予特殊利益。

3.信託行為明定信託關係解除、終止或消滅時，信託財產移轉於各級政府、有類似目的之公益法人或公益信託。

六、扣除額

㈠各項扣除額

下列各款應自遺產總額中扣除，免徵遺產稅：（遺贈稅第17條第1項）（金額為新臺幣）

1.被繼承人遺有配偶者，自遺產總額中扣除400萬元。

2.繼承人為直系血親卑親屬者，每人得自遺產總額中扣除40萬元。其有未滿二十歲者，並得按其年齡距屆滿二十歲之年數，每年加扣40萬元。但親等近者拋棄繼承由次親等卑親屬繼承者，扣除之數額以拋棄繼承前原得扣除之數額為限。

3.被繼承人遺有父母者，每人得自繼承總額中扣除100萬元。

4.第1款至第3款所定之人如為身心障礙者權益保障法第3條規定之重度以上身心障礙者，或精神衛生法第5條第2項規定之病人，每人得再加扣500萬元。

5.被繼承人遺有受其扶養之兄弟姊妹、祖父母者，每人得自遺產總額中扣除40萬元；其兄弟姊妹中有未滿二十歲者，並得按其年齡距屆滿二十歲

之年數，每年加扣40萬元。

6. 遺產中作農業使用之農業用地及其地上農作物，由繼承人或受遺贈人承受者，扣除其土地及地上農作物價值之全數。承受人自承受之日起五年內，未將該土地繼續作農業使用且未在有關機關所令期限內恢復作農業使用，或雖在有關機關所令期限內已恢復作農業使用而再有未作農業使用情事者，應追繳應納稅賦。但如因該承受人死亡、該承受土地被徵收或依法變更為非農業用地者，不在此限。

7. 被繼承人死亡前六年至九年內，繼承之財產已納遺產稅者，按年遞減扣除百分之八十、百分之六十、百分之四十及百分之二十。

8. 被繼承人死亡前，依法應納之各項稅捐、罰鍰及罰金。

9. 被繼承人死亡前，未償之債務，具有確實證明者。

10. 被繼承人之喪葬費用，以100萬元計算。

11. 執行遺囑及管理遺產之直接必要費用。

㈡扣除之限制

被繼承人如為經常居住中華民國境外之中華民國國民者，或非中華民國國民，不適用前項第1款至第7款之規定；前項第8款至第11款規定之扣除，以在中華民國境內發生者為限；繼承人中拋棄繼承權者，不適用前項第1款至第5款規定之扣除。（遺贈稅第17條第2項）

㈢遺產及贈與稅法施行細則相關規定

1. 距屆滿二十歲之年數（第10條之1）

本法第17條第1項第2款及第5款所稱距屆滿二十歲之年數，不滿一年或餘數不滿一年者，以一年計算。

2. 身心障礙特別扣除額（第10條之2）

依本法第17條第1項第4款規定申報身心障礙特別扣除額者，應檢附社政主管機關核發之重度以上身心障礙手冊或身心障礙證明影本，或精神衛生法第19條第1項規定之專科醫師診斷證明書影本。

3. 受扶養兄弟姊妹及祖父母（第10條之3）

本法第17條第1項第5款所稱受扶養之兄弟姊妹、祖父母係指：

　　⑴被繼承人之兄弟姊妹未滿二十歲，或滿二十歲以上而因在校就學，或因身心障礙，或因無謀生能力，受被繼承人扶養者。

　　⑵被繼承人之祖父母年滿六十歲，或未滿六十歲而無謀生能力，受被繼承人扶養者。

七、扣抵額

㈠遺產及贈與稅法第11條規定

1.國外納稅額

國外財產依所在地國法律已納之遺產稅，得由納稅義務人提出所在地國稅務機關發給之納稅憑證，並應取得所在地中華民國使領館之簽證；其無使領館者，應取得當地公定會計師或公證人之簽證，自其應納遺產稅額中扣抵。但扣抵額不得超過因加計其國外遺產而依國內適用稅率計算增加之應納稅額。

2.生前贈與稅

被繼承人死亡前二年內贈與之財產，依第15條之規定併入遺產課徵遺產稅者，應將已納之贈與稅與土地增值稅連同按郵政儲金匯業局一年期定期存款利率計算之利息，自應納遺產稅額內扣抵。但扣抵額不得超過贈與財產併計遺產總額後增加之應納稅額。

㈡本法第11條第2項所稱被繼承人死亡前二年內贈與之財產，應包括二年內依本法第22條規定免稅贈與之財產。（遺贈稅細則第6條）

八、免稅額

㈠境內者

被繼承人如為經常居住中華民國境內之中華民國國民，自遺產總額中減除免稅額1200萬元；其為軍警公教人員因執行職務死亡者，加倍計算。（遺贈稅第18條第1項）

㈡境外者

被繼承人如為經常居住中華民國境外之中華民國國民，或非中華民國國民，其減除免稅額比照前項規定辦理。（遺贈稅第18條第2項）

㈢因公死亡者

被繼承人為軍、警、公務人員，因執行任務死亡，而依本法第18條第一項後段加倍減除其免稅額者，繼承人應提出被繼承人死亡時，服務機關出具之執行任務死亡證明書。（遺贈稅細則第15條）

九、稅　率

㈠遺產總額

遺產總額應包括被繼承人死亡時依第1條規定之全部財產，及依第10條規定計算之價值。但第16條規定不計入遺產總額之財產，不包括在內。（遺贈稅第14條）

㈡稅額計算

遺產總額，減除各項扣除額及免稅額後之課稅遺產淨額，課徵百分之十。

（遺贈稅第13條）

十、申報期限

㈠死亡登記資料之抄送

戶籍機關受理死亡登記後，應即將死亡登記事項副本抄送稽徵機關。（遺贈稅第37條）

㈡六個月內申報

1.遺產及贈與稅法第23條規定：

⑴被繼承人死亡遺有財產者，納稅義務人應於被繼承人死亡之日起六個月內，向戶籍所在地主管稽徵機關依本法規定辦理遺產稅申報。但依第6條第2項規定由稽徵機關申請法院指定遺產管理人者，自法院指定遺產管理人之日起算。

⑵被繼承人為經常居住中華民國境外之中華民國國民或非中華民國國民死亡時，在中華民國境內遺有財產者，應向中華民國中央政府所在地之主管稽徵機關辦理遺產稅申報。

2.遺產稅納稅義務人為二人以上時，應由其全體會同申報，未成年人或受監護宣告之人應由其法定代理人代為申報。但納稅義務人一人出面申報者，視同全體已申報。稽徵機關核定之納稅通知書應送達於出面申報之人，如對出面申報人無法送達時，得送達於其他納稅義務人。（遺贈稅細則第22條）

㈢未申報之處理

遺產稅或贈與稅納稅義務人違反第23條或第24條之規定，未依限辦理遺產稅或贈與稅申報，或未依第26條規定申請延期申報者，該管稽徵機關應即進行調查，並於第29條規定之期限內調查，核定其應納稅額，通知納稅義務人依第30條規定之期限繳納。（遺贈稅第33條）

㈣有無稅額均應申報

遺產及贈與稅法施行細則第20條第1項規定，被繼承人死亡時遺有財產者，不論有無應納稅額，納稅義務人均應填具遺產稅申報書向主管稽徵機關據實申報。其有依本法規定之減免扣除或不計入遺產總額者，應檢同有關證明文件一併報明。

㈤死亡宣告者

遺產及贈與稅法施行細則第21條規定，本法第23條規定之遺產稅申報期間，如被繼承人為受死亡之宣告者，應自判決宣告之日起計算。

㈥申報書之送達

遺產及贈與稅法第28條規定：

1.稽徵機關於查悉死亡事實或接獲死亡報告後，應於一個月內填發申報通

知書，檢附遺產稅申報書表，送達納稅義務人，通知依限申報，並於限期屆滿前十日填具催報通知書，提示逾期申報之責任，加以催促。

2. 前項通知書應以明顯之文字，載明民法限定繼承及拋棄繼承之相關規定。

3. 納稅義務人不得以稽徵機關未發第1項通知書，而免除本法規定之申報義務。

(七)調查及估價

遺產及贈與稅法第29條規定，稽徵機關應於接到遺產稅或贈與稅申報書表之日起二個月內，辦理調查及估價，決定應納稅額，繕發納稅通知書，通知納稅義務人繳納；其有特殊情形不能在二個月內辦竣者，應於限期內呈准上級主管機關核准延期。

十一、課徵機關

(一)境內者

向被繼承人死亡時戶籍所在地主管稽徵機關申報——國稅局。（遺贈稅第23條第1項）

(二)境外者

被繼承人經常居住中華民國境外之中華民國國民或非中華民國國民死亡時，在中華民國境內遺有財產者，向中華民國中央政府所在地主管稽徵機關申報——財政部臺北國稅局。（遺贈稅第23條第2項）

十二、免稅期限

被繼承人如係民國38年6月14日以前死亡而發生繼承事實者，免納遺產稅，辦理繼承登記時，免予檢附遺產稅免稅證明書。（遺產稅補報期限及處理辦法第5條）

十三、未繳遺產稅之限制

(一)限　制

遺產稅未繳清前，不得分割遺產，交付遺贈或辦理移轉登記，但事前申請核發同意移轉證明書、免稅證明書、不計入遺產總額證明書者不在此限。（遺贈稅第8條第1項）

(二)登記應檢附證明

辦理產權移轉登記時，應檢附前項之證明書副本，否則不得逕為辦理登記。（遺贈稅第42條）

(三)處　罰

1. 遺產稅未繳清前，分割遺產、交付遺贈或辦理移轉登記者，處一年以下

有期徒刑。（遺贈稅第50條）

2.於辦理產權移轉登記時，未通知當事人繳驗遺產稅或贈與稅繳清證明書，或核定免稅證明書，或不計入遺產總額證明書，或不計入贈與總額證明書，或同意移轉證明書等之副本，即予受理者，其屬民營事業，處15,000元以下之罰鍰；其屬政府機關及公有公營事業，由主管機關對主辦及直接主管人員從嚴議處。（遺贈稅第52條）

四應發給證明（遺贈稅第41條）

1.遺產稅或贈與稅納稅義務人繳清應納稅款、罰鍰及加徵之滯納金、利息後，主管稽徵機關應發給稅款繳清證明書；其經核定無應納稅款者，應發給核定免稅證明書；其有特殊原因必須於繳清稅款前辦理產權移轉者，得提出確切納稅保證，申請該管主管稽徵機關核發同意移轉證明書。

2.依第16條規定，不計入遺產總額之財產，或依第20條規定不計入贈與總額之財產，經納稅義務人之申請，稽徵機關應發給不計入遺產總額證明書，或不計入贈與總額證明書。

五發給同意移轉證明（遺贈稅第41條之1）

繼承人為二人以上時，經部分繼承人按其法定應繼分繳納部分遺產稅款、罰鍰及加徵之滯納金、利息後，為辦理不動產之公同共有繼承登記，得申請主管稽徵機關核發同意移轉證明書；該登記為公同共有之不動產，在全部應納款項未繳清前，不得辦理遺產分割登記或就公同共有之不動產權利為處分、變更及設定負擔登記。

十四、獎　懲

一逾期申報

未依限申報者，按核定應納稅額加處二倍以下之罰鍰。（遺贈稅第44條）

二漏報短報

已依法申報而有漏報或短報情事者，應按所漏稅額處以二倍以下之罰鍰。（遺贈稅第45條）

三故意逃稅

故意以詐欺或其他不正當方法，逃漏稅者，除依繼承發生年度稅率重行核計補徵外，並應處以所漏稅額一倍至三倍之罰鍰。（遺贈稅第46條）

四罰鍰最高限額

前三條規定之罰鍰，連同應徵之稅款，最多不得超過遺產總額或贈與總額。（遺贈稅第47條）

五公務員之懲處

稽徵人員違反第29條之規定，戶籍人員違反第37條之規定者，應由各該主

管機關從嚴懲處，並責令迅行補辦；其涉有犯罪行為者，應依刑法及其有關法律處斷。（遺贈稅第48條）

（六）**檢舉獎金**

告發或檢舉納稅義務人及其他關係人有短報、漏報、匿報或故意以虛偽不實及其他不正當行為之逃稅，或幫助他人逃稅情事，經查明屬實者，主管稽徵機關應以罰鍰提成獎給舉發人，並為舉發人保守秘密。（遺贈稅第43條）

（七）**逾期納稅**

每逾二日加徵百分之一滯納金，逾期三十日，仍未繳納者，移送法院強制執行，法院應於稽徵機關移送後七日內開始辦理。其應納稅款及滯納金，應自滯納期限屆滿之次日起，至納稅義務人繳納之日止，依郵政儲金匯業局一年期定期存款利率，按日加計利息，一併徵收。（遺贈稅第51條）

◎**遺產稅納稅義務人全部均為未成年之繼承人時，其法定代理人未代為申報遺產稅者，如屬繼承人於申報期限屆滿時仍尚未成年之情形，准免予移罰**
（80.11.13財政部臺財稅字第801261590號函）

遺產及贈與稅法第44條處罰之對象為納稅義務人，法定代理人依同法施行細則第22條第1項規定，雖應代未成年之納稅義務人申報遺產稅，惟因其並非納稅義務人，故若未代為申報，亦無該條罰則之適用。至於未成年之納稅義務人，於同法第23條所定申報期限屆滿時如仍均尚未成年，則依財政部（69）臺財稅字第36276號函釋，無法自為有效之申報，且其對法定代理人復無選任、指揮、監督之權，故法定代理人縱然未代為申報，亦不能課該等未成年納稅義務人以過失責任，依司法院大法官會議釋字第275號解釋，應予免罰。

十五、延期納稅

遺產及贈與稅法第30條規定：

（一）**限期納稅**

遺產稅納稅義務人，應於稽徵機關送達核定納稅通知書之日起二個月內，繳清應納稅款；必要時，得於限期內申請稽徵機關核准延期二個月。

（二）**分期納稅**

遺產稅應納稅額在30萬元以上，納稅義務人確有困難，不能一次繳納現金時，得於納稅期限內，向該管稽徵機關申請，分十八期以內繳納；每期間隔以不超過二個月為限。

（三）**加計利息**

經申請分期繳納者，應自繳納期限屆滿之次日起，至納稅義務人繳納之日止，依郵政儲金匯業局一年期定期儲金固定利率，分別加計利息；利率有變動時，依變動後利率計算。

十六、實物抵繳

㈠遺產及贈與稅法第30條第4項至第6項規定

遺產稅與贈與稅應納稅額在30萬元以上，納稅義務人確有困難，不能一次繳納現金時，得於納稅期限內，就現金不足繳納部分申請以在中華民國境內之課徵標的物或納稅義務人所有易於變價及保管之實物一次抵繳。中華民國境內之課徵標的物屬不易變價或保管，或申請抵繳日之時價較死亡或贈與日之時價為低者，其得抵繳之稅額，以該項財產價值占全部課徵標的物價值比例計算之應納稅額為限。

本法中華民國98年1月12日修正之條文施行前所發生未結之案件，適用修正後之前三項規定。但依修正前之規定有利於納稅義務人者，適用修正前之規定。

第4項抵繳財產價值之估定，由財政部定之。

第4項抵繳之財產為繼承人公同共有之遺產且該遺產為被繼承人單獨所有或持分共有者，得由繼承人過半數及其應繼分合計過半數之同意，或繼承人之應繼分合計逾三分之二之同意提出申請，不受民法第828條第3項限制。

㈡申請及核定（遺贈稅細則第45條）

申請抵繳時，應於遺產稅核定繳納期限內繕具抵繳之財產清單，申請主管機關核准，主管機關接到申請後三十日內應調查核定。

㈢應備文件

納稅義務人應於接到核准通知書後三十日內將下列有關文件或財產檢送主管機關以憑辦理抵繳：（遺贈稅細則第49條第3項）

　　1.移轉登記之申請書。

　　2.土地或房屋之所有權狀、其他財產之證明文件或抵繳之財產。

　　3.其他依法令應提出之文件。

㈣其他有關抵繳之規定，請參閱前節贈與稅之抵繳。

十七、物價指數調整

遺產及贈與稅法第12條之1規定：

㈠調整項目

本法規定之左列各項金額，每遇消費者物價指數較上次調整之指數累計上漲達百分之十以上時，自次年起按上漲程度調整之。調整金額以萬元為單位，未達萬元者按千元數四捨五入：

　　1.免稅額。

　　2.課稅級距金額。

　　3.被繼承人日常生活必需之器具及用具、職業上之工具，不計入遺產總額之金額。

4.被繼承人之配偶、直系血親卑親屬、父母、兄弟姊妹、祖父母扣除額、喪葬費扣除額及殘障特別扣除額。

（二）調整公告

財政部於每年12月底前，應依據前項規定，計算次年發生之繼承與贈與案件所應適用之各項金額後公告之。所稱消費者物價指數，係指行政院主計處公布，自前一年11月起至該年10月底為止十二個月平均消費者物價指數。

十八、配偶剩餘財產差額分配

（一）民法第1030條之1

法定財產制關係消滅時，夫或妻現存之婚後財產，扣除婚姻關係存續中所負債務後，如有剩餘，其雙方剩餘財產之差額，應平均分配。但左列財產不在此限：

　　1.因繼承或其他無償取得之財產。

　　2.慰撫金。

依前項規定，平均分配顯失公平者，法院得調整或免除其分配額。

第1項請求權，不得讓與或繼承。但已依契約承諾，或已起訴者，不在此限。

第1項剩餘財產差額之分配請求權，自請求權人知有剩餘財產之差額時起，二年間不行使而消滅。自法定財產制關係消滅時起，逾五年者，亦同。

（二）民法第1030條之2

夫或妻之一方以其婚後財產清償其婚前所負債務，或以其婚前財產清償婚姻關係存續中所負債務，除已補償者外，於法定財產制關係消滅時，應分別納入現存之婚後財產或婚姻關係存續中所負債務計算。

夫或妻之一方以其前條第1項但書之財產清償婚姻關係存續中其所負債務者，適用前項之規定。

（三）民法第1030條之3

夫或妻為減少他方對於剩餘財產之分配，而於法定財產制關係消滅前五年內處分其婚後財產者，應將該財產追加計算，視為現存之婚後財產。但為履行道德上義務所為之相當贈與，不在此限。

前項情形，分配權利人於義務人不足清償其應得之分配額時，得就其不足額，對受領之第三人於其所受利益內請求返還。但受領為有償者，以顯不相當對價取得者為限。

前項對第三人之請求權，於知悉其分配權利受侵害時起二年間不行使而消滅。自法定財產制關係消滅時起，逾五年者，亦同。

（四）民法第1030條之4

夫妻現存之婚後財產，其價值計算以法定財產制關係消滅時為準。但夫妻

因判決而離婚者，以起訴時為準。

依前條應追加計算之婚後財產，其價值計算以處分時為準。

(五)遺產及贈與稅法第17條之1

被繼承人之配偶依民法第1030條之1規定主張配偶剩餘財產差額分配請求權者，納稅義務人得向稽徵機關申報自遺產總額中扣除。

納稅義務人未於稽徵機關核發稅款繳清證明書或免稅證明書之日起一年內，給付該請求權利金額之財產予被繼承人之配偶者，稽徵機關應於前述期間屆滿之翌日起五年內，就未給付部分追繳應納稅賦。

(六)表　解

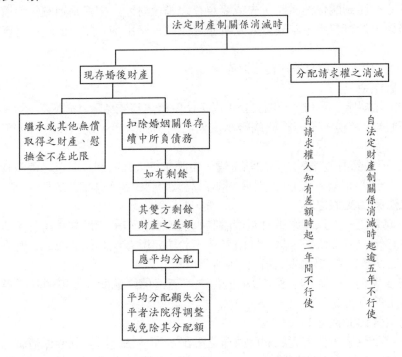

(七)實例計算

甲夫、乙妻，於甲夫死亡或夫妻離婚時，甲之現存婚後財產有8,000萬元，但其中有2,000萬元為繼承取得，另有1,000萬元為其他無償取得。乙之現存婚後財產有6,000萬元，但其中有1,000萬元為繼承取得，另有2,000萬元為特有財產，除乙妻之特有財產負債外，於婚姻關係存續中夫妻所負之債務合計新臺幣1,000萬元。其剩餘財產之差額分配情形如次：

甲夫：8000萬元－2000萬元（繼承）－1000萬元（無償取得）＝5000萬元

乙妻：6000萬元－1000萬元（繼承）－2000萬元（特有財產）＝3000萬元

剩餘財產5000萬元（甲夫）＋3000萬元（乙妻）－1000萬元（債務）＝7000萬元

平均分配，每人3500萬元。

1. 如債務歸由甲夫負責清償

    則甲夫5000萬元－1000萬元＝4000萬元

    乙妻有4000萬元－3000萬元＝1000萬元之平均分配差額500萬元之請求權

2. 如債務歸由乙妻負責清償

    則乙妻3000萬元－1000萬元＝2000萬元

    乙妻有5000萬元（甲夫）－2000萬元＝3000萬元之平均分配差額1500萬元之請求權

3. 如債務由雙方平均分擔清償各500萬元

    則甲夫：5000萬元－500萬元＝4500萬元

    乙妻：3000萬元－500萬元＝2500萬元

    4500萬元＋2500萬元＝7000萬元×1/2＝3500萬元

    乙妻得請求：3500萬元－2500萬元＝1000萬元

總結：無論如何計算，剩餘財產中妻有500萬之差額分配請求權。

◎檢送研商「民法第1030條之1剩餘財產差額分配請求權於核課遺產稅時如何適用事宜」會議決議，請依決議事項辦理（86.2.15財政部臺財稅字第851924523號函）

討論事項

一、被繼承人死亡，生存之配偶依民法第1030條之1規定，行使剩餘財產差額分配請求權應分得之財產，是否屬於被繼承人之「遺產」？

    決議：依據法務部85年6月29日法85律決15978號函復「生存配偶之剩餘財產差額分配請求權，性質為債權請求權，……係為貫徹夫妻平等原則，並兼顧夫妻之一方對家務及育幼之貢獻，使剩餘財產較少之一方配偶，對剩餘財產較多之他方配偶得請求雙方剩餘財產差額二分之一，並非取回本應屬其所有之財產，故非物權請求權」，準此，該項請求權價值，於核課遺產時，准自遺產總額中扣除。

二、納稅義務人主張生存之配偶有剩餘財產差額分配請求權時，應否檢具法院確定判決？

決議：㈠檢具法院判決者，稽徵機關應予受理。

　　　　㈡雖未檢具法院判決，惟經全體繼承人同意時，亦應受理。

三、納稅義務人如未主張生存之配偶有剩餘財產差額分配請求權，稽徵機關應否仍予主動查明，計算該項請求權之價值，逕予核列為遺產之加項或減項？

　　決議：行使該項剩餘財產差額分配請求權之權利人為生存之配偶或血親繼承人，故稽徵機關尚不得主動查明計算該項請求權之價值，應經繼承人全體同意，始得計之。

四、剩餘財產差額分配請求權之價值應如何計算，在有法院確定判決之情形下，究應以確定判決為準？或由稽徵機關依查得資料估算？

　　決議：原則上，法院之判決應予尊重，惟稽徵機關就納稅義務人主張之事實查有具體實證或依稅法規定核計之價值，與法院判決不一時，應依遺產及贈與稅法及其他相關法規辦理。

五、剩餘財產差額分配請求權，經稽徵機關核定免徵遺產稅後，稽徵機關為追蹤管制，可否要求當事人列出請求分配財產明細，俾納稅義務人確實將相當於該請求權價值之財產移轉予生存之配偶。

　　決議：該項剩餘財產差額分配請求權因屬債權請求權，並非物權請求權，其經稽徵機關核定價值免徵遺產稅後，稽徵機關尚無法律依據要求當事人列出請求分配財產明細，以憑於遺產稅完稅（免稅）證明書註明何筆財產應登記或移轉予生存之配偶。

◎研商「民法第1030條之1剩餘財產差額分配請求權之規定，於核課遺產稅時，相關作業如何配合事宜」之會商結論（87.1.22財政部臺財稅字第871925704號函）

一、民法第1030條之1，係於民國74年6月3日增訂，而夫妻於民法親屬編修正前已結婚並取得之財產，是否有該規定之適用，法無明文，惟依照最高法院81年10月8日81年度臺上字第2315號判決要旨「…74年6月3日修正公布施行民法親屬編施行法未特別規定修正後之民法第1030條之1規定，於修正前已結婚並取得之財產，亦有其適用，則夫妻於民法親屬編修正前已結婚並取得之財產，自無適用該修正規定之餘地。」並無上揭規定之適用，故聯合財產制夫或妻一方死亡時，有關剩餘財產差額分配請求權之適用，以民國74年6月5日（含當日）後取得之財產為限。

二、稽徵機關填發遺產稅申報通知書時，請併予通知納稅義務人，有主張民法第1030條之1規定之剩餘財產差額分配請求權者，應檢附相關文件申報，所應檢附文件如次：

　　㈠法院確定判決書件或全體繼承人同意書。

　　㈡剩餘財產差額計算表。（應檢附土地、房屋之登記簿謄本，上市或上櫃有價證券及未上市或上櫃股份有限公司股票之持有股權、取得日期證明，未上市或上櫃非股份有限公司出資價值之出資額及出資日期證明，其他財產之取得日期、取得原因證明。債務發生日期、內容證明。）

三、納稅義務人主張生存配偶之剩餘財產差額分配請求權價值自被繼承人遺產總額中扣除時，其有漏報生存配偶之財產或虛列負債情事者，尚不得依遺產及贈與稅法第45條規定論處，惟如經查明其有故意以詐欺或其他不正當方法逃漏時（例如：漏報財產、虛列負債），應可依同法第46條規定辦理。

四、當事人主張剩餘財產差額分配請求權價值自遺產扣除之時效，參照民法規定以被繼承人死亡之日起算五年，惟如有具體證據證明請求權人知有剩餘財產差額之日者，應自其知悉之日起算二年。是以86年2月15日臺財稅字第851924523號函發布前之案件，無論已否確定，悉依上開結論決定應否受理更正。

五、稽徵機關核算剩餘財產差額分配請求權時，被繼承人於74年6月5日以後取得，且為不計入遺產總額之捐贈財產、政府開闢或無償提供公眾通行之道路土地、公共設施保留地及農業用地等，應列入計算。嗣於核算遺產稅額時，上揭不計入遺產總額或自遺產總額中扣除之財產，應扣除核屬配偶請求分配為其所有部分之價值（即准自遺產總額中扣除之剩餘財產差額分配請求權價值，所含上揭不計入遺產總額或自遺產總額中扣除部份之財產價值），俾免被繼承人之不計入遺產總額、自遺產總額中扣除之財產價值，重複計入配偶依民法親屬編上開規定請求分配，並經核屬為其所有之財產。

六、配偶拋棄繼承權時，如仍主張剩餘財產差額分配請求權之價值自被繼承人遺產總額中扣除，稽徵機關仍應予受理。

七、被繼承人配偶未行使剩餘財產差額分配請求權即告死亡，其繼承人仍可繼承並行使該項請求權，惟該請求權價值應列入被繼承人配偶之遺產課稅。

八、經核准扣除配偶剩餘財產差額分配請求權價值之案件如何追蹤管制乙節，請臺北市國稅局依前開討論會商結論，會同其他國稅局修訂所擬管制要點。

◎關於夫或妻一方依民法第1030條之1規定，行使剩餘財產差額分配請求權，申辦所有權移轉登記，有關契稅、土地增值稅之徵免疑義（89.6.20財政部臺財稅字第0890450123號函）

一、契稅部分

依契稅條例第2條規定：「不動產之買賣、承典、交換、贈與、分割或因占有而取得所有權者，均應申報繳納契稅。」有關配偶一方依法行使剩餘財產差額分配請求權而取得不動產所有權，尚非上開條文所定應申報繳納契稅之範圍，應免予報繳契稅。

二、土地增值稅部分

按剩餘財產差額分配請求權，係依法律規定無償取得剩餘差額財產之權利，其性質為債權請求權，非屬取回本應得之財產，故其土地所有權移轉，應依土地稅法第49條規定，向主管稽徵機關申報土地移轉現值，並參照同法第5條第1項第2款規定，以取得土地所有權之人，為土地增值稅之納稅義務人。

又生存配偶主張剩餘財產差額分配請求之權利，屬被繼承人之未償債務，其於

辦理土地所有權移轉登記時，依內政部88年6月33日臺（88）內地字第8889814號函規定，申請人應提出全體繼承人之同意書或法院確定判決文件。準此，當配偶及全體繼承人表示同意時，應得認屬土地所有權移轉契約成立之日。有關其申報移轉現值及原地價，依下列規定核定：

(一)請求權因應給付差額之配偶死亡而發生，由可請求之一方配偶，對應給付差額配偶之繼承人行使請求權時：申報移轉現值之審核，如期申報者，以可請求之一方配偶與應給付差額配偶之繼承人全體同意日當期公告土地現值為準；逾同意日三十日後始申報移轉現值者，以申報日當期公告土地現值為準；依法院判決移轉登記者，以向法院起訴日當期之公告土地現值為準。原地價之認定，以應給付差額之配偶死亡時該土地之公告現值為準。

(二)請求權因離婚而發生，可請求之配偶對應給付差額之配偶行使請求權時：其申報移轉現值之審核，如期申報者，以配偶雙方同意日當期公告土地現值為準；逾同意日三十日後始申報移轉現值者，以申報日當期公告土地現值為準；依法院判決移轉登記者，以向法院起訴日當期之公告土地現值為準。原地價之認定，以應給付差額配偶取得該土地時核計土地增值稅之現值為準，但法律另有規定者（如土稅第28條之2、第39條第2項、第39條之2第4項等）依其規定。

(三)上揭申報人如期申報及逾期申報案件之移轉現值，經審核過公告土地現值者，應以其自行申報之移轉現值為準。

三、有關本函發布前已依相關規定，逕為申辦剩餘財產差額分配請求權移轉登記而取得土地所有權之案件，如經請求權人依前揭規定補辦移轉現值之申報者，其再次移轉時原地價之認定，應依前揭申報核課土地增值稅之移轉現值為準；至如請求權人未依前揭規定補辦移轉現值申報者，其再次移轉時原地價之認定，應分別依前述(三)或(二)所定之原地價認定。

◎有關配偶一方依民法第1030條之1規定，行使剩餘財產差額分配請求權而取得不動產相關事宜（90.5.8財政部臺財稅字第0900450434號令）

依據印花稅法第5條第5款規定：「典賣、讓受及分割不動產契據：指設定典權及買賣、交換、贈與、分割不動產所立憑以向主管機關申請物權登記之契據，為印花稅之課徵範圍。」有關配偶一方依民法第1030條之1規定，行使剩餘財產差額分配請求權而取得不動產，經持憑不動產移轉契約書，或配偶一方死亡，經提出全體繼承人同意書辦理所有權移轉登記者，均非屬上開規定之課徵範圍，無須貼用印花稅票。

◎關於已辦竣分割繼承登記，得否依財政部國稅局核准扣除生存配偶剩餘財產差額分配之證明文件，改辦「剩餘財產差額分配」登記乙案（90.6.27內政部內中地字第9007440號函）

一、案經函准法務部前開號函略以：「按『聯合財產關係消滅時，夫或妻於婚姻關係存續中所取得而現存之原有財產，扣除婚姻關係存續存中所負債務後，如有剩餘，其雙方剩餘財產之差額，應平均分配。但因繼承或其他無償取得之財產，

不在此限。依前項規定，平均分配顯失公平者，法院得酌減其分配額。第1項剩餘財產差額之分配請求權，自請求權人知有剩餘財產之差額時起，二年間不行使而消滅。自聯合財產關係消滅時起，逾五年者亦同。』民法第1030條之1定有明文。前開剩餘財產分配請求權期間屆滿前，除請求權人拋棄該項權利者外，得隨時主張之。本件繼承人李蔡金霞君於辦竣分割繼承登記後，於剩餘財產分配請求權期間內主張該項權利，而申請改辦剩餘財產差額分配登記應否准許乙節，依上所述除李蔡金霞君曾拋棄該項權利者外，自非不得主張。」故已辦竣各類繼承登記後，於剩餘財產分配請求權期間屆滿前，除請求權人拋棄該項權利者外，應可改辦剩餘財產差額分配登記。申辦登記時，申請人應依本部88年6月22日臺（88）內地字第8889814號函說明二、㈡規定提出相關文件，以登記原因「撤銷」回復原被繼承人所有，再連件辦理「剩餘財產差額分配」登記。

二、查「以土地抵繳遺產稅登記為國有後，經主管機關同意溢繳部分返還繼承人，以『撤銷』為登記原因辦理登記。」為本部84年7月4日臺（84）內地字第8409751號函釋，與本部89年6月8日臺（89）內中地字第8910280號函釋略以：「……准予就原辦理抵繳稅款部分以『發還』為登記原因回復為原『繼承人』所有、再連件辦理剩餘財產差額分配登記。……」，上開二案情雖有不同，惟為統一及簡化登記機關登錄作業，爰修正上開89年6月8日函釋為：「……准予就原辦理抵繳稅款部分以『撤銷』為登記原因回復為原『被繼承人』所有，再連件辦理剩餘財產差額分配登記。……」，並刪除登記原因「發還」之意義三。

◎生存配偶行使剩餘財產差額分配求權有關核課土地增值稅釋疑（96.12.26財政部臺財稅字第09604560470號令）

一、夫妻一方死亡，生存配偶依民法第1030條之1規定行使剩餘財產差額分配請求權，於申報土地移轉現值時，應檢附其與全體繼承人協議給付文件或法院確定判決書，並准依土地稅法第28條之2規定，申請不課徵土地增值稅。

二、有關生存配偶申報移轉現值之審核，其於生存配偶與全體繼承人訂立協議給付文件之日起30日內申報者，以訂立協議給付文件日當期之公告土地現值為準；逾訂立協議給付文件之日30日後始申報者，以受理機關收件日當期之公告土地現值為準；依法院判決移轉登記者，以申報人向法院起訴日當期之公告土地現值為準。至原地價之認定，以應給付差額之配偶取得該土地時核計土地增值稅之現值為原地價。

◎繼承人代位行使剩餘財產差額分配請求權申報移轉現值核課土增稅釋疑（98.8.4財政部臺財稅字第09804043470號函）

被繼承人○君之繼承人依民法第1030條之1規定，代位行使剩餘財產差額分配請求權並依法申報被繼承人○君之遺產稅，其與○君生存配偶協議取得之土地，於申報土地移轉現值時，准依本部96年12月26日臺財稅字第09604560470號令釋辦理。至系爭土地之原地價，仍應以被繼承人○君生存配偶取得該土地時核計土地增值稅之現值

為原地價。

◎**生存配偶依民法第1030條之1規定行使剩餘財產差額分配請求權取得之土地，如以繼承辦理所有權登記，未改辦「剩餘財產差額分配」登記，經國稅稽徵機關通報案件，請依說明辦理**（101.10.16財政部臺財稅字第10104038410號函）

一、按土地稅法第28條規定，已規定地價之土地，於土地所有權移轉時，應按其土地漲價總數額徵收土地增值稅。但因繼承而移轉之土地，免徵土地增值稅。旨揭土地依本部89年6月20日臺財稅字第0890450123號函規定，應依土地稅法第49條規定，申報土地移轉現值課徵土地增值稅，並依同法第5條第1項第2款規定，以取得土地所有權之人為納稅義務人。

二、為維護當事人權益並輔導其依法申報土地移轉現值，地方稅稽徵機關接獲通報後，應通知生存配偶與繼承人限期申報土地移轉現值，並提示生存配偶得依本部96年12月26日臺財稅字第09604560470號令規定，申請不課徵土地增值稅。如當事人屆期未申報者，應以生存配偶登記取得該土地之日當期公告現值為土地移轉現值，核課土地增值稅。

三、旨揭案件中如生存配偶已將所取得土地再行移轉者，地方稅稽徵機關免辦理輔導，應逕依法補徵土地增值稅。

十九、遺產及贈與稅法部分條文修正草案（105.10.20行政院院會通過）

詳細修正內容請參照第八節贈與稅，於此不再贅述。

二十、申報實務

(一)應備文件

1.基本資料：

　　(1)遺產稅申報書1份，申報書應加蓋納稅義務人或代表人私章。

　　(2)被繼承人死亡除戶資料（如死亡診斷證明書或載有死亡日期之戶口名簿影本等）及每一位繼承人現在的戶籍資料（身分證、戶口名簿、護照或在臺居留證影本等）。

　　(3)繼承系統表1份。

　　(4)繼承人中有拋棄繼承權者，應檢附經法院准予備查之文件（繼承人拋棄繼承權者，應於知悉其得繼承之時起三個月內以書面向法院申請）。

　　(5)由遺囑執行人、遺產管理人申報或債權人代位申報者，應檢附遺囑或經依法選定遺產管理人之證明或債權人身分證明等，債權人代位申報者，尚須檢附經法院裁定債權確定判決及取具法院命繼承人辦理繼承登記之確定判決或准債權人代位辦理繼承登記之文件。

　　(6)非納稅義務人自行辦理申報者，應檢附相關身分證明文件（如委任書和

受任人身分證明文件、法院判決確定文件等）。

(7)補申報之案件應檢附補申報部分之相關資料，並檢附原核定之證明文件影本（如核定通知書、繳清證明書或免稅證明書）或註明以前各次申報年度及收案編號；核准延期申報者，應檢附核准延期申報函影本。

(8)被繼承人非中華民國國民或經常居住中華民國境外之中華民國國民，經於國外出具之證明文件，應經我國當地駐外機構簽證，並至臺北國稅局申報。

(9)繼承人為大陸人士，應檢附大陸地區公證處出具之親屬關係證明文件及取得財團法人海峽交流基金會驗證之證明，並向被繼承人住所地之法院表示繼承，經准予備查之文件。

註：大陸地區人民繼承臺灣地區人民遺產，逾期未於繼承開始起三年內以書面向被繼承人住所之法院為繼承人之表示，視為拋棄其繼承權。繼承在「臺灣地區大陸地區人民關係條例」施行前開始者，前項期間自該條例施行之日（81年9月18日）起算。

(10)繼承人係未在國內設籍之華僑或遷居國外之國民，應檢附之證明如下：

　①如係委託國內人士代為辦理申報者，應檢附僑居地之我國使領館或經政府指定之合法僑團簽證委託辦理遺產申報及繼承登記等事項之授權書，並檢附華僑身分證明或請領遷居國外以前之戶籍資料。

　②繼承人親自回國申報者，可攜帶本人護照並檢附華僑身分證明或請領遷居國外以前之戶籍資料配合辦理。

2.財產資料：

(1)申報土地遺產，應檢附死亡當期土地登記謄本或所有權狀影本。

(2)申報房屋遺產，應檢附死亡當期房屋評定標準價格證明。

(3)申報存款、債權遺產，應檢附死亡日存款餘額證明書或存摺（含封面）、存單影本暨證明債權之證明資料。

(4)申報上市、上櫃及興櫃公司股票（權），應檢附繼承日持股餘額證明或集保證券存摺影本。

(5)申報未上市、未上櫃且非興櫃公司股票（權），應檢附繼承日之持股餘額證明（如股東名冊）及繼承日之公司損益表、資產負債表、股東往來科目明細表。

(6)獨資、合夥事業出資額，應檢附出資額證明。

(7)申報信託財產遺產或信託利益之權利未領受部分遺產，應檢附遺囑或信託契約或其他證明文件。

(8)再轉繼承案件，主張被繼承人死亡前五年或死亡前六年至九年內繼承之遺產者，應檢附稽徵機關發給之遺產稅繳清證明書影本。

(9)申報債務扣除：向金融機構貸款者，應檢附金融機構出具之借款餘額證明（含原核准貸款日期、額度）；向私人借貸者，應檢附債務契約、借貸流程及債權人出具尚未清償之餘額證明。

(10)申報農業用地繼續經營農業生產農地扣除，應檢附農業主管機關核發之農業用地作農業使用證明書。

(11)主張扣除應納未納之稅捐，應檢附迄被繼承人死亡時，尚未繳納之稅單或繳納通知書等相關資料。

(12)主張公共設施保留地扣除者，應檢附土地使用分區證明（需註明編定日期及是否為公共設施保留地）。

(13)被繼承人之配偶主張民法第1030條之1剩餘財產差額分配請求權者，應檢附註記結婚日期之戶籍資料、請求權計算表（空白表格請向稽徵機關索取）及相關證明文件。

(14)申報「不計入遺產總額財產」除分別就遺產種類依前述規定檢附外，並應另行檢附相關證明文件：

　①捐贈政府或公有事業：應檢附受贈單位同意書。

　②捐贈財團法人者：

　　(A)財團法人登記證書影本。

　　(B)財團法人組織章程影本。

　　(C)財團法人董監事名冊影本。

　　(D)受贈單位同意書。

　　(E)主管機關核發辦理具有成績證明（財團法人設立未滿一年者免附）。

　　(F)受贈單位最近一年核並免稅之「機關團體作業組織所得決算申報核定通知書」或免辦申報之證明文件。

　③成立、捐贈或加入符合規定之公益信託：

　　(A)公益信託之設立及其受託人經目的事業主管機關許可之證明文件。

　　(B)受託人為信託業法所稱之信託業證明文件。

3. 以上所列各項資料，係申報遺產稅時，應檢附之基本資料，如經本局受理後，於調查過程中發現尚有應補件者，則另行通知補正。

4. 以影本送件者，請加註「影本與正本相符，如有不實，願負法律責任」字樣，並蓋章。

(二)**遺產稅申報書填寫說明**（本書僅針對土地房屋之贈與而言，稽徵機關有印製現成之填寫說明備索）

1. 申報書各欄金額，均以新臺幣填寫。

2. 申報書各欄如不敷填寫時，得依格式另加附紙黏貼於各該欄下，並於黏貼處加蓋申報人印章。

3. 被繼承人「姓名」、「身分證統一編號」、「死亡時戶籍住址」、「死亡日期」,依戶籍記載資料填寫。

4. 納稅義務人:其「姓名」、「年齡」、「住址」、「身分證統一編號」、「與被繼承人之關係」,均依戶籍記載資料填寫。

5. 遺產總額:

   (1)土地部分:依土地登記簿記載資料填寫。公告現值,可向地政事務所查填。

   (2)房屋部分:如為已經產權登記者,依建物登記簿記載資料填寫。如為尚未申請登記之房屋,則依據建物使用執照或建物複丈結果通知書之資料填寫,「稅籍號碼」及「遺產價額」可依據房屋稅單上所載之資料填寫,如為房屋稅單,可向主管稽徵機關房屋稅之機關查填。

6. 免稅額:有兩種免稅額,其一為新臺幣1,200萬元,另一為新臺幣2,400萬元,視實際情形,擇一而寫。

7. 扣除額:參酌前述遺產及贈與稅法第17條及第17條之1各項之規定,據實填寫。

8. 扣抵稅款:參酌遺產及贈與稅法第11條各項之規定,據實填寫。

9. 課稅遺產淨額及稅額計算:遺產總額減去免稅額及扣除額,即為課稅遺產淨額,並以稅率,求出稅額,減去扣抵稅額及利息,即為應納稅額,分別填入「稅額計算」各欄內。

10. 不計入遺產總額之遺產:參酌遺產及贈與稅法第16條各項之規定,依據土地及建物登記簿上所記載之資料填寫。

11. 附件:依所附繳之文件,分別填於各欄。

12. 最後填寫納稅義務人或代表人之姓名,及申報之年月日並蓋章。

(三)**遺產稅申報書填寫範例**(分期繳納或實物務抵繳申請文件,請參閱前節贈與稅)

	遺產稅申報書	收件案號	年　月　日
		第　　　　號	
	下載網址：http://www.etax.nat.gov.tw/etwmain/front/ETW118W/VIEW/441	被 繼 承 人 死 亡 日 期	年　月　日

※注意事項：

1. 填寫申報書前，請詳閱申報書說明；申報應檢附之文件，請詳閱申報書第 10、11 頁，本申報書限 98 年 1 月 23 日以後發生之繼承案件適用。
2. 本申報書欄項如不敷填寫時，得自行依格式附紙粘貼各該欄項下，並於黏貼處加蓋申報人印章。
3. 本申報書各金額欄請以新臺幣填寫。
4. 申報後發現有短、漏報遺產時，請速於申報期限內補報以免受罰。

※請依申報性質分別於□內打「√」：

1. 本案件是否屬補報案件，□是☑否。
2. 繳款書及證明書採☑自領□郵寄。

※本遺產稅申報案件有關之附件影本均與正本相符，如有不符願負法律責任。

　　　　　　　　　　　　　　　申報人請確認並簽章＿＿＿＿㊞＿＿

被繼承人	姓　名	△△△	國民身分證統一編號									

被繼承人死亡時戶籍地址：

△△縣　△△鄉鎮　△△村　△鄰　△△路　　段　　巷　△號之　　樓
　　市　　　市區　　　里　　　　　街　　　　　弄　　　　　　　室

(一)納稅義務人（請看說明第 3 項）

區別	姓　　　　　名	出 生 年 月 日	與被繼承人關係	繼 承 或 拋 棄
	國民身分證統一編號或統一編號	地	址	
遺囑執行人 或遺產管理人				
繼承人及 受遺贈人	△△△	△△△	配偶	繼承
	△△△	△△△	長子	繼承
	以 下 空 白			

合計　　　2　　　人

請將全部繼承人資料填入繼承人及受遺贈人欄，如有拋棄繼承者，請於「繼承或拋棄」欄內註明「拋棄」字樣，並附法院准予備查函影本。

（二）遺產總額（請看說明第 8 項）

財產種類	財　　產　　內　　容									
	縣市　鄉鎮市區　段　小段　地號	土地農地	公共設施保留地	遺贈佔用	設定地上權	375租約	其他	面積（㎡）持　分	（△△）年度每平方公尺公告現值	遺產價額	稽徵機關審核意見
土地	△△△△△△△△							△△　全部	△△	△△△△	
	△△△△△△△△							△△　全部	△△	△△△△	
	△△△△△△△△	✓						△△　全部	△△	△△△△	
	△△△△△△△△							△△　全部	△△	△△△△	
	△△△△△△△△		✓					△△　全部	△△	△△△△	
	△△△△△△△△							△△　全部	△△	△△△△	
	以下空白										
	土　地　小　計									△△△△	

	土　地　地　號	種　類	數　量	直徑/年份	持　　　分	遺產價額	稽徵機關審核意見
地上物	以下空白						
	地　上　物　小　計						

	門　牌　號　碼	稅籍編號	持　　　分	遺產價額	稽徵機關審核意見
建物	△△△△△△△△		全　部	△△△△	
	以下空白				
	建　物　小　計			△△△△	

	金融機構名稱	存款種類	帳　　　號	遺產價額	稽徵機關審核意見
存款	△△商業銀行	△△	△△△△	△△△△	
	△△商業銀行	△△	△△△△	△△△△	
	以下空白				
	存　款　小　計			△△△△	

	名稱類別及所在地	面額	單位時價	數量	遺產價額	稽徵機關審核意見
投資	△△△△△△	△△	△△	△△△△	△△△△	
	以下空白					
	投　資　小　計				△△△△	

	債權標的或所在位置	債務人	權利憑證	遺產價額	稽徵機關審核意見
債權	借貸	△△△	支票影本及借據	△△△△	
	以下空白				
	債　權　小　計			△△△△	

信託利益之權利		委託人	受託人	受益人	信　託　期　間	遺產價額	稽徵機關審核意見
	以下空白						
	信託利益之權利小計						

動產及其他有財產價值的權利	名			稱	單位時價	數	量	遺產價額	稽徵機關審核意見
	以下空白								
	動產及其他有財產價值的權利小計								

死亡前2年內贈與財產	種　類　及　所　在　地	單位時價	數　量	面積（m²）持　分	遺產價額	稽徵機關審核意見
	△△△△△△△△△△	△△△	△△	△△／全部	△△△△	
	以下空白					
	死亡前2年內贈與財產小計				△△△△	

本次申報遺產總額共計（A）	342,603,717 元
前次核定（申報）遺產總額共計（B）	元
遺產總額共計（C）＝（A）＋（B）	342,603,717 元

（三）免稅額	免稅額 12,000,000 元，如為軍、警、公教人員執行任務死亡者為（請看說明第 9 項）	元	稽徵機關審核意見

（四）扣除額（請看說明第 10 項）

扣　　除　　項　　目	扣　除　金　額	扣　除　內　容　說　明	稽徵機關審核意見
1.配偶扣除額	4,930,000	戶籍謄本	
2.直系血親卑親屬扣除額	500,000	戶籍謄本	
3.父母扣除額			
4.身心障礙扣除額			
5.扶養親屬扣除額			
6.繼續經營農業生產扣除土地及其地上農作物價值全數	44,064,000	農業用地作農業使用證明書	
7.死亡前 6 至 9 年繼承之財產已納遺產稅扣除額			
8.死亡前應納未納之稅捐、罰鍰、罰金			
9.死亡前未償債務	5,000,000	銀行貸款餘額證明	
10.喪葬費	1,230,000		
11.執行遺囑及管理遺產之直接必要費用			
12.公共設施保留地扣除額	8,121,600	使用分區證明書	
13.民法第 1030 條之 1 規定剩餘財產差額分配請求權			
14.			
本次申報扣除額共計（D）		63,845,600 元	
前次核定（申報）扣除額共計（E）		元	
扣除額共計（F）＝（D）＋（E）		63,845,600 元	
課稅遺產淨額計		266,758,117 元	

（五）不計入遺產總額財產（請看說明第 11 項）

財產種類	財　　　產　　　內　　　容					面積（㎡）持　分	(△△)年度每平方公尺公告現值	遺 產 價 額	稽徵機關審核意見
	縣市	鄉鎮市區	段	小段	地號				
土地部分	△△△△△△△△△△					△△　全部	△△△△	1,209,600	
	以下空白								
不計入遺產總額之土地小計								1,209,600	

	門　　牌　　號　　碼	稅籍號碼	持分	遺產價額	稽徵機關審核意見
建物部分	以下空白				
	不計入遺產總額之建物小計				

	名稱類別及所在地（有價證券請註明號碼）	面　　積	單位時價	數　　量	遺產價額	稽徵機關審核意見
動產及其他有財產價值的權利	以下空白					
	不計入遺產總額之動產及其他有財產價值的權利小計					

（六）扣抵稅額（請看說明第 12 項）

扣　　　抵　　　項　　　目	已納稅額及應加計之利息		併計遺產後增加之稅額	稽徵機關審核意見
	稅額	利息		
死亡前 2 年內贈與已繳納之贈與稅與土地增值稅	6,446,867	179,088	△△△	
在國外繳納之遺產稅				
本次申報可扣抵稅額計（以併計遺產後增加之稅額為上限）（G）			6,625,955 元	
前次核定（申報）扣抵稅額計（H）			元	
本案扣抵稅額共計（I）＝（G）＋（H）			6,625,955 元	

附件	受託代辦時附委任書	戶籍資料 3 張	財產資料證明文件 2 張	扣除額證明文件 6 張	不計入遺產總額證明文件 1 張	扣抵稅額證明文件 2 張	其他 15 張

納稅義務人或代表人：△△△　　印　　　簽章

通訊地址：△△△△△△△△△△

電　　話：△△△△△△△△△△　　　　電子郵件信箱：△△△△△△△△△△△

茲收到被繼承人　△△△　的繼承人或代表人　△△△　遺產稅申報書乙份，遺產稅申報資料共　29　紙

　　☐財政部臺北國稅局　　　　　　　分局/稽徵所
　　☑財政部北區國稅局　△△　　分局/稽徵所/服務處
　　☐財政部中區國稅局　　　　　　　分局/稽徵所/服務處
　　☐財政部南區國稅局　　　　　　　分局/稽徵所/服務處
　　☐財政部高雄國稅局　　　　　　　分局/稽徵所

收件　　年　　月　　日　　收件人　　　　簽章

	遺產總額	減	免稅額	減	扣除額	等於	課稅遺產淨額
申報人填寫	342,603,717	—	12,000,000	—	63,845,600	=	266,758,117

	課稅遺產淨額	乘	稅率	減	扣抵稅額及利息	等於	本次應納遺產稅額
	266,758,117	×	10%	—	6,625,955	=	20,049,856

	遺產總額	減	免稅額	減	扣除額	等於	課稅遺產淨額
稽徵機關填寫		—		—		=	

	課稅遺產淨額	乘	稅率	減	扣抵稅額及利息	等於	本次應納遺產稅額
		×	10%	—		=	

審核意見	

承辦人	課(股)長	稽(審)核	科長/主任/分局長

繼 承 系 統 表

出生年月日

被繼承人：△△△
△△年△△月△△日出生

△△年△△月△△日死亡

配偶：△△△
△△年△△月△△日出生

結婚日期：
　年　　月　　日

	出生年月日
── 長子　△△△	民國△△年△△月△△日
── 次子	民國　年　月　日
── 三子	民國　年　月　日
── 四子	民國　年　月　日
── 長女	民國　年　月　日
── 次女	民國　年　月　日
── 三女	民國　年　月　日
── 四女	民國　年　月　日

本系統表由申請繼承人依民法第 1138、1139、1140 條規定訂立，如有遺漏或錯誤
致他人受損害者，申請人負賠償及有關法律上之完全責任。

申請繼承人　△△△　　印　　簽章

中華民國 △△ 年 △△ 月 △△ 日

遺產稅案件申報委任書

為被繼承人　△△△　遺產稅事件，特委任受任人處理下列事務：

一、代為辦理遺產稅申報及審查程序之一切相關事宜。

二、代理受領遺產稅繳款書、核定通知書、繳清證明書及其他有關文件。

附帶聲明：

　　受任人領取繳款書後（含郵寄送達簽收），如逾期未繳，本稅、罰鍰及應加徵之滯納金與利息，仍由納稅義務人負責並願受強制執行。

委任關係	基	本	資	料	簽章
納稅義務人（委任人）	姓名	△△△	身分證統一編號 △△△△△△△	電話：	印
	地址	△△△△△△△△△			
	姓名	△△△	身分證統一編號 △△△△△△△	電話：	印
	地址	△△△△△△△△△			
	姓名		身分證統一編號	電話：	
	地址				
	姓名		身分證統一編號	電話：	
	地址				
	姓名		身分證統一編號	電話：	
	地址				
受任人	事務所名稱	名稱	△△地政士事務所	統一編號 △△△△△△△	電話：	簽章
		代理人姓名 請勾選：□會計師☑地政士□律師□記帳士（記帳及報稅代理業務人）□其他	△△△	身分證統一編號 △△△△△△△	電話：	印
		地址				
	個人	姓名		身分證統一編號	電話：	
		地址				
送件人		△△△	☑受任人員工　□快遞　□其他		

中華民國　△△　年　△△　月　△△　日

第十節　財產交易所得稅

為改善現行不動產交易稅制缺失，健全不動產稅制，促使房屋、土地交易正常化，立法院三讀通過房地合一課徵所得稅制度之「所得稅法」部分條文修正案，業於104年6月24日經總統公布，規定自105年1月1日以後出售房屋、房屋及其坐落基地或依法得核發建造執照之土地，其交易所得應依新修正條文之規定，課徵所得稅。另配合「特種貨物及勞務稅條例」修正後停徵不動產之特銷稅，故將103年1月1日之次日以後取得，且持有期間在二年內之房屋、土地交易案件，亦納入課稅範圍（新制，稱為房地合一稅）。至非屬前開新制課稅範圍者，仍適用修正前課稅之規定（舊制，稱為財產交易所得稅）。現行所得稅法針對不動產交易課徵所得稅之規定，分為新制（房地合一稅）及舊制（財產交所得稅）兩種，分述如下：

一、新制（房地合一稅）

㈠條文內容

1.課稅範圍

所得稅法第4條之4規定：

⑴個人及營利事業自中華民國105年1月1日起交易房屋、房屋及其坐落基地或依法得核發建造執照之土地（以下合稱房屋、土地），符合下列情形之一者，其交易所得應依第14條之4至第14條之8及第24條之5規定課徵所得稅：

①交易之房屋、土地係於103年1月1日之次日以後取得，且持有期間在二年以內。

②交易之房屋、土地係於105年1月1日以後取得。

⑵個人於中華民國105年1月1日以後取得以設定地上權方式之房屋使用權，其交易視同前項之房屋交易。

⑶第1項規定之土地，不適用第4條第1項第16款規定；同項所定房屋之範圍，不包括依農業發展條例申請興建之農舍。

2.免納所得稅

所得稅法第4條之5規定：

⑴前條交易之房屋、土地有下列情形之一者，免納所得稅。但符合第1款規定者，其免稅所得額，以按第14條之4第3項規定計算之餘額不超過400萬元為限：

①個人與其配偶及未成年子女符合下列各目規定之自住房屋、土地：

(A)個人或其配偶、未成年子女辦竣戶籍登記、持有並居住於該房屋連續滿六年。

(B)交易前六年內，無出租、供營業或執行業務使用。

(C)個人與其配偶及未成年子女於交易前六年內未曾適用本款規定。

②符合農業發展條例第37條及第38條之1規定得申請不課徵土地增值稅之土地。

③被徵收或被徵收前先行協議價購之土地及其土地改良物。

④尚未被徵收前移轉依都市計畫法指定之公共設施保留地。

(2)前項第2款至第4款規定之土地、土地改良物，不適用第14條之5規定；其有交易損失者，不適用第14條之4第2項損失減除及第24條之5第1項後段自營利事業所得額中減除之規定。

3.財產交易所得之計算

所得稅法第14條之4規定：

(1)第4條之4規定之個人房屋、土地交易所得或損失之計算，其為出價取得者，以交易時之成交價額減除原始取得成本，與因取得、改良及移轉而支付之費用後之餘額為所得額；其為繼承或受贈取得者，以交易時之成交價額減除繼承或受贈時之房屋評定現值及公告土地現值按政府發布之消費者物價指數調整後之價值，與因取得、改良及移轉而支付之費用後之餘額為所得額。但依土地稅法規定繳納之土地增值稅，不得列為成本費用。

(2)個人房屋、土地交易損失，得自交易日以後三年內之房屋、土地交易所得減除之。

(3)個人依前二項規定計算之房屋、土地交易所得，減除當次交易依土地稅法規定計算之土地漲價總數額後之餘額，不併計綜合所得總額，按下列規定稅率計算應納稅額：

①中華民國境內居住之個人：

(A)持有房屋、土地之期間在一年以內者，稅率為45%。

(B)持有房屋、土地之期間超過一年，未逾二年者，稅率為35%。

(C)持有房屋、土地之期間超過二年，未逾十年者，稅率為20%。

(D)持有房屋、土地之期間超過十年者，稅率為15%。

(E)因財政部公告之調職、非自願離職或其他非自願性因素，交易持有期間在二年以下之房屋、土地者，稅率為20%。

(F)個人以自有土地與營利事業合作興建房屋，自土地取得之日起算二年內完成並銷售該房屋、土地者，稅率為20%。

(G)符合第4條之5第1項第1款規定之自住房屋、土地，按本項規定計算之餘額超過400萬元部分，稅率為10%。

②非中華民國境內居住之個人：

(A)持有房屋、土地之期間在一年以內者，稅率為45%。

⒝持有房屋、土地之期間超過一年者，稅率為35%。

⑷第4條之4第1項第1款、第4條之5第1項第1款及前項有關期間之規定，於繼承或受遺贈取得者，得將被繼承人或遺贈人持有期間合併計算。

4.申報時機

所得稅法第14條之5規定，個人有前條之交易所得或損失，不論有無應納稅額，應於房屋、土地完成所有權移轉登記日之次日或第4條之4第2項所定房屋使用權交易日之次日起算三十日內自行填具申報書，檢附契約書影本及其他有關文件，向該管稽徵機關辦理申報；其有應納稅額者，應一併檢附繳納收據。

5.成交價額及成本之核定

所得稅法第14條之6規定，個人未依前條規定申報或申報之成交價額較時價偏低而無正當理由者，稽徵機關得依時價或查得資料，核定其成交價額；個人未提示原始取得成本之證明文件者，稽徵機關得依查得資料核定其成本，無查得資料，得依原始取得時房屋評定現值及公告土地現值按政府發布之消費者物價指數調整後，核定其成本；個人未提示因取得、改良及移轉而支付之費用者，稽徵機關得按成交價額百分之五計算其費用。

6.逾期申報時所得額及應納稅額之核定

所得稅法第14條之7規定：

⑴個人未依第14條之5規定期限辦理申報者，稽徵機關得依前條規定核定所得額及應納稅額，通知其依限繳納。

⑵稽徵機關接到個人依第14條之5規定申報之申報書後之調查核定，準用第80條第1項規定，即稽徵機關接到結算申報書後，應派員調查，核定其所得額及應納稅額。

⑶前項調查結果之核定通知書送達及查對更正，準用第81條規定。

所得稅法第81條規定如下：

①該管稽徵機關應依其查核結果填具核定稅額通知書，連同各計算項目之核定數額送達納稅義務人。

②前項通知書之記載或計算有錯誤時，納稅義務人得於通知書送達後10日內，向該管稽徵機關查對，或請予更正。

③綜合所得稅結算申報案件，經查核結果有下列情形之一者，該管稽徵機關得以公告方式，載明申報業經核定，代替核定稅額通知書之填具及送達：

⒜依申報應退稅款辦理退稅。

⒝無應補或應退稅款。

⒞應補或應退稅款符合免徵或免退規定。

⑷第2項調查核定個人有應退稅款者，準用第100條第2項及第4項規定。

所得稅法第100條第2項及第4項規定，納稅義務人結算申報，經核定有溢

繳稅款者，稽徵機關應填發收入退還書或國庫支票，退還溢繳稅款。應退之稅款，稽徵機關於核定後，應盡速填發收入退還書或國庫支票送達納稅義務人，至遲不得超過十日，收入退還書之退稅期間以收入退還書送達之日起三個月內為有效期間，逾期不退。

(5)個人依第14條之4及前條規定列報減除之各項成本、費用或損失等超過規定之限制，致短繳自繳稅款，準用第100條之2規定。

所得稅法第100條之2規定，綜合所得稅納稅義務人結算申報所列報之免稅及扣除項目或金額，及營利事業所得稅納稅義務人結算申報所列報減除之各項成本、費用或損失、投資抵減稅額，超過本法及附屬法規或其他法律規定之限制，致短繳自繳稅款，經稽徵機關核定補繳者，應自結算申報期限截止之次日起，至繳納補徵稅款之日止，就核定補徵之稅額，依第123條規定之存款利率，按日加計利息，一併徵收。但加計之利息，以一年為限。依前項規定應加計之利息金額不超過1,500元者，免予加計徵收。

7.重購之扣抵或退稅

所得稅法第14條之8規定：

(1)個人出售自住房屋、土地依第14條之5規定繳納之稅額，自完成移轉登記之日或房屋使用權交易之日起算二年內，重購自住房屋、土地者，得於重購自住房屋、土地完成移轉登記或房屋使用權交易之次日起算五年內，申請按重購價額占出售價額之比率，自前開繳納稅額計算退還。

(2)個人於先購買自住房屋、土地後，自完成移轉登記之日或房屋使用權交易之日起算二年內，出售其他自住房屋、土地者，於依第14條之5規定申報時，得按前項規定之比率計算扣抵稅額，在不超過應納稅額之限額內減除之。

(3)前二項重購之自住房屋、土地，於重購後五年內改作其他用途或再行移轉時，應追繳原扣抵或退還稅額。

(二)課稅制度簡表

房地合一課徵所得稅制度簡表（新制）

項目			內容
課稅範圍 （含日出條款）			1.出售房屋、房屋及其坐落基地或依法得核發建造執照之土地。 2.105年1月1日起交易下列房屋、土地者： 　105年1月1日以後取得 　103年1月1日之次日以後取得，且持有期間在2年以內 　（繼承或受遺贈取得者，得將被繼承人或遺贈人持有期間合併計算）
課稅稅基			房地收入－成本－費用－依土地稅法計算之土地漲價總數額
課稅稅率	境內居住者		1.持有1年以內：45%、持有2年以內超過1年：35%、持有10年以內超過2年：20%、持有超過10年：15% 2.因財政部公告之調職、非自願離職或其他非自願性因素，交易持有期間在2年以下之房屋、土地及個人以自有土地與營利事業合作興建房屋，自土地取得之日起算2年內完成並銷售該房屋、土地：20%
	非境內居住者		1.持有1年以內：45% 2.持有超過1年：35%
	境內居住者自住房地	減免	1.個人或其配偶、未成年子女設有戶籍；持有並實際居住連續滿6年且無供營業使用或出租 2.按前開課稅稅基（即課稅所得）計算在400萬元以下免稅；超過400萬元部分，按10%稅率課徵 3.6年內以1次為限
		重購退稅	1.換大屋：全額退稅（與現制同） 2.換小屋：比例退稅 3.重購後5年內不得改作其他用途或再行移轉
	繼承或受遺贈取得者，得將被繼承人或遺贈人持有期間合併計算		
課稅方式			分離課稅，所有權完成移轉登記之次日起算30天內申報納稅
稅收用途			課稅收入循預算程序用於住宅政策及長期照顧服務支出

註：摘錄自財政部賦稅署（http://www.dot.gov.tw）。

二、舊制（財產交易所得稅）

(一)免納所得稅

所得稅法第4條第16款及第17款規定：

1.個人及營利事業出售土地，免納所得稅。

2.因繼承、遺贈或贈與而取得之財產，免納所得稅。但取自營利事業贈與之財產，不在此限。

(二)應納所得稅

1.所得來源：所得稅法第8條第7款規定，在中華民國境內財產交易之增益。

2.財產交易所得的定義：所謂財產交易所得，依所得稅法第9條規定，係指納稅義務人並非為經常買進、賣出之營利活動而持有之各種財產，因買賣或交換而發生之增益。

(三)財產交易所得的認定

依所得稅法第14條第1項第7類規定，財產交易所得的認定標準如次：

1.出價取得者：原為出價取得者，以交易時之成交價額，減除原始取得之成本及因取得、改良及移轉該項資產而支付之一切費用後之餘額為所得額。

2.無償取得者：原為繼承或贈與而取得者，以交易時之成交價額，減除繼承時或受贈時該項財產或權利之時價及因取得、改良及移轉該項財產或權利而支付之一切費用後之餘額。

在101年8月1日實價登錄制度施行前之房地產市價較難掌握，且當事人之交易憑證常有未保存者，致難以按前述所得稅法規定申報交易所得稅，是故財政部乃訂定出售房屋所得標準，並視各年度之實際不同情形而酌予調整。

(四)重購之扣抵或退稅

所得稅法第17條之2規定：

1.納稅義務人出售自用住宅之房屋所繳納該財產交易所得部分之綜合所得稅額，自完成移轉登記之日起二年內，如重購自用住宅之房屋，其價額超過原出售價額者，得於重購自用住宅之房屋完成移轉登記之年度自其應納綜合所得稅額中扣抵或退還。但原財產交易所得已依本法規定自財產交易損失中扣抵部分不在此限。

2.前項規定於先購後售者亦適用之。

三、新舊制度之適用

財政部為使民眾清楚瞭解出售房地究應按新制或舊制課徵財產交易所得稅，特以下圖加以說明，本書爰以引用提供讀者參考。

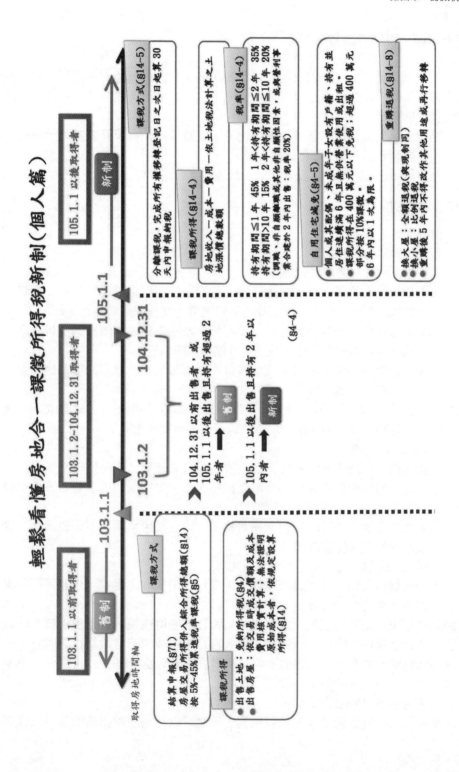

輕鬆看懂房地合一課徵所得稅新制（個人篇）

第十一節　稅務行政救濟

稅賦稽徵實務上，納稅義務人需行政救濟，均為對稅額有異議者。其異議之原因，不外乎稅額計算錯誤、減免或優惠稅率之適用疑義，核課期間或追繳時效之認定等等。

納稅義務人於領取各種稅單後，均得予以驗算，如發現計算錯誤，得請求承辦人員查對更正，無需進行行政救濟。

茲將稅捐之核課期間、徵收期間及行政救濟分述於後。

一、核課期間

(一)核課期間之規定

稅捐稽徵法第21條規定：

1. 稅捐之核課期間依左列規定：
   (1)依法應由納稅義務人申報繳納之稅捐，已在規定期間內申報，且無故意以詐欺或其他不正當方法逃漏稅捐者，其核課期間為五年。
   (2)依法應由納稅義務人實貼之印花稅，及應由稅捐稽徵機關依稅籍底冊或查得資料核定課徵之稅捐，其核課期間為五年。
   (3)未於規定期間內申報，或故意以詐欺或其他不正當方法逃漏稅捐者，其核課期間為七年。
2. 在前項核課期間內，經另發現應徵之稅捐者，仍應依法補徵或並予處罰，在核課期間內未經發現者，以後不得再補稅處罰。

(二)核課期間之起算

稅捐稽徵法第22條規定，前條第1項核課期間之起算，依左列規定：

1. 依法應由納稅義務人申報繳納之稅捐，已在規定期間內申報者，自申報日起算。
2. 依法應由納稅義務人申報繳納之稅捐，未在規定期間內申報繳納者，自規定申報期間屆滿之翌日起算。
3. 印花稅自依法應貼用印花稅票日起算。
4. 由稅捐稽徵機關按稅籍底冊或查得資料核定徵收之稅捐，自該稅捐所屬徵期屆滿之翌日起算。

◎關於貴部報院函為遺產稅、贈與稅、契稅及土地增值稅，逾越稅捐稽徵法第21條規定之稅捐核課期間，納稅義務人自行申報或申請發給納稅證明時，究應如何處理一案奉示：「參酌本院有關單位研議結論辦理」（74.5.16行政院秘書長財字第8816號函財政部）

本院有關單位研議結論：

一、稅捐稽徵機關依稅法規定核課稅捐，乃屬行政行為，稅捐稽徵法第21條第

1項所定之稅捐核課期間，乃行政應納稅額之行為期間，並非時效。因此，逾越核課期間，依同條第2項規定，即不得再補稅處罰。

二、土地增值稅，依土地稅法第49條規定，土地所有權移轉或設定典權時，權利人及義務人應於訂定契約之日起三十日內，向主管地政機關申請土地所有權變更或設定典權登記，權利人及義務人不於土地權利變更後一個月內申請土地權利變更登記，土地法第73條第2項雖定有處罰，然此乃就不於期限內申請土地權利變更登記而設之規定，並非對土地增值稅之申報期限及處罰之規定。又土地增值稅之稽徵程序，依土地稅法第49條規定，於申請所有權變更或設定典權登記時，主管地政機關於收到申請書後，註明該土地之公告現值及審核結果，移送主管稽徵機關，主管稽徵機關於收件之日起十日內核定應納之土地增值稅額，並填發稅單送達納稅義務人。是其核課須以土地移轉或設定典權之登記為準。徵諸平均地權條例第36條第1項：「土地增值稅之徵收……於土地所有權移轉或設定典權時行之。」其理益明。從而，主管稽徵機關並無調查有無土地所有權移轉或設定典權之約定而逕行課徵增值稅之職權，故增值稅之核課期間，通常應自主管地政機關移送主管稽徵機關收件之日起算。若未申請移轉或設定典權登記，縱有移轉或設定典權之契約，尚不發生核課期間問題。

三、遺產稅及贈與稅既經遺產及贈與稅法第23條、第24條定有應申報之明文，而契稅亦於契稅條例第2條列有應申報之規定，則遺產稅、贈與稅與契稅為稅捐稽徵法第21條第1項第1款所定「申報繳納之稅捐」，其核課期間之起算，自應適用同法第22條第1款及第2款規定。如已逾核課期間，依同法第21條第2項規定，便不得再補稅處罰。

二、徵收期間

稅捐稽徵法第23條規定：

㈠稅捐之徵收期間為五年，自繳納期間屆滿之翌日起算；應徵之稅捐未於徵收期間徵起者，不得再行徵收。但於徵收期間屆滿前，已移送執行，或已依強制執行法規定聲明參與分配，或已依破產法規定申報債權尚未結案者，不在此限。

㈡應徵之稅捐，有第10條、第25條、第26條或第27條規定情事者，前項徵收期間，自各該變更繳納期間屆滿之翌日起算。

㈢依第39條暫緩移送執行或其他法律規定停止稅捐之執行者，第1項徵收期間之計算，應扣除暫緩執行或停止執行之期間。

㈣稅捐之徵收，於徵收期間屆滿前已移送執行者，自徵收期間屆滿之翌日起，五年內未經執行者，不再執行，其於五年期間屆滿前已開始執行，仍得繼續執行；但自五年期間屆滿之日起已逾五年尚未執行終結者，不得再執行。

　　㈤本法中華民國96年3月5日修正前已移送執行尚未終結之案件，自修正之日起逾五年尚未執行終結者，不再執行。但有下列情形之一，自96年3月5日起逾十年尚未執行終結者，不再執行：

　　1.截至101年3月4日，納稅義務人欠繳稅捐金額達新臺幣50萬元以上者。

　　2.101年3月4日前經法務部行政執行署所屬行政執行處，依行政執行法第17條規定聲請法院裁定拘提或管收義務人確定者。

　　3.101年3月4日前經法務部行政執行署所屬行政執行處，依行政執行法第17條之1第1項規定對義務人核發禁止命令者。

三、行政救濟

㈠復查及訴願

稅捐稽徵法第35條規定：

　　1.納稅義務人對於核定稅捐之處分如有不服，應依規定格式，敘明理由，連同證明文件，依下列規定，申請復查：

　　　⑴依核定稅額通知書所載有應納稅額或應徵補稅額者，應於繳款書送達後，於繳納期間屆滿翌日起算三十日內，申請復查。

　　　⑵依核定稅額通知書所載無應納稅額或應徵補稅額者，應於核定稅額通知書送達之翌日起三十日內，申請復查。

　　2.納稅義務人或其代理人，因天災事變或其他不可抗力之事由，遲誤申請復查期間者，於其原因消滅後一個月內，得提出具體證明，申請回復原狀。但遲誤申請復查期間已逾一年者，不得申請。

　　3.前項回復原狀之申請，應同時補行申請復查期間內應為之行為。

　　4.稅捐稽徵機關對有關復查之申請，應於接到申請書之翌日起二個月內復查決定，並作成決定書，通知納稅義務人；納稅義務人為全體公同共有人者，稅捐稽徵機關應於公同共有人最後得申請復查之期間屆滿之翌日起二個月內，就分別申請之數宗復查合併決定。

　　5.前項期間屆滿後，稅捐稽徵機關仍未作成決定者，納稅義務人得逕行提起訴願。

㈡稅捐確定

稅捐稽徵法第34條第3項規定，本法所稱確定，係指左列各種情形：

　　1.經稅捐稽徵機關核定之案件，納稅義務人未依法申請復查者。

　　2.經復查決定，納稅義務人未依法提起訴願者。

　　3.經訴願決定，納稅義務人未依法提起再訴願者。

　　4.經再訴願決定，納稅義務人未依法提起行政訴訟者。

　　5.經行政訴訟判決者。

㈢確定後之退補稅

稅捐稽徵法第38條規定：

1. 納稅義務人對稅捐稽徵機關之復查決定如有不服，得依法提起訴願及行政訴訟。

2. 經依復查、訴願或行政訴訟等程序終結決定或判決，應退還稅款者，稅捐稽徵機關應於復查決定，或接到訴願決定書，或行政法院判決書正本後十日內退回；並自納稅義務人繳納該項稅款之日起，至填發收入退還書或國庫支票之日止，按退稅額，依各年度1月1日郵政儲金一年期定期儲金固定利率，按日加計利息，一併退還。

3. 經依復查、訴願或行政訴訟程序終結決定或判決，應補繳稅款者，稅捐稽徵機關應於復查決定，或接到訴願決定書，或行政法院判決書正本後十日內，填發補繳稅款繳納通知書，通知納稅義務人繳納；並自該項補繳稅款原應繳納期間屆滿之次日起，至填發補繳稅款繳納通知書之日止，按補繳稅額，依各年度1月1日郵政儲金一年期定期儲金固定利率，按日加計利息，一併徵收。

4. 本條中華民國100年1月10日修正施行前，經復查、訴願或行政訴訟程序終結，稅捐稽徵機關尚未送達收入退還書、國庫支票或補繳稅款繳納通知書之案件，或已送達惟其行政救濟利息尚未確定之案件，適用修正後之規定。但修正前之規定有利於納稅義務人者，適用修正前之規定。

四、處罰之免除及處分機關（稅捐稽徵法相關規定）

㈠處罰之免除

1. 納稅義務人自動向稅捐稽徵機關補報並補繳所漏稅款者，凡屬未經檢舉未經稽徵機關或財政部指定之調查人員進行調查之案件，下列之處罰一律免除；其涉及刑事責任者，並得免除其刑。（稽徵第48條之1第1項）
   ⑴本法第41條至45條之處罰。
   ⑵各稅法所定關於逃漏稅之處罰。

2. 營利事業應保存憑證而未保存，如已給與或取得憑證且帳簿記載明確，不涉及逃漏稅捐，於稅捐稽徵機關裁處或行政救濟程序終結前，提出原始憑證或取得與原應保存憑證相當之證明者，免依第44條規定處罰；其涉及刑事責任者，並得免除其刑。（稽徵第48條之1第2項）

3. 第1項補繳之稅款，應自該項稅捐原繳納期限截止之次日起，至補繳之日止，就補繳之應納稅捐，依原應繳納稅款期間屆滿之日郵政儲金匯業局之一年期定期存款利率按日加計利息，一併徵收。（稽徵第48條之1第3項）

(二)處罰之減免

依本法或稅法規定應處罰鍰之行為，其情節輕微，或漏稅在一定金額以下者，得減輕或免予處罰。前項情節輕微、金額及減免標準，由財政部擬訂，報請行政院核定後發布之。（稽徵第48條之2）

(三)行政處分及救濟

依本法或稅法規定應處罰鍰者，由主管稽徵機關處分之，不適用稅法處罰程序之有關規定，受處分人如有不服，應依行政救濟程序辦理。但在行政救濟程序終結前，免依本法第39條規定予以強制執行。（稽徵第50條之2）

1.稅務違章案件減免處罰標準：（105.1.15財政部修正發布）

(1)本標準依稅捐稽徵法（以下簡稱本法）第48條之2第2項規定訂定之。（稅務違章案件減免處罰標準第1條）

(2)依遺產及贈與稅法第44條規定應處罰鍰案件，有左列情事之一者，免予處罰：（稅務違章案件減免處罰標準第13條）

①有遺產未依限辦理遺產稅申報，經核定無應納稅額。

②有遺產未依限辦理遺產稅申報，經核定應納稅額在新臺幣35,000元以下。

③未依限辦理贈與稅申報，經核定應納稅額在新臺幣4,000元以下。

④未申報財產屬應併入遺產總額課徵遺產稅之被繼承人死亡前贈與之財產，該財產於贈與稅申報期限內已申報或被繼承人死亡前已申報或核課贈與稅。

⑤未申報財產屬應併入遺產總額課徵遺產稅之被繼承人死亡前以贈與論之贈與財產，繼承人已依稽徵機關通知期限補報贈與稅或提出說明。

⑥逾期自動補報而有短報、漏報財產，其短、漏報情事符合第14條各款規定之一。

⑦未申報財產屬應併入遺產總額課徵遺產稅之配偶相互贈與財產，於被繼承人死亡前，已向稽徵機關申請或經核發不計入贈與總額證明書。

⑧未申報財產屬被繼承人配偶於中華民國74年6月4日以前取得且應併入遺產總額課徵遺產稅之財產。

⑨未申報財產屬被繼承人或贈與人於中華民國89年1月27日以前，因土地法第30條之限制，而以能自耕之他人名義登記之農地，於中華民國89年1月28日以後，該項請求他人移轉登記之權利為遺產標的或贈與民法第1138條規定之繼承人，且繼承或贈與時該農地仍作農業使用。

(3)依遺產及贈與稅法第45條規定應處罰鍰案件，有下列情事之一者，免

予處罰：（稅務違章案件減免處罰標準第14條）

①短漏報遺產稅額在新臺幣35,000元以下或短漏報遺產淨額在新臺幣60萬元以下。

②短漏報贈與稅額在新臺幣4,000元以下或短漏報贈與財產淨額在新臺幣10萬元以下。

③短漏報財產同一年內以前各次所贈與應合併申報贈與稅之財產，該財產業已申報或核課贈與稅。

④短漏報財產屬應併入遺產總額課徵遺產稅之被繼承人死亡前贈與之財產，該財產於贈與稅申報期限內已申報或被繼承人死亡前已申報或核課贈與稅。

⑤短漏報財產屬應併入遺產總額課徵遺產稅之被繼承人死亡前以贈與論之贈與財產，繼承人已依稽徵機關通知期限補報贈與稅或提出說明。

⑥短漏報財產屬應併入遺產總額課徵遺產稅之配偶相互贈與財產，於被繼承人死亡前，已向稽徵機關申請或經核發不計入贈與總額證明書。

⑦短漏報財產屬被繼承人配偶於中華民國74年6月4日以前取得且應併入遺產總額課徵遺產稅之財產。

⑧短漏報財產屬被繼承人或贈與人於中華民國89年1月27日以前，因土地法第30條之限制，而以能自耕之他人名義登記之農地，於中華民國89年1月28日以後，該項請求他人移轉登記之權利為遺產標的或贈與民法第1138條規定之繼承人，且繼承或贈與時該農地仍作農業使用。

⑷依土地稅法第54條第1項第1款規定應處罰鍰案件，其短匿稅額每案每年在新臺幣25,000元以下者，免予處罰。（稅務違章案件減免處罰標準第18條）

依土地稅法第54條第2項規定應處罰鍰案件，其移轉現值在新臺幣100萬元以下者，或辦竣權利移轉登記前經依規定撤回或註銷移轉現值申報者，免予處罰。

2.房屋稅

依房屋稅條例第16條規定應處罰鍰案件，經調查核定所漏稅額在新臺幣10,000元以下者，或房屋領有使用執照或其使用情形變更已向主管稽徵機關辦理稅籍相關登記，經調查核定所漏稅額在新臺幣50,000元以下者，免予處罰。

前項所定漏稅額，以每一納稅義務人單一層或單一戶每年所核算稅額為準。（稅務違章案件減免處罰標準第19條）

3.契稅

依契稅條例第26條規定應處罰鍰案件，其短匿稅額符合下列規定之一者，減輕或免予處罰：（稅務違章案件減免處罰標準第20條）

　　(1)短匿稅額每件在新臺幣6,000元以下者，免予處罰。

　　(2)短匿稅額每件逾新臺幣6,000元至新臺幣12,000元者，按短匿稅額處0.5倍之罰鍰。

4.納稅義務人、扣繳義務人、代徵人、代繳人有下列情事之一者，不適用本標準減輕或免予處罰（稅務違章案件減免處罰標準第24條）

　　(1)一年內有相同違章事實三次以上者。

　　(2)故意違反稅法規定者。

　　(3)以詐術或其他不正當方法逃漏稅捐者。

第 5 章　認識登記

第一節　土地登記之基本認識

一、土地登記之定義

所謂「土地登記」，依土地法第37條及土地登記規則第2條的規定，係指土地及建築改良物之所有權及他項權利之登記。

如予以分解而言，「土地登記」係指土地所有權登記、土地他項權利登記、建築改良物所有權登記及建築改良物他項權利登記等四種。準此可知，所謂「土地登記」，亦即「房地產登記」。

一般人的說法，尚有所謂「產權登記」，其實「產權登記」，即是土地與建築改良物之權利登記，亦即「土地登記」，也是「房地產登記」，三者的意義是相同的。

二、土地登記之權利

由前述土地登記的定義，可知土地登記的權利，除所有權外，尚有他項權利。

依土地法第11條規定，土地所有權以外設定他項權利之種類，依民法之規定。民法物權編對於不動產之權利規定，計有所有權、抵押權、農育權、地上權、永佃權、不動產役權、典權。此外，民法第757條規定，物權除依法律或習慣外，不得創設。準此，除習慣物權外，另依土地法第133條規定，尚有耕作權。因此，土地登記規則第4條第1項規定，下列土地權利之取得、設定、移轉、喪失或變更，應依本規則辦理登記：

㈠所有權。

㈡地上權。

㈢中華民國99年2月3日前發生之永佃權。

㈣不動產役權。

㈤典權。

㈥抵押權。

㈦耕作權。

㈧農育權。

㈨依習慣形成之物權。

土地權利名稱與前項第1款至第8款名稱不符，而其性質與其中之一種相同或相類者，經中央地政機關審定為前項第1款至第8款中之某種權利，得以該權利辦理登記，並添註其原有名稱。

前述各種權利的意義，將於第二編各有關章節分述，於此不贅言。

三、土地登記之種類

如前所述，房地產登記可大而化之地分成四種，惟根據登記原因之不同，房地產之不同以及權利義務主體──人之不同，可細分更多種類之登記，茲分述如次：

㈠土地所有權登記

1.依土地之不同而分

有農地所有權登記、工業用地所有權登記、一般土地所有權登記……等等。

2.依登記性質之不同而分

有土地總登記、土地所有權移轉登記、土地所有權消滅登記。

3.依登記原因之不同而分

有土地買賣、繼承、交換、贈與、拍賣、標售、共有物分割等移轉登記，有土地流失、坍沒、侵蝕等消滅登記。

4.依權利主體──人之不同而分

有本國人及外國人之土地所有權登記，有自然人及法人之土地所有權登記，有無行為能力人、限制行為能力人及有行為能力人之土地所有權登記。

㈡土地他項權利登記

1.依土地之不同而分

有農地他項權利登記，有農地以外之一般土地他項權利登記。

2.依登記性質之不同而分

有土地他項權利設定登記、移轉登記、權利內容變更登記及塗銷登記。

3.依登記原因之不同而分

有買賣、贈與及繼承、交換等移轉登記，有標的物增減、期限伸縮、利息有無……權利內容變更登記，有拋棄、清償……全部或部分之塗銷登記。

4.依權利種類之不同而分

有抵押權登記、地上權登記、典權登記、農育權登記、不動產役權登記及耕作權登記。

(三)**其他登記**

1.標示變更登記

如土地或建物經過合併、分割、地目變更、門牌號及基地號變更等等，均需辦理標示變更登記。

2.權利書狀補發或換發登記

如所有權狀或他項權利證明書有滅失時，應辦理補發登記，有破損時，應辦理換發登記。

3.姓名住所或管理人變更登記

如所有權人或他項權利人之姓名、住所等變更或其管理人有改選、補選及增選時，均應辦理變更登記。

4.更正登記

如登記錯誤或遺漏，均應申請更正登記。

5.限制登記

所謂限制登記，係限制登記名義人——即已經辦妥登記之所有權人或他項權利人——處分其土地權利所為之登記。此種限制登記，有預告登記、查封、假扣押、假處分或破產登記，及其他依法律所為禁止處分之登記。

四、主登記、附記登記及其次序（土登第8條）

主登記，指土地權利於登記簿上獨立存在之登記；附記登記，指附屬於主登記之登記。

主登記之次序，應依登記之先後。附記登記之次序，應依主登記之次序。但附記登記各依其先後。

五、他項權利之次序（土登第9條）

同一土地為他項權利登記時，其權利次序，除法律另有規定外，應依登記之先後。但於土地總登記期限內申請登記者，依其原設定之先後。

六、登記之前提

(一)土地上已有建物者，應於土地所有權完成總登記後，始得為建物所有權登記。（土登第10條）

(二)未經登記所有權之土地，除法律或本規則另有規定外，不得為他項權利登記或限制登記。（土登第11條）

七、與確定判決有同一效力之登記原因證明文件

(一)例　如

1.法院之調解、和解筆錄。（民訴第380、416條）

2.依仲裁法所為之仲裁判斷、調解或和解書。（仲裁第21、44、45條）

3.依鄉鎮市調解條例所為之調解，經法院核定之調解書。（鄉鎮調解第27條）

(二)準　用

登記原因證明文件為依法與法院確定判決有同一效力者，於第27條第4款、第30條第1款、第35條第3款、第100條、第119條第5項、第141條第1項第2款及第2項之規定準用之。（土登第12條）

八、登記錯誤或遺漏之定義

土地法第68條第1項及第69條所稱登記錯誤，係指登記事項與登記原因證明文件所載之內容不符者；所稱遺漏，係指應登記事項而漏未登記者。（土登第13條）

九、土地登記的特性

我國之房地產登記，因登記完畢後，具有絕對之效力，因此在登記之前，除予以形式審查外，並進行實質審查。

所謂「形式審查」，即是對於各種登記之申請案件，審查其申請之方式及書表證件是否齊全完備。至於「實質審查」，除作形式審查外，對於各種權利異動之實際性，意思能力之有無，意思表示之真偽行為能力及權力能力之有無等等，均予以詳加審查。

我國之房地產登記，除具有實質審查之特性外，尚具有下列諸特性：

(一)強制性

依土地法第38條第2項規定，土地總登記，係指於一定期間內就市縣土地之全部予以辦理登記。若於該一定期間內無人申請登記，或雖有人申請登記而逾期未補繳證明文件者，其土地視為無主土地，依土地法第57條之規定，由縣市地政機關予以公告三十天，公告期滿無人提出異議，即登記為國有土地。準此，可知私有土地登記具有強制性，惟現行有關法律或法令，對於房屋之第一次登記，並無強制登記之規定——即房屋所有權人未申請房屋第一次登記時，並不將該房屋視為無主房屋，而登記為國有房屋。

此外，已登記之房地產權利，如有得喪變更時，依土地法第73條第2項規定，應於變更後一個月內申請變更登記，若係繼承登記，得自繼承開始——即死亡時——之日起，六個月內為之。否則每逾一個月，得處應納登記費額一倍之罰鍰，但最高不得超過二十倍。似此，對於申請登記之期間，予以設限，亦為我國房地產登記具有強制性之另一明證。

(二)絕對性

房地產之權利，因取得、設定、喪失及變更者，依民法之規定，非經登記

不生效力。（第758條第1項）如因繼承、強制執行、徵收、法院之判決或其他非因法律行為，於登記前已取得房地產權利者，非經登記，不得處分其權利。（第759條）準此，可知房地產之權利得喪，絕對要申請登記。如依法申請登記，於登記完畢後，依土地法第43條規定，具有絕對效力。

(三)緩和性——登記完畢後之補救（救濟）方法

1.判決塗銷

因房地產登記具有強制性及絕對性，其目的在於保障財產安全，並安定社會秩序，故以強制性及絕對性之登記，使其具有公示力及公信力。惟如登記之原因，係屬無效或得撤銷者，則任令其登記完畢後，仍具有絕對之效力，則有失立法旨意，故得循司法程序判決塗銷而回復原狀，此即為房地產登記之緩和性。（土登第7條）

2.更正登記

登記完畢後，如發現登記錯誤或遺漏時，依土地法第69條規定應申請更正登記。此種更正登記，亦為房地產登記具有緩和性之另一明證。

3.損害賠償

雖然房地產登記具有緩和性，以作為登記發生錯誤、遺漏或虛偽不實時之救濟，惟因登記具有強制性及絕對性，一旦發生錯誤、遺漏或虛偽不實，時常導致權益受損。依土地法第68條規定，除該地政機關證明其原因歸責於受害人外，則應由地政機關負賠償責任。如地政機關拒絕賠償，受損害人得向司法機關起訴。

4.查明核准塗銷（土登第144條）

(1)依本規則登記之土地權利，有下列情形之一者，於第三人取得該土地權利之新登記前，登記機關得於報經直轄市或縣（市）地政機關查明核准後塗銷之：

①登記證明文件經該主管機關認定係屬偽造。

②純屬登記機關之疏失而錯誤之登記。

(2)前項事實於塗銷登記前，應於土地登記簿其他登記事項欄註記。

十、土地登記之效力

(一)非經登記不生效力

民法第758條第1項規定，不動產物權，依法律行為而取得、設定、喪失及變更者，非經登記不生效力，由此可知不動產物權以登記為準，如買賣房地產，僅係簽約而未辦理買賣移轉登記，該買賣契約固然發生法律上的效力，惟買方僅取得物權移轉之請求權而已，並非簽訂買賣契約，即取得所有權，買方如欲取得所有權，就必須完成所有權登記。如依法完成登記，土地法第43條規定，有絕對效力。

㈡登記之效力

民法第759條之1規定，不動產物權經登記者，推定登記權利人適法有此權利。

因信賴不動產登記之善意第三人，已依法律行為為物權變動之登記者，其變動之效力，不因原登記物權之不實而受影響。

㈢登記完畢之定義

所謂「登記完畢」，依土地登記規則第6條規定，並非僅僅登記在登記簿上或發給所有權狀即是，土地權利必須經登記機關登記於登記簿，並校對完竣，加蓋登簿及校對人員名章後，才叫「登記完畢」。此外，土地登記以電腦處理者，經依系統規範登錄、校對並異動地籍主檔完竣後，為登記完畢。

㈣登記完畢不得輕易塗銷

經過登記完畢之土地權利，除土地登記規則另有規定外，依土地登記規則第7條規定，非經法院判決塗銷確定者，登記機關不得為塗銷登記。

第二節　登記書表簿冊圖狀

一、應備種類

登記機關應備下列登記書表簿冊圖狀：
㈠登記申請書。
㈡登記清冊。
㈢契約書。
㈣收件簿。
㈤土地登記簿及建物登記簿。
㈥土地所有權狀及建物所有權狀。
㈦他項權利證明書。
㈧地籍圖。
㈨地籍總歸戶冊（卡）。
㈩其他必要之書表簿冊。

二、收件簿之設置（土登第15條）

收件簿按登記機關、鄉（鎮、市、區）、地段或案件性質設置，依收件之先後次序編號記載之。其封面記明該簿總頁數及起用年月，鈐蓋登記機關印，每頁依次編號，裝訂成冊。

三、登記簿之設置

㈠區分部別（土登第16條）

登記簿用紙除第81條第2項規定外（即區分所有建物之登記簿僅建立標示部及附表），應分標示部、所有權部及他項權利部，依次排列分別註明頁次，並於標示部用紙記明各部用紙之頁數。

㈡記載方式（土登第17條）

登記簿就登記機關轄區情形按鄉（鎮、市、區）或地段登記之，並應於簿面標明某鄉（鎮、市、區）某地段土地或建物登記簿冊次及起止地號或建號，裡面各頁蓋土地登記之章。

㈢活頁裝訂（土登第18條）

登記簿應按地號或建號順序，採用活頁裝訂之，並於頁首附索引表。

㈣土地登記採人工作業者，其登記簿係依前述之規定；惟目前土地登記係採電腦處理，故已無「簿」可言，除前述之區分部別及記載方式外，並無活頁裝訂。

四、文件之保存年限（土登第19條）

收件簿、登記申請書及其附件，除土地所有權第一次登記案件應永久保存外，應自登記完畢之日起保存十五年。

前項文件之保存及銷毀，由登記機關依檔案法相關規定辦理。

五、圖簿之保存及攜出（土登第20條）

登記簿及地籍圖由登記機關永久保存之。除法律或中央地政機關另有規定或為避免遭受損害外，不得攜出登記機關。

六、登記簿滅失之補造

㈠登記簿滅失時，登記機關應即依土地法施行法第17條之1規定辦理。（土登第21條）

㈡土地法施行法第17條之1：

1. 登記總簿滅失時，登記機關應依有關資料補造之，並應保持原有之次序。
2. 依前項規定補造登記總簿，應公告、公開提供閱覽三十日，並通知登記名義人，及將補造經過情形層報中央地政機關備查。

七、登記簿損壞之重造（土登第22條）

一宗土地之登記簿用紙部分損壞時，登記機關應依原有記載全部予以重造。登記簿用紙全部損壞、滅失或其樣式變更時，登記機關應依原有記載有效部分予以重造。

八、登記申請書及其附件之閱覽及複印（土登第24條）

申請閱覽、抄寫、複印或攝影登記申請書及其附件者，以下列之一者為限：

㈠原申請案之申請人、代理人。

㈡登記名義人。

㈢與原申請案有利害關係之人，並提出證明文件者。

九、申請資料之分類（土登第24條之1）

申請提供土地登記及地價資料，其資料分類及內容如下：

㈠第一類：顯示登記名義人全部登記資料。

㈡第二類：隱匿登記名義人之出生日期、部分姓名、部分統一編號、債務人及債務額比例、設定義務人及其他依法令規定需隱匿之資料。但限制登記、非自然人之姓名及統一編號，不在此限。

㈢第三類：隱匿登記名義人之統一編號、出生日期之資料。

前項第2款資料，得依登記名義人之請求，隱匿部分住址資料。但為權利人之管理人及非自然人，不適用之。

登記名義人或其他依法令得申請者，得申請第1項第1款資料；任何人得申請第1項第2款資料；登記名義人、具有法律上通知義務或權利義務得喪變更關係之利害關係人得申請第1項第3款資料。

土地登記及地價資料之申請提供，委託代理人為之者，準用第37條第1項規定。

十、權利書狀之蓋印及發給（土登第25條）

土地或建物所有權狀及他項權利證明書，應蓋登記機關印信及其首長職銜簽字章，發給權利人。

第三節　土地登記之申請

土地登記的辦理，有申請登記者，有逕為登記者，有囑託登記者，有代位申請登記者，且有通信申請者，事實上，逕為登記及囑託登記，應不屬於申請

登記，惟各該方式，土地登記規則均列入第三章第一節「登記之申請」中。茲扼要分述如後：

一、雙方申請

土地登記，除土地登記規則另有規定外，應由權利人及義務人會同申請。（土登第26條）如買賣移轉登記，應由買方——權利人及賣方——義務人雙方會同申請。

二、單獨申請

下列登記，由權利人或登記名義人單獨申請之：（土登第27條）

1. 土地總登記：因不關乎移轉登記，係由所有權人提出申請。
2. 建物所有權第一次登記：亦因非移轉登記，故由所有權人提出登記。
3. 因繼承取得土地權利之登記：因被繼承人已經死亡，不能為申請人，故由繼承人單獨申請。繼承人有數人而因故不能全部會同申請時，得由其中一人或數人為全體繼承人之利益，就被繼承人之土地，申請為公同共有之登記。其經繼承人全體同意者，得申請為分別共有之登記。（土登第120條）
4. 因法院、行政執行分署或公正第三人拍定、法院判決確定之登記：因已經具有公信力，故得由權利人單獨申請。
5. 標示變更登記：土地或建物合併、分割、地目變更、門牌號變更、基地號變更等，涉及土地建物之標示變更由登記名義人單獨申請之。
6. 更名或住址變更登記。
7. 消滅登記。
8. 預告登記或塗銷登記。
9. 法定地上權登記。
10. 依土地法第12條第2項規定回復所有權之登記：土地法第12條第2項規定，私有土地因天然變遷成為湖澤或可通運之水道，於回復原狀時，經原所有權人證明為其原有者，仍回復其所有權。
11. 依土地法第17條第2項、第3項、第20條第3項、第73條之1、地籍清理條例第11條、第37條或祭祀公業條例第51條規定標售或讓售取得土地之登記。
12. 依土地法第69條規定更正之登記：土地法第69條規定，登記人員或利害關係人，於登記完畢後，發現登記錯誤或遺漏時，非以書面申請該管上級機關查明核准後，不得更正。
13. 依土地法133條規定取得耕作權或所有權之登記：土地法第133條規定，承墾人承墾公有荒地，自墾竣之日起，無償取得所墾地之耕作權，應即

依法向該管直轄市或縣（市）地政機關申請為耕作權之登記。但繼續耕作滿十年者，無償取得土地所有權。

14.依民法第513條第3項規定抵押權之登記。

15.依民法第769條、第770條或第772條規定因時效完成之登記：民法第769條規定，以所有之意思，二十年間和平公然繼續占有他人未登記之不動產者，得請求登記為所有人。民法第770條規定，以所有之意思，十年間和平公然繼續占有他人未登記之不動產者，而其占有之始為善意並無過失者，得請求登記為所有人。民法第772條規定，所有權以外財產權因依民法第769條及第770條規定時效而取得。

16.依民法第824條之1第4項規定抵押權之登記。

17.依民法第859條之4規定就自己不動產設定不動產役權之登記。

18.依民法第870條之1規定抵押權人拋棄其抵押權次序之登記。

19.依民法第906條之1第2項規定抵押權之登記。

20.依民法第913條第2項、第923條第2項或第924條但書規定典權人取得典物所有權之登記。

21.依民法第1185條規定應屬國庫之登記：民法第1185條規定，法院依公示催告程序公告繼承人於一定期限內承認繼承，期限屆滿無繼承人承認繼承時，其遺產於清償債權，並交付遺贈物後，如有賸餘，歸屬國庫。

22.依直轄市縣（市）不動產糾紛調處委員會設置及調處辦法作成調處結果之登記。

23.法人合併之登記。

24.其他依法律得單獨申請登記者。

三、代位申請

下列各款登記，得代位申請之：（土登第30條）

㈠登記原因證明文件為法院確定判決書，其主文載明應由義務人先行辦理登記，而怠於辦理者，得由權利人代位申請之。

㈡質權人依民法第906條之1第1項規定辦理土地權利設定或移轉登記於出質人者。

㈢典權人依民法第921條或第922條之1規定重建典物而代位申請建物所有權第一次登記者。

㈣其他依法律得由權利人代位申請登記者。

土地登記規則第31條第1項規定，建物滅失時，該建物所有權人未於規定期限內申請消滅登記者，得由土地所有權人或其他權利人代位申請，亦得由登記機關查明後逕為辦理消滅登記。

前項基地有法定地上權登記者，應同時辦理該地上權塗銷登記；建物為需

役不動產者，應同時辦理其供役不動產上之不動產役權塗銷登記。

登記機關於登記完畢後，應將登記結果通知該建物所有權人及他項權利人。建物已辦理限制登記者，並應通知囑託機關或預告登記請求權人。

四、逕為登記

所謂逕為登記，即無須當事人申請而直接由登記機關依法律授權或職權予以登記。逕為登記之情況如次：（土登第28條）

㈠建物因行政區域調整、門牌整編或基地因重測、重劃或依法逕為分割或合併所為之標示變更登記。

㈡依第143條第3項規定之國有登記。

㈢依第144條規定之塗銷登記。

㈣依第153條規定之住址變更登記。

㈤其他依法律得逕為登記者。

登記機關逕為登記完畢後，應將登記結果通知登記名義人。但登記機關依登記名義人之申請登記資料而逕為併案辦理，及因政府機關辦理行政區域調整、門牌整編而逕為辦理之住址變更或建物標示變更登記，不在此限。

五、囑託登記

所謂囑託登記，即由法院或政府機關因特定原因，無須申請而囑託登記機關登記。囑託登記之情況如次：（土登第29條）

㈠因土地徵收或撥用之登記。

㈡照價收買土地之登記。

㈢因土地重測或重劃確定之登記。

㈣依土地法第52條規定公有土地之登記：土地法第52條規定，公有土地之登記，由原保管或使用機關囑託該管直轄市或縣（市）地政機關為之，其所有權人欄註明為國有、直轄市有、縣（市）有或鄉（鎮、市）有。

㈤依土地法第57條、第63條第2項、第73條之1第5項或地籍清理條例第18條第2項規定國有土地之登記。

土地法第57條規定，土地總登記逾期無人聲請登記之土地或經聲請而逾限未補繳證明文件者，其土地視為無主土地，由該管直轄市或縣（市）地政機關公告之，公告期滿，無人提出異議，即為國有土地之登記。

土地法第63條第2項規定，土地總登記之證明文件所載四至不明或不符者，如測量所得面積未超過證明文件所載面積十分之二時，應按實際測量所得之面積予以登記，如超過十分之二時，其超過部分視為國有土地，但得由原占有人優先繳價承領登記。

土地法第73條之1第5項規定，第2項標售之土地或建築改良物無人應買或應

買人所出最高價未達標售之最低價額者，由國有財產局定期再標售，於再行標售時，國有財產局應酌減拍賣最低價額，酌減數額不得逾百分之二十。經五次標售而未標出者，登記為國有並準用第2項後段喪失占有權及租賃期限之規定。自登記完畢之日起十年內，原權利人得檢附證明文件按其法定應繼分，向國有財產局申請就第四項專戶提撥發給價金；經審查無誤，公告九十日期滿無人異議時，按該土地或建築改良物第五次標售底價分算發給之。

地籍清理條例第18條第2項規定，以日據時期會社或組合名義登記之土地，於中華民國34年10月24日之股東或組合員為日本人者，應以中華民國為原權利人，並依該日本人之股權或出資比例，登記為國有。

㈥依強制執行法第11條或行政執行法第26條準用強制執行法第11條規定之登記：強制執行法第11條第1項規定，供強制執行之財產權，其取得、設定、喪失或變更，依法應登記者，為強制執行時，執行法院應即通知該管登記機關登記其事由。行政執行法第26條規定，關於公法上金錢給付義務之執行，除行政執行法另有規定外，準用強制執行法之規定。

㈦依破產法第66條規定之登記：破產法第66條規定，法院為破產宣告時，就破產人或破產財團有關之登記，應即通知該登記所，囑託為破產之登記。

㈧依稅捐稽徵法第24條第1項規定之登記：稅捐稽徵法第24條第1項規定，納稅義務人欠繳應納稅捐者，稅捐稽徵機關得就納稅義務人相當於應繳稅捐數額之財產，通知有關機關，不得為移轉或設定他項權利。

㈨依國民住宅條例施行細則第23條第3項規定法定抵押權之設定及塗銷登記。

㈩依第147條但書規定之塗銷登記。

(十一)依第151條規定之公有土地管理機關變更登記。

(十二)其他依法規得囑託登記機關登記者。

六、通信申請

為便民起見，對於登記之申請力求簡化，是以對於較簡易的登記案件，以通信方式申請。各地方政府並訂頒有「各地政事務所受理通信申請土地登記實施要點」，茲附錄臺北市之「實施要點」請參閱之。

◎臺北市各地政事務所受理通信申請土地登記實施要點（102.10.9修正發布）

一、為便利土地、建物權利人申辦簡易登記案件、簡化手續、加強為民服務，特訂定本要點。

二、本要點適用之土地登記種類如下：

㈠住址變更登記。

㈡抵押權全部塗銷登記。

㈢預告登記。

㈣預告登記之塗銷登記。

㈤書狀換給登記。（限於因重測、重劃、逕為分割、逕為更正、行政區域調整及徵收之權狀換發。）

㈥加註書狀。

㈦門牌整編登記。

㈧更正登記。（限自然人姓名、出生年月日、身分證統一編號、住址及門牌錯誤，經戶政機關更正有案者。）

㈨更名登記。（限自然人經戶政機關辦竣姓名變更登記有案者。）

前項各種登記，依法免繳登記費。另非因行政機關之行政措施所為之變更或依職權逕行變更，致權利內容有異動須重新列印權利書狀者，仍應由申請人繳納書狀費。

三、申請人應填具登記申請書及登記清冊連同第四點所列各該登記所需文件、雙掛號回郵郵資及所需繳納書狀費郵寄本市任一地政事務所，並在信封正面左上角書明「通信申請登記案件」字樣。

四、通信申請土地登記案件，應分別檢附下列文件，檢附之證件如係影本者，由申請人於影本上簽註「本影本與正本相符，如有不實，申請人願負法律上一切責任」，並簽章：

㈠住址變更登記（得免附登記清冊）

　1.申請人身分證明（自然人檢附身分證影本或戶口名簿影本；法人檢附法人登記證明文件及其代表人之資格證明）。

　2.住址變更證明文件（如第一目申請人身分證明所載統一編號與登記簿不符或登記簿無記載統一編號者，自然人檢附載有變更前後記事之戶籍證明文件；法人檢附法人登記機關核准變更之證明文件）。

　3.土地、建物所有權狀或他項權利證明書。

㈡抵押權全部塗銷登記（得免附登記清冊）

　1.申請人身分證明（自然人檢附身分證影本或戶口名簿影本；法人檢附法人登記證明文件及其代表人之資格證明）。

　2.抵押權塗銷同意書或債務清償證明書或抵押權拋棄書（因權利混同申請塗銷登記者免附）。

　3.抵押權人印鑑證明（抵押權人為金融機構且其印鑑證明已經登記機關核備者及因權利混同申請塗銷登記者免附）。

　4.他項權利證明書。

㈢預告登記

　1.申請人身分證明（自然人檢附身分證影本或戶口名簿影本；法人檢附法人登記證明文件及其代表人之資格證明）。

　　2.土地、建物登記名義人同意書。

　　3.土地、建物登記名義人印鑑證明。

　　4.土地、建物所有權狀或他項權利證明書。

㈣預告登記之塗銷登記

　　1.申請人身分證明（自然人檢附身分證影本或戶口名簿影本；法人檢附法人登記證明文件及其代表人之資格證明）。

　　2.原預告登記請求權人之同意書。

　　3.原預告登記請求權人之印鑑證明。

㈤書狀換給登記

　　1.申請人身分證明（自然人檢附身分證影本或戶口名簿影本；法人檢附法人登記證明文件及其代表人之資格證明）。

　　2.土地、建物所有權狀或他項權利證明書。

㈥加註書狀：土地或建物所有權狀或他項權利證明書。

㈦門牌整編登記

　　1.申請人身分證明（自然人檢附身分證影本或戶口名簿影本；法人檢附法人登記證明文件及其代表人之資格證明）。

　　2.門牌整編證明文件。

　　3.建物所有權狀。

㈧更正登記（姓名、出生年月日、身分證統一編號、住址更正登記案件得免附登記清冊）

　　1.申請人身分證明（身分證影本或戶口名簿影本）。

　　2.載有更正記事之戶籍證明文件。

　　3.土地、建物所有權狀或他項權利證明書。

㈨更名登記（得免附登記清冊）

　　1.申請人身分證明（身分證影本或戶口名簿影本）。

　　2.載有更名記事之戶籍證明文件。

　　3.土地、建物所有權狀或他項權利證明書。

　　前項申請人為自然人者，其身分證明得以電腦處理達成查詢時，得免提出。

五、地政事務所收到第3點之登記申請書件後，應依土地登記規則規定程序收件辦理；如為跨所登記案件，另依臺北市政府地政局所屬各地政事務所辦理跨所登記實施要點規定程序收件辦理。

六、審查人員於登記完畢時，應另以書函通知申請人。發狀人員並於登記案件收件簿註記郵寄日期，並於收到雙掛號回執時，併案件歸檔。

七、申請公同共有

公同共有之土地，公同共有人中之一人或數人，為全體公同共有人之利益，得就公同共有土地之全部，申請為公同共有之登記。

登記機關於登記完畢後，應將登記結果通知他公同共有人。

八、申請期限與處理期限

㈠申請期限

1. 土地法的規定
   (1)土地總登記後，土地權利有移轉、分割、合併、設定、增減或消滅時，依土地法第72條之規定，應辦理變更登記。
   (2)申請辦理土地權利變更登記，依土地法第73條規定，應於土地權利變更後一個月內為之。若係繼承登記者，得自繼承開始之日起，六個月內為之。如申請逾期者，每逾一個月得處應納登記費額一倍之罰鍰，但最高不得超過二十倍。
2. 平均地權條例的規定：土地所有權移轉或設定典權時，權利人及義務人應於訂定契約之日起三十日內，檢同契約及有關文件共同申請土地所有權移轉或設定典權登記，並同時申報其土地移轉現值，但依規定得由權利人單獨申請登記者，權利人得單獨申報其移轉現值。（平均第47條）
3. 土地登記規則的規定：（土登第33條）
   (1)申請土地權利變更登記，應於權利變更之日起一個月內為之，繼承登記得自繼承開始之日起六個月內為之。
   (2)前項權利變更之日，係指下列各款之一者：
   ①契約成立之日。
   ②法院判決確定之日。
   ③訴訟上和解或調解成立之日。
   ④依鄉鎮市調解條例規定成立之調解，經法院核定之日。
   ⑤依仲裁法作成之判斷，判斷書交付或送達之日。
   ⑥產權移轉證明文件核發之日。
   ⑦法律事實發生之日。

㈡處理期限

現行土地法及土地登記規則均未規定地政機關受理登記申請案件之處理期限，惟地政機關為加強便民服務，並提高行政效率，均自行訂定辦理期限，且有加速處理之趨勢，可謂愈來愈便民。

第四節　土地登記應備之文件

本書第二編各章節，將分述各種登記應備之文件，本節係依土地登記規則的規定，予以敘述。

一、應備之基本文件

㈠一般案件

一般案件申請登記時，依土地登記規則第34條之規定，除本規則另有規定外，應提出下列文件：

1. 登記申請書。
2. 登記原因證明文件：如契約書，如法院權利移轉證書，如確定判決，如訴訟上之和解或調解筆錄等。
3. 已登記者，其所有權狀或他項權利證明書。
4. 申請人身分證明：如戶口名簿影本或國民身分證影本──其能以電腦處理達成查詢者，得免提出。
5. 其他由中央地政機關規定應提出之證明文件。

㈡免提出權利書狀

有下列情形之一者，得免提出前條第1項第3款之文件：（土登第35條）

1. 因徵收、區段徵收、撥用或照價收買土地之登記。
2. 因土地重劃或重測確定之登記。
3. 登記原因證明文件為法院權利移轉證書或確定判決之登記。
4. 法院囑託辦理他項權利塗銷登記。
5. 依法代位申請登記者。
6. 遺產管理人或遺產清理人登記。
7. 法定地上權之登記。
8. 依國民住宅條例規定法定抵押權之設定及塗銷登記。
9. 依土地法第34條之1第1項至第3項規定辦理之登記，他共有人之土地所有權狀未能提出者。
10. 依民法第513條第3項規定之抵押權登記。
11. 依本規則規定未發給所有權狀或他項權利證明書者。
12. 其他依法律免予提出者。

二、另應備之其他文件

如為特殊情形，除前述之應備基本文件外，尚應視實際需要，分別另備其他文件，茲分述如下：

㈠委託書

土地登記之申請，委託代理人為之者，應附具委託書；其委託複代理人者，並應出具委託複代理人之委託書。但登記申請書已載明委託關係者，不在此限。（土登第37條第1項）

前項代理人或複代理人，代理申請登記時，除法律另有規定外，應親自到場，並由登記機關核對其身分。（土登第37條第2項）

㈡法人登記證明文件及代表人資格證明

如申請人為法人時應提出本項文件。（土登第42條）

1. 申請人為法人者，應提出法人登記證明文件及其代表人之資格證明。其為義務人時，應另提出法人登記機關核發之法人及代表人印鑑證明或其他足資證明之文件，及於登記申請書適當欄記明確依有關法令規定完成處分程序，並蓋章。
2. 前項應提出之文件，於申請人為公司法人者，為登記機關核發之設立、變更登記表或其抄錄本、影本。
3. 義務人為財團法人或祭祀公業法人者，應提出其主管機關核准或同意備查之證明文件。

㈢同意書

1. 申請登記須第三人同意者，應檢附第三人同意書或由第三人在登記申請書內註明同意事由。（土登第44條第1項）
2. 前項第三人除符合第41條第2款、第5款至第8款及第10款規定之情形外（詳見本節五），應親自到場，並依第40條（詳見本節四）規定程序辦理。（土登第44條第2項）

㈣法院許可文件

土地登記規則第39條規定：

1. 父母處分未成年人所有之土地權利，申請登記時，應於登記申請書適當欄記明確為其利益處分並簽名。
2. 未成年人或受監護宣告之人，其監護人代理受監護人或受監護宣告之人購置或處分土地權利，應檢附法院許可之證明文件。
3. 繼承權之拋棄經法院准予備查者，免依前二項規定辦理。

㈤簽名或蓋章

1. 土地登記規則第36條規定
   (1)登記申請書除本規則另有規定外，應由申請人簽名或蓋章。
   (2)由代理人申請者，代理人並應於登記申請書或委託書內簽名或蓋章；有複代理人者，亦同。
2. 土地登記規則第38條規定
   (1)代理申請登記檢附之委託書具備特別授權之要件者，委託人得免於登

記申請書內簽名或蓋章。

(2)前項委託書應載明委託事項及委託辦理登記之土地或建物權利之坐落、地號或建號與權利範圍。

(六)共有關係之表示

土地登記規則第43條規定：

1.申請登記，權利人為二人以上時，應於申請書內記明應有部分或相互之權利關係。

2.前項應有部分，應以分數表示之，其分子分母不得為小數，分母以整十、整百、整千、整萬表示為原則，並不得超過六位數。

3.已登記之共有土地權利，其應有部分之表示與前項規定不符者，得由登記機關通知土地所有權人於三十日內自行協議後準用更正登記辦理，如經通知後逾期未能協議者，由登記機關報請上級機關核准後更正之。

三、申請人身分證明

(一)自然人身分證明

1.身分證明的種類

人是房地產登記的主體，故於登記時，應附身分證明文件。所謂身分證明文件，於自然人為戶籍謄本、身分證、戶口名簿、華僑身分證明，於法人則為法人設立登記證，如公司執照、人民團體證書等是。

2.身分證明的簡化使用

目前登記實務場合中，僅申請繼承登記及申請祭祀公業派下會員證明，需要使用戶籍謄本外，其他各種登記，均無需檢附戶籍謄本（但檢附戶籍謄本亦可），而得以身分證影本或戶口名簿影本代替。惟影本上面應加註與正本相符並簽章。由於身分證影本，時有模糊不清之情事發生，是以實務上，以戶口名簿影本居多。

(二)法人身分證明

法人有社團法人及財團法人二種，各該法人於依法成立後，於法令限制內，有享受權利、負擔義務之能力。但專屬於自然人之權利義務，不在此限。（民第26條）準此，法人得為土地登記之權利人或義務人，於申請土地登記時，具應檢附之身分證明，依土地登記規則第42條規定如下：

1.登記證明及代表人資格證明

申請人為法人者，應提出法人登記證明文件及其代表人之資格證明。其為義務人時，應另提出法人登記機關核發之法人及代表人印鑑證明或其他足資證明之文件，及於登記申請書適當欄記明確依有關法令規定完成處分程序，並蓋章。

2.設立或變更登記表

前項應提出之文件，於申請人為公司法人者，為法人登記機關核發之法人設立、變更登記表或其抄錄本、影本。

3.財團法人應另提之文件

義務人為財團法人或祭祀公業法人者，應提出其主管機關核准或同意備查之證明文件。

四、義務人應親自到場

於印鑑證明停止核發使用後，為查證登記義務人之真意，民國92年7月29日修正土地登記規則第40條，並自同年9月1日施行，陸續於民國98、100及102年修正該條文。該條文規定登記義務人應親自到場，其詳細內容如下：

申請登記時，登記義務人應親自到場，提出國民身分證正本，當場於申請書或登記原因證明文件內簽名，並由登記機關指定人員核符後同時簽證。

前項登記義務人未領有國民身分證者，應提出下列身分證明文件：

㈠外國人應提出護照或中華民國居留證。

㈡旅外僑民應提出經僑務委員會核發之華僑身分證明書或中央地政主管機關規定應提出之文件，及其他附具照片之身分證明文件。

㈢大陸地區人民應提出經行政院設立或指定之機構或委託之民間團體驗證之身分證明文件或台灣地區長期居留證。

㈣香港、澳門居民應提出護照或香港、澳門永久居留資格證明文件。

㈤歸化或回復中華民國國籍者，應提出主管機關核發之歸化或回復國籍許可證明文件。

五、當事人得免親自到場

於印鑑證明停止核發使用後，土地登記規則第40條固然規定登記義務人應親自到場，以查證其真意。惟為簡政便民起見，對於不涉及義務者、已具有公信力者或對於權利義務影響頗微者，實無應親自到場之必要。緣此，民國92年7月29日修正土地登記規則第41條，並自同年9月1日施行。該條文如下：

申請登記時，有下列情形之一者，當事人得免親自到場：

㈠依第27條第4款規定，得由權利人單獨申請登記。

㈡登記原因證明文件及同意書經依法公證、認證。

㈢與有前款情形之案件同時連件申請辦理，而登記義務人同一，且其所蓋之印章相同。

㈣登記原因證明文件經依法由地政士簽證。

㈤登記義務人為無行為能力人或限制行為能力人，其法定代理人已依第39條規定辦理並親自到場。

㈥登記義務人依土地登記印鑑設置及使用作業要點於土地所在地之登記機關設置土地登記印鑑。

㈦外國人或旅外僑民授權第三人辦理土地登記，該授權書經我駐外館處驗證。

㈧大陸地區人民或香港、澳門居民授權第三人辦理土地登記，該授權書經行政院設立或指定之機構或委託之民間團體驗證。

㈨祭祀公業土地授權管理人處分，該契約書依法經公證或認證。

㈩檢附登記原因發生日期前一年以後核發之當事人印鑑證明。

㈠土地合併時，各所有權人合併前後應有部分之價值差額在一平方公尺公告土地現值以下。

㈡建物所有權第一次登記協議書與申請書權利人所蓋印章相符。

㈢依第43條第3項規定辦理更正登記所提出之協議書，各共有人更正前後應有部分之價值差額在1平方公尺公告土地現值以下。

㈣依第104條規定以籌備人公推之代表人名義申請登記提出協議書。

㈤其他由中央地政機關規定得免由當事人親自到場者。

◎申請土地登記應附文件法令補充規定（103.1.21內政部修正發布）

壹、登記原因證明文件

一、土地登記案件以契約書為登記原因證明文件者，應以公定契約書為之。

二、抵繳遺產稅或贈與稅之不動產辦理移轉登記為公有，應以稅捐稽徵機關核准函為登記原因證明文件，無須檢附移轉契約書。

貳、所有權狀或他項權利證明書

三、（刪除）

四、（刪除）

參、申請人身分證明

五、（刪除）

六、登記申請人之身分證明得以國民身分證或戶口名簿影本代替戶籍謄本。

七、申請人申請登記所提身分證明所載統一編號與登記簿所載相符，且依其他資料均足證明申請人與登記名義人確係同一人者，無須再檢附原登記住址之戶籍證明文件。

八、登記機關核對代理人、複代理人或登記助理員之身分證件，得以政府機關核發登載有姓名、國民身分證統一編號（或統一證號）並貼有照片之證明文件正本代之。

九、非法人之商號及工廠不得為登記權利主體。其為獨資型態者，應以其代表人或負責人名義；為合夥組織者，應以其合夥人名義；組織型態不明者，得檢具一人以上保證無其他出資人或合夥人之保證書，以其代表人或負責人名義為登記之權利

主體。

十、法人之分支機構不得為登記權利主體。其因判決確定取得之權利應以該法人名義
　　辦理登記。

十一、公司董事長得依民法第167條規定檢附委託書授權總經理申辦不動產抵押權設
　　　定及塗銷登記。申請人仍應以董事長為法定代理人,但申請書件得免蓋章。

十二、公司經理人代理公司為不動產之處分或設定負擔申請登記時,應檢附經董事會
　　　決議之書面授權文件。但因公司放款就他人提供不動產取得抵押權登記及塗銷
　　　登記,免予提出董事會決議之書面授權文件。

十三、公司代表人如為自己或他人與公司為買賣、借貸或其他法律行為時,除向公司
　　　清償債務外,不得同時為公司之代表。並依左列方式另定公司代表人:
　　　㈠有限公司僅置董事一人者,由全體股東之同意另推選有行為能力之股東代表
　　　　公司。申請登記時,應檢附該同意推選之證明文件。
　　　㈡有限公司置董事二人以上,並特定其中一人為董事長者,由其餘之董事代表
　　　　公司。申請登記時,應檢附董事之證明文件。
　　　㈢一人組成之有限公司,應先依公司法規定增加股東,再由全體股東同意另
　　　　推選有行為能力之股東代表公司。申請登記時,應檢附該同意推選之證明文
　　　　件。
　　　㈣股份有限公司應由監察人為公司之代表。申請登記時,應檢附監察人之證明
　　　　文件。

十四、（刪除）

十五、（刪除）

十六、（刪除）

十七、人民團體籌組成立,除特別法另有規定外,非依法經法院登記,不得認係社團
　　　法人。但於71年10月14日前已由主管機關造具簡冊送同級法院備查者,已取得
　　　法人資格,得為不動產登記之權利主體。

十八、法律已明定為法人之人民團體,申請登記時,得免附「法人登記證書」,並應
　　　提出主管機關核發之立案證書或圖記證明及其代表人之資格證明。

十八之一、無統一編號之權利人申請登記時,除應提出土地登記規則第34條規定之文
　　　　　件外,應檢附扣繳單位統一編號編配通知書。
　　　　　臺灣地區無戶籍人士（含本國人及外國人）應檢附中華民國統一證號之相
　　　　　關證明文件申請登記。未能檢附者,由申請人自行於申請書上以西元出生
　　　　　年月日加英文姓氏前二字母填寫之;如遇有重複時,則以英文姓氏前一、
　　　　　三字母填寫。

十九、已為寺廟登記之寺廟,得為登記權利主體。申請登記時,應檢附下列文件:
　　　㈠寺廟登記證。
　　　㈡負責人身分證明文件。但能以電腦處理達成查詢者,得免附。

㈢扣繳單位統一編號編配通知書。

前項第1款所定之寺廟登記證，指主管機關核發之下列文件之一：

㈠一定期限內辦理不動產更名或移轉登記用之寺廟登記證。

㈡未經註記為私建或公建寺廟之寺廟登記證。

寺廟處分不動產申請登記時，應另檢附主管機關核發之寺廟印鑑證明書，並於登記申請書適當欄記明確依有關法令規定完成處分程序，並蓋章。

二十、經主管機關備案而未辦法人登記之政黨，不得為登記名義人。

二一、外國駐我國商務代表辦事處在臺購買不動產，應以該國名義登記，並以該辦事處為管理者。

肆、其他依法令應提出之證明文件

二二、（刪除）

二三、（停止適用）

二四、農業用地因繼承或受贈取得後，五年內移轉或變更為非農業用地申請登記時，稅捐稽徵機關於土地增值稅繳款書或免稅證明書上加蓋「另須補繳原免徵之遺產稅」或「另須補繳原免徵之贈與稅」戳記者，免附追繳稅款繳清證明書。

二五、應納稅賦已逾核課期間之土地申辦登記，應檢附稅捐稽徵機關核發之逾核課期間案件同意移轉證明書。

二六、（刪除）

二七、（刪除）

二八、金融機構之委託書及印鑑證明經地政機關審查無誤後存查。申請抵押權設定、移轉、內容變更或塗銷登記及土地權利信託登記時，地政機關得依其存查文件處理。

金融機構授權分支機構申辦地上權設定、移轉、內容變更或塗銷登記，應比照土地登記規則第38條規定以特別授權方式辦理。其印鑑證明經總機構行文援用前項備查之法人印鑑（圖記），或行文並檢附新印鑑卡備查，經地政機關審驗後存查者，嗣後申請地上權設定、移轉、內容變更或塗銷登記時，地政機關得依其存查文件處理。

二九、申請登記時，檢附之華僑身分或其印鑑證明，每份只能使用一次，有效期限為一年，其計算自核發之日起至向稅捐稽徵機關報稅之日止。但香港地區居民於中華民國86年6月30日前、澳門地區居民於中華民國88年12月19日前所取得之華僑身分證明，不在此限。

前項華僑身分或印鑑證明已註明用途者，應依其註明之用途使用。

第1項華僑身分證明書係依華裔證明文件向該管主管機關申請核發者，應另檢附國籍證明文件。

三十、外國核發之印鑑證明，應經該國或其就近之我國駐外館處之驗證。

三一、（刪除）

三二、（刪除）

三三、解散、撤銷或廢止登記之公司，進入清算程序後，申請不動產登記，應檢附清算人經法院准予備查或裁定之證明文件為代表人資格證明，而代表人印鑑證明得以戶政機關核發者代替。至其申請登記事項，是否屬清算人之職務，非地政機關審查範圍。

前項代表人除符合土地登記規則第41條第2款、第4款、第6款至第8款、第10款及第15款規定之情形者外，應親自到場，並依同規則第40條規定程序辦理。

三四、動員戡亂時期人民團體法修正公布施行前，已以政黨名義登記之不動產，在其取得法人資格前，因處分不動產申請登記時，得檢附內政部核發之圖記證明辦理。

三五、（刪除）

三六、（刪除）

三七、外國公司臺灣分公司經公司登記主管機關撤銷其登記，為辦理清算申請抵押權塗銷登記，得由其臺灣分公司負責人以總公司名義出具抵押權塗銷同意書，並檢附該負責人之資格證明辦理之。

前項分公司負責人除符合土地登記規則第41條第2款、第4款、第6款至第8款、第10款及第15款規定之情形者外，應親自到場，並依同規則第40條規定程序辦理。

三八、外國公司在臺代理人申辦土地登記，證明其代理人資格應檢附公司登記主管機關核發之公司設立（變更）登記表、抄錄本或經公司登記主管機關核發之影本及認許證，無須另檢附經我國駐外館處驗證之授權書正本。

三九、旅居海外國人授權他人代為處分其所有國內之不動產，如未檢附國內核發之印鑑證明或其授權書，應檢附我國駐外館處驗證之授權書，以配合登記機關之查驗。

四十、申請失蹤人財產管理人登記，應檢附失蹤之證明文件。

四一、土地登記規則第34條第1項規定，申請登記應檢附之證明文件依下列規定：

　(一)下列文件不得以影本代替：

　　1.印鑑證明。

　　2.戶籍謄本。

　　3.同意書。

　　4.切結書。

　　5.協議書。

　　6.四鄰證明書。

　　7.保證書。

　　8.債務清償證明書。

　(二)下列文件應檢附正副本，於登記完畢後，將正本發還申請人：

　　　　1.分割協議書。

　　　　2.契約書。

㈢下列文件得以影本代替，由申請人或代理人（複代理人）於影本上簽註「本影本與正本相符，如有不實申請人願負法律責任」並簽章：

　　　　1.國民身分證。

　　　　2.戶口名簿。

　　　　3.法人代表人資格證明。

　　　　4.建物使用執照。

　　　　5.建物拆除執照。

　　　　6.工廠登記證。

　　　　7.公有財產產權移轉登記書。

　　　　8.門牌整（增）編證明。

　　　　9.所在地址證明書。

　　　10.駐外館處驗證之授權書。

　　　11.機關、學校及公營事業機構出具之證明書或公文。

　　　12.護照。

㈣其餘文件應檢附正本與影本，影本應由申請人或代理人（複代理人）簽註「本影本與正本相符，如有不實申請人願負法律責任」並簽章。於登記完畢後將正本發還申請人。但於辦理抵押權設定或內容變更登記，抵押權人為金融機構，義務人為公司法人時，免檢附正本（公司登記主管機關核發之抄錄本或影本），登記機關亦無須核對法人及其代表人之印鑑章。

㈤公司法人申請登記，依土地登記規則第42條第2項規定檢附之文件，依下列規定：

　　　　1.申請人為義務人時，應檢附公司登記主管機關核發之設立、變更登記表正本、其影本或100年3月前核發之抄錄本；抄錄本或影本應由法人簽註所登記之資料現仍為有效，如有不實，申請人願負法律責任，並簽章。上開文件得由申請人自行複印，影本由法人簽註本影本與案附正本（公司登記主管機關核發之抄錄本或影本）相符，所登記之資料現仍為有效，如有不實，申請人願負法律責任，並簽章；正本（公司登記主管機關核發之抄錄本或影本）於核對後發還申請人。

　　　　2.申請人為權利人時，得檢附前目文件之影本，並由法人簽註本影本與正本、公司登記主管機關核發之抄錄本相符，所登記之資料現仍為有效，如有不實，申請人願負法律責任，並簽章後辦理登記。

㈥申請登記應附之文件為外文者，應附經我國駐外館處驗證或國內公證人認證之中文譯本。但身分證明文件為外文者，其中文譯本，得由申請人自行簽註切結負責。

四二、依土地登記規則第78條規定檢附建物標示圖申請建物所有權第一次登記者，依
　　　該標示圖繪製簽證人之不同，並應檢附下列文件：

　　　㈠委由開業之建築師繪製簽證時，應檢附該建築師之開業證書影本及經主管建
　　　　築機關核發其備查之開業印鑑資料正本或影本，影本應由建築師簽註所登記
　　　　之資料或備查之印鑑現仍為有效，如有不實願負法律責任，並簽章。印鑑資
　　　　料得由申請人自行複印，並由建築師簽註本影本與案附正本（主管建築機關
　　　　核發其備查之開業印鑑資料正本或影本）相符，所備查之印鑑資料現仍為有
　　　　效，如有不實願負法律責任，並簽章；正本於核對後發還申請人。

　　　㈡委由開業之測量技師繪製簽證時，應檢附測量技師執業執照影本、測繪業登
　　　　記證影本及簽證報告，影本應由測量技師簽註本影本與正本相符，所登記之
　　　　資料仍為有效，如有不實願負法律責任，並簽章。

◎土地登記印鑑設置及使用作業要點（102.11.15內政部修正發布）

一、土地權利登記名義人為申辦土地登記，依土地登記規則第41條第6款規定，以在
　　土地登記機關申請設置土地登記印鑑（以下簡稱印鑑），取代親自到場，其印鑑
　　之設置及使用應依本要點之規定。

二、申請人為法人者，應由其代表人提出申請，並各設法人及其代表人印鑑於同一印
　　鑑卡。
　　法人名稱或其代表人變更者，應申請變更印鑑。

三、申請人為限制行為能力人者，應與其法定代理人會同申請，並各設印鑑於同一印
　　鑑卡。
　　前項申請人之法定代理人變更者，應申請變更印鑑。
　　第1項申請人成為有行為能力人時，得繼續使用原設置之印鑑。

四、已在土地所在之登記機關設置印鑑者，委託他人申辦土地登記案件使用該設置之
　　印鑑時，應於土地登記申請書備註欄註明「使用已設置之印鑑」，以作為登記機
　　關審查之依據。

五、於登記機關設置之印鑑，僅供該機關審核土地登記案件之用。

六、申請設置印鑑，應檢附下列文件，由申請人或法人之代表人親自辦理：

　　㈠印鑑申請書（格式一）。

　　㈡印鑑卡（格式二）及印鑑章。

　　㈢身分證明文件：

　　　1.本國自然人檢附國民身分證。

　　　2.外國人檢附護照或中華民國居留證。

　　　3.旅外僑民檢附經僑務委員會核發之華僑身分證明書或中央地政主管機關規定
　　　　應提出之文件，及其他附具照片之身分證明文件。

　　　4.大陸地區人民檢附經行政院設立或指定之機構或委託之民間團體驗證之身分
　　　　證明文件或臺灣地區長期居留證。

5. 香港、澳門居民檢附護照或香港、澳門永久居留資格證明文件。

6. 歸化或回復中華民國國籍者,應提出主管機關核發之歸化或回復國籍許可證明文件。

7. 法人檢附登記證明文件及其代表人之資格證明或公司登記主管機關核發之公司設立、變更登記表、其影本或100年3月前核發之抄錄本。

(四)土地權利登記名義人之所有權狀或他項權利證明書。

前項第3款之文件,應檢附正、影本各一份,並準用申請土地登記應附文件法令補充規定第41點第3款至第6款規定切結並簽章;正本於核對後發還。

申請人擁有多筆不動產權利分屬同一直轄市、縣(市)之不同轄區登記機關管轄者,得由申請人依其不動產所屬之登記機關填備同份數第1項應附文件,並備妥雙掛號郵資,交由受理之登記機關依第7點第1項第1款及第2款規定查核後轉寄其他登記機關辦理。收受轉寄印鑑卡之登記機關應向原受理之登記機關查證,並經查驗檢附證明文件無誤後,辦理印鑑卡設置。

七、登記機關受理申請設置印鑑案件後,應依下列規定辦理:

(一)查驗申請人之身分及其檢附之證明文件。

(二)核驗印鑑章,並申請人或法人之代表人當場親自簽名。

(三)印鑑卡加蓋印鑑設置專用章後設專檔保存。

(四)申請書及其附件歸檔。

登記機關完成印鑑設置後,應以申請人之印鑑申請書所載住所及登記簿登記住所併同通知。申請人為法人者,並通知法人之代表人住址。

八、申請人於同一登記機關設置之印鑑以一式為限,已申請設置者,不再受理其申請。

九、申請變更印鑑,準用第6點及第7點規定辦理。

十、申請註銷印鑑,應由已設置印鑑之本人或法人之代表人檢附土地登記印鑑申請書辦理之。但有下列各款情形者,各依其規定:

(一)本人已死亡或受死亡宣告者,由其繼承人或利害關係人檢附其死亡記事之戶籍資料代為申請。

(二)本人受監護宣告者,由其監護人或利害關係人檢附受監護宣告有關文件代為申請。

(三)本人仍為限制行為能力人者,與其法定代理人會同申請。

(四)法人經合併者,由存續法人或另立法人之代表人檢附合併相關文件申請。

(五)法人經解散、撤銷、廢止或註銷登記者,由其清算人檢附解散、撤銷、廢止或註銷登記之相關文件申請。

(六)法人宣告破產者,由其破產管理人檢附其資格證明及破產宣告之相關文件申請。

前項印鑑註銷,準用第6點規定辦理。

第1項第1款及第2款之文件，能以電腦處理達成查詢者，得免提出。

十一、登記機關發現印鑑設置人有下列情形之一者，應逕為註銷其設置之印鑑：

　　　(一)已死亡或經死亡宣告。

　　　(二)受監護宣告。

　　　(三)法人經解散、撤銷、廢止、註銷登記或宣告破產者。但法人經解散、撤銷、
　　　　　廢止或註銷登記，於清算完結前，僅註銷其代表人之印鑑。

　　　(四)申請設置證明文件經該主管機關認定屬偽造、變造。

　　　(五)未依第2點第2項及第3點第2項規定辦理者。

　　　前項逕為註銷，併同通知已知設置該印鑑之相關登記機關。

十二、印鑑設置人遺失印鑑章，應申請變更或註銷印鑑。

十三、印鑑卡應永久保存；其經註銷者，自註銷之日起保存十五年；印鑑申請書及其
　　　附件之保存年限亦同。

　　　前項文件之保存及銷毀作業，由登記機關依檔案法相關規定辦理。

十四、登記機關應指派專人依下列各款規定設置印鑑專簿管理印鑑卡：

　　　(一)印鑑卡應按自然人及法人分類裝釘成專簿集中保管。申請人為自然人者依出
　　　　　生年月日先後順序，申請人為法人者，依其統一編號大小順序，並以電腦建
　　　　　檔管理。

　　　(二)印鑑卡變更者，變更後之印鑑卡應與原設置之印鑑卡一併保存。

　　　(三)印鑑卡之保存場所，應嚴格管制，除法律或中央地政機關另有規定或為避免
　　　　　遭受損害外，印鑑卡不得攜出保存場所。

　　　(四)印鑑卡除有土地登記案件必須調閱比對者外，不得調閱。

十五、本要點規定之書卡格式及電腦作業系統規範，由中央地政機關定之。

收件	日期	年 月 日 時 分	收件者章		轉寄自△△△△（登記機關）	代為轉寄至△△△△△△（登記機關）
	字號	字第　　　號				

土地登記印鑑申請書

(1)受文機關	縣市　　　　　　　　　登記機關（地政事務所）		

(2)申請登記事由（選擇打✓一項）	□設置印鑑		
	□變更印鑑	原因：　□法定代理人變更　　　□代表人變更　　　□更換印鑑	
	□註銷印鑑	原因：	□1.印鑑章遺失 □2.自行廢置 □3.印鑑設置人　□(1)已死亡　　□(2)受死亡宣告 　　　　　　　　　□(3)受監護宣告 □4.法人　　　□(1)解散　　□(2)撤銷　　□(3)廢止 　　　　　　　□(4)註銷登記　□(5)宣告破產　　） □5.其他（請註明：　　　　　　　）
	□逕為註銷	原因：第○點第□款	

(3)附繳證件	1.	份	4.	份
	2.	份	5.	份
	3.	份	6.	份

申請人	(4)登記名義人、代理人、代表人	(5)姓名	(6)出生年月日	(7)統一編號	(8)住　　　址	(9)蓋章	(10)電話

(11)土地建物標示	鄉 鎮 市 區	段	小 段	地（建）號	權 利 種 類

(12)申請日期	中華民國　　　年　　　月　　　日
(13)注意事項	申請人請妥為保管印鑑，印鑑遺失時應即向原設置機關申請變更或註銷印鑑

(14)處　理　經　過				
擬	辦	批　　　示	建	檔　備　註

「土地登記印鑑申請書」填寫說明

甲、一般填法：
　　以毛筆、鋼筆或原子筆用黑色或藍色墨汁正楷填寫；數字一律以阿拉伯數字填寫之；字體需端正，不得潦草，如有增加、刪改者，應在增刪處由申請人蓋章。

乙、各欄填法：
一、第(1)欄按土地（建物）所在地之縣（市）及登記機關（地政事務所）之名稱填寫。
二、第(2)欄按表列自行選擇打勾或填明原因。
三、第(3)欄按附繳證件之名稱及份數分項填寫。
四、第(4)欄指申請設置印鑑之土地登記名義人；限制行為能力人應加填其法定代理人；法人應加填其代表人；印鑑設置人已死亡、受死亡宣告或受監護宣告者，其繼承人、利害關係人或監護人代為申請註銷印鑑時，應加填代為申請人資料；法人經解散、撤銷、廢止、註銷登記或破產宣告，清算人、破產管理人或承續之權利人代為申請註銷印鑑時，應加填代為申請人資料。
五、第(4)－(8)欄自然人依照戶籍謄本、戶口名簿、國民身分證或其他證明文件記載填寫；法人依照法人登記證明文件記載填寫。
六、第(11)欄按檢附之權利證明文件填寫，二欄擇一填寫一筆（棟）即可。
七、第(12)欄按實際申請日期填寫。
八、第(14)欄申請人請勿填寫。

格式二正面

印鑑卡

設　置　人：_____

國民身分證
或統一編號：_____

出　生　日　期：____ 年 ____ 月 ____ 日

住　　　址：_____

| 　　　　市 |
| △△　　　△△ |
| 縣 |
| 登記機關 |
| 土地登記印鑑 |
| 設置專用章 |

（印鑑）　　　　　　　_____
　　　　　　　　　　　（簽名）

法定代理人
（代表人）：_____

國民身分證
或統一編號：_____

出　生　日　期：____ 年 ____ 月 ____ 日

住　　　址：_____

（印鑑）　　　　　　　_____
　　　　　　　　　　　（簽名）

事由 \ 收件號	年	月	日	字	號	由△△登記機關轉寄	轉寄之其他登記機關
設置							
變更							
註銷							

格式二背面

變更印鑑卡（一）

設　置　人：＿＿＿＿＿＿＿＿＿＿＿＿

國民身分證
或統一編號：＿＿＿＿＿＿＿＿＿＿＿＿

（印鑑）　　　　　　　　　　（簽名）

法定代理人
（代表人）：＿＿＿＿＿＿＿＿＿＿＿＿

國民身分證
或統一編號：＿＿＿＿＿＿＿＿＿＿＿＿

（印鑑）　　　　　　　　　　（簽名）

變更印鑑卡（二）

設　置　人：＿＿＿＿＿＿＿＿＿＿＿＿

國民身分證
或統一編號：＿＿＿＿＿＿＿＿＿＿＿＿

（印鑑）　　　　　　　　　　（簽名）

法定代理人
（代表人）：＿＿＿＿＿＿＿＿＿＿＿＿

國民身分證
或統一編號：＿＿＿＿＿＿＿＿＿＿＿＿

（印鑑）　　　　　　　　　　（簽名）

◎「土地登記印鑑申請書」填寫說明

甲、一般填法

一、以毛筆、鋼筆或原子筆用黑色或藍色墨汁正楷填寫。

二、數字一律以阿拉伯數字填寫之。

三、字體需端正，不得潦草，如有增加、刪改者，應在增刪處由申請人蓋章。

乙、各欄填法

一、第(1)欄按土地（建物）所在地之縣（市）登記機關（地政事務所）之名稱填寫。

二、第(2)欄按表列自行選擇打勾或填明原因。

三、第(3)欄按附繳證件之名稱及份數分項填寫。

四、第(4)欄指申請設置印鑑之土地登記名義人；限制行為能力人應加填其法定代理人；法人應加填其代表人；印鑑設置人已死亡、受死亡宣告或受監護宣告者，其繼承人、利害關係人或監護人代為申請註銷印鑑時，應加填代為申請人資料；法人經解散、撤銷、廢止、註銷登記或破產宣告，清算人、破產管理人或承續之權利人代為申請註銷印鑑時，應加填代為申請人資料。

五、第(4)至(8)欄自然人依照戶籍謄本、戶口名簿、國民身分證或其他證明文件記載填寫；法人依照法人登記證明文件記載填寫。

六、第(11)欄按檢附之權利證明文件填寫，二欄擇一填寫一筆（棟）即可。

七、第(12)欄按實際申請日期填寫。

八、第(14)欄申請人請勿填寫。

◎有關公司印鑑證明停發後公司法人申辦土地登記替代方案之改進方式一案
　　（90.5.24內政部臺內中地字第9082613號）

　　　　為配合減少公司法人使用公司登記表抄錄本，經本部邀同行政院研究發展考核委員會、經濟部、臺北市、高雄市政府建設局、地政處及中華民國土地登記專業代理人公會全國聯合會等會商，獲致結論如次：「公司法人申請土地登記時，其為義務人時，如未能檢附公司設立（變更）登記表正本及影本者，可檢附公司主管機關核發之公司設立（變更）登記表載有公司及其負責人印鑑章部分抄錄本及其影本，抄錄本核對完畢發還，影本由公司切結：『本影本與案附抄錄本相符，所登記之資料現仍為有效，如有不實，申請人願負法律上一切責任。』以為替代。」

◎有關公司執照停止核發後，地政機關因應處理方式（90.12.18內政部臺內中地字第9084438號）

　　　　查「公司法」業經總統於90年11月12日以華總一義字第9000218620號令公布修正施行，該法第6條規定：「公司非在中央主管機關登記後不得成立。」是以，爾後「公司執照」將予廢止並不再核發，是公司法人申請土地登記時，應

提出公司設立「變更」登記表或抄錄本作為土地登記規則第42條規定之「法人登記證明文件、代表人資格證明、法人及代表人印鑑證明」。

第五節　登記規費、測量費及其退還

所謂登記規費，依土地登記規則第45條規定，係指土地法所規定之登記費、書狀費、工本費及閱覽費。依同規則第47條規定，登記規費應於申請登記收件後繳納之。

一、登記費

㈠費　率

辦理有關房地產之登記，依法均應繳納登記費，目前對於登記費的計收有下列二種標準：

1.千分之二

土地法第65條規定，土地總登記，應由權利人按申報地價或土地他項權利價值繳納登記費千分之二。實務上民眾較少土地總登記之申請案例，但建物所有權第一次登記之申請案例則較多——亦即保存登記。

依土地登記規則第84條的規定，建物所有權第一次登記，準用土地總登記程序。是故目前建物所有權第一次登記之登記費，係比照土地法第65條的規定，徵收千分之二，於計收登記規費時，其權利價值計算之標準，依下列規定予以認定：（土登第48條）

　　⑴建物在依法實施建築管理地區者，應以使用執照所列工程造價為準。

　　⑵建物在未實施建築管理地區者，應以當地稅捐稽徵機關所核定之房屋現值為準。

2.千分之一

房地產所有權移轉登記——如買賣、贈與、繼承、拍賣、交換、共有物分割，或設定他項權利登記——如抵押權、地上權、典權、地役權、永佃權設定登記時，依土地法第76條的規定，按申報地價或權利價值千分之一計收登記費。

3.價值折算

土地登記規則第49條規定：

　　⑴申請他項權利登記，其權利價值為實物或非現行通用貨幣者，應由申請人按照申請時之價值折算為新臺幣，填入申請書適當欄內，再依法計收登記費。

　　⑵申請地上權、永佃權、不動產役權或耕作權、農育權之設定或移轉登記，其權利價值不明者，應由申請人於申請書適當欄內自行加註，再依法計收登記費。

⑶前二項權利價值低於各該權利標的物之土地申報地價或當地稅捐稽徵機關核定之房屋現值百分之四時，以各該權利標的物之土地申報地價或當地稅捐稽徵機關核定之房屋現值百分之四為其一年之權利價值，按存續之年期計算；未定期限者，以七年計算之價值標準計收登記費。

㈡免　費

1. 土地法規定

⑴土地法第78條規定：下列登記，免繳納登記費：

①因土地重劃之變更登記。

②消滅登記。

③更正登記。

④塗銷登記。

⑤更名登記。

⑥住址變更登記。

⑦標示變更登記。

⑧限制登記。

⑵土地法第76條第2項規定：申請他項權利內容變更登記，除權利價值增加部分，依前項繳納登記費外，免納登記費。

2. 土地登記規則規定

土地登記規則第46條規定：

⑴土地登記，應依土地法規定繳納登記規費。登記費未滿新臺幣1元者，不予計收。但有下列情形之一者，免繳納：

①抵押權設定登記後，另增加一宗或數宗土地權利為共同擔保時，就增加部分辦理設定登記者。

②抵押權次序讓與、拋棄或變更登記。

③權利書狀補（換）給登記。

④管理人登記及其變更登記。

⑤其他法律規定免納者。

⑵以郵電申請發給登記簿或地籍圖謄本或節本者，應另繳納郵電費。

⑶登記規費之收支應依預算程序辦理。

㈢逾期罰鍰

1. 土地法第73條規定，土地權利變更登記之申請，應於土地權利變更後一個月內為之，因繼承而移轉，期限為六個月。如申請逾期，每逾一個月，得處應納登記費一倍之罰鍰，最高不得超過二十倍。因可歸責於權利人或義務人之事由致未如期申請者，其罰鍰應由有責任之一方繳納。

2. 土地登記規則第50條規定：

⑴逾期申請登記之罰鍰，應依土地法之規定計收。

⑵土地權利變更登記逾期申請，於計算登記費罰鍰時，對於不能歸責於申請人之期間，應予扣除。

◎**有關逾期申請登記計收罰鍰適用行政罰法規定相關事宜**（100.4.7內政部內授中辦地字第1000724148號令修正發布）

一、有關土地法第73條規定逾期申請登記所計收之罰鍰，經函准法務部98年11月27日法律字第0980046887號函釋，係就行為人違反應於一定期限內為聲請之義務所為裁罰性不利處分，其本質應屬行政罰，依行政罰法第1條規定，登記罰鍰除優先適用土地法規定外，餘未規定者應適用行政罰法之規定。

二、修正現行登記罰鍰作業規定如下：

㈠登記罰鍰裁處之對象及程序：依行政罰法第3條及第44條規定，登記機關為逾期申請登記罰鍰之裁處時，應以違反登記義務之登記權利人為對象，並應另作成裁處書為送達，故登記申請案件若涉有登記罰鍰時，登記機關仍應依法審查登記，並另對登記權利人因怠於申辦登記而應處之罰鍰作成裁處書及為送達；裁處書格式如附件（略）。

㈡登記罰鍰之減輕或免罰：

1.依行政罰法第9條規定，行為人受行政處罰應依年齡或辨識能力而為不罰或減輕，因土地法規並無因受罰人之年齡或其精神狀態不同而為不罰或減輕，或就行為人之法定代理人之代理行為有違反行政法之義務仍須加以處罰另予規定，故登記罰鍰仍應適用上開行政罰法規定辦理。

2.參照最高法院90年12月份第2次庭長法官聯席會議決議，行政罰鍰係國家為確保行政秩序之維持，對於違規之行為人所為之財產上制裁，而違規行為之行政法上責任，性質上不得作為繼承之對象，故原繼承人對於遲延登記而應課處罰鍰之責任應因其死亡而歸於消滅，無由將該責任轉由其再轉繼承人負擔。是登記機關受理逾期申辦繼承登記案件，如涉有再轉繼承時，應由登記機關個別考量可歸責於繼承人及再轉繼承人之情形，分別計收罰鍰，至已死亡之原繼承人所應課處之登記罰鍰，不再予計收。

㈢登記簿註記「罰鍰〇〇元」等文字之處理：依土地登記規則第100條及第120條規定，部分共有人或繼承人為全體共有人或繼承人申辦判決共有物分割之測量、登記或相關繼承登記時，登記機關應於未會同申請之共有人或繼承人之所有權部他登記事項欄註記：「未會同申請，欠繳土地複丈費〇〇元、登記費〇〇元、書狀費〇〇元、罰鍰費〇〇元及代管費用〇〇元（無罰鍰或代管情事者免登載），繳清後發狀。」等文字，因罰鍰依

法應另作裁處書及為送達,故毋需再予註記「罰鍰○○元」。登記機關應就原已於登記簿註記欠繳罰鍰之案件,儘速依行政罰法規定作成裁處書及為送達。

㈣登記機關對逾期仍不繳納罰鍰之處理:登記權利人逾期仍不繳納罰鍰時,登記機關應依行政執行法規定移送行政執行處執行。

三、本部88年7月21日臺內中字地字第8890286號函及93年8月12日內授中辦地字第0930724588號函關規定,與行政罰法規範裁罰對象應為違反行政義務之人有違,一併停止適用。另因罰鍰應另作裁處書及為送達,爰修正本部89年11月1日臺內中地字第8971914號、90年6月22日臺內地字第9073215號及94年12月9日臺內地字第0940073597號函,有關註記內容,刪除「罰鍰○○元」等文字。

(註:二㈠有關登記罰鍰裁處之對象為「以違反登記義務之登記權利人為對象」之規定,業經內政部100年4月7日內授中辦地字第1000724148號令修正為「以違反登記義務之行為人為對象」。)

○○市（縣）○○○地政事務所土地登記罰鍰裁處書（稿）

年　月　日　　　　　　　　　　　　　　　　　○○罰字第NO.　　　　號

繳 款義 務 人	姓名或名稱		住址			
	統一編號		出生日期		電話	
代表人或管理人	姓名或名稱		住址			
	統一編號		出生日期		電話	
代理人	姓名或名稱		住址			
	統一編號		出生日期		電話	

不動產標的	
事　　實	申請人○○○申辦（代為申辦）○○登記（○○年○○月○○日○○○字第○○○○○○號收件），因逾○○個月，依土地法第73條第2項規定裁處罰鍰。

裁罰基準（登記費）		裁罰倍數		裁罰應繳金額（元）	

繳納期限	自本裁處書送達之次日起算30日內
繳納方式	臨櫃繳納：○○市（縣）○○地政事務所（地址：　　　　　　　　　） 匯款方式：代收金融機構名稱：○○銀行○○分行、代號：○○○○○○○ 　　　　　匯款帳號：○○○○○○、匯款戶名：○○市（縣）○○地政事務所。 　　　　　【匯款後，請將匯款收據及裁處書影本郵寄或傳真至○○市（縣）○○ 　　　　　地政事務所，地址：○○○○○○傳真：○○○○○○○】

法 令 依 據	一、土地法第73條第2項規定：「前項聲請，應於土地權利變更後一個月內為之。其係繼承登記者，得自繼承開始之日起，六個月內為之。聲請逾期者，每逾一個月得處應納登記費額一倍之罰鍰，但最高不得超過二十倍。」 二、土地登記規則第50條規定：「逾期申請登記之罰鍰，應依土地法規定計收。土地權利變更登記逾期申請，於計算登記費罰鍰時，對於不能歸責於申請人之期間，應予扣除。」 三、內政部訂頒「土地登記規費及其罰鍰計收補充規定」第8(1)點及8(2)點規定：「逾期申請土地權利變更換記者，其罰鍰計算方式如下：（一）法定登記期限之計算：土地權利變更登記之申請登記期限，自登記原因發生之次日起算，並依行政程序法第48條規定計算其終止日。（二）可扣除期間之計算：申請人自向稅捐徵機關申報應繳稅款之當日算起，至限繳日期止及查欠稅費期間，及行政爭訟期間得視為不可歸責於申請人之期間，予以全數扣除；其他情事除得依有關機關核發文件之收件及發件日期核計外，應由申請人提出具體證明，方予扣除。但如為一般公文書及遺產、贈與稅繳（免）納證明等項文件，申請人未能舉證郵戳日期時，得依其申請，准予扣除郵遞時間4天。」
注 意 事 項	一、本案逾期申請登記如有不可歸責於受處分人之事由者，請提出具體證明，再行重新核計。 二、受處分人如有不服，得依訴願法第14條及第58條規定，自本件裁罰書達到之次日起算30日內，繕具訴願書並檢附本裁罰書影本，向本所遞送（以實際收受訴願書之日期為準），由本所層轉訴願管轄機關○○市（縣）政府訴願審議委員會提起訴願。 三、罰鍰逾期不繳納者，即移送法務部行政執行署所屬行政執行分署執行。

收款單位及經手人蓋章處	經辦人員	業務主管	機關長官

○○市（縣）○○○地政事務所土地登記罰鍰裁處書

年 月 日　　　　　　　　　　　　字第NO. 號

繳 款義務人	姓名或名稱		住址			
	統一編號		出生日期		電話	
代表人或管理人	姓名或名稱		住址			
	統一編號		出生日期		電話	
代理人	姓名或名稱		住址			
	統一編號		出生日期		電話	
不動產標的						
事　實	申請人○○○申辦（代為申辦）○○登記（○○年○○月○○日○○○字第○○○○○○○號收件），因逾○○個月，依土地法第73條第2項規定裁處罰鍰。					
裁罰基準（登記費）		裁罰倍數		裁罰應繳金額（元）		
繳納期限	自本裁處書送達之次日起算30日內					
繳納方式	臨櫃繳納：○○市（縣）○○地政事務所（地址：　　　　　　　）匯款方式：代收金融機構名稱：○○銀行○○分行、代號：○○○○○○　　　　匯款帳號：○○○○○○、匯款戶名：○○市（縣）○○地政事務所。【匯款後，請將匯款收據及裁處書影本郵寄或傳真至○○市（縣）○○地政事務所，地址：○○○○○傳真：○○○○○○○】					
法令依據	一、土地法第73條第2項規定：「前項聲請，應於土地權利變更後一個月內為之。其係繼承登記者，得自繼承開始之日起，六個月內為之。聲請逾期者，每逾一個月得處應納登記費額一倍之罰鍰，但最高不得超過二十倍。」二、土地登記規則第50條規定：「逾期申請登記之罰鍰，應依土地法規定計收。土地權利變更登記逾期申請，於計算登記費罰鍰時，對於不能歸責於申請人之期間，應予扣除。」三、內政部訂頒「土地登記規費及其罰鍰計收補充規定」第8(1)點及8(2)點規定：「逾期申請土地權利變更換記者，其罰鍰計算方式如下：（一）法定登記期限之計算：土地權利變更登記之申請登記期限，自登記原因發生之次日起算，並依行政程序法第48條規定計算其終止日。（二）可扣除期間之計算：申請人自向稅捐徵機關申報應繳稅款之當日算起，至限繳日期止及查欠稅費期間，及行政爭訟期間得視為不可歸責於申請人之期間，予以全數扣除；其他情事除得依有關機關核發文件之收件及發件日期核計外，應由申請人提出具體證明，方予扣除。但如為一般公文書及遺產、贈與稅繳（免）納證明等項文件，申請人未能舉證戳日期時，得依其申請，准予扣除郵遞時間4天。」					
注意事項	一、本案逾期申請登記如有不可歸責於受處分人之事由者，請提出具體證明，再行重新核計。二、受處分人如有不服，得依訴願法第14條及第58條規定，自本件裁罰書達到之次日起30日內，繕具訴願書並檢附本裁罰書影本，向本所遞送（以實際收受訴願書之日期為準），由本所層轉訴願管轄機關○○市（縣）政府訴願審議委員會提起訴願。三、罰鍰逾期不繳納者，即移送法務部行政執行署所屬行政執行分署執行。					

處分機關

（機關首長）○○○

◎執行登記罰鍰事宜（100.2.15內政部內授中辦地字第1000041451號函）

一、有關債權人代位債務人申辦繼承登記，有逾期應計收罰鍰之情形，應否對繼承人開立裁處書及對債權人併予處罰部分，按依行政罰法第3條規定，所稱行為人，係指實施違反行政法上義務行為之自然人、法人、設有代表人或管理人之非法人團體、中央或地方機關或其他組織，爰登記機關為逾期申辦登記罰鍰之裁處時，應以違反登記義務之行為人為對象，並依同法第44條規定作成裁處書為送達。至於法院准許債權人代位申請至其向登記機關申請繼承登記之期間，得否視為非可歸責於債務人之期間而得予以全數扣除乙節，宜視繼承人有否因此無法申請繼承登記判斷，因涉及具體個案之審認，仍請本於職權辦理。

二、有關申請人（或代理人）於登記機關未開立裁處書前，即請求預繳罰鍰，是否仍需作成裁處書及得否以登記申請案之代理人為受送達人部分，按依行政罰法第44條規定，登記機關應對違反登記義務之行為人作成裁處書及為送達，關於申請人於開立裁處書前即請求繳清登記罰鍰，登記機關應如何開立並交付裁處書，因涉實務執行事宜，仍請本於職權辦理。又登記申請案之代理人得否為裁處書之受送達人乙節，依民法第103條規定，代理人於代理權限內，以本人名義所為之意思表示，直接對本人發生效力，爰此節應視該代理人之權限有無包含代為接受及轉處該裁處書而定。

◎有關土地法第73條有關登記機關執行登記罰鍰事宜（100.4.7內政部內授中辦地字第1000724148號令）

一、有關土地法第73條第2項規定登記罰鍰之執行相關事宜，請依下列規定辦理：

　㈠土地法第73條第2項規定，係對申請人逾期申請登記所為之處罰，該罰鍰之主要目的，乃為促使利害關係人儘速申辦登記，針對其逾期登記而違反行政法上義務行為之制裁。申請人逾期未申請登記而違反行政法上義務之行為，至其申請登記前，該違法行為仍繼續中，其登記義務未被免除，需俟申請登記時該繼續行為才結束。故從行政罰之本質及行政管制面之角度觀之，登記罰鍰之裁處權時效起算時點應自申請人履行登記義務時開始起算，亦即為登記機關受理申請登記之時。

　㈡依行政罰法第7條規定意旨，違反行政法上義務之行為非出於故意或過失者，不予處罰，且行政機關欲對行為人為處罰時，應負證明行為人有故意或過失之舉證責任。惟不動產物權因法律行為或法律事實發生變動後，均應辦理登記始得發生物權效力或處分該物權，依土地登記規則第24條之1規定，申請人得向地政機關查詢相關土地登記資料，以知悉不動產權利之有無並依法申辦登記，故登記機關已盡其主觀責任條件之證明責任，若登記案件仍有逾期申請登記情事，申請人縱非故意，亦有應注

意且能注意而不注意之過失責任。又登記機關係被動接受申請登記，難以得知不動產物權已發生變動，物權變動之當事人本應負有協力申辦登記之義務（最高行政法院98年判字第258號判決參照）。爰申請人未依規定期限申請權利變更登記，登記機關應依土地法第73條及土地登記規則第50條規定計算登記罰鍰。至倘逾期申請登記係因其他申請人怠於會同申請所致，並提出證明文件者，應由登記機關就具體個案事實，本於職權依行政罰法第7條規定辦理。

(三)依土地法第73條及第76條規定登記罰鍰總數額不得逾申請不動產標的申報地價或權利價值千分之二十之意旨，同一登記案件有數申請人因逾期申請登記而應處罰鍰時，應由全體登記申請人共同負擔全部罰鍰，登記機關應對各別行為人分算罰鍰作成裁處書並分別送達。

(四)同一登記案件有數申請人因逾期申請登記而應處罰鍰時，應先就案件應納登記費額依下列方式分算各申請人應納之登記費額後，再依其逾期月數計算各自應繳之罰鍰：

　1.屬依法由權利人單獨申請之登記，按各權利人取得不動產之權利價值比例分算；取得之物權為公同共有權利者，除成立公同共有關係之法律未規定或契約未約定公同共有不動產之潛在應有部分，應推定為均等外，按各權利人之潛在應有部分分算罰鍰。

　2.屬依法應由權利人及義務人會同申請之登記，應先由權利人及義務人各負擔罰鍰二分之一，再按權利人及義務人各自取得或處分之權利價值比例分算罰鍰。

(五)同一登記案件有數申請人因逾期申請登記應予課罰時，應依前開分算方式計算各申請人應納之罰鍰，涉有不罰或減輕處罰情形時，其處理方式如下：

　1.登記申請人有行政罰法第9條第1項及第3項不予處罰之情形者，應不得列為登記罰鍰之裁處對象。

　2.登記申請人有同法第9條第2項及第4項規定得減輕處罰者，應就其原應負擔之罰鍰減輕二分之一。

　3.繼承登記有再轉繼承情形者，已死亡之原繼承人所延遲時間不予計算，故再轉繼承人未逾期申請者，則不列為登記罰鍰之裁處對象；其仍逾期申請者，自原繼承人死亡之時起，按其逾期月數計算罰鍰。

　4.罰鍰有不罰或減輕之情事者，應於裁處書之「裁罰應繳金額」欄內註明減少金額及理由。

二、參照法務部99年8月2日法律決字第0999026300號函釋，行政罰法第19條第1項所稱「法定最高額」，於土地法第73條所定罰鍰非定額之情形，應以裁罰機關就具體個案調查認定依該條規定所應受法定最高額之罰鍰金額為

準。故登記機關依土地法第73條規定裁處登記費之倍數所計算之登記罰鍰在新臺幣3000元以下者，得依具體個案情況衡酌處罰。

三、依行政罰法第3條規定，該法所稱行為人係指實施違反行政法上義務行為之自然人、法人、設有代表人或管理人之非法人團體、中央或地方機關或其他組織，故登記機關為逾期申辦登記罰鍰之裁處時，應以違反登記義務之行為人為對象，本部99年1月26日內授中辦地字第0990723661號令二㈠有關登記罰鍰裁處之對象為「以違反登記義務之登記權利人為對象」之規定，與土地法第73條第1項前段及上開行政罰法規定未合，應修正為「以違反登記義務之行為人為對象」。

四、本部76年8月28日臺內地字第530712號、84年10月21日臺內地字第8482352號、84年11月9日臺內地字第8415370號、89年11月1日臺內中地字第8971914號、90年6月22日臺內地字第9073215號及94年12月9日臺內地字第0940073597號等函釋，涉有罰鍰之內容與現行規定不符，不予適用。

◎登記申請人於逾申請登記期限之違法行為期間，責任能力發生變動者，登記機關應依行政罰法規定細算其於違法行為期間各責任能力期間之罰鍰（104.4.1內政部內授中辦地字1040410324號函）

一、按土地法第73條第2項規定之處罰構成要件為「聲請逾期，每逾1個月得處應納登記費額1倍之罰鍰」，至20倍止；所稱「每逾1個月得處1倍之罰鍰」，係明定該罰鍰以「月」為計算單位。而以年齡區分行政罰之責任能力者，依行政罰法第9條第1項及第2項規定，分為完全責任能力（18歲以上）、限制責任能力（14歲以上18歲以下）、無責任能力（14歲以下）等3級。土地法既無相關處罰責任能力之特別規定，登記機關依土地法規定計算應處罰鍰時，自應再依上開行政罰法規定細算申請人於違法行為期間各責任能力期間之罰鍰。亦即倘登記申請人逾申請登記期限之違法行為期間，有跨越未滿14歲期間或14歲以上未滿18歲期間情形者，應依上開行政罰法及本部100年4月7日內授中辦地字第1000724148號令釋規定，於其未滿14歲之期間，不予處罰；14歲以上未滿18歲之期間，則予減輕二分之一之處罰。

二、基於登記申請人逾期未申請登記而違反行政法上義務之行為，至其申請登記前，仍屬繼續違法狀態，須俟申請登記時該違法行為才結束，登記機關亦須俟登記申請人履行登記義務時始得開始起算登記罰鍰之裁處權時效，故為貫徹土地法第73條第2項規定，藉由對逾期申請登記之行為制裁，以促使申請人儘速申辦登記之立法目的，登記罰鍰之裁處，應以登記申請人提出申請登記當時之責任能力為認定標準，惟其於違法行為期間責任能力如有變動，則應自申請登記時點往前計算，區分核計各責任能力期間應負之罰鍰。例如：繼承人逾申請繼承登記期限已達20個月以上始申請登記，申請該時年齡為18歲10個月，原應處登記費額20倍之罰鍰，但因其違法行為

期間責任能力已有變動，爰往前計算，區分完全責任能力（18歲以上）有10個月，處10倍罰鍰，限制責任能力（14歲以上未滿18歲）有10個月，處5倍罰鍰，據以核計該繼承人應納登記費額15倍之罰鍰。

（註：業經本部104年6月23日內授中辦地字第1041305286號函修正說明二末段為「14歲以上未滿18歲之期間，則得本於職權裁量減輕二分之一之處罰。」）

◎**登記機關對14歲以上未滿18歲之申請人為登記罰鍰之裁處，得本於職權裁量減輕二分之一之處罰**（104.6.23內政部內授中辦地字第1041305286號函）

按行政罰法第9條第2項對於14歲以上未滿18歲人之行為，規定得減輕處罰。因係規定「得」減輕處罰，即賦予行政機關裁量空間，故行政機關為裁罰時，仍應本於職權，考量行為人之主觀因素及行為當時之客觀環境情狀，加以綜合判斷，以作為認定應否減輕處罰鍰之依據（法務部104年4月23日法律字第10403504130號函釋參照），爰本部104年4月1日內授中辦地字第1040410324號函說明二末段「……14歲以上未滿18歲之期間，則予減輕二分之一之處罰」修正為「……14歲以上未滿18歲之期間，則得本於職權裁量減輕二分之一之處罰」。

㈣退還登記費

土地登記規則第51條規定：

1. 已繳之登記費及書狀費，有下列情形之一者，得由申請人於五年內請求退還之：
   ⑴登記申請撤回者。
   ⑵登記依法駁回者。
   ⑶其他依法令應予退還者。
2. 申請人於五年內重新申請登記者，得予援用未申請退還之登記費及書狀費。

◎**土地登記規費及其罰鍰計收補充規定**（93.8.13內政部修正發布）

一、新登記土地辦理所有權第一次登記之登記費，應以該土地依平均地權條例施行細則第25條第1項規定補辦規定地價時之申報地價為準計收。

二、申辦區分所有建物第一次登記所附使用執照列有工程造價者，其需就各區分所有建物分別計收規費時，應以工程造價之總價除以使用執照所列建物總面積，所得之單位工程造價，乘以建物勘測面積計算之。但建物使用執照附表已載有各區分所有建物之面積及造價者，得逕依其所列造價計收登記費。

三、申辦建物所有權第一次登記，如係使用執照上各區分所有建物全部一次申請登記者，依其使用執照所列工程造價之總價計收登記費。至於各區分所有建物應分擔之登記費，由申請人或代理人自行分算，其分算標準得以使用執照所列建物面積

或勘測面積計算之。

四、區分所有建物未能依第3點規定全部一次申請登記者，除申請人得檢附全體起造人協議分算之各區分所有建物工程造價分算表依法計收登記費外，仍應依第2點規定計收登記費。

五、土地權利變更登記之登記費核計標準，除法令另有規定外，依下列規定辦理：

　　㈠所有權移轉登記，以申報地價、稅捐機關核定繳（免）納契稅之價值為準。

　　㈡典權設定登記，以權利價值、稅捐機關核定之繳（免）納契稅之價值為準。

　　㈢繼承登記，土地以申報地價；建物以稅捐機關核定繳（免）納遺產稅之價值為準，無核定價值者，依房屋稅核課價值為準。

　　㈣無核定價值或免申報者，以土地權利變更之日當期申報地價或房屋現值為準；無當期申報地價者，以土地權利變更之日最近一期之申報地價為準。

　　㈤共有物分割登記，以分割後各自取得部分之申報地價、稅捐機關核定之繳（免）納契稅之價值計收。

　　㈥經法院拍賣之土地，以權利移轉證明書上之日期當期申報地價為準。但經當事人舉證拍定日非權利移轉證明書上之日期者，以拍定日當期申報地價為準。其拍定價額低於申報地價者，以拍定價額為準。至於法院拍賣之建物，依其向稅捐單位申報之契稅價計收登記費。

　　㈦信託移轉登記，以當事人自行於申請書填寫之信託契約或信託遺囑權利價值為準。

六、申辦土地登記，合於土地法第76條第2項、第78條及土地登記規則第46條規定情形者，免納登記費。法院檢察署辦理罰金執行案件就受刑人遺產執行囑辦繼承登記者，亦同。

七、土地因逕為分割，所有權人就新編地號請領權利書狀者，免納書狀工本費。

八、逾期申請土地權利變更登記者，其罰鍰計算方式如下：

　　㈠法定登記期限之計算：土地權利變更登記之申請登記期限，自登記原因發生之次日起算，並依行政程序法第48條規定計算其終止日。

　　㈡可扣除期間之計算：申請人自向稅捐稽徵機關申報應繳稅款之當日起算，至限繳日期止及查欠稅費期間，得視為不可歸責於申請人之期間，予以全數扣除；其他情事除得依有關機關核發文件之收件及發件日期核計外，應由申請人提出具體證明，方予扣除。但如為一般公文書及遺產、贈與稅繳（免）納證明等項文件，申請人未能舉證郵戳日期時，得依其申請，准予扣除郵遞時間四天。

　　㈢罰鍰之起算：逾越法定登記期限未超過一個月者，雖屬逾期範圍，仍免予罰鍰，超過一個月者，始計收登記費罰鍰。

　　㈣駁回案件重新申請登記其罰鍰之計算：應依前三款規定重新核算，如前次申請已核計罰鍰之款項者應予扣除，且前後數次罰鍰合計不得超過二十倍。

九、因逾期繳納與土地登記有關之稅費，其處滯納金罰鍰之期間，非不能歸責於申請

人，計收登記費罰鍰時不能扣除。

十、登記案件經駁回後五年內重新申請者，已繳之登記費及權利書狀費准予援用；若係多次被駁回，均在前次駁回後五年內重新申請登記者，其已繳之登記費及權利書狀費亦准予援用。申請退費，應於最後一次駁回後五年內為之。

㈤登記費罰鍰不退還

土地登記規則第52條規定：

1.已繳之登記費罰鍰，除法令另有規定外，不得申請退還。

2.經駁回之案件重新申請登記，其罰鍰應重新核算，如前次申請已核計罰鍰之款項者應予扣除，且前後數次罰鍰合計不得超過應納登記費之二十倍。

二、書狀費

土地登記完畢後，如需發給權利書狀，於計收登記費時，同時計收書狀費，依土地法第67條規定，其費額由中央地政機關定之。目前書狀費及其工本費每張80元。

三、測量費、謄本費及閱覽費

㈠土地複丈費及建築改良物測量費收費標準（103.5.8內政部修正發布）

1.本標準依土地法第47條之2及規費法第10條第1項定訂定之。

2.土地複丈費之收費如附表一。

3.建築改良物測量費之收費如附表二。

4.各級法院囑託辦理複丈及測量業務，並限期在十五日內辦理者，其費用依前二條規定加倍計收。

5.各級法院或檢察機關行使國家刑罰權囑託辦理測量、複丈者，免納費用。

6.本標準自發布日施行。

附表一　土地複丈費之收費標準表

項次	項　目	收　費　標　準
一	土地分割複丈費	按分割後筆數計算，每單位以新臺幣800元計收。申請人未能埋設界標，一併申請確定分割點界址者，加繳複丈費之半數。
二	土地合併複丈費	免納複丈費。
三	土地界址鑑定費	每單位以新臺幣4,000元計收。
四	土地地目變更勘查費	每單位以新臺幣400元計收。
五	土地界址調整複丈費	每單位以新臺幣800元計收。申請人未能埋設界標一併申請確定調整後界址點者，加繳複丈費之半數。
六	調整地形複丈費	每單位以新臺幣800元計收。申請人未能埋設界標一併申請確定調整後界址點者，加繳複丈費之半數。
七	土地他項權利位置之測量費或鑑定費	每單位以新臺幣4,000元計收。
八	未登記土地測量費	每單位以新臺幣4,000元計收。必須辦理基本控制測量或圖根測量者，其測量費用，應另案核計。
九	土地自然增加或浮覆測量費	每單位以新臺幣4,000元計收。必須辦理基本控制測量或圖根測量者，其測量費用，應另案核計。
十	土地坍沒複丈費	以坍沒後存餘土地每單位新臺幣800元計收。

附註：土地分割複丈費、土地界址鑑定費、土地地目變更勘查費、土地界址調整複丈費、調整地形複丈費、土地他項權利位置之測量費或鑑定費、未登記土地測量費、土地自然增加或浮覆測量費、土地坍沒複丈費，以每筆每公頃為計收單位，不足一公頃者，以一公頃計，超過一公頃者，每增加半公頃增收半數，增不足半公頃者，以半公頃計；至面積超過十公頃者，由登記機關依規費法規定，核實計算應徵收規費，並檢附直接及間接成本資，經該級政府規費主管機關（財政局、處）同意，報直轄市或縣（市）政府核定後計收。

附表二　建築改良物測量費之收費標準表

項次	項　目	收　費　標　準
一	建物位置圖測量費	每單位以新臺幣4,000元計收。同棟其他區分所有權人申請建物位置圖勘測時，可調原勘測位置圖並參酌使用執照竣工平面圖或建造執照設計圖轉繪之。每區分所有建築改良物應加繳建物位置圖轉繪費新臺幣200元。
二	建物平面圖測量費	每單位以新臺幣800元計收，如係樓房，應分層計算，如係區分所有者，應依其區分，分別計算。
三	建築改良物合併複丈費	按合併前建號計算，每單位以新臺幣400元計收。
四	建築改良物分割複丈費	按分割後建號計算，每單位以新臺幣800元計收。
五	建築改良物部分滅失測量費	按未滅失建築改良物之面積計算，每單位以新臺幣800元計收。
六	未登記建築改良物，因納稅需要，申請勘測之測量費	依建物位置圖測量費計收。
七	建築改良物基地號或建築改良物門牌號變更勘查費	不論面積大小，以每建號計算，每單位以新臺幣400元計收。

項次	項 目	收 費 標 準
八	建築改良物全部滅失或特別建築改良物部分滅失之勘查費	不論面積大小，以每建號計算，每單位以新臺幣400元計收。
九	建物位置圖轉繪費	每建號新臺幣200元計收。
十	建物平面圖轉繪費	每建號新臺幣200元計收。
十一	建物平面圖或建物測量成果圖影印本	以每張新臺幣15元計收。
十二	建物測量成果圖採電腦列印	以每張新臺幣20元計收。

附註：
一、建物位置圖測量費及未登記建築改良物，因納稅需要，申請勘測之測量費，以整棟建築改良物為一計收單位。
二、建物平面圖測量費、建築改良物合併複丈費、建築改良物分割複丈費、建築改良物部分滅失測量費，以每建號每50平方公尺為計收單位，不足50平方公尺者，以50平方公尺計。

◎土地或建築改良物權利書狀及申請應用地籍資料規費收費標準（103.3.17內政部修正發布）

第1條 本標準依土地法第67條、第79條之2第2項及規費法第10條第1項規定訂定之。

第2條 土地或建築改良物所有權狀及他項權利證明書，其書狀費或換發、補發工本費之費額為每張新臺幣80元。
申請應用地籍資料，其工本費或閱覽費之費額如附表。

第3條 本標準自發布日施行。

項 目	費 額
登記（簿）謄本或節本工本費	人工影印：每張新臺幣5元 電腦列印：每張新臺幣20元
地籍圖謄本工本費	人工影印：每張新臺幣15元 人工描繪：每筆新臺幣40元 電腦列印：每張新臺幣20元
登記申（聲）請書及其附件影印工本費	每張新臺幣10元
登記申（聲）請書及其附件閱覽、抄錄或攝影閱覽費	每案新臺幣75元 限時20分鐘
各類登記專簿影印工本費	每張新臺幣10元
各類登記專簿閱覽、抄錄或攝影閱覽費	每案新臺幣75元 限時20分鐘
地籍圖之藍曬圖或複製圖閱覽費	每幅新臺幣10元 限時20分鐘
電子處理之地籍資料（含土地資料及地籍圖）到所查詢閱覽費	每筆（棟）新臺幣20元 限時5分鐘

項　　目	費　　額
電子處理之地籍資料電傳資訊閱覽費	每人每筆（棟）新臺幣10元
歸戶查詢閱覽費	每次新臺幣45元 限時10分鐘
地籍異動索引查詢閱覽費	每筆（棟）新臺幣10元 限時3分鐘
各項查詢畫面列印工本費	每張新臺幣20元
土地建物異動清冊影印工本費	每張新臺幣5元

(二)不退回測量費
　　1.地籍測量實施規則第211條第2項規定，申請人屆時不到場或不依規定埋
　　　設界標者，視為放棄複丈之申請，已繳土地複丈費不予退還。
　　2.地籍測量實施規則第264條第2項規定，申請人屆時不到場者，視為放棄
　　　測量之申請，已繳建物測量費不予退還。
(三)退回測量費
　　1.已繳複丈費有下列情形之一者，申請人得於五年內請求退還其已繳土地
　　　複丈費：（地測規則第214條）
　　　⑴依第211條之1規定申請撤回。
　　　⑵申請再鑑界，經查明第一次複丈確有錯誤。
　　　⑶經通知補正逾期未補正而駁回。
　　　⑷其他依法令應予退還。
　　前項第1款、第3款之情形，其已支出之費用應予扣除。
　　申請人於五年內重新申請複丈者，得予援用其得申請退還之土地複丈費。
　　2.已繳建物測量費，有下列情形之一者，申請人得於五年內請求退還其已
　　　繳建物測量費：（地測規則第266條）
　　　⑴依第264條之1規定申請撤回。
　　　⑵經通知補正逾期未補正而駁回。
　　　⑶其他依法令應予退還。
　　前項第1款、第2款之情形，其已支出之費用應予扣除。
　　申請人於五年內重新申請建物測量者，得予援用其得申請退還之建物測量
費。
　　3.申請退回測量費，得用十行紙填寫申請書並檢附原繳納收據及駁回通知
　　　書或有關證明文件，向原地政事務所提出申請。

申 請 書

受文者：臺北市○○地政事務所

主　旨：為臺北市○○區○段○小段○地號土地買賣移轉登記費，請惠准予退還。

說　明：

一、本案前述土地買賣移轉登記，於民國△△年△月△日提向　貴所申請收件並繳納登記規費在案。該申請案業經　貴所駁回，無法辦理登記。

二、茲檢附駁回理由書及登記規費繳納收據各乙份，請惠准予退費。

申請人：張○○　印

住　址：△△△△△△△△△△△

電　話：△△△△△△△△△△

中　華　民　國　△　△　年　△　月　△　△　日

第六節　土地登記處理程序

一、處理程序

　　㈠本書第二編各章節，將分述各種登記的處理程序，本節係依土地登記規則的規定，予以敘述。

　　㈡處理土地登記程序，依土地登記規則第53條規定如下：

　　1.收　件

　　　⑴土地登記規則第54條規定，登記機關接收登記申請書時，應即收件，並記載收件有關事項於收件簿與登記申請書。收件，並應按接收申請之先後編列收件號數，登記機關並應給與申請人收據。

　　　⑵登記電腦化作業後，因電腦連線，為簡政便民，乃有跨所收件之作法。

◎**臺北市政府地政局所屬各地政事務所登記案件跨所收件實施要點**（100.12.29修正發布）

一、臺北市政府地政局為提供土地登記案件得於本市各地政事務所（以下簡稱各所）申請跨所收件服務，特訂定本要點。

二、申請人或代理人申請登記案件跨所收件時，應填具土地建物登記案件跨所收件申請單（格式一），連同土地登記申請書及相關文件至各所申辦並繳納規費。

三、各所接到跨所申請案件時，應即收件、計收規費並掣給收據。

四、跨所收件之登記案件收件字號以轄區地政事務所（以下簡稱轄區所）之字號編列，收件收據之初審欄得不予記載但應載明轄區所全銜、電話、地址等資料，以供申請人查詢。

五、跨所收件之地政規費及規費收入憑證，由收件地政事務所（以下簡稱收件所）逕依臺北市政府地政局所屬各地政事務所地政規費作業注意事項辦理。

六、申請人申請跨所收件之案件處理期限，自轄區所收執後起算。

七、登記完畢後須發還或發給之證件，申請人得選擇向轄區所領取，或另檢附雙掛號郵資由轄區所郵寄。

八、各所受理跨所收件後，應記載於專冊（格式二），並於每日中午十二時前將收件完成之登記案件、跨所收件申請單及專冊，以公文交換方式送交轄區所。轄區所之收件人員應為點收並於專冊上蓋收訖章後配賦審查人員，專冊並應於隔日交換回收件所。

九、各所收件人員應依規定申請登記案管系統之建檔子系統及配件子系統、異動子系統、地價處理系統之查詢子系統之使用權限。

十、登記案件經跨所收件計收規費後之土地登記程序及申請閱覽、抄寫、複印或攝影登記申請書及附件等作業，由轄區所辦理。

十一、登記案件經駁回、撤回或依法令應予退還地政規費時，應向轄區所申請。轄區
　　　所審核無誤後，應將准予退還規費之相關文件函請收件所辦理退費手續。
　　　退費申請人非向轄區所申請退費時，應移請轄區所辦理。

　　2.計收規費。
　　3.審　查
　　　⑴分為初審、複審及核判。土地登記規則第55條規定，登記機關接收登
　　　　記案件後，應即依法審查。辦理審查人員，應於登記申請書內簽註審
　　　　查意見及日期，並簽名或蓋章。經審查無誤者，應即登記於登記簿
　　　　上。惟如需公告或停止登記者，不在此限。
　　　⑵補正與駁回：登記案件經審查有誤時，應依土地登記規則第56條及第
　　　　57條規定，分別予以通知補正或駁回。
　　4.公　告
　　　⑴於土地總登記、土地所有權第一次登記、建物所有權第一次登記、時
　　　　效取得登記、書狀補給登記及其他法令規定者適用。
　　　⑵公告期間分別為十五天（土登第72條）及三十天。（土登第118、155條）
　　5.登　簿
　　　⑴登記，應依各類案件分別訂定處理期限，並依收件號數之次序或處理
　　　　期限為之。其為分組辦理者，亦同。除法令另有規定外，同一宗土地
　　　　之權利登記，其收件號數在後之土地，不得提前登記。登記程序開始
　　　　後，除法律或本規則另有規定外，不得停止登記之進行。（土登第61
　　　　條）
　　　⑵登記原因證明文件所載之特約，其屬應登記以外之事項，登記機關應
　　　　不予審查登記。（土登第63條）
　　　⑶權利人為二人以上時，應將全部權利人分別予以登載。義務人為二人
　　　　以上時，亦同。（土登第64條）
　　6.繕發書狀
　　　⑴應登記之事項記載於登記簿後，應由登簿及校對人員分別辦理並加蓋
　　　　其名章。（土登第62條）
　　　⑵土地權利，經登記機關依土地登記規則登記於登記簿，並校對完竣，
　　　　加蓋登簿及校對人員名章後，為登記完畢。土地登記以電腦處理者，
　　　　經依系統規範登錄、核對，並異動地籍主檔完竣後，為登記完畢。
　　　　（土登第6條）
　　　⑶土地登記規則第65條規定：
　　　　①土地權利於登記完畢後，除本規則或其他法規另有規定外，登記機
　　　　　關應即發給申請人權利書狀。但得就原書狀加註者，於加註後發還

之。

②有下列情形之一，經申請人於申請書記明免繕發權利書狀者，得免發給之，登記機關並應於登記簿其他登記事項欄內記明之：

(A)建物所有權第一次登記。

(B)共有物分割登記，於標示分割登記完畢者。

(C)公有土地權利登記。

③登記機關逕為辦理土地分割登記後，應通知土地所有權人換領土地所有權狀；換領前得免繕造。

(4)分別或合併發給：（土登第66條）

①土地權利如係共有者，應按各共有人分別發給權利書狀，並於書狀內記明其權利範圍。

②共有人取得他共有人之應有部分者，於申請登記時，應檢附原權利書狀，登記機關應就其權利應有部分之總額，發給權利書狀。

③同一所有權人於同一區分所有建物有數專有部分時，其應分擔之基地權利應有部分，得依申請人之申請分別發給權利書狀。

(5)登記完畢之登記申請書件，除登記申請書、登記原因證明文件或其副本、影本及應予註銷之原權利書狀外，其餘文件應加蓋登記完畢之章，發還申請人。（土登第68條）

(6)由權利人單獨登記者，登記機關於登記完畢後，應即以書面通知登記義務人。但無義務人者，不在此限。義務人為二人以上時，應分別通知之。（土登第69條）

(7)領狀：登記完畢時，權利人或代理人接獲通知，或查閱收件簿得知登記完畢時，應即憑收件收據及印章，領取權利書狀及有關應行領回之文件。

7.異動整理

(1)包括統計及異動通知。

(2)通知：（土登第69條）

①由權利人單獨申請登記者，登記機關於登記完畢後，應即以書面通知登記義務人。但有下列情形之一者，不在此限：

(A)無義務人者。

(B)法院、行政執行分署或公正第三人拍定之登記。

(C)抵押權人為金融機構，辦理抵押權塗銷登記，已提出同意塗銷證明文件者。

②前項義務人為二人以上時，應分別通知之。

8.歸　檔。

二、權利書狀之公告註銷

土地登記規則第67條規定，土地登記有下列各款情形之一，未能提出權利書狀者，應於登記完畢時公告註銷：

㈠申辦繼承登記，經申請之繼承人檢附切結書者。

㈡申請他項權利塗銷登記，經檢附他項權利人切結書者，或他項權利人出具已交付權利書狀之證明文件，並經申請人檢附未能提出之切結書者。

㈢申請建物滅失登記，經申請人檢附切結書者。

㈣申請塗銷信託、信託歸屬或受託人變更登記，經權利人檢附切結書者。

㈤申請都市更新權利變換登記，未受分配或不願參與分配者；或經登記機關於登記完畢後通知換領土地及建築物權利書狀，未於規定期限內提出者。

㈥合於第35條第1款至第5款、第9款及第12款情形之一者。

◎**有關土地登記案件之收件簿**（收件清冊）**得否公開提供民眾閱覽乙案**（89.11.22
內政部臺內中地字第8971941號函）

查收件簿（收件清冊）之內容尚未涉及個人資料或財產之隱私，或提供閱覽有侵害第三人權利之虞而有保密之必要，故為加強便民服務，土地登記案件之收件簿（收件清冊）得予公開。另考量地政事務所之行政成本支出，倘申請人有人工影印或電腦列印之必要，參考「土地法第67條及第79條之2規定之書狀費、工本費及閱覽費收費標準」之登記簿謄本或節本工本費收費標準（單位為新臺幣）予以規定，人工影印每張5元，電腦影印每張20元。

◎**有關同一義務人同時移轉不同標的物予不同權利人，得否免分件辦理乙案**
（89.11.24內政部臺內中地字第8971943號函）

一、按本部88年8月19日臺88內中地字第8884312號函修改「土地登記複丈地價地用電腦作業系統規範」第340頁㈤1、⑴A規定：「同一移轉案件中，各標的物之義務人必須相同。義務人不同之標的物同時移轉於同一權利人之案件，應退回請當事人分件辦理。但如分別訂立契約書且訂約日期相同者，不在此限。」在案，與本案同一義務人同時移轉不同標的物予不同權利人之情形尚屬有別。又查此類案件倘未予分件，實際執行上有以下之困擾：

㈠申請人如要求依權利人承買不同標的物而分開計徵規費、開立規費聯單時，易造成核算登記規費之不便及錯誤。

㈡因權利人不同或人數過多，所應檢附之證明文件各異、數量繁多，不僅裝訂不易，且對於審查、登錄、校對等登記作業之流程與品質造成影響。

二、綜上，同一義務人同時移轉不同標的物予不同權利人，因係屬個別不同之法律行為，應分別訂立契約，並分件辦理。

三、停止登記

政府因實施土地重劃、區段徵收及依其他法律規定，公告禁止所有權移轉、變更、分割及設定負擔之土地，登記機關應於禁止期間內，停止受理該地區有關登記案件之申請。但因繼承、強制執行、徵收、法院判決確定或其他非因法律行為，於登記前已取得不動產物權而申請登記者，不在此限。（土登第70條）

四、補正、駁回與撤回

㈠補　正

1.登記案件補正

登記案件經登記機關收件後，應即依法審查，審查結果，如有下列各款情形之一者，登記機關應以書面敘明理由或法令依據，通知申請人於接到通知書之日起十五日內補正：（土登第56條）

　　⑴申請人之資格不符或其代理人之代理權有欠缺者。

　　⑵登記申請書不合程式，或應提出之文件不符或欠缺者。

　　⑶登記申請書記載事項，或關於登記原因之事項，與登記簿或其證明文件不符，而未能證明其不符之原因者。

　　⑷未依規定繳納登記規費者。

2.土地複丈補正

登記機關受理複丈申請案件，經審查有下列各款情形之一者，應通知申請人於接到通知書之日起十五日內補正：（地測規則第212條）

　　⑴申請人之資格不符或其代理人之代理權有欠缺者。

　　⑵申請書或應提出之文件與規定不符者。

　　⑶申請書記載之申請原因與登記簿冊或其證明文件不符，而未能證明其不符原因者。

　　⑷未依規定繳納土地複丈費者。

依排定時間到場，發現有障礙物無法實施測量，需申請人排除者，登記機關應依前項規定通知補正。

3.建物測量補正

登記機關受理建物測量申請案件，經審查有下列各款情形之一者，應通知申請人於接到通知書之日起十五日內補正：（地測規則第265條）

　　⑴申請人之資格不符或其代理人之代理權有欠缺者。

　　⑵申請書或應提出之文件與規定不符者。

　　⑶申請書記載之申請原因或建物標示與登記簿冊或其證明文件不符，而未能證明不符之原因者。

(4)未依規定繳納建物測量費者。

　　依排定時間到場，發現有障礙物無法實施測量，需申請人排除者，登記機關應依前項規定通知補正。

（二）駁　回

　　1.登記案件駁回

　　　(1)登記案件經審查結果，有下列情形之一者，登記機關應以書面敘明理由及法令依據，駁回登記之申請，（土登第57條）如不服駁回者，得依訴願法規定提起訴願：

　　　　①不屬受理登記機關管轄者。

　　　　②依法不應登記者。

　　　　③登記之權利人、義務人或其與申請登記之法律關係有關之權利關係人間有爭執者：得訴請司法機關裁判。

　　　　④逾期未補正或未照補正事項完全補正者。

　　　(2)駁回登記之申請時，應將登記申請書件全部發還，並得將駁回理由有關文件複印存查。（土登第58條）

　　　(3)已駁回或撤回之登記案件，重新申請登記時，應另行辦理收件。（土登第60條）

　　2.土地複丈駁回

　　登記機關受理複丈申請案件，經審查有下列各款情形之一者，應以書面敘明法令依據或理由駁回之：（地測規則第213條）

　　　(1)不屬受理登記機關管轄者。

　　　(2)依法不應受理者。

　　　(3)逾期未補正或未依補正事項完全補正者。

　　3.建物測量駁回

　　登記機關受理建物測量申請案件，有下列各款情形之一者，應以書面敘明法令依據或理由，駁回測量之申請：（地測規則第268條準用第213條）

　　　(1)不屬受理登記機關管轄者。

　　　(2)依法不應受理者。

　　　(3)逾期未補正或未依補正事項完全補正者。

（三）撤　回

　　1.登記案件撤回

　　　(1)申請登記案件，於登記完畢前，全體申請人以書面申請撤回者，登記機關應即將登記申請書及附件發還申請人。（土登第59條）

　　　(2)登記案件經撤回後，其原繳納之土地增值稅、契稅及登記規費，均得續以申請退回。

2.複丈案件退回

撤回複丈之申請，應於複丈前以書面向登記機關提出。但屬有需通知前條第3項關係人之案件，應於原定複丈日期三日前為之。（地測規則第211條之1）

3.測量案件撤回

撤回建物測量之申請，應於測量前以書面向登記機關提出。（地測規則第264條之1）

四重新申請登記

已駁回或撤回登記案件，重新申請登記時，應另行辦理收件。（土登第60條）

申請書

受文者：臺北市○○地政事務所

主　旨：為臺北市○○區○○段○小段○○地號土地買賣移轉登記申
　　　　請案件，請惠准予撤回。

說　明：

一、如主旨所述之登記申請案件，經貴所○○年○月○日收件○字第
　　○○號在案。

二、該登記申請案尚未登記完畢，因買賣條件尚未協議成立，故擬先
　　行撤回，請惠予核准。

　　　　　　　　　　　　　申請人
　　　　　　　　　　　　　權利人：陳○○　　印
　　　　　　　　　　　　　身分證號碼：○○○○○○○○○○
　　　　　　　　　　　　　出生年月日：○○年○月○日
　　　　　　　　　　　　　地址：○○○○○○○○○○

　　　　　　　　　　　　　義務人：林○○　　印
　　　　　　　　　　　　　身分證號碼：○○○○○○○○○○
　　　　　　　　　　　　　出生年月日：○○年○月○日
　　　　　　　　　　　　　地址：○○○○○○○○○○

中　華　民　國　○○　年　○　月　○　日

第七節　地政事務所業務及轄區

一、土地登記主管機關

㈠土地法第39條規定

土地登記，由直轄市或縣（市）地政機關辦理之。但各該地政機關得在轄區內分設登記機關，辦理登記及其他有關事項。

㈡土地登記規則第3條規定

土地登記，由土地所在地之直轄市、縣（市）地政機關辦理之。但該直轄市、縣（市）地政機關在轄區內另設或分設登記機關者，由該土地所在地之登記機關辦理之。

建物跨越二個以上登記機關轄區者，由該建物門牌所屬之登記機關辦理之。

直轄市、縣（市）地政機關已在轄區內另設或分設登記機關，且登記項目已實施跨登記機關登記者，得由同直轄市、縣（市）內其他登記機關辦理之。

㈢地政事務所

前述土地法及土地登記規則所規定之登記機關，其名稱為「地政事務所」。目前各直轄市及縣（市）政府訂定有「地政事務所」「組織規程」或「組織自治條例」，其組織及管轄之業務，不盡一致，讀者得自行上網搜尋參閱之。本書僅略述臺北市、高雄市及桃園縣之地政事務所業務供參。

二、業　　務

㈠臺北市各地政事務所業務

依臺北市政府於103年11月28日發布之「臺北市各地政事務所組織規程」規定，其主要者如下：

1. 登記課：土地及建築改良物之登記審核等事項。
2. 測量課：土地複丈、建築改良物測量、圖籍資料管理及謄本核發等事項。
3. 地籍資料課：地籍資料登錄校對、書狀管理、謄本核發及地籍倉庫管理等事項。
4. 資訊課：電腦機房、網路、軟硬體規劃與管理、資訊安全管理及地政資訊業務等事項。
5. 行政課：地政規費業務、地政業務諮詢、地政志工管理、文書、檔案、出納、總務、財產管理及不屬於其他各單位事項。

㈡高雄市各地政事務所業務

依高雄市政府於102年9月30日發布之「高雄市政府地政局各地政事務所組織規程」規定，其主要者如下：

1. 登記課：土地及建築改良物登記、地籍歸戶、地籍統計、登記簿冊保管、謄本核發及地政資訊業務等事項。
2. 測量課：土地及建築改良物勘查、複丈、地籍圖、建物測量成果圖保管及謄本核發等事項。
3. 地價課：地價查估、公告土地現值、公告地價、核發地價謄本、地價資料檔釐正及異動管理及便民服務等事項。
4. 地用課：非都市土地使用編定事項、土地利用事項、研考、印信、文書、檔案、規費、庶務、出納。

(三)直轄市以外縣市各地政事務所業務

依彰化縣政府於97年6月16日發布之「彰化縣各地政事務所組織規程」規定，其主要者如下：

1. 土地建物測量事項。
2. 土地建物登記事項。
3. 地目變更及地目等則詮定調整事項。
4. 其他地籍管理事項。
5. 地價業務事項。
6. 地權調整事項。
7. 土地利用事項。
8. 非都市土地使用編定事項。
9. 資訊業務事項。
10. 其他有關地政業務事項。

三、轄　區

1. 臺北市
   (1)松山地政事務所：管轄松山、南港、信義等三區。
   (2)古亭地政事務所：管轄文山、中正二區（愛國東西路以南）等區。
   (3)建成地政事務所：管轄大同、萬華、中正一區（愛國東西路以北）等區。
   (4)士林地政事務所：管轄士林、北投等二區。
   (5)中山地政事務所：管轄中山、內湖等二區。
   (6)大安地政事務所：管轄大安區。
2. 高雄市
   (1)鹽埕地政事務所：管轄鼓山、前金、鹽埕、旗津四區。
   (2)新興地政事務所：管轄新興、苓雅二區。
   (3)前鎮地政事務所：管轄前鎮、小港二區。
   (4)楠梓地政事務所：管轄左營、楠梓二區。

(5)三民地政事務所：管轄三民區。

(6)岡山地政事務所：岡山、橋頭、梓官、彌陀、永安、燕巢。

(7)鳳山地政事務所：鳳山、大樹。

(8)路竹地政事務所：路竹、阿蓮、湖內、茄萣、田寮。

(9)仁武地政事務所：仁武、大社、鳥松。

(10)旗山地政事務所：旗山、內門、杉林、甲仙、那瑪夏。

(11)美濃地政事務所：美濃、六龜、茂林、桃源。

(12)大寮地政事務所：大寮、林園。

3.新北市

(1)板橋地政事務所：板橋、土城。

(2)三重地政事務所：三重、蘆洲。

(3)新莊地政事務所：新莊、五股、泰山、林口。

(4)新店地政事務所：新店、深坑、石碇、坪林、烏來。

(5)淡水地政事務所：淡水、三芝、石門、八里。

(6)汐止地政事務所：汐止、萬里、金山。

(7)瑞芳地政事務所：瑞芳、雙溪、平溪、貢寮。

(8)中和地政事務所：中和、永和。

(9)樹林地政事務所：樹林、鶯歌、三峽。

4.臺中市

(1)中山地政事務所：東、西、南、中等區。

(2)中正地政事務所：北區、北屯等區。

(3)中興地政事務所：西屯區、南屯區。

(4)豐原地政事務所：豐原、后里、神岡。

(5)東勢地政事務所：東勢、石岡、新社、和平。

(6)大甲地政事務所：大甲、大安、外埔。

(7)清水地政事務所：清水、梧棲、沙鹿。

(8)大里地政事務所：霧峰、大里、烏日。

(9)雅潭地政事務所：大雅、潭子。

(10)太平地政事務所：太平。

(11)龍井地政事務所：龍井、大肚。

5.臺南市

(1)臺南地政事務所：中西、北、安平等區。

(2)安南地政事務所：安南等區。

(3)東南地政事務所：東區、南區。

(4)白河地政事務所：白河、後壁、東山。

(5)歸仁地政事務所：歸仁、仁德、關廟、龍崎。

(6)麻豆地政事務所：麻豆、下營、六甲、官田、大內。

(7)玉井地政事務所：玉井、楠西、南化。

(8)鹽水地政事務所：鹽水、新營、柳營。

(9)佳里地政事務所：佳里、學甲、西港、七股、將軍、北門。

(10)新化地政事務所：新化、善化、新市、安定、山上、左鎮。

(11)永康地政事務所：永康。

6. 桃園市

(1)桃園地政事務所：桃園、龜山。

(2)中壢地政事務所：中壢、觀音。

(3)大溪地政事務所：大溪、龍潭、復興。

(4)楊梅地政事務所：楊梅、新屋。

(5)蘆竹地政事務所：蘆竹、大園。

(6)八德地政事務所：八德。

(7)平鎮地政事務所：平鎮。

7. 直轄市以外各縣市

(1)基隆市：

①安樂地政事務所：七堵、安樂、中山、暖暖。

②信義地政事務所：信義、仁愛、中正。

(2)新竹市：新竹地政事務所：新竹市。

(3)新竹縣：

①竹東地政事務所：竹東、芎林、北埔、峨眉、五峰、尖石、橫山、寶山。

②竹北地政事務所：竹北、新埔、關西。

③新湖地政事務所：湖口、新豐。

(4)苗栗縣：

①苗栗地政事務所：苗栗、公館、頭屋。

②竹南地政事務所：竹南、後龍、造橋。

③通霄地政事務所：通霄、苑裡。

④大湖地政事務所：大湖、卓蘭、獅潭、泰安。

⑤頭份地政事務所：頭份、三灣、南庄。

⑥銅鑼地政事務所：銅鑼、西湖、三義。

(5)彰化縣：

①彰化地政事務所：彰化、芬園、秀水、花壇。

②員林地政事務所：員林、大村、永靖。

③北斗地政事務所：北斗、溪州、埤頭、田尾。

④鹿港地政事務所：鹿港、福興。

　⑤和美地政事務所：和美、線西、伸港。

　⑥二林地政事務所：二林、竹塘、芳苑、大城。

　⑦田中地政事務所：田中、社頭、二水。

　⑧溪湖地政事務所：溪湖、埔鹽、埔心。

(6)雲林縣：

　①西螺地政事務所：西螺、二崙、崙背。

　②斗六地政事務所：斗六、林內、莿桐、古坑。

　③斗南地政事務所：斗南、大埤。

　④北港地政事務所：北港、元長、四湖、口湖、水林。

　⑤虎尾地政事務所：虎尾、褒忠、土庫。

　⑥臺西地政事務所：臺西、東勢、麥寮。

(7)南投縣：

　①竹山地政事務所：竹山、鹿谷。

　②南投地政事務所：南投、中寮、名間。

　③水里地政事務所：水里、集集、信義。

　④埔里地政事務所：埔里、魚池、國姓、仁愛。

　⑤草屯地政事務所：草屯。

(8)嘉義市：嘉義地政事務所：嘉義市。

(9)嘉義縣：

　①水上地政事務所：水上、太保、中埔、大埔、鹿草。

　②竹崎地政事務所：竹崎、番路、阿里山、梅山。

　③大林地政事務所：大林、溪口、民雄、新港。

　④朴子地政事務所：朴子、布袋、六腳、東石、義竹。

(10)屏東縣：

　①屏東地政事務所：屏東、萬丹、長治、麟洛、九如。

　②潮州地政事務所：潮州、萬巒、內埔、竹田、新埤、瑪家、泰武、
　　來義。

　③東港地政事務所：東港、新園、崁頂、林邊、南州、琉球。

　④恆春地政事務所：恆春、車城、滿州、牡丹。

　⑤里港地政事務所：里港、高樹、鹽埔、三地門、霧台。

　⑥枋寮地政事務所：枋寮、佳冬、枋山、春日、獅子。

(11)臺東縣：

　①臺東地政事務所：臺東、卑南、綠島、蘭嶼。

　②太麻里地政事務所：太麻里、金峰、達仁、大武。

　③關山地政事務所：關山、池上、鹿野、海端、延平。

　④成功地政事務所：成功、長濱、東河。

⑿花蓮縣：
　　①花蓮地政事務所：花蓮、吉安、壽豐、新城、秀林。
　　②玉里地政事務所：玉里、富里、瑞穗、卓溪。
　　③鳳林地政事務所：鳳林、光復、豐濱、萬榮。
⒀宜蘭縣：
　　①宜蘭地政事務所：宜蘭、頭城、礁溪、壯圍、員山。
　　②羅東地政事務所：羅東、蘇澳、五結、冬山、三星、大同、南澳。
⒁澎湖縣：澎湖地政事務所：馬公、湖西、白沙、西嶼、望安、七美。
⒂金門縣：金門地政事務所：金城、金湖、金寧、金沙、烈嶼、烏坵。
⒃連江縣：連江地政事務所：南竿、北竿、莒光、東引。

第八節　登記原因標準用語（105.3.14內政部修正發布）

　　一、為使「登記原因」用語標準化與統一化，以簡化土地登記作業，便利地籍資料電子處理作業之推展，訂頒「登記原因標準用語」一種，嗣後土地與建物登記簿「登記原因」欄，應依本表所列之登記原因標準用語填寫，如有新增或修訂之必要，應先經內政部核定。

　　二、本表內土地建物登記簿各部別欄打「✓」處，係指登記原因適用之登記部別。

　　三、本表備註欄內所列之登記原因，其性質與標準登記原因用語相同或相類者，統一以該標準登記原因登記之。

登記原因（代碼）	意　義	土地標示部	建物標示部	土地建物所有權部	土地建物他項權利部	備　註
總登記（01）	指已依法辦理地籍測量之地方，於一定期間內就市縣土地之全部所為之登記。			✓	✓	含補辦總登記、土地總登記、囑託登記、土地他項權利總登記。囑託登記應視其性質為歸為總登記或第一次登記。
第一次登記（02）	指已逾總登記期限始辦理登記之土地，或建物第一次登記。	✓	✓	✓		含土地新登記、建物所有權第一次登記、新建、改建、增建（係舊有尚未辦理登記之合法建物改建或增建後辦理第一次建物登記）、新登記地、囑託登記。
地籍圖重測（03）	地籍圖重測確定後辦理之變更登記。	✓	✓		✓	
土地重劃（04）	土地重劃確定後辦理之變更登記。	✓	✓	✓	✓	含市地重劃、農地重劃。
回復（05）	1.依土地法第12條第2項規定所為之回復所有權登記。2.依農業發展條例第17條所為之登記。	✓		✓		含浮覆。

名稱（代碼）	說明					備註
分　割（06）	指土地分割或建物分割辦理標示變更登記。	✓	✓			係除遞為分割、判決分割、和解分割、調解分割、調處分割以外之一般申請之「分割」。
遞為分割（07）	指土地遞為分割時辦理之標示變更登記。	✓				
判決分割（08）	因法院確定判決分割土地或建物辦理標示變更登記。	✓	✓			判決分割、和解分割、調解分割、調處分割專指標示部分之分割（判決共有物分割、和解共有物分割、調解共有物分割、調處共有物分割則指所有權部之分割）。
和解分割（09）	因法院和解分割土地或建物辦理標示變更登記。	✓	✓			
調解分割（10）	經法院調解成立之分割辦理標示變更登記。	✓	✓			
合　併（11）	指數宗土地或數建號建物合併為一宗或一建號時所為之變更登記。	✓	✓	✓	✓	
更　正（12）	經依法核准更正後所為之更正登記。	✓	✓	✓	✓	除姓名更正、統一編號更正、地號更正、更正編定、住址更正、出生日期更正、遺漏更正、名義更正、面積更正外，其餘各類更正皆以更正為登記原因。
更正編定（14）	土地使用編定後，因編定依法辦理更正所為之土地使用編定更正登記。	✓				
使用編定（15）	業經縣市政府依照區域計畫法等辦理非都市土地使用編定所為之編定登記。	✓				
變更編定（16）	土地使用編定後，用地依法核准變更所為之土地使用編定變更登記。	✓				
等則調整（17）	因等則調整所辦理之標示變更登記。	✓				
地目變更（18）	凡土地因主要使用狀況變更，依法核准變更地目所為之土地標示變更登記。	✓				
遞為地目變更（19）	由主管機關依法遞為辦理之地目變更登記。	✓				
部分滅失（20）	土地或建物部分因天然或人為原因致標的物部分滅失時所為之消滅登記。	✓	✓			含部分拆除、坍塌、焚燬、流失、倒塌、面積變更。
滅　失（21）	土地或建物因天然或人為原因致標的物客觀的不存在時所為之消滅登記。	✓	✓			含拆除、坍塌、焚燬、流失、倒塌。

登記類型	說明	1	2	3	4	備註
區段徵收 （22）	1.主管機關（或需用土地人）以區段徵收方式取得之私有土地之所有權移轉登記。 2.主管機關（或需用土地人）對於以作價或領回土地方式取得之公有土地之所有權移轉或管理機關變更登記。 3.區段徵收開發完成後主管機關（或需用土地人）取得但尚未辦理有償撥用、讓售或標售土地之登記。 4.依區段徵收法令應無償登記為國有、直轄市有、縣（市）有或鄉（鎮、市）有之變更登記。 5.區段徵收地區內之建物，辦理建物段名、建號變更之標示變更登記。	✓	✓	✓	✓	
地目等則調整 （23）	指主管機關依政策辦理地目等則調整之標示變更登記。	✓				
行政區域調整 （24）	因行政區域調整所為之標示變更登記。	✓	✓			
段界調整 （25）	因地段調整而辦理之土地或建物標示變更登記。	✓	✓			
地籍整理 （26）	除地籍圖重測、土地重劃、區段徵收以外因地籍整理而辦理之標示重新建立之登記。	✓	✓	✓		含工業區開發之地籍整理。
門牌整編 （28）	因街路名稱變更或門牌號數整編所為之建物標示變更登記。		✓			
基地號變更 （29）	建物坐落或建築基地地號因分割合併所為之變更登記。		✓			
增建 （30）	已辦理登記之建物因增建致面積增加，及所有權人、他項權利人依協議取得權利範圍、設定權利範圍所為之登記。		✓	✓	✓	含面積變更。
改建 （31）	已登記之建物因部分改建標示內容變更而辦理之變更登記。		✓			
查封 （33）	法院或行政執行分署因強制執行囑託登記機關所為之查封。		✓	✓	✓	
塗銷查封 （34）	法院或行政執行分署囑託塗銷查封所為之登記。	✓	✓	✓	✓	含未登記建物查封塗銷。
判決共有物分割 （35）	依法院確定判決所為之共有物分割登記。		✓	✓		判決共有物分割、和解共有物分割、調解共有物分割、調處共有物分割指所有權部分之分割。
和解共有物分割 （36）	依法院和解筆錄所為之共有物分割登記。		✓	✓		
調解共有物分割 （37）	依調解筆錄所為之共有物分割登記。		✓	✓		

登記種類	意義				備註
共有物分割（38）	指共有人依協議或依法辦理分別各自取得其應有部分所有權所為之所有權移轉登記。	✓	✓		
法人合併（39）	法人因合併所為之所有權或他項權利移轉登記。		✓	✓	含「奉令合併承受」（例第二信用合作社變更為第九信用合作社）。
住址更正（40）	因住址登記錯誤或遺漏經依法核准之更正登記。		✓	✓	
更　名（41）	1.登記名義人因姓名或名稱變更，所為之更名登記。2.管理者姓名或名義變更所為之更名登記。3.法人在未完成法人設立登記前，以代表人登記之土地所有權，於法人成立後或未奉准設立所為之更名登記。4.夫妻共同財產關係消滅時，所為共同財產之更名登記。5.抵押權登記後債務人或義務人姓名或名稱變更所為之更名登記。		✓	✓	含更名、名義（稱）變更、管理者更名。
夫妻聯合財產更名（42）	民法親屬編修正前以妻名義登記之夫妻聯合財產變更為夫名義時所為之登記。		✓	✓	含法院判決所為之夫妻聯合財產更名。
姓名更正（43）	因姓名登記錯誤或遺漏經依法核准之更正登記。		✓	✓	
統一編號更正（44）	登記名義人之統一編號因登記錯誤或遺漏經依法核准之更正登記。		✓	✓	
管理者變更（46）	管理人或管理機關變更所為之管理者變更登記。		✓	✓	含改選、推選、移交、接管、改制、公有財產劃分。
住址變更（48）	因行政區域調整或門牌整編或遷居所為之登記名義人住址變更登記。		✓	✓	
假扣押（49）	法院或行政執行分署因強制執行囑託登記機關所為之假扣押登記。		✓	✓	
假處分（50）	法院因強制執行囑託登記機關所為之假處分登記。		✓	✓	
破產登記（51）	法院囑託就破產財團因破產所為之登記。		✓	✓	
禁止處分（52）	政府機關依法律規定囑託登記機關所為禁止登記名義人處分其土地權利之限制登記。		✓	✓	
塗銷預告登記（53）	預告登記塗銷時所為之登記。		✓	✓	
塗銷假扣押（54）	法院或行政執行分署囑託塗銷假扣押所為之登記。		✓	✓	

塗銷 假處分 （55）	法院囑託塗銷假處分所為之登記。		✓	✓		
塗銷 破產登記 （56）	法院囑託塗銷破產登記所為之登記。		✓	✓		
塗銷 禁止處分 （57）	政府機關囑託塗銷禁止處分所為之登記。		✓	✓		
預告登記 （58）	經登記名義人之同意所為保全請求權之登記。		✓	✓		
書狀補給 （59）	土地權利書狀因滅失所為之權利書狀補給登記。		✓	✓		
書狀換給 （60）	1.土地權利書狀因損壞所為之權利書狀換給登記。 2.依土地登記規則第100條末段他共有人登記規費及罰鍰繳納完畢後持憑繳納收據再行繕發書狀之書狀換給。 3.其他因書狀換給所為之登記。		✓	✓		
判決回復 所有權 （61）	依法院確定判決塗銷所有權回復原所有權之登記。	✓	✓			因法律行為不成立或當然、視為自始無效，經法院判決確定之回復所有權登記。
耕作權 期間屆滿 （62）	因耕作權期間屆滿依法律規定取得所有權所為之登記。		✓			
典權回贖 除斥期滿 （63）	出典人於典期屆滿後經過二年或出典後過三十年不以原典價回贖者，典權人取得典物所有權所為之登記。		✓			
買　賣 （64）	指當事人約定一方移轉土地或建物所有權於他方，他方支付價金之契約所為之所有權移轉登記。	✓	✓			含出售、投資、核配、標售、得標、公法人收購、收買、轉帳、撥償、買回、雙方合意契約解除、土地登記規則第117條之1規定流抵約款及依據民法第926條典權人按時價找貼之所有權移轉等。
贈　與 （65）	指當事人間約定一方以土地或建物所有權或他項權利無償給予他方之契約所為之權利移轉登記。	✓	✓	✓		含捐贈。
遺　贈 （66）	登記名義人死亡，以其土地權利遺贈於他人所為之登記。	✓	✓	✓		含臺灣地區與大陸地區人民關係條例第68條第4項規定之捐助。
拍　賣 （67）	法院或行政執行分署強制將債務人財產予以拍賣後，拍定人憑其發給之權利移轉證明書所為之權利移轉登記。	✓	✓	✓		
繼　承 （68）	土地建物所有權或他項權利因權利人死亡所為之繼承登記。		✓	✓		
拋　棄 （69）	權利人拋棄其所有權或他項權利所為之塗銷登記。	✓	✓	✓		

登記名稱（代碼）	說明					備註
徵　收（70）	國家因公共事業或經濟政策依法強制取得私有土地所為之所有權移轉登記及他項權利之取得或塗銷登記。			✓	✓	含一併徵收。
放　領（71）	政府為實施耕者有其田扶植自耕農政策依有關規定將政府管有公地或從原土地所有權人徵收而來之土地放領農民和佃農所為之放領土地所有權移轉登記。			✓		含公地放領、耕者有其田放領。
照價收買（72）	政府為實施土地政策基於公權力強制依申報地價收買私有土地所為之所有權移轉登記。			✓	✓	
交　換（73）	1.當事人約定以土地或建物所有權相互交換訂立契約所為之權利移轉登記。2.已辦理編號登記之停車位與市場攤位，嗣後該相關所有權人互為調換或調整變更其分管使用之車位或攤位時所為之登記。		✓	✓		第2款如屬共同使用部分者，適用於建物標示部。
判決繼承（74）	依法院確定判決所為之繼承登記。	✓	✓	✓		
和解繼承（75）	依法院和解筆錄所為之繼承登記。	✓	✓	✓		
調解繼承（76）	以調解筆錄所為之繼承登記。	✓	✓	✓		
判決移轉（80）	依法院確定判決所為之所有權或他項權利移轉登記。		✓	✓	✓	1.含判決買賣、判決贈與。2.除法律行為不成立或當然、視為自始無效者外，移轉行為（包含解除權行使所為回復原狀）經法院判決確定之移轉登記。
和解移轉（81）	依法院和解筆錄所為之所有權或他項權利移轉登記。		✓	✓	✓	1.含和解買賣、和解贈與。2.除法律行為不成立或當然、視為自始無效者外，移轉行為（包含解除權行使所為回復原狀）經法院和解成立之移轉登記。
調解移轉（82）	依調解筆錄所為之所有權或他項權利移轉登記。		✓	✓	✓	1.含調解買賣、調解贈與。2.除法律行為不成立或當然、視為自始無效者外，移轉行為（包含解除權行使所為回復原狀）經調解成立之移轉登記。
設　定（83）	以土地或建物設定他項權利時所為之登記。				✓	
權利價值變更（85）	他項權利價值或擔保債權總金額增加或減少所為之登記。				✓	
存續期間變更（86）	除抵押權以外之他項權利之存續期間，縮短或延長所為之登記。				✓	

登記原因	意義					備註
清償日期變更（87）	他項權利清償日期變更所為之登記。				✓	
利息變更（88）	他項權利利息變更時所為之登記。				✓	含遲延利息變更。
地租變更（89）	他項權利地租變更時所為之登記。				✓	
義務人變更（90）	他項權利義務人變更時所為之登記。				✓	
債務人及債務額比例變更（91）	抵押權因債務人或債務額比例變更所為之登記。				✓	
權利範圍變更（92）	1.同一所有權人所有各相關區分所有建物之共同使用部分權利範圍調整時所為之登記。 2.他項權範圍變更時所為之登記。		✓		✓	第1款情形，於人工登記作業時適用於區分所有建物共同使用部分附表；於電腦登記作業時適用於建物標示部。
部分清償（93）	他項權利因債務部分清償所為之一部分塗銷登記。				✓	
部分拋棄（94）	權利人拋棄其所有權或他項權利之一部分所為之塗銷登記。		✓	✓	✓	
轉　典（95）	典權人將典物轉典其他人所為之典權登記。				✓	此與典權讓與不同，轉典時原典權人之典權仍繼續存在。典權讓與係典權人主體變更，原典權人之權利已因讓與而不存在。
讓　與（96）	1.他項權利讓與他人所為之他項權利移轉登記。 2.金融機構因概括承受或受讓土地權利包括所有權或他項權利移轉登記。			✓	✓	1.含讓渡、轉讓。 2.第2項情形係於法人主體未消滅時適用之。
判決設定（97）	依法院確定判決所為之他項權利設定登記。				✓	
和解設定（98）	依法院和解筆錄所為之他項權利設定登記。				✓	
調解設定（99）	依調解筆錄所為之他項權利設定登記。				✓	
判決塗銷（AB）	依法院確定判決所為之塗銷登記。	✓	✓	✓	✓	
和解塗銷（AC）	依法院和解筆錄所為之塗銷登記。	✓	✓	✓	✓	
調解塗銷（AD）	依調解筆錄所為之塗銷登記。	✓	✓	✓	✓	
混　同（AE）	他項權利因權利混同所為之塗銷登記。				✓	
清　償（AF）	他項權利因債務清償所為之塗銷登記。				✓	
擔保物減少（AG）	抵押權設定登記後，因擔保物減少所為之抵押權內容變更登記。				✓	

擔保物增加（AH）	抵押權設定登記後，因擔保物增加時原設定部分所為之抵押權內容變更登記。				✓	
界址調整（AJ）	因土地界址調整而辦理之土地或建物標示變更登記；或依建築法規定調整地形而辦理之土地或建物標示變更登記，或所有權或他項權利移轉登記。	✓	✓	✓		
解除編定（AK）	土地使用編定經核准解除編定時所為之登記。	✓				
註銷編定（AL）	土地使用編定因列入都市計畫範圍內所為之註銷編定登記。	✓				
補辦編定（AM）	實施區域計畫地區於辦理編定公告後因1.新登記土地、2.遺漏編定等予以補辦編定之登記。	✓				
補註用地別（AN）	暫未編定用地之山坡地土地，於可利用限度查定後據以註記用地別時所為之登記。	✓				
和解回復所有權（AP）	依法院和解筆錄所為之回復所有權登記。		✓	✓		因法律行為不成立或當然、視為自始無效，經法院和解成立之回復所有權登記。
調解回復所有權（AQ）	依調解筆錄回復所有權所為之登記。		✓	✓		因法律行為不成立或當然、視為自始無效，經調解成立之回復所有權登記。
法　定（AR）	係指法定抵押權及法定地上權申請登記時用之。				✓	包括法定抵押權、法定地上權。
權利分割（AS）	1.共有之地上權、典權、地役權等他項權利因辦理權利分割所為之登記。 2.抵押權因擔保債權分割所為之登記。				✓	土地標示未分割而他項權利分割時記載之。
權利合併（AT）	地上權、永佃權、典權、地役權等他項權利合併所為之登記。				✓	
未登記建物查封（AU）	法院或行政執行分署囑託就未登記建物所為之查封登記。		✓			
註　記（AX）	在標示部所有權部或他項權利部其他登記事項欄內註記資料之登記。	✓	✓	✓	✓	含1.公告徵收。2.編為建築用地之出租耕地。3.代管。4.依平均地權條例第45條規定處理。5.國宅用地。6.重測面積更正中。7.依土地登記規則第104條規定辦理。8.依土地登記規則第100條規定辦理。9.出租耕地終止租約限一年內建築使用。10.公告補發權狀。11.限建。12.三七五出租耕地。13.依土地登記規則第155條之1、第155條之2規定辦理。14.其他一般行政法令規定事項。本項登記原因於人工登簿時無須另登載，得直接註記於登記簿備考欄或其他登記事項欄。

登記名稱	意義					備註
塗銷註記 （AY）	1.塗銷註記資料所為之登記。 2.塗銷共同使用部分登記之停車位編號及停車位權利範圍之註記登記。	✓	✓	✓	✓	
抵繳稅款 （AZ）	因主管稽徵機關核准抵繳應納稅款所為之土地權利移轉登記。			✓	✓	含抵繳遺產稅、抵繳贈與稅、抵繳地價稅、抵繳土地增值稅。
解　散 （BA）	祭祀公業、神明會辦理解散後，其產權移轉或更名為派下員或信徒會員名義時所為之登記。			✓		
發　還 （BB）	1.被徵收之土地原所有權人申請照原徵收補償價額收回其土地。 2.依金門、馬祖東沙南沙地區安全及輔導條例第14條之1申請歸還其土地所為之登記。 3.國有林班地，經墾農提出足資證明其權屬之文件，經認定屬實，且管理機關未表示異議者，申請發還土地所為之登記。			✓		
收歸國有 （BC）	依法定原因收歸為國有所為之登記。	✓		✓	✓	含 1.沒收。 2.無人承認繼承。 3.無主土地公告期滿收歸國有。 4.依土地法第73條之1及地籍清理條例第15條規定，未完成標售而為國有者。
無償撥用 （BD）	各級政府機關奉准無償撥用時所為之管理機關變更登記。			✓		
自耕保留地持分交換 （BE）	實施耕者有其田者，共有土地部分共有人土地被徵收，部分共有人因自耕保留依法令所為之持分交換移轉登記。			✓		
地上權期間屆滿 （BF）	因地上權期間屆滿依法律規定取得所有權所為之登記。			✓		
時效取得 （BG）	因時效完成取得所有權或用益物權所為之登記。			✓	✓	
分割繼承 （BH）	登記名義人死亡，各繼承人間依協議分割繼承土地權利所為之登記。		✓	✓	✓	
遺產管理人登記 （BJ）	無人承認繼承之土地經法院指定或親屬會議選定遺產管理人後所為之管理人登記。			✓	✓	應以附記登記為之。
遺囑執行人登記 （BK）	以遺囑分配遺產並指定有遺囑執行人時所為之登記。			✓	✓	應以附記登記為之。
保全處分 （BL）	法院囑託依法所為保全處分之登記。			✓	✓	

登記名稱	說明					備註
破產管理人登記（BM）	法院為破產宣告時，選任破產管理人所為之登記。			✓	✓	
撤　銷（BN）	因撤銷權之行使所為之塗銷登記。	✓	✓	✓	✓	包括撤銷重測、撤銷重劃。
訴願決定撤銷（BP）	受理訴願機關撤銷違法或不當之原行政處分所為之登記。	✓	✓	✓	✓	
撤銷徵收（BQ）	因撤銷徵收回復所有權及他項權利所為之登記。			✓	✓	撤銷徵收地上權準用之。
次序變更（BR）	同一抵押物之先、後次序抵押權人將其抵押權次序互為交換所為之次序變更登記。				✓	
權利內容等變更（BS）	他項權利內容有二項以上之變更時所為之登記。				✓	
存續期間屆滿（BT）	他項權利因約定存續期間屆滿所為之塗銷登記。				✓	含臨時典權塗銷登記。
截止記載（BU）	因重測、重劃、區段徵收、登記簿重造、地號更正及權利變換等時將原登記資料截止時所為之登記。	✓	✓	✓	✓	本登記原因於人工登記時，得以戳記加蓋於登記簿，無須另行登載。
失蹤人財產管理人（BV）	依法辦理失蹤人不動產登記之前，申請登記為財產管理人所為之登記。			✓	✓	應以附記登記為之。
有償撥用（BW）	各級政府機關奉准有償撥用公有土地時所為之所有權移轉及管理機關變更登記。			✓		
查封部分塗銷（BX）	法院或行政執行分署囑託塗銷部分查封所為之登記。		✓	✓	✓	
法院囑託塗銷（BY）	法院或行政執行分署囑託塗銷所有權或他項權利所為之登記。			✓	✓	
共有型態變更（BZ）	公司共有後型態變更為分別共有之登記。			✓	✓	
回　贖（CA）	出典人、典權人或轉典權人提出原典價或轉典價，贖回典物以消滅典權或轉典權之登記。				✓	
建物主要用途變更（CB）	建物因其主要用途變更所為之登記。		✓			
地建號更正（CC）	地號或建號因重複登記或誤載時所為之登記。	✓	✓	✓	✓	
墾　竣（CD）	依土地法第133條規定承墾人自墾竣之日起取得之耕作權。				✓	
廢止撥用（CE）	因廢止撥用所為之登記。			✓		

登記種類	說明					備註
法院囑託回復（CF）	法院或行政執行分署囑託回復查封、假扣押、假處分登記及他項權利登記所為之登記。			✓	✓	
接管（CG）	政府機關因改制致其管有土地所有權主體變更或日人財產由有關機關接管所為之登記。			✓	✓	
修建（CH）	已登記之建物因修建致標示內容變更而辦理之標示變更登記。		✓			
出生日期更正（CJ）	因出生日期註記錯誤經依法核准對註記之更正。			✓	✓	電子作業時使用。
逕為塗銷（CL）	由主管機關依法所為之塗銷登記。			✓	✓	
名義更正（CM）	1.台灣光復初期誤以死者名義申辦登記所為之更正登記。 2.胎兒為死產者，依土地登記規則第121條第2項所為之更正登記。 3.98年7月23日民法修正施行後，共有人之一或其繼承人依土地法第12條規定就原已滅失之共有土地申請復權登記為死者名義所為之更正登記。			✓	✓	
遺漏更正（CN）	因登記遺漏經依法核准之更正登記。	✓	✓	✓	✓	
違約金變更（CP）	他項權利違約金變更時所為之登記。				✓	
調處移轉（CQ）	依調處結果所為之所有權或他項權利移轉登記。			✓	✓	
執行命令（CR）	依法院執行命令所為之登記。			✓	✓	
代表人變更（CS）	已依土地登記規則第104條規定，以代表人名義登記之土地所有權，於代表人變更時所為之登記。			✓		
塗銷遺產管理人登記（CT）	遺產管理人於有繼承人承認繼承，並完成移交財產，惟繼承人遲未申請繼承登記，所為之遺產管理人塗銷登記。			✓	✓	應以附記為之。
信託（CU）	土地權利因成立信託關係而移轉或為其他處分所為之登記。不論其原因係法律規定，或以契約、遺囑為之，一律以信託為登記原因。			✓	✓	
受託人變更（CV）	土地權利信託登記後，受託人有變動、死亡…等所為之受託人變更登記。			✓	✓	
塗銷信託（CW）	土地權利於委託人與受託人間，因信託關係之消滅或其他原因而回復至原委託人所有時所為之登記。			✓	✓	

名稱（代碼）	說明					備註
信託歸屬（CX）	土地權利因信託關係消滅而移轉予委託人以外之歸屬權利人時所為之登記。			✓	✓	
信託取得（CY）	受託人於信託期間，因信託行為取得土地權利所為之登記。			✓	✓	
塗銷保全處分（CZ）	法院囑託塗銷保全處分所為之登記。			✓	✓	
領回抵價地（DA）	實施區段徵收地區，原土地所有權人申請發給抵價地者，主管機關於土地分配結果公告期滿囑託該管登記機關之登記。	✓	✓	✓	✓	
夫妻贈與（DB）	配偶間相互贈與土地或建物所為權利移轉登記。		✓	✓	✓	配偶相互贈與之土地登記案件，於申報土地增值稅時主張「夫妻贈與，申請不課徵。」及土地增值稅繳款書或免稅證明書蓋有「夫妻贈與」者適用之。
分區調整（DC）	土地使用分區經劃定後，因使用分區依法調整所為之土地使用分區調整登記。	✓				
剩餘財產差額分配（DD）	依民法第1030條之1規定，因法定財產制關係消滅所為夫妻剩餘財產差額分配之土地建物權利移轉登記」。			✓	✓	
賸餘財產分派（DE）	公司將清算後之賸餘財產依各股東股份或出資之比例分派所為之登記。			✓	✓	
持分合併（DF）	指所有權權利範圍或他項權利之設定權利範圍之持分合併辦理變更登記者。			✓	✓	
耕地租約終止（DG）	依「農業發展條例」第16條第五款規定租佃雙方協議以分割方式終止耕地三七五租約，得分割為租佃雙方單獨所有。			✓		
地籍圖修正測量（DH）	依法辦理地籍圖修正測量，土地面積或界址發生變動者，所為之土地標示變更登記。	✓				
領回土地（DI）	實施區段徵收地區，公有土地管理機關以領回土地方式處理者，主管機關於土地分配結果公告期滿囑託該管登記機關之登記。	✓	✓	✓		
預為抵押權（DJ）	依民法第513條規定承攬人對於將來完成之定作人之不動產，請求預為抵押權之登記。		✓			
面積更正（DK）	因面積錯誤依法核准所為之更正登記。	✓	✓			
逕為合併（DL）	指土地逕為合併時辦理之標示變更登記。	✓				
調處分割（DM）	經不動產糾紛調處委員會調處成立之分割辦理標示變更登記者。	✓	✓			

調處 共有物分割 （DN）	依調處結果所為之共有物分割 登記。		✓	✓	
徵收失效 （DO）	依司法院釋字第110號解釋、 司法院院字第2704號解釋、司 法院釋字第516號解釋及土地 徵收條例第20條第3項規定， 徵收失其效力者。		✓		✓	
轉　換 （DP）	依金融控股公司法規定所為之 權利變更登記。		✓	✓	✓	
持分分割 （DQ）	同一所有權人於同一土地上有 數個區分所有建物，就其應分 擔之基地權利應有部分，申辦 持分分割，分別發給權利書狀 所為之登記。			✓	✓	
法人分割 （DR）	法人因辦理分割所為之所有權 或他項權利移轉登記。			✓	✓	
塗銷地目 （DS）	民眾因地目與使用編定或使用 分區不符申請塗銷該土地之地 目。	✓				
權利變換 （DT）	指依都市更新條例辦理都市更 新事業計畫範圍內之土地及建 物之權利變換登記。	✓		✓	✓	
法人收購 （DU）	法人因辦理收購所為之所有權 或他項權利移轉登記。			✓	✓	
改設 醫療法人 （DV）	私立醫療機構依醫療法第38條 第3項規定改設為醫療法人， 所為之土地權利移轉登記。			✓	✓	
遺囑繼承 （DW）	土地建物所有權或他項權利因 權利人死亡以遺囑分配遺產所 為之繼承登記。		✓	✓	✓	
遺產 清理人登記 （DX）	繼承人因故不能管理遺產亦無 遺囑執行人之土地，經法院選 任遺產清理人後所為之登記。			✓	✓	應以附記登記為之。
次序讓與 （DY）	同一抵押物之普通抵押權，先 次序或同次序抵押權人為特定 後次序或同次序抵押權人之利 益，將其可優先受償之分配額 讓與該後次序或同次序抵押權 人所為之登記。				✓	
次序 相對拋棄 （DZ）	同一抵押物之普通抵押權，先 次序抵押權人為特定後次序抵 押權人之利益，拋棄其優先受 償利益所為之登記。				✓	
次序 絕對拋棄 （EA）	同一抵押物之普通抵押權，先 次序抵押權人為全體後次序抵 押權人之利益，拋棄其可優先 受償利益所為之登記。				✓	
擔保債權確 定期日變更 （EB）	最高限額抵押權設定後，於原 債權確定前另為約定或變更擔 保債權確定期日所為之登記。				✓	

名稱	意義					備註
流抵約定變更（EC）	抵押權設定後，另為約定或變更流抵約定所為之登記。				✓	
其他擔保範圍約定變更（ED）	抵押權設定後，另為約定或變更其他擔保範圍之約定事項所為之登記。				✓	
擔保債權種類及範圍變更（EE）	1.普通抵押權變更擔保債權種類所為之登記。 2.最高限額抵押權於原債權確定前，變更擔保權範圍所為之登記。				✓	
限定擔保債權金額變更（EF）	抵押權設定後，另為約定或變更各抵押物應擔負擔保權金額所為之登記。				✓	
分割讓與（EG）	原債權確定前，最高限額抵押權分割一部讓與他人所為之登記。				✓	
權利種類變更（EH）	他項權利種類變更所為之登記。				✓	含1.最高限額抵押權與普通抵押權互為變更。2.永佃權變更為農育權。3.地上權變更為普通地上權或區分地上權。4.地役權變更為不動產役權。
地籍清理塗銷（EI）	土地所有權人依地籍清理條例申請塗銷所為之登記。	✓	✓	✓	✓	含地籍清理條例第28條至第30條申請塗銷登記。
地籍清理部分塗銷（EJ）	土地所有權人依地籍清理條例第28條規定申請抵押權部分塗銷所為之登記。				✓	
地籍清理擔保物減少（EK）	土地所有權人依地籍清理條例第28條規定申請抵押權部分塗銷，致擔保物減少所為之抵押權內容變更登記。				✓	
囑託塗銷（EL）	直轄市、縣（市）主管機關囑託塗銷都市更新前已設定之他項權利、限制登記或耕地三七五租約註記所為之登記。	✓		✓	✓	
退股（EM）	無限公司依公司法規定辦理股東退股所為之土地權利移轉登記。			✓	✓	
地籍清理權利範圍變更（EN）	土地所有權人依地籍清理條例規定申請部分塗銷，致他項權利範圍變更時所為之登記。				✓	
地籍清理權利內容等變更（EO）	土地所有權人依地籍清理條例規定申請部分塗銷，致他項權利內容如權利範圍變更、義務人變更等二項以上之變更用之。				✓	
設定目的變更（EP）	地上權、農育權或不動產役權設定目的變更時所為之登記。				✓	
預付地租情形變更（EQ）	地上權、農育權或不動產役權預付地租情形變更時所為之登記。				✓	

名稱（代碼）	意義					備註
使用方法變更（ER）	地上權、農育權或不動產役權使用方法變更時所為之登記。				✓	
讓與或設定抵押權限制變更（ES）	地上權或農育權讓與或設定抵押權之限制變更時所為之登記。				✓	
絕賣條款變更（ET）	典權之絕賣條款變更時所為之登記。				✓	
典物轉典或出租限制變更（EU）	典物轉典或出租之限制變更時所為之登記。				✓	
絕賣（EV）	典權附有絕賣條款，出典人於典期屆滿不以原典價回贖時，典權人取得典物所有權所為之登記。			✓		
終止（EW）	他項權利因終止致其權利消滅所為之塗銷登記。				✓	
法定塗銷（EX）	他項權利因依法轉換為動產權利或當然歸於消滅所為之全部或部分塗銷登記。				✓	
酌給遺產（EY）	登記名義人死亡，親屬會議決議以其土地權利酌給生前繼續扶養之人所為之權利移轉登記。		✓	✓	✓	
退稅（EZ）	因主管稽徵機關核准退還原以第三人土地抵繳應納稅款所為之土地權利移轉登記。			✓	✓	
廢止徵收（FA）	因廢止徵收回復所有權之登記。		✓	✓	✓	廢止徵收地上權準用之。
暫時處分（FB）	法院依家事事件法規定囑託登記機關所為之暫時處分登記。			✓	✓	
塗銷暫時處分（FC）	法院囑託塗銷暫時處分所為之登記。			✓	✓	
農育權期間屆滿（FD）	因農育權期間屆滿依法律規定取得所有權所為之登記。			✓		

◎現行各項登記案件登記申請書備註欄或檢附相關文件應簽註事項（103.2.26臺北市政府地政局北市地籍字第10330704200號函）

編號	應簽註時機	法令依據	簽註內容
一	無出租之基地或耕地出賣時。	1.土地法第104條及第107條 2.臺北市政府地政處77年1月21日北市地一字第00460號函	本案土地確無出租，如有不實，出賣人願負法律責任。

編號	應簽註時機	法令依據	簽註內容
二	部分共有人依土地法第34條之1第1項至第3項規定就共有土地全部為處分、變更或設定負擔時。	1.土地法第三十四條之一執行要點第8點第1款 2.土地登記規則第95條	本案確依土地法第34條之1第1項至第3項規定辦理，如有不實，義務人願負法律責任。
三	依土地法第34條之1規定申請土地移轉登記，對他共有人應得之對價或補償已領受或依法提存時。	土地法第三十四條之一執行要點第8點第2款前段	除提出領受或依法提存之證明文件外，另應記明：「受領之對價或補償數額如有錯誤，由義務人自行負責。」
四	依土地法第34條之1規定申請土地移轉登記，未涉及對價或補償時。	土地法第三十四條之一執行要點第8點第2款後段	本案應註明無對價或補償之事由，另應記明：「本案未涉及對價或補償，如有不實，共有人願負法律責任。」
五	父母處分未成年子女所有不動產時。	土地登記規則第39條	確為本案未成年子女之利益而處分。
六	限制行為能力之未成年子女受贈法定代理人不動產，以自己之名義為受贈之意思表示時。	內政部92年4月9日內授中辦地字第0920004814號函	本案贈與係無負擔，未成年子女（受贈人）乃純獲法律上之利益。
七	申請登記之義務人為法人或寺廟時。	1.土地登記規則第42條 2.申請土地登記應附文件法令補充規定第19點	確依有關法令規定完成處分程序。
八	建物所有權第一次登記、共有物分割登記於標示變更登記完畢者及公有土地權利登記經申請人申請免繕發書狀時。	土地登記規則第65條第2項	本案免繕發權利書狀。
九	檢附開業之建築師、測量技師或其他依法規得為測量相關簽證之專門職業及技術人員依使用執照竣工平面圖繪製及簽證之建物標示圖辦理建物所有權第一次登記時。	土地登記規則第78條之1第2項	於建物標示圖記明：本建物平面圖、位置圖及建物面積確依使用執照竣工平面圖繪製，如有遺漏或錯誤致他人受損害者，建物起造人及繪製人願負法律責任，並記明開業證照字號。
十	依建物標示圖申請建物所有權第一次登記，申請人與委託繪製人不同時。	土地登記規則第78條之1第3項	同意依建物標示圖繪製成果辦理登記。

編號	應簽註時機	法令依據	簽註內容
十一	區分建物所有權人申請建物所有權第一次登記時。	土地登記規則第83條	（建物門牌）基地權利種類為○○○，權利範圍△△△分之△△。
十二	未建立共有部分附表之任何區分所有建物，於檢附共有部分權利書狀申請登記時。	1.臺北市政府地政處72年8月31日北市地一字第34698號函 2.臺北市政府地政處72年9月27日北市地一字第37738號	本案專有部分○○○建號分擔共有部分◎◎◎建號持分△△△。
十三	依民法物權編施行法第8條之5第3項、第5項、土地法第34條之1第4項、農地重劃條例第5條第2款、第3款或文化資產保存法第28條規定申請土地移轉登記，優先購買權人已放棄優先購買權，未附具出賣人之切結書時。	土地登記規則第97條第1項	優先購買權人確已放棄其優先購買權，如有不實，出賣人願負法律責任。
十四	依民法第426條之2、第919條、土地法第104條、第107條、耕地三七五減租條例第15條或農地重劃條例第5條第1款規定，優先購買權人視為放棄其優先購買權者，經出賣人檢附已通知優先購買權人承買逾期不表示意見之證明文件時。	土地登記規則第97條第2項	優先購買權人接到出賣通知後逾期不表示優先購買，如有不實，出賣人願負法律責任。
十五	提出依民法有關規定自行訂定之繼承系統表時。	土地登記規則第119條第4項	於繼承系統表簽註：如有遺漏或錯誤致他人受損害者，申請人願負法律責任。
十六	同一標的之抵押權因次序變更申請權利變更登記時。	土地登記規則第116條	確已通知債務人、抵押人及共同抵押人。
十七	有流抵約定登記之抵押權，抵押權人依該約定申請抵押物所有權移轉登記時。	土地登記規則第117條之1第2項	確依民法第873條之1第2項規定辦理。
十八	質權人依民法第906條之1第1項規定代位申請土地權利設定或移轉登記於出質人時。	土地登記規則第117條之2	確已通知出質人。

編號	應簽註時機	法令依據	簽註內容
十九	共有人依民法第820條第1項規定所為管理之決定或法院之裁定申請登記時，或於登記後，決定或裁定之內容有變更，申請登記時。	土地登記規則第155條之1第2項	本案確已通知他共有人。
二十	公司法人檢附之法人設立或變更登記表、其影本或公司登記主管機關核發之抄錄本或影本時。	1.申請土地登記應附文件法令補充規定第41點第5款 2.內政部87年6月5日臺內地字第8782347號函 3.內政部89年7月24日臺內中地字第8914296號函 4.內政部90年5月24日臺內中地字第9082613號函	1.法人為權利人時：影本由法人簽註本影本與正本（或公司登記主管機關核發之抄錄本或影本）相符，所登記之資料現仍為有效，如有不實，申請人願負法律責任。 2.法人為義務人時：抄錄本或影本由法人簽註所登記之資料現仍為有效，如有不實，申請人願負法律責任。 抄錄本或影本之複印本由法人簽註本影本與案附正本（公司登記主管機關核發之抄錄本或影本）相符，所登記之資料現仍為有效，如有不實，申請人願負法律責任。
二一	檢附建築師之開業證書影本及經主管建築機關核發其備查之開業印鑑資料正本（或影本）或測量技師執業執照影本、測繪業登記證影本及簽證報告申請建物所有權第一次登記時。	申請土地登記應附文件法令補充規定第42點	1.委由開業之建築師繪製簽證時：開業證書影本由建築師簽註所登記之資料或備查之印鑑現仍為有效，如有不實願負法律責任。印鑑資料影本由建築師簽註本影本與案附正本（主管建築機關核發其備查之開業印鑑資料正本或影本）相符，所備查之印鑑資料現仍為有效，如有不實願負法律責任。 2.委由開業之測量技師繪製簽證時：測量技師執業執照影本、測繪業登記證影本由測量技師簽註本影本與正本相符，所登記之資料仍為有效，如有不實願負法律責任。

編號	應簽註時機	法令依據	簽註內容
二二	申請人已在土地所在之登記機關設置印鑑者，委託他人申辦土地登記案件使用該設置之印鑑時。	土地登記印鑑設置及使用作業要點第4點	使用已設置之印鑑。
二三	無人承認繼承之遺產依民法第1185條規定應歸國庫，財政部國有財產署申請國有登記時。	繼承登記法令補充規定第59點	確依民法規定完成公示催告程序，期間屆滿無人主張權利。
二四	被繼承人於日據時期死亡或光復後未設籍前死亡，無生前戶籍資料且繼承人以書面申請戶政機關查復無被繼承人日據時期及光復後之戶籍資料時。	繼承登記法令補充規定第91點	於繼承系統表註明被繼承人死亡日期並簽註：死亡日期如有不實，申請人願負法律責任。
二五	抵押權人讓與債權，並將擔保債權之抵押權隨同移轉與受讓人，申請抵押權移轉時。	內政部75年2月27日臺內地字第389573號函	本案已依規定通知債務人，如有不實，申請人願負法律責任。
二六	申辦繼承登記之不動產為依臺灣地區與大陸地區人民關係條例第67條第4項規定屬臺灣地區繼承人賴以居住時。	內政部82年1月15日臺內地字第8113186號函	申請繼承之不動產確屬臺灣地區繼承人賴以居住，如有不實，申請人願負法律責任。
二七	大陸地區繼承人依臺灣地區與大陸地區人民關係條例第66條規定，視為拋棄繼承時。	內政部82年1月15日臺內地字第8113186號函	於繼承系統表簽註：因未於臺灣地區與大陸地區人民關係條例第66條規定期限內，以書面向法院為繼承之表示，其繼承權視為拋棄。
二八	繼承登記案中部分繼承人為大陸地區人士，無須俟大陸地區繼承人依臺灣地區與大陸地區人民關係條例第66條為繼承與否之表示時。	內政部87年11月19日臺內地字第8712049號函	於繼承系統表簽註：表列繼承人如有遺漏或錯誤致他人權益受損者，申請人願負法律責任，並保證大陸地區繼承人主張繼承權利時，登記之繼承人願就其應得價額予以返還。
二九	繼承登記案中部分繼承人為與我國無平等互惠關係之外國籍，僅由我國繼承人及其平等互惠關係之外籍繼承人申辦繼承登記時。	內政部98年7月29日內授中辦地字第0980725039號令	於繼承系統表簽註：表列繼承人如有遺漏或錯誤致他人權益受損者，申請人願負法律責任，並保證與我國無平等互惠關係之外國人主張繼承權利時，登記之繼承人願就其應得價額予以返還。

編號	應簽註時機	法令依據	簽註內容
三十	登記義務人於申請登記前死亡，權利人未能檢附原權利書狀時。	內政部89年4月20日臺內中地字第8978856號函	敘明其為義務人之繼承人及未能檢附權利書狀之事實原因，如有不實，願負法律責任。
三一	申請登記，受託人為非以經營信託為業之法人時。	內政部90年3月5日臺內中地字第9002764號函	受託人○○○非屬營業信託且無信託業法第33條規定「經營不特定多數人之信託」。
三二	金融機構依金融資產證券化條例規定申辦抵押權信託登記時。	內政部92年10月31日內授中辦地字第0920084470號函	本案已依金融資產證券化條例等相關規定辦理公告或通知債務人，如有不實，申請人願負法律責任。
三三	申請信託登記之受託人為抵押權人時。	臺北市政府地政處91年11月1日北市地一字第09132930900號函	本案確無信託財產利益與受託人利益衝突及妨礙其他債權人權利之行使情事，如有不實願負法律責任。
三四	外國人取得不動產物權時。	土地法第19條	本案土地用途為土地法第19條第1項第○款○○使用，使用目的為○○。
三五	共有土地之持分額漏未登記，部分共有人或其繼承人依民法第817條第2項規定申請共有土地持分之更正登記時。	更正登記法令補充規定第9點	已通知其他共有人，逾期未提出反證，如有不實願負法律責任。
三六	非地政士代理他人申請土地登記時。	1.內政部94年8月16日內授中辦地字第0940050417號函 2.內政部102年12月27日內授中辦地字第10266525643號函 3.內政部103年1月2日內授中辦地字第1036650001號函	1.委託人切結：本人未給付報酬予代理人，如有虛偽不實，願負法律責任。 2.代理人切結：本人並非以代理申請土地登記為業，且未收取報酬，如有虛偽不實，願負法律責任。
三七	依促進民間參與公共建設法第52條第3項規定，經主辦機關同意其他機構繼續興建、營運之案件，由接手機構單獨辦理地上權人變更登記時。	內政部95年10月3日內授中辦地字第0950725301號函	依促進民間參與公共建設法第52條規定辦理，如有相關法律責任，由主辦機關負責。
三八	土地所有權人依地籍清理條例第29條規定申請地上權塗銷登記時。	內政部99年5月19日臺內地字第0990082140號令	本案地上權人（或其繼承人）確為住所不詳或行蹤不明，如有不實願負法律責任。

編號	應簽註時機	法令依據	簽註內容
三九	華僑申請所有權移轉登記為義務人時。	臺北市政府地政處65年4月7日北市地一字第5940號函	本案出賣人確與原登記名義人為同一人,如有不實,出賣人願負法律責任。
四十	申辦書狀補給登記,如公告函件遭郵局退回,經電話通知登記名義人持身分證明文件親自領回公告時。	臺北市政府地政處93年5月13日北市地一字第09331320300號函	登記名義人親自到所領取公告函件。

備註:
一、若法令已有明文規定簽註文字者,其文字應依該法令規定簽註。若法令未明文規定簽註文字者,則申請人簽註之文字與法令規定意旨相符時,均應予受理。
二、現行法令規定必需檢附之證明文件,不得由申請人於申請書適當欄簽註。但必須於申請書適當欄簽註事項,得由申請人於其他證明文件上簽註或另行檢附證明文件憑辦。
三、臺北市政府地政處業於100年12月20日組織編修為臺北市政府地政局。

第九節　土地登記申請書及其填寫說明

　　為提高行政效率,加強為民服務,內政部特針對土地登記申請書表,進行研究簡化改進,經於86年11月18日內政部臺內地字第8689449號函修訂共計16種,嗣為因應登記電腦化及法制之變遷,曾依97年9月1日內授中辦地字第0970724142號函作部分修正。本書所需之書表,除於各章節內分別編置外,特將登記申請書及其填寫說明,統一於本節列述。

　　一、一般填法
　　　㈠以毛筆、黑色、藍色墨汁鋼筆、原子筆或電腦打字正楷填寫。
　　　㈡字體需端正,不得潦草,如有增、刪文字時,應在增、刪處由申請人蓋章,不得使用修正液(帶)。
　　二、各欄填法
　　　㈠第(1)欄「受理機關」:按土地(建物)所在地之市(縣)及地政事務所之名稱填寫。如屬跨所申請案件,請於「跨所申請」欄打勾,並分別填寫受理機關及資料管轄機關名稱。
　　　㈡第(2)(3)(4)(5)欄「原因發生日期」、「申請登記事由」、「登記原因」、「標示及申請權利內容」按後列表所列自行打勾或選擇填入空格內。
　　　㈢第(6)欄附繳證件:按所附證件名稱、份數分行填列並裝訂,若空格不夠填寫時可填入第(9)欄,身分證或戶口名簿請影印正反面,並切結與正本相符後認章。
　　　㈣第(7)欄委任關係:係指由代理人申請登記時填寫代理人之姓名,若尚有複代理人時一併註明複代理人姓名,並依地政士法第18條規定,請代理

人（複代理人）切結認章，如無委託他人代理申請者，則免填此欄。

㈤第⑻欄：為便利通知申請人及瞭解不動產市場交易情形，請填寫權利人、義務人、代理人及不動產經紀人姓名、電話、傳真及電子郵件信箱，如無委託不動產經紀人者，免填不動產經紀人資料。

㈥第⑼欄「備註」：專供申請書上各欄無法填寫而必須填載事項。

㈦第⑽欄「申請人」除包括權利人、義務人姓名外，如有委託代理人（含複代理人）申請登記者，尚包括代理人；如不敷使用，增頁部分應加蓋騎縫章。

1.所稱權利人：係指登記結果受有利益或免除義務之人，如買受人（買主）。

2.所稱義務人：係指登記結果受不利益或喪失權利之人，如出賣人（賣主）。

㈧第⑾欄「權利人或義務人」：所有權買賣移轉以權利人（買受人）、義務人（出賣人）分別填寫；申請人為未成年人、禁治產人或法人者，須加填法定代理人（如父母、監護人或公司法定代表人）。如有委託他人申請者，加填代理人，若尚有委任複代理人者，一併加填複代理人。

㈨第⑿欄「姓名或名稱」：自然人依照戶籍謄本、戶口名簿、身分證或其他證明文件記載填寫，法人則先填法人名稱後再加填法定代表人姓名。

㈩第⒀⒁欄「出生年月日」「統一編號」：自然人依照戶籍謄本、戶口名簿、身分證或其他證明文件記載填寫，法人或其他非自然人請填寫公司統一編號或扣繳單位統一編號。

(十一)第⒂欄「住所」：自然人依照戶籍謄本、戶口名簿、身分證或其他證明文件記載填寫，得不填寫里、鄰，法人依照法人登記有案地址填寫，代理人或複代理人如住所與通訊處不同時，得於住所欄另外註明通訊地址。

(十二)第⒀⒁⒂欄：原因證明文件為契約書者，其所載申請人（自然人或法人）與所附之戶籍或證照資料完全相同者，可填寫詳如契約書或以斜線除之。

(十三)第⒃欄「簽章」：

1.權利人應蓋用與所填之姓名或名稱相同之印章。

2.義務人應蓋用與印鑑證明或於登記機關設置之土地登記印鑑相同之印章，如親自到場應依土地登記規則第40條規定辦理，或依土地登記規則第41條其他各款規定辦理。

(十四)本案處理經過情形欄及申請書上方之收件與登記書狀費，係供地政事務所人員審核用，申請人毋須填寫，如非連件辦理者，連件序別，亦無須填寫。

土地登記申請書

收件	日期	年 月 日	時	分	收件者章
	字號	字第 號			

連件序列（非連件者免填）	共 件	第 件

登記費	書狀費	罰鍰	元
合計			元
		收據	字號
		核算者	

(1) 受理機關 □跨所申請 □□□資料管轄機關

(2) 原因發生日期 中華民國 年 月 日

(3) 申請登記事由（選擇打✓一項）　　(4) 登記原因（選擇打✓一項）

- □ 所有權第一次登記　　□ 第一次登記
- □ 所有權移轉登記　　□ 買賣 □ 贈與 □ 繼承 □ 分割繼承 □ 拍賣 □ 共有物分割
- □ 抵押權登記　　□ 設定 □ 法定
- □ 抵押權塗銷登記　　□ 清償 □ 拋棄 □ 混同 □ 判決塗銷
- □ 抵押權內容變更登記　　□ 權利價值變更 □ 權利內容等變更
- □ 標示變更登記　　□ 分割 □ 合併 □ 地目變更
- □

□ 登記清冊　□ 契約書　□ 複丈結果通知書　□ 建物測量成果圖

(5) 標示及申請權利內容　詳如

(6) 附繳證件	1.	5.	份	9.	份
	2.	6.	份	10.	份
	3.	7.	份	11.	份
	4.	8.	份	12.	份

(7) 委任關係　本土地登記案之申請委託 代理。 複代理。
委託人確為登記標的物之權利人或權利關係人，並經核對身分無誤，如有虛
偽不實，本代理人（複代理人）願負法律責任。

(8) 聯絡方式	權利人電話
	義務人電話
	代理人聯絡電話
	傳真電話
	電子郵件信箱
	不動產經紀業名稱及統一編號
	不動產經紀業電話

(9) 備註

(10) 申請人	(11) 權利人或義務人	(12) 姓名或名稱	(13) 出生年月日	(14) 統一編號	(15) 住所 縣市	鄉鎮市區	村里	鄰	街路	段	巷弄	號	樓	(16) 簽章

本案處理經過情形（以下各欄申請人請勿填寫）	初審	複審	審核	核定	登簿	校簿	書狀列印	校狀	書狀用印
					地價異動	通知領狀	異動通知	交付發狀	歸檔

第二編

登記實務

第 ⑥ 章　所有權總登記

第一節　土地總登記之意義

民法第758條規定，不動產物權，依法律行為而取得、設定、喪失及變更者，非經登記，不生效力；前項行為，應以書面為之。故產權登記，可能保障財產安全，此外尚可用以融通資金，而政府亦便於地籍管理。因此，隨著工商之日益發達，文明之日益進步，產權之登記益形重要。

所謂「所有權總登記」簡單而言，即是對於未登記所有權之不動產，辦理所有權登記。

茲將現行土地法及土地登記規則有關所有權總登記之規定，分別敘述如次：

一、意　義

所謂土地總登記，係指於一定期間內就直轄市或縣（市）土地之全部為土地登記，（土第38條第2項）是故目前臺灣無土地總登記。惟交通、水利用地及沙漠、雪山等其他土地，免予編號登記。（土第41條）但如於土地總登記後，各該免予編號登記之土地，因地籍管理，必須編號登記者，其登記程序準用總登記之程序辦理。（土登第77條）是故目前準用土地總登記程序者有土地所有權第一次登記及建物所有權第一次登記。因土地所有權第一次登記案例較少，故本書以建物所有權第一次登記為主。

二、限　制

土地總登記，所有權人應於登記申請期限內提出登記申請書，檢附有關文件向登記機關申請之。（土登第71條）逾登記期限無人申請登記之土地，或經申請而逾限未補繳證明文件者，其土地視為無主土地，由該管直轄市或縣（市）地政機關公告之，公告期滿，無人提出異議，即為國有土地之登記。（土第57條）

三、程　序

辦理土地登記前，應先辦理地籍測量，已依法辦理地籍測量之地方，應即

依土地法規定辦理土地總登記。（土第38條）登記機關對審查無誤之登記案件，應即行公告。

四、公 告

(一)期 間

無主土地之公告，不得少於三十日。土地總登記之公告，不得少於十五天。（土第58條，土登第72條）

(二)重新公告

公告之事項如發現有錯誤或遺漏時，登記機關應於公告期間內更正，並將更正之事項於原公告之地方重新公告十五日。（土登第74條）

(三)公告地方

公告，應於主管登記機關之公告處所為之。（土登第73條）

(四)公告事項

公告內容，應載明下列事項：（土登第73條）

1.申請登記為所有權人或他項權利人之姓名、住址。

2.土地標示及權利範圍。

3.公告起訖日期。

4.土地權利關係人得提出異議之期限、方式及受理機關。

五、異 議

(一)土地法第59條規定

公告期間土地關係人如有異議，得向該管直轄市或縣（市）地政機關以書面提出，並應附具證明文件。因前項異議而生土地權利爭執時，應由該管直轄市或縣（市）地政機關予以調處，不服調處者，應於接到調處通知後十五日內，向司法機關訴請處理，逾期不起訴者，依原調處結果辦理。

(二)土地登記規則第75條規定

土地權利關係人於公告期間內提出異議，而生權利爭執事件者，登記機關應於公告期滿後，依土地法第59條第2項規定調處。

六、占有取得所有權登記之請求權

(一)二十年占有

民法第769條規定，以所有之意思，二十年間和平、公然、繼續占有他人未登記之不動產者，得請求登記為所有人。

(二)十年占有

民法第770條規定，以所有之意思，十年間和平、公然、繼續占有他人未登記之不動產者，而其占有之始為善意並無過失者，得請求登記為所有人。

臺灣因多山多水，截至目前為止，尚未辦理土地總登記者——即未登錄地，均係交通、水利及山地等，各項未登錄地，如非由私人占有取得時效，則均屬國有財產，國有財產如欲辦理總登記，則由管理機關囑託地政機關登記即可。至由私人占有因時效取得之土地總登記，實務上案例頗少，故本書對於土地總登記不予贅述。而僅以建物所有權第一次登記為主題。

◎逾總登記期限無人申請登記土地處理原則（91.3.25行政院院臺內字第0910006604號函）

一、已完成無主土地公告及代管程序，並已登記為國有之土地，應不再受理主張權利與補辦登記。

二、已完成無主土地公告及代管程序而尚未完成國有登記之土地，應由縣市政府查明於三個月內完成國有登記。

三、未完成無主土地公告代管程序而已登記為國有之土地，應查明事實擬具具體處理意見專案報請中央核定。

四、未完成無主土地公告代管程序亦未完成所有權登記之土地，應分別依照下列規定處理：

　　㈠日據時期土地臺帳及不動產登記簿記載國、省、縣、市鄉鎮（含州廳街庄）有土地，該管縣市政府應會同該權屬機關切實調查，並依土地權利清理辦法及公有土地囑託登記提要規定為公有之囑託登記。

　　㈡日據時期土地臺帳及不動產登記簿記載日人私有或「會社地」「組合地」，顯非一般人民漏未申報之土地，應由該管縣市政府會同國有財產局切實調查，依臺灣省土地權利清理辦法及公有土地囑託登記提要等有關規定辦理。

　　㈢日據時期土地臺帳及不動產登記簿記載日人與國人共有之土地，應由該管縣市政府會同國有財產局切實調查單獨列冊，補辦無主土地公告，並由國有財產局就日人私有部分聯繫國人所有部分申辦登記。

　　㈣日據時期土地臺帳及不動產登記簿記載為國人私有者，亦應依法補辦無主土地公告，並於公告開始三個月後依法執行代管，代管期間無人申請，期滿即為國有登記，縣市政府執行代管情形應每半年報內政部備查。

五、為加速無主土地之清理，並兼顧人民合法權益，無主土地公告及代管期間改為一年。

六、代管期間人民申請登記時經審查無誤者應隨即依土地法第55條規定處理。

七、無主土地補辦登記後其在補辦登記以前之賦稅，由於情況不同，應由當地主管稽徵機關報請該直轄市、縣（市）政府根據實際使用情形分別核定徵免。

八、原已申請尚待結案之案件一律依照上開原則處理。

第二節　建物所有權第一次登記

一、建物所有權未強制登記

土地總登記具有強制性質，未於期限內申請登記，則視為無主土地，經公告期滿無人提出異議，即為國有土地登記。（土第57條）惟建物所有權並未有如此強制登記之規定，更未有逾期登記即課徵登記費罰鍰之規定，故臺灣地區，至今仍有甚多之建物，未曾辦理建物登記。

二、比照土地總登記程序辦理

㈠準用土地總登記程序

建物所有權第一次登記，除土地登記規則第四章第二節所規定者外，準用土地總登記程序。（土登第84條）

㈡得同時申請測量及登記

地籍測量實施規則第280條規定：申請建物第一次測量時，得同時填具土地登記申請書件，一併申請建物所有權第一次登記。

㈢實務上之分開辦理

由前述之規定，可知辦理建物所有權第一次登記應先辦理建物測量，雖然地籍測量實施規則規定，申請測量時得同時申請登記。惟實務上，因測量成果尚需作為申報房屋稅或計算土地及公設持分之依據，故均先申請測量領取測量成果圖後，再申請登記。似此，縱未於申請第一次測量時同時申請第一次登記，地政事務所仍應受理第一次測量，於測量完畢後，核發建物測量成果圖。

三、合法建物始可辦理測量及所有權登記

㈠登記之建物

1. 無論新建之房屋，或是舊有未登記之房屋，均需為合法之房屋，才能辦理所有權登記。如為違章建物則不得辦理所有權登記。
2. 其合法建物之認定依「建物所有權第一次登記法令補充規定」（第4點至第9點）如次：（105.7.5內政部修正發布）
   (1)於實施建築管理後且在民國57年6月6日以前建築完成之建物，得憑建築執照申請建物所有權第一次登記。
   (2)建物同一樓層之夾層超過該層樓地板面積三分之一或一百平方公尺，並有獨立出入口與門牌者，得單獨編列建號登記。
   (3)建築工程部分完竣且可獨立使用，並經核發部分使用執照之建物，得申請建物第一次登記。
   (4)以樑柱架高形成第一層建物與地面架空部分，得依使用執照之記載辦理建物所有權第一次登記。

　　(5)都市計畫公共設施保留地上之臨時建物，領有主管建築機關核發之臨時建築物使用許可證者，得申辦建物所有權第一次登記。登記時應於登記簿標示部其他登記事項欄及建物所有權狀內註明：「本建物為臨時建物，公共設施開闢時，應無條件拆除。」

　　(6)下列建物得辦理建物所有權第一次登記：

　　　①無牆之鋼架建物。

　　　②游泳池。

　　　③加油站（亭）。

　　　④高架道路下里民活動中心。

　㈡加油亭

　　辦理土地複丈與建物測量補充規定第22點（85.8.7內政部修正發布），領有使用執照之加油亭得申請建物第一次測量登記。其建物平面圖應依據其頂蓋垂直投影範圍予以測繪。

　㈢開放空間

　　1.關於建築物地面層開放空間應如何辦理測量登記疑義（82.6.5內政部臺內地字第8279813號函）

　　查依「未實施容積管制地區綜合設計鼓勵辦法」設計之建築物，所留設之開放空間，依前開辦法第3條規定應常時間開放供公眾通行或休憩，其性質與建築物之走廊、樓梯等為主建物之共用設施，建築物所有人對其管理具自主性不同，為免造成建築物使用管理之誤導，依前開辦法設計之建築物，所留設之各式開放空間（含具頂蓋者）不宜辦理該幢主建物之共用設施測量登記。本案建築物地面層開放空間不宜辦理測量登記。

　　2.補充規定本部82年6月5日臺（82）內地字第8279813號函之適用（82.7.28內政部臺內地字第8285684號函）

　　基於法律不溯既往原則並避免購屋糾紛影響人民權益，依「未實施管制地區綜合設計鼓勵辦法」設計之「有頂蓋開放空間」，係82年6月5日（含）以前核發建造執照者，不適用前揭函釋，得辦理測量、登記。

四、產權登記之型態

　　區分所有建物產權登記，分別主建物登記、附屬建物登記、共有部分等三大部分登記。其意義如次：

　㈠主建物登記

　　1.即結構上或使用上獨立，原則上有單獨之門牌號，自成一單位而單獨編定一建號辦理登記。除租地建屋或設定地上權、典權外，通常應分擔基地持分。目前都市興建完成之集合住宅或辦公大樓，均以分層分區之方式辦理。至於「透天厝」則以整棟為一體之方式辦理。

2.所謂分層分區登記，如一棟五層建物，每一層各編定一建號，分別辦理
　所有權登記，即是分層執照。如一棟大樓，每一層均劃為十個獨立使用
　之單位，每一單位各編定一建號，分別辦理所有權登記，即是分區登
　記。

□附屬建物登記

　　附屬建物即是附屬於主建物之建物，如陽臺等是，不能單獨編定建號及單
獨登記，只能以主建物之建號為建號，而附屬於主建物辦理登記。

□共有部分登記

　　即是公共設施之登記，公共設施過去有併入主建物內辦理登記者，即所謂
專有公用登記，83年10月17日地籍測量實施規則修正後，均應另編建號登記，
即所謂共有共用登記。

四民法第799條規定

1.區分所有

　　稱區分所有建築物者，謂數人區分一建築物而各專有其一部，就專有部分
有單獨所有權，並就該建築物及其附屬物之共同部分共有之建築物。

2.專有部分及共有部分

　　前項專有部分，指區分所有建築物在構造上及使用上可獨立，且得單獨為
所有權之標的者。共有部分，指區分所有建築物專有部分以外之其他部分及不
屬於專有部分之附屬物。

3.約定共用或約定專用

　　專有部分得經其所有人之同意，依規約之約定供區分所有建築物之所有人
共同使用；共有部分除法律另有規定外，得經規約之約定供區分所有建築物之
特定所有人使用。

4.共有部分及基地應有部分之比例

　　區分所有人就區分所有建築物共有部分及基地之應有部分，依其專有部分
面積與專有部分總面積之比例定之。但另有約定者，從其約定。

5.一體化

　　專有部分與其所屬之共有部分及其基地之權利，不得分離而為移轉或設定
負擔。

五民法第799條規定之準用

　　同一建築物屬於同一人所有，經區分為數專有部分登記所有權者，準用第
799條規定。（民第799條之2）

五、建物所有權第一次登記前，應先申請建物第一次測量

(一)登記前應先申請測量

申請建物所有權第一次登記前，應先向登記機關申請建物第一次測量。（土登第78條前段）目前建物測量均僅測量其位置及地面層之平面，至於地面層以外之其他各層平面圖之繪製及面積之計算則以竣工圖為依據。

(二)專技人員辦理繪製及簽證

1.土地登記規則第78條後段規定

在中華民國102年10月1日以後領有使用執照之建物，檢附依使用執照竣工平面圖繪製及簽證之建物標示圖辦理登記者，不在此限。亦即可直接檢附經開業的建築師或測量技師簽證的建物標示圖，向地政事務所申辦建物所有權第一登記，無須於登記前先申請建物第一次測量及檢附建物測量成果圖。

2.土地登記規則第78條之1規定

(1)前條之建物標示圖，應由開業之建築師、測量技師或其他依法規得為測量相關簽證之專門職業及技術人員辦理繪製及簽證。

(2)前項建物標示圖，應記明本建物平面圖、位置圖及建物面積確依使用執照竣工平面圖繪製，如有遺漏或錯誤致他人受損害者，建物起造人及繪製人願負法律責任等字樣及開業證照字號，並簽名或蓋章。

(3)依建物標示圖申請建物所有權第一次登記，申請人與委託繪製人不同時，應於登記申請書適當欄記明同意依該圖繪製成果辦理登記，並簽名或蓋章。

◎關於「土地複丈費及建築改良物測量費之收費標準」中有關「建物位置圖之測量費」之整棟建物為一測量單位應如何認定以計收規費乙案，請依會商結論辦理（90.5.17內政部臺內地字第9072966號函）

案經本部於本（90）年5月1日邀集臺北市政府地政處、高雄市政府地政處及各縣市政府研商獲致結論以：「依『建物位置圖之測量費收費標準』規定：『以整棟建物為一測量單位，每單位以新臺幣4,000元計收。同棟其他區分所有權人申請建物位置圖勘測時，可調原勘測位置圖並參酌使用執照竣工平面圖或建造執照設計圖轉繪之。每區分所有建物應加繳建物位置圖轉繪費新臺幣200元。』另依『建築物部分使用執照核發辦法』第3條第2項第2款定義：『棟：以一單獨或共同出入口及以無開口防火牆及防火樓板所區劃分開者。』有關建物位置圖之測量費、原則以使用執照所記載棟之數量為準，但為考量建築改良物設計之多樣性，其建物位置圖需實地測繪者，每測量單位之費用得以新臺幣4,000元計收。」

(三)得及不得申請測量

新建建物得依規定申請建物第一次測量。但有下列情形之一者，不得申請

測量：（地測規則第259條）

　　1.依法令應請領使用執照之建物，無使用執照者。

　　2.實施建築管理前建造完成無使用執照之建物，無土地登記規則第79條第3項所規定之文件者。

六、主建物登記

㈠地下層登記事宜

　　1.區分所有建物之地下層或屋頂突出物等，依主管建築機關備查之圖說標示為專有部分，並已由戶政機關編列門牌或核發其所在地址證明者，得單獨編列建號，予以測量。前項圖說未標示專有部分，經區分所有權人依法約定為專有部分者，亦同。（地測規則第284條）

　　2.區分所有建物之地下層或屋頂突出物依主管建築機關備查之圖說標示為專有部分且未編釘門牌者，申請登記時，應檢具戶政機關核發之所在地址證明。（土登第79條）

㈡協議區分所有不需報繳契稅

　　建物使用執照未註明各起造人所屬之層別，嗣經全體起造人訂立協議書，申請建物總登記為分層區分所有，應無需報繳分割契稅。（65.3.4財政部臺財稅字第31366號函）

㈢以使用執照之用途為準

　　建物用途記載以使用執照為準，如執照與圖樣註明有出入時，依使用執照上所註明用途為準。（66.5.10臺北市政府地政處北市地一字第9876號函）

七、共有部分與附屬建物登記

㈠測繪及轉繪成果圖

　　1.建物第一次測量，應測繪建物位置圖及其平面圖。登記機關於測量完竣後，應發給建物測量成果圖。（地測規則第282條）

　　2.於實施建築管理地區，依法建造完成之建物，其建物第一次測量，得依使用執照竣工平面圖轉繪建物平面圖及位置圖，免通知實地測量。但建物坐落有越界情事，應辦理建物位置測量者，不在此限。前項轉繪應依第272條至第275條、第276條第1項、第3項、第283條及下列規定辦理：（地測規則第282條之1）

　　⑴建物平面圖應依使用執照竣工平面圖轉繪各權利範圍及平面邊長，並詳列計算式計算其建物面積。

　　⑵平面邊長，應以使用執照竣工平面圖上註明之邊長為準，並以公尺為單位。

　　⑶建物位置圖應依使用執照竣工平面圖之地籍配置轉繪之。

⑷圖面應註明辦理轉繪之依據。

3.轉繪之建物平面圖及位置圖，得由開業之建築師、測量技師、地政士或其他與測量相關專門職業及技術人員為轉繪人。依前項規定辦理之建物平面圖及位置圖，應記明本建物平面圖、位置圖及建物面積如有遺漏或錯誤致他人受損害者，建物起造人及轉繪人願負法律責任等字樣及開業證照字號，並簽名或蓋章。依本條規定完成之建物平面圖及位置圖，應送登記機關依前條第2項規定予以核對後發給建物測量成果圖。（地測規則第282條之2）

4.依土地登記規則第78條但書規定，申請建物所有權第一次登記時檢附之建物標示圖，應依第282條之1第2項規定繪製，並簽證，其記載項目及面積計算式，登記機關得查對之。前項建物辦竣所有權第一次登記後，其建物標示圖由登記機關永久保管。（地測規則第282條之3）

㈡**分別合併勘測**

　區分所有建物之共有部分，除法規另有規定外，依區分所有權人按其設置目的及使用性質之約定情形，分別合併，另編建號予以勘測。建物共有部分之建物測量成果圖或建物標示圖應註明共有部分各項目內容。（地測規則第283條）

㈢**先申請測量為原則**

　1.申請建物所有權第一次登記前，應先向登記機關申請建物第一次測量。但在中華民國102年10月1日以後領有使用執照之建物，檢附依使用執照竣工平面圖繪製及簽證之建物標示圖辦理登記者，不在此限。（土登第78條）

　2.前條之建物標示圖，應由開業之建築師、測量技師或其他依法規得為測量相關簽證之專門職業及技術人員辦理繪製及簽證。前項建物標示圖，應記明本建物平面圖、位置圖及建物面積確依使用執照竣工平面圖繪製，如有遺漏或錯誤致他人受損害者，建物起造人及繪製人願負法律責任等字樣及開業證照字號，並簽名或蓋章。依建物標示圖申請建物所有權第一次登記，申請人與委託繪製人不同時，應於登記申請書適當欄記明同意依該圖繪製成果辦理登記，並簽名或蓋章。（土登第78條之1）

㈣**登記之辦理**（土登第81條）

　1.分別合併另編建號

　區分所有建物所屬共有部分，除法規另有規定外，依區分所有權人按其設置目的及使用性質之約定情形，分別合併，另編建號，單獨登記為各相關區分所有權人共有。

　2.建立標示部及附表，不另發給權狀

　區分所有建物共有部分之登記僅建立標示部及加附區分所有建物共有部分附表，其建號、總面積及權利範圍，應於各專有部分之建物所有權狀中記明

之，不另發給所有權狀。

伍補充規定

依「建物所有權第一次登記法令補充規定」第10點至第12點規定如下：

（105.7.5內政部修正發布）

1. 區分所有建物地下層依法附建之防空避難設備或停車空間應為共有部分，其屬內政部中華民國80年9月18日臺內營字第8071337號函釋前請領建造執照建築完成，經起造人或承受該所有權之人全體依法約定為專有部分，並領有戶政機關核發之所在地址證明者，得依土地登記規則第79條規定辦理建物所有權第一次登記。

2. 區分所有建物之騎樓，除依主管建築機關備查之圖說標示為專有部分者外，應以共有部分辦理登記。

3. 區分所有建物依主管建築機關備查之圖說標示為共用部分及約定專用部分，應以共有部分辦理登記。前項共有部分登記之項目如下：

　(1)共同出入、休憩交誼區域，如走廊、樓梯、門廳、通道、昇降機間等。

　(2)空調通風設施區域，如地下室機房、屋頂機房、冷氣機房、電梯機房等。

　(3)法定防空避難室。

　(4)法定停車空間（含車道及其必要空間）。

　(5)給水排水區域，如水箱、蓄水池、水塔等。

　(6)配電場所，如變電室、配電室、受電室等。

　(7)管理委員會使用空間。

　(8)其他經起造人或區分所有權人按其設置目的及使用性質約定為共有部分者。

六持分計算

共有部分之持分，原則上以各戶主建物面積為準予以計算，惟亦得經由協議訂定各戶分攤之持分。（民第799條第4項）因建設公司出售房屋，其銷售面積有「大公共」與「小公共」之故。持分應以分數表示之，其分子分母不得為小數，分母以整十、整百、整萬表示為原則，不得超過六位數。（土登第43條）

七其他相關法令

1. 有關區分所有建物共同使用部分經依法登記完畢，如經相關區分所有權人及他項權利人同意，當事人得申請權利範圍移轉變更登記（79.7.16內政部臺內地字第819823號函）

　(1)案經函准法務部79年7月7日法（79）律9656號函復以：「按區分所有建物共同使用部分之應有部分，原則上依該區分所有建物之區分所有權人協議決定。該共同使用部分之應有部分經協議並依法登記完畢，如

其登記事項與登記原因證明文件所載內容相符,並無錯誤,則嗣後當
事人申請更正權利範圍,自非屬土地法第68條及第69條所定更正登記
之問題。另自土地登記規則第72條第2款、第3款規定意旨觀之,其目
的在使區分所有建物共同使用部分之應有部分(從權利),隨同其區分
所有建物之所有權(主權利)之移轉而變更歸屬,使其不得個別移轉與
第三人或為分割,以免妨害共同使用部分存在功能之達成。故如同一
區分所有建物之區分所有權人相互之間,就應有部分比例重為協議,
將共同使用部分應有部分之權利範圍,作部分調整(非全部移轉),
在不影響善意第三人權益之前提下,准許當事人申請或共同使用部分
之應有部分作一部變更登記,似未牴觸土地登記規則前揭條款之規
定。」(按:原土地登記規則第72條第2款、第3款修正後為第94條)

(2)本部同意前開法務部意見。故區分所有建物共同使用部分經依法登記
完畢,嗣後所有權人為因應實際需要,如經相關區分所有權人及他項
權利人同意,得將其共同使用部分權利範圍之一部,移轉予其他區分
所有權人。

2.地下層廢水處理場得以附屬建物,辦理建物第一次測量及所有權第一次
登記(82.5.5內政部臺內地字第8205620號函)

按土地法第37條第1項規定:「土地登記,謂土地及建築改良物之所有權與
他項權利之登記。」本案地下層廢水處理場,既係建築改良物之一種,並於竣
工平面圖標明,自得以附屬建物,辦理建物第一次測量及所有權第一次登記。

3.區分所有建物共同使用部分權利之調整,申請登記,地政機關應予受理
(82.6.10內政部臺內地字第8207254號函)

同一所有權人所有各相關區分所有建物之共同使用部分權利範圍,在不
影響善意第三人權益之前提下互為調整,申請登記,地政機關應予受理,並以
「權利範圍變更」為登記原因。

4.關於……建設股份有限公司陳情為以兩個不同建照經合意集中留設於其
中一建照之「社區遊憩中心」作為兩建照建物所屬之共同使用部分,單
獨編列建號辦理登記一案,請照會商結論辦理(83.7.15內政部臺內地字第
8383079號函)

案經內政部邀集省市政府地政處及本部營建署、法規會、地政司等會商
獲致結論如次,請依照辦理:「查『……建築物公共設施項目應屬土地登記規
則所稱區分所有建物共同使用部分,其項目及所有權之劃分,係私法上契約關
係,宜由當事人依照民法規定合意為之。……』為內政部71年5月28日71臺內
營字第84397號函釋有案。本案在相鄰街廓分別請領之兩建照,經全體起造人協
議,合意集中留設於其中一建照之「社區遊憩中心」作為兩建照建物所屬之共
同使用部分,申辦測量、登記,與上開規定尚無不合。」

5.關於「地籍測量實施規則」第283條所稱之「分別合併」疑義（83.12.21內政部臺內地字第8315101號函）

「地籍測量實施規則」第283條規定「區分所有建物之共同使用部分，應視各區分所有權人實際使用情形，分別合併，另編建號予以勘測。」關於區分所有建物共同使用部分之項目及所有權之劃分，係屬私法上契約關係，宜由當事人依照民法規定合意為之。是以共同使用部分，應依各區分所有權人實際使用情形並依其申請，分別合併另編建號，不宜由地政機關逕為認定建物共同使用部分之項目及合併方式。

6.區分所有建物經依法登記完畢，申請共同使用部分權利範圍移轉變更之登記，登記機關應予受理（84.8.15內政部臺內地字第8485344號函）

按關於本部83年8月2日臺83內地字第8309551號函「……將其專作停車空間用途之共同使用部分移轉於同一建物之他區分所有權人者，參照本部79年7月16日臺76內地字第819823號函釋意旨，登記機關得予受理。」其中所稱「其專作停車空間用途」，其意旨係為避免區分所有權人將其共同使用部分全部移轉之情形產生，非指其主要用途為僅作停車空間使用而言。惟為免適用上產生疑義，其文字應修正為：「……將其原為部分區分所有權人所共有之共同使用部分移轉於同一建物之他區分所有權人者，參照……登記機關得予受理。」又所稱「移轉於同一建物之他區分所有權人」非僅限於原合意由部分該區所有建築物區分所有權人相互間之調整移轉，易言之，該共有部分如移轉於同一主建築物之他區分所有權人者，登記機關亦應予受理。

7.關於為未成年子女法定代理人之父或母，基於贈與之意思，使其未成年子女同為數區分所有建物之所有權人，進而代理該數未成年子女就區分所有建物共同使用部分訂定分配協議書，有無違反民法第106條禁止雙方代理之規定乙案（85.4.28內政部臺內地字第8504614號函）

⑴按經函准法務部85年4月16日法85律決字第08801號函略以：「按民法第106條規定：『代理人，非經本人之許諾，不得為本人與自己之法律行為，亦不得既為第三人之代理人，而為本人與第三人之法律行為。但其法律行為，係專履行債務者，不在此限。』上開關於禁止自己代理及雙方代理之規定，旨在防止自己或第三人與本人間之利益衝突，且於意定代理及法定代理均有其適用（最高法院65年臺上字第840號判例參照），前經本部84年5月27日法84律決字第12144號函復　貴部在案。惟為貫徹民法保護未成年人之精神，於無行為能力人純獲法律上利益之情形，既不發生利害衝突，似宜對民法第106條規定之適用範圍再做目的性限縮，承認『純獲法律上之利益者』亦屬『自己代理』之例外，不必加以禁止（王澤鑑著『民法總則』第367至369頁及『民法學說判例之研究第四冊』第51頁至第53頁參照）。本件依來函所述，倘父或母對於

未成年子女贈與不動產，致使該未成年子女『純獲法律上之利益』，既不發生利害衝突，似宜認其不受禁止雙方代理之限制，惟其如非使未成年子女『純獲法律上之利益』，則本部上開函釋仍有其適用，併此說明。」

(2)本部同意上開法務部意見。是以關於為未成年子女法定代理人之父或母，於申辦建物所有權第一次登記時，將所購置數區分所有建物除登記為自己名義外，以基於未附負擔贈與之意思，登記予數未成年子女，使同為區分所有建物之所有權人，並同時代理該數未成年子女就區分所有建物共同使用部分訂定分配協議書者，因係使該未成年子女「純獲法律上利益」，既不發生利害衝突，故應不受民法第106條禁止雙方代理人之限制，惟其如非使未成年子女「純獲法律上之利益」，則仍有上開民法規定之適用，以保護未成年子女之利益。

8. 有關建築物地面層開放空間辦理測量、登記乙案，請依會商結論辦理（85.11.26內政部臺內地字第8582488號函）

案經內政部於85年10月3日邀同省市政府地政處代表開會研商，獲致結論如下：

(1)自中華民國85年6月28日（含）以後核發建造執照者，其依「實施都市計畫地區建築基地綜合設計鼓勵辦法」設計之開放空間，凡屬區分所有合法建築物，且在使用執照及竣工平面圖內有計入總樓地板面積者，准予以共同使用部分辦理建物第一次測量及登記。

(2)為配合地政機關辦理開放空間之產權測繪及登記，請內政部營建署函請省（市）主管建築機關公寓大廈管理條例第44條及內政部85年3月11日臺（85）內營字第8572347號函規定責由起造人或建築師依起造人之委託於公寓大廈專有部分、共用部分標示之詳細圖說內，清楚標示符合前項結論之開放空間範圍。

9. 早期取得建造執照但未併同主建物辦理登記之區分所有建物地下層，自始即為該區分所有建築物之管理委員會管理，得由部分區分所有權人代全體區分所有權人申辦登記（90.12.24內政部臺內中字第9084443號函）

關於早期取得建造執照區分建築物之地下層，未併同主建物辦理登記，嗣後得否由部分區分所有權人代全體區分所有權人申辦登記事宜，業經本部邀集有關機關會商獲致結論：「㈠按區分所有之建物申請登記時應檢具之文件，土地登記規則第79條業已明定。惟早期取得建造執照區分建築物之地下層，使用執照記載為防空避難室，於71年辦理建物所有權第一次登記時，未併同主建物申辦登記。該地下層自始即為該區分所有建築物之管理委員會管理，且由全體區分所有權人兼作停車場使用迄今，該地下層屬共用部分，如要求須取得全體當事人之協議書始准予申辦登記，實有困難，為利地籍管理，得由部分區分所

有權人代全體區分所有權人申請登記，並應檢具切結書切結該地下層為共用部分，同時分算各相關區分所有權人之權利範圍後，登記機關得予受理。㈡為顧及當事人之權益，登記機關於辦理建物所有權第一次登記公告時，應一併通知起造人及相關區分所有權人，公告期滿無人異議，即辦理登記。」

10.登記機關應於建物測量成果圖上加註共有部分之項目，並於建物標示部其他登記事項欄登載共有部分之詳細項目內容（98.10.16內政部臺內地字第0980195168號函）

(1)略。

(2)略。

(3)查現行建物測量成果圖已將建物共有部分之項目圖說，轉繪至其建物平面圖上且於圖面註明各共有部分之項目，並於主要用途欄登載為共有部分。惟為使消費者瞭解其建物共有部分之項目，請貴處（府）督請所轄各登記機關於建物測量成果圖上加註「本共有部分之項目有○○○、○○○、○○○、○○○、○○○及○○○等○項。」等字樣，另依「土地登記複丈地價地用電腦作業系統規範」第149頁規定以「Z」（見其他登記事項）79代碼輸入，並於建物標示部其他登記事項欄輸入其資料類別代碼及上開加註內容，以利建物登記簿確實登載建物共有部分之詳細項目內容，俾利消費者瞭解其建物共有部分之測繪登記情形。

八、停車空間登記

㈠登記與移轉

關於建築物附設停車空間管理與產權登記疑義：（80.9.18內政部臺內營字第8071337號函）

1.本案前經本部於80年8月22日邀集法務部、經建會、省、市政府之地政、建管相關單位共同研商，獲致結論如次：「依建築法第102條之1規定，建築物依規定應附建防空避難設備或停車空間，按其性質應依土地登記規則第72條（現為第81條）規定辦理所有權登記，但為考量社會實際發展需要，依左列規定辦理：

(1)區分所有建物內之法定防空避難設備或法定停車空間均不得與主建築物分離，應為該區分所有建築物全體所有權人所共有或合意由部分該區分所有建築物區分所有權人所共有。

(2)前項區分所有建築物內之法定防空避難設備或法定停車空間所有權登記，參照土地登記規則第72條（現為第81條）規定辦理。

(3)區分所有建築物內之法定防空避難設備或法定停車空間，其移轉承受人應為該區分所有建築物之區分所有權人。

2.基於法律不溯既往原則，並避免購屋糾紛影響人民權益，對新申請建造執照之案件，應依前開結論辦理。

㈡**補充規定**

共同使用與附屬建物依「建物所有權第一次登記法令補充規定」第10點如次：（105.7.5內政部修正發布）

區分所有建物地下層依法附建之防空避難設備或停車空間應為共有部分，其屬內政部中華民國80年9月18日臺內營字第8071337號函釋前請領建造執照建築完成，經起造人或承受該所有權之人全體依法約定為專有部分，並領有戶政機關核發之所在地址證明者，得依土地登記規則第79條規定辦理建物所有權第一次登記。

㈢**其他相關法令**

1.區分所有建物停車空間及防空避難設備之產權登記（81.8.1內政部臺內營字第8184759號函）

續商「建築物附設停車空間管理與產權登記」會議紀錄結論：

⑴直轄市、縣（市）建築主管機關關於審查法定停車空間及法定防空避難設備時，請要求以顏色標明位置。至其確切範圍，應請由登記機關要求起造人或申請人就法定停車空間及法定防空避難設備部分予以劃定據以登記（法定防空避難設備不得分層合併計算）。

⑵自民國81年8月1日起，直轄市、縣（市）政府於核發使用執照時，請配合於備註欄內加註建造執照核發之日期及文號。

⑶本部80年9月18日臺（80）內營字第8071337號函實施適用日期，由直轄市、縣（市）政府主管建築機關依收文確切日期訂定。

2.區分所有建物停車空間及防空避難設備之產權登記（81.9.21內政部臺內營字第8104762號函）

增設之停車空間非屬法定防空避難設備範圍者，得不受本部80年9月18日臺（80）內營字第8071337號函限制。

3.建物依法自行增設或獎勵增設停車空間之產權登記（83.5.13內政部臺內地字第8375317號函）

查「建築物公共設施項目應屬土地登記規則所稱區分所有建物共同使用部分，其項目及所有權之劃分，係私法上契約關係，宜由當事人依照民法規定合意為之。」為本部71年5月28日臺內營字第84397號函所明定，是以依法自行增設或獎勵增設供公眾使用之停車空間，由當事人合意，倘非屬共同使用部分，並編列有門牌、領有戶政機關核發之地下室證明書、或領有地下室所在地址證明書者，得依土地登記規則第73條規定申辦建物所有權第一次登記。至增設停車空間之確切位置範圍，依使用執照所附竣工平面圖上所標示位置為準。

4.關於區分所有權人就區分所有建物專作停車空間用途之共同使用部分之

權利移轉於同一建物之他區分所有權人者，登記機關得予受理（83.8.2內政部臺內地字第8309551號函）

按「共同使用部分之所有權，應於各相關區分所有建物所有權移轉時，隨同移轉於同一人。」固為土地登記規則第72條第2款所明定，惟區分所有建物共同使用部分倘經依法登記完畢，嗣所有權人為實際需要，經相關區分所有權人及他項權利人同意，將其專作停車空間用途之共同使用部分移轉於同一建物之他區分所有權人者，參照本部79年7月16日臺內地字第819823號函釋意旨，登記機關得予受理。

5.有關區分所有建物內作為共同使用部分之法定防空避難室或法定停車空間，得否合意由該區分所有權人中之一人單獨所有疑義乙案（85.2.27內政部臺內地字第8573716號函）

有關區分所有建物內作為共同使用部分之法定防空避難室或法定停車空間，不得合意由某人專有部分單獨所有。

6.有關室內停車空間及市場攤位權屬之認定，於辦理建物所有權第一次登記時，應如何測量及登記乙案（85.2.27內政部臺內地字第8573716號函）

(1)按有關依竣工圖所示屬非法定之停車空間，並符合「土地登記規則」第76條規定者，得由申請人於申辦登記時選擇依現行登記方式，或依下列方式辦理建物所有權第一次登記：

①單獨編列建號以主建物方式登記。

②產權登記之方式：在建物登記簿標示部備考欄加註「停車位共計○位」及主要用途欄記載「停車空間」字樣，並於所有權部其他登記事項欄暨於建築改良物所有權狀主任署名欄上方空白處分別登載「車位編號○○號」，又土地登記以電子處理者，則於建物標示部分增列「車位編號」欄位。另為利登記實務作業之需，建物測量成果圖應按竣工圖轉繪所劃設之停車位、編號，及於「位置圖」欄加註停車位之數量。

③於公寓大廈管理條例及其施行細則等相關規定，對有關建物應分擔或應隨同移轉之基地應有部分多寡之比例尚未明確規定前，停車空間如具有基地使用權，申辦建物所有權第一次登記，登記機關應予受理。

(2)又有關市場攤位之產權登記，得比照前項所述方式辦理。

7.依建築技術規則建築設計施工編第59條之1規定集中留設之法定停車空間辦理建物所有權第一次登記事宜（85.5.29內政部臺內地字第8575108號函）

案經本部邀集省市政府地政、工務單位及中華民國土地登記專業代理人公會全國聯合會、中華民國建築投資商業同業公會全國聯合會會商獲致結論如次：「有關區分所有建築物依建築技術規則建築設計施工編第59條之1但書規

定，將本棟建物依法應留設而作為其區分所有權人共同使用部分之法定停車空間集中設置於同一街廓或相鄰街廓之他棟不同建築執照之建築物基地內者，以該法定停車空間之設置，既因建物之興建依法所必須附設，其設置又以供該建物使用為目的，其產權自以登記為該建物區分所有權人所共有為宜。是以本案五樓建築物供作共同使用用途之法定停車空間，既係依前揭建築技術規則規定，而附設於鄰街之十樓建物基地內，自應登記為該五樓建築物區分所有權人所共有。」

8.法定停車空間之計算基礎事宜（85.6.27內政部臺內地字第8505406號函）

關於本部85年2月27日臺85內地字第8573719號函示「有關區分所有建物內作為共同使用部分之法定防空避難室或法定停車空間，不得合意由某一專有部分單獨所有。」僅係就本部80年9月18日臺80內營字第8071337號函為補充解釋，申言之，所稱「法定停車空間」係就建築物整體之法定停車位為計算之基礎，並非每一個別停車位。

9.有關以共同使用部分登記之停車空間其產權登記方式（85.9.7內政部臺內地字第8580947號函）

有關停車位以共同使用部分登記者，其產權登記方式，得由申請人於申辦登記時，選擇依內政部80年9月18日臺（80）內營字第8071337號函、81年8月1日臺81內營字第8184759號函所示之現行登記方式，或依下列方式辦理：

⑴在區分所有建物共同使用部分標示部備考欄加註「停車位共計○位」，並另於現行區分所有建物共同使用部分附表增列「車位編號」欄，並於該欄位登載車位編號，其權利範圍則於上開附表備考欄記載「含停車位權利範圍×××分之××」（範例見附件一）及於建築改良物所有權狀主任署名欄上方空白處分別登載「車位編號○號」。

⑵區分所有建物同時擁有二位以上屬共同使用部分之停車位者，其備考欄則記載為「含停車位權利範圍○號×××分之××，○號×××分之××（範例見附件二）」。

⑶停車空間係依據內政部80年9月18日臺（80）內營字第8071337號函示，合意由有停車位之區分所有建物之區分所有權人所共有者，則於上開附表「車位編號」欄登載車位編號即可（範例見附件三），至有部分區分所有權人同時擁有二位以上停車位者，則於上開附表「權利範圍」欄載明「○號×××分之××，○號×××分之××」（範例見附件四）。

⑷又土地登記以電子處理者，依左列方式辦理：

①有關「停車位共計：○○」、「車位編號：○○」二項之記載，應依內政部85年7月29日臺（85）內地字第8587284號函說明一方式登記。但因擁有停車位而增加之共同使用部分之應有部分，則於建物

標示部及所有權狀共同使用部分之「權利範圍」欄內加註。

②至停車空間係依據內政部前揭80年函示，合意由部分該區分所有建物區分所有權人所共有者，則依據內政部前揭85年函示列印「停車位共計：○○」及「車位編號：○○」。

(5)為利登記實務作業之需，建物測量成果圖應按竣工圖轉繪所劃設之停車位、編號，及於「位置圖」欄加註停車位之數量。

附件一

　　　　　△△省（市）△△縣（市）　　（鄉）（鎮）市　　段建築改良物
　登記簿

區分所有建物共用部分附表					建　號	
區分所有建物建築	權利範圍	變更登記紀要	登簿	校對	車位編號	備　考
A			印	印	①	（含停車位權利範圍×××分之××）
B			印	印	②	（含停車位權利範圍×××分之××）
C			印	印	③	（含停車位權利範圍×××分之××）
D			印	印	無	
E			印	印	④	（含停車位權利範圍×××分之××）

附件二

　　　　　△△省（市）△△縣（市）　　（鄉）（鎮）市　　段建築改良物
　登記簿

區分所有建物共用部分附表					建　號	
區分所有建物建築	權利範圍	變更登記紀要	登簿	校對	車位編號	備　考
A			印	印	①②	（含停車位權利範圍①號×××分之××，②號×××分之××）
B			印	印	③	（含停車位權利範圍×××分之××）
C			印	印	無	
D			印	印	④	（含停車位權利範圍×××分之××）
E			印	印	無	

附件三

　　　　△△省（市）△△縣（市）　　（鄉）（鎮）市　　段建築改良物
　登記簿

區分所有建物共用部分附表					建　號	

區分所有建物建築	權利範圍	變更登記紀要	登簿	校對	車位編號	備　　考
A			印	印	①	
B			印	印	②	
C			印	印	③	
D			印	印	④	
E			印	印	⑤	

附件四

　　　　△△省（市）△△縣（市）　　（鄉）（鎮）市　　段建築改良物
　登記簿

區分所有建物共用部分附表					建　號	

區分所有建物建築	權利範圍	變更登記紀要	登簿	校對	車位編號	備　考
A	①號×××分之××， ②號×××分之××		印	印	①②	
B			印	印	③	
C			印	印	④	
D			印	印	⑤	
E			印	印	⑥	

10.關於已辦理編號登記之停車位與市場攤位，嗣後該相關所有權人互為調
　換或調整變更其分管使用之車位或攤位時，其登記原因疑義乙案（86.3.31
　內政部臺內地字第8602456號函）

　　按停車空間與市場攤位產權登記方式，前經本部85年2月27日臺內地字
第8573716號、同年7月29日臺內地字第8587284號、同年9月7日臺內地字第
8580947號及同年11月26日臺內地字第8586523號函明定在案。依上開函規定辦
理編號登記之停車位或市場攤位，嗣後所有權人為因應實際需要，如經相關區
分所有權人他項權利人同意，得調換或調整變更其分管使用之車位或攤位，並
以「交換」為登記原因。又本部85年11月26日臺內地字第8586523號函附「研究
地籍資料電子處理作業有關事宜」會議結論㈦有關於「地籍資料電子處理系統
規範」第176頁增訂第11點之內容，應變更為「區分所有建物共同使用部分，如

經相關區分所有權人及他項權利人同意而申請權利範圍變更或停車位登記編號變更之登記者，該附表之異動，得以所有權移轉程式處理。」

11.法定停車空間得併入主建物測繪登記之要件（87.11.21內政部臺內地字第8790796號函）

(1)案經本部87年10月2日邀集有關機關研商區分所有建物之認定及法定停車空間產權測量登記事宜，獲致結論如下：按「專有部分：指公寓大廈之全部或一部分，具有使用上之獨立性，且為區分所有之標的者。」為公寓大廈管理條例第三條第三款所明定，故依建物使用執照所附竣工平面圖之記載，公寓大廈之室內法定停車空間如不兼防空避難室使用，其為地面層主建物附建且相連或上下直接連通，並有獨立出入口通室外道路，具使用上之獨立性及為區分所有之標的者，依上開規定屬專有部分，該法定停車空間於申辦建物所有權登記時，得併入主建物內辦理測繪登記，其用途欄依使用執照之記載填載。該停車空間並不得自主建物分離或為分割標的。

(2)本部85年10月23日臺（85）內地字第8509701號，同年11月22日臺（85）內地字第8503942號及86年7月21日臺（86）內地字第8680700號函應予停止適用。

12.法定停車空間或防空避難室，如係以共同使用部分登記為該區分所有建物全體或部分區分所有權人共有，其移轉承受人仍應以該區分所有權人為限（87.11.25內政部臺內營字第8773373號函）

按「……區分所有建物內之法定防空避難設備或法定停車空間，其移轉承受人應為該區分所有建物之區分所有權人。二、基於法律不溯既往原則，並避免購屋糾紛影響人民權益，對新申請建造執照之案件，應依前開結論辦理。」為本部80年9月18日臺（80）內營字第8071337號函所明文：又「公寓大廈之起造人或建築業者，不得將共用部分，包含法定空地、法定停車空間及法定防空避難設施，讓售於特定人或為區分所有權人以外特定人設定專用使用權或為其他有損區分所有權人權益之行為。」、「專有部分不得與其所屬建築物共用部分之應有部分及其基地所有權或地上權之應有部分分離而為移轉或設定負擔。」分為84年6月28日公布之公寓大廈管理條例第45條第2項及第4條第2項所明定。至上開規定公布生效前取得建照者，嗣後法定停車空間移轉承受人是否受其限制乙節，如該法定停車空間或防空避難設施係於本部上開規定發布生效前即以主建物單獨編列建號，辦理建物所有權第一次登記，基於法律不溯既往原則，其移轉承受人自無需以該區分所有建物之區分所有建物之區分所有權人為限；如係以共同使用部分登記為該區分所有建物全體或部分區分所有權人所共有，為貫徹上開法條意旨，其移轉承受人仍應以該區分所有權人為限。至獎勵或增設停車空間，非屬前揭函文及條例所規範範圍，其移轉請逕洽地政機關辦理

之。（按：公寓大廈管理條例第45條第2項修正後為第58條第2項）

　　13.關於同棟建築物內之法定停車位與增設停車位辦理移轉，其適用之登記原因及其登記方式疑義乙案（88.10.20內政部臺內中地字第8886363號）

　　案經本部於88年9月14日邀集本部法規會（請假）、臺北市、高雄市政府地政處、部分縣市政府等有關單位研商獲致結論：「按『已辦理編號登記之停車位與市場攤位，嗣後該相關所有權人互為調換或調整變更其分管使用之車位或攤位時，以交換為其登記原因』、『……將其原為部分區分所有權人所共有之共同使用部分移轉於同一建物之他區分所有權人者，參照……，登記機關得予受理。』分為本部86年3月31日臺（86）內地字第8602456號函及84年8月15日臺（84）內地字第8485344號函所明示，本案增設停車位與法定停車位均為得交易及使用之標的，且其辦理交換後均移轉予同一區分所有建物之他區分所有權人，無損及其他區分所有權人之權益，同意參照上開本部86年函示規定以『交換』為登記原因辦理移轉；至於登記之方式，先以程式類別『所有權移轉』辦理主建物之停車位移轉登記，再由地政事務所另收一內部收件（登記原因仍為交換），選擇以程式類別『變更／更正』辦理共同使用部分停車位之變更登記。」

　　14.有關區分所有建物登記相關執行事宜乙案，請轉知所屬依會商結論辦理（90.2.16內政部臺內中地字第9080272號）

　　⑴關於塗銷以共同使用部分登記之停車空間權利範圍及編號登記事宜：

　　　①區分所有建物共同使用部分申辦登記時選擇以增列車位編號並記載停車位權利範圍登記完畢，如登記，登記機關應予受理。

　　　②登記原因標準用語「塗銷註記」登記原因之意義增列「塗銷共同使用部分登記之停車位編號及停車位權利範圍之註記登記」。

　　⑵有關使用執照已將「花臺」計入樓地板面積，地政機關應否辦理測量登記事宜：建物所有權第一次登記法令補充規定第11點之3修正為：「建物除使用執照竣工平面圖載明為陽臺、屋簷或雨遮者，得以附屬建物登記外，其他如露臺、花臺、花棚、雨庇、裝飾牆、栽植槽等均不予登記。但使用執照竣工平面圖已將附屬建物計入樓地板面積者，不在此限。」

　　⑶關於區分所有建物停車空間產權登記事宜：

　　　①停車位以共同使用部分登記，其產權登記方式，仍依土地登記規則第75條及本部85年9月7日臺（85）內地字第8580947號函規定辦理（詳閱本部86年10月編印之地政法令彙編續編第40、291頁）。

　　　②有關竣工圖所示屬非法定之停車空間，並符合土地登記規則第76條規定者，仍依本部85年2月27日臺（85）內地字第8573716號函規定辦理（詳閱本部86年10月編印之地政法令彙編續編第197頁）。

　　15.區分所有建物共有人分管之法定停車位註記登記事宜（96.9.5內政部內授中

辦地字第0960727268號函）

　　查區分所有建物為共有，而各共有人又分管部分法定停車位，為使停車位利於使用管理，弭平共有人間對停車位範圍之爭議，並符合現今社會需求，爰區分建物所有權人於辦理建物所有權第一次登記時，得依當事人之申請於所有權部其他登記事項欄，以代碼88註記「分管停車位編號：○○」。

16.區分所有建物共有人分管之法定停車位註記登記事宜（97.4.9內政部內授中辦地字第0970044237號函）

　　為利停車位之管理使用，旨揭建物，如經區分所有建物全體共有人及他項權利人同意，並檢附分管協議書、印鑑證明及他項權利人同意書等文件，得比照本部96年9月5日內授中辦地字第0960727268號函申辦註記登記。

17.一般建物不得加註汽車停車位、裝卸位及機車停車位之數量及編號（102.10.24內政部臺內地字第1020310050號函）

　　(1)略。

　　(2)按本部85年9月7日臺（85）內地字第8580947號函釋關於區分所有建物共有部分停車空間之登記方式規定，係基於公寓大廈管理條例施行前後分別依分管契約或規約取得法定停車位專用權者，恐因公示不足，不免糾紛時起，爰予規定將該專用權以車位編號方式登載於登記簿，藉此加強公示，俾予保障人民財產權。惟本案貴局因考量交易及登記公示需要，故建議以一般建物型態辦理所有權第一次登記之建物，得參照上開函規定於登記簿標示部加註汽車停車位數量，並於其所有權部加註車位編號1節，經查該等建物之停車位數量及編號情形，既已於使用執照竣工圖或建物測量成果圖明確載明，尚無需於登記簿重複登載；且從交易安全與登記公示角度而論，該建物倘為同一權利人所有，其建物所有權人本得自由使用該建物內之法定停車空間，尚無藉由登記公示保障權益之必要。又日後該建物倘移轉為共有時，其共有人亦得依民法第826條之1及土地登記規則第155條之1規定，申請共有物使用約定登記及對外公示，尚不宜由登記機關於現行規定外再行創設一般建物型態建物之停車位編號登記規定。

　　(3)另本案建議以一般建物型態登記之建物，得予參依上開本部85年9月7日函釋規定於登記簿加註機車停車位及裝卸位之數量及編號1節，查目前該等車位如屬區分所有建物之共有部分者，依本部營建署102年9月14日營署建管字第1020060495號書函示略以：「按『公寓大廈共有部分不得獨立使用供做專有部分。其為下列各款者，並不得為約定專用部分：……五、其他有固定使用方式，並屬區分所有權人生活利用上不可或缺之共用部分。』公寓大廈管理條例第7條定有明文，如為前開條文各款之一者，即不得約定供特定區分所有權人使用，故依法設置

之裝卸位或機車停車位得否為約定專用部分，當就個案事實，依其法
令設置之目的及使用方式審認之。」是以區分所有建物共有部分之機
車停車位及裝卸位得否約定專用，仍須依個案事實判斷，故本部並未
規定該等車位得參依上開本部85年9月7日函釋規定辦理；又以一般建
物型態登記建物之機車停車位及裝卸位，因考量區分所有建物內該等
車位既無法辦理登記，以及上開說明二之理由，亦不宜參照該函規定
辦理車位數量及編號之登記，併予復明。

九、面積計算

(一)測　繪

測繪建物位置圖及平面圖，應以平板儀或經緯儀實地測繪之，並註明邊
長，以公尺為單位，量至公分為止。（地測規則第271條）

(二)比例尺

建物平面圖之比例尺，以一百分之一或二百分之一為原則。如有特殊情
形，得視實際需要增減之。（地測規則第272條）

(三)測繪邊界

建物平面圖測繪邊界依下列規定辦理：（地測規則第273條）

1.建物以其外牆之外緣為界。

2.兩建物之間有牆壁區隔者，以共用牆壁之中心為界；無牆壁區隔者，以
建物使用執照竣工平面圖區分範圍為界。

3.使用執照竣工平面圖載有陽臺之突出部分者，以其外緣為界，並以附屬
建物辦理測量。

4.地下層依建物使用執照竣工平面圖所載樓層面積之範圍為界。

本規則中華民國107年1月1日修正施行前已申請建造執照者，或都市更新事
業計畫已報核，並依都市更新條例第61條之1第1項及第2項規定期限申請建造執
照之建物，其屋簷、雨遮及地下層之測繪，依本條修正前規定辦理。

(四)面積之計算（地測規則第276條）

各棟及各層樓房之騎樓地平面，應分別計算其面積。

建物面積之計算，應依地籍測量實施規則第151條第2項、第158條及第159
條規定辦理。

建物面積之單位為平方公尺，平方公尺以下記載至第二位，第三位以下四
捨五入。

(五)轉繪（地測規則第282條之1）

於實施建築管理地區，依法建造完成之建物，其建物第一次測量，得依使
用執照竣工平面圖轉繪建物平面圖及位置圖，免通知實地測量。但建物位置涉
及越界爭議，經查明應辦理建物位置測量者，不在此限。

　　前項轉繪應依第272條至第275條、第276條第1項、第3項、第283條及下列
規定以電話繪圖方式辦理：

1.建物平面圖應依使用執照竣工平面圖轉繪各權利範圍及平面邊長，並詳
　列計算式計算其建物面積。
2.平面邊長，應以使用執照竣工平面圖上註明之邊長為準，並以公尺為單
　位。
3.建物位置圖應依使用執照竣工平面圖之地籍配置轉繪之。
4.圖面積應註明辦理轉繪之依據。

十、基地使用與越界建築

㈠基地使用

1.目前如係憑使用執照辦理建物所有權第一次登記，並不審查基地持分，
　亦不審查其基地使用權源，惟如實施建築管理前建造之建物，該建物與
　基地非屬同一人所有者，應附基地使用證明文件。
2.基地持分原則上係以各戶主建物面積為準予以計算亦得另行約定。（民第
　799條第4項）依土地登記規則第43條規定，土地持分應以分數表示之，其
　分子分母不得為小數，分母以整十、整百、整千、整萬表示為原則，並
　不得超過六位數。
3.土地登記規則第83條規定，區分所有權人申請建物所有權第一次登記
　時，除依第79條規定，提出相關文件外，並應於申請書適當欄記明基地
　權利種類及範圍。

　　登記機關受理前項登記時，應於建物登記簿標示部適當欄記明基地權利種
類及範圍。

4.基地使用權利依「建物所有權第一次登記法令補充規定」第13點至第15
　點如下：（105.7.5內政部修正發布）
　⑴申請實施建築管理前建築完成之建物所有權第一次登記，申請人與基
　　地所有權人非同一人時，有下列情形之一者，免附基地所有權人同意
　　使用之證明文件：
　　①申請人為地上權人或典權人。
　　②因法院拍賣移轉取得建物者。
　　③日據時期已登記之建物。
　　④占用基地經法院判決確定有使用權利者。
　　⑤租用他人土地建築房屋且提出土地使用證明者。
　⑵建物基地經辦理查封登記，仍得辦理建物所有權第一次登記。
　⑶建物基地若經稅捐稽徵機關囑託辦竣禁止處分登記，於辦理建物所有
　　權第一次登記公告時，應通知原囑託之稅捐稽徵機關。

5. 區分建物所有權人於申請建物所有權第一次登記時，記明基地權利種類及權利範圍所附基地權利證明文件事宜（91.2.6內政部臺內中地字第0910001589號函）

(1)查區分建物所有權人申請建物所有權第一次登記，應附何種文件，土地登記規則第79條業已明定：又區分所有建物區分所有權人得就其區分所有部分之權利，單獨申請登記，為土地登記規則第80條規定在案。

(2)旨揭所示事項，為配合公寓大廈管理條例第4條規定，並避免於辦理所有權移轉時滋生疑義，爰新增土地登記規則第83條。故部分區分所有權人單獨申請建物所有權登記時，仍應依上開規定提出相關文件並於申請書記明基地權利種類及其範圍，如申請人查註基地權利種類及其範圍有困難時，應請其逕洽貴府建築主管機關調卷或影印其提供興建房屋時所附之土地權利證明文件後據以辦理。

6. 關於申請建物所有權第一次登記時，依土地登記規則第83條規定記明基地權利種類及其範圍，勿須檢附基地所有權人印鑑證明（91.9.11臺內中地字第0910085086號函）

(1)按「起造人申請建造執照或雜項執照時，應備具申請書、土地權利證明文件、工程圖樣及說明書。」為建築法第30條所明定，是建築主管機關於核發建造執照前已依上開規定審查土地權利證明文件在案。

(2)查土地登記規則第83條規定區分建物所有權人，於申請建物所有權第一次登記時，除應依同規則第70條規定，提出相關文件外，並應於申請書適當欄記明基地權利種類及其範圍之意旨，係配合公寓大廈管理條例第4條第2項規定及避免辦理所有權移轉登記時滋生疑義所增訂。從而，區分建物所有權人申請建物所有權第一次登記時，如已於申請書記明基地權利種類及其範圍，即符合上開規則之規定，勿須檢附基地所有權人之印鑑證明。

7. 農業發展條例修正後，農舍登記申請人為農舍基地共有人之一，申請農舍建物所有權第一次登記得免由基地全部共有人共同切結（92.8.8內政部內授中辦地字第0920083875號函）

(1)按「……農舍應與其坐落用地併同移轉或併同設定抵押權……」、「……已申請興建農舍之農業用地，直轄市、縣（市）主管建築機關於核發使用執照後，應將農舍坐落之地號及提供興建農舍之所有地號之清冊，送地政機關於土地登記簿上註記。」分為農業發展條例第18條第4項及農業用地興建農舍辦法第9條所明定，從而地政機關需配合管制「農舍」與「其坐落用地」併同移轉或設定抵押權及於「農舍」申辦建物所有權第一次登記時，於建物登記簿加註，以避免農舍與其坐

落用地分屬不同所有權人，引發利用及產權紛爭問題，合先敘明。

(2)次按「查『農業發展條例』第18條第4項規定：『第1項及前項農舍起造人應為該農舍坐落土地之所有權人；農舍應與其坐落用地併同移轉或併同設定抵押權，已申請興建農舍之農業用地不得重複申請。』其農業用地面積大於0.25公頃且為二人以上共有時，可由其他共有人出具同意書供一人申請興建農舍，其申請人資格條件符合『農業用地興建農舍辦法』第3條規定者，即可提出申請興建農舍，惟依前揭規定將來農舍應與其坐落用地併同移轉或併同設定抵押權，且已申請興建農舍之農業用地不得再申請。」前經行政院農業委員會91年10月2日農輔字第0910151735號函釋有案，是以農業發展條例89年1月26日修正公布後，共有農業用地農舍起造人持憑建管機關核發之使用執照申請建物所有權第一次登記，得免提出基地全部共有人具結將來農舍與基地不單獨移轉，且不單獨設定負擔之書面聲明。

8.部分共有人申請共有農舍之所有權第一次登記時，不得代未會同之他共有人具結無其他農舍（101.12.13內政部內授中辦地字第1016042455號函）

按為符合農業發展條例第18條之立法精神及落實農地管理政策，行政院農業委員會前以96年3月14日農授水保字第0961848173號函規定農舍與其座落用地併同移轉時，其承受人資格應符合無自用農舍條件，並應檢附相關文件供地政機關審查，為配合上開管制規定，本部並以96年9月28日內授中辦地字第0960051711號函規定，申請農舍所有權第一次登記，申請人所檢附之權利證明文件為移轉契約書時，應檢附申請人具結僅一戶農舍之書面聲明辦理。又本案經函准行政院農業委員會101年12月10日農授水保字第1010743152號函表示，本案經法院調解為三人共有，其農舍與坐落農業用地全部之轉讓或受讓人仍應符合上開規定，是以不得有代為具結之情形，本案請依行政院農業委員會上開意見辦理。

(二)越界建築

依「建物所有權第一次登記法令補充規定」第16點至第18點如下：（105.7.5內政部修正發布）

1.領有使用執照之建物，其建築面積與使用執照面積相符，惟部分占用基地相鄰之土地，該建物所有人得就未占用部分，申辦建物所有權第一次登記，公告時無須通知鄰地所有人。辦理登記時，應於登記簿標示部其他登記事項欄加註「本合法建物尚有部分面積因使用鄰地未予以登記」之文字。

2.實施建築管理前建造之建物部分占用鄰地，得比照前點規定，就未占用鄰地部分，申辦建物所有權第一次登記。

3.共有人之一於實施建築管理前在共有土地興建完成之房屋，申請建物所

有權第一次登記時，應檢附他共有人之土地使用同意書。但該建物為基
地共有人區分所有者，免檢附他共有人之土地使用同意書。

◎**建物突出建築線外占用道路用地，該占用部分不准登記**（75.3.12內政部臺內地
字第391361號函）

　　本部74年3月27日臺內地字第296569號函所稱「鄰地」，係指與使用執照上
建築基地相鄰接之土地而言，前經本部於75年2月6日以臺內地字第378501號函
復在案，如建物突出建築線外占用道路用地，違反建築法規定，該占用部分應
不准其登記。

◎**土地共有人之一就實施建管前建造之建物申辦所有權第一次測量登記，其
應有土地面積大於申請之建物面積，仍應檢附他共有人之土地使用同意書**
（99.7.20內政部內授中辦地字第0990047278號函）

　　按「共有人之一於實施建築管理前在共有土地興建完成之房屋，申請建物
所有權第一次登記時，應檢附他共有人之土地使用同意書。但該建物為基地共
有人區分所有者，免檢附他共有人之土地使用同意書。」為建物所有權第一次
登記法令補充規定第21點所明定，本案土地共有人之一就實施建管前建造之建
物申辦建物所有權第一次登記，雖其應有部分換算之土地面積大於申請登記建
物面積，惟應有部分係指共有人對於共有物所有權享受權利之比例，非就共有
物為量的劃分，亦非就共有物為具體劃分使用部分，此觀民法第818條規定，
各共有人按其應有部分對於共有物之全部有使用收益之權可明，故除共有人間
已就各自使用共有土地之部分另有分管之約定外，在該共有土地尚未辦理分割
前，仍應檢附他共有人之土地使用同意書。（按：原建物所有權第一次登記法令補
充規定第21點修正後為第18點）

十一、公　告

　　建物所有權第一次登記，準用土地總登記程序，故登記案件經審查無誤應
先行公告，有關公告之規定及異議之處理，詳見本章第一節。

十二、保證或切結

㈠工廠或商號應備文件

1. 建物使用執照起造人為無法人資格之工廠或商號，辦理建物所有權第一
　次登記時，應提出商業主管機關核發之登記證明文件及出資人證明文
　件，據以辦理登記（80.7.1內政部臺內地字第8080010號函）

　　按土地、建物登記名義人以自然人或法人為限，故建物使用執照起造人為
無法人資格之工廠或商號，應以出資之自然人或法人名義辦理建物所有權第一
次登記。有關申請工廠或商號出資人證明文件，經函准經濟部80年6月12日經
（80）工字第028183號函復以：「查合夥人之出資總類、數額，應於開業前申請

登記，又此登記事項，商業負責或利害關係人得請求主管機關發給證明書，商業登記法第8條、第24條各定有明文，依此，商號已辦妥營業登記者，自得申請商業主管機關核發出資人證明文件。又依工廠設立登記規則第2條第2項規定，工廠之資本額，以公司登記或商業登記之資本額為準，故工廠不論已辦妥設立登記，仍應以其已辦妥營業登記或公司登記者，始得申請商業主管機關核發之出資人證明文件。」準此，建物使用執照起造人為無法人資格之工廠或商號申辦建物所有權第一次登記時，應提出商業主管機關核發之登記證明文件及出資人證明文件，據以辦理登記。

2.有關建物使用執照起造人為無法人資格之工廠或商號，辦理建物所有權第一次登記疑義一案（80.11.19內政部臺內地字第8079416號函）

「建物使用執照起造人為無法人資格之工廠或商號，申辦建物所有權第一次登記時，應提出商業主管機關核發之登記證明文件及出資人證明文件，據以辦理登記。」為本部80年7月1日臺內地字第8080010號函所定。唯工廠或商號在未辦理營業登記前，申請人持憑工廠設立許可文件，主張其為建物所有權人，申辦建物所有權第一次登記，倘工廠設立許可文件載明工廠係獨資型態，又使用執照所載起造人工廠或商號之代表人（負責人）與申請人相符者，地政機關亦得予受理；如有不符，應另檢具移轉契約書，法院確定判決等足資證明其為權利人之證明文件，以憑辦理登記。

3.建物使用執照以無法人資格之工廠或商號為起造人名義；如何認定建物權屬疑義一案（80.12.23內政部臺內地字第8073992號函）

案經本部於80年12月6日邀集經濟部、法務部、省市政府建設、工務、地政機關研商，獲致結論如次：

　　⑴建議內政部於檢討建築法時，研修該法第12條，規定建築物之起造人以自然人及法人為限。

　　⑵按民法規定，自然人及法人始得為權利主體。建管機關受理興辦工業人持憑工業主管核准工廠設立許可文件申請建造執照，核發建造執照時，起造人應以自然人及法人名義登載，並附註為○○工廠或商號建廠用，該工廠或商號為合夥組織者，應附載全體合夥人名冊。核發使用執照時亦同，以便地政機關以自然人及法人名義辦理建物所有權第一次登記。為配合上開規定，請工業主管機關於核准工廠設立許可，通知申請人時，以自然人及法人為受通知對象，其為合夥組織者，應於許可文件中列明全體合夥人名冊。

　　⑶至於已以工廠或商號為起造人名義核發建造執照及使用執照之建物，其所有權第一次登記除依內政部80年7月1日臺內地字第8080010號函、80年11月19日臺內地字第8079416號函規定辦理外，倘工廠設立許可文件載明工廠係合夥組織，於工廠或商號辦妥營業登記前，得加具保證

人一人以上之保證書，敘明確無其他出資人或合夥人情事，以全體合
夥人名義申辦公司共有建物所有權第一次登記。

4.關於建物使用執照起造以無法人資格之工廠或商號為起造人名義，又工
廠設立許可文件未記載工廠之組織型態，申辦建物所有權第一次登記疑
義（82.3.8內政部臺內地字第8203013號函）

按「建管機關受理興辦工業人持憑工業主管核准工廠設立許可文件申請建
造執照，核發建造執照時，起造人應以自然人及法人名義登載，並附註為○○
工廠或商號建廠用，該工廠或商號為合夥組織者，應附載全體合夥人名冊。核
發使用執照時亦同，以便地政機關以自然人及法人名義辦理建物所有權第一次
登記。」為本部80年12月23日臺內地字第8073992號函所定，至於在該函發布前
已以工廠或商號及其代表或負責人為起造人名義核發使用執照之建物，倘工廠
設立許可文件未載工廠之組織型態，該代表人或負責人申請建物所有權第一次
登記，除依本部80年7月1日臺內地字第8080010號函規定辦理者外，於工廠或商
號辦妥營業登記前，倘檢具保證人一人以上之保證書，敘明確無其他出資人或
合夥人情事，地政機關亦得予以受理。

5.有關非法人之工廠或商號以其負責人為起造人申請建造執照及使用執
照，其與建物所有權第一次登記之配合疑義案（85.11.27內政部臺內地字第
8582122號函）

主管建築機關受理興辦工業人持憑工業主管機關核准工廠設立許可文件申
請建造執照，起造人應以自然人及法人名義記載，並附註工廠或商號名稱。該
工廠或商號為合夥組織者，並應檢附載全體合夥人名冊。以便地政機關以自然
人及法人名義辦理建物所有權第一次登記。

6.使用執照為非法人之商號及工廠申請建物所有權第一次登記事宜（91.11.7
內政部臺內中地字第0910017121號函）

⑴准經濟部工業局91年10月8日工中字第09105196860號函略以：「工廠
管理輔導法第6條規定：『工廠隸屬之事業主體，得為獨資、合夥、
公司或依法令規定得從事製造、加工之其他法人。』準此，興辦工業
人如欲從事製造、加工業務，應先辦理公司登記、商業登記或其他登
記，成為權利義務之主體後，再辦理工廠設立登記。」；復准經濟部
91年10月21日經商字第0910223143號函略以：「按獨資合夥之商業登
記之公文或依商業登記法第24條核發之證明書，均為商業登記之證明
文件。另商業之資本額在新臺幣25萬元以上者，於申請商業登記案件
依商業登記法施行細則第7條之規定，應加具資本證明一份，在新臺幣
50萬元以上者，則應加具經會計師簽證之資產負債表，……」在案。

⑵查土地登記之權利主體，應以民法規定之自然人或法人名義辦理，次
查「法人或寺廟在未完成法人設立登記或寺廟登記前，取得土地所有

權或他項權利者，得提出協議書，以其籌備人公推之代表人名義申請登記。其代表人應表明身分及承受原因。登記機關為前項之登記，應於登記簿所有權部或他項權利部其他登記事項欄註記取得權利之法人或寺廟籌備處名稱……」為土地登記規則第104條所明定，是所詢使用執照之起造人為非法人或商號檢附商業主管機關核發之證明文件或出資證明疑義乙節，請依上開經濟部暨經濟部工業局函暨土地登記規則規定辦理。

7.建物使用執照起造人為無法人資格之工廠或商號，仍應以全體合夥人名義申辦公同共有建物所有權第一次登記（93.8.26內政部內授中辦地字第0930011914號函）

　　本案經法務部93年8月17日法律決字第0930029297號函略以：「按『各合夥人之出資及其他合夥財產，為合夥人全體之公同共有。』、『合夥人於合夥清算前，不得請求合夥財產之分析。』、『依法律規定或依契約，成一公同關係之數人，基於其公同關係，而共有一物者，為公同共有人。各公同共有人之權利，及於公同共有物之全部。』、『公同共有人之權利義務，依其公同關係所由規定之法律或契約定之。除前項之法律或契約另有規定外，公同共有物之處分，及其他之權利行使，應得公同共有人全體之同意。』、『公同關係存續中，各公同共有人，不得請求分割其公同共有物。』分別為民法第668條、第682條第1項、第827條至第829條所明定。所謂公同共有，係指依一定原因成立公同關係之數人，基於其公同關係，而共享一物之所有權者。而該公同關係，係指二人以上因共同目的而結合所成立，足以成為公同共有基礎之法律關係而言，且該公同共有乃在公同關係上成立，故各公同共有人間有人的結合關係存在，於此種關係未終止前，各共有人既不得處分其（潛在）應有部分，以求脫離，亦不得請求分割共有物，以期消滅共有關係。此均為公同共有之特性所在，亦為與分別共有之最大不同處。……本件建物使用執照起造人為無法人資格之工廠或商號，於工廠設立許可文件載明係合夥組織，則依前開規定及說明，各合夥人之出資及其他合夥財產，為合夥人全體所公同共有，各合夥人之權利及於合夥財產之全部，並無所謂應有部分存在（參照最高法院37年上字第6419號判例及91年臺上字第2334號判決），即依合夥契約成立公同關係者，有關公同共有人之權利義務，除法律或契約另有規定外，公同共有物之處分及其他之權利行使，應得公同共有人全體之同意。然此所謂依合夥契約訂定而生公同關係，僅係表示得依某種契約（依民法規定似僅合夥契約及夫妻共同財產制契約）成立公同關係之情形而已，非謂當事人可隨意創設公同關係之契約（參照謝在全著，民法物權論中冊，修訂二版，頁14）。準此，有關其公同共有物之處分及其他權利之行使，即便合夥契約另有約定或經得公同共有人全體之同意，在合夥關係存續中仍不能使該公同共有喪失其公同關係之基礎，各共有人亦不能因而得處分其應

有部分及請求分割共有物，否則理應消滅其公同共有關係，即合夥之解散及清算。本件全體合夥人依其協議結果申辦分別共有建物所有權第一次登記，似已違反合夥財產公同共有之本質、目的及特性。又為便利公同共有物處分及權利行使之故，土地法第34條之1已定有準用之規定。」本部同意上開法務部意見，是，建物使用執照起造人為無法人資格之工廠或商號，仍應以全體合夥人名義申辦公同共有建物所有權第一次登記。

8.有關信託業擔任不動產開發案興建資金之受託人，申請以該資金興建取得之建築物為所有權第一次登記事宜（102.1.3內政部內授中辦地字第1016652591號函）

　　按申辦建物所有權第一次登記，申請人非起造人時，應檢具移轉契約書或其他證明文件，為土地登記規則第79條第1項第4款所明定；又同規則第127條規定，受託人依信託法第9條第2項取得土地權利，申請登記時，應檢附信託關係證明文件，並於登記申請書適當欄內載明該取得財產為信託財產及委託人身分資料，登記機關辦理登記時，應依第130條至第132條規定辦理。爰信託業擔任不動產開發案興建資金之受託人，就以該資金興建取得之建築物為所有權第一次登記時，得檢附信託契約及同規則第34條規定之證明文件申辦登記。

㈡切結書

　　使用執照起造人未依戶籍記載冠夫姓，或戶籍資料與使用執照所載資料不符者，通常由承辦之建築師填寫切結書，而不需填附保證書。

十三、公寓大廈管理條例有關規定

㈠第7條

　　公寓大廈共用部分不得獨立使用供做專有部分。其為下列各款者，並不得為約定專用部分：

　　1.公寓大廈本身所占之地面。

　　2.連通數個專有部分之走廊或樓梯，及其通往室外之通路或門廳；社區內各巷道、防火巷弄。

　　3.公寓大廈基礎、主要樑柱、承重牆壁、樓地板及屋頂之構造。

　　4.約定專用有違法令使用限制之規定者。

　　5.其他有固定使用方法，並屬區分所有權人生活利用上不可或缺之共用部分。

㈡第56條

　　1.公寓大廈之起造人於申請建造執照時，應檢附專有部分、共用部分、約定專用部分、約定共用部分標示詳細圖說及規約草約。於設計變更時亦同。

　　2.前項規約草約經承受人簽署同意後，於區分所有權人會議訂定規約前，

　　視同規約。

　　3.公寓大廈之起造人或區分所有權人應依使用執照所記載之用途及下列測繪規定，辦理建物所有權第一次登記：

　　　⑴獨立建築物所有權之牆壁，以牆之外緣為界。

　　　⑵建築物共用之牆壁，以牆壁之中心為界。

　　　⑶附屬建物以其外緣為界辦理登記。

　　　⑷有隔牆之共用牆壁，依第2款之規定，無隔牆設置者，以使用執照竣工平面圖區分範圍為界，其面積應包括四周牆壁之厚度。

　　4.第1項共用部分之圖說，應包括設置管理維護使用空間之詳細位置圖說。

　　5.本條例中華民國92年12月9日修正施行前，領得使用執照之公寓大廈，得設置一定規模、高度之管理維護使用空間，並不計入建築面積及總樓地板面積；其免計入建築面積及總樓地板面積之一定規模、高度之管理維護使用空間及設置條件等事項之辦法，由直轄市、縣（市）主管機關定之。

　㈢第58條

　　1.公寓大廈起造人或建築業者，非經領得建造執照，不得辦理銷售。

　　2.公寓大廈起造人或建築業者，不得將共用部分，包含法定空地、法定停車空間及法定防空避難設備讓售於特定人或為區分所有權人以外之特定人設定專用使用權或為其他有損害區分所有權人權益之行為。

十四、申請實務

　㈠建物測量

　　1.申請人

　　　⑴申請建物測量，由建物所有權人或管理人向建物所在地地政事務所為之。並得以書面委託代理人為之。（地測規則第261條）

　　　⑵區分所有建物，區分所有權人得就其專有部分及所屬共有部分之權利，單獨申請測量，（地測規則第263條）惟如涉及分層分區協議時，就無法單獨申請。至於共有部分，應由全體權利人申請。

　　　⑶如憑使用執照或建造執照申請測量，其申請人為起造人。如非起造人時——即起造人業已將房屋出賣他人時，則以現所有權人為申請人，但應檢附移轉契約書或其他證明文件。（地測規則第279條）

　　　⑷一棟建物跨越兩個以上不同地政事務所轄區者，由該建物門牌所在地所屬之地政事務所受理測量，編列建號。在同一地政事務所轄區內之一棟建物，位於兩個以上地段者，以其坐落較廣地段編其建號。（地測規則第285條）

2.應備文件（地測規則第279條）

⑴申請建物第一次測量，應填具申請書，檢附土地登記規則第79條所規定之文件辦理。

⑵建物起造人向主管建築機關申請建物使用執照時，得同時檢附建造執照、設計圖、申請使用執照之相關證明文件及其影本，向登記機關申請建物第一次測量。

⑶前二項規定繳驗之文件正本，於繳驗後發還。

前述規定，以實務立場而言，則為下列諸文件：

⑴建物測量申請書：每戶一份。

⑵分配協議書。

⑶申請人非起造人之移轉契約書或其證明文件。

⑷合法權利證明文件。

3.申辦手續：

⑴備齊所需有關文書證件：依式繕寫蓋章後，將申請書對摺放置於第一頁，其他文件再依序放置整齊，並裝訂成冊（通常書件均對摺裝訂）。

⑵申請收件：

①計費：提向地政事務所申辦時，於核對代理人身分後，計算測量規費。位置圖測量費4,000元，平面圖測量費，如係樓房，則分層計算，騎樓亦分別計算，每50平方公尺新臺幣800元，未滿50平方公尺，以50平方公尺計算。另平面圖轉繪費每一建號新臺幣200元。

②開單：申請案件經計算規費後，即開發規費繳納通知單。

③繳費：開發繳費通知單後，可即時持單繳費，並取具收據。

④收件：申請案件經收件後，取具收件收據。

⑶核驗正本：如申請案件所附之證明文件為影本者，應持正本予承辦人員核驗。

4.補正或駁回

如申請書填寫錯誤或文件不全或證件不符，經通知補正，申請人應於期限內補正。否則駁回。

5.領　測

申請人或代理人應依通知時間，攜帶於申請書上所蓋之印章及測量時間通知書，準時到現場指界領測，並於測量完竣認為無誤後於測量圖上簽章認定。

6.領取測量成果圖

現場測量後，其成果經整理完畢，申請人即可憑收件收據及原蓋用之印章，領取建物測量成果圖，俾據以繼續辦理建物所有權第一次登記。

◎「簡化建物第一次測量作業要點」第2點規定作業流程（86.7.9內政部臺內地字第8680415號函）

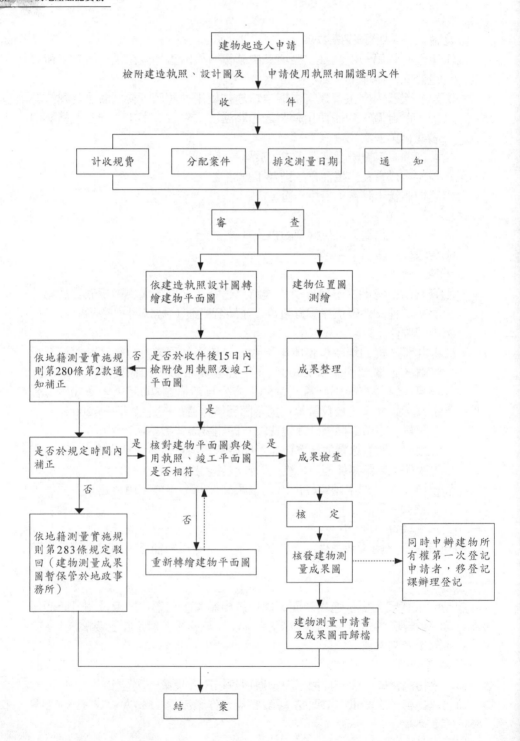

（92.11.24內政部修正發布）

建 物 測 量 申 請 書 附 表

收件字號	建物標示	建號	基地坐落				建 物 門 牌
			鄉鎮市區	段	小 段	地 號	
第　字號	建物標示						
第　字號	建物標示						
第　字號	建物標示						
第　字號	建物標示						
第　字號	建物標示						
第　字號	建物標示						
第　字號	建物標示						
第　字號	建物標示						
第　字號	建物標示						
第　字號	建物標示						
第　字號	建物標示						
第　字號	建物標示						
第　字號	建物標示						
第　字號	建物標示						
第　字號	建物標示						
第　字號	建物標示						
第　字號	建物標示						

㈡建物登記

1.申請登記之處理

依「建物所有權第一次登記法令補充規定」第19點至第27點如下：（105.7.5內政部修正發布）

(1)申請建物所有權第一次登記，有下列情形各依其規定辦理：

　①申請人與起造人不同係因權利移轉者，應提出權利移轉證明文件；其未檢附契稅收據者，登記機關於登記完畢後，應通報稅捐稽徵機關。

　②起造人為限制行為能力或無行為能力人者，無須檢附贈與稅繳（免）納證明文件。

(2)區分所有權人申請建物所有權第一次登記時，依土地登記規則第83條規定應於申請書適當欄記明之基地權利種類，以所有權、地上權或典權為限。

(3)已登記之建物在同一建號下就增建部分申請登記時，應以「增建」為登記原因，並以建物所有權第一次登記方式辦理登記。登記時應於登記簿標示部其他登記事項欄註記：「第○次增建，增建建築完成日期：○年○月○日」，及顯示於建物所有權狀上；公告時並應分別列示增建前後之標示。

前項建物增建部分以主管建築機關核發之他起造人增建使用執照申辦登記者，其所有權之權利範圍依權利人與增建前之建物所有權人之協議定之。

(4)依第4點規定申請建物所有權第一次登記者，其建築執照遺失且無法補發時，得由同一建築執照已登記之鄰屋所有權人出具證明書證明申請登記之建物確與其所有已登記之建物為同一建築執照。

(5)法院囑託查封之未登記建物，在未塗銷查封以前，債務人得檢具使用執照申請建物所有權第一次登記，登記時應將原查封事項予以轉載，並將辦理情形函知原執行法院。

前項登記前之勘測結果與查封面積不符時，其違建部分，應不予登記。

(6)以法院核發之不動產權利移轉證書申請建物所有權第一次登記，仍須公告，如有權利關係人提出異議，依土地法第59條規定處理。

(7)依土地法第59條規定，於建物所有權第一次登記公告期間提出異議之「權利關係人」，係指對公告之建物所有權有爭議之人。

(8)申請建物所有權第一次登記，因不服調處結果訴請司法機關判決確定者，其登記免再公告。經提起訴訟復撤回者，視為未起訴，如另行起訴已逾調處起訴期限，均得依調處結果辦理。

(9)公告文貼於公告揭示處後意外毀損，不影響公告效力。

2. 申請人

(1)建物所有權第一次登記之申請人，原則上與建物測量之申請人相同。惟有時不相同，因該建物業已出賣他人，則起造人申請測量後，據以簽訂移轉契約書並辦理契稅申報，則可由承買人申請登記。

(2)區分所有建物，區分所有權人得就其專有部分及所屬共有部分之權利，單獨申請建物所有權第一次登記。（土登第80條）惟若涉及分層分區協議時，就無法單獨申請，至公共使用部分，應由全體權利人申請。

(3)特殊情形之申請人：依「建物所有權第一次登記法令補充規定」第1點至第3點如下：（105.7.5內政部修正發布）

①債務人怠於申請辦理建物所有權第一次登記時，債權人得依法院確定判決代位申請。

②共有建物所有人申辦建物所有權第一次登記，如他共有人經通知而不會同申請者，得代為申請。

③夫妻聯合財產中，民國74年6月4日以前以妻名義為建物起造人而取得使用執照之未登記建物，於民國86年9月26日以前，夫或妻一方死亡或夫妻均死亡者，除為妻之原有或特有財產外，申請人應提出下列文件之一證明為夫所有，始得以夫或夫之繼承人之名義申請建物所有權第一次登記：

(A)夫或妻一方死亡，其死亡登記之戶籍謄本，及生存一方與他方之全體繼承人同意認定為夫所有之文件。

(B)夫妻均死亡，其死亡登記之戶籍謄本，及雙方之全體繼承人同意認定為夫所有之文件。

(C)經法院確定判決或其他足資認定為夫所有之文件。

前項第1款及第2款死亡登記之戶籍謄本，能以電腦處理達成查詢者，得免提出；檢附同意認定為夫所有之文件時，當事人除符合土地登記規則第41條第2款、第5款至第8款及第10款規定之情形外，應親自到場，並依同規則第40條規定程序辦理。

3. 應備文件

(1)土地登記規則第79條規定，申請建物所有權第一次登記，應提出使用執照或依法得免發使用執照之證件及建物測量成果圖或建物標示圖。有下列情形者，並應附其他相關文件：

①區分所有建物申請登記時，應檢具全體起造人就專有部分所屬各共有部分及基地權利應有部分之分配文件。

②區分所有建物之專有部分，依使用執照無法認定申請人之權利範圍及位置者，應檢具全體起造人之分配文件。

　　③區分所有建物之地下層或屋頂突出物，依主管建築機關備查之圖說標示為專有部分且未編釘門牌者，申請登記時，應檢具戶政機關核發之所在地址證明。

　　④申請人非起造人時，應檢具移轉契約書或其他證明文件。

　　前項第3款之圖說未標示專有部分者，應另檢附區分所有權人依法約定為專有部分之文件。

　　實施建築管理前建造之建物，無使用執照者，應提出主管建築機關或鄉（鎮、市、區）公所之證明文件或實施建築管理前有關該建物之下列文件之一：

　　①曾於該建物設籍之戶籍證明文件。

　　②門牌編釘證明。

　　③繳納房屋稅憑證或稅籍證明。

　　④繳納水費憑證。

　　⑤繳納電費憑證。

　　⑥未實施建築管理地區建物完工證明書。

　　⑦地形圖、都市計畫現況圖、都市計畫禁建圖、航照圖或政府機關測繪地圖。

　　⑧其他足資證明之文件。

　　前項文件內已記載面積者，依其所載認定。未記載面積者，由登記機關會同直轄市、縣（市）政府主管建築、農業、稅務及鄉（鎮、市、區）公所等單位，組成專案小組並參考航照圖等有關資料實地會勘作成紀錄以為合法建物面積之認定證明。

　　第3項之建物與基地非屬同一人所有者，並另附使用基地之證明文件。

　　⑵其他相關法令：

　　①關於民國60年間取得使用執照之區分所有建物地下室申請建物測量、登記事宜（89.3.20內政部臺內中地字第8904882號函）

　　⒜本案經函准法務部89年2月17日法89律字第039198函略以「一、按行政法規之適用應以行為時之法規為準，不得溯及既往（中央法規標準法第13條、第18條、臺灣南投地方法院83年度勞訴字第一號判決參照），否則將違反行政法規不溯及既往原則（行政法院81年度判字第976號、76年度判字第1188號判決要旨參照），而行政法院49年判字第108號、56判字第81號、56年判字第244號判例亦指明『實體從舊、程序從新』之適用法規原則。二、次按貴部訂頒之建物所有權第一次登記法令補充規定第11點：『區分所有建物地下層依法附建之防空避難設備或停車空間應為共同使用部分，如其屬80年9月18日臺內營字第8071337號函釋前請領建造執照完成，依使用執照記載或由當事人合意認非屬共同使用性質並領有門牌地下

室證明者，得依土地登記規則第76條規定辦理建物所有權第一次登記。』查本案建物係於民國60年1月13日取得使用執照，而地下防空避難室不得與主建物分離，　貴部於80年9月18日方以臺內地字第8071337號函釋，又法定防空避難室必須以共同使用部分辦理登記，亦係　貴部於85年6月4日以臺內營字第8575210號函增訂之『建物所有權第一次登記法令補充規定』第11點之4始明定，而公寓大廈管理條例第3條第4款固就『共用部分』設有定義規定，但該條例制定公布之日期係84年6月28日。本案地下防空避難室之興建在上開條例及補充規定、函釋之前，似均無上開規定或函釋適用之餘地。準此，本案似難認係當然為共同使用部分。依來函資料所述，本件地上四層區分所有建物，依使用執照興建一棟七戶建物，原起造人為李○○、朱○○等二人，其使用執照地下防空避難室平面圖未載明權屬，地上各區分所有建物於76年間辦竣第一次登記後，陸續移轉予吳○○等五人在案，現吳○○持60年1月13日臺北市政府工務局核發之使用執照並附吳○○一人繳納該地下室房屋稅之繳款書及切結書聲明地下層為地上各區分建物之共同使用部分，申辦地下層（防空避難室）測量、登記。行政法規之適用應以行為時之法規為準，不得溯及既往，既如前述，是故，　貴部認為本案建物使用執照起造人為李○○、朱○○二人，其地下層（防空避難室）之權屬，應依當時法律明文規定為限，宜由起造人或經向起造人買受該產權者，檢附移轉證明文件申請建物第一次測量登記（建物所有權第一次登記法令補充規定第11點參照），如有爭議時訴請司法機關確認後據以辦理，本部敬表贊同。」

(B)綜上所述，本案建物使用執照起造人為李○○、朱○○等人，其地下層（防空避難室）之權屬，宜由起造人或經向起造人買受該產權者，檢附移轉證明文件申請建物第一次測量登記，如有爭議時宜訴請司法機關確認後據以辦理。（按：原土地登記規則第76條修正後為第82條）

②預為抵押權登記之建物，於辦理建物所有權第一次登記時，其登記轉載事宜（92.5.1內政部內授中辦地字第0920082830號函）

　　按承攬人之法定抵押權之發生，實務上易致與定作人有授信往來之債權人，因不明該不動產有法定抵押權之存在而受不測之損害，故民法第513條修正第1項為得由承攬人請求定作人會同意抵押權登記，並兼採「預為抵押權登記」制度及明定以訂定契約時確定之「約定報酬額」為該項抵押權擔保範圍，期使第三人得藉由物權登記之公示原則，明確瞭解是否有法定抵押權之存在。故為配合該法條之修正施行，本部爰於修正土地登記規則時，增訂第117條，明

定承攬人單獨申請抵押權或預為抵押權登記之程序及應檢附之證明文件，並於該條文第4項明定登記機關受理承攬人就尚未完成之建物，申請預為抵押權登記時，應即暫編建號，編造建物登記簿，於他項權利登記部辦理登記。惟因目前電腦作業，對於尚未完成建物所有權第一次登記之建物，無法於他項權利部辦理登記，本部乃權宜以90年11月13日臺內中地字第9084407號函示，以一般註記方式，將承攬事實登載於建物登記簿標示部。然上述登記方式係為配合目前電腦作業所為之權宜措施，爾後辦理建物所有權第一次登記時，自應另編建號為之，並將該預為抵押權登記內容轉載於該建物他項權利部，同時刪除原編建號建物之標示部及建號，俾利第三人充分瞭解該建物他項權利登記情形。至於承攬債務於辦理建物所有權第一次登記時已經清償，應否辦理轉載乙節，同時依申請人檢具之承攬人出具之預為抵押權塗銷同意日辦理登記，無須再行轉載於新登記建物他項權利部。

③農舍辦理建物所有權第一次登記，所檢附之權利證明文件為移轉契約書時，應檢附申請人具結僅有一戶農舍之書面聲明辦理登記（96.9.28內政部內授中辦地字第0960051711號函）

(A)查「農舍」係與農業經營不可分離之建築物，為符合農業發展條例第18條之立法精神及落實農地管理政策，地政機關自應配合上開規定管制農舍應與其坐落用地併同移轉，且其承受人應符合無自用農舍之規定（即一人僅能有一戶農舍），合先敘明。

(B)為避免一人有二戶以上農舍之虞，是申請建物所有權第一次登記案件，應檢附申請人具結僅有一戶農舍之書面聲明，憑以辦理登記。

(3)建物經勘測領取成果圖後，應繼續辦理所有權登記，亦即一般所謂之保存登記。除應提出前述之文件外，茲依據實務之需要，綜述其應備書件如次：

①土地登記申請書。

②登記清冊：共有者則檢附本文件。

③權利人身分證明文件

④建物測量成果圖或移轉契約書或其他證明文件。

⑤合法權利證明文件：與申請建物勘測所檢附之文件相同——即或為使用執照，或為建造執照，或為房屋稅捐收據，或為水電費收據，或為建築管理機關核發之證明文件——可正影本併附，登記完竣後發還正本，或僅附影本而由承辦員核驗正本。

⑥建物竣工圖：即申請建造執照或使用執照所附之建物平面圖、位置圖，正本於辦妥登記後發還。

⑦起造人名冊：如所附之合法權利證明文件及平面位置圖，未顯示全

部起造人之姓名時，應附起造人名冊，正本於辦妥登記後發還。

⑧協議書：如建物為區分所有，其起造人不止一人，而所附之使用執照等文件無法認定申請人之權利範圍及位置者，應附全體起造人分層區分所有之協議書。

⑨切結書：詳見本節十二。

⑩保證書：詳見本節十二。

⑪土地使用權同意書：實施建築管理前建造之建物，無使用執照者，如建物與基地同屬一人所有者，應提出建築主管機關或鄉鎮市區公所之證明文件或實施建築管理前繳納房屋稅、水電費之憑證。建物與基地非屬同一人所有者，並另附使用基地之證明文件，如基地租賃契約書或基地所有權人出具之使用權同意書。

4. 申辦手續

(1)備齊所需有關文書證件：依式繕寫蓋章後，將申請書對摺放置於第一頁，登記清冊對摺放置於第二頁，其他應附繳之書件，再依序放置整齊，裝訂成冊（書件均對摺裝訂）。

(2)申請收件：

①計費：提向地政事務所申請辦理時，於核對申請人身分後計算登記費及書狀費。依土地法第65條規定，登記費按建物價值千分之二計算。至於每張書狀費，則為新臺幣80元。

依土地登記規則第48條，申請建物所有權第一次登記，於計收登記規費時，其權利價值依下列規定認定之：

(A)建物在依法實施建築管理地區者，應以使用執照所列工程造價為準。

(B)建物在未實施建築管理地區者，應以當地稅捐稽徵機關所核定之房屋現值為準。

②開單：申請案件經計算規費後，即開發繳納通知單。

③繳費：開發繳費通知單後，可即時持單繳費，並取具繳費收據。

④收件：申請案件經收件後，取具收件收據。

(3)核驗正本：如所繳附之證明文件為影本者，應於送件後持正本予承辦人員核驗。

(4)補正：申請案件經審查發現有填寫錯誤或文件不全或證件不符，應於期限內補正。如案件被駁回，經補正後重新送請收件時，並應另取具收件收據。

(5)公告：申請案件經審核無誤，由地政事務所依法公告十五天，公告期間內，利害關係人可檢附有關證明文件，以書面提出異議，逾期則不予受理。

(6)領狀：公告期滿無異議，經登記完畢後，即可持收件收據及原蓋用之印章，領取建物所有權狀。

◎建物所有權第一次登記法令補充規定（105.7.5內政部修正發布）

第1點

債務人怠於申請辦理建物所有權第一次登記時，債權人得依法院確定判決代位申請。

第2點

共有建物所有人申辦建物所有權第一次登記，如他共有人經通知而不會同申請者，得代為申請。

第3點

夫妻聯合財產中，民國74年6月4日以前以妻名義為建物起造人而取得使用執照之未登記建物，於民國86年9月26日以前，夫或妻一方死亡或夫妻均死亡者，除為妻之原有或特有財產外，申請人應提出下列文件之一證明為夫所有，始得以夫或夫之繼承人之名義申請建物所有權第一次登記：

(一)夫或妻一方死亡，其死亡登記之戶籍謄本，及生存一方與他方之全體繼承人同意認定為夫所有之文件。

(二)夫妻均死亡，其死亡登記之戶籍謄本，及雙方之全體繼承人同意認定為夫所有之文件。

(三)經法院確定判決或其他足資認定為夫所有之文件。

前項第1款及第2款死亡登記之戶籍謄本，能以電腦處理達成查詢者，得免提出；檢附同意認定為夫所有之文件時，當事人除符合土地登記規則第41條第2款、第5款至第8款及第10款規定之情形外，應親自到場，並依同規則第40條規定程序辦理。

第4點

於實施建築管理後且在中華民國57年6月6日以前建築完成之建物，得憑建築執照申請建物所有權第一次登記。

第5點

建築同一樓層之夾層超過該層樓地板面積三分之一或100平方公尺，並有獨立出入口與門牌者，得單獨編列建號登記。

第6點

建築工程部分完竣且可獨立使用，並經核發部分使用執照之建物，得申請建物所有權第一次登記。

第7點

以樑柱架高形成第一層建物與地面架空部分，得依使用執照之記載辦理建物所有權第一次登記。

第8點

　　都市計畫公共設施保留地上之臨時建物，領有主管建築機關核發之臨時建築物使用許可證者，得申辦建物所有權第一次登記。登記時應於登記簿標示部其他登記事項欄及建物所有權狀內註明：「本建物為臨時建物，公共設施開闢時，應無條件拆除。」

第9點

　　下列建物得辦理建物所有權第一次登記：

㈠無牆之鋼架建物。

㈡游泳池。

㈢加油站（亭）。

㈣高架道路下里民活動中心。

第10點

　　區分所有建物地下層依法附建之防空避難設備或停車空間應為共有部分，其屬內政部中華民國80年9月18日臺內營字第8071337號函釋前請領建造執照建築完成，經起造人或承受該所有權之人全體依法約定為專有部分，並領有戶政機關核發之所在地址證明者，得依土地登記規則第79條規定辦理建物所有權第一次登記。

第11點

　　區分所有建物之騎樓，除依主管建築機關備查之圖說標示為專有部分者外，應以共有部分辦理登記。

第12點

　　區分所有建物依主管建築機關備查之圖說標示為共用部分及約定專用部分，應以共有部分辦理登記。

　　前項共有部分登記之項目如下：

㈠共同出入、休憩交誼區域，如走廊、樓梯、門廳、通道、昇降機間等。

㈡空調通風設施區域，如地下室機房、屋頂機房、冷氣機房、電梯機房等。

㈢法定防空避難室。

㈣法定停車空間（含車道及其必要空間）。

㈤給水排水區域，如水箱、蓄水池、水塔等。

㈥配電場所，如變電室、配電室、受電室等。

㈦管理委員會使用空間。

㈧其他經起造人或區分所有權人按其設置目的及使用性質約定為共有部分者。

第13點

　　申請實施建築管理前建築完成之建物所有權第一次登記，申請人與基地所有權人非同一人時，有下列情形之一者，免附基地所有權人同意使用之證明文件：

㈠申請人為地上權人或典權人。

㈡因法院拍賣移轉取得建物者。

　　㈢日據時期已登記之建物。

　　㈣占用基地經法院判決確定有使用權利者。

　　㈤租用他人土地建築房屋且提出土地使用證明者。

第14點

　　建物基地經辦理查封登記，仍得辦理建物所有權第一次登記。

第15點

　　建物基地若經稅捐稽徵機關囑託辦竣禁止處分登記，於辦理建物所有權第一次登記公告時，應通知原囑託之稅捐稽徵機關。

第16點

　　領有使用執照之建物，其建築面積與使用執照面積相符，惟部分占用基地相鄰之土地，該建物所有人得就未占用部分，申辦建物所有權第一次登記，公告時無須通知鄰地所有人。辦理登記時，應於登記簿標示部其他登記事項欄加註：「本合法建物尚有部分面積因使用鄰地未予以登記」之文字。

第17點

　　實施建築管理前建造之建物部分占用鄰地，得比照前點規定，就未占用鄰地部分，申辦建物所有權第一次登記。

第18點

　　共有人之一於實施建築管理前在共有土地興建完成之房屋，申請建物所有權第一次登記時，應檢附他共有人之土地使用同意書。但該建物為基地共有人區分所有者，免檢附他共有人之土地使用同意書。

第19點

　　申請建物所有權第一次登記，有下列情形各依其規定辦理：

　　㈠申請人與起造人不同係因權利移轉者，應提出權利移轉證明文件；其未檢附契稅收據者，登記機關於登記完畢後，應通報稅捐稽徵機關。

　　㈡起造人為限制行為能力或無行為能力人者，無須檢附贈與稅繳（免）納證明文件。

第20點

　　區分所有權人申請建物所有權第一次登記時，依土地登記規則第83條規定應於申請書適當欄記明之基地權利種類，以所有權、地上權或典權為限。

第21點

　　已登記之建物在同一建號下就增建部分申請登記時，應以「增建」為登記原因，並以建物所有權第一次登記方式辦理登記。登記時應於登記簿標示部其他登記事項欄註記：「第○次增建，增建建築完成日期：○年○月○日」，及顯示於建物所有權狀上；公告時並應分別列示增建前後之標示。

　　前項建物增建部分以主管建築機關核發之他起造人增建使用執照申辦登記者，其所有權之權利範圍依權利人與增建前之建物所有權人之協議定之。

第22點

依第4點規定申請建物所有權第一次登記者，其建築執照遺失且無法補發時，得由同一建築執照已登記之鄰屋所有權人出具證明書證明申請登記之建物確與其所有已登記之建物為同一建築執照。

第23點

法院囑託查封之未登記建物，在未塗銷查封以前，債務人得檢具使用執照申請建物所有權第一次登記，登記時應將原查封事項予以轉載，並將辦理情形函知原執行法院。

前項登記前之勘測結果與查封面積不符時，其違建部分，應不予登記。

第24點

以法院核發之不動產權利移轉證書申請建物所有權第一次登記，仍須公告，如有權利關係人提出異議，依土地法第59條規定處理。

第25點

依土地法第59條規定，於建物所有權第一次登記公告期間提出異議之「權利關係人」，係指對公告之建物所有權有爭議之人。

第26點

申請建物所有權第一次登記，因不服調處結果訴請司法機關判決確定者，其登記免再公告。經提起訴訟復撤回者，視為未起訴，如另行起訴已逾調處起訴期限，均得依調處結果辦理。

第27點

公告文貼於公告揭示處後意外毀損，不影響公告效力。

第28點

中華民國85年6月4日前領得建造執照之建物，得依修正前之規定辦理所有權第一次登記。

中華民國100年6月15日前領得建造執照之建物，使用執照竣工平面圖已將附屬建物計入樓地板面積者，得辦理所有權第一次登記。

十五、書表填寫說明

㈠建物測量申請書填寫說明

1. 申請書適用場合：
   ⑴建物所有權第一次登記測量。
   ⑵建物基地號勘察。
   ⑶建物門牌號勘察。
   ⑷其他建物測量：如分割、合併、增建、消滅及申請未登記建物基地號及門牌號勘查等。

2.申請原因：在「建物第一次測量」之□內打✓。

3.建物標示：

(1)建號：未曾辦理測量之建物，未編訂建號，故可免予填寫。

(2)基地座落：依據使用執照或建造執照或建物實際所占之地號等資料填寫。

(3)建物門牌：依據戶政機關對該房屋所編定之門牌資料填寫，惟此項資料應與所附之合法權利證明文件相符。

(4)主要用途：依據所附之合法權利證明文件所載之資料填寫，或為「營業用」，或為「住宅用」，或為「農舍」。

(5)主要構造：依據所附之合法權利證明文件所載之資料填寫，或為「鋼骨造」、「鋼筋混凝土造」，或為「加強磚造」，或為「磚造」，或為「木造」，或為「土造」。

4.附繳證件：依所附繳之證件名稱及份數分行填寫。

5.委任關係：係指由代理人申請時填寫代理人之姓名，否則免填寫。

6.申請人：

(1)填寫所有權人「姓名」、「出生年月日」、「住址」、「身分證統一編號」：自然人則依據戶籍資料填寫。法人則依登記有案之資料填寫。權利範圍則依實際情形填寫。

(2)如委託代理人辦理時，則於申請人之次欄，填寫「代理人」之身分，並依據戶籍資料，將代理人之姓名、出生年月日、住址等資料填寫清楚。

(3)申請人及代理人均應蓋用與姓名相符之印章。

7.建物略圖：依據所申請之建物平面圖繪製略圖。

(二)建物測量及標示變更登記申請書填寫說明

1.一般填法

(1)以毛筆、黑色、藍色墨汁鋼筆、原子筆或電腦打字正楷填寫。

(2)字體需端正，不得潦草，如有增、刪文字時，應在增、刪處由申請人蓋章，不得使用修正液（帶）。

2.各欄填法

(1)第(1)欄「受理機關」：按建物所在地之市（縣）及地政事務所之名稱填寫。

(2)第(2)(3)(4)(5)欄「原因發生日期」「申請測量原因」「申請測量原因」（註：專指涉及原有標示變更者）「申請標示變更登記事由及登記原因」：

①申請之建物測量項目未涉及原有標示變更者，按欲申請之建物測量項目於第(3)欄內自行打勾，或選擇「其他」並將申請項目填入括弧

內，第(2)(4)(5)欄無須填寫。

②申請之建物測量項目如涉及原有標示變更者，按下表所列自行打勾或選擇填入空格內，第(3)欄無須填寫。

(2)原因發生日期	(4)申請測量原因	(5)申請標示變更登記事由及登記原因
測量成果核定之日（無須填寫）	建物分割	分割
測量成果核定之日（無須填寫）	建物合併	合併
變更事實發生之日	基地號勘查	基地號變更
變更事實發生之日	門牌號勘查	門牌整編
滅失事實發生之日	建物滅失	滅失或部分滅失
使用執照核發之日或建築完成之日	建物增建	增建

(3)第(6)欄「建物略圖」：按欲申請建物測量之建物繪製其建物略圖；如過於複雜不易繪製者，可於本欄填寫「詳如示意圖」之字樣，另附示意圖，並於第(8)欄填寫「示意圖1份」。

(4)第(7)欄「建物標示」：按欲申請建物測量之建物填寫「建號」、「基地坐落」、「建物門牌」、「主要用途」及「主要構造」；若為辦理建物第一次測量或申請未登記建物基地號及門牌號勘查者，免填「建號」；如有不敷使用時，可另附相同格式之清冊，由申請人在騎縫處蓋章，並於本欄填寫「詳如附表」之字樣。

(5)第(8)欄「附繳證件」：按所附證件之名稱、份數分行填列並裝訂，若空格不夠填寫時可填入第(10)欄。身分證或戶口名簿請影印正反面，並切結與正本相符後認章。

(6)第(9)欄「委任關係」：係指由代理人申請建物測量案時填寫代理人之姓名，若尚有複代理人時一併註明複代理人姓名，並請代理人（複代理人）切結認章，如無委託他人代理申請者，則免填此欄。

(7)第(10)欄「備註」：專供申請書上各欄無法填寫而必須填載事項。

(8)第(11)欄「聯絡方式」：為便利通知申請人，請填寫「聯絡電話」、「傳真電話」及「電子郵件信箱」。

(9)第(12)欄「申請人」：除包括權利人姓名外，如有委託代理人（含複代理人）申請建物測量者，尚包括代理人；如不敷使用，增頁部分應加蓋騎縫章，並於第(14)欄填寫「詳如附表」之字樣。

(10)第(13)欄「權利人或義務人」：應填寫權利人，申請人為未成年人、禁治產人或法人者，須加填法定代理人（如父母、監護人或公司法定代表人）。

⑾第⒁欄「姓名或名稱」：自然人依照戶籍謄本、戶口名簿、身分證或其他證明文件記載填寫，法人則先填寫法人名稱後再加填法定代表人姓名。

⑿第⒂⒃欄「出生年月日」「統一編號」：自然人依照戶籍謄本、戶口名簿、身分證或其他證明文件記載填寫，法人或其他非自然人請填寫公司統一編號或扣繳單位統一編號。

⒀第⒄欄「住所」：自然人依照戶籍謄本、戶口名簿、身分證或其他證明文件記載填寫，得不填寫里、鄰，法人依照法人登記有案地址填寫，代理人或複代理人如住所與通訊處不同時，得於本欄另外註明通訊地址。

⒁第⒅欄「權利範圍」：按權利人持有之權利範圍填寫，如權利範圍為全部者，則填全部。

⒂第⒆欄「簽章」：權利人、代理人（複代理人）應蓋用與所填之姓名或名稱相同之印章，無印章者，得以簽名之。

⒃第⒇欄「簽收測量定期通知書」：按收領測量定期通知書之日期填寫，並於此欄蓋章。

⒄第㉑㉒欄「核發成果」「本案處理經過情形」：係供地政事務所人員填寫及審核用，申請人無須填寫。

十六、書表填寫範例

(一)一般建物測量

測量日期	年 月 日 時 分	收件者章	測量費收據	新臺幣 △△ 元 字第 號		登記日期	年 月 日 時 分	收件者章	登記費	書狀費 罰鍰 元	合計 元
測量收件	字第 號					登記收件	字第 號			收據 字第 號	元 核算者

建物測量及標示變更登記申請書

受理機關：△△縣市　△△地政事務所

原因發生日期	中華民國 △△年△△月△△日

申請測量原因（選擇打∨一項）

☑建物第一次測量　□申請未登記建物基地號及門牌號勘查　□其他（　）

申請測量原因（選擇打∨一項）	申請標示變更登記事由及登記原因（選擇打∨一項）
□建物分割　□建物合併　□基地號勘查 □門牌號勘查 □建物滅失 □建物增建 □其他（　）	標示變更登記（□分割　□合併　□基地號變更 　　　　　　　□門牌整編） 消滅登記（□滅失　□部分滅失） 所有權第一次登記（□增建） 登記（□　）

建物略圖

建物標示

建號	鄉鎮市區	段	小段	地號	街路	段	巷	弄	號	樓	主要用途	主要構造
△△	△△	△△	△△	△△	△△	△△	△△	△	△△	△	住宅	鋼骨造

	基地坐落			建物門牌				

附繳證件

1.使用執照影本　　1份
2.分配協議書　　　1份
3.竣工圖影本　　　1份
4.身分證影本　　　1份
5.　　　　　　　　份
6.　　　　　　　　份
7.
8.
9.

委任關係：本建物測量及標示變更登記案之申請委託 林△△ 代理（　複代理），並經核對身分無誤，如有虛偽不實，本代理人（複代理人）願負法律責任。[印]

聯絡方式	聯絡電話	△△△△△△△
	傳真電話	△△△△△△△
	電子郵件信箱	△△△△△△△

備註

申請人	權利人或義務人	姓名或名稱	出生年月日	統一編號	住所 縣市	鄉鎮市區	村里	鄰	街路	段	巷	弄	號	樓	權利範圍	簽章
	所有權人	王△△	△△△△	△△△△△△△	△△	△△	△△	△	△△	△	△	△	△	△	全部	印
	代理人	林△△	△△△△△	△△△△△△△	△△	△△	△△	△	△△	△	△	△	△	△		印

簽收測量定期通知書　△△年　△月　△日　簽章　印

本案處理經過情形（以下各欄申請人請勿填寫）

測量人員	測量成果檢查	測量成果核定	核發成果	登記初審	登記複審	登記核定

登簿	校簿	書狀列印	書狀用印	校狀	地價異動	通知領狀	異動通知	交付發狀	歸檔

(二)共用部分測量

測量收件 日期：年　月　日　時　分　　收件者章
測量收件 字號：字第　　號

登記收件 日期：年　月　日　時　分　　收件者章
登記收件 字號：字第　　號

受理機關：△△縣（市）△△地政事務所

測量費：收據　字第　　號　新臺幣　△△　元
登記費：書狀費　　元　　合計　元
罰鍰：　　元　　收據　字第　　號　合計　元
　　　　核算者　　元

建物測量及標示變更登記申請書

建物略圖

申請測量原因（選擇打∨一項）
☑建物第一次測量　□申請未登記建物基地號及門牌勘查
□建物分割　□建物合併　□門牌號勘查　□基地勘查
□門牌號編查　□建物減失　□其他（　　　）

申請標示變更登記事由及登記原因（選擇打∨一項）
標示變更登記（□分割　□合併　□門牌整編　□基地號變更）
消滅登記（□減失　□部分減失）
所有權第一次登記（□登記）

建物標示	建號	鄉鎮市區	基地坐落 段	小段	地號	建物門牌 街路	段	巷	弄	號	樓	主要用途	主要構造
		△△	△△	△	△△	△△	△	△	△	△△	△		鋼骨造
											共有部分		
												△△△△△△	△△△△△
												△△△△△△	△△△△△

附繳證件：
1. 使用執照影本　　　1份　4. 身分證影本　　　2份　7.　　　　份
2. 分配協議書　　　　1份　5.　　　　　　　　　份　8.　　　　份
3. 竣工圖影本　　　　1份　6.　　　　　　　　　份　9.　　　　份

委任關係：本建物測量及標示變更登記案之申請委託　林△△　代理　　（複代理）
及指界認章。委託人確為登記標的物之權利人或權利關係人，並經核對身分無誤，如有
偽冒不實，本代理人（複代理人）願負法律責任。　　印

聯絡方式：聯絡電話　　　傳真電話　　　電子郵件信箱

備註

申請人	權利人或義務人	姓名或名稱	出生年月日	統一編號	住所 縣市	鄉鎮市區	村里	鄰	街路	段	巷	弄	號	樓	權利範圍	簽章
	所有權人	王△△	△△△	△△△△△	△△	△△	△△	△	△△	△	△	△	△	△	$\frac{211}{10000}$	印
	所有權人	張△△	△△△	△△△△△	△△	△△	△△	△	△△	△	△	△	△	△	$\frac{186}{10000}$	印
		以下詳附表														
	代理人	林△△	△△△	△△△△△	△△	△△	△△	△	△△	△	△	△	△	△		印

簽收測量定期通知書　△△年　△月　△日　簽章　印

核發成果

本案處理經過情形（以下各欄申請人請勿填寫）

測量人員	測量成果檢查	測量成果核定	登記初審	登記複審	登記核定

登簿	校簿	校狀	書狀列印	書狀用印	地價異動	通知領狀	通知異動	支付發狀	歸檔

(三)未成年申請登記

收件	日期	年 月 日 時 分	收件者章
	字號	字 第 號	

連序別	共 20 件　第 1 件 （非連件者免填）

登記費	元	合計	元	收據	字 號
書狀費	元			核算者	
罰鍰	元				

土地登記申請書

(1)受理機關	△△市△△地政事務所	資料管轄機關	△△市△△地政事務所	(2)發生日期	中華民國△△年△月△△日

(3)申請登記事由（選擇打✓一項）　(4)登記原因（選擇打✓一項）

☑所有權第一次登記	
□所有權移轉登記	□買賣 □贈與 □繼承 □拍賣 □共有物分割
□抵押權登記	□設定 □法定
□抵押權塗銷登記	□清償 □拋棄 □混同 □判決塗銷 □
□抵押權內容變更登記	□權利價值變更 □權利內容等變更
□標示變更登記	□分割 □合併 □地目變更 □
□	□

(5)標示及申請權利內容 詳如	□契約書 □登記清冊 □複丈結果通知書 ☑建物測量成果圖

(6)附繳證件

1. 使用執照影本	1份	5. 分配協議書	份	9.	份
2. 竣工圖影本	1份	6. 切結書	份	10.	份
3. 測量成果圖	3份	7.	份	11.	份
4. 戶口名簿影本	1份	8.	份	12.	份

(7)委任關係　本土地登記案之申請委託　朴△△　代理。　　　　複代理。
委託人確為登記標的物之權利人或權利關係人,並經核對身分無誤,如有虛偽不實,本代理人(複代理人)願負法律責任。　　印　　印

(8)聯絡方式

權利人電話	△△△△△△△△
義務人電話	△△△△△△△△
代理人聯絡電話	△△△△△△△△
傳真電話	△△△△△△△△
電子郵件信箱	△△△△△△△△
不動產經紀業名稱及統一編號	△△△△△△△△
不動產經紀業電話	△△△△△△△△

(9)備註　本建物之基地權利為地上權;權利範圍:211/10000

(11) 權利人或義務人	(12) 姓名或名稱	(13) 出生年月日	(14) 統一編號	(15) 住所									(16) 簽章
				縣市	鄉鎮市區	村里	鄰	街路	段	巷弄	號	樓	
權利人	林△△	△△△	△△△△△△	△△△△△△△△△△△									印
法定代理人	林△△	△△△	△△△△△△	△△△△△△△△△△△									印
所有權人	林△△	△△△	△△△△△△	△△△△△△△△△△△ △△△△△△△△△△△									印
	事務所地址												

(10) 申請人

本案處理經過情形（以下各欄申請人請勿填寫）	初審	複審	審查	核定	登簿	校簿	書狀列印	校狀	書狀用印
					地價異動	通知領狀	異動通知	交付發狀	歸檔

(四)法人申請登記

收件	日期	年 月 日 時	分	收件者	字 第 號	登記費	元
	字第 號					書狀費	元
		連件序別				罰鍰	元
		(非連件者免填) 共 20 件 第 2 件				合計	元
						收據	字 號
						核算者	

土 地 登 記 申 請 書

(1)受理機關	△△市△△地政事務所	資料管	△△市△△地政事務所	(2)原因發生日期	中華民國△△年△△月△△日

(3)申請登記事由（選擇打✓一項）　　(4)登記原因（選擇打✓一項）
- ✓所有權第一次登記　　　　✓第一次登記
- □所有權移轉登記　　　　　□買賣 □贈與 □繼承 □分割繼承 □拍賣 □共有物分割 □
- □抵押權登記　　　　　　　□設定 □法定 □
- □抵押權塗銷登記　　　　　□清償 □拋棄 □混同 □判決塗銷 □
- □標示變更登記　　　　　　□權利價值變更 □權利內容等變更
- □　　　　　　　　　　　　□分割 □合併 □地目變更 □

(5)標示及申請權利內容　詳如　□契約書　□登記清冊　□複丈結果通知書　✓建物測量成果圖

(6)附繳證件
1. 使用執照影本　1份
2. 竣工圖影本　1份
3. 測量成果圖　3份
4. 公司執照影本　1份

5. 代表人資格證明　1份
6. 分配協議書　1份
7. 切結書　1份
8. 　　　　份

9.
10.
11.
12.

(7)委任關係　　本土地登記案之申請委託 林△△ 代理。複代理。
委託人確為登記標的物之權利人或權利關係人，並經核對身分無誤，如有虛偽不實，本代理人（複代理人）願負法律責任。　印

(8)聯絡方式
- 權利人電話　△△△△△△△△△
- 義務人電話　△△△△△△△△△
- 代理人聯絡電話　△△△△△△△△△
- 傳真電話　△△△△△△△△△
- 電子郵件信箱　△△△△△△△△△
- 不動產經紀業名稱及統一編號　△△△△△△△△△
- 不動產經紀業電話　△△△△△△△△△

(9)備註
本建物之基地坐落△△△路○○號○樓，權利為地上權；權利範圍 155/10000 印
本件之△△△路○○號○樓免發給建物所有權狀 印

(10) 申請人	(11) 權利人或義務人	(12) 姓名或名稱	(13) 出生年月日	(14) 統一編號	(15) 住所 縣市	鄉鎮市區	村里	鄰	街路	段	巷	弄	號	樓	(16) 簽章
申請人	所有權人	△△股份有限公司	△△△	△△△△△△					△△△△△△△△△△△△						印
	法定代理人	王△△	△△△	△△△△△△					△△△△△△△△△△						印
															印
	所有權人	林△△	△△△	△△△△△△					△△△△△△△△△△△△						
		事務所地址							△△△△△△△△△△△△△						

本案處理經過情形(以下各欄申請人請勿填寫)									
初審	複審	審核	核定	登簿	校簿	書狀列印	校狀	書狀用印	
				地價異動	通知領狀	異動通知	交付發狀	歸檔	

分配協議書（註：由起造人協議複寫2份，測量用1份，登記用1份）民國△△年10月19日

立協議書人林　文等四人係政府核准許可之起造人，在臺北市古亭區臺小段壹零零地號土地上興建之房屋（臺北市政府使用執照△年度使字第貳參肆號），茲同意依照原申請許可建築之配置圖分配各層取得該建築物之所有權（分配表填明於後），恐口說無憑，特立此同意書為證。

編號	立協議書人即所有權人	建物門牌				基地坐落			層次	主建物面積	附屬建物面積	權利範圍	立協議書人住址	立協議書人證號	立協議書人出生年月日	立協議書人蓋章
		路街	段	弄巷	號	鄉鎮市區	段	小段	地號							
1	林　文	南昌街	一	26巷	83號一樓	古亭	古亭	一	210-10	一	105.23 m²	12.11 m²	所有權全部	臺北市大安區鳳巢里5鄰和平東路1段57巷3號	A101023411	民國△△△	印
2	陳明雄	南昌街	一	26巷	83號二樓	古亭	古亭	一	210-10	二	105.23 m²	12.11 m²	所有權全部	臺北市大安區溫和里2鄰溫州街37巷7號	A100345211	民國△△△	印
3	王天才	南昌街	一	26巷	83號三樓	古亭	古亭	一	210-10	三	105.23 m²	12.11 m²	所有權全部	臺北市大安區群英里1鄰金山街15巷23號	F100344101	民國△△△	印
4	王德功	南昌街	一	26巷	83號四樓	古亭	古亭	一	210-10	四	105.23 m²	12.11 m²	所有權全部	臺北市中山區合江里12鄰合江街516號	N100147301	民國△△△	印

分配協議書（註：1.本協議書3份；測量1份；登記1份；申報房屋稅1份）民國△△年△月△日

立協議書人陳秋霞等50人係臺北市政府公使字和第10號使用執照之起造人，興建臺北市松山區基隆路1段34號12層樓房乙棟，其主建物已由全體起造人協議分層分區所有，至共同使用部分，經全體協議其範圍包括：地下室之水池、化糞池、受電室、電梯間、一樓之門廳、樓梯間、電梯間、2樓至12樓之電梯間、樓梯間、屋頂之樓梯間、機械房、水箱等，並由全體起造人協議按下列明細表所計持分，登記各人之產權。

主建物門牌	分擔持分	權利人即立協議書人	立協議書人住址	立協議書人證號	立協議書人蓋章
臺北市基隆路1段34號1樓之1	$\frac{123}{1000}$	陳秋霞	臺北市松山區三張里2鄰吳興街1號	民國△△△生 A220034512	印
臺北市基隆路1段34號1樓之2	$\frac{156}{1000}$	陳秋霞	同　　上	民國△△△生 A220034512	印
臺北市基隆路1段34號2樓之1	$\frac{134}{1000}$	李欣文	臺北市松山區光信里3鄰信義路5段3號	民國△△△生 A200034531	印

切 結 書

　　立切結書人建築師廖△△係臺北市政府△使字第0966號使用執照之設計人，暨臺北市松山區雅祥段三小段45地號上即臺北市基隆路1段28號建物之監造人，於申請使用執照時，不慎將下列起造人之資料書寫錯誤，特立本切結書切結使用執照之起造人與登記申請人確屬同一人，絕無矇混移轉情事屬實，如有不實，願負一切法律責任。

正確資料	錯誤資料
張三 民國 36.12.1.生	張三 民國 36.12.11.生
李四A100223451	李四A100223351

　　　　立切結書人：△△建築師事務所　[印]
　　　　建　築　師：廖　△　△　[印]（簽名）
　　　　證書字號：工師甲字第五△號
　　　　地　　　址：臺北市△△路△△號

中華民國　　△△　　年　　△△　　月　　△△　　日

切　結　書

　　立切結書人張三等二十人係臺北市政府△使字第0750號使用執照之起造人，於臺北市松山區敦化段二小段375地號土地上興建房屋，其門牌為臺北市敦化南路108號，於辦理所有權第一次測量時，發現越界建築，占用鄰地376地號之一部分，由於未能價購占用之土地，亦未能取具占用之土地使用權同意書，特立本切結書，切結放棄占用鄰地部分建物之登記，嗣後該部分如有任何爭議，概由立切結書人自行理清，與地政機關無涉。

　　　　此　　　致

臺北市○○地政事務所

　　　　　　　　立切結書人：張　　　三　印　A100034671
　　　　　　　　住　　　址：△△△△△△△　民國△△△生
　　　　　　　　　　　　　　李　　　四　印　A101122342
　　　　　　　　住　　　址：△△△△△△△　民國△△△生
　　　　　　　　　　　　　　王　　　五　印　A101122342
　　　　　　　　住　　　址：△△△△△△△　民國△△△生

中華民國　　△△　年　　△△　月　　△△　日

第 7 章　測量複丈及標示變更登記

第一節　概　述

一、土地法規定

㈠土地法第38條規定，辦理土地登記前，應先辦理地籍測量，其已依法辦理地籍測量之地方，應即辦理土地總登記。

㈡土地法第72條規定，土地總登記後，土地權利有移轉、分割、合併、設定、增減或消滅時，應為變更登記。

二、土地登記規則規定

㈠土地登記規則第93條規定，土地總登記後，土地所有權移轉、分割、合併、增減或消滅時，應為變更登記。

㈡土地登記規則第85條規定，土地總登記後，因分割、合併、增減及其他標示之變更，應為標示變更登記。

三、本章內容

㈠由前述可知測量複丈及產權登記息息相關，故現階段各地政事務所均有測量部門及登記部門之設置。

㈡有關權利移轉、設定、消滅或塗銷等種種登記，將於後面各章節分述。至於土地建物之分割、合併、增減，涉及標示變更登記，且登記前需先行辦理測量複丈，故土地登記規則特設「第五章」專章規定，本書亦特別專章敘述。

㈢至於建物基地號或門牌號如因土地建物之分合、增減而變更，亦需先行辦理測量複丈後，再據以辦理標示變更登記。故均併列本章敘述。

㈣政府正在實施地籍圖重測，目前已接近尾聲，係屬政策性之措施，不在本書介紹範圍內，惟亦專節列述有關法令，以資參考。

㈤有關土地複丈與建物測量，如本書第六章所有權總登記中之建物第一次測量、第十五章土地與建物消滅登記中之土地複丈與測量、第九章他項權利登記中之土地部分設定用益物權——地上權、不動產役權、典權——等之複丈以及本章之合併分割等土地複丈與建物測量，均應依「地籍測量實施規則」之規定

辦理。惟諸多執行細節上之疑義，內政部特訂頒「辦理土地複丈與建物測量補充規定」。由於該「補充規定」之內容涉及層面頗廣，無法分置於各章節中，是以特附錄於本章節，請讀者參考。

◎辦理土地複丈與建物測量補充規定（85.8.7內政部臺內地字第8584585號函）

一、共有物分割，經法院判決確定後，雙方當事人復協議分割，持憑分割協議書申辦共有物複丈分割及登記者，地政事務所得依其協議結果辦理。

二、共有土地，經法院判決確定或和解、調解成立分割，共有人申請複丈分割時，發現地籍圖與土地登記簿所載面積不符時，應先辦理分割登記完畢後，再依法辦理更正。

三、部分共有人持憑法院確定判決、和解或調解筆錄為全體共有人申辦共有土地分割，其應納之土地複丈費，得依土地登記規則第86條（現為：第100條）規定於領取土地所有權狀前，連同有關稅費一併繳納。

四、政府機關使用私有土地未完之部分者，在不牴觸法令限制分割範圍內，經徵得土地所有權人同意後，得囑託地政事務所辦理測量分割及登記。

五、依法徵收之土地，其因地籍圖重測，界址糾紛尚未解決者，如有地籍分割之必要，應依重測前之地籍圖辦理，並於徵收土地清冊中註明該標示係重測前之土地標示。

六、私有土地因天然流失坍沒，而合於土地法第12條第1項規定情形者，應由土地所有權人申請，經該管地政機關會同水利機關勘查無訛後辦理消滅登記。

七、一宗土地之一部分設定地上權，經登記完畢，而未測繪其位置圖者，地上權人申請勘測其位置時，應以登記之地上權面積為其範圍，由地上權人會同土地所有權人就實際使用位置領丈認定。土地所有權人拒不會同領丈時，得由地上權人指界，如勘測結果與地上權登記之面積一致，得核發成果圖予地上權人及通知土地所有權人。

土地所有權人或管理人申請勘測地上權位置圖，而地上權人拒不會同領丈時準用前項規定辦理。第1項土地，所有權人申請登記分割時，如經依法通知地上權人會同勘測，而拒不到場指界領丈，得由土地所有權人單方指界，先測繪地上權位置後，再辦理土地分割，並以書面將複丈結果通知地上權人，如其有異議，應於接到通知書次日起十日內提出，逾期未提出異議，地政事務所即辦理地上權轉載之登記。

八、地籍測量實施規則第224條前段所稱「同一地段」，係指相同之「段」或「小段」而言，即僅劃分「段」者，指相同段，段內設有「小段」者，指相同小段，所稱「使用分區」、「使用性質」相同，於非都市土地，係指劃定之使用區及編定之使用地類別相同而言。

九、地籍測量實施規則第232條第2項所稱「技術引起者」，係指複丈時，權利關係人

對土地界址並無爭議，純係觀測、量距、整理原圖或計算面積等錯誤所致，並有原始資料可稽者而言。

十、地籍測量實施規則第279條第1項第3款所稱「實施建築管理前建造之建物」，如建物位於都市地區內者，係指都市計畫發布實施日之前建造之建物；惟該地如依法實施禁、限建者，則應以實施禁、限建之日為準。如其位於非都市地區內者，係指實施區域計畫地區建築物管理辦法訂定發布日之前建造之建物。

十一、有下列測量錯誤情形之一者，地政事務所得依照土地法第69條規定辦理更正登記，並通知土地所有權人：

　(一)土地面積係日據時期計算錯誤者。

　(二)因都市計畫樁位測定錯誤致地籍分割測量錯誤，經工務機關依法完成樁位更正者。

　(三)都市計劃樁位測定並無錯誤，因地籍遷為分割測量錯誤者。

十二、申辦建物所有權第一次登記，建築基地地號與地籍圖地號不符，而發生於使用執照核發之前者，應由當事人檢附基地分割或合併前後之土地登記簿謄本及地籍圖謄本，向建管機關申請更正基地地號後辦理。如興建之建築物確係在同一基地，且其範圍和主要位置均與使用執照之配置圖相符，純係由於土地合併、分割而造成地號不一致者，得遷由地政機關依基地分割、合併前後土地登記簿及地籍圖對照地號辦理。

　前項不符之情形係於使用執照核發之後發生者，毋須再行辦理更正。

十三、申請土地分割複丈後，若該土地受法院查封時，地政事務所仍應予施測。

　土地所有權人依前項複丈結果，申請分割登記：如認為有礙查封效力之虞者，地政事務所應駁回之。

十四、地政事務所受理法院囑託土地複丈或建物測量案件，依左列規定處理：

　(一)地政機關所屬人員個人不得受託辦理法院勘測不動產或鑑定界址案件。

　(二)土地界址經權利關係人已向法院提起確認經界之訴者，地政事務所得不予受理申請界址鑑定。

　(三)經依法院指定日期前往實地複丈，如因故未予施測，原繳費人於規定期限內申請退還土地複丈費者，應予扣除已支出之勞務費後之餘額予以退還。

　(四)法院囑託辦理查封欠稅人土地案件，其土地複丈費標準為：

　　1.指明為鑑定查封土地周圍界址者，依照鑑定界址費計收。

　　2.僅指明查封土地之實地坐落位置者依照基地號勘查費計收。

　(五)地籍測量實施規則第269條所稱之「司法機關指定人員」，係指法院人員或其指定於測量圖上簽章之債權人或其他訴訟關係人。

　(六)未登記之建物，於法院囑託查封登記時，已予勘測，其於撤銷查封後，再查封時，有無重行勘測之必要，應依法院囑託事項辦理。

　(七)因訴訟需要，法院囑託辦理共有土地分割案，測量地上使用現況（含地上建

　　　　物位置），按實測後之筆數，依土地分割複丈費之收費標準計收。

十五、利害關係人對其所有土地相鄰土地鑑界結果有異議時，以其所有土地地號申請
　　　　鑑界者，依再鑑界程序辦理。

十六、申請鑑定界址，地政事務所應免費核發土地複丈成果圖。

　　　　前項鑑定界址是以圖解法辦理者，土地複丈成果圖應編列界址號數並註明界標
　　　　名稱關係位置及實量邊長，其屬數值法辦理者，其成果圖除應編列界址號數、
　　　　註明界標名稱及關係位置外，另加註土地界址坐標。

十七、申請土地複丈或建物測量案件，因撤回、駁回或其他情形，依規定得請求退還
　　　　已繳之土地複丈費或建物測量費者，地政事務所於所為決定之通知書，應敘明
　　　　得請求退還之期限。

　　　　申請人逾規定期限申請退還土地複丈費或建物測量費者，地政事務所應不予受
　　　　理。

　　　　第1項之申請土地複丈或建物測量案件，經複丈人員於排定日期前往實施複丈
　　　　或測量時，申請人因故不需測量，當場撤回申請並於規定期限內申請退費者，
　　　　得扣除已支出之勞務費後，將餘額予以退還。

十八、土地複丈分割原圖不得對外印發，但因訴訟需要，當事人得請求法院逕向該管
　　　　地政事務所調閱。

十九、申請建物第一次測量時，縱未同時申請建物所有權第一次登記，地政事務所仍
　　　　應受理，並於測量完畢後，核發建物測量成果圖。

二十、（刪除）

二一、已登記之建物未增編門牌，權利人持憑法院確定判決申辦建物登記者，應依法
　　　　院判決意旨及該建物原編門牌號辦理，俟增編門牌號後，再另辦標示變更登
　　　　記。

二二、領有使用執照之加油亭得申請建物第一次測量登記。其建物平面圖應依據其頂
　　　　蓋垂直投影範圍予以測繪。

二三、（刪除）

二四、一般建物應逐棟編列建號，為五位數。特別建物數棟併編一建號為母號，亦為
　　　　五位數，其各棟建物以分號編列，為三位數，以表棟次。

二五、未登記建物，為申辦自用住宅優惠稅率需要，得申請該建物之基地號勘查或勘
　　　　測建物位置。

　　　　依前項辦理基地號勘查或勘測建物位置完畢，應於建物測量成果圖（表）內註
　　　　明「本項成果圖（表）僅供申請核課自用住宅用地稅率用」。

◎「地籍測量實施規則」部分條文修正草案（106.1.9內政部修正）

　　　　地籍測量實施規則（以下簡稱本規則）原為行政院地政署於33年2月12日訂定發
　　布，名稱為地籍測量規則，後經內政部於64年5月26日修正名稱為地籍測量實施規
　　則，共歷經15次修正，最後一次修正為102年8月28日。為精進建物測繪登記相關業

務，釐清建物測繪登記相關問題，並使地籍測量相關規定與時俱進，符合實務執行
需求，爰修正本規則部分條文，其要點如下：

第8-1條

　　辦理本規則規定測量使用之儀器設備，應訂定計畫實施保養校正，其內容應包含
儀器設備之存放管理、保養維護、檢查校正項目及週期。

　　前項校正項目應包含將儀器設備送至國家度量衡標準實驗室或簽署國際實驗室認
證聯盟相互承認辦法之認證機構所認證之實驗室辦理校正，及出具校正報告。

　　登記機關依第1項訂定之計畫，應送直轄市、縣（市）主管機關備查。

第152條

　　宗地之面積，以平方公尺為單位，採四捨五入法計算至小數點以下第二位為止。
但以圖解法測量或有特殊情形者，得採四捨五入法計算至平方公尺為止。

第153條

　　每幅之圖紙伸縮誤差與求積誤差，應依各宗地面積大小比例配賦之。

　　前項求積誤差不得超過 $\Delta F = 0.2\sqrt{F} + 0.0003F$ 之限制（ΔF 為求積誤差，F 為總面
積，均以平方公尺為單位）。

第162條

　　製圖應用之各種線號、符號及註記，適用第135條、第139條、第140條、第143
條、第144條及第148條之規定。

第221條

　　鑑界複丈，應依下列規定辦理：

一、複丈人員實地測定所需鑑定之界址點位置後，應協助申請人埋設界標，並於
　　土地複丈圖上註明界標名稱、編列界址號數及註明關係位置。

二、申請人對於鑑界結果有異議時，得再填具土地複丈申請書敘明理由，向登記
　　機關繳納土地複丈費申請再鑑界，原登記機關應即送請直轄市或縣（市）主
　　管機關派員辦理後，將再鑑界結果送交原登記機關，通知申請人及關係人。

三、申請人對於再鑑界結果仍有異議者，應向司法機關訴請處理，登記機關不得
　　受理其第三次鑑界之申請。

　　前項鑑界、再鑑界測定之界址點應由申請人及到場之關係人當場認定，並在土地
複丈圖上簽名或蓋章。申請人或關係人不簽名或蓋章時，複丈人員應在土地複丈圖
及土地複丈成果圖載明其事由。

　　關係人對於第1項之鑑界或再鑑界結果有異議，並以其所有土地申請鑑界時，其
鑑界之辦理程序及異議之處理，準用第1項第2款及第3款之規定。

第238條

　　登記機關對土地複丈圖、地籍圖應每年與土地登記簿按地號核對一次，並將核對
結果，作成紀錄，存案備查，其如有不符者，應詳細查明原因，分別依法訂正整理
之。

前項不符如涉及更正登記，於循序辦理更正前，相關資訊有註記必要者，應將註記內容報請直轄市、縣（市）主管機關同意後，於標示部其他登記事項欄註記之；辦竣更正登記後，應逕為塗銷註記。

第262條

登記機關應備下列文件，辦理建物測量：

一、建物測量申請書。

二、建物測量收件簿。

三、建物測量定期通知書。

四、建物測量圖。

五、建物測量成果圖。

六、建物測量成果通知書。

七、建號管理簿。

八、其他。

第273條

建物平面圖測繪邊界依下列規定辦理：

一、建物以其外牆之外緣為界。

二、兩建物之間有牆壁區隔者，以共用牆壁之中心為界；無牆壁區隔者，以建物使用執照竣工平面圖區分範圍為界。

三、使用執照竣工平面圖載有陽臺之突出部分者，以其外緣為界，並以附屬建物辦理測量。

四、地下層依建物使用執照竣工平面圖所載樓層面積之範圍為界。

本規則中華民國107年1月1日修正施行前已申請建造執照者，或都市更新事業計畫已報核，並依都市更新條例第61條之1第1項及第2項規定期限申請建造執照之建物，其屋簷、雨遮及地下層之測繪，依本條修正前規定辦理。

第282-1條

於實施建築管理地區，依法建造完成之建物，其建物第一次測量，得依使用執照竣工平面圖轉繪建物平面圖及位置圖，免通知實地測量。但建物位置涉及越界爭議，經查明應辦理建物位置測量者，不在此限。

前項轉繪應依第272條至第275條、第276條第1項、第3項、第283條及下列規定以電腦繪圖方式辦理：

一、建物平面圖應依使用執照竣工平面圖轉繪各權利範圍及平面邊長，並詳列計算式計算其建物面積。

二、平面邊長，應以使用執照竣工平面圖上註明之邊長為準，並以公尺為單位。

三、建物位置圖應依使用執照竣工平面圖之地籍配置轉繪之。

四、圖面應註明辦理轉繪之依據。

第291條

　　建物合併，除保留合併前之最前一建號外，其他建號應予刪除，不得使用。

第二節　地籍圖重測

一、重測原因

　　依土地法第46條之1規定，已辦地籍測量之地區，因地籍圖原圖破損、滅失、比例尺變更或其他重大原因，得重新實施地籍測量。

二、重測程序

　　依土地法第46條之2規定，重新實施地籍測量時，土地所有權人應於地政機關通知之期限內，自行設立界標，並到場指界。逾期不設立界標或到場指界者，得依左列順序逕行施測：

　　㈠鄰地界址。

　　㈡現使用人之指界。

　　㈢參照舊地籍圖。

　　㈣地方習慣。

　　土地所有權人因設立界標或到場指界發生界址爭議時，準用第59條第2項規定處理之。

三、重測公告

　　依土地法第46條之3規定，重新實施地籍測量之結果，應予公告，其期間為三十日。

　　土地所有權人認為前項測量結果有錯誤，除未依前條之規定設立界標或到場指界者外，得於公告期間內，向該管地政機關繳納複丈費，申請複丈。經複丈者，不得再申請複丈。

　　逾公告期間未經申請複丈，或複丈結果無誤或經更正者，地政機關應即據以辦理土地標示變更登記。

四、地籍測量實施規則規定

　　關於地籍圖重測，地籍測量實施規則第二編第六章有更詳細之規定，茲列述其各條文如下：

　　㈠**第184條**（重測原因）

　　已辦地籍測量之地區，因地籍原圖破損、滅失、比例尺變更或其他重大原因，得重新實施地籍測量（以下簡稱地籍圖重測）。

　　㈡第185條（辦理程序）
　　　1.劃定重測地區。
　　　2.地籍調查。
　　　3.地籍測量。
　　　4.成果檢核。
　　　5.異動整理及造冊。
　　　6.繪製公告圖。
　　　7.公告通知。
　　　8.異議處理。
　　　9.土地標示變更登記。
　　　10.複（繪）製地籍圖。
　　㈢第186條（重測區域之單位）
　　　地籍圖重測，應以段為實施單位。但得以河流、道路、鐵路、分水嶺等自然界，劃定重測區域。
　　　原有段界不適宜地籍管理者，準用第81條第2項之規定。
　　㈣第187條（重測地區之勘定）
　　　直轄市、縣（市）重測地區由中央主管機關會同直轄市、縣（市）主管機關勘定。
　　　重測地區勘定後，直轄市或縣（市）主管機關應將重測地區之範圍繪具圖說，連同應行注意事項，在土地所在地之鄉（鎮、市、區）公所及適當處所公布之。
　　　第1項之中央主管機關辦理事實，得委任所屬下級機關辦理。
　　㈤188條（未登記土地之處理）
　　　地籍圖重測時發現未經登記之土地，應另設地籍調查表，記明其四至、鄰地地號、使用現況及其他有關事項。
　　　前項未登記土地測量編號後，應辦理土地第一次登記。
　　㈥第189條（檢測）
　　　地籍圖重測時，應先檢測基本控制點、加密控制點、圖根點及有關之測量標，經檢測結果原測量標失去效用或遺失者，非依法不得廢棄或重置之。
　　㈦第190條（檢測都市計畫椿位）
　　　都市計畫範圍內，辦理地籍圖重測時，直轄市或縣（市）主管都市計畫機關（單位），應事先檢測都市計畫椿位置，並將椿位及其坐標資料列冊點交直轄市或縣（市）主管機關。
　　㈧第191條（施測）
　　　戶地測量應按地籍調查表所載認定之界址，逐宗施測。
　　　地籍調查時未到場指界之土地所有權人，得於戶地測量時，補辦地籍調

查。

(九)**第192條**（界址調整）

現有界址曲折者，有關土地所有權人得於地籍調查時，檢具協議書，協議截彎取直。但以土地使用性質相同者為限。

前項土地設定有他項權利者，應經他項權利人之同意。但設定之他項權利內容完全一致者，不在此限。

(十)**第193條**（土地之合併）

同一段內二宗以上相連之土地，其使用性質相同，且屬同一所有權人者，土地所有權人得於地籍調查時，申請合併為一宗。

前項部分土地設定有他項權利者，應經他項權利人之同意。但設定之他項權利內容完全一致者，不在此限。

(土)**第194條之1**（毗鄰未登記地之施測）

私有土地與未登記土地相毗鄰者，依下列規定施測：

1.私有土地所有權人所指認之界址，未占用未登記土地者，以其指認之界址施測。占用未登記土地者，應參照舊地籍圖及其他可靠資料所示之坵塊形狀及關係位置，實地測定界址，逕行施測。

2.私有土地之一部分，已為道路、水路公眾使用，其所有權人無法指界時，依照前款方法，實地測定界址，逕行施測。

(土)**第195條**（地號重編）

地籍圖重測後之地號，得就該段或小段重新編訂地號。

(土)**第196條**（補辦地籍調查）

直轄市、縣（市）主管機關於重測期間，如有下列情形之一者，除應補辦地籍調查及訂正相關圖表：

1.申請土地標示變更登記經登記完畢者。

2.土地界址經調處或判決確定，而其結果與原測量結果不符者。

(古)**第196條之2**（界址爭議之暫停受理複丈）

因重測界址爭議未解決之土地，得就其未涉及界址爭議部分，申請土地分割、合併、鑑界、界址調整或調整地形。

(古)**第197條**（成果檢查）

地籍原圖整理及面積計算完竣後，應分別實施檢查。

(六)**第198條**（編造清冊）

地籍圖重測結果，直轄市、縣（市）主管機關應視實際情形，依據面積計算表編造下列清冊：

1.段區域調整清冊。

2.合併清冊。

3.重測結果清冊。

4.未登記土地清冊。

前項第3款重測結果清冊包括新舊地號及面積對照表。

第1項各種清冊應各造三份，經核對有關圖表無誤後，一份存查，二份備供公告閱覽及登記之用。

㈦**第199條**（展覽公告）

地籍圖重測結果公告時，直轄市或縣（市）主管機關應將前條所列清冊、地籍公告圖及地籍調查表，以展覽方式公告三十日，並以書面通知土地所有權人。

前項公告期滿，土地所有權人無異議者，直轄市或縣（市）主管機關，應據以辦理土地標示變更登記，並將登記結果，以書面通知土地所有權人限期申請換（註）書狀。

㈧**第200條之1**（公告期間之複丈等處理）

重測結果公告期間，土地所有權人申請土地分割、合併複丈、土地所有權移轉登記，除權利關係人附具同意書，同意以重測成果公告確定之結果為準者，得予受理外，應俟重測成果公告確定後受理。

㈨**第201條**（異議之處理）

土地所有權人如認為重測結果有錯誤，除未依土地法第46條之2之規定設立界標或到場指界外，得於公告期間內，以書面向直轄市或縣（市）主管機關提出異議，並申請複丈。複丈結果無誤者，依重測結果辦理土地標示變更登記；其有錯誤者，應更正有關簿冊圖卡後，辦理土地標示變更登記。

前項地籍圖重測結果錯誤經更正者，其已繳之複丈費予以退還。

第1項辦理異議複丈業務，得由主管機關委任所屬登記機關辦理之。

㈩**第201條之1**（界址爭議之移轉登記等處理）

重測期間發生界址爭議尚未解決之土地，申請所有權移轉或他項權利設定登記者，應由權利關係人出具切結書敘明於界址確定後，其面積與原登記面積不符時，同意由地政機關逕為更正。

㈢**第201條之2**（重測前地籍圖之停止使用）

重測公告確定之土地，登記機關不得受理申請依重測前地籍圖辦理複丈。

㈢**第202條**（建物基地標示變更登記）

建築改良物之基地標示，因實施地籍圖重測而變更者，直轄市或縣（市）主管機關得查明逕為辦理建物基地標示變更登記，並依第199條規定通知換註書狀。

㈢**第203條**（簿冊之訂正）

直轄市或縣（市）主管機關保管之土地及建築改良物有關簿冊圖卡等，應依地籍圖重測結果辦理重繕或訂正。

五、土地登記規則第92條規定

因地籍圖重測確定，辦理變更登記時，應依據重測結果清冊重造土地登記簿辦理登記。

建物因基地重測標示變更者，應逕為辦理基地號變更登記。

重測前已設定他項權利者，應於登記完畢後通知他項權利人。

◎土地法第46條之1至第46條之3執行要點（102.2.7內政部修正發布）

一、重測區範圍之勘選，應於重測工作開始前半年，依下列原則，實地審慎勘選：（重測區範圍選定之要件）

　（一）地籍圖破損、誤謬嚴重地區。

　（二）即將快速發展之地區。

　下列地區不列入重測範圍：

　（一）已辦理或已列入土地重劃、區段徵收或土地、社區開發且有辦理地籍測量計畫者。

　（二）都市計畫樁位座標資料不全者。

　（三）地籍混亂嚴重，辦理重測確有困難者。

二、重測時段界之調整有下列情形之一者，調整範圍內之宗地應逕為分割測量：（重測界調整逕為分割測量）

　（一）重測區之段界調整後，原為一宗土地跨越於二段者。

　（二）段界線以公共設施預定地之界線調整者。

　依前項逕為分割測量結果應通知土地所有權人。

三、會社名義登記之土地，地籍調查前應查明該會社管理人或股東住址通知之。（會社土地地籍調查）

四、重測地籍調查時，到場之土地所有權人不能指界者，地籍調查及測量人員得參照舊地籍圖及其他可靠資料，協助指界，並依下列方式辦理：（地籍調查指界）

　（一）土地所有權人同意該協助指界之結果者，視同其自行指界。

　（二）土地所有權人不同意協助指界之結果且未能自行指界者，應依土地法第46條之2第1項規定予以逕行施測。

　（三）土地所有權人不同意協助指界之結果而產生界址爭議者，應依土地法第46條之2第2項規定予以調處。

五、土地所有權人未到場指界，或雖到場而不指界者，應依土地法第46條之2第1項各款之規定逕行施測。（未指界之施測）

六、依土地法第46條之2第1項第3款參照舊地籍圖逕行施測者，應參照舊地籍圖及其他可靠資料所示之坵塊形狀及關係位置，實地測定界址，設立界標，逕行施測。（參照舊地籍圖逕行施測）

七、重測土地地形特殊，實地無法設立界標者，應於地籍調查表空白處註明其原因。（無法設立界標時調查表之處理）

八、地籍調查時，土地所有權人依土地法第46條之2於現有地界線設立界標並到場指界者，不論其現有地界線與地籍線是否相符，以其界標並指界之現有地界線辦理調查並施測。但相互毗鄰土地涉及不同使用分區或使用地時，仍應依有關管制規定辦理。（按指界地界線調查與施測）

九、司法機關因審判上需要，囑託提供舊地籍圖謄本時，仍應受理，惟應註明「本宗土地因辦理重測時，界址爭議未決，本謄本僅供參考」字樣。（法院裁判土地案件請提供謄本之處理）

司法機關受理經界訴訟事件，囑託地政機關以原地籍圖施測者，地政機關應予受理。但應將地籍調查表及調處結果等資料影本以及辦理測量情形一併送請司法機關參考。

十、地籍調查時，雙方指界一致，惟於重測結果公告前一方認為指界錯誤而發生界址爭議者，得予協調，並依下列方式處理：（指界爭議之協調）

(一)雙方達成協議者，依協議結果更正界址，並補正地籍調查表。

(二)雙方不能達成協議者，仍依原調查結果繼續進行重測程序。

十一、公有土地之管理機關，於地籍調查時；應派員持具致地政機關函文到場指界。

前項公有土地管理機關函文影本應黏貼於地籍調查表背面。（公有土地之指界）

十二、（刪除）

十三、都市計畫範圍內辦理重測時，都市計畫主管機關應事先派員前往實地清查都市計畫樁位，如有湮沒損毀者，應即補設，並將樁位座標資料列冊送交地政機關。補設樁位工作，應於當年度4月底前完成，逾期未完成者，該重測區得暫緩辦理。（都市計畫樁位之清理）

十四、重測公告期間，土地所有權人因面積增減提出異議時，應依土地法第46條之3第2項及第3項辦理。（公告期間異議之處理）

十五、重測異議複丈案件，應依地籍調查表所載界址辦理複丈。（異議複丈之方式）

重測成果公告期間申請異議複丈而公告期滿尚未處理完竣之土地，應按重編之段別、地號記載於登記簿之標示部。標示部其他登記事項欄註明重測前面積、重測公告面積及加註本宗土地重測異議複丈處理中，其實際面積以異議複丈處理結果為準字樣。

十六、重測結果公告時，部分土地之界址爭議，尚未依土地法第59條第2項程序處理完畢者，應於公告文載明重測地籍圖經公告期滿確定後，登記機關不得受理申請依重測前地籍圖辦理複丈。並附記下列土地因界址爭議，正依法處理中字樣。

界址爭議經法院判決確定後，應即據以施測，並將施測結果公告。（界址爭議

未處理完竣前公告處理）

十七、測結果公告期滿無異議者，即屬確定。土地所有權人或關係人不得以任何理由申請複丈更正。但土地標示變更登記辦竣前，雙方當事人以指界錯誤書面申請更正，並檢附不影響雙方當事人以外之第三人權益之切結書時，得予受理。已辦竣土地標示變更登記者，應不准許。（公告期滿申請複丈更正之處理）

十八、核發重測前地籍圖謄本，應於謄本上註明原地籍圖已停止使用，本謄本僅供參考字樣。（公告確定後停止使用重測前地籍圖）
　　前項重測前地籍圖已送內政部國土測繪中心或有關機關典藏者，其謄本由地政事務所向該機關洽取後核發之。
　　當事人或利害關係人申請閱覽、抄寫、複印或攝影重測地籍調查表等有關資料或卷宗，應依行政程序法第46條有關法令規定辦理。

十九、因都市計畫樁位測釘錯誤，致使重測成果錯誤，經都市計畫主管機關依法更正樁位座標，地政機關應依更正後樁位座標辦理測量，並辦竣更正登記後，通知土地所有權人。（都市計畫樁位錯誤之處理）

二十、土地標示變更登記完竣後，發現原測量錯誤者，依地籍測量實施規則第232條辦理測量成果更正後，再辦理土地標示更正登記，並通知土地所有權人及他項權利人。土地所有權人及他項權利人如有異議，應向司法機關訴請裁判。（標示變更登記完竣後發現測量錯誤之處理）

二一、共有土地於辦竣重測後，申請人始持重測前土地標示之民事確定判決向地政事務所申請共有物分割複丈、登記時，其重測後地籍圖形、面積與重測前不相符合者，應依下列規定辦理：（重測後持重測前標示之確定判決之處理）
　　㈠通知申請人應於一定期限內，就重測後結果檢具原全體共有人協議書後，據以辦理。
　　㈡申請人逾期未檢具協議書者，應依法院判決意旨及有關圖說，以重測前地籍圖至實地測定界址點位釘立界標，再以重測後地籍圖調製之土地複丈圖測取分割界址點，計算面積後辦理分割登記並將登記結果通知有關權利人。
　　土地辦竣重測後，申請人始持重測前土地標示之民事給付確定判決申請土地分割登記者，應依前項規定辦理。

二二、土地標示變更登記辦竣後，應通知權利人限期檢附原權利書狀辦理加註或換發新書狀。權利人未能提出原權利書狀者，應檢附未能提出書狀之理由之切結書換發。（重測換發書狀）
　　依切結書換發者，應將重測前原權利書狀註銷並公告之。

二三、重測後加註或換發之土地所有權狀，應附以地段圖。（換發權狀應附地段圖）

二四、加註或換發土地權利書狀時，原書狀背面附有甲式或乙式建物附表者，應換發建物所有權狀。（換發建物所有權狀）

二五、重測期間發生界址爭議尚未解決之土地，應按重編之段別、地號記載於登記簿

之標示部。標示部其他登記事項欄註明重測前面積及加註本宗土地重測界址爭議未解決字樣,並通知土地所有權人。該土地俟界址爭議解決後再辦理土地標示變更登記及加註或換發書狀。(重測界址糾紛未決土地之登記)

前項重測界址爭議解決前,權利書狀損壞或滅失,登記名義人依土地登記規則之規定申請權利書狀換給或補給時,地政機關應予受理。

二六、已辦理建物所有權第一次登記之建物,其基地標示於重測後已變更者,其測量成果圖應依下列規定辦理訂正:(重測建物基地標示變更之處理)

　　(一)基地標示按變更後標示訂正之。並辦理建物基地標示變更登記。

　　(二)建物位置圖依據重測後之地籍圖,按原測繪之建物相應位置比例訂正之。其情形特殊者,地政事務所得視實際需要實地測繪之。

　　建物平面圖必要時得轉繪之。

二七、重測區建物,不論其坐落基地有無界址爭議,建物所有權人申請核發該建物測量成果圖謄本時,應予受理。(重測建物測量成果圖謄本之核發)

◎有關土地移轉後經地政機關重測致面積有增減,於再行移轉時,其「前次移轉現值」應如何計算乙案,參照本部71年2月18日臺財稅第31114號函及74年12月30日臺財稅第26903號函釋規定,應以其前次移轉時所核定之土地移轉現值為其前次移轉現值(89.8.9財政部臺財稅字第0890455166號函)

　　查本部71年2月18日臺財稅字第31114號函所稱「前次移轉核計土地增值稅之現值」係指以每一筆土地之每平方公尺單價為計算標準所核計之土地現值,即單價乘以面積之現值,是以,「前次移轉現值」依上開函釋應為一總值之概念,故因重測致面積有增減,於再行移轉時,其前次移轉現值,應以該筆土地前次移轉時所核定之土地移轉現值(即以重測前面積乘上每平方公尺單價)為準。另本部74年12月30日臺財稅字第26903號函規定,「……土地經重測後面積增加者,其於移轉時關於增加部分之前次移轉現值,自應以該重測土地之前次移轉現值為準」,所稱「該重測土地之前次移轉現值」亦指其前次移轉時所核定之土地移轉現值而言,併此敘明。

第三節　土地鑑界

一、界址鑑定

　　凡是土地宗界線模稜不清或猶疑不明時,可申請鑑定界址,即一般所謂之鑑界。

　　土地鑑界,僅係鑑定土地界線,通常均無土地標示變更之情況發生,故無需辦理標示變更登記。

二、地籍測量實施規則規定

鑑界得申請複丈。（第204條）

經複丈後，申請人應自備界標，於經鑑定確定之界址點，自行埋設，並永久保存之。（第210條）

申請鑑界，應通知鄰地所有權人；鄰地為公寓大廈之基地者，應通知公寓大廈管理委員會。鄰地所有權人屆時不到場者，得逕行複丈。（第211條）

鑑界之複丈，應依下列規定辦理：（第221條）

㈠複丈人員實地測定所需鑑定之界址點位置後，應協助申請人埋設界標，並於土地複丈圖上註明界標名稱、編列界址號數及關係位置。

㈡申請人對於鑑定界址結果有異議時，得再填具土地複丈申請書敘明理由，向登記機關繳納土地複丈費申請再鑑界，原登記機關應即送請直轄市或縣（市）主管機關派員辦理後，將再鑑定結果送交原登記機關，通知申請人及關係人。

㈢申請人對於再鑑定結果仍有異議者，應向司法機關訴請處理，登記機關不得再受理其第三次鑑界之申請。

㈣前項鑑界、再鑑界測定之界址點應由申請人及到場之關係人當場認定，並在土地複丈圖上簽名或蓋章。申請人或關係人不簽名或蓋章時，複丈人員應在土地複丈圖及土地複丈成果圖載明其事由。

㈤關係人對於第1項之鑑界或再鑑界結果有異議，並以其所有土地申請鑑界時，其鑑界之辦理程序及異議之處理，準用第1項第2款及第3款之規定。

發現錯誤之處理：（第232條）

㈠複丈發現錯誤，除有下列情形之一，得由登記登記機關逕行辦理更正者外，應報經直轄市或縣（市）主管機關核准後始得辦理。

　　1.原測量錯誤純係技術引起者。

　　2.抄錄錯誤者。

㈡前項所稱原測量錯誤純係技術引起者，指原測量錯誤純係觀測、量距、整理原圖、訂正地籍圖或計算面積等錯誤所致，並有原始資料可稽；所稱抄錄錯誤指錯誤因複丈人員記載之疏忽所引起，並有資料可資核對。

三、申請實務

㈠申請人

1.權利人申請

土地鑑界，由土地所有權人或管理人向土地所在地登記機關提出申請。

2.會同申請

⑴因建造行為需要鑑界者，得由建造執照起造人會同土地所有權人或管理人申請。

　　⑵因承租土地經界不明者，應由承租人會同土地所有權人或管理人申
　　　請。

（二）應備書件

　　1.土地複丈申請書。

　　2.土地所有權狀：影本附於申請案件內。

（三）申辦手續

　　1.備齊有關文件

　　依式填寫蓋章後，將複丈申請書對摺放置於第一頁，其餘書件再依次放置
整齊，裝訂成冊，即可提向土地所在地之地政事務所申請。

　　2.申請收件

　　⑴計費：申請案件，於核對申請人身分後，計算複丈費。其複丈費每筆
　　　每公頃新臺幣4,000元，不足1公頃者以1公頃計算，超過1公頃者，每
　　　0.5公頃，增收半數，不足0.5公頃者以0.5公頃計算。其筆數依鑑界範
　　　圍內土地計算，並應另購買界標。

　　⑵開單：申請案件經計算規費後，即開發規費繳納通知單。

　　⑶繳費：開發繳費通知單後，可即時持單繳費，繳費後取具繳費收據。

　　⑷收件：申請案件經收件後，取具收件收據。通常於收件時購買界標。

　　3.領　丈

　　⑴申請人接到訂期複丈通知書後，應準備界標，並攜帶複丈通知書及印
　　　章，準時到現場領丈。

　　⑵如因故未能親自到現場領丈時，得出具委託書委託代理人領丈。

　　⑶如未到場領丈或不依規定埋設界標者，視為放棄申請，已繳費用，不
　　　予發還。（地測規則第211條）

　　⑷現場如有障礙物，應由申請人自行清除處理。（地測規則第212條）

　　⑸經鑑界後，由申請人自行於必要之界點，訂立界樁。

　　⑹複丈前應先核對申請人、關係人之身分，複丈完畢後，發給申請人複
　　　丈成果圖。（地測規則第215條）

　　⑺應於收件日起十五日內辦竣，其情形特殊經登記機關首長核定延長
　　　者，依其核定。（地測規則第216條）

　　4.領取複丈成果圖。

四、鑑界申請書填寫說明

（一）一般填法

　　1.以毛筆、黑色、藍色墨汁鋼筆、原子筆或電腦打字正楷填寫。

　　2.字體需端正，不得潦草，如有增、刪文字時，應在增、刪處由申請人蓋
　　　章，不得使用修正液（帶）。

㈡各欄填法

1. 第⑴欄「受理機關」：按土地所在地之市（縣）及地政事務所之名稱填寫。

2. 第⑵⑷⑸⑹欄「原因發生日期」「申請複丈原因」「申請複丈原因」（註：專指涉及原有標示變更者）「申請標示變更登記事由及登記原因」：申請之土地複丈項目未涉及原有標示變更者，按欲申請之土地複丈項目於第⑷欄內自行打勾，或選擇「其他」並將申請項目填入括弧內，第⑵⑸⑹欄無須填寫。如申請再鑑界，請於括弧內填寫原鑑界案件之收件字號；如申請他項權利位置測量，請於括弧內填寫他項權利種類（地上權或地役權）。

3. 第⑶欄「申請會同地點」：請填寫現場之門牌號或鄰近之明顯地標、路口等。如申請合併，因無須實地複丈，無須填寫。

4. 第⑺⑻欄「土地坐落」「面積」：按申請土地複丈之土地填寫其鄉鎮市區、段、小段、地號及面積（面積單位為平方公尺），並分筆填寫該欄位；如有不敷使用時，可另附相同格式之清冊，由申請人在騎縫處蓋章，並於第⑺欄填寫『詳如附表』之字樣。

5. 第⑼欄「複丈略圖」：依欲申請土地複丈之土地繪註其地籍線、地號及鄰地相對位置；可於本欄填寫『詳如示意圖』之字樣，另附示意圖，並於第⑽欄填寫『示意圖1份』。

6. 第⑽欄「附繳證件」：按所附證件之名稱、份數分行填列並裝訂，若空格不夠填寫時可填入第⑿欄。身分證或戶口名簿請影印正反面，並切結與正本相符後認章。

7. 第⑾欄「委任關係」：係指由代理人申請土地複丈案時填寫代理人之姓名，若尚有複代理人時一併註明複代理人姓名，並請代理人（複代理人）切結認章，如無委託他人代理申請者，則免填此欄。

8. 第⑿欄「備註」：專供申請書上各欄無法填寫而必須填載事項。

9. 第⒀欄「聯絡方式」：為便利通知申請人，請填寫「聯絡電話」、「傳真電話」及「電子郵件信箱」。

10. 第⒁欄「申請人」：除包括權利人姓名外，如有委託代理人（含複代理人）申請土地複丈者，尚包括代理人；如不敷使用，增頁部分應加蓋騎縫章，並於第⒃欄填寫『詳如附表』之字樣。

11. 第⒂欄「權利人或義務人」：應填寫權利人，申請人為未成年人、禁治產人或法人者，須加填法定代理人（如父母、監護人或公司法定代表人）。

12. 第⒃欄「姓名或名稱」：自然人依照戶籍謄本、戶口名簿、身分證或其他證明文件記載填寫，法人則先填寫法人名稱後再加填法定代表人姓名。

13.第(17)(18)欄「出生年月日」「統一編號」：自然人依照戶籍謄本、戶口名簿、身分證或其他證明文件記載填寫，法人或其他非自然人請填寫公司統一編號或扣繳單位統一編號。

14.第(19)欄「住所」：自然人依照戶籍謄本、戶口名簿、身分證或其他證明文件記載填寫，得不填寫里、鄰，法人依照法人登記有案地址填寫，代理人或複代理人如住所與通訊處不同時，得於本欄另外註明通訊地址。

15.第(20)欄「權利範圍」：按權利人持有之權利範圍填寫，如權利範圍為全部者，則填全部。

16.第(21)欄「簽章」：權利人、代理人（複代理人）應蓋用與所填之姓名或名稱相同之印章，無印章者，得以簽名之。

17.第(22)欄「簽收複丈定期通知書」：按收領複丈定期通知書之日期填寫，並於此欄蓋章。

18.第(23)(24)欄「結果通知」「本案處理經過情形」：係供地政事務所人員填寫及審核用，申請人無須填寫。

五、鑑界申請書填寫範例

複丈及標示變更登記申請書

複丈收件	日期	年 月 日 時 分		收件者章		複丈費	新臺幣 元	收據 字第 號	收費者章
字號	字第 號								
登記收件	日期	年 月 日 時 分	收件者章	書狀費	新臺幣 元	收據 字第 號	收費者章		
	字號	字第 號							

申請書

| 受理機關 | △△縣市 △△地政事務所 |
| 複丈原因發生日期 | 中華民國△△年 △月△△日 |

申請複丈原因（選擇打✓一項）

☑鑑界　□再鑑界　□　）　□他項權利位置測量（　　）　□其他（　　）

申請複丈原因（選擇打✓一項）

□分割　□合併　□界址調整（調整地形）　□界址調整
□坍沒
□浮覆
□其他（　　）

標示變更登記事由及登記原因（選擇打✓一項）

標示變更登記（□分割　□合併　□界址調整）
消滅登記（□滅失　□部分滅失）
所有權回復登記（□回復）
登記（　　）

申請會同地點　現場（請申請人填寫）

複丈略圖

| 20 | 18 | |
| | 21 | 22 |

| 鄉鎮市區 | 段 | 小段 | 土地坐落 地號 | 面積（平方公尺） |
| △△ | △△ | △ | 21 | 325 |

附繳證件
1. 土地所有權狀影本　　1 份　　4.　　　　份　　7.　　　　份
2. 身分證影本　　　　　1 份　　5.　　　　份　　8.　　　　份
3.　　　　　　　　　　　 份　　6.　　　　份　　9.　　　　份

委任關係　本土地複丈及標示變更登記案之申請委託　林△△　代理（　　複代理）
及指界認章。委託人確為登記標的物之權利人或權利關係人，並經核對身分無誤，如
有虛偽不實，本代理人（複代理人）願負法律責任。林△△ 印

聯絡方式	聯絡電話	△△△△△△△△△△
	傳真電話	△△△△△△△△△△
	電子郵件信箱	△△△△△△△△△△△△

備註

申請人	權利人或義務人	姓名或名稱	出生年月日	統一編號	住 縣市	鄉鎮市區	村里	鄰	街路	段	巷	弄	號	樓	權利範圍	簽章
	所有權人	張△△	△△△	△△△△	△△	△△	△△	△	△△				△		全部	印
	代理人	林△△	△△△	△△△△	△△	△△	△△	△	△△				△			印
		事務所地址			△△	△△	△△		△△				△			

簽收複丈定期通知書 　△△ 年 △ 月 △ 日 　簽章 印

結果通知

本案處理經過情形（以下各欄申請人勿填寫）	複丈人員	複丈成果檢查	複丈成果核定	登記初審	登記複審	登記核定
	校簿	校狀	書狀用印	地價異動	異動通知	歸檔
	登簿	書狀列印	校狀	通知領狀	交付發狀	

第四節　土地合併登記

一、說　明

㈠二筆以上土地合併成一筆土地

已經產權登記之土地，因自然之變遷或事實之需要，得將兩筆以上之土地合併成一筆土地，合併後應依據合併成果，辦理土地標示變更登記。

㈡土地登記規則規定

1. 如一宗土地僅有部分合併於他土地，則該宗土地應先辦理分割登記後，再辦理合併登記。（土登第86條）
2. 合併後之持分及他項權利之處理：（土登第88條）
   ⑴二宗以上所有權人不同之土地辦理合併時，各所有權人之權利範圍依其協議定之。
   ⑵設定有地上權、永佃權、不動產役權、典權、耕作權或農育權之土地合併時，應先由土地所有權人會同他項權利人申請他項權利位置圖勘測。但設定時已有勘測位置圖，且不涉及權利位置變更者，不在此限。
   ⑶前項他項權利於土地合併後，仍存在於合併前原位置之上，不因合併而受影響。
   ⑷設定有抵押權之土地合併時，該抵押權之權利範圍依土地所有權人與抵押權人之協議定之。
3. 合併後之基地號變更：申請建物基地分割或合併登記，涉及基地號變更者，應同時申請基地號變更登記。如建物與基地所有權人不同時，得由基地所有權人代為申請或由登記機關查明後逕為辦理變更登記；除建物所有權人申請登記者外，登記機關於登記完畢後，應通知建物所有權人換發或加註建物所有權狀。（土登第89條）
4. 設定有他項權利之土地申請合併登記，於登記完畢後，應通知他項權利人換發或加註他項權利證明書。（土登第90條）

㈢地籍測量實施規則規定

1. 土地因合併得申請複丈。（第204條）
2. 土地複丈涉及原有標示變更者，應於申請複丈時，填具土地登記申請書，一併申請土地標示變更登記。（第207條）
3. 土地合併之要件：（第224條）
   ⑴土地因合併申請複丈者，應以同一地段、地界相連、使用性質相同之土地為限。
   ⑵前項土地之所有權人不同或設定有抵押權、典權、耕作權等他項權利者，應依下列規定檢附相關文件：

　　①所有權人不同時，應檢附全體所有權人之協議書。

　　②設定有抵押權時，應檢附土地所有權人與抵押權人之協議書。但為擔保同一債權，於數土地上設定抵押權，未涉權利範圍縮減者，不在此限。

　　③設定有典權或耕作權時，應檢附該他項權利人之同意書。

　(3)登記機關辦理合併複丈，得免通知實地複丈。

　(4)第1項之土地設定有用益物權者，其物權範圍為合併後土地之一部分者，應於土地複丈成果圖繪明其位置。

4.使用性質：第192條、第193條、第224條及前條所稱之使用性質，於都市土地係指使用分區，於非都市土地指使用公區及編定之使用地類別。（第225條之1）

5.土地合併之地號，應依下列規定編定，並將刪除地號情形登載於分號管理簿，其因合併而刪除之地號不得再用：（第234條）

　(1)數宗原地號土地合併為一宗時，應保留在前之原地號。

　(2)原地號土地與其分號土地合併時，應保留原地號。

　(3)原地號之數宗分號土地合併時，應保留在前之分號。

　(4)原地號土地與他原地號之分號土地合併時，應保留原地號。

　(5)原地號之分號土地與他原地號之分號土地合併時，應保留在前原地號之分號。

㈣建物之基地

1.興建房屋，如基地有數筆土地，且地界線又曲折不直時，為便於處理基地持分產權起見，通常均先辦理合併成一筆土地後，再視實際需要，予以分割成數筆土地。

2.如合併之土地上，已經有登記在案之建物，經合併後，建物基地號已異動，申請人得依據合併成果，另案辦理建物基地號變更登記。

3.如登記簿之住址與戶籍謄本之住址不符時，應同時辦理住所變更登記。

㈤土地增值稅

　　土地合併後，各共有人應有部分價值與其合併前之土地價值相等者，免徵土地增值稅。其價值減少者，就其減少部分課徵土地增值稅。（土稅細則第42條）

㈥相關解釋令

1.設定有抵押權之土地分割後再申請合併，如合併後抵押權與分割前抵押權內容一致得免檢附抵押權人之同意書（76.12.19內政部臺內地字第558743號函）

　　本案土地因分割將原設定之抵押權轉載於分割後各筆土地上，今後將分割後各筆土地再予合併，如經查明合併後土地之抵押權與原分割前土地之抵押權

內容一致，因其並不影響抵押權人之權益，為資便民，貴處所擬其土地合併免經抵押權人同意之意見，核屬可行。

　　2.設定抵押權內容完全一致之多筆土地合併，免經抵押權人同意（87.6.4內政部臺內地字第8706280號函）

已設定抵押權內容完全一致之多筆土地，於辦理地籍圖重測申請合併時，既不影響抵押權人之權益，得免經抵押權人同意。

　　3.有關土地法第34條之1執行要點第4點共有土地之合併執行事宜（91.1.31內政部臺內中地字第091008324312號）

案經本部（91）年1月4日邀集法務部、臺北市政府地政處、高雄市政府地政處、部分縣市政府及中華民國土地登記專業代理人公會全國聯合會等單位會商獲致結論如下：

　　⑴查「本法條第1項所稱『處分』，包括買賣、交換、共有土地上建築房屋及共有建物之拆除等法律上之處分與事實上之處分。……」、「共有土地或建物標示之分割及合併，有本條之適用。兩宗以上所有權人不相同之共有土地或建物，依本法條規定申請合併，應由各宗土地或建物之共有人分別依本法條規定辦理。」為土地法第34條之1執行要點第2點及第4點所明示，是以土地法第34條之1所稱之處分包括共有土地權利之合併。

　　⑵「共有土地權利分割、合併者，應由共有人全體申請；標示分割或合併者，得由共有人依土地法第34條之1規定申請。」為地籍測量實施規則第205條第1項第6款所明示，其前段係指於申辦共有土地分割及合併時，其申請人應以共有人全體為原則；至後段所稱土地標示分割或合併，應屬例外規定之情形，即分指標示分割或共有土地之標示合併及權利合併，得由共有人依土地法第34條之1規定申請之。

　　⑶有關地籍測量實施規則第224條規定應檢附全體所有權人之協議書申辦部分，係指凡各宗土地之部分共有人，已依土地法第34條之1各項規定申辦合併複丈，由部分共有代全體共有人檢附之協議書即視同經全體所有權人同意之協議書。

　　⑷地政機關受理此類土地合併案應審視申請人檢附之協議書內容，部分共有人與他共有人應基於同一立場，依當期公告之土地現值及各共有人之權利持分核算合併後各共有人之權利範圍，以維護少數共有人之權益。

　　4.土地分割或合併應有部分價差在1平方公尺單價以下者免辦查欠（92.1.14臺財稅字第0910456670號令）

共有土地分割，或兩宗以上所有權人不相同之土地合併，各共有人分割、合併前後應有部分價值相差在公告土地現值1平方公尺單價以下，依規定得免申

報移轉現值之案件，准免依土地稅法第51條第1項規定辦理查欠，得逕向地政機關辦理登記。

　　5.土地合併前後價差在1平方公尺單價以下者免申報現值之計算以參與合併前之土地公告現值單價最低者為準（97.8.18財政部臺財稅字第09700314600號函）

　　兩宗以上所有權人不相同之土地合併後，各共有人合併前後應有部分價值相差均在1平方公尺單價以下者，免予申報移轉現值，有關1平方公尺單價之計算，係以參與合併土地合併前公告現值單價最低者為準。

二、申請實務

㈠申請人

1.權利人申請

如土地所有權同屬一人者，由該土地所有權人或管理人單獨申請。

2.會同申請

如為共有土地，由共有人全體申請，亦得由共有人依土地法第34條之1規定申請。（地測規則第205條）

㈡申請期限

土地總登記後，土地權利有合併時，應為變更登記。（土第72條）土地權利變更登記之申請，應於土地權利變更後一個月內為之。申請逾期者，每逾一個月得處應納登記費一倍之罰鍰，但最高不得超過二十倍。（土第73條）實際上，因免徵登記費，故無罰鍰。

㈢應備書件

1.土地複丈及標示變更登記申請書。

2.合併成果圖：由測量人員將成果圖逕附登記案件內。

3.身分證明文件。

4.協議書、印鑑證明及土地增值稅繳納收據：如不同所有權人之土地合併前後之價值差額在1平方公尺公告現值以上增減持分者，應檢附本項文件；詳見本節說明。

5.法院判決書及判決確定書：如經法院判決者應附本項文件，否則免附，惟經最高法院判決者，免附判決確定書。

6.他項權利人同意書或協議書：如有設定他項權利時，應檢附本項文件及印鑑證明，否則免附；詳見本節說明。

7.建造執照、平面圖及位置圖：若建築基地合併時，應檢附本項文件正本及影本。

8.土地所有權狀。

㈣**申辦手續**

1.備齊所需文書

依式填寫蓋章後，將申請書對摺放置於第一頁，其他所需之文件再依次放置整齊，裝訂成冊，即可提向土地所在地之地政事務所申請。

2.申請收件

⑴計費：申辦之案件，於核對申請人身分後，計算規費。其複丈費免費，另標示變更登記亦免登記費。書狀費，每張工本費新臺幣80元。

⑵開單：申請案件經計算規費後，即可開發規費繳納通知單。

⑶繳費：開發繳費通知單後，可即時繳費，繳費後取具繳費收據。

⑷收件：申請案件經收件後，取具收件收據。

3.領　丈

⑴申請人接到訂期複丈通知書後，應攜帶該通知書及印章，準時到現場領丈。

⑵如因故未能親自到現場領丈時，得出具委託書委託代理人領丈。

⑶如經通知未到現場領丈，視為放棄申請，已繳複丈費用不予發還。

4.登　記

⑴經合併後，由複丈人員移送地價部門分算地價，並通知所有權人。

⑵複丈人員將複丈成果整理完畢後，將成果圖逕附於標示變更登記案件內，並將標示變更登記案件逕行移送登記部門。

⑶登記案件經審查發現有文件不全或證件不符或繕寫錯誤等情事時，應依通知期限補正。

⑷申請案件經審查無誤，即予登記。

5.領　狀

登記完畢接獲通知後，即可持收件收據及原蓋用之印章，領取合併後之土地所有權狀。

三、書表填寫說明

㈠**一般填法**

1.以毛筆、黑色、藍色墨汁鋼筆、原子筆或電腦打字正楷填寫。

2.字體需端正，不得潦草，如有增、刪文字時，應在增、刪處由申請人蓋章，不得使用修正液（帶）。

㈡**各欄填法**

1.第⑴欄「受理機關」：按土地所在地之市（縣）及地政事務所之名稱填寫。

2.第⑵⑷⑸⑹欄「原因發生日期」「申請複丈原因」「申請複丈原因」（註：專指涉及原有標示變更者）「申請標示變更登記事由及登記原因」：

申請之土地複丈項目如涉及原有標示變更者，按下表所列自行打勾或選擇填入空格內，第(4)欄無須填寫。

(2)原因發生日期	(5)申請複丈原因	(6)申請標示變更登記事由及登記原因
複丈成果核定之日（無須填寫）	合併	合併

3. 第(3)欄「申請會同地點」：請填寫現場之門牌號或鄰近之明顯地標、路口等。如申請合併，因無須實地複丈，無須填寫。

4. 第(7)(8)欄「土地坐落」「面積」：按申請土地複丈之土地填寫其鄉鎮市區、段、小段、地號及面積（面積單位為平方公尺），並分筆填寫該欄位；如有不敷使用時，可另附相同格式之清冊，由申請人在騎縫處蓋章，並於第(7)欄填寫「詳如附表」之字樣。

5. 第(9)欄「複丈略圖」：依欲申請土地複丈之土地繪註其地籍線、地號及鄰地相對位置；可於本欄填寫「詳如示意圖」之字樣，另附示意圖，並於第(10)欄填寫「示意圖1份」。

6. 第(10)欄「附繳證件」：按所附證件之名稱、份數分行填列並裝訂，若空格不夠填寫時可填入第(12)欄。身分證或戶口名簿請影印正反面，並切結與正本相符後認章。

7. 第(11)欄「委任關係」：係指由代理人申請土地複丈案時填寫代理人之姓名，若尚有複代理人時一併註明複代理人姓名，並請代理人（複代理人）切結認章，如無委託他人代理申請者，則免填此欄。

8. 第(12)欄「備註」：專供申請書上各欄無法填寫而必須填載事項。

9. 第(13)欄「聯絡方式」：為便利通知申請人，請填寫「聯絡電話」、「傳真電話」及「電子郵件信箱」。

10. 第(14)欄「申請人」：除包括權利人姓名外，如有委託代理人（含複代理人）申請土地複丈者，尚包括代理人；如不敷使用，增頁部分應加蓋騎縫章，並於第(16)欄填寫『詳如附表』之字樣。

11. 第(15)欄「權利人或義務人」：應填寫權利人，申請人為未成年人、禁治產人或法人者，須加填法定代理人（如父母、監護人或公司法定代表人）。

12. 第(16)欄「姓名或名稱」：自然人依照戶籍謄本、戶口名簿、身分證或其他證明文件記載填寫，法人則先填寫法人名稱後再加填法定代表人姓名。

13. 第(17)(18)欄「出生年月日」「統一編號」：自然人依照戶籍謄本、戶口名簿、身分證或其他證明文件記載填寫，法人或其他非自然人請填寫公司統一編號或扣繳單位統一編號。

14. 第(19)欄「住所」：自然人依照戶籍謄本、戶口名簿、身分證或其他證明

文件記載填寫，得不填寫里、鄰，法人依照法人登記有案地址填寫，代理人或複代理人如住所與通訊處不同時，得於本欄另外註明通訊地址。

15.第⑳欄「權利範圍」：按權利人持有之權利範圍填寫，如權利範圍為全部者，則填全部。

16.第㉑欄「簽章」：權利人、代理人（複代理人）應蓋用與所填之姓名或名稱相同之印章，無印章者，得以簽名之。

17.第㉒欄「簽收複丈定期通知書」：按收領複丈定期通知書之日期填寫，並於此欄蓋章。

18.第㉓㉔欄「結果通知」「本案處理經過情形」：係供地政事務所人員填寫及審核用，申請人無須填寫。

四、書表填寫範例

（一）單獨所有土地合併登記

土地複丈及標示變更登記申請書

受理機關	△△縣市　△△地政事務所

申請複丈原因（選擇打∨一項）
□鑑界　□再鑑界　□他項權利位置測量（　　）□他項權利界址調整（　　　）□調整地形（　　）其他（　　　　）

申請複丈原因（選擇打∨一項）
☑合併　□分割　□界址調整
☐坍沒　□浮覆　□其他（　　　）

原因發生日期　中華民國△△年△月△△日

申請標示變更登記原因（選擇打∨一項）
☑合併　□分割　□界址調整
□消滅登記（□滅失　□部分滅失）
□所有權回復登記（□回復）
□登記（□　　　）

申請會同地點　現場（請申請人填寫）

土地標示及複丈略圖

土地坐落			地號	面積（平方公尺）
鄉鎮市區	段	小段		
△△	△△	△	21	125
△△	△△	△	21-1	35

21／21-1

附繳證件	1. 戶口名簿影本	2份	4.	份	7.	份
	2. 土地所有權狀	2份	5.	份	8.	份
	3. 土地所有權人協議書	1份	6.	份	9.	份

委任關係　本土地複丈及標示變更登記之申請委託　林△△　代理（　　　複代理　　　）委託人確為登記標示的物之權利人或權利關係人，並經核對身分證明係無誤，如有虛偽不實，本代理人（複代理人）願負法律責任。印

聯絡方式	聯絡電話	△△△△－△△△△△△
	傳真電話	△△△△－△△△△△△
	電子郵件信箱	△△△△△△△△△△

備註

申請人		姓名或名稱	出生年月日	統一編號	住 縣市	鄉鎮市區	村里	鄰	街路	段	巷	弄	號	樓	權利範圍	簽章
權利人或義務人	所有權人	張△△	△△△	△△△△	△△	△△	△△	△	△△				△		全部	印
代理人		林△△	△△△	△△△△	△△	△△	△△	△	△△				△			印
		事務所地址			△△	△△		△△				△				

簽收複丈定期通知書	△△年△月△日　簽章　印	結果通知　印

本案處理經過情形（以下各欄申請人請勿填寫）

複丈人員	複丈成果檢查	複丈成果核定	登記初審	登記複審	登記核定

登簿	校簿	書狀列印	校狀	書狀用印	地價異動	通知領狀	異動通知	交付發狀	歸檔

㈡共有土地合併登記

土地合併協議書　（註：不同所有權人合併，應檢附協議書）

　　立協議書人江△△等二名所有臺北市松山區△△段△小段△△地號土地等兩筆（土地上已興建樓房，並領有臺北市政府核發△年建字第〇七五號建造執照在案），茲為便於地籍管理，並經全體土地所有權人同意以合併前土地面積（或地價）作為計算合併後之權利範圍，絕無異議，恐口無憑，特立此協議書為據，如有不實願負法律上一切責任。茲將合併前、後之土地標示、所有權人及權利範圍等列表如下：

合		併		前		
地號	面積（平方公尺）	土 地 所有 權 人	權利範圍	地價	備註	
85	101	江○○	全部	101萬元		
85-1	55	江△△	全部	55萬元		

合		併	後			
地號	面積（平方公尺）	土 地 所有 權 人	權利範圍	面積地價	增減面積地價	備註
85	156	江○○	$\frac{6475}{10000}$	101萬元	無	
		江△△	$\frac{3525}{10000}$	55萬元	無	

　　　　　　　　　立協議書人：

　　　　　　　　　江○○　印　A100233412（簽名）
　　　　　　　　　住：△△△△　民國△年△月△日生
　　　　　　　　　江△△　印　A100234801（簽名）
　　　　　　　　　住：△△△△　民國△年△月△日生

中華民國　　　△△　　年　　　△△　　月　　　△△　　日

抵押權人協議書

　　立同意書人林△△，原於江△△先生所有坐落臺北市△△區△△段△小段△△地號持分三分之二設定抵押權，並於民國△年△月△日經△△地政事務所收件字第△△△號辦妥債權額新臺幣△△萬元正登記在案。現該土地所有權人與鄰地△△地號合併，本抵押權人同意該抵押權轉載於合併後江△△先生所取得之應有持分，恐口無憑，特立本同意書並附印鑑證明一份為憑。

主協議人：

　　　　立協議書人
　　　　土地所有權人：
　　　　　　姓　名：王　△　△　印（簽名）
　　　　　　住　址：臺北市△△區△△里△鄰△△路△段△號
　　　　　　出生年月日：民國△年△月△日
　　　　　　身分證號：△△△△△△△
　　　　抵押權人：
　　　　　　姓　名：林　△　△　印（簽名）
　　　　　　住　址：臺北市△△區△△里△鄰△△路△段△號
　　　　　　出生年月日：民國△年△月△日
　　　　　　身分證號：△△△△△△△

中華民國　　　△△　　　年　　　△△　　　月　　　△△　　　日

第五節　土地分割登記

一、說　明

㈠一筆土地分割成二筆以上土地

1. 已經產權登記之土地，因自然之變遷或事實之需要，得將壹筆土地分割成數筆土地，分割後依據分割成果辦理土地標示變更登記。所謂自然變遷，如土地部分流失或部分坍沒等情事。所謂事實需要，如土地部分建築或部分地目變更或全部建築，為便於使用管理等情事。

2. 如分割之土地上，已經有登記在案之建物，經分割後建物基地號已異動，申請人得依據分割成果，另案辦理建物基地號變更登記。

3. 如登記簿之住址，與申請時之戶籍住址不符時，應同時辦理住址變更登記。

㈡最小面積單位

　　土地法第31條規定，直轄市或縣（市）地政機關於其管轄區內之土地，得斟酌地方經濟情形，依其性質及使用之種類，為最小面積單位之規定，並禁止其再分割。惟截至目前為止，尚未發佈具體之實行辦法。僅臺北市、高雄市及臺灣省各縣市之畸零地使用規則訂定寬度及深度之最小標準，或可供作分割之參考。

㈢土地登記規則規定

1. 一宗土地之部分已設定地上權、永佃權、不動產役權、典權或農育權者，於辦理分割登記時，應先由土地所有權人會同他項權利人申請勘測確定權利範圍及位置後為之。但設定時已有勘測位置圖且不涉及權利位置變更者，不在此限。（第87條）

2. 申請建物基地分割或合併登記，涉及基地號變更者，應同時申請基地號變更登記。建物與基地所有權人不同時，得由基地所有權人代為申請或由登記機關查明後逕為辦理變更登記。前項登記，除建物所有權人申請登記者外，登記機關於登記完畢後，應通知建物所有權人換發或加註建物所有權狀。（第89條）

3. 設定有他項權利之土地申請分割登記，於登記完畢後，應通知他項權利人換發或加註他項權利證明書。（第90條）

㈣地籍測量實施規則規定

1. 土地分割得申請複丈。（第204條）

2. 土地複丈涉及原有標示變更者，應於申請複丈時，填具土地登記申請書，一併申請土地標示變更登記。（第207條）

3. 申請分割時，申請人應自備界標，於分割點自行埋設，並永久保存之。（第210條）

4. 宗地之一部分，因天然變遷，成為可通運之水道，或受洪水流失辦理分割時，得供測量其存餘土地，決定其分割線。（第223條）

5. 土地分割之地號，應依下列規定編定，並將編定情形登載於分號管理簿：（第233條）

　(1)原地號分割時，除將其中一宗維持原地號外，其他各宗以「原地號之一」、「原地號之二」……（以下簡稱分號）順序編列之。

　(2)分號土地或經分割後之原地號土地，再行分割時，除其中一宗保留原分號或原地號外，其餘各宗，繼續原地號之最後分號之次一分號順序編列之。

◎建築基地法定空地分割辦法（99.1.29內政部臺內營字第0990800300號令修正發布）

第1條

本辦法依建築法第11條第3項規定訂定之。

第2條

直轄市或縣市主管建築機關核發建造執照時，應於執照暨附圖內標註土地坐落、基地面積、建築面積、建蔽率，及留設空地位置等，同時辦理空地地籍套繪圖。

前項標註及套繪內容如有變更，應以變更後圖說為準。

第3條

建築基地之法定空地併同建築物之分割，非於分割後合於左列各款規定者不得為之。

　一、每一建築基地之法定空地與建築物所占地面應相連接，連接部分寬度不得小於二公尺。

　二、每一建築基地之建蔽率應合於規定。但本辦法發布前已領建造執照，或已提出申請而於本辦法發布後方領得建造執照者，不在此限。

　三、每一建築基地均應連接建築線並得以單獨申請建築。

　四、每一建築基地之建築物應具獨立之出入口。

第3條之1

本辦法發布前，已提出申請或已領建造執照之建築基地內依法留設之私設通路提供作為公眾通行者，得准單獨申請分割。

第4條

建築基地空地面積超過依法應保留之法定空地面積者，其超出部分之分割，應以分割後能單獨建築使用或已與其鄰地成立協議調整地形或合併建築使用者為限。

第5條

申請建築基地法定空地分割，應檢附直轄市、縣市主管建築機關准予分割之證明文件。

實施建築管理前或民國60年12月22日建築法修正前建造完成之建築基地，其申請

分割者，得以土地登記規則第70條第2項所列文件辦理。

第6條

建築基地之土地經法院判決分割確定，申請人檢附法院確定判決書申辦分割時，地政機關應依法院判決辦理。

依前項規定分割為多筆地號之建築基地，其部分土地單獨申請建築者，應符合第3條或第4條規定。

第7條

直轄市或縣市主管建築機關依第5條規定核發准予分割證明，應附分割圖，標明法定空地位置及分割線，其比例尺應與地籍圖相同。

前項證明核發程序及格式，由內政部另訂之。

第8條

本辦法自發布日施行。

◎**建築基地法定空地分割證明申請核發程序及格式**（84.11.15內政部臺內營字第8480644號函）

一、本核發程序及格式依「建築基地法定空地分割辦法」（以下稱本辦法）第7條第2項訂定之。

二、申請人申請法定空地分割證明應備具下列書圖文件：㈠申請書。㈡使用執照謄本或建造執照影本。㈢擬分割圖，其比例尺應與地籍圖相同。㈣壹樓平面及配置分割示意圖，應標示建築物最大投影範圍，其比例尺不得小於1/200。擬分割圖及分割示意圖均應標明分割線尺寸，及法定空地分割前後之面積。

三、依本辦法第4條申請分割者，得免附分割示意圖，但超出空地為畸零地者，應檢附成立協議調整地形或合併建築使用之證明文件。

四、已領有建造執照之基地申請分割者，得併同申領使用執照時為之，或於建築物主要結構體完成時，檢附竣工平面圖辦理。

五、直轄市、縣（市）主管建築機關受理申請案件對於審查合於規定者，發給法定空地分割證明。

附註：1.申請人應以土地所有權人者義為之，其在二人以上時應造列名冊。

2.申請書中「＊」各欄，申請人請勿填寫。

3.填寫字跡應力求清晰整齊，最好打字。

4.申請書及證明格式如附件一、二。

法定空地分割證明申請書			收文字號		＊ 第			號
年　　月　　日			發證字號		＊ 第			號

審查簽章	批　示	核　稿	承辦人	審　　　　查　　　　項　　　　目	審查結果
	＊	＊	＊	法定空地與建築物所占地面連接寬度足夠。	＊
				建蔽率合於規定（或75年1月31日前已領建照）。	＊
				基地均連接建築線並得以單獨申請建築。	＊
				建築物均具獨立出入口。	＊
				畸零地已協議調整地形或合併使用。	＊

下列基地申請發給法定空地准予分割證明。　　　　　此致　　　　　縣市　政府　建設工務　局

檢附文件及書圖	1.使用執照謄本　　份	2.擬分割圖　　2　份	3.分割示意圖　2　份
	4.成立協議證明文件　份	5.建造執照　　　份	6.其他　　　　份

申請人	姓　名	等　名	出生年月日	年　　月　　日生	
	身分證統一編號		電　話	（　　　　　　）	
	住　址			印	

建築地點	地　號	區市鄉鎮　　　段　　　小段　　　　　地號	
	地　址		

使用分區或編（指）定用途		原使用執照字號	

基地面積	騎樓地		現有空地面積	
	建築面積		法定空地面積	
	合　計		建蔽率	

備註事項	

政府　　局法定空地分割證明		字第　　　　號

下列建築基地准予分割，其分割圖、法定空地位置及分割線、分割示意圖如附。

此給

申請人

局長

中華民國　年　月　日

申請人	姓　　　名	等　名	出生年月日	年　　月　　日生
	身分證統一編號		電話	（　　　　　）
	住　　　址			

建築地點	地號	區市鄉鎮　　段　　小段　　地號		
	地址			

使用分區或編（指）定用途		原使用執照字號	

基地面積	騎樓地		現有空地面積	
	建築面積		法定空地面積	
	合　　　計		建蔽率	

備註事項	

建築基地分割後，各基地之資料依序填於下表。（不敷使用時於次頁繪製）

分割後各基地編號	基地面積	建築面積	法定空地面積	建蔽率

◎關於「建築基地法定空地分割辦法」第3條第2款但書與第4條規定執行疑義案，請查照轉行（75.6.4內政部臺內營字第398154號函）

　　案經本部於75年5月13日邀集臺北市政府工務局、地政處、高雄市政府工務局、地政處、臺灣省政府建設廳、地政處及部分縣（市）政府工務（建設）、地政單位研商，獲致結論如次：

一、關於「建築基地法定空地分割辦法」第3條第2款但書之執行疑案，決議如下：

　　㈠為切實防止建築基地法定空地重複使用，根本之道請各地方主管建築機關全面辦理建築基地套繪圖工作。

　　㈡本案但書規定之立法旨意，原係為考量私產分割之便利，對本辦法發布前未適當配置基地，及基地形狀特殊，致無法使建蔽率於分割後均符合規定者，所為之通融規定。惟為防止未辦理套繪圖地區之基地分割，造成日後重複使用之弊端，地方主管建築機關於核發分割證明時，應補辦套繪圖工作，並對蓄意將其法定空地集中分割者嚴加防範，並防止其增建等重複使用。

二、關於依省、市畸零地使用規則所保留與相鄰畸零地合併使用土地之分割需否受「建築基地法定空地分割辦法」第4條規定之限制案，查建築基地之範圍建築法第11條第1項已有明定，復查所謂「建築基地應留設之法定空地」，係屬下限之規定對申請建築之基地範圍內，建築完成後所留設之空地，縱令其面積超出應留設之法定空地，仍應視為法定空地管理，其分割應依上開辦法第4條辦理。至非屬申請建築之基地範圍內之空地分割自不受該辦法之限制，例如，因鄰地畸零地而保留之土地，既非建築基地之一部分，應無上開辦法條文之適用。

三、對於同一地號或地號相連之土地分宗請領建造執照者，就各執照所載建築基地範圍申請分割，既非同一基地範圍，自免受「建築基地法定空地分割辦法」之限制，得逐憑經核發之執照圖說向地政機關申請分割。

◎關於本部75年6月4日臺內營字第398154函說明二─㈢規定疑義一案（75.7.14內政部臺內營字第422749號函）

一、按本部75年6月4日臺內營字第398154號函說明二─㈢所稱「『分宗』請領建造執照」之「宗」並非土地法所稱之「宗」（筆），係指分為若干「件」（張）建造執照而言。

二、各件執照申請建築之基地範圍，或為一地號之部分土地，或使用幾筆相連之土地，因各執照之建築內容均已分別檢討建築法令，故申請建築之基地與範圍外土地之分割，或各執照間境界線之分割，既非同一建築執照內基地之分割，自不受「建築基地法定空地分割辦法」之限制。詳情參閱附圖一、二。

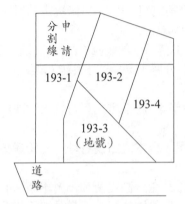

圖一　申請建築之土地範圍與原地
　　　號間之分割，不受分割辦法
　　　之限制。

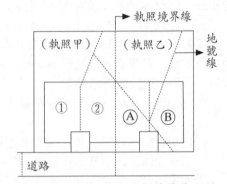

圖二　1.甲、乙兩執照間之境界線分割，
　　　　因各執照均已分別依建築法令檢
　　　　討，故不受分割辦法限制。
　　　2.但①與②，A與B建築物若申請分
　　　　割則應依分割辦法規定辦理。

三、至同函同款目後段所稱「得逐憑經核發之執照圖說……申請分割」之「執
　　照」泛指建築執照而言。

◎關於建物所有權第一次登記時，建物登記簿「基地座落」欄如何填載及法定
　空地如單獨分割為一筆，且已供公眾通行，可否准予變更地目為「道」疑義
　（72.12.28內政部臺內地字第202802號函）

　　案經邀集省市地政機關會商，獲致結論：

一、地政機關辦理建物測量，於核發建物測量成果圖時，對於建物「基地地
　　號」欄，應依建物位置圖上該建物實際座落之土地地號填寫，從而申辦建
　　物所有權第一次登記時，建物登記簿「基地座落」欄應依測量成果圖之
　　「基地地號」欄填載。

二、按「建築基地謂一宗土地，供建築物本身所占之地面及其應保留之空地」
　　為建築法第11條第1項所明定，依此規定，法定空地為建築房屋依法所應保
　　留之空地，即使已單獨分割為一筆並已供公眾通行使用，仍屬建築基地之
　　一部分，應不得變更地目為「道」。

㈥耕地之分割及禁止

　　1.農業發展條例第16條規定，每宗耕地分割後每人所有面積未達0.25公頃
　　　者，不得分割。但有下列情形之一者，不在此限：

　　（1）因購置毗鄰耕地而與其耕地合併者，得為分割合併；同一所有權人之
　　　　二宗以上毗鄰耕地，土地宗數未增加者，得為分割合併。

　　（2）部分依法變更為非耕地使用者，其依法變更部分及共有分管之未變更
　　　　部分，得為分割。

　　（3）本條例中華民國89年1月4日修正施行後所繼承之耕地，得分割為單獨

　　　所有。

⑷本條例中華民國89年1月4日修正施行前之共有耕地，得分割為單獨所
　　有。

⑸耕地三七五租約，租佃雙方協議以分割方式終止租約者，得分割為租
　　佃雙方單獨所有。

⑹非農地重劃地區，變更為農水路使用者。

⑺其他因執行土地政策、農業政策或配合國家重大建設之需要，經中央
　　主管機關專案核准者，得為分割。

　　前項第3款及第4款所定共有耕地，辦理分割為單獨所有者，應先取得共有
人之協議或法院確定判決，其分割復之宗數，不得超過共有人人數。

2.農業發展條例施行細則第11條規定，本條例第16條第7款所稱執行土地政
　　策及農業政策者，係指下列事項：

⑴政府辦理放租或放領。

⑵政府分配原住民保留地。

⑶地權調整。

⑷地籍整理。

⑸農地重劃區之農水路改善。

⑹依本條例核定之集村興建農舍。

⑺其他經中央目的事業主管機關專案核准者。

　　中央目的事業主管機關為執行本條例第16條第1項第7款規定事項，得委辦
直轄市、縣（市）政府辦理。

3.耕地之定義：耕地，指依區域計畫法劃定為特定農業區、一般農業區、
　　山坡地保護區、森林區之農牧用地。（農展例第3條第1項第11款）

◎耕地分割執行要點（105.5.6內政部臺內地字第1051303449號令修正發布）

一、為登記機關執行耕地分割事宜，特訂定本要點。

二、依農業發展條例（以下簡稱本條例）第16條規定辦理耕地分割，除依本條例、本
　　條例施行細則、土地登記規則及地籍測量實施規則之規定外，應依本要點規定辦
　　理。

三、本要點適用範圍為本條例第3條第11款規定之耕地。

四、耕地之分割，除有本條例第16條第1項各款情形外，其分割後每人所有每宗耕地
　　面積應在0.25公頃以上。

五、共有耕地依共有人應有部分之比例，辦理共有物分割，其分割後各人所取得之土
　　地價值較其分割前應有部分價值減少者，其減少部分，應依平均地權條例施行細
　　則第65條規定辦理。

六、依本條例第16條第1項第1款前段規定因購置毗鄰耕地而與其耕地合併者，得為分

割合併，係為擴大農場經營規模，因買賣、贈與、交換及共有物分割之原因，必須分割毗鄰耕地與其耕地合併。

依前項規定申請分割合併者，應符合地籍測量實施規則第224條規定之要件，並依下列規定辦理：

㈠土地所有權人申請土地分割複丈時，應由擬取得之毗鄰耕地所有權人承諾取得分割後之土地，並與其原有土地合併。

㈡登記機關於核發土地分割複丈結果通知書時，應於備註欄註明本案土地之分割，係依本條例第16條第1項第1款前段規定辦理，並應與承受人之土地合併，始得辦理登記。

㈢申請人得依土地分割複丈結果通知書所列地號面積向稅捐稽徵機關申報土地現值或申請不課徵土地增值稅，申請人應就土地分割標示變更登記、所有權移轉登記及土地合併標示變更登記，連件向登記機關申辦。

七、依本條例第16條第1項第1款後段規定同一所有權人或共有人均相同之二宗以上毗鄰耕地，申請分割合併，係為便利農作經營之需要，申請先分割後合併或先合併後分割，並應連件辦理，土地宗數不得增加。

依前項規定辦理合併分割後，任一宗耕地面積達零點五公頃以上者，不得再依本條例第16條第1項前段規定辦理分割。但整宗土地移轉他人者，不在此限。

八、本條例第16條第1項第2款所稱部分依法變更為非耕地使用者，其依法變更部分及共有分管之未變更部分，得為分割者，指共有耕地部分變更為非耕地使用，其依法變更部分，得為分割；其餘未變更為非耕地部分，為共有分管者，得依共有人之分管協議書，分割為單獨所有或維持共有；分割為單獨所有者，其分割後土地宗數不得超過共有人人數，並應連件辦理。

九、依本條例第16條第1項第3款及第4款規定辦理耕地分割，應分割為單獨所有。但有下列情形之一者，不在此限：

㈠耕地之部分共有人協議就其應有部分維持共有。

㈡依法院確定判決或和解筆錄就共有物之一部分由全體繼承人或全體共有人維持共有。

十、繼承人辦理繼承登記後，將繼受持分移轉予繼承人者，得依本條例第16條第1項第3款規定辦理分割。

十一、依本條例第16條第1項第4款規定申辦分割之共有耕地，部分共有人於本條例修正後，移轉持分土地，其共有關係未曾終止或消滅，且分割後之宗數未超過修正前共有人數者，得申請分割。

依前項規定申請分割，其共有人人數少於本條例修正前共有人數者，分割後之宗數，不得超過申請分割時共有人人數。

十二、依本條例第16條第1項第5款規定租佃雙方協議以分割耕地方式終止耕地三七五租約時，其分割後之土地宗數不得超過租佃雙方之人數。

十三、依本條例第16條第1項第6款規定非農地重劃地區變更為農水路使用者，應先變更為交通用地或水利用地後，始得辦理分割。

十四、已辦竣農地重劃之耕地，依本條例第16條規定辦理分割時，不受農地重劃條例施行細則第34條有關最小坵塊土地短邊10公尺之限制。但耕地合併分割不得破壞已完成規劃之農水路系統。

◎關於農業發展條例修正前為單獨所有，於修正後始成為共有之耕地，嗣後其中部分共有人發生繼承事實時，不得依農業發展條例第16條第3款辦理分割（89.8.11內政部臺內地字第8910187號函）

　　按農業發展條例第16條第4款規定：「本條例中華民國89年1月4日修正施行前之共有耕地，得分割為單獨所有。」亦即本條例修正施行後始成為共有之耕地，其新共有事實係成立於農業發展條例修正後，自不得分割為單獨所有，嗣後此共有人中部分共有人如有發生繼承情事，不得依農業發展條例第16條第3款辦理分割。惟農業發展條例修正後取得之共有耕地，如符合農業發展條例第16條每宗耕地分割後每人所有面積已達0.25公頃者，則不受上開限制。

◎關於農業發展條例第16條第7款適用疑義乙案（89.8.15內政部臺內地字第8910043號函）

　　關於兩筆不同所有權人之毗鄰耕地，其各擁有毗鄰耕地面積不相等，今擬在土地面積不變，土地宗數未增加之前提下，為其耕作位置互易，自地政機關申請以連件方式同時完成土地合併、分割及共有物分割登記，因其係為節省勞力管理耕作方便，而作耕地位置互易，並無違反農業政策，應準予辦理。（案例：甲擁有耕地1、2、4地號土地三筆，乙擁有耕地3地號土地一筆，乙之土地夾在甲所有耕地間，造成雙方耕作上極不方便，經雙方協議同意在面積及宗數不變之原則下，以3、4地號兩筆土地互易耕作位置，以利耕管，節省勞力。）類此共有土地分割案件，其分割前後價值如有增減，應依「耕地分割執行要點」五或本部89年6月28日臺（89）內地字第8908245號函規定辦理。

◎有關農業發展條例第16條規定執行疑義（89.9.16內政部臺內地字第8913114號函）

一、關於農業發展條例修正施行前之共有土地，若其中一共有人於農業發展條例修正施行後，移轉予另一人時（共有人未增加），辦理分割疑義乙節，得依本部89年7月7日臺（89）內地字第8909175號函規定辦理。

二、關於農業發展條例修正施行前之共有人，若其中一人於農業發展條例修正施行後，發生再移轉予二人時（共有人數已增加），辦理分割疑義乙節，共有人之一於農業發展條例修正施行後發生再移轉為共有者，除其分割後每人所有每宗耕面積在0.25公頃以上者外，僅得依本部89年7月7日臺（89）內地字第8909175號函規定分割，筆數不得超過修正前之共有人數，且新增共有部分不得分割為單獨所有。

三、關於農業發展條例修正施行前之共有人，若其中數共有人於農業發展條例修正施

行後，發生再移轉予一人時（共有人數減少），辦理分割疑義乙節，因其並未違反本部89年7月7日臺（89）內地字第890175號函規定意旨，自得依規定辦理。

四、關於耕地共有人之一於農業發展條例修正施行後，發生繼承分割疑義乙節，如屬修正前之共有耕地者，仍應先依農業發展條例第16條第4款分割為單獨所有後，始得主張同條例第3款規定之適用，以達產權單純化之目的，並免衍生分割後土地宗數超過共有人數之疑慮。

五、關於每宗耕地分割後每人所有面積未達0.25公頃者，不得分割，指耕地分割後每人所有每宗耕地面積不得小於0.25公頃。

◎關於農業發展條例第16條第4款執行疑義乙案（89.10.6內政部臺內地字第8913740號函）

　　按「每宗耕地分割後每人所有面積未達0.25公頃者，不得分割。但有下列情形之一者，不在此限……四、本條例中華民國89年1月4日施行前之共有耕地，得分割為單獨所有。……」為農業發展條例第16條第4款所明定；關於農業發展條例修正前已共有之耕地，於該條例修正後，共有人分別移轉其持分土地於新共有人，並經多次移轉，其共有人數仍維持該條例修正前人數，雖共有人間持分已有變動，惟基於產權單純化及本案土地原屬農業發展條例修正施行前之共有耕地，得依前開規定辦理分割。

◎關於農業發展條例第16條第3款及第4款規定執行疑義乙案，請查照辦理（89.12.29內政部臺內地字第8917570號函）

　　查「每宗耕地分割後每人所有面積未達0.25公頃者，不得分割。但有下列情形之一者，不在此限……三、本條例中華民國89年1月4日修正施行後所繼承之耕地，得分割為單獨所有。四、本條例中華民國89年1月4日修正施行前之共有耕地，得分割為單獨所有。……」為農業發展條例第16條第3款及第4款所明定。次查行政院農業委員會89年9月1日（89）農企字第0890142994號函說明二函以：「二、……關於耕地共有人之一於農業發展條例修正施行後，發生繼承分割疑義乙節，如屬修正前之共有耕地者，仍應先依農業發展條例第16條第4款分割為單獨所有後，始得主張同條例第3款規定之適用，以達產權單純化之目的，並免衍生分割後土地宗數超過共有人數之疑慮。」另依民法第759條規定意旨，於登記前已取得不動產物權者，非經登記，不得處分其物權。而共有物分割係屬處分行為，故於實務執行時，因發生繼承情事之共有人之一業已死亡，無從會同依該條例第16條第4款辦理分割，是以其繼承人應先完成繼承登記，再會同依該條例上開第16條第4款及第3款規定辦理分割；對於符合上開規定情事者，地政機關受理申請案件時，為簡政便民得以連件受理。

◎關於農業發展條例第16條前段、第1款及第5款規定申辦合併、分割，如何執行疑義乙案（90.2.2內政部臺內地字第9002082號函）

　　查農業發展條例第16條規定：「每宗耕地分割後每人所有面積未達0.25公頃者，不得分割。但有下列情形之一者，不在此限：一、因購買毗鄰耕地而與其耕地合併

者，得為分割合併；同一所有權人之二宗以上毗鄰耕地，土地宗數未增加者，得為分割合併。二、部分依法變更為非耕地使用者，其依變更部分及共有分管之未變更部分，得為分割。三、本條例中華民國89年1月4日修正施行後所繼承之耕地，得分割為單獨所有。四、本條例中華民國89年1月4日修正施行前之共有耕地，得分割為單獨所有。五、耕地三七五租約，租佃雙方協議以分割方式終止租約者，得分割為租佃雙方單獨所有。六、非農地重劃地區，變更為農水路使用者。七、其他因執行土地政策、農業政策或配合國家重大建設之需要，經中央主管機關專案核准者，得為分割。」耕地如符合上開各項規定，即得申請分割。對於訂有三七五租約之耕地，耕地所有權人非依該條例第16條但書第5款規定申請終止租約分割者，而係依其他各款提出申請分割、合併，因法無規定依其他各款申請分割、合併之情形，應先終止租約，始得辦理，行政機關自不得強制或先依農業發展條例第16條第5款規定分割耕地終止租約，以免分割人民行使其所有權之權利，而有違反依法行政原則。至如依農業發展條例第16條但書第5款申請分割者，並應符合耕地分割執行要點第14點：「依本條例第16條第5款規定，租佃雙方協議以分割方式終止耕地三七五租約時，其分割後之土地宗數不得超過租佃雙方之人數。」之規定。

◎關於出租人與承租人協議同意以分割土地，終止耕地三七五租約，該協議書應否貼用印花稅票乙案（90.3.16財政部臺財稅字第900451643號函）

一、查印花稅法第5條第5款規定：「典賣、讓受及分割不動產契據：指設定典權及買賣、交換、贈與、分割不動產所立向主管機關申請物權登記之契據，為印花稅之課徵範圍。」耕地三七五減租條例第17條第1項第2款及第2項第3款規定，耕地租約在租佃期限未屆滿前，經承租人放棄耕作權而終止租約者，出租人應給予承租人終止租約當期之公告土地現值減除土地增值稅後餘額三分之一補償。本案依所附協議書之內容，雙方協議同意出租人修文社以分割土地移轉予承租人陳國煒，終止耕地三七五租約，其依前述規定係屬林國煒以應得之補償金換取土地，參照本部72年12月30日臺財稅字第39214號函規定，應認屬具有土地買賣性質。該協議書如持憑向主管機關申請不動產物權登記時，依據印花稅法第13條第3項規定，應依前揭稅法規定貼用印花稅票。至其可否作為移轉原因證明文件辦理登記乙節，應依地政主管機關之規定辦理。

二、又雙方當事人於向　貴處申報分割後土地移轉現值時，同意　貴處意見，其移轉原因暫歸類於買賣項下辦理核課土地增值稅作業。

◎關於耕地以外之農業用地辦理分割疑義乙案（90.4.24內政部臺內地字第9006433號函）

　　查農業發展條例第16條、耕地分割執行要點、及本部89年8月3日臺（89）內地字第8910327號函耕地分割之規定，其執行範圍均係限於農業發展條例第3條第1項第11款及其施行細則第3條所明定之「耕地」範圍，有關耕地以外之農業用地辦理分割，並無上開規定之限制，先予指明。至農業用地是否違規使用及其認定標準為依農業主

管機關所定之相關法規處理。

◎關於如何辦理農業發展條例第16條第5款規定事宜乙案（90.5.1內政部臺內地字第
9072827號函）

　　關於辦理農業發展條例第16條第5款規定事宜案，經本部邀集行政院農業委員會、財政部、法務部（未派員）及縣市政府開會研商獲致結論如下：「按耕地三七五租約，租佃雙方以分割方式終止租約者，得分割為租佃雙方單獨所有」及「耕地租約之訂定、變更、終止或換訂登記，應由出租人會同承租人於登記原因發生日起三十日內，向當地鄉（鎮、市、區）公所申請」分別為農業發展條例第16條第5款及臺灣省耕地租約登記辦法第2條第1項、高雄市耕地租約登記自治條例第2條及臺北市耕地租約登記辦法第2條所明定。關於租佃雙方以分割方式終止租約之處理程序，請依下列方式辦理：

一、由租佃雙方檢附「終止耕地三七五租約土地移轉協議書」（格式如附件），並應納印花稅後，分別向鄉（鎮、市、區）公所、稅捐機關及地政機關辦理相關事宜。

二、由租佃雙方依規定檢附終止租約相關文件資料向鄉（鎮、市、區）公所申請同意終止耕地三七五租約。

三、鄉（鎮、市、區）公所審核通過後，核發註明「同意依農業發展條例第16條第5款以分割方式終止租約之申請，請於二個月內完成分割、移轉事宜。逾期需重新申請。」之同意終止租約證明書予租、佃雙方，俾向地政事務所申請辦理分割及移轉登記。

四、由租佃雙方檢附「終止耕地三七五租約土地移轉協議書」及有關證件，依平均地權條例第47條（土地稅法第49條）規定，依下列方式申報移轉現值：

　　㈠申請適用不課徵土地增值稅案件，按原承租土地之原地價或前次移轉現值轉載於所取得之土地。

　　㈡申請課徵土地增值稅者，以協議分割當次經核定之申報移轉現值為準。

五、由租佃雙方檢附下列證件，向地政事務所連件申辦分割、移轉登記。其登記規費之計徵，依土地法、土地登記規則及土地登記規費及其罰鍰計徵補充規定等規定辦理：

　　㈠已應納印花稅之「終止耕地三七五租約土地移轉協議書」。

　　㈡鄉（鎮、市、區）公所核發之同意終止租約證明書。

　　㈢「農業用地作農業使用證明書」或符合土地使用管制規定證明書。

　　㈣其他依土地登記規則第34條規定應附之相關文件。

六、地政事務所於分割、移轉登記完竣後，應將資料逕送鄉（鎮、市、區）公所完成註銷租約登記，並通知租佃雙方。

七、鄉（鎮、市、區）公所完成註銷租約登記後，應即囑託地政事務所辦理註銷租約登記，並通知租佃雙方。

◎**關於農業發展條例第16第2款規定申辦耕地分割疑義乙案**（90.7.2內政部臺內地字第9009661號函）

案准行政院農業委員會首揭函略以：「查農業發展條例第16條第2款規定：『部分依法變更為非耕地使用者，其依變更部分及共有分管之未變更部分，得為分割。』依條文意旨，係指經法定程序，核準同意辦理變更使用之土地，始得分割。至來函所提案例，係採容許使用方式，並未涉及土地使用變更事宜，自無上開規定之適用。」本部同意行政院農業委員會上開函之意見。

◎**配合政策之耕地分割**（90.7.10內政部臺內地字第9061320號函）

查農業發展條例第2條明定：「本條例所稱主管機關，在中央為行政院農業委員會……」，同條例第16條第7款規定：「其他因執行土地政策、農業政策或配合國家重大建設之需要，經中央主管機關專案核準者，得為分割。」復查其施行細則第11條規定：「本條例第16條第7款所稱執行土地政策及農業政策者，係指下列事項：一、政府辦理放租或放領。二、政府分配原住民保留地。三、地權調整。四、地籍整理。五、農地重劃區之農水路改善。六、依本條例核定之集村興建農舍。七、其他經中央主管機關專案核準者。為執行前項第1款至第6款事項，必要時，中央主管機關得委辦直轄市、縣（市）主管機關依本條例第16條第7款規定，專案核準耕地分割。」準此，凡依該條例第16條第7款規定申辦耕地分割者，在中央主管機關尚未將該款事務交由直轄市、縣（市）主管機關執行委辦事項前，係由行政院農業委員會受理。惟其中屬執行土地政策部分，即該條例施行細則第11條第1項第1款至第5款規定者，由於涉及本部權責，嗣後，各直轄市或縣（市）政府如有依上開第1款至第5款規定須報請中央主管機關核准之案件者，應直接函報行政院農業委員會核定，並副知本部。本部再迅即依副本核酌之意見送請行政院農業委員會參考卓處後，由該會將審核結果逕復直轄市或縣（市）政府，並副知本部，以符合法律規定、簡化行政程序。又前開第5款規定所稱「農地重劃區之農水路改善」者，案關本部主管法規農地重劃條例之適用，故亦屬執行土地政策部分，併此說明。

◎**關於依農業發展條例辦理分割、移轉及合併耕地，有關申報贈與稅如何辦理疑義**（92.3.11內政部臺內地字第0920004395號函）

依財政部首揭函以：「依貴部訂頒之耕地分割執行要點第7點規定：『依本條例第16條第1項（修正後為第16條第1項第1款）前段規定因購置毗鄰耕地而與其耕地合併者，得為分割合併，係指因買賣、贈與、交換及共有物分割之原因，必須分割毗鄰耕地與其耕地合併者。』又該等耕地之分割、移轉及合併，依同要點第9點第3款後段規定，申請人應就土地分割標示變更登記、所有權移轉登記及土地合併標示變更登記，連件向地政事務所申辦，非分割標示變更登記完成後，再另行辦理所有權移轉登記，而連件辦理上開登記時，其中移轉登記部分需檢附土地增值稅繳清或不課徵等相關證明文件，其移轉原因為贈與或買賣涉及遺產及贈與稅法第5條第6款以贈與論之情事者，應再檢附贈與稅繳清或免稅等相關證明文件，故為簡化申辦程序，其應申報贈

與稅者,比照同要點第9點第3款前段規定,得由申請人依『土地分割複丈結果通知書所列地號面積』向國稅稽徵機關辦理申報。」是以關於依農業發展條例第16條第1項第1款前段辦理分割、移轉及合併耕地,有關申報贈與稅,請配合上開財政部規定辦理。

◎關於農業發展條例第16條第1項第4款有關共有耕地分割後,耕地仍維持部分共有之土地,辦理分割疑義(92.3.31內政部臺內地字第0920005340號函)

一、准法務部首揭函以:「按民法第823條第1項本文規定:『各共有人,得隨時請求分割共有物。』此為共有人之共有物分割請求權,由於共有物之用益與管理不便,或有礙共有物之自由流通,或共有人間糾紛不斷等經濟上之不利益情事,故分割共有物係以消滅共有關係為目的,各共有人得隨時請求分割。又最高法院69年臺上字第1831號判例意旨謂:『分割共有物,以消滅共有關係為目的。法院裁判分割共有土地時,除因該土地內部分土地之使用目的不能分割(如為道路)或部分共有人仍願維持其共有關係,應就其該部分土地不予分割或准該部分共有人成立新共有關係外,應將土地分配於各共有人單獨所有。』準此,部分共有人於分割共有物時仍願維持其共有關係,該共有關係乃係消滅原共有關係所成立之新共有關係,其成立時點為原共有物分割完成時。鑑於共有人間為協議分割或裁判分割,其僅為請求分割共有物之方法不同,故本件依來函及附件資料所示,共有人間協議分割共有物時,仍有上開判例意旨之類推適用,即應視部分共有人維持共有所成立之新共有關係,其成立時點係在農業發展條例第16條但書第4款規定『本條例中華民國89年1月4日修正施行』之前或之後,以判斷是否有同條例第16條但書第4款之適用。」

二、依上述法務部意見,農業發展條例修正前之共有耕地,所有權人主張分割後之耕地仍維持部分共有者,其權屬狀態則轉為農業發展條例修正後之共有情形,未來如欲辦理分割為單獨所有,自不得再適用農業發展條例第16條第1項第4款之規定辦理。是以本部90年2月27日臺(90)內地字第9003692號函,仍應予維持。

◎有關共有耕地訴請法院判決,其分割後之宗數因一筆作為必要通路,致宗數超過共有人人數疑義(92.6.19內政部臺內地字第0920008963號函)

一、依據行政院農業委員會92年6月6日農企字第0920132021號函辦理,檢附該函影本乙份;兼復 貴府92年5月19日府地測字第0920061843號函。

二、案經函准行政院農業委員會首揭函以:「查92年2月7日修正之『農業發展條例』第16條第2項規定『前項第3款及第4款所定共有耕地,辦理分割為單獨所有者,應先取得共有人之協議或法院確定判決,其分割後之宗數,不得超過共有人人數。』原係該法施行細則第10條所規定,惟考量限制『耕地分割後之宗數,不得超過共有人人數。』已涉及限制人民權利,爰由施行細則提升至法律位階,至其立法意旨係為避免耕地遭共有人任意分割,產生細碎分割而影響農業之合理經營。故『農業發展條例』92年2月7日修正公布後,依該條例第16條第1項第3款及

第4款所定共有耕地，辦理分割為單獨所有者，如係法院確定判決，亦應遵循分割後之宗數，不得超過共有人人數之基本原則，是以⋯⋯本會90年10月22日農企字第900154791號函⋯⋯，似不宜再適用。」本部同意上開行政院農業委員會之意見。是以本案應請貴縣朴子地政事務所將修正後農業發展條例之規定及行政院農業委員會首揭函一併函知臺灣嘉義地方法院；如共有人持上開法院之確定判決書判決分割後之宗數超過共有人人數向該所申辦共有物分割登記，地政機關應予駁回。

三、另有關本部90年12月4日臺內地字第9074222號函，業經本部92年5月16日臺內地字第0920061050號函送「92年版地政法令彙編—地權類審查會議」會商結論以：「配合農業發展條例第16條第2項之增訂，本函釋不納入法令彙編。」在案，是以本部上開函釋應即停止適用。

◎農舍應與坐落用地併同移轉（92.8.1行政院農業委員會農授水保字第0921847088號函）

一、查農業用地上准許興建「農舍」之制度，係為提供有心經營農業者准許於該農地上興建具有居住兼具放置機具之需求，以便利其農事工作，與一般家居為主之住宅性質不同，故被視為農地容許使用之一種，亦享有免繳地價稅等優惠，合先敘明。

二、農業發展條例第18條第4項明定：「第1項及前項農舍起造人應為該農舍坐落土地之所有權人；農舍應與其坐落用地併同移轉或併同設定抵押權；已申請興建農舍之農業用地不得重複申請。」而農業用地興建農舍辦法第8條第1款亦規定有「各起造人『持有』之農業用地，應位於同一鄉（鎮、市、區）或毗連之鄉（鎮、市、區）。」是以，因集村興建農舍係將農舍興建之權利移轉至他宗農業用地上集合興建，故起造人提供申請之各宗農業用地均屬該農舍之坐落用地（使用執照上之坐落基地欄亦有登載）。

三、另臺端所詢「比率用地」有關疑義乙節，經查現行相關法令規定並無該用辭。又本會91年4月17日農企字第0910010047號函釋，係針對個別興建農舍，而且行為係在89年1月26日農業發展條例修法前所為之解釋。

◎農發條例第16條第1項第7款有關地權調整分割如何辦理（92.8.5內政部臺內地字第0920061584號函）

一、案經本部92年7月16日邀集法務部、行政院農業委員會、財政部賦稅署、中華民國地政士公會全國聯合會及相關縣（市）政府會商獲致結論以：「有關不同所有權人之毗鄰耕地申請依農業發展條例第16條第1項第7款及同條例施行細則第11條第1項第3款規定而辦理合併分割乙節，請各直轄市、縣（市）政府函報專案核准合併分割前，應依下列規定審核，並於文中詳細敘明下列事項且檢附相關資料報部核辦：

㈠申請合併分割耕地之實地現場情況應予敘明，並審認確實符合耕作上之便利或

經營管理上之需要。如情形特殊，應分析如何增進耕作上之便利或經營管理上之需要。所謂符合耕作上之便利或經營管理上之需要，係指原地界不相毗鄰，經合併分割後土地集中相互毗鄰；或土地地界曲折，耕作不便，經合併分割後土地界址，確達截彎取直且明顯耕作便利；或部分共有人相同之數筆土地相毗鄰辦理合併分割，分割後各所有人分得所有部分集中，明顯達耕作便利者。

（二）檢附分割前及分割後之地籍圖對照表，並列出分割後各所有權人分配之位置。

（三）檢附分割前及分割後之面積及土地價值對照表，如為共有耕地並應計算分割前個別持分面積及分割後取得之面積對照表。

（四）合併分割前後面積如有增減，應檢附農業用地作農業使用證明書。

（五）其他如有特殊情形，可能導致耕地細分之疑慮或其他事項者，請予敘明分析。」

二、至本部89年8月15日臺（89）內地字第8910043號函「關於兩筆不同所有權人之毗鄰耕地，其各擁有毗鄰耕地面積不相等，今擬在土地面積不變，土地宗數未增加之前提下……」，其中「土地面積不變，」文字應予刪除。

◎耕地申請土地複丈之處理方式（95.9.27內政部臺內地字第0950153800號函）

一、按「十一、耕地：指依區域計畫法劃定為特定農業區、一般農業區、山坡地保育區及森林區之農牧用地。……」、「每宗耕地分割後每人所有面積未達0.25公頃者，不得分割。但有下列情形之一者，不在此限；……：七、其他因執行土地政策、農業政策或配合國家重大建設之需要，經中央目的事業主管機關專案核准者，得為分割。」、「本條例第16條第1項第7款所稱執行土地政策或農業政策者，係指下列事項：……三、地權調整……」及「有關不同所有權人之毗鄰耕地申請依農業發展條例第16條第1項第7款及同條例施行細則第11條第1項第3款規定而辦理合併分割乙節，請各直轄市、縣（市）政府函報專案核准合併分割前，應依下列規定審核，並於文中詳細敘明下列事項且檢附相關資料報部核辦：申請合併分割耕地之實地現場情況應予敘明，並審核確實符合耕作上之便利或經營管理上之需要。如情形特殊，應分析如何增進耕作上之便利或經營管理上之需要。所謂符合耕作上之便利或經營管理上之需要，係指原地界不相毗鄰，經合併分割後土地集中相互毗鄰；或土地地界曲折，耕作不便，經合併分割後土地界址，確達截彎取直且明顯耕作便利；或部分共有人相同之數筆土地相毗鄰辦理合併分割，分割後各所有人分得所有部分集中，明顯達耕作便利者。」分為農業發展條例第3條、第16條、施行細則第11條及本部92年8月5日臺內地字第0920061584號函釋所明定，是以，有關耕地界址調整請依上開相關法令規定辦理，合先敘明。

二、查本案擬辦界址調整之二筆耕地，土地界址似無「確達截彎取直且明顯耕作便利」情事，反而形成地界曲折，增加界址點，自非法所許。

◎96年農業發展條例修正後，申請依該條例第16條第1項第7款規定辦理地權調整分割事宜之處理方式（96.2.27內政部臺內地字第0960032761號函）

一、有關不同所有權人之毗鄰耕地，申請依農業發展條例第16條第1項第7款及同條例施行細則第11條第1項第3款規定辦理合併分割者，請各直轄市、縣（市）政府函報本部專案核准合併分割案件，應確實依本部92年8月5日臺內地字第0920061584號規定，於函文中詳予敘明申請合併分割土地之實地現場情況及四鄰狀況，於圖上標明清楚，敘明理由，如情形特殊，並應分析案情，審認確實符合耕作上之便利或經營管理上之需要。

二、另配合96年1月10日修正發布之農業發展條例第31條及第39條規定，上開函說明一、（四）合併分割前後面積如有增減，應檢附農業用地作農業使用證明書之規定，應不再予適用。

◎租佃雙方協議以分割耕地方式終止三七五租約，在合於農業發展條例第16條第1項第5款立法意旨及耕地分割執行要點第13點所定分割後之土地不得超過租佃雙方之人數之前提下，分割後之部分耕地得維持共有（102.10.2內政部臺內地字第1020305236號函）

　　案准行政院農業委員會102年9月10日農企字第1020227706號函略以：「……二、查農業發展條例第16條（以下簡稱本條）第1項第5款：『耕地三七五租約，租佃雙方以分割方式終止租約，得分割為租佃雙方單獨所有。』其立法意旨係為解決三七五租約糾紛，故經租佃雙方協議以分割部分耕地予佃農，作為解除三七五租約之條件者，准其辦理耕地分割，而不受面積須達0.25公頃以上之限制；復考量三七五耕地因年代更迭及國人土地繼承共有之習俗，以致租佃雙方人數增加，共有關係漸趨複雜，故於該條款規定得分割為租佃雙方單獨所有，以減少共有耕地糾紛並達產權單純化之目的。惟避免耕地過度細碎分割，影響農業合理經營，耕地分割執行要點第13點已明定，依該款分割後之土地宗數不得超過租佃雙方人數，先予敘明。三、另有關共有物分割，查民法第824條第1項及第4項規定：『共有物之分割，依共有人協議之方法行之。』、『以原物為分配時，因共有人之利益或其他必要情形，得就共有物之一部分仍維持共有。』故共有物分割，原則係依共有人協議方式為之；至法院裁判分割共有物時，因共有人之利益或其他必要情形，亦得就共有物之特定部分裁判不予分割。至共有物分割之效力，依同法第824條之1第1項規定『共有人自共有物分割之效力發生時起，取得分得部分之所有權。』按其立法說明，民法係採移轉主義，即共有物分割後，共有人取得部分單獨所有權，其效力係向後發生而非溯及既往；又所謂『效力發生時』，在協議分割不動產時，係指辦畢分割登記時。四、爰此，有關三七五租約耕地依本條第1項第5款辦理分割者，倘貴部考量土地使用效益及簡政便民，擬依租佃雙方協議方式，就分割後之部分土地仍維持共有者，本會予以尊重。復參依本條立法意旨及前開民法規定，兼顧法之一致性與公平性，依本條第1項第5款規定申請耕地分割者，建議除應以終止三七五耕地租約為要件外，其分割原則亦應與本條第1項第3款及

第4款相同，俾避免爭議；至分割後之耕地，倘仍維持共有者，依前開民法第824條之1規定，其應屬農業發展條例89年修法後之共有耕地，爰共有人嗣後不得再依同條第1項第4款規定申請分割，併予敘明。」本案請依行政院農業委員會意見，本於職權依法核處。

◎農業發展條例修正後所繼承之耕地，繼承人之一將其繼受持分移轉予他繼承人者，已非屬原繼承之情形，應無該條例第16條第1項第3款規定適用（103.2.27內政部臺內地字第1030087119號函）

　　　　按行政院農業委員會103年1月29日農企字第1030201394號函示略以：「……查農業發展條例（以下稱本條例）第16條耕地限制分割之規定，其立法目的係為避免土地過度細分，致影響合理經營利用；但為解決長久以來共有耕地或其他因變更、三七五租約土地等特殊情形可能導致之產權糾紛問題，爰有7款但書規定。復查各款皆有其立法目的及適用情形，依該條第1項但書第3款規定：『本條例中華民國89年1月4日修正施行後所繼承之耕地，得分割為單獨所有。』係以促進產權單純化，故立法說明略以：『立法院之審議修正係基於行政院版本第1項有關「耕地不得移轉為共有，但因繼承者除外」之規定，因繼承得為共有，經一段時間後，勢必又有「共有」之產權糾紛問題；繼承係法律事實，不能以人為因素掌控……最後決定「繼承之耕地，得分割為單獨所有」。』爰該款規定既為解決耕地再因繼承而致產權過度複雜之問題，則非因繼承行為如贈與、買賣等介入所成立之共有關係，自無該款規定之適用。……」……三、次查「繼承，因被繼承人死亡而開始。」、「繼承人自繼承開始時，除本法另有規定外，承受被繼承人財產上之一切權利、義務。……」、「繼承人有數人時，在分割遺產前，各繼承人對於遺產全部為公同共有。」分為民法第1147條、第1148條及第1151條所明定；又本部為簡化繼承登記，於84年4月28日臺內地字第8474679號函明釋，繼承人得免先辦理公同共有之繼承登記，逕辦分割繼承登記。故繼承人申辦繼承登記（或分割繼承登記），自登記完畢後，嗣後繼承人間再因買賣或贈與等所為之所有權移轉，應屬另一登記行為。四、又農業發展條例修正後所繼承之耕地，繼承人未主張分割為單獨所有，部分共有人將其繼受持分移轉予他人，依本部101年2月9日臺內地字第1010092343號、91年8月15日臺內地字第0910010422號函釋，認其關係屬該條例修正施行後新成立之共有關係，故無該條例第16條第1項第3款規定適用；而繼承人之一將其持分移轉予他繼承人者，雖其持分未移轉予繼承人以外之第三人，因該共有關係非為源自於繼承所產生，且買賣、贈與或交換等行為是屬所有權變更之情形，故依行政院農業委員會103年1月29日前揭函示見解，非因繼承行為如贈與、買賣等介入所成立之共有關係，自無該款規定之適用。

◎依農業發展條例第16條第1項第1款規定申辦耕地合併分割，應審認分割後無造成耕地面積細碎或不利農業經營之情形，始得辦理（104.4.8內政部臺內地字第1040411767號函）

一、查本部92年5月26日臺內地字第0920008075號函，係依據行政院農業委員會92年5

月16日農企字第0920127624號函所為釋示，說明農業發展條例第16條第1項第1款後段規定：「同一所有權人之二宗以上毗鄰耕地，土地宗數未增加者，得為分割合併。」其立法意旨係基於便利耕地經營之特殊需要，而賦予分割之例外規定，政策規劃上並無意導致耕地無限細分；實務上如土地所有權人申請分割、移轉合併登記後，反造成分割後各筆土地地形位置更形複雜、面積細碎，應非條文制定意旨。

二、另農業發展條例第16條第1項第1款規定立法意旨所稱「耕地細碎」或「不利農業經營」實務審認之處理原則，行政院農業委員會104年4月1日農企字第1040205378號函：「……二、查農業發展條例第16條（以下簡稱本條）規定目的，係為防止耕地細分，便利農場經營管理，降低耕地權屬複雜性，爰參酌農村實際狀況、農業機械操作之便利性及灌溉排水設施之最佳利用，以農地重劃標準坵塊之面積規定0.25公頃，作為耕地最小分割面積標準，故上開標準坵塊面積，自可作為合理經營最小規模判斷之準據；換言之，耕地已具有基本經營規模單元卻一再主張合併分割，導致小於該單元面積之情形，自得認定已有造成耕地面積細碎，不利農業經營之虞，合先敘明。三、綜上，針對本條第1項第1款規定意旨，查係基於擴大農場經營規模需要，允許所購置之毗鄰耕地可不受耕地分割最小面積限制，或便利耕地經營之特殊需要，而賦予分割之例外規定，又其分割終局亦不得導致耕地宗數增加，或面積、坵塊較前次合併分割更為狹小崎嶇，爰本會92年5月16日農企字第0920127624號函及99年10月29日農企字第0990168260號函等已多次說明有案。故實務認定上，除可就前項說明作為判斷準據外，所謂擴大農場經營規模或便利農業經營之特殊需要，尚可就該土地之坵形、農水路鄰接情形等予以客觀判斷；又對於有無達到擴大農場經營規模之事實，亦非導致它筆土地面積與其原有面積顯不相當，尤其欲符合該款意旨，亦無須以連續或多次引用相關規定之方式達成。爰就實務審認提供上開處理原則供參，倘涉及個案認定較有疑義者，基於行政協助，建議亦得洽詢當地農業主管機關提供意見，俾利核處。」

三、關於依農業發展條例第16條第1項第1款規定申辦耕地合併分割案件，請確實依行政院農業委員會函示原則辦理。

◎農業發展條例第18條第4項所稱「坐落用地」之認定，及已興建農舍之耕地申請依農業發展條例第16條規定辦理分割，仍應受農業發展條例第18條第4項規定農舍應與其坐落用地併同移轉之限制（104.6.23內政部臺內地字第10404176173號函）

一、依據行政院農業委員會104年5月13日農水保字第1030244431號、103年11月27日農授水保字第1030237929號函辦理。

二、查行政院農業委員會104年5月13日前揭函示，對於農業發展條例第18條第4項規定所稱「坐落用地」之認定，變更為無論以多筆相毗鄰農地合併興建個別農舍，

或以集村方式申請興建之農舍，提供興建農舍之農業用地均應受農業發展條例第18條第4項農舍應與其坐落用地併同移轉之規定所規範。該坐落用地不應僅指農舍所坐落之該筆農業用地。

三、另農業發展條例89年修正施行前已興建完成之農舍，倘農舍及提供興建農舍之農業用地仍同屬一人，縱使該農業用地得依農業發展條例第16條規定辦理分割，其移轉仍應受農業發展條例第18條第4項規定農舍應與其坐落用地併同移轉之限制。

四、為配合農業發展條例主管機關行政院農業委員會104年5月13日前揭函，變更農業發展條例第18條第4項所稱農舍坐落用地之見解，本部90年2月26日臺內地字第9068423號函應不再援用；另90年4月9日臺（90）內地字第9060635號令並經本部於104年6月23日臺內地字第1040417617號令廢止。

二、申請實務

㈠申請人

1.權利人申請

如土地所有權同屬一人者，由該土地所有權人或管理人單獨申請。

2.會同申請

如為共有土地，由共有人全體申請，亦得由共有人依土地法第34條之1規定申請。（地測規則第205條）

㈡申請期限

土地總登記後，土地權利有分割時，應為變更登記。（土第72條）土地權利變更登記之申請，應於土地權利變更後一個月內為之。申請逾期者，每逾一個月得處應納登記費一倍之罰鍰，但最高不得超過二十倍。（土第73條）實際上，因免徵登記費，故無罰鍰。

㈢應備書件

1.土地複丈及標示變更登記申請書。

2.分割成果圖：通常由複丈人員將成果圖逕附登記案件內，不再發給成果圖。

3.身分證明文件。

4.土地所有權狀。

5.法院判決書及判決確定書：如經法院判決者應附本項文件，否則免附，惟經最高法院判決者，免附判決確定書。

6.都市計畫分區使用證明書：如分割之土地為田、旱地目時，應檢附本項文件，否則免附，惟如附建造執照亦可。

7.建造執照、平面圖及位置圖：如建築基地分割時，應檢附本項文件正本

及影本。

(四)申辦手續

1.備齊所需書件

依式填寫蓋章後,將申請書對摺放置於第一頁,其餘所需之文件再依次放置整齊,裝訂成冊即可提向土地所在地之地政事務所申請。

2.申請收件

(1)計費:申請之案件,於核對申請人身分後,計算規費。其複丈費每筆每公頃新臺幣800元,不足1公頃者,以1公頃計算,超過1公頃者,每0.5公頃增收半數,不足0.5公頃者,以0.5公頃計算。至於標示變更登記則免費,書狀費每份新臺幣80元。其筆數係以分割後之筆數計算。如申請人未能埋設界標,一併申請確定分割點界址者,加繳複丈費之半數。

(2)開單:申請案件經計算規費後,即可開發規費繳納通知單。

(3)繳費:開發繳費通知單後,可即時繳費,繳費後取具繳費收據。

(4)收件:申請案件經收件後,取具收件收據,收件前應先購買界標。

3.領 丈

(1)申請人接到訂期複丈通知書後,應攜帶該通知書及印章、界標,準時到現場領丈。

(2)如因故未能親自到現場領丈時,得出具委託書委託代理人領丈。

(3)如經通知未到場領丈,視為放棄申請,已繳複丈費用不予發還。

4.登 記

(1)經分割後,由複丈人員移送地價部門分算地價,並通知所有權人。

(2)複丈人員將複丈成果整理完畢後,將複丈結果通知書逐附於標示變更登記案件內,並將標示變更登記案件逐行移送登記部門。

(3)登記案件經審查發現有文件不全,或證件不符,或繕寫錯誤等情事時,應依通知期限補正。

(4)申請案件經審查無誤,即予登記。

5.領 狀

登記完畢接獲通知後,即可持收件收據及原蓋用之印章,領取分割後之各筆土地所有權狀。

三、書表填寫說明

(一)一般填法

請參閱前述各章節。

(二)各欄填法

1.第(1)欄「受理機關」:按土地所在地之市(縣)及地政事務所之名稱填

寫。

2. 第(2)(4)(5)(6)欄「原因發生日期」「申請複丈原因」「申請複丈原因」
（註：專指涉及原有標示變更者）「申請標示變更登記事由及登記原因」：
申請之土地複丈項目如涉及原有標示變更者，按下表所列自行打勾或選
擇填入空格內，第(4)欄無須填寫。

(2)原因發生日期	(5)申請複丈原因	(6)申請標示變更登記事由及登記原因
複丈成果核定之日（無須填寫）	分割	分割

3. 第(3)欄「申請會同地點」：請填寫現場之門牌號或鄰近之明顯地標、路
口等。如申請合併，因無須實地複丈，無須填寫。

4. 第(7)(8)欄「土地坐落」「面積」：按申請土地複丈之土地填寫其鄉鎮
市區、段、小段、地號及面積（面積單位為平方公尺），並分筆填寫該欄
位；如有不敷使用時，可另附相同格式之清冊，由申請人在騎縫處蓋
章，並於第(7)欄填寫『詳如附表』之字樣。

5. 第(9)欄「複丈略圖」：依欲申請土地複丈之土地繪註其地籍線、地號及
鄰地相對位置；可於本欄填寫「詳如示意圖」之字樣，另附示意圖，並
於第(10)欄填寫「示意圖1份」。

6. 第(10)欄「附繳證件」：按所附證件之名稱、份數分行填列並裝訂，若空
格不夠填寫時可填入第(12)欄。身分證或戶口名簿請影印正反面，並切結
與正本相符後認章。

7. 第(11)欄「委任關係」：係指由代理人申請土地複丈案時填寫代理人之姓
名，若尚有複代理人時一併註明複代理人姓名，並請代理人（複代理人）
切結認章，如無委託他人代理申請者，則免填此欄。

8. 第(12)欄「備註」：專供申請書上各欄無法填寫而必須填載事項。

9. 第(13)欄「聯絡方式」：為便利通知申請人，請填寫「聯絡電話」、「傳
真電話」及「電子郵件信箱」。

10. 第(14)欄「申請人」：除包括權利人姓名外，如有委託代理人（含複代理
人）申請土地複丈者，尚包括代理人；如不敷使用，增頁部分應加蓋騎
縫章，並於第(16)欄填寫『詳如附表』之字樣。

11. 第(15)欄「權利人或義務人」：應填寫權利人，申請人為未成年人、禁治
產人或法人者，須加填法定代理人（如父母、監護人或公司法定代表人）。

12. 第(16)欄「姓名或名稱」：自然人依照戶籍謄本、戶口名簿、身分證或其
他證明文件記載填寫，法人則先填寫法人名稱後再加填法定代表人姓
名。

13. 第(17)(18)欄「出生年月日」「統一編號」：自然人依照戶籍謄本、戶口名

簿、身分證或其他證明文件記載填寫，法人或其他非自然人請填寫公司統一編號或扣繳單位統一編號。

14.第⑲欄「住所」：自然人依照戶籍謄本、戶口名簿、身分證或其他證明文件記載填寫，得不填寫里、鄰，法人依照法人登記有案地址填寫，代理人或複代理人如住所與通訊處不同時，得於本欄另外註明通訊地址。

15.第⑳欄「權利範圍」：按權利人持有之權利範圍填寫，如權利範圍為全部者，則填全部。

16.第㉑欄「簽章」：權利人、代理人（複代理人）應蓋用與所填之姓名或名稱相同之印章，無印章者，得以簽名之。

17.第㉒欄「簽收複丈定期通知書」：按收領複丈定期通知書之日期填寫，並於此欄蓋章。

18.第㉓㉔欄「結果通知」「本案處理經過情形」：係供地政事務所人員填寫及審核用，申請人無須填寫。

四、書表填寫範例

土地複丈及標示變更登記申請書

複丈收件	日期	年 月 日 時 分		收件者章		登記收件	日期	年 月 日 時 分		收件者章
	字號	字第 號					字號	字第 號		

複丈費	新臺幣	元	收費者章		書狀費	新臺幣	元	收費者章
		字第 號			收據		字第 號	

受理機關　△△縣市△△地政事務所

複丈原因（發生日期　中華民國△△年△月△△日）

申請複丈原因（選擇打✓一項）
□鑑界　□再鑑界　□他項權利位置測量（　　權）　□其他（　）

申請複丈原因（選擇打✓一項）
☑分割（□合併　□界址調整　□調整地形）
□坍沒
□浮覆
□其他（　）

申請標示變更登記事由及登記原因（選擇打✓一項）
☑標示變更登記（☑分割　□合併　□界址調整）
□消滅登記（□滅失　□部分滅失）
□所有權回復登記（□回復）
□登記（□　）

申請會同地點　現場（請申請人填寫）

土地坐落						
鄉鎮市區	段	小段	地號	面積（平方公尺）		
△△	△△	△△	30	255		

複丈略圖

附繳證件
1. 戶口名簿影本　　　　　　　　1份
2. 建造執照及平面位置圖　　　　1份
3. 土地所有權狀　　　　　　　　1份
4. 土地使用分區證明書　　　　　1份
5.　　　　　　　　　　　　　　1份
6.　　　　　　　　　　　　　　1份
7.　　　　　　　　　　　　　　份
8.　　　　　　　　　　　　　　份
9.　　　　　　　　　　　　　　份

委任關係
本土地複丈及標示變更登記之申請委託　林△△　代理　　複代理
並承認其核章。委託人確為登記標的物之權利人或權利關係人，並經核對身分無誤，如有虛偽不實，本代理人（複代理人）願負法律責任。印
※請同時辦理所有權人住址變更登記

聯絡方式	聯絡電話	△△△△△△△△
	傳真電話	△△△△△△△△
	電子郵件信箱	△△△△△△△△△

備註

申請人		姓名或名稱	出生年月日	統一編號	住所										權利範圍	簽章
					縣市	鄉鎮市區	村里	鄰	街路	段	巷	弄	號	樓		
權利人或義務人	所有權人	黃△△	△△△	△△△△	△△	△△	△△	△	△△				△		全部	印
代理人		林△△	△△△	△△△△	△△	△△	△△	△	△△	△		△	△	△		印
		事務所地址			△△	△△			△△			△	△	△		

簽收複丈定期通知書	△△ 年 △ 月 △ 日　簽章　印	結果通知

本案處理經過情形（以下各欄申請人勿填寫）	複丈人員	複丈成果檢查	複丈成果核定	登記初審	登記複審	登記核定
	登簿　校簿	書狀列印	書狀用印	地價異動	通知領狀	異動通知	交付發狀	歸檔

第六節　土地界址調整登記

一、說　明

㈠得申請複丈

因土地界址曲折而需調整者，或依建築法第44條或第45條第1項規定調整地形者，依地籍測量實施規則第204條規定，得申請土地複丈。

㈡界址調整之要件

1. 地籍測量實施規則第225條規定：

   ⑴土地界址調整應以同一地段、地界相連、使用性質相同之土地為限。如為實施建築管理地區，並應符合建築基地法定空地分割辦法規定。

   ⑵前項土地設有他項權利者，應先徵得他項權利人之同意。

2. 地籍測量實施規則第225條之1規定，第192條、第193條、第224條及前條所稱之使用性質，於都市土地係指使用分區，於非都市土地係指使用分區及編定之使用地類別。

㈢申請辦理

地籍測量實施規則第229條規定：

1. 土地所有權人或鄰接土地所有權人依第204條第3款規定申請土地複丈時，應填具土地複丈申請書，並檢附權利書狀及下列規定文件，向土地所在地登記機關辦理：

   ⑴依建築法第44條規定協議調整地形者：調整地形協議書及建設（工務）機關核發合於當地建築基地最小面積之寬度及深度且非屬法定空地之文件及圖說。

   ⑵依建築法第45條第1項規定調處調整地形者：調處成立紀錄。

2. 前項土地設有他項權利者，應先徵得他項權利人之同意。

㈣建築法之規定

1. 第44條：直轄市、縣（市）（局）政府應視當地實際情形，規定建築基地最小面積之寬度及深度；建築基地面積畸零狹小不合規定者，非與鄰接土地協議調整地形或合併使用，達到規定最小面積之寬度及深度，不得建築。

2. 第45條第1項：前條基地所有權人與鄰接土地所有權人於不能達成協議時，得申請調處，直轄市、縣（市）（局）政府應於收到申請之日起一個月內予以調處；調處不成時，基地所有權人或鄰接土地所有權人得就規定最小面積之寬度及深度範圍內之土地按徵收補償金額預繳承買價款申請該管地方政府徵收後辦理出售。徵收之補償，土地以市價為準，建築物以重建價格為準，所有權人如有爭議，由標準地價評議委員會評定之。

(五)改算地價

地籍測量實施規則第226條規定，直轄市、縣（市）主管機關或登記機關於辦理土地界址調整複丈後，應依複丈成果改算當期公告土地現值，調整前後各宗土地地價之總合應相等。實施界址調整之土地，其調整線跨越不同地價區段者，複丈成果應分別載明調整線與原地籍交叉所圍各塊坵形之面積，作為改算地價之參考。

(六)通知申辦標示變更登記及申報土地移轉現值

地籍測量實施規則第227條規定：

1. 各土地所有權人調整後土地價值，與其原有土地價值無增減時，應通知申請人申辦土地標示變更登記。
2. 調整後土地價值與其原有土地價值有增減時，應通知申請人就調整土地向直轄市或縣（市）稅捐稽徵機關申報土地移轉現值。

(七)通知領件、改算地價、訂正圖冊及其他通知

地籍測量實施規則第228條規定，登記機關辦理土地界址調整之標示變更登記後，應即通知申請人領件並即改算地價及訂正地籍、地價有關圖冊，並通知直轄市或縣（市）稅捐稽徵機關訂正稅籍暨通知他項權利人換發或加註權利書狀。

二、申請實務

(一)申請人

1. 地政事務所逕行辦理者，應通知土地界址調整之所有權人申請土地標示變更登記。
2. 土地所有權人申請辦理者，由土地界址調整之所有權人申請土地複丈及土地標示變更登記。

(二)申請期限

土地界址調整，屬變更登記之一種，依土地法第73條規定，應於變更後一個月內為之，否則每逾一個月得處應納登記費額一倍之罰鍰，但最高不得超過二十倍。惟因標示變更登記免徵登記費，是故無罰鍰。

(三)應備書件

1. 土地複丈及標示變更登記申請書。
2. 複丈成果圖：於申請複丈後，始有本項文件。
3. 身分證明文件。
4. 調整地形協議書及主管機關之證明文件：依建築法第44條規定辦理者，應檢附本項文件。
5. 調處成立記錄：依建築法第45條第1項規定辦理者，應檢附本項文件。
6. 他項權利人同意書：如有設定他項權利時，應檢附本項文件及印鑑證

明，否則免附。

　7.現值申報書：調整前後地價有增減者，應申報土地移轉現值，並應檢附
　　土地增值稅繳納收據或免稅證明。

　8.土地所有權狀。

(四)申辦手續

1.備齊所需書件

依式填寫蓋章後，將申請書對摺放置於第一頁，其餘所需之文件再依次放
置整齊，裝訂成冊，即可提向土地所在地之主管地政事務所申請，是為土地複
丈申請案件。

2.申請收件

　(1)計費：申辦之案件，於核對申請人身分後，計算規費。其複丈費每筆
　　每公頃新臺幣800元，不1公頃者，以1公頃計算，超過1公頃者，每增
　　加半公頃增收半數，不足半公頃者，以半公頃計。另標示變更登記免
　　登記費，土地所有權狀，則每張工本費新臺幣80元。

　(2)開單：申請案件經計算規費後，即可開發規費繳納通知單。

　(3)繳費：開發繳費通知單後，可即時繳費，繳費後取具繳費收據。

　(4)收件：申請案件經收件後，取具收件收據。

3.領　丈

　(1)申請人接到訂期複丈通知書後，應攜帶該通知書及印章，準時到現場
　　領丈。

　(2)如因故未能親自到現場領丈時，得出具委託書委託代理人領丈。

　(3)如經通知未到現場領丈，視為放棄申請，已繳複丈費用不予發還。

4.登　記

　(1)經分割後，由複丈人員移送地價部門分算地價，並通知所有權人，如
　　地價有增減，應先報繳土地增值稅。

　(2)複丈人員將複丈成果整理完畢後，將成果圖逕附於標示變更登記案件
　　內，並將標示變更登記案件逕行移送登記部門。

　(3)登記案件經審查發現有文件不全或證件不符或繕寫錯誤等情事時，應
　　依通知期限補正。

　(4)申請案件經審查無誤，即予登記。

5.領　狀

登記完畢接獲通知後，即可持收件收據及原蓋用之印章，領取合併後之土
地所有權狀。

三、書表填寫說明

㈠一般填法

1. 以毛筆、黑色、藍色墨汁鋼筆、原子筆或電腦打字正楷填寫。
2. 字體需端正，不得潦草，如有增、刪文字時，應在增、刪處由申請人蓋章，不得使用修正液（帶）。

㈡各欄填法

1. 第⑴欄「受理機關」：按土地所在地之市（縣）及地政事務所之名稱填寫。
2. 第⑵⑷⑸⑹欄「原因發生日期」「申請複丈原因」「申請複丈原因」（註：專指涉及原有標示變更者）「申請標示變更登記事由及登記原因」：申請之土地複丈項目如涉及原有標示變更者，按下表所列自行打勾或選擇填入空格內，第⑷欄無須填寫.

⑵原因發生日期	⑸申請複丈原因	⑹申請標示變更登記事由及登記原因
複丈成果核定之日（無須填寫）	界址調整（調整地形）	界址調整

3. 第⑶欄「申請會同地點」：請填寫現場之門牌號或鄰近之明顯地標、路口等。如申請合併，因無須實地複丈，無須填寫。
4. 第⑺⑻欄「土地坐落」「面積」：按申請土地複丈之土地填寫其鄉鎮市區、段、小段、地號及面積（面積單位為平方公尺），並分筆填寫該欄位；如有不敷使用時，可另附相同格式之清冊，由申請人在騎縫處蓋章，並於第⑺欄填寫『詳如附表』之字樣。
5. 第⑼欄「複丈略圖」：依欲申請土地複丈之土地繪註其地籍線、地號及鄰地相對位置；可於本欄填寫「詳如示意圖」之字樣，另附示意圖，並於第⑽欄填寫「示意圖1份」。
6. 第⑽欄「附繳證件」：按所附證件之名稱、份數分行填列並裝訂，若空格不夠填寫時可填入第⑿欄。身分證或戶口名簿請影印正反面，並切結與正本相符後認章。
7. 第⑾欄「委任關係」：係指由代理人申請土地複丈案時填寫代理人之姓名，若尚有複代理人時一併註明複代理人姓名，並請代理人（複代理人）切結認章，如無委託他人代理申請者，則免填此欄。
8. 第⑿欄「備註」：專供申請書上各欄無法填寫而必須填載事項。
9. 第⒀欄「聯絡方式」：為便利通知申請人，請填寫「聯絡電話」、「傳真電話」及「電子郵件信箱」。
10. 第⒁欄「申請人」：除包括權利人姓名外，如有委託代理人（含複代理人）申請土地複丈者，尚包括代理人；如不敷使用，增頁部分應加蓋騎

　　縫章，並於第⒃欄填寫『詳如附表』之字樣。

11.第⒂欄「權利人或義務人」：應填寫權利人，申請人為未成年人、禁治產人或法人者，須加填法定代理人（如父母、監護人或公司法定代表人）。

12.第⒃欄「姓名或名稱」：自然人依照戶籍謄本、戶口名簿、身分證或其他證明文件記載填寫，法人則先填寫法人名稱後再加填法定代表人姓名。

13.第⒄⒅欄「出生年月日」「統一編號」：自然人依照戶籍謄本、戶口名簿、身分證或其他證明文件記載填寫，法人或其他非自然人請填寫公司統一編號或扣繳單位統一編號。

14.第⒆欄「住所」：自然人依照戶籍謄本、戶口名簿、身分證或其他證明文件記載填寫，得不填寫里、鄰，法人依照法人登記有案地址填寫，代理人或複代理人如住所與通訊處不同時，得於本欄另外註明通訊地址。

15.第⒇欄「權利範圍」：按權利人持有之權利範圍填寫，如權利範圍為全部者，則填全部。

16.第㉑欄「簽章」：權利人、代理人（複代理人）應蓋用與所填之姓名或名稱相同之印章，無印章者，得以簽名之。

17.第㉒欄「簽收複丈定期通知書」：按收領複丈定期通知書之日期填寫，並於此欄蓋章。

18.第㉓㉔欄「結果通知」「本案處理經過情形」：係供地政事務所人員填寫及審核用，申請人無須填寫。

四、書表填寫範例

複丈及標示變更登記申請書

複丈收件	日期	年 月 日 時 分	收件者章		複丈費	新臺幣	元	收件者章		登記收件	日期	年 月 日 時 分	收件者章		書狀費	新臺幣	元	收費者章
	字第 號				收據	字第 號					字第 號				收據	字第 號		

受理機關	△△縣（市） △△地政事務所	
複丈原因發生日期	中華民國△△年△△月△△日	申請會同地點（請申請人填寫）現場

申請複丈原因（選擇打∨一項）	□ 鑑界　□ 再鑑界　□ 他項權利位置測量　□ 其他（　）
申請複丈原因（選擇打∨一項）	□ 合併　☑ 界址調整（調整地形） □ 分割 □ 坍沒 □ 浮覆 □ 其他（　）
申請標示變更登記原因（選擇打∨一項）	□ 標示變更登記（□ 分割　□ 合併　☑ 界址調整） □ 消滅登記（□ 減失　□ 部分減失） □ 所有權回復登記（□ 回復） （　）

複丈略圖

土地坐落			地號	面積（平方公尺）
鄉鎮市區	段	小段		
△△	△△	△	30	123
△△	△△	△	31	125

附繳證件	1. 戶口名簿影本 2份　4. 土地所有權狀 2份 2. 協議書 1份　5. 1份 3. 土地增值稅收據 1份　6. 1份 7. 份 8. 份 9. 份

委任關係：本土地複丈及標示變更登記案之申請委託 林△△ 代理　　 複代理，委託人確為登記標的物之權利人或權利關係人，並經核對身分無誤，如有虛偽不實，本代理人（複代理人）願負法律責任。 [印]

聯絡方式	聯絡電話	△△△△△△△△△△△△
	傳真電話	△△△△△△△△△△△△
	電子郵件信箱	△△△△△△△△△△△△

備註

申請	姓名或名稱	出生年月日	統一編號	住 縣市	鄉鎮市區	村里	鄰	街路	段	巷	弄	號	樓	權利範圍	簽章
權利人或義務人 所有權人	林△△	△△△	△△△△	△△	△△	△△	△	△△	△			△	△	全部	印
所有權人	王△△	△△△	△△△△	△△	△△	△△	△	△△	△			△	△	全部	印
代理人	林△△	△△△	△△△△	△△	△△	△△	△	△△	△			△	△		印

簽收複丈定期通知書　結果通知　△△年△月△日　簽章　印

本案處理經過情形（以下各欄申請人請勿填寫）

複丈人員	複丈成果檢查	複丈成果核定	登記初審	登記複審	登記核定
登簿	書狀列印	校簿	校狀	書狀用印	地價異動
				通知領狀	異動通知	交付發狀	歸檔

土地界址調整協議書 （註：複寫二份，複丈用一份，登記用一份）

　　立協議書林△△、王△△等二人所有下列之土地相鄰，地界曲折不整，茲為便於土地利用，特協議如下事宜：

一、界址調整之土地標示：

　　㈠△△市△△區△△段△小段△△地號，面積△△△平方公尺，林△△所有權全部。

　　㈡△△市△△區△△段△小段△△地號，面積△△△平方公尺，王△△所有權全部。

二、依立協議書人埋設之界標為調整後之界址點。

三、調整前後之地價如有增減，願依公告現值互為補償，並依法報繳土地增值稅。

　　　　　　　　　　　　　立協議書人：

　　　　　　　　　　　　　林△△　　印（簽名）

　　　　　　　　　　　　　住址：△△△△△△△

　　　　　　　　　　　　　統一編號：△△△△△△△

　　　　　　　　　　　　　出生年月日：△△△△△

　　　　　　　　　　　　　王△△　　印（簽名）

　　　　　　　　　　　　　住址：△△△△△

　　　　　　　　　　　　　統一編號：△△△△△

　　　　　　　　　　　　　出生年月日：△△△△△

中華民國　　△△　　年　　△　　月　　△△　　日

第七節　建物合併登記

一、說　明

㈠地籍測量實施規則規定

1.合併之要件

依地籍測量實施規則第290條規定：

(1)辦理建物合併，應以辦畢所有權登記、位置相連之建物為限。

(2)前項所稱之位置相連包括建物間左右、前後或上下之位置毗鄰者。

(3)申請建物合併應填具申請書檢附合併位置圖說，建物之所有權人不同或設定有抵押權、不動產役權、典權等他項權利者，應依下列規定辦理：

①所有權人不同時，各所有權人之權利範圍除另有協議應檢附全體所有權人之協議書外，應以合併前各該棟建物面積與各棟建物面積之和之比計算。

②設定有抵押權時，應檢附建物所有權人與抵押權人之協議書。但為擔保同一債權，於數建物上設定抵押權，未涉權利範圍縮減者，不在此限。

③設定有不動產役權、典權時，應檢附該不動產役權人、典權人之同意書。

2.勘查及保留建號

地籍測量實施規則第291條規定：建物合併，除保留合併前之最前一建號外，其他建號應予刪除，不得使用。

3.同時申辦標示變更登記

地籍測量實施規則第295條規定，建物複丈（包括標示勘查）涉及原有標示變更者，應於申請複丈時填具土地登記申請書，檢附有關權利證明文件，一併申請建物標示變更登記。其經申請人於複丈時當場認定，並在測量圖上簽名或蓋章者，複丈完竣後，登記機關據以辦理建物標示變更登記。

4.增建之合併

已經產權登記之建物，因增建亦得辦理合併登記，惟應符合合併之要件。增建而辦理合併登記，應附該增建部分之建物使用執照及影本、竣工平面圖、藍曬圖連同建物測量申請書，申請複丈。（地測規則第293條參照）

5.繪　圖

地籍測量實施規則第296條規定，建物因改建、增建、分割或合併等申請複丈完成後，登記機關應將變更前後情形分別繪製建物位置圖及平面圖。

◎建物合併申請登記，其合併前已設定之抵押權以合併前各該建號主建物及附
　屬建物面積之和與合併後面積之和之比計算其權利範圍（70.6.8內政部臺內地字
　第21937號函）

　　關於建物合併申請登記時，合併前已設定有抵押權者，其權利範圍應如何
計算及登記簿如何記載乙案，貴府來函所提辦法二以合併前各該建號主建物及
附屬建物面積之和與合併後主建物及附屬建物面積之和之比計算其權利範圍乙
節，核屬可行，准照辦。

　　附：臺北市政府70年5月2日府地一字第18774號函

　　本案黃○○君辦其所有本市民生段第13045建號及第13046建號建物合併登
記，經查該兩棟建物均各有抵押權存在（本建物合併案已徵得抵押權人同意），參
照土地登記規則第95條第2款及第96條規定，其抵押權之權利範圍應以合併前各
棟建物面積與各棟建物面積之和之比計算，惟查同一棟建物之內又有主建物與
附屬建物（平臺、陽臺）之分，故於計算權利範圍時，應僅以主建物面積計算或
主建物與附屬建物合併計算，抑或主建物與附屬建物分別計算不無疑義。因無
登記案例可循，茲擬具該抵押權權利範圍之計算方式及記載辦法於後，敬請擇
一統一規定，俾憑辦理。

一、依照土地登記規則第93條及該條之說明意旨，似可僅以合併前各該建號主
　　建物面積與各建號主建物面積之和之比計算其權利範圍，而不必考慮附屬
　　建物之問題；並於建物登記簿備考欄記明「由合併前某建號他項權利部轉
　　載」字樣。

二、以合併前各該建號主建物及附屬建物面積之和與各建號主建物及附屬建物
　　面積之和之比計算其權利範圍，並於建物登記簿備考欄記明「由合併前某
　　建號他項權利部轉載」字樣。

三、以合併前各該建號主建物面積與各建號主建物面積之和之比計算其權利範
　　圍，該持分記載於他項權利部之權利範圍欄；另以合併前各該建號附屬
　　建物面積與各建號附屬建物面積之和之比，計算出合併後附屬建物之持
　　分，另行於他項權利部及其他事項欄記明「陽臺（或平臺）持分○○分之
　　○○」；並於備考欄記明：「由合併前某建號他項權利部轉載」字樣。

四、抑或有他項權利之建物，應不准辦理合併登記，免徒增建物權屬之複雜
　　性，以利地籍管理。（按：原土地登記規則第95條第2款及第96條修正後已刪除、
　　第93條修正後為第88條）

◎申請建物合併，如其抵押權內容完全一致，未涉權利範圍縮小者，得免檢附
　建物所有權人與抵押權人之協議書或抵押權人之同意書（96.10.15內政部臺內地
　字第0960158463號函）

　　按土地法第37條第1項及土地登記規則第2條規定，土地登記，謂土地及建
物之所有權及他項權利之登記。爰設定有抵押權之建物合併之登記，應得準用

土地登記規則第88條第3項有關設定有抵押權之土地合併之規定。另設定有抵押權內容完全一致且未涉權利範圍縮減之多筆土地合併，免檢附所有權人與抵押權人之協議書，或抵押權人之同意，地籍測量實施規則第193條第2項及第224條第2項第2款已有明定及本部87年6月4日臺（87）內地字第8706280號函釋有案。是本案設定有抵押權之建物合併時，如其抵押權內容完全一致，未涉權利範圍縮小者，所有權人申辦建物合併登記，尚不影響抵押權人之權益，得免附建物所有權人與抵押權人之協議書或抵押權人之同意書。

(二)申報房屋稅

因建物合併或增建，課稅面積等有關資料均已異動，故尚應向主管房屋稅之稽徵機關申報，其申報實務——詳見本書第四章。

(三)同時辦理住所變更

申辦建物合併登記時，如登記簿之住址與戶籍謄本之住址不符時，應同時辦理住址變更登記。得參照土地合併之相關規定辦理。

二、申請實務

(一)申請人

1.建物合併登記，由建物所有權人或管理人向建物所在地之主管地政事務所申請辦理。

2.其為共有者，由共有人全體申請，亦得依土地法第34條之1規定申請。

(二)申請期限

土地法第72條及第73條，合併時應為變更登記，並於變更後一個月內申請，逾期者，每逾一個月得處應納登記費額一倍之罰鍰，最高至二十倍為止。實際上，免徵登記費，故無罰鍰。

(三)應備書件

1.建物測量及標示變更登記申請書。

2.建物測量成果圖：先行申請測量，俟現場測量完畢，始有本項文件。

3.身分證明文件。

4.建物所有權狀。

5.增建之建物使用執照及平面圖：增建合併者應附本項文件，否則免附。

6.他項權利人同意書：若設定有他項權利者應附本項文件，否則免附。

(四)申辦手續

1.備齊繕妥所需書件

將申請書對摺放置於第一頁，其餘書件再依次放置整齊，裝訂成冊後，即可提向主管之地政事務所申請。

2.申請收件

(1)計費：申請案件，於核對申請人身分後，計算複丈費。建物面積50平

方公尺新臺幣400元，不足50平方公尺，以50平方公尺計發算，並依合併前之建號計算。標示變更登記免收登記費，如換發所有權狀，則每張80元。

(2)開單：申請案件經計算規費後，即可開發規費繳納通知單。

(3)繳費：開發繳費通知單後，可即時繳費，繳費後取具繳費收據。

(4)收件：申請案件經收件後，取具收件收據。

3. 領 丈

(1)申請人接到訂期測量通知書後，應攜帶該通知書及印章，準時到現場領丈。

(2)如因故未能親自到現場領丈時，得出具委託書委託代理人領丈。

(3)如經通知未到現場領丈，視為放棄申請，已繳複丈費不予發還。

(4)測量成果圖：經完成內外作業後，繪製完成之測量成果圖逐附於案件內，移送登記部門。

4. 登 記

(1)補正：申請案件，如經審查發現填寫錯誤或文件不合或證件不符時，應依通知限期補正。

(2)領狀：登記完畢接獲通知，即可持收件收據及原蓋用之印章，領取建物所有權狀。

5. 因合併房屋稅籍已經變更，故應向稅捐主管機關申請房屋稅籍變更。

三、書表填寫說明

㈠一般填法

請參閱前述各章節。

㈡各欄填法

1. 第(1)欄「受理機關」：按建物所在地之市（縣）及地政事務所之名稱填寫。

2. 第(2)(3)(4)(5)欄「原因發生日期」「申請測量原因」「申請測量原因」（註：專指涉及原有標示變更者）「申請標示變更登記事由及登記原因」。申請之建物測量項目如涉及原有標示變更者，按下表所列自行打勾或選擇填入空格內，第(3)欄無須填寫。

(2)原因發生日期	(4)申請測量原因	(5)申請標示變更登記事由及登記原因
測量成果核定之日（無須填寫）	建物合併	合併
使用執照核發之日或建築完成之日	建物增建	增建

3. 第(6)欄「建物略圖」：按欲申請建物測量之建物繪製其建物略圖；如過於複雜不易繪製者，可於本欄填寫「詳如示意圖」之字樣，另附示意圖，並於第(8)欄填寫「示意圖1份」。

4. 第(7)欄「建物標示」：按欲申請建物測量之建物填寫「建號」、「基地坐落」、「建物門牌」、「主要用途」及「主要構造」；若為辦理建物第一次測量或申請未登記建物基地號及門牌號勘查者，免填「建號」；如有不敷使用時，可另附相同格式之清冊，由申請人在騎縫處蓋章，並於本欄填寫『詳如附表』之字樣。

5. 第(8)欄「附繳證件」：按所附證件之名稱、份數分行填列並裝訂，若空格不夠填寫時可填入第(10)欄。身分證或戶口名簿請影印正反面，並切結與正本相符後認章。

6. 第(9)欄「委任關係」：係指由代理人申請建物測量案時填寫代理人之姓名，若尚有複代理人時一併註明複代理人姓名，並請代理人（複代理人）切結認章，如無委託他人代理申請者，則免填此欄。

7. 第(10)欄「備註」：專供申請書上各欄無法填寫而必須填載事項。

8. 第(11)欄「聯絡方式」：為便利通知申請人，請填寫「聯絡電話」、「傳真電話」及「電子郵件信箱」。

9. 第(12)欄「申請人」：除包括權利人姓名外，如有委託代理人（含複代理人）申請建物測量者，尚包括代理人；如不敷使用，增頁部分應加蓋騎縫章，並於第(14)欄填寫『詳如附表』之字樣。

10. 第(13)欄「權利人或義務人」：應填寫權利人，申請人為未成年人、禁治產人或法人者，須加填法定代理人（如父母、監護人或公司法定代表人）。

11. 第(14)欄「姓名或名稱」：自然人依照戶籍謄本、戶口名簿、身分證或其他證明文件記載填寫，法人則先填寫法人名稱後再加填法定代表人姓名。

12. 第(15)(16)欄「出生年月日」「統一編號」：自然人依照戶籍謄本、戶口名簿、身分證或其他證明文件記載填寫，法人或其他非自然人請填寫公司統一編號或扣繳單位統一編號。

13. 第(17)欄「住所」：自然人依照戶籍謄本、戶口名簿、身分證或其他證明文件記載填寫，得不填寫里、鄰，法人依照法人登記有案地址填寫，代理人或複代理人如住所與通訊處不同時，得於本欄另外註明通訊地址。

14. 第(18)欄「權利範圍」：按權利人持有之權利範圍填寫，如權利範圍為全部者，則填全部。

15. 第(19)欄「簽章」：權利人、代理人（複代理人）應蓋用與所填之姓名或名稱相同之印章，無印章者，得以簽名之。

16. 第(20)欄「簽收測量定期通知書」：按收領測量定期通知書之日期填寫，

並於此欄蓋章。

17.第⑵⑵欄「核發成果」「本案處理經過情形」：係供地政事務所人員填
　寫及審核用，申請人無須填寫。

四、書表填寫範例

建物測量及標示變更登記申請書

測量日期	年 月 日 時 分		收件者章		測量費	新臺幣	收據 字 第 號	元
測量收件字號	字 第 號							

登記日期	中華民國 △△ 年 △ 月 △△ 日		收件者章	登記費	新臺幣	元	合計	元
登記收件字號	字 第 號			書狀費	元		收據 字 第 號	
				罰　鍰	元		核算者	

受理機關　△△ 縣市　△△ 地政事務所

建物測量　△△

申請測量原因（選擇打∨一項）
- □ 建物第一次測量
- □ 申請未登記建物基地號及門牌號勘查

申請測量原因（選擇打∨一項）
- □ 建物分割　　☑ 建物合併　　□ 基地號勘查
- □ 門牌號勘查
- □ 建物滅失
- □ 建物增建
- □ 其他（　　　　　）

申請標示變更登記事由及登記原因（選擇打∨一項）
- 標示變更登記（□ 分割　☑ 合併　□ 基地號變更
  □ 門牌整編）
- 消滅登記（□ 滅失　□ 部分滅失）
- 所有權第一次登記（□ 增建）
- 其他（　　　　　）

登記（□　　　　　）

建物標示	基地坐落			建物門牌				
建號	鄉鎮市區	段	小段	地號	街路	段	巷	弄	號	樓
2001	△△	△△	△	35	△△	△			20	3
2002	△△								20-1	

建物略圖

20	20-1

	主要用途	主要構造
	住家用	鋼骨造

附繳證件
1. 戶口名簿影本　　1 份　4.　　　　份　7.　　　　份
2. 建物所有權狀　　2 份　5.　　　　份　8.　　　　份
3.　　　　　　　　份　6.　　　　份　9.　　　　份

委任關係　本建物測量及標示變更登記案之申請委託 林△△ 代理（　　　　複代理）及指界認章。委託人確為登記標的物之權利人或權利關係人，並經核對身分無誤，如有虛偽不實，本代理人（複代理人）願負法律責任。　印

請同時辦理所有權人住址變更登記　印

聯絡方式
- 聯絡電話　△△△△△△△△
- 傳真電話　△△△△△△△△
- 電子郵件信箱　△△△△△△△△

備註

申請人	姓名或名稱	出生年月日	統一編號	縣市	鄉鎮市區	村里	鄰	街路	段	巷	弄	號	樓	權利範圍	簽章
權利人或義務人　所有權人	王△△	△△△	△△△△	△△	△△	△△	△	△△				△	△	全部	印
代理人	林△△	△△△	△△△△	△△	△△	△△	△	△△				△	△		印
事務所：				△△	△△	△△		△△			△	△	△		

簽收測量定期通知書　△△年△月△日　簽章　印

核發成果

測量人員	測量成果檢查	測量成果核定	登記初審	登記複審	登記核定

經簿	校簿	書狀列印	校狀	書狀用印	地價異動	通知領狀	異動通知	交付狀發	歸檔

本案處理經過情形（以下各欄申請人請勿填寫）

測量收件				收費者章	測量費	新臺幣	建　物		收費者章	登記費		收件者章			元
日期	年 月 日 時 分				收據	字第 號				書狀費 元					號
字號	字第 號									罰　鍰 元					
										合　計 元		核算者			

測量

收件　年　月　日　時　分　　收件者章　　　元　　號

（選擇打∨一項）

申請測量原因（選擇打∨一項）
□建物第一次測量　□申請未登記建物基地號及門牌號勘查　□其他（　　）

申請測量原因（選擇打∨一項）
□建物分割　□建物合併　□基地號勘查
□門牌號勘查
□建物滅失
☑建物增建
□其他（　　）

登　記

收件　中華民國 △△ 年 △ 月 △△ 日

標示及建物坐落

受理機關　　△△　縣市　　△△　地政事務所

標示變更登記原因發生日期　原因發生日期

申請標示變更登記事由及登記原因（選擇打∨一項）
標示變更登記（□分割 □合併 □基地號變更 □門牌整編）
消滅登記（□滅失 □部分滅失）
所有權第一次登記（☑增建）登記（□　　　）

建物標示

建號	鄉鎮市區	段	小段	地號		街路	段	巷	弄	號	樓
2001	△△	△△	△	△△		△△	△		△		1

主要用途　住家用　△△△△△△△△△△△△

主要構造　RC造

附繳證件
1. 戶口名簿影本　　1 份
2. 使用執照影本　　1 份
3. 竣工圖影本　　　1 份
4. 建物所有權狀　　　1 份
5. 　　　　　　　　　　份
6. 　　　　　　　　　　份
7. 　　　　　　　　　　份
8. 　　　　　　　　　　份
9. 　　　　　　　　　　份

委任關係
本建物測量及標示變更登記案之申請委託　林△△　代理　　　　複代理
及指界認章。委託人確為登記標的物之權利人或權利關係人，並經核對身分無誤，如有虛偽不實，本代理人（複代理人）願負法律責任。　[印]

聯絡方式
聯絡電話　△△△△△△△△△△△△△△
傳真電話　△△△△△△△△△△△△△△
電子郵件信箱　△△△△△△△△△△△△△△

備註

申請人	權利人或義務人	姓名或名稱	出生年月日	統一編號	住所 縣市	鄉鎮市區	村里	鄰	街路	段	巷	弄	號	樓	權利範圍	簽章
請	所有權人	黃△△	△△△	△△△△	△△	△△	△△	△	△△				△		全部	印
人	代理人	林△△	△△△	△△△△	△△	△△	△△	△	△△				△			印

發收測量定期通知書　△△年　△月　△日　簽章　印　　核發成果

本案處理經過情形（以下各欄申請人請勿填寫）	測量人員	測量成果檢查	測量成果核定	登記初審	登記複審	登記核定
	簿校	書狀列印	書狀用印	地價異動	通知領狀	異動通知	交付狀	歸檔

第八節　建物分割登記

一、説　明

(一)分層或分區之分割

1. 已經產權登記之建物，為求使用管理或處分之方便起見，得辦理分割，惟應先申請建築主管機關核准後予以「隔間」，再據以向戶政機關申請分編門牌，始能申請分割複丈，分割後依據分割成果辦理建物標示變更登記。

2. 本節所謂分割，亦含有分層分割之意義，如甲擁有一、二、三層樓建物一棟，原係以同一建號辦理產權登記，現將一、二、三樓予以分割分別登記，亦有謂為分層登記。

3. 已經產權登記之建物，因部分拆除或焚燬，亦得辦理分割登記。

4. 建物經分割登記後，其課稅面積等有關資料均已異動，故尚應向主管房屋稅之稽徵機關申報。

5. 申辦建物分割登記時，如登記簿之住址與戶籍住址不符時，應同時辦理住址變更登記。

(二)地籍測量實施規則規定

1. 第288條規定

   (1)已登記之建物申辦分割，以分割處已有定著可為分隔之樓地板或牆壁，且法令並無禁止分割者為限。

   (2)申請建物分割，應填具申請書檢附分割位置圖說及編列門牌號證明文件為之。經法院判決分割者，依法院確定判決辦理。

2. 第289條規定

   分割後之建物，除將其中一棟維持原建號外，其他各棟以該地段最後建號之次一號順序編列。新編列之建號，應登載於建號管理簿。

3. 第295條規定

   建物複丈（包括標示勘查）涉及原有標示變更者，應於申請複丈時填具土地登記申請書，檢附有關權利證明文件，一併申請建物標示變更登記。其經申請人於複丈時當場認定，並在建物測量圖上簽名或蓋章者，複丈完竣後，登記機關據以辦理建物標示變更登記。

4. 第296條規定

   建物因改建、增建、分割或合併等申請複丈完成後，登記機關應將變更前後情形分別繪製建物位置圖及平面圖。

二、申請實務

(一)申請人

1. 建物分割登記，由建物所有權人或管理人向建物所在地之主管地政事務所申請辦理。

2. 其為共有者，由共有人全體申請，亦得依土地法第34條之1規定申請。

(二)申請期限

土地法第72條及第73條，分割時應為變更登記，並於變更後一個月內申請，逾期者，每逾一個月得處應納登記費額一倍之罰鍰，最高至二十倍為止。實際上，免徵登記費，故無罰鍰。

(三)應備書件

1. 建物測量及標示更登記申請書。

2. 門牌證明。

3. 建物測量成果圖：先行申請測量，俟現場測量完畢，始有本項文件。

4. 身分證明文件。

5. 建物所有權狀。

(四)申辦手續

1. 備齊繕妥所需書件

將申請書對摺整齊，放置於第一頁，其餘書件，再依次整齊放置於後面，裝訂成冊後，即可提向建物所在地之主管地政事務所申請。

2. 申請收件

(1)計費：申請案件於核對申請人身分後，核計複丈規費。依分割後建號為準，每建號50平方公尺新臺幣800元，不足50平方公尺，以50平方公尺計算。並依分割後之層數或區數——即分割後之單位數——計算複丈費。至於標示變更登記，則免收登記費。另書狀費每張80元。

(2)開單：申請案件經計算規費後，即可開發規費繳納通知單。

(3)繳費：經開發規費繳費通知單後，即可繳費，繳費後取具繳費收據。

(4)收件：申請案件經收件後，取具收件收據。

3. 領　丈

(1)申請人接到訂期測量通知書後，應攜帶該通知書及印章，準時到現場領丈。

(2)如因故未能親自到現場領丈時，得出具委託書委託代理人領丈。

(3)如經通知未到現場領丈，視為放棄申請，已繳複丈費不予發還。

(4)測量成果圖：經完成內外作業後，繪製完成之測量成果圖逕附於案件內，移送登記部門。

4.登　記

　　(1)補正：申請案件，如經審查發現填寫錯誤或文件不合或證件不符時，應依通知限期補正。

　　(2)領狀：登記完畢接獲通知，即可持收件收據及原蓋用之印章，領取建物所有權狀。

5.分割後，並應另申請房屋稅籍變更。

三、書表填寫說明

(一)一般填法

請參閱前述各章節。

(二)各欄填法

1.第(1)欄「受理機關」：按建物所在地之市（縣）及地政事務所之名稱填寫。

2.第(2)(3)(4)(5)欄「原因發生日期」「申請測量原因」「申請測量原因」（註：專指涉及原有標示變更者）「申請標示變更登記事由及登記原因」。申請之建物測量項目如涉及原有標示變更者，按下表所列自行打勾或選擇填入空格內，第(3)欄無須填寫。

(2)原因發生日期	(4)申請測量原因	(5)申請標示變更登記事由及登記原因
測量成果核定之日（無須填寫）	建物分割	分割

3.第(6)欄「建物略圖」：按欲申請建物測量之建物繪製其建物略圖；如過於複雜不易繪製者，可於本欄填寫「詳如示意圖」之字樣，另附示意圖，並於第(8)欄填寫「示意圖1份」。

4.第(7)欄「建物標示」：按欲申請建物測量之建物填寫「建號」、「基地坐落」、「建物門牌」、「主要用途」及「主要構造」；若為辦理建物第一次測量或申請未登記建物基地號及門牌號勘查者，免填「建號」；如有不敷使用時，可另附相同格式之清冊，由申請人在騎縫處蓋章，並於本欄填寫『詳如附表』之字樣。

5.第(8)欄「附繳證件」：按所附證件之名稱、份數分行填列並裝訂，若空格不夠填寫時可填入第(10)欄。身分證或戶口名簿請影印正反面，並切結與正本相符後認章。

6.第(9)欄「委任關係」：係指由代理人申請建物測量案時填寫代理人之姓名，若尚有複代理人時一併註明複代理人姓名，並請代理人（複代理人）切結認章，如無委託他人代理申請者，則免填此欄。

7.第(10)欄「備註」：專供申請書上各欄無法填寫而必須填載事項。

8. 第⑾欄「聯絡方式」：為便利通知申請人，請填寫「聯絡電話」、「傳真電話」及「電子郵件信箱」。

9. 第⑿欄「申請人」：除包括權利人姓名外，如有委託代理人（含複代理人）申請建物測量者，尚包括代理人；如不敷使用，增頁部分應加蓋騎縫章，並於第⑭欄填寫『詳如附表』之字樣。

10. 第⒀欄「權利人或義務人」：應填寫權利人，申請人為未成年人、禁治產人或法人者，須加填法定代理人（如父母、監護人或公司法定代表人）。

11. 第⒁欄「姓名或名稱」：自然人依照戶籍謄本、戶口名簿、身分證或其他證明文件記載填寫，法人則先填寫法人名稱後再加填法定代表人姓名。

12. 第⒂⒃欄「出生年月日」「統一編號」：自然人依照戶籍謄本、戶口名簿、身分證或其他證明文件記載填寫，法人或其他非自然人請填寫公司統一編號或扣繳單位統一編號。

13. 第⒄欄「住所」：自然人依照戶籍謄本、戶口名簿、身分證或其他證明文件記載填寫，得不填寫里、鄰，法人依照法人登記有案地址填寫，代理人或複代理人如住所與通訊處不同時，得於本欄另外註明通訊地址。

14. 第⒅欄「權利範圍」：按權利人持有之權利範圍填寫，如權利範圍為全部者，則填全部。

15. 第⒆欄「簽章」：權利人、代理人（複代理人）應蓋用與所填之姓名或名稱相同之印章，無印章者，得以簽名之。

16. 第⒇欄「簽收測量定期通知書」：按收領測量定期通知書之日期填寫，並於此欄蓋章。

17. 第㉑㉒欄「核發成果」「本案處理經過情形」：係供地政事務所人員填寫及審核用，申請人無須填寫。

四、書表填寫範例（建物分層分割登記）

建物測量及標示變更登記申請書

測量收件字號	日期	年 月 日		時 分		收件者章		新臺幣	測量費 收據	△△ 元	字第 號	
	字第 號										

登記收件字號	登記日期	中華民國 △△ 年 △ 月 △△ 日	時 分		收件者章		登記費	書狀費	罰鍰	合計 收據 核算者	元 元 元 字第 號
	收件字號	字第 號									

受理機關　△△ 地政事務所　原因發生日期　中華民國 △△ 年 △ 月 △△ 日

申請測量原因（選擇打∨一項）
□ 建物第一次測量　□ 申請未登記建物基地號勘查及門牌號勘查　□ 其他（　　）

申請測量原因（選擇打∨一項）
☑ 建物分割　□ 建物合併　□ 基地號勘查
□ 門牌號勘查
□ 建物滅失
□ 建物增建
□ 其他（　　）

申請標示變更登記事由及登記原因（選擇打∨一項）
標示變更登記（☑ 分割　□ 合併　□ 基地號變更
　　　□ 門牌整編）
消滅登記（□ 滅失　□ 部分滅失）
所有權第一次登記（□ 增建）
登記（□　　）

建物略圖

（一樓　二樓）

建物標示	建號	鄉鎮市區	基地坐落 段	小段	地號	門牌 街路	段	巷	弄	號	樓	主要用途	主要構造
	2001	△△	△△	△	△△	△△	△△	△	△	△	一樓	住家用	RC造
											二樓	△△△△△△△△	△△△△△△△△
												△△△△△△△△	△△△△△△△△
												△△△△△△△△	△△△△△△△△

附繳證件
1. 戶口名簿影本　1 份　4.　　　　份　7.　　　　份
2. 門牌分編證明　1 份　5.　　　　份　8.　　　　份
3. 建物所有權狀　1 份　6.　　　　份　9.　　　　份

委任關係
本建物測量及標示變更登記案之申請委託　林△△　代理（　　複代理）委託人確為登記標的物之權利人或權利關係人，並經核對身分無誤，如有虛偽不實，本代理人（複代理人）願負法律責任。　印

聯絡方式
聯絡電話　△△△△△△△△△△
傳真電話　△△△△△△△△△
電子郵件信箱　△△△△△△△△△

備註

申請人		姓名或名稱	出生年月日	統一編號	住所										權利範圍	簽章
					縣市	鄉鎮市區	村里	鄰	街路	段	巷	弄	號	樓		
權利人或義務人	所有權人	張△△	△△△	△△△△	△△	△△	△△	△	△△	△	△		△	△	全部	印
	代理人	林△△	△△△	△△△△	△△	△△	△△	△	△△	△	△		△	△		印

簽收測量定期通知書	△△年　△月　△日　簽章　印
核發成果	

本案處理經過情形（以下各欄申請人請勿填寫）

測量人員	測量成果檢查	測量成果核定	登記初審	登記複審	登記核定
登簿	校簿	書狀列印	書狀用印	地價異動	通知領狀	異動通知	交付發狀	歸檔

第九節　建物門牌及基地號變更登記

一、說　明

㈠原　因

建物門牌號因整編或行政區域調整，致建物登記簿原建物之門牌號與實際不符，可向戶政事務所申請核發門牌證明，並據以辦理標示變更登記，如有需要，尚應申請門牌號勘察。

㈡有關規定

1. 申請建物基地分割或合併登記，涉及基地號變更者，應同時申請基地號變更登記。如建物與基地所有權人不同時，得由基地所有權人代為申請或由登記機關查明後逕為辦理變更登記。除建物所有權人申請登記者外，登記機關於登記完畢後，應通知建物所有權人換發或加註建物所有權狀。（土登第89條）

2. 建物因滅失或基地號、門牌號等變更，除變更部分位置無法確認，申請複丈外，應填具申請書檢附標示變更位置圖說及權利證明文件申請標示變更勘查。勘查結果經核定後，應加註於有關建物測量成果圖。（地測規則第292條）

◎**申請建物基地分割或合併登記，涉及基地圍變更，建物與基地所有權人不同，且基地所有權人未代為申辦基地號變更登記時，登記機關得逕為辦理變更登記**（97.4.22內政部內授中辦地字第0970723003號函）

按「申請建物基地分割或合併登記，涉及基地號變更者，應同時申請基地號變更登記。如建物與基地所有權人不同時，得由基地所有權人代為申請之。於登記完畢後，應通知建物所有權人換發或加註建物所有權狀。」為土地登記規則第89條所明定，本條文係於84年7月12日修正土地登記規則時增訂，其意旨在於使建物登記事項與實際相符，俾利地籍管理，合先敘明。查該條後段規定，如建物與基地所有權人不同時，得由基地所有權人代為申請之，惟實務上常有申請人未予併同申請，而相關承辦人員亦未注意該基地尚有建物或未續予查明地上建物坐落位置，以致地籍登記資料與事實狀態不符，致日後登記機關查明確有不符時，亦無法據以主動辦理基地號變更登記，僅能被動通知相關權利人儘速申辦，終非正辦；另查類此情況，已有部分登記機關為維護地籍資料正確性，主動逕為辦理基地號變更登記，是考量基地號變更性質係屬事實認定，及為使建物登記資料與實際狀況一致，賦予登記機關得主動逕為辦理基地號變更登記，應有其必要性，爰參酌土地登記規則第31條、第92條規定意旨，於修正土地登記規則前，申請建物基地分割或合併登記，涉及基地號變更者，除依土地登記規則第89條規定辦理外，如建物與基地所有權人不同，且基地所有權人未代為申請基地號變更時，得由登記機關查明後逕為辦理，登記機關於

登記完畢後，應通知建物所有權人換發或加註建物所有權狀。

二、申請實務

㈠申請人

　　建物門牌號及基地號勘察變更登記，由建物所有權人或管理人向建物所在地之主管地政事務所申請辦理。

㈡應備書件

　　1.建物測量及標示變更登記申請書。

　　2.建物測量成果圖：先行申請測量，俟現場測量完畢，始有本項文件。

　　3.身分證明文件。

　　4.門牌證明書或有註記門牌整編之戶籍資料。

　　5.建物所有權狀。

㈢申辦手續

　　1.備齊繕妥所需書件

　　將申請書對摺整齊，放置於第一頁，其餘書件，再依次整齊放置於後面，裝訂成冊後，即可提向建物所在地之主管地政事務所申請。

　　2.申請收件

　　　⑴計費：申請案件，於核對申請人身分後，核計複丈規費。目前測量費建物不論其面積大小，每建號均以新臺幣400元徵收。免收登記費，另書狀費每張80元。

　　　⑵申請案件經計費後，其開單、繳費、收件、領丈及領取成果圖等手續，與本章前節建物分割合併之手續相同──可參閱之，本節不贅述。

　　3.登　記

　　登記案件審查及補正等各項手續，與本章前述建物分割合併之標示變更登記相同──可參閱之，本節不贅述。

　　4.領　狀

　　登記完畢接獲通知，即可持收件收據及原蓋用之印章，領取建物所有權狀。

三、書表填寫說明

　　本申請書除「申請測量原因」填寫「門牌號勘察」或「基地號勘察」及登記原因填寫「門牌整編」或「基地號變更」外，其餘填法，大致與本章前節建物分割合併勘測申請書之填法相同──可參閱之，本節不贅述。

四、書表填寫範例

（一）門牌號勘查變更登記（如有門牌整編證明，免測量）

測量收件	日期	年 月 時 分	收件者章	日 分	新臺幣	元 號	元合計	元 號
	字第 號		測量費	字第 號 收據		測量費 收據	元收據	字
受理機關	△△ 縣市	地政事務所		登記費			元收據	計據
				書狀費 罰鍰			元核算者	算者

建 物 測 量 及 標 示 變 更 登 記 申 請 書

申請測量原因（選擇打∨一項）	原因發生日期	中華民國 △△ 年 △ 月 △△ 日
□ 建物第一次測量 □ 申請未登記建物基地號及門牌號勘查 □ 其他（ ）

申請測量原因（選擇打∨一項）	申請標示變更登記原因及登記原因（選擇打∨一項）
□ 建物分割 □ 基地號勘查 ☑ 門牌號勘查 □ 建物合併 □ 分割 □ 合併 □ 基地號變更 ☑ 門牌整編 □ 建物滅失 □ 建物增建 □ 其他（ ）	標示變更登記（□ 分割 □ 合併 □ 基地號變更 ☑ 門牌整編 ） 消滅登記（□ 滅失 □ 部分滅失 ） 所有權第一次登記（□ 增建 ） 登記（□ ）

建物略圖

建物標示	建號	基 地 坐 落						建 物 門 牌							主要用途	主要構造
		鄉鎮市區	段	小段	地號			街路	段	巷	弄	號	樓		住家用	RC造
	2001	△△	△△	△	△△			△△	△	△	△	△	△		

附繳證件	1. 門牌整編證明	1份	4.	7.
	2. 戶口名簿影本	1份	5.	8.
	3. 建物所有權狀	1份	6.	9.

委任關係：本建物測量及標示變更登記案之申請委託 林△△ 代理 複代理 ，並經核對身分無誤，如有虛偽不實，本代理人（複代理人）願負法律責任。並指定及確為登記標的物之權利人或義務人，並經核對身分無誤，如有虛偽不實，本代理人（複代理人）願負法律責任。 印 印

聯絡方式	聯絡電話	△△△△△△△△△△△
	傳真電話	△△△△△△△△△△△
	電子郵件信箱	△△△△△△△△△△△

備註：請同時辦理所有權人住址變更登記

申請		姓名或名稱	出生年月日	統一編號	住所 縣市	鄉鎮市區	村里	鄰	街路	段	巷	弄	號	樓	權利範圍	簽章
權利人或義務人	所有權人	陳△△	△△△	△△△△	△△	△△	△△	△	△△	△			△	△	全部	印
	代理人	林△△	△△△	△△△△	△△	△△	△△	△	△△	△			△	△		印

簽收測量定期通知書　△△年　△月　△日　簽章　印

核發成果	測量人員	測量成果檢查	測量成果核定	登記初審	登記複審	登記核定

本案處理經過情形（以下各欄申請人請勿填寫）	簿登	簿校	書狀印列	書狀用印	校狀	地價異動	通知領狀	異動通知	交發狀	歸檔

(二)基地地號變更登記

| 測量收件 | 日期 | 年　月　日　時 | 收費者章 |
| 字號 | 字第　　號 | 分 | |

| 測量費收據 | 新臺幣　　　元 | 字第　　號 |

| 登記收件 | 日期 | 年　月　日　時 | 收件者章 |
| 字號 | 字第　　號 | 分 | |

| 登記費 | 新臺幣　　　元 | 書狀費　　　元 | 罰鍰　　　元 | 合計　　　元 |
| 收據 | 字第　　號 | 核算者 | |

建物測量及標示變更登記申請書

| 受理機關 | △△縣市 | △△地政事務所 | 標示變更登記原因發生日期 | 中華民國△△年△月△△日 |

申請測量原因（選擇打∨一項）
□建物第一次測量　□申請未登記建物基地地號及門牌號勘查　□其他（　　　）

申請測量原因（選擇打∨一項）
□建物合併　☑基地地號勘查
□門牌號勘查
□建物滅失
□建物增建
□其他（　　　）

申請標示變更登記事由及登記原因（選擇打∨一項）
標示變更登記（□分割　□合併　☑基地地號變更
　　　　　　　□門牌整編）
消滅登記（□滅失　□部分滅失）
所有權第一次登記（□增建）
登記（□　　　　　）

建物略圖

建物標示	基地坐落				建物門牌				
	鄉鎮市區	段	小段	地號	街路	段	巷	弄	號	樓
2002	△△	△△	△	△△	△△	△	△	△	△	2

| 建物標示 | 主要用途 | 主要構造 |
| | 住家用 | RC造 |

附繳證件	1.戶口名簿影本　1份	4.　　　份	7.　　　份
	2.建物所有權狀　1份	5.　　　份	8.　　　份
	3.	6.　　　份	9.　　　份

| 委任關係 | 本建物測量及標示變更登記案之申請委託　林△△　代理　　　複代理。委託人確為登記標的物之權利人或權利關係人，並經核對身分無誤，如有虛偽不實，本代理人（複代理人）願負法律責任。 ㊞ |

聯絡方式	聯絡電話	△△△△△△△△
	傳真電話	△△△△△△△△
	電子郵件信箱	△△△△△△△△△△

| 備註 | |

申請人	姓名或名稱	出生年月日	統一編號	住所 縣市	鄉鎮市區	村里	鄰	街路	段	巷	弄	號	樓	權利範圍	簽章
權利人或義務人　所有權人	杜△△	△△△	△△△△	△△	△△	△△	△	△△				△	二	全部	印
代理人	林△△	△△△	△△△△	△△	△△	△△	△	△△				△	△		印

發收測量定期通知書　　△△年△月△日　簽章　印　　核發成果

本案處理經過情形（以下各欄申請人請勿填寫）

測量人員	測量成果檢查	測量成果核定	登記初審	登記複審	登記核定

登簿	校狀	書狀列印	書狀用印	地價異動	通知領狀	異動通知	支發付狀	歸檔

第一節 概　述

一、說　明

㈠移轉變更之原因

1. 土地或建物經辦理所有權總登記後，其所有權如有移轉情事發生時，應依法令之規定，辦理所有權移轉登記。（土第72條，土登第93條）

2. 所謂移轉情事（亦即登記原因），其主要者不外乎買賣、贈與、交換、繼承、徵收、照價收買、拍賣、判決、共有物分割、公產出售、公地放領、典權到期不贖、承墾耕地期滿等等。本章以常見之申請移轉登記為範圍，扼要分節列述。其為囑託登記範圍之徵收、照價收買及不常見之公地放領、承墾耕地期滿等登記，則不予贅述。至於繼承移轉登記，因案情特殊，於第十二章專章敘述。

㈡申請登記

所有權移轉登記，原則上應由權利人及義務人會同申請，（土登第26條）惟於下列情形，得由權利人或登記名義人單獨申請：（土登第27條）

1. 因繼承而為所有權移轉登記。詳見本書第十二章，本章不贅述。

2. 因法院拍定或判決確定而為所有權移轉登記。

3. 依土地法第17條第2項、第3項、第20條第3項、第73條之1、地籍清理條例第11條、第37條或祭祀公業條例第51條規定標售或讓售取得土地之登記。

4. 依土地法第133條規定，承墾耕地期滿而為所有權移轉登記。

5. 依民法第913條第2項、第923條第2項或第924條但書規定典權人取得典物所有權之登記。

㈢一方死亡之辦理（土登第102條）

1. 土地權利移轉、設定，依法須申報土地移轉現值者，於申報土地移轉現值後，如登記義務人於申請登記前死亡時，得僅由權利人敘明理由，檢附載有義務人死亡記事之戶籍謄本及其他有關證明文件，單獨申請登記。

2.登記權利人死亡時，得由其繼承人為權利人，敘明理由提出契約書及其他有關證件會同義務人申請登記。

3.前二項規定於土地權利移轉、設定或權利內容變更，依法無須申報土地移轉現值，經訂立書面契約，依法公證或申報契稅、贈與稅者，準用之。

四法人或寺廟之取得登記（土登104條）

1.法人或寺廟在未完成法人設立登記或寺廟登記前，取得土地所有權或他項權利者，得提出協議書，以其籌備人公推之代表人名義申請登記。其代表人應表明身分及承受原因。

2.登記機關為前項之登記，應於登記簿所有權部或他項權利部其他登記事項欄註記取得權利之法人或寺廟籌備處名稱。

3.第1項之協議書，應記明於登記完畢後，法人或寺廟未核准設立或登記者，其土地依下列方式之一處理：

(1)申請更名登記為已登記之代表人所有。

(2)申請更名登記為籌備人全體共有。

4.第1項之法人或寺廟在未完成法人設立登記或寺廟登記前，其代表人變更者，已依第1項辦理登記之土地，應由該法人或寺廟籌備人之全體出具新協議書，辦理更名登記。

五共有部分之處分登記

1.公寓大廈管理條例第4條規定：

(1)區分所有權人除法律另有限制外，對其專有部分，得自由使用、收益、處分，並排除他人干涉。

(2)專有部分不得與其所屬建築物共有部分之應有部分及其基地所有權或地上權之應有部分分離而為移轉或設定負擔。

2.土地登記規則第94條規定，區分所有建物之共有部分，除法令另有規定外，應隨同各相關專有部分及其基地權利為移轉、設定或限制登記。

◎關於公寓大廈管理條例第4條第2項規定，登記機關於受理登記案件時，應如何配合執行乙案（85.2.5內政部臺內地字第8578394號函）

有關「公寓大廈管理條例」第4條第2項規定登記機關如何配合執行乙案，請依左列原則為之：

一、已登記之區分所有建物與其基地之所有權或地上權之權利人非屬同一人者，不受本條項之限制。

二、區分所有建物共用部分之應有部分如移轉或調整於該建物之區分所有權人時，不受本條項之限制。

三、公寓大廈專有部分之移轉，原所有權人於該建物僅有一專有部分者，於全部移轉時，其基地所有權或地上權之應有部分須隨同全部移轉；其有數專

有部分者，或同一專有部分，於部分移轉時，其移轉應有部分之多寡，由當事人自行約定，惟不得約定為零或全部。

◎關於公寓大廈管理條例第4條第2項規定，登記機關於受理登記案件時，應如何配合執行疑義乙案（87.1.16內政部臺內地字第8785204號函）

　　區分所有權人僅移轉其區分所有建物、基地所有權或地上權應有部分之一部分予其他區分所有權人時，如移轉後讓與及受讓之區分所有權人仍持區分所有建物及其他所屬基地之所有權或地上權之應有部分者，並不違反公寓大廈管理條例第4條第2項之立法意旨，登記機關應予受理。

◎有關區分所有建物為共有物分割標的之一時，其所屬建築物共用部分之應有部分及其基地所有權或地上權之應有部分得否併為共有物分割之標的疑義乙案（87.2.9內政部臺內地字第8780559號函）

　　案經本部於86年12月8日邀集法務部、省市政府地政處、財政廳、財政局及中華民國土地登記專業代理人公會全國聯合會等有關單位研商獲致結論：依公寓大廈管理條例第4條第2項規定，區分所有建物不得與其所屬建築物共用部分之應有部分及其基地所有權或地上權之應有部分分離而為移轉或設定負擔。故區分所有建物作為共有物分割標的之一時，區分所有建物所屬建築物共用部分之應有部分及其基地所有權或地上權之應有部分應併為區分所有建物成為共有物分割之標的。

(六)徵收或照價收買之囑託登記

　　因徵收或照價收買取得土地權利者，直轄市、縣（市）地政機關應於補償完竣後一個月內，檢附土地清冊及已收受之權利書狀，囑託登記機關為所有權登記，或他項權利之塗銷或變更登記。（土登第99條）

(七)破產財團土地之登記

　　破產管理人就破產財團所屬土地申請權利變更登記時，除依第34條規定辦理外，應提出破產管理人、監查人之資格證明文件與監查人之同意書或法院之證明文件。（土登第103條）

二、耕地限制

(一)耕地移轉之限制

　　1.耕地之定義（農展例第3條第1項第11款）

　　耕地指依區域計畫法劃定為特定農業區、一般農業區、山坡地保育區、森林區之農牧用地。

　　2.農舍興建及移轉、設定抵押之限制（農展例第18條）

　　　(1)本條例中華民國89年1月4日修正施行後取得農業用地之農民，無自用農舍而需興建者，經直轄市或縣（市）主管機關核定，於不影響農業生產環境及農村發展，得申請以集村方式或在自有農業用地興建農舍。

(2)前項農業用地應確供農業使用；其在自有農業用地興建農舍滿五年始得移轉。但因繼承或法院拍賣而移轉者，不在此限。

(3)本條例中華民國89年1月4日修正施行前取得農業用地，且無自用農舍而需興建者，得依相關土地使用管制及建築法令規定，申請興建農舍。本條例中華民國89年1月4日修正施行前共有耕地，而於本條例中華民國89年1月4日修正施行後分割為單獨所有，且無自用農舍而需興建者，亦同。

(4)第1項及前項農舍起造人應為該農舍坐落土地之所有權人；農舍應與其坐落用地併同移轉或併同設定抵押權；已申請興建農舍之農業用地不得重複申請。

(5)前四項興建農舍之農民資格、最高樓地板面積、農舍建蔽率、容積率、最大基層建築面積與高度、許可條件、申請程序、興建方式、許可之撤銷或廢止及其他應遵行事項之辦法，由內政部會同中央主管機關定之。

(6)主管機關對以集村方式興建農舍者應予獎勵，並提供必要之協助；其獎勵及協助辦法，由中央主管機關定之。

　3.違法使用之限制及移轉登記之依據（農展例第31條）

　　耕地之使用及違規處罰，應依據區域計畫法相關法令規定；其所有權之移轉登記，依據土地法及民法之規定辦理。

（二）私法人承受耕地之限制（農展例第33條）

　　私法人不得承受耕地。但符合第34條規定之農民團體、農業企業機構或農業試驗研究機構經取得許可者，不在此限。

（三）農業組織承受耕地之限制（農展例第34條）

　1.農民團體、農業企業機構或農業試驗研究機構，其符合技術密集或資本密集之類目及標準者，經申請許可後，得承受耕地；技術密集或資本密集之類目及標準，由中央主管機關指定公告。

　2.農民團體、農業企業機構或農業試驗研究機構申請承受耕地，應檢具經營利用計畫及其他規定書件，向承受耕地所在地之直轄市或縣（市）主管機關提出，經核轉中央主管機關許可並核發證明文件，憑以申辦土地所有權移轉登記。

　3.中央主管機關應視當地農業發展情況及所申請之類目、經營利用計畫等因素為核准之依據，並限制其承受耕地之區位、面積、用途及他項權利設定之最高金額。

　4.農民團體、農業企業機構或農業試驗研究機構申請承受耕地之移轉許可準則，由中央主管機關定之。

◎農民團體農業企業機構及農業試驗研究機構申請承受耕地移轉許可準則

（104.2.12行政院農委會修正發布）

第1條

　　本準則依農業發展條例（以下簡稱本條例）第34條第4項規定訂定之。

第2條

　　本準則所稱耕地，指依區域計畫法劃定為特定農業區、一般農業區、山坡地保育區及森林區之農牧用地。

第3條

　　農民團體、農業企業機構及農業試驗研究機構從事之產業，符合農業技術密集或資本密集類目標準規定者，始得依本準則申請許可承受耕地。

第4條

　　農民團體申請承受耕地許可時，應填具申請書及檢附下列文件六份，並裝訂成冊，向土地所在地直轄市、縣（市）主管機關提出申請：

　　一、設立許可文件影本。

　　二、申請承受耕地之清冊。

　　三、最近一個月內核發之土地登記謄本及地籍圖謄本。但直轄市、縣（市）地政主管機關能提供網路查詢者，得免予檢附。

　　四、位置略圖。

　　五、農業經營利用計畫書。

　　六、農業用地作農業使用證明書。但申請承受依法拍賣耕地，無法取得者，免予檢附。

第5條

　　農業企業機構申請承受耕地許可時，應填具申請書及檢附下列文件六份，並裝訂成冊，向土地所在地直轄市、縣（市）主管機關提出申請：

　　一、公司登記證明文件影本。

　　二、申請承受耕地之清冊。

　　三、最近一個月內核發之土地登記謄本及地籍圖謄本。但直轄市、縣（市）地政主管機關能提供網路查詢者，得免予檢附。

　　四、位置略圖。

　　五、農業經營利用計畫書。

　　六、農業用地作農業使用證明書。但申請承受依法拍賣耕地，無法取得者，免予檢附。

第6條

　　農業試驗研究機構申請承受耕地許可時，應填具申請書及檢附下列文件六份，並裝訂成冊，向土地所在地直轄市、縣（市）主管機關提出申請：

　　一、申請人為農業財團法人者，應檢具設立許可文件影本。

二、申請承受耕地之清冊。

三、最近一個月內核發之土地登記謄本及地籍圖謄本。但直轄市、縣（市）地政主管機關能提供網路查詢者，得免予檢附。

四、位置略圖。

五、農業經營利用計畫書。

六、農業用地作農業使用證明書。但申請承受依法拍賣耕地，無法取得者，免予檢附。

第7條

農民團體及農業企業機構申請承受耕地所提出之農業經營利用計畫書，應載明下列事項，其相關細目如附件一：

一、承受耕地之目的及利用內容。

二、承受耕地區位分析。

三、經營類目與當地直轄市、縣（市）農業發展關係。

四、經營目標、策略、實施方法、期程及整體規劃事項。

五、申請承受依法拍賣耕地，無法取得農業用地作農業使用證明書者，應敘明承受該耕地後適法使用之方式。

六、效益及風險評估。

第8條

農業試驗研究機構申請承受耕地所提出之農業經營利用計畫書，應載明下列事項，其相關細目如附件二：

一、承受耕地之目的及利用內容。

二、試驗研究用地區位分析。

三、試驗研究類目與農業發展之關係。

四、試驗研究目標、實施策略、期程及整體規劃事項。

五、申請承受依法拍賣耕地，無法取得農業用地作農業使用證明書者，應敘明承受該耕地後適法使用之方式。

六、試驗研究效益及風險評估。

第9條

直轄市、縣（市）主管機關受理申請承受耕地許可案件，應檢核申請案檢附文件之完整性，至擬承受之耕地進行現勘及作成紀錄，且就申請人提出之農業經營利用計畫書內容逐項進行審查，將其審查結果填具審查簽辦表。

經審查符合承受耕地條件者，應併同申請案件資料核轉中央主管機關審查，經審查許可者，由中央主管機關核發承受耕地許可證明書，其有效期間為一年。

前二項之審查期間，在直轄市、縣（市）主管機關為三十日；在中央主管機關為三十日。

農民團體、農業企業機構及農業試驗研究機構持第2項承受耕地許可證明書辦理

所有權移轉登記時，登記機關應於土地登記簿註記「本筆土地依農業發展條例第34條規定申請許可承受」；於該土地移轉予自然人時，應於登記完畢後通知中央主管機關。

第10條

中央主管機關審核申請承受耕地許可案件，有下列情形之一者，應敘明理由駁回之；其情形可補正者，主管機關應通知申請人限期於三個月內補正，申請人並得申請展延補正期間一次：

一、從事之產業，不符合農業技術密集或資本密集類目標準規定。

二、承受耕地之區位及面積零散且非屬經營所需。

三、承受之耕地未作整體規劃。

四、所提出之農業經營利用計畫書內容未符合當地農業經營發展需要。

五、申請承受依法拍賣耕地，無法取得農業用地作農業使用證明書者，未於農業經營利用計畫書敘明承受該耕地後適法使用之方式。

六、經主管機關通知申請人限期補正，屆期不補正或經補正仍未符合規定。

第11條

依本條例第35條申請變更農業經營利用計畫者，申請人應檢具下列文件向當地直轄市、縣（市）主管機關提出，經核轉中央主管機關申請核准：

一、農業經營利用計畫書變更目的及其說明。

二、農業經營利用計畫書變更對照表及其說明。

三、變更後之農業經營利用計畫書六份及農業用地作農業使用證明書。

前項申請案之審查及准駁，準用前二條規定。

第1項變更，包括耕地所有權之移轉。

第12條

依本準則許可承受之耕地，直轄市、縣（市）主管機關應予以建檔列管，並會同有關機關定期抽查或檢查；其結果應於每年年底前彙報中央主管機關。

前項定期抽查或檢查之作業流程，由中央主管機關定之。

第13條

經許可承受耕地後，未經核准擅自變更經營利用計畫或將耕地閒置不用者，依本條例第72條規定處罰。

第14條

經許可承受耕地後，擅自變更使用者，依本條例第69條規定處罰。

第15條

農民團體、農業企業機構及農業試驗研究機構承受之耕地，其設定他項權利之最高金額，以不超過設定當期公告土地現值與承受耕地面積之乘積之3.5倍為限。

第16條

直轄市、縣（市）主管機關受理申請案件後，應依農業主管機關受理申請許可案

件及核發證明文件收費標準收取費用。

第17條

　　本準則自發布日施行。

附件一　農民團體、農業企業機構所提出之農業經營利用計畫書應載明事項細目

項次	應載明事項	細目
一	承受耕地之目的及利用內容	(一)承受耕地之目的 (二)承受耕地後土地之使用內容說明
二	承受耕地區位分析	(一)耕地位置 (二)耕地上現況存在之地上物及其合法證明文件 (三)耕地性質 (四)耕地使用分區、使用地編定 (五)耕地之土地他項權利設定情形 (六)聯外交通情形 (七)水利灌溉情形 (八)耕地利用事項
三	經營類目與當地直轄市、縣（市）農業發展關係	(一)經營類目之當地產業相關統計，例如產值、產量、面積。 (二)當地經營類目之現況及利用趨勢 (三)事業經營與周邊產業、土地利用之相容性 (四)經營類目與當地農業發展之關係（請具體敘明） □擴大產業經營規模　　　□提升產品附加價值 □推動農業科技產業化　　□其他：
四	經營目標、策略、實施方法、期程及整體規劃事項	(一)申請人如屬農業企業機構性質者，應揭示農業經營理念、其農業經營實績之股東及其股權結構、股東農業經營實績等 (二)近三年農業經營實績（農產品生產量及產值、產品加值型態與銷售通路等） (三)內部農業經營部門設置及人力配置情形、農業經營專業人員學經歷等背景資料 (四)產業經營目標及策略 (五)實施計畫或方法 (六)各項農業設施占地面積及設置量體估算作法 (七)符合「農業技術密集或資本密集類目標準」規定之設施（備）投資項目、規格、經費等 (八)承受耕地面積與其農業經營土地利用面積之合理性 (九)耕地利用計畫實施期程 (十)實施期程屆至後之處理 (土)其他整體規劃事項
五	申請承受依法拍賣耕地，無法取得農業用地作農業使用證明書者，承受該耕地後適法使用之方式	(一)承受之耕地有無違反區域計畫法土地使用管制規定之情形，若有違反上述法令規範者，請說明其違規態樣 (二)承受該耕地後，排除違規情形之規劃作法及辦理期程等

項次	應載明事項	細目
六	效益及風險評估	(一)為國內產業發展及組織所帶來之實質效益 (二)產業經營風險評估 (三)其他潛在效益及風險評估說明

附件二　農業試驗研究機構所提出之農業經營利用計畫書應載明事項細目

項次	應載明事項	細目
一	承受耕地之目的及利用內容	(一)承受耕地之目的 (二)承受耕地後土地之使用內容說明
二	試驗研究用地區位分析	(一)耕地位置 (二)耕地上現況存在之地上物及其合法證明文件 (三)耕地性質 (四)耕地使用分區、使用地編定 (五)耕地之土地他項權利設定情形 (六)聯外交通情形 (七)水利灌溉情形 (八)耕地利用事項
三	試驗研究類目與農業發展關係	(一)試驗研究類目之產業相關統計，例如產值、產量、面積。 (二)試驗研究類目擬解決問題及成果運用方向 (三)試驗研究與周邊產業、土地利用之相容性 (四)試驗研究類目與當地農業發展之關係（請具體敘明） □提升產品附加價值　　□推動農業科技產業化 □其他：
四	試驗研究目標、實施策略、期程及整體規劃事項	(一)近三年農業試驗研究實績 (二)內部農業試驗研究部門設置及人力配置情形、農業試驗研究人員學經歷等背景資料 (三)試驗研究目標 (四)實施計畫或方法，包括符合「農業技術密集或資本密集類目標準」規定之作法敘述等 (五)各項農業設施占地面積及設置量體估算作法 (六)技術移轉與推廣 (七)承受耕地面積與其試驗研究土地利用面積之合理性 (八)耕地利用計畫實施期程 (九)實施期程屆至後之處理 (十)其他整體規劃事項
五	申請承受依法拍賣耕地，無法取得農業用地作農業使用證明書者，承受該耕地後適法使用之方式	(一)承受之耕地有無違反區域計畫法土地使用管制規定之情形，若有違反上述法令規範者，請說明其違規態樣 (二)承受該耕地後，排除違規情形之規劃作法及辦理期程等
六	效益及風險評估	(一)為國內產業發展及組織所帶來之實質效益 (二)產業經營風險評估 (三)其他潛在效益及風險評估說明

農民團體、農業企業機構及農業試驗研究機構承受耕地申請書

受文者：縣（市）政府

主旨：本團體（機構）依據農業發展條例第34條之規定，經擬具符合農業技術密集與資本密集（　　類　　目）之經營利用計畫書及相關文件六份及規費收據乙紙，請審查並核轉行政院農業委員會再審查及核發承受耕地許可證明書，請查照。

選項	法人種類	應檢附證件
一	農民團體	1.設立許可文件影本。2.申請承受耕地之清冊。3.最近一個月內核發之土地登記謄本及地籍圖謄本。但縣（市）地政主管機關能提供網路查詢者，得免予檢附。4.位置略圖。5.經營利用計畫書（承受之耕地有違反區域計畫法土地使用管制規定者，應列明該耕地承受後適法使用之方式。但檢具農業用地作農業使用證明書者，免予說明）。
二	農業企業機構	1.公司登記證明文件及營利事業登記證影本。2.申請承受耕地之清冊。3.最近一個月內核發之土地登記謄本及地籍圖謄本。但縣（市）地政主管機關能提供網路查詢者，得免予檢附。4.位置略圖。5.經營利用計畫書（承受之耕地有違反區域計畫法土地使用管制規定者，應列明該耕地承受後適法使用之方式。但檢具農業用地作農業使用證明書者，免予說明）。
三	農業試驗研究機構	1.申請人為農業財團法人者，應檢具設立許可文件影本。2.申請承受耕地之清冊。3.最近一個月內核發之土地登記謄本及地籍圖謄本。但縣（市）地政主管機關能提供網路查詢者，得免予檢附。4.位置略圖。5.經營利用計畫書（承受之耕地有違反區域計畫法土地使用管制規定者，應列明該耕地承受後適法使用之方式。但檢具農業用地作農業使用證明書者，免予說明）。其申請經營類目為推廣教育示範田之實習農場，應檢附教育主管機關核准設立文件。

團體或機構名稱：　　　簽章（圖記）

地址：

聯絡電話：

負責人：　　　簽章

國民身分證統一編號：

中華民國　年　月　日

◎農業主管機關受理申請許可案件及核發證明文件收費標準（101.6.28行政院農委會修正發布）

第1條

本標準依農業發展條例（以下簡稱本條例）第75條規定訂定之。

第2條

農業主管機關依本條例之規定，受理審查各項申請許可案件及核發證明文件，未依其他法規收取規費者，應依本標準之收費規定辦理。

第3條

依本條例應收取費用之範圍如下：

一、農業主管機關依本條例第8條之1規定，核發農業設施之容許使用證明文件者。

二、農業主管機關依本條例第10條規定，審查同意農業用地變更使用者。

三、農業主管機關依本條例第34條規定，許可農民團體、農業企業機構或農業試驗研究機構承受耕地證明者。

四、農業主管機關為執行本條例第38條之1或第39條規定，分別核發本條例第38條之1土地作農業使用證明書或農業用地作農業使用證明書者。

五、農業主管機關依本條例第63條規定，核發設置休閒農場之許可者。

依前項各款規定申請辦理者，其費用之收取應分別核計。

第4條

依前條應繳交之費用計算基準如下：

一、申請農業設施之容許使用者，每件收取新臺幣200元。

二、申請農業用地變更使用面積在1公頃以下者，每件新臺幣2000元；面積超過1公頃者，每超過0.5公頃加收新臺幣1000元，超過面積不足0.5公頃者，以0.5公頃計算。

三、申請核發農民團體、農業企業機構或農業試驗研究機構許可承受耕地證明者，每件新臺幣1萬元。

四、申請核發本條例第38條之1土地作農業使用證明書或農業用地作農業使用證明書者，土地一筆，每件收取新臺幣500元；每增加一筆土地另收取新臺幣200元。

五、申請許可設置休閒農場者，每件收取新臺幣1萬元。但未涉及住宿、餐飲、自產農產品加工（釀造）廠、農產品與農村文物展示（區）及教育解說中心等設施者，每件收取新臺幣5000元。

第5條

依本標準應收取之費用由直轄市或縣（市）政府收取之；申請案件需送中央主管機關核准者，應檢附直轄市或縣（市）政府之收費收據。

依本標準收之各項費用，應於申請人申請時繳納。

第6條

依本標準所收取費用之收支依預算程序辦理。

第7條

本標準自發布日施行。

◎農業技術密集或資本密集類目標準（104.2.12行政院農委會修正發布）

項　　目		基　　準
一、農作	(一)種苗生產	應用生物技術、自動化設備、溫室及植物環控栽培設施、網室從事種苗繁殖生產，且相關設施或設備總投資金額，不含土地購置費，達每公頃新臺幣500萬元以上，或總投資金額達新臺幣1億5千萬元以上者。
	(二)作物栽培	應用生物技術、自動化設備、溫室及植物環控栽培設施、網室從事作物或菇蕈栽培，且相關設施或設備總投資金額，不含土地購置費，達每公頃新臺幣500萬元以上，或總投資金額達新臺幣1億5千萬元以上者。
	(三)農作試驗研究	從事植物遺傳資源收集保存與利用、育種、生物技術、種苗繁殖、植物營養、植物生理、栽培管理、自動化栽培、設施栽培、有機栽培、土壤肥料、病蟲害防治、採後處理、資源再利用、作物生態環境、污染防治、檢測檢驗等之試驗研究，並設有專責研究人員與設備、設施者。
	(四)農產品產、製、儲、銷經營	從事農糧產品（含蠶、蜂產品）之加工、集貨、運銷，並與生產相鏈結，其相關設施或設備總投資金額，不含土地購置費，達新臺幣3千萬元以上者。
二、畜牧	(一)種畜禽生產	應用生物技術從事種畜禽或畜禽種原之飼養、培育、改良或繁殖，且新創或擴增相關設施或設備總投資金額（含污染防治），不含土地購置費，達新臺幣3千萬元以上者。
	(二)畜禽飼養	應用自動化設備或環境控制設施從事畜禽飼養，且新創或擴增相關設施或設備總投資金額（含污染防治），不含土地購置費，達新臺幣3千萬元以上者。
	(三)畜產試驗研究	從事畜禽育種、遺傳、生理、營養、飼料作物、畜禽產品利用、污染防治、資源再利用及生物技術等之試驗研究，並設有專責研究人員與設備、設施者。
三、水產	(一)水產種苗生產	從事種魚或水產種苗之培育、改良或繁殖者，並配置養殖槽（池）、污染防制設施及循環水設施，且相關設施或設備總投資金額，不含土地購置費，達新臺幣1千萬元以上者。

項　目	基　準
三、水產	
（二）循環水養殖	應用室內循環水養殖設施養殖水產生物，並同時具備下列條件者： 1.應具室內建築設施並設置養殖槽（池）、池水循環過濾設施、增氧設備、水源儲存設備、污水處理設施、電力供應設備、水質監控與自動投餌控制系統等基本設施。 2.養殖槽（池）與室內養殖建築基地面積配置比率在50%以上。 3.養殖水體應經循環再利用，並應符合下列規定： 　(1)成魚養殖每公噸池水最低養殖量為20公斤；種魚繁殖及魚苗養成每公噸池水最低養殖量為2公斤；養殖池水系統應大於300噸系統。 　(2)成蝦蟹類養殖每公噸池水最低養殖量為2公斤；種魚繁殖及魚苗養成每公噸池水最低養殖量為0.2公斤；養殖池水系統應大於300噸系統。 　(3)觀賞類或其他種類養殖池水系統應大於100噸系統；其基本設施得以固定架設之循環水族箱設置。 4.相關設施或設備總投資金額，不含土地購置費，達新臺幣2千萬元以上者。
（三）水產養殖試驗研究	從事水產生物繁殖、生物技術、節能、節水、育種、遺傳、飼料營養、生理、自動化、水產物生物安全管理、循環水、污染防治之試驗研究，並配置養殖槽（池）及污染防治設施者，其養殖槽（池）設施之配置，不得低於申請場址50%。
（四）水產品產、製、儲、銷經營	從事水產養殖及養殖水產品加工（凍儲、活魚儲運等）整合經營，且相關設施或設備總投資金額，不含土地購置費，達新臺幣3千萬元以上者。
四、林產物及林木種苗生產	應用生物技術、自動化設備從事林木生產、育種、種原保存利用、種苗繁殖者，且相關設施或設備總投資金額，不含土地購置費，達新臺幣1千萬元以上者。
五、推廣教育示範田	農業試驗研究機構設立之實習農場，並設有專責推廣教育人員者。
六、休閒農業	經營符合休閒農業輔導管理辦法，面積合計達1公頃以上，並已取得許可登記證之休閒農場，且相關農業或休閒設施或設備總投資金額，不含土地購置費，設有休閒農業輔導管理辦法第19條第1項第1款至第4款設施，達新臺幣3千萬元以上者；或未含休閒農業輔導管理辦法第19條第1項第1款至第4款設施，達新臺幣1千萬元以上者。

補充規定：
一、從事農產品及水產品之產、製、儲、銷經營細目基準之產業，不得申請承受特定農業區之
　　農牧用地。
二、申請承受耕地許可時，應符合下列規定：
　　㈠檢具農業用地作農業使用證明書作為佐證文件。但申請承受依法拍賣耕地，無法取得
　　　者，不在此限。
　　㈡依適用類目基準，機構內部應設置農業相關專責部門、人員。上述人員應具有職業學校
　　　以上農業相關科系畢業，或曾受各級政府機關辦理或委辦之農業專業訓練達150小時以
　　　上有結業證明書，或具有二年以上農業相關工作經驗並提供佐證文件者。
三、申請承受耕地許可前五年內，不得有下列情事之一：
　　㈠違反本條例第35條、第36條規定，經主管機關依本條例第69條第2項或第72條規定裁處
　　　確定有案者。
　　㈡原持有依本條例第34條規定申請承受之耕地，有擅自出售情形者。
四、從事二個類目以上之產業，其適用之審查類目及基準，依下列順序認定之：
　　㈠各產業之耕地利用區塊能明確區分者，依各該經營類目之基準分別審查認定之。
　　㈡各產業之耕地利用區塊未能明確區分者，依主要產業經營類目之基準審查認定之。
　　㈢無法依前二款規定認定者，依所涉產業經營類目基準之投資金額較高者審查認定之。

◎有關農業用地移轉，所檢附主管機關核發之農業用地作農業使用證明書，應
　自核發之日起至申報移轉現值收件之日或法院拍定之日或辦竣登記之日止，
　在六個月內者，始得適用土地稅法第39條之2第1項規定申請不課徵土地增值
　稅。（89.5.24財政部臺財稅字第0890453867號函）

◎有關農業發展條例第18條所稱之「取得」是否包括繼承或分割繼承案
　（89.10.17行政院農業委員會農企字第890151582號函）

　　　查農業發展條例第18條所稱之「取得」，本會前於本（89）年6月27日以（89）農
企字第890132707號函轉內政部函復略以「不動產之得喪變更，以登記為生效要件，
是以取得土地有效日期係以登記機關土地登記簿之登記日期為準。」惟該函係指買賣
之情形，茲因繼承或分割繼承取得問題再生疑義，經洽詢內政部函復略以「按『不動
產物權，依法律行為而取得設定、喪失及變更者，非經登記不生效力。』、『因繼
承、強制執行、公用徵收或法院之判決，於登記前已取得不動產物權者，非經登記、
不得處分其物權。』、『繼承、因被繼承人死亡而開始。』分為民法第758條、第759
條及第1147條所明定，又查『因繼承而取得不動產物權，係依法律行為以外之事由所
生不動產物權之變動，不受民法第758條所定須經登記始生效力之限制。』最高法院
40年臺上字第1001號著有判例。故因繼承、分割繼承而取得農業用地者，不待登記
即已生效，並應以『被繼承人死亡日期』為農業發展條例修正施行前或後取得之分
際。」是以爾後因繼承或分割繼承涉及農業發展條例第18條「取得」認定疑義，請參
照內政部上開函釋辦理。

◎黃○坑君申報移轉所有農地持分二分之一，其地上未辦理建物所有權登記之農舍未併同移轉，應否通報登記機關一案（90.8.31財政部臺財稅字第0900455423號）

一、案經函准內政部90年8月15日臺（90）內中地字第9009175號函，略以：「……二、按『……其在自有農業用地興建農舍滿五年始得移轉。』、『……第1項及前項農舍起造人應為該農舍坐落土地之所有權人；農舍應與其坐落用地併同移轉或併同設定抵押權；已申請興建農舍之農業用地不得重複申請。』、『……前二項已申請興建農舍之農業用地，直轄市、縣（市）主管建築機關於核發使用執照後，應將農舍坐落之地號及提供興建農舍之所有地號之清冊，送地政機關於土地登記簿上註記。』為農業發展條例第18條第2項、第4項及農業用地興建農舍辦法第9條所明定，故不論條例修正施行前、後取得農業用地，於農業發展條例施行後申請興建之農舍，依上開農業用地興建農舍辦法第9條規定，地政機關需配合管制『農舍』與『其坐落用地』併同移轉或設定抵押權。至農業發展條例修正前興建之農舍，如未辦理建物所有權登記，其坐落之農地辦理移轉時，登記機關尚無從要求農地與農舍應一併移轉。

二、次按非都市土地使用管制，係以各該土地之使用情形，有無違反其編定用地類別之容許使用項（細）目，作為認定管制之依據，是以，農地所有權移轉，其地上未辦理建物所有權第一次登記之農舍未併同移轉，尚不致影響土地使用管制業務之執行；又為管制農業發展條例修正前非都市土地已興建農舍所坐落之該筆土地及其所需配合耕地重複申請建築，前經本部營建署以90年3月14日90營署建管字第012594號函請直轄市、縣（市）政府清查其地號列冊後，逕送地政機關俾於土地登記簿上註記有案。是以，本案本部以為稽徵機關尚無庸通報用地管制部門及登記機關。」請依上開內政部意見辦理。

◎補充核釋101年6月29日農水保字第1011865000號令有關「農業發展條例」第18條所稱取得農業用地，應以土地登記簿所有權部認定之，其取得時點以登記日期為基準之除外情形（102.10.25行政院農委會農水保字第1021866046號令）

　　本會101年6月29日農水保字第1011865000號令應予補充，有關「農業發展條例」第18條所稱取得農業用地，應以土地登記簿所有權部認定之，除下列情形外，其取得時點以登記日期為基準：

一、依民法第759條規定因繼承、強制執行、徵收、法院之判決或其他非因法律行為，於登記前已取得不動產物權者，以原因發生日期為基準。

二、依農地重劃條例第27條規定：「農地重劃後分配於原土地所有權人之土地，自分配確定之日起，視為其原有土地。」爰重劃後分配之土地，應以原有土地取得時點為基準。

三、依公職人員財產申報法規定辦理強制信託之農業用地，於塗銷信託登記回復為委託人所有後，應以該農業用地辦理信託登記前之取得時點為基準。

三、大陸地區人民在臺灣地區取得不動產

　　大陸地區與臺灣地區之兩岸關係，於政治上雖尚難以磨合，但經濟及其他方面卻有密切的交流，故除本書第十二章繼承登記中專款介紹海峽兩岸之繼承外，本節亦專款介紹大陸地區人民在臺灣地區取得不動產之有關規定。

㈠臺灣地區與大陸地區人民關係條例之規定

　　1.地區與人民（第2條）

　　　　本條例用語，定義如左：

　　　　⑴臺灣地區：指臺灣、澎湖、金門、馬祖及政府統治權所及之其他地區。

　　　　⑵大陸地區：指臺灣地區以外之中華民國領土。

　　　　⑶臺灣地區人民：指在臺灣地區設有戶籍之人民。

　　　　⑷大陸地區人民：指在大陸地區設有戶籍之人民。

　　2.民事法律之適用（第41條）

　　　　⑴臺灣地區人民與大陸地區人民間之民事事件，除本條例另有規定外，適用臺灣地區之法律。

　　　　⑵大陸地區人民相互間及其與外國人間之民事事件，除本條例另有規定外，適用大陸地區之規定。

　　　　⑶本章所稱行為地、訂約地、發生地、履行地、所在地、訴訟地或仲裁地，指在臺灣地區或大陸地區。

　　3.行為能力之認定（第46條）

　　　　⑴大陸地區人民之行為能力，依該地區之規定。但未成年人已結婚者，就其在臺灣地區之法律行為，視為有行為能力。

　　　　⑵大陸地區之法人、團體或其他機構，其權力能力及行為能力，依該地區之規定。

　　4.取得、設定與承租之限制（第69條）

　　　　⑴大陸地區人民、法人、團體或其他機構，或其於第三地區投資之公司，非經主管機關許可，不得在臺灣地區取得、設定或移轉不動產物權。但土地法第17條第1項所列各款土地，不得取得、設定負擔或承租。

　　　　⑵前項申請人資格、許可條件及用途、申請程序、申報事項、應備文件、審核方式、未依許可用途使用之處理及其他應遵行事項之辦法，由主管機關擬訂，報請行政院核定之。

◎大陸地區人民在臺灣地區取得設定或移轉不動產物權許可辦法（99.6.23內政部修正發布）

第1條

　　本辦法依臺灣地區與大陸地區人民關係條例（以下簡稱本條例）第69條第2項規定訂定之。

第2條

　　大陸地區人民、法人、團體或其他機構，或其於第三地區投資之公司（以下簡稱陸資公司）申請在臺灣地區取得、設定或移轉不動產物權，有下列情形之一者，應不予許可：

　　一、依土地法第17條第1項各款所定之土地。

　　二、依國家安全法及其施行細則所劃定公告一定範圍之土地。

　　三、依要塞堡壘地帶法所劃定公告一定範圍之土地。

　　四、各港口地帶，由港口主管機關會同國防部及所在地地方政府所劃定一定範圍之土地。

　　五、其他經中央目的事業主管機關劃定應予禁止取得之土地。

第3條

　　大陸地區人民、法人、團體或其他機構，或陸資公司申請在臺灣地區取得、設定或移轉不動產物權，有下列情形之一者，得不予許可：

　　一、影響國家重大建設者。

　　二、涉及土地壟斷投機或炒作者。

　　三、影響國土整體發展者。

　　四、其他經中央目的事業主管機關認為足以危害國家安全或社會安定之虞者。

第4條

　　符合下列情形之一者，得為不動產登記之權利主體：

　　一、大陸地區人民。但現擔任大陸地區黨務、軍事、行政或具政治性機關（構）、團體之職務或為成員者，不得取得或設定不動產物權。

　　二、經依本條例許可之大陸地區法人、團體或其他機構。

　　三、經依公司法認許之陸資公司。

第5條

　　依本辦法所檢附大陸地區製作之文書，應先經由行政院設立或指定之機構或委託之民間團體予以驗證。

第6條

　　大陸地區人民取得、設定或移轉不動產物權，應填具申請書，並檢附下列文件，向該管直轄市或縣（市）政府申請審核：

　　一、申請人身分證明文件。

二、依前條規定經驗證之證明文件。

三、其他經內政部規定應提出之文件。

直轄市或縣（市）政府為前項之審核通過後，應併同取得、設定或移轉不動產權利案件簡報表，報請內政部許可。

第6條之1

大陸地區人民取得供住宅用不動產所有權，於登記完畢後滿三年，始得移轉。但因繼承、強制執行、徵收或法院之判決而轉移者，不在此限。

取得前項供住宅用不動產，於登記完畢後三年內，不得辦理土地權利移轉之預告登記。

第7條

大陸地區法人、團體或其他機構，或陸資公司，為供下列業務需要，得取得、設定或移轉不動產物權：

一、業務人員居住之住宅。

二、從事工商業務經營之廠房、營業處所或辦公場所。

三、其他因業務需要之處所。

依前項所定業務需要申請取得、設定或移轉不動產物權者，應填具申請書，並檢附下列文件，向該管直轄市或縣（市）政府申請審核：

一、第4條第2款或第3款規定之資格證明文件。

二、依第5條規定經驗證之證明文件。

三、其他經內政部規定應提出之文件。

直轄市或縣（市）政府為前項之審核通過後，應併同取得、設定或移轉不動產權利案件簡報表，報請內政部許可。

第8條（刪除）

第9條

大陸地區法人、團體或其他機構，或陸資公司，從事有助於臺灣地區整體經濟或農牧經營之投資，經中央目的事業主管機關同意後，得申請取得、設定或移轉不動產物權。

依前項規定申請取得、設定或移轉不動產物權者，應填具申請書，並檢附下列文件，向該管直轄市或縣（市）政府申請審核：

一、第4條第2款或第3款規定之資格證明文件。

二、依第5條規定經驗證之證明文件。

三、中央目的事業主管機關同意之文件。

四、其他經內政部規定應提出之文件。

直轄市或縣（市）政府為前項之審核通過後，應併同取得、設定及移轉權利案件簡報表，報請內政部許可。

第1項所稱整體經濟之投資，指下列各款投資：

一、觀光旅館、觀光遊樂設施及體育場館之開發或經營。

二、住宅及大樓之開發或經營。

三、工業廠房之開發或經營。

四、工業區及工商綜合區之開發或經營。

五、其他經中央目的事業主管機關公告投資項目之開發或經營。

第1項所稱農牧經營之投資，指符合行政院農業委員會公告之農業技術密集與資本類目及標準之投資。

第9條之1

大陸地區人民來臺投資許可辦法之投資人，從事該辦法之投資行為，應依該辦法之規定，經經濟部許可後，始得申請取得、設定或移轉不動產物權。

第10條

依前條第1項規定申請中央目的事業主管機關同意時，其投資計畫涉及二以上中央目的事業主管機關者，申請人應依其投資事業之主要計畫案，向該管中央目的事業主管機關申請；該管中央目的事業主管機關無法判定者，由行政院指定之。

第11條

中央目的事業主管機關得視發展現況及產業需求，訂定各類用地總量管制基準，作為准駁之依據，並於核准後列冊管理。

第12條

中央目的事業主管機關同意第9條第1項規定之申請案後，應函復申請人，並函知土地所在地之直轄市或縣（市）政府；未經核准者，應敘明理由函復申請人。

前項同意函之內容，應敘明下列事項：

一、申請案件經同意後，應依第9條第2項規定之程序辦理。

二、申請取得之土地，其使用涉及環境影響評估、水土保持、土地使用分區與用地變更及土地開發者，仍應依相關法令規定及程序辦理。

第13條

依第6條、第7條或第9條規定取得、設定或移轉之不動產物權，內政部及直轄市或縣（市）政府，應列冊管理。

第14條

內政部為第6條、第7條或第9條規定之許可時，必要時得邀集有關機關審查之。內政部為第6條或第7條規定之許可時，得訂定一定金額、一定面積及總量管制，作為准駁之依據。

第15條

依第6條、第7條或第9條規定取得、設定或移轉不動產物權，應由申請人檢附內政部許可文件及土地登記規則第34條規定之文件，向不動產所在地之地政機關辦理登記。

地政機關於登記完畢後，應將登記結果，副知內政部及不動產所在地直轄市或縣

（市）政府；第9條所定案件登記結果，並應副知中央目的事業主管機關。

第16條

　　大陸地區法人、團體或其他機構，或陸資公司依第9條規定取得或設定不動產物權，應依核定之投資計畫期限及用途使用；其因故未能依核定期限使用者，應敘明原因，向中央目的事業主管機關申請同意展期。

　　中央目的事業主管機關，應定期稽查其取得、設定不動產物權後之使用情形，並依下列方式處理：

一、未依核定期限使用者，應通知內政部廢止其許可。並由內政部通知直轄市、縣（市）政府限期令其於二年內出售。

二、與核准計畫用途使用情形不符之情事者，應予制止，通知內政部廢止其許可，並由內政部通知直轄市或縣（市）政府限期令其於一年內出售。

三、有違反土地使用分區管制相關法令規定之使用者，應予制止，通知內政部廢止其許可，並由內政部通知直轄市、縣（市）政府限期令其於六個月內出售。

第17條

　　屆期未依前條第2項規定出售之不動產物權，由土地所在地之直轄市或縣（市）政府逕為標售，所得價款發還原權利人；其土地上有改良物者，得併同標售。

　　前項標售之處理程序、價款計算、異議處理及其他應遵行事項，准用依土地法第20條第4項所定之標售辦法辦理。

第18條（刪除）

第19條

　　本辦法所定申請書、表格式，由內政部定之。

第20條

　　本辦法自發布日施行。

　　本辦法修正條文施行日期，由內政部定之。

大陸地區人民（法人、團體或陸資公司）取得設定或移轉不動產物權申請書

一、受理機關：＿＿＿＿＿＿市、縣（市）政府

二、投資事業類別：＿＿＿＿＿＿（非屬投資者免填）

三、申請人基本資料：

姓名（或公司名稱）：（中文）＿＿＿＿＿＿＿

（英文）＿＿＿＿＿＿＿

負責人：

（中文）＿＿＿＿＿＿＿

（英文）＿＿＿＿＿＿＿（非法人、團體或公司者免填）

大陸地區戶籍或第三地區地址（□請填寫郵遞區號碼）

（中文）□□□—＿＿＿＿＿＿＿＿＿＿＿＿＿＿＿＿＿＿

在臺灣地區之住所或設立之機構或辦事處所在地（□請填寫郵遞區號碼）：（無者免填）

□□□—＿＿＿＿＿＿＿＿＿＿＿＿＿＿＿＿＿＿

身分證明文件及號碼：＿＿＿＿＿＿＿＿＿＿＿＿＿＿＿＿＿

公司登記表：＿＿＿＿＿＿＿＿＿＿＿＿＿＿＿＿＿＿＿＿

（非法人、團體或公司者免填）

主管機關認許（可）文號：＿＿＿＿＿＿＿＿＿＿＿＿＿＿

申請代理人：

姓名：（中文）＿＿＿＿＿＿＿

（英文）＿＿＿＿＿＿＿

證明文件或護照字號：＿＿＿＿＿＿＿＿＿＿＿＿＿＿＿

住址：＿＿＿＿＿＿＿＿＿＿＿＿＿＿＿＿＿＿＿＿＿＿

電話：（　　　）＿＿＿＿＿＿＿＿＿＿＿＿＿＿

傳真：（　　　）＿＿＿＿＿＿＿＿＿＿＿＿＿＿

信箱：（　　　）＿＿＿＿＿＿＿＿＿＿＿＿＿＿

文件送達地址（□請填寫郵遞區號碼）

□□□—＿＿＿＿＿＿＿＿＿＿＿＿＿＿＿＿＿＿＿

四、取得（設定或移轉）目的：＿＿＿＿＿＿＿＿＿＿＿＿＿＿

㈠供個人住宅用

㈡供業務人員居住之住宅使用

㈢從事工商業務經營之廠房、營業處所或辦公場所使用

㈣其他因業務（請詳細敘明）需要之處所

㈤整體經濟之投資（請敘明投資項目）

㈥農牧經營之投資（請敘明投資項目）

五、計畫核定限期使用日期：＿＿＿＿＿＿＿＿；投資項目：＿＿＿＿＿＿＿。（非投資者
　　免填）

六、申請取得（設定）不動產基本資料：（筆數過多者，得附清冊）

　　土地資料：

鄉鎮市區	段	小段	地號	面積		權利範圍
				公頃	平方公尺	

　　建物資料：

建號	建物坐落				門牌				面積（平方公尺）	權利範圍
	鄉鎮市區	段	小段	地號	鄉鎮市區	街路段	巷弄	號數		

七、檢附文件：（有檢附下列文件者，請於□內打「✓」）

　　□㈠資格證明文件。

　　□㈡經驗證之證明文件。

　　□㈢中央目的事業主管機關同意文件（非屬投資者免檢附）。

　　□㈣土地登記簿謄本及地籍圖謄本。

　　□㈤土地使用分區證明（土地屬非都市土地者或非屬投資者，免檢附）

　　□㈥其他經內政部規定應提出之文件：＿＿＿＿＿＿＿＿＿＿＿＿＿＿

八、取得設定或移轉不動產（包含土地及建物）權利價值：＿＿＿＿＿＿＿＿

　　　　　　　　　　　　　　　申請人：＿＿＿＿＿＿＿＿（簽章）

　　　　　　　　　　　　　　　申請日期：　年　　月　　日

備註：

1.本申請書得向不動產所在地直轄市或縣（市）政府洽取或網路下載。

2.本申請書製作一式二份，經申請人簽名蓋章後併各項文件向直轄市或縣（市）政府
　申請。

大陸地區人民取得、設定或移轉不動產物權辦理流程表

1. 大陸地區人民（自然人）持大陸地區製作之常住人口登記表或居民身分證文書，向大陸地區縣市公證處公證後，再向財團法人海峽交流基金會申請驗證。
2. 委託他人辦理，如受託人為大陸地區人民，受託人之身分證明文件及委託書仍應經財團法人海峽交流基金會驗證。

由申請人向直轄
市、縣（市）政府
申請

大陸地區人民或台灣地區之代理人檢附下列證件向直轄市、縣（市）政府申請審核：
1. 申請書（向土地所在地之直轄市、縣（市）政府地政局索取或網路下載）
2. 申請人身分證明文件（大陸地區常住人口登記表、居民身分證、其他證照或足資證明身分文件影本）
3. 委託書（如委託他人處理者，須檢附）
4. 申請書規定應檢附之文件。
註：以上2與3之文件，須經海基會驗證。

直轄市、縣（市）
政府審核結果

直轄市、縣（市）政府審核：
1. 敘明有無本許可辦法第2及第3條之情形並分析後，連同權利案件簡報表報請內政部許可。
2. 敘明不符理由或應予補正理由，退還申請人或代理人。

補正

通知申請人或代理人限期補正完成。

駁回

敘明理由將申請書及證明文件退還申請人或代理人。

報請內政部審查

內政部審查結果：
1. 許可者，函復直轄市、縣（市）政府；同時副知行政院大陸委員會及土地所在地之地政事務所。
2. 不許可者，敘明理由函復直轄市、縣（市）政府。

不許可

敘明理由函復直轄市、縣（市）政府。

許可

持內政部許可函及檢附土地登記規則第34條規定之文件向土地所在地之地政事務所辦理登記事宜。

◎關於辦理大陸地區人民在臺灣地區取得設定或移轉不動產物權之聯繫執行事宜（91.10.4內政部臺內地字第0910061821號函）

關於辦理大陸地區人民在臺灣地區取得設定或移轉不動產物權之聯繫執行事宜，經本部本（91）年8月29日邀集行政院大陸委員會、行政院經濟建設委員會、行政院農業委員會、行政院國家科學委員會、財團法人海峽交流基金會、中央銀行、法務部、外交部、交通部、經濟部、財政部、國防部、國家安全局及各直轄市及縣（市）政府等有關機關會商，獲致結論如下：

一、依大陸地區人民在臺灣地區取得設定或移轉不動產物權許可辦法第5條規定，大陸地區人民向財團法人海峽交流基金會申請驗證應檢附大陸地區製作之常住人口登記表或居民身分證，向大陸地區當地縣市公證處公證後，再向財團法人海峽交流基金會申請驗證。其委託他人辦理者，如受託人為大陸地區人民，受託人之身分證明文件仍應經財團法人海峽交流基金會之驗證。

二、依大陸地區人民在臺灣地區取得設定或移轉不動產物權許可辦法第7條或第9條規定申請取得設定或移轉不動產物權時，如係屬相關商業行為及投資事宜者，因臺灣地區與大陸地區人民關係條例尚未完成修法程序，其管制規定，尚未確定，暫不受理。至已因業務需要經行政院大陸委員會等機關核准在臺設立分公司之港龍航空公司及澳門航空公司，得受理其申請取得設定或移轉不動產物權。

三、依大陸地區人民在臺灣地區取得設定或移轉不動產物權許可辦法第14條第1項規定：內政部為第6條、第7條或第9條規定之許可時，必要時得邀集有關機關審查之。審查時由內政部視申請案件之內容，依個案情況決定是否邀有關機關會同審查。待執行一段時間後，視情況再決定是否訂定審查作業規範。

四、對於附有一定金額之大陸資金進出之申請案件，應請中央銀行參與審核。

◎關於「大陸地區人民在臺灣地區取得設定或移轉不動產物權許可辦法」各界所提建議事項有關機關會商結論（91.11.12內政部臺內地字第0910072189號函）

「大陸地區人民在臺灣地區取得設定或移轉不動產物權許可辦法」（以下簡稱本許可辦法），經本部91年8月8日臺內地字第0910071523號令發布後，本部於本年9月20日、24日、26日及10月4日於北、中、南、東舉辦四梯次說明會，對於說明會中各界所提建議事項，本部於本年10月28日邀集有關機關會商，獲致結論如下：

一、「大陸地區人民、法人、團體或其他機構，或其於第三地區投資之公司，非經主管機關許可，不得在臺灣地區取得、設定或移轉不動產物權。但土地法第17條第1項所列各款土地，不得取得、設定負擔或承租。……」及「未經許可之大陸地區法人、團體或其他機構，不得在臺灣地區為法律行為。」分為臺灣地區與大陸地區人民關係條例（以下簡稱本條例）第69條及第70條所明定，由政府開放陸資取得不動產為目前既定政策，惟對於以大陸地區法人、團體或其他機構為權利主體之認定及許可，本條例欠缺明文規定，致無法因業務需要取得臺灣地區之不動

產，為配合本條例第69條及本許可辦法第7條之執行，在本條例相關法規未修正完成程序前，對於大陸地區法人、團體或其他機構申請取得、設定或移轉不動產之處理機關，已採個人受理，由內政部為受理窗口，邀集有關機關聯合審查，且內政部許可僅限於不動產買賣之法律行為，不包括不動產買賣以外之其他法律行為，以上處理方式報請行政院核定後辦理。

二、有關依本許可辦法第18條規定得檢附得許可函文件或土地建物登記簿謄本，申請許可進入臺灣地區之停留期間太短及如何放寬大陸地區人民進入臺灣地區參觀不動產，俾便增加購買不動產意願問題，宜循修正本許可辦法或其他相關規定方式研辦，原則於本許可辦法中增訂大陸地區人民得進入臺灣地區參觀不動產，自入境翌日起不得逾十日，必要時得申請延期一次，期間不得逾十日及每年總停留期間不得逾一個月；另修正許可辦法，得以取得許可函文件或土地建物登記簿謄本，申請許可進入臺灣之停留期間，自入境翌日起不得逾十日，必要時得申請延期一次，期間不得逾十日及每年總停留期間不得逾二個月。

三、對於依本許可辦法所取得之不動產之繼承問題，因欠缺明確規定，為保障購買者之權益，宜由行政院大陸委員會予以函釋，併入本許可辦法中規定之。

四、關於陸資在臺購置之不動產是否得開放向臺灣地區金融機構擔保借款乙節，行政院大陸委員會認與開放陸資來臺購置不動產之政策本旨未符，現階段仍不開放，並參照財政部79年9月4日臺財融字第790266344號函辦理。

五、為簡化程序，依本許可辦法取得之不動產時，得於地政事務所設立土地登記印鑑卡，嗣後移轉時，依本許可辦法規定之程序報請中央主管機關核可，無須再檢附財團法人海峽交流基金會之驗證文件。

六、對於建設公司已申請建照且尚在興建中之預售屋推案，得否整批出售由法人或陸資公司承接辦理疑義乙案，因涉需經認許之法人資格，始能從事法律行為及從事營建法律行為之許可機關為何暨取得土地之許可事宜，視個別案情之申請，再予專案審查。

七、大陸地區人民之資金如何進入臺灣地區購買不動產，其流程及應附文件為何乙節，請依中央銀行86年5月31日（86）臺央外伍字第0401325號函規定辦理。

八、依據大陸地區專業人士來臺從事專業活動許可辦法第17條第2項規定，同一申請案應團近團出，惟如有大型會議或參觀不動產案，建議能放寬處理乙節，建請行政院大陸委員會對於依各種規定進入臺灣地區之大陸人民，如附帶參觀不動產，予以從寬處理。

九、如大陸地區人民取得不動產物權，其權利價值是否應於簡報表適當欄載明乙節，應修正簡報表格式，增加欄位填載。

十、大陸地區人民申請不動產物權之取得設定或移轉登記，是否可參考外人地權之簡化程序，採單一窗口作業乙節，請內政部地政司邀集各直轄市及縣（市）政府討論，儘量循簡化程序辦理。

十一、當大陸地區人民或法人取得內政部許可函後，可否單獨向地政事務所申請登記？如大陸地區申請人為義務人時，其申辦登記時應檢附之證件為何乙節，其辦理程序及應檢附之證件，除有特別規定外，應同臺灣地區人民之規定辦理。

十二、有關內政部91年10月4日臺內地字第0910061821號函所附大陸地區人民取得、設定或移轉不動產物權辦理流程表中內政部審核後函復申請人及相關單位，請配合增訂於本許可辦法條文內，俾便規定一致乙節，本流程表係屬行政機關內部程序，無須增訂於本許可辦法條文內。

◎大陸地區人民在臺購置取得不動產物權其大陸繼承人得否繼承不動產物權疑義（92.1.15內政部臺內地字第0920002107號函）

　　關於大陸地區人民在臺購置取得不動產物權，其大陸繼承人得否繼承該不動產物權疑義乙案，依行政院大陸委員會首揭函略以：「……且第69條或其許可辦法，對於大陸地區人民之『取得』不動產物權，並未限定取得原因，因此，解釋上亦應適用於因繼承而取得不動產物權之情形。是以為符合斯修正之第69條開放大陸地區人民取得不動產物權之整體規範精神，復以參酌第67條『避免臺灣地區資金大量流入大陸地區』之立法意旨，如大陸地區人民繼承大陸地區人民在臺灣地區之遺產，而該遺產係大陸地區之被繼承人，自大陸地區移入臺灣地區或其變形、或交換所得之財產，例如依第69條規定經許可在臺購置取得之不動產，應無第67條之適用。」是以依臺灣地區與大陸地區人民關係條例第69條規定核准取得之不動產，發生繼承情事時，得依法申請繼承登記。

◎大陸地區人民不得以受贈方式申請取得臺灣地區土地及建物（92.7.18內政部臺內地字第0920010567號函）

一、依據行政院大陸委員會92年7月11日陸經字第0920007589號函辦理；兼復　貴府92年4月8日府地籍字第09200649300號函。

二、案經函准行政院大陸委員會首揭函以：「臺灣地區與大陸地區人民關係條例第69條係為落實經發會開放陸資來臺投資不動產之共識，爰據以授權　貴部訂定『大陸地區人民在臺灣地區取得設定或移轉不動產物權許可辦法』，本件大陸地區人民申請以贈與方式取得臺灣地區不動產，與該辦法立法意旨不符，本即無適用該辦法之問題。」本案請以該會函釋辦理。

◎大陸地區人民、陸資法人在臺灣地區取得之不動產未依原申請用途使用之處理原則，以及大陸地區人民在臺取得國民身分證後其不動產之相關事宜（103.10.13內政部臺內地字第10313013851號函）

一、茲為落實大陸地區人民、陸資法人（以下合稱陸資）在臺取得不動產依原申請之用途使用，以達管理之效，本部以103年1月3日臺內地字第1020384302號函請各直轄市、縣（市）政府每半年清查轄區內經本部許可案件其辦理登記情形及實際使用狀況，於103年1月及7月底前將經許可取得案件之訪查資料回報本部，合先敘明。

二、依各直轄市、縣（市）政府訪查結果，發現有少數大陸地區人民取得住宅用不動產疑似有出租或登記為公司所在地之情形，以及大陸地區人民在臺取得國民身分證，登記機關於辦竣統一編號更正登記未通報轄區直轄市、縣（市）政府及本部之狀況。為能確實管理陸資在臺取得不動產情形，請依以下說明辦理：

　(一)各直轄市、縣（市）政府派員訪查發現陸資依大陸地區人民取得設定或移轉不動產物權許可辦法（以下稱許可辦法）第6條、第7條規定許可取得之不動產，如有違反原申請用途使用者，請以面告、書面通知或公示方式勸導原申請人依規定回復原申請用途使用，並追蹤管理。爾後各直轄市、縣（市）政府審查陸資申請取得不動產案件時，應請申請人切結取得不動產僅供申請用途使用（自住或業務使用）不得移作他用，另請持續依本部103年1月3日臺內地字第1020384302號函，辦理陸資在臺取得不動產之訪查工作，於每年1月及7月底前將訪查資料回報本部。

　(二)查大陸地區人民在臺取得國民身分證後，其權利義務應等同臺灣地區人民，其取得或設定之不動產應無繼續列管之必要，登記機關於辦理所有權人或他項權利人統一編號更正登記（同時塗銷大陸地區人民身分證號）時，併請塗銷所有權部或他項權利部其他登記事項欄「本標的於登記完畢後3年內不得辦理權利移轉之預告登記，滿3年始得移轉，但因繼承、強制執行、徵收或法院判決而移轉者，不在此限」及「依臺灣地區與大陸地區人民關係條例第69條及大陸地區人民在臺灣地區取得設定或移轉不動產物權許可辦法第○規定許可取得（設定）」等相關註記事項，於辦畢登記後，請參照許可辦法第15條規定，將登記結果副知直轄市、縣（市）政府及本部。

◎修正「大陸地區人民在臺灣地區取得設定或移轉不動產物權許可辦法」第14條規定有關「大陸地區人民在臺灣地區取得不動產物權採行總量管制之數額及執行方式」（104.3.19內政部臺內地字第1040404695號令）

一、總量管制數額

　(一)長期總量管制：土地1300公頃，建物2萬戶。

　(二)每年許可大陸地區人民申請取得不動產數額（以下簡稱年度數額）：土地13公頃，建物400戶，年度數額有剩餘者，不再留用。

　(三)集中度數額管制：大陸地區人民取得同棟或同一社區之建物，以總戶數10%為上限；總戶數未達10戶者，得取得1戶。

二、執行方式

　(一)適用對象：大陸地區人民依大陸地區人民在臺灣地區取得設定或移轉不動產物權許可辦法第6條規定，申請取得不動產物權案件。

　(二)認定方式：

　　1.土地部分以申請書所載土地標示面積總和；建物「戶」以申請書所載主建號計算。

2.同一社區總戶數之認定，以同一使用執照建物總戶數為計算基準；多棟透天式建物，各自領有使用執照且共同成立公寓大廈組織並經報備有案者，視為同一社區，以報備之總戶數為計算基準。

3.其他未能依前二款認定者，由內政部會同有關機關個案審查認定。

㈢收件及審核方式：

1.直轄市、縣（市）政府審核集中度數額管制時，應依申請案送達該府之收件時間定其順序審核，並依該順序報請內政部許可；報請許可時，應查明案內同棟或同一社區建物登記情形（含總戶數、已許可取得、已登記或已申請件數），供內政部審核參考。

2.內政部應依收件時間定其順序審核。總量管制數額依許可順序編號，依序核給。申請案超過長期總量或年度數額管制上限者，內政部應予駁回。

3.申請案超過集中度數額管制上限者，內政部應依直轄市、縣（市）政府收件時間，依序駁回。

4.申請案有應補正之情形，經限期補正，屆期未補正或補正後仍不完全者，直轄市、縣（市）政府應不予受理。

㈣彈性調整：內政部原則每半年檢討總量管制數額；必要時並得視年度數額使用情形，邀集相關機關及各直轄市、縣（市）政府會商後，機動檢討調整。

◎大陸地區人民來臺投資許可辦法之投資人申請取得、設定或移轉不動產物權之規範（104.12.7內政部臺內地字第1041310692號令）

有關大陸地區人民在臺灣地區取得設定或移轉不動產物權許可辦法（以下簡稱物權許可辦法）第9條之1規定，大陸地區人民來臺投資許可辦法之投資人依物權許可辦法規定申請取得、設定或移轉不動產物權之規範如下：

一、適用對象

㈠大陸地區人民來臺投資許可辦法之投資人在臺灣地區設立之分公司。

㈡大陸地區人民來臺投資許可辦法第5條所稱「陸資投資事業」之臺灣地區公司。

二、大陸地區人民來臺投資許可辦法第5條「陸資投資事業」之臺灣地區公司，其公司登記機關核發之設立、變更登記表或其抄錄本、影本，標註有「陸資」者，應請該公司提供最新之股東名冊，以審核確認各陸資持股數（股份有限公司適用）或出資額（有限公司適用）占該公司已發行股份總數或資本總額之比率有無超過三分之一；並應檢附切結書聲明是否屬上開投資許可辦法之陸資投資事業之臺灣地區公司，如有不實願負法律責任。

第二節　買賣移轉登記

一、概　述

㈠買賣與權利義務

1. 所謂買賣，係當事人約定一方移轉財產權予他方，他方支付價金之契約。（民第345條）買賣行為係債之性質，故民法將買賣各種規定，置於債編。
2. 物之出賣人，負交付其物於買受人，並使取得該物所有權之義務，如因其權利而得占有一定之物者，並負交付其物之義務。（民第348條）故於買賣場合及登記過程中，稱出賣人為義務人，稱承買人為權利人。

㈡實際交易價格超過公定價格

　　土地或房屋之實際交易價格，超過政府公告或評定價格，當事人如以公告或評定價格申報繳納土地增值稅或契稅，不違反稅捐稽徵法第41條之規定：
（71.11.3財政部臺財稅字第38007號函）

1. 查土地稅法第30條第1項規定：「土地漲價總數額之計算，以納稅義務人及權利人申報移轉或申報設定典權時，該土地之公告現值為計算基礎。但申報之土地實際移轉現值超過公告現值者，應以自行申報之移轉現值為計算基礎。」依上項規定，土地移轉原則上以公告現值為準，計課土地增值稅。故土地之實際交易價格超過公告現值，當事人如以公告現值申報繳納土地增值稅，尚無稅捐稽徵法第41條規定之適用。
2. 依照本部65年11月29日臺財稅字第37863號函釋示：「不動產移轉應徵契稅，一律按申報時當地不動產評價委員會評定之標準價格課徵，但如當事人申報之移轉價格超過標準價格而自願以移轉價格繳納契稅者，准按移轉價格課徵。事後如經檢舉或查獲實際移轉價格高於申報價格，均免依契稅條例第26條規定補稅送罰。」故房屋之實際交易價格超過評定之標準價格，當事人如以評定之標準價格申報繳納契稅，亦無稅捐稽徵法第41條規定之適用。

㈢買賣以贈與論者，應另行申報贈與稅

1. 財產之移動，具有下列情形之一者，以贈與論，依本法規定，課徵贈與稅：（遺贈稅第5條）
   ⑴在請求權時效內無償免除或承擔債務者，其免除或承擔之債務。
   ⑵以顯著不相當之代價，讓與財產，免除或承擔債務者，其差額部分。
   ⑶以自己之資金，無償為他人購置財產者，其資金。但該財產為不動產者，其不動產。
   ⑷因顯著不相當之代價，出資為他人購置財產者，其出資與代價之差額部分。

(5)限制行為能力人或無行為能力人所購置之財產，視為法定代理人或監護人之贈與。但能證明支付之款項屬於購買人所有者，不在此限。

(6)二親等以內親屬間財產之買賣，但能提出已支付價款之確實證明，且該已支付之價款非由出賣人貸與或提供擔保向他人借得者，不在此限。

2.前述所謂「不在此限」，並非不必申報贈與稅，乃係申報贈與稅後，經主管機關查核屬實，發給免稅證明者也。

3.申報贈與稅依法應於契約成立日起三十日內申報，通常係於增值稅及契稅繳納後。有關贈與稅申報，請參閱本書第四章。

四父母處分未成年子女之房地產應有所加註

父母處分未成年子女所有之土地權利，申請登記時，應於登記申請書適當欄記明確為其利益處分並簽名。（土登第39條第1項）

◎限制行為能力之未成年人辦理不動產權利取得登記，應由父母共同行使權利或負擔義務（88.8.16內政部臺內地字第8881881號函）

按「對於未成年子女之權利義務，除法律另有規定外，由父母共同行使或負擔之。」為民法第1089條第1項之規定，又民法第77條規定「限制行為能力人為意思表示及受意思表示，應得法定代理人之允許。但純獲法律上之利益或依其年齡及身分，日常生活所必需者，不在此限。」此所稱「純獲法律上之利益」，係指在同一行為中，限制行為能力人單純享有法律上之利益，而不負擔任何法律上之義務而言。有關限制行為能力之未成年人辦理不動產權利取得登記，是否符合上開民法第77條但書規定，因權利取得之原因或為買賣，或為贈與，或為繼承等，不一而足，尚難一體認定其均無需負擔任何義務而單純享有利益，是故父母代理其未成年子女申辦不動產權利取得登記，仍請依本部87年11月23日臺內地字第8712256號函釋規定辦理。

◎未成年子女申辦不動產登記除法令另有規定外，應由父母共同行使權利或負擔義務（87.11.23內政部臺內地字第8712256號函）

按85年9月25日修正公布之民法第1089條第1項規定「對於未成年子女之權利義務，除法律另有規定外，由父母共同行使或負擔之，父母之一方不能行使權利時，由他方行使之。父母不能共同負擔義務時，由有能力者負擔之。」其立法精神旨在規定父母對於未成年子女權利義務之行使或負擔應以共同行使為原則，是本案有關林○○代理賴○○等三人申辦臺中市南屯區○○段○○地號土地及○○建號建物抵押權內容變更登記，同意 貴處所擬意見，由父母雙方會同簽名或蓋章後，地政機關始予受理。惟倘其父母對未成年子女之權利義務行使意思不一時，仍應依同法條第2項「父母對於未成年子女重大事項權利之行使意思不一致時，得請求法院依子女之最佳利益酌定之。」規定辦理。

(五)聲請法院許可

1.民法第1101條

監護人對於受監護人之財產，非為受監護人之利益，不得使用、代為或同意處分。

監護人為下列行為，非經法院許可，不生效力：

(1)代理受監護人購置或處分不動產。

(2)代理受監護人，就供其居住之建築物或其基地出租、供他人使用或終止租賃。

監護人不得以受監護人之財產為投資。但購買公債、國庫券、中央銀行儲蓄券、金融債券、可轉讓定期存單、金融機構承兌匯票或保證商業本票，不在此限。

2.民法第1102條

監護人不得受讓受監護人之財產。

3.土地登記規則第39條第2項

未成年人或受監護宣告之人，其監護人代理受監護人或受監護宣告之人購置或處分土地權利，應檢附法院許可之證明文件。

(六)優先購買權之處理

1.共有人優先購買權

(1)土地法第34條之1第4項規定，共有土地或共有建築改良物，共有人出賣其應有部分時，他共有人得以同一價格共同或單獨優先承購。

(2)土地法第34條之1第4項規定之優先購買權，於區分所有建物之專有部分連同其基地應有部分之所有權一併移轉與同一人所有之情形，不適用之。（土登第98條）

(3)申請土地權利移轉登記時，依民法物權編施行法第8條之5第3項、第5項、土地法第34條之1第4項、農地重劃條例第5條第2款、第3款或文化資產保存法第28條規定之優先購買權人已放棄優先權者，應附具出賣人之切結書，或於登記申請書適當欄記明「優先購買權人確已放棄其優先購買權，如有不實，出賣人願負法律責任」字樣。（土登第97條第1項）

(4)土地法第34條之1第4項所定共有人之優先承購權僅為共有人間之權利義務關係，如共有人違反此項義務將其持分出賣與他人並已辦畢持分移轉登記，其他共有人僅得請求損害賠償權不得指該買賣契約及移轉登記均為無效。（最高法院70年度臺上字第2049號判決）

(5)關於本項優先購買權，請參閱本節後述之「土地法第34條之1之執行要點」。

2.地上權人等優先購買權

　(1)土地法第104條規定，基地出賣時，地上權人、典權人或承租人有依同樣條件優先購買之權。房屋出賣時，基地所有權人有依同樣條件優先購買之權。其順序以登記之先後定之。前項優先購買權人，於接到出賣通知後十日內不表示者，其優先權視為放棄。出賣人未通知優先購買權人而與第三人訂立買賣契約者，其契約不得對抗優先購買權人。

　(2)依民法第426條之2、第919條、土地法第104條、第107條或耕地三七五減租條例第15條或農地重劃條例第五條第一款規定，優先購買權人放棄或視為放棄其優先購買權者，申請人應檢附優先購買權人放棄優先購買權之證明文件；或出賣人已通知優先購買權人之證件並切結優先購買權人接到出賣通知後逾期不表示優先購買，如有不實，願負法律責任字樣。（土登第97條第2項）

3.異議之處理

　依前二項規定申請之登記，於登記完畢前，優先購買權人以書面提出異議並能證明確於期限內表示願以同樣條件優先購買或出賣人未依通知或公告之條件出賣者，登記機關應駁回其登記之申請。（土登第97條第3項）

4.承租人之優先購買權

　土地法第107條及耕地三七五減租條例第15條規定，出租人出賣耕地，承租人有依同樣條件優先承買之權。得比照土地法第104條之處理方法辦理。

5.優先購買權之競合

　前述土地法第34條之1第1項所訂他共有人之優先承買權（債權性質），與土地法第104條或第107條所定之優先購買權（物權性質）發生競合時，應優先適用土地法第104條或第107條之規定，因物權優於債權之故也。

6.其他有關規定

　(1)民法第426條之2：租用基地建築房屋，出租人出賣基地時，承租人有依同樣條件優先承買之權。承租人出賣房屋時，基地所有人有依同樣條件優先承買之權。

　前項情形，出賣人應將出賣條件以書面通知優先承買權人。優先承買權人於通知達到後十日內未以書面表示承買者，視為放棄。

　出賣人未以書面通知優先承買權人而為所有權之移轉登記者，不得對抗優先承買權人。

　(2)民法第919條：出典人將典物出賣於他人時，典權人有以相同條件留買之權。

　前項情形，出典人應以書面通知典權人。典權人於收受出賣通知後十日內不以書面表示依相同條件留買者，其留買權視為拋棄。

　出典人違反前項通知之規定而將所有權移轉者，其移轉不得對抗典權人。

(3)民法物權編施行法第8條之5：同一區分所有建築物之區分所有人間為使其共有部分或基地之應有部分符合修正之民法第799條第4項規定之比例而為移轉者，不受修正之民法同條第5項規定之限制。

民法物權編修正施行前，區分所有建築物之專有部分與其所屬之共有部分及其基地之權利，已分屬不同一人所有或已分別設定負擔者，其物權之移轉或設定負擔，不受修正之民法第799條第5項規定之限制。

區分所有建築物之基地，依前項規定有分離出賣之情形時，其專有部分之所有人無基地應有部分或應有部分不足者，於按其專有部分面積比例計算其基地之應有部分範圍內，有依相同條件優先承買之權利，其權利並優先於其他共有人。

前項情形，有數人表示優先承買時，應按專有部分比例買受之。但另有約定者，從其約定。

區分所有建築物之專有部分，依第2項規定有分離出賣之情形時，其基地之所有人無專有部分者，有依相同條件優先承買之權利。

前項情形，有數人表示優先承買時，以抽籤定之。但另有約定者，從其約定。

區分所有建築物之基地或專有部分之所有人依第3項或第5項規定出賣基地或專有部分時，應在該建築物之公告處或其他相當處所公告五日。優先承買權人不於最後公告日起十五日內表示優先承買者，視為拋棄其優先承買權。

(4)農地重劃條例第5條：重劃區內耕地出售時，其優先購買權之次序如左：
①出租耕地之承租人。
②共有土地現耕之他共有人。
③毗連耕地之現耕所有權人。

(5)文化資產保存法第28條：古蹟及其所定著土地所有權移轉前，應事先通知主管機關；其屬私有者，除繼承者外，主管機關有依同樣條件優先購買之權。

◎所有權人依土地法第104條以郵局存證信函通知地上權人優先購買，遭地上權人拒收，是否發生通知效力？（79.5.23內政部臺內地字第794199號函）

經函准法務部前開函以：「按非對話而為意思表示者，其意思表示以通知達到相對人時發生效力，民法第95條第1項前段定有明文。所謂達到，係指意思表示達到相對人之支配範圍內，相對人隨時可了解其內容之客觀狀態而言。若表意人以書信為意思表示，該書信達到相對人，相對人無正當理由而拒絕接收時，該書信既已達到相對人之支配範圍內，相對人隨時可了解其內容，應認為已達到而發生效力（參照最高法院58年臺上字第715號判例及75年度臺抗字第255號裁定）。關於基地或房屋所有權人

依土地法第104條規定，對於優先購買權人所為之出賣通知，雖非屬意思表示，而係屬準法律行為，惟得類推適用上開法條之規定，即以出賣通知已達到優先購買權人之支配範圍內，該優先購買權人隨時可了解其內容時，即發生效力。如該優先購買權人無正當理由而拒絕收受，其通知仍發生效力。」

◎**權利人依土地登記規則第27條第4款及第102條規定，單獨申請土地所有權移轉登記，有關優先購買權處理疑義一案**（81.3.26內政部臺內地字第8172206號函）

一、按「申請土地移轉登記時，依土地法第34條之1第4項規定之優先購買權人已放棄優先購買權者，應附具出賣人之切結書或於申請書適當欄記明『優先購買權人確已放棄其優先購買權，如有不實，出賣人願負法律責任』字樣。但依同法第104條或第107條規定優先購買權人放棄其優先購買權者，應檢附證明文件。依前項規定申請登記，於登記完畢前，優先購買權人以書面提出異議者，除其優先權已依法視為放棄者外，登記機關應駁回登記之申請。」為土地登記規則第77條所明定。

二、又按司法院秘書長81年3月5日（81）秘臺廳㈠字第02500號函以：「按法院因被告應履行買賣契約，而命其辦理不動產所有權移轉登記之判決，係命其履行債務之給付判決，其效力不及於該判決當事人以外之第三人及訴訟標的以外之法律關係……。故依法對該不動產有優先購買權之人，對於判決當事人持憑該判決辦理所有權移轉登記，提出優先購買權之主張而為異議者，則屬原確定判決當事人以外之第三人，就該判決訴訟標的以外之另一法律關係所為之爭執，非原確定判決之效力所得拘束。如何處理其異議辦理登記，自屬貴部所屬機關依土地登記規則第77條規定執行職務之職權範圍，似宜由貴部依上開主管法令逕行裁奪。」

三、本部同意上開司法院秘書長意見。準此，法院於命被告應履行買賣契約義務，辦理所有權移轉登記予原告之判決主文與內容，倘未提及優先購買權人已放棄其優先權，而系爭不動產之買賣，依法涉及優先購買權情事者，權利人持憑該判決依土地登記規則第27條第4款規定，單獨申辦所有權移轉登記時，仍應依土地登記規則第77條規定辦理。至於出賣人如未依法通知優先購買權人，得由權利人代為通知。又權利人依土地登記規則第102條規定，單獨申辦承買土地所有權移轉登記時亦同。

◎**關於地上權人適用土地法第104條規定之優先購買權疑義乙案**（89.6.8內政部臺內地字第8907933號函）

案經函准法務部89年5月18日法89律字第014411號函以：「按民國64年7月24日修正公布之土地法第104條第1項規定，其修正理由謂：『地上權人、典權人或承租人，乃係房屋出賣時之直接占有人，對其有直接占領關係。倘因該房屋之出售而解除彼此既存之法律關係時，上開權利人若不能以同一價格優先承購，顯屬不公，故本條明文規定，賦與上開權利人優先購買權，俾使基地與其地上之房屋合歸一人所有，土地之利用與其所有權併於同一主體，以求其所有權之完整，使其法律關係單純化，並藉以

充分發揮土地之利用價值，盡經濟上之效用，並杜常當事人間之紛爭。是有本條第1項之規定也。』而最高法院84年度臺上字第1750號判決認：『按土地法第104條第1項規定基地出賣時，地上權人或承租人有依同樣條件優先購買之權，旨在使基地與基地上之房屋合歸一人所有，以盡經濟上之效用，並杜紛爭，如基地地上權人於基地上根本未為房屋之建築者，當無該條項規定之適用。……原審竟以被上訴人縱未在該地上權土地上建屋仍得於日進行建築而為上訴人不利之論斷，其法律見解不無違誤。』同院84年度臺上字第83號判決認：『土地法第104條關於基地或房屋優先購買權之規定，旨在使房屋與基地之所有權合歸於一人所有，使法律關係單純化，以盡經濟上之效用，並杜紛爭。故必須對於基地有地上權、典權或租賃關係之存在，且地上權人、典權人或承租人於基地上有房屋之建築者，始有本條優先購買權之適用。本件上訴人雖在系爭土地上設定有地上權，惟既在該土地上有房屋之建築，自無前開優先購買權之適用。』該判決並認原審認『搭蓋簡單之鐵架蓋烤漆鐵皮搭棚，充作倉庫，……系爭土地並未由地上權人即上訴人建築房屋使用甚明。上訴人對系爭拍定之土地，當無土地法第104條之優先購買權。……經核於法並無違背。』此外學者亦認基地地上權人、典權人或承租人於基地上根本未為房屋建築者，當難釋為有土地法第104條之優先購買權規定之適用（李鴻毅著「土地法論」，82年修訂版，第508頁），綜上土地法第104條第1項修正理由、司法實務見解與學者見解，地上權人、典權人或承租人於基地上如未為房屋之建築者，縱有其他工作物或竹木於該基地上，於該基地出賣時，仍無該條項之優先購買權。」本部同意上開法務部意見。

◎關於土地法第104條有關地上權人優先購買權之審查執行疑義乙案（89.9.1內政部臺內地字第8910270號函）

　　關於本部89年6月8日臺（89）內地字第8907933號函釋略謂：「土地法第104條第1項……地上權人、典權人或承租人於基地上如未為房屋之建築者，縱有其他工作物或竹木於該基地上，於該基地出賣時，仍無該條項之優先購買權。……」乙案，所謂地上權人於該基地上如未為房屋建築便無該條項優先購買權之適用乙節。地政機關應如何審核認定？按土地登記規則第81條第1項但書及第2項分別規定：「但依土地法第104條第2項、第107條或耕地三七五減租條例第15條第1項、第2項規定，優先購買權人放棄或視為放棄其優先購買權者，應檢附證明文件。」、「依前項規定申請登記，於登記完畢前，優先購買權人以書面提出異議者，除其優先購買權已依法視為放棄者外，登記機關應駁回登記之申請。」準此，經設定地上權之土地，於申辦買賣所有權移轉登記時，除地上權人即係承買人之情形者外，應由土地所有權人檢附地上權人放棄優先購買權證明書或視為放棄之證明文件；如未能檢附，應由土地所有權人向地政事務所申請勘查，該基地上確未為房屋之建築者，始得準予辦理所有權移轉登記。

◎土地及其上建物同屬一人所有，同時或先後分次讓與受讓人同一人或相異之人時，應否切結未訂立租賃契約疑義乙案（91.12.6內政部內授中辦字第0910017524號函）

一、案經本部函准法務部91年10月30日法律決字第0910041496號函略以：「按『土地及其土地上之房屋同屬一人所有，而僅將土地或僅將房屋所有權讓與他人，或將土地及房屋同時或先後讓與相異之人時，土地受讓人或房屋受讓人與讓與人間或房屋受讓人與土地受讓人間，推定在房屋得使用期限內，有租賃關係。其期限不受第449條第1項規定之限制。』為民法第425條之1所明定。上開規定係法律推定之不確定期限租賃關係，其立法意旨在於房屋與土地異其所有人時，因房屋性質上不能與土地分離而存在，故除有特別約定外，應推斷土地受讓人默許房屋受讓人繼續使用土地，但應支付相當代價，該法律關係之性質，當屬租賃。……學者認為當事人間之不確定期限租賃關係，在法無明文相關法律效果及法律性質相類似之情形下，應『類推適用』民法及土地法關於基地租賃之規定，例如民法第426條之2、……及土地法……第104條等規定（林誠二著，法律推定租賃關係，月旦法學雜誌第81期，第10頁至11頁參照）。……」另64年7月24日修正公布之土地法第104條第1項規定，其修正理由謂：「地上權人、典權人或承租人，乃係房屋出賣時之直接占有人，對其有直接占領關係。」倘因該房屋之出售而解除彼此既存之法律關係時，上開權利人若不能以同一價格優先承購，顯屬不公，故本條明文規定，賦與上開權利人優先購買權，俾使基地與其地上之房屋合歸一人所有，土地之利用與其所有權併於同一主體，以求其所有權之完整，使其法律關係單純化，並藉以充分發揮土地之利用價值，盡經濟上之效用，並杜當事人間之紛爭。」（參照法務部89年5月18日法89律字第014411號函）。故為使基地與基地上之房屋合歸一人所有，以盡經濟上之效用及杜當事人間之紛爭，得「類推適用」土地法第104條及民法第426條之2有關基地租賃優先承買權之規定。

二、本案土地及其上建物原同屬一人所有，同時或先後讓與相異之人，致其土地與其上建物非屬同一人所有者，推定其土地與其上建物所有人間已具有租賃關係，故於嗣後再行出售予他人時，其相互間已享有優先承購權，如優先購買權人放棄其優先購買權者，則應依土地登記規則第97條第2項後段規定：「優先購買權人如已放棄或視為放棄其優先購買權者，申請人應檢附優先購買權人放棄其優先購買權之證明文件，或出賣人已通知優先購買權人之證件並切結優先購買權人接到出賣通知後逾期不表示優先購買，如有不實，願負法律責任字樣。」辦理。貴轄地政事務所受理本案於審查時要求申請人補正切結「本件土地及建物無訂立租賃契約」，核有未當，應請改進。

三、本部67年12月20日臺（67）內地字第814435號函、71年1月10日臺（71）內地字第65347號函及77年12月30日臺（77）內地字第663417號函應予廢止。

◎民法第425條之1之執行，限於該法條增訂施行日（89年5月5日）起，土地及其上房屋同時或先後讓與相異之人時，始有其適用（92.11.26內政部內授中辦地字第0920018954號函）

案經函准法務部92年11月10日法律決字第0920045280號函釋略以：「……二、……民法第425條之1係88年4月21日增訂之規定，……，從而應自上開修正條文施行之日起始有其適用。三、又『……土地法第104條、第107條規定之基地、房屋或耕地出賣人，通知優先購買權人是否優先購買，如有合於上開（民法第97條）規定之情形，自可向該管法院聲請以公示送達為意思表示之通知。……』係司法院於83年4月26日以（83）秘臺廳民一字第07800號函所釋示，則民法第425條之1之租賃關係於類推適用民法第426條之2及土地法第104條有關基地租賃優先承買權之規定時，依上開司法院函釋意旨，出賣人以書面通知優先承買人而送達不到者，自得類推適用民法第97條之規定。……」是以，本案申辦建物買賣移轉登記，因該建物與其坐落之土地，係於前開法條增訂前即分屬不同之所有權人，自不受前開民法之規範。本部同意貴府所擬意見，即民法第425條之1之執行，應限於在該法條增訂施行後，地土及其上房屋同時或先後讓與相異之人時，始有其適用。至民法第425條之1有關租賃關係於類推民法第426條之2及土地法第104條有關基地租賃優先承買權之規定，出賣人若以書面通知優先承買人而通知不到時，亦自得類推適用民法第97條之規定。

◎農業用地於農業發展條例89年修正施行前已興建農舍，該農業用地與農舍分屬不同所有權人，農舍申辦所有權移轉登記事宜（93.11.2內政部內授中辦地字第0930015211號函）

「按……三、農業用地於農業發展條例89年修正施行前已興建農舍，若該農業用地與農舍分屬不同所有權人，為避免該類所有權人無法處分其產權之疑慮，本會業於91年10月21日農企字第0910156498號函建議該農舍或農地移轉時得不受農業發展條例第18條第4項之限制，並供貴部參酌；另農舍如屬農業發展條例89年修正施行後興建者，上開條例第18條第4項精神宜維持。即農舍若屬上開條例89年修正施行前已興建完成，且農舍與農地分屬不同所有權人時，於農舍或農業用地移轉時，本會認為得不受上開條例第18條第4項之限制。四、若農舍與農業用地已分屬不同所有權人者，農舍於拍賣或移轉時，農舍坐落用地之土地所有權人宜有依同樣條件優先購買之權，以符合土地法第104條及農業發展條例第18條第4項之立法意旨與政策目的。」為行政院農業委員會93年10月27日農企字第0930150054號函所明釋，故本案農地及其地上農舍於農業發展條例修正施行前即分屬不同所有權人，今該農舍單獨申辦所有權移轉登記，無須依本部86年8月8日臺（86）內地字第8684869號函具結，惟仍需要先踐行土地法第104條之程序，倘嗣後該農舍（或坐落基地）再移轉時，亦不受農業發展條例第18條第4項之限制。

◎為執行文化資產保存法第28條規定之優先購買權，地政機關應配合於土地建物登記簿標示部其他登記事項欄註記「古蹟」（94.5.9內政部內授中辦地字第0940045098號函）

一、本案經轉據行政院文化建設委員會94年4月12日文壹字第0941104046號函復略以：「查文化資產保存法第31條第2項（修正後第28條）之立法意旨略以：私有重要古蹟所有權移轉時，政府應有優先購買權，使私人之古蹟漸為公有以利保存維護，私有古蹟若因管理不當致減失價值或減損其價值之虞時，政府得採取必要措施，以保存古蹟。……該條項並未規定私有古蹟所有權人如未通知政府（即優先購買權人）而與第三人訂立買賣契約者，其契約不得對抗政府之明文，似不宜解釋為具有物權效力，而僅具有債權效力。」

二、本案參依上開行政院文化建設委員會函釋，上開優先購買權僅具有債權效力，既未涉及物權公示性土地資料，非屬應登記事項，應僅得建立於土地資訊參考檔，惟基於政府一體，為執行文化資產保存法第28條規定之優先購買權，私有重要古蹟所有權移轉時，申請人仍應依土地登記規則第97條規定辦理，是為利審查，地政機關應於土地建物登記簿標示部其他登記事項欄註記古蹟。

◎民法物權編修正施行前，區分所有建物之專有部分或基地持分分離出賣時，關於該編施行法第8條之5規定優先購買權適用事宜（101.8.8內政部內授中辦地字第1016651362號令）

民法物權編修正施行前登記之區分所有建物，其未經依土地登記規則第83條規定，於各專有部分建物登記簿之標示部其他登記事項欄註記其應配屬基地之權利種類及範圍者，專有部分或基地權利有分離出賣時，關於民法物權編施行法第8條之5規定優先購買權之認定事宜，按不同區分所有狀況，依後附表處理。

附表

項次	專有部分應有部分	基地應有部分	對專有部分或基地持分有無優先購買權	說　明
1	有	無	基地持分出賣時，專有部分所有人對該基地持分有優先承買權。	一、符合民法物權編施行法第8條之5第3項規定。 二、有數人主張優先購買時，除專有部分之所有人能提出已經約定基地應有部分比例之證明文件，得視為民法第799條第4項但書規定之「另有約定」，並依其約定計算其得主張優先購買權之比例外，應依該法物權編施行法第8條之5第4項規定，以各主張優先購買權人約定或按其專有部分比例計算。 三、類此買賣案件，除承買人確屬該基地上建物之專有部分所有人外，出賣人應依土地登記規則第97條規定辦理。
2	有	有基地應有部分，但主張其應有部分不足	基地持分出賣時，基地上建築物之專有部分所有人有基地應有部分不足者有優先購買權。但其須以能提出申辦建物所有權第一次登記或嗣後有經全體區分所有人合意就建築物各專有部分應配屬之基地持分為分配之文件，可供核算有無基地應有部分不足者為限，否則不得以其基地應有部分不足而主張對出賣之基地持分有優先購買權。	按公寓大廈管理條例第4條第2項雖規定有區分所有建築物專有部分與其基地應有部分一體處分之規定，但條例中並無基地應有部分比例計算之規定，而民法雖於98年1月23日增訂第799條第4項就各專有部分之基地應有部分比例訂有原則性之規範，但其但書亦規定如另有約定者，從其約定。加以土地登記規則於90年9月14日始增訂第83條規範申請區分所有建築物所有權第一次登記時，應同時註記各該專有部分之基地權利種類及範圍，故上開民法修正前，實務上登記機關尚無從全部得知區分所有人間有無協議基地權利範圍。故專有部分所有人主張其基地應有部分不足，擬依現行民法物權編施行法第8條之5第3項規定優先承買基地應有部分時，除能提出申辦建物所有權第一次登記或嗣後經全體區分所有人合意就建築物各專有部分應配屬之基地持分為分配之文件，可供核算有無基地應有部分不足外，因現行登記狀況均係當事人合意移轉取得者，宜視為當事人間已為約定並完成登記之結果，不得再以基地應有部分不足，主張對出賣之基地持分有優先購買權，亦即應視為民法第799條第4項但書規定之「另有約定」，而無上開民法物權編施行法第8條之5第3項規定之適用。

項次	專有部分應有部分	基地應有部分	對專有部分或基地持分有無優先購買權	說　明
3	有	無（同一使用執照之建築基地為多筆者）	出售標的為基地範圍內之法定空地者，基地範圍內建築物之專有部分所有人均可主張優先購買權。	一、依建築法第11條規定，建造執照內之法定空地屬該建築基地之一部分，為維護該法應保留空地以維護地上建物居住者共同利益之規定意旨，出售標的如為法定空地者，基地範圍內之建築物之專有部分所有人對於該法定空地應有部分均應有優先購買權。有數人主張優先購買時，應依民法物權編施行法第8條之5第4項規定，依各主張優先購買權人約定或按其專有部分比例計算。 二、類此買賣案件，除承買人確屬該基地上建築物之專有部分所有人外，出賣人應依土地登記規則第97條規定辦理。
4	有	有基地應有部分，但主張其應有部分不足（同一使用執照之建築基地為多筆者）	出售標的為基地範圍內之法定空地者，基地範圍內建築物之專有部分所有人均可主張優先購買權。但其須以能提出申辦建物所有權第一次登記或嗣後經全體區分所有人合意就建築物各專有部分應配屬之基地持分為分配之文件，可供核算有無基地應有部分不足者為限，否則不得以其基地應有部分不足而主張對出賣之基地持分有優先購買權。	理由詳項次2、3。
5				一、依建築技術規則建築設計施工編第1條規定，「幢」為建築物地面層以上結構獨立不與其他建築物相連，地面層以上其使用機能可獨立分開者；「棟」則為以具有單獨或共同之出入口並以無開口之防火牆及防火樓板區劃分開者。另「多數各自獨立使用之建築物、公寓大廈，其共同設施之使用與管理具有整體不可分性之集居地區者，其管理及組織準用本條例之規定。」為公寓大

項次	專有部分應有部分	基地應有部分	對專有部分或基地持分有無優先購買權	說　明
5	有（同一使用執照之建築基地有多幢建築物者）	無（同一使用執照之建築基地為多筆者）	出售標的為基地範圍內他幢建築物之坐落基地者，僅該幢建築物之專有部分所有人有優先購買權。	廈管理條例第53條所明定（即俗稱之社區）。社區內之各幢雖屬區分所有建物，惟各幢間各自獨立，並有其各自出入之通路得連通至道路，故各幢之坐落用地與各幢間，具有「使用與管理具有整體不可分性」之「共同設施」，性質上屬於「集居地區」，依上開條例規定僅「其管理及組織準用本條例之規定」，其權利義務並不當然全部適用該條例之規定。 二、查民法物權編施行法第8條之5之立法意旨，乃係為解決民法物權編修正施行前，區分所有建築物之專有部分與其基地之權利有分屬不同一人所有或分別設定負擔之情形時，特明定基地出賣時基地應有部分欠缺或不足者之其他區分所有人，以及專有部分出賣時無專有部分之其他基地所有人，有依相同條件優先承買之權利，俾貫徹建物與基地同屬一人所有，俾利產權單純化（法務部民國99年10月11日法律字第0999039670號函參照）。又建築法第11條雖規定建築基地原為數宗者，於申請建築前應合併為一宗者，但因土地合併，須合併之各筆土地同一地段、地界相連、使用分區及使用性質均相同者為限，故實務上常無法合併為一宗。另現行建築法規亦僅規範法定空地不得任意分割，並無建築基地不得分割之規定，故本項建築基地或可於辦理建物所有權第一次登記前或之後已經土地所有人逐筆分割提供各幢之專有部分所有人取得所有權，且其必與原地主「合意」始得辦理移轉登記，是依現行登記之狀態，應得視為移轉取得所有權當時即有「另有約定」之事實。如強制要求他幢建築物之專有部分所有人可優先承購，將使地籍產權及法律關係更加複雜，實不符上開民法使建物與其基地產權單純化之立法目的。

項次	專有部分 應有部分	基地 應有部分	對專有部分或基地 持分有無優先購買權	說　明
5				三、數人主張優先購買權時，其優先購買之部分，依民法物權編施行法第8條之5第4項規定，按各主張優先購買權人約定或其專有部分比例計算。 四、類此買賣案件，除承買人確屬該基地上建物之專有部分所有人外，出賣人應依土地登記規則第97條規定辦理。
6	有 （同一使用執照之建築基地有多幢建築物者）	有基地應有部分，但主張其應有部分不足（同一使用執照之建築基地為多筆者）	出售標的為基地範圍內他幢建築物之坐落基地者，僅該幢建築物之專有部分所有人有優先購買權。但其須以能提出申辦建物所有權第一次登記或嗣後經全體區分所有人合意就建築物各專有部分應配屬之基地持分為分配之文件，可供核算有無基地應有部分不足者為限，否則不得以其基地應有部分不足而主張對出賣之基地持分有優先購買權。	理由詳項次2、5。
7	無	有	專有部分與基地分離出售時，基地所有人對該專有部分有優先購買權。	一、依民法物權編施行法第8條之5第5項及第6項規定辦理。 二、類此買賣案件，除承買人確屬該基地所有人外，出賣人應依土地登記規則第97條規定辦理。
			專有部分出售持分時，專有部分之他共有人之優先購買權優先於無專有部分之基地所有人。	土地法第34條之1第4項關於共有人之優先購買權與民法物權編施行法第8條之5第5項關於基地所有人無專有部分者之優先購買權，於專有部分持分出售，發生競合時，參依法務部99年10月11日法律字第0999039670號函釋，應以上開土地法共有人優先購買權優先於民法物權編施行法第8條之5第5項之優先購買權，始能達到簡化共有關係，促進共有物之有效利用，增進公共利益之立法目的。

⒣土地法第34條之1第2、2、3項之處理

1.土地法之規定

⑴土地法第34條之1第1項規定，共有土地或建築改良物，其處分、變更及設定地上權、農育權、不動產役權或典權，應以共有人過半數及其應有部分合計過半數之同意行之。但其應有部分合計逾三分之二者，其人數不予計算。

⑵土地法第34條之1第2項規定，共有人依前項規定為處分、變更或設定負擔時，應事先以書面通知他共有人；其不能以書面通知者，應公告之。

⑶土地法第34條之1第3項規定，第1項共有人對於他共有人應得之對價或補償，負連帶清償責任。於為權利變更登記時，並應提出他共有人已為受領或為其提存之證明。其因而取得不動產物權者，應代他共有人申請登記。

2.土地登記規則之規定

⑴部分共有人就共有土地全部為處分、變更及設定地上權、農育權、不動產役權或典權申請登記時，登記申請書及契約書內，應列明全體共有人，及於登記申請書備註欄記明依土地法第34條之1第1項至第3項規定辦理。並提出他共有人應得對價或補償已受領或已提存之證明文件。但其無對價或補償者，免予提出。申請登記時，契約書及登記申請書上，無須他共有人簽名或蓋章。（土登第95條）

⑵區分所有建物，數人共有一專有部分，部分共有人依土地法第34條之1規定就該專有部分連同其基地權利之應有部分為處分、變更或設定負擔時，其基地共有人，指該專有部分之全體共有人；其基地權利之應有部分，指該專有部分之全體共有人所持有之基地權利應有部分。（土登第96條）

◎土地法第34條之1執行要點（102.9.6內政部修正發布）

一、依土地法第34條之1（以下簡稱本法條）規定，部分共有人就共有土地或建築改良物（以下簡稱建物）為處分、變更及設定地上權、農育權、不動產役權或典權，應就共有物之全部為之。

二、共有土地或建物之應有部分為公同共有者，該應有部分之處分、變更及設定地上權、農育權、不動產役權或典權，得依本法條規定辦理。

三、本法條第1項所稱處分，指法律上及事實上之處分。但不包括贈與等無償之處分、信託行為及共有物分割。

四、共有土地或建物為公私共有者，有本法條之適用。

　　私有部分共有人就公私共有土地或建物全部為處分時，如已符合本法條各項規

定,其申請所有權變更登記,應予受理。但公有部分為直轄市或縣(市)有時,其管理機關於接獲共有人之通知後,以其處分係依據法律之規定,應即報請該管區內民意機關備查。

五、共有土地或建物標示之分割、合併、界址調整及調整地形,有本法條之適用。

二宗以上所有權人不相同之共有土地或建物,依本法條規定申請合併,應由各宗土地或建物之共有人分別依本法條規定辦理。

六、本法條第1項所稱共有人過半數及其應有部分合計過半數,指共有人數及應有部分合計均超過半數;應有部分合計逾三分之二,指應有部分逾三分之二者,共有人數可以不計。共有人數及應有部分之計算,以土地登記簿上登記之共有人數及應有部分為準。但共有人死亡者,以其繼承人數及繼承人應繼分計入計算。

前項共有人數及應有部分之計算,於公同共有土地或建物者,指共有人數及其潛在應有部分合計均過半數。但潛在應有部分合計逾三分之二者,其共有人數不予計算。各共有人之潛在應有部分,依其成立公同關係之法律規定、習慣或法律行為定之;未有規定者,其比率視為不明,推定為均等。

分別共有與公同共有併存之土地或建物,部分公同共有人已得依本法條規定處分其公同共有之應有部分,且另有分別共有之共有人同意處分全部共有物者,於計算本法條第1項共有人數及其應有部分時,該公同共有部分,以同意處分之人數及其潛在應有部分併入計算。

七、本法條第2項所稱事先、書面通知或公告,其方式及內容依下列之規定:

(一)部分共有人依本法條規定為處分、變更或設定負擔行為之前,應先行通知他共有人。

(二)書面通知應視實際情形,以一般之通知書或郵局存證信函為之。

(三)公告代替通知他共有人者,應以他共有人住址不明或經通知而無法送達者為限。

(四)公告可直接以布告方式,由村里長簽證後,公告於土地或建物所在地之村、里辦公處,或以登報方式公告之。

(五)通知或公告之內容應記明土地或建物標示、處分方式、價金分配、償付方法及期限、受通知人及通知人之姓名住址及其他事項。

(六)他共有人已死亡者,應以其繼承人為通知或公告之對象。

委託他人代為事先通知,其委託行為無須特別授權。

八、依本法條規定處分、變更或設定負擔,於申請權利變更登記時,應依下列規定辦理:

(一)本法條第1項共有人會同權利人申請權利變更登記時,登記申請書及契約書內,應列明全體共有人及其繼承人,並於登記申請書適當欄記明依土地法第34條1第1項至第3項規定辦理,如有不實,義務人願負法律責任;登記機關無須審查其通知或公告之文件。未能會同申請之他共有人,無須於契約書及申請書

上簽名，亦無須親自到場核對身分。如因而取得不動產物權者，本法條第一項
共有人應代他共有人申請登記。

㈡涉及對價或補償者，應提出他共有人已領受之證明或已依法提存之證明文件，
並於登記申請書適當欄記明受領之對價或補償數額如有錯誤，由義務人自行負
責；已領受對價補償之他共有人，除符合土地登記規則第41條第2款、第5款至
第8款及第10款規定之情形者外，應親自到場，並依同規則第40條規定程序辦
理。無對價或補償者，應於登記申請書適當欄記明事由，並記明如有不實，共
有人願負法律責任後，免於提出證明。對價或補償之多寡，非登記機關之審查
範圍。

㈢依本法條規定處分全部共有土地或建物，如處分後共有權利已不存在，而他共
有人已死亡有繼承人或死亡絕嗣者，部分共有人得直接申辦所有權移轉登記，
免辦繼承或遺產管理人登記。

㈣依本法條第3項規定提出他共有人應得之對價或補償已為其繼承人受領或為其
提存之證明時，應檢附土地登記規則第119條規定之文件。

㈤依本法條規定移轉、設定典權或調處分割共有物時，得由同意之共有人申報土
地移轉現值，但申報人應繳清該土地應納之土地增值稅及有關稅費後，始得申
辦土地權利變更登記。

㈥他共有人之應有部分經限制登記者，應依下列規定辦理：

　1.他共有人之應有部分經法院或行政執行分署囑託查封、假扣押、假處分、暫
　　時處分、破產登記或因法院裁定而為清算登記者，登記機關應依土地登記規
　　則第141條規定徵詢原囑託或裁定機關查明有無妨礙禁止處分之登記情形，
　　無礙執行效果者，應予受理登記，並將原查封、假扣押、假處分、暫時處
　　分、破產登記或法院裁定開始清算程序事項予以轉載，登記完畢後通知原囑
　　託或裁定機關及債權人；有礙執行效果者，應以書面敘明理由及法令依據，
　　駁回登記之申請。

　2.他共有人之應有部分經有關機關依法律囑託禁止處分登記者，登記機關應洽
　　原囑託機關意見後，依前目規定辦理。

　3.他共有人之應有部分經預告登記且涉及對價或補償者，應提出該共有人已受
　　領及經原預告登記請求權人同意之證明文件及印鑑證明；為該共有人提存
　　者，應提出已於提存書對待給付之標的及其他受取提存物所附之要件欄內記
　　明提存物受取人領取提存物時，須檢附預告登記請求權人之同意書及印鑑證
　　明領取之證明文件。登記機關應逕予塗銷該預告登記，於登記完畢後通知預
　　告登記請求權人。

㈦申請合併之共有土地地價不一者，合併後各共有人之權利範圍，應以合併前各
共有人所有土地之地價與各宗土地總地價之和之比計算，並不得影響原設定之
他項權利。

九、依本法條第3項規定辦理提存之方式如下：

(一)應以本法條第1項共有人為提存人。

(二)他共有人之住址為日據時期之番地，可以該番地所查對之現在住址向法院辦理提存。

(三)他共有人之住址不詳，經舉證客觀上仍無法查明時，依下列方式辦理：

　1.他共有人確尚生存者，部分共有人可以該他共有人為受取權人，辦理提存，並依提存法第27條準用民事訴訟法第149條規定，聲請公示送達。

　2.他共有人已死亡者，應以其繼承人為清償或辦理提存之對象。

　3.他共有人已死亡而其繼承人之有無不明者，則應依民法第1177條選定之遺產管理人或依民法第1178條第2項選任之遺產管理人為清償或辦理提存之對象。無遺產管理人時，可依民法第326條規定，以不能確知孰為債權人而難為給付為由，辦理提存。

　4.他共有人行蹤不明而未受死亡宣告者，可依民法第10條、家事事件法第143條第1項、第2項所定財產管理人為清償或辦理提存之對象。

(四)以他共有人之繼承人為提存對象時，應依提存法第21條規定在提存書領取提存物所附條件欄內記明提存物受取人領取提存物時，應依遺產及贈與稅法第42條檢附遺產稅繳清證明書、免稅證明書、同意移轉證明書或不計入遺產總額證明書後，持憑法院核發之提存書，並檢附土地登記規則第119條規定之文件。

十、本法條第4項所稱之優先購買權，依下列規定辦理：

(一)部分共有人依本法條規定出賣共有土地或建物，就該共有人而言，仍為出賣其應有部分，對於他共有人之應有部分，僅有權代為處分，並非剝奪他共有人之優先承購權，故應在程序上先就其應有部分通知他共有人是否願意優先購買。

(二)徵求他共有人是否優先承購之手續，準用土地法第104條第2項規定，即他共有人於接到出賣通知後十日內不表示者，其優先購買權視為放棄。他共有人以書面為優先購買與否之表示者，以該表示之通知達到同意處分之共有人時發生效力。

(三)他共有人之優先購買權，仍應受有關法律之限制。

區分所有建物之專有部分連同其基地應有部分之所有權一併移轉與同一人者，他共有人無本法條優先購買權之適用。

(五)區分所有建物之專有部分為共有者，部分共有人出賣其專有部分及基地之應有部分時，該專有部分之他共有人有本法條優先購買權之適用。

(六)本法條之優先購買權係屬債權性質，出賣人違反此項義務將其應有部分之所有權出售與他人，並已為土地權利變更登記時，他共有人認為受有損害者，得依法向該共有人請求損害賠償。

(七)本法條之優先購買權與土地法第104條、第107條或民法物權編施行法第8條之5第3項規定之優先購買權競合時，應優先適用土地法第104條、第107條或民法

物權編施行法第8條之5第3項規定。但與民法物權編施行法第8條之5第5項規定之優先購買權競合時，優先適用本法條之優先購買權。

共有人之應有部分經限制登記者，不影響其優先購買權之行使。

(九)權利人持執行法院或行政執行分署依強制執行法或主管機關依法辦理標售或讓售所發給之權利移轉證書，向地政機關申辦共有人之應有部分移轉登記，無須檢附優先購買權人放棄優先承購權之證明文件。

(十)共有人出賣其應有部分，除買受人同為共有人外，他共有人對共有人出賣應有部分之優先購買權，均有同一優先權；他共有人均主張或多人主張優先購買時，其優先購買之部分應按各主張優先購買人之應有部分比率定之。

(十一)土地或建物之全部或應有部分為公同共有，部分公同共有人依本法條規定出賣該共有物全部或應有部分時，他公同共有人得就該公同共有物主張優先購買權，如有數人主張時，其優先購買權之範圍應按各主張優先購買權人之潛在應有部分比率計算之。

◎有關黃○○先生申請釋示共有土地之部分共有人依土地法第34條之1規定，出售全部共有土地，其他共有人死亡絕嗣，是否需辦理遺產管理人登記後，始得辦理所有權移轉登記疑義乙案（89.4.20內政部臺內中地字第8906985號函）

按「依本法條規定處分全部共有土地，如處分後共有權利已不存在，而他共有人已有死亡者，得直接辦理所有權移轉登記，免辦繼承登記。」為土地法第34條之1執行要點第8點第4款明定，揆其意旨在簡化共有土地處分程序。本案有土地之部分共有人依土地法第34條之1規定出售全部共有土地，其他共有人死亡絕嗣，並經法院裁定選任遺產管理人確定，參依上開規定，應受領對象明確，且土地處分後共有權利已不存在，得直接辦理所有權移轉登記，免辦遺產管理人登記。

◎關於共有土地之部分共有人依土地法第34條之1規定出售全部共有土地，其他共有人死亡絕嗣，遺產管理人可否主張優先購買權疑義乙案（89.8.18內政部臺內地字第8915895號函）

一、案經函准法務部89年7月31日法89律字第020961號函略以：「按民法第1179條第1項第2款規定，為保存遺產必要之處置，係屬遺產管理人之職務。所謂為保存遺產必要之處置，除管理行為、改良行為外，尚包括保存上所必要之處分行為（戴炎輝、戴東雄合著『中國繼承法』第216頁，臺灣高等法院84年度家抗字第56號、85年度家抗字第204號裁定意旨參照）。查債務人與他人共有之土地，於強制執行程序中經執行法院拍定後，執行法院依土地法第34條之1第4項之規定，通知他共有人優先承買時，共有人死亡其繼承人有無不明者，實務上見解認為：應向民法第1177條選定之遺產管理人或依民法第1178條第2項選任之遺產管理人為優先承買之公告，若無上述遺產管理人時，依土地法第34條之1第2項後段規定，因無法書面通知，得以『共有人之繼承人』名義而公告該優先承買之通知（86年6月，民事法律專題研究，司法院司法業務研究會第27期研究專輯，第233至235

頁參照）。由此觀之，民事執行法院於強制執行程序中經執行拍賣共有土地拍定後，既應依前開民法及土地法之規定，向遺產管理人為優先承買之公告，對於遺產管理人得否主張優先購買權，似採肯定見解。準此，本案共有土地共有人唐○同死亡絕嗣後，由法院裁定選定財政部國有財產局為遺產管理人，該遺產管理人對其他共有人應有部分之出賣，參酌前揭司法實務見解，似得主張優先購買權。至於遺產管理人行使此項權利，是否屬於前揭民法第1179條第1項第2款所定之「為保存遺產必要之處置」，似宜由遺產管理人切結自行負責（貴部81年5月7日臺內地字第8176565號函訂頒『繼承登記法令補充規定』第60點第2項參照）。」

二、本部同意上開法務部意見。是本案遺產管理人倘認為對其他共有人應有部分優先承買權係屬於「為保存遺產必要之處置」，則該遺產管理人對其他共有人應有部分之出賣，得主張其優先購買權。

◎依土地法第34條之1規定出賣共有土地全部時，部分共有人主張優先購買權之時效認定疑義（92.3.7法務部法律決字第0920008002號函）

一、按土地法第34條之1第4項規定：「共有人出賣其應有部分時，他共有人得以同一價格共同或單獨優先承購。」上開徵詢他共有人是否優先承購之行為，其法律性質為意思通知，旨在促請他共有人行使優先承購權（最高法院78年度臺上字第1896號、83年度臺上字第3025號判決參照）。至於徵詢之程序，土地法第34條之1執行要點第10點第2款規定：「徵求他共有人是否優先承購之手續，准用土地法第104條第2項規定，即優先購買權人於接到出賣通知後十日內不表示者，其優先購買權視為放棄。」上開出賣通知其生效時點之認定，前經本部於79年1月11日以法79律字第4884號函釋略以：「按非對話而為意思表示者，其意思表示以通知達到相對人時發生效力，民法第95條第1項前段定有明文。所謂達到，係指意思表示達到相對人之支配範圍內，相對人隨時可以了解其內容之客觀狀態而言。……關於基地或房屋所有權人依土地法第104條規定，對於優先購買權人所為之出賣通知，雖非屬意思表示，而係屬準法律行為，惟得類推適用上開法條之規定。」準此，部分共有人依土地法第34條之1第4項規定出賣其應有部分時，他共有人於接到出賣通知後十日內所為之優先購買與否之表示，其生效時點應類推適用民法第95條第1項前段規定採到達主義，亦即以該優先購買與否之表示達到相對人時始發生效力。

二、另行政程序法第49條規定：「基於法規之申請，以掛號郵寄方式向行政機關提出者，以交郵當日之郵戳為準。」其立法目的係因郵寄期間往往非申請人所能掌握，故將郵送期間予以扣除，俾免申請人因其延誤而遲誤法規規定期間或損及其他法律上之權益。惟上開規定適用之前提為人民基於法規向行政機關有所申請而言，而本件共有人間有關優先購買之通知，為私權事項，並無行政程序法第49條規定之適用，併此指明供參。

◎**有關建物買賣移轉登記，涉及民法第425條之1適用疑義**（92.11.26內政部內授中辦地字第0920018954號函）

　　案經函准法務部92年11月10日法律決字第0920045280號函釋略以：「……二、……民法第425條之1係88年4月21日增訂之規定，…從而應自上開修正條文施行之日起始有其適用。三、又『…土地法第104條、第107條規定之基地、房屋或耕地出賣人，通知優先購買權人是否優先購買，如有合於上開（民法第97條）規定之情形，自可向該管法院聲請以公示送達為意思表示之通知。…』，係司法院於83年4月26日以（83）秘臺廳民一字第07800號函所釋示，則民法第425條之1之租賃關係於類推適用民法第426條之2及土地法第104條有關基地租賃優先承買權之規定時，依上開司法院函釋意旨，出賣人以書面通知優先承買人而送達不到者，自得類推適用民法第97條之規定。……」是以，本案申辦建物買賣移轉登記，因該建物與其坐落之土地，係於前開法條增訂前即分屬不同之所有權人，自不受前開民法之規範。本部同意貴府所擬意見，即民法第425條之1之執行，應限於在該法條增訂施行後，土地及其上房屋同時或先後讓與相異之人時，始有其適用。至民法第425條之1有關租賃關係於類推民法第426條之2及土地法第104條有關基地租賃優先承買權之規定，出賣人若以書面通知優先承買人而通知不到時，亦自得類推適用民法第97條之規定。

◎**部分共有人依土地法第34條之1規定處分共有土地，公同共有人之一已於法定期間內主張優先承買權，並於事後檢附其他公同共有人之同意證明文件，符合共同共有人全體同意之要件**（93.11.30內政部內授中辦地字第0930016195號函）

　　案經函准法務部93年11月16日法律決字第0930044292號函略以：「按公同共有物之處分及其他之權利行使，除依其公同共有關係所由規定之法律或契約另有規定外，應得公同共有人全體之同意，民法第828條第2項定有明文。所謂其他之權利行使包含甚廣，除處分行為（例如拋棄時效利益）以外，舉凡公同共有物之使用、收益、變更、保存、改良與管理行為，本於所有權對第三人之請求、清算帳目、行使優先承買權、代為意思表示、代受意思表示或通知、或係審判上、審判外之行使均包括在內。依上開規定及實務見解，共同共有物之其他權利（優先承買權）行使，除法律或契約另有規定外，須經全體公同共有人之同意，始得為之（參照最高法院69年度臺上字第1252號、87年度臺上字第174號等判決及謝在全著，民法物權論中冊，修訂二版，第19至20頁）。該公同共有人之同意，無論係明示或默示或於行為當時同意，或於事前預示，或於事後追認均無不可，亦不以文書證明為必要（參照最高法院65年臺上字第1416號判例及謝在全著，前揭書，第20頁）。準此，本件公同共有人（繼承人）之一已於法定期間內依法主張優先承買權，並於事後檢附其他公同共有人之同意證明文件，該同意雖係事後追認，亦符合共同共有人全體同意之要件。」本部同意上開法務部意見。

◎部分共同共有人得依土地法第34條之1第5項規定處分公同共有物全部之處理原則（94.5.9內政部內授中辦地字第0940725026號函）

一、按「……公同共有人（祭祀公業）處分全部公同共有物時，依土地法第34條之1第5項準用第1項之規定，須經公同共有人（派下員）過半數及其『潛在的應有部分』（派下員比率）合計過半數之同意，始得處分其共有物。至於……『公同共有土地之處分，公同共有人得主張優先購買權，如有數人主張時，其優先購買權之範圍應按各主張優先購買權人之潛在應有部分比率計算之。公同共有土地之潛在應有部分，依法律規定或契約約定之；法律未規定或契約未約定者，其比率視為不明，應推定為均等。』」為法務部94年3月18日法律決字第0940009072號函所明釋，是參依上開見解，類此案件之處理原則滋重新解釋為：公同共有人（祭祀公業）依土地法第34條之1第5項準用第1項之規定處分全部公同共有物時（含共有物之應有部分為公同共有，該應有部分之處分），應經公同共有人（派下員）過半數及其「潛在的應有部分」（派下員比率，例如潛在房分比率等）合計過半數之同意，始得為之；且公同共有人（派下員）得就全部公同共有物主張優先購買權，如有數人主張時，其優先購買權之範圍應按各主張優先購買權人之潛在應有部分比率計算之。公同共有土地之潛在應有部分，依法律規定或契約約定之；法律未規定或契約未約定者，其比率視為不明，應推定為均等；如優先購買權人放棄其優先購買權者，於申請土地移轉登記時，應依土地登記規則第97條第1項規定辦理。本部歷來對於公同共有人（派下員）無優先承買權之函釋：78年1月10日臺（78）內地字第666754號函及91年8月27日臺內中地字第0910085067號函，應予停止適用。

二、另土地法第34條之1執行要點第9點第2款規定略以「涉及對價或補償者，應提出他共有人已領受之證明或已依法提存之證明文件，……至對價或補償之多寡，非登機關之審查範圍。」故依土地法第34條之1處分全部公同共有土地，涉及對價或補償者，如已依法提出上開證明文件，即可申辦登記。至當事人嗣後如何向該管提存之法院領取其應得之對價或補償，係屬法院之權責。本部有關他共有人應得對價之領取應依民法第828條規定辦理之函釋：83年6月9日臺（83）內地字第8375860號函及87年4月14日臺（87）內地字第8704326號函，因非關登記，應一併停止適用。

◎依土地法第34條之1申辦公同共有土地買賣移轉登記，他共有人聲明異議，如其異議內容屬與申請登記之法律關係有關之權利關係人間之爭執，登記機關駁回登記之申請（94.12.21內政部內授中辦地字第0940055831號函）

一、查土地法第34條之1執行要點第12點規定：「公同共有土地或建物之處分或變更，除法律或契約另有規定外，以共有人過半數之同意行之。」；又查本部94年5月9日內授中辦地字第0940725026號令略以：「公同共有人……依土地法第34條之1第5項準用第1項之規定處分全部公同共有物時……，應經公同共有人……

過半數及其『潛在的應有部分』……合計過半數之意同，始得為之；……公同共有土地之潛在應有部分，依法律規定或契約約定定之，法律未規定或契約未約定者，其比率視為不明，應推定為均等；……。」是依上開規定，公同共有人依土地法第34條之1第5項準用第1項規定處分全部公同共有物時，須經公同共有人過半數及其「潛在的應有部分合計過半數之同意，但各公同共有人之潛在的應有部分如無法證明其為多寡，則視為不明，應推定為均等（亦即，得僅以共有人過半數之同意行之）。本案房地因繼承人之一姜○○未會同申辦繼承，致登記為公同共有，惟各公同共有人仍存有潛在之應有部分，故部分共有人如擬依土地法第34條之1第5項準用第1項規定處分全部公同共有物，除須經公同共有人過半數之同意外，應另依上開規定計算其「潛在的應有部分」是否過半。本案共有人之一姜○○既檢具原所有權人（被繼承人）所立將旨揭房地全部由其一人繼承之自書遺囑及其已向法院提起訴訟之證明文件聲明異議，其異議內容關涉殷姜○○等三人應繼分之多寡及是否符合土地法第34條之1規定處分旨揭房地，應屬與申請登記之法律關係有關之權利關係人間之爭執，登記機關得依土地登記規則第57條第1項規定駁回登記之申請，俟該訴訟案件判決確定後，再另依判決結果申辦登記。

二、至本部85年10月24日臺（85）內地字第8510170號函釋，係指依土地法第34條之1申辦所有權移轉登記期間，他共有人以該土地業另提起共有物分割之訴，涉及私權爭執為由，請求駁回登記之申請，因並非就該所有權移轉登記之法律關係有爭執提起訴訟，故不予受理，與本案異議內容關涉申請登記法律關係之爭執顯不相同，併予敘明。

◎停車塔及其基地無土地法第34條之1第1項規定之適用（95.1.3內政部內授中辦地字第0950724908號函）

查「共有土地或建築改良物，其處分、變更及設定地上權、永佃權、地役權或典權，應以共有人過半數及其應有部分合計過半數之同意行之。但其應有部分合計逾三分之二者，其人數不予計算。……共有人出賣其應有部分時，他共有人得以同一價格共同或單獨優先承購。……」為土地法第34條之1第1項及第4項所明定，復查停車塔為臺灣地區特有建築形態，性質類似區分所有建物，每一停車位均有建物持分、獨立權狀及特定位置可依編號單獨進出，並得自由使用、收益及處分，排除他人（含其他共有人）之干涉，與一般共有物之各共有人係按其應有部分對於共有物之全部有使用、收益之權，並不相同，是以各停車位類似區分所有建物者，為貫徹土地法第104條使基地與地上建物所有權合而為一之精神，於該停車位連同所屬基地應有部分一併出賣移轉時，得適用土地登記規則第98條之規定，本案當事人「○○工程股份有限公司」興建停車塔後，既已陸續出售予陳○○等人，現權利範圍130/144，係屬分別共有，非如一般共有物，僅有抽象比例，如准其依上開土地法第34條之1規定，於與第三人議定全部車位及其基地之買賣條件後，通知陳○○等他共有人優先購買，則陳○○等共有人不僅實際使用上無此必要，且恐非財力所及，倘於陳○○等共有人均不

優先購買時，將全部車位及其基地出賣予第三人，則勢必損及權益，本案停車塔未能完全售出似屬經營問題，是以同意依臺北市政府地政處來函說明三所擬「本案停車塔及其基地不宜有土地法第34條之1第1項規定之適用意見辦理」。

◎**修正土地法第34條之1執行要點第6點規定暨相關事宜**（95.3.29內政部內授中辦地字第09507249943號函）

　　案經本部於95年3月6日邀請法務部、司法院祕書長、中華民國地政士公會全國聯合會、各直轄市政府地政處、部分縣（市）政府及本部法規委員會等召開會議研商，並獲致結論如次：

一、共有土地或建物部分共有人之應有部分經限制登記，對多數共有人依土地法第34條之1規定處分、變更或設定負擔而為之新登記，有無排除之效力，宜以法律明文定之。

二、依土地法第79條之1規定，揆其立法意旨，預告登記之目的，在於阻止登記名義人對該土地有妨害保全請求權所為之處分，故預告登記未塗銷前，登記名義人就其土地所為之處分，有妨害該項保全請求權者無效。爰之，共有人之應有部分經預告登記者，其應有部分之處分固應受限制（不得計入土地法第34條之1第1項之應有部分及人數），惟不應妨礙其他共有人依土地法第34條之1權利之行使。依同一意旨，共有人之應有部分經法院或行政執行處查封、假扣押、假處分、破產登記或其他機關依法律所為禁止處分者，亦僅限制該應有部分之處分，並無礙其他共有人依土地法第34條之1行使其權利。現階段為避免土地法第34條之1條文形同具文，土地法第34條之1執行要點第6點予以刪除，回歸立法本旨。

三、共有土地或建物部分共有人之應有部分經限制登記者，共有人依土地法第34條之1規定對該共有土地或建物為處分、變更或設定負擔，於申請權利變更登記時，應依下列規定辦理：

　　㈠共有土地或建物部分共有人之應有部分經法院或行政執行處囑託查封、假扣押、假處分或破產登記者，登記機關應依土地登記規則第141條規定徵詢法院或行政執行處查明有無妨礙禁止處分之登記情形。倘無礙執行效果者，登記機關應予受理，並將原查封、假扣押、假處分或破產事項予以轉載，登記完畢後通知原囑託法院或行政執行處及債權人。倘有礙執行效果者，登記機關應以書面敘明理由及法令依據，駁回登記之申請。

　　㈡共有土地或建物部分共有人之應有部分經有關機關依法律囑託禁止處分登記者，登記機關宜洽原囑託禁止處分登記之機關意見後，依前點規定辦理。

　　㈢共有土地或建物部分共有人之應有部分經預告登記且涉及對價或補償者，應提出該共有人受領及經原預告登記請求權人同意之證明文件及印鑑證明，倘該共有人未受領而為其提存，提存人應於提存書所附條件欄內記明：「提存物受取人領取提存物時，須檢附預告登記請求權人（姓名、身分證字號）之同意書及印鑑證明領取」之證明。登記機關於登記完畢後，因該預告登記已失所附麗，

　　得逕予塗銷並通知預告登記請求權人。

◎分別共有與公同共有併存之土地，依土地法第34條之1規定處分全部共有物事宜（95.9.5內政部內授中辦地字第0950050486號函）

　　經函准法務部95年8月22日法律決字第0950029972號函略以：「二、按土地法第34條之1規定：『共有土地或建築改良物，其處分、變更及設定地上權、永佃權、地役權或典權，應以共有人過半數及其應有部分合計過半數之同意行之。但其應有部分合計逾三分之二者，其人數不予計算。（第1項）……前4項規定，於公同共有準用之。（第5項）……』，旨在於兼顧共有人權益之範圍內，促進共有物之有效利用，以增進公共利益，復按司法院大法官釋字第562號解釋略以：『……共有物之應有部分，係指共有人對共有物所有權之比例，性質上與所有權並無不同。是不動產之應有部分如屬公同共有者，其讓與自得依土地法第34條之1第5項準用第1項之規定。……』準此，本件部分公同共有人自得依上開土地法規定，處分其所公同共有之應有部分。三、次按有關前開土地法規定之共有人數及應有部分之計算，本件土地之共有狀態係分別共有與公同共有併存，各公同共有人間雖係基於公同關係共有共有物之應有部分，但全體公同共有人與其他分別共有人間仍屬分別共有，如部分公同共有人已得依前述說明，處分其公同共有之應有部分，且另有其他分別共有部分之共有人同意處分全部共有物，符合前開土地法第34條之1第1項之規定，合計其分別共有人數及應有部分已過半數，或其應有部分逾三分之二者，應即得依該項規定處分全部共有物。」本部同意上開法務部意見，請參照上開說明查明後依法核處。

◎有關祭祀公業依規約處分其所有土地，除規約另有約定外，其不同意處分之派下員得主張優先購買權（98.6.2內政部內授中辦地字第0980044479號函）

　　案經函准法務部98年5月7日法律字第0970041774號書函意見略以：「查民法第828條規定：『公同共有人之權利義務，依其公同關係所由規定之法律或契約定之（第1項）。除前項之法律或契約另有規定外，公同共有物之處分，及其他之權利行使，應得公同共有人全體之同意（第2項）。』是依前述規定祭祀公業之規約如有特別規定，即排除前述第2項規定之適用（民法物權論（中），謝在全著，頁21）；另……有關祭祀公業依規約處分其所有土地，因非依土地法第34條之1第5項準用第1項規定而處分，其他不同意之派下員得否主張同條第4項之優先購買權疑義，涉及第4項優先購買權是否以第1項之情形為限問題，依學者見解認為：『……如規約就處分祭祀公業土地之條件另有較嚴之規定，自應適用規約之規定，至其處分之程序，除規約中另有約定外，仍應依土地法第34條之1第5項準用同條第1、2、3、4項規定辦理』（民法物權論（中）之註27，謝在全著，頁37）。」本案祭祀公業○○依規約處分其所有土地，其處分之程序，除規約中另有約定外，仍應依土地法第34條之1第5項準用同條第2項至第4項規定辦理。

◎部分共有人依土地法第34條之1規定設定地上權登記事宜（100.12.8內政部內授中辦地字第1000726287號函）

　　按土地法第34條之1第3項規定，第1項共有人，對於他共有人應得之對價或補償，負連帶清償責任。於為權利變更登記時，並應提出他共有人已為受領或為其提存之證明。揆其立法旨意乃共有人對共有土地或建物，依第1項所為處分之結果，未參與處分之他共有人之權益，並未因而受剝奪，其所應得之對價或補償，自應如數給付之，而所稱「連帶清償責任」者，指第1項共有人中之任何一人，對他共有人皆負全額給付之責任，並不以其所分得之數額為限，其目的係為兼顧未參與處分之他共有人權益之保護，使得被處分人之合法權益不致遭到損害（李鴻毅所著土地法論，第19版，第147、148頁及法務部92年10月7日法律決字第0920039399號函釋參照），故土地法第34條之1執行要點第9點第2款規定，涉及對價或補償者，應提出他共有人已領受之證明或已依法提存之證明文件，並於申請書備註欄記明「受領之對價或補償數額如有錯誤，由義務人自行負責」；無對價或補償者，應於契約書記明事由，並記明「如有不實，共有人願負法律責任」後免於提出證明；至對價或補償之多寡，非登記機關之審查範圍。本案地上權設定契約書中既已記載年地租金額及存續期間，地租給付方法為每年地租1次給付，第1年地租於完成地上權設定登記後第7個月內支付，以後每年給付日為相同日期，及未會同義務人應得對價，如未收受予以依法提存法院，如有不實願負法律責任等，且申請人於申請書備註欄記明「受領之對價或補償數額如有錯誤，由義務人自行負責」字樣，則他共有人權益已獲得保障，爰基於申請登記之共有人依法對未參與處分之他共有人皆負有全額給付之連帶責任，本案依約義務人之對價於申請登記時尚未屆清償期，得免提出他共有人已為受領或為其提存之證明予以受理登記。（按：土地法第34條之1執行要點第9點已修為第8點）

◎部分公同共有人或分別共有人不得依土地法第34條之1規定，就共有土地或建築改良物全部處分或設定用益物權予同意處分或設定用益物權之共有人之一或數人（101.2.1內政部內授中辦地字第1016650079號令）

一、查部分公同共有人或分別共有人得否依土地法第34條之1規定就整筆土地處分或設定用益物權予同意處分或設定用益物權之共有人之一或數人，經函准法務部101年1月4日法律字第1000023833號函略以，部分共有人依土地法第34條之1第1項規定，於共有土地或建築改良物上為處分、變更及設定地上權、農育權、不動產役權或典權時，因係同意處分之共有人代不同意之共有人處分其所有權，其性質係代理權之性質，且係依法取得之代理權，並非基於不同意共有人之授權，故屬法定代理權性質，此觀之同法條第3項規定「應代他共有人申請登記」足資證明。又民法第106條關於禁止雙方代理之規定，於意定代理及法定代理均有其適用（最高法院65年臺上字第840號判例參照）。又查土地法第34條之1之立法意旨在於兼顧共有人之權益範圍內，解決因少數共有人不予同意，即無從處分共有物之困難，爰限制少數共有人所有權之方式並賦予部分共有人得處分共有物之權，

以促進共有土地或建築改良物之有效利用，增進公共利益。惟倘多數共有人代理少數共有人將共有土地或建築改良物全部處分或設定用益物權予同意處分或設定用益物權之共有人之一或數人，其價金、用益物權租金、使用方法等之決定難謂合理，縱少數之共有人有優先購買權，但可能因無力優先購買而導致其權益受損，故土地法第34條之1規定仍有民法第106條禁止自己或雙方代理規定之適用，亦即部分公同共有人或分別共有人不得依土地法第34條之1規定，就共有土地或建築改良物全部處分或設定用益物權予同意處分或設定用益物權之共有人之一或數人。

二、本部97年6月12日內授中辦地字第0970046311號函釋有違民法第106條禁止自己代理規定，應予停止適用；另本部99年8月27日內授中辦地字第0990725278號令說明二刪除「另參依本部97年6月12日內授中辦地字第0970046311號函釋意旨，如同意設定地上權之共有人人數及應有部分符合土地法第34條之1規定時，即得依法設定地上權，不因其是否同為地上權人而受影響。」等文字。

◎**公私共有之公共設施用地，依土地法第34條之1規定處分為私人所有時，仍應受都市計畫法第52條、第53條等相關規定之拘束**（101.11.22內政部內授中辦地字第1016652185號函）

一、查都市計畫法第52條規定，公有土地必須配合當地都市計畫予以處理，其為公共設施用地者，由當地直轄市、縣（市）（局）政府或鄉、鎮、縣轄市公所於興修公共設施時，依法辦理撥用。同法第53條規定及行政院69年6月25日臺內字第7172號函核釋有何種公共設施保留地得出售予興建事業人、76年1月21日臺（76）財字第1230號函示：公有公共設施用地，政府僅得出租或讓售予獲准投資興辦都市計畫事業之私人或團體有案，是有關公有公共設施用地之處分出售，應依上開都市計畫法及行政院函示規定辦理。準此，公有公共設施用地，於都市計畫法既未全面禁止私有，自不宜一律認有受土地法第14條第1項第10款規定之限制，從而公私共有尚未徵收開闢之公共設施用地，於限制出售對象之規定下，仍得依土地法第34條之1規定出售予獲准投資興辦都市計畫事業之私人或團體。

二、次查本部88年6月7日臺內地字第8806045號函，係就土地法第14條第1項第5款所稱不得私有之「公共交通道路」，核釋不包括尚未徵收開闢之計畫道路用地，亦即公私共有尚未徵收開闢之計畫道路用地，其處分時仍有土地法第34條之1之適用；至於該共有土地處分或移轉時，於其他法律有限制或禁止規定者，自仍應受其法律規定之拘束，爰公私共有之公共設施用地，依土地法第34條之1規定處分為私人所有時，仍應受都市計畫法第52條、第53條等相關規定之拘束。（節錄）

◎**他共有人之一死亡，部分共有人仍需俟完成繼承登記後，始得依土地法第34條之1規定申辦地上權設定登記**（103.9.22內政部內授中辦地字第1036038985號函）

按土地法第34條之1執行要點第8點第3款規定：「依本法條規定處分全部共有土地或建物，如處分後共有權利已不存在，而他共有人已死亡有繼承人或死亡絕嗣者，

部分共有人得直接申辦所有權移轉登記，免辦繼承或遺產管理人登記。」係考量符合土地法第34條之1第1項規定條件之共有人就共有土地或建物為全部處分後，已死亡之他共有人之共有權利將不存在，要求其繼承人先完成繼承登記後，始得由同意處分之共有人申辦所有權移轉登記，並無實益，故為簡化登記程序，該款明定如處分後共有權利已不存在，部分共有人始得直接申請所有權移轉登記。本案地上權設定登記後，並無影響土地共有人間共有權利之存在，自不得援引適用。

◎需役地與供役地部分相同之共有人，不得依土地法第34條之1設定不動產役權
（105.1.30內政部臺內地字第1050401883號函）

一、案經函准法務部105年1月14日法律字第10403512800號函略以：「……按民法第859條之4規定：『不動產役權，亦得就自己之不動產設定之。』其立法意旨，係因應社會進步，不動產資源運用之態樣日新月異，為提高不動產之價值，預為不同特定使用目的之規劃，節省嗣後不動產交易成本，並維持不動產相互利用關係之穩定，拘束日後之各不動產受讓人，爰規定得以自己之不動產供自己之其他不動產便宜之用而設定（謝在全著『民法物權論』（下），修訂6版，第59頁至第60頁參照）。是以，必須需役不動產與供役不動產『均為同一人所有』，始屬本條規範之範疇。且因共有人之應有部分，係抽象的存在於共有物之任何一部分，而非具體的侷限於共有物之特定部分，換言之，共有物之任何一部分均含有其他共有人之權利，是以『共有人就共有不動產』行使權利或設定負擔之情形，應認為係『他人之不動產』，而非『自己之不動產』。」是需役地與供役地雖部分共有人相同，仍非屬上開民法第859條之4規定自己不動產役權之範疇，故無該條之適用。

二、次按民法第106條規定：「代理人非經本人之許諾，不得為本人與自己之法律行為，亦不得既為第三人之代理人，而為本人與第三人之法律行為。但其法律行為，係專履行債務者，不在此限。」是類此需役地與供役地部分相同之共有人，得否依土地法第34條之1規定設定不動產役權1節，因供役地同意設定之共有人（即代理人）係代理未會同之共有人（即本人），與需役地共有人（即代理人）為設定不動產役權之法律行為，已違反前開民法第106條禁止自己代理之規定，故仍應依本部101年2月1日內授中辦地字第1016650079號令規定辦理。

三、本部83年10月19日臺內地字第8312956號函釋與上開規定未合，應予停止適用。

二、申請實務

(一)申請人

1. 土地或建物所有權買賣移轉登記，應由權利人及義務人共同申請。（土登第26條）

2. 如經法院判決確定或拍定，得由權利人單獨申請。（土登第27條第1項第4

款)

(二)申請期限

1. 土地所有權買賣移轉,權利人(承買人)及義務人(出賣人)應於訂定契約之日起三十日內,檢同契約及有關文件,共同申請權利變更登記,並同時申報土地移轉現值。(平均第47條)

2. 申請土地所有權變更登記,應於權利變更之日起一個月內為之。(土登第33條)

前項權利變更之日,係指下列各款之一者:

(1)契約成立之日。

(2)法院判決確定之日。

(3)訴訟上和解或調解成立之日。

(4)依鄉鎮市調解條例規定成立之調解,經法院核定之日。

(5)依仲裁法作成之判斷,判斷書交付或送達之日。

(6)產權移轉證明文件核發之日。

(7)法律事實發生之日。

3. 土地及建物買賣移轉登記,如未於規定期限內申請者,依土地法第73條規定,每逾一個月處應納登記費額一倍之罰鍰,最高不得超過二十倍。

4. 買進未登記再出賣之處罰

(1)土地買賣未辦竣權利移轉登記,承買人再行出售者,處應納登記費二十倍以下之罰鍰。(平均第81條)

(2)土地買賣未辦竣權利移轉登記,再行出售者,處再行出售移轉現值百分之二之罰鍰。(土稅第54條第2項)

5. 土地建物所有權移轉登記時,如確係由於申報遺產稅、贈與稅、契稅、增值稅等主管機關所延誤,致逾期辦理移轉登記而該遲延辦理移轉登記之責不在當事人者,其登記罰鍰之核課,可依檢附該稅捐機關出具之證明文件,將在各該管機關所延誤之期間予以扣除。(土登第50條第2項參照)

◎平均地權條例第81條補充規定(93.8.2內政部修正發布)

一、本條所稱「買賣」,指當事人約定一方移轉財產權於他方,他方支付價金之契約而言。

二、本條所稱「土地買賣未辦竣權利移轉登記」,指土地權利尚未經登記機關依土地登記規則第6條登記完畢而言。

三、本條所稱「再行出售」,指承買人就所承買土地尚未辦竣權利移轉登記前,即再行出售他人成立「債權契約」而言。

四、依本條處以罰款之對象,指買賣土地未辦竣移轉登記之權利人(承買人),亦即未辦竣移轉登記再行出售之義務人(出賣人)而言。

五、土地買賣未辦竣權利移轉登記前，承買人再行出售該土地時，其罰鍰之計徵如左：
　　㈠自當事人訂立買賣契約之日起二個月內再行出售者，處應納登記費一倍之罰鍰，逾二個月者，每逾一個月加處一倍，以至二十倍為限。
　　㈡前款登記費之計算，以當事人訂定買賣契約之日該土地之當期申報地價為準。
六、土地買賣未辦竣權利移轉登記，經處以罰鍰逾期不繳納時，應由原處分機關依行政執行法執行之。
　㈢應備書件
　　1.成年人買賣土地移轉應備書件
　　　⑴現值申報書：一筆土地一份。
　　　⑵土地登記申請書：一案一份。
　　　⑶土地所有權買賣移轉契約書（公定契紙）：一份二張，其中一張按契價千分之一貼印花當作正本。
　　　⑷稅捐繳納文件：
　　　　①於現值申報後，應繳納增值稅，故應附繳增值稅繳納收據，或土地增值稅免徵證明。
　　　　②如係二親等內之買賣，尚應申報贈與稅，附繳贈與稅繳清證明或免稅證明──詳見第四章。
　　　⑸權利人義務人之身分證明文件各一份
　　　　①應附繳戶籍謄本，或身分證影本或戶口名簿影本。
　　　　②義務人如住址有變更，現戶籍資料未記載歷次變更之住址而無法確認同為一人時，應從土地登記簿所記載之住址起，附繳歷次變更住址之戶籍資料。
　　　　③華僑在臺未設立戶籍者，則附繳僑居地使領館或僑務委員會核發之華僑身分證明。
　　　⑹義務人印鑑證明一份。
　　　⑺優先購買權放棄書：土地有出租、共有或設定地上權、典權時應附繳本項文件。
　　　⑻其他文件：詳見第一節及本節一之概述。
　　　⑼土地所有權狀。
　　2.未成年人買賣土地移轉應備書件
　　　⑴現值申報書。
　　　⑵土地登記申請書。
　　　⑶土地所有權買賣移轉契約書（公定契紙）。
　　　⑷稅捐繳納文件。

　　⑸權利人義務人及其父母之身分證明文件。

　　⑹義務人及其父母之印鑑證明。

　　⑺優先購買權放棄書：土地有出租、共有或地上權、典權設定登記時應
　　　附繳本項文件。

　　⑻法院許可之證明文件：監護人為法定代理人代理買賣之土地時應檢附
　　　本項文件。

　　⑼權利人贈與稅繳清證明或免稅證明：未成年人購置不動產，以其法定
　　　代理人之贈與論，故應附繳本項文件。

　　⑽其他文件：詳見第一節及本節一之概述。

　　⑾土地所有權狀。

3.成年人買賣建物移轉應備書件

　　⑴契稅申報書。

　　⑵土地登記申請書。

　　⑶建物所有權買賣移轉契約書（公定契紙）：一份二張，其中一張按契價
　　　千分之一貼印花當作正本。

　　⑷權利人義務人之身分證明文件。

　　⑸義務人印鑑證明。

　　⑹契稅繳納收據。

　　⑺優先承購權放棄書。

　　⑻最近一期已繳納之房屋稅收據。

　　⑼其他文件：詳見第一節及本節一之概述。

　　⑽建物所有權狀。

4.未成年人買賣建物移轉應備書件

　　⑴契稅申報書。

　　⑵土地登記申請書。

　　⑶建物所有權買賣移轉契約書（公定契紙）。

　　⑷權利人義務人及其父母之身分證明文件

　　⑸義務人及其父母之印鑑證明。

　　⑹契稅繳納收據。

　　⑺權利人贈與稅繳清證明或免稅證明。

　　⑻法院許可之證明文件。

　　⑼優先購買權放棄書。

　　⑽最近一期房屋稅繳納收據。

　　⑾其他文件：詳見第一節及本節一之概述。

　　⑿建物所有權狀。

5.說　明

前述情況，係依權利主體（人）之不同而分為成年人及未成年人買賣應備文件。實際上，可能是成年人賣給未成年人，或未成年人賣給公司法人，或公司法人（應備法人登記證明文件及其代表人資格證明——土登第42條之其他文件）賣給成年人……等，如此則可參考前述應備書件，予以變化應用。

　　此外，如有其他特殊情形，需另行加附其他文件，則請參閱本章第一節及本節一之概述有關法令之規定。

(四)申辦手續

1.土地買賣移轉手續

(1)備齊所需文件並繕妥蓋章：除土地現值申報書外，將土地登記申請書等文件對摺，並將土地登記申請書放置於第一頁，其餘書件再依土地登記規則第34條規定提出文件之次序，裝訂成冊。一般而言，契約書正本及所有權狀置於最後。

(2)現值申報：首先提向土地所在地之主管稅捐稽徵機關申報現值。由主管機關抽取現值申報書，並於收據上加蓋收件日期。收件號碼。

(3)領取土地增值稅繳納通知書或免稅證明書：

①申報現值經審核低於收件日期當期公告土地現值者，得由主管機關照其自行申報之現值收買或照公告土地現值徵收土地增值稅。

②申報現值經審核不低於收件日期當期公告土地現值，或雖低於收件日期當期公告土地現值，但經核定不予收買者，應於七日內（自用住宅用地為二十日）查明有無欠稅（包括工程受益費），並核發土地增值稅單或免繳證明書，送達納稅義務人。

③經查無欠稅者，應於土地增值稅單或免繳證明書上加蓋「截至○年○期無欠稅費」戳記及「主辦人職名章」，並註明日期，其有欠稅費者，應於土地增值稅單或免繳證明書上加蓋「另有欠稅費」戳記，連同所有欠稅費單一併送達納稅義務人。

④依當事人申報應課徵贈與稅者，不論有無欠稅費，均應於土地增值稅單或免繳證明書上加蓋「另有贈與稅」戳稅。

⑤增值稅及有關欠繳之稅費繳清後，再提向主管稽徵機關審查加蓋欠稅業已繳清之戳記。嗣後再將第一聯增值稅繳納收據或免稅證明浮貼於登記案件契約書正本上面，第二聯收據則浮貼於契約書副本上面。

(4)申報贈與稅：如有贈與論之情形，則於登記申請前，先行申報贈與稅。

(5)申請登記：向土地所在地之地政事務所申請，並核對申請人身分。

①計費：按申報地價千分之一計算登記費，另書狀費每張80元。

②開單：經計算規費後，即開發規費繳納通知單。

③繳費：經開發規費單後，即可繳費，並收具繳費收據。

④收件：經收件後，取具收件收據。

⑤補正：如申請案件經審查發現填寫錯誤或文件不合或證件不符時，經通知補正者，應於期限內補正。如申請案件經駁回補正者，再送請收件時應另取具收件收據。

⑥領狀：經審查無誤並登記完畢後，權利人或代理人即可持收件收據及原蓋用之印章，領取所有權狀、契約書正本及其他不需存查之文件。

2.建物買賣移轉手續

(1)備齊所需文件，繕妥後蓋章。

(2)申報契稅：提向主管稽徵機關申報契稅。

(3)領取稅單：經核計契稅並查明有無欠繳房屋稅後，（房稅第22條）即可領取契稅繳納通知單，持向公庫代收銀行繳納。並將契稅繳納收據第一聯浮貼於契約書正本上面，第二聯浮貼於契約書副本上面。

(4)申報贈與稅：如有贈與論之情形，則於登記申請前，先行申報贈與稅。

(5)申請登記：向土地建物所在地之地政事務所申請，並核對申請人身分。

①將已繕妥核章之登記申請書對摺放置於第一頁，契約書正本對摺及所有權狀放置於最後，其他書件再依土地登記規則第34條規定提出文件之次序放置整齊，裝訂成冊，即可提出申請。

②計費、開單、繳費、收件、補正及領狀等手續，與前述土地買賣移轉登記之手續相同——可參閱之。

三、書表填寫說明

㈠現值申報書填寫說明及範例

詳見第四章第五節土地增值稅。契稅申報書填寫說明及範例——詳見第四章第七節。

㈡所有權買賣移轉登記申請書填寫說明

1.一般填法

(1)以毛筆、黑色、藍色墨汁鋼筆、原子筆或電腦打字正楷填寫。

(2)字體需端正，不得潦草，如有增、刪文字時，應在增、刪處由申請人蓋章，不得使用修正液（帶）。

2.各欄填法

(1)第(1)欄「受理機關」：按土地（建物）所在地之市（縣）及地政事務所之名稱填寫。如屬跨所申請案件，請於「跨所申請」欄打勾，並分別

填寫受理機關及資料管轄機關名稱。

(2)第(2)(3)(4)(5)欄「原因發生日期」、「申請登記事由」、「登記原因」、「標示及申請權利內容」按後列表所列自行打勾或選擇填入空格內。

(2)原因發生日期	(3)申請登記事由	(4)登記原因	(5)標示及申請權利內容
契約成立之日	所有權移轉登記	買賣	契約書

(3)第(6)欄附繳證件：按所附證件名稱、份數分行填列並裝訂，若空格不夠填寫時可填入第(9)欄，身分證或戶口名簿請影印正反面，並切結與正本相符後認章。

(4)第(7)欄委任關係：係指由代理人申請登記時填寫代理人之姓名，若尚有複代理人時一併註明複代理人姓名，並依地政士法第18條規定，請代理人（複代理人）切結認章，如無委託他人代理申請者，則免填此欄。

(5)第(8)欄：為便利通知申請人及瞭解不動產市場交易情形，請填寫權利人、義務人、代理人及不動產經紀人姓名、電話、傳真及電子郵件信箱，如無委託不動產經紀人者，免填不動產經紀人資料。

(6)第(9)欄「備註」：專供申請書上各欄無法填寫而必須填載事項。

(7)第(10)欄「申請人」除包括權利人、義務人姓名外，如有委託代理人（含複代理人）申請登記者，尚包括代理人；如不敷使用，增頁部分應加蓋騎縫章。

　①所稱權利人：係指登記結果受有利益或免除義務之人，如買受人（買主）。

　②所稱義務人：係指登記結果受不利益或喪失權利之人，如出賣人（賣主）。

(8)第(11)欄「權利人或義務人」：所有權買賣移轉以權利人（買受人）、義務人（出賣人）分別填寫；申請人為未成年人、禁治產人或法人者，須加填法定代理人（如父母、監護人或公司法定代表人）。如有委託他人申請者，加填代理人，若尚有委任複代理人者，一併加填複代理人。

(9)第(12)欄「姓名或名稱」：自然人依照戶籍謄本、戶口名簿、身分證或其他證明文件記載填寫，法人則先填法人名稱後再加填法定代表人姓名。

(10)第(13)(14)欄「出生年月日」「統一編號」：自然人依照戶籍謄本、戶口名簿、身分證或其他證明文件記載填寫，法人或其他非自然人請填寫公司統一編號或扣繳單位統一編號。

(11)第(15)欄「住所」：自然人依照戶籍謄本、戶口名簿、身分證或其他證

明文件記載填寫，得不填寫里、鄰，法人依照法人登記有案地址填寫，代理人或複代理人如住所與通訊處不同時，得於住所欄另外註明通訊地址。

(12)第(13)(14)(15)欄：原因證明文件為契約書者，其所載申請人（自然人或法人）與所附之戶籍或證照資料完全相同者，可填寫詳如契約書或以斜線除之。

(13)第(16)欄「簽章」：

　①權利人應蓋用與所填之姓名或名稱相同之印章。

　②義務人應蓋用與印鑑證明或於登記機關設置之土地登記印鑑相同之印章，如親自到場應依土地登記規則第40條規定辦理，或依土地登記規則第41條其他各款規定辦理。

(14)本案處理經過情形欄及申請書上方之收件與登記書狀費，係供地政事務所人員審核用，申請人毋須填寫，如非連件辦理者，連件序別，亦無須填寫。

(三)土地及建築改良物所有權買賣移轉契約書填寫說明

1.本所有權買賣移轉契約書分：土地、建築改良物所有權買賣移轉契約書、土地所有權買賣移轉契約書、建築改良物所有權買賣移轉契約書三種，分別於申辦土地或建築改良物所有權買賣移轉登記時使用。

2.一般填法：

　(1)以毛筆、藍色、黑色墨汁鋼筆、原子筆或電腦打字正楷填寫。

　(2)字體需端正，不得潦草，如有增、刪文字時，應在增、刪處由訂立契約人蓋章，不得使用修正液（帶）。

　(3)關於「買賣價款總金額」之數目字，應依公文書橫式書寫數字使用原則填寫，如6億3944萬2789元。

　(4)如「土地標示」「建物標示」「申請登記以外之約定事項」及「訂立契約人」等欄有空白時，應將空白欄以斜線劃除或註明「以下空白」字樣。如有不敷使用時，可另附相同格式之清冊，並由訂立契約人在騎縫處蓋章。

3.各欄填法：

　(1)「土地標示」第(1)(2)(3)(4)欄：應照土地登記資料所載分別填寫。

　(2)「建物標示」第(6)(7)(8)(9)(10)欄：應照建物登記資料所載分別填寫。

　(3)第(5)(11)欄「權利範圍」：填寫各筆棟出賣之權利範圍，如係全部出賣者，則填「全部」，如僅出賣一部分者，則按其出賣之持分額填寫。

　(4)第(12)欄「買賣價款總金額」：填寫本契約書所訂各筆土地及各棟建物之買賣價格總和。

　(5)第(13)欄「申請登記以外之約定事項」：本契約所約定之事項，於其他

　　各欄內無法填寫者，均填入本欄。

(6)第(14)欄「簽名或簽證」：申請人親自到場或登記案件由地政士簽證者，申請人、地政士應於本欄簽名或蓋章。

(7)「訂立契約人」各欄之填法：

　①先填「買受人」及其「姓名或名稱」「買受持分」「出生年月日」「統一編號」「住所」並「蓋章」，後填「出賣人」及其「姓名或名稱」「出賣持分」「出生年月日」「統一編號」「住所」並「蓋章」。

　②如訂立契約人為法人時，「出生年月日」免填，應於該法人之次欄加填「法定代表人」及其姓名並「蓋章」。

　③如訂立契約人為未成年人時，其契約行為應經其法定代理人允許，故應於該未成年人之次欄，加填「法定代理人」及其「姓名」「出生年月日」「統一編號」「住所」並「蓋章」，以確定其契約之效力。

　④「姓名」「出生年月日」「統一編號」「住所」各欄，應照戶籍謄本、戶口名簿、身分證或其他證明文件所載者填寫，如住址有街、路、巷名者，得不填寫里、鄰。

(8)第(17)欄：「買受持分」「出賣持分」應按其實際買受或出賣之權利持分額填寫。

(9)第(21)欄「蓋章」：

　①權利人應蓋用與所填之姓名或名稱相同之印章。

　②義務人應蓋用與印鑑證明或於登記機關設置之土地登記印鑑相同之印章，如親自到場應依土地登記規則第40條規定辦理，或依土地登記規則第41條其他各款規定辦理。

(10)第(22)欄「立約日期」：填寫訂立契約之年月日。

4.本契約書訂立後，應即照印花稅法規定購貼印花。

5.本契約書應於訂立後一個月內，建物依契稅條例規定報繳契稅，土地依平均地權條例規定申報土地現值，繳納土地增值稅後，依法申請產權移轉登記。逾期申請，則依土地法第73條第2項「…聲請逾期者，每逾一個月得處應納登記費一倍之罰鍰，但最高不得超過二十倍。」規定，處以罰鍰。

四、書表填寫範例

（一）土地買賣移轉登記

收件	日期	年 月 日 時 分	收件者				連件序別	連件 非連件（非連件者免填）共 1 件 第 1 件		登記費		元
	字號	字第 號	件章							書狀費		元
										罰 鍰		元

合計		元
收據		字 號
核算者		

土 地 登 記 申 請 書

(1) 受理機關 △△市△△地政事務所 ☑跨所申請 / 資料管轄機關 △△市 △△ 地政事務所

(2) 原因發生日期 中 華 民 國 △△ 年 △ 月 △△ 日

(3) 申請登記事由（選擇打✔一項）
☐所有權第一次登記
☑所有權移轉登記
☐抵押權登記
☐抵押權塗銷登記
☐抵押權內容變更登記
☐標示變更登記
☐

(4) 登記原因（選擇打✔一項）
☐第一次登記
☑買賣 ☐贈與 ☐繼承 ☐分割繼承 ☐拍賣 ☐共有物分割
☐設定 ☐法定
☐清償 ☐拋棄 ☐混同 ☐判決塗銷 ☐
☐權利價值變更 ☐權利內容變更
☐分割 ☐合併 ☐地目變更
☐

(5) 標示及申請權利內容 詳如 ☑契約書 ☐登記清冊 ☐複丈結果通知書 ☐建物測量成果圖 ☐

(6) 附繳證件
1. 買賣契約書 2份 4. 土地所有權狀 2份 7. 份
2. 土地增值稅繳納收據 2份 5. 印鑑證明 1份 8. 份
3. 戶口名簿影本 2份 6. 份 9. 份

(7) 委任關係
本土地登記案之申請委託 陳△△ 代理。 複代理。
委託人確為登記標的物之權利人或權利關係人，如有虛偽不實，本代理人（複代理人）願負法律責任。 印

(8) 聯絡方式
權利人電話 △△△△－△△△△
義務人電話 △△△△－△△△△
代理人聯絡電話 △△△△－△△△△
傳真電話 △△△△－△△△△
電子郵件信箱 △△△△－△△△△
不動產經紀業名稱及統一編號 △△△△△△－△△△△△
不動產經紀業電話 △△△△－△△△△

(9) 備註
優先購買權人確已放棄其優先購買權如有不實出賣人願負法律責任。 印
本件土地確無出租如有不實賣願負法律責任。 印

(11)權利人或義務人	(12)姓名或名稱	(13)出生年月日	(14)統一編號	(15)住所 縣市	鄉鎮市區	村里	鄰	街路	段	巷	弄	號	樓	(16)簽章
權利人	李△△	△△	△△△△	△△	△△		△	△△	△△	△	△	△	△	印
義務人	王△△	△△	△△△△	△△	△△		△	△△	△△	△	△	△	△	印
雙方代理人	陳△△		△△△△	△△	△△		△	△△	△	△	△	△	△	印
登記助理員	林△△		△△△△	△△	△△		△	△△	△	△	△	△	△	印
事務所地址：														

(10)申請人

本案處理經過情形（以下各欄申請人請勿填寫）

初審	複審	審查	核定	登簿	校簿	書狀列印	校狀	書狀用印
				地價異動	通知領狀	異動通知	發狀 支付	歸檔

土地所有權買賣移轉契約書

下列土地經 買受人／出賣人 雙方同意所有權買賣移轉，特訂立本契約：

土地標示				
(1) 坐落	鄉鎮市區	△△	△△	
	段	△△	△△	
	小段	△	△	
(2) 地號		△△	△△	
(3) 地目		△	△	
(4) 面積（平方公尺）		235	187	
(5) 權利範圍		$\frac{166}{10000}$	$\frac{166}{10000}$	
(6) 買賣價款總金額	新臺幣 伍佰陸拾柒萬捌仟元整			

(9)訂立契約人	(10)姓名或名稱	(11)權利範圍 買受持分	(11)權利範圍 出賣持分	(12)出生年月日	(13)統一編號	(14)住所 縣市	鄉鎮市區	村里	鄰	街路	段	巷弄	號	樓	(15)蓋章
買受人	李△△	$\frac{166}{10000}$		△△△△	△△△△△△	△△	△△	△△	△	△△△	△	△	△	△	印
出賣人	王△△		$\frac{166}{10000}$	△△△△	△△△△△△△	△△	△△	△△	△	△△△	△	△	△	△	印

(16)立約日期　中　華　民　國　△△　年　△△　月　△△　日

(7) 申請登記以外之約定事項：
1. 他項權利情形：無
2.
3.
4.
5.
6.

貼印花1‰：5678元

(8) 簽名或簽證

(二)未成年人土地買賣移轉登記（以父母以外之監護人為法定代理人）

土地登記申請書

收件	日期	年 月 日 時	分	收件者	字號
件	字號	字 第 號			

連件序別	非連件者免填	共 1 件 第 1 件

登記費	元
書狀費	元
罰鍰	元
合計	元
收據	字號
核算者	

(1)受理機關　△△市△△地政事務所　資料管轄機關　△△市△△地政事務所　□跨所申請

(2)原因發生日期　中華民國△△年△月△△日

(3)申請登記事由（選擇打✓一項）
- □所有權第一次登記
- ✓所有權移轉登記
- □抵押權登記
- □抵押權塗銷登記
- □抵押權內容變更登記
- □標示變更登記
- □

(4)登記原因（選擇打✓一項）
- □第一次登記
- ✓買賣　□贈與　□繼承　□分割繼承　□拍賣　□共有物分割
- □設定　□法定
- □清償　□拋棄　□混同　□判決塗銷
- □權利價值變更　□權利內容等變更
- □分割　□合併　□地目變更
- □

(5)標示及申請權利內容　詳如　✓契約書　□登記清冊　□複丈結果通知書　□建物測量成果圖

(6)附繳證件
1. 買賣契約書　2份
2. 土地增值稅繳納收據　3份
3. 戶口名簿影本　7份
4. 優先購買權拋棄書　1份
5. 贈與稅免稅證明　1份
6. 法院許可文件　1份
7. 土地所有權狀　3份
8. 印鑑證明　2份
9.　　　份

(7)委任關係
　本土地登記案之申請委託　陳△△　代理。　　　複代理。
　委託人確為登記標的物之權利人或權利關係人，如有不實，本代理人（複代理人）願負法律責任。　印

(8)聯絡方式
權利人電話	△△△△－△△△△
義務人電話	△△△△－△△△△
代理人聯絡電話	△△△△－△△△△
傳真電話	△△△△－△△△△
電子郵件信箱	△△△△△△－△△△△
不動產經紀業名稱及統一編號	△△△△△△△△－△△△△
不動產經紀業電話	△△△△－△△△△

(9)備註
　優先購買權人確已放棄其優先購買權如有不實出賣人願負法律責任。　印
　本件土地確無出租如有不實願負法律責任。　印

(11)權利人或義務人	(12)姓名或名稱	(13)出生年月日	(14)統一編號	(15)住　　　　　　　　　　所										(16)簽章
				縣市	鄉鎮市區	村里	鄰	街路	段	巷	弄	號	樓	
權利人	張△△	△△	△△△△	△△	△△	△△	△	△△	△	△	△	△	△	印
法定代理人	張△△	△△	△△△△	△△	△△	△△	△	△△	△	△	△	△	△	印
義務人	王△△	△△	△△△△	△△	△△	△△	△	△△	△	△	△	△	△	印
法定代理人	王△△			△△	△△	△△	△	△△	△	△	△	△	△	印
代理人	陳△△	△△	△△△△	△△	△△	△△	△	△△	△	△	△	△	△	印
	事務所地址：			△△	△△	△△	△	△△	△	△	△	△	△	

(10)　申　　請　　人	本案處理經過情形（以下各欄申請人請勿填寫）					
	初審	複審	審核	核定		
	登簿	校簿	書狀列印	校狀	書狀用印	
	地價異動	通知領狀	異動通知	支付發狀	歸檔	

土地所有權買賣移轉契約書

下列土地經 買受人 雙方同意所有權買賣移轉，特訂立本契約：
出賣人

土地標示			
(1) 坐落 鄉鎮市區	△△	△△	△△
段	△△	△△	△△
小段	△	△	△
(2) 地號	△△	△△	△△
(3) 地目	△	△	△
(4) 面積（平方公尺）	251	123	362
(5) 權利範圍	$\frac{1}{4}$	$\frac{1}{4}$	$\frac{1}{4}$

(6) 買賣價款總金額 新臺幣 捌佰陸拾陸萬伍仟元整

(7) 申請登記以外之約定事項

1. 他項權利情形：無
2.
3.
4.
5.
6.

貼印花1‰：8665元

(8) 簽名或簽證

(9) 訂立契約人	(10) 姓名或名稱	(11) 權利範圍 買受持分	(11) 權利範圍 出賣持分	(12) 出生年月日	(13) 統一編號	(14) 住所 縣市	鄉鎮市區	村里	鄰	街路	段	巷弄	號	樓	(15) 蓋章
買受人	張△△	$\frac{1}{4}$		△△△	△△△△△△	△△	△△	△△	△	△△	△	△	△	△	印
法定代理人	張△△			△△△	△△△△△△	△△	△△	△△	△	△△	△	△	△	△	印
出賣人	王△△		$\frac{1}{4}$	△△△	△△△△△△	△△	△△	△△	△	△△	△	△	△	△	印
法定代理人	王△△			△△△	△△△△△△	△△	△△	△△	△	△△	△	△	△	△	印

(16) 立約日期　中華民國　△△ 年　△△ 月　△△ 日

優先購買權拋棄書

　　立拋棄書人林振華係臺北市大安區懷生段三小段貳壹地號土地壹筆，面積零點零零玖貳公頃之地上權人，現所有人王榮華將其所有持分肆分之壹出賣，本人無意購買，特此聲明拋棄優先承購權，並同意由王榮華任意出賣予他人，本人絕無異議。附印鑑證明壹份。

　　此致

　　王榮華先生

　　王明忠先生

　　立拋棄書人：林振華　印　N100233211（簽名）

　　住址：臺北市大安區文光里6鄰通化街47巷8號

　　出生年月日：△△△△

中　華　民　國　△　△　年　△　△　月　△　△　日

(三)公司買賣土地移轉登記

土　地　登　記　申　請　書

(1)受理機關	△△市△△地政事務所		(2)原因發生日期	中華民國△△年△月△△日

收件者章	收件	日期　年　月　日　時　分
		字號　　字第　　號
	連件序別	連件(非連件者免填)　共1件　第1件

資料管轄機關	△△市△△地政事務所	跨所申請

(3)申請登記事由 (選擇打✓一項)

- □ 所有權第一次登記
- ✓ 所有權移轉登記
- □ 抵押權登記
- □ 抵押權塗銷登記
- □ 抵押權內容變更登記
- □ 標示變更登記

(4)登記原因 (選擇打✓一項)

- □ 第一次登記
- ✓ 買賣　□ 贈與　□ 繼承　□ 分割繼承　□ 拍賣　□ 共有物分割
- □ 設定　□ 法定
- □ 清償　□ 混同　□ 判決塗銷
- □ 權利價值變更　□ 權利內容等變更
- □ 分割　□ 合併　□ 地目變更

(5)標示及申請權利內容	詳如	✓ 契約書　□ 登記清冊　□ 複丈結果通知書　□ 建物測量成果圖

(6)附繳證件

1. 買賣契約書　2份　　4. 土地所有權狀　1份　7.　　份
2. 土地增值稅繳納收據　1份　　5.　　　　　　　　　　份　8.　　份
3. 公司設立登記表　2份　　6.　　　　　　　　　　份　9.　　份

(7)委任關係

本土地登記案之申請委託 陳△△ 代理。　　複代理。

委託人確為登記標的物之權利人或權利關係人,如有虛偽不實,本代理人(複代理人)願負法律責任。印

(8)聯絡方式

權利人電話	△△△△－△△△△
義務人電話	△△△△－△△△△
代理人聯絡電話	△△△△－△△△△
傳真電話	△△△△－△△△△
電子郵件信箱	△△△△－△△△△
不動產經紀業名稱及統一編號	△△△△－△△△△
不動產經紀業電話	△△△△－△△△△

(9)備註

優先購買權人確已放棄其優先購買權如有不實出賣人願負法律責任。印

本件土地確無出租情事如有不實賣方願負法律責任。印

登記費	元
書狀費	元
罰鍰	元
合計	元
收據	字　號
核算者	

書記

(10)申請人	(11)權利人或義務人	(12)姓名或名稱	(13)出生年月日	(14)統一編號	(15)住所 縣市	鄉鎮市區	村里	鄰	街路	段	巷弄	號	樓	(16)簽章
申請人	權利人	△△股份有限公司		△△△△	△△	△△			△△	△		△	△	印
	法定代理人	林△△		△△△△	△△	△△			△△			△	△	印
	義務人	△△股份有限公司												印
	法定代理人	王△△												印
	代理人	陳△△	△△	△△△△	△△	△△	△△	△	△△	△	△	△	△	印
	事務所：				△△	△△	△△	△	△△	△	△	△	△	

本案處理經過情形（以下各欄申請人請勿填寫）	初審	複審	審查	核定	登簿	校簿	書狀列印	校狀	書狀用印
					地價異動	通知領狀	異動通知	支付發狀	歸檔

土地所有權買賣移轉契約書

下列土地經買受人雙方同意所有權買賣移轉，特訂立本契約：

買受人
出賣人

土地標示		
(1) 坐落	鄉鎮市區	△△
	段	△△
	小段	△
(2) 地號		△△
(3) 地目		△
(4) 面積（平方公尺）		657
(5) 權利範圍		全部
(6) 買賣價款總金額	新臺幣	貳仟參佰伍拾陸萬柒仟元整

(7)申請登記以外之約定事項
1.他項權利情形：無
2.
3.
4.
5.
6.
貼印花1‰：23567元

(8)簽名或簽證

(9)訂立契約人	(10)姓名或名稱	(11)權利範圍 買受持分	出賣持分	(12)出生年月日	(13)統一編號	(14)住所 縣市	鄉鎮市區	村里	鄰	街路	段	巷弄	號	樓	(15)蓋章
買受人	△△股份有限公司	全部		△△△	△△△△	△△	△△	△△	△△	△△	△△		△	△	印
買受人法定代理人	林△△														印
出賣人	△△股份有限公司		全部	△△△	△△△△△△	△△	△△	△△	△△	△△	△△		△	△	印
出賣人法定代理人	王△△														印

(16)立約日期　中　華　民　國　△△　年　△△　月　△△　日

（四）建物買賣移轉登記（以占用他人土地為例）

土　地　登　記　申　請　書

收件	日期	年　月　日	時　分	收件者	收件 字第 號
	字號	字　第　號		件章	

連件序別	非連件者免填	共 1 件 第 1 件

登記費	元
書狀費	元
罰鍰	元
合計	元
收據	字號
核算者	

(1)受理機關　△△市△△地政事務所　資料管轄機關　△△市　△△地政事務所

(2)原因發生日期　中華民國△△年△△月△△日

(3)申請登記事由（選擇打✔一項）
☐ 所有權第一次登記
✔ 所有權移轉登記
☐ 抵押權登記
☐ 抵押權塗銷登記
☐ 抵押權內容變更登記
☐ 標示變更登記

(4)登記原因（選擇打✔一項）
☐ 第一次登記
✔ 買賣　☐ 贈與　☐ 繼承　☐ 分割繼承　☐ 拍賣　☐ 共有物分割
☐ 設定
☐ 清償　☐ 拋棄　☐ 混同　☐ 判決塗銷　☐
☐ 權利價值變更　☐ 權利內容等變更
☐ 分割　☐ 合併　☐ 地目變更　☐

(5)標示及申請權利內容　詳如 ✔ 契約書　☐ 登記清冊　☐ 複丈結果通知書　☐ 建物測量成果圖

(6)附繳證件
1. 買賣契約書　2份
2. 契稅繳納收據　1份
3. 戶口名簿影本　2份
4. 建物所有權狀　1份
5. 印鑑證明　2份
6.
7. 1份
8. 1份
9. 份

(7)委任關係
本土地登記案之申請委託　陳△△　代理。　　複代理。
委託人確為登記標的物之權利人或權利關係人，如有虛偽不實，本代理人（複代理人）願負法律責任。　印

本案建物出賣人與基地主並無租賃關係，如有不實出賣人願負法律責任。

(8)聯絡方式
權利人電話　△△△△－△△△△
義務人電話　△△△△－△△△△
代理人聯絡電話　△△△△－△△△△
傳真電話　△△△△－△△△△
電子郵件信箱　△△△△－△△△△
不動產經紀業名稱及統一編號　△△△△－△△△△
不動產經紀業電話　△△△△－△△△△　印

(10)申請人	(11)權利人或義務人	(12)姓名或名稱	(13)出生年月日	(14)統一編號	(15)住 所										(16)簽章
					縣市	鄉鎮市區	村里	鄰	街路	段	巷	弄	號	樓	
申請人	權利人	趙△△	△△△	△△△△	△△	△△	△△	△	△△	△△	△△	△△	△△	△	印
	義務人	王△△	△△△	△△△△	△△	△△	△△	△	△△	△△	△△	△△	△△	△	印
	代理人	陳△△	△△	△△△△	△△	△△	△△	△	△△	△	△	△	△	△	印

本案處理經過情形（以下各欄申請人請勿填寫）	初審	複審	審	核	定
	登簿	校簿		書狀列印	校狀
	書狀用印				
	地價異動	通知領狀	異動通知	支付發狀	
	歸檔				

建築改良物所有權買賣移轉契約書

下列建物經買受人／出賣人雙方同意所有權買賣移轉，特訂立本契約：

建物標示				
(1)建物坐落	鄉鎮市區	△△△△△		
	街　路	△△		
	段巷弄	△		
	號　樓	△△		
(2)門牌	段	△△		
	小段	△		
(3)建物坐落	地號	△△		
	12層	178.21		
(4)面積（平方公尺）	層			
	層			
	層			
	層			
	層			
	共計	178.21		
	用途	陽台		
(5)附屬建物	面積（平方公尺）	21.63		
(6)權利範圍		全部		

(7)買賣價款總金額　新台幣　貳佰參拾陸萬陸仟元整

(8) 申請登記以外之約定事項	(9) 簽名或簽證
1. 他項權利情形：無 2. 3. 4. 5. 6. 貼印花1‰：2366元	

(10) 買受人或出賣人	(11) 姓名或名稱	(12) 權利範圍 買受持分／出賣持分	(13) 出生年月日	(14) 統一編號	(15) 住所									(16) 蓋章
					縣市	鄉鎮市區	村里	鄰	街路	段	巷弄	號	樓	
買受人	趙△△	全部	△△	△△△△△△	△△	△△	△△	△△	△△	△△	△△	△△	△	印
出賣人	王△△	全部	△△	△△△△△△	△△	△△	△△	△△	△△	△△	△△	△	△	印

訂立契約人	(17) 立約日期	中華民國　△△　年　△△　月　△△　日

（五）依土地法第34條之1至第3項規定買賣移轉登記

收件	日期	年 月 日	時	分	收件者	連件序別	（非連件者免填）	共 1 件 第 1 件
	字號	字 第 號			件章			

登記費	元	合計	元	書
書狀費	元	據		
罰鍰	元	核算者		

土 地 登 記 申 請 書

(1)受理機關	△△市△△地政事務所	資料管轄機關	△△市 △△ 地政事務所	(2)原因發生日期	中華民國△△年△月△△日

(3)申請登記事由（選擇打✓一項）

(4)登記原因（選擇打✓一項）

- ☑ 所有權第一次登記
  - 第一次登記 □
- ☑ 所有權移轉登記
  - ☑ 買賣 □ 贈與 □ 繼承 □ 分割繼承 □ 拍賣 □ 共有物分割 □
- □ 抵押權登記
  - □ 設定 □ 法定
- □ 抵押權塗銷登記
  - □ 清償 □ 拋棄 □ 混同 □ 判決塗銷 □
- □ 抵押權內容變更登記
  - □ 權利價值變更 □ 權利內容等變更 □
- □ 標示變更登記
  - □ 分割 □ 合併 □ 地目變更 □

(5)標示及申請權利內容 詳如 ☑ 契約書 □ 登記清冊 □ 複丈結果通知書 □ 建物測量成果圖 □

(6)附繳證件
1. 買賣契約書 2份
2. 土地增值稅收據 1份
3. 戶口名簿影本 3份
4. 提存證明 4.
5. 土地所有權狀 5.
6. 印鑑證明 6.
7. 7.
8. 8.
9. 9.

(7)委任關係
本土地登記案之申請委託 陳△△ 代理。 複代理。
委託人確為登記標的物之權利人或權利關係人，如有虛偽不
實，本代理人（複代理人）願負法律責任。 印

(8)聯絡方式
- 權利人電話 △△△△－△△△△
- 義務人電話 △△△△－△△△△
- 代理人聯絡電話 △△△△－△△△△
- 傳真電話 △△△△－△△△△
- 電子郵件信箱 △△△△△△△△
- 不動產經紀業名稱及統一編號 △△△△－△△△△
- 不動產經紀業電話 △△△△－△△△△

(9)備註
本件確依土地法第34條之1第一、二、三項規定辦理，如有不實，出賣人願負法律責任。印印
本土地確無出租，由出賣人自行負責。印印
本件確依土地法第34條之1第一、二、三項規定辦理，如有不實，出賣人願負法律責任、受領之對價或補償數額如有錯誤，本人願負責。
本件土地確無出租但如有不實願負法律責任，受領之對價或補償

(10)申請人	(11)權利人或義務人	(12)姓名或名稱	(13)出生年月日	(14)統一編號	(15)住所 縣市	鄉鎮市區	村里	鄰	街路	段	巷	弄	號	樓	(16)簽章
申請人	權利人	李△△	△△△	△△△△	△△	△△	△△	△	△△	△	△	△	△	△	印
	義務人	張△△	△△△	△△△△	△△	△△	△△	△	△△	△	△	△	△	△	印
	義務人	林△△	△△△	△△△△	△△	△△	△△	△	△△	△	△	△	△	△	印
	義務人	黃△△	△△△	△△△△											
	代理人	陳△△	△△	△△△△	事務所：△△	△△	△△	△	△△	△	△	△	△	△	印

本案處理經過情形（以下各欄申請人請勿填寫）

初審	複審	審查	核定	登簿	校簿	書狀列印	校狀	書狀用印
				地價異動	通知領狀	異動通知	交付發狀	歸檔

土地建築改良物所有權買賣移轉契約書

雙方同意所有權買賣移轉，特訂立本契約：

下列土地建築物經買受人 買受人△△ 出賣人△△

土地標示

(1)坐落	鄉鎮市區	△△
	段	△△
	小段	△
(2)地號		△△
(3)地目		△
(4)面積（平方公尺）		235
(5)權利範圍		全部

建物標示

(6)建號	
(7)門牌	鄉鎮市區　街路　段巷弄　號樓
(8)建物坐落	段　小段　地號
(9)面積（平方公尺）	層　層　層　層　層　層　層　層　共計
(10)附屬建物	用途　面積（平方公尺）
(11)權利範圍	

(12)買賣價款全額　新台幣捌佰參拾陸萬伍仟元整

(13)申請登記以外之約定事項
1. 他項權利情形：無
2.
3.
4.
5.
6.

貼印花1‰：8365元

(14) 簽名或簽證

(15)買受人或出賣人	(16)姓名或名稱	(17)權利範圍 買受持分／出賣持分	(18)出生年月日	(19)統一編號	(20)住 縣市	鄉鎮市區	村里	鄰	街路	段	巷弄	號	所 樓	(21)蓋章
買受人	李△△	全部	△△	△△△△△△	△△	△△	△△	△	△△	△	△△	△	△	印
出賣人	張△△	1/3	△△	△△△△△△										印
出賣人	林△△	1/3	△△		△△	△△	△△		△△		△△		△	印
出賣人	黃△△	1/3	△△											

(22)立約日期	中華民國	△△ 年	△△ 月	△△ 日

寄件人：姓名　張如一　　地址　臺北市八德路4段30號
　　　　　　　　張新人　　　　　　臺北市八德路4段211巷5號

收件人：姓名　張三
　　　　地址　臺北市延吉街65巷7號

張三先生大鑒：

壹、土地標示：

　　緣臺北市松山區典雅段三小段貳壹地號面積零點貳壹貳零公頃，張如一、張新人及張三等各三分之一所有。

貳、處分方式：

　　如今張如一及張新人擬依土地法第三十四條之一第一、二、三項規定，將該筆土地全部以新台幣壹百萬貳千元整出賣與李四。台端依法有依同一條件優先購買之權，請於文到日起十日內惠示是否優先購買，逾期未表示者視為放棄。

參、價金分配：

　　該筆土地總售價新台幣壹百萬貳千元整，依各人持分三分之一計算，台端應得價金扣除增值稅後餘額為新台幣參拾參萬肆千元整。

肆、償付方法：

　　台端如不欲優先購買，請於民國△△年△月△日以前至李四之住處領取台端應得價金並出具領取證明、印鑑證明及所有權狀，逾期即將依法提存。

中　華　民　國　△△　年　　△　月　△　日

（編註者：本信函以郵局存證信函為之）

第三節　交換移轉登記

一、概　述

㈠交換之意義

所謂交換，係當事人雙方約定互相移轉金錢以外之財產權之契約。亦謂之為互易，互易行為係債之性質，故民法將互易置於債編，並準用關於買賣之規定。（民第398條）

㈡交換之實體

所謂交換，就權利主體而言，需有二個當事人，就權利客體而言，需有二個標的物。就任一標的物而言，於交換場合及登記過程中，稱原所有權人為義務人，稱取得所有權人為權利人。

㈢贈與稅申報

1. 以顯著不相當之代價，讓與不動產者，應申報贈與稅，為遺產及贈與稅法第5條所明文規定。故土地或建物交換移轉，其價值有差額，而未約定補償，其差額應申報贈與稅。

2. 二親等內親屬間財產之交換，仍須由各該當事人檢附有關文件，由稅務機關審核有無差額及應否課徵贈與稅後核發證明，再憑以辦理產權移轉登記。（66.3.18財政部臺北市國稅局財北國稅二字第35221號函）

3. 有關贈與稅申報：詳見第四章第八節。

㈣法院之允許證明

為保護未成年人及禁治產人之權益起見，其交換不動產，應由其法定代理人同意或代為處分。惟如其法定代理人非父母而係監護人時，尚應附法院允許之證明。（民第1088條、第1101條）

㈤土地增值稅

土地交換，應分別向原土地所有權人徵收土地增值稅。（土稅細則第42條第1項）

◎以「交換」為建物所有權移轉時，基地所有權人無土地法第104條所定優先購買權之適用（70.1.26內政部臺內地字第4796號函）

案經本部轉准法務部70年1月7日法（70）律字第0186號函復以：「按互易者，謂因當事人雙方約定互相移轉金錢以外之財產權，而成立之契約（民第398條參照）。其為特定物與特定物之交換。而買賣者，謂當事人約定一方移轉財產權於他方，他方支付價金之契約（同法第345條第1項參照）。其為金錢所有權與特定物交換，二者性質有異。故以互易為建築物所有權之移轉，基地所有權人似無土地法第104條所定優先購買權之適用」本部同意上開法務部意見辦理。

二、申請實務

(一)申請人

1. 土地或建物所有權交換移轉登記，應由權利人及義務人——即交換之雙方會同申請。

2. 如經法院判決確定，得由權利人或登記名義人單獨申請。（土登第27條第1項第4款）

(二)申請期限

1. 土地所有權交換移轉，雙方應於訂定契約之日起三十日內，檢同契約及有關文件，共同申請土地所有權移轉登記，並共同申報其土地移轉現值。（平均第47條）

2. 申請土地所有權變更登記，應於權利變更之日起一個月內為之。（土登第33條）

3. 土地建物所有權移轉登記時，如確係由於申報遺產稅、贈與稅、契稅、增值稅等主管機關所延誤，致逾期辦理移轉登記而該遲延辦理移轉登記之責不在當事人者，其登記罰鍰之核課，可依檢附該稅捐機關出具之證明文件，將各該主管機關所延誤之期間予以扣除。（土登第50條第2項參照）

(三)應備書件

1. 土地交換移轉應備書件

(1) 現值申報書。

(2) 土地登記申請書。

(3) 土地所有權交換移轉契約書（公定契紙）。

(4) 稅捐繳納文件：

　①於現值申報後，應繳納增值稅，故應附繳增值稅繳納收據，或土地增值稅免稅證明。

　②如交換之土地有差額而未補償者，應申報繳納贈與稅，故應附繳贈與稅繳清證明或贈與稅免稅證明：詳見第四章第八節。

(5) 雙方之身分證明文件：

　①義務人如住址有變更，現戶籍資料未記載歷次變更之住址而無法確認同為一人時，應從土地登記簿所記載之住址起，附繳歷次變更住址之戶籍資料。所謂身分證明，即戶籍謄本、身分證影本或戶口名簿影本均可。

　②權利人及義務人如為未成年人或受監護人，應附繳其法定代理人之戶籍資料。

　③華僑在臺未設立戶籍者，則附繳僑居地使領館或僑務委員會核發之

　　　華僑身分證明。
　　⑹雙方印鑑證明。
　　⑺法院允許證明文件：如監護人處理交換受監護人之財產，應檢附本項
　　　文件。否則免附。
　　⑻土地所有權狀。
　2.建物交換移轉應備書件
　　⑴契稅申報書：詳見第四章第七節契稅。
　　⑵土地登記申請書。
　　⑶建物所有權交換移轉契約書（公定契紙）。
　　⑷雙方之身分證明文件。
　　⑸雙方印鑑證明。
　　⑹稅捐繳納文件。
　　⑺法院允許證明文件：參閱本節前述土地交換應備書件。
　　⑻最近一期房屋稅繳納收據。
　　⑼建物所有權狀。

四申辦手續

　1.土地交換移轉手續
　　⑴備齊所需文件並繕妥蓋章：除土地現值申報書外，將登記申請書等文
　　　件對摺，契約書正本及所有權狀置於最後，並將申請書放置於第一
　　　頁，其餘書件再依土地登記規則第34條規定提出文件之次序，裝訂成
　　　冊。
　　⑵現值申報：登記案件首先提向土地所在地之主管稅捐稽徵機關申報現
　　　值。由稅捐機關抽取現值申報書，並於收據上加蓋收件日期、收件號
　　　碼及有關文字戳記後，將登記案件暫時領回。
　　⑶領取土地增值稅繳納通知書或免稅證明書：現值申報後審核無誤，由
　　　主管稅捐機關核計增值稅。故現值申報後，可向主管稅捐機關領取土
　　　地增值稅繳納通知書或土地增值稅免徵證明書。
　　⑷申報贈與稅：如不等值交換，其差額未補償或係二親等、或未成年
　　　者，應另行申報贈與稅。
　　⑸申請登記：向土地所在地之地政事務所申請，並核對申請人身分。
　　　①將增值稅繳納收據或免稅證明第一聯浮貼於契約書正本，第二聯浮
　　　　貼於契約書副本。
　　　②計費：首先提請計算規費。其登記費係按申報地價千分之一計算。
　　　　書狀費每張80元。
　　　③開單：經計算規費後，即開發規費繳納通知單。
　　　④繳費：經開發規費單後，即可繳費，並收具繳費收據。

⑤收件：申請案件經收件後，取具收件收據。

⑥補正：如申請案件經審查發現填寫錯誤或文件不全或證件不符時，經通知補正者，應於期限內補正。如申請案件經駁回補正者，再送請收件時應另取具收件收據。

⑦領狀：申請案件經審查無誤並登記完畢後，權利人或代理人即可持收件收據及原蓋用之印章，領取所有權狀、契約書正本及其他不需存查之文件。

2.建物交換移轉手續

(1)備齊所需文件，繕妥後蓋章。

(2)申報契稅：向主管稽徵機關申報契稅——詳見第四章第七節。

(3)領取稅單：經申報契稅後，主管稽徵機關即行核計契稅並開發繳納通知書。當事人可於申報契稅後，持印章領取稅單繳納。並將契稅繳納收據第一聯浮貼於契約書正本上面，第二聯浮貼於契約書副本上面。

(4)申報贈與稅：如有差額未補償或係二親等、未成年者，應另申報贈與稅。

(5)申請登記：向土地建物所在地之地政事務所申請，並核對申請人身分。

①將已繕妥核章之登記申請書放置於第一頁，契約書正本及所有權狀放置於最後，其他書件再依土地登記規則第34條規定提出文件之次序放置整齊，裝訂成冊，即可提出申請。

②計費、開單、繳費、收件、補正及領狀等手續，與前述土地交換移轉登記之手續相同：可參閱之，於此不贅言。

三、書表填寫說明

㈠現值申報書、契稅申報書等填寫說明及範例：詳見第四章第五節及第四章第七節。

㈡所有權交換移轉登記申請書填寫說明：除「登記原因」應填寫「交換」，且無優先購買權之註記或相關文件之檢附外，其餘與買賣移轉登記申請書之填法大致相同——請參閱本章第二節買賣移轉登記書表填寫說明。於此不贅言。

㈢土地及建築改良物所有權交換移轉契約書填寫說明：

1.一般填法：

(1)以毛筆、藍色、黑色墨汁鋼筆、原子筆或電腦打字正楷填寫。

(2)字體需端正，不得潦草，如有增、刪文字時，應在增、刪處由訂立契約人蓋章，不得使用修正液（帶）。

(3)關於「權利價值」金額之數目字，應依公文書橫式書寫數字使用原則

　　　填寫，如6億3944萬2789元。

　　⑷如「土地標示」「建物標示」「申請登記以外之約定事項」及「訂立
　　　契約人」等欄有空白時，應將空白欄以斜線劃除或註明「以下空白」
　　　字樣。如有不敷使用時，可另附相同格式之清冊，並由訂立契約人在
　　　騎縫處蓋章。

2.各欄填法：

　⑴「交換前土地標示」第⑴⑵⑶⑷⑸⑹⑺欄：應照土地登記資料所載分
　　別填入，再將各所有權人擬交換之權利範圍及權利價值填入。

　⑵「交換後土地標示」第⑴⑵⑶⑷⑸⑹⑺欄：除第⑸欄「所有權人姓
　　名」因土地交換而有變動外，其餘各項均照「交換前土地標示」欄內相
　　當項之內容重複填寫。

　⑶「交換前建物標示」第⑻⑼⑽⑾⑿⒀⒁⒂欄：應照建物登記資料所載
　　分別填入，再將各所有權人擬交換之權利範圍及權利價值填入。

　⑷「交換後建物標示」第⑻⑼⑽⑾⑿⒀⒁⒂欄：除第⒀欄「所有權人姓
　　名」因建物交換而有變動外，其餘各項均照「交換前建物標示」欄內相
　　當項之內容重複填寫。

　⑸第⒃欄「申請登記以外之約定事項」：本契約所約定之事項，於其他
　　各欄內無法填寫者，均填入本欄。

　⑹第⒄欄「簽名或簽證」：申請人親自到場或登記案件由地政士簽證
　　者，申請人、地政士應於本欄簽名或蓋章。

　⑺「訂立契約人」第⒅⒆⒇(21)(22)欄之填法：

　　①交換雙方權利人分別將其「姓名或名稱」「出生年月日」「統一編
　　　號」「住所」填入，並「蓋章」。

　　②如訂立契約人為法人時，「出生年月日」免填，應於該法人之次欄加
　　　填「法定代表人」及其姓名並「蓋章」。

　　③如訂立契約人為未成年人時，其契約行為應經其法定代理人允許，故
　　　應於該未成年人之次欄，加填「法定代理人」及其「姓名」「出生年
　　　月日」「統一編號」「住所」並「蓋章」，以確定其契約之效力。

　　④「姓名」「出生年月日」「統一編號」「住所」各欄，應照戶籍謄
　　　本、戶口名簿、身分證或其他證明文件所載者填寫，如住址有街、
　　　路、巷名者，得不填寫里、鄰。

　⑻第(22)欄「蓋章」：交換雙方權利人應蓋用與印鑑證明相同或於登記機
　　關設置之土地登記印鑑相同之印章，如親自到場應依土地登記規則第
　　40條規定辦理，或依土地登記規則第41條其他各款規定辦理。

　⑼第(23)欄「立約日期」：填寫訂立契約之年月日。

3.本契約書訂立後，應即照印花稅法規定購貼印花。

4.本契約書應於訂立後一個月內，建物依契稅條例規定報繳契稅，土地依平均地權條例規定申報土地現值，繳納土地增值稅後，依法申請產權移轉登記。逾期申請，則依土地法第73條第2項「…聲請逾期者，每逾一個月得處應納登記費一倍之罰鍰，但最高不得超過二十倍。」規定，處以罰鍰。

四、書表填寫範例

（一）土地交換移轉登記

收件	日期	年 月 日	時	分	收件者		連件序別	（非連件者免填）	共 1 件 第 1 件		登記費		元
	字號	字 第 號			件章						書狀費		元
											罰 鍰		元
											合 計		元
											收據		字號
											核算者		

登　記　申　請　書

土地登記案	(1)受理機關	△△市△△地政事務所	跨所申請	資料管轄機關	△△市 △△ 地政事務所	(2)原因發生日期	中華民國△△年△月△△日

(3)申請登記事由（選擇打✓一項）
☐所有權第一次登記
☑所有權移轉登記
☐抵押權登記
☐抵押權塗銷登記
☐抵押權內容變更登記
☐標示變更登記
☐

(4)登記原因（選擇打✓一項）
第一次登記
☐買賣 ☐贈與 ☐繼承 ☐分割繼承 ☐拍賣 ☐共有物分割 ☑交換
☐設定 ☐法定
☐清償 ☐拋棄 ☐混同 ☐判決塗銷 ☐
☐權利價值變更 ☐權利內容等變更
☐分割 ☐合併 ☐地目變更
☐

(5)標示及申請權利內容	詳如	☑契約書	☐登記清冊	☐複丈結果通知書	☐建物測量成果圖	☐

(6)附繳證件
1.交換契約書 2份
2.土地增值稅收據 2份
3.戶口名簿影本 2份
4.土地所有權狀 2份
5.印鑑證明 2份
6.
7. 份
8. 份
9. 份

(7)委任關係
本土地登記案之申請委託 陳△△ 代理。　　　複代理。
委託人確為登記標的物之權利人或權利關係人，如有虛偽不
實，本代理人（複代理人）願負法律責任。　　　　　印

(8)聯絡方式
權利人電話
義務人電話
代理人聯絡電話
傳真電話
電子郵件信箱
不動產經紀業名稱及統一編號
不動產經紀業電話

△△△△－△△△△△
△△△△－△△△△△
△△△△－△△△△△
△△△△－△△△△△
△△△△△△△－△△△△△△

(9)備註

(10) 申請人	(11)權利人或義務人	(12)姓名或名稱	(13)出生年月日	(14)統一編號	縣市	鄉鎮市區	村里	鄰	街路	段	巷	弄	號	樓	(16)簽章
	權利人	林△△	△△△	△△△△	△△	△△	△△	△	△△	△	△	△	△	△	印
	權利人	王△△	△△△	△△△△	△△	△△	△△	△	△△	△	△	△	△	△	印
	代理人	陳△△	△△△	△△△△	△△	△△	△△	△	△△	△	△	△	△	△	印
	複代理人	林△△	△△△	△△△△	△△	△△	△△	△	△△	△	△	△	△	△	印

(15)住所

本案處理經過情形（以下各欄申請人請勿填寫）

初審	複審	審核	校定
登簿	校簿	書狀列印	校狀
地價異動	通知領狀	異動通知	交付發狀
歸檔	書狀用印		

土地
建築改良物　所有權交換移轉契約書

下列　土地
建物　經所有權人雙方合意所有權交換移轉，特訂立本契約：

土地標示

項目	交換前	交換後
(1)坐落　鄉鎮市區	△△	△△
段	△△	△△
小段	△	△
(2)地號	△△	△△
(3)地目	△	△
(4)面積（平方公尺）	312	289
(5)所有權人姓名	林△△	王△△
(6)權利範圍	全部	全部
(7)權利價值	2165300元	2356700元

建物標示

項目	交換前	交換後
(8)建號	△△	△△
(9)門牌　鄉鎮市區　街路　段巷弄　號樓	△△	△△
(10)建物坐落　段　小段　地號	△	△
(11)面積（平方公尺）層　層　層　層　層　共計	△△	△△
(12)附屬建物　用途　面積（平方公尺）	△	△
	312	289
所有權人姓名	王△△	林△△
權利範圍	全部	全部
權利價值	2165300元	2356700元

(16) 申請登記以外之約定事項
1. 他項權利情形：無
2. 交換權利差額及補償情形：差額191400元，於登記完畢後補償。
3.
4.
5.
6.

按交換總價1‰
貼印花：4522元

(17) 簽名或簽證

(18) 姓名或名稱	(19) 出生年月日	(20) 統一編號	(21) 住所									(22) 蓋章
			縣市	鄉鎮市區	村里	鄰	街路	段	巷弄	號	樓	
林△△	△△	△△△△△△	△△	△△	△△	△△	△△	△△	△△	△△	△	印
王△△	△△	△△△△△△	△△	△△	△△	△△	△△	△△	△△	△△	△	印

訂立契約人

(22) 立約日期　中華民國　△△　年　△△　月　△△　日

(二)土地與建物交換移轉登記

收件	日期	年 月 日 時 分	收件者章		登記費	元	合計	元	
	字號	字 第 號	件章		書狀費	元	收據	字 號	
					罰鍰	元	核算者		書

土 地 登 記 申 請 書

	連件 序別	(免填)(非連件者)	共 1 件 第 1 件	

(1)受理機關 △△市△△地政事務所 ☑跨所申請 △△ △△ 地政事務所

(2)原因發生日期 中華民國△△年△月△△日

(3)申請登記事由 (選擇打✓一項)
- □ 所有權第一次登記
- ☑ 所有權移轉登記
- □ 抵押權登記
- □ 抵押權塗銷登記
- □ 抵押權內容變更登記
- □ 標示變更登記
- □

(4)登記原因 (選擇打✓一項)
- □ 第一次登記
- □ 買賣 □ 贈與 □ 繼承 □ 分割繼承 □ 拍賣 ☑ 交換
- □ 設定 □ 法定
- □ 清償 □ 拋棄 □ 混同 □ 判決塗銷
- □ 權利價值變更 □ 權利內容等變更
- □ 分割 □ 合併 □ 地目變更
- □

(5)標示及申請權利內容 詳如 ☑契約書 □登記清冊 □複丈結果通知書 □建物測量成果圖 □

(6)附繳證件
- 1.交換契約書 2份
- 2.土地增值稅收據 1份
- 3.契稅收據 1份
- 4.戶口名簿影本 2份
- 5.土地所有權狀 1份
- 6.建物所有權狀 1份
- 7.印鑑證明 1份
- 8.
- 9.

(7)委任關係 本土地登記案之申請委託 陳△△ 代理。 複代理。
委託人確為登記標的物之權利人或權利關係人,如有虛偽不實,本代理人(複代理人)願負法律責任。 印

(8)聯絡方式
- 權利人電話 △△△△-△△△△
- 義務人電話 △△△△-△△△△
- 代理人聯絡電話 △△△△-△△△△
- 傳真電話 △△△△-△△△△
- 電子郵件信箱 △△△△-△△△△
- 不動產經紀業名稱及統一編號
- 不動產經紀業電話

(9)備註

(10)申請人	(11)權利人或義務人	(12)姓名或名稱	(13)出生年月日	(14)統一編號	(15)住　所 縣市	鄉鎮市區	村里	鄰	街路	段	巷	弄	號	樓	(16)簽章
	權利人	吳△△	△△△	△△△△	△△	△△	△△	△	△△	△△	△△	△	△	△	印
	權利人	李△△	△△△	△△△△	△△	△△	△△	△	△△	△△	△△	△	△	△	印
	代理人	陳△△ 事務所：	△△△	△△△△	△△	△△	△△	△	△△	△△	△△	△	△	△	印

本案處理經過情形（以下各欄申請人請勿填寫）

初審	複審	審查	核定	登簿	校簿	書狀列印	校狀	書狀用印
複	審	核	定	地價異動	通知領狀	異動通知	交付發狀	歸檔

土地　所有權交換移轉契約書
建築改良物

下列 土地 經所有權人雙方合意所有權交換移轉，特訂立本契約：
　　 建築物

土地標示

		交換前	交換後
(1)坐落	鄉鎮市區	△△	△△
	段	△△	△△
	小段	△	△
(2)地號		△△	△△
(3)地目		△	△
(4)面積（平方公尺）		△△	△△
(5)所有權人姓名		吳△△	李△△
(6)權利範圍		$\frac{1}{4}$	$\frac{1}{4}$
(7)權利價值		782500元	782500元

建物標示

		交換前	交換後
(8)建號		△△△△	△△△△
(9)門牌	鄉鎮市區	△△	△△
	街路	△△	△△
	段巷弄	△	△
	號樓	△△	△△
(10)建物坐落	段	△	△
	小段	△△	△△
	地號	△△	△△
(11)面積（平方公尺）	3層	87.61	87.61
	層		
	層		
	層		
	共計	87.61	87.61
(12)附屬建物	用途	陽台	陽台
	面積（平方公尺）	11.22	11.22
所有權人姓名		李△△	吳△△
權利範圍		全部	全部
權利價值		322500元	322500元

(16) 申請登記以外之約定事項：

1. 他項權利情形及處理方法：抵押權於登記完畢後塗銷。
2. 交換權利差額及補償情形：差額460000元於登記完畢後補償。
3.
4.
5.
6.

按交換總價1‰
貼印花：1105元

(17) 簽名或簽證

訂立契約人

(18) 姓名或名稱	(19) 出生年月日	(20) 統一編號	(21) 住所									(22) 蓋章
			縣市	鄉鎮市區	村里	鄰	街路	段	巷弄	號	樓	
吳△△	△△	△△△△△△	△△	△△	△△	△	△△	△	△△	△	△	印
李△△	△△	△△△△△△△	△△	△△	△△	△	△△	△	△△	△	△	印

(23) 立約日期　中華民國　△△　年　△△　月　△△　日

第四節 共有物所有權分割登記

一、概 述

㈠共有物分割之意義

所謂共有物所有權分割，係指共有人為便於處分使用收益其應有部分，經全體共有人協議同意或不能協議時請求法院判決分割確定，將共有物所有權分割，按共有人中個人應有部分，登記為各個人所有或是變更原共有型態而為其他共有人共有是也。其係權利分割，而非實物分割，與一般所謂之測量分割不同。其實際性質係屬原物分配，惟登記實務上，係採移轉登記主義，因此以所有權移轉方式辦理。

㈡共有之意義及民法有關之規定

1. 所謂共有，係數人按其應有部分，對於一物有所有權之型態是也，各所有權人即為共有人。（民第817條）各共有人之所有權，亦稱之為共有權。此即一般所謂之分別共有或持分共有。另外，所謂公同共有，係依法律規定或依契約，成一公同關係，基於公同關係而共有一物者是也。（民第827條）

2. 各共有人之應有部分不明者，推定其為均等，（民第817條）所謂不明，即無法律規定或無契約約定。

3. 各共有人除契約另有約定外，按其應有部分，對於共有物之全部，有使用收益之權。（民第818條）

4. 各共有人，得自由處分其應有部分。惟其處分、變更及設定負擔，應得共有人全體之同意（民第819條）——對於共有土地或共有建物之處分變更及設定負擔，土地法第34條之1已有特別之規定。

5. 各共有人，除法令另有規定外，得隨時請求分割共有物。但因物之使用目的不能分割或契約訂立不分割之期限者，不在此限。契約所定不分割之期限不得逾五年，逾五年者縮短為五年。但共有之不動產，其契約訂有管理之約定時，約定不分割之期限，不得逾三十年；逾三十年者，縮短為三十年。
前項情形，如有重大事由，共有人仍得隨時請求分割。（民第823條）

6. 共有物之分割，依共有人協議之方法行之，其不能協議決定者，任何共有人得聲請法院判決分割。（民第824條）

7. 公同關係存續中，各公同共有人不得請求分割其公同共有物。（民第829條）

8. 公同共有之關係，自公同關係終止或因公同共有物之讓與而消滅。（民第830條）

(三)共有持分之簡化

　　申請登記，權利人為二人以上時，應於申請書件內記明應有部分或相互之權利關係。其應有部分，應以分數表示之，其分子分母不得為小數，分母以整十、整百、整千、整萬表示為原則，並不得超過六位數。已登記之共有土地權利，其應有部分之表示與前項規定不符者，得由登記機關通知土地所有權人於三十日內自行協議後準用更正登記辦理，如經通知後逾期未能協議者，由登記機關報請上級機關核准後更正之。（土登第43條）

(四)共有物分割之途徑

　　共有物分割之途徑，計有下列幾種：

　1.全體協議分割

　　(1)共有物之分割，依共有人協議之方法行之。（民第824條第1項）

　　(2)所謂「協議」，係指全體共有人協商同意而言，與「議決」不同，故不適用多數決之原則。（70.5.15司法院廳民一字第0373號函）

　　(3)由前述可知，所謂協議分割，應係指經全體共有人協議一致同意分割並訂立分割契約書，據以辦理分割登記，申請共有物分割登記時，應檢附分割契約書及印鑑證明。

　2.調解分割

　　(1)依土地法第34條之1第6項規定，依法得分割之共有土地或建築改良物，共有人不能自行協議分割者，任何共有人得申請該管直轄市、縣（市）地政機關調處，不服調處者，應於接到調處通知後十五日內向司法機關訴請處理，屆期不起訴者，依原調處結果辦理之。

　　(2)土地法第34條之2規定，直轄市或縣（市）地政機關為處理本法不動產之糾紛，應設不動產糾紛調處委員會，聘請地政、營建、法律及地方公正人士為調處委員；其設置、申請調處之要件、程序、期限、調處費用及其他應遵循事項之辦法，由中央地政機關定之。

　3.判決分割

　　(1)分割之方法，不能協議決定者或於協議決定後因消滅時效完成經共有人拒絕覆行者，依民法第824條之規定，任何共有人得聲請法院判決。

　　(2)依法得分割之共有土地或建物，共有人不能自行協議分割者，或不服直轄市、縣（市）地政機關之調處者，依土地法第34條之1第6項規定，應於接到調處通知後十五日內向司法機關訴請處理。

　　(3)前述聲請法院判決分割，需俟法院判決確定後，始據以向地政事務所申請共有物分割登記。申請共有物分割登記，應檢附法院確定判決書，亦即判決書及判決確定證明書。如係最高法院判決，免附判決確定證明書，惟應附地方法院及高等法院之判決書。

　　(4)依據法院判決申請共有物分割登記者，部分共有人得提出法院確定判

決書及其他應附書件，單獨為全體共有人申請分割登記，登記機關於登記完畢後，應通知他共有人。其所有權狀應俟登記規費繳納完畢後再行繕發。（土登第100條）

㈤補償金之抵押權登記（土登第100條之1）

依民法第824條第3項規定申請共有物分割登記時，共有人中有應受金錢補償者，申請人應就其補償金額，對於補償義務人所分得之土地，同時為應受補償之共有人申請抵押權登記。但申請人提出應受補償之共有人已受領或為其提存之證明文件者，不在此限。

前項抵押權次序優先於第107條第1項但書之抵押權；登記機關於登記完畢後，應將登記結果通知各次序抵押權人及補償義務人。

◎**共有物經判決分割後，當事人復協議，得依協議辦理**（71.2.5內政部臺內地字第61743號函）

共有人分割經法院判決確定後，如雙方當事人再經協議，持憑分割協議書申辦共有物分割登記者，地政機關應予受理。

㈥先標示變更登記

共有物分割應先申請標示變更登記，再申辦所有權分割登記。但無須辦理標示變更登記者，不在此限。（土登第105條）

㈦抵押權轉載

分別共有土地，部分共有人就應有部分設定抵押權者，於辦理共有物分割登記時，該抵押權按原應有部分轉載於分割後各宗土地之上。但有下列情形之一者，該抵押權僅轉載於原設定人分割後取得之土地上：

　　1.抵押權人同意分割。

　　2.抵押權人已參加共有物分割訴訟。

　　3.抵押權人經共有人告知訴訟而未參加。

前項但書情形，原設定人於分割後未取得土地者，申請人於申請共有物分割登記時，應同時申請該抵押權之塗銷登記。登記機關於登記完畢後，應將登記結果通知該抵押權人。（土登第107條）

㈧分割之不限制

數宗共有土地併同辦理共有物分割者，不以同一地段，同一登記機關為限。（土登第106條）

◎**價金補償**（70.10.6財政部臺財稅字第38460號函）

依最高法院57年臺上字第2117號判例：「法院裁判分割共有物，除應斟酌各共有人之利害關係，及共有物之性質外，尚應斟酌共有物之價格，倘共有人中有不能按其應有部分受分配，或所受分配之不動產，其價格不相當時，法院非不得命以金錢補償之。」故共有土地訴請法院判決分割者，如其價格不相當，法院當在同判決中判令當

事人間須以金錢互為補償，其未判令當事人間須以金錢互為補償者，法院應認為其價格業已相當，應免依本部67臺財稅字第34896號函及依遺產及贈與稅法第5條第2款規定，課徵贈與稅。

◎關於權利人持憑法院確定判決，申請共有物分割登記，涉及金錢補償，應否提出已為對待給付之證明文件一案（81.2.27內政部臺內地字第8178260號函）

一、案經函准司法院秘書長81年1月30日（81）秘臺廳㈠字第00855號函以：「二、按共有物之分割，經分割形成判決確定者，即生共有關係終止及各自取得分得部分所有權之效力，最高法院51年臺上字第2641號著有判例。法院就共有物分割之訴為原物分配並命為金錢補償之判決時，各共有人取得分得部分之所有權，係基於法院確定之形成判決所生之效力，與已否履行金錢補償之義務無關；且法院因以原物分配各共有人，共有人間受配部分，有較其應有部分計算者增多或減少之情形，為顧及經濟上價值及維持公平，而命互為金錢補償，乃屬共有物分割方法之一種，並非係因當事人間有互負債務之約定而為同時提出金錢補償為條件之判決，故不生對待給付之問題。三、另法院依兩造之分割協議契約命為應協同辦理共有物分割登記之判決，如主文未諭示應同時提出對待給付之條件者，依該判決應負金錢給付義務之共有人申請辦理共有物分割登記，亦無須提出已為對待給付之證明文件。」

二、本部同意上開司法院秘書長意見。準此，權利人持憑法院確定判決，申辦共有物分割登記，涉及金錢補償時，應依左列規定辦理。

　　㈠於法院就共有物分割之訴為原物分配並命為金錢補償之判決，無須提出已為對待給付之證明文件。

　　㈡於法院依兩造之分割協議契約命為應協同辦理共有物分割登記之判決，如主文未諭示應同時提出對待給付之條件者，亦無須提出已為對待給付之證明文件。如主文諭示應同時提出對待給付之條件，且申請人為依該判決應負金錢給付權利之共有人者，應檢附其已為對待給付之證明文件，依土地登記規則第81條規定受理登記；至應負金錢給付義務者，為其他未會同申請登記之共有人時，其所有權狀，應俟其檢附已為對待給付之證明文件，並繳納有關稅費後，再行繕發。

◎85年度臺上字第2676號判例

　　共有物之原物分割，依民法第825條規定觀之，係各共有人就存在於共有物全部之應有部分互相移轉，使各共有人取得各自分得部分之單獨所有權。故原物分割而應以金錢為補償者，倘分得價值較高及分得價值較低之共有人均為多數時，該每一分得價值較高之共有人即應補償金額對於分得價值較低之共有人全體為補償，並依各該短少部分之比例，定其給付金額，方符共有物原物分割為共有物應有部分互相移轉之本旨。

◎共有土地分割，或兩宗以上所有權人不相同之土地合併，各共有人分割、合併前後應有部分價值相差在分割、合併後當期公告土地現值一平方公尺單價以下，依規定得免申報移轉現值之案件，准免依「土地稅法」第51條第1項規定辦理查欠，得逕向地政機關辦理登記。（92.01.14財政部臺財稅字第0910456670號令）

◎登記機關受理跨所辦理共有物分割登記案件之聯繫作業程序（92.6.20內政部內授中辦地字第0920082881號函）

　　案經本部92年6月5日邀集直轄市政府地政處、部分縣（市）政府、地政事務所及中華民國地政士公會全國聯合會等單位召開之「研商登記機關受理跨所辦理共有物分割登記案件聯繫作業事宜」會議，獲致「登記機關受理跨所辦理共有物分割登記案件聯繫作業程序」結論如下：

一、申請人應訂立共有物分割契約書正本乙份，並依土地及建物標示所轄登記機關數，分別填寫土地登記申請書、契約書副本及共有物分割明細表。

二、為利聯繫作業，以申請人訂立共有物分割契約書所列標示宗數最多（宗數相同者以契約書所列前者）之所轄登記機關為主辦機關，其餘登記機關為協辦機關。

三、申請人應檢附共有物分割契約書正、副本各乙份及相關證明文件至主辦機關收件，另檢附契約書副本乙份及相關證明文件至其他協辦機關收件。協辦機關文件後，審查人員應即會同地價人員填寫「○○市（縣）○○地政事務所受理跨所辦理共有物分割登記案件查詢聯繫單」（如後），並與主辦機關電話聯繫，以傳真或電子郵件方式將該聯繫單傳至主辦機關彙整。

四、主辦機關彙整時如發現申請人未於第一所收件後三日內完成所有契約書所轄登記機關收件者，應通知已受理之協辦機關予以補正。

五、如共有土地屬信託財產者，協辦機關應將原信託契約書一併傳真主辦機關，主辦機關必要時得要求協辦機關傳真（或郵寄）信託專簿。如同一宗共有土地上成立二個以上之信託，或部分持分土地為受託人自有財產，部分持分土地為信託財產，應分別列明各該信託財產之委託人與受託人之申報地價、前次移轉現值等相關地價資料，並於備註欄填明各該信託財產之委託人姓名。

六、主辦機關與全部協辦機關均屬同一市（縣），且該市（縣）已實施跨所查詢地籍地價資料者，得由審查人員會知地價人員以跨所查詢方式取得地籍地價資料，免填寫「○○市（縣）○○地政事務所受理跨所辦理共有物分割登記案件查詢聯繫單」。

七、主辦機關於收到全部協辦機關聯繫單後，應核對契約書正、副本（含審核印花稅票）與聯繫單查復資料是否相符，並就全部土地標示核算土地所有權人於共有物分割後持有土地總現值增減值是否超過1平方公尺單價，如其增減值超過1平方公尺單價者，應通知申請人檢附價值減少者取得土地所在轄區稅捐稽徵機關核發之土地增值稅繳（免）納證明書。

八、主辦機關審查後如依法令應予駁回者，應通知各協辦機關同時辦理駁回作業；如依法令應予補正者，應通知該受理協辦機關辦理補正作業並副知各協辦機關，協辦機關受理補正完竣應即與主辦機關聯繫。

九、主辦機關於依相關規定審查相符准予登記時，應同時通知各協辦機關於一定時間內辦理登記完畢，並移送地價單位於全部土地標示完成共有物分割登記後辦理改算地價工作，再將地價改算通知書或地價改算表傳真或函送至其他協辦機關據以辦理地價改算及地價異動工作。

十、地價單位辦理改算地價時，如共有土地成立二個以上之信託者，應配合土地稅法第3條之1第2項、第31條之1規定分別計算各委託人之申報地價及前次移轉現值。如部分持分土地為受託人自有財產，部分持分土地為信託財產者，亦同。

二、申請實務

㈠申請人

1. 共有物之分割，依共有人協議之方法行之，（民第824條）故其登記應由全體共有人申請。

2. 依據法院判決申請共有物分割登記者，部分共有人得提出法院確定判決書及其他應附書件，單獨為全體共有人申請分割登記，登記機關於登記完畢後，應通知其他共有人。其所有權狀，應俟登記規費及罰鍰繳納完畢後，持憑繳納收據再行繕發。（土登第100條）

㈡申請期限

1. 請參閱買賣登記之申請期限。

2. 所有權移轉登記時，如確係由於申報遺產稅、贈與稅、契稅、增值稅等主管機關所延誤，致逾期辦理移轉登記而該遲延辦理移轉登記之責，不在當事人者，其登記罰鍰之核課，可依檢附該稅捐機關出具之證明文件，將各該主管機關所延誤之期間予以扣除。（土登第50條第2項參照）

㈢應備書件

1. 共有土地分割應備書件

(1)現值申報書：詳見第四章第五節。

(2)土地登記申請書。

(3)共有土地所有權分割契約書（公定契紙）。

(4)稅捐繳納文件：

①分割後各人所取得之土地價值，與其分割前應有部分價值相等，免徵土地增值稅，不等時就減少部分增值稅。（土稅細則第42條第2項）

②共有土地經分割後各人所取得之土地價值有增減而未補償者，應申報贈與稅，附繳贈與稅繳清證明或免稅證明。

③前述增值稅及贈與稅等有關規定及報繳實務——詳見第四章各節。

(5)全體分割人身分證明文件：

①義務人如住址有變更，現戶籍資料未記載歷次變更之住址，而無法
證明係同一人時，應從土地登記簿所記載之住址起，附繳歷次變更
住址之戶籍資料。

②權利人及義務人如為未成年人或為受監護人，應附繳其法定代理人
之戶籍資料。

③華僑在臺未設立戶籍者，則附繳僑居地使領館或僑務委員會核發之
華僑身分證明。

(6)全體分割人印鑑證明。

(7)他項權利人承諾書或同意書：原已有設定他項權利登記時才檢附，並
另附印鑑證明，否則免附。

(8)土地所有權狀。

2. 共有建物分割應備書件

(1)契稅申報書：詳見第四章第七節契稅。

(2)土地登記申請書。

(3)共有建物所有權分割契約書。

(4)稅捐繳納文件：除土地增值稅外——參閱前述共有土地分割應備書
件。

(5)全體分割人身分證明文件。

(6)全體分割人印鑑證明。

(7)最近一期房屋稅繳納收據。

(8)他項權利人同意書：原已有設定他項權利登記時才檢附，並另附印鑑
證明，否則免附。

(9)建物所有權狀。

㈣申辦手續

1. 共有土地分割移轉手續

(1)備齊所需文件繕妥蓋章：將登記申請書等文件對摺，除契約書正本及
所有權狀置於最後外，並將申請書放置於第一頁。其餘書件再依土地
登記規則第34條規定提出文件之次序，裝訂成冊。

(2)現值申報：登記案件首先提向主管稅捐稽徵機關申報現值。由主管機
關抽取現值申報書，並於收據上加蓋收件日期、收件號碼及有關文字
戳記後，將登記案件暫時領回。

(3)領取土地增值稅繳納通知書或免稅證明書：現值申報後，由主管稅捐
機關核計增值稅。故現值申報後，可向主管稅捐機關領取土地增值稅
繳納通知書或土地增值稅免稅證明書。

(4)申請登記：

①將繳納增值稅之收據或免稅證明書第一聯浮貼於契約書正本上面，第二聯浮貼於契約書副本上面。

②計費：首先提請計算規費，並核對申請人身分。其登記費係按分割後各自取得部分之申報地價千分之一計算。書狀費每張80元。

③開單：經計算規費後，即開發規費繳納通知單。

④繳費：經開發規費單後，即可繳費，並取具繳費收據。

⑤收件：申請案件經收件後，取具收件收據。

⑥補正：如申請案件經審查發現填寫錯誤或文件不合或證件不符時，經通知補正者，應於期限內補正。如申請案件經駁回而補正者，再送請收件時應另取具收件收據。

⑦領狀：申請案件經審查無誤並登記完畢後，權利人或代理人即可持收件收據及原蓋用之印章，領取所有權狀、契約書正本及其他不需存查之文件。

2.共有建物分割移轉手續

(1)備齊所需文件，繕妥後蓋章。

(2)申報契稅：向主管稽徵機關申報契稅。

(3)領取稅單：經申報契稅後，主管稅捐機關即行核計契稅，並開發繳納通知書。當事人可於申報契稅後約七天，持印章領取稅單繳納，並將契稅繳納收據第一聯浮貼於契約書正本上面，第二聯浮貼於契約書副本上面。

(4)申請登記：向土地建物所在地之地政事務所申請。

①將已繕妥核章之登記申請書放置於第一頁，契約書正本及所有權狀放置於最後，其他書件再依土地登記規則第34條規定提出文件之次序放置整齊，裝訂成冊，即可提出申請。

②計費、開單、繳費、收件、補正及領狀等手續，與前述共有土地分割移轉手續相同——可參閱之，於此不贅言。

三、書表填寫說明

㈠現值申報書、契稅申報書等填寫說明及範例——詳見第四章。

㈡所有權分割移轉登記申請書填寫說明：除「登記原因」應填寫「共有物分割」，且無「優先承購權」之註記或相關文件之檢附外，其餘與買賣移轉登記申請書之填法大致相同——請參閱本章第二節買賣移轉登記書表填寫說明。

(三)共有土地建築改良物所有權分割契約書填寫說明：

1.一般填法：

(1)以毛筆、黑色、藍色墨汁鋼筆、原子筆或電腦打字正楷填寫。

(2)字體需端正，不得潦草，如有增、刪文字時，應在增、刪處由訂立契約人蓋章，不得使用修正液（帶）。

(3)關於「權利價值」金額之數目字，應依公文書橫式書寫數字使用原則填寫，如6億3944萬2789元。

(4)如「土地標示」、「建物標示」、「申請登記以外之約定事項」及「訂立契約人」等欄有空白時，應將空白欄以斜線劃除或註明「以下空白」字樣。如有不敷使用時，可另附相同格式之清冊，並由訂立契約人在騎縫處蓋章。

2.各欄填法：

(1)「分割前土地標示」第(1)(2)(3)(4)(5)(6)(7)欄：先將分割前土地之標示及其所有權人之姓名、權利範圍，按照土地登記資料所載者分別填入，再將各筆土地分割之權利價值填入。

(2)「分割後土地標示」第(1)(2)(3)(4)(5)(6)(7)欄：將土地分割後之土地標示及其所有權人姓名，權利範圍及權利價值分別填入。

(3)「分割前建物標示」第(8)(9)(10)(11)(12)(13)(14)(15)欄：先將分割前建物之標示及其所有權人之姓名，及權利範圍，按照建物登記資料所載者分別填入，再將各棟建物分割之權利價值填入。

(4)「分割後建物標示」第(8)(9)(10)(11)(12)(13)(14)(15)欄：將建物分割後之建物標示及其所有權人姓名，權利範圍及權利價值分別填入。

(5)第(16)欄「申請登記以外之約定事項」：本契約所約定之事項，於其他各欄內無法填寫者，均填入本欄。如分割前後有差額未申報贈與稅而以現金補償時，則需於「分割權利差額及補償情形」欄填載差額已補償。

(6)第(17)欄「簽名或簽證」：申請人親自到場或登記案件由地政士簽證者，申請人、地政士應於本欄簽名或蓋章。

(7)「訂立契約人」第(18)(19)(20)(21)欄之填法：

①共有物分割權利人分別將其「姓名或名稱」「出生年月日」「統一編號」「住所」填入，並「蓋章」。

②如訂立契約人為法人時，「出生年月日」免填，應於該法人之次欄加填「法定代表人」及其「姓名」並「蓋章」。

③如訂立契約人為未成年人時，其契約行為應經其法定代理人允許，故應於該未成年人之次欄，加填「法定代理人」及其「姓名」「出生年月日」「統一編號」「住所」並「蓋章」，以確定其契約之效

力。

④「姓名」「出生年月日」「統一編號」「住所」各欄，應照戶籍謄本、戶口名簿、身分證或其他證明文件所載者填寫，如住址有街、路、巷名者，得不填寫里、鄰。

(8)第⑵欄「蓋章」：共有物分割權利人應蓋與印鑑相同或於登記機關設置之土地登記印鑑相同之印章，如親自到場應依土地登記規則第40條規定辦理，或依土地登記規則第41條其他各款規定辦理。

(9)第⑵欄「立約日期」：填寫訂立契約之年月日。

3.本契約書訂立後，應即照印花稅法規定購貼印花。

4.本契約書應於訂立後一個月內，建物依契稅條例規定報繳契稅，土地依平均地權條例規定申報土地現值，繳納土地增值稅後，依法申請共有物分割登記。逾期申請，則依土地法第73條第2項「…聲請逾期者，每逾一個月得處應納登記費一倍之罰鍰，但最高不得超過二十倍。」規定，處以罰鍰。

四、書表填寫範例

（一）共有土地分割登記

土地登記申請書

收件	日期	年 月 日 時 分	收件者章		連件序別	連（非連件） 件 共 1 件 第 1 件	登記費	元
	字號	字第 號				免填者	書狀費	元
							罰鍰	元
						合計	元
						收據 字 號
						核算者

(1)受理機關　△△市△△地政事務所　資料管轄機關　△△市　△△　地政事務所

(2)原因發生日期　中　華　民　國△△年△月△△日

(3)申請登記事由（選擇打✓一項）
- □ 所有權第一次登記
- ✓ 所有權移轉登記
- □ 抵押權登記
- □ 抵押權塗銷登記
- □ 抵押權內容變更登記
- □ 標示變更登記
- □

(4)登記原因（選擇打✓一項）
- □ 第一次登記
- □ 買賣 □ 贈與 □ 繼承 □ 分割繼承 □ 拍賣 ✓ 共有物分割 □ 交換
- □ 設定 □ 法定
- □ 清償 □ 拋棄 □ 混同 □ 判決塗銷 □
- □ 權利價值變更 □ 權利內容等變更 □
- □ 分割 □ 合併 □ 地目變更 □
- □

(5)標示及申請權利內容　詳如 ✓ 契約書 □ 登記清冊 □ 複丈結果通知書 □ 建物測量成果圖 □

(6)附繳證件
1. 分割契約書　2份
2. 土地增值稅免稅證明　2份
3. 戶口名簿影本　2份
4. 他項權利人同意書　1份
5. 土地所有權狀　4份
6. 印鑑證明　2份
7.
8.
9.

(7)委任關係　本土地登記案之申請委託　陳△△　代理。　　複代理。
委託人確為登記標的物之權利人或權利關係人，如有虛偽不實，本代理人（複代理人）願負法律責任。　　印

(8)聯絡方式
- 權利人電話　△△△△－△△△△
- 義務人電話　△△△△－△△△△
- 代理人聯絡電話　△△△△－△△△△
- 傳真電話　△△△△－△△△△
- 電子郵件信箱　△△△△△△△△△△△△
- 不動產經紀業名稱及統一編號
- 不動產經紀業電話

(9)備註

(10)申請人	(11)權利人或義務人	(12)姓名或名稱	(13)出生年月日	(14)統一編號	(15)住所 縣市	鄉鎮市區	村里	鄰	街路	段	巷	弄	號	樓	(16)簽章
申請人	權利人	林△△	△△△	△△△△	△△	△△	△△	△	△△	△△	△△	△	△	△	印
	權利人	王△△	△△△	△△△△	△△	△△	△△	△	△△	△△	△△	△	△	△	印
	代理人	陳△△ 事務所：	△△△	△△△△	△△	△△	△△	△	△△	△	△	△	△	△	印

本案處理經過情形（以下各欄申請人請勿填寫）	初審	審	複審	審	核	定
				登簿	校簿	書狀列印	校狀	書狀用印
				地價異動	通知領狀	異動通知	交付發狀	歸檔

共有土地建築改良物所有權分割契約書

下列　土地
　　　建築物　經全體共有人同意分割，特訂立本契約：

土地標示

項目	分割前	分割前	分割後	分割後
(1)坐落　鄉鎮市區	△△	△△	△△	△△
段	△△	△△	△△	△△
小段	△	△	△	△
(2)地號	△△	△△	△△	△△
(3)地目	△	△	△	△
(4)面積（平方公尺）	150	150	150	150
(5)所有權人姓名	林△△　王△△	林△△　王△△	林△△	王△△
(6)權利範圍	各$\frac{1}{2}$	各$\frac{1}{2}$	全部	全部
(7)權利價值	150萬元	150萬元	150萬元	150萬元

建物標示

項目	分割前（以下空白）	分割後
(8)建號		
(9)門牌　鄉鎮市區		
街　路		
段巷弄		
號　樓		
(10)建物坐落　段		
小段		
地號		
(11)面積（平方公尺）　層		
層		
層		
層		
層		
共計		
(12)附屬建物　用途		
面積（平方公尺）		
所有權人姓名		
權利範圍		
權利價值		

(16) 申請登記以外之約定事項
1. 他項權利情形及處理方法：抵押權轉載於原設定人取得之土地
2. 分割權利差額及補償情形：無
3.
4.
5.
6.

按每件總價1‰ 貼印花：3000元

(17) 簽名或簽證

(18) 姓名或名稱	(19) 出生年月日	(20) 統一編號	(21)住所 縣市	鄉鎮市區	村里	鄰	街路	段	巷弄	號	樓	(22) 蓋章
林△△	△△	△△△△△△△	△△	△△	△△	△△	△△	△	△△	△	△	印
王△△	△△	△△△△△△△	△△	△△	△△	△△	△△	△	△△	△	△	印

訂立契約人

(22) 立約日期 中華民國 △△ 年 △△ 月 △△ 日

(二)共有建物分割登記

土地登記申請書

收件	日期	年 月 日	分	收件者章		連件序別	免填者	登記費	元	書狀費	元	元
	字號	時 字第 號				非連件	共 1 件 第 1 件	罰鍰	元	合計		元
									收據		字 號
									核算者		

(1)受理機關　△△市△△地政事務所 □跨所申請　資料管轄機關　△△市△△地政事務所

(2)原因發生日期　中華民國△△年△月△△日

(3)申請登記事由（選擇打✔一項）

- □所有權第一次登記
- ☑所有權移轉登記
- □抵押權登記
- □抵押權塗銷登記
- □抵押權內容變更登記
- □標示變更登記

(4)登記原因（選擇打✔一項）

- □第一次登記
- □買賣 □贈與 □繼承 □分割繼承 □拍賣 □共有物分割 □交換
- □設定 □法定
- □清償 □拋棄 □混同 □判決塗銷 □
- □權利價值變更 □權利內容等變更
- □分割 □合併 □地目變更 □

(5)標示及申請權利內容　詳如 ☑契約書 □登記清冊 □複丈結果通知書 □建物測量成果圖 □

(6)附繳證件

1. 分割契約書 2份
2. 契稅繳納收據 2份
3. 戶口名簿影本 2份
4. 建物所有權狀 4份
5. 印鑑證明 2份
6. 　　　　
7. 　　　　
8. 　　　　
9. 　　　　

(7)委任關係　本土地登記案之申請委託　陳△△　代理。　林△△　複代理。委託人確為登記標的物之權利人或權利關係人，如有虛偽不實，本代理人（複代理人）願負法律責任。　　印

(8)聯絡方式

- 權利人電話 △△△△－△△△△
- 義務人電話 △△△△－△△△△
- 代理人聯絡電話 △△△△－△△△△
- 傳真電話 △△△△－△△△△
- 電子郵件信箱
- 不動產經紀業名稱及統一編號
- 不動產經紀業電話

(9)備註

(10)申請人	(11)權利人或義務人	(12)姓名或名稱	(13)出生年月日	(14)統一編號	(15)住　　　　　所									(16)簽章
					縣市 鄉鎮市區	村里	鄰	街路	段	巷弄	號	樓		
申請人	權利人	黃△△	△△△	△△△△	△△ △△	△△	△	△△	△△	△	△	△		印
	權利人	李△△	△△△	△△△△	△△ △△	△△	△	△△	△△	△	△	△		印
	代理人	陳△△			△△ △△	△△	△	△△	△	△	△	△		印
	複代理人	林△△			△△ △△	△△	△	△△	△	△	△	△		印
	事務所：													

(10)本案處理經過情形（以下各欄申請人請勿填寫）										
初審	複審	審查	核	定	登簿	校簿	書狀列印	校狀	書狀用印	
					地價異動	通知領狀	異動通知	交付發狀	歸檔	

共有土地建築改良物所有權分割契約書

下列土地建物經全體共有人同意分割，特訂立本契約：

土地標示

	分割前	分割後
(1) 坐落 鄉鎮市區／段／小段	以下空白	
(2) 地號		
(3) 地目		
(4) 面積（平方公尺）		
(5) 所有權人姓名		
(6) 權利範圍		
(7) 權利價值		

建物標示

	分割前 2001	分割前 2002	分割後 2001	分割後 2002
(8) 建號	2001	2002	2001	2002
(9) 門牌　鄉鎮市區	△△	△△	△△	△△
街路	△△	△△	△△	△△
段巷弄	△△	△△	△△	△△
號樓	△△	△△	△△	△△
(10) 建物坐落　段	△△	△△	△△	△△
小段	△△	△△	△△	△△
地號	△△	△△	△△	△△
(11) 面積（平方公尺）3層	73.21		73.21	
4層		73.21		73.21
層				
層				
共計	73.21	73.21	73.21	73.21
(12) 附屬建物　用途	陽台	陽台	陽台	陽台
面積（平方公尺）	11.56	11.56	11.56	11.56
所有權人姓名	黃△△ 李△△	黃△△ 李△△	黃△△	李△△
權利範圍	各 1/2	各 1/2	全部	全部
權利價值	210,000元	210,000元	210,000元	210,000元
權利價值	210,000元			

(16) 申請登記以外之約定事項	(17) 簽名或簽證
1. 他項權利情形及處理方法：無 2. 分割權利差額及補償情形：無 3. 4. 5.	按每件總價1‰ 貼印花：420元

訂立契約人	(18) 姓名或名稱	(19) 出生年月日	(20) 統一編號	(21) 住所									(22) 蓋章
				縣市	鄉鎮市區	村里	鄰	街路	段	巷弄	號	樓	
	黃△△	△△	△△△△△△	△△	△△	△△	△△	△△	△	△△	△	△	印
	李△△	△△	△△△△△△△	△△	△△	△△	△△	△△	△	△△	△	△	印

(23) 立約日期　中華民國　△△　年　△△　月　△△　日

他項權利人同意書

　　立同意書人即抵押權人吳△△，原於江△△先生所有座落臺北市松山區△△段三小段捌陸地號上，於○年○月○日松山收件第一三五六號辦妥債權額新臺幣參拾萬元之抵押權設定登記。現所有權人因辦理共有土地分割，本抵押權人同意該抵押權轉載於分割後抵押人取得之各筆土地地號上，恐口無憑，特立本同意書併附印鑑證明一份為憑。

　　　　　立同意書人即抵押權人：

　　　　　姓　名：吳　△　△　印（簽名）

　　　　　住　址：臺北市大安區△△里8鄰和平東路二段51號

　　　　　出生年月日：△△△△

　　　　　身分證字號：△△△△

中　華　民　國　△　△　年　△　△　月　△　△　日

第五節　贈與移轉登記

一、概　述

(一)贈與之意義

所謂贈與，係指財產所有人以自己之財產無償給與他人，經他人允受而生效力之行為。（遺贈稅第4條）民法第406條規定，所謂贈與，係指當事人約定，一方以自己之財產無償給與於他方，他方允受之契約。

(二)登記之限制

1.贈與稅未繳清前，不得辦理贈與移轉登記。（遺贈稅第8條）
2.地政機關辦理贈與財產之產權移轉登記時，應通知當事人檢附稽徵機關核發之稅款繳清證明書，或核定免稅證明書，或不計入贈與總額證明書，或同意移轉登記證明書之副本。其不能繳附者，不得逕為移轉登記。（遺贈稅第42條）

(三)有關之贈與稅

1.贈與不動產，其土地增值稅、契稅均由受贈人負擔，故各該稅款得由贈與財產之價值中扣除；有關贈與稅之報繳——詳見本書第四章第八節。
2.贈與財產價值之計算，以贈與人贈與時之時價為準。所謂時價，土地以公告土地現值或評定標準價格為準，房屋以評定標準價格為準。（遺贈稅第10條）

(四)權利人及義務人

土地建物有贈與行為發生，應辦理所有權移轉登記。於贈與場合及登記過程中，受贈人為權利人，贈與人為義務人。

◎有關父或母贈與不動產予限制行為能力之未成年子女，地政機關應如何受理
　登記疑義（92.4.9內政部內授中辦地字第0920004814號函）

一、查類似案例前經法務部以81年9月5日法81律13341號函釋以：「按民法第77條規定：『限制行為能力人為意思表示及受意思表示，應得法定代理人之允許。但純獲法律上之利益或依其年齡及身分，日常生活所必需者，不在此限』。本件土地所有權人將其土地贈與其未成年子女，如其未成年子女已滿七歲，且其贈與無負擔而為純獲法律上利益者，自得由其未成年子女以自己之名義為受贈之意思表示，毋須得其法定代理人之同意，亦毋須由其法定代理人代為意思表示，故似不發生民法第106條雙方代理之問題。」，是如經法定代理人（贈與人）切結，本案贈與係無負擔，未成年子女（受贈人）乃純獲法律上之利益者，得由其未成年子女以自己之名義為受贈之意思表示，毋須得其法定代理人之同意，亦毋須由其法定代理人代為意思表示予以受理登記。

二、另民法第860條規定：「稱抵押權者，謂對於債務人或第三人不移轉占有

而供擔保之不動產，得就其賣得價金受清償之權。」是抵押權係為擔保物權，抵押權人對於抵押物，僅就得其賣得價金受清償之權，而無權要求抵押物之繼受人亦承擔其債權，故土地所有權人將其土地贈與其未成年子女，該贈與標的雖已設定有抵押權，惟在解釋上仍應認為係純獲法律上之利益，蓋受贈人雖應容忍債權人對於抵押物為強制執行，但並不因而負任何法律上之義務，受有法律上之不利益（王澤鑑著「民法學說與判例研究」第43頁參照），併予說明。

二、申請實務

㈠申請人

土地或建物所有權贈與移轉登記，應由權利人及義務人共同申請。

㈡申請期限

1. 土地所有權移轉，權利人及義務人應於訂定契約之日起三十日內，檢同契約及有關文件，共同申請土地所有權移轉登記，並共同申報其土地移轉現值。（平均第47條）
2. 所有權移轉登記時，如確係由於贈與稅、契稅、增值稅等主管機關所延誤，致逾期辦理移轉登記而該遲延辦理移轉登記之責，不在當事人者，其登記罰鍰之核課，可依檢附該稅捐機關出具之證明文件，將各該主管機關所延誤之期間予以扣除。（土登第50條第2項參照）

㈢應備書件

1. 土地贈與移轉應備書件
   ⑴現值申報書：詳見第四章第五節土地增值稅。
   ⑵土地登記申請書。
   ⑶土地所有權贈與移轉契約書（公定契紙）。
   ⑷稅捐繳納文件：
   　①於現值申報後，應繳納增值稅，故應附繳增值稅繳納收據，或土地增值稅免稅證明。
   　②申報贈與稅後，應附繳贈與稅繳清證明書，或核定免稅證明書，或不計入贈與總額證明書，或同意移轉證明書──詳見本書第四章第八節贈與稅。
   ⑸權利人義務人之身分證明文件：
   　①義務人如住址有變更，現戶籍資料未記載歷次變更之住址而無法確認為同一人時，應從土地登記簿所記載之住址起，附繳歷次變更住址之戶籍資料。
   　②權利人及義務人如為未成年人或受監護人，應附繳其法定代理人之戶籍資料。

　　　　③華僑在臺未設立戶籍者，則附繳僑居地使領館或僑務委員會核發之
　　　　　華僑身分證明。

　　(6)義務人印鑑證明。

　　(7)土地所有權狀。

　2.建物贈與移轉應備書件

　　(1)契稅申報書：詳見第四章第七節契稅。

　　(2)土地登記申請書。

　　(3)建物所有權贈與移轉契約書（公定契紙）。

　　(4)權利人義務人之身分證明文件。

　　(5)義務人印鑑證明。

　　(6)稅捐繳納文件。

　　(7)最近一期房屋稅繳納收據。

　　(8)建物所有權狀。

四申辦手續

　1.土地贈與移轉手續

　　(1)備齊所需文件並繕妥蓋章：除土地現值申報書外，將登記申請書等文
　　　件對摺整齊，契約書正本及所有權狀置於最後，並將申請書放置於第
　　　一頁，其餘書件再依土地登記規則第34條規定提出文件之次序，裝訂
　　　成冊。

　　(2)現值申報：登記案件首先提向土地所在地之主管稅捐稽徵機關申報現
　　　值。由主管機關抽取現值申報書，並於收據上加蓋收件日期、收件號
　　　碼及有關文字戳記後，將登記案件暫時領回。

　　(3)領取土地增值稅繳納通知書或免稅證明書：現值申報後，由主管稅捐
　　　機關核計增值稅。故於現值申報後，可向主管稅捐機關領取土地增值
　　　稅繳納通知書或土地增值稅免稅證明書。

　　(4)申報贈與稅：

　　　①贈與行為發生後三十日內應辦理贈與稅申報，故在此期限內，通常
　　　　於增值稅繳納後申報贈與稅。

　　　②如贈與之標的物為土地與建物，通常於增值稅及契稅繳納後申報贈
　　　　與稅。因為贈與之增值稅及契稅均由受贈人繳納，可由贈與財產之
　　　　價額中予以扣除。增值稅、契稅等收據及契約書正本，影印後附於
　　　　贈與稅申報書內。

　　　③有關申報贈與稅：詳見本書第四章第八節。

　　(5)申請登記：

　　　①將增值稅繳納收據或免稅證明第一聯浮貼於契約書正本，第二聯浮
　　　　貼於契約書副本。

②將贈與稅有關文件影印後，將正、影本均附於申請之登記案件內。

③計費：首先提請計算規費並核對申請人身分。其登記費係按申報地價千分之一計算。書狀費每張80元。

④開單：經計算規費後，即開發規費繳納通知單。

⑤繳費：經開發規費單後，即可繳費，並取具繳費收據。

⑥收件：申請案件經收件後，取具收件收據。

⑦補正：如申請案件經審查發現填寫錯誤或文件不合或證件不符時，經通知補正者，應於期限內補正。如申請案件經駁回補正者，再送請收件並取具收件收據。

⑧領狀：申請案件經審查無誤並登記完畢後，權利人或代理人即可持收件收據及原蓋用之印章，領取所有權狀及其他不需存查之文件。

2.建物贈與移轉手續

(1)備齊所需文件，繕妥後蓋章。

(2)申報契稅：向主管稽徵機關申報契稅──詳見第四章第七節。

(3)領取稅單：經申報契稅後，主管稽徵機關即行核計契稅並開發繳納通知單。當事人可於申報契稅後，持印章領取稅單繳納。並將契稅繳納收據及契約書正本、房屋稅單等文件影印後，將影本附於贈與稅申報書內。

(4)申報贈與稅：

①贈與行為發生後三十日內應辦理贈與稅申報，故在此期限內，通常於契稅繳納後申報贈與稅。

②如贈與之標的物為土地與建物，通常於增值稅及契稅繳納後申報贈與稅。因為贈與之增值稅及契稅均由受贈人繳納，可由贈與財產之價額中予以扣除。

③有關申報贈與稅：詳見本書第四章第八節。

(5)申請登記：向土地所在地之地政事務所申請，並核對申請人身分。

①將契稅繳納收據第一聯浮貼於契約書正本上面，第二聯浮貼於契約書副本上面。並將已繕妥蓋章之登記申請書放置於第一頁，契約書正本及所有權狀放置於最後，其他書件，再依土地登記規則第34條規定提出文件之次序放置整齊。有關贈與稅捐文件影印後，正、影本亦均放置於案件內。各書件放置整齊後，裝訂成冊，即可提出申請。

②計費、開單、繳費、收件、補正及領狀等手續，與前述土地贈與移轉登記之手續相同──可參閱之，於此不贅言。

三、書表填寫說明

㈠現值申報書、契稅申報書等填寫說明及範例：詳見第四章第五節及第四章第七節。

㈡所有權贈與移轉登記申請書填寫說明：除「登記原因」應填寫「贈與」，且無「優先承購權」之註記外，其餘與買賣移轉登記申請書之填法大致相同——請參閱本章第二節買賣移轉登記書表填寫說明，於此不贅言。

㈢土地建築改良物所有權贈與移轉契約書填寫說明：

1. 本所有權贈與契約書分：土地、建築改良物所有權贈與契約書、土地所有權贈與契約書、建築改良物所有權贈與契約書三種，分別於申辦土地或建築改良物或土地、建築改良物所有權贈與移轉登記時使用。

2. 一般填法：

 (1)以毛筆、黑色、藍色墨汁鋼筆、原子筆或電腦打字正楷填寫。

 (2)字體需端正，不得潦草，如有增、刪文字時，應在增、刪處由訂立契約人蓋章，不得使用修正液（帶）。

 (3)關於「贈與權利價值」金額之數目字，應依公文書橫式書寫數字使用原則填寫，如6億3944萬2789元。

 (4)如「土地標示」「建物標示」「申請登記以外之約定事項」及「訂立契約人」等欄有空白時，應將空白欄以斜線劃除或註明「以下空白」字樣。如有不敷使用時，可另附相同格式之清冊，並由訂立契約人在騎縫處蓋章。

3. 各欄填法：

 (1)「土地標示」第(1)(2)(3)(4)欄：應照土地登記資料所載分別填寫。

 (2)「建物標示」第(6)(7)(8)(9)(10)欄：應照建物登記資料所載分別填寫。

 (3)第(5)(11)欄「權利範圍」：填寫各筆棟贈與之權利範圍，如係全部贈與者，則填「全部」，如僅贈與一部分者，則按其贈與之持分額填寫。

 (4)第(12)欄「申請登記以外之約定事項」：本契約所約定之事項，於其他各欄內無法填寫者，均填入本欄。

 (5)第(13)欄「簽名或簽證」：申請人親自到場或登記案件由地政士簽證者，申請人、地政士應於本欄簽名或蓋章。

 (6)「訂立契約人」各欄之填法：

 ①先填「受贈人」及其「姓名或名稱」「受贈持分」「出生年月日」「統一編號」「住所」並「蓋章」，後填「贈與人」及其「姓名或名稱」「贈與持分」「出生年月日」「統一編號」「住所」並「蓋章」。

 ②如訂立契約人為法人時，「出生年月日」免填，應於該法人之次欄

加填「法定代表人」及其「姓名」並「蓋章」。

③如訂立契約人為未成年人時，其契約行為應經其法定代理人允許，故應於該未成年人之次欄，加填「法定代理人」及其「姓名」「出生年月日」「統一編號」「住所」並「蓋章」，以確定其契約之效力。

④「姓名」「出生年月日」「統一編號」「住所」各欄，應照戶籍謄本、戶口名簿、身分證或其他證明文件所載者填寫，如住址有街、路、巷名者，得不填寫里、鄰。

(7)第(16)欄：「受贈持分」「贈與持分」各項，應按其實際受贈或贈與之權利持分額填寫之。

(8)第(20)欄「蓋章」：

①權利人應蓋用與所填之姓名或名稱相同之印章。

②義務人應蓋用與印鑑證明或於登記機關設置之土地登記印鑑相同之印章，如親自到場應依土地登記規則第40條規定辦理，或依土地登記規則第41條其他各款規定辦理。

(9)第(21)欄「立約日期」：填寫訂立契約之年月日。

4.本契約書訂立後，應即照印花稅法規定購貼印花。

5.本契約書應於訂立後一個月內，建物依契稅條例規定報繳契稅，土地依平均地權條例規定申報土地現值，繳納土地增值稅後，依法申請產權移轉登記。逾期申請，則依土地法第73條第2項「…聲請逾期者，每逾一個月得處應納登記費一倍之罰鍰，但最高不得超過二十倍。」規定，處以罰鍰。

四、書表填寫範例

(一)土地贈與移轉登記

收件	日期	年 月 日 時 分	收件者章
	字號	字第 號	

連件序別　非連件 第 件 共 1 件 第 1 件（免填者）

登記費	元		合計	元
書狀費	元		收據	字號
罰鍰	元		核算者	

土　地　登　記　申　請　書

(1)受理機關　△△市△△地政事務所　□跨所申請　資料管轄機關 △△市△△地政事務所

(2)原因發生日期　中華民國△△年△月△△日

(3)申請登記事由（選擇打✓一項）
✓所有權第一次登記
☑所有權移轉登記
□抵押權登記
□抵押權塗銷登記
□抵押權內容變更登記
□標示變更登記
□

(4)登記原因（選擇打✓一項）
□第一次登記
□買賣　☑贈與　□繼承　□分割繼承　□拍賣　□共有物分割
□設定　□法定
□清償　□拋棄　□混同　□判決塗銷
□權利內容等變更　□權利價值變更
□分割　□合併　□地目變更

(5)標示及申請權利內容　詳如　☑契約書　□登記清冊　□複丈結果通知書　□建物測量成果圖

(6)附繳證件
1.贈與契約書　2份
2.土地增值稅收據　1份
3.戶口名簿影本　1份
4.贈與稅繳清證明　1份
5.土地所有權狀　1份
6.印鑑證明　1份
7.　1份
8.　1份
9.　1份

(7)委任關係　本土地登記案之申請委託 陳△△ 代理。 林△△ 複代理。委託人確為登記標的物之權利人或權利關係人，如有虛偽不實，本代理人（複代理人）願負法律責任。　印

(8)聯絡方式
權利人電話　　△△△△－△△△△
義務人電話　　△△△△－△△△△
代理人聯絡電話　△△△△－△△△△
傳真電話　　　△△△△－△△△△
電子郵件信箱
不動產經紀業名稱及統一編號
不動產經紀業電話

(9)備註

(10)申請人	(11)權利人或義務人	(12)姓名或名稱	(13)出生年月日	(14)統一編號	(15)住所 縣市	鄉鎮市區	村里	鄰	街路	段	巷	弄	號	樓	(16)簽章
申請人	權利人	王△△	△△△	△△△△	△△	△△	△△	△	△△	△	△	△	△	△	印
	義務人	吳△△	△△△	△△△△	△△	△△	△△	△	△△	△	△	△	△	△	印
	代理人	陳△△		△△△△	△△	△△	△△	△	△△	△	△	△	△	△	印
	複代理人	林△△		△△△△	△△	△△	△△	△	△△	△	△	△	△	△	印
		事務所：													

本案處理經過情形（以下各欄申請人請勿填寫）

初審	複審	審核	定	登簿	校簿	書狀列印	校狀	書狀用印
				地價異動	通知領狀	異動通知	交付發狀	歸檔

土地所有權贈與移轉契約書

下列土地經 受贈人　贈與人 雙方同意所有權贈與移轉，特訂立本契約：

土地標示	土地坐落								
(1)坐落	鄉鎮市區	△△							
	段	△△							
	小段	△							
(2)地號		△△							
(3)地目		△							
(4)面積（平方公尺）		157							
(5)權利範圍		全部							

（6）申請登記以外之約定事項

1. 他項權利情形：無
2. 贈與權利價值：5362500元
3.
4.
5.
6.

貼印花1‰：5362元

（7）簽名或簽證

（8）受贈人或贈與人	（9）姓名或名稱	（10）權利範圍與贈與持分	（11）出生年月日	（12）統一編號	（13）住所 縣市	鄉鎮市區	村里	鄰	街路	段	巷弄	號	樓	（14）蓋章
受贈人	王△△	受贈持分 全部	△△	△△△△△△△	△△	△△	△△	△△	△△	△△	△△	△△	△△	印
贈與人	吳△△	贈與持分 全部	△△	△△△△△△△△	△△	△△	△△	△△	△△	△△	△△	△△	△△	印

（15）立約日期　中華民國　△△　年　△△　月　△△　日

（二）建築物贈與移轉登記

土地登記申請書

收件	日期	年 月 日 時 分		收件者章		連件序別	（非連件者免填）	連件 共 1 件 第 1 件
	字號	字 第 號						

登記費	元	合計	元
書狀費	元	收據	字 號
罰鍰	元	核算者	

(1)受理機關　△△市△△地政事務所

資料管轄機關　△△市　△△　地政事務所　(2)原因發生日期　中華民國△△年△△月△△日

(3)申請登記事由（選擇打✓一項）
- ✓所有權第一次登記
- ✓所有權移轉登記
- □抵押權登記
- □抵押權塗銷登記
- □抵押權內容變更登記
- □標示變更登記
- □

(4)登記原因（選擇打✓一項）
- □第一次登記
- □買賣　✓贈與　□繼承　□分割繼承　□拍賣　□共有物分割
- □設定　□法定
- □清償　□拋棄　□混同　□判決塗銷　□
- □權利價值變更　□權利內容等變更
- □分割　□合併　□地目變更　□
- □

(5)標示及申請權利內容　詳如　✓契約書　□登記清冊　□複丈結果通知書　□建物測量成果圖　□

(6)附繳證件
1.贈與契約書　2份
2.契稅收據　1份
3.戶口名簿影本　2份
4.贈與稅繳清證明　2份
5.建物所有權狀　1份
6.印鑑證明　2份
7.　　　　　　份
8.　　　　　　份
9.　　　　　　份

(7)委任關係　本土地登記案之申請委託　陳△△　代理。　複代理。
委託人確為登記標的物之權利人或權利關係人，如有虛偽不實，本代理人（複代理人）願負法律責任。　印

(8)聯絡方式
- 權利人電話　△△△△△－△△△△
- 義務人電話　△△△△△－△△△△
- 代理人聯絡電話　△△△△△－△△△△
- 傳真電話　△△△△△－△△△△
- 電子郵件信箱　△△△△△－△△△△
- 不動產經紀業名稱及統一編號
- 不動產經紀業電話

(9)備註

(10)申請人	(11)權利人或義務人	(12)姓名或名稱	(13)出生年月日	(14)統一編號	(15)住所 縣市	鄉鎮市區	村里	鄰	街路	段	巷	弄	號	樓	(16)簽章
申請人	權利人	王△△	△△△	△△△△	△△	△△	△△	△	△△	△△	△	△	△	△	印
	義務人	吳△△	△△△	△△△△	△△	△△	△△	△	△△	△△	△	△	△	△	印
	代理人	陳△△		△△△△△△	△△	△△	△	△	△△	△△	△	△	△	△	印
		事務所：													

本案處理經過情形（以下各欄申請人請勿填寫）	初審	複審	審查	核定	登簿	校簿	書狀列印	校狀	書狀用印	地價異動	通知領狀	異動通知	支付發狀	歸檔

建築改良物所有權贈與移轉契約書

下列建築物經 受贈與人／贈與人 雙方同意所有權贈與移轉，特訂立本契約：

建物標示			
(1)建	號		2100
(2)門牌	鄉鎮市區		△△
	街　路		△△
	段巷弄		△△△
	號　樓		△△
(3)建物坐落	段		△△
	小段		△
	地號		△△
(4)面積（平方公尺）	7層		128.22
	層		
	層		
	層		
	層		
	層		
	共計		128.22
(5)附屬建物	用途		陽台
	面積（平方公尺）		16.56
(6)	權利範圍		全部

(7) 申請登記以外之約定事項
1. 他項權利情形：無
2. 贈與權利價值：1568700
3.
4.
5.
6.

貼印花1‰：1568元

(8) 簽名或簽證

(9) 受贈人或贈與人	(10) 姓名或名稱	(11) 權利範圍受贈與持分	(12) 出生年月日	(13) 統一編號	(14) 住　　　　所									(15) 蓋章
					縣市	鄉鎮市區	村里	鄰	街路	段	巷弄	號	樓	
受贈人	王△△	全部	△△	△△△△△△	△△	△△	△△	△△	△△	△△	△△	△	△	印
贈與人	吳△△	全部	△△	△△△△△△△	△△	△△	△△	△△	△△	△△	△△	△	△	印

訂立契約人

(16) 立約日期　中華民國　△△　年　△△　月　△△　日

第六節　拍賣移轉登記

一、概　述

㈠拍賣之意義

所謂拍賣，係就債務人或欠稅人之不動產先行查封，再由執行法院予以拍賣，並就賣得之價金，償還債務或繳清欠稅。

㈡拍賣之稅捐優先

稅捐之徵收，優先於普通債權。土地增值稅、地價稅、房屋稅之徵收及法院、行政執行處執行拍賣或變賣貨物應課徵之營業稅，優先於一切債權及抵押權。經法院、行政執行處執行拍賣或交債權人承受之土地、房屋及貨物，執行法院或行政執行處應於拍定或承受五日內，將拍定或承受價額通知當地主管稅捐稽徵機關，依法核課土地增值稅、地價稅、房屋稅及營業稅，並由執行法院或行政執行處代為扣繳。（稽徵第6條）

二、申請實務

㈠申請期限

1. 應於拍賣之執行法院發給權利移轉證明書之日起一個月內申請權利移轉登記。（土登第33條）
2. 拍賣之不動產，其為土地者已代扣增值稅，自可於取得產權移轉證書後，即行申請辦理所有權移轉登記。其為建物，尚應檢附契稅申報書及法院發給之權利移轉證明書，向建物所在地之主管稅捐機關申報繳納契稅後，始可申請登記。契稅申報——詳見第四章第七節契稅。
3. 如因報繳契稅，致逾期辦理移轉登記，而其責任不在當事人者，其登記罰鍰之核課，可依檢附該稅捐機關出具之證明文件，將各該在管機關所延誤之期間予以扣除。（土登第50條第2項參照）

㈡申請人

法院拍定之不動產，得由買受人單獨申請登記。（土登第27條第4款）

㈢應備書件

1. 房屋契稅申報書。
2. 土地登記申請書。
3. 登記清冊。
4. 產權移轉證明書：正、影本各一份，登記後影本存查，正本發還。
5. 契稅繳納收據：
   (1)如為建物，則應附本項文件。
   (2)可將本項收據第一聯浮貼於產權移轉證明書正本上面，第二聯浮貼於影本上面。

6.權利人身分證明文件。

(四)申辦手續

1.建物拍賣移轉登記手續

(1)申報契稅：取得產權移轉證明書後，即可影印並將正、影本及契稅申報書，提向主管稅捐機關申報契稅——詳見第四章第七節契稅。

(2)領取稅單：申報契稅後可領取契稅繳納通知單，持向公庫代收銀行繳納，並取具繳納收據第一聯及第二聯，並將契稅繳納收據浮貼於該產權移轉證明書正本上面，第二聯浮貼於影本上面。

(3)申請登記：

①將已繕妥核章之登記申請書放置於第一頁，登記清冊放置於第二頁，其他書件再依土地登記規則第34條規定提出文件之次序放置整齊，裝訂成冊，即可提出申請。

②計費：首先將申請案件送請計算規費並核對申請人身分。其登記費係以權利移轉證明書上之日期當期申報地價為準。但經當事人舉證拍定日非權利移轉證明書上之日期者，以拍定日當期申報地價為準。其拍定價額低於申報地價者，以拍定價額為準。至於法院拍賣之建物，依其向稅捐單位申報之契稅價計徵登記費，其費率千分之一計算，書狀費每張80元。

③開單：經計算規費後，即開發規費繳納通知單。

④繳費：經開發規費單後，即可繳費，並取具繳費收據。

⑤收件：經收件後，取具收件收據。

⑥補正：如申請案件經審查發現填寫錯誤或文件不全或證件不符時，經通知補正者，應於期限內補正。

⑦領狀：經審查無誤並登記完畢後，權利人或代理人即可持收件收據及原蓋用之印章，至發狀處領取所有權狀、產權移轉證明書正本及其他不需存查之文件。

2.土地拍賣移轉登記手續

(1)因土地增值稅已經由法院代為扣繳，故取得產權移轉證明書後即可直接申請登記。

(2)將繕妥蓋章完畢之登記申請書對摺放置於第一頁，登記清冊對摺放置於第二頁，其他書件再依土地登記規則第34條規定提出文件之次序放置整齊，裝訂成冊，即可提出申請。

(3)計費、開單、繳費、收件、補正及領狀等手續，與前述建物拍賣移轉登記手續相同——可參閱之，於此不贅言。

三、書表填寫說明

㈠契稅申報書之填寫說明及範例——詳見第四章第七節契稅。

㈡所有權拍賣移轉登記申請書填寫說明

1.一般填法：

　(1)以毛筆、黑色、藍色墨汁鋼筆、原子筆或電腦打字正楷填寫。

　(2)字體需端正，不得潦草，如有增、刪文字時，應在增、刪處由申請人蓋章，不得使用修正液（帶）。

2.各欄填法：

　(1)第(1)欄「受理機關」按土地（建物）所在地之市（縣）及地政事務所之名稱填寫。如屬跨所申請案件，請於「跨所申請」欄打勾，並分別填寫受理機關及資料管轄機關名稱。

　(2)第(2)(3)(4)(5)欄「原因發生日期」「申請登記事由」「登記原因」「標示及申請權利內容」按下表所列自行打勾或填入空格內。

(2)原因發生日期	(3)申請登記事由	(4)登記原因	(5)標示及申請權利內容
法院產權移轉證明書核發之日	所有權移轉登記	拍賣	產權移轉證明書或登記清冊

　(3)第(6)欄「附繳證件」按所附證件名稱、份數分行填列並裝訂，若空格不夠填寫時可填入第(9)欄，身分證或戶口名簿請影印正反面，並切結與正本相符後認章。

　(4)第(7)欄「委任關係」：係指由代理人申請登記時填寫代理人之姓名，若尚有複代理人時一併註明複代理人姓名，並依地政士法第18條規定，請代理人（複代理人）切結認章，如無委託他人代理申請者，則免填此欄。

　(5)第(8)欄為便利補正通知申請人，請填寫「聯絡電話」、「傳真電話」及「電子郵件信箱」。

　(6)第(9)欄「備註」：專供申請書上各欄無法填寫而必須填載事項。

　(7)第(10)欄「申請人」除包括權利人、義務人姓名外，如有委託代理人（含複代理人）申請登記者，尚包括代理人；如不敷使用，增頁部分應加蓋騎縫章。

　　①所稱權利人：係指登記結果受有利益或免除義務之人，如拍定人。

　　②所稱義務人：係指登記結果受不利益或喪失權利之人，如被拍賣人。

　(8)第(11)欄「權利人或義務人」：法院拍賣移轉登記時，拍定之新所有權人填「權利人」，原所有權人則填「義務人」；申請人為未成年人、禁治產人或法人者，須加填法定代理人（如父母、監護人或公司法定代表人）。如有委託他人申請者加填「代理人」，若尚有委任複代理人

　者，一併加填「複代理人」。

　(9)第⑿欄「姓名或名稱」：權利人為自然人者，依照戶籍姓名謄本、戶口名簿、身分證或其他證明文件記載填寫，法人則先填法人名稱後再加填法定代表人姓名；義務人則僅填姓名或名稱。

　(10)第⒀⒁欄「出生年月日」「統一編號」：權利人為自然人者，依照戶籍謄本、戶口名簿、身分證或其他證明文件記載填寫；為法人或其他非自然人者，請填寫公司統一編號或扣繳單位統一編號。

　(11)第⒂欄「住所」：權利人為自然人者，依照戶籍謄本、戶口名簿、身分證或其他證明文件記載填寫，得不填寫里、鄰，法人依照法人登記有案地址填寫，代理人或複代理人如住所與通訊處不同時，得於住所欄另外註明通訊地址。

　(12)第⒀⒁⒂⒃欄，義務人免填及蓋章。

　(13)第⒃欄「簽章」：權利人應蓋用與所填之姓名或名稱相同之印章。

3.本案處理經過情形欄及申請書上方之收件與登記書狀費，係供地政事務所人員審核用，申請人毋須填寫，如非連件辦理者，連件序別，亦無須填寫。

4.權利人自取得法院核發之產權移轉證明書後一個月內，建物依契稅條例規定報繳契稅後，依法申請產權登記。逾期申請，則依土地法第73條第2項「……聲請逾期者，每逾一個月得處應納登記費一倍之罰鍰，但最高不得超過二十倍。」規定，處以罰鍰。

四、書表填寫範例

收件	日期	年 月 日		時 分		字第　　號	收者件章

土地登記申請書

收件者章	資料管轄機關	連件序別（非連件者免填）　共 1 件　第 1 件　連件房序別

登記費　　　元	書狀費　　　元	罰鍰　　　元
書狀費	合計　　　元	
核算者	收據　字　號	

(1)受理機關　△△市△△地政事務所　☑跨所申請　△△市　△△地政事務所

(2)原因發生日期　中華民國△△年△月△△日

(3)申請登記事由（選擇打✓一項）
- □所有權第一次登記
- ☑所有權移轉登記
- □抵押權登記
- □抵押權塗銷登記
- □抵押權內容變更登記
- □標示變更登記

(4)登記原因（選擇打✓一項）
- □第一次登記
- □買賣　□贈與　□繼承　□分割繼承
- □設定　□法定　☑拍賣
- □清償　□混同　□判決塗銷
- □拋棄　□權利價值變更　□權利內容等變更
- □分割　□合併　□地目變更　□共有物分割

(5)標示及申請權利內容　詳如　□契約書　☑登記清冊　□複丈結果通知書　□建物測量成果圖

(6)附繳證件
1. 戶口名簿影本　1份
2. 契稅繳納收據　1份
3. 產權移轉證明書　1份
4.
5.　　　份
6.　　　份
7.　　　份
8.　　　份
9.　　　份
10.　　　份
11.　　　份
12.　　　份

(7)委任關係　本土地登記案之申請委託　陳△△　代理　　　複代理。委託人確為登記標的物之權利人或權利關係人，如有虛偽不實，本代理人（複代理人）願負法律責任　印

(8)連絡方式
權利人電話	△△△△－△△△△
義務人電話	△△△△－△△△△
代理人聯絡電話	△△△△－△△△△
傳真電話	△△△△－△△△△
電子郵件信箱	△△△△△△△△△△
不動產經紀業名稱及統一編號	
不動產經紀業電話	

(9)備註

(10)申請人	(11)權利人或義務人	(12)姓名或名稱	(13)出生年月日	(14)統一編號	(15)住所										(16)簽章
					縣市	鄉鎮市區	村里	鄰	街路	段	巷	弄	號	樓	
申　　請　　人	權利人	王△△	△△△	△△△△△	△△	△△	△△	△	△△	△△	△△	△△	△△	△△	印
	義務人	黃△△	△△△	△△△△△	△△	△△	△△	△	△△	△△	△△	△△	△△	△△	印
	代理人	陳△△			△△	△△			△△				△		
	事務所所址：														

本案處理經過情形（以下各欄申請人請勿填寫）	初審	複審	審查	核定	登簿	校簿	書狀列印	校狀	書狀用印
					地價異動	通知領狀	異動通知	支付發狀	歸檔

登記清冊

土地標示			申請人 權利人 王△△　　印（簽章） 　　　　代理人 陳△△　　印
(1) 坐落	鄉鎮市區	△△	
	段	△△	
	小段	△	
(2) 地號		35	
(3) 地目		建	
(4) 面積（平方公尺）		278	
(5) 權利範圍		$\frac{125}{10000}$	
(6) 備註			

建物標示			
(7) 建號	356		
(8) 門牌	鄉鎮市區	△△	
	街　路	△△	
	段巷弄	△△	
	號　樓	△△	
(9) 建物坐落	段	△△	
	小段	△	
	地號	△△	
(10) 面積（平方公尺）	8層	145.62	
	共　計	145.62	
(11) 附屬建物	用途	陽台	
	面積（平方公尺）	21.35	
(12) 權利範圍	全部		
(13) 備註			

第七節　公產出售移轉登記

一、概　述

㈠公產之出售

　　所謂公產出售移轉登記，係指公有土地或建物，經政府管理機關公開拍賣、標售或議價等各種方式出售，於出售後辦理產權移轉登記。

㈡有關稅捐

1. 土地法第4條規定，公有土地有四種：即國有土地、直轄市有土地、縣（市）有土地及鄉（鎮、市）有土地。公有非公用土地，現階段國有土地管理機關為財政部國有財產署，直轄市有土地管理機關為市政府財政局，縣（市）有土地管理機關為縣（市）政府財政局，鄉鎮市有土地管理機關為鄉鎮市公所財政課。

2. 各級政府出售之公有土地，免徵土地增值稅。（土稅第28條，平均第35條）

3. 依法領買或標購公產及向法院標購拍賣之不動產者，仍應申報繳納契稅。（契稅例第11條）

二、申請實務

㈠申請期限

1. 應於公產出售機關發給產權移轉證明書之日起一個月內申請權利移轉登記。

2. 出售之公產，如為建物，承買人尚應申報繳納契稅，始可申請登記。惟如因申報繳納契稅，致逾期辦理移轉登記，而其責任不在當事人者，其登記罰鍰之核課，可依檢附該稅捐機關出具之證明文件，將該主管機關所延誤之期間予以扣除。（土登第50條第2項參照）

㈡申請人

　　公產出售，應由承買人會同該公產管理機關申請權利變更登記。

㈢應備書件

　　公產出售移轉登記，部分管理機關有要求應準備登記書件二份者，副本一份由公產管理機關於驗印後抽存，正本一份由權利人提向地政機關辦理登記。其應備書件如次：

1. 現值申報書：公有土地出售移轉，應附本項文件。

2. 契稅申報書：公有建物出售移轉，應附本項文件。

3. 土地登記申請書。

4. 登記清冊。

5. 產權移轉證明書：正、影本各一份，登記後影本存查，正本發還。

6. 契稅繳納收據：可將本項收據第一聯浮貼於產權移轉證明書正本上面，

　第二聯浮貼於影本上面。

7.權利人身分證明文件。

8.土地或建物所有權狀。

㈣申辦手續

1.公有建物出售移轉登記手續

(1)申報契稅：取得產權移轉證明書後，即可影印並將正影本及契稅申報書等文件，提向主管稅捐機關申報契稅——詳見第四章第七節契稅。

(2)領取稅單：申報契稅後，可領取契稅繳納通知單，持向公庫代收銀行繳納，並取具繳納收據第一聯及第二聯，並將契稅繳納收據第一聯浮貼於該產權移轉證明書正本上面，第二聯浮貼於影本上面。

(3)申請登記：

①將已繕妥蓋章之登記申請書放置於第一頁，登記清冊放置於第二頁，所有權狀放置於最後，其他書件再依土地登記規則第34條規定提出文件之次序放置整齊，裝訂成冊，即可提出申請。

②計費：首先將申請案件送請計算規費並核對申請人身分。其登記費係按契稅繳納收據上所載價額千分之一計算，書狀費每張80元。

③開單：經計算規費後，即開發規費繳納通知單。

④繳費：經開發規費單後，即可繳費，並取具繳費收據。

⑤收件：經收件後，取具收件收據。

⑥補正：如申請案件經審查發現填寫錯誤或文件不全或證件不符時，經通知補正者，應於期限內補正。

⑦領狀：經審查無誤並登記完畢後，權利人或代理人即可持收件收據及原蓋用之印章，至發狀處領取所有權狀、產權移轉證明書正本及其他不需存查之文件。

2.公有土地出售移轉登記手續

(1)因公有土地出售，免徵增值稅。故承買公有土地，於取得產權移轉證明書提出現值申報後，俟取得免稅證明即可申請登記。惟如與地上建物同時承買時，應俟建物契稅報繳後，取得契稅繳納收據，始一併申請登記。

(2)將繕妥蓋章完畢之登記申請書對摺放置於第一頁，登記清冊對摺放置於第二頁，所有權狀放置於最後，其他書件再依土地登記規則第34條規定提出文件之次序放置整齊，裝訂成冊，即可提出申請。

(3)計費、開單、繳費、收件、補正及領狀等手續，與前述公有建物出售移轉登記手續相同——可參閱之，於此不贅言。

三、書表填寫說明

　　㈠契稅申報書之填寫說明及範例——詳見第四章第七節契稅。

　　㈡公產出售所有權移轉登記申請書填寫說明：除登記原因填寫「買賣」以外，其餘寫法，與前節拍賣同，請讀者參閱之。

四、書表填寫範例

土地登記申請書

收件	日期	年 月 日 時 分		連件序別	(非連件者免填)	共 1 件 第 1 件		登記費	元	合計	元	書
	字號	字第 號	收件者章				資料管轄機關	書狀費	元	收據	字號	
								罰鍰	元	核算者		

(1)受理機關　△△市△△地政事務所　申請　△△市△△地政事務所

(2)原因發生日期　中華民國△△年△△月△△日

(3)申請登記事由(選擇打✓一項)

- □所有權第一次登記
- ✓所有權移轉登記
- □抵押權登記
- □抵押權塗銷登記
- □抵押權內容變更登記
- □標示變更登記
- □

(4)登記原因(選擇打✓一項)

- □第一次登記
- ✓買賣　□贈與　□繼承　□分割繼承
- □設定　□法定
- □清償　□拋棄　□混同　□判決塗銷
- □權利價值變更　□權利內容等變更
- □分割　□合併　□地目變更
- □

(5)標示及申請權利內容　詳如　□契約書　✓登記清冊　□複丈結果通知書　□建物測量成果圖

(6)附繳證件

1.戶口名簿影本	1份	5.土地所有權狀	1份	9.	份
2.土地增值稅免稅證明	1份	6.建物所有權狀	1份	10.	份
3.契稅繳納收據	1份	7.	1份	11.	份
4.產權移轉證明	1份	8.	1份	12.	份

(7)委任關係　本土地登記案之申請委託　陳△△　代理。　　複代理。
委託人確為登記標的物之權利人或權利關係人,如有虛偽不實,本代理人(複代理人)願負法律責任。　　印

(8)聯絡方式

連絡方式	權利人電話	△△△△－△△△△
	義務人電話	△△△△－△△△△
	代理人聯絡電話	△△△△－△△△△
	傳真電話	△△△△－△△△△
	電子郵件信箱	△△△△△△△△△△
	不動產經紀業名稱及統一編號	
	不動產經紀業電話	

(9)備註

(10) 申 請 人	(11)權利人或 義務人	(12)姓名 或名稱	(13)出生 年月日	(14)統一編號	(15)住　　所									(16)簽章
					縣 市	鄉鎮 市區	村 里	鄰	街路	段	巷弄	號	樓	
	權利人	王△△	△△△	△△△△△	△△	△△	△△	△	△△	△△	△△	△	△	印
	代理人	陳△△	△△△	△△△△△	△△	△△	△△	△	△△	△△	△△	△	△	印
	義務人	中華民國	△△△											
	管理機關	△△△△			△△	△△	△△							印
	代理人	△△△			△△	△△								印

本案處理經過情形（以下各欄申請人請勿填寫）	初審	審查	複審	審查	核定	核	定	登簿	校簿	書狀列印	校狀	書狀用印
								地價異動	通知領狀	異動通知	支付發狀	歸檔

登　記　清　冊

申請人

土地標示		登記清冊
(1) 坐落	鄉鎮市區	△△
	段	△△
	小段	△
(2) 地號		35
(3) 地目		建
(4) 面積（平方公尺）		278
(5) 權利範圍		$\frac{125}{10000}$
(6) 備註		

權利人　　王△△　印
代理人　　陳△△　印
義務人
管理機關
代理人　　　　　印

中華民國　△△△△　△△　△△

簽章

建物標示	項目	內容
	(7) 建號	356
	(8) 門牌 鄉鎮市區	△△
	街　路	△△
	段巷弄	△△
	號　樓	△△
	(9) 建物坐落 段	△△
	小段	△
	地號	△△
	(10) 面積（平方公尺） 8層	145.62
	共計	145.62
	(11) 附屬建物 用途	陽台
	面積（平方公尺）	21.35
	(12) 權利範圍	全部
	(13) 備註	

第八節　外國人移轉登記

一、概　述

外國人承受房地產權利，應受下列各款之限制：

㈠**土地限制**

1. 下列土地不得移轉、設定負擔或租賃於外國人：(1)林地，(2)漁地，(3)狩獵地，(4)鹽地，(5)礦地，(6)水源地，(7)要塞軍備區域及領域邊境之土地。（土第17條第1項）

2. 前項移轉，不包括因繼承而取得土地，但應於辦理繼承登記完畢之日起三年內出售與本國人，逾期未出售者，由直轄市、縣（市）地政機關移請國有財產局辦理公開標售，其標售程序準用第73條之1相關規定。（土第17條第2項）

3. 依外國人投資條例第16條規定，對於礦地，如投資人或其所投資之事業，經行政院專案核准後，不受土地法之限制。

4. 外國人為供自用、投資或公益之目的使用，得取得下列各款用途之土地，其面積及所在地點，應受該直轄市或縣（市）政府依法所定之限制：（土第19條第1項）

　(1)住宅。

　(2)營業處所、辦公場所、商店及工廠。

　(3)教堂。

　(4)醫院。

　(5)外僑子弟學校。

　(6)使領館及公益團體之會所。

　(7)墳場。

　(8)有助於國內重大建設、整體經濟或農牧經營之投資，並經中央目的事業主管機關核准者。

㈡**資格限制**

外國人在中華民國取得或設定土地權利，以依條約或其本國法律，中華民國人民得在該國享受同樣權利者為限。（土第18條）

㈢**程序限制**

土地法第20條規定：

1. 外國人依前條需要取得土地，應檢附相關文件，申請該管直轄市或縣（市）政府核准；土地有變更用途或為繼承以外之移轉時，亦同。其依前條第1項第8款取得者，並應先經中央目的事業主管機關同意。

2. 直轄市或縣（市）政府為前項之准駁，應於受理後十四日內為之，並於核准後報請中央地政機關備查。

3. 外國人依前條第1項第8款規定取得土地,應依核定期限及用途使用,因
故未能依核定期限使用者,應敘明原因向中央目的事業主管機關申請展
期:其未依核定期限及用途使用者,由直轄市或縣(市)政府通知土地所
有權人於通知送達後三年內出售。逾期未出售者,得逕為標售,所得價
款發還土地所有權人;其土地上有改良物者,得併同標售。

4. 前項標售之處理程序、價款計算、異議處理及其他應遵行事項之辦理,
由中央地政機關定之。

四稅 賦

外國人租賃或購買之土地,經登記後,依法令之所定,享受權利,負擔義
務。(土第24條)故外國人有受讓房地產時,仍應比照國人受讓房地產之情形,
依法負擔各種稅賦。

◎**外國人在我國取得土地權利作業要點**(98.3.27內政部修正發布)

一、外國人申請在中華民國境內取得或設定土地權利案件,應請當事人檢附由其本國
有關機關出具載明該國對我國人民得取得或設定同樣權利之證明文件;如該外國
(如美國)有關外國人土地權利之規定,係由各行政區分別立法,則應提出我國
人民得在該行政區取得或設定同樣權利之證明文件。依現有資料已能確知有關條
約或該外國法律准許我國人民在該國取得或設定土地權利者,得免由當事人檢附
前項證明文件。

二、旅居國外華僑,取得外國國籍而未喪失中華民國國籍者,其在國內取得或設定土
地權利所適用之法令,與本國人相同;其原在國內依法取得之土地或建物權利,
不因取得外國國籍而受影響。

三、我國人民在國內依法取得之土地或建物權利,於喪失國籍後移轉與本國人,無土
地法第20條規定之適用。外國人因繼承而取得土地法第17條第1項各款之土地,
應於辦理繼承登記完畢之日起三年內,將該土地權利出售與本國人,逾期未出售
者,依土地法第17條第2項規定處理。

四、外國法人在我國取得或設定土地權利,應先依我國法律規定予以認許,始得為權
利主體;經認許之外國公司申報土地登記時,應以總公司名義為之,並應檢附認
許證件。但能以電子處理達成查詢者,得免提出。

外國公司依公司法第386條規定申請備案者,不得為權利主體。

五、(刪除)

六、外國人得否承受法院拍賣之工業用地,於有具體訴訟事件時,由法院依法認定
之。

七、外國法人國籍之認定,依「涉外民事法律適用法」規定。

八、外國人處分其在我國不動產,仍應審查其有無行為能力。

人之行為能力依其本國法。外國人依其本國法無行為能力或僅有限制行為能力,

而依中華民國法律有行為能力者，就其在中華民國之法律行為，視為有行為能力。

未成年外國人處分其在我國不動產，應依民法規定，由法定代理人代為或代受意思表示，或應得法定代理人允許或承認。

九、外國人申請設定土地權利案件，無須依土地法第20條第2項規定辦理。

十、外國銀行因行使債權拍賣承受土地權利，其取得與嗣後處分仍應依土地法第20條規定辦理。

十一、外國人取得或移轉土地權利案件簡報表格式如附件。（略）

◎外國人在我國取得或設定土地權利互惠國家一覽表。（請查閱內政部地政司網站）

◎外國人投資國內重大建設整體經濟或農牧經營取得土地辦法（91.2.27行政院臺內字第0910082180號令）

第1條

本辦法依土地法「以下簡稱本法」第19條第2項規定訂定之。

第2條

本法第19條第1項第8款所稱重大建設、整體經濟或農牧經營之投資，其範圍如下：

一、重大建設之投資，係指由中央目的事業主管機關依法核定或報經行政院核定為重大建設之投資。

二、整體經濟之投資，係指下列各款投資：

　　㈠觀光旅館、觀光遊樂設施、體育場館之開發。

　　㈡住宅及大樓之開發。

　　㈢工業廠房之開發。

　　㈣工業區、工商綜合區、高科技園區及其他特定專用區之開發。

　　㈤海埔新生地之開發。

　　㈥公共建設之興建。

　　㈦新市鎮、新社區之開發或辦理都市更新。

　　㈧其他經中央目的事業主管機關公告之投資項目。

三、農牧經營之投資，係指符合行政院農業委員會公告之農業技術密集與資本密集類目及標準之投資。

第3條

外國人依本法第19條第1項第8款規定申請取得土地，應填具申請書，並檢附下列文件，向中央目的事業主管機關為之：

一、申請人之身分證明文件：其為外國法人者，應加附認許之證明文件。

二、投資計畫書。

三、土地登記簿謄本及地籍圖謄本；屬都市計畫內土地者，應加附都市計畫土地

使用分區證明；屬耕地者，應加附農業用地作農業使用證明書或符合土地使用管制證明書。

四、經我國駐外使領館、代表處、辦事處及其他外交部授權機構驗證之平等互惠證明文件。但已列入外國人在我國取得或設定土地權利互惠國家一覽表之國家者，得免附。

五、其他相關文件。

前項應檢附之文件，於申請人併案或前送審之投資計畫案已檢附者，得免附。

第4條

前條第1項第1款認許之證明文件，係指該外國法人依我國法律規定認許之證明文件。

第5條

第3條第1項第2款之投資計畫書，應載明計畫名稱、土地所在地點及其他中央目的事業主管機關規定之事項。

第6條

第3條第1項第4款之平等互惠證明文件，係指申請人之本國有關機關所出具載明該國對我國人民得取得同樣權利之證明文件。但該外國有關外國人土地權利之規定，係由各行政區分別立法者，為我國人民在該行政區取得同樣權利之證明文件。

第7條

外國人依第3條規定申請時，其投資計畫涉及二以上中央目的事業主管機關者，申請人應依其投資事業之主要計畫案，向該管中央目的事業主管機關申請；該中央目的事業主管機關無法判定者，由行政院指定之。

第8條

中央目的事業主管機關審核申請案件，必要時得會商相關機關為之，並得邀申請人列席說明。

第9條

中央目的事業主管機關核准申請案件後，應函復申請人，並副知土地所在地之直轄市或縣（市）政府；未經核准者，應敘明理由函復申請人。

前項核准函復之內容，應敘明下列事項：

一、申請案件經核准後，應依本法第20條第1項規定之程序辦理。

二、申請取得之土地，其使用涉及環境影響評估、水土保持、土地使用分區與用地變更及土地開發者，仍應依相關法令及程序辦理。

第10條

本辦法所定申請書格式，由中央地政機關定之。

第11條

本辦法自發布日施行。

二、申請實務

㈠申請人

外國人經核准購買房地產，仍應由該外國人會同原所有權人申請所有權移轉登記。

㈡申請期限

外國人經依法核准購置土地時，其申請登記之期限，依土地法第24條規定之旨意，應與國人買賣土地相同。即權利人及義務人應於訂定契約之日起1個月內，檢同契約及有關文件，共同聲請權利變更登記，並同時申報土地移轉現值。（平均第47條）

㈢應備書件

1. 土地登記申請書。
2. 公定契紙契約書：如買賣、贈與或交換等契約書——詳本章前述各節。
3. 外國人所屬國州之法律或條約允許我國國民亦得在該國享受同樣權利之證明文件；惟列入互惠國家一覽表中者，免檢附本項文件。
4. 外國人之身分證明。
5. 義務人之印鑑證明：可參閱本章前述各節。
6. 義務人之戶籍資料：可參閱本章前述各節。
7. 契稅繳納收據：凡是建物，均應依法申報契稅，其手續與國人間之移轉者相同——可參閱前述各節。
8. 土地增值稅繳納收據或免徵證明：凡是土地，均應申報移轉現值，並繳納增值稅或取具增值稅免徵證明，其手續與國人間之移轉者相同——可參閱前述各節。
9. 贈與稅有關證明：如係贈與移轉，尚應依法申報贈與稅，並取得贈與稅繳清證明，或免稅證明，或不計入贈與總額證明，或同意移轉證明。其手續與國人間之移轉者相同——可參閱前述各節。
10. 所有權狀。

三、附　則

外國人承受房地產，除標的物、身分及程序之限制外，如依法准予承受房地產後，無論是買賣、贈與、交換，其申請移轉登記手續及填寫登記書表之要領及方法，均與國人者相同——可參閱本章前述各節，本節不贅言。

第九節　判決和解移轉登記

一、概　述

㈠糾紛之解決途徑

1. 土地建物之所有權移轉，無論其移轉原因為買賣、贈與、交換、共有物分割、繼承或其他移轉原因，如權利人與義務人之間，發生意見紛歧，無法辦理所有權移轉登記時，可請求法院判決或和解後，據以辦理。
2. 經判決者，應有判決書及判決確定證明書，如由最高法院判決者，免附判決確定證明書。經和解者，應有和解筆錄。
3. 經判決及和解者，勿庸再另訂公定契紙契約書。

(二)稅　捐

　　經判決及和解者，對於因移轉而應繳納之各種稅捐，如增值稅、契稅、遺產稅及贈與稅等，仍應依法申報繳納。其申報實務——與本書前述各章節之各種手續相同，可參閱之。

◎假處分之債權人，於本案訴訟勝訴確定，為辦理不動產所有權移轉登記，聲請法院發給證明書，證明該假處分之不動產，未經他債權人聲請執行法院調卷，實施拍賣者，執行法院應切實審核後予以發給，請查照，並轉行查照（70.5.9司法院院臺廳一字第02918號函）

一、據本院秘書長案陳內政部70年5月2日(70)臺內地字第19313號致臺灣省政府地政處函副本，略以：按債務人之財產，為債權人之總擔保，禁止債務人就特定財產為處分行為之假處分，其效力僅禁止債務人就特定財產為處分，並不排除法院之強制執行，為最高法院63年第1次民庭庭長會議所持之實務上見解，故債務人之土地，經假處分查封登記，他債權人仍得依據執行名義，聲請執行法院調取假處分查封之原卷，就假處分之土地拍賣受清償。為兼顧他債權人之法益，獲得確定判決之原查封債權人，於依土地登記規則第128條第2款規定申辦移轉登記前，應先向地方法院查證有無調卷拍賣之情事，並經地方法院民事執行處核發證明書後，再憑向登記機關申辦移轉登記。

二、檢送證明書格式一份。

台灣　地方法院民事執行處證明書　　　　年　　　月　　　日

受文者：債權人

一、本院受理　　　年度民執全字第　　　號債權人　　　與債務人
　　間假處分執行事件（　　　年度全字第○○號），經假處分之不動產，
　　即坐落　　　　　　，並無他債權人聲請本院就前述不動產，實施拍賣。

二、特此證明。

三、本證明書自核發之日起有效期間十日。

　　　　　　　　　法　官：

二、申請實務

㈠申請人

因法院拍賣、判決確定或訴訟上之和解調解成立，取得土地權利之登記，得由權利人或登記名義人單獨申請。（土登第27條）

㈡申請期限

1.應於判決確立之日或和解成立之日起，一個月內申辦移轉登記，不於規定期限內申請者，每逾一個月處應納登記費額一倍之罰鍰，以納至二十倍為限。（土第73條）

2.如逾期申請登記，確係由於申報契稅、增值稅、遺產稅或贈與稅等主管機關所延誤，其責任不在當事人者，其登記罰鍰之核課，可將各該主管機關所延誤之期間予以扣除。（土登第50條第2項參照）

㈢應備書件

1.土地登記申請書。

2.登記清冊。

3.判決書及判決確定證明書：如經判決者，應附繳本項文件，如經最高法院判決者，免附判決確定證明書，但應附第一、二審法院之判決書。

4.和解筆錄：如經和解或調解者，應附繳本項文件。

5.稅捐完納文件：如需繳納增值稅、契稅、遺產稅、贈與稅等，應附繳納各該稅捐完納文件或免稅證明。

6.身分證明文件。

7.其他有關文件：視案情而定。

㈣申辦手續

判決或和解移轉登記，視移轉性質之不同：如買賣、贈與、交換、共有物分割……以及土地或建物等——可分別參閱本章前述各節辦理，本節不贅言。

三、書表填寫說明

㈠契稅申報書、房屋稅申報書、現值申報書、遺產稅申報書、贈與稅申報書等填寫說明及範例——詳見本書第四章各節。

㈡所有權登記申請書填寫說明：登記申請書除登記原因填寫「判決移轉」（含買賣、贈與）、「判決共有物分割」、「判決繼承」或「和解移轉」（含買賣、贈與）、「調解移轉」、「和解共有物分割」，及原因發生日期依判決確定日或和解成立日填寫外，其餘填寫方法——可參閱本章各節有關之說明予以填寫。

四、書表填寫範例

(一)判決所有權移轉

收件	日期	年 月 日 時 分	收件者章
	字號	字第 號	

連件序別	（連件／非連件）	共1件 第1件

登記費	元
書狀費	元
罰鍰	元
合計	元
收據	字號
核算者	

土地登記申請書

(1)受理機關	△△市△△地政事務所 申請 □跨所申請 △△市△△地政事務所	資料管轄機關

(2)原因發生日期	中華民國△△年△△月△△日

(3)申請登記事由（選擇打✓一項）
- □所有權第一次登記
- ✓所有權移轉登記
- □抵押權登記
- □抵押權塗銷登記
- □抵押權內容變更登記
- □標示變更登記
- □

(4)登記原因（選擇打✓一項）
- □第一次登記
- □買賣 □贈與 ✓判決移轉 □分割繼承 □拍賣 □共有物分割
- □設定 □法定
- □清償 □拋棄 □混同 □判決塗銷
- □權利價值變更 □權利內容等變更
- □分割 □合併 □地目變更
- □

(5)標示及申請權利內容 詳如 □契約書 ✓登記清冊 □複丈結果通知書 □建物測量成果圖

(6)附繳證件
1. 戶口名簿影本 1份
2. 契稅繳納收據 1份
3. 無調卷拍賣證明 1份
4. 優先購買權拋棄通知書 1份
5. 判決書正影本各 1份
6. 判決確定書正影本各 1份
7. 1份
8. 1份
9. 份
10. 份
11. 份
12. 份

(7)委任關係 本土地登記案之申請委託 陳△△ 代理。 複代理。
委託人確為登記標的物之權利人或權利關係人，如有虛偽不實，本代理人（複代理人）願負法律責任。 印

(8)聯絡方式

權利人電話	△△△△－△△△△
義務人電話	△△△△－△△△△
代理人聯絡電話	△△△△－△△△△
傳真電話	△△△△－△△△△
電子郵件信箱	
不動產經紀業名稱及統一編號	
不動產經紀業電話	

(9)備註

(10)申請人	(11)權利人或義務人	(12)姓名或名稱	(13)出生年月日	(14)統一編號	(15)住所 縣市	鄉鎮市區	村里	鄰	街路	段	巷	弄	號	樓	(16)簽章
	權利人	黃△△	△△	△△△△△	△△	△△	△△	△	△△	△			△△	△△	印
	義務人	王△△	△△	△△△△△	△△	△△	△△	△	△△	△		△	△△	△△	印
	代理人	陳△△			△△	△△	△△		△△						
		事務所所地址：													

本案處理經過情形（以下各欄申請人請勿填寫）

初	審	複	審	核	定	登簿	校簿	書狀列印	校狀	書狀用印
						地價異動	通知領狀	異動通知	交付發狀	歸檔

登記清冊

	項目	內容
土地標示	(1) 坐落　鄉鎮市區	松山
	段	敦化
	小段	二
	(2) 地號	35
	(3) 地目	建
	(4) 面積（平方公尺）	458
	(5) 權利範圍	$\dfrac{126}{10000}$
	(6) 備註	

申請人　權利人　黃△△　（簽章）印
　　　　義務人　王△△　印
　　　　代理人　陳△△

建物標示		值
(7) 建	號	135
(8) 門牌	鄉鎮市區	松山區
	街 路	八德路
	段巷弄	三段
	號 樓	△△
(9) 建物坐落	段	敦化
	小 段	二
	地 號	35
(10) 面積（平方公尺）	7層	98.36
	共 計	98.36
(11) 附屬建物	用 途	陽台
	面 積（平方公尺）	18.66
(12) 權利範圍		全部
(13) 備 註		

(二)和解所有權移轉

土地登記申請書

收件	日期	年 月 日 時	分	收件者章		登記費	元	合計	元
件	字號	字第 號		件章		書狀費	元	收據	字號
						罰　鍰	元	核算者	

(1)受理機關　△△市△△地政事務所　☑跨所申請　△△市　△△地政事務所

(2)原因發生日期　中華民國△△年△月△△日

(3)申請登記事由（選擇打✓一項）
- □ 所有權第一次登記
- ☑ 所有權移轉登記
- □ 抵押權登記
- □ 抵押權塗銷登記
- □ 抵押權內容變更登記
- □ 標示變更登記

(4)登記原因（選擇打✓一項）
- □ 第一次登記
- □ 買賣　□ 贈與　□ 繼承　□ 分割繼承　□ 拍賣　☑ 共有物分割
- □ 設定　□ 法定
- □ 清償　□ 拋棄　□ 混同　□ 判決塗銷
- □ 權利價值變更　□ 權利內容等變更
- □ 分割　□ 合併　□ 地目變更

(5)標示及申請權利內容　詳如 □ 契約書　☑ 登記清冊　□ 複丈結果通知書　□ 建物測量成果圖

(6)附繳證件
1. 戶口名簿影本　1份
2. 契稅繳納收據　1份
3. 無調弍拍賣證明　1份
4. 優先購買權拋棄通知書　1份
5. 和解筆錄正影本各　1份
6. 　　　　1份
7. 　　　　1份
8. 　　　　1份
9.
10.
11.
12.

(7)委任關係　本土地登記案之申請委託　陳△△　代理。　複代理。
本代理人確為登記標的物之權利人或權利關係人，如有虛偽不實，本代理人（複代理人）願負法律責任。　印

(8)連絡方式
- 權利人電話
- 義務人電話
- 代理人聯絡電話
- 傳真電話
- 電子郵件信箱
- 不動產經紀業名稱及統一編號
- 不動產經紀業電話

連絡電話　△△△△－△△△△
　　　　　△△△△－△△△△
　　　　　△△△△－△△△△
　　　　　△△△△－△△△△

(9)備註

(10)申請人	(11)權利人或義務人	(12)姓名或名稱	(13)出生年月日	(14)統一編號	(15)住所 縣市	鄉鎮市區	村里	鄰	街路	段	巷	弄	號	樓	(16)簽章
申請人	權利人	黃△△	△△	△△△△△△	△△	△△	△△	△	△△				△	△	印
	義務人	王△△	△△	△△△△△△	△△	△△	△△	△	△△				△△	△	印
	代理人	陳△△ 事務所地址：	△△	△△△△△△	△△	△△	△△								

本案處理經過情形（以下各欄申請人請勿填寫）							
初審	複審	審核	定	登簿	校簿	書狀列印	校狀	書狀用印
				地價異動	通知領狀	異動通知	交付發狀	歸檔

登記清冊

土地標示

項目	內容
(1) 坐落　鄉鎮市區	松山
段	敦化
小段	二
(2) 地號	35
(3) 地目	建
(4) 面積（平方公尺）	458
(5) 權利範圍	$\frac{126}{10000}$
(6) 備註	

申請人

	簽章
權利人　黃△△	印
義務人　王△△	印
代理人　陳△△	

建 物 標 示	(7) 建　　號			135						
	(8) 門牌	鄉鎮市區		松山區						
		街　　路		八德路						
		段巷弄		三段						
		號　樓		△△						
	(9) 建物坐落	段		敦化						
		小　段		二						
		地　號		35						
	(10) 面（平方公尺）積	7 層		98.36						
		共　計		98.36						
	(11) 附屬建物	用　途		陽台						
		面　積（平方公尺）		18.66						
	(12) 權利範圍			全部						
	(13) 備　註									

第十節　典權到期不贖或典權找貼移轉登記

一、概　述

㈠民法規定

1.稱典權者，謂支付典價在他人之不動產為使用、收益，於他人不回贖時，取得該不動產所有權之權。（第911條）

2.典權之約定期限不滿十五年者，不得附有到期不贖即作絕賣之條款。（第913條）

3.典權未定期限者，出典人得隨時以原典價回贖典物。但自出典後經過三十年不回贖者，典權人即取得典物所有權。（第924條）

4.出典人於典權存續中，表示讓與其典物之所有權於典權人者，典權人得按時價找貼。取得典物所有權，其找貼以一次為限。（第926條）

㈡稅　捐

1.已規定地價之土地，設定典權時，出典人應依法預繳土地增值稅。但出典人回贖時，原繳之土地增值稅，應無息退還。（土稅第29條）準此，典權到期不贖，辦理所有權移轉登記時，勿庸再行申報繳納增值稅，惟登記時應檢附設定典權時，已繳納之增值稅收據。至於典權找貼，辦理所有權移轉登記，因具有買賣性質，故應就找貼之部分，補納增值稅。

2.建物設定典權時，其典權人應依契價繳納4%之契稅，故先典後賣，典權人與買主同屬一人者，得以原納典權契稅額，抵繳依買賣契價繳納百分之六之契稅——即僅須再繳納2%之契稅即已足。（契稅例第3條、第10條）

3.典權找貼，實質上應屬買賣移轉登記，故其移轉手續——可參閱本章第二節買賣移轉登記手續。本節不贅言。

二、申請實務

㈠申請人

典權找貼所有權移轉登記，由原出典人（即原所有權人）及原典權人會同申請。原典權人為權利人，原出典人為義務人。至於典權到期不回贖，則由典權人單獨申請登記即可。（土登第27條）

㈡申請期限

1.典權到期不贖者，於典期屆滿後，經過二年，或自出典後，經過三十年，即可申請所有權移轉登記。（民第923條、第924條）

2.典權找貼者具有買賣性質，於出典人及典權人之找貼意思表示一致時，即可申請所有權移轉登記。

㈢應備書件

典權到期不贖應備書件如次：

1.土地登記申請書。

2.登記清冊。

3.原典權設定契約書。

4.原典權設定時已繳納之土地增值稅收據。

5.契稅補足繳納收據：應備契稅申報書及原繳納之契稅收據。

6.權利人義務人之身分證明文件：可參閱本章前述各節。

7.他項權利證明書。

8.土地或建物所有權狀。

㈣申辦手續

1.申報納稅

⑴如設定典權時，係屬未開徵土地增值稅區域之土地，而於到期不贖所有權移轉登記時，已屬開徵土地增值稅區域者，則應先行申報繳納土地增值稅。

⑵如典權到期不贖之標的物為建物，仍應先行申辦報繳契稅，其申辦手續——詳見第四章第七節及本章前述各節。

2.申請登記

⑴申報納稅後，將土地登記申請書對摺整齊，放置於第一頁，登記清冊對摺放於第二頁，他項權利證明書及所有權狀放置於最後，其他書件再依土地登記規則第34條規定提出文件之次序放置整齊，裝訂成冊。

⑵申請案件首先送請計費，開發規費單，繳費及收件，並取具收件收據，其申辦手續與前述各種登記之手續相同——可參閱之。

⑶領狀：申請案件經審查無誤登記完畢後，即可憑收件收據及原蓋用之印章，領取所有權狀及其他不需存查之文件。

三、書表填寫說明

登記申請書「登記原因」填寫「典權回贖除斥期滿」及原因發生日期依典期屆滿之次日填寫外，其餘填寫方法可參閱本章前面各節之說明予以填寫。

四、書表填寫範例

土地登記申請書

(1)受理機關	△△市△△地政事務所	跨所申請

收件	日期	年 月 日 時 分	字號	字第 號
收件者章				
分號				

連件序別（非連件者免填）　連件　共 1 件　第 1 件

資料管轄機關　△△市△△地政事務所

(2)原因發生日期　中華民國△△年△△月△△日

(3)申請登記事由（選擇打✓一項）
- ✓所有權第一次登記
- □所有權移轉登記
- ✓抵押權登記
- □抵押權塗銷登記
- □抵押權內容變更登記
- □標示變更登記
- □

(4)登記原因（選擇打✓一項）
- □第一次登記
- □買賣　□贈與　□繼承　□分割繼承　□拍賣
- □設定　□法定
- □清償　□混同　□判決塗銷
- □權利價值變更　□權利內容等變更
- □分割　□合併　□地目變更
- ✓共有物分割　✓典權回贖係不期滿

(5)標示及申請權利內容　詳如　□契約書　✓登記清冊　□複丈結果通知書　□建物測量成果圖

(6)附繳證件
1. 戶口名簿影本　　　　　　　　2份　　5.土地所有權狀　　　　1份　　9. 份
2. 契稅繳納收據　　　　　　　　1份　　6.建物所有權狀　　　　份　　10. 份
3. 原預繳土地增值稅收據　　　　1份　　7. 　　　　　　　　　1份　　11. 份
4. 原典權設定契約書　　　　　　1份　　8. 　　　　　　　　　1份　　12. 份

(7)委任關係　本土地登記案之申請委託　陳△△　代理。　複代理。
委託人確為登記標的物之權利人或權利關係人，如有虛偽不實，本代理人（複代理人）願負法律責任。　印

(8)聯絡方式
- 權利人電話　　　　　　　△△△△－△△△△
- 義務人電話　　　　　　　△△△△－△△△△
- 代理人聯絡電話　　　　　△△△△－△△△△
- 傳真電話　　　　　　　　△△△△－△△△△
- 電子郵件信箱
- 不動產經紀業名稱及統一編號
- 不動產經紀業電話

(9)備註

登記費	元	書
書狀費	元	
罰鍰	元	
合計	元	
收據	字號	
核算者		

申請

(10)申請人	(11)權利人或義務人	(12)姓名或名稱	(13)出生年月日	(14)統一編號	(15)住所 縣市	鄉鎮市區	村里	鄰	街路	段	巷	弄	號	樓	(16)簽章
	權利人	黃△△	△△	△△△△△	△△	△△	△△	△	△△				△△	△	印
	義務人	王△△	△△	△△△△△△	△△	△△	△△	△	△△				△△	△	印
	代理人	陳△△	△△	△△△△△△	△△	△△	△△								
		事務所地址：													

本案處理經過情形（以下各欄申請人請勿填寫）	初審	複審	審核	核定
	登簿	校簿	書狀列印	校狀
	地價異動	通知領狀	異動通知	支付發狀
			書狀用印	歸檔

登記	清	清								冊	申請人	權利人 黃△△	印	簽章
												義務人 王△△	印	
											代理人	陳△△		
土 地 標 示	(1) 坐落	鄉鎮 市區	清水											
		段	△△											
		小段	△											
	(2) 地號		32											
	(3) 地目		建											
	(4) 面積 (平方公尺)		165											
	(5) 權利範圍		全部											
	(6) 備註													

建物標示		內容
(7) 建　號		125
(8) 門牌	鄉鎮市區	清水
	街　路	△△
	段巷弄	△△
	號	△△
	樓	△△
(9) 建物坐落	段	△
	小段	
	地號	31
(10) 面積（平方公尺）	1層	73.21
	2層	73.21
	共計	146.42
(11) 附屬建物	用途	陽台
	面積（平方公尺）	25.32
(12) 權利範圍		全部
(13) 備註		

第十一節　都市更新權利變換登記

一、概　說

民國87年11月11日政府制定公布都市更新條例，都市更新成為近年來發燒之課題。都市更新之處理方式有三種：重建、整建及維護。

有關整建及維護，可能不涉及權利變動登記，但重建則涉及有關登記。故本書特專節予以重點介紹。

二、有關名詞定義

（一）**都市更新**（都更第3條）

係指依本條例所定程序，在都市計畫範圍內，實施重建、整建或維護措施。

（二）**實施者**（都更第3條）

係指依本條例規定實施都市更新事業之機關、機構或團體。

（三）**權利變換**（都更第3條）

係指更新單元內重建區段之土地所有權人、合法建築物所有權人、他項權利人或實施者，提供土地、建築物、他項權利或資金，參與或實施都市更新事業，於都市更新事業計畫實施完成後，按其更新前權利價值及提供資金比例，分配更新後建築物及其土地之應有部分或權利金。

三、權利變換之登記

（一）經權利變換之土地及建築物，實施者應依據權利變換結果，列冊送請各級主管機關囑託該管登記機關辦理權利變更或塗銷登記，換發權利書狀；未於規定期限內換領者，其原權利書狀由該管登記機關公告註銷。（都更第43條）

（二）有關登記：（都更權利變換實施辦法第26條）

實施者依本條例第43條規定列冊送該管登記機關辦理權利變更或塗銷登記時，對於應繳納差額價金而未繳納者，其獲配之土地及建築物應請該管登記機關加註未繳納差額價金，除繼承外不得辦理所有權移轉登記或設定負擔字樣，於土地所有權人繳清差額價金後立即通知登記機關辦理註銷。

前項登記為本條例第39條第2項規定分配土地者，由實施者檢附主管機關核准分配之證明文件影本，向主管稅捐稽徵機關申報土地移轉現值，並取得土地增值稅記存證明文件後，辦理土地所有權移轉登記。

依第1項辦理登記完竣後，該管登記機關應通知土地所有權人及權利變換關係人及本條例第40條第1項之抵押權人、典權人於三十日內換領土地及建築物權利書狀。

四、應備文件

㈠土地登記申請書。

㈡權利變換分配結果清冊（含釐正後土地登記清冊、土地他項權利登記清冊、更新單元內不參與分配者【截止登記】之土地所有權移轉清冊、限制登記清冊）。

㈢事業計畫暨權利變換計畫核定公告影本。

㈣直轄市、縣（市）政府公告。

㈤更新會立案證書影本。

㈥更新會統一編號編配通知書影本。

㈦更新單元範圍圖。

㈧實施權利變換地區範圍圖。

㈨權利變換關係人土地增值稅准許記存或免稅之證明文件。

㈩申請人身分證明。

(十一)其他依法律規定應提出之證明文件。

五、土地登記申請書填寫說明

㈠一般填法

1. 以毛筆、黑色、藍色墨汁鋼筆、原子筆或電腦打字正楷填寫。
2. 字體需端正，不得潦草，如有增、刪文字時，應在增、刪處由申請人蓋章，不得使用修正液（帶）。

㈡各欄填法

1. 第(1)欄「受理機關」：按土地所在地之市（縣）及地政事務所之名稱填寫。如屬跨所申請案件，請於「跨所申請」欄打勾，並分別填寫受理機關及資料管轄機關名稱。
2. 第(2)(3)(4)(5)欄「原因發生日期」、「申請登記事由」、「登記原因」「標示及申請權利內容」按下表所列自行打勾或選擇填入空格內。

(2)原因發生日期	(3)申請登記事由	(4)登記原因	(5)標示及申請權利內容
分配結果確定之日	都市更新登記	權利變換	權利變換分配結果清冊

3. 第(6)欄「附繳證件」；按所附證件名稱、份數分行填列並裝訂，若空格不夠填寫時可填入第(9)欄，身分證或戶口名簿請影印正反面，並切結與正本相符後認章。
4. 第(7)欄「委任關係」：係指由代理人申請登記時填寫代理人之姓名，若尚有複代理人時一併註明複代理人姓名，並依地政士法第18條規定，請代理人（複代理人）切結認章，如無委託他人代理申請者，則免填此欄。
5. 第(8)欄「聯絡方式」：為便利通知申請人，請填寫「聯絡電話」及「傳

真電話」或「電子郵件信箱」。

6.第(9)欄「備註」：專供申請書上各欄無法填寫而必須填載事項。

7.第(10)欄「申請人」：係指申請人姓名外，如有委託代理人（含複代理人）申請登記者，尚包括代理人；如不敷使用，增頁部分應加蓋騎縫章。

8.第(11)欄「權利人或義務人」：權利變換以申請人填寫；申請人為法人者，須加填法定代理人（如理事長）。如有委託他人申請者，加填代理人，若尚有委任複代理人者，一併加填複代理人。

9.第(12)欄「姓名或名稱」：自然人依照戶籍謄本、戶口名簿、身分證或其他證明文件記載填寫，法人則先填法人名稱後再加填理事長姓名。

10.第(13)(14)欄「出生年月日」「統一編號」：自然人依照戶籍謄本、戶口名簿、身分證或其他證明文件記載填寫，法人或其他非自然人請填寫公司統一編號或扣繳單位統一編號。

11.第(15)欄「住所」：自然人依照戶籍謄本、戶口名簿、身分證或其他證明文件記載填寫，得不填寫里、鄰，法人依照法人登記有案地址填寫，代理人或複代理人如住所與通訊處不同時，得於住所欄另外註明通訊地址。

12.第(16)欄「簽章」：申請人應蓋用與所填之姓名或名稱相同之印章。

13.本案處理經過情形欄及申請書上方之收件與登記書狀費，係供地政事務所人員審核用，申請人無須填寫，如非連件辦理者，連件序別，亦無須填寫。

附註：本填寫說明如遇法令變更時，應依變更後之規定填寫。

六、書表填寫範例

收件	日期	年 月 日 時 分	收件者			登記費		元	合計		元	元
	字號	字　第　號	件章			書狀費		元	收據			字 號
						罰　鍰		元	核算者			

土　地　登　記　申　請　書

(1)受理 機關	△△縣 市	△△地政事務所	連件序別	（非連件 者免填）	共 1 件 第 1 件	(2)原因 發生日期	中華民國△△年△月△△日

(3)申請登記事由（選擇打✓一項）　　　　　　　　(4)登記原因（選擇打✓一項）

□所有權第一次登記　　　　　　　　□第一次登記
□所有權移轉登記　　　　　　　　　□買賣　□贈與　□繼承　□分割繼承　□拍賣　□共有物分割
□抵押權登記　　　　　　　　　　　□設定　□法定　□
□抵押權塗銷登記　　　　　　　　　□清償　□拋棄　□混同　□判決塗銷　□
□抵押權內容變更登記　　　　　　　□權利價值變更　□權利內容等變更　□
□標示變更登記　　　　　　　　　　□分割　□合併　□地目變更　□
✓都市更新登記　　　　　　　　　　✓權利變換

(5)標示及申請權利內容　詳如　□契約書　□登記清冊　✓複丈結果通知書　□建物測量成果圖　✓權利變換分配結果清冊

(6)附繳 證件	1.權利變換分配結果清冊	1份	5.實施權利變換地區範圍圖	1份	9.身分證影本	5份
	2.更新事業計畫核定公告影本	1份	6.更新會立案影本	1份	10.	份
	3.縣政府公告	1份	7.更新會統一編配通知書影本	1份	11.	份
	4.更新單元範圍圖	1份	8.土地增值稅明書（免）稅證明	1份	12.	份

(7)委任關係　本土地登記案之申請委託　陳△△　代理。　複代理。
委託人確為登記標的物之權利人或權利關係人，並核對身分無誤，如有虛偽不實，本代理人（複代理人）願負法律責任。　　　　　　　　　　　　　　　　代理人印

(8)聯絡方式	權利人電話	△△△△－△△△△
	義務人電話	△△△△－△△△△
	代理人聯絡電話	△△△△－△△△△
	傳真電話	△△△△－△△△△
	電子郵件信箱	
	不動產經紀業 名稱及統一編號	
	不動產經紀業電話	

(9)備註

(10)申請人	(11)權利人或義務人	(12)姓名或名稱	(13)出生年月日	(14)統一編號	(15)住　所											(16)簽章
					縣市	鄉鎮市區	村里	鄰	街路	段	巷	弄	號	樓		
	權利人	（詳如清冊）														印
申請人		△△縣○○市大樓都市更新會理事長：王△△			△△	△△	△△	△	△△				△			印
	代理人	陳△△			△△	△△	△△	△	△△	△			△			印

本案處理經過情形（以下各欄申請人請勿填寫）

初審	複審	審核	定	登簿	地價異動	校簿	通知領狀	書狀列印	異動通知	校狀	支付發狀	書狀用印	歸檔

第**9**章 他項權利設定登記

第一節 概 述

一、他項權利的意義

(一)法規規定

1. 土地法第11條：土地所有權以外設定他項權利之種類，依民法之規定。
2. 民法物權編規定：物權除依法律或習慣外，不得創設，（民第757條）故依民法規定，不動產除所有權外，有地上權、永佃權、農育權、不動產役權、抵押權、典權及習慣物權等他項權利。
3. 土地法第133條：承墾人自墾竣之日起，無償取得耕作權，應即依法辦理登記。
4. 土地登記規則第4條：土地權利有所有權、中華民國99年8月3日前發生之永佃權、農育權、地上權、不動產役權、典權、抵押權、耕作權及習慣物權等。

　　因永佃權登記實務上甚少見，且民法物權編修正後已全章刪除，故本書亦隨之全章刪除，不再贅述。

(二)種 類

1. 故依據前述法條之規定，他項權利登記計有地上權、永佃權、農育權、不動產役權、抵押權、典權、耕作權及習慣物權等8種。
2. 他項權利亦為物權，其依法律行為而取得、設定、喪失及變更者，非經登記，不生效力，且其行為應以書面為之。（民第758條）
3. 所有權第一次登記，準用總登記程序，對於建物所有權第一次登記，習慣上有謂為保存登記。至於他項權利登記，並不謂為總登記或保存登記，而謂為設定登記。

二、地籍測量實施規則規定

(一)第204條

　　宗地之部分設定地上權、農育權、不動產役權或典權者，得申請土地複丈。

⑵第205條

因宗地之部分擬設定地上權、農育權、不動產役權或典權者，應由擬設定各該權利人會同土地所有權人或管理人申請複丈。

⑶第231條

1. 地上權、農育權、不動產役權或典權之平面位置測繪，依下列規定：

　⑴同一他項權利人在數宗土地之一部分設定同一性質之他項權利者，應盡量測繪在同一幅土地複丈圖內。

　⑵一宗土地同時申請設定二以上同一性質之他項權利者，應在同一幅土地複丈圖內分別測繪他項權利位置。

　⑶他項權利位置圖，用紅色實線繪製他項權利位置界線，並用黑色實線繪明土地經界線，其他項權利位置界線與土地經界線相同者，用黑色實線繪明。

　⑷因地上權分割申請複丈者，應於登記完畢後，在原土地複丈圖上註明地上權範圍變更登記日期及權利登記先後次序。

　⑸測量完畢，地政事務所應依土地複丈圖謄繪他項權利位置圖二份，分別發給他項權利人及土地所有權人。

2. 前項他項權利之位置，應由會同之申請人當場認定，並在土地複丈圖上簽名或蓋章。

㈣第231條之1

申請時效取得地上權、農育權或不動產役權者，應依申請人所主張占有範圍測繪，並就下列符合民法地上權、農育權、不動產役權要件之使用情形測繪其位置及計算面積：

1. 普通地上權之位置，以其最大垂直投影範圍測繪：區分地上權之位置，以在土地上下之一定空間範圍，分平面與垂直範圍測繪。

2. 農育權、不動產役權之位置，以其實際使用現況範圍測繪。

前項複丈之位置，應由申請人當場認定，並在土地複丈圖上簽名或蓋章，其發給之他項權利位置圖應註明依申請人主張占有範圍測繪，其實際權利範圍，以登記審查確定登記完畢為準。

關係人不同意申請人所主張之占有範圍位置時，登記機關仍應發給他項權利位置圖，並將辦理情形通知關係人。

三、土地登記規則規定

㈠第108條

1. 於一宗土地內就其特定部分申請設定地上權、不動產役權或典權、農育權登記時，應提出位置圖。

2. 因主張時效完成，申請地上權或不動產役權、農育權登記時，應提出占

有範圍位置圖。

　　3.前二項位置圖應先向該管登記機關申請土地複丈。

(二)**第49條**

　　1.申請他項權利登記，其權利價值為實物或非現行通用貨幣者，應由申請人按照申請時之價值折算為新臺幣，填入申請書適當欄內，再依法計收登記費。

　　2.申請地上權、永佃權、不動產役權或耕作權、農育權之設定或移轉登記，其權利價值不明者，應由申請人於申請書適當欄內自行加註，再依法計收登記費。

　　3.前二項權利價值低於各該權利標的物之土地申報地價或當地稅捐稽徵機關核定之房屋現值百分之四時，以各該權利標的物之土地申報地價或當地稅捐稽徵機關核定之房屋現值百分之四為其一年之權利價值，按存續之年期計算；未定期限者，以七年計算之價值標準計收登記費。

第二節　抵押權設定登記

一、相關法規的規定

(一)民法規定

　　1.普通抵押權，謂債權人對於債務人或第三人不移轉占有而供其債權擔保之不動產，得就該不動產賣得價金優先受償之權。（第860條）

　　2.最高限額抵押權者，謂債務人或第三人提供其不動產擔保，就債權人對債務人一定範圍內之不特定債權，在最高限額內設定之抵押權。（第881條之1）

　　3.依據民法有關規定，扼要列述如次：

　　　(1)不動產所有人，因擔保數債權，就同一不動產，設定數抵押權者，其次序依登記之先後定之。（第865條）抵押物經出賣，就賣得之價金，除法律另有規定外，按各抵押權成立之次序分配之，其次序同者，依債權額比例分配之。（第874條）

　　　(2)普通抵押權不得由債權分離而為讓與或為其他債權之擔保。（第870條）

　　　(3)不動產所有人設定抵押權後，得將不動產讓與他人，其抵押權不因此而受影響。（第867條）

　　　(4)抵押權人於債權已屆清償期而未受清償者，得聲請法院拍賣抵押物，就其賣得價金而受清償。（第873條）

　　　(5)抵押權人於債權清償期屆滿後，為受清償，得訂立契約，取得抵押物之所有權，或用拍賣以外之方法，處分抵押物。但有害於其他抵押權

人之利益者，不在此限。（第878條）

(6)抵押權設定，非經登記不生效力，並應以書面為之。（第758條）

(7)以抵押權擔保之債權，其請求權已因時效而消滅，如抵押權人，於消滅時效完成後，五年間不實行其抵押權者，其抵押權消滅。（第880條）

(8)抵押權除法律另有規定外，因抵押物滅失而消滅。但抵押人因滅失得受賠償或其他利益者，不在此限。抵押權人對於前項抵押人所得行使之賠償或其他請求權有權利質權，其次序與原抵押權同。給付義務人因故意或重大過失向抵押人為給付者，對於抵押權人不生效力。抵押物因毀損而得受之賠償或其他利益，準用前三項之規定。（第881條）

(9)除所有權外，地上權、農育權及典權，均得為抵押權之標的物。（第882條）

(10)民法第513條：

①承攬之工作為建築物或其他土地上之工作物，或為此等工作物之重大修繕者，承攬人得就承攬關係報酬額，對於其工作所附之定作人之不動產，請求定作人為抵押權之登記；或對於將來完成之定作人之不動產，請求預為抵押權之登記。

②前項請求，承攬人於開始工作前亦得為之。

③前二項之抵押權登記。如承攬契約已經公證者。承攬人得單獨申請之。

④第1項及第2項就修繕報酬所登記之抵押權，於工作物因修繕所增加之價值限度內，優先於成立在先之抵押權。

(二)土地登記規則規定

1. 申請普通抵押權設定登記時，登記機關應於登記簿記明擔保債權之金額、種類及範圍；契約書訂有利息、遲延利息之利率、違約金或其他擔保範圍之約定者，登記機關亦應於登記簿記明之。（第111條之1）

2. 以不屬同一登記機關管轄之數宗土地權利為共同擔保設定抵押權時，除已實施跨登記機關登記者外，應訂立契約分別向土地所在地之登記機關申請登記。（第112條）

3. 抵押權設定登記後，另增加一宗或數宗土地權利共同為擔保時，應就增加部分辦理抵押權設定登記，並就原設定部分辦理抵押權內容變更登記。（第113條）

4. 抵押權因增加擔保債權金額申請登記時，除經後次序他項權利人及後次序抵押權之共同抵押人同意辦理抵押權內容變更登記外，應就其增加金額部分另行辦理設定登記。（第115條第2項）

5. 申請為抵押權設定登記，其抵押人非債務人時，契約書及登記申請書應

經債務人簽名蓋章。（第111條）

6. 限定各宗土地負擔金額之登記：

(1) 以數宗土地權利為共同擔保，申請設定抵押權登記時，已限定各宗土地權利應負擔之債權金額者，登記機關應於登記簿記明之；於設定登記後，另為約定或變更限定債權金額申請權利內容變更登記者，亦同。

(2) 前項經變更之土地權利應負擔債權金額增加者，應經後次序他項權利人及後次序抵押權之共同抵押人同意。（第114條之1）

7. 債權分割之抵押權分割登記：以一宗或數宗土地權利為擔保之抵押權，因擔保債權分割而申請抵押權分割登記，應由抵押權人會同抵押人及債務人申請之。（第114條之2）

8. 最高限額抵押權之登記：

(1) 申請最高限額抵押權設定登記時，登記機關應於登記簿記明契約書所載之擔保債權範圍。

(2) 前項申請登記時，契約書訂有原債權確定期日之約定者，登記機關應於登記簿記明之；於設定登記後，另為約定或於確定期日前變更約定申請權利內容變更登記者，亦同。

(3) 前項確定期日之約定，自抵押權設定時起，不得逾三十年。其因變更約定而申請權利內容變更登記者，自變更之日起，亦不得逾三十年。（土登第115條之1）

9. 最高限額抵押權變更為普通抵押權：

(1) 最高限額抵押權因原債權確定事由發生而申請變更為普通抵押權時，抵押人應會同抵押權人及債務人就結算實際發生之債權額申請為權利內容變更登記。

(2) 前項申請登記之債權額，不得逾原登記最高限額之金額。（土登第115條之2）

10. 流抵約定之登記：

(1) 民法第873條之1：

① 約定於債權已屆清償期而未為清償時，抵押物之所有權移屬於抵押權人者，非經登記，不得對抗第三人。

② 抵押權人請求抵押人為抵押物所有權之移轉時，抵押物價值超過擔保債權部分，應返還抵押人；不足清償擔保債權者，仍得請求債務人清償。

③ 抵押人在抵押物所有權移轉於抵押權人前，得清償抵押權擔保之債權，以消滅該抵押權。

(2) 土地登記規則第117條之1：

　　　①申請抵押權設定登記時，契約書訂有於債權已屆清償期而未為清償
　　　　時，抵押物之所有權移屬於抵押權人之約定者，登記機關應於登記
　　　　簿記明之；於設定登記後，另為約定或變更約定申請權利內容變更
　　　　登記者，亦同。
　　　②抵押權人依前項約定申請抵押物所有權移轉登記時，應提出第34條
　　　　及第40條規定之文件，並提出擔保債權已屆清償期之證明，會同抵
　　　　押人申請之。
　　　③前項申請登記，申請人應於登記申請書適當欄記明確依民法第873條
　　　　之1第2項規定辦理，並簽名。
　11.出質人之抵押權登記：
　　⑴民法第906條之1：
　　　①為質權標的物之債權，以不動產物權之設定或移轉為給付內容者，
　　　　於其清償期屆至時，質權人得請求債務人將該不動產物權設定或移
　　　　轉於出質人，並對該不動產物權有抵押權。
　　　②前項抵押權應於不動產物權設定或移轉於出質人時，一併登記。
　　⑵土地登記規則第117條之2：
　　　①質權人依民法第906條之1第1項規定代位申請土地權利設定或移轉登
　　　　記於出質人時，應提出第34條、第40條規定之文件及質權契約書，
　　　　會同債務人申請之。
　　　②前項登記申請時，質權人應於登記申請書適當欄記明確已通知出質
　　　　人並簽名，同時對出質人取得之該土地權利一併申請抵押權登記。
　　　③前二項登記，登記機關於登記完畢後，應將登記結果通知出質人。
　12.承攬之抵押權：（土登第117條）
　　⑴承攬人依民法第513條規定申請為抵押權登記或預為抵押權登記，除應
　　　提出第34條及第40條規定之文件外，並應提出建築執照或其他建築許
　　　可文件，會同定作人申請之。但承攬契約經公證者，承攬人得單獨申
　　　請登記，登記機關於登記完畢後，應將登記結果通知定作人。
　　⑵承攬人就尚未完成之建物，申請預為抵押權登記時，登記機關應即暫
　　　編建號，編造建物登記簿，於標示部其他登記事項欄辦理登記。
◎有關承攬人申辦建物之預為抵押權登記疑義（91.3.27內政部臺內中地字第
　0910004736號函）
一、按「承攬之工作為建築物或其他地上之工作物，或為此等工作物之重大修
　　繕者，承攬人得就承攬關係報酬額，對於其工作所附之定作人之不動產，
　　請求定作人為抵押權之登記；或對於將來完成之定作人之不動產，請求預
　　為抵押權之登記。」、「本法所稱建築物之起造人，為建造該建築物之申
　　請人，……」、「……三、建築物建造完成後之使用或變更使用，應請領

使用執照……」分為民法第513條第1項及建築法第12條第1項前段及第28條第3款所明定，又建物所有權第一次登記係屬確定權登記，現行登記未有建築完成應為登記之強制規定，亦即採任意登記，故申請預為抵押權登記，僅得就定作人所有之尚未完成建物所有權第一次登記之建物始得為之，本案申請之標的既經辦竣建物所有權第一次登記，且其所有權人（即變更後之起造人）尚非承攬契約書所載之定作人，地政機關自無從受理該項登記。

二、上項見解經函准法務部91年3月20日法律決字第0910004313號函表示同意在案。

◎**預為抵押權登記計收登記費時，得以契約書內之權利價值或承攬契約所約定之工程價款為之**（92.6.6內政部內授中辦地字第0920008589號函）

一、依據法務部92年5月27日法律字第0920021109號函辦理，兼復臺北市政府地政處同年4月28日北市地一字第09231172600號函。

二、按經函准前開法務部函略以：「按民法第513條第1項規定：『承攬之工作為建築物或其他土地上之工作物，或為此等工作物之重大修繕者，承攬人得就承攬關係報酬額，對於其工作物所附之定作人之不動產，請求定作人為抵押權之登記；或對於將來完成之定作人之不動產，請求預為抵押權之登記。』上開有關法定抵押權之規定，係於88年4月21日修正公布、89年5月5日施行，其目的係因修正前之規定，對於法定抵押權之發生不以登記為生效要件，實務上易致與定作人有授信往來之債權人，因不明該不動產有法定抵押權之存在而受不測之損害；為確保承攬人之利益並兼顧交易安全，遂修正為得由承攬人請求定作人會同為抵押權之登記，並兼採『預為抵押權登記』制度。同時，因修正前之條文係規定抵押權範圍為『承攬人就承攬關係所生之債權』，其債權額於登記時尚不確定，故修正為以訂定契約時已確定之『約定報酬額』為限，不包括不履行之損害賠償（參照87年6月3日行政院、司法院會銜函送立法院審議之民法債編部分條文修正草案條文對照表，收錄於法務部88年5月印行之『民法債編修正條文暨民法債編施行法法規彙編』，第173頁。）準此，有關申辦預為抵押權登記於計收登記費時，涉及民法第513條『承攬關係報酬額』之認定疑義，基於債權額已得確定以及私法自治之尊重，登記機關以承攬人與定作人雙方合意之約定報酬額計收登記費，應無不可……」，是，本案承攬人（即權利人）宏昌營造股份有限公司會同建築基地受託人東亞建築經理股份有限公司及建物定作人（即債務人）德運建設股份有限公司於92年1月30日檢附抵押權設定契約書等證明文件（契約書內載雙方合意約定之權利價值）申辦預為抵押權登記，得以契約書內之權利價值為登記費之計收標準。

三、如屬土地登記規則第117條第1項後段規定承攬契約經公證者，承攬人得單獨申請登記之情形者，內政部91年9月25日臺內中地字第09100013861號函釋

以工程造價為計收標準，該「工程造價」依前開法務部函釋「承攬關係報酬額」之意見，係指承攬契約內所約定之工程價款，併予敘明。

◎辦理預為抵押權讓與登記事宜（96.2.6內政部內授中辦地字第0960041459號函）

　按「當事人互相表示意思一致者，無論其為明示或默示，契約即為成立。」「不動產物權，依法律行為而取得設定、喪失及變更者，非經登記，不生效力。」、「不動產物權之移轉或設定，應以書面為之。」分為民法第153條第1項、第758條及第760條所明定。倘當事人已互相表示意思一致者，無論其為明示或默示，其契約即為成立，準此，登記機關應得准依當事人合意連件申請預為抵押權登記及該抵押權讓與登記。至其抵押權讓與登記方式，因目前電腦作業，對於尚未完成所有權第一次登記之建物，無法於他項權利部辦理登記，則其抵押權讓與，登記機關應將收件年月日字號及異動內容於建物標示部其他登記事項欄記明，登錄內容：「一般註記事項：○○年○○月○○日○○字第○○○○○○號辦理抵押權讓與登記，權利人：○○○」。

二、申請實務

㈠申請人

　抵押權設定登記，由權利人（即債權人）及義務人（即設定人）會同申請。（土第73條）如抵押人非債務人時，契約書及登記申請書應經債務人簽名或蓋章。（土登第111條）如經法院判決者，得由勝訴者單方申請。

㈡申請期限

　1.抵押權應自契約成立之日起一個月內申請登記。（土登第33條）
　2.土地總登記後，土地權利有設定時，應為變更登記。（土第72條）變更登記應於變更後一個月內提出申請，其逾期者，每逾一個月得處應納登記費額一倍之罰鍰，但最高不得超過二十倍。（土第73條）

㈢應備書件

　1.土地登記申請書。
　2.抵押權設定契約書。
　3.權利人及義務人身分證明文件：如義務人戶籍住址與土地建物登記簿住址不符時，得同時加註住址變更登記。
　4.義務人印鑑證明。
　5.權利書狀：
　　(1)如以所有權為標的，設定抵押權，則檢附所有權狀。
　　(2)如以地上權、永佃權或典權為標的設定抵押權者，則檢附他項權利證明書及原設定契約書。

◎**關於申辦抵押權設定登記時，義務人非債務人，無需檢附義務人戶籍資料**
（82.11.2內政部臺內地字第8213256號函）

按「申請登記應提出申請人身分證明。」、「土地登記，除本規則另有規定外，無需權利人及義務人會同申請之。」、「申請為抵押權設定之登記，其登記人非債務人時，契約書及申請書應經債務人簽名或蓋章。」分為土地登記規則第32條第1項第4款、第25條及第107條規定，故申辦抵押權設定登記，債務人既非申請登記案件之申請人，且抵押權設定契約書及申請書又已經債務人簽名或蓋章，則依上述規定，債務人自毋庸再提出身分證明文件。

㈣**申辦手續**

1.備齊繕妥所需書件

將登記申請書對摺放置於第一頁，契約書正本及所有權狀放置於最後，其餘書件，再依土地登記規則第34條規定提出文件之次序放置整齊，裝訂成冊，即可提向土地建物所在地之地政機關申請登記。

2.申請收件

⑴計費：申請案件，於核對申請人身分後，計算規費。其登記費係按契約書上所載權利價值千分之一計算。其書狀費每張80元，並可同時申請登記完畢後之謄本。

⑵開單：申請案件經計費後，即可開發規費繳納通知單。

⑶繳費：經開發規費繳費通知單後，可即時繳費，並取具繳費收據。

⑷收件：申請案件經收件後，取具收件收據。

3.補　正

申請案件，如經審查發現有填寫錯誤遺漏或文件不全或證件不符時，應依通知期限補正。經駁回之案件於補正後，應重新送請收件，並取具收件收據。

4.領　狀

申請案件經審查無誤完成登記，即可持收件收據及原蓋用之印章，至發狀處領取他項權利證明書、原附送之權利書狀、契約書正本及其他不需存查之書件，並領取申請之登記謄本。

三、書表填寫說明

㈠**抵押權登記申請書填寫說明**

1.一般填法

⑴以毛筆、黑色、藍色墨汁鋼筆、原子筆或電腦打字正楷填寫。

⑵字體需端正，不得潦草，如有增、刪文字時，應在增、刪處由申請人蓋章，不得使用修正液（帶）。

2.各欄填法

⑴第⑴欄「受理機關」按土地（建物）所在地之市（縣）及地政事務所之

名稱填寫。如屬跨所申請案件，請於「跨所申請」欄打勾，並分別填寫受理機關及資料管轄機關名稱。

(2)第(2)(3)(4)(5)欄「原因發生日期」「申請登記事由」「登記原因」「標示及申請權利內容」按下表所列自行打勾或選擇填入空格內。

(2)原因發生日期	(3)申請登記事由	(4)登記原因	(5)標示及申請權利內容
契約成立之日	抵押權登記	設定 法定	契約書或登記清冊

(3)第(6)欄「附繳證件」按所附證件之名稱、份數分行填列並裝訂，若空格不夠填寫時可填入第(9)欄，身分證或戶口名簿請影印正反面，並切結與正本相符後認章。

(4)第(7)欄「委任關係」：係指由代理人申請登記時填寫代理人之姓名，若尚有複代理人時一併註明複代理人姓名，並依地政士法第18條規定，請代理人（複代理人）切結認章，如無委託他人代理申請者，則免填此欄。

(5)第(8)欄為便利通知申請人，請填寫「聯絡電話」、「傳真電話」及「電子郵件信箱」。

(6)第(9)欄備註：專供申請書上各欄無法填寫而必須填載事項。

(7)第(10)欄「申請人」除包括權利人、義務人姓名外，如有委託代理人（含複代理人）申請登記者，尚包括代理人；如不敷使用，增頁部分應加蓋騎縫章。

　①所稱權利人：係指登記結果受有利益或免除義務之人，如抵押權人（債權人）等。

　②所稱義務人：係指登記結果受不利益或喪失權利之人，如抵押人（借款人或債務人）。

(8)第(11)欄「權利人或義務人」：

　①抵押權設定登記應以「權利人」（即債權人），「義務人」（即設定人）分別填寫之；如以他人不動產提供抵押擔保時，得加填「債務人」（即借款人）或於第(9)欄加填「債務人」姓名及用印。

　②申請人為未成年人、禁治產人或法人者，須加填法定代理人（如父母、監護人或公司法定代表人）。如有委託他人申請者加填「代理人」，若尚有委任複代理者，一併加填「複代理人」。

(9)第(12)欄「姓名或名稱」：自然人依照戶籍謄本、戶口名簿、身分證或其他證明文件記載填寫，法人則先填法人名稱後再加填法定代表人姓名。

(10)第(13)(14)欄「出生年月日」「統一編號」：自然人依照戶籍謄本、戶口

　　名簿、身分證或其他證明文件記載填寫，法人或其他非自然人請填寫
　　公司統一編號或扣繳單位統一編號。
⑾第⒂欄「住所」：自然人依照戶籍記載填寫，得不填寫里、鄰，法人
　　依照法人登記有案地址填寫，代理人或複代理人如住所與通訊處不同
　　時，得於住所欄另外註明通訊地址。
⑿第⒀⒁⒂欄：原因證明文件為契約書者，其所載申請人（自然人或法
　　人）與所附之戶籍或證照資料完全相同者，可填寫詳如契約書或以斜
　　線除之。
⒀第⒃欄「簽章」：
　　①權利人應蓋用與所填之姓名或名稱相同之簽章。
　　②義務人應蓋用與印鑑證明或於登記機關設置之土地登記印鑑相同之
　　　印章，如親自到場應依土地登記規則第40條規定辦理，或依土地登
　　　記規則第41條其他各款規定辦理。
⒁本案處理經過情形欄及申請書上方之收件與登記書狀費，係供地政事
　　務所人員審核用，申請人毋須填寫，如非連件辦理者，連件序別，亦
　　無須填寫。

㈡抵押權設定契約書填寫說明

1.一般填法：
　⑴以毛筆、黑色、藍色墨汁鋼筆、原子筆或電腦打字正楷填寫。
　⑵字體需端正，不得潦草，如有增、刪文字時，應在增、刪處由訂立契
　　約人蓋章，不得使用修正液（帶）。
　⑶關於「限定擔保債權金額」及「擔保債權總金額」欄之金額數目字，
　　應依公文書橫式書寫數字使用原則填寫，如6億3944萬2789元。
　⑷如「土地標示」「建物標示」「申請登記以外之約定事項」及「訂立
　　契約人」等欄有空白時，應將空白欄如斜線劃除或註明「以下空白字
　　樣。如有不敷使用時，可另附相同格式之清冊，並由訂立契約人在騎
　　線處蓋章。

2.各欄填法：
　⑴第⑴欄，請依申請之抵押權性質勾選普通或最高限額抵押權。如擔保
　　之債權特定者，勾選普通抵押權；如擔保一定範圍內之不特定債權
　　者，則勾選最高限額抵押權。
　⑵「土地標示」第⑵⑶⑷⑸欄：應照土地登記資料所載分別填寫。
　⑶「建物標示」第⑼⑽⑾⑿⒀欄：應照建物登記資料所載分別填寫。
　⑷第⑹⒁欄「設定權利範圍」：填寫各筆欄設定抵押權之範圍，如係全
　　部提供擔保者，則填「全部」，如僅一部分提供擔保者，則按其提供
　　擔保之持分額填寫。

⑸第⑺⒂欄「限定擔保債權金額」之填法：

　①僅以一筆土地或一棟建物提供擔保者，本欄免填。

　②以數筆土地或數棟建物共同擔保，而有限定各該筆（棟）土地（或建物）所負擔之債權金額者，將其約定之限定擔保債權金額分別填入，例如填寫限定擔保新臺幣○○元整；各該筆（棟）土地（或建物）未限定其所負擔之債權金額者，該欄以斜線劃除。

⑹第⑻⒃欄「流抵約定」：抵押權人與抵押人有約定於債權已屆清償期而未為清償時，抵押物所有權移屬於抵押權人之流抵約款者，將其約定內容分別填入，例如填寫於債權已屆清償期而未受清償時，本抵押物所有權移屬抵押權人所有；各該筆（棟）土地（或建物）未有因流抵約定而須移轉者，該欄以斜線劃除。

⑺第⒄欄「提供擔保權利種類」：將義務人提供擔保之權利名稱填入，如「所有權」、「地上權」、「永佃權」或「典權」字樣。

⑻第⒅欄「擔保債權總金額」：填寫本契約各筆棟權利提供擔保之債權總金額，例如新臺幣○○元整。

⑼第⒆欄「擔保債權種類及範圍」：本欄必須填寫申請登記之登押權所擔保之原債權種類及範圍。如申請普通抵押權者，填寫約定何時成立之債，例如○年○月○日之金錢消費借貸；申請最高限額抵押權者，則填寫所擔保由契約當事人約定之一定法律關係所生之債權或基於票據所生權利之債權種類及範圍，例如約定一定法律關係所生最高限額內之借款、票據、保證、信用卡消費款等。

⑽第⒇欄「擔保債權確定期日」：屬普通抵押權者，本欄免填。最高限額抵押權填寫約定所擔保債權歸於確定（亦即原債權不再發生）之特定日期，如○年○月○日，但約定之確定期日，自抵押權設定時起，不得逾30年；未約定者，本欄以斜線劃除。

⑾第(21)(22)(23)(24)欄「債務清償日期」「利息（率）」「遲延利息（率）」「違約金」各欄：填寫立約當事人自由約定之利息、遲延利息、利率或違約金，但申請設定普通抵押權時，利息或遲延利息利率之約定，須於客觀上足使第三人得知其利息之計算方法，又約定無利息、遲延利息或違約金時，於相當欄內填寫「無」；未約定時，填寫「空白」，或以斜線劃除。

⑿第(25)欄「其他擔保範圍約定」：填寫本普通（或最高限額）抵押權除原債權、利息、遲延利息、違約金及實行抵押權之費用以外之其他約定擔保範圍，例如債務不履行之賠償金等；未約定者，本欄以斜線劃除。

⒀第(26)欄「申請登記以外之約定事項」：本契約所約定之事項，於其他

各欄內無法填寫者，均填入本欄。

⒁「訂立契約人」各欄之填法：

　①先填「權利人」及其「姓名或名稱」「債權額比例」「出生年月日」「統一編號」「住所」，並「蓋章」。後填「義務人」包括設定人及債務人及其「姓名或名稱」「債務額比例」「出生年月日」「統一編號」「住所」，並「蓋章」。

　②如訂立契約人為法人時，「出生年月日」免填，應於該法人之次欄加填「法定代表人」及其「姓名」，並「蓋章」。

　③如訂立契約人為未成年人時，其契約行為應經其法定代理人允許，故應於該未成年人之次欄，加填「法定代理人」及其「姓名」「出生年月日」「統一編號」「住所」並「蓋章」，以確定其契約之效力。

　④「姓名」「出生年月日」「統一編號」「住所」各欄，應照戶籍謄本、戶口名簿、身分證或其他證明文件所載者填寫，如住址有街、路、巷名者，得不填寫里、鄰。

　⑤第㉙㉚欄：將權利人所取得之債權額比例及債務人所負擔之債務額比例分別填入。

　⑥第㉞欄「蓋章」：

　　⒜權利人應蓋用與所填之姓名或名稱相同之簽章。

　　⒝義務人應蓋用與印鑑證明相同或於登記機關設置之土地登記印鑑相同之印章，如親自到場應依土地登記規則第40條規定辦理，或依土地登記規則第41條其他各款規定辦理。

⒂第㉟欄「立約日期」：填寫訂立契約之年月日。

3.本契約書應於訂立後一個月內檢附有關文件，依法申請設定登記，以確保產權。逾期申請，則依土地法第73條第2項「……聲請逾期者，每逾一個月得處應納登記費一倍之罰鍰，但最高不得超過二十倍。」規定，處以罰鍰。

四、書表填寫範例

(一)普通抵押權設定登記

土地登記申請書

收件	日期	年 月 日	時	分	收件 者章		字號	字第 號		

登記費	元	合計	元
書狀費	元	據收者	
罰鍰	元	核算者	

連件 件次 序別	非連件者免填	共1件 第1件	書號 字	元

(1)受理機關　△△市△△地政事務所　□跨所申請　資料管轄機關　△△市△△地政事務所

(2)原因發生日期　中華民國△△年△月△△日

(3)申請登記事由（選擇打✓一項）

- □所有權第一次登記
- □所有權移轉登記
- ☑抵押權設定登記
- □抵押權塗銷登記
- □抵押權內容變更登記
- □標示變更登記

(4)登記原因（選擇打✓一項）

- □第一次登記
- □買賣　□贈與　□繼承　□分割繼承　□拍賣　□共有物分割
- ☑設定　□法定
- □清償　□拋棄　□混同　□判決塗銷
- □權利價值變更　□權利內容等變更
- □分割　□合併　□地目變更

(5)標示及申請權利內容　詳如☑契約書　□登記清冊　□複丈結果通知書　□建物測量成果圖

(6)附繳證件

1. 戶口名簿影本　1份
2. 抵押權設定契約書　2份
3. 土地所有權狀　1份
4. 建物所有權狀　1份
5. 印鑑證明　1份　9. 　份
6. 　份　10. 　份
7. 　份　11. 　份
8. 　份　12. 　份

(7)委任關係

本土地登記案之申請委託　陳△△　代理。　複代理。
委託人確為登記標的物之權利人或權利關係人，如有虛偽不實，本代理人（複代理人）願負法律責任。　印

(8)聯絡方式

- 權利人電話
- 代理人電話
- 傳真電話
- 電子郵件信箱
- 不動產經紀業名稱及統一編號
- 不動產經紀業電話

△△△△－△△△△　△△△△－△△△△　△△△△－△△△△　△△△△－△△△△

(9)備註

請同時辦理所有權人賣△△住所變更登記。　印

(10)申請人	(11)權利人或義務人	(12)姓名或名稱	(13)出生年月日	(14)統一編號	(15)住所 縣市	鄉鎮市區	村里	鄰	街路	段	巷	弄	號	樓	(16)簽章
	權利人	王△△	△△	△△△△	△△	△△	△△	△	△△				△	△	印
	義務人兼債務人	黃△△	△△	△△△△	△△	△△	△△	△	△△				△	△	印
	代理人	陳△△	△△	△△△	△△	△△	△△ △△	△	△△				△	△	印

事務所地址：

本案處理經過情形（以下各欄申請人請勿填寫）	初審	複審	審核	定	登簿	校簿	書狀列印	校狀	書狀用印
			核		地價異動	通知領狀	異動通知	交付發狀	歸檔

土地／建築改良物抵押權設定契約書

土地　權利人
建物　經 義務人　雙方同意設定(1) ☑普通　□最高限額　抵押權，特訂立本契約：

下列	土地　標示		建物　標示	
(2) 坐落	鄉鎮市區	△△	(9) 建號	2100
	段	△△	(10) 門牌　鄉鎮市區	△△
	小段	△	街路	△△
(3) 地號		100	段巷弄	△
(4) 地目		建	段號	△△
(5) 面積（平方公尺）		150	樓	△△
(6) 設定權利範圍		250/10000	(11) 建物坐落　段	△△
(7) 限定擔保債權金額			小段	△
(8) 流抵約定			地號	100
			(12) 總面積（平方公尺）	12.11
			(13) 附屬建物　用途	陽臺
			面積（平方公尺）	16.21
			(14) 設定權利範圍	全部
			(15) 限定擔保債權金額	
			(16) 流抵約定	

(17)提供擔保權利種類	所有權
(18)擔保權利總金額	新臺幣捌佰萬元正
(19)擔保債權種類及範圍	擔保民國○○年○月○日之金錢借貸全部
(20)擔保債權確定期日	民國○○年○月○日
(21)債務清償日期	民國○○年○月○日
(22)利息（率）	按年利率百分之一計算利息
(23)遲延利息（率）	按年利率百分之一計算利息
(24)違約金	每逾一個月每萬元計算違約金新臺幣參佰元整
(25)其他擔保範圍約定	無
(26)申請登記以外之約定事項	1.無　2.　3.

訂立契約人	(27)權利人或義務人	(28)姓名或名稱	(29)債權額比例	(30)債務額比例	(31)出生年月日	(32)統一編號	(33)住所 縣市	鄉鎮市區	村里	鄰	街路	段	巷弄	號	(34)蓋章
	權利人	△△△	全部		△△	△△△	△△△		△△△		△△		△△	△	印
	義務人 兼債務人	△△△		全部	△△	△△△	△△△		△△△		△△		△△	△	印

(35)立約日期　中華民國　△△　年　△△　月　△△　日

(二)最高限額抵押權設定登記

土地登記申請書

收件	日期	年 月 日	時	分	收件者章	連件序別	（非連件者免填）	連件 共 1 件 第 1 件	登記費	元	合計	元
	字號	字 第 號							書狀費	元	收據	字 號
									罰鍰	元	核算者	

(1)受理機關　△△市△△地政事務所　資料管轄機關　△△市△△地政事務所

(2)原因發生日期　中華民國△△年△月△△日

(3)申請登記事由（選擇打✓一項）

(4)登記原因（選擇打✓一項）

- □所有權第一次登記　□第一次登記
- □所有權移轉登記　□買賣 □贈與 □繼承 □分割繼承 □拍賣 □共有物分割 □
- ✓抵押權設定登記　✓設定 □法定 □
- □抵押權塗銷登記　□清償 □拋棄 □混同 □判決塗銷 □
- □抵押權內容變更登記　□權利價值變更 □權利內容等變更 □
- □標示變更登記　□分割 □合併 □地目變更 □

(5)標示及申請權利內容　詳如 ✓契約書 □登記清冊 □複丈結果通知書 □建物測量成果圖 □

(6)附繳證件

1.戶口名簿影本	1份	5.印鑑證明	1份	9.	份
2.抵押權設定契約書	2份	6.		10.	份
3.土地所有權狀	1份	7.		11.	份
4.建物所有權狀	1份	8.		12.	份

(7)委任關係　本土地登記案之申請委託　陳△△　代理。　複代理。

委託人確為登記標的物之權利人或權利關係人，如有虛偽不實，本代理人（複代理人）願負法律責任。　印

(8)聯絡方式

權利人電話	△△△△－△△△△
義務人電話	△△△△－△△△△
代理人聯絡電話	△△△△－△△△△
傳真電話	△△△△－△△△△
電子郵件信箱	△△△△－△△△△
不動產經紀業名稱及統一編號	
不動產經紀業電話	

(9)備註　請同時辦理所有權人洪△△住△△住所變更登記。　印

(11)權利人或義務人	(12)姓名或名稱	(13)出生年月日	(14)統一編號	(15)住所 縣市	鄉鎮市區	村里	鄰	街路	段	巷	弄	號	樓	(16)簽章
權利人	△△銀行股份有限公司		△△△	△△	△△	△△	△	△△				△	△	印
代表人	△△△			△△	△△	△△	△	△△				△	△	印
代理人	△△分行 經理△△△													
義務人兼債務人	洪△△	△△	△△△	△△	△△	△△	△	△△				△	△	印
代理人	陳△△	△△	△△△	△△	△△	△△	△	△△				△	△	印

事務所地址：

(10)申請人

本案處理經過情形（以下各欄申請人請勿填寫）

初審	複審	審查	核定

登簿	校簿	書狀列印	書狀用印			歸檔
地價異動	通知領狀	異動通知	校狀	交付發狀		

土地／建築改良物抵押權設定契約書

下列 土地經 權利人／義務人 雙方同意設定(1)抵押權 □普通 ☑最高限額 抵押權，特訂立本契約：

土地標示

(2) 坐落 鄉鎮市區	△△
段	△△
小段	△
(3) 地號	211
(4) 地目	建
(5) 面積（平方公尺）	185
(6) 設定權利範圍	1/4
(7) 限定擔保債權金額	
(8) 流抵約定	

建物標示

(9) 建號	312
(10) 門牌 鄉鎮市區	△△
街路	△△
段巷號	△△
弄	△△
樓	△△
(11) 建物坐落 段	△
小段	
地號	31
(12) 總面積（平方公尺）	95.21
(13) 附屬建物 用途	陽臺
面積（平方公尺）	8.45
(14) 設定權利範圍	全部
(15) 限定擔保債權金額	
(16) 流抵約定	

(17)提供擔保權利種類	所有權
(18)擔保債權總金額	新臺幣玖佰萬元正
(19)擔保債權種類及範圍	擔保借款、票據、保證、信用卡消費款
(20)擔保債權確定期日	民國○○○年○月○日
(21)債務清償日期	依照各個債務契約之約定
(22)利息（率）	依照各個債務契約之約定
(23)遲延利息（率）	依照各個債務契約之約定
(24)違約金	依照各個債務契約之約定
(25)其他擔保範圍約定	
(26)申請登記以外之約定事項	1.無　2.　3.

(27)訂立契約人	(28)姓名或名稱	(29)債權額比例	(30)債務額比例	(31)出生年月日	(32)統一編號	(33)住　所									(34)蓋章
						縣市	鄉鎮市區	村里	鄰	街路	段	巷	弄	號	
權利人	△△銀行股份有限公司	全部				△△	△△	△△	△△	△△	△△	△△	△△	△△	印
代表人	△△△														印
義務人	△△△		全部			△△	△△	△△	△△	△△	△△	△△	△△	△△	印
兼債務人															

(35)立約日期　中　華　民　國　△△　年　△△　月　△△　日

(三)預為抵押權登記

收件	日期	年 月 日	時	分	收件者		資料管		登記費	元	合計	元	元
	字號	字第 號			件章	轄機關		書狀費	元	收據		字	號
								罰鍰	元	核算者			

連件序別（非連件者免填）　共 1 件 第 1 件

土 地 登 記 申 請 書

(1)受理機關	△△市△△△地政事務所	跨所申請	△△△地政事務所	(2)原因發生日期	中華民國△△年△△月△△日

(3)申請登記事由（選擇打✓一項）

- □ 所有權第一次登記
- □ 所有權移轉登記
- ✓ 抵押權登記
- □ 抵押權塗銷登記
- □ 抵押權內容變更登記
- □ 標示變更登記
- □

(4)登記原因（選擇打✓一項）

- □ 第一次登記
- □ 買賣 □ 贈與 □ 繼承 □ 分割繼承
- ✓ 設定 □ 法定
- □ 清償 □ 拋棄 □ 混同 □ 判決塗銷
- □ 權利價值變更 □ 權利內容等變更
- □ 分割 □ 合併 □ 地目變更
- □

(5)標示及申請權利內容　詳如　✓契約書　□登記清冊　✓建築執照影本　□複丈結果通知書　□建物測量成果圖　□

(6)附繳證件

1. 承攬契約書正本及影本各　1份
2. 義務人公司設立（變更）登記表抄錄本　1份
3. 義務人公司設立（變更）登記表抄錄本　1份
4. 建物執照影本　1份
5. 　份
6. 　份
7. 　份
8. 　份
9. 　份

(7)委任關係

本土地登記案之申請委託 △△△ 代理。 複代理。
委託人確為登記標的物之權利人或權利關係人，並經核對身分
無誤，如有虛偽不實，本代理人（複代理人）願負法律責任。 印

(8)聯絡方式

權利人電話	△△△△－△△△△
義務人電話	△△△△－△△△△
代理人聯絡電話	△△△△－△△△△
傳真電話	△△△△－△△△△
電子郵件信箱	△△△△△△△△
不動產經紀業名稱及統一編號	
不動產經紀業電話	

(9)備註

(10)申請人	(11)權利人或義務人	(12)姓名或名稱	(13)出生年月日	(14)統一編號	(15)住所 縣市	鄉鎮市區	村里	鄰	街路	段	巷弄	號	樓	(16)簽章
申請人	權利人	△△工程股份有限公司 董事長：△△△		△△△△	△△	△△			△△	△		△△	△	印 印
	義務人兼債務人	△△建設股份有限公司 董事長：△△△		△△△△	△△	△△			△△	△		△△	△	印 印
	代理人	△△△			△△	△△			△△				△	印

本案經過處理情形（以下各欄申請人請勿填寫）	初審	複審	審核	核定
	登簿	校簿	書狀列印	校狀 書狀用印
	地價異動	通知領狀	異動通知	交付發狀 歸檔

登　記　清　冊

申請人　△△工程股份有限公司　簽章　㊞
　　　　△△建設股份有限公司　　　　㊞

					以下空白			
(1) 坐落	鄉鎮市區							
	段							
	小段							
(2) 地號								
(3) 地目								
(4) 面積（平方公尺）								
(5) 權利範圍								
(6) 備註								

土地標示

建物標示		
(7) 建號		1451
(8) 門牌	鄉鎮市區	△△
	街路	△△
	段巷弄	△
	號樓	△△
(9) 基地坐落	段	△△
	小段	△
	地號	121
(10) 面積（平方公尺）	地面層	100.5
	第2層	100.5
	第3層	100.5
	第4層	100.5
	第5層	100.5
	共計	502.5
(11) 附建屬物	用途	
	面積（平方公尺）	
(12) 權利範圍		全部
(13) 備註		

第三節　地上權設定登記

一、相關法規的規定

㈠民法規定

1. 普通地上權：係以在他人土地之上下有建築物或其他工作物為目的而使用其土地之權。（第832條）
2. 區分地上權：係以在他人土地上下之一定空間範圍內設定之地上權。（第841條之1）
3. 地上權無支付地租之約定者，地上權人得隨時拋棄其權利。（第834條）
4. 地上權設定，非經登記不生效力，並應以書面為之。（第758條）
5. 土地及其地上建物，同屬一人所有，而僅以土地或建築物為抵押者，於抵押物拍賣時，視為已有地上權之設定。若土地及其地上建築物，同屬一人所有，且同為抵押者，如經拍賣，其土地與建築物之拍定人各異時，亦視為已有地上權之設定。各該地上權之設定，其地租、期間及範圍由當事人協議之，協議不成時，得聲請法院定之。（第876條）
6. 土地及其土地上之建築物，同屬於一人所有，因強制執行之拍賣，其土地與建築物之拍定人各異時，視為已有地上權之設定，其地租、期間及範圍由當事人協議定之；不能協議者，得請求法院以判決定之。其僅以土地或建築物為拍賣時，亦同。前項地上權，因建築物之滅失而消滅。（第838條之1）

㈡租地建屋

1. 租用基地建築房屋，應由出租人與承租人於契約成立後二個月內，聲請該管直轄市或縣（市）地政機關為地上權之登記。（土第102條）
2. 租用基地建築房屋者，承租人於契約成立後，得請求出租人為地上權之登記。（民第422條之1）

㈢土地登記規則規定

1. 於一宗土地內就其特定部分申請設定地上權，申請登記時，應提出位置圖。因主張時效完成，申請地上權登記時，應提出占有範圍位置圖。其位置圖應先向該管登記機關申請複丈。（土登第108條）
2. 申請地上權或農育權設定登記時，登記機關應於登記簿記明設定之目的及範圍；並依約定記明下列事項。（土登第108條之1）
   ⑴存續期間。
   ⑵地租及其預付情形。
   ⑶權利價值。
   ⑷使用方法。
   ⑸讓與或設定抵押權之限制。

前項登記，除第5款外，於不動產役權設定登記時準用。

　　3.土地總登記後，因主張時效完成申請地上權登記時，應提出以行使地上
　　　權意思而占有之證明文件及占有土地四鄰證明，或其他足資證明開始占
　　　有至申請登記時繼續占有之事實文件。登記機關經審查證明無誤即行公
　　　告三十日，並同時通知土地所有權人。土地所有權人在公告期間內，如
　　　有異議，依土地法第59條第2項規定處理——即由該管市縣地政機關予以
　　　調處，不服調處者，應於接到調處通知後十五日內，向司法機關訴請處
　　　理，逾期不起訴者，依原調處結果辦理之。（土登第118條）

㈣地籍測量實施規則第231條之2

　　區分地上權之位置測繪，依下列規定：

　　1.平面範圍之繪製，依第231條規定辦理。

　　2.垂直範圍之測繪，應由申請人設立固定參考點，並檢附設定空間範圍圖
　　　說，供登記機關據以繪製其空間範圍，登記機關並應於土地複丈圖及他
　　　項權利位置圖註明該點位及其關係位置。

　　以建物之樓層或其特定空間為設定之空間範圍，如該建物已測繪建物測量
成果圖者，得於土地複丈圖及他項權利位置圖載明其位置圖參見該建物測量成
果圖，或其他適當之註記。

◎時效取得地上權登記審查要點（102.9.6內政部修正發布）

一、占有人申請時效取得地上權登記，應合於民法有關時效取得之規定，並依土地登
　　記規則第118條辦理。

二、占有人就土地之全部或一部申請時效取得地上權登記時，應先就占有範圍申請測
　　繪位置圖。

三、占有人占有土地有下列情形之一者，不得申請時效取得地上權登記：

　　㈠屬土地法第14條第1項規定不得私有之土地。

　　㈡使用違反土地使用管制法令。

　　㈢屬農業發展條例第3條第11款所稱之耕地。

　　㈣其他依法律規定不得主張時效取得。

四、占有人占有之始，須有意思能力。如為占有之移轉，具有權利能力者得為占有之
　　主體。

五、以戶籍證明文件為占有事實證明申請登記者，如戶籍有他遷記載時，占有人應另
　　提占有土地四鄰之證明書或公證書等文件。

六、占有土地四鄰之證明人，於占有人開始占有時及申請登記時，需繼續為該占有地
　　附近土地之使用人、所有權人或房屋居住者，且於占有人占有之始應有行為能
　　力。

　　數人占有同筆土地，各占有人間不得互為占有事實之證明人。

第1項證明人除符合土地登記規則第41條第2款、第6款及第10款規定之情形者外，應親自到場，並依同規則第　條規定程序辦理。

七、占有人申請登記時，應填明土地所有權人之現住址及登記簿所載之住址，如土地所有權人死亡者，應填明其繼承人及該繼承人之現住址，並應檢附土地所有權人或繼承人之戶籍謄本。若確實證明在客觀上不能查明土地所有權人之住址，或其繼承人之姓名、住址或提出戶籍謄本者，由申請人於登記申請書備註欄切結不能查明之事實。

前項之戶籍謄本，能以電腦處理達成查詢者，得免提出。

土地所有權人為祭祀公業、寺廟或神明會，申請書內應載明管理者之姓名、住址。如其管理者已死亡或不明者，應檢附向各該主管機關查復其派下或信徒（會員）申報登錄或管理者備查之文件。如經查復無上開文件者，視為客觀上不能查明管理者之姓名、住址，申請書無須填明管理者之姓名、住址。

無人承認繼承之土地，應依民法第1177條、第1178條第2項、臺灣地區與大陸地區人民關係條例第67條之1第1項或第68條第1項規定選任遺產管理人，並於申請書內填明遺產管理人之姓名、住址。

八、占有人占有公有土地申請時效取得地上權登記，無土地法第25條之適用。

九、占有人具備地上權取得時效之要件後，於申請取得地上權登記時，不因占有土地所有權人之移轉或限制登記而受影響。

十、占有人占有時效之期間悉依其主張，無論二十年或十年，均予受理。

十一、占有人主張與前占有人之占有時間合併計算者，須為前占有人之繼承人或受讓人。

前項所稱受讓人指因法律行為或法律規定而承受前占有人之特定權利義務者。

十二、有下列情形之一者，占有時效中斷：

㈠土地所有權人或管理者，已向占有人收取占有期間損害賠償金，占有人亦已於占有時效日期未完成前繳納。

㈡占有時效未完成前，土地所有權人或管理者對占有人提起排除占有之訴。

㈢占有人有民法第772條準用第771條第1項所列取得時效中斷之事由。

十三、登記機關受理時效取得地上權登記案件，經審查無誤後，應即公告三十日，並同時通知土地所有權人或管理者。土地經限制登記者，並應通知囑託機關或預告登記請求權人。

前項通知，應以書面為之。

第1項申請登記案件審查結果涉有私權爭執者，應依土地登記規則第57條第1項第3款規定以書面敘明理由駁回之。

十四、土地所有權人或管理者得於前點規定之公告期間內，檢具證明文件，以書面向該管登記機關提出異議；經審查屬土地權利爭執者，應依土地法第59條規定，移送直轄市或縣（市）主管機關調處。

十五、申請時效取得地上權登記案件於登記機關審查中或公告期間，土地所有權人或管理者提出已對申請人之占有向法院提起拆屋還地訴訟或確定判決文件聲明異議時，如登記機關審認占有申請人已符合時效取得要件，因該訴訟非涉地上權登記請求權有無之私權爭執，不能做為該時效取得地上權登記申請案件准駁之依據，仍應依有關法令規定續予審查或依職權調處；倘土地所有權人提出足以認定申請案有不合時效取得要件之文件聲明異議時，應以依法不應登記為由駁回其登記申請案件或作為調處結果。

十六、第1點、第2點、第4點至第7點、第10點及第11點之規定，於申請時效取得所有權登記時，準用之。

十七、第1點、第2點、第4點、第3點至第14點之規定，於申請時效取得農育權或不動產役權登記時，準用之。

◎有關申請時效取得地上權登記，於審查中或公告期間土地所有人提出異議時，登記機關應如何處理乙案，請依說明二會商結論辦理農育權、不動產（82.9.10內政部臺內地字第8280871號函）

　　案經本部邀同司法院民事廳、法務部及省市政府地政機關會商獲致結論如次：「申請時效取得地上權登記案件於登記機關審查中或公告期間，土地所有權人提出已對申請人之占有向法院提起拆屋還地之訴訟或確定判決文件聲明異議時，因該訴訟非涉及地上權登記申請案件准駁之依據，仍應有關法令規定續予審查或依職權調處。倘土地所有權人提出足以認定申請案有不合時效取得要件之文件聲明異議時，應以『依法不應登記』為由駁回其登記申請案件或作為調處結果。」

◎85年臺上字第447號判例

　　民法第876條第1項規定之法定地上權，係為維護土地上建築物之存在而設，則於該建築物滅失時，其法定地上權即應隨之消滅，此與民法第832條所定之地上權，得以約定其存續期限，於約定之地上權存續期限未屆至前，縱地上之工作物或竹木滅失，依同法第842條規定其地上權仍不因而消滅者不同。

二、申請實務

㈠申請人

　　地上權設定登記，由權利人——即地上權人及義務人——即土地所有權人會同申請，（土第73條）如經法院判決者，或時效取得者，得單方申請。

㈡申請期限

1. 地上權應自契約成立之日起，一個月內申請登記。（土登第33條）
2. 土地總登記後，土地權利有設定時，應為變更登記。（土第72條）變更登記應於變更後一個月內提出申請，其逾期者，每逾一個月得處應納登記費額一倍之罰鍰，但最高不得超過二十倍。（土第73條）

　　㈢應備書件

　　　1.土地登記申請書。

　　　2.設定登記原因文件：

　　　　⑴經雙方訂約者，為地上權設定契約書。

　　　　⑵經拍賣而具有地上權者，為拍賣證明文件。

　　　　⑶經判決應設定地上權者，為判決書及判決確定證明書；由最高法院判
　　　　　決者，僅附判決書即可。

　　　3.權利人及義務人身分證明文件：如義務人戶籍住址與土地建物登記簿住
　　　　址不符時，應同時辦理住址變更登記。

　　　4.義務人印鑑證明。

　　　5.位置圖：如一宗土地僅有部分設定地上權，應先申請複丈，取得位置圖
　　　　後，再申請登記。

　　　6.土地所有權狀。

　　㈣申辦手續

　　　1.備齊繕妥所需書件

　　將登記申請書對摺放置於第一頁，除契約書正本及所有權狀放置於最後
外，其餘書件，再依土地登記規則第34條規定提出文件之次序放置整齊，裝訂
成冊，即可提向土地建物所在地之地政機關申請登記。

　　　2.申請收件

　　　　⑴計費：申請案件，於核對申請人身分後，計算規費。其登記費係按契
　　　　　約書上所載權利價值千分之一計算。其書狀費每張80元。

　　　　⑵開單：申請案件經計費後，即可開發規費繳納通知單。

　　　　⑶繳費：經開發規費繳費通知單後，可即時繳費，並取具繳費收據。

　　　　⑷收件：申請案件經收件後，取具收件收據。

　　　3.補　　正

　　申請案件，如經審查發現填寫錯誤遺漏或文件不全，或證件不符時，應依
通知期限補正。經駁回之案件於補正後，應重新送請收件，並取具收件收據。

　　　4.領　　狀

　　申請案件經審查無誤完成登記，即可持收件收據及原蓋用之印章，至發狀
處領取他項權利證明書、原附送之權利書狀、契約書正本及其他不需存查之書
件。

三、書表填寫說明

　　㈠地上權登記申請書填寫說明

　　　1.一般填法：請參閱前節。

2.各欄填法：

(1)受理機關：填寫土地所在地之縣市及地政事務所名稱。

(2)原因發生日期：填寫契約書之訂立日期。

(3)申請登記事由：填寫「地上權登記」。

(4)登記原因：填寫「設定」。

(5)標示及權利內容：於詳如「契約書」之□內打✓。

(二)地上權設定契約書填寫說明

1.一般填法：

(1)以毛筆、黑色、藍色墨汁鋼筆、原子筆或電腦打字正楷填寫。

(2)字體需端正，不得潦草，如有增、刪文字時，應在增、刪處由訂立契約人蓋章，不得使用修正液（帶）。

(3)關於「權利價值」金額之數目字，應依公文書橫式書寫數字使用原則填寫，如6億3944萬2789元。

(4)如「土地標示」「申請登記以外之約定事項」及「訂立契約人」等欄有空白時，應將空白欄以斜線劃除或註明「以下空白」字樣。如不敷使用時，可另附相同格式之清冊，並由訂立契約人在騎縫處蓋章。

2.各欄填法：

(1)第(1)欄，請依申請之地上權性質勾選普通或區分地上權。如係以在他人土地之上下有建築物或其他工作物為目的而設定者，勾選普通地上權；如係以在他人土地上下之一定空間範圍內設定者，勾選區分地上權。

(2)「土地標示」第(2)(3)(4)(5)欄：應照土地登記資料所載分別填寫。

(3)第(6)欄「設定權利範圍」：填寫各筆土地設定地上權之範圍，如係以土地內特定部分範圍設定或設定區分地上權者，應填寫面積並附具「地上權位置圖」。

(4)第(7)欄「地租」：按訂立契約人約定填寫。如有地租約定者，將各筆土地每年或每月之地租總額填入；如約定無須支付地租者，填寫「無」字樣；如未有約定者，以斜線劃除。

(5)第(8)欄「權利價值」：將各筆土地地上權價值之總和填入。

(6)第(9)欄「存續期間」：按訂立契約人約定填寫。如地上權定有期限者，將其起迄年月日填入；如約定無期限者，填寫「無」字樣；如未有約定者，以斜線劃除。

(7)第(10)欄「設定目的」：按訂立契約人約定填寫。如：建築房屋、設置○○工作物、公共建設（大眾捷運、高速鐵路）等。

(8)第(11)欄「預付地租情形」：如權利人與義務人有預付地租之情形，應填寫預付地租之總額；如未有預付地租者，填寫「無」字樣。

⑼第⑿欄「使用方法」：按訂立契約人依設定目的約定之使用方法填寫，如：以建築房屋為目的時，約定建築物樓層限制、限於木造或不得將木造建物改為鋼筋水泥建物等。如未有約定者，以斜線劃除。

⑽第⒀欄「讓與或設定抵押權之限制」：按訂立契約人約定填寫。如約定地上權不得讓與他人或設定抵押權者，應填寫「本地上權不得讓與他人」、「本地上權不得設定抵押權」或「本地上權不得讓與及設定抵押權予他人」字樣；如約定無限制者，填寫「無」字樣；如未有約定者，以斜線劃除。

⑾第⒁欄「申請登記以外之約定事項」：本契約所約定之事項，於其他各欄內無法填寫者，均填入本欄。

⑿第⒂欄「簽名或簽證」：申請人親自到場或登記案件由地政士簽證者，申請人、地政士應於本欄簽名或蓋章。

⒀「訂立契約人」各欄之填法：

①先填「權利人」（即地上權人）及其「姓名或名稱」「權利範圍」「出生年月日」「統一編號」「住所」並「蓋章」，後填「義務人」（即土地所有權人）及其「姓名或名稱」「權利範圍」「出生年月日」「統一編號」「住所」並「蓋章」。

②如訂立契約人為法人時，「出生年月日」免填，應於該法人之次欄加填「代表人」及其「姓名」並「蓋章」。

③如訂立契約人為未成年人、受監護宣告之人或受輔助宣告之人時，應於該未成年人、受監護宣告之人或受輔助宣告之人之次欄，加填「法定代理人」或「輔助人」及其「姓名」「出生年月日」「統一編號」「住所」並「蓋章」。

④「姓名」「出生年月日」「統一編號」「住所」各欄，應照戶籍謄本、戶口名簿、身分證或其他證明文件所載者填寫，如住址有街、路、巷名者，得不填寫里、鄰。

⒁第⒅欄「權利範圍」：將權利人所取得之權利範圍及義務人所設定之權利範圍分別填入。

⒂第⒇欄「蓋章」：

①權利人應蓋用與所填之姓名或名稱相同之印章。

②義務人應蓋用與印鑑證明相同或於登記機關設置之土地登記印鑑相同之印章，如親自到場應依土地登記規則第40條規定辦理，或依土地登記規則第41條其他各款規定辦理。

⒃第㉓欄「立約日期」：填寫訂立契約之年月日。

3.本契約書應於訂立後一個月內檢附有關文件，依法申請設定登記，以確保產權，逾期申請，則依土地法第73條第2項「…聲請逾期者，每逾一個

月得處應納登記費一倍之罰鍰，但最高不得超過二十倍。」規定，處以
罰鍰。

四、書表填寫範例

土地登記申請書

收件	日期	年　月　日　時　分	收件者章	連件序別	連件（非連件者免填）	登記費	元	書
	字號	字　第　　號			第1件 共1件	書狀費	元	
						罰鍰	元	據
						合計	元	收據
								核算者

(1)受理機關　△△市△△地政事務所　　△△市　△△　地政事務所（跨所申請）　　資料管轄機關

(2)原因發生日期　中華民國△△年△△月△△日

(3)申請登記事由（選擇打✓一項）　　**(4)登記原因**（選擇打✓一項）
- □所有權第一次登記　　□第一次登記
- ☑所有權移轉登記　　□買賣　□贈與　□繼承　□分割繼承　□拍賣　□共有物分割
- □抵押權登記　　□設定　□法定
- □抵押權塗銷登記　　□清償　□拋棄　□混同　□判決塗銷
- □抵押權內容變更登記　　□權利價值變更　□權利內容等變更
- □標示變更登記　　□分割　□合併　□地目變更
- ☑地上權設定　　□設定

(5)標示及申請權利內容　詳如　☑契約書　□登記清冊　□複丈結果通知書　□建物測量成果圖

(6)附繳證件
1. 地上權設定契約書　　1份
2. 戶口名簿影本　　　　2份
3. 土地所有權狀　　　　1份
4. 印鑑證明　　　　　　2份
5.
6.
7.
8.
9.

(7)委任關係　本土地登記案之申請委託 陳△△ 代理。　　　複代理。
本土地登記案之申請委託 陳△△ 代理，複代理人。本代理人（複代理人）願負法律責任。　印
委託人確為登記標的物之權利人或權利關係人，如有虛偽不實，本代理人（複代理人）願負法律責任。　印

(8)聯絡方式
權利人電話	△△△△－△△△△
義務人電話	△△△△－△△△△
代理人聯絡電話	△△△△－△△△△
傳真電話	△△△△－△△△△
電子郵件信箱	
不動產經紀業名稱及統一編號	
不動產經紀業電話	

(9)備註

(10) 申請人	(11) 權利人或義務人	(12) 姓名或名稱	(13) 出生年月日	(14) 統一編號	(15) 住所 縣市	鄉鎮市區	村里	鄰	街路	段	巷弄	號	樓	(16) 簽章
	權利人	黃△△	△△△	△△△△	△△	△△	△△	△	△△	△		△	△	印
	義務人	王△△	△△△	△△△△	△△	△△	△△	△	△△	△		△	△	印
	代理人	陳△△	△△	△△△△	△△	△△	△	△	△	△	△	△		印

本案處理經過情形（以下各欄申請人請勿填寫）	初審	複審	核定	登簿	校簿	書狀列印	校狀	書狀用印
		地價異動	異動通知	通知領狀	支付發狀	歸檔		

S0700015402

地上權設定契約書

下列土地經　權利人　雙方同意設定　(1)　☑普通　地上權，特訂立本契約：
　　　　　　義務人　　　　　　　　　　□區分

土地標示	(2) 坐落			(3) 地號	(4) 地目	(5) 面積（平方公尺）	(6) 設定權利範圍	(7) 地租
	鄉鎮市區	段	小段					
	北屯區	建業	空下	△△ 白	建	△△	全部	每年新台幣△△萬元整

(8) 權利價值　新台幣△△△△萬元整

(9) 存續期間　20年（自民國△△年△月△日起至民國△△年△月△日止）

(10) 設定目的　建築房屋

(11) 預付地租情形	新台幣△萬元整
(12) 使用方法	建築物限於木造
(13) 讓與或設定抵押權之限制	本地上權不得讓與他人
(14) 申請登記以外之約定事項	1. 地上權因存續期間屆滿消滅時，地上建物無償歸屬土地所有權人。 2. 3. 4.

訂立契約人	(16) 權利人或義務人	(17) 姓名或名稱	(18) 權利範圍	(19) 出生年月日	(20) 統一編號	(21) 住　縣市	鄉鎮市區	村里	鄰	街路	段	巷弄	號	樓　所	(22) 蓋章	(15) 簽名或簽證
	權利人	○○○	全部	△△△	△△△△	△△	△△△	△△△△	△	△△	△	△	△	△	印	
	義務人	○○○	全部	△△△	△△△△	△△	△△△	△△△△	△	△△	△	△	△	△	印鑑章	
	以下空白															

(23) 立約日期	中　華　民　國　△△　年　△　月　△　日

第四節　不動產役權設定登記

一、相關法規的規定

㈠民法規定

1.所謂不動產役權，係以他人不動產供自己不動產通行、汲水、採光、眺望、電信或其他以特定便宜之用為目的之權。（第851條）他人土地為供役地，自己土地為需役地。

2.不動產役權不得由需役不動產分離而為讓與，或為其他權利之標的物。（第853條）

3.需役不動產經分割者，其不動產役權為各部分之利益仍為存續。但不動產役權之行使，依其性質祇關於需役不動產之一部分者，僅就該部分仍為存續。（第856條）

4.供役不動產經分割者，不動產役權就其各部分仍為存續。但不動產役權之行使，依其性質祇關於供役不動產之一部分者，僅就該部分仍為存續。（第857條）

5.不動產役權，亦得就自己之不動產設定之。（第859條之4）

㈡土地登記規則規定

1.於一宗土地內就其特定部分申請設定不動產役權時，應提出位置圖。因主張時效完成，申請不動產役權登記時，應提出占有範圍位置圖。其位置圖應先向該管登記機關申請土地複丈。（第108條）

2.不動產役權設定登記得由需役不動產之所有權人、地上權人、永佃權人、典權人、農育權人、耕作權人或承租人會同供役不動產所有權人申請之。申請登記權利人為需役不動產承租人者，應檢附租賃關係證明文件。（第108條之2）

前項以地上權、永佃權、典權、農育權、耕作權或租賃關係使用需役不動產而設定不動產役權者，其不動產役權存續期間，不得逾原使用需役不動產權利之期限。

第1項使用需役不動產之物權申請塗銷登記時，應同時申請其供役不動產上之不動產役權塗銷登記。

3.登記之辦理：（第109條）

⑴不動產役權設定登記時，應於供役不動產登記簿之他項權利部辦理登記，並於其他登記事項欄記明需役不動產之地、建號及使用需役不動產之權利關係；同時於需役不動產登記簿之標示部其他登記事項欄記明供役不動產之地、建號。

⑵前項登記，需役不動產屬於他登記機關管轄者，供役不動產所在地之登記機關應於登記完畢後，通知他登記機關辦理登記。

4.時效完成之登記：（第118條）

　　(1)土地總登記後，因主張時效完成申請地上權登記時，應提出以行使地上權意思而占有之證明文件及占有土地四鄰證明或其他足資證明開始占有至申請登記時繼續占有事實之文件。

　　(2)前項登記之申請，經登記機關審查證明無誤應即公告。

　　(3)公告期間為三十日，並同時通知土地所有權人。

　　(4)土地所有權人在前項公告期間內，如有異議，依土地法第59條第2項規定處理。

　　(5)前四項規定，於因主張時效完成申請不動產役權登記時準用之。

5.申請為不動產役權設定登記，其權利價值不明者，應由申請人於申請書適當欄內自行加註，再依法計收登記費。（第49條第2項）

二、申請實務

㈠申請人

1.不動產役權設定登記，由權利人（即需役不動產所有權人）及義務人（即供役不動產所有權人）會同申請。（土第73條）

2.如經法院判決者，得單方申請。就自己不動產設定役權者，亦得單方申請。（土登第27條）

㈡申請期限

1.不動產役權應自契約成立之日起一個月內申請登記。（土登第33條）

2.土地總登記後，土地權利有設定時，應為變更登記。（土第72條）變更登記應於變更後一個月內提出申請，其逾期者，每逾一個月得處應納登記費額一倍之罰鍰，但最高不得超過二十倍。（土第73條）

㈢應備書件

1.土地登記申請書。

2.不動產役權設定契約書：如經法院判決者，為判決有關文件。

3.權利人及義務人身分證明文件：如義務人戶籍住址與土地建物登記簿住址不符時，得同時辦理住址變更登記。

4.義務人印鑑證明。

5.位置圖：如一筆土地，僅有部分設定不動產役權，應先申請複丈，取得位置圖後，再申請登記。

6.土地所有權狀。

㈣申辦手續

1.備齊繕妥所需書件

　　將登記申請書對摺放置於第一頁，契約書正本及所有權狀置於最後，其餘書件再依土地登記規則第34條規定提出文件之次序放置整齊，裝訂成冊，即可

提向土地建物所在地之地政機關申請登記。

　　2.申請收件

　　　⑴計費：申請案件，於核對申請人身分後，計算規費。其登記費係按契
　　　　約書上所載權利價值千分之一計算，其書狀費每張80元。

　　　⑵開單：申請案件經計費後，即可開發規費繳納通知單。

　　　⑶繳費：經開發規費繳費通知單後，可即時繳費，並取具繳費收據。

　　　⑷收件：申請案件經收件後，取具收件收據。

　　3.補　正

　　申請案件，如經審查發現填寫錯誤遺漏或文件不全，或證件不符時，應依
通知期限補正。經駁回之案件於補正後，應重新送請收件並取具收件收據。

　　4.領　狀

　　申請案件經審查無誤完成登記，即可持收件收據及原蓋用之印章，至發狀
處領取他項權利證明書、原附送之權利書狀、契約書正本及其他不需存查之書
件。

三、書表填寫說明

㈠不動產役權登記申請書填寫說明

　　1.一般填法：請參閱第二節抵押權登記。

　　2.各欄填法：

　　　⑴受理機關：填寫土地所在地之縣市及地政事務所名稱。

　　　⑵原因發生日期：依契約訂立之日期填寫。

　　　⑶申請登記事由：填寫「不動產役權登記」。

　　　⑷登記原因：填寫「設定」。

　　　⑸標示及權利內容：於詳如「契約書」之□內打✓。

　　其餘請參閱前節。

㈡不動產役權設定契約書填寫說明

　　1.一般填法：

　　　⑴以毛筆、黑色、藍色墨汁鋼筆、原子筆或電腦打字正楷填寫。

　　　⑵字體需端正，不得潦草，如有增、刪文字時，應在增、刪處由訂立契
　　　　約人蓋章，不得使用修正液（帶）。

　　　⑶關於「權利價值」金額之數目字，應依公文書橫式書寫數字使用原則
　　　　填寫，如6億3944萬2789元。

　　　⑷如「土地標示」「建物標示」「申請登記以外之約定事項」及「訂立
　　　　契約人」等欄有空白時，應將空白欄以斜線劃除或註明「以下空白」
　　　　字樣。如不敷使用時，可另附相同格式之清冊，並由訂立契約人在騎
　　　　縫處蓋章。

2.各欄填法：

(1)「供役不動產土地、建物標示」第(1)(2)(3)(4)(6)(7)(8)(9)欄：應照供役不動產土地、建物登記資料所載分別填寫。第(9)欄「總面積」係指層次及附屬建物面積總和。

(2)「需役不動產土地、建物標示」第(11)(12)(13)(14)(16)(17)(18)(19)欄：應照需役不動產土地、建物登記資料所載分別填寫。第(19)欄「總面積」係指層次及附屬建物面積總和。

(3)第(5)(10)欄「設定權利範圍」：填寫各筆土地、建物設定不動產役權之範圍。如係以土地或建物內之特定部分範圍設定者，應填寫面積並附具「不動產役權位置圖」。

(4)第(15)(20)欄「使用需役不動產權利關係」：按各筆資料所使用需役不動產權利關係（如所有權、地上權、永佃權、典權、農育權、耕作權或租賃權）分別填入。

(5)第(21)欄「權利價值」：將各筆土地、建物之不動產役權價值之總和填入。

(6)第(22)欄「存續期間」：按訂立契約人約定填寫。如不動產役權定有期限者，將其起迄年月日填入，但以需役所有權以外之用益物權或租賃關係設定不動產役權者，約定之期限不得逾該用益物權或租賃權之期限；如約定無期限者，填寫「無」字樣；如未有約定者，以斜線劃除。

(7)第(23)欄「設定目的」：按訂立契約人約定填寫。如：通行、汲水、採光、眺望、電信等。

(8)第(24)欄「地租」：按訂立契約人約定填寫。如有地租約定者，將各筆土地每年或每月之地租總額填入；如約定無須支付地租者，填寫「無」字樣；如未有約定者，以斜線劃除。

(9)第(25)欄「預付地租情形」：如權利人與義務人有預付地租之情形，應填寫預付地租之總額；如未有預付地租者，填寫「無」字樣。

(10)第(26)欄「使用方法」：按訂立契約人依設定目的約定之使用方法填寫，如：以汲水為目的時，約定埋設水管深度、寬度等。如未有約定者，以斜線劃除。

(11)第(27)欄「申請登記以外之約定事項」：填寫其他本契約所約定之事項，於其他各欄內無法填寫者，均填入本欄。

(12)第(28)欄「簽名或簽證」：申請人親自到場或登記案件由地政士簽證者，申請人、地政士應於本欄簽名或蓋章。

(13)「訂立契約人」各欄之填法：

　①先填「權利人」（即不動產役權人，為需役不動產所有權人、地上權人、

典權人、農育權人、耕作權人或承租人）及其「姓名或名稱」「權利範圍」「出生年月日」「統一編號」「住所」並「蓋章」，後填「義務人」（即供役不動產所有權人）及其「姓名或名稱」「權利範圍」「出生年月日」「統一編號」「住所」並「蓋章」。

②如訂立契約人為法人時，「出生年月日」免填，應於該法人之次欄加填「代表人」及其「姓名」並「蓋章」。

③如訂立契約人為未成年人、受監護宣告之人或受輔助宣告之人時，應於該未成年人、受監護宣告之人或受輔助宣告之人之次欄，加填「法定代理人」或「輔助人」及其「姓名」「出生年月日」「統一編號」「住所」並「蓋章」。

④「姓名」「出生年月日」「統一編號」「住所」各欄，應照戶籍謄本、戶口名簿、身分證或其他證明文件所載者填寫，如住址有街、路、巷名者，得不填寫里、鄰。

(14)第(31)欄「權利範圍」：將權利人所取得之權利範圍及義務人所設定之權利範圍分別填入。

(15)第(35)欄「蓋章」：

①權利人應蓋用與所填之姓名或名稱相同之印章。

②義務人應蓋用與印鑑證明相同或於登記機關設置之土地登記印鑑相同之印章，如親自到場應依土地登記規則第40條規定辦理，或依土地登記規則第41條其他各款規定辦理。

(16)第(36)欄「立約日期」：填寫訂立契約之年月日。

3.契約書訂立後一個月內檢附有關文件，依法申請設定登記，以確保產權，逾期申請，則依土地法第73條第2項「…聲請逾期者，每逾一個月得處應納登記費一倍之罰鍰，但最高不得超過二十倍。」規定，處以罰鍰。

四、書表填寫範例

土地登記申請書

收件	日期	年 月 日 時 分		收件者章		登記費	元	合計	元		書號
	字號	字 第 號				書狀費	元	收據	字		
						罰鍰	元	核算者	號		

連件序別（非連件者免填）共 1 件 第 1 件

| (1)受理機關 | △△市△△地政事務所 | △△ 跨所申請 | 資料管轄機關 | △△市 △△ 地政事務所 | (2)原因發生日期 | 中華民國△△年 △月△△日 |

(3)申請登記事由（選擇打✓一項）　(4)登記原因（選擇打✓一項）

□ 所有權第一次登記	□ 第一次登記
□ 所有權移轉登記	□ 買賣 □ 贈與 □ 繼承 □ 分割繼承 □ 拍賣 □ 共有物分割
□ 抵押權登記	□ 設定 □ 法定
□ 抵押權塗銷登記	□ 清償 □ 拋棄 □ 混同 □ 判決塗銷 □
□ 抵押權內容變更登記	□ 權利價值變更 □ 權利內容等變更
□ 標示變更登記	□ 分割 □ 合併 □ 地目變更 □
✓ 不動產役權登記	✓ 設定

(5)標示及申請權利內容 詳如 ✓契約書 □登記清冊 □複丈結果通知書 □建物測量成果圖

(6)附繳證件

1.不動產役權契約書 2份 4.位置圖 1份 7.
2.印鑑證明 1份 5.土地所有權狀 2份 8.
3.身分證影本 2份 6. 9.

(7)委任關係

本土地登記案之申請委託 代理。 複代理。
委託人確為登記標的物之權利人或權利關係人，如有虛偽不實，本代理人（複代理人）願負法律責任。

(8)連絡方式	權利人電話	△△△△－△△△△
	義務人聯絡電話	△△△△－△△△△
	代理人聯絡電話	△△△△－△△△△
	傳真電話	△△△△－△△△△
	電子郵件信箱	
	不動產經紀業名稱及統一編號	
	不動產經紀業電話	

(9)備註

(11)權利人或義務人	(12)姓名或名稱	(13)出生年月日	(14)統一編號	(15)住所 縣市	鄉鎮市區	村里	鄰	街路	段	巷	弄	號	樓	(16)簽章
(10)申請人 權利人	張△△	△△	△△△	△△	△△	△△	△	△△				△	△	印
義務人	陳△△	△△	△△△	△△	△△	△△	△	△△				△	△	印

本案處理經過情形（以下各欄申請人請勿填寫）

初審	複審	核定	登簿	校簿	書狀列印	校狀	書狀用印
			地價異動	通知領狀	異動通知	支付發狀	歸檔

不動產役權設定契約書

下列土地經 權利人／義務人 雙方同意設定不動產役權，特訂立本契約：

土地標示	(1)坐落			(2)地號	(3)地目	(4)面積（平方公尺）	(5)所有權人姓名	(6)設定範圍（平方公尺）
	鄉鎮市區	段	小段					
供役地不動產標示	大安	△△	二	21-1	建	200	陳△△	33
	以下空白							

土地標示	(7)坐落			(8)地號	(9)地目	(10)面積（平方公尺）	(11)所有權人姓名
	鄉鎮市區	段	小段				
需役地不動產標示	大安	△△	二	21-2	建	21	張△△
	以下空白						

(16)權利人或義務人	(17)姓名或名稱	(18)權利範圍	(19)出生年月日	(20)統一編號	(21)住　所									(22)蓋　章
					縣市	鄉鎮市區	村里	鄰	街路	段	巷弄	號	樓	
權利人	張△△	全部	△△△	△△△	臺北	大安	△△	△△	△△	△△	△△	△	△	印
義務人	陳△△	全部	△△△	△△△	臺北	大安	△△	△△	△△	△△	△△	△	△	印
以下空白														

(12)地　租　　無

(13)權利價值　　新臺幣拾萬元正

(14)權利存續期限　　不定期限

(15)申請登記以外之約定事項
　1.約定使用方法:道路通行。
　2.繳租日期及方法:無
　3.供役地之位置:詳如位置圖
　4.

訂立契約人

(23)立約日期　中華民國　△年　△月　△日

附註:因設定永佃權及耕作權而訂立契約時,得適用本契約書格式,惟須修改有關文字。

第五節 典權設定登記

一、相關法規的規定

㈠民法規定

1. 稱典權者，謂支付典價在他人之不動產為使用、收益，於他人不回贖時，取得該不動產所有權之權。（第911條）

2. 典權約定之期限不得逾三十年，逾三十年者縮短為三十年。（第912條）

3. 典權約定之期限不滿十五年者，不得附有到期不贖即作絕賣之條款。（第913條）

4. 出典人設定典權後，得將典物讓與他人。但典權不因此而受影響。（第918條）

5. 典權設定，非經登記不生效力。（第758條）其登記應以書面為之。

㈡土地登記規則規定

於一宗土地內就其特定部分申請設定典權登記時，應提出位置圖。其位置圖應先向該管登記機關申請土地複丈。（第108條）

㈢稅法規定

1. 設定典權時，對於已規定地價之土地，出典人應依法預繳土地增值稅。但出典人回贖時，原繳之土地增值稅，應無息退還。（土稅第29條）

2. 設定典權時，對於建物，應向典權人計徵契稅——稅率為契價百分之四。（契稅例第3條）

㈣優先承典權

1. 耕地三七五減租條例第15條規定

(1)耕地出賣或出典時，承租人有優先承受之權，出租人應將賣典條件以書面通知承租人，承租人在十五日內未以書面表示承受者，視為放棄。

(2)出租人因無人承買或受典而再行貶價出賣或出典時，仍應照前項規定辦理。

(3)出租人違反前二項規定而與第三人訂立契約者，其契約不得對抗承租人。

2. 土地法第107條第1項規定

出租人出賣或出典耕地時，承租人有依同樣條件優先承買或承典之權。

二、申請實務

㈠申請人

典權設定登記，由權利人（即典權人）及義務人（即出典人）會同申請。如經法院判決者，得單方申請。

(二)申請期限

1. 設定典權時，權利人及義務人應於訂定契約之日起一個月內，檢同契約及有關文件，共同申請設定典權登記。（平均第47條）

2. 土地總登記後，設定典權時，應為變更登記。（土第72條）變更登記應於變更後一個月內提出申請，其逾期者，每逾一個月得處應納登記費額一倍之罰鍰，但最高不得超過二十倍。（土第73條）

(三)應備書件

因土地與建物應分別申報土地增值稅及契稅，故申辦程序不一，通常分別繕造書件。

1. 土地登記申請書。

2. 典權設定契約書：如經法院判決者，得僅附繳法院判決有關文件。

3. 權利人及義務人身分證明文件：如義務人戶籍住址與土地建物登記簿住址不符時，應同時辦理住址變更登記。

4. 義務人印鑑證明。

5. 土地增值稅繳納收據或免稅證明：如土地設定典權，於提出現值申報書後，應附繳本項文件。

6. 契稅繳納收據：如建物設定典權，應申報繳納契稅。

7. 優先承典權放棄證明：如農地訂定有三七五租約，而非由該承租人承典時，應附繳承租人放棄優先承典權之證明。如由承租人承典，則應附繳耕地租賃契約書，並於登記申請書備註欄加註「本件農地由承租人承典」字樣。

8. 所有權狀：依土地建物類別，分別附繳各該所有權狀。

(四)申辦手續

1. 土地設定典權登記手續

　(1)備齊繕妥所需書件：將登記申請書對摺放置於第一頁，契約書正本及所有權狀置於最後，其餘書件再依土地登記規則第34條規定提出文件之次序放置整齊，裝訂成冊。

　(2)現值申報：土地現值申報書併同登記案件首先提向土地所在地之主管稅捐機關申報現值。由稅捐機關抽取現值申報書，並於收據上加蓋收件日期，申報書收件號碼及有關文字戳記後，將登記案件暫時領回。

　(3)領取土地增值稅繳納通知書或免稅證明書：現值申報後，由主管稅捐機關核計並開發土地增值稅繳納通知書或土地增值稅免徵證明書。領取土地增值稅繳納通知書後，應依限持單納稅。

　(4)申請登記：

　　①將增值稅繳納收據或免稅證明第一聯浮貼於契約書正本，第二聯浮貼於契約書副本上面。

②申請收件：向土地所在地之地政事務所申請。
　　㈠計費：申請案件，於核對申請人身分後，計算規費。其登記費係按契約書所載價值千分之一計算，書狀費則每張80元。
　　㈡開單：經計費後即開發規費繳納通知單。
　　㈢繳費：經開單後，即可繳費，並取具繳費收據。
　　㈣收件：經收件後，取具收件收據。
　　㈤補正：如申請案件經審查發現填寫錯誤或文件不合或證件不符時，經通知補正者，應於期限內補正。如經駁回補正者，再送請收件時，應取具收件收據。
③領狀：申請案件經審查無誤並登記完畢後，權利人或代理人即可持收件收據及原蓋用之印章，領取他項權利證明書、原附繳之所有權狀、契約書正本及其他不需存查之文件。
2.建物設定典權登記手續
　⑴備齊所需文件，繕妥後蓋章。
　⑵申報契稅：提向主管稽徵機關申報契稅。
　⑶領取稅單：經申報契稅後，主管稽徵機關即行核計契稅，並開發繳納通知書，當事人可持印章領取稅單繳納。並將契稅繳納收據第一聯浮貼於契約書正本上面，第二聯浮貼於契約書副本上面。
　⑷申請登記：
　　①將已繕妥之登記申請書對摺放置於第一頁，契約書正本及所有權狀置於最後，其他書件再依土地登記規則第34條規定提出文件之次序放置整齊，裝訂成冊，即可提出申請。
　　②向土地建物所在地之地政事務所申請其計費、開單、繳費、收件、補正及領狀等手續，與前述土地設定典權登記之手續相同─可參閱之，於此不贅言。

三、書表填寫說明

㈠典權登記申請書填寫說明
　1.一般填法：請參閱前述第二節抵押權登記。
　2.各欄填法：
　　⑴受理機關：填寫土地所在地之縣市及地政事務所名稱。
　　⑵原因發生日期：填寫契約書訂立之日期。
　　⑶申請登記事由：填寫「典權登記」。
　　⑷登記原因：填寫「設定」。
　　⑸標示及權利內容：於詳如「契約書」之□內打✓。
　　　其餘請參閱前節。

(二)典權設定契約書填寫說明

1.一般填法：

(1)以毛筆、黑色、藍色墨汁鋼筆、原子筆或電腦打字正楷填寫。

(2)字體需端正，不得潦草，如有增、刪文字時，應在增、刪處由訂立契約人蓋章，不得使用修正液（帶）。

(3)關於「權利價值」金額之數目字，應依公文書橫式書寫數字使用原則填寫，如6億3944萬2789元。

(4)如「土地標示」、「建物標示」、「申請登記以外之約定事項」及「訂立契約人」等欄有空白時，應將空白欄以斜線劃除或註明「以下空白」字樣。如不敷使用時，可另附相同格式之清冊，並由訂立契約人在騎縫處蓋章。

2.各欄填法：

(1)第(1)(2)(3)(4)欄「土地標示」：應照土地登記資料所載分別填寫。

(2)第(8)(9)(10)(11)(12)欄「建物標示」：應照建物登記資料所載分別填寫。

(3)第(5)(13)欄「設定權利範圍」：填寫各筆土地或各棟建物設定典權之範圍。如係以土地或建物全筆棟出典者，填「所有權全部」，如係以土地內特定部分範圍設定典權者，應填寫面積並附具「典權位置圖」。

(4)第(6)(14)欄「典價金額」：填寫各該筆土地或各該棟建物之典價金額。

(5)第(7)(15)欄「絕賣條款」：典權約定期限逾15年以上，訂立契約人得約定到期不贖即由典權人取得典物所有權之絕賣條款。訂立契約人如有約定絕賣條款者，填寫「有」字樣；如無約定者，填寫「無」字樣。如約定之典期未逾15年者，本欄以斜線劃除之。

(6)第(16)欄「典價總金額」：填寫各筆土地及各棟建物典價金額之總和。

(7)第(17)欄「存續期間」：按訂立契約人約定填寫。如典權定有期限者，將其起迄年月日填入，但約定之期限不得逾30年；如約定無期限者，填寫「無」字樣；如未有約定者，以斜線劃除。

(8)第(18)欄「典物轉典或出租之限制」：按訂立契約人約定填寫。如約定典物不得轉典或出租者，應填寫「本典物不得轉典他人」、「本典物不得出租他人」或「本典物不得轉典及出租予他人」字樣；如約定無限制者，填寫「無」字樣；如未有約定者，以斜線劃除。

(9)第(19)欄「申請登記以外之約定事項」：本契約所約定之事項，於其他各欄內無法填寫者，均填入本欄。

(10)第(20)欄「簽名或簽證」：申請人親自到場或登記案件由地政士簽證者，申請人、地政士應於本欄簽名或蓋章。

(11)「訂立契約人」各欄之填法：

①先填「權利人」（即典權人）及其「姓名或名稱」「承典持分」「出

生年月日」「統一編號」「住所」並「蓋章」，後填「義務人」
（即出典人）及其「姓名或名稱」「出典持分」「出生年月日」「統
一編號」「住所」並「蓋章」。

②如訂立契約人為法人時，「出生年月日」免填，應於該法人之次欄
加填「代表人」及其「姓名」並「蓋章」。

③如訂立契約人為未成年人、受監護宣告之人或受輔助宣告之人時，
應於該未成年人、受監護宣告之人或受輔助宣告之人之次欄，加填
「法定代理人」或「輔助人」及其「姓名」「出生年月日」「統一
編號」「住所」並「蓋章」。

④「姓名」「出生年月日」「統一編號」「住所」各欄，應照戶籍謄
本、戶口名簿、身分證或其他證明文件所載者填寫，如住址有街、
路、巷名者，得不填寫里、鄰。

⑿第⒇欄「權利範圍」：「承典持分」「出典持分」各項，應按實際承
典時或出典之權利持分額填寫之。

⒀第⒄欄「蓋章」：

①權利人應蓋用與所填之姓名或名稱相同之印章。

②義務人應蓋用與印鑑證明相同或於登記機關設置之土地登記印鑑相
同之印章，如親自到場應依土地登記規則第40條規定辦理，或依土
地登記規則第41條其他各款規定辦理。

⒁第⒅欄「立約日期」：填寫訂立契約之年月日。

3.本契約書訂立後，應即照印花稅法規定購貼印花。

4.本契約書應於訂立後一個月內建物依契稅條例規定報繳契稅，土地依平
均地權條例規定申報土地現值，繳納土地增值稅後，依法申請設定登
記，以確保產權，逾期申請，則依土地法第73條第2項「…聲請逾期者，
每逾一個月得處應納登記費一倍之罰鍰，但最高不得超過二十倍。」規
定，處以罰鍰。

四、書表填寫範例

（一）土地典權設定登記

收件	日期	年 月 日 時 分	收者件章		連件序別	非連件者免填	共1件 第1件		登記費	元	書狀費	元	罰鍰	元	合計	元	收據	字號	核算者	書
	字號	字第 號																		

土 地 登 記 申 請 書

(1)受理機關	△△市△△地政事務所 資料管轄機關 △△市△△地政事務所	(2)原因發生日期	中華民國△△年△月△△日

(3)申請登記事由（選擇打✓一項）
- □所有權第一次登記
- □所有權移轉登記
- □抵押權登記
- □抵押權塗銷登記
- □抵押權內容變更登記
- □標示變更登記
- ✓典權登記

(4)登記原因（選擇打✓一項）
- □第一次登記
- □買賣 □贈與 □繼承 □分割繼承 □拍賣 □共有物分割 □
- □設定 □法定
- □清償 □拋棄 □混同 □判決塗銷
- □權利價值變更 □權利內容等變更
- □分割 □合併 □地目變更
- ✓設定

(5)標示及申請權利內容　詳如　✓契約書　□登記清冊　□複丈結果通知書　□建物測量成果圖

(6)附繳證件
1.典權契約書　2份
2.身分證明文件　2份
3.增值稅收據　1份
4.土地所有權狀　1份
5.印鑑證明　1份
6.
7.
8.
9.

(7)委任關係
本土地登記之申請委託 陳△△ 代理。 複代理。
委託人確為登記標的物之權利人或權利關係人，如有虛偽不實，本代理人（複代理人）願負法律責任。　印

(8)聯絡方式

權利人電話	△△△△－△△△△
義務人電話	△△△△－△△△△
代理人聯絡電話	△△△△－△△△△
傳真電話	△△△△－△△△△
電子郵件信箱	△△△△－△△△△
不動產經紀業名稱及統一編號	
不動產經紀業電話	

(9)備註

(11)權利人或義務人	(12)姓名或名稱	(13)出生年月日	(14)統一編號	(15)住所										(16)簽章
				縣市	鄉鎮市區	村里	鄰	街路	段	巷	弄	號	樓	
權利人	林△△	△△	△△△	△△	△△	△△	△	△△				△		印
義務人	張△△	△△	△△△	△△	△△	△△	△	△△				△		印
代理人	陳△△	△△	△△△	△△	△△	△△	△	△△				△		印

(10) 申請人

本案處理經過情形（以下各欄申請人請勿填寫）

初審	複審	審核	定	登簿	校簿	書狀列印	校狀	書狀用印
				地價異動	通知	異動通知	領狀	交付發狀
								歸檔

土地建築改良物典權設定契約書

下列土地建築物經 權利人／義務人 雙方同意設定典權，特訂立本契約：

土地標示			建物標示		
(1) 坐落　鄉鎮市區	內湖		(7) 建號		以下空白
段	△△		(8) 門牌　鄉鎮市區		
小段	△		街路		
(2) 地號	30		段巷弄		
(3) 地目	建		號樓		
(4) 面積（平方公尺）	60		(9) 建物坐落　段		
(5) 設定權利範圍	全部		小段		
(6) 典價金額	新臺幣 338,800元		地號		
			(10) 面積（平方公尺）　層		
			層		
			層		
			層		
			層		
			共計		
			(11) 附屬建物　用途		
			面積（平方公尺）		
			(12) 設定權利範圍		
			(13) 典價金額		

(14) 典價總金額	新臺幣參拾參萬捌仟捌佰元正
(15) 權利存續期限	自民國△△年△月△△日起至民國△△△年△月△△日止
(16) 典物轉典或出租之約定	不得轉典或出租
(17) 申請登記以外之約定事項	1.以下空白　2.　3.　4.

貼印花1‰：338元

(18) 簽名或簽證

訂立契約人	(19)權利人或義務人	(20)姓名或名稱	(21)權利範圍 承典持分 出典持分	(22)出生年月日	(23)統一編號	(24)住所 縣市	鄉鎮市區	村里	鄰	街路	段	巷弄	號	樓	(25)蓋章
立契約人	權利人	林△△	承典持分 全部	民國△△△	△△△△△△	臺北	△△	△△	△△	△△	△		△		印
	義務人	張△△	出典持分 全部	民國△△△	△△△△△△	臺北	△△	△△	△△	△△	△		△		印
	以下空白														

(26) 立約日期　中華民國　△△　年　△△　月　△△　日

(二)建物典權設定登記

土地登記申請書

(1)受理	機關	△△市△△地政事務所	(4)登記原因（選擇打✓一項）

(1)受理機關　△△市△△地政事務所　☑跨所申請

收件　日期　年　月　日　時　分
件章　字號　第　號

連件序別（非連件者免填寫）　共 1 件　第 1 件

(2)原因發生日期　中華民國△△年△△月△△日

(3)申請登記事由（選擇打✓一項）
- ☐ 所有權第一次登記
- ☐ 所有權移轉登記
- ☐ 抵押權登記
- ☐ 抵押權塗銷登記
- ☐ 抵押權內容變更登記
- ☐ 標示變更登記
- ☑ 典權設定登記

(4)登記原因（選擇打✓一項）
- ☐ 第一次登記
- ☐ 買賣　☐ 贈與　☐ 繼承
- ☐ 設定　☐ 法定
- ☐ 清償　☐ 拋棄　☐ 混同　☐ 判決塗銷
- ☐ 權利價值變更　☐ 權利內容等變更
- ☐ 分割　☐ 合併　☐ 地目變更
- ☑ 設定　☐ 拍賣　☐ 共有物分割

(5)標示及申請權利內容　詳如 ☑契約書 ☐登記清冊 ☐複丈結果通知書 ☐建物測量成果圖

(6)附繳證件
1. 典權契約　2份
2. 身分證明文件　2份
3. 契稅收據　1份
4. 建物所有權狀　1份
5. 印鑑證明　1份
6.
7.
8.
9.

(7)委任關係　本土地登記案之申請委託 陳△△ 代理。　　複代理。
委託人確為登記標的物之權利人或權利關係人，如有虛偽不實，本代理人（複代理人）願負法律責任。　印

(8)聯絡方式
- 權利人電話
- 義務人電話
- 代理人聯絡電話
- 傳真電話
- 電子郵件信箱
- 不動產經紀業名稱及統一編號
- 不動產經紀業電話

| | | △△△△－△△△△ |
| △△△△－△△△△ |
| △△△△－△△△△ |
| △△△△－△△△△ |
| △△△△－△△△△ |

(9)備註

登記費　元
書狀費　元
罰鍰　元
合計　元

收據　字號
核算者

書

(11)權利人或義務人	(12)姓名或名稱	(13)出生年月日	(14)統一編號	(15)住所 縣市	鄉鎮市區	村里	鄰	街路	段	巷	弄	號	樓	(16)簽章
權利人	林△△	△△	△△△	△△	△△	△△	△	△△				△	△	印
義務人	張△△	△△	△△△	△△	△△	△△	△	△△				△	△	印
代理人	陳△△	△△	△△△△	△△	△△	△△	△	△△				△		印

(10) 申 請 人	初審	複審	核	定	本案處理經過情形（以下各欄申請人請勿填寫）
			登簿	校簿	書狀列印	校狀	書狀用印	歸檔
			地價異動	通知領狀	異動通知	支付發狀		

土地建築改良物典權設定契約書

下列土地建築改良物經權利人義務人雙方同意設定典權，特訂立本契約：

土地標示		建物標示	
權利人	以下空白	(7)建號	2,401
義務人	以下空白	(8)門牌　鄉鎮市區	松山
(1)坐落　鄉鎮市區		街路	△△路
段		段巷弄	31
小段		號樓	△△
(2)地號		(9)建物坐落　小段	20-1
(3)地目		地段	省略
面積（平方公尺）		(10)面積（平方公尺）地面層	95.23
		二層	
		三層	
		共計	95.23
(5)設定權利範圍		(11)附屬建物　用途	
		面積（平方公尺）	
(6)典價金額		(12)設定權利範圍	全部
		(13)典價金額	新臺幣 123,400元
			以下空白

(14)典價總額	新臺幣壹拾貳萬參仟肆佰元整
(15)權利存續期限	自民國△△年△月△△日起至民國△△△年△月△△日止
(16)典物轉典或出租之約定	不得轉典或出租
(17)申請登記以外之約定事項	1.以下空白　2.　3.　4.

貼印花1‰：123元

(18)簽名或簽證

(19)權利人或義務人	(20)姓名或名稱	(21)權利範圍 承典持分	(21)權利範圍 出典持分	(22)出生年月日	(23)統一編號	(24)住所 縣市	鄉鎮市區	村里	鄰	街路	段	巷弄	號	樓	(25)蓋章
權利人	林△△	全部		民國△△△	△△△△△△	臺北	△△	△△	△	△△			△		印
義務人	張△△		全部	民國△△△	△△△△△△	臺北	△△	△△	△	△△			△		印
以下空白															

(26)立約日期　中華民國　△△　年　△△　月　△△　日

第六節　耕作權設定登記

一、相關法規的規定

㈠土地法規定

1. 凡編為農業或其他直接生產用地，未依法使用者為荒地。（第88條）公有荒地適合耕作使用者，除政府保留使用者外，由該管直轄市或縣（市）地政機關會同主管農林機關劃定墾區，規定墾地單位，定期招墾。（第126條）

2. 公有荒地之承墾人，以中華民國人民為限。（第128條）承墾人分為自耕農戶及依法呈准登記並由社員自任耕作之農業生產合作社等兩種。（第129條）

3. 承墾人自墾竣之日起，無償取得所領墾地之耕作權，應即依法申請為耕作權之登記。但繼續耕作滿十年者，無償取得土地所有權。耕作權不得轉讓，但繼承或贈與於得為繼承之人，不在此限。（第133條）

㈡山坡保育利用條例規定（第37條）

山坡地範圍內山地保留地，輔導原住民開發並取得耕作權、地上權或承租權。其耕作權、地上權繼續經營滿五年者，無償取得土地所有權，除政府指定之特定用途外，如有移轉，以原住民為限，其開發管理辦法，由行政院定之。

㈢原住民保留地開發管理辦法

1. 第8條：原住民保留地合於下列情形之一者，原住民得會同行政院原住民族委員會向當地登記機關申請設定耕作權登記：
   ⑴本辦法施行前由原住民開墾完竣並自行耕作之土地。
   ⑵由政府配與該原住民依區域計畫法編定為農牧用地、養殖用地或依都市計畫法劃定為農業區、保護區並供農作、養殖或畜牧使用之土地。

2. 第9條：原住民保留地合於下列情形之一者，原住民得會同中央主管機關向當地登記機關申請設定地上權登記：
   ⑴本辦法施行前已由該原住民租用造林，並已完成造林之土地。
   ⑵該原住民具有造林能力，由政府配與依區域計畫法編定為林業用地或依都市計畫法劃定為保護區並供造林使用之土地。

3. 第10條：原住民依前二條規定申請設定耕作權或地上權，其面積應以申請時戶內之原住民人口數合併計算，每人最高限額如下：
   ⑴依第8條設定耕作權之土地，每人1公頃。
   ⑵依前條設定地上權之土地，每人1.5公頃。

前項耕作權與地上權用地兼用者，應合併比例計算面積。

依前二項設定之土地權利面積，不因申請後分戶及各戶人口之增減而變更；其每戶面積合計不得超過20公頃。但基於地形限制，得為百分之十以內之

增加。

  4.第17條：依本辦法取得之耕作權或地上權登記後繼續自行經營或自用滿
   五年，經查明屬實者，由中央主管機關會同耕作權人或地上權人，向當
   地登記機關申請辦理所有權移轉登記。

  前項土地，於辦理所有權移轉登記前，因實施都市計畫或非都市土地變更
編定使用土地類別時，仍得辦理所有權移轉登記與原耕作權人或地上權人。

  5.第18條：原住民取得原住民保留地所有權後，除政府指定之特定用途
   外，其移轉之承受人以原住民為限。

  前項政府指定之特定用途，指政府因興辦土地徵收條例規定之各款事業需
要。

㈣土地登記規則規定

  耕作權之取得設定，應辦理登記。（土登第4條第1項）

二、申請實務

㈠申請人

  耕作權設定登記，由權利人（即承墾人）單獨申請。（土登第27條）

㈡申請期限

  承墾人應自墾竣之日起一個月內向土地所在地之主管地政事務所申請登
記。

㈢應備書件

  1.土地登記申請書。

  2.登記清冊。

  3.設定登記原因文件：

   (1)如承墾證書：登記時附繳正影本各一份，登記完竣後發還正本。

   (2)如訂立耕作權設定契約書，則依行政院令規定，得利用地上權設定契
    約書格式作文字上之修改後使用，並且不必再附登記清冊。

  4.耕作權人身分證明文件：

   (1)自耕農戶為戶籍資料。

   (2)農業生產合作社為呈准法人登記之證件、法定代理人資格證明。

  5.土地所有權狀。

㈣申辦手續

  1.備齊繕妥所需書件

  將登記申請書對摺放置於第一頁，登記清冊對摺置於第二頁，土地所有權
狀放置於最後，其餘書件再依土地登記規則第34條規定提出文件之次序放置整
齊，裝訂成冊，即可提向土地建物所在地之地政機關申請登記。

  2.申請收件

⑴計費：申請案件，於核對申請人身分後，計算規費。其登記費係按權利價值千分之一計算，其書狀費每張80元。

⑵開單：經計費後，即可開發規費繳納通知單。

⑶繳費：經開單後，即可繳費，並取具繳費收據。

⑷收件：經收件後，取具收件收據。

3.補　正

申請案件如經審查發現填寫錯誤或文件不全或證件不符時，應依通知期限補正。

4.領　狀

申請案件經審查無誤完成登記，即可持收件收據及原蓋用之印章，至發狀處領取他項權利證明書、原附送之權利書狀以及其他不需存查之書件。

三、書表填寫說明

㈠耕作權登記申請書填寫說明

1.一般填法：請參閱第二節抵押權登記。

2.各欄填法：

⑴受理機關：填寫土地所在地之縣市及地政事務所名稱。

⑵原因發生日期：依契約訂立之日期填寫。

⑶申請登記事由：填寫「耕作權登記」。

⑷登記原因：填寫「墾竣」。

⑸標示及權利內容：於詳如「登記清冊」之□內打✓。

其餘請參閱前述各節。

㈡耕作權設定契約書填寫說明

1.依據61年5月31日行政院（61）研展字第702號令規定，並無耕作權設定契約書之頒行，如需訂立耕作權契約書者得利用地上權設定契約書格式作文字之修改後使用之。依據86年11月18日內政部臺內地字第8689449號函，亦無耕作權設定契約書。

2.如將地上權設定契約書格式作文字上之修改後，作為耕作權設定契約書，其填寫方法仍應與地上權設定契約書之填寫方法相同——詳見本章第二節之填寫說明，於此不贅述。

四、書表填寫範例

耕作權登記

收件	日期	年 月 日	分 時	字 號		收件者 件章	連件序別	連件（非連件免填者）	共 1 件 第 1 件			登記費 書狀費 罰　鍰	元 元 元	合計 收據 核算者	元 字 號 據 者

土　地　登　記　申　請　書

(1)受理機關	△△市△△地政事務所		資料管轄機關	△△市△△地政事務所	(4)登記原因（選擇打✓一項）			(2)原因發生日期	中華民國△△年△△月△△日

(3)申請登記事由（選擇打✓一項）
- ☐所有權第一次登記
- ☐所有權移轉登記
- ☐抵押權登記
- ☐抵押權塗銷登記
- ☐抵押權內容變更登記
- ☐標示變更登記
- ✓耕作權登記

(4)登記原因（選擇打✓一項）
- ☐第一次登記
- ☐買賣　☐贈與　☐繼承　☐分割繼承　☐拍賣　☐共有物分割
- ☐設定　☐法定
- ☐清償　☐混同　☐判決塗銷
- ☐權利價值變更　☐權利內容等變更
- ☐分割　☐合併　☐地目變更
- ✓級發

(5)標示及申請權利內容　詳如 ☐契約書 ✓登記清冊 ☐複丈結果通知書 ☐建物測量成果圖

(6)附繳證件
1. 承繼證書　1份　4.　　　份　7.　　　份
2. 身分證明文件　1份　5.　　　份　8.　　　份
3. 土地所有權狀　1份　6.　　　份　9.　　　份

(7)委任關係　本土地登記案之申請委託 陳△△ 代理。　　複代理。
委託人確為登記標的物之權利人或權利關係人，如有虛偽不實，本代理人（複代理人）願負法律責任。

(8)聯絡方式	權利人電話	△△△△－△△△△
	義務人電話	△△△△－△△△△
	代理人聯絡電話	△△△△－△△△△
	傳真電話	△△△△－△△△△
	電子郵件信箱	△△△△－△△△△
	不動產經紀業名稱及統一編號	
	不動產經紀業電話	

(9)備註

(10)申請人	(11)權利人或義務人	(12)姓名或名稱	(13)出生年月日	(14)統一編號	(15)住所										(16)簽章
					縣市	鄉鎮市區	村里	鄰	街路	段	巷	弄	號	樓	
	權利人	林△△	△△	△△△	△△	△△	△△	△	△△				△	△	印
	義務人	臺北市政府地政局			△△	△△	△△	△	△△				△	△	
	管理機關	局長△△△													

本案處理經過情形（以下各欄申請人請勿填寫）	初審	複審	審查	核定	登簿	校簿	書狀列印	校狀	書狀用印
					地價異動	通知領狀	異動通知	交付發狀	歸檔

登記清冊

申請人　承墾人　林△△
　　　　放墾人　臺北市政府地政處　印

土地標示		
(1) 坐落	鄉鎮市區	南港
	段	△△
	小段	△
(2) 地號		21
(3) 地目		旱
(4) 面積（平方公尺）		780
(5) 權利範圍		全部
(6) 備註		

以下空白

建物標示

(7)	建　號		
(8) 門牌	鄉鎮市區		
	路街 段巷 弄號		
	樓		
(9) 建物坐落	段	小段	地號
(10) 面積（平方公尺）	層		
	層		
	層		
	層		
	層		
	共計		
(11) 附屬建物	用途		
	面積（平方公尺）		
(12) 權利範圍			
(13) 備註			

本欄空白

第七節　農育權設定登記

一、相關法規的規定

㈠民法規定

1. 民法物權編於民國99年2月3日修正，刪除第四章永佃權，增訂第四章之一農育權。
2. 民法第850條之1規定：稱農育權者，謂在他人土地為農作、森林、養殖、畜牧、種植竹木或保育之權。農育權之期限，不得逾二十年；逾二十年者，縮短為二十年。但以造林、保育為目的或法令另有規定者，不在此限。

㈡土地登記規則的規定

1. 第4條：農育權之取得、設定、移轉、喪失或變更，應辦理登記。
2. 第108條：於一宗土地內就其特定部分申請設定地上權、不動產役權、典權或農育權登記時，應提出位置圖。

   因主張時效完成，申請地上權、不動產役權或農育權登記時，應提出占有範圍位置圖。
3. 第108條之1：申請地上權或農育權設定登記時，登記機關應於登記簿記明設定之目的及範圍；並依約定記明下列事項：

   ⑴存續期間。

   ⑵地租及其預付情形。

   ⑶權利價值。

   ⑷使用方法。

   ⑸讓與或設定抵押權之限制。

   前項登記，除第5款外，於不動產役權設定登記時準用之。
4. 第108條之2：不動產役權設定登記得由需役不動產之所有權人、地上權人、永佃權人、典權人、農育權人、耕作權人或承租人會同供役不動產所有權人申請之。申請登記權利人為需役不動產承租人者，應檢附租賃關係證明文件。

   前項以地上權、永佃權、典權、農育權、耕作權或租賃關係使用需役不動產而設定不動產役權者，其不動產役權存鄰期間，不得逾原使用需役不動產權利之期限。

   第1項使用需役不動產之物權申請塗銷登記時，應同時申請其供役不動產上之不動產役權塗銷登記。
5. 第118條：土地總登記後，因主張時效完成申請地上權登記時，應提出以行使地上權意思而占有之證明文件及占有土地四鄰證明或其他足資證明開始占有至申請登記時繼續占有事實之文件。

　　前項登記之申請，經登記機關審查證明無誤應即公告。公告期間為三十日，並同時通知土地所有權人。

　　土地所有權人在前項公告期間內，如有異議，依土地法第59條第2項規定處理。

　　前四項規定，於因主張時效完成申請不動產役權、農育權登記時準用之。

二、申請實務

㈠申請人

　　農育權設定登記，由權利人會同義務人申請。（土登第26條）

㈡申請期限

　　立約之日起一個月內向土地所在地之主管地政事務所申請登記。

㈢應備書件

　　1.土地登記申請書。

　　2.農育權設定契約書。

　　3.身分證明文件。

　　4.義務人印鑑證明。

　　5.土地所有權狀。

㈣申辦手續

　　1.備齊繕妥所需書件

　　將登記申請書對摺放置於第一頁，契約書對摺置於第二頁，土地所有權狀放置於最後，其餘書件再依土地登記規則第34條規定提出文件之次序放置整齊，裝訂成冊，即可提向土地建物所在地之地政機關申請登記。

　　2.申請收件

　　　⑴計費：申請案件，於核對申請人身分後，計算規費。其登記費係按權利價值千分之一計算，其書狀費每張80元。

　　　⑵開單：經計費後，即可開發規費繳納通知單。

　　　⑶繳費：經開單後，即可繳費，並取具繳費收據。

　　　⑷收件：經收件後，取具收件收據。

　　3.補　正

　　申請案件如經審查發現填寫錯誤或文件不全或證件不符時，應依通知期限補正。

　　4.領　狀

　　申請案件經審查無誤完成登記，即可持收件收據及原蓋用之印章，至發狀處領取他項權利證明書、原附送之權利書狀以及其他不需存查之書件。

三、書表填寫說明

㈠農育權登記申請書填寫說明

1.一般填法：請參閱第二節抵押權登記。

2.各欄填法：

(1)受理機關：填寫土地所在地之縣市及地政事務所名稱。

(2)原因發生日期：依契約訂立之日期填寫。

(3)申請登記事由：填寫「農育權登記」。

(4)登記原因：填寫「設定」。

(5)標示及權利內容：於詳如「契約書」之□內打✓。

其餘請參閱前述各節。

㈡農育權設定契約書填寫說明

1.一般填法：

(1)以毛筆、黑色、藍色墨汁鋼筆、原子筆或電腦打字正楷填寫。

(2)字體需端正，不得潦草，如有增、刪文字時，應在增、刪處由申請人蓋章，不得使用修正液（帶）。

(3)關於「權利價值」金額之數目字，應依公文書橫式書寫數字使用原則填寫，如6億3944萬2789元。

(4)如「土地標示」「申請登記以外之約定事項」及「訂立契約人」等欄有空白時，應將空白欄以斜線劃除或註明「以下空白」字樣。如有不敷使用時，可另附相同格式之清冊，並由訂立契約人在騎縫處蓋章。

2.各欄填法：

(1)第(1)(2)(3)(4)欄「土地標示」：應照土地登記資料所載分別填寫。

(2)第(5)欄「設定權利範圍」：填寫各筆土地設定農育權之範圍，如係以土地內特定部分範圍設定者，應填寫面積並附具「農育權位置圖」。

(3)第(6)欄「地租」：按訂立契約人約定填寫。如有地租約定者，將各筆土地每年或每月之地租總額填入；如約定無須支付地租者，填寫「無」字樣；如未有約定者，以斜線劃除。

(4)第(7)欄「權利價值」：將各筆土地農育權價值之總和填入。

(5)第(8)欄「存續期間」：按訂立契約人約定填寫。如農育權定有期限者，將其起迄年月日填入，但約定之期限，除以造林、保育為目的或法令另有規定者外，不得逾20年；如約定無期限者，填寫「無」字樣；如未有約定者，以斜線劃除。

(6)第(9)欄「設定目的」：按訂立契約人約定填寫。如：農作、森林、養殖、畜牧、種植竹木（造林）或保育等。

(7)第(10)欄「預付地租情形」：如權利人與義務人有預付地租之情形，應填寫預付地租之總額；如未有預付地租者，填寫「無」字樣。

(8)第⑾欄「使用方法」：按訂立契約人依設定目的約定之使用方法填寫。如：以農作為目的時，約定種植作物種類、使用肥料之限制。

(9)第⑿欄「讓與或設定抵押權之限制」：按訂立契約人約定填寫。如約定農育權不得讓與他人」、「本農育權不得設定抵押權」或「本農育權不得讓與及設定抵押權予他人」字樣；如約定無限制者，填寫「無」字樣；如未有約定者，以斜線劃除。

(10)第⒀欄「申請登記以外之約定事項」：本契約所約定之事項，於其他各欄內無法填寫者，均填入本欄。

(11)第⒁欄「簽名或簽證」：申請人親自到場或登記案件由地政士簽證者，申請人、地政士應於本欄簽名或蓋章。

(12)「訂立契約人」各欄之填法：

　①先填「權利人」（即農育權人）及其「姓名或名稱」「權利範圍」「出生年月日」「統一編號」「住所」並「蓋章」，後填「義務人」（即土地所有權人）及其「姓名或名稱」「權利範圍」「出生年月日」「統一編號」「住所」並「蓋章」。

　②如訂立契約人為法人時，「出生年月日」免填，應於該法人之次欄加填「代表人」及其「姓名」並「蓋章」。

　③如訂立契約人為未成年人、受監護宣告之人或受輔助宣告之人時，應於該未成年人、受監護宣告之人或受輔助宣告之人之次欄，加填「法定代理人」或「輔助人」及其「姓名」「出生年月日」「統一編號」「住所」並「蓋章」。

　④「姓名」「出生年月日」「統一編號」「住所」各欄，應照戶籍謄本、戶名名簿、身分證或其他證明文件所載者填寫，如住址有街、路、巷名者，得不填寫里、鄰。

(13)第⒄欄「權利範圍」：將權利人所取得之權利範圍及義務人所設定之權利範圍分別填入。

(14)第㉑欄「蓋章」：

　①權利人應蓋用與所填之姓名或名稱相同之印章。

　②義務人應蓋用與印鑑證明相同或於登記機關設置之土地登記印鑑相同之印章，如親自到場應依土地登記規則第40條規定辦理，或依土地登記規則第41條其他各款規定辦理。

(14)第㉒欄「立約日期」：填寫訂立契約之年月日。

3.本契約書應於訂立後一個月內檢附有關文件，依法申請設定登記，以確保產權，逾期申請，則依土地法第73條第2項「…聲請逾期者，每逾一個月得處應納登記費一倍之罰鍰，但最高不得超過二十倍。」規定，處以罰鍰。

四、書表填寫範例

收件	日期	年 月 日 時 分	收件者章	資料管轄機關		登記費	元	合計	元
	字號	字第 號	件章			書狀費	元	收據	字 號
						罰鍰	元	核算者	

土 地 登 記 申 請 書

(1)受理機關	△△市△△地政事務所	□跨所申請	△△市 △△ 地政事務所	(2)原因發生日期	中 華 民 國 △△ 年 △ 月 △△ 日

(3)申請登記事由 (選擇打✓一項)
- □所有權第一次登記
- □所有權移轉登記
- □抵押權登記
- □抵押權塗銷登記
- □抵押權內容變更登記
- □標示變更登記
- ✓農育權登記

(4)登記原因 (選擇打✓一項)
- □第一次登記
- □買賣 □贈與 □繼承 □分割繼承 □拍賣 □共有物分割 □
- □設定 □法定 □
- □清償 □拋棄 □混同 □判決塗銷 □
- □權利價值變更 □權利內容等變更 □
- □分割 □合併 □地目變更 □
- ✓設定

(5)標示及申請權利內容	詳如	✓契約書	□登記清冊	□複丈結果通知書	□建物測量成果圖 □

(6)附繳證件	1.農育權設定契約書	2份	4.印鑑證明	1份	7.	份
	2.身分證影本	2份	5.		8.	份
	3.土地所有權狀	1份	6.		9.	份

(7)委任關係 本土地登記案之申請委託 陳△△ 代理。 複代理。
委託人確為登記標的物之權利人或權利關係人,如有虛偽不
實,本代理人(複代理人)願負法律責任。

(8)聯絡方式	權利人電話	△△△△－△△△△
	義務人電話	△△△△－△△△△
	代理人聯絡電話	△△△△－△△△△
	傳真電話	△△△△－△△△△
	電子郵件信箱	△△△△－△△△△
	不動產經紀業名稱及統一編號	
	不動產經紀業電話	

(9)備註	

(11)權利人或義務人	(12)姓名或名稱	(13)出生年月日	(14)統一編號	(15)住所											(16)簽章
				縣市	鄉鎮市區	村里	鄰	街路	段	巷	弄	號	樓		
權利人	陳△△	△△	△△△	△△	△△	△△	△	△△			△△	△△	△		印
義務人	王△△	△△	△△△	△△	△△	△△	△	△△			△△	△△	△		印
代理人	陳△△		△△△	△△	△△	△△	△	△△			△△	△△	△		

(10) 申請人

本案處理經過情形（以下各欄申請人請勿填寫）

初審	複審	核定	審	登簿	校簿	書狀列印	校狀	書狀用印
				地價異動	通知領狀	異動通知	交付發狀	歸檔

農育權設定契約書

下列土地經 權利人 / 義務人 雙方同意設定農育權，特訂立本契約：

土地標示	(1)坐落			(2)地號	(3)地目	(4)面積（平方公尺）	(5)設定權利範圍	(6)地租
	鄉鎮市區	段	小段					
	△△	△△	空	221	田	500	全部	每年新臺幣6萬元整
	以	下	白					

(7)權利價值 新臺幣60萬元整

(8)存續期間 10年（自民國△△△△年△月△日起至民國△△△△年△月△日止）

(9)設定目的	農作
(10)預付地租情形	新臺幣2萬元整
(11)使用方法	種植蔬菜
(12)讓與或設定抵押權之限制	本農育權不得設定抵押權
(13)申請登記以外之約定事項	1.　2.　3.　4.
(14)簽名或簽證	

訂立契約人	(15)權利人或義務人	(16)姓名或名稱	(17)權利範圍	(18)出生年月日	(19)統一編號	(20)住所									(21)蓋章
						縣市	鄉鎮市區	村里	鄰	街路	段	巷弄	號	樓	
	權利人	陳△△	全部			△△	△△	△△	△△	△△			△		印
	義務人	王△△	全部			△△	△△	△△	△△	△△			△		印
	以下空白														

(26)立約日期　中華民國　△△　年　△△　月　△△　日

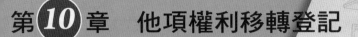

第 10 章　他項權利移轉登記

第一節　抵押權移轉登記

一、概　述

㈠民法規定

除依債權性質、當事人特約及禁止扣押者等債權不得讓與外，債權人得將債權讓與於第三人。（第294條）茲依據民法有關規定，扼要列述於后：

1. 讓與債權時，該債權之擔保及其他從屬之權利，均隨同移轉於受讓人（第295條）——亦即抵押權隨同移轉。

2. 債權之讓與，非經讓與人（即原債權人）或受讓人（即新債權人）通知債務人，對於債務人不生效力。（第297條）

3. 第三人與債權人訂立契約承擔債務人之債務者，其債務於契約成立時，移轉於該第三人。（第300條）若第三人與債務人訂立契約承擔其債務者非經債權人承認，對於債權人不生效力。（第301條）

4. 債權之讓與——即移轉原因，除繼承外，尚有買賣（第345條）、互易（第398條）、贈與（第406條）等等。

5. 抵押權不得由債權分離而為讓與，或為其他債權之擔保。（第870條）故抵押權之移轉，係隨同債權之移轉而移轉。

㈡土地登記規則規定

1. 同一土地設定數個抵押權登記後，其中一抵押權因債權讓與為變更登記時，原登記之權利先後，不得變更。（第115條第1項）

2. 同一標的之抵押權因次序變更申請權利變更登記，應符合下列各款規定：（第116條）

   ⑴因次序變更致先次序抵押權擔保債權金額增加時，其有中間次序之他項權利存在者，應經中間次序之他項權利人同意。

   ⑵次序變更之先次序抵押權已有民法第870條之1規定之次序讓與或拋棄登記者，應經該次序受讓或受次序拋棄利益之抵押權人同意。

前項登記，應由次序變更之抵押權人會同申請；申請登記時，申請人並應

於登記申請書適當欄記明確已通知債務人、抵押人及共同抵押人,並簽名。

　　3.同一標的之普通抵押權,因次序讓與申請權利內容變更登記者,應由受讓人會同讓與人申請;因次序拋棄申請權利內容變更登記者,得由拋棄人單獨申請之。

　　前項申請登記,申請人應提出第34條及第40條規定之文件,並提出已通知債務人、抵押人及共同抵押人之證明文件。(第116條之1)

◎有關土地建築改良物抵押權移轉契約書依法免貼用印花稅票(71.3.4財政部臺財稅字第31426號函)

一、印花稅法第5條第5款規定之典賣、讓售及分割財產契約據,係指設定典權及買賣交換、贈與、分割動產、不動產而取得物權所定之契據。抵押權之移轉,依民法第869條及第870條規定意旨,係因抵押權所擔保債權之讓與而移轉,並非買賣、贈與動產、不動產而取得物權。

二、凡因抵押權買賣而在「土地建築改良物他項權利移轉變更契約書」上貼用印花稅票或誤繳者,應准依照稅捐稽徵法第28條之規定退還。

◎關於抵押權人讓與債權,並將擔保債權之抵押權隨同移轉於受讓人申請抵押權移轉登記疑義一案(75.2.27內政部臺內地字第389573號函)

　　查民法第297條第1項規定債權讓與之通知,參照最高法院42年臺上字第622號判例,係為通知債權讓與事實之行為,原得以言詞或文書為之,不需何等之方式。故債權讓與,讓與人或受讓人自得選擇最便捷方式通知債務人,且讓與人或受讓人究竟如何通知?有無通知?均非登記機關審查範圍。是抵押權人讓與債權,並將擔保債權之抵押隨同移轉予受讓人,申請抵押權移轉登記,倘於申請書適當處所註明「本案已依規定通知債務人,如有不實,申請人願負法律責任」字樣,登記機關應予受理。

◎決算期未屆至之最高額抵押權轉讓應以基礎契約之當事人及受讓人三面契約為之,未經債務人參加,不得移轉。但債權額已確定者,無須擔保物提供人會同辦理(75.8.7內政部臺內地字第432546號函)

一、案經函准法務部75年7月29日法(75)律9125號函略以:「查我國民法並無最高額抵押之規定,但學者及實務均承認其效力。最高額抵押權之轉讓,應於決算期屆至其所擔保之債權確定時,始得與此債權一同移轉;如於所擔保之債權額確定前轉讓者,非將該最高額抵押之基礎法律關係一併移轉,不得為之,從而此種轉讓契約應以基礎契約之當事人及受讓人三面契約為之,如未經債務人參加,不得移轉。」

二、本部同意前開法務部意見。本案最高限額抵押權移轉契約,未經債務人參加,然債務人既以郵政存證信函表示本案債權確定金額方正在臺北地方法院訴訟審理中,依法尚未確定,並請求暫緩辦理移轉登記,地政機關應依土地登記規則第49條第1項第3款規定以涉及私權爭執駁回登記之申請。

◎**關於最高額抵押權移轉契約應否經抵押物設定人承諾發生疑義**（75.11.10內政部
　臺內地字第455418號函）

一、案經函准法務部75年1月4日法（75）律13482號函略以：「最高額抵押權之抵押
　　物如係由債務人以外之第三人提供設定者，因該第三人非基礎契約之當事人，故
　　對於基礎契約之轉讓，無須得其同意；惟最高額抵押權如欲隨之移轉，應得抵押
　　物所有人之同意，蓋土地法第物所有人有權表明是否仍願提供抵押物以擔保受讓
　　人之債權。因之最高額抵押權之抵押物由債務人以外之第三人提供設定時，最高
　　額抵押權之轉讓，似應經該第三人之同意，始能生效。」

二、本部同意前開法務部意見。最高額抵押權如於所擔保之債權額確定前轉讓者，當
　　事人於申請抵押權移轉登記時，除應依本部75年8月7日臺（75）內地字第432546
　　號函規定辦理外，如該最高額抵押權之抵押物係由債務人以外之第三人提供設定
　　者，尚應由該第三人在申請書內註明承諾事由，並簽名或蓋章，或另提出該第三
　　人之承諾書及其印鑑證明書（土登第43條參照）。

◎**關於最高限額抵押權之轉讓，其所擔保之債權額經債權人結算確定，並由連
　帶保證人如數代為清償，可否僅由抵押權人（即債權人）與受讓人（即連帶
　保證人）申辦抵押權移轉登記乙案**（75.12.3內政部臺內地字第461735號函）

　　　按最高限額抵押權之轉讓，應於決算期屆至其所擔保之債權確定時，始得與此債
權一同移轉，前經本部75年8月7日臺（75）內地字第432546號函准法務部75年7月29
日法（75）律9125號函釋有案。本案最高限額抵押權所擔保之債權額既經結算確定，
抵押權人與受讓人申辦抵押權移轉登記時，可免由擔保物提供人（兼債務人）會同辦
理。

◎**決算期未屆至之最高額抵押權轉讓應以基礎契約之當事人及受讓人三面契約
　為之，未經債務人參加，不得移轉，但債權額已確定者，無須擔保物提供人
　會同辦理**（79.1.25內政部臺內地字第763995號函）

　　　最高限額抵押權如所擔保之債權額已確定，固得與其債權一同移轉，其移轉登記
無須擔保提供人（兼債務人）會同辦理，惟仍須提出足資證明債權額確定之有關證明
文件，始得辦理。如所擔保之債權額未結算確定，非經債務人參加最高限額抵押權轉
讓契約，不得申辦移轉登記。

◎**最高限額抵押權之債權一經確定，其抵押權性質轉變為普通抵押權，再次申
　辦抵押權移轉登記與他人，自得依普通抵押權讓與方式為之**（93.1.20內政部內
　授中辦地字第0930000252號函）

　　　查最高限額抵押權一經確定，其擔保債權之流動性隨之喪失，該抵押權所擔保者
由不特定債權變為特定債權，且該抵押權與擔保債權之結合狀態完全回復，亦即抵押
權從屬債權之特性與普通抵押權者相同。準此，倘資產管理公司於受讓金融機構最高
限額抵押權時，該最高限額抵押權所擔保之債權已經確定，其抵押權性質轉變為普通
抵押權，資產管理公司再次申辦抵押權移轉登記與他人，自得依普通抵押權讓與方式

為之。

◎經抵押權人出具最高限額抵押權確定證明文件，得依普通抵押權移轉之方式辦理最高限額抵押權移轉登記（96.12.5內政部內授中辦地字第0960054219號函）

一、按民法第881條之13明定最高限額抵押權所擔保之原債權於確定事由發生後，賦予債務人或抵押人請求抵押權人結算之權，並得就該金額請求變更為普通抵押權之登記。而土地登記規則第115條之2，係配合上開民法規定所由設，明定最高限額抵押權因原債權確定事由發生而申請變更為普通抵押權時，抵押人應會同抵押權人及債務人就結算實際發生之債權額申請為權利內容變更登記，該項登記乃法律賦予債務人或抵押人行使債權額結算請求權之結果，且足使確定最高限額抵押權變更為普通抵押權，尚無逾越民法第881條之13規定。

二、又最高限額抵押權發生確定事由後，該抵押權與擔保債權之結合狀態隨之確定，此時該最高限額抵押權之從屬性與普通抵押權完全相同，其移轉登記得依普通抵押權移轉之方式為之，並無須抵押人或債務人會同辦理，惟抵押權人仍應出具最高限額抵押權確定之有關證明文件，始得辦理；登記機關為移轉登記時，應以新增代碼「GY」，資料內容為「本最高限額抵押權已確定」，同時於他項權利部其他登記事項欄登載，以保障後次序抵押權人及一般債權人權利。

◎經抵押權人出具最高限額抵押權確定證明文件，得依普通抵押權移轉之方式辦理最高限額抵押權移轉登記（96.12.14內政部內授中辦地字第0960055106號函）

依法務部96年11月19日法律字第0960036534號函，最高限額抵押權發生確定事由後，其移轉登記無須抵押人或債務人會同辦理，得由抵押權人單方出具最高限額抵押權確定之有關文件，供地政機關為形式上審查。是以為符民法物權編抵押權章相關修正條文規定及利登記審查需要，惠請轉知各金融機構於申辦確定最高限額抵押權移轉登記時，檢附之最高限額抵押權確定證明文件應一併敘明該最高限額抵押權確定之事由及其法令依據。

◎金融機構經主管機關許可概括承受或概括讓與者，受讓金融機構得憑主管機關證明單獨辦理權利變更事宜（97.7.30內政部內授中辦地字第0970723801號函）

一、本案經函准行政院金融監督管理委員會97年7月8日金管銀(一)字第09700230460號函略以：「……二、有關香港上海匯豐銀行概括承受中華商業銀行之資產，負債及營業，原中華商業銀行之最高限額抵押權所擔保之債權隨同移轉予香港上海匯豐銀行，仍繼續存在。至於本會97年3月13日金管銀(五)字第09700088250號函係核准香港上海匯豐銀行概括承受中華商業銀行之資產、負債及營業，與債權確定之證明文件無涉。三、另依金融機構合併法第18條有關金融機構概括承受與概括讓與準用同法第17條規定，金融機構經主管機關許可概括承受或概括讓與者，受讓機構於申請對讓與機構所有不動產、應登記之動產及各項擔保物權之變更登記時，得憑主管機關證明逕行辦理登記。爰香港上海匯豐銀行得檢具本會核准函單方辦理登記，毋須會同原權利人及抵押人。」本部同意金管會上開函意見。

二、另依民法第881條之7規定：「原債權確定前，最高限額抵押權之抵押權人或債務人為法人而有合併之情形者，抵押人得自知悉合併之日起十五日內，請求確定原債權。但自合併登記之日起已逾三十日，或抵押人為合併之當事人者，不在此限。有前項之請求者，原債權於合併時確定。合併後之法人，應於合併之日起十五日內，通知抵押人，其未為通知致抵押人受損害者，應負賠償責任。……」是本案抵押人倘未於知悉合併之日起十五日內請求確定原債權，該債權額尚未確定，得由受讓人持憑主管機關核准概括承受之公文，以「讓與」為登記原因，單方申請抵押權移轉登記，以登記清冊或歸戶清冊（刪除不屬該範圍者）代替移轉契約書，免繳納登記費（但書狀費仍需繳納），並得採批次方式辦理登記。

二、申請實務

㈠申請人

除繼承登記得由繼承人單方申請外，其為買賣、贈與或互易者，均應由權利人及義務人或原擔保物提供人會同申請。（土第73條）於抵押權移轉登記場合中，取得抵押權人為權利人，原抵押權人為義務人。如最高限額債權金額未確定者，應經原債務人或原義務人會同申請或同意。

㈡申請期限

應於權利變更後一個月內辦理移轉登記，其屬繼承登記者，自繼承開始之日起六個月內為之。若逾期申請者，每逾一個月得處應納登記費額一倍之罰鍰，但最高不得超過二十倍。（土第73條，土登第33條）

㈢應備書件

1.抵押權繼承移轉登記應備書件

抵押權繼承移轉，應先行申報遺產稅，取得遺產稅有關證明文件後，再行申請移轉登記，有關遺產稅之申報，詳見本書第四章。有關繼承登記，詳見本書第十二章，本節不贅述。

⑴土地登記申請書。

⑵登記清冊。

⑶遺產稅有關證明文件──詳見第四章。

⑷繼承權拋棄書：如有拋棄繼承權者，應附繳本項文件及其印鑑證明。

⑸繼承系統表。

⑹戶籍謄本：

　①被繼承人全戶除籍謄本。

　②繼承人現時戶籍謄本。

　③應佐證之戶籍謄本。

⑺遺囑：如係遺囑繼承者，應附繳本項文件正影本，正本於辦妥登記後

發還。

(8)死亡宣告判決書：被繼承人如係受死亡宣告，而戶籍謄本無記載時，應附繳本項文件正影本，正本於辦妥登記後發還。

(9)原設定登記之契約書。

(10)他項權利證明書。

2.抵押權讓與移轉登記應備書件

(1)土地登記申請書。

(2)他項權利移轉契約書。

(3)義務人（即原抵押權人）印鑑證明。

(4)權利人義務人身分證明文件：與設定登記者同，可參閱之。

(5)原抵押權設定契約書。

(6)他項權利證明書。

(7)債權確定證明或債務人、義務人同意書及印鑑證明。

四申辦手續

1.備齊繕妥所需文件

將登記申請書對摺放置於第一頁，契約書正本及他項權利證明書置於最後，其他書件再依土地登記規則第34條規定提出文件之次序放置整齊，裝訂成冊，即可提向主管之地政事務所申辦登記。

2.申請收件

(1)計費：申請案件，於核對申請人身分後，計算規費。其登記費係按契約書上所載權利價值千分之一計算。其書狀費每張80元。至於次序讓與登記，免納登記費。

(2)開單：經計費後，即行開發規費繳納通知單。

(3)繳費：經開單後，即可繳費，並取具繳費收據。

(4)收件：經收件後，取具收件收據。

3.補　正

申請案件如經審查發現填寫錯誤或文件不全或證件不符時，應依通知期限補正。經駁回而補正者，再重新送請收件，應另取具收件收據。

4.領　狀

申請案件經審查無誤完成登記，即可持收件收據及原蓋用之印章，至發狀處領取他項權利證明書及其他不需存查之文件。

三、書表填寫說明

一抵押權移轉登記申請書填寫說明

1.一般填法：請參閱前述各章節。

2.各欄填法：

(1)受理機關：填寫土地建物所在地之縣市及地政事務所名稱。

(2)原因發生日期：依契約書之訂立日期或繼承開始之日期填寫。

(3)申請登記事由：於「抵押權登記」之□內打✓。

(4)登記原因：填寫「繼承」或「次序讓與」或於「讓與」之□內打✓。

(5)標示及權利內容：於詳如「契約書」之□內打✓，若係繼承移轉者，則於「登記清冊」之□內打✓。

其餘參閱前述各節。

(二)他項權利移轉契約書填寫說明

1.一般填法：

(1)以毛筆、黑色、藍色墨汁鋼筆、原子筆或電腦打字正楷填寫。

(2)字體需端正，不得潦草，如有增、刪文字時，應在增、刪處由訂立契約人蓋章，不得使用修正液（帶）。

(3)關於「權利價值」金額之數目字，應依公文書橫式書寫數字使用原則填寫，如6億3944萬2789元。

(4)如「土地標示」、「建物標示」、「申請登記以外之約定事項」及「訂立契約人」等欄有空白時，應將空白欄以斜線劃除或註明「以下空白」字樣。如不敷使用時，可另附相同格式之清冊，並由訂立契約人在騎縫處蓋章。

(5)如係他項權利「移轉」而訂立契約者，應將本契約書格式各欄內有關「變更」之文字刪去，如係權利內容「變更」而訂約者，應將有關「移轉」之文字刪去。

2.各欄填法：

(1)第(1)(2)(3)(4)欄「土地標示」：應照土地登記資料所載分別填寫。

(2)第(8)(9)(10)(11)(12)欄「建物標示」：應照建物登記資料所載分別填寫。

(3)第(5)(13)欄「原設定權利範圍」欄：應照原設定（或變更）契約書、他項權利證明書或登記資料上所載填寫。

(4)第(6)(14)欄「原限定擔保債權金額」：應照原設定（或變更）契約書、他項權利證明書或登記資料上所載填寫。

(5)第(7)(15)欄「原流抵約定」：應照原設定（或變更）契約書、他項權利證明書或登記資料上所載填寫。

(6)第(16)欄「原擔保債權總金額」欄：應照原設定（或變更）契約書或他項權利證明書、登記資料所載填寫。

(7)第(17)欄「移轉或變更之原因及內容」：應將移轉或變更之「原因」及「內容」分別填入，並於「內容」欄填明原設定案件收件字號。其為最高限額抵押權之移轉或變更者，「原因」欄並應填明原債權有否因法定確定事由而確定（普通抵押權免填）；「內容」欄以變更原登記事

項之約定事項為限，例如變更最高限額抵押權之原擔保債權範圍及種類。

(8)第⒅欄「申請登記以外之約定事項」：本契約所約定之事項，於其他各欄內無法填寫者，均填入本欄。

(9)「訂立契約人」各欄之填法：

①先填「權利人」及其「姓名或名稱」「出生年月日」「統一編號」「住所」並「蓋章」，後填「義務人」及其「姓名或名稱」「出生年月日」「統一編號」「住所」並「蓋章」。如須會同債務人申請登記時，依序填寫「債務人」及其「姓名或名稱」「出生年月日」「統一編號」「住所」並「蓋章」。

②如訂立契約人為法人時，「出生年月日」免填，應於該法人之次欄加填「法定代表人」及其「姓名」，並「蓋章」。

③如訂立契約人為未成年人時，其契約行為應經其法定代理人允許，故應於該未成年人之次欄，加填「法定代理人」及其「姓名」、「出生年月日」、「統一編號」、「住所」並「蓋章」，以確定其契約之效力。

④「姓名」「出生年月日」「統一編號」「住所」各欄，應照戶籍謄本、戶口名簿、身分證或其他證明文件所載者填寫，如住址有街、路、巷名者，得不填寫里、鄰。

⑤第⒆欄「蓋章」：

　(A)權利人應蓋用與所填之姓名或名稱相同之簽章。

　(B)義務人應蓋用與印鑑證明相同或於登記機關設置之土地登記印鑑相同之印章，如親自到場應依土地登記規則第40條規定辦理，或依土地登記規則第41條其他各款規定辦理。

⑽第⒆欄「立約日期」欄：填寫訂立契約之年月日。

3.本契約書應於訂立後一個月內檢附有關文件，依法申請移轉或涉及擔保債權總金額增加之權利價值變更登記，以確保產權。逾期申請，則依土地法第73條第2項「…聲請逾期者，每逾一個月得處應納登記費一倍之罰鍰，但最高不得超過二十倍。」規定，處以罰鍰。

四、書表填寫範例

收件	日期	年　月　日　時　分	分件字號	字　第　號	收者章	件章
		連件序別（非連件者免填）	共 1 件　第 1 件			

登記費	元	書狀費	元	罰鍰	元	合計	元	收據	字號	核算者

土地登記申請書

(1)受理機關　△△市△△地政事務所　資料管轄機關　△△　△△地政事務所　□跨所申請

(2)原因發生日期　中華民國△△年△月△△日

(3)申請登記事由（選擇打✓一項）
- □所有權第一次登記
- □所有權移轉登記
- □抵押權登記
- □抵押權塗銷登記
- □抵押權內容變更登記
- □標示變更登記
- ✓抵押權移轉

(4)登記原因（選擇打✓一項）
- □第一次登記
- □買賣　□贈與　□繼承　□分割繼承　□拍賣　□共有物分割
- □設定　□法定
- □清償　□拋棄　□混同　□判決塗銷　□
- □權利價值變更　□權利內容等變更
- □分割　□合併　□地目變更　□
- ✓讓與

(5)標示及申請權利內容　詳如　□契約書　✓登記清冊　□複丈結果通知書　□建物測量成果圖

(6)附繳證件
1. 移轉契約書　2份
2. 印鑑證明　1份
3. 身分證明文件　2份
4. 抵押權契約書　1份
5. 他項權利證明書　1份
6. 債權確定證明　2份
7.
8.
9.

(7)委任關係　本土地登記案之申請委託　陳△△　代理。
委託人確為登記標的物之權利人或權利關係人，如有虛偽不實，本代理人（複代理人）願負法律責任。　印

(8)聯絡方式

權利人電話	△△△△－△△△△
義務人電話	△△△△－△△△△
代理人聯絡電話	△△△△－△△△△
傳真電話	△△△△－△△△△
電子郵件信箱	△△△△△△△－△△△△
不動產經紀業名稱及統一編號	△△△△△－△△△△
不動產經紀業電話	△△△△－△△△△

(9)備註　本案已依規定通知債務人，如有不實，申請人願負法律責任。印印

874　房地產登記實務

(10)申請人	(11)權利人或義務人	(12)姓名或名稱	(13)出生年月日	(14)統一編號	(15)住　所 縣市	鄉鎮市區	村里	鄰	街路	段	巷	弄	號	樓	(16)簽章
申請人	權利人	楊△△	△△△	△△△△△	△△	△△	△△	△	△△				△		印
	義務人	邱△△	△△△	△△△△△△	△△	△△	△△	△	△△				△		印
	雙方代理人	陳△△		△△△△△△	△△	△△	△△	△	△△	△	△	△	△△	△△	印

本案處理經過情形（以下各欄申請人請勿填寫）				
初	審	複	審	核	定
登簿	校簿	書狀列印	校狀	書狀用印
地價異動	通知領狀	異動通知	支付發狀	歸檔

土地
建築改良物　抵押權　移轉
變更　契約書

下列　土地
建物　經　權利人
義務人　雙方同意　移轉
變更，特訂立本契約：

土地標示		建物標示	
(1)土地建物坐落　鄉鎮市區	△△	(8)建號	311
段	△△	(9)門牌　鄉鎮市區	△△
小段	△	街路	△△
(2)地號	128	段巷弄	△
(3)地目	建	號樓	△△
(4)面積（平方公尺）	231	段	△△
(5)原設定權利範圍	1/4	小段	△
(6)原限定擔保權額保證金額		地號	128
(7)原流抵約定		(10)建物坐落	
		(11)總面積（平方公尺）	112
		(12)附屬建物　用途	陽臺
		面積（平方公尺）	12.11
		(13)原設定權利範圍	全部
		(14)原限定擔保權額債權金額	
		(15)原流抵約定	

以下空白

(16)原擔保債權總金額		最高限額新臺幣捌佰萬元整
(17)移轉或變更	原因	最高限額抵押權所擔保之原債權已確定
	內容	本最高限額抵押權所擔保之原債權已確定就民國○○○年○月○日收件第○○號○○最高限額新臺幣捌佰萬元整之抵押權全部讓與移轉揚○○○承受。
(18)申請登記以外之約定事項		1. 2. 3. 4.

(19)權利人或義務人	(20)姓名或名稱	(21)出生年月日	(22)統一編號	(23)住								所	(24)蓋章
				縣市	鄉鎮市區	村里	鄰	街路	段	巷弄	號	樓	
訂立契約人 權利人	楊△△	△△△	△△△	△△	△△	△△	△	△△	△	△	△	△	印
義務人	邱△△	△△△	△△△	△△	△△	△△	△	△△	△	△	△	△	印

(25)立約日期　中　華　民　國　○　△　△　年　△　△　月　△　△　日

債權讓與通知書

黃△△先生大鑒：

臺端提供臺北市△△區△△段△△地號持分肆分之壹及建號△△△即臺北市△△路二段△號房屋所有權全部，向本人借款新臺幣捌佰萬元整。並於民國△△△年△月△日提向臺北市△△地政事務所收件第△△△號辦妥最高限額新臺幣捌佰萬元之抵押設定登記在案。如今該債權業於民國△△△年△月△△日讓與楊△△女士承受，特此通知，俾據以辦理抵押權移轉登記。

通知人：邱△△　　印

地址：△△△△△△△△

中　華　民　國　△　△　年　△　△　月　△　△　日

本通知書得用郵局存證信函為之

第二節 地上權移轉登記

一、概 述

㈠讓 與

地上權人得將其權利讓與他人。但契約另有約定或另有習慣者,不在此限。(民第838條)

㈡原 因

地上權移轉之原因,除繼承外,尚有買賣、贈與、互易等。於買賣之場合中,土地所有權人有優先購買地上物之權。(民第839條,土第104條)

◎**有關地上權存續期間屆滿後,地上權人得否將其權利讓與他人疑義**(80.9.13內
政部臺內地字第8071837號函)

案經函准法務部80年9月6日法80律13547號函以:「依民法第838條規定,地上權人得將其地上權讓與受讓人者,僅於該地上權存續期間內,始有其適用。」本部同意上開法務部意見。

二、申請實務

㈠申請人

除繼承登記得由繼承人單方申請外,如係其他原因移轉者,則由權利人及義務人會同申請。(土第73條)於地上權移轉登記場合中,取得地上權人為權利人,原地上權人為義務人。

㈡申請期限

應於權利變更後一個月內辦理移轉登記,其屬繼承登記者,得自繼承開始之日起六個月內為之。如逾期申請者,每逾一個月得處應納登記費額一倍之罰鍰,但最高不得超過二十倍。(土第73條,土登第33條)

㈢應備書件

1.地上權繼承移轉登記應備書件

應先申報遺產稅,詳見本書第四章。繼承登記,詳見本書第十二章,本節不贅述。

(1)土地登記申請書。

(2)登記清冊。

(3)遺產稅有關證明文件,詳見第四章。

(4)繼承權拋棄書:若有拋棄繼承權者,應附繳本項文件及其印鑑證明。

(5)繼承系統表。

(6)戶籍謄本:

①被繼承人全戶除籍謄本。

②繼承人現時戶籍謄本。

　③應佐證之戶籍謄本。

(7)遺囑：如係遺囑繼承者，應附繳本項文件正影本，正本於辦妥登記後發還。

(8)死亡宣告判決書：被繼承人如係受死亡宣告，而戶籍謄本無記載時，應附繳本項文件正影本，正本於辦妥登記後發還。

(9)原設定登記之契約書。

(10)他項權利證明書。

2.地上權讓與移轉登記應備書件

(1)土地登記申請書。

(2)他項權利移轉契約書。

(3)義務人印鑑證明。

(4)權利人義務人身分證明文件：與設定登記者同，可參閱之。

(5)原地上權設定契約書。

(6)他項權利證明書。

(四)申辦手續

1.備齊繕妥所需文件後

將登記申請書對摺放置於第一頁，契約書正本及他項權利證明書置於最後，其餘書件再依土地登記規則第34條規定提出文件之次序放置整齊，裝訂成冊，即可向主管之地政事務所申辦登記。

2.申請收件

(1)計費：申請案件，於核對申請人身分後，計算規費。其登記費係按契約書上所載權利價值千分之一計算。其書狀費每張80元。

(2)開單：經計費後，即行開發規費繳納通知單。

(3)繳費：經開單後，即可繳費，並取具繳費收據。

(4)收件：經收件後，取具收件收據。

3.補　正

申請案件如經審查發現填寫錯誤或文件不全或證件不符時，應依通知期限補正。

4.領　狀

申請案件經審查無誤完成登記，即可持收件收據及原蓋用之印章，至發狀處領取他項權利證明書及其他不需存查之文件。

三、書表填寫說明

(一)地上權移轉登記申請書填寫說明

1.一般填法：請參閱前述各章節。

2.各欄填法：

　　　⑴受理機關：填寫土地建物所在地之縣市及地政事務所名稱。

　　　⑵原因發生日期：依契約書之訂立日期或繼承開始之日期填寫。

　　　⑶申請登記事由：填寫「地上權移轉登記」。

　　　⑷登記原因：填寫「繼承」或「讓與」。

　　　⑸標示及權利內容：於詳如「契約書」之□內打✓，如係繼承移轉者，則
　　　　　於「登記清冊」之□內打✓。

　　其餘參閱前述各節。

㈡他項權利移轉契約書填寫說明

　　1.一般填法：

　　　⑴以毛筆、黑色、藍色墨汁鋼筆、原子筆或電腦打字正楷填寫。

　　　⑵字體需端正，不得潦草，如有增、刪文字時，應在增、刪處由訂立契
　　　　　約人蓋章，不得使用修正液（帶）。

　　　⑶關於「原權利總價值」金額之數目字，應依公文書橫式書寫數字使用
　　　　　原則填寫，如6億3944萬2789元。

　　　⑷如「土地標示」「建物標示」「申請登記以外之約定事項」及「訂立
　　　　　契約人」等欄有空白時，應將空白欄以斜線劃除或註明「以下空白」
　　　　　字樣。如不敷使用時，可另附相同格式之清冊，並由訂立契約人在騎
　　　　　縫處蓋章。

　　2.各欄填法：

　　　⑴第⑴⑵⑶⑷欄「土地標示」：應照土地登記資料所載分別填寫。

　　　⑵第⑺⑻⑼⑽⑾欄「建物標示」：應照建物登記資料所載分別填寫。

　　　⑶第⑸⑿欄「原設定權利範圍」：應照原設定契約書、他項權利證明書
　　　　　或登記資料上所載填寫。

　　　⑷第⑹⒀欄「原設定權利價值」：應照原設定（或變更）契約書、他項權
　　　　　利證明書或登記資料上所載填寫。

　　　⑸第⒁欄「權利種類」：填寫除抵押權以外之他項權利種類名稱，如地
　　　　　上權移轉者，填「地上權」字樣，以此類推。

　　　⑹第⒂欄「原權利總價值」：應照原設定契約書、他項權利證明書或登
　　　　　記資料上所載填寫。

　　　⑺第⒃欄「移轉或變更之原因及內容」欄：應將移轉之「原因」及「內
　　　　　容」分別填入；「內容」欄以變更原登記事項之約定事項為限，並請
　　　　　填明原設定案件收件字號。

　　　⑻第⒄欄「申請登記以外之約定事項」欄：本契約所約定之事項，於其
　　　　　他各欄內無法填寫者，均填入本欄。

　　　⑼「訂立契約人」各欄之填法：

　　　　　①先填「權利人」及其「姓名或名稱」「出生年月日」「統一編號」

　　　「住所」並「蓋章」，後填「義務人」及其「姓名或名稱」「出生
　　　年月日」「統一編號」「住所」並「蓋章」。
　　②如訂立契約人為法人時，「出生年月日」免填，應於該法人之次欄
　　　加填「法定代表人」及其「姓名」「出生年月日」「統一編號」
　　　「住所」並「蓋章」。
　　③如訂立契約人為未成年人時，其契約行為應經其法定代理人允許，
　　　故應於該未成年人之次欄，加填「法定代理人」及其「姓名」「出
　　　生年月日」「統一編號」「住所」並「蓋章」，以確定其契約之效
　　　力。
　　④「姓名」「出生年月日」「統一編號」「住所」各欄，應照戶籍謄
　　　本、戶口名簿、身分證或其他證明文件所載者填寫，如住址有街、
　　　路、巷名者，得不填寫里、鄰。
　　⑤第⒇欄「蓋章」：
　　　⒜權利人應蓋用與所填之姓名或名稱相同之簽章。
　　　⒝義務人應蓋用與印鑑證明相同或於登記機關設置之土地登記印鑑相
　　　　同之印章，如親自到場應依土地登記規則第40條規定辦理，或依
　　　　土地登記規則第41條其他各款規定辦理。
　⑽第⒇欄「立約日期」：填寫訂立契約之年月日。
3.本契約書應於訂立後一個月內檢附有關文件，依法申請移轉或涉及擔保
　債權總金額增加之權利價值變更登記，以確保產權。逾期申請，則依土
　地法第73條第2項「…聲請逾期者，每逾一個月得處應納登記費一倍之罰
　鍰，但最高不得超過二十倍。」規定，處以罰鍰。

四、書表填寫範例

土地登記申請書

收件	日期	年 月 日 時 分	收件者章	連件序別	連件（非連件者免填）　共 1 件　第 1 件	登記費 書狀費 罰鍰	元 元 元	合計 收據 核算者	元 字號
		字第 號							

書

申　　　請

(1)受理機關　△△市△△地政事務所　△△ △△ 地政事務所

(2)原因發生日期　中華民國△△年△月△△日

(3)申請登記事由（選擇打✓一項）
- □ 所有權第一次登記
- ☑ 所有權移轉登記
- □ 抵押權登記
- □ 抵押權塗銷登記
- □ 抵押權內容變更登記
- □ 標示變更登記
- ☑ 地上權移轉登記

(4)登記原因（選擇打✓一項）
- □ 第一次登記
- □ 買賣　□ 贈與　□ 繼承　□ 分割繼承　□ 拍賣　□ 共有物分割
- □ 設定　□ 法定
- □ 清償　□ 拋棄　□ 混同　□ 判決塗銷
- □ 權利價值變更　□ 權利內容等變更
- □ 分割　□ 合併　□ 地目變更
- ☑ 讓與

(5)標示及申請權利內容　詳如　☑ 契約書　□ 登記清冊　□ 複丈結果通知書　□ 建物測量成果圖

(6)附繳證件
- 1.移轉契約書　2份
- 2.印鑑證明　1份
- 3.身分證明文件　2份
- 4.原地上權契約書　1份　7.
- 5.他項權利證明書　1份　8.
- 6.　2份　9.

(7)委任關係　本土地登記案之申請委託 陳△△ 代理。　　　複代理。
委託人確為登記標的物之權利人或權利關係人，如有虛偽不實，本代理人（複代理人）願負法律責任。　　印

(8)聯絡方式
聯絡	權利人電話	△△△△－△△△△
	義務人電話	△△△△－△△△△
	代理人聯絡電話	△△△△－△△△△
	傳真電話	△△△△－△△△△
	電子郵件信箱	△△△△－△△△△
	不動產經紀業名稱及統一編號	
	不動產經紀業電話	

(9)備註

(11)權利人或義務人	(12)姓名或名稱	(13)出生年月日	(14)統一編號	(15)住所 縣市	鄉鎮市區	村里	鄰	街路	段	巷弄	號	樓	(16)簽章
權利人	田△△	△△△	△△△△△	△△	△△	△△	△	△△			△	△	印
義務人	王△△	△△△	△△△△△	△△	△△	△△	△	△△			△	△	印
雙方代理人	陳△△	△△△	△△△△△	△△	△△	△	△	△△	△	△	△	△	印

(10)申請人

本案處理經過情形（以下各欄申請人請勿填寫）

初審	複審	審核	定		
登簿	校簿	書狀列印	校狀	書狀用印	歸檔
地價異動	通知領狀	異動通知	支付發狀		

土地建築改良物他項權移轉（變更）契約書

下列土地建築物經權利人義務人雙方同意移轉變更，特訂立本契約：

標示	項目		土地	建物	項目	
土地標示	(1)坐落	鄉鎮市區	△△		(7)建號	
		段	△△	以下空白	(8)門牌	鄉鎮市區
		小段	△			街路
	(2)地號		35			段巷弄
	(3)地目		建			樓
	(4)面積（平方公尺）		220		(9)建物坐落	段
						小段
						地號
	(5)原設定權利範圍		全部		(10)面積（平方公尺）	層層層層 共計
					(11)附屬建物	用途
						面積（平方公尺）
	(6)原設定權利價值		新臺幣壹佰萬元		(12)原設定權利範圍	
					(13)原設定權利價值	

(14)權利種類	地上權
(15)原權利總價值	新臺幣壹佰萬元正

(16)移轉或變更	原因	讓與
	內容	就民國△△△年△月△△△日收件第△△△△號設定登記之地上權全部讓與移轉與田△△承受

(17)申請登記以外之約定事項
1. 2. 3. 4.

(18)訂立契約人 權利人或義務人	(19)姓名或名稱	(20)出生年月日	(21)統一編號	(22)住所									(23)蓋章
				縣市	鄉鎮市區	村里	鄰	街路	段	巷弄	號	樓	
權利人	田△△	△△△	△△△	△△	△△	△△	△	△△	△	△	△	△	印
義務人	王△△	△△△	△△△	△△	△△	△△	△	△△	△	△	△	△	印

(24)立約日期	中華民國 △△△ 年 △ 月 △△ 日

第三節　不動產役權移轉登記

一、概　述

㈠讓與限制

不動產役權不得由需役不動產分離而為讓與，或為其他權利之標的物。（民第853條）

㈡原　因

需役不動產因繼承、買賣、互易及贈與而移轉時，其不動產役權隨同所有權而移轉。於不動產役權移轉登記場合中，不動產役權取得人為權利人，原不動產役權人為義務人。

二、申請實務

㈠申請人

除繼承登記得由繼承人單方申請外，其為買賣、贈與或互易者，均應由權利人及義務人會同申請。（土第73條）

㈡申請期限

應於權利變更後一個月內辦理移轉登記，其屬繼承登記者，得自繼承開始之日起六個月內為之。如逾期申請者，每逾一個月得處應納登記費額一倍之罰鍰，最高罰至二十倍。（土第73條）

㈢應備書件

1.不動產役權繼承移轉登記應備書件

應先申報遺產稅，詳見本書第四章。繼承登記，詳見本書第十二章，於此不贅述。

(1)土地登記申請書。

(2)登記清冊。

(3)遺產稅有關證明文件——詳見第四章。

(4)繼承權拋棄書：如有拋棄繼承權者，應附繳本項文件及其印鑑證明。

(5)繼承系統表。

(6)戶籍謄本：

①被繼承人全戶除籍謄本。

②繼承人現時戶籍謄本。

③應佐證之戶籍謄本。

(7)遺囑：如係遺囑繼承者，應附繳本項文件正影本，正本於辦妥登記後發還。

(8)死亡宣告判決書：被繼承人如係受死亡宣告，而戶籍謄本無記載時，應附繳本項文件正影本，正本於辦妥登記後發還。

　　　(9)原設定登記之契約書。

　　　(10)他項權利證明書。

　　2.不動產役權讓與移轉登記應備書件

　　　(1)土地登記申請書。

　　　(2)他項權利移轉契約書。

　　　(3)義務人印鑑證明：與設定登記者同，可參閱之。

　　　(4)權利人義務人身分證明文件：與設定登記者同，可參閱之。

　　　(5)原設定契約書。

　　　(6)他項權利證明書。

㈣申辦手續

　　1.備齊繕妥所需書件後

　　將登記申請書對摺放置於第一頁，契約書正本及他項權利證明置於最後，其餘書件再依土地登記規則第34條規定提出文件之次序放置整齊，裝訂成冊，即可提向主管之地政事務所申請登記。

　　2.申請收件

　　　(1)計費：申請案件，於核對申請人身分後，計算規費。其登記費係按契約書上所載權利價值千分之一計算。其書狀費每張80元。

　　　(2)開單：經計費後，即行開發規費繳納通知單。

　　　(3)繳費：經開單後，即可繳費，並取具繳費收據。

　　　(4)收件：經收件後，取具收件收據。

　　3.補　　正

　　申請案件如經審查發現填寫錯誤或文件不全或證件不符時，應依通知期限補正。

　　4.領　　狀

　　申請案件經審查無誤完成登記，即可持收件收據及原蓋用之印章，至發狀處領取他項權利證明書及其他不需存查之文件。

三、書表填寫說明

　　1.不動產役權移轉登記申請書填寫說明：本申請書之填寫，除「申請登記事由」填寫「不動產役權移轉登記」外，其餘各欄之填寫方法，均與抵押權移轉登記申請書之填法相同——詳見本章第一節，本節不贅述。

　　2.他項權利移轉契約書填寫說明：各種他項權利移轉所用之契約書格式均相同，其填寫方法亦相同，故不動產役權移轉契約書之填法——可參閱本章第二節地上權移轉契約書之填寫說明，本節不贅述。

四、書表填寫範例

土地登記申請書

(1)受理機關	△△市△△地政事務所	(2)原因發生日期	中華民國△△年△月△△日

收件	日期	年 月 日 時 分
	字號	字第 號
	者章	收件者章

資料管轄機關	△△市 △△ 地政事務所 ☑跨所申請

連件序別	(非連件者免填) 連件 共 1 件 第 1 件

登記費	元
書狀費	元
罰鍰	元
合計	元
收據	字 號
核算者	

(3)申請登記事由 (選擇打✓一項)
- □ 所有權第一次登記
- □ 所有權移轉登記
- □ 抵押權登記
- □ 抵押權塗銷登記
- □ 抵押權內容變更登記
- □ 標示變更登記
- ☑ 不動產役權移轉登記

(4)登記原因 (選擇打✓一項)
- □ 第一次登記
- □ 買賣 □ 贈與 □ 繼承 □ 分割繼承 □ 拍賣 □ 共有物分割
- □ 設定 □ 法定
- □ 清償 □ 拋棄 □ 混同 □ 判決塗銷
- □ 權利價值變更 □ 權利內容等變更
- □ 分割 □ 合併 □ 地目變更
- ☑ 讓與

(5)標示及申請權利內容　詳如 ☑契約書 □登記清冊 □複丈結果通知書 □建物測量成果圖

(6)附繳證件
1. 移轉契約書　2份　4.原不動產役權契約書　2份　7.　　　　份
2. 印鑑證明　　1份　5.他項權利證明書　　　　1份　8.　　　　份
3. 身分證明文件　2份　6.　　　　　　　　　　　2份　9.　　　　份

(7)委任關係　本土地登記案之申請委託 陳△△ 代理。　　複代理。
委託人確為登記標示的物之權利人或權利關係人,如有虛偽不實,本代理人(複代理人)願負法律責任。[印]

(8)連絡方式
- 權利人電話
- 義務人電話
- 代理人聯絡電話
- 傳真電話
- 電子郵件信箱
- 不動產經紀業名稱及統一編號
- 不動產經紀業電話

連絡電話 △△△△-△△△△
△△△△-△△△△
△△△△-△△△△
△△△△-△△△△
△△△△-△△△△
△△△△-△△△△-△△△△

(9)備註

(11)權利人或義務人	(12)姓名或名稱	(13)出生年月日	(14)統一編號	(15)住所 縣市	鄉鎮市區	村里	鄰	街路	段	巷	弄	號	樓	(16)簽章
權利人	廖△△	△△△	△△△△△	△△	△△	△△	△	△△	△	△	△	△	△	印
義務人	林△△	△△△	△△△△△	△△	△△	△△	△	△△	△	△	△	△	△	印
雙方代理人	陳△△	△△	△△△△	△△	△△	△△	△	△△	△	△	△	△	△	印

(10) 申請人

本案處理經過情形（以下各欄申請人請勿填寫）

初審	複審	核定	登簿	校簿	書狀列印	校狀	書狀用印	歸檔
			地價異動	通知領狀	異動通知	支付發狀		

土地建築改良物他項權利移轉（變更）契約書

下列土地建築物經 權利人 義務人 雙方同意移轉變更，特訂立本契約：

土地標示	(1)坐落	鄉鎮市區	△△
		段	△△
		小段	二
	(2)地號		23
	(3)地目		道
	(4)面積（平方公尺）		63
	(5)原設定權利範圍		全部
	(6)原設定權利價值		新臺幣伍仟元正

建物標示	(7)建號	
	(8)門牌	鄉鎮市區
		街路
		段巷弄
		號樓
	(9)建物坐落	段
		小段
		地號
	(10)面積（平方公尺）	共計
	(11)附屬建物	用途
		面積（平方公尺）
	(12)原設定權利範圍	
	(13)原設定權利價值	

(14)權利種類	不動產役權
(15)原權利總價值	新臺幣伍仟元正

(16)移轉或變更	原因	讓與
	內容	就民國△△△年△月△△日收件第△△△號設定登記之不動產役權全部讓與移轉與廖△△承受。

(17)申請登記以外之約定事項	1. 2. 3. 4.

(18)權利人或義務人	(19)姓名或名稱	(20)出生年月日	(21)統一編號	(22)住所										(23)蓋章
				縣市	鄉鎮市區	村里	鄰	街路	段	巷	弄	號	樓	
訂立契約人 權利人	廖△△	△△△	△△△	△△	△△	△△	△△	△△	△△	△	△	△	△	印
義務人	林△△	△△△	△△△	△△	△△	△△	△△	△△	△△	△	△	△	△	印

(24)立約日期	中華民國 △△△ 年 △ 月 △△ 日

第四節　典權移轉登記

一、概　述

㈠民法規定

1.典權人得將典權讓與他人或設定抵押權。典物為土地，典權人在其上有建築物者，其典權與建築物，不得分離而為讓與或其他處分。（第917條）。

2.典權存續中，典權人得將典物轉典或出租於他人。（第915條）其實所謂轉典，係以典權為標的，再設定典權，與典權移轉之性質不同，惟本節仍一併予以敘述，俾便於比較與對照。

3.出典人設定典權後，得將典物讓與他人。但典權不因此而受影響。（第918條）

㈡原　因

1.於典權移轉之原因中，除繼承外，尚有買賣、交換、贈與等原因。

2.於典權移轉登記之場合中，取得典權之人為權利人，原典權人為義務人。

二、申請實務

㈠申請人

除繼承登記得由繼承人單方申請外，其為買賣、贈與或互易者，均應由權利人及義務人會同申請。（土第73條）

㈡申請期限

應於權利變更後一個月內辦理移轉登記，其屬繼承登記者，得自繼承開始之日起六個月內為之。如逾期申請者，每逾一個月得處應納登記費額一倍之罰鍰，最高額罰至二十倍。（土第73條）

㈢應備書件

1.典權繼承移轉登記應備書件

應先申報遺產稅，詳見本書第四章。繼承登記，詳見本書第十二章，本節不贅述。

⑴土地登記申請書。

⑵登記清冊。

⑶遺產稅有關證明文件——詳見第四章。

⑷繼承權拋棄書：如有拋棄繼承權者，應附繳本項文件及其印鑑證明。

⑸繼承系統表。

⑹戶籍謄本：

　①被繼承人全戶除籍謄本。

　　②繼承人現時戶籍謄本。

　　③應佐證之戶籍謄本。

(7)遺囑：如係遺囑繼承者，應附繳本項文件正影本，正本於辦妥登記後發還。

(8)死亡宣告判決書：被繼承人如係受死亡宣告，而戶籍謄本無記載時，應附繳本項文件正影本，正本於辦妥登記後發還。

(9)原設定登記之契約書。

(10)他項權利證明書。

2.典權讓與移轉登記應備書件

(1)土地登記申請書。

(2)他項權利移轉契約書。

(3)義務人印鑑證明：與設定登記者同，可參閱之。

(4)權利人義務人身分證明文件：與設定登記者同，可參閱之。

(5)原設定契約書。

(6)他項權利證明書。

3.典權轉典移轉登記應備書件

(1)土地登記申請書。

(2)典權轉典設定契約書。

(3)義務人印鑑證明。

(4)權利人義務人身分證明文件。

(5)耕地承租人放棄優先承典權證明書：如係耕地，應附繳本項文件。

(6)契稅繳納收據。

(7)原典權設定契約書。

(8)他項權利證明書。

(四)申辦手續

1.備齊繕妥所需文件後

　　將登記申請書對摺放置於第一頁，契約書正本及他項權利證明書置於最後，其餘書件再依土地登記規則第34條規定提出文件之次序放置整齊，裝訂成冊，即可提向主管之地政事務所申請登記。

2.申請收件

(1)計費：申請案件，於核對申請人身分後，計算規費。其登記費係按契約書上所載權利價值千分之一計算。其書狀費每張80元。

(2)開單：經計費後，即行開發規費繳納通知單。

(3)繳費：經開單後，即可繳費，並取具繳費收據。

(4)收件：經收件後，取具收件收據。

　　3.補　正

　　申請案件如經審查發現填寫錯誤或文件不全或證件不符時，應依通知期限補正。

　　4.領　狀

　　申請案件經審查無誤完成登記，即可持收件收據及原蓋用之印章，至發狀處領取他項權利證明書及其他不需存查之文件。

三、書表填寫說明

㈠典權移轉登記申請書填寫說明

　　本申請書之填寫，除「申請登記事由」填寫「典權移轉登記」外，「登記原因」填寫「讓與」或「轉典」外，其餘各欄之填寫方法，均與抵押權移轉登記申請書之填法相同──詳見本章第一節，本節不贅述。

㈡他項權利移轉契約書填寫說明

　　各種他項權利移轉契約書之格式均相同，其填寫方法亦相同，故典權移轉契約書之填法──可參閱本章第二節地上權移轉契約書之填寫說明，本節不贅述。

四、書表填寫範例

土地登記申請書

收件	日期	年 月 日 時 分	收件者	件章
	字號	字 第 號		

連件序別（非連件者免填）　共 1 件　第 1 件

登記費	書狀費	罰鍰	合計	收據	核算者
		元	元	元	字 號
					元

(1)受理機關　△△市△△地政事務所　☑跨所申請　資料管轄機關 △△市 △△ 地政事務所

(2)原因發生日期　中華民國△△年△△月△△日

(3)申請登記事由（選擇打✓一項）
- ☐所有權第一次登記
- ☑所有權移轉登記
- ☐抵押權登記
- ☐抵押權塗銷登記
- ☐抵押權內容變更登記
- ☐標示變更登記
- ☑他項權利移轉登記

(4)登記原因（選擇打✓一項）
- ☐第一次登記
- ☐買賣　☐贈與　☐繼承　☐分割繼承　☐拍賣　☐共有物分割
- ☐設定　☐法定
- ☐清償　☐拋棄　☐混同　☐判決塗銷
- ☐權利價值變更　☐權利內容等變更
- ☐分割　☐合併　☐地目變更
- ☑讓與

(5)標示及申請權利內容　詳如　☑契約書　☐登記清冊　☐複丈結果通知書　☐建物測量成果圖

(6)附繳證件
1. 移轉契約書　2份
2. 印鑑證明　1份
3. 身分證明文件　2份
4. 原權利證明書　1份
5. 他項權利證明書　2份
6.
7.
8.
9.

(7)委任關係
本土地登記案之申請委託 陳△△ 代理。　複代理。
委託人確為登記標的物之權利人或權利關係人，如有虛偽不實，本代理人（複代理人）願負法律責任。　印

(8)聯絡方式

連絡方式	
權利人電話	△△△△-△△△△
義務人電話	△△△△-△△△△
代理人聯絡電話	△△△△-△△△△
傳真電話	△△△△-△△△△
電子郵件信箱	
不動產經紀業名稱及統一編號	
不動產經紀業電話	

(9)備註

(10)申請人	(11)權利人或義務人	(12)姓名或名稱	(13)出生年月日	(14)統一編號	(15)住所 縣市	鄉鎮市區	村里	鄰	街路	段	巷	弄	號	樓	(16)簽章
申請人	權利人	林△△	△△△	△△△△△	△△	△△	△△	△	△△		△		△	△	印
	義務人	王△△	△△△	△△△△△	△△	△△	△△	△	△△		△		△	△	印
	雙方代理人	陳△△	△△△	△△△△△	△△	△△	△△	△	△△	△	△		△	△	印

本案處理經過情形（以下各欄申請人請勿填寫）									
初審	複審	審查	核定	登簿	校簿	書狀列印	校狀	書狀用印	歸檔
				地價異動	通知領狀	異動通知	交付發狀		

土地建築改良物　他項權利移轉（變更）契約書

下列 土地建物 經 權利人／義務人 雙方同意 移轉/變更 ，特訂立本契約：

土地標示

(1)坐落	鄉鎮市區	△△
	段	△△
	小段	二
(2)地號		23
(3)地目		△
(4)面積（平方公尺）		232
(5)原設定權利範圍		全部
(6)原設定權利價值		新臺幣參佰萬元

建物標示

(7)建號		以下空白
(8)門牌	鄉鎮市區	
	街路	
	段巷弄	
	號樓	
(9)建物坐落	段	
	小段	
	地號	
(10)面積（平方公尺）	一層	
	二層	
	三層	
	層	
	層	
	共計	
(11)附屬建物	用途	
	面積（平方公尺）	
(12)原設定權利範圍		
(13)原設定權利價值		

(14)權利種類	典權									
(15)原權利總價值	新臺幣參佰萬元正									
(16)移轉或變更	原因	讓與								
	內容	就民國△△△年△月△△日收件第△△△△號設定登記之典權全部讓與移轉與林△△承受。								
(17)申請登記以外之約定事項	1.　2.　3.　4.									

訂	(18)權利人或義務人	(19)姓名或名稱	(20)出生年月日	(21)統一編號	(22)住所									(23)蓋章
					縣市	鄉鎮市區	村里	鄰	街路	段	巷弄	號	樓	
立	權利人	林△△	△△△	△△△	△△	△△	△△	△△	△△	△△	△△	△	△	印
契	義務人	王△△	△△△	△△△	△△	△△	△△	△△	△△	△△	△△	△	△	印
約														
人														

(24)立約日期　中華民國　△△△　年　△　月　△　日

第一節　概　述

一、說　明

㈠原　因

1. 抵押權權利內容，如權利範圍、債權金額、權利存續期限、利息、遲延利息、違約金、債務清償日期、付息日期及方法等如有變更，得辦理抵押權利內容變更登記。至於擔保抵押權之不動產增加，則非屬權利內容變更登記之範圍，應屬增加設定之範圍——詳見第九章第二節。

2. 地上權及不動產役權等權利內容，如權利範圍、地租額、權利存續期限、約定使用方法、繳租日期及方法等如有變更，得辦理權利內容變更登記。

3. 典權權利內容，如權利範圍、典價金額、權利存續期限、回贖轉典或出租之約定等如有變更得辦理典權權利內容變更登記。

4. 他項權利內容變更登記，係以附記登記為之。

㈡增加設定（土登第113條）

抵押權設定登記後，另增加一宗或數宗土地權利共同為擔保時，應就增加部分辦理抵押權設定登記，並就原設定部分辦理抵押權內容變更登記。

㈢部分塗銷（土登第114條）

以數宗土地權利為共同擔保，經設定抵押權登記後，就其中一宗或數宗土地權利，為抵押權之塗銷或變更時，應辦理抵押權部分塗銷及抵押權內容變更登記。

㈣變更限定債權金額（土登第114條之1）

以數宗土地權利為共同擔保，申請設定抵押權登記時，已限定各宗土地權利應負擔之債權金額者，登記機關應於登記簿記明之；於設定登記後，另為約定或變更限定債權金額申請權利內容變更登記者，亦同。

前項經變更之土地權利應負擔債權金額增加者，應經後次序他項權利人及後次序抵押權之共同抵押人同意。

㈤增加擔保金額（土登第115條第2項）

抵押權因增加擔保債權金額申請登記時，除經後次序他項權利人及後次序抵押權之共同抵押人同意辦理抵押權內容變更登記外，應就其增加金額部分另行辦理設定登記。

㈥最高限額抵押權變更為普通抵押權（土登第115條之2）

最高限額抵押權因原債權確定事由發生而申請變更為普通抵押權時，抵押人應會同抵押權人及債務人就結算實際發生之債權額申請為權利內容變更登記。

前項申請登記之債權額，不得逾原登記最高限額之金額。

◎**原已登記權利存續期間之抵押權申辦擔保債權確定期日變更登記時，應併同刪除原存續期間欄位資料**（96.10.24內政部內授中辦地字第0960052983號函）

按擔保債權確定期日係指足使最高限額抵押權之擔保債權歸於確定之特定日期。此項確定期日有由抵押權當事人約定而生者，爰本部修正之抵押權設定契約書即增有該約定之欄位。又抵押權之當事人有此約定者，具有限定最高限額抵押權之擔保債權，應以於確定期日前所生者為限之功能，此與民法修正施行前最高限額抵押權有權利存續期間之約定，而僅限於該期間內所生之債權始為擔保範圍者，具有相同之旨趣。惟依修正後民法第881條之4規定之意旨，96年9月28日以後之最高限額抵押權僅許有確定期日之約定，而不得再有上述存續期間之約定，以免誤為最高限額抵押權本身之存續期間，致生效力上之疑義。基此，原已登載權利存續期間之抵押權，當事人依修正後民法擔保物權規定申辦擔保債權確定期日變更登記時，當事人應於抵押權變更契約書第⑰欄約定：「變更前：存續期間自○○年○○月○○日至○○年○○月○○日止；變更後，擔保債權確定期日○○年○○月○○日」；登記機關為擔保債權確定期日之登記時，應併同刪除原約定之存續期間。

◎**民法物權編修正施行前之最高限額抵押權存續期間屆滿後，不得再申請債權確定期日變更登記**（98.2.16內政部內授中辦地字第0980723646號令）

一、按民法物權編修正施行前已登記之最高限額抵押權申辦債權確定期日登記事宜，經函准法務部97年12月23日法律決字第0970037690號函略以：「…依96年3月28日修正公布之民法第881條之4第1項規定：『最高限額抵押權得約定其所擔保原債權應確定之期日，並得於確定之期日前，約定變更之。』及民法物權編施行法第17條規定：『修正之民法第881條之1至第881條之17之規定，除第881條之1第2項、第881條之4第2項、第881條之7之規定外，於民法物權編修正施行前設定之最高限額抵押權，亦適用之。』故民法物權編修正施行前設定之最高限額抵押權，亦適用前述民法第881條之4第1項之規定。…當事人就存續期間之約定如係指確定期日之意，依前述民法第881條之4第1項規定，得於該期日屆至前，約定變更之，…最高限額抵押權存續期間…已屆滿，該最高限額抵押權即已確定而轉

為普通抵押權（最高法院91年度臺上字第641號判決參照），自無從依民法第881條之4第1項規定，另行約定變更之。」準此，民法物權編修正施行前之最高限額抵押權存續期間屆滿後，該抵押權即因確定而轉為普通抵押權，登記機關自不得再受理當事人申請債權確定期日變更登記。

二、至民法物權編修正施行前已登記之普通抵押權，因約定及登記存續期間無意義，且民法修正後普通抵押權亦無存續期間之規定，故登記機關亦應否准當事人再次申辦普通抵押權存續期間變更登記。

◎**數宗土地、建物權利為共同擔保設定抵押權，就其中一宗或數宗土地、建物為抵押權塗銷時，得由抵押權人出具部分塗銷證明文件單獨申請抵押權內容變更登記之要件**（105.1.5內政部臺內地字第1041311232號函）

一、案經函准法務部104年2月6日法律字第10403501630號函略以：「按民法第875條規定：『為同一債權之擔保，於數不動產上設定抵押權，而未限定各個不動產所負擔之金額者，抵押權人得就各個不動產賣得之價金，受債權全部或一部之清償。』抵押權人本得自由選擇先後或同時拍賣部分或全部抵押物，就其賣得價金受償。另按民法第875條之2規定，共同抵押權如未限定各不動產所負擔之金額者，依各抵押物價值比例定其負擔金額。是以，各抵押人所負擔保責任，至多僅以抵押物之價值為限，並不因抵押權人同意減少抵押物而加重其餘抵押人之擔保責任。」考量債權人得自由選擇就各不動產賣得價金受清償，且依上開民法規定之意旨，抵押權人同意減少抵押物並未加重其餘抵押人之擔保責任，故有關以數宗土地、建物共同擔保設定抵押權，其抵押人間不具有連帶債務或連帶保證之關係，嗣因清償部分債務，抵押權人同意減少擔保之所有權權利範圍或減少擔保物，且不涉及債權金額之增加者，得由抵押權人出具部分塗銷證明文件，並表明共同抵押人間不具有連帶債務或連帶保證關係後單獨申請抵押權內容變更登記。

二、本部81年7月20日臺內地字第8182204號、82年6月14日臺內地字第8207893號函內容與前開規定不合，另85年4月12日臺內地字第8574401號函內容已納入前述規定，故該三函應予停止適用。

第二節　他項權利內容變更登記申請實務

一、申請人

他項權利內容變更登記，應由他項權利人及義務人會同申請。

二、申請期限

應於權利內容變更後一個月內辦理變更登記。其逾期申請者，每逾一個月得處應納登記費額一倍之罰鍰，最高罰至二十倍。（土第73條）但除權利價值增

加部分應課登記費外，其餘免登記費，故無罰鍰。

三、應備書件

　　㈠土地登記申請書。

　　㈡他項權利變更契約書：如經法院判決者，則為判決文件。

　　㈢權利人義務人之身分證明文件：如住址或姓名有變更者，則附繳其變更戶籍資料。並同時申請住址或姓名變更登記。

　　㈣義務人印鑑證明。

　　㈤原他項權利設定契約書。

　　㈥他項權利證明書。

　　㈦土地或建物所有權狀──如係債權額增加或增加設定，應附本項文件。

四、申辦手續

　　㈠備齊繕妥所需文件：將登記申請書對摺放置於第一頁，契約書正本及權利書狀置於最後，其他書件再依土地登記規則第34條規定提出文件之次序放置整齊，裝訂成冊，即可提向主管之地政事務所申請登記。

　　㈡計費：申請案件，於核對申請人身分後，計算規費。其權利價值增加部分應納千分之一登記費外，其餘免費，另書狀費每張新臺幣80元。

　　㈢開單：經計費後，即行開發規費繳納通知單。

　　㈣繳費：經開單後，即可繳費，並取具繳費收據。

　　㈤收件：經收件後，取具收件收據。

　　㈥補正：申請案件如經審查發現填寫錯誤或文件不全或證件不符時，應依通知期限補正。

　　㈦領狀：申請案件經審查無誤完成登記，即可持收件收據及原蓋用之印章，至發狀處領取他項權利證明書及其他不需存查之文件並領取申請之登記簿謄本。

五、書表填寫說明

　　㈠他項權利內容變更登記申請書填寫說明

　　　1.一般填法：請參閱前述各章節。

　　　2.各欄填法：

　　　　⑴第⑴欄「受理機關」：按土地（建物）所在地之市（縣）及地政事務所之名稱填寫。如屬跨所申請案件，請於「跨所申請」欄打勾，並分別填寫受理機關及資料管轄機關名稱。

　　　　⑵第⑵⑶⑷⑸欄「原因發生日期」「申請登記事由」「登記原因」「標示及申請權利內容」：按下表所列自行打勾或選擇填入空格內。

(2)原因發生日期	(3)申請登記事由	(4)登記原因	(5)標示及申請權利內容
1.契約成立之日 2.主管機關核准之日	1.抵押權移轉登記 2.典權移轉登記 3.地上權移轉登記	讓與 法人合併 信託 信託歸屬	契約書

(3)第(6)欄「附繳證件」：按所附證件之名稱、份數分行填列並裝訂，若空格不夠填寫時可填入第(9)欄，身分證或戶口名簿請影印正反面，並切結與正本相符後認章。

(4)第(7)欄「委任關係」：係指由代理人申請登記時填寫代理人之姓名，若尚有複代理人時一併註明複代理人姓名，並依地政士法第18條規定，請代理人（複代理人）切結認章，如無委託他人代理申請者，則免填此欄。

(5)第(8)欄為便利補正通知申請人，請填寫「聯絡電話」、「傳真電話」及「電子郵件信箱」。

(6)第(9)欄「備註」：專供申請書上各欄無法填寫而必須填載事項，例如公司法人申請他項權利移轉登記時，應記明「確依有關法令規定完成處分程序」，並蓋章。

(7)第(10)欄「申請人」除包括權利人、義務人姓名外，如有委託代理人（含複代理人）申請登記者，尚包括代理人；如不敷使用，增頁部分應加蓋騎縫章。

①所稱權利人：係指登記結果受有利益或免除義務之人，如他項權利之受讓人。

②所稱義務人：係指登記結果受不利益或喪失權利之人，如他項權利之讓與人。

(8)第(11)欄「權利人或義務人」：他項權利移轉登記時應以「權利人」（即受讓人），「義務人」（即讓與人）分別填寫之；申請人為未成年人、禁治產人或法人者，須加填法定代理人（如父母、監護人或公司法定代表人）。如有委託他人申請者加填「代理人」，若尚有委任複代理者，一併加填「複代理人」。

(9)第(12)欄「姓名或名稱」：自然人依照戶籍謄本、戶口名簿、身分證或其他證明文件記載填寫，法人則先填法人名稱後再加填法定代表人姓名。

(10)第(13)(14)欄「出生年月日」「統一編號」：自然人依照戶籍謄本、戶口名簿、身分證或其他證明文件記載填寫。法人或其他非自然人請填寫公司統一編號或扣繳單位統一編號。

(11)第(15)欄「住所」：自然人依照戶籍謄本、戶口名簿、身分證或其他證

明文件記載填寫，得不填寫里、鄰，法人依照法人登記有案地址填寫，代理人或複代理人如住所與通訊處不同時，得於住所欄另外註明通訊地址。

　(12)第(13)(14)(15)欄：原因證明文件為契約書者，其所載申請人（自然人或法人）與所附之戶籍或證照資料完全相同者，可填寫詳如契約書或以斜線除之。

　(13)第(16)欄「簽章」：

　　①權利人應蓋用與所填之姓名或名稱相同之簽章。

　　②義務人應蓋用與印鑑證明或於登記機關設置之土地登記印鑑相同之印章，如親自到場應依土地登記規則第40條規定辦理，或依土地登記規則第41條其他各款規定辦理。

3.本案處理經過情形欄及申請書上方之收件與登記書狀費，係供地政事務所人員審核用，申請人毋須填寫，如非連件辦理者，連件序別，亦無須填寫。

(二)他項權利內容變更契約書填寫說明

1.一般填法：

　(1)以毛筆、黑色、藍色墨汁鋼筆、原子筆或電腦打字正楷填寫。

　(2)字體需端正，不得潦草，如有增、刪文字時，應在增、刪處由訂立契約人蓋章，不得使用修正液（帶）。

　(3)關於「權利價值」金額之數目字，應依公文書橫式書寫數字使用原則填寫，如6億3944萬2789元。

　(4)如「土地標示」「建物標示」「申請登記以外之約定事項」及「訂立契約人」等欄有空白時，應將空白欄以斜線劃除或註明「以下空白」字樣。如不敷使用時，可另附相同格式之清冊，並由訂立契約人在騎縫處蓋章。

　(5)如係他項權利「移轉」而訂立契約者，應將本契約書格式各欄內有關「變更」之文字刪去，如係權利內容「變更」而訂約者，應將有關「移轉」之文字刪去。

2.各欄填法：

　(1)第(1)(2)(3)(4)欄「土地標示」：應照土地登記資料所載分別填寫。

　(2)第(7)(8)(9)(10)(11)欄「建物標示」：應照建物登記資料所載分別填寫。

　(3)第(5)(12)欄「原設定權利範圍」：應照原設定契約書、他項權利證明書或登記資料上所載填寫。

　(4)第(6)(13)欄「原設定權利價值」：應照原設定契約書、他項權利證明書或登記資料上所載填寫。

　(5)第(14)欄「權利種類」欄：填寫除抵押權以外之他項權利種類名稱，如

　　地上權變更者，填「地上權」字樣，以此類推。

　⑹第⒂欄「原權利總價值」：應照原設定契約書、他項權利證明書或登記資料上所載填寫。

　⑺第⒃欄「移轉或變更之原因及內容」：應將移轉之「原因」及其「內容」分別填入；「內容」欄以變更原登記事項之約定事項為限，並請填明原設定案件收件字號。

　⑻第⒄欄「申請登記以外之約定事項」：本契約所約定之事項，於其他各欄內無法填寫者，均填入本欄。

　⑼「訂立契約人」各欄之填法：

　　①先填「權利人」及其「姓名或名稱」「出生年月日」「統一編號」「住所」並「蓋章」，後填「義務人」及其「姓名或名稱」「出生年月日」「統一編號」「住所」並「蓋章」。

　　②如訂立契約人為法人時，「出生年月日」免填，應於該法人之次欄加填「法定代表人」及其「姓名」「出生年月日」「統一編號」「住所」並「蓋章」。

　　③如訂立契約人為未成年人時，其契約行為應經其法定代理人允許，故應於該未成年人之次欄，加填「法定代理人」及其「姓名」「出生年月日」「統一編號」「住所」並「蓋章」，以確定其契約之效力。

　　④「姓名」「出生年月日」「統一編號」「住所」各欄，應照戶籍謄本、戶口名簿、身分證或其他證明文件所載者填寫，如住址有街、路、巷名者，得不填寫里、鄰。

　⑽第⒄欄「蓋章」：

　　①權利人應蓋用與所填之姓名或名稱相同之簽章。

　　②義務人應蓋用與印鑑證明或於登記機關設置之土地登記印鑑相同之印章，如親自到場應依土地登記規則第40條規定辦理，或依土地登記規則第41條其他各款規定辦理。

　⑾第⒄欄「立約日期」欄：填寫訂立契約之年月日。

3.本契約書應於訂立後一個月內檢附有關文件，依法申請移轉或涉及擔保債權總金額增加之權利價值變更登記，以確保產權。逾期申請，則依土地法第73條第2項「…聲請逾期者，每逾一個月得處應納登記費一倍之罰鍰，但最高不得超過二十倍。」規定，處以罰鍰。

六、書表填寫範例

（一）抵押權權利價值增加

土地登記申請書

收件	日期	年 月 日 時 分	字號 △△字第 號	收件者章	連件序別（非連件者免填） 共 1 件 第 1 件	登記費 元 書狀費 元 罰鍰 元	合計 元 收據 字 號 核算者	書

(1)受理機關	△△市△△地政事務所 ☑跨所申請 △△市△△地政事務所	(2)原因發生日期	中華民國△△年△△月△△日

(3)申請登記事由（選擇打✓一項）
- □ 所有權第一次登記
- □ 所有權移轉登記
- □ 抵押權登記
- □ 抵押權塗銷登記
- ☑ 抵押權內容變更登記
- □ 標示變更登記

(4)登記原因（選擇打✓一項）
- □ 第一次登記
- □ 買賣 □ 贈與 □ 繼承 □ 分割繼承 □ 拍賣 □ 共有物分割
- □ 設定 □ 法定
- □ 清償 □ 拋棄 □ 混同 □ 判決塗銷
- ☑ 權利價值變更 □ 權利內容等變更
- □ 分割 □ 合併 □ 地目變更

(5)標示及申請權利內容 詳如 ☑契約書 □登記清冊 □複丈結果通知書 □建物測量成果圖

(6)附繳證件
1. 戶口名簿影本　2份
2. 他項權利變更契約書　2份
3. 原設定契約書　1份
4. 他項權利證明書　1份
5. 印鑑證明
6. 　份
7. 　份
8. 　份
9. 　份
10. 　份
11. 　份
12. 　份

(7)委任關係　本土地登記案之申請委託 陳△△ 代理。　複代理。
委託人確為登記標的物之權利人或權利關係人，如有虛偽不實，本代理人（複代理人）願負法律責任。　[印]

(8)聯絡方式
權利人電話	△△△△-△△△△
代理人聯絡電話	△△△△-△△△△
傳真電話	△△△△-△△△△
電子郵件信箱	△△△△-△△△△
不動產經紀業名稱及統一編號	△△△△-△△△△
不動產經紀業電話	△△△△-△△△△

(9)備註　請同時辦理所有權人許△△住△△所變更登記　[印]

(11)權利人或義務人	(12)姓名或名稱	(13)出生年月日	(14)統一編號	(15)住所 縣市	鄉鎮市區	村里	鄰	街路	段	巷	弄	號	樓	(16)簽章
權利人	楊△△	△△△	△△△△△	△△	△△	△△	△	△△	△		△	△	△	印
義務人兼債務人	許△△	△△△	△△△△△△	△△	△△	△△	△	△△	△		△	△	△	印
代理人	陳△△	△△△	△△△△△△	△△	△△	△△△△△									印
	事務所地址：													

(10) 申請人

本案處理經過情形（以下各欄申請人請勿填寫）

初審	複審	審	核定

登簿	校簿	書狀列印	校狀	書狀用印
地價異動	通知領狀	異動通知	交付發狀	歸檔

土地建築改良物他項權利移轉變更契約書

下列土地建築改良物經權利人義務人雙方同意移轉變更，特訂立本契約：

土地標示

(1)坐落	鄉鎮市區	△△	
	段	△△	
	小段	△	
(2)地　號		123	
(3)地　目		建	
(4)面積（平方公尺）		356	
(5)原設定權利範圍		112/10000	
(6)原設定權利價值		最高限額新臺幣陸佰萬元	

建物標示

(7)建　號		215	
(8)門牌	鄉鎮市區	△△	
	街路	△△	
	段巷弄	△△	
	號樓	△△	
(9)建物坐落	段	△△	
	小段	△	
	地號	123	
(10)面積（平方公尺）	三層	86.21	
	共計	86.21	
(11)附屬建物	用途	陽臺	
	面積（平方公尺）	16.45	
(12)原設定權利範圍		全部	
(13)原設定權利價值		最高限額新臺幣陸佰萬元	

(14)權利種類	抵押權
(15)原權利總價值	最高限額新臺幣陸佰萬元正

(16)移轉或變更	原因	權利價值變更
	內容	民國△△△年△月△△日收件△△字第△號抵押權內容變更登記 變更前：最高限額新臺幣陸佰萬元正 變更後：最高限額新臺幣捌佰萬元正

(17)申請登記以外之約定事項	

(18)權利人或義務人	(19)姓名或名稱	(20)出生年月日	(21)統一編號	(22)住所 縣市	鄉鎮市區	村里	鄰	街路	段	巷弄	號	樓	(23)蓋章
訂立契約人 權利人	楊△△	△△△	△△△	△△	△△	△△	△	△△	△	△	△	△	印
義務人兼債務人	許△△	△△△	△△△	△△	△△	△△	△	△△	△	△	△	△	印

(24)立約日期　中華民國　△△△　年　△　月　△△　日

（二）抵押權利息及清償日期變更

收件	日期	年	月	日	時	分	收件者章
	字號		字	第		號	

連件序別	（非連件者免填） 共 1 件 第 1 件

登記費	元
書狀費	元
罰鍰	元
合計	元
收據	字　號
核算者	

土　地　登　記　申　請　書

(1)受理機關	△△市△△地政事務所 ☑跨所申請 △△市 △△ 地政事務所	資料管轄機關

(2)原因發生日期　中華民國△△年△月△△日

(3)申請登記事由（選擇打✓一項）	(4)登記原因（選擇打✓一項）
□所有權第一次登記	□第一次登記
□所有權移轉登記	□買賣 □贈與 □繼承 □分割繼承 □拍賣 □共有物分割
□抵押權登記	□設定 □法定
□抵押權塗銷登記	□清償 □拋棄 □混同 □判決塗銷
☑抵押權內容變更登記	☑權利價值變更 □權利內容等變更
□標示變更登記	□分割 □合併 □地目變更 □

(5)標示及申請權利內容	詳如	☑契約書	□登記清冊	□複丈結果通知書	□建物測量成果圖

(6)附繳證件				
1.戶口名簿影本	2份	5.印鑑證明	1份	9.
2.他項權利變更契約書	2份	6.		10.
3.原設定契約書	1份	7.		11.
4.他項權利證明書	1份	8.		12.

(7)委任關係　本土地登記案之申請委託 陳△△ 代理。 複代理。 委託人確為登記標的物之權利人或權利關係人，如有虛偽不實，本代理人（複代理人）願負法律責任。 印

(8)聯絡方式	權利人電話	△△△△－△△△△
	義務人電話	△△△△－△△△△
	代理人聯絡電話	△△△△－△△△△
	傳真電話	△△△△－△△△△
	電子郵件信箱	
	不動產經紀業名稱及統一編號	
	不動產經紀業電話	

(9)備註　請同時辦理所有權有權利人黃△△住△△住所變更登記 印

(10)申請人	(11)權利人或義務人	(12)姓名或名稱	(13)出生年月日	(14)統一編號	(15)住所 縣市	鄉鎮市區	村里	鄉	街路	段	巷	弄	號	樓	(16)簽章
	權利人	林△△	△△△	△△△△△	△△	△△	△△	△	△△	△			△	△	印
	義務人兼債務人	黃△△	△△△	△△△△△△	△△	△△	△△	△	△△	△		△	△	△	印
	代理人	陳△△	△△△	△△△△△△	△△	△△	△△	△	△△	△		△	△	△	印
		事務所地址：△△△△△△													

本案處理經過情形（以下各欄申請人請勿填寫）	初審	複審	審核	定	登簿	校簿	書狀列印	校狀	書狀用印	歸檔
					地價異動	通知領狀	異動通知	支付發狀		

土地建築改良物他項權利移轉變更契約書

下列土地建物經權利人義務人雙方同意移轉變更，特訂立本契約：

土地標示

(1)坐落 鄉鎮市區	△△
段	△△
小段	△
(2)地號	123
(3)地目	建
(4)面積（平方公尺）	356
(5)原設定權利範圍	112/10000
(6)原設定權利價值	最高限額新臺幣伍佰萬元

建物標示

(7)建號	215
(8)門牌 鄉鎮市區	△△
街路	△△
段巷弄	△△
號樓	△△
(9)建物坐落 段	△
小段	
地號	123
(10)面積（平方公尺） 三層	86.21
共計	86.21
(11)附屬建物 用途	陽臺
面積（平方公尺）	16.45
(12)原設定權利範圍	全部
(13)原設定權利價值	最高限額新臺幣伍佰萬元

(14)權利種類		抵押權										
(15)原權利總價值		最高限額新臺幣伍佰萬元正										
(16)移轉或變更	原因	權利內容變更										
	內容	民國△△△年△月△△日收件△△△字第△△號登記之抵押權內容變更登記： 變更前：利息每元每月新臺幣貳佰元正。債務清償日期：每月五日。 變更後：利息無。債務清償日期：依照各個債務契約之約定。										
(17)申請登記以外之約定事項												
訂立契約人	(18)權利人或義務人	(19)姓名或名稱	(20)出生年月日	(21)統一編號	(22)住					所		(23)蓋章
					縣市	鄉鎮市區	村里	鄰	街路	段 巷弄 號 樓	
	權利人兼義務人	林△△	△△△△	△△△△	△△	△△	△△	△△	△△	△ △ △ △	印
	義務人兼債務人	黃△△	△△△△	△△△△	△△	△△	△△	△△	△△	△ △ △ △	印
(24)立約日期		中 華 民 國 △△△ 年 △ 月 △△ 日									

（三）地上權內容變更

收件	日期	年 月 日	時	分	收件者	件章	收件 字號	字第 號	登記費	元	書狀費	元	罰　鍰	元	合計	元	據 收	核算者	元	字號	書

連件序別	（非連件者免填）	連件	共 1 件 第 1 件

土　　地　　登　　記　　申　　請　　書

(1)受理機關	△△市△△地政事務所	資料管轄機關	△△市　△△地政事務所	(2)原因發生日期	中 華 民 國 △△ 年 △ 月 △△ 日

(3)申請登記事由（選擇打✓一項）
- □ 所有權第一次登記
- □ 所有權移轉登記
- □ 抵押權登記
- □ 抵押權塗銷登記
- □ 抵押權內容變更登記
- □ 標示變更登記
- ✓ 地上權內容變更登記

(4)登記原因（選擇打✓一項）
- □ 第一次登記
- □ 買賣 □ 贈與 □ 繼承 □ 分割繼承 □ 拍賣 □ 共有物分割 □
- □ 設定 □ 法定
- □ 清償 □ 拋棄 □ 混同 □ 判決塗銷 □
- □ 權利價值變更 □ 權利內容等變更
- □ 分割 □ 合併 □ 地目變更
- ✓ 權利範圍變更

(5)標示及申請權利內容　詳如　☑契約書　□登記清冊　□複丈結果通知書　□建物測量成果圖　□

(6)附繳證件
- 1.戶口名簿影本　2份　5.印鑑證明　2份　9.　　份
- 2.他項權利變更契約書　2份　6.　　份　10.　　份
- 3.原設定契約書　1份　7.　　份　11.　　份
- 4.他項權利證明書　1份　8.　　份　12.　　份

(7)委任關係
本土地登記案之申請委託　陳△△　代理。　複代理。
委託人確為登記標的物之權利人或權利關係人，如有虛偽不
實，本代理人（複代理人）願負法律責任。　印

(8)聯絡方式	權利人電話	△△△△－△△△△
	義務人電話	△△△△－△△△△
	代理人聯絡電話	△△△△－△△△△
	傳真電話	△△△△－△△△△
	電子郵件信箱	△△△△－△△△△
	不動產經紀業名稱及統一編號	
	不動產經紀業電話	

(9)備註　請同時辦理所有權所有人李△△住所變更登記　印

(10) 申請人	(11) 權利人或義務人	(12) 姓名或名稱	(13) 出生年月日	(14) 統一編號	(15) 住所 縣市	鄉鎮市區	村里	鄰	街路	段	巷	弄	號	樓	(16) 簽章
申請人	權利人	蔡△△	△△△	△△△△△△	△△	△△	△△	△	△△	△		△△	△△	△	印
	義務人	李△△	△△△	△△△△△△	△△	△△	△△	△	△△	△		△△	△△	△	印
	代理人	陳△△	△△△	△△△△△△	△△△△△△										印
	事務所地址：														

本案處理經過情形（以下各欄申請人請勿填寫）	初審	複審	審查	核定	登簿	校簿	書狀列印	校狀	書狀用印
					地價異動	通知領狀	異動通知	支付發狀	歸檔

土地建築改良物他項權利移轉變更契約書

下列 土地建築改良物 經 權利人／義務人 雙方同意 移轉變更，特訂立本契約：

土　地　標　示		
(1)坐落	鄉鎮市區	△△
	段	△△
	小段	△
(2)地號		123
(3)地目		建
(4)面積（平方公尺）		356
(5)原設定權利範圍		1/2
(6)原設定權利價值		新臺幣壹佰貳拾萬元正

建　物　標　示		
(7)建號		
(8)門牌	鄉鎮市區	
	街路	
	段巷弄	
	號樓	
(9)建物坐落	段	
	小段	
	地號	
(10)面積（平方公尺）	層	
	層	
	層	
	層	
	共計	
(11)用途		
附屬建物	用途	
	面積（平方公尺）	
(12)原設定權利範圍		
(13)原設定權利價值		新臺幣壹佰貳拾萬元正

(14)權利種類	地上權
(15)原權利總價值	新臺幣壹佰貳拾萬元正

(16)移轉或變更	原因	權利範圍變更
	內容	民國△△△年△月△△△日收件△△△字第△△△號登記之地上權內容變更登記： 變更前：原設定權利範圍二分之一。 變更後：全部。

(17)申請登記以外之約定事項	

訂立契約人	(18)權利人或義務人	(19)姓名或名稱	(20)出生年月日	(21)統一編號	(22)住所 縣市	鄉鎮市區	村里	鄰	街路	段	巷弄	號	樓	(23)蓋章
	權利人	蔡△△	△△△	△△△	△△	△△	△△	△	△△	△△	△△	△△	△	印
	義務人	李△△	△△△	△△△	△△	△△	△△	△	△△	△△	△△	△△	△	印

(24)立約日期	中　華　民　國　△△△　年　△△　月　△△　日

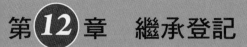

第12章　繼承登記

第一節　繼承法規

一、概　述

㈠原　因

土地或建物辦理所有權或他項權利之登記後，如登記名義人死亡或失蹤經宣告死亡，由其合法繼承人繼承其權利並辦理移轉登記，是為繼承登記。

㈡稅　賦

所有權繼承移轉不徵土地增值稅，為平均地權條例第36條所規定，土地稅法第28條則規定免徵。至於契稅條例亦無規定課徵契稅。惟繼承事實發生後（即登記名義人死亡之日起），繼承人應依法申報遺產稅，再憑遺產稅繳清證明書或核定免稅證明書或不計入遺產總額證明書或同意移轉證明書辦理繼承移轉登記。（遺贈稅第42條）

㈢實體從舊原則

民法繼承編於光復後施行於臺灣地區，於民國74年6月3日修正公布施行，並陸續於97年1月2日、97年5月7日、98年6月10日、98年12月30日、101年12月26日及102年1月30日增訂及修正部分條文。

1.凡是繼承開始（即死亡時）於修正前者，除有特別規定外，不適用修正後之規定。（民繼施第1條）

2.例外：

⑴拋棄及限定繼承之適用：（民繼施第1條之1）

①繼承在民法繼承編民國96年12月14日修正施行前開始且未逾修正施行前為拋棄繼承之法定期間者，自修正施行之日起，適用修正後拋棄繼承之規定。

②繼承在民法繼承編民國96年12月14日修正施行前開始，繼承人於繼承開始時為無行為能力人或限制行為能力人，未能於修正施行前之法定期間為限定或拋棄繼承，以所得遺產為限，負清償責任。但債權人證明顯失公平者，不在此限。

③前項繼承人依修正施行前之規定已清償之債務，不得請求返還。

(2)保證債務之限制：（民繼施第1條之2）

①繼承在民法繼承編中華民國97年1月4日前開始，繼承人對於繼承開始後，始發生代負履行責任之保證契約債務，以所得遺產為限，負清償責任。但債權人證明顯失公平者，不在此限。

②前項繼承人依民國97年4月22日修正施行前之規定已清償之保證契約債務，不得請求返還。

(3)限定、拋棄、保證債務及代位繼承債務：（民繼施第1條之3）

①繼承在民法繼承編民國98年5月22日修正施行前開始，繼承人未逾修正施行前為限定繼承之法定期間且未為概括繼承之表示或拋棄繼承者，自修正施行之日起，適用修正後民法第1148條、第1153條至第1163條之規定。

②繼承在民法繼承編民國98年5月22日修正施行前開始，繼承人對於繼承開始以前已發生代負履行責任之保證契約債務，以所得遺產為限，負清償責任。但債權人證明顯失公平者，不在此限。

③繼承在民法繼承編民國98年5月22日修正施行前開始，繼承人已依民法第1140條之規定代位繼承，以所得遺產為限，負清償責任。但債權人證明顯失公平者，不在此限。

④繼承在民法繼承編民國98年5月22日修正施行前開始，繼承人因不可歸責於己之事由或未同居共財者，於繼承開始時無法知悉繼承債務之存在，致未能於修正施行前之法定期間為限定或拋棄繼承，以所得遺產為限，負清償責任。但債權人證明顯失公平者，不在此限。

⑤前三項繼承人依修正施行前之規定已清償之債務，不得請求返還。

二、繼承順序

㈠光復後：臺灣光復後適用我國民法之規定

1.民法第1138條規定，除配偶外，遺產繼承人依下列順序定之：

(1)直系血親卑親屬：男女均有繼承權——並以親等近者為先。（民第1139條）

(2)父母。

(3)兄弟姊妹。

(4)祖父母。

2.養子女之繼承順序，與婚生子女同。（民第1142條）本條文已刪除，其意即無須特別規定。

3.民法繼承編施行前，所立之嗣子女，對於施行後開始之繼承，其繼承順序及應繼分與婚生子女同。（民繼施第7條）

(二)光復前：臺灣光復前應依當時繼承習慣辦理

依「繼承登記法令補充規定」分述如次（第2點～第12點）：（103.9.10內政部修正發布）

1.日據時期臺灣省人財產繼承習慣分為家產繼承與私產繼承兩種。

家產為戶主所有之財產；私產係指家屬個人之特有財產。家產繼承因戶主喪失戶主權而開始；私產繼承則因家屬之死亡而開始。

戶主喪失戶主權之原因：

    (1)戶主之死亡。死亡包括事實上之死亡及宣告死亡。

    (2)戶主之隱居。民國24年（日本昭和10年）4月5日臺灣高等法院上告部判官及覆審部判官聯合總會決議，承認隱居有習慣法之效力，自該日起隱居始成為戶主繼承開始之原因。但隱居發生於該決議日期以前者，不能認為因隱居而開始之戶主繼承，而應以被繼承人死亡日期定其繼承開始日期。

    (3)戶主之國籍喪失。

    (4)戶主因婚姻或收養之撤銷而離家。

    (5)有親生男子之單身女戶主，未廢家而入他家為妾。

2.因戶主喪失戶主權而開始之財產繼承，其繼承人之順序為：

    (1)法定之推定財產繼承人。

    (2)指定之財產繼承人。

    (3)選定之財產繼承人。

第一順序之法定推定財產繼承人係男子直系卑親屬（不分長幼、嫡庶、婚生或私生、自然血親或準血親）且係繼承開始當時之家屬為限。女子直系卑親屬及因別籍異財或分家等原因離家之男子直系卑親屬均無繼承權。至於「寄留」他戶之男子直系卑親屬對家產仍有繼承權。

男子直系卑親屬有親等不同者，以親等近者為優先。親等相同之男子有數人時，共同均分繼承之。

第二順序指定及第三順序選定之財產繼承人，應依當時之戶口規則申報。

第三順序選定之財產繼承人，不以在民法繼承編施行前選定為限。但至民國98年12月11日止，尚未選定繼承人者，自該日起，依現行民法繼承編之規定辦理繼承。

3.戶主無法定之推定戶主繼承人時，得以生前行為指定繼承人或以遺囑指定繼承人。如未指定時，親屬得協議為選定繼承人。指定或選定之繼承人無妨以女子或非家屬者充之。

4.戶主指定某人為戶主權之繼承人，應同時指定該人為財產繼承人，兩者有不可分之關係。故戶主僅為指定戶主繼承人之表示或僅為指定財產繼承人之表示，應視為兩者併為指定。但被指定人得僅承認戶主繼承而拋

棄財產繼承。惟其拋棄戶主繼承時，則視為亦拋棄財產繼承。

5.戶主喪失戶主權後所生之男子，不因戶主已指定戶主繼承人，而喪失其繼承權。

6.日據時期隱居者，光復後仍以自己名義辦理土地登記，其隱居繼承之原因應視為消滅，自不得復以隱居之原因為繼承之登記。

7.死亡絕戶（家）者如尚有財產，其絕戶（家）再興，並有選定繼承人之事實或戶籍簿記載有選定繼承人者，得為戶主繼承及因此而開始之財產繼承。

日據時期死亡絕戶（家）之財產如未予歸公，致懸成無人繼承，光復後，應依我國民法繼承編之規定定其繼承人，不得再以絕戶（家）再興為由主張繼承申請登記。

8.日據時期招婿（贅夫）與妻所生子女，冠母姓者，繼承其母之遺產，冠父姓者，繼承其父遺產。但父母共同商議決定繼承關係者，從其約定。

招婿（贅夫）以招家家族之身分死亡而無冠父姓之直系卑親屬時，其直系卑親屬不論姓之異同，均得繼承其父之私產。

招贅婚之女子死亡而無冠母姓之子女可繼承其私產時，由冠招夫之子女為第一順位繼承人。

9.日據時期共有人中之一人死亡而無合法繼承人時，其他共有人如踐行日本民法所定繼承人曠缺手續，經公示催告為無繼承人後，其應有部分始歸屬於其他共有人。如光復前未踐行此項程序者，應依我國民法繼承編施行法第8條規定定其繼承人，如仍無法定繼承人承認繼承時，即應依民法第1177條、第1178條所定程序公示催告確定無繼承人後，其遺產歸屬於國庫。

10.日據時期私產之繼承：

⑴日據時期家屬（非戶主）之遺產為私產。因家屬死亡而開始之私產繼承，僅有法定繼承人而無指定或選定繼承人。

⑵私產繼承純屬財產繼承性質，與家之觀念無關，故分戶別居、別籍異財之直系卑親屬對家產雖無繼承權，但對於私產仍有繼承權。

⑶私產繼承之法定繼承人之順序如左：

①直系卑親屬。

②配偶。

③直系尊親屬。

④戶主。

⑷第一順位繼承人直系卑親屬有親等不同時，以親等近者為優先。親等相同之直系卑親屬有數人時，按人數共同均分繼承，不分男女、嫡庶、婚生、私生或收養，且非必與被繼承人同住一家，均得為繼承

人。

(三)光復前後「繼承登記法令補充規定」之其他規定（第13點～第23點）

1. 繼承開始在光復前，依當時之習慣有其他合法繼承人者，即不適用民法繼承編之規定。如無合法繼承人時，光復後應依民法繼承編規定定其繼承人。但該所定之繼承人應以民法繼承編施行之日生存者為限。

2. 遺產繼承人資格之有無，應以繼承開始時為決定之標準，故養子女被收養之前已發生繼承事實者，對其生本父母之遺產有繼承權。

3. 子女被人收養者，於收養關係尚未終止以前，對本生父母、祖父母、兄弟姊妹之繼承權暫行停止，而對養父母之遺產有繼承權。

4. 繼承人須於繼承開始當時生存者，繼承開始當時已死亡者，則無繼承之資格，此即「同時存在原則」。至於同時死亡者，互不發生繼承權。

5. 子女喪失國籍者，其與本生父母自然血親之關係並不斷絕，故對本生父母之遺產仍有繼承權，惟辦理繼承登記時，應注意土地法第17條規定及第18條有關外國人取得土地權利之限制。

6. 嫡母與庶子間僅具有姻親關係，故庶子對嫡母之遺產無繼承權。

7. 繼承開始於民國74年6月4日以前，依修正前民法第1142條第2項「養子女應繼分，為婚生子女之二分之一」之規定，主張繼承者，以養子女與婚生子女共同繼承養父母之遺產時，始有其適用。

8. 親生子女與養子女，養子女與養子女係民法第1138條第3款所定之兄弟姊妹，相互間有繼承權。

9. 民法第1138條規定所謂配偶，須繼承開始時合法結婚之夫或妻。夫或妻於對方死亡後再婚，仍不喪失繼承權。

10. 在民國74年6月4日以前民法修正前重婚者，依修正前民法第992條規定，在利害關係人向法院聲請撤銷前，其婚姻關係並非當然無效，依照民法第1144條之規定，有與前婚姻關係配偶一同繼承遺產之權，配偶之應繼分由各配偶均分之。

11. 夫妾婚姻，夫得繼承妾之遺產，但妾非配偶，對夫之遺產尚無繼承權可言。

(四)養子女、過房子、螟蛉子等之繼承（繼承登記法令補充規定第24點～第37點）

1. 日據時期養親無子，以立嗣為目的而收養之過房子及螟蛉子，即與現行民法繼承編施行法第7條所稱之「嗣子女」相當，其認定以戶籍記載為準。於臺灣省光復後開始繼承者，其繼承順序及應繼分與婚生子女同。

2. 日據時期臺灣有死後養子之習慣，即凡人未滿二十歲死亡者，得由親屬會議以祭祀死者，並繼承其財產為目的，追立繼承人為其養子，依此目的收養之養子，對死者之遺產得繼承。

3. 所謂收養係指收養他人之子女而言。生父與生母離婚後，收養其婚生子

女為養子女,即使形式上有收養之名,惟其與生父母之自然血親關係仍然存在,該收養於法律上不能發生效力。

4. 日據時期養子離家廢戶(家)或廢戶(家)再興,係戶口之遷徙,非終止收養之除籍,祇要收養關係繼續存在,其與養父母之擬制血親關係不因戶籍遷徙而受影響。

5. 日據時期養父母與養子女終止收養關係後,養子女之子女縱戶籍記載為原收養者之孫,對該收養者之遺產無繼承權。

6. 日據時期夫或妻結婚前單獨收養之子女,其收養關係於婚後繼續存在。收養人後來之配偶除對原收養之子女亦為收養外,只發生姻親關係。

7. 養子女被收養後,再與養父母之婚生子女結婚者,應先終止收養關係。如養親收養時,有使其與婚生子女結婚之真意者,雖名之為收養,實無收養關係,該養子女與本生父母之法律關係並未中斷,其與本生父母間互有繼承權。

8. 有配偶者違反民法第1074條共同收養規定,由一方單獨收養子女,該養子女與收養者之配偶間,相互無遺產繼承權。

9. 收養者與被收養者之年齡應符合民法第1073條規定,但在民國74年6月4日以前收養子女違反上開規定,依修正前民法親屬編規定,並非當然無效,僅得由有撤銷權人向法院請求撤銷之。民法親屬編修正後,違反上開條文之收養,依同法第1079條之4規定,應屬無效。

10. 養子女與本生父母及其親屬間之權利義務,於收養關係存續中停止之。但夫妻之一方收養他方之子女時,該子女與他方及其親屬間之權利義務,不因收養而受影響。

11. 養父(或養母)死亡後,養子女單獨與養母(或養父)終止收養關係,其與養父(或養母)之收養關係不受影響。

12. 收養關係之認定如戶政機關無法處理,應循司法程序謀求解決。

(五)童養媳、媳婦仔等之繼承(繼承登記法令補充規定第38點~第42點)

1. 日據時期媳婦仔係以將來婚配養家男子為目的而收養之異姓幼女,縱本姓上冠以養家之姓,其與養家僅有姻親關係,並無擬制血親關係,性質與養女有別,對養家財產不得繼承,而與其本生父母互有繼承權。

2. 養女、媳婦仔與養家間之關係完全不同,養女嗣後被他人收養為媳婦仔,其與養父之收養關係並不終止,亦不發生一人同時為兩人之養女之情形,其對養父之遺產仍有繼承權。

3. 「無頭對」媳婦仔日後在養家招婿,且所生長子在戶籍上稱為「孫」者,自該時起該媳婦仔與養家發生準血親關係,即身分轉換為養女。但媳婦仔如由養家主婚出嫁,除另訂書約或依戶籍記載為養女外,難謂其身分當然轉換為養女。

4.光復後養家有意將媳婦仔之身分變更為養女，須依民法第1079條規定辦理，並向戶政機關申報為養女，否則不能認其具有養女身分。

5.除戶於本家而入他家之女子，其本家之戶籍記載為「養子緣組除戶」，如經戶政機關查復確實無法查明其究係被他家收養為養女或媳婦仔時，可由申請人於繼承系統表上簽註，以示負責。

6.繼承開始在民法繼承編施行前，被繼承人無直系血親卑親屬，依當時之法律亦無其他繼承人者，自施行之日起，依民法繼承編之規定定其繼承人。（民繼施第8條）

三、代位繼承

㈠原　因

直系血親卑親屬為繼承人，若繼承人有於繼承開始前死亡或喪失繼承權者，由其直系血親卑親屬代位繼承其應繼分。（民第1140條）

㈡繼承權之喪失

依民法第1145條規定，有下列各款情事之一者喪失其繼承權：

1.故意致被繼承人或應繼承人於死或雖未致死因而受刑之宣告者。

2.以詐欺或脅迫使被繼承人為關於繼承之遺囑，或使其撤回或變更之者。

3.以詐欺或脅迫妨害被繼承人為關於繼承之遺囑，或妨害其撤回或變更之者。

4.偽造、變造、隱匿或湮滅被繼承人關於繼承之遺囑者。

5.對於被繼承人有重大之虐待或侮辱情事，經被繼承人表示其不得繼承者。

前項第2款至第4款之規定，如經被繼承人宥恕者，其繼承權不喪失。

㈢繼承登記法令補充規定（第43點～第47點）

1.日據時期家產之第一順序法定之推定財產繼承人於繼承開始前死亡或喪失繼承權時，代襲（代位）財產繼承人限於被代襲之直系男性卑親屬；至於私產，如被繼承人之直系卑親屬有於繼承開始前死亡或喪失繼承權者，無論被代襲人之直系男卑親屬或直系女卑親屬均得代襲繼承。

2.民法第1140條規定之代位繼承人包括養子女之婚生子女，養子女之養子女，婚生子女之養子女。

3.被代位繼承人與被繼承人同時死亡，可由其直系血親卑親屬代位繼承其應繼分。

四、拋棄繼承權

㈠拋棄方式

民法第1174條規定，繼承人得拋棄其繼承權。前項拋棄，應於知悉其得繼

承之時起三個月內以書面向法院為之。拋棄繼承後，應以書面通知因其拋棄而應為繼承之人。但不能通知者，不在此限。由是可知拋棄有其法定方式，茲分述如下：

　　1.時間：繼承因被繼承人死亡而開始。（民第1147條）繼承人雖得拋棄其繼承權，但應於知悉其得繼承之時起三個月內為之。

　　2.書面：

　　　(1)拋棄繼承權應以書面為之，並應於拋棄繼承以書面通知因其拋棄而應為繼承之人。

　　　(2)繼承人如有拋棄其繼承權者，申請繼承登記時，應檢附拋棄繼承權有關文件。（土登第119條）

　　3.對象：民法第1174條74年6月4日以前原規定，拋棄繼承權，應向法院、親屬會議或其他繼承人為之。新修正則僅向法院為之。74年6月4日以前因向法院或親屬會議拋棄，手續較為繁複，是以實務上，以向其他繼承人拋棄者居多，但應附印鑑證明書。

　　4.繼承權之拋棄，為要式行為，如不依法定方式為之，依民法第73條之規定，自屬無效，（最高法院23年上字第2683號判例）故拋棄繼承權，如未以書面為之無效，其拋棄之時間與對象，未按規定者亦無效。

　(二)溯及效力

　　繼承權之拋棄，溯及於繼承開始時發生效力。（民第1175條）

　(三)不能僅拋棄部分

　　拋棄係就遺產之全部拋棄，不能僅拋棄部分而繼承部分，否則無效。（最高法院67臺上字第3448號判例）

　(四)程序審查

　　拋棄繼承事件為非訟事件性質，法院應依非訟事件程序審查，就當事人拋棄繼承之表示，是否符合拋棄繼承之規定，分別為「准序備查」或「駁回」之裁定。（74.12.6司法院院臺廳一字第06729號函）

　　按繼承人拋棄繼承權，應於知悉其得繼承之時起三個月內以書面向法院為之，並以書面通知因其拋棄而應為繼承之人，但不能通知者，不在此限，修正民法第1174條第2項定有明文。此與修正前同條項規定，得向法院、親屬會議或其他繼承人為拋棄繼承之表示者，顯有不同。性質上拋棄繼承事件為非訟事件，法院應依非訟事件程序審查：

　　1.當事人拋棄繼承之表示符合前揭拋棄繼承之規定者，法院應裁定：「本件拋棄繼承准予備查」。此項裁定不必作成裁定書，可記載於拋棄繼承書狀之空白處（附參考格式㈠），由書記官憑以通知拋棄繼承之當事人（附參考格式㈡）。

　　2.當事人之表示不符合拋棄繼承之規定者，法院應予裁定駁回，此項裁定

應作成裁定書，說明駁回之理由（附參考格式㈢）。如當事人不服駁回之裁定者，得依抗告程序，請求救濟。
3. 當事人拋棄繼承，應就其拋棄為合法之事實舉證證明之，法院應依非訟事件法第16條規定，依職權調查事實及必要之證據。

附參考格式㈠

> 本件拋棄繼承准予備查。
> 中華民國△△△年△△月△△日
> 法官　　△　　△　　△

附參考格式㈡

> △△△△地方法院民事庭通知　　中華民國△△△年△△月△△日
> △△△年度繼字第△△△△△號
> 受文者：△△△
> 主旨：本件拋棄繼承准予備查。
> 說明：臺端△△△年△△月△△日拋棄繼承狀陳稱：於△△年△月△△日知悉對於
> 　　　被繼承人△△△自△△年△△月△△日開始繼承，表示拋棄繼承一案，核與
> 　　　民法第1174條規定，尚無不合，准予備查。
> 法官　　△　　△　　△

附參考格式㈢

> △△△△地方法院非訟事件裁定　　△△年度繼字第△△△號拋棄繼承人△△△住
> 右當事人拋棄繼承事件，法院裁定如左：
> 主　　文
> 本件拋棄繼承應予駁回。
> 程序費用由拋棄繼承人負擔。
> 理　　由
> 本件拋棄繼承人陳稱：因其父（或母……）△△△於中華民國△△年△△月△△日
> 死亡而為其繼承人，固有戶籍謄本在卷可稽，惟自當日知悉其為繼承人之時起，至
> 中華民國△△年△△月△△日提出本件拋棄繼承狀時止，已逾二個月之法定期間，
> 其拋棄繼承為不合法，應予駁回。
> 據上論結，依非訟事件法第8條第1項裁定如主文。
> 中華民國△△△年△△月△△日
> △△△△地方法院民事庭
> 法官　　△　　△　　△

(五)法院准予拋棄繼承備查通知書之記載身分資料

　　拋棄繼承事件，經法院認為符合拋棄繼承之規定，對拋棄人拋棄繼承准予備查之通知，應記載拋棄人之住所，如知悉拋棄人之出生年月日、籍貫、身分證字號，宜並予記載，以利地政機關據以辦理繼承登記。（76.2.7司法院院臺廳一字第01687號函）

　　民法繼承編修正後，拋棄繼承均應向法院為之，法院於受理拋棄繼承事件時，對於當事人所為拋棄繼承准予備查之通知，其格式業經本院於74年12月6日以（74）院臺廳一字第06729號函示各級法院在案。茲據臺灣省地政處建議，法院上開通知僅列拋棄人及被繼承人之姓名，其住所及身分證字號等均未填載，致地政機關審查困難，且予不法之徒容易變造之機會，為利地政機關辦理繼承登記，宜並加以記載。

(六)繼承登記法令補充規定（第48點～第58點）

1. 日據時期臺灣地區有關繼承權之拋棄，參照民國25年4月20日（昭和11年4月20日）臺灣高等法院上告部及同院覆審部判官聯合總會議決議，應於繼承開始三個月內向管轄地方法院單獨申報後發生效力。於該決議作成前繼承人所為之拋棄繼承，不發生效力。

2. 繼承開始前拋棄繼承權者，無效。

3. 繼承權之拋棄應就遺產之全部為之，部分拋棄者，不生效力。

4. 繼承權之拋棄，一經拋棄不得撤銷。

5. 繼承開始在民國74年6月4日以前者，旅居海外之繼承人為拋棄繼承權得向駐外單位申請繼承權拋棄書驗證，駐外單位於驗證後，應即將該拋棄書掃描建檔，供各該不動產所在地之縣市政府或轄區地政事所，於受理登記時調閱查驗。

　　繼承開始於民國74年6月5日以後者，旅外繼承人拋棄繼承權，應以書面向被繼承人死亡之住所所在地管轄法院陳報，如其因故未能親自返國向法院陳報時，得出具向法院為拋棄之書面，送請駐外單位驗證後，逕寄其國內代理人向法院陳報。

6. 被繼承人經法院判決宣告死亡後，其繼承人拋棄繼承權之期間應自法院宣示（指不受送達之繼承人）或送達宣告死亡判決之翌日起算，不以判決內所確定死亡之時為準。

7. 繼承開始於民國74年6月4日以前部分繼承人拋棄繼承權，於登記完畢後發現尚有部分遺產漏辦登記，補辦繼承登記時，倘原繼承登記申請書件已逾保存年限經依規定銷毀者，其繼承人以土地登記簿所載者為準，免再添附部分繼承人之繼承權拋棄書。惟申請人應於繼承系統表內記明其事由，並自負損害賠償之法律責任。

(七)知悉繼承之認定

◎關於民法第1174條「應於知悉其得繼承之時起三個月內」之認定疑義（82.7.19
　內政部臺內地字第8209194號函）

　　本部訂頒之繼承登記法令補充規定第55點規定：「……所謂『知悉』其得
繼承之時起三個月內拋棄繼承權，該期間之起算，係以繼承人知悉被繼承人死亡
之時為準。」繼承人何時知悉應由繼承人於繼承權拋棄證明書內自行填具負責。

五、應繼分

㈠均分繼承原則

　　同一順序之繼承人有數人時，按人數平均繼承。但法律另有規定者，不在
此限。（民第1141條）

㈡養子女之繼承

　　養子女之繼承順序，與婚生子女同。但其應繼分為婚生子女之二分之一，
若養父母無直系血親卑親屬為繼承人時，其應繼分與婚生子女同。（民第1142
條）本條文已刪除，其意即無須特別規定，惟應注意「實體從舊原則」之應繼
分。

㈢配偶之應繼分

　　配偶有相互繼承遺產之權，其應繼分如次：（民第1144條）

1. 配偶與直系血親卑親屬同為繼承人時，應繼分均等。
2. 配偶與父母或兄弟姊妹同為繼承人時，配偶應繼分為遺產二分之一，其
　餘二分之一由其他繼承人均分。
3. 配偶與祖父母同為繼承人時，配偶應繼分為遺產三分之二，其餘三分之
　一，由其他繼承人均分。
4. 無各順序之繼承人時，配偶應繼分為遺產全部。

㈣受扶養人之酌給遺產

　　被繼承人生前繼續扶養之人，應由親屬會議依其所受扶養之程度及其他關
係，酌給遺產。（民第1149條）

㈤胎兒繼承

1. 胎兒為繼承人時，非保留其應繼分，他繼承人不得分割遺產。胎兒關於
　遺產之分割，以其母為代理人。（民第1166條）
2. 胎兒為繼承人時，應由其母以胎兒名義申請登記，俟其出生辦理戶籍登
　記後，再行辦理更名登記。惟胎兒以將來非死產為限。如將來為死產，
　其經登記之權利，溯及繼承開始時消滅，由其他繼承人共同申請更正登
　記。（土登第121條）

㈥拋棄繼承權後之歸屬（民第1176條）

1. 第1138條所規定第一順序之繼承人中有拋棄繼承者，其應繼分歸屬於其
　他同為繼承之人。

2.第二順序至第四順序之繼承人中，有拋棄繼承權者，其應繼分歸屬於其他同一順序之繼承人。

3.與配偶同為繼承之同一順序繼承人均拋棄繼承權，而無後順序之繼承人時，其應繼分歸屬於配偶。

4.配偶拋棄繼承權者，其應繼分歸屬於與其同為繼承之人。

5.第一順序之繼承人，其親等近者均拋棄繼承權時，由次親等之直系血親卑親屬繼承。

6.先順序繼承人均拋棄繼承權時，由次順序之繼承人繼承。其次順序繼承人有無不明或第四順序之繼承人均拋棄其繼承權者，準用關於無人承認繼承之規定。

7.因他人拋棄繼承而應為繼承之人，為拋棄繼承時，應於知悉其得繼承之日起三個月內為之。

六、無人承認之繼承

㈠民法之規定

1.管理人之選定：繼承開始時，繼承人之有無不明者，由親屬會議於一個月內選定遺產管理人，並將繼承開始及選定遺產管理人之事由，向法院報明。（第1177條）

2.繼承人之搜索：親屬會議依前條規定為報明後，法院應依公示催告程序，定六個月以上之期限，公告繼承人，命其於期限內承認繼承。（第1178條）

無親屬會議或親屬會議未於前條所定期限內選定遺產管理人者，利害關係人或檢察官，得聲請法院選任遺產管理人，並由法院依前項規定為公示催告。

3.保存之必要處置：繼承開始時，繼承人之有無不明者，在遺產管理人選定前，法院得因利害關係人或檢察官之聲請，為保存遺產之必要處置。（第1178條之1）

4.管理人之職務：遺產管理人之職務如左：（民第1179條）

⑴編製遺產清冊。

⑵為保存遺產必要之處置。

⑶聲請法院依公示催告程序，限定一年以上之時間，公告被繼承人之債權人及受遺贈人，命其於該期間內報明債權，及為願受遺贈與否之聲明，被繼承人之債權人及受遺贈人為管理人所已知者，應分別通知之。

⑷清償債權或交付遺贈物。

⑸有繼承人承認繼承或遺產歸屬國庫時，為遺產之移交。

前項第1款所定之遺產清冊，管理人應於就職後三個月內編製之。第4款所

定債權之清償，應先於遺贈物之交付，為清償債權或交付遺贈物之必要，管理人經親屬會議之同意得變賣遺產。

5. 報告義務：遺產管理人，因親屬會議、被繼承人之債權人或受遺贈人之請求，應報告或說明遺產之狀況。（第1180條）

6. 清償及交付之義務：遺產管理人非於第1179條第1項第3款所定期間屆滿後，不得對被繼承之任何債權或受遺贈人，償還債務或交付遺贈物。（第1181條）

7. 未依限報明債權及受遺贈聲明之處理：被繼承人之債權人或受遺贈人，不於第1179條第1項第3款所定期間內為報明或聲明者，僅得就賸餘遺產，行使其權利。（第1182條）

8. 賸餘遺產之歸屬：第1178條所定之期限屆滿，無繼承人承認繼承時，其遺產於清償債權並交付遺贈物後，如有賸餘，歸屬國庫。（第1185條）

9. 管理人之報酬：遺產管理人得請求報酬，其數額由法院按其與被繼承人之關係、管理事務之繁簡及其他情形，就遺產酌定之，必要時，得命聲請人先為墊付。（第1183條）

10. 視為繼承人之代理：第1178條所定之期限內，有繼承人承認繼承時，遺產管理人在繼承人承認繼承前所為之職務上行為，視為繼承人之代理。（第1184條）

㈡**土地登記規則規定**（第122條）

遺產管理人就其所管理之土地申請遺產管理人登記時，除法律另有規定外，應提出親屬會議選定或經法院選任之證明文件。

㈢**繼承登記法令補充規定**（第59點～第61點）

1. 無人承認之遺產，依民法第1185條規定，應歸屬國庫者，財政部國有財產局申請國有登記時，應於申請書備註欄加註「確依民法規定完成公示催告程序，期間屆滿無人主張權利」等字樣。

2. 遺產管理人為清償債權之必要，得經親屬會議之同意變賣遺產，如無親屬會議行使同意權時，應經該管法院核准。遺產管理人申辦被繼承人之抵押權塗銷登記，亦同。

遺產管理人執行民法第1179條第1項第2款所定「保存遺產必要之處置」之職務，無須經親屬會議或法院之許可。至於遺產有無荒廢喪失價值之虞，是否為保存遺產必要之處置，變賣時是否已為善良管理人之注意，應由遺產管理人切結自行負責。

遺產管理人就被繼承人所遺不動產辦理遺產管理人登記，免檢附遺產及贈與稅法第42條所規定之證明文件；遺產管理人處分該財產或交還繼承人時，仍應檢附上開規定之證明文件，始得辦理移轉登記。

3. 繼承人於民法第1178條所定公示催告期間內承認繼承時，遺產管理人之

權限即行消滅，於申請繼承登記時，無須先聲請法院裁定撤銷遺產管理人。

七、外國人之繼承

土地法第17條規定：

(一)下列土地不得移轉、設定負擔或租賃於外國人：

1.林地。

2.漁地。

3.狩獵地。

4.鹽地。

5.礦地。

6.水源地。

7.要塞軍備區域及領域邊境之土地。

(二)前項移轉，不包括因繼承而取得土地。但應於辦理繼承登記完畢之日起三年內出售與本國人，逾期未出售者，由直轄市、縣（市）地政機關移請國有財產局辦理公開標售，其標售程序準用第73條之1相關規定。

(三)前項規定，於本法修正施行前已因繼承取得第1項所列各款土地尚未辦理繼承登記者，亦適用之。

八、遺囑繼承

(一)遺囑人之資格

無行為能力人不得為遺囑。限制行為能力人無須經法定代理人之允許，得為遺囑，但未滿十六歲者不得為遺囑。（民第1186條）

(二)遺囑生效時機

遺囑自遺囑人死亡時發生效力。（民第1199條）

(三)遺囑之種類及檢附

繼承登記時，應附繳遺囑影本，並核驗正本。若非遺囑繼承者則免附。依民法繼承編之規定，遺囑有自書遺囑、代筆遺囑、密封遺囑、口授遺囑及公證遺囑。遺囑為要式行為，不依法定方式無效，請參閱民法之規定。

(四)不違反特留分

1.遺囑人於不違反關於特留分規定之範圍內，得以遺囑自由處分遺產。（民第1187條）

2.有關特留分之標準如次：（民第1223條）

(1)直系血親卑親屬之特留分，為其應繼分二分之一。

(2)父母之特留分，為其應繼分二分之一。

(3)配偶之特留分，為其應繼分二分之一。

(4)兄弟姊妹之特留分，為其應繼分三分之一。

(5)祖父母之特留分，為其應繼分三分之一。

(五)**繼承登記法令補充規定**（第62點～第78點）

1. 遺囑係要式行為，應依照民法第1190條至第1197條所定方式為之，不依法定方式作成之遺囑，依照民法第73條規定，應屬無效。

2. 日據時期之遺言公證書（公證遺囑），依當時適用臺灣之法律已合法成立，除經撤銷者外，雖其在光復後未辦理追認手續，仍應有效。

3. 自書遺囑，遺囑人未親筆書寫遺囑全文，而以打字方式為之，或未記明年月日並親自簽名者，不生效力。

4. 自書遺囑有增刪，於公證時依公證法第83條規定辦理，已足證遺囑人所為之增刪意思，如利害關係人對自書遺囑效力有所爭執，應訴由法院認定之。

5. 代筆遺囑，代筆人除親自以筆書寫為之外，並得以電腦或自動化機器製作之書面代之。

6. 代筆遺囑須由遺囑人簽名，遺囑人不能簽名時，僅能按指印代之，不能以蓋章代替簽名。代筆遺囑如僅由遺囑人蓋章，縱經法院公證人認證，亦不發生遺囑效力。

7. 代筆遺囑須由遺囑人以言語口述遺囑意旨，如為啞者或言語障礙不能發聲者，自不能為代筆遺囑。

8. 代筆遺囑僅載明二人為見證人，一人為代筆人，並未載明該代筆人兼具見證人身分，如利害關係人間無爭執，得認代筆遺囑之代筆人兼具見證人之身分。

9. 民法第1194條規定所謂「指定三人以上之見證人」，並無須由遺囑人於遺囑文中明文指定，只須有三人以上之見證人於遺囑中簽名即可，至於見證人之簽名，應由見證人自行簽名，而非由代筆人執筆。

10. 遺囑見證人是否符合民法第1198條之規定，除該遺囑經法院公證或認證外，應提出身分證明，供地政機關審查。前項身分證明能以電腦處理達成查詢者，得免提出。

11. 因繼承取得不動產，未辦竣繼承登記，得以遺囑將該不動產遺贈他人。

12. 口授遺囑如已具備代筆遺囑之要件，得依代筆遺囑辦理。

13. 日據時期口授遺囑非經當時裁判所確認該遺言有效者，不得據以辦理繼承登記。

14. 遺囑執行人有管理遺產並為執行遺囑必要行為之職務。法院裁定之遺囑執行人執行上述職務時，無須再經法院之核准。

15. 繼承人不會同申辦繼承登記時，遺囑執行人得依遺囑內容代理繼承人申辦遺囑繼承登記及遺贈登記，無須徵得繼承人之同意。

16.被繼承人死亡時，其繼承人之有無不明者，雖其生前以遺囑指定有遺囑執行人，惟並不能排除民法有關無人承認繼承規定之適用。

17.遺囑指定變賣遺產之人非遺囑執行人時，遺產之處分應由該被指定人與遺囑執行人共同為之，無須再經法院之核准。

18.遺囑違反民法有關特留分之規定時，繼承人是否已行使扣減權，非地政機關所得干預。

㈥應先繼承登記再遺贈移轉登記（土登第123條）

1.受贈人申辦遺贈之土地所有權移轉登記，應由繼承人先辦繼承登記後，由繼承人會同受遺贈人申請之；如遺囑另指定有遺囑執行人時，應於辦畢遺囑執行人及繼承登記後，由遺囑執行人會同受遺贈人申請之。

2.前項情形，於繼承人因故不能管理遺產亦無遺囑執行人時，應於辦畢遺產清理人及繼承登記後，由遺產清理人會同受遺贈人申請之。

3.第1項情形於無繼承人或繼承人之有無不明時，仍應於辦畢遺產管理人登記後，由遺產管理人會同受遺贈人申請之。

◎檢送研商遺贈人死亡後遺有大陸地區繼承人、受遺贈人申辦遺贈登記疑義會議記錄一份（84.5.19內政部臺內地字第8475014號函）

按「遺贈於遺囑生效後僅有債權的效力，受遺贈人非於繼承開始時，即當然取得遺贈標的物之所有權或其他物權，……似宜就遺贈之土地，辦理繼承登記後，再由繼承人移轉予受遺贈人。……故關於遺贈之土地，如遺贈人有繼承人，得同時連件辦理繼承登記及遺贈登記，並依內政部81年6月20日臺81內地字第8181523號函示辦理，……」為內政部83年6月16日臺內地字第8305897號函所明定。又依臺灣地區與大陸地區人民關係條例第69條規定：「大陸地區人民不得在臺灣地區取得或設定不動產物權，……」是以，早期大陸人士來臺死亡後，其生前所立遺囑，將其所遺土地及房屋遺贈予受贈人，如遺贈人在臺灣地區有繼承人，自得依上開規定辦理，如其在臺灣地區無繼承人或繼承人有無不明或繼承人因故不能管理遺產者，應由利害關係人聲請法院選任遺產管理人（或遺囑執行人），或依上開關係條例第68條規定，以其主管機關為遺產管理人，辦理遺產管理人（或遺囑執行人）登記，並由遺產管理人（或遺囑執行人）依民法第1179條規定，聲請法院依公示催告程序，限一年以上之期間，公告遺贈人之債權人及受遺贈人，命其於該期間內報明債權，及為願受遺贈與否之聲明後，再由遺產管理人（或遺囑執行人）就遺贈之不動產移轉予受遺贈人，免由大陸地區繼承人辦理繼承登記及遺贈登記。

九、債權人代位辦理繼承登記

債權人代位辦理繼承登記係以「未繼承登記不動產辦理強制執行聯繫辦法」為依據，茲就該要點有關債權人代位辦理繼承登記之情形如次：

　　(一)代位辦理繼承登記之不動產，係聲請法院強制執行之標的物。

　　(二)應先聲請法院之准許。

　　(三)應先代遺產稅納稅義務人繳納遺產稅，並由稽徵機關發給遺產稅繳清證明書及代繳之證明書。

　　(四)債權人取得有關遺產稅證明後，除以影本報請執行法院存案外，並應檢同下列文件，送請地政機關辦理繼承登記：

　　　　1.法院通知副本。

　　　　2.遺產稅繳清證明書或免稅證明書。

　　(五)地政機關辦畢繼承登記後，應通知繼承人及債權人，新所有權狀應經繼承人之請求始行繕發，不得發給債權人。

◎未繼承登記不動產辦理強制執行聯繫辦法（94.1.26司法院修正發布）

第1條

　　未辦理繼承登記之不動產，執行法院因債權人之聲請，依強制執行法第11條第3項或第4項規定，以債務人費用，通知地政機關登記為債務人所有時，得依同法第28條第2項規定准債權人代債務人申繳遺產稅及登記規費。

第2條

　　債權人依前條向執行法院聲請時，應具聲請書一式兩份，記載下列事項及提供下列文件：

　　一、債權人姓名、年齡、出生地及住居所。

　　二、被繼承人之姓名、年齡、出生地及住居所。

　　三、繼承人或遺囑執行人姓名、年齡、出生地及住居所。

　　四、聲請之原因。

　　五、繼承系統表或指定繼承人之遺囑及繼承人之戶籍謄本。

　　六、不動產所有權狀。其不能提出者，債權人應陳明理由，聲請執行法院通知地政機關公告作廢。但應提出不動產登記簿謄本代之。

第3條

　　執行法院依第1條通知地政機關時，應副知債權人，並應將前條聲請書及所列文件轉送地政機關。

第4條

　　債權人依第1條向稅捐稽徵機關申繳遺產稅者，其應代繳之遺產稅額，得就其聲請強制執行之不動產所占全部遺產總額之比率計算之。

第5條

　　債權人繳清核定遺產稅額者，稅捐稽徵機關應發給執行不動產之遺產稅繳清證明書及代繳證明書，其免稅者，應發給免稅證明書。

第6條

　　債權人取得遺產稅繳清證明書或取得免稅證明書後，除應以影本報請執行法院存案外，並應檢同下列文件，送請地政機關辦理繼承登記。

　　一、法院通知副本。

　　二、遺產稅繳清證明書或免稅證明書。

第7條

　　稅捐稽徵機關依稅捐稽徵法第39條、第49條規定移送強制執行時，準用第1條至第3條之規定。

第8條

　　地政機關辦畢繼承登記後，應通知繼承人及債權人。新所有權狀應經繼承人之請求始行繕發，不得發給債權人。

第9條

　　執行名義成立後，債務人死亡，債權人對於該債務人所遺不動產聲請強制執行者，應改列繼承人為債務人。繼承人全部拋棄繼承權或繼承人有無不明者，應改列遺產管理人為債務人，債務人以遺囑處分遺產者，並以其他繼承人或遺囑執行人為債務人。

第10條

　　執行法院對於未辦理繼承登記之不動產實施查封時，應開列不動產標示、被繼承人、全部繼承人或遺產管理人或遺囑執行人之姓名、年齡、出生地、住居所，囑託該管地政機關辦理查封登記。如被繼承人或全體繼承人為債務人者，應於不動產登記簿，記載就全部為查封登記；如係一部分繼承人為債務人者，應載明係就該繼承人應繼分為查封登記。地政機關辦理完畢後應即函復執行法院，並副知該管稅捐稽徵機關。

第11條

　　查封之不動產，如係未辦理所有權登記之建築改良物者，應依土地登記規則第139條之規定辦理。

第12條

　　稅捐稽徵機關接獲第10條所定地政機關副本後，應即查核處理，如遺產稅產已繳清或係免稅者，稅捐稽徵機關應通知執行法院及地政機關；如遺產稅尚未繳清，得依稅捐稽徵法第39條、第49條移送強制執行者，應即移請執行法院就全部遺產強制執行，由執行法院於賣得價金中扣繳後，將第2條所列之書類文件囑託該管地政機關將查封之不動產辦理繼承登記後，再發給拍定人權利移轉證書。

第13條

　　執行法院依遺產及贈與稅法第8條第2項規定通知稅捐稽徵機關時，稅捐稽徵機關應就其核定之遺產稅額移送法院強制執行。

第14條

遺產稅尚未繳清，而又不能依遺產及贈與稅法第8條第2項或稅捐稽徵法第39條、第49條移送強制執行者，稅捐稽徵機關應開列明細表，函告執行法院，由執行法院通知債權人，債權人得向稅捐稽徵機關代繳之。其繳納期限尚未屆至者，稅捐稽徵機關應准其提前代繳。債權人代繳後，稅捐稽徵機關應給予證明，由債權人提出於執行法院。

第15條

執行法院依強制執行法第98條發給拍定人權利移轉證書後，應即函請該管地政機關命買受人辦理所有權登記，並於權利移轉證書內載明應於領得證書之日起三十日內，持向地政機關辦理登記，逾期不辦理者，地政機關得依法處罰。

第16條

地政機關接到前條執行法院函件後，應於登記簿內註明拍定事由。

第17條

為執行名義之判決，係命債務人辦理不動產繼承、移轉或分割登記，而其權利標的物為未辦理繼承登記之不動產者，地政機關應命債權人提出遺產稅繳清證明書或免稅證明書或稅捐稽徵機關同意移轉證書後，始得辦理。

第18條

第4條及第5條之規定，於前條情形準用之。

十、分割繼承

㈠避免產權複雜化

我國係採同順位繼承時之平均繼承制度，故於繼承人有數人時，於繼承後產權趨於複雜。

嗣繼承登記後，再辦理分割移轉登記，其手續又頗為繁複。故實務上，於繼承登記時，屢見繼承人依民法有關規定，訂定遺產分割協議書，就協議結果，分割繼承並據以辦理繼承登記。

㈡分割自由原則

民法第1164條規定，繼承人得隨時請求分割遺產，但法律另有規定或契約另有訂定者，不在此限。

㈢分割方法

民法第1165條規定，被繼承人之遺囑定有分割遺產之方法，或託他人代定者，從其所定。遺囑禁止遺產之分割者，其禁止之效力以十年為限。

㈣保留胎兒應繼分

民法第1166條規定，胎兒為繼承人時，非保留其應繼分，他繼承人不得分割遺產。胎兒關於遺產之分割，以其母為代理人。

◎**分割協議書之貼用印花**（75.4.2財政部臺財稅字第7521793號函）

　　繼承人遺產分割協議書，如包括不動產分割在內，且係持憑該分割協議書向主管機關申請物權登記者，該協議書就分割不動產部分，核屬印花稅法第5條第5款「典賣、讓受及分割不動產契據」，應就分割不動產部分按協議成立時價值之千分之一，貼用印花稅票。

◎**檢送「研商日據時期繼承案件可否逕辦協議分割為各別所有，及應否繳納土地增值稅與契稅疑義案會議記錄」一份，請依會商結論辦理**（84.4.28內政部臺內地字第8474679號函）

一、按「繼承人有數人時，在分割遺產前，各繼承人對於遺產部為公同共有。」、「因繼承、……於登記前已取得不動產物權者，非經登記，不得處分其物權。」「遺產分割後，各繼承人按其所得部分，對於他繼承人分割而得之遺產，負與出賣人同一之擔保責任。」分別為民法第1151條、第759條及第1168條所明定。是以，繼承人欲分割公同共有遺產，法務部及內政部法規會代表認為：「應依上開民法第759條規定，先行辦理公同共有之繼承登記後，始得依民法第823條、第824條規定協議分割共有之遺產。惟土地登記業務之中央主管機關為內政部，同意由內政部考量加強便民服務及登記作業實務需要，研擬權宜之妥適處理方式。」

二、查此類分割繼承登記申請案件，倘要求申請人先行辦理公同共有登記之繼承登記後，再依分割協議書申辦分割登記，實務上將化簡為繁，益增民眾申請手續上之困擾。例如被繼承人遺有十筆土地、十個繼承人，則須就該十筆土地之每一筆地均登記為該十個繼承人所公同共有，並就每個繼承人各核發十張土地所有權狀（十個土地人共計核發一百張權狀）後，再受理繼承人申辦分割登記，致產生下列問題：

　　㈠驟增地政機關雙倍以上之人力作業——於目前基層地政機關業務量多、工作壓力大、人力嚴重不足之際，上開作法無異雪上加霜。

　　㈡徒增申請人負擔——包括繳納兩次登記規費、土地權利書狀費及花費兩次登記代理人費用等。

　　㈢違反便民服務及行政速、簡原則——目前政府正推行行政革新，積極簡化不便民、不合宜之行政規章或措施，上開作法無異倒行逆施，不僅不符簡政便民原則，更易招致民怨。

　　次查，依法院判決共有人分割繼承登記案，亦無要求當事人先辦公同共有繼承登記、再辦分割登記之例。上開作法，於登記實務上確有窒礙難行之處，亦無實益可言，以往民眾向依行政院秘書處46年9月12日臺46內字第4958號函「……關於遺產繼承，如繼承人先辦公同共有繼承登記固無不可，若繼承人就遺產繼承及分割逕行辦理各別所有繼承登記，於法亦無不合。」規定辦理，行

之數十年，民眾習之已久，尚無任何弊端。

三、至遺產分割繼承案件，其分割結果與繼承應繼分不相當時，應否課徵土地增值稅或契稅乙節，前經財政部75年3月7日臺財稅字第7533046號函釋以：「查民法刪除第1167條之意旨，不在增加稅賦，而在解決與民法第1151條及第1168條之矛盾，使條文前後法理一致。至於多人分割遺產，乃係取得遺產單獨所有之手段，且遺產尚包括動產，僅不動產分割無法審究是否與應繼分相當。基於上述理由，因繼承而分割不動產時，不論分割之結果與應繼分是否相當，依照土地稅法第28條但書及契稅條例第14條第1項第4款之規定，均不課徵土地增值稅或契稅；繼承人先辦理公同共有登記嗣後再辦理分割登記者，亦同。……」在案。

四、又民法第759條所稱「非經登記，不得處分其物權」其「登記」一詞，並不侷限於繼承登記，如採廣義解釋，應可包括「分割繼承」之登記。且民法於74年6月3日修正公布時，刪除第1167條之意旨，不在增加稅賦，而在解決與民法第1151條及第1168條之矛盾，使條文前後法理一致。當亦非在增加民眾辦理繼承登記之手續，故民法第1167條之刪除，僅在說明繼承開始後，繼承人分割遺產前之「公同共有」狀態，該一法理並不因繼承登記實務上，准予逕行辦理遺產分割繼承登記而有所改變。況且遺產分割繼承登記，廣義言之，應屬民法第759條所稱之「登記」，故基於實務上之需要，由登記主管機關為切合簡政便民之函釋，准予民眾於申辦繼承登記時，得直接以「分割繼承」為登記原因辦理登記，於法應無不合。

五、至日據時期遺產繼承案件，依「臺灣光復初期誤以死者名義申辦土地總登記處理要點」規定得申請更正登記，亦得以繼承登記案件辦理，如繼承人欲申辦分割繼承登記，得以分割繼承協議書逕辦協議分割繼承登記，並免繳納土地增值稅及契稅，其登記原因以「分割繼承」為之。

◎關於已辦妥公同共有繼承登記，再由全體繼承人依協議結果辦理遺產分割繼承登記疑義（87.1.21內政部臺內地字第8785251號函）

一、案經邀同法務部、財政部及省市地政機關會商獲致結論如次：

(一)查「公同共有物分割之方法，除法律另有規定外，應依關於共有物分割之規定。」、「繼承人有數人時，在分割遺產前，各繼承人對於遺產全部為公同共有。」、「繼承人得隨時請求分割遺產」分為民法第830條第2項、第1151條及第1164條前段所明定。又公同共有遺產之分割，應依關於遺產分割之規定，其分割方法乃屬公同共有財產之清算程序，而非僅限於公同共有物之分割（謝在全，民法物權論，第388頁參照）。故已辦妥公同共有繼承登記，其再申辦遺產分割繼承登記者，宜以國稅稽徵機關所核發之遺產繳（免）稅證明書所列之遺產全部協議分割，惟如當事人因故僅就部分遺產協議分割者，基於一物一權主義，就個別遺產之標的分割，法無明文禁止，登記機關仍應受理。

(二)又「查民法應繼分規定之設置，其目的係在繼承權發生糾紛時，得憑以確定

繼承人應得之權益，如繼承人間自行協議分割遺產，於分割遺產時，經協議其中部分繼承人取得較其應繼分為多之遺產者，民法並未予限制；因之，繼承人取得遺產之多寡，自亦毋須與其應繼分相比較，從而亦不發生繼承人間相互為贈與問題。」、「……至於多人分割遺產，乃係取得遺產單獨所有之手段，且遺產尚包括動產，僅不動產分割無法審究是否與應繼分相當。基於上述理由，因繼承而分割不動產時，不論分割之結果與應繼分是否相當，依照土地稅法第28條但書及契稅條例第14條第1項第4款之規定，均不課徵土地增值稅或契稅；繼承人先辦理公同共有登記嗣後再辦理分割登記者，亦同。再行移轉核計土地增值稅時，其前次移轉現值，仍應依土地稅法第31條第2項規定，以繼承開始時該土地之公告現值為準。」分為財政部67年8月8日臺財稅字第35311號函及75年3月7日臺財稅字第7533046號函所明釋，故繼承人不論如何分割遺產，均不課土地增值稅、贈與稅與契稅；又繼承人就被繼承人之遺產，訂有分割協議書，其繼承人是否獲有分配或分割結果與各繼承人之應繼分是否相當，尚非地政機關所得審認範圍。

(三)另按「聲請為土地權利變更登記，應由權利人按申報地價或權利價值千分之一繳納登記費。」為土地法第76條第1項所明定，又「共有物分割登記，以分割後各自取得部分計徵。」為本部訂頒「土地登記規費及其罰鍰計徵補充規定」第3點第4款所明定，故已辦妥公同共有之繼承登記後，再依民法第824條第1項規定協議分割共有之遺產，其性質為共有物分割，自應依上開規定計徵登記費。

二、本部73年10月8日臺（73）內地字第262556號函說明二末段所稱「注意有關稅法之適用」一節，應依上開財政部二函之規定辦理。

◎遺囑分割遺產，如符合一物一權之原則，得由部分繼承人持憑被繼承人之遺囑，單獨就其取得之遺產部分申請繼承登記（93.11.19內政部內授中辦地字第0930016064號函）

案經函准法務部93年11月15日法律決字第0930040074號函略以：「按『被繼承人之遺囑，定有分割遺產之方法，或託他人代定者，從其所定。』、『遺囑人於不違反關於特留分規定之範圍內，得以遺囑自由處分遺產。』民法第1165條第1項、第1187條分別定有明文。因在私有財產制度之下，個人對於私有財產，在生前既有自由處分權，則該人於其生前，以遺囑處分財產而使其於死後發生效力，亦應加以承認（參照戴炎輝、戴東雄合著，繼承法，第246頁）。本件依來函資料所示，被繼承人代筆遺囑分割遺產之內容，均係繼承人單獨取得某一不動產之全部所有權而無共有之情形，屬遺產分割方法之指定，依民法第1165條規定，自應從其所定。準此，本件被繼承人死亡時遺囑生效，依其所定遺產分割方法即生遺產分割之效力，由繼承人取得單獨之不動產所有權，無民法第1151條有關遺產未分割前為公同共有及土地登記規則第120條規定之適用，故各繼承人得本其全部所有權人之地位單獨申請辦理繼承登

記。……」本案遺囑分割遺產，如符合一物一權之原則（即繼承人單獨取得被繼承人某一不動產之全部所有權而無共有之情形），得由部分繼承人持憑被繼承人之遺囑，單獨就其取得之遺產部分申請繼承登記，而無須全體繼承人會同申請。

◎繼承人得檢附全體繼承人同意之分割協議書就部分遺產申辦分割繼承登記

（97.3.3內政部內授中辦地字第0970042324號函）

按「按民法第1164條所定之遺產分割，係以遺產為一體，整個的為分割，而非以遺產中各個財產之分割為對象，亦即遺產分割之目的在遺產公同共有關係全部之廢止，而非各個財產公同共有關係之消滅，故應以全部遺產為分割，惟如符合民法第828條、第829條規定時，經全體公同共有人同意，仍可僅就特定財產為分割（謝在全著，民法物權論中冊，修訂四版，頁43註51；最高法院88年度臺上2837號裁判意旨參照）。」為法務部97年2月26日法律決字第0970001316號函所明釋，本案被繼承人楊○○君遺有多筆不動產，倘符合民法第828條、第829條規定，繼承人得檢附全體繼承人同意之分割協議書而就部分遺產申辦分割繼承登記。

◎繼承人得就被繼承人所遺公同共有權利協議分割（102.9.3內政部內授中辦地字第1026651713號函）

一、按公同共有關係之成立，非當事人可隨意訂立創設公同關係之契約，其有依契約而成立之公同關係，仍係因法律規定而生，繼承人自不得以遺產分割協議方式，將遺產分割為公同共有或協議消滅因繼承取得之公同關係而另創設一公同共有關係，前經本部98年4月10日內授中辦地字第0980043252號函釋有案。至於被繼承人所遺之不動產係與他人公同共有，亦即被繼承人為不動產公同共有人之一，其全體繼承人得否就該不動產之潛在應有部分，為遺產分割並協議將其分歸由其中一人或部分繼承人繼承取得1節，經函准法務部102年8月15日法律字第10203508050號函略以：「此係基於全體繼承人之自由意思所為，縱然協議分割取得之利益不等，協議分割之效力亦不受影響，且該協議分割之結果，將廢止該房全體繼承人因繼承李君於系爭土地之潛在應有部分（應繼分）所生之公同共有關係，並未另行成立一公同共有關係。」

二、準此，被繼承人為公同共有人之一，繼承人得就被繼承人所遺公同共有權利協議分割由1人或部分繼承人繼承所有。

十一、海峽兩岸之繼承

「臺灣地區與大陸地區人民關係條例」於民國81年7月31日發布施行，並於81年9月16日由行政院發布「臺灣地區與大陸地區人民關係條例施行細則」。該條例嗣經多次修正，有關民事事件及遺產繼承，自應依該條例之規定辦理，茲略述相關條文如次：

(一)夫妻關係

1.財產關係

臺灣地區人民與大陸地區人民在大陸地區結婚，其夫妻財產制，依該地區之規定。但在臺灣地區之財產，適用臺灣地區之法律。（條例第54條）

2.重婚關係

(1)夫妻因一方在臺灣地區，一方在大陸地區，不能同居，而一方於民國74年6月4日以前重婚者，利害關係人不得聲請撤銷；其於74年6月5日以後76年11月1日以前重婚者，該後婚視為有效。

(2)前項情形，如夫妻雙方均重婚者，於後婚者重婚之日起，原婚姻關係消滅。（條例第64條）

(二)父母子女關係

1.非婚生子女之認領

非婚生子女認領之成立要件，依各該認領人被認領人認領時設籍地區之規定。認領之效力，依認領人設籍地區之規定。（條例第55條）

2.法律之適用

(1)父母之一方為臺灣地區人民，一方為大陸地區人民者，其與子女間之法律關係，依子女設籍地區之規定。（條例第57條）

(2)受監護人為大陸地區人民者，關於監護，依該地區之規定。但受監護人在臺灣地區有居所者，依臺灣地區之法律。（條例第58條）

3.養子女

(1)法律之適用：（條例第56條）

①收養之成立及終止，依各該收養者被收養者設籍地區之規定。

②收養之效力，依收養者設籍地區之規定。

(2)收養之限制：臺灣地區人民收養大陸地區人民為養子女，除依民法第1079條第5項規定外，有下列情形之一者，法院亦應不予認可：（條例第65條）

①已有子女或養子女者。

②同時收養二人以上為養子女者。

③未經行政院設立或指定之機構或委託之民間團體驗證收養之事實者。

(三)繼承關係

1.法律之適用

(1)被繼承人為大陸地區人民者，關於繼承，依該地區之規定。但在臺灣地區之遺產，適用臺灣地區之法律。（條例第60條）

(2)大陸地區人民之遺囑，其成立或撤回之要件及效力，依該地區之規定。但以遺囑就其在臺灣地區之財產為贈與者，適用臺灣地區之法律。（條例第61條）

2.繼承表示

(1)表示之限制：（條例第66條）

①大陸地區人民繼承臺灣地區人民之遺產，應於繼承開始起三年內以書面向被繼承人住所地之法院為繼承之表示；逾期視為拋棄其繼承權。

②大陸地區人民繼承本條例施行前已由主管機關處理，且在臺灣地區無繼承人之現役軍人或退除役官兵遺產者，前項繼承表示之期間為四年。

③繼承在本條例施行前開始者，前二項期間自本條例施行之日起算。

(2)表示方法：大陸地區人民依本條例第66條規定繼承臺灣地區人民之遺產者，應於繼承開始起三年內，檢具下列文件，向繼承開始時被繼承人住所地之法院為繼承之表示：（條例細則第59條）

①聲請書。

②被繼承人死亡時之除戶戶籍謄本及繼承系統表。

③符合繼承人身分之證明文件。

前項第1款聲請書應載明下列各款事項，並經聲請人簽章：

①聲請人之姓名、性別、年齡、籍貫、職業及住、居所；其在臺灣地區有送達代收人者，其姓名及住、居所。

②為繼承表示之意旨及其原因、事實。

③供證明或釋明之證據。

④附屬文件及其件數。

⑤地方法院。

⑥年、月、日。

第1項第3款身分證明文件，應經行政院設立或指定之機構或委託之民間團體驗證，同順位繼承人有多人時，每人均應增附繼承人完整親屬之相關資料。

依第1項聲請為繼承之表示經准許者，法院應即通知聲請人、其他繼承人及遺產管理人。但不能通知者，不在此限。

(3)應申報遺產稅：

①限期報稅：大陸地區人民依本條例第66條規定繼承臺灣地區人民之遺產者，應依遺產及贈與稅法規定辦理遺產稅申報；其有正當理由不能於遺產及贈與稅法第23條規定之期間內申報者，應於向被繼承人住所地之法院為繼承表示之日起二個月內，準用遺產及贈與稅法第26條之規定申請延長申報期限。但該繼承案件有大陸地區以外之納稅義務人者，仍應由大陸地區以外之納稅義務人依遺產及贈與稅法規定辦理申報。（條例細則第60條）

前項應申報遺產稅之財產，業由大陸地區以外之納稅義務人申報或經稽徵機關逕行核定者，免再辦理申報。

②扣除額之適用：大陸地區人民依本條例第66條規定繼承臺灣地區人民之遺產，辦理遺產稅申報時，其扣除額適用遺產及贈與稅法第17條之規定。

　　納稅義務人申請補列大陸地區繼承人扣除額並退還溢繳之稅款者，應依稅捐稽徵法第辦28條規定理。（條例細則第61條）

③大陸人民在臺遺產之報稅：大陸地區人民死亡在臺灣地區遺有財產者，納稅義務人應依遺產及贈與稅法規定，向財政部臺北國稅局辦理遺產稅申報。大陸地區人民就其在臺灣地區之財產為贈與時亦同。

　　前項應申報遺產稅之案件，其扣除額依遺產及贈與稅法第17條第1項第8款至第11款規定計算。但以在臺灣地區發生者為限。（條例細則第65條）

⑷申請繼承登記之限制：繼承人全部為大陸地區人民者，其中一或數繼承人依本條例第66條規定申請繼承取得應登記或註冊之財產權時，應俟其他繼承人拋棄其繼承權或已視為拋棄其繼承權後，始得申請繼承登記。（條例細則第66條）

3.繼承遺產

⑴總額限制：（條例第67條）

①被繼承人在臺灣地區之遺產，由大陸地區人民依法繼承者，其所得財產總額，每人不得逾新臺幣200萬元。超過部分，歸屬臺灣地區同為繼承之人；臺灣地區無同為繼承之人者，歸屬臺灣地區後順序之繼承人；臺灣地區無繼承人者，歸屬國庫。

②前項遺產，在本條例施行前已依法歸屬國庫者，不適用本條例之規定。其依法令以保管款專戶暫為存儲者，仍依本條例之規定辦理。

③遺囑人以其在臺灣地區之財產遺贈大陸地區人民、法人、團體或其他機構者，其總額不得逾新臺幣200萬元。

④第1項遺產中，有以不動產為標的者，應將大陸地區繼承人之繼承權利折算為價額。但其為臺灣地區繼承人賴以居住之不動產者，大陸地區繼承人不得繼承之，於定大陸地區繼承人應得部分時，其價額不計入遺產總額。

⑤大陸地區人民為臺灣地區人民配偶，其繼承在臺灣地區之遺產或受遺者，依下列規定辦理：

　(A)不適用第1項及第3項總額逾新臺幣200萬元之限制規定。

　(B)其經許可長期居留者，得繼承以不動產為標的之遺產，不適用前項有關繼承權利應折算為價額之規定。但不動產為臺灣地區繼承人賴以居住者，不得繼承之，於定大陸地區繼承人應得部分時，其價額不計入遺產總額。

(C)前款繼承之不動產，如為土地法第17條第1項各款所列土地，準用同條第2項但書規定辦理。

(2)繼承人全部為大陸地區人民者之辦理：（條例第67條之1）

①前條第1項之遺產事件，其繼承人全部為大陸地區人民者，除應適用第68條之情形者外，由繼承人、利害關係人或檢察官聲請法院指定財政部國有財產局為遺產管理人，管理其遺產。

②被繼承人之遺產依法應登記者，遺產管理人應向該管登記機關登記。

③第1項遺產管理辦法，由財政部擬訂，報請行政院核定之。

(3)保管款專戶存儲之遺產：大陸地區人民依本條例第67條第2項規定繼承以保管款專戶存儲之遺產者，除應依第59條規定向法院為繼承之表示外，並應通知開立專戶之被繼承人原服務機關或遺產管理人。（條例細則第62條）

(4)折算價額標準：本條例第67條第4項規定之權利折算價額標準，依遺產及贈與稅法第10條及其施行細則第31條至第33條規定計算之。被繼承人在臺灣地區之遺產有變賣者，以實際售價計算之。（條例細則第63條）

4.無人繼承

(1)管理遺產：（條例第68條）

①現役軍人或退除役官兵死亡而無繼承人、繼承人之有無不明或繼承人因故不能管理遺產者，由主管機關管理其遺產。

②前項遺產事件，在本條例施行前，已由主管機關處理者，依其處理。

③第1項遺產管理辦法，由國防部及行政院國軍退除役官兵輔導委員會分別擬訂，報請行政院核定之。

④本條例中華民國85年9月18日修正生效前，大陸地區人民未於第66條所定期限內完成繼承之第1項及第2項遺產，由主管機關逕行捐助設置財團法人榮民榮眷基金會，辦理下列業務，不受第67條第1項歸屬國庫規定之限制：

(A)亡故現役軍人或退除役官兵在大陸地區繼承人申請遺產之核發事項。

(B)榮民重大災害救助事項。

(C)清寒榮民子女教育獎助學金及教育輔助事項。

(D)其他有關榮民、榮眷福利及服務事項。

⑤依前項第1款申請遺產核發者，以其亡故現役軍人或退除役官兵遺產，已納入財團法人榮民榮眷基金會者為限。

⑥財團法人榮民榮眷基金會章程，由行政院國軍退除役官兵輔導委員會擬訂，報請行政院核定之。

(2)主管機關：本條例第68條第2項所稱現役軍人及退除役官兵之遺產事件，在本條例施行前，已由主管機關處理者，指國防部聯合後勤司令部及行政院國軍退除役官兵輔導委員會依現役軍人死亡無人繼承遺產管理辦法及國軍退除役官兵死亡暨遺留財物處理辦法之規定處理之事件。（條例細則第64條）

◎關於登記機關受理繼承登記申請案件時，申請人所附繼承系統表或文件列明有大陸地區人民為繼承人者，請依會商結論辦理（82.1.15內政部臺內地字第8113186號函）

案經本部邀集行政院大陸委員會、法務部及省市地政處等有關單位研商，獲致結論如下：

一、登記機關受理繼承登記申請案件時，申請人所附繼承系統表或文件列明有大陸地區人民為繼承人者，應注意左列事項：

㈠大陸地區人民之認定，以繼承開始時，依臺灣地區與大陸地區人民關係條例（以下簡稱兩岸人民關係條例）第2條第4款和第3條，及其施行細則第5條和第6條之規定為準。

㈡大陸地區人民，依兩岸人民關係條例第69條及其施行細則第49條規定，不得在臺灣地區取得不動產物權，故亦不得申辦繼承登記。

㈢大陸地區人民，依兩岸人民關係條例第69條規定，視為拋棄其繼承權者，繼承系統表應予註明「因未於臺灣地區與大陸地區人民關係條例第66條規定期限內，以書面向法院為繼承之表示，其繼承權視為拋棄」；其依民法第1174條規定拋棄繼承權者，應檢附法院核發繼承權拋棄之證明文件。

㈣大陸地區人民經法院准許繼承者，應另檢附左列文件：

1.法院准許繼承之證明文件。

2.大陸地區人民已受領繼承財產應得對價之證明文件、其應得之對價已依法提存之證明文件、遺產分割協議書（依兩岸人民關係條例第67條第1項規定，大陸地區人民依法繼承所得財產總額，每人不得逾新臺幣200萬元）或其同意申請人辦理繼承登記之同意書。上開已受領對價之證明文件、協議書或同意書，應經財團法人海峽交流基金會驗證。

㈤申辦繼承登記之不動產，為依兩岸人民關係條例第67條第4項規定屬臺灣地區繼承人賴以居住，經申請人書面聲明並切結如有不實願負法律責任者，毋需檢附第4點規定之文件。

二、內政部81年5月7日臺內地字第8176565號函訂頒「繼承登記法令補充規定」第82應予刪除。

◎關於臺灣地區人民死亡，在臺無繼承人，而僅有大陸地區之繼承人，其不動產價額如何取得（82.4.24行政院大陸委員會陸法字第8204312號函）

　　案經轉准法務部82年4月12日法（82）律字06829號函轉司法院秘書長82年3月31日（82）秘臺廳民三字第04263號函略以：「按現役軍人或退除役官兵死亡，繼承人因故不能管理遺產者，由主管機關（國防部或行政院退除役官兵輔導委員會）分別依其訂定之『現役軍人死亡無人繼承遺產管理辦法』或『退除役官兵死亡無人繼承遺產管理辦法』管理其遺產，臺灣地區與大陸地區人民關係條例第68條第1、3項定有明文。又繼承人因故不能管理遺產，或未委任遺產管理人，被繼承人亦無遺囑指定者，非訟事件法第79條第1項復規定得由利害關係人聲請法院指定遺產管理人。來文所提有關大陸地區繼承人如何取得在臺不動產價額之事例，除被繼承人具有現役軍人或退除役官兵身分，應按首揭規定分由主管機關依『現役軍人死亡無人繼承遺產管理辦法』或『退除役官兵死亡無人繼承遺產管理辦法』等相關規定管理處分遺產外，如符合非訟事件法第79條第1項所定之情形，其利害關係人自得依法聲請法院指定遺產管理人，並向該管地政機關申辦不動產遺產管理人登記（登記○○○遺產，管理人○○○）後，再由遺產管理人本其管理遺產之法定職責及該不動產不適於提存之性質（參照民法第1179條第1項第5款、第331條及非訟事件法第79條第3項等規定），進而為不動產之變價處分，使大陸地區人民繼承取得其應得之法定價額。」

◎為大陸來臺退除役官兵死亡無人繼承遺產，本會所屬安置或服務主管機構為法定遺產管理人，無庸另聲請法院裁定選任遺產管理人（82.5.12行政院國軍退除役官兵輔導委員會輔臺字第9643號函）

　　依司法院秘書長82年4月27日（82）秘臺廳民三字第04938號函開：

一、臺灣地區與大陸地區人民關係條例施行後，大陸來臺之退除役官兵死亡而無繼承人，繼承人之有無不明或繼承人因故不能管理遺產者，依該條例第68條及退除役官兵死亡無人繼承遺產管理辦法之規定，應由其主管機關以法定遺產管理人之地位管理遺產，已無庸另聲請法院裁定選任遺產管理人。

二、非大陸地區來臺之退除役官兵死亡，倘發生無人繼承、繼承人之有無不明或繼承人因故不能管理遺產之情形，因不涉及大陸地區人民之權利，依前開條例第1條特以規範臺灣地區與大陸地區人民之往來，並處理衍生之法律事務為立法本旨以觀，應無上述規定之適用，自仍應按民法第1177條等相關規定，由親屬會議選定遺產管理人或聲請法院選任遺產管理人。法院於受理此類聲請事件時，宜斟酌個案需要與實際情形，選任前開遺產管理辦法第4條所屬之機構為遺產管理人。

◎被繼承人曾君於83年6月5日死亡，其父為大陸地區人民，未依繼承發生時「臺灣地區與大陸地區人民關係條例」第66條第1項規定之二年期間內向法院為繼承之表示，嗣於85年7月17日取得在臺戶籍成為臺灣地區人民，得以此身分依法繼承遺產，而不適用臺灣地區與大陸地區人民關係條例第66條至第69條規定。檢附行政院大陸委員會89年6月1日（89）陸法字第8906099號函影本

乙份，請查照。（89.6.1財政部臺財稅字第0890036052號函）

◎申請人所附繼承系統表或文件列明有大陸地區人民為繼承人者，申請繼承登記應附文件（93.11.1內政部內授中辦地字第0930014179號函）

一、按「大陸地區人民繼承臺灣地區人民之遺產，應於繼承開始起三年內以書面向被繼承人住所地之法院為繼承之表示；逾期視為拋棄其繼承權。」為臺灣地區與大陸地區人民關係條例第66條第1項所明定，本案大陸地區人民繼承臺灣地區人民之遺產，仍應依上開規定於繼承開始起三年內以書面向被繼承人住所地之法院為繼承之表示；另本部82年1月15日臺（82）內地字第8113186號函釋有關大陸地區人民經法院准許繼承申辦登記者，應另檢附以下文件：1.法院准許繼承之證明文件。2.大陸地區人民已受領繼承財產應得對價之證明文件、其應得對價已依法提存之證明文件、遺產分割協議書……或其同意申請人辦理繼承登記之同意書（上開已受領對價之證明文件、協議書或同意書，應經財團法人海峽交流基金會驗證）。本登記申請案所檢附之遺產分割協議書，倘經該大陸地區人民親自到場簽名表示其真意，並經登記機關指定人員核對身分屬實，分配之遺產亦符合臺灣地區與大陸地區人民關係條例第67條、第69條之規定者，為簡政便民，得免附已受領繼承財產應得對價之證明文件及同意申請人辦理繼承登記之同意書，該遺產分割協議書亦得免經財團法人海峽交流基金會驗證。

二、為利實務作業之一致性，爰於本部前開號函二、（四）2.後段增列但書規定：「但申請登記時，經大陸地區人民親自到場，提出經認證之身分證明文件，當場於遺產分割協議書內簽名，並由登記機關指定人員核符後同時簽證者，得免附已受領繼承財產應得對價之證明文件及同意申請人辦理繼承登記之同意書；另該分割協議書亦得免經財團法人海峽交流基金會驗證」。

十二、繼承權被侵害之請求回復

繼承權被侵害者依民法第1146條規定，被害人或其法定代理人得請求回復之。回復請求權，自知悉被侵害之時起，二年間不行使而消滅。自繼承開始時起逾十年者，亦同。

第二節　繼承登記實務

一、申請實務

㈠申請人

1.繼承人為二人以上，部分繼承人因故不能會同其他繼承人共同申請繼承登記時，得由其中一人或數人為全體繼承人之利益，就被繼承人之土地，申請為公同共有之登記，其經繼承人全體同意者，得申請為分別共

有之登記。登記機關於登記完畢後，應將登記結果通知他繼承人。（土登第120條）

2. 未成年人或受監護人為繼承人時，其繼承登記應會同其法定代理人辦理。（民第76條、第77條）

(二)申請期限

1. 繼承登記得自繼承開始之日起六個月內為之，申請逾期者，每逾一個月，得處應納登記費額一倍之罰鍰，但最高不得超過二十倍。（土第73條）

2. 申請土地建物所有權繼承登記，得自繼承開始之日起六個月內為之。（土登第33條）

3. 如逾期申請登記，確係由於申報遺產稅等主管機關所延誤，其責不在當事人者，其登記罰鍰之核課，可依檢附該稅捐機關出具之證明文件，將各該在管機關所延誤之期間予以扣除。（土登第50條）

4. 土地法第73條之1規定：

(1)土地或建築改良物，自繼承開始之日起逾一年未辦理繼承登記者，經該管直轄市或縣市地政機關查明後，應即公告繼承人於三個月內申請登記；逾期仍未申請者，得由地政機關予以列冊管理。但有不可歸責於申請人之事由，其期間應予扣除。

(2)前項列冊管理期間為十五年，逾期仍未申請登記者，由地政機關將該土地或建築改良物清冊移請國有財產局公開標售。繼承人占有或第三人占有無合法使用權者，於標售後喪失其占有之權利；土地或建築改良物租賃期間超過五年者，於標售後以五年為限。

(3)依第2項規定標售土地或建築改良物前應公告三十日，繼承人、合法使用人或其他共有人就其使用範圍依序有優先購買權。但優先購買權人未於決標後十日內表示優先購買者，其優先購買權視為放棄。

(4)標售所得之價款應於國庫設立專戶儲存，繼承人得依其法定應繼分領取。逾十年無繼承人申請提領該價款者，歸屬國庫。

(5)第2項標售之土地或建築改良物無人應買或應買人所出最高價未達標售之最低價額者，由國有財產局定期再標售，於再行標售時，國有財產局應酌減拍賣最低價額，酌減數額不得逾百分之二十。經五次標售而未標出者，登記為國有並準用第2項後段喪失占有權及租賃期限之規定。自登記完畢之日起十年內，原權利人得檢附證明文件按其法定應繼分，向國有財產局申請就第4項專戶提撥發給價金；經審查無誤，公告九十日期滿無人異議時，按該土地或建築改良物第五次標售底價分算發給之。

◎未辦繼承登記土地及建築改良物列冊管理作業要點（97.8.6內政部修正發布）

一、為直轄市、縣（市）地政機關依土地法第73條之1第1項規定，執行未辦繼承登記土地及建築改良物列冊管理事項，特訂定本要點。

二、本要點資料應以電腦建置，其管理系統、管理方式、書表單簿格式應遵循中央地政機關所定之管理系統規範。

前項書表單簿紙本之設置，得由直轄市、縣（市）地政機關決定之。

三、土地或建築改良物（以下簡稱建物）權利人死亡資料之提供如下：

　（一）地方財稅主管稽徵機關應依據財政部財稅資料中心彙送之全國遺產稅稅籍資料，勾稽產出逾繼承原因發生一年之未辦繼承登記不動產歸戶資料，於每年12月底前送土地建物所在登記機關。

　（二）地政機關因管理地籍、規定地價、補償地價等作業所發現或人民提供之土地權利人死亡資料。

前項資料，經與地籍資料核對無誤，且使用戶役政系統查詢土地或建物登記名義人之死亡日期、申請死亡登記之申請人及繼承人未果時，應檢附逾期未辦繼承登記土地或建物列冊管理（以下簡稱列冊管理單）函請戶政事務所協助查明，或由地政機關派員至戶政事務所調閱戶籍資料。

四、登記機關對第3點資料應編列案號，登入未辦繼承登記土地及建物管理系統產製收件簿及列冊管理單，並將之編訂成專簿。

五、登記機關接獲第3點規定之資料，經查實後，於每年4月1日辦理公告，公告期間為三個月；已知繼承人及其住址者，同時以雙掛號書面通知其申辦繼承登記，不知繼承人及其住址者，應向戶政機關或稅捐機關查詢後，再書面通知；逾公告期間未辦繼承登記或未提出不可歸責之事證者，依第7點第2項規定，報請直轄市、縣（市）地政機關列冊管理。

前項不可歸責於當事人之事由，指下列情形之一：

　（一）繼承人已申報相關賦稅而稅捐機關尚未核定或已核定而稅額因行政救濟尚未確定者，或經稅捐機關同意其分期繳納稅賦而尚未完稅者。

　（二）部分繼承人為大陸地區人士，依臺灣地區與大陸地區人民關係條例第66條規定，於大陸地區繼承人未表示繼承之期間。

　（三）已向地政機關申辦繼承登記，因所提戶籍資料與登記簿記載不符，須向戶政機關查明更正者。

　（四）因繼承訴訟者。

　（五）其他不可抗力事故，經該管地政機關認定者。

公告列冊管理之土地或建物，如有前項不可歸責於當事人事由致未能如期申辦繼承登記者，當事人於公告期間檢附證明文件，向該管登記機關提出，經審查符合者，暫不予報請直轄市、縣（市）地政機關實施列冊管理，並於列冊管理單之備

註欄內註明。但於次年4月1日前如仍未辦理繼承登記者，依第1項規定辦理。

第1項公告及通知日期文號應於列冊管理單內註明之。

六、第5點公告應揭示於下列各款之公告處所：

(一)土地所在地登記機關。

(二)土地所在地鄉（鎮、市、區）公所。

(三)被繼承人原戶籍所在地鄉（鎮、市、區）公所、村（里）辦公處。

登記機關認為有必要時，並得於其他適當處所或以其他適當方法揭示公告，其公告效力之發生以前項各款行為之公告為準。

七、第5點公告期間，直轄市、縣（市）地政機關應利用大眾傳播機構或以其他方法加強宣導民眾，促其注意各有關公告處所之公告內容，有未辦繼承登記者，並應依法辦理繼承登記。繼承人於公告三個月內申辦繼承登記者，登記機關於登記完畢後，應於列冊管理單內註明登記日期、文號。

逾三個月未申辦繼承登記，除有下列不予列冊管理之事由外，登記機關應將列冊管理單報請直轄市、縣（市）地政機關列冊管理，並於列冊管理單內註明填發日期文號。

(一)已依法指定遺產管理人、遺產清理人、遺囑執行人或破產管理人。

(二)經政府徵收補償完畢並於專簿註明徵收日期者。

(三)依第5點規定於公告期間提出不可歸責之事由，經認定者。

八、直轄市、縣（市）地政機關接到第7點第2項之列冊管理單經核定後，應即指定列冊管理日期函復登記機關，並按各登記機關依序編列案號彙編成專簿列管。

直轄市、縣（市）地政機關及登記機關，應將列冊管理日期及核定函日期文號於所保管之列冊管理單內註明，登記機關並應將列冊管理機關、日期及文號於登記簿所有權部其他登記事項欄內註明。

九、土地法第73條之1於89年1月26日修正公佈前，已執行代管之土地或建物，其代管期間應併入列冊管理期間計算。

十、已執行列冊管理之土地或建物，有下列情形之一者，登記機關於登記完畢後，應敘明事由並將列冊管理單報請直轄市、縣（市）地政機關停止列冊管理：

(一)已辦竣遺產管理人、遺產清理人、遺囑執行人、或破產管理人登記者。

(二)已辦竣繼承登記者。

(三)典權人依法取得典物所有權並辦竣所有權移轉登記者。

(四)已辦竣滅失登記者。

(五)其他依法辦竣所有權移轉登記者。

已執行列冊管理之土地或建物有下列情形之一者，直轄市、縣（市）地政機關應停止列冊管理，並通知登記機關。

(一)經依法徵收並發放補償費完竣者。

(二)因辦理土地重劃未獲分配土地者。

　　登記機關依第1項規定報請停止列冊管理或經直轄市、縣（市）地政機關通知停止列冊管理時，應塗銷登記簿其他登記事項欄內之列冊管理機關名稱、日期及文號等有關註記。

十一、直轄市、縣（市）地政機關，接到登記機關報請停止列冊管理函經核定無誤者，應即停止列冊管理。

十二、列冊管理之土地或建物因標示變更，登記機關於辦竣登記後，應更正列冊管理單之相關內容，並通知直轄市、縣（市）地政機關，已移請標售者，並應通知財政部國有財產局（以下簡稱國有財產局）。

十三、列冊管理之土地或建物經法院囑託辦理查封、假扣押、假處分或破產登記，於列冊管理期間屆滿，仍未辦理塗銷登記者，登記機關應通知直轄市、縣（市）地政機關，該部分土地或建物應暫緩移請國有財產局辦理標售，已移請標售者，登記機關應即通知國有財產局停止標售並副知直轄市、縣（市）地政機關。

十四、列冊管理期滿，逾期仍未申辦繼承登記者，直轄市、縣（市）地政機關應檢附列冊管理單及土地或建物登記資料、地籍圖或建物平面圖等資料影本移請國有財產局公開標售，並通知登記機關。

　　　前項土地或建物登記資料、地籍圖或建物平面圖等資料，得由國有財產局轄屬分支機構於標售前通知登記機關再行提送。

　　　登記機關接到第1項通知，應將移送國有財產局標售之日期於列冊管理單及登記簿所有權部其他登記事項欄內註明。

十五、已報請停止列冊管理或移交國有財產局標售之土地或建物，直轄市、縣（市）地政機關及登記機關應將該土地或建物之列冊管理單自原專簿內抽出，另外彙編成停止列冊管理專簿。

　　　前項停止列冊管理專簿內之列冊管理單應自停止列冊管理之日起保存十五年，保存期限屆滿，得予以銷毀。

　　　直轄市、縣（市）政府已建置管理系統者，得免為第1項作業。

十六、國有財產局依土地法第73條之1規定標出土地或建物，於得標人繳清價款後，應發給標售證明交由得標人單獨申辦所有權移轉登記，並應將標售結果通知原移送之直轄市、縣（市）地政機關及登記機關。

十七、列冊管理期滿移送國有財產局標售之土地或建物於公開標售開標或登記為國有前，有下列情形之一者，登記機關應予受理：

　　　㈠繼承人申請繼承登記者。

　　　㈡共有人依土地法第34條之1規定為處分共有物申請登記者。

　　　㈢申請人持憑法院判決書辦理所有權移轉登記者。

　　　㈣申請人辦理遺產管理人、遺產清理人、遺囑執行人、或破產管理登記者。

　　　㈤典權人依法取得典物所有權申請所有權移轉登記者。

(六)申請人辦理滅失登記者。

(七)其他依法申辦所有權移轉登記者。

前項申請經審查無誤者，登記機關應即通知國有財產局停止辦理標售或登記為國有之作業，俟該局查復後再登記，並於登記完畢時，函請國有財產局將該土地或建物自原移送標售之土地或建物列冊管理專簿影本資料中註銷。

前項通知及查復，登記機關及國有財產局於必要時，得依機關公文傳真作業辦法規定以傳真方式辦理。

◎繼承登記法令補充規定（第79點～第86點）

1. 繼承人持憑被繼承人剝奪某繼承人繼承權之遺囑申辦繼承登記，依檢附之繼承系統表及戶籍謄本未發現喪失繼承權人有直系血親卑親屬可代位繼承時，登記機關應准其繼承登記。嗣後如有代位繼承人主張其繼承權被侵害時，可依民法第1146條規定，訴請法院回復其繼承權。前項之戶籍謄本，能以電腦處理達成查詢者，得免提出。

2. 債務人部分遺產已由債權人代位以全體繼承人名義申辦繼承登記後，繼承人就其他部分遺產申請繼承登記時，如有拋棄繼承權者，得予受理。

3. 退輔會授田場員死亡，其繼承人不願辦理繼承登記，並志願交還國有者，可檢附繼承人立具之交還土地志願書，以「收歸國有」為登記原因，並以「行政院國軍退除役官兵輔導委員會」為管理機關辦理登記。

4. 繼承人之一未辦竣繼承登記前死亡，且無合法繼承人者，應選定遺產管理人，由遺產管理人會同其他繼承人辦理繼承登記。

5. 私人將未辦竣繼承登記之土地贈與政府，得以稅捐機關核發之遺產稅不計入遺產總額及贈與稅不計入贈與總額證明書向稅捐機關申報土地移轉現值，於核發土地增值稅免稅證明後，併案送件申請繼承登記及贈與移轉登記。

(三)應備書件

1. 土地登記規則第119條規定

申請繼承登記，除提出第34條第1項第1款及第3款之文件外，並應提出下列文件：

(1)載有被繼承人死亡記事之戶籍謄本。

(2)繼承人現在之戶籍謄本。

(3)繼承系統表。

(4)遺產稅繳（免）納證明書或其他有關證明文件。

(5)繼承人如有拋棄繼承，應依下列規定辦理：

①繼承開始時在民國74年6月4日以前者，應檢附拋棄繼承權有關文件；其向其他繼承人表示拋棄者，拋棄人應親自到場在拋棄書內簽

　　　名。

　　②繼承開始時在民國74年6月5日以後者，應檢附法院准予備查之證明
　　　文件。

　(6)其他依法律或中央地政機關規定應提出之文件。

　　前項第2款之繼承人現在戶籍謄本，於部分繼承人申請登記為全體繼承人公
同共有時，未能會同之繼承人得以曾設籍於國內之戶籍謄本及敘明未能檢附之
理由書代之。

　　第1項第1款、第2款之戶籍謄本，能以電腦處理達成查詢者，得免提出。

　　第1項第3款之繼承系統表，由申請人依民法有關規定自行訂定，註明如有
遺漏或錯誤致他人受損害者，申請人願負法律責任，並簽名。

　　因法院確定判決申請繼承登記者，得不提出第1項第1款、第3款及第5款之
文件。

　2.實務作業應備文件

　(1)遺產稅申報書：詳見第四章。

　(2)土地登記申請書：依主管之地政事務所多少及權利種類，決定其份
　　數。

　(3)登記清冊。

　(4)戶籍謄本：申報遺產稅及申請登記均應附繳戶籍謄本：

　　①被繼承人死亡時之戶籍謄本──因法院判決確定申請登記，免本項
　　　文件。

　　②繼承人現在之戶籍謄本。

　　③有佐證之必要者，應檢附有關繼承之戶籍謄本。

　(5)繼承系統表：

　　①由申請人參酌民法繼承編之規定及有關戶籍謄本，自行訂定，並應
　　　註明「如有遺漏或錯誤致他人受損害者，申請人願負法律責任」，
　　　並簽名。

　　②本系統表應準備二份，申報遺產稅一份，申請登記一份。

　　③因法院確定判決申請登記者，免本項文件。

　(6)遺產稅捐文件：

　　①申報遺產稅後，申請繼承登記時，應附繳遺產稅繳清證明書，或免
　　　納遺產稅證明書，或不計入遺產總額證明書，或同意移轉證明書，
　　　正本、影本各一份。

　　②發生於民國38年6月14日前之繼承案件，繼承人依行政院60年12月
　　　9日臺60財字第1194號令規定，既一律免徵遺產稅，其申辦繼承登
　　　記，免檢附遺產及贈與稅法第42條規定之文件。（83.3.10內政部臺內
　　　地字第8303099號函）

(7)繼承權拋棄書及印鑑證明：如依民法修正前之規定，向其他繼承人拋棄者，應附本項文件。如依修正後之民法規定，向法院拋棄者，應附法院之備查文件。

(8)保證書：視案情而定。

(9)遺囑：如係遺囑繼承，應附本項文件之正本及影本。如屬遺贈性質，尚應附增值稅之繳納收據。

(10)分割協議書及印鑑證明：如係遺產分割應檢附本項文件。

(11)所有權狀或他項權利證明書：如繼承之標的物為土地或建物所有權，則附繳土地或建物所有權狀，如繼承之標的為他項權利，則附繳他項權利證明書。如未能附繳權利書狀，則應出具切結書，於登記完畢時公告註銷。（土登第67條第1款）

◎繼承登記法令補充規定（第87點～第105點）

1. 申請人持遺囑或法院准予拋棄繼承權之證明文件申辦繼承登記時，已檢附未被遺囑指定繼承之繼承人或拋棄繼承權之繼承人曾設籍於國內之戶籍謄本供登記機關查對其與被繼承人之關係，或登記機關能以電腦處理達成查詢者，得免檢附該未被遺囑指定繼承之繼承人或拋棄繼承權之繼承人現在之戶籍謄本。

2. 被繼承人死亡日期之認定，應以戶籍登記簿記載之死亡日期為準。

3. 繼承開始於臺灣光復後至74年6月4日以前，繼承人拋棄其繼承權，應依修正前民法第1174條規定，於知悉其得繼承之時起二個月內以書面向法院、親屬會議或其他繼承人為之。所謂「知悉」其得繼承之時起二個月內拋棄繼承權，該期間之起算，係指知悉被繼承人死亡且自己已依民法第1138條規定成為繼承人之時，始開始起算主張拋棄繼承之期間。申請登記時應檢附拋棄繼承權有關文件。其向其他繼承人表示拋棄者，拋棄人除符合土地登記規則第41條第2款、第5款至第8款及第10款規定之情形者外，應親自到場，並依同規則第40條規定程序辦理。

   繼承開始於民國74年6月5日以後，而繼承人有拋棄繼承權者，應依照修正後民法第1174條規定，應以書面向法院為之。申請繼承登記時，應檢附法院核發繼承權拋棄之證明文件。至於拋棄繼承權者是否以書面通知因其拋棄而應為繼承之人，非屬登記機關審查之範疇。

4. 錄音遺囑係屬口授遺囑之一種，應由見證人中之一人或利害關係人於遺囑人死亡後三個月內，提經親屬會議認定其真偽。繼承人申辦繼承登記時，免檢附錄音帶，但應檢附說明遺囑內容之親屬會議記錄。

   繼承人或利害關係人對親屬會議之認定或遺囑內容有異議者，應訴請法院處理，登記機關並應依土地登記規則第57條規定駁回登記之申請。

5. 被繼承人（即登記名義人）於日據時期死亡或光復後未設籍前死亡，繼承人

申請繼承登記時，倘有被繼承人生前戶籍資料而無死亡之戶籍記事時，可依內政部40年11月16日內戶字第5918號代電規定檢具死亡證明文件或在場親見其死亡者二人之證明書，向戶政機關聲請為死亡之登記，據以辦理；倘繼承人以書面申請戶政機關查復無被繼承人日據時期及光復後之戶籍資料，如合於左列情形之一者，申請繼承登記時，免檢附土地登記規則第119條第1項第1款規定文件辦理：

(1)依繼承人檢附之戶籍謄本已能顯示被繼承人死亡，且申請人於繼承系統表註明登記名義人死亡日期。

(2)申請人於繼承系統表註明被繼承人死亡日期，並切結「死亡日期如有不實，申請人願負法律責任」。

繼承人之一於日據時期死亡或光復後未設籍前死亡者，可比照前項辦理。第1項第1款之戶籍謄本，能以電腦處理達成查詢者，得免提出。

6.戶籍謄本缺漏某出生別繼承人之姓名，如戶政機關查證無法辦理戶籍更正，而其戶籍謄本均能銜接，仍查無該缺漏者何人時，申請人得檢附切結書敘明其未能列明缺漏者之事由後，予以受理。

7.原住民民情特殊，對於子女夭折或死胎未申報戶籍，致未能檢附該夭折者死亡之除籍謄本者，可由申請人立具切結書經該管警員或村長證明後，准予辦理繼承登記。

8.被繼承人及繼承人為華僑，未辦理戶籍登記者，得檢附經我駐外館處驗證之死亡證明書及身分證明申辦繼承登記。

9.華僑辦理不動產繼承登記，如被繼承及繼承人在臺未設有戶籍，該華僑得提出經我駐外機構驗證之合法證明親屬關係文件，據以申辦繼承登記。

10.繼承人申請繼承登記時，應依照被繼承人與繼承人之戶籍謄本，製作繼承系統表。如戶籍登記事項有錯誤或脫漏時，應先向戶政機關申辦更正登記後，再依正確之戶籍謄本製作繼承系統表。

11.外國人死亡，依涉外民事法律適用法第58條規定，應依被繼承人死亡時之本國法，故其繼承人依該被繼承人死亡時之該國法律規定，將合法繼承人製成系統表並簽註負責，登記機關應予受理。但依中華民國法律，中華民國國民應為繼承人者，得就其在中華民國之遺產繼承之，不適用被繼承人之本國法。

12.債權人代位申辦繼承登記，如部分繼承人未在臺設籍，無從領取身分證明者，可依法院判決書所列之繼承人及住址申請登記。

13.申請繼承登記時，繼承人中有民法第1145條第1項第5款喪失繼承權者，應檢附被繼承人有事實表示不得繼承之有關證明文件，供登記機關審查之參證。

14.辦理遺產分割繼承登記，不論分割之結果與應繼分是否相當，不課徵土地

增值稅或契稅。

15.遺產稅繳清（或免稅或不計入遺產總額或同意移轉）證明書應加蓋「依法免徵契稅及土地增值稅」字樣。

16.預告登記所保全之請求權，於請求權人死亡時，得由繼承人依土地登記規則第119條規定，檢具登記申請書件，向登記機關申請加註繼承人姓名。

◎有關部分繼承人為全體繼承人之利益申辦公同共有繼承登記時，因有具體事由致不能檢附未會同繼承人現在之戶籍謄本，究應如何辦理繼承登記疑義（88.10.4內政部臺內地字第8885495號函）

查「申請繼承登記，除提出第34條第1項第1款及第3款之文件外，並應提出左列文件……二、繼承人現在之戶籍謄本。……」為土地登記規則第44條所明定。惟查早年部分繼承人充軍後行蹤不明，或繼承人僑居國外失去聯絡，或刻意不聯絡，或因案遭通緝未便聯絡，或幼年遭強行抱走生死未卜，或被繼承人除戶謄本上有收養外籍人士註記，無外籍人士戶籍資料且行蹤不明……等，致繼承人申辦繼承登記時，常有未能檢附其他未會同繼承人現在之戶籍謄本之情事，致不能辦理繼承登記。為解決不可歸責於民眾申辦繼承登記所遇之困難，並鼓勵繼承人儘速辦理，以免逾期未申辦繼承登記致遺產被收歸國有，及順暢徵收補償發放作業，以利地籍管理並杜民怨，請依本部88年7月21日邀集法務部（未派員）、財政部賦稅署、直轄市、縣（市）政府等有關機關開會研商之結論意旨：「依土地登記規則第31條規定，由繼承人中一人或數人為全體繼承人之利益，就被繼承人之不動產申請為公同共有之登記時，如未能檢附未會同申請之繼承人現在之戶籍謄本時，得以曾設籍於國內之戶籍謄本及敘明未能檢附之理由書代之。」辦理。

㈣申辦手續

1.應依法報繳遺產稅

繼承人於依法申報遺產稅取得有關遺產稅捐證明文件後，即可依下列手續，向土地或建物所在地之主管地政事務所辦理繼承移轉登記。遺產稅之申報，詳見第四章。

⑴備齊繕妥有關文件後：將登記申請書對摺放置於第一頁，登記清冊對摺放置於第二頁，所有權狀置於最後，其餘書件再依土地登記規則第34條及第44條規定提出文件之次序，裝訂成冊。

⑵申請收件：

①計費：申請案件，於核對申請人身分後，計算規費，其登記費係按申報地價、稅捐機關核定繳（免）納契稅之價值千分之一計算。書狀費每張80元。

②開單：經計算規費後，即開發規費繳納通知單。

③繳費：經開發規費單後，即可繳費，並取具繳費收據。

④收件：申請案件經收件後，取具收件收據。

(3)補正：如申請案件經審查發現填寫錯誤或文件不全或證件不符時，經通知補正者，應於期限內補正。

(4)領狀：申請案件經審查無誤並登記完畢後，權利人或代理人即可持收件收據及原蓋用之印章，領取權利書狀及其他不需存查之文件。

　2.遺　贈

如係遺贈，則應先繼承登記再遺贈移轉登記。

二、書表填寫說明

㈠遺產稅申報書填寫說明及範例——詳見第四章遺產稅。

㈡所有權繼承移轉登記申請書填寫說明

　1.一般填法：

(1)以毛筆、黑色、藍色墨汁鋼筆、原子筆或電腦打字正楷填寫。

(2)字體需端正，不得潦草，如有增、刪文字時，應在增、刪處由申請人蓋章，不得使用修正液（帶）。

　2.各欄填法：

(1)第(1)欄「受理機關」：按土地（建物）所在地之市（縣）及地政事務所之名稱填寫。如屬跨所申請案件，請於「跨所申請」欄打勾，並分別填寫受理機關及資料管轄機關名稱。

(2)第(2)(3)(4)(5)欄「原因發生日期」「申請登記事由」「登記原因」「標示及申請權利內容」：按下表所列自行打勾或選擇填入空格內。

(2)原因發生日期	(3)申請登記事由	(4)登記原因	(5)標示及申請權利內容
被繼承人死亡之日或法院宣告死亡之日	所有權移轉登記	繼承 分割繼承 判決繼承 和解繼承 調解繼承	登記清冊

(3)第(6)欄「附繳證件」：按所附證件名稱、份數分行填列並裝訂，若空格不夠填寫時可填入第(9)欄，身分證請影印正反面，並切結與正本相符後認章。

(4)第(7)欄「委任關係」：係指由代理人申請登記時填寫代理人之姓名，若尚有複代理人時一併註明複代理人姓名，並依地政士法第18條規定，請代理人（複代理人）切結認章，如無委託他人代理申請者，則免填此欄。

(5)第(8)欄為便利通知申請人，請填寫「聯絡電話」、「傳真電話」及「電子郵件信箱」。

(6)第(9)欄「備註」：專供申請書上各欄無法填寫而必須填載事項。

(7)第(10)欄「申請人」除包括繼承人、繼承人兼法定代理人、被繼承人姓名外，如有委託代理人（含複代理人）申請登記者，尚包括代理人；如不敷使用，增頁部分應加蓋騎縫章。

(8)第(11)欄「權利人或義務人」：

①所稱權利人係指合法繼承人。

②所稱義務人係指被繼承人。

(9)第(12)欄「姓名或名稱」：依照戶籍謄本、戶口名簿、身分證或其他證明文件所載姓名填寫。

(10)第(13)(14)欄「出生年月日」「統一編號」：依照戶籍謄本、戶口名簿、身分證或其他證明文件所載填寫。

(11)第(15)欄「住所」：自然人依照戶籍謄本、戶口名簿、身分證或其他證明文件所載填寫，得不填寫里、鄰，代理人或複代理人如住所與通訊處不同時，得於住所欄另外註明通訊地址。

(12)第(16)欄「簽章」：權利人應蓋用與所填之姓名或名稱相同之印章。

3.本案處理經過情形欄及申請書上方之收件與登記書狀費，係供地政事務所人員審核用，申請人毋須填寫，如非連件辦理者，連件序別，亦無須填寫。

(三)登記清冊填寫說明

1.以毛筆、黑色、藍色墨汁鋼筆、原子筆或電腦打字正楷填寫。

2.字體需端正，不得潦草，如有增、刪文字時，應在增、刪處由申請人蓋章，不得使用修正液（帶）。

3.如「土地標示」「建物標示」等欄有空白時，應將空白欄以斜線劃除或註明「以下空白」字樣。如有不敷使用時，可另加相同格式之清冊，並由申請人在騎縫處蓋章。

4.所謂「簽章」係指得簽名或蓋章。

5.第(1)(2)(3)(4)欄「土地標示」：應照土地登記資料所載分別填寫。

6.第(7)(8)(9)(10)(11)欄「建物標示」：應照建物登記資料所載分別填寫。

7.面積填寫方式，以小數點表示，如一百二十平方公尺五十平方公寸則填寫為120.5。

8.第(5)(12)欄「權利範圍」：填寫各筆棟申請事項之權利範圍。

9.申辦登記項目，如不涉及權利變更者，地目、面積及權利範圍欄得予免填。

三、書表填寫範例

（一）一般繼承登記

收件	日期	年　月　日	時　分	收件者章		連件序別	共 1 件　第 1 件（非連件者免填）		收據	字　號	元
	字號	字　第　號							合計		元

登記費	元
書狀費	元
罰鍰	元

土　地　登　記　申　請　書

(1)受理機關	△△市△△地政事務所　□跨所申請　△△地政事務所	(2)原因發生日期	中華民國△△年△月△△日

(3)申請登記事由（選擇打✓一項）
- □所有權第一次登記
- ☑所有權移轉登記
- □抵押權登記
- □抵押權塗銷登記
- □抵押權內容變更登記
- □標示變更登記

(4)登記原因（選擇打✓一項）
- □第一次登記
- □買賣　□贈與　☑繼承　□分割繼承　□拍賣　□共有物分割
- □設定　□法定
- □清償　□拋棄　□混同　□判決塗銷
- □權利價值變更　□權利內容等變更
- □分割　□合併　□地目變更

(5)標示及申請權利內容　詳如　□契約書　☑登記清冊　□複丈結果通知書　□建物測量成果圖

(6)附繳證件
1. 戶籍謄本　5份
2. 繼承系統表　1份
3. 遺產稅繳清證明書　1份
4. 繼承權拋棄證明　2份
5. 土地所有權狀　1份
6. 建物所有權狀　1份
7.
8.
9.

(7)委任關係　本土地登記案之申請委託　陳○○　代理　複代理。委託人確為登記標的物之權利人或權利關係人，如有虛偽不實，本代理人（複代理人）願負法律責任　印

(8)聯絡方式	權利人電話	△△△△－△△△△
	義務人電話	△△△△－△△△△
	代理人聯絡電話	△△△△－△△△△
	傳真電話	△△△△－△△△△
	電子郵件信箱	△△△△△△△△△
	不動產經紀業名稱及統一編號	
	不動產經紀業電話	

(9)備註

(10)	(11)權利人或義務人	(12)姓名或名稱	(13)出生年月日	(14)統一編號	(15)住所 縣市	鄉鎮市區	村里	鄰	街路	段	巷	弄	號	樓	(16)簽章
	被繼承人	張△△			△△	△△	△△	△	△△	△△	△	△△	△△	△	
申	繼承人	張△△	△△	△△△△	△△	△△	△△	△	△△	△△	△	△△	△△	△	印
	繼承人	張△△	△△	△△△△	△△	△△									印
請															
	代理人	陳△△	△△	△△△△	△△	△△	△	△	△△	△△	△	△△	△△	△	印
人		事務所：													

本案處理經過情形（以下各欄申請人請勿填寫）				
初審	複審	審核	定	
登簿	校簿	校狀	書狀列印	書狀用印
地價異動	通知領狀	異動通知	交付發狀	歸檔

登　記　清　冊

土地標示				
(1) 坐落	鄉鎮市區	△△		
	段	△△		
	小段	△		
(2) 地號		△△		
(3) 地目		△		
(4) 面積（平方公尺）		120		
(5) 權利範圍		全部		
(6) 備註		張△△1/2　張△△1/2		

以下空白

申請人　張△△ 印　張△△ 印

代理人　陳△△ 印

簽章

建物標示				
(7) 建號	2100			
(8) 門牌	鄉鎮市區 △△	街路 △△	段巷弄 △△△	號 △△ 樓 △△
(9) 建物坐落	段 △	小段 △	地號 △△	
(10) 面積（平方公尺）	地面層 95.34	層	層	騎樓 21.45　共計 116.79
(11) 附屬建物	用途	面積（平方公尺）		
(12) 權利範圍	全部			
(13) 備註	張△△張△△ 各1/2			

以下空白

總收文號	年　月　日　午　時　字第　　號	單位收文號 字第	年　月　日　午　時　字第　　號

說明：一、如有訴訟疑問或需要代寫為程序上之書狀可向法院服務處詢問辦理。
　　　二、當事人自行書寫狀紙時，請詳閱「司法狀紙書寫須知」。

民事聲請狀

	案號	年度　　字第　　號	承辦股別
	訴訟標的金額或價額	新臺幣肆拾伍萬陸仟零拾零佰零拾零元零角	

稱謂	姓名或名稱及身分證統一編號或營利事業編號	性別	出生年月日	職業	籍貫	住居所或營業所及電話號碼	送達代收人姓名住址及電話號碼
聲請人	張△珠　A20011234	女	民國△△△		臺北市	△△市△△里△鄰△△街△△巷△號	

為被繼承人張△△遺產繼承權拋棄事：

緣被繼承人張△△於民國△△年△△月△日亡故，聲請人係其第一順序之法定繼承人，是以特依民法第一千一百七十四條規定，拋棄繼承權，為此，狀請鈞院惠准予拋棄，俾據以辦理繼承登記。

第一頁

第二頁

臺灣 △△ 地方法院　公鑒

證　狀

| 人證 | |
| 物證 | 一、印鑑證明一份。
二、被繼承人戶籍謄本一份、聲明人戶籍謄本一份。
三、繼承系統表一份。 |

中華民國 △△ 年 △△ 月 △△ 日

具狀人　張 △ 球　印

撰狀人

張△△繼承系統表

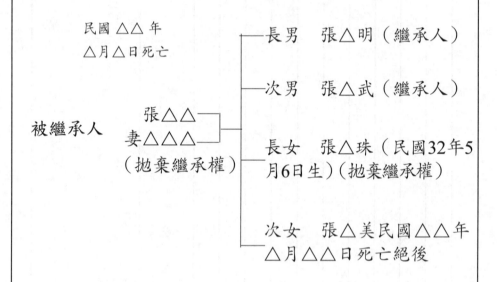

民國 △△ 年
△月△日死亡

被繼承人　　張△△
　　　　　　妻△△△
　　　　　（拋棄繼承權）

├─長男　張△明（繼承人）

├─次男　張△武（繼承人）

├─長女　張△珠（民國32年5月6日生）（拋棄繼承權）

└─次女　張△美民國△△年△月△△日死亡絕後

係張△△繼承系統表無訛，如有錯誤或遺漏致他人受損害者，申請人願負法律責任。

　　　　　繼承登記申請人：張△明　印（簽名）
　　　　　　　　　　　　　張△武　印（簽名）
中　華　民　國　△　△　△　年　△　△　月　△　△　日

張△明、張△武二位兄長大鑒：

　　先父張△山不幸於民國△△年△月△日亡故，妹張
△珠係依法有繼承其遺產之權，惟自願拋棄該繼承權，
並已依法向法院聲明，而由兩位兄長繼承，特此通知。

通知人：張△珠　　印

住址：△△△△△△△△

中　華　民　國　△　△　年　△　△　月　△　△　日

註：本函得用郵局存證信函為之，法院亦有印製之通知書備用。

（二）分割繼承登記

收件	日期	年 月 日 時 分	收件者章		登記費		元	書
字號		字 第 號			書狀費		元	
件別	連件序別	連件（非連件者免填） 共1件 第1件	資料管轄機關		罰 鍰		元	
					合 計		元	
					收 據		字 號	
					核算者			

土 地 登 記 申 請 書

(1)受理機關 △△市△△地政事務所 ☑跨所申請 △△ 地政事務所

(2)原因發生日期 中華民國△△年△月△△日

(3)申請登記事由（選擇打✓一項）
☐所有權第一次登記
☑所有權移轉登記
☐抵押權登記
☐抵押權塗銷登記
☐抵押權內容變更登記
☐標示變更登記

(4)登記原因（選擇打✓一項）
☐第一次登記
☐買賣 ☐贈與 ☑分割繼承 ☐拍賣 ☐共有物分割
☐設定 ☐法定
☐清償 ☐拋棄 ☐混同 ☐判決塗銷
☐權利價值變更 ☐權利內容等變更
☐分割 ☐合併 ☐地目變更

(5)標示及申請權利內容 詳如 ☐契約書 ☑登記清冊 ☐複丈結果通知書 ☐建物測量成果圖

(6)附繳證件
1.戶籍謄本 5份　4.繼承系統表 2份　7.遺產分割協議書 1份
2.繼承系統表 1份　5.土地所有權狀 2份　8.印鑑證明 2份
3.遺產稅繳清證明書 1份　6.建物所有權狀 1份　9. 份

(7)委任關係 本土地登記案之申請委託 陳△△ 代理。 複代理。
委託人確為登記標的物之權利人或權利關係人，如有虛偽不實，本代理人（複代理人）願負法律責任。 印

(8)連絡方式
權利人電話 △△△△－△△△△
義務人電話 △△△△－△△△△
代理人聯絡電話 △△△△－△△△△
傳真電話 △△△△－△△△△
電子郵件信箱 △△△△△△△△△△
不動產經紀業名稱及統一編號
不動產經紀業電話

(9)備註

(10)申請人	(11)權利人或義務人	(12)姓名或名稱	(13)出生年月日	(14)統一編號	(15)住所 縣市	鄉鎮市區	村里	鄰	街路	段	巷	弄	號	樓	(16)簽章
申請人	被繼承人	張△△	△△	△△△△	△△	△△	△△	△	△△	△△	△	△	△	△	
	繼承人	張△△	△△	△△△△	△△	△△	△△	△	△△	△△	△	△	△	△	印
	繼承人	張△△													印
	代理人	陳△△		△△△△	△△	△△	△△	△	△△	△△	△	△	△	△	印

本案處理經過情形（以下各欄申請人請勿填寫）	初審	複審	審查	核定	登簿	校簿	書狀列印	校狀	書狀用印
					地價異動	通知領狀	異動通知	交付發狀	歸檔

登記清冊

		△△	△△	以下空白			
(1) 坐落	鄉鎮市區	△△	△△				
	段	△△	△△				
	小段	△	△				
(2) 地號		△△	△△				
(3) 地目		△	△				
(4) 面積（平方公尺）		230	210				
(5) 權利範圍		全部	全部				
(6) 備註		張△△ 全部	張△△ 全部				

土地標示

申請人　張△△　印
　　　　張△△　印
簽章　代理人　陳△△　印

建 物 標 示													
(7) 建號	(8) 門牌			(9) 建物坐落			(10) 面積（平方公尺）						(11) 附屬建物	(12) 權利範圍	(13) 備註

(8) 門牌：鄉鎮市區／街路 段巷 號弄 樓
(9) 建物坐落：段／小段／地號
(10) 面積（平方公尺）：地面層／層／層／層／騎樓／共計
(11) 附屬建物：用途／面積（平方公尺）

以下空白

遺產分割協議書
（註：應複寫二份，其中正本應就不動產部分貼印花，至系統表、拋棄書請參閱前例）

　　立協議書人張△明、張△武係被繼承人張△山之合法繼承人，張△山於民國△△年△月△日不幸亡故，經立協議書人協議一致同意，按下列方式分割遺產，俾據以辦理繼承登記。

㈠臺北市△△區△△段△小段　△　地號面積230平方公尺，所有權全部由張△明全部繼承。

㈡臺北市△△區△△段△小段　△　地號面積210平方公尺，所有權全部由張△武全部繼承。

㈢現金新臺幣壹佰萬元正由張△明繼承取得。

㈣賓士汽車（△△—△△△△）壹部由張△武繼承取得。

立協議書人：

張△明　印（簽名）　民國△年△月△日生
A103432112

張△武　印（簽名）　民國△年△月△日生
A103432113

同　　住：臺北市△△區△△里△△鄰
　　　　　△△△路△段△△△號

中　華　民　國　△　△　年　△　△　月　△　△　日

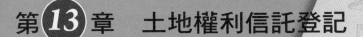

第13章　土地權利信託登記

第一節　概　述

一、傳統的信託行為

　　信託行為，我國民法並無明文規定，惟實務上卻屢見不鮮，依最高法院判決之見解認為如其內容不違反公序良俗或強行規定，即應賦予法律上之效力。所謂信託行為，係指委託人授與受託人超過經濟目的之權利，而僅許可其於經濟目的範圍內行使權利之法律行為而言，就外部關係言，受託人固有行使超過委託人所授與之權利，就委託人與受託人之內部關係言，受託人仍應受委託人所授與權利範圍之限制。信託關係係因委託人信賴受託人代其行使權利而成立，應認委託人有隨時終止信託契約之權利。（最高法院66年臺再字第42號判例參照）

二、信託法的公布施行

　　我國於民國85年1月26日公布施行「信託法」，由於其中頗多條文規定涉及土地權利信託登記，為配合「信託法」之施行，內政部特訂定「土地權利信託登記作業辦法」；嗣因土地登記規則配合修正增訂第九章「土地權利信託登記」，乃於91年7月1日廢止該辦法。

三、信託法的相關規定

㈠關於信託的規定

　　1.信託之定義：稱信託者，謂委託人將財產權移轉或為其他處分，使受託人依信託本旨，為受益人之利益或為特定之目的，管理或處分信託財產之關係。（第1條）

　　2.信託之依據：信託，除法律另有規定外，應以契約或遺囑為之。（第1條）

　　3.信託行為之限制：委託人與受益人非同一人者，委託人除信託行為另有保留外，於信託成立後不得變更受益人或終止其信託，亦不得處分受益

人之權利。但經受益人同意者，不在此限。（第3條）

4.信託與登記之效力：（第4條）

(1)以應登記或註冊之財產權為信託者，非經信託登記，不得對抗第三人。

(2)以有價證券為信託者，非依目的事業主管機關規定於證券上或其他表彰權利之文件上載明為信託財產，不得對抗第三人。

(3)以股票或公司債券為信託者，非經通知發行公司，不得對抗該公司。

5.信託行為之無效：（第5條）

(1)其目的違反強制或禁止規定者。

(2)其目的違反公共秩序或善良風俗者。

(3)以進行訴願或訴訟為主要目的者。

(4)以依法不得受讓特定財產權之人為該財產權之受益人者。

6.信託行為之撤銷：

(1)撤銷情形：（第6條）

①信託行為有害於委託人之債權人權利者，債權人得聲請法院撤銷之。

②前項撤銷，不影響受益人已取得之利益。但受益人取得之利益未屆清償期或取得利益時明知或可得而知有害及債權者，不在此限。

③信託成立後六個月內，委託人或其遺產受破產之宣告者，推定其行為有害及債。

(2)撤銷權之消滅：前條撤銷權，自債權人知有撤銷原因時起，一年間不行使而消滅。自行為時起逾十年者，亦同。（第7條）

7.信託關係之消滅：（第8條）

(1)信託關係不因委託人或受託人死亡、破產或喪失行為能力而消滅。但信託行為另有訂定者，不在此限。

(2)委託人或受託人為法人時，因解散或撤銷設立登記而消滅者，適用前項之規定。

(二)關於信託財產的規定

1.信託財產之範圍：（第9條）

(1)受託人因信託行為取得之財產權為信託財產。

(2)受託人因信託財產之管理、處分、滅失、毀損或其他事由取得之財產權，仍屬信託財產。

2.信託財產之限制：

(1)不屬於遺產：受託人死亡時，信託財產不屬於其遺產。（第10條）

(2)不屬於其破產財團：受託人破產時，信託財產不屬於其破產財團。（第11條）

(3)不得強制執行及其例外：（第12條）

　①對信託財產不得強制執行。但基於信託前存在於該財產之權利、因處理信託事務所生之權利或其他法律另有規定者，不在此限。

　②違反前項規定者，委託人、受益人或受託人得於強制執行程序終結前，向執行法院對債權人提起異議之訴。

　③強制執行法第18條第2項、第3項之規定，於前項情形，準用之。

(4)不得互相抵銷：屬於信託財產之債權與不屬於該信託財產之債務不得互相抵銷。（第13條）

(5)不因混同而消滅：信託財產為所有權以外之權利時，受託人雖取得該權利標的之財產權，其權利亦不因混同而消滅。（第14條）

(三)關於受託人的規定

1. 受託人資格之限制：未成年人、受監護或輔助宣告之人及破產人，不得為受託人。（第21條）

2. 信託取得：（第35條）

(1)受託人除有左列各款情形之一外，不得將信託財產轉為自有財產，或於該信託財產上設定或取得權利：

　①經受益人書面同意，並依市價取得者。

　②由集中市場競價取得者。

　③有不得已事由經法院許可者。

(2)前項規定，於受託人因繼承、合併或其他事由，概括承受信託財產上之權利時，不適用之。於此情形，並準用第14條之規定。

(3)受託人違反第1項之規定，使用或處分信託財產者，委託人、受益人或其他受託人，除準用第23條規定外，並得請求將其所得之利益歸於信託財產；於受託人有惡意者，應附加利息一併歸入。

(4)前項請求權，自委託人或受益人知悉之日起，二年間不行使而消滅。自事實發生時起逾五年者，亦同。

3. 受託人變更：

(1)任務終了：受託人之任務，因受託人死亡、受破產、監護或輔助宣告而終了。其為法人者，經解散、破產宣告或撤銷設立登記時，亦同。（第45條第1項）

(2)辭任或解任：（第36條）

　①受託人除信託行為另有訂定外，非經委託人及受益人之同意，不得辭任。但有不得已之事由時，得聲請法院許可其辭任。

　②受託人違背其職務或有其他重大事由時，法院得因委託人或受益人之聲請將其解任。

　③前二項情形，除信託行為另有訂定外，委託人得指定新受託人，如

　　　不能或不為指定者，法院得因利害關係人或檢察官之聲請選任新受
　　　託人，並為必要之處分。

　　④已辭任之受託人於新受託人能接受信託事務前，仍有受託人之權利
　　　及義務。

　⑶法院選任：遺囑指定之受託人拒絕或不能接受信託時，利害關係人或
　　檢察官得聲請法院選任受託人。但遺囑另有訂定者，不在此限。（第46
　　條）

　⑷財產移轉：受託人變更時，信託財產視為於原受託人任務終了時，移
　　轉於新受託人。共同受託人中之一人任務終了時，信託財產歸屬於其
　　他受託人。（第47條）

㈣**關於信託的塗銷**

　1.信託關係之消滅：信託關係，因信託行為所定事由發生，或因信託目的
　　已完成或不能完成而消滅。（第62條）

　2.信託關係之單方終止：（第63條）

　　⑴信託利益全部由委託人享有者，委託人或其繼承人得隨時終止信託。

　　⑵前項委託人或其繼承人於不利於受託人之時期終止信託者，應負損害
　　　賠償責任。但有不得已之事由者，不在此限。

　3.信託關係之共同終止：（第64條）

　　⑴信託利益非由委託人全部享有者，除信託行為另有訂定外，委託人及
　　　受益人得隨時共同終止信託。

　　⑵委託人及受益人於不利於受託人之時期終止信託者，應負損害賠償責
　　　任。但有不得已之事由者，不在此限。

㈤**關於信託財產的歸屬**（第65條）

　　信託關係消滅時，信託財產之歸屬，除信託行為另有訂定外，依左列順序
定之：

　1.享有全部信託利益之受益人。

　2.委託人或其繼承人。

第二節　信託登記實務

一、土地登記規則規定

㈠土地權利信託登記的定義

　　本規則所稱土地權利信託登記（以下簡稱信託登記），係指土地權利依信
託法辦理信託而為變更之登記。（第124條）

㈡登記申請人

　1.以契約為之者：信託以契約為之者，信託登記應由委託人與受託人會同

申請之。（第125條）

2. 以遺囑為之者：（第126條）

⑴信託以遺囑為之者，信託登記應由繼承人辦理繼承登記後，會同受託人申請之；如遺囑另指定遺囑執行人時，應於辦畢遺囑執行人及繼承登記後，由遺囑執行人會同受託人申請之。

⑵前項情形，於繼承人因故不能管理遺產亦無遺囑執行人時，應於辦畢遺產清理人及繼承登記後，由遺產清理人會同受託人申請之。

⑶第1項情形，於繼承人或繼承人有無不明時，仍應於辦畢遺產管理人登記後，由遺產管理人會同受託人申請之。

3. 受託人取得土地者：受託人依信託法第9條第2項取得之土地權利，申請登記時，應檢附信託關係證明文件，並於登記申請書適當欄內載明該取得財產為信託財產及委託人身分資料。登記機關辦理登記時，應依第130條至第132條規定辦理。（第127條）

4. 塗銷登記：（第128條）

⑴信託財產依第125條辦理信託登記後，於信託關係消滅時，應由信託法第65條規定之權利人會同受託人申請塗銷信託或信託歸屬登記。

⑵前項登記，受託人未能會同申請時，得由權利人提出足資證明信託關係消滅之文件單獨申請之。未能提出權利書狀時，得檢附切結書或於土地登記申請書敘明未能提出之事由，原權利書狀於登記完畢後公告註銷。

5. 受託人變更：信託財產因受託人變更，應由新受託人會同委託人申請受託人變更登記。前項登記，委託人未能或無須會同申請時，得由新受託人提出足資證明文件單獨申請之。未能提出權利書狀時，準用前條第2項規定。（第129條）

(三)登記簿的記載

土地權利信託，關於登記簿的記載如下：（第130條）

1. 信託登記，除應於登記簿所有權部或他項權利部登載外，並於其他登記事項欄記明信託財產、委託人姓名或名稱，信託內容詳信託專簿。

2. 前項其他登記事項欄記載事項，於辦理受託人變更登記時，登記機關應予轉載。

(四)權利書狀的記明

信託登記完畢，發給土地或建物所有權狀或他項權利證明書時，應於書狀記明信託財產，信託內容詳信託專簿。（第131條）

(五)信託專簿

關於信託專簿的規定如下：（第132條）

1. 土地權利經登記機關辦理信託登記後，應就其信託契約或遺囑複印裝訂

　成信託專簿,提供閱覽或申請複印,其提供資料內容及申請人資格、閱覽費或複印工本費之收取,準用第24條之1及土地法第79條之2規定。

2.信託專簿,應自塗銷信託登記或信託歸屬登記之日起保存十五年。

(六)內容變更

信託內容有變更之處理規定如下:(第133條)

1.信託內容有變更,而不涉及土地權利變更登記者,委託人應會同受託人檢附變更後之信託內容變更文件,以登記申請書向登記機關提出申請。

2.登記機關於接獲前項申請後,應依信託內容變更文件,將收件號、異動內容及異動年月日於土地登記簿其他登記事項欄註明,並將登記申請書複印併入信託專簿。

(七)證券化之信託登記

關於證券化條例規定之信託等登記:(第113條之1)

1.申請人依不動產證券化條例或金融資產證券化條例規定申請信託登記時,為資產信託者,應檢附主管機關核准或申報生效文件及信託關係證明文件;登記機關辦理登記時,應於登記簿其他登記事項欄記明委託人姓名或名稱。

2.前項信託登記,為投資信託者,應檢附主管機關核准或申報生效文件,無須檢附信託關係證明文件;登記機關辦理登記時,應於登記簿其他登記事項欄記明該財產屬不動產投資信託基金信託財產。

3.依前項規定辦理信託登記後,於信託關係消滅、信託內容變更時,不適用第128條、第133條規定。

二、信託登記原因

登記原因	意義	土地標示部	建物標示部	土地建物所有權部	土地建物他項權利部	備註
信託	土地權利因成立信託關係而移轉或為其他處分所為之登記。不論其原因係法律規定，或以契約、遺囑為之，一律以信託為登記原因。			✓	✓	打「✓」處指該登記原因適用之登記簿別
受託人變更	土地權利信託登記後，受託人有變動、死亡……所為之受託人變更登記。			✓	✓	
塗銷信託	土地權利於委託人與受託人間，因信託關係之消滅或其他原因而回復至原委託人所有時所為之登記。			✓	✓	
信託歸屬	土地權利因信託關係消滅而移轉予委託人以外之歸屬權利人時所為之登記。			✓	✓	
信託取得	受託人於信託期間，因信託行為取得土地權利所為之登記。			✓	✓	

三、信託登記有關的稅賦

　　土地信託、其地價稅、土地增值稅、房屋稅、契稅、贈與稅及遺產稅等有關稅賦，詳見本書第四章各節，於此不再贅述。

四、有關解釋

　　㈠信託契約約定信託利益之全部係以第三人（非委託人）為受益人之他益信託，應依遺產及贈與稅法第4條第2項規定課徵贈與稅，並以契約訂定日為贈與行為發生日，及以贈與時信託財產之時價估價。（89.6.29財政部臺財稅字第0890454543號函）

　　㈡有關土地及建物塗銷信託登記，應否辦理查欠作業疑義（92.2.20財政部臺財稅字第0920451443號函）

　　查欠繳土地稅之土地及欠繳房屋稅之房屋，在欠稅未繳清前，不得辦理移轉登記或設定典權，為土地稅法第51條第1項及房屋稅條例第22條第1項所明定。另依內政部92年1月17日內授中辦地字第0920000598號函說明二：「查塗銷信託登記，係指土地權利因信託關係消滅，信託財產回復至委託人所有時向該管登記機關申請權利變更所為之登記。」其既屬土地權利變更範疇，依上開規定，土地建物塗銷信託登記，仍應辦理查欠作業。

　　(三)已辦竣信託登記之土地，受託人會同委託人檢附「土地建築改良物信託（內容變更）契約書」受理登記處理疑義（92.3.26內政部內授中辦地字第0920004066號函）

　　查「土地建築改良物信託（內容變更）契約書」第(17)欄所載信託條款8其他約定事項內容變更者，因非屬應登記事項，登記機關得依當事人所附之申請書等文件，以申請登記事由「註記」，登記原因「註記」辦理登記。另為落實信託專簿之管理，登記機關應於土地登記簿之其他登記事項欄以代碼「○○」辦理，註記內容為：「○○年○○月○○日收件○○○號信託內容變更詳信託專簿」，並依土地登記規則第133條規定將上開變更文件等影印附於「信託專簿」內公示。

　　(四)辦理國民住宅信託登記，得逕依信託法規定辦理（92.6.2內政部臺內營字第0920086968號函）

　　本部91年1月9日臺內營字第09100870530號令略以：「國民住宅承購人欲將所有國民住宅依信託法申辦信託登記，若其信託以國民住宅條例第19條第1項所規定出售、出典、贈與或交換等法律關係為之者，則應依國民住宅條例及其相關子法暨有關規定辦理，國民住宅主管機關自應查核其委託人、受託人及受益人是否符合上開法令規定。……」自即日起予以廢止。國民住宅所有權人欲將該國民住宅辦理信託登記，得逕依信託法規定辦理；惟該國民住宅若為取得使用執照未滿十五年者且其信託行為係以上開條文規定之出售、出典、贈與或交換等法筆關係為之者，則其委託人應符合「居住滿一年」之限制；若該國民住宅為取得使用執照滿十五年以上者，則不受上開規定限制。另信託財產之管理或處分方法應符合國民住宅條例及其相關法令之規定。

　　(五)信託財產利益與受託人利益無衝突時，同一不動產標的之抵押權人得擔任信託行為之受託人（94.10.25內政部內授中辦地字第0940053723號函）

　　1.按「稱信託者，謂委託人將財產權移轉或為其他處分，使受託人依信託本旨，為受益人之利益或為特定之目的，管理或處分信託財產之關係。」、「受託人因信託行為取得之財產權為信託財產。受託人因信託財產之管理、處分、滅失、毀損或其他事由取得之財產權，仍屬信託產。」、「信託財產為所有權以外之權利時，受託人雖取得該權利標的之財產權，其權利亦不因混同而消滅。」、「受託人不得以任何名義，享有信託利益。但與他人為共同受益人時，不在此限。」、「受託人除有左列各款情形之一外，不得將信託財產轉為自有財產，或於該信託財產上設定或取得權利：一、經受益人書面同意，並依市價取得者。二、由集中市場競價取得者。三、有不得已事由經法院許可者。」分為信託法第1條、第9條、第14條、第34條、第35條第1項所明定，另「按民法第762條規定：『同一物之所有權及其他物權，歸屬一人者，其他物權因

混同而消滅。但其他物權之存續，於所有人或第三人有法律之利益者，不在此限。又信託財產名義上雖屬受託人所有，實質上乃為與受託人之自有財產獨立之特殊財產。……債權人兼抵押權人身分……法理上固無不可，惟在受託期間，是否會置信託財產利益與受託人自身利益於可能衝突立場，以及是否會妨礙其他債權人權利之行使，宜請……本於權責依法審酌。」前經法務部91年8月27日法律字第0910030114號函釋在案，合先說明。

2. 本案土地所有權人藍○○因個人財產管理之需要，將已設定抵押予陳○○之不動產旋即以信託方式委託陳○○管理處分（出售）信託之土地及建物所有權，由陳○○以受託人身分管理該項不動產，參依上開規定，其權利不生混同問題，至陳○○兼具抵押權人之身分是否會置信託財產利益與受託人自身利益於衝突或妨害其他債權人權利之行使，尚非登記機關審認範圍，是同意依所擬乙案「如受託人於登記申請書內切結所受託之信託財產利益與受託人利益確無衝突，則可准其辦理信託登記。」意見辦理。

㈥**自益信託之委託人除信託契約另有約定外，得檢附其通知受託人終止信託關係之存證信函單獨申請塗銷信託登記**（95.12.7內政部內授中辦地字第0950054524號函）

　　案經函准法務部95年11月24日法律字第0950042379號函略以「……按信託法第63條第1項規定：『信託利益全部由委託人享有者，委託人或其繼承人得隨時終止信託。』而契約終止權之行使，依民法第263條準用同法第258條之規定，應向他方當事人以意思表示為之，若當事人一方有數人者，應由其全體或向其全體為該意思表示，始生終止之效果。是以，信託利益全部由委託人享有之信託契約，經委託人向受託人（如受託人有數人時，應向其全體）為終止契約之意思表示，且該終止之意思表示依民法第94條、第95條及其他相關規定發生效力後，即生終止之效果。」從而，本案自益信託之委託人自得檢附其通知受託人終止信託關係之存證信函，單獨申請塗銷信託登記。

㈦**自益信託之委託人除信託契約另有約定外，得檢附其通知受託人終止信託關係之存證信函單獨申請塗銷信託登記**（96.7.10內政部內授中辦地字第0960047989號函）

　　本案經函准法務部96年5月18日法律決字第0960018145號函略以：「……按契約約定內容除違反法律強制或禁止規定，或有背於公共秩序善良風俗而無效外（民法第71條及第72條規定參照），基於契約自由原則，當事人自得為特別之約定。本件自益信託之委託人如未依信託契約之特別約定，即予單方片面終止契約者，自不生終止契約之效力。」從而，倘信託契約另行約定，非經第三人及受託人同意，不得終止契約者，自益信託之委託人即不得片面終止信託契約，

檢附其通知受託人終止信託關係之存證信函，單獨申請塗銷信託登記。

(八)已辦妥信託登記之同一不動產標的受託人，如無信託法第35條第1項除外規定情形之一者，不得同時以擔保物提供人兼抵押權人身分申辦抵押權設定登記（96.10.12內政部內授中辦地字第0960052318號函）

案經函准法務部96年10月4日法律決字第0960030552號函略以：「按本部91年8月27日法律字第0910030114號函係認為債務人將前已設定抵押於債權人之不動產，再信託予該債權人為管理或處分，尚無違反信託法第35條之問題，與本案係先辦理信託後，再由受託人設定抵押權於自己，乃屬二事。又依信託法第35條第1項規定：『受託人除有左列各款情形之一外，不得將信託財產轉為自有財產，或於該信託財產上設定或取得權利……』準此，本案受託人於信託財產上取得抵押權，如無該條項除外規定情形之一者，顯已違反前述規定，委託人、受益人或其他受託人，除得準用信託法第23條規定請求損害賠償或回復原狀外，並得請求將其所得之利益歸於信託財產；於受託人有惡意者，應附加利息一併歸入（信託法第35條第3項）。又就信託財產而言，受託人為形式所有權名義人，非為代理人，核與民法第106條禁止自己代理或雙方代理之規定無涉，……」從而，本案已辦妥信託登記之同一不動產標的受託人，如無信託法第35條第1項除外規定情形之一者，不得同時以擔保物提供人兼抵押權人身分申辦抵押權設定登記。

(九)私法人於農業發展條例修正前取得之土地，經補註用地別變更為耕地申辦自益信託登記，應受農業發展條例第33條規定之限制（97.6.10內政部內授中辦地字第0970046277號函）

案經函准行政院農業委員會97年6月5日農企字第097128463號函略以「……按『私法人不得承受耕地。但符合第34條規定之農民團體、農業企業機構或農業試驗研究機構經取得許可者，不在此限。』及『信託行為，有左列各款情形之一者，無效……四、以依法不得受讓特定財產權之人為該財產權之受益人者。』農業發展條例第33條及信託法第5條第4款定有明文，依來函所述案例事實，本案○○開發股份有限公司（私法人）不得自為承受耕地信託行為之受益人，如為之，依上開信託法第5條第4款規定，應屬無效。且本案信託行為涉有財產權移轉，如有約定信託財產之歸屬為委託人○○開發股份有限公司者，於信託關係消滅後，涉及耕地所有權移轉登記時，則仍受農業發展條例第33條規定之限制。」是以，有關私法人於農業發展條例修正公布生效前合法取得之土地，嗣經政府補註用地別變更為耕地申辦信託登記，並約定受益人為委託人，仍應受農業發展條例第33條規定之限制。

(十)抵押權人兼受託人單獨申辦抵押權權利價值變更登記事宜（99.7.8內政部內授中辦地字第0990045528號函）

1.本案經函准法務部99年6月22日法律字第0999022519號函略以：「……

二、按信託法第35條第1項規定：『受託人除有左列各款情形之一外，不得將信託財產轉為自有財產，或於該信託財產上設定或取得權利：一、經受益人書面同意，並依市價取得者。……』，此係規範受託人之忠實義務，以避免受託人在『信託關係存續中』圖謀自身或第三人利益，而有利益衝突之情事。雖債務人將其前已設定抵押於債權人之不動產，信託予該債權人為管理或處分，尚無違反信託法第35條之問題（本部91年8月27日法律字第0910030114號及97年2月21日法律決字第0970000402號函參照）；惟於『信託關係存續中』，受託人兼具抵押權人地位，將擔保債權金額增加，就其權利價值增加部分，本質上為抵押權之再取得（土地登記規則第115條第2項參照），因有利益衝突之情事，受託人應有本法第35條第1項之適用，以貫徹其忠實義務。……至於第35條第1項第1款所稱『依市價取得者』之意涵為何乙節，此係指受託人就信託財產取得之利益，應同於一般交易市場所為之交易般支付相當之對價或利益，亦即兩者應具公平且適足之對價關係（臺北地方法院93年度重訴字第704號判決意旨參照），是以，受託人是否具備『依市價取得者』，仍須就個案具體事實而定。……」，本部同意法務部上開意見。

2.本案倘經審認符合信託法第35條第1項之除外規定情形之一者，因○○銀行同為受託人與抵押權人之身分，自應由該行單獨申請抵押權內容變更登記，並得於登記清冊備註欄表明申請變更之內容，免附抵押權內容變更契約書。至於本案審查需經受益人同意者，仍應依土地登記規則第44條規定辦理；如受益人會同申辦登記者，應依上開規則第40條及第41條規定辦理。另信託關係存續期間，就信託財產而言，受託人為形式所有權名義人，非為代理人，應由受託人以自己之名義管理或處分信託財產，核與民法第106條禁止自己代理或雙方代理之規定無涉（本部96年10月12日內授中辦地字第0960052318號函參照），併予說明。

㈩信託關係未終止前，遺囑執行人對信託財產尚無管理權限，不得以其名義終止信託並會同受託人申辦塗銷信託登記（99.8.23內政部內授中辦地字第0990048823號函）

1.按信託關係之終止，他益信託者，依信託法第64條規定，除信託行為另有訂定外，委託人及受益人得隨時共同終止信託；自益信託者，依同法第63條第1項規定，委託人或其繼承人得隨時終止信託。又自益信託關係消滅後，除信託行為另有訂定，依同法第65條第2款規定，信託財產歸屬於委託人或其繼承人。觀諸上開規定，可知除他益信託外，自益信託之委託人終止權及信託關係消滅後之剩餘財產請求權得由其繼承人所繼承。

2.次按信託財產辦竣登記後，該信託財產依信託法第4條及第9條規定，為

具獨立性之受益權標的，因此信託關係成立後，如欲變動信託財產之管理方法或內容，依信託法第15條規定，本私法自治及契約自由原則，自得由信託當事人自由決定，但如當事人間不能依上開規定合意變更時，依同法第16條規定，委託人、受益人或受託人得申請法院變更之。

3. 基於前開信託關係之繼續性及信託財產之獨立性特質，本案自益信託財產之委託人死亡，其信託契約既未訂定死亡為信託關係消滅或終止之事由，該信託關係依信託法第8條規定，非當然消滅或終止，且因其未明訂以其遺囑指定之繼承人作為信託財產歸屬之受益人，有關委託人地位及其受益權等財產權之性質，當由其全體繼承人概括承受（王志誠著，信託之基本法理，第186、188及189頁參照）。又受託人本應依信託本旨及其目的使用管理信託財產，本案委託人之繼承人概括承受委託人地位及其受益權後，參依信託法第15條之契約自由原則，以原信託目的不能完成或已完成為由，與受託人達成合意，並會同申辦塗銷信託登記，尚非無當，如無法達成合意，則應依同法第16條規定聲請法院變動，倘受託人因此受有損害者，仍可依同法第42條請求補償其所受損害，以保障其權益。至於遺囑執行人之職務係管理遺產並為執行上必要行為，為民法第1215條所明定，本案信託財產未終止信託關係前，名義上仍屬受託人財產，遺囑執行人尚無管理權限，自無從以其名義終止信託並申辦塗銷信託登記。

㈢委託人申辦信託登記並附自書遺囑，信託契約條款內容如無不明確或不符合信託要件，得准予受理登記（99.9.9內政部內授中辦地字第0990048410號函）

1. 本案經函准法務部99年8月30日法律決字第0999031459號函略以：「本部89年8月29日法律字第023878號函以……『信託登記制度』之設，除為保護信託財產外，旨在使信託主要條款公示周知，俾與之交易之第三人或利害關係人於閱覽時，即知信託當事人、信託目的、受託人權限及信託消滅事由等，而免遭受不測損害（此並無礙於契約自由之原則）…地政機關在受理土地信託登記時，似應審查其信託條款欄所載內容是否明確及是否符合信託登記要件，俾免有藉信託而為脫法之行為者……。準此，設立信託登記制度目的在於公示信託主要內容，以保護交易安全，地政機關對信託案件之處理，仍宜審查信託主要條款欄所載內容是否明確及是否符合信託要件，以達設立信託登記制度之目的。次按信託法第3條本文規定之反面解釋，自益信託之委託人於信託成立後，自得變更受益人，本件申請信託登記之信託契約，約定信託關係消滅時，信託財產歸屬委託人，委託人死亡時，按自書遺囑指定之繼承人取得，其所附之自書遺囑，依民法第1199條規定雖尚未發生效力，如經登記機關認為信託契約條款內容並無不明確或不符合信託要件，且該遺囑是否生效並無礙於信

託登記公示意旨，日後若因委託人死亡而辦理信託歸屬受益人變更登記時，再由地政機關依權責審查遺囑是否符合民法相關規定而據以辦理登記；倘經審認該遺囑未符合民法規定之要件，仍依……本法第65條規定以全體繼承人為財產歸屬人者，似與本法有關規定尚無不合。」

2. 本部同意法務部上開意見。本案所附遺囑是否生效並無礙於信託登記公示之意旨，倘貴府審認信託契約條款內容並無不明確或不符合信託要件，自得准予受理登記。又本件信託財產之歸屬人，已約明為委託人本人或其自書遺囑指定之繼承人，當屬自益信託性質，併予敘明。

㈢**以農業發展條例89年修法後取得之農地興建農舍申請信託登記時，仍應受該條例第18條第2項規定須滿5年始得移轉之限制**（103.8.6內政部內授中辦地字第1036036743號函）

稱信託者，謂委託人將財產權移轉或為其他處分，使受託人依信託本旨，為受益人之利益或為特定之目的，管理或處分信託財產之關係，信託法第1條定有明文，故委託人將財產權移轉或為其他處分，為信託關係成立之要件。又參照行政院農業委員會103年7月28日農授水保字第1030224279號函釋意旨，信託關係成立後，信託財產經由登記，即發生所有權移轉之法律效果，爰農業發展條例89年修法後取得之農地興建農舍辦理信託登記，仍應受該條例第18條第2項規定須滿5年始得移轉之限制。

㈣**自益信託之委託人（即受益人）於信託關係存續中死亡，委託人之繼承人與受託人合意終止信託關係相關登記事宜**（104.5.14內政部臺內地字第1040416576號函）

1. 按「……信託關係不因委託人或受託人死亡、破產或喪失行為能力而消滅。……自益信託之委託人（即受益人）死亡時，如其繼承人未終止信託關係前……應由其繼承人依法繳納遺產稅後，由全體繼承人會同受託人依土地登記規則第133條規定申辦信託內容變更登記……」及「……按信託關係之終止……自益信託者，依信託法第63條第1項規定，委託人或其繼承人得隨時終止信託。又自益信託關係消滅後，除信託行為另有訂定，依同法第65條第2款規定，信託財產歸屬於委託人或其繼承人。觀諸上開規定，可知除他益信託外，自益信託之委託人終止權……得由其繼承人所繼承。……自益信託財產之委託人死亡，其信託契約既未訂定死亡為信託關係消滅或終止之事由，該信託關係依信託法第8條規定，非當然消滅或終止，且因其未明訂以其遺囑指定之繼承人作為信託財產歸屬之受益人，有關委託人地位及其受益權等財產權之性質，當由其全體繼承人概括承受。……本案委託人之繼承人概括承受委託人地位及其受益權後，參依信託法第15條之契約自由原則，以原信託目的不能完成或已完成為由，與受託人達成合意，並會同申辦塗銷信託登記，尚非無

當……。」分為本部93年7月26日內授中辦地字第0930010200號及99年8月23日內授中辦地字第0990048823號函釋有案。

2. 查貴局來函說明一所詢委託人之全體繼承人會同受託人申辦塗銷信託登記回復為委託人所有並連件辦理繼承（或分割繼承）登記時，因案附遺產稅完稅證明所載該信託土地係就受益權（信託利益）核課遺產稅，並非所有權，可否據以申辦繼承（或分割繼承）之所有權移轉登記疑義，因涉信託關係終止時似有未就該信託財產之所有權與受益權之價值差額課徵遺產稅或贈與稅疑義，案經函准財政部104年5月7日上開函略以：「……以遺產稅或贈與稅而言，課稅標的係信託行為所生之信託利益（即受益權），而非信託財產本身。……依案附信託契約書所示，委託人享有全部信託利益之權利（全部自益），尚無課徵贈與稅問題。信託關係存續中受益人（委託人）死亡，則應依遺贈稅法第10條之1第1款規定，以受益人死亡時信託財產之時價計算該信託利益之權利價值，據以課徵遺產稅；至信託財產自受益人死亡日至信託終止之期間所生價值之增減，係屬繼承事實發生後，繼承人繼承之權利義務更動範疇，與遺產稅之核課無涉。」是自益信託之委託人（即受益人）於信託關係存續中死亡，除信託行為另有訂定信託財產之歸屬人外，經委託人之繼承人與受託人合意消滅信託關係者，得依本部上開函釋辦理信託內容變更登記及塗銷信託登記（即塗銷信託至委託人之繼承人所有）；又為達簡政便民，亦得檢附信託內容變更相關文件簡併以一件塗銷信託登記辦理。本案請依上開說明，查明事實依法處理。

五、應備書件

㈠信託登記應備文件

1. 土地登記申請書。
2. 信託契約書或遺囑。
3. 委託人與受託人之身分證明文件；以遺囑成立之信託，應檢附繼承人或遺囑執行人之身分證明文件。
4. 委託人印鑑證明。
5. 權利書狀。

㈡受託人變更登記應備文件

1. 土地登記申請書。
2. 信託內容變更契約書。
3. 原信託契約書。
4. 委託人與新受託人之身分證明文件。
5. 委託人印鑑證明。

　　6.權利書狀。

㈢塗銷信託登記應備文件

　　1.土地登記申請書。

　　2.登記清冊。

　　3.塗銷原因證明文件。

　　4.原信託契約書。

　　5.委託人與受託人之身分證明文件。

　　6.受託人印鑑證明。

　　7.權利書狀。

㈣信託歸屬登記應備文件

　　1.土地登記申請書。

　　2.登記清冊。

　　3.信託歸屬原因證明文件。

　　4.土地現值申報書：信託財產為土地所有權者。

　　5.房屋契稅申報書：信託財產為房屋所有權者。

　　6.委託人、受託人及歸屬權利人之身分證明文件。

　　7.受託人印鑑證明。

　　8.原信託契約書。

　　9.權利書狀。

㈤信託取得登記應備文件

　　1.土地登記申請書。

　　2.登記清冊。

　　3.信託取得原因證明文件。

　　4.土地現值申報書：信託財產為土地所有權者。

　　5.房屋契稅申報書：信託財產為房屋所有權者。

　　6.委託人及受託人之身分證明文件。

　　7.受託人印鑑證明。

　　8.原信託契約書。

　　9.權利書狀。

六、申辦手續

㈠應先報繳有關稅捐

　　信託歸屬登記與信託取得登記，其屬所有權信託者，應先報繳土地增值稅及房屋契稅者，其為他益信託者，另應報繳贈與稅，其有關報繳手續與買賣移轉同，請參閱本書第四章土地增值稅、契稅及贈與稅各節。於繳納各該稅賦後，即可申請登記。至於屬不課稅之「信託登記」、及「塗銷信託登記」等，

於查欠後，即可直接向管轄地政事務所申請登記即可。

(二)申請登記

1.備齊繕妥所需書件後

將登記申請書對摺放置於第一頁，契約書正本及權利書狀放置於最後，其餘書件，再依土地登記規則第34條規定提出文件之次序放置整齊，裝訂成冊，即可提向土地所在地之地政機關申請登記。

2.申請收件

(1)計費：申請案件於核對申請人身分後，計算規費。其為信託移轉登記者，登記費係以當事人自行於申請書填寫之信託契約或信託遺囑權利價值千分之一計算。

(2)開單：申請案件經計費後，即可開發規費繳納通知單。

(3)繳費：經開發規費繳費通知單後，可即時繳費，並取具繳費收據。

(4)收件：申請案件經收件後，取具收件收據。

3.補　正

申請案件，如經審查發現填寫錯誤遺漏或文件不全，或證件不符時，應依通知限期補正。經駁回之案件於補正後，應重新送請收件並取具收件收據。

4.領　狀

申請案件經審查無誤完成登記，即可持收件收據及原蓋用之印章，至發狀處領取原附送之權利書狀、契約書正本及其他不需存查之書件。

七、書表填寫說明

(一)信託登記土地登記申請書填寫說明

1.一般填法

(1)以毛筆、黑色、藍色墨汁鋼筆、原子筆或電腦打字正楷填寫。

(2)字體需端正，不得潦草，如有增、刪文字時，應在增、刪處由申請人蓋章，不得使用修正液（帶）。

2.各欄填法

(1)第(1)欄「受理機關」：按土地（建物）所在地之市（縣）及地政事務所之名稱填寫。如屬跨所申請案件，請於「跨所申請」欄打勾，並分別填寫受理機關及資料管轄機關名稱。

(2)第(2)(3)(4)(5)欄「原因發生日期」「申請登記事由」「登記原因」「標示及申請權利內容」：按下表所列自行打勾或選擇填入空格內。

(2)原因發生日期	(3)申請登記事由	(4)登記原因	(5)標示及申請權利內容
1.契約成立之日 2.事實發生之日	所有權移轉登記	1.信託 2.信託歸屬 3.受託人變更 4.塗銷信託	契約書或遺囑

(3)第(6)欄「附繳證件」：按所附證件之名稱、份數填列並裝訂，若空格不夠填寫時可填入第(9)欄，身分證或戶口名簿請影印正反面，並切結與正本相符後認章。

(4)第(7)欄「委任關係」：係指由代理人申請登記時填寫代理人之姓名，若尚有複代理人時一併註明複代理人姓名，並依地政士法第18條規定，請代理人（複代理人）切結認章，如無委託他人代理申請者，則免填此欄。

(5)第(8)欄為通知申請人，請填寫「聯絡電話」、「傳真電話」及「電子郵件信箱」。

(6)第(9)欄「備註」：專供申請書上各欄無法填寫而必須填載事項，例如：非以經營信託為業之法人為受託人申辦信託登記者，應記明「本人非信託業法第33條規定以經營不特定多數人之信託。」並蓋章。

(7)第(10)欄「申請人」：除包括權利人、義務人姓名或名稱外，如有委託代理人（含複代理人）申請登記者，尚包括代理人；如有不敷使用增頁部分應加蓋騎縫章。

(8)第(11)欄「權利人或義務人」：土地權利信託登記時應分填「權利人」（即受託人）、「義務人」（即委託人）。

①受託人應以民法規定之法人或自然人為之，但未成年人、禁治產人或破產人不得為受託人，法人經破產、撤銷或解散者，亦不得為受託人。

②委託人為未成年者，須加填「代理人」，若尚有委任複代理者，一併加填「複代理人」。

(9)第(12)欄「姓名或名稱」：自然人依照戶籍謄本、戶口名簿、身分證或其他證明文件記載填寫，法人則先填法人名稱後再加填法定代表人姓名。

(10)第(13)(14)欄「出生年月日」「統一編號」：自然人依照戶籍謄本、戶口名簿、身分證或其他證明文件記載填寫，法人請填寫公司統一編號或扣繳單位統一編號。

(11)第(15)欄「住所」：自然人依照戶籍謄本、戶口名簿、身分證或其他證明文件記載填寫，如住所有街、路、巷名者，得不填寫鄰，法人依照法人登記有案地址填寫，代理人或複代理人如住所與通訊處不同時，得於住所欄另外註明通訊地址。

(12)第(13)(14)(15)欄：原因證明文件為契約書或遺囑，其所載申請人（自然人或法人）與所附之戶籍或證照資料相同者，可填寫詳如契約書或以斜線除之。

(13)第(16)欄「簽章」：

　　　①權利人應簽蓋與所填之姓名或名稱相同之簽章。

　　　②義務人應蓋用與印鑑證明或於登記機關設置之土地登記印鑑相同之
　　　　印章,如親自到場應依土地登記規則第40條規定辦理,或依土地登
　　　　記規則第41條其他各款規定辦理。

　　⑭本案處理經過情形欄及申請書上方之收件與登記書狀費,係供地政事
　　　務所人員審核用,申請人無須填寫,如非連件辦者,連件序別,亦無
　　　須填寫。

　附註:本填寫說明如遇法令變更時,應依變更後之規定填寫。

㈡信託契約書填寫說明

　1.一般填法:

　　⑴以毛筆、黑色、藍色墨汁鋼筆、原子筆或電腦打字正楷填寫。

　　⑵字體需端正,不得潦草,如有增、刪文字時,應在增、刪處由訂立契
　　　約人蓋章,不得使用修正液(帶)。

　　⑶關於「權利價值」金額之數目字,應依公文書橫式書寫數字使用原則
　　　填寫,如6億3944萬2789元。

　　⑷如「土地標示」「建物標示」「申請登記以外之約定事項」及「訂立
　　　契約人」等欄有空白時,應將空白欄以斜線劃除或註明「以下空白」
　　　字樣。如有不敷使用時,可另附相同格式之清冊,並由訂立契約人在
　　　騎縫處蓋章。

　2.各欄填法:

　　⑴第⑴⑵⑶⑷欄「土地標示」:應照土地登記資料所載分別填寫。

　　⑵第⑺⑻⑼⑽⑾欄「建物標示」:應照建物登記資料所載分別填寫。

　　⑶第⑸⑿欄「信託權利種類」:填寫各筆棟信託之權利種類,如所有權
　　　或地上權等。

　　⑷第⑹⒀欄「信託權利範圍」:填寫各筆棟信託之權利範圍,如係全部
　　　信託者,則填「全部」,如僅信託一部分者,則按其信託之持分額填
　　　寫。

　　⑸第⒁欄「信託權利價值總金額」:填寫本契約書所訂不動產信託權利
　　　價值之金額。

　　⑹第⒂欄「信託主要條款」:本項信託關係須約定之事項,均需填入本
　　　欄。

　　⑺第⒃⒄⒅⒆⒇㉑㉒欄「訂立契約人」填法:

　　　①先填「受託人」及其「姓名或名稱」「受託持分」「出生年月日」
　　　　「統一編號」「住所」並「蓋章」,後填「委託人」及其「姓名或
　　　　名稱」「委託持分」「出生年月日」「統一編號」「住所」並「蓋
　　　　章」。

②訂立契約人為法人時，「出生年月日」免填。

③訂立契約人為法人時，應於該法人之次欄加填「法定代表人」及其「姓名」「出生年月日」「統一編號」「住所」並「蓋章」。

④第⑰⑲⑳㉑欄「姓名」「出生年月日」「統一編號」「住所」：應照戶籍謄本、戶口名簿、身分證或其他證明文件所載者填寫，如住址有街、路、巷名者，得不填寫里、鄰。

⑤第⑱欄「權利範圍」：「受託持分」「委託持分」各項應按其實際受託或委託之權利持分額填寫之。

(8)第㉒欄「蓋章」：

①受託人應蓋用與所填之姓名或名稱相同之印章。

②委託人應蓋用與印鑑證明相同或於登記機關設置之土地登記印鑑相同之印章，如親自到場應依土地登記規則第40條規定辦理，或依土地登記規則第41條其他各款規定辦理。

(9)第㉓欄「立約日期」：填寫訂立契約之年月日。

3.本契約書訂立（如他益信託）後，應照印花稅法規定購貼印花。

4.信託登記時應按其信託權利價值總金額千分之一計收登記費。

三、信託內容變更登記「土地登記申請書」填寫說明

1.一般填法

(1)以毛筆、黑色、藍色墨汁鋼筆、原筆筆或電腦打字正楷填寫。

(2)字體需端正，不得潦草，如有增、刪文字時，應在增、刪處由申請人蓋章，不得使用修正液（帶）。

2.各欄填法

(1)第(1)欄「受理機關」：按土地（建物）所在地之市（縣）及地政事務所之名稱填寫。如屬跨所申請案件，請於「跨所申請」欄打勾，並分別填寫受理機關及資料管轄機關名稱。

(2)第(2)(3)(4)(5)欄「原因發生日期」、「申請登記事由」、「登記原因」、「標示及申請權利內容」：按下表所列自行打勾或選擇填入空格內。

(2)原因發生日期	(3)申請登記事由	(4)登記原因	(5)標示及申請權利內容
契約成立之日	註記登記	註記	契約書

(3)第(6)欄「附繳證件」：按所附證件之名稱、份數填列並裝訂，若空格不夠填寫時可填入第(9)欄，身分證或戶口名簿請影印正反面，並切結與正本相符後認章。

(4)第(7)欄「委任關係」：係指由代理人申請登記時填寫代理人之姓名，若尚有複代理人時一併註明複代理人姓名，並依地政士法第18條規

定，請代理人（複代理人）切結認章，如無委託他人代理申請者，則免填此欄。

(5)第(8)欄為通知申請人，請填寫「聯絡電話」、「傳真電話」及「電子郵件信箱」。

(6)第(9)欄「備註」：專供申請書上各欄無法填寫而必須填載事項，例如：非以經營信託為業之法人為受託人申辦信託登記者，應記明「本人非信託業法第33條規定以經營不特定多數人之信託。」並蓋章。

(7)第(10)欄「申請人」：除包括權利人、義務人姓名或名稱外，如有委託代理人（含複代理人）申請登記者，尚包括代理人；如有不敷使用增頁部分應加蓋騎縫章。

(8)第(11)欄「權利人或義務人」：土地權利信託內容變更登記時應分填「權利人」（即受託人）、「義務人」（即委託人）。

①受託人應以民法規定之法人或自然人為之，但未成年人、禁治產人或破產人不得為受託人，法人經破產、撤銷或解散者，亦不得為受託人。

②委託人為未成年人者，須加填「代理人」，若尚有委任複代理者，一併加填「複代理人」。

(9)第(12)欄「姓名或名稱」：自然人依照戶籍謄本、戶口名簿、身分證或其他證明文件記載填寫。法人則先填法人名稱後再加填法定代表人姓名。

(10)第(13)(14)欄「出生年月日」「統一編號」：自然人依照戶籍謄本、戶口名簿、身分證或其他證明文件記載填寫，法人請填寫公司統一編號或扣繳單位統一編號。

(11)第(15)欄「住所」：自然人依照戶籍謄本、戶口名簿、身分證或其他證明文件記載填寫，如住所有街、路、巷名者，得不填寫鄰，法人依照法人登記有案地址填寫，代理人或複代理人如住所與通訊處不同時，得於住所欄另外註明通訊地址。

(12)第(13)(14)(15)欄：原因證明文件為契約書或遺囑，其所載申請人（自然人或法人）與所附之戶籍或證照資料相同者，可填寫詳如契約書或以斜線除之。

(13)第(16)欄「簽章」：

①權利人應簽蓋與所填之姓名或名稱相同之簽章。

②義務人應蓋用與印鑑證明或於登記機關設置之土地登記印鑑相同之印章，如親自到場應依土地登記規則第40條規定辦理，或依土地登記規則第41條其他各款規定辦理。

(14)本案處理經過情形欄及申請書上方之收件與登記書狀費，係供地政事

務所人員審核用，申請人無須填寫，如非連件辦理者，連件序別，亦
無須填寫。

附註：本填寫說明如遇法令變更時，應依變更後之規定填寫。

四土地建築改良物信託內容變更契約書填寫說明

1.一般填法：

(1)以毛筆、黑色、藍色墨汁鋼筆、原子筆或電腦打字正楷填寫。

(2)字體需端正，不得潦草，如有增、刪文字時，應在增、刪處由訂立契
約人蓋章，不得使用修正液（帶）。

(3)關於「信託權利價值」應以國字大寫填寫，如「壹」「貳」等字樣，
其餘得以阿拉伯數字填寫。

(4)如「土地標示」「建物標示」及「訂立契約人」等欄有空白時，應將
空白欄以斜線劃除或註明「以下空白」字樣。如有不敷使用時，可另
附清冊，並由訂立契約人在騎縫處蓋章。

2.各欄填法：

(1)第(1)(2)(3)(4)欄「土地標示」：應照土地登記資料所載分別填寫。

(2)第(7)(8)(9)(10)(11)欄「建物標示」：應照建物登記資料所載分別填寫。

(3)第(5)(12)欄「信託權利種類」：填寫各筆棟信託之權利種類，如所有權
或地上權等。

(4)第(6)(14)欄「信託權利範圍」：填寫各筆棟信託之權利範圍，如係全部
信託者，則填「全部」，如僅信託一部分者，則按其信託之持分額填
寫。

(5)第(15)欄「變更之原因及內容」：填寫應將變更之「原因」及其「內
容」分別填入；「內容」欄以變更原登記事項之約定事項為限。

(6)第(16)(17)(18)(19)(20)(21)欄「訂立契約人」填法：

①先填「受託人」及其「姓名或名稱」「受託持分」「出生年月日」
「統一編號」「住所」並「蓋章」，後填「委託人」及其「姓名或
名稱」「委託持分」「出生年月日」「統一編號」「住所」並「蓋
章」。最後填「受益人」及其「姓名或名稱」「出生年月日」「統
一編號」「住所」並「蓋章」。（如為自益信託時免填）

②訂立契約人為法人時，「出生年月日」免填。

③如訂立契約人為法人時，應於該法人之次欄加填「法定代理人」及
其「姓名」「出生年月日」「統一編號」「住所」並「蓋章」。

④第(17)(19)(20)(21)欄「姓名」「出生年月日」「統一編號」「住所」：應
照戶籍登記簿、戶口名簿或身分證所載者填寫，如住址有街、路、
巷名者，得不填寫鄰。

⑤第(18)欄「權利範圍」：「受託持分」「委託持分」各項應按其實際

受託或委託之權利持分額填寫之。

　(7)第(22)欄「蓋章」：

　　①受託人、受益人應蓋用與所填之姓名或名稱相同之印章。

　　②委託人應蓋用與印鑑證明相同之印章，如親自到場應依土地登記規
　　　則第40條第2項規定辦理。

　(8)第(23)欄「立約日期」：填寫訂立契約之年月日。

3.本契約書訂立（如他益信託）後，應照印花稅法規定購貼印花。

八、書表填寫範例

（一）土地權利信託

收件	日期	年 月 日 時	收件者章		連件序別	（非連件者免填） 共1件 第1件		登記費	元
	字號	字第 號	分號					書狀費	元
			件章					罰鍰	元
								合計	元
								收據	字號
								核算者	

土 地 登 記 申 請 書

（1）受理機關 △△市△△地政事務所 資料管轄機關 □跨所申請 △△市 △△地政事務所

（2）原因發生日期 中華民國△△年△月△△日

（3）申請登記事由（選擇打✓一項）
□ 所有權第一次登記
✓ 所有權移轉登記
□ 抵押權登記
□ 抵押權塗銷登記
□ 抵押權內容變更登記
□ 標示變更登記

（4）登記原因（選擇打✓一項）
□ 第一次登記
□ 買賣 □ 贈與 □ 繼承 □ 分割繼承 □ 拍賣 □ 共有物分割 □ 交換 ✓ 信託
□ 設定 □ 法定
□ 清償 □ 拋棄 □ 混同 □ 判決塗銷
□ 權利價值變更 □ 權利內容等變更
□ 分割 □ 合併 □ 地目變更 □ 行政區域調整

（5）標示及申請權利內容 詳如 ✓契約書 □登記清冊 □複丈結果通知書 □建物測量成果圖 □

（6）附繳證件
1.信託契約書 2份
2.身分證影本 2份
3.土地所有權狀 2份
4.建物所有權狀 2份
5.印鑑證明 1份
6. 份
7. 份
8. 份
9. 份

（7）委任關係
本土地登記案之申請委託 陳△△ 代理。 複代理。
委託人確為登記標的物之權利人或權利關係人，如有虛偽不實，本代理人（複代理人）願負法律責任。 印

（8）聯絡方式
權利人電話 △△△△－△△△△
義務人電話 △△△△－△△△△
代理人聯絡電話 △△△△－△△△△
傳真電話 △△△△－△△△△
電子郵件信箱 △△△△△－△△△△
不動產經紀業名稱及統一編號
不動產經紀業電話

（9）備註

(10) 申請人	(11) 權利人或義務人	(12) 姓名或名稱	(13) 出生年月日	(14) 統一編號	(15) 住所									(16) 簽章
					縣市	鄉鎮市區	村里	鄰	街路	段	巷弄	號	樓	
申請人	權利人	林△△	△△△	△△△△△	△△	△△	△△	△	△△	△	△	△	△	印
	義務人	王△△	△△△	△△△△△	△△	△△	△△	△	△△	△	△	△	△	印
	代理人	陳△△	△△△	△△△△△△	△△	△△	△△	△	△△	△	△	△	△	印

本案處理經過情形（以下各欄申請人請勿填寫）	初審	複審	審核	定	登簿	校簿	書狀列印	校狀	書狀用印
					地價異動	通知領狀	異動通知	交付發狀	歸檔

土地（建築改良物）信託契約書

下列土地（建築改良物）經　受託人　△△　△△
委託人　△　△
雙方同意，特訂立本契約：

土地標示

(1)坐落	鄉鎮市區	△△	△△
	段	△△	△△
	小段	△	△
(2)地　號		123	124
(3)地　目		建	建
(4)面積（平方公尺）		300	110
(5)信託權利種類		所有權	所有權
(6)信託權利範圍		1/5	1/5

以下空白

建物標示

(7)建　號		210	211
(8)門牌	鄉鎮市區	△△	△△
	街　路	△△	△△
	段　巷　弄	△△	△△
	號　樓	30-1	30-1
(9)建物坐落	段	△△	△△
	小段	△	△
	地　號	△△	△△
(10)面積（平方公尺）	5層	△△	△△
	層		
	共　計	△△△	△△△
(11)附屬建物	用　途		
	面　積（平方公尺）		
(12)信託權利種類		所有權	所有權
(13)信託權利範圍		全部	全部

以下空白

(14)信託不動產總金額　新臺幣　△萬△仟△佰元整

(15) 信託主要條款：

1. 信託目的：管理、合併、分割及建築房屋
2. 受益人姓名：△△△　　　　住址：△△△△△△
3. 信託監察人姓名：△△△　　住址：△△△△△△
4. 信託期間：民國△△年△△月△△日起至民國△△△年△△月△△日止計△年
5. 信託關係消滅事由：中止信託關係
6. 信託財產之管理或處分方法：由受託人使用、收益及管理
7. 信託關係消滅時，信託財產之歸屬人：△△△
8. 其他約定事項：

訂立契約人	(16) 受託人或委託人	(17) 姓名或名稱	(18) 權利範圍		(19) 出生年月日	(20) 統一編號	(21) 住所								(22) 蓋章
			受託持分	委託持分			縣市	鄉鎮市區	村里	鄰	街路	段	巷弄	號 樓	
	受託人	林△△	全部		△△△	△△△△△	△△	△△	△△	△△	△△	△△		號△△ 樓△△	印
	委託人	王△△		全部	△△△	△△△△△	△△	△△	△△	△△	△△	△△		號△△ 樓△△	印

(23) 立約日期　中華民國　△△　年　△△　月　△△　日

(二)信託內容變更登記

土地登記申請書

收件	日期	年　月　日　時　分
	字號	字第　　號
	收件者章	

登記費	元
書狀費	元
罰鍰	元
合計	元
收據	字　號
核算者	

(1)受理機關	△△市△△地政事務所	連件序別（非連件者免填）	共1件 第1件
(2)原因發生日期	中華民國△△年△月△△日		

(3)申請登記事由（選擇打✓一項）
- □所有權第一次登記
- □所有權移轉登記
- □抵押權登記
- □抵押權塗銷登記
- □抵押權內容變更登記
- □標示變更登記
- ✓註記登記

(4)登記原因（選擇打✓一項）
- □第一次登記
- □買賣 □贈與 □繼承 □分割繼承 □拍賣 □共有物分割
- □設定 □法定
- □清償 □拋棄 □混同 □判決塗銷
- □權利價值變更 □權利內容變更
- □分割 □合併 □地目變更
- ✓註記

(5)標示及申請權利內容 詳如 ✓契約書 □登記清冊 □複丈結果通知書 □建物測量成果圖

(6)附繳證件
1. 信託內容變更契約書正副本 各1份
2. 土地所有權狀 2份
3. 建物所有權狀 1份
4. 身分證影本 1份
5. 印鑑證明 2份
6. 　　　1份
7. 　　　　份
8. 　　　　份
9. 　　　　份

(7)委任關係 本土地登記案之申請委託 王○文 代理。　　複代理。
委託人確為登記標的物之權利人或權利關係人，並經核對身分無誤，如有虛偽不實，本代理人（複代理人）願負法律責任。　[代理人印]

(8)聯絡方式

聯絡方式	
權利人電話	△△△△－△△△△△
義務人電話	△△△△－△△△△△
代理人聯絡電話	△△△△－△△△△△
傳真電話	△△△△－△△△△△
電子郵件信箱	△△△△－△△△△△
不動產經紀業名稱及統一編號	
不動產經紀業電話	

(9)備註

(11)權利人或義務人	(12)姓名或名稱	(13)出生年月日	(14)統一編號	(15)住　所 縣市	鄉鎮市區	村里	鄰	街路	段	巷	弄	號	樓	(16)簽章
權利人	△△△	△△△	△△△△	△△	△△	△△		△△	△△			△		印
義務人	△△△	△△△	△△△	△△	△△	△△		△△	△△			△		印
受益人	△△△	△△△	△△△	△△	△△	△△	△	△△	△			△		印
代理人	△△△													印

(10)申請人

本案處理經過情形（以下各欄申請人請勿填寫）

初審	複審	核定	登簿	校簿	書狀列印	校狀	書狀用印
			地價異動	通知領狀	異動通知	支付發狀	歸檔

土地　　信託內容變更契約書
建築改良物

下列　土地　　經　受託人　△△　雙方同意變更，特訂立本契約：
　　　建築改良物　　　委託人　△

土 地 標 示			建 物 標 示		
(1)坐落	鄉鎮市區	△△	(7)建號		△△△
	段	△△	(8)門牌	鄉鎮市區	△△
	小段	△		街路	△△
(2)地號		△△		段巷弄	△
(3)地目		建		號樓	△△
(4)面積（平方公尺）		125	(9)建物坐落	段	△△
(5)信託權利種類		所有權		小段	△
(6)信託權利範圍		1/5		地號	△△
		以	(10)面積（平方公尺）	五層	125.58
		下		層	以
		空			下
		白		共計	125.58
					空
			(11)附屬建物	用途	白
			(12)信託權利種類		所有權
			(13)信託權利範圍		全部

(14)信託權利價值總金額　新臺幣　△△萬△仟元整

(15) 變更之原因及內容	原因	信託目的變更登記

1. 就民國△△年△月△日收件字第○○○號信託登記之信託目的的變更登記。
2. 變更前：管理、合併、分割及建築房屋
3. 變更後：監管：監管所有權，信託財產仍由委託人及受益人自行使用、收益及管理。

(16)權利人或義務人	(17)姓名或名稱	(18)權利範圍 受託持分	(18)權利範圍 委託持分	(19)出生年月日	(20)統一編號	(21)住 縣市	鄉鎮市區	村里	鄰	街路	段	巷弄	所 號	樓	(22)蓋章
受託人	△△△	全部		△△△	△△△△△	△△	△△	△△	△	△△	△	△	△	△	印
委託人	△△△		全部	△△△	△△△△△	△△	△△	△△	△	△△	△	△	△	△	印
受益人	△△△			△△△	△△△△△	△△	△△	△△	△	△△	△	△	△	△	印

訂立契約人

(23)立約日期　中華民國△△年△△月△△日

㈢其他有關登記之證明書範例

信託登記塗銷證明書

　　立證明書人受託人：張△△，委託人：王△△，於民國△△年△月△△日訂立信託契約書就下列不動產於民國△△年△月△△日△△市△△地政事務所收件第△△號辦妥信託登記，如今終止信託關係回復為原委託人王△△所有，特立本證明書屬實，俾據以辦理信託塗銷登記事宜。

　　土地：△△市△△區△△段△小段△△地號持分
　　　　　△△△△△

　　建物：建號△△△即△△市△△區△△路△△號第△層
　　　　　全部。

　　　　　　　　　　　受託人：張△△（印）（簽名）

　　　　　　　　　　　住址：△△△△△

　　　　　　　　　　　統一編號：△△△△△

　　　　　　　　　　　出生年月日：△△△△△

　　　　　　　　　　　委託人：王△△（印）（簽名）

　　　　　　　　　　　住址：△△△△△

　　　　　　　　　　　統一編號：△△△△△

　　　　　　　　　　　出生年月日：△△△△△

中華民國　　△△△　　年　　　△　　月　　△△　　日

信託財產歸屬證明書

　　立證明書人受託人張△△，委託人王△△，歸屬權利人林△△，於民國△△年△月△△日受託人與委託人訂立信託契約書就下列不動產於民國△△年△月△△日△△市△△地政事務所收件第△△號辦妥信託登記，如今信託關係終止，將信託財產移轉予歸屬權利人林△△所有，特立本證明書屬實，俾據以辦理信託歸屬登記事宜。

　　土地：△△△△△△△△地號，持分△△△

　　建物：△△△△△△△△△號第△層全部。

受託人：張△△（印）（簽名）

住址：△△△△△

統一編號：△△△△

出生年月日：△△△△

委託人：王△△（印）（簽名）

住址：△△△△△

統一編號：△△△△

出生年月日：△△△△

歸屬權利人：林△△（印）（簽名）

住址：△△△△△

統一編號：△△△△

出生年月日：△△△△

中華民國　△△△　年　△　月　△△　日

信託取得證明書

　　立證明書人受託人張△△，委託人王△△，於民國△△年△月△△日訂立信託契約書就下列不動產於民國△△年△月△△日收件第△△號辦理信託登記。如今受託人張△△於信託期間因信託行為取得各該不動產權利，特立本證明書屬實，俾據以辦理信託取得登記事宜。

受託人：張△△（印）（簽名）

住址：△△△△△

統一編號：△△△△

出生年月日：△△△△

委託人：王△△（印）（簽名）

住址：△△△△△

統一編號：△△△△

出生年月日：△△△△

中華民國　　△△△　年　　　△　月　　△△　　日

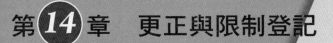

第14章　更正與限制登記

第一節　更正登記

一、說　明

㈠更正原因

土地登記有絕對效力，（土第43條）但登記人員或利害關係人，於登記完畢後，發現登記錯誤或遺漏時，得以書面申請該管上級機關查明核准後予以更正，但登記錯誤或遺漏，純屬登記人員記載時之疏忽，並有原始登記原因證明文件可稽者，由登記機關逕行更正之。（土第69條）

㈡損害賠償

因登記錯誤遺漏或虛偽致受損害者，除該地政機關證明其原因可歸責於受害人外，該地政機關應於受損害之價值範圍內，負損害賠償責任。（土第68條）

㈢求　償

損害賠償之請求，如經該地政機關拒絕，受損害人得向司法機關起訴。（土第71條）

㈣錯漏之處

1. 現行登記簿分為三大部分，即標示部、所有權部及他項權利部，各部分之有關事項，凡是登記後發現錯誤或遺漏，無論其為申請案件填寫錯誤遺漏，或為登記人員登記錯誤遺漏，或為測量人員測量錯誤遺漏，均得辦理更正登記，惟涉及權利主體——「人」變更者，不在此限，例如權利人張三變更為另一權利人李四，則非屬更正登記之範圍。
2. 所謂登記錯誤，係指登記事項與登記原因證明文件所載之內容不符者。所謂登記遺漏，係指應證記事項而漏未登記者。（土登13條）

㈤土地登記規則規定

1. 土地登記規則第121條規定
   ⑴胎兒為繼承人時，應由其母以胎兒名義申請登記，俟其出生辦理戶籍登記後，再行辦理更名登記。
   ⑵前項胎兒以將來非死產者為限。如將來為死產者，其經登記之權利，溯及繼承開始時消滅，由其他繼承人共同申請更正登記。

　　2.土地登記規則第43條規定

　　　⑴申請登記，權利人為二人以上時，應於登記申請書件內記明應有部分
　　　　或相互之權利關係。

　　　⑵前項應有部分，應以分數表示之，其分子分母不得為小數，分母以整
　　　　十、整百、整千、整萬表示為原則，並不得超過六位數。

　　　⑶已登記之共有土地權利，其應有部分之表示與前項規定不符者，得由
　　　　登記機關通知土地所有權人於三十日內自行協議後準用更正登記辦
　　　　理，如經通知後逾期未能協議者，由登記機關報請上級機關核准後更
　　　　正之。

◎臺灣光復初期誤以死者名義申辦土地總登記處理要點（102.9.6內政部修正發布）

一、臺灣光復初期辦理土地權利憑證繳驗及換發權利書狀時，以死者名義申報登記為
　　所有權人或他項權利人者，其合法繼承人得依照本要點申請更正登記。

　　前項所謂臺灣光復初期係指民國35年4月至民國38年12月底，人民辦理土地權利
　　憑證繳驗之申報期間。

二、合法繼承人申請更正登記時，應提出更正登記申請書，並附具左列文件：

　　㈠原土地所有權狀或他項權利證明書。

　　㈡繼承系統表。申請人應於表內註明：「本表所列如有遺漏或錯誤致他人受損害
　　　者，申請人願負法律責任」，並簽名或蓋章。

　　㈢登記名義人死亡之戶籍謄本及合法繼承人現在之戶籍謄本；如戶籍資料無登記
　　　名義人死亡之記載，經戶政機關證明者，得提繳親屬證明書或其他可資證明死
　　　亡之文件。

　　前項第3款之戶籍謄本，能以電腦處理達成查詢者，得免提出。

三、地政事務所辦理更正登記完畢後，應將登記結果通知主管稽徵機關訂正稅籍，依
　　法催繳欠稅。但登記名義人於民國38年6月15日以後至同年12月31日死亡者，登
　　記後未繳驗遺產稅款繳清證明書、免稅證明書不計入遺產總額證明書或同意移轉
　　證明書前，地政事務所不得為分割、移轉或設定他項權利之登記；並於土地或建
　　物登記簿內記明此項事由。

四、原合法繼承人如已死亡者，由最後一次之合法繼承人依法向主管稽徵機關辦理遺
　　產稅申報，檢附稅款繳（免）納證明書，或不計入遺產總額證明或同意移轉證明
　　書申請更正登記為原合法繼承人名義，並同時申請繼承登記。

◎更正登記法令補充規定（100.6.24內政部修正發布）

一、因登記錯誤或遺漏而有案可稽者，登記機關得逕為辦理更正登記，登記完畢後應
　　通知全體利害關係人。

二、登記名義人之姓名、住址、國民身分證統一號碼或出生年月日等，已經戶政主管
　　機關辦妥更正且有足資證明文件者，登記機關得於該登記名義人申辦登記時，逕

為辦理更正登記。

三、公有土地之管理機關有二個以上不同名稱，實際為同一機關者，登記機關得查明逕以法定名稱辦理更正登記。

四、共有土地經法院判決分割，原共有人之一依據法院確定判決單獨申辦共有物分割登記後，原共有土地之其餘部分仍維持原共有狀態者，顯屬錯誤，登記機關查明後，得逕為辦理更正登記，並依土地登記規則第100條後段規定辦理。

五、法院或行政執行處拍賣土地，經拍定人辦竣移轉登記後，執行法院又囑託更正拍賣權利範圍時，登記機關應依其囑託更正之內容，逕為辦理更正登記。

六、申請更正登記，如更正登記後之權利主體、種類、範圍或標的與原登記原因證明文件所載不符者，有違登記之同一性，應不予受理。

七、更正登記以不妨害原登記之同一性為限，若登記以外之人對於登記所示之法律關係有所爭執，則應訴由司法機關審判，以資解決。

八、原登記申請件件已銷燬，申請住所更正登記時，可檢附戶政機關查復土地登記時無該住所或該住所無申請人之文件，及足資認定與登記名義人確係同一人之文件申請辦理。

九、共有土地之持分額漏未登記，部分共有人或其繼承人得依民法第817條第2項規定，申請登記為均等。但申請人須先通知他共有人或其繼承人限期提出反證，逾期未提出反證推翻者，申請人應檢附通知文件，並於登記申請書備註欄切結「已通知其他共有人，逾期未提出反證，如有不實願負法律責任」，憑以申辦更正登記。登記機關於更正登記完畢後，應將登記結果通知他共有人或其繼承人。

前項更正登記申請時，申請人應於申請書內載明他共有人之現住址，其已死亡者，應載明其繼承人及該繼承人之現住址；確實證明在客觀上不能載明者，由申請人於登記申請書備註欄切結不能載明之事實。

十、法院之確認判決不得作為執行名義，故不能據以辦理登記名義人更正登記。

十一、同一門牌及建號之多層建物分層登記為不同人所有者，所有權人檢附戶政機關增編門牌之證明及建物所有權狀辦理更正登記時，登記機關應分層編列建號更正之；如無法增編門牌者，得逕以原門牌為之。

十二、部分繼承人就被繼承人之土地，申請為公同共有之登記或因強制執行，由債權人代為申辦繼承登記後，該繼承人中如確有合法拋棄繼承者，得由利害關係人辦理登記名義人更正登記。

二、申請實務

㈠申請人

1.如係標示部及所有權部錯誤遺漏，由所有權人提出申請更正登記。

2.如係他項權利部錯誤遺漏，由他項權利人提出申請更正登記。如該項之

　　錯誤遺漏，涉及原設定人之權利義務時，應由他項權利人會同原設定人申請更正登記。

(二)應備書件

　　1.土地登記申請書。

　　2.登記清冊。

　　3.更正登記原因證明文件：

　　　　⑴如係申請錯誤遺漏或登記錯誤遺漏，應附原登記之契約書正本及申請上級地政機關核准所需之土地建物登記簿謄本。

　　　　⑵如係原測量錯誤、遺漏，應先申請複丈或測量後檢附複丈或測量成果。

　　　　⑶如係經法院判決更正者，應附判決書及判決確定書，如係經最高法院判決者，免附判決確定者。

　　4.權利人同意書：如更正事項涉及他人權利時，應附本項文件及印鑑證明。

　　5.身分證明文件。

　　6.權利書狀：更正事項如涉及土地建物之所有權者，應附各該所有權狀，如涉及他項權利者，應附他項權利證明書。

(三)申辦手續

　　1.可能需要先申請測量

　　如係測量錯誤遺漏之更正登記，應先辦理土地或建物之複丈測量，俟取得複丈或測量結果後，再行辦理更正登記之申請。

　　2.備齊繕妥所需書件

　　將登記申請書對摺放置於第一頁，登記清冊對摺放置於第二頁，所有權狀置於最後，其他書件再依土地登記規則第34條規定提出文件之次序放置整齊，裝訂成冊，即可提向土地建物所在地之主管地政事務所申請。

　　3.申請收件

　　　　⑴計費：申請案件於核對申請人身分後，計算登記規費。更正登記，免納登記費。但如換發權利書狀，每張新臺幣80元。（土第78條）

　　　　⑵收件：申請案件經收件後，取具收件收據。

　　4.補　正

　　如申請案件經審查後發現填寫錯誤或文件不全或證件不符時，經通知補正者，應於期限內補正。如申請案件經駁回而補正者，需重新收件，並取具收件收據。

　　5.領　狀

　　申請案件經審查無誤並登記完畢後，權利人或代理人即可持收件收據及原蓋用之印章，領取所有權狀及其他不需存查之文件。

三、書表填寫説明

㈠一般填法

1. 以毛筆、黑色、藍色墨汁鋼筆、原子筆或電腦打字正楷填寫。
2. 字體需端正，不得潦草，如有增、刪文字時，應在增、刪處由申請人蓋章，不得使用修正液（帶）。

㈡各欄填法

1. 第(1)欄「受理機關」：按土地（建物）所在地之市（縣）及地政事務所之名稱填寫。如屬跨所申請案件，請於「跨所申請」欄打勾，並分別填寫受理機關及資料管轄機關名稱。
2. 第(2)(3)(4)(5)欄「申請登記事由」「登記原因」「標示及申請權利內容」：按下表所列自行打勾或選擇填入空格內。

(2)原因發生日期	(3)申請登記事由	(4)登記原因	(5)標示及申請權利內容
1.戶籍更正之日 2.原登記申請錯誤之日	更正登記	姓名更正	登記清冊

3. 第(6)欄「附繳證件」：應按所附證件之名稱，份數分行填列並裝訂，空格不夠填寫時可填入第(9)欄，身分證或戶口名簿請影印正反面，並切結與正本相符後認章。
4. 第(7)欄「委任關係」：係指由代理人申請登記時填寫代理人之姓名，尚有複代理人時一併註明複代理人姓名，並依地政士法第18條規定，請代理人（複代理人）切結認章，如無委託他人代理申請者，則免填此欄。
5. 第(8)欄為便利通知申請人，請填寫「絡電話」、「傳真電話」及「電子郵件信箱」。
6. 第(9)欄「備註」：專供申請書上各欄無法填寫而必須填載事項。
7. 第(10)欄「申請人」係指權利人外，如有委託代理人（含複代理人）申請登記者，尚包括代理人；如不敷使用，增頁部分應加蓋騎縫章。
8. 第(11)欄「權利人或義務人」：姓名更正登記填權利人，如有未成年人、禁治產人或法人者，須加填法定代理人（如父母、監護人或公司代表人）。
9. 第(12)欄「姓名或名稱」：自然人依照戶籍謄本、戶口名簿、身分證或其他證明文件記載填寫，法人則先填法人名稱後再加填代表人姓名。
10. 第(13)(14)欄「出生年月日」「統一編號」：自然人依照戶籍謄本、戶口名簿、身分證或其他證明文件記載填寫。法人請填寫公司統一編號或扣繳單位統一編號。
11. 第(15)欄「住所」：自然人依照戶籍謄本、戶口名簿、身分證或其他證明文件記載填寫，如住所有街、路、巷名者，得不填寫鄰，法人依照法人

登記有案地址填寫，代理人或複代理人如住所與通訊處不同時，得於住所欄另外註明通訊地址。

12.第(16)欄「簽章」：申請人應蓋用與所填姓名相同之印章。

13.本案處理經過情形欄以下及申請書上方之收件與登記書狀費，係供地政事務所人員審核用，申請人毋須填寫，如非連件辦理者，連件序別，亦無須填寫。

附註：本填寫說明如遇法令變更時，應依變更後之規定填寫。

四、書表填寫範例

（一）姓名更正登記

土地登記申請書

收件	日期	年 月 日	時	分	收件者		登記費		元	合計		元
	字號	字第 號			件章		書狀費		元	收據		字 號
							罰　鍰		元	核算者		

（連件序別）連件　非連件（免填者）　共 1 件　第 1 件

| (1)受理機關 | △△市△△地政事務所 | 資料管轄機關 | △△市　△△　地政事務所 | 跨所申請 | (2)原因發生日期 | 中華民國△△年△△月△△日 |

(3)申請登記事由（選擇打✓一項） | (4)登記原因（選擇打✓一項）
□所有權第一次登記　□第一次登記
□所有權移轉登記　□買賣 □贈與 □繼承 □分割繼承 □拍賣 □共有物分割 □
□抵押權登記　□設定 □法定 □
□抵押權塗銷登記　□清償 □拋棄 □混同 □判決塗銷 □
□抵押權內容變更登記　□權利價值變更 □權利內容等變更 □
□標示變更登記　□分割 □合併 □地目變更 □
✓更正登記　✓姓名更正

(5)標示及申請權利內容　詳如 □契約書 ✓登記清冊 □複丈結果通知書 □建物測量成果圖 □

(6)附繳證件
1. 戶籍謄本　1份　　5.　　9.
2. 原所有權買賣移轉契約書　1份　　6.　　10.
3. 土地所有權狀　1份　　7.　　11.
4. 建物所有權狀　1份　　8.　　12.

(7)委任關係
本土地登記案之申請委託 陳△△ 代理。 複代理。
委託人確為登記標的物之權利人或權利關係人，如有虛偽不實，本代理人（複代理人）願負法律責任。 印

(8)聯絡方式
權利人電話　△△△△－△△△△
義務人電話　△△△△－△△△△
代理人聯絡電話　△△△△－△△△△
傳真電話　△△△△－△△△△
電子郵件信箱
不動產經紀業名稱及統一編號
不動產經紀業電話

(9)備註
更正前：林明二
更正後：林明三 印

(10)申請人	(11)權利人或義務人	(12)姓名或名稱	(13)出生年月日	(14)統一編號	(15)住　所										(16)簽章
					縣市	鄉鎮市區	村里	鄰	街路	段	巷	弄	號	樓	
	所有權人	林明三	△△△	△△△△	△△	△△	△△	△	△△	△		△	△	△	印
	代理人	陳△△	△△△	△△△△	△△	△△△△△	△△	△	△△	△		△	△	△	印

(10) 申請人	本案處理經過情形（以下各欄申請人請勿填寫）									
	初審	複審	審查	核定	登簿	校簿	書狀列印	校狀	書狀用印	歸檔
					地價異動	通知領狀	異動通知	支付發狀		歸檔

登記清冊

登記標示		清冊	申請人	所有權人　林△△ 印 代理人　陳△△ 印	簽章
土地標示	(1) 坐落	鄉鎮市區	水上		
		段	△△		
		小段	△		
	(2) 地號		△△		
	(3) 地目		△		
	(4) 面積（平方公尺）		125.11		
	(5) 權利範圍		全部		
	(6) 備註		更正前：林明二 更正後：林明三		

建物標示		
(7)	建　號	125
(8) 門牌	鄉鎮市區	△△
	街　路	△△
	段　巷　弄	△△
	號　樓	△△
(9) 建物坐落	段	△△
	小　段	△
	地　號	△△
(10) 面積（平方公尺）	一層	85.21
	二層	85.21
	三層	85.21
	共　計	255.63
(11) 附屬建物	用　途	陽臺
	面　積（平方公尺）	36.65
(12) 權利範圍		全部
(13) 備註		更正前：林明二　更正後：林明三

（二）基地號更正登記（先申請測量）

收件	日期	年 月 日		分	收件者		連件序別	件	（非連件者免填）	登記費	元	合計	元	書
	時		字 第 號		件章			共 件 第 件		書狀費	元	收據	字 號	
	字號									罰鍰	元	核算者		

土 地 登 記 申 請 書

(1)受理機關	△△市△△地政事務所	資料管轄機關	△△市 △△ 地政事務所	(2)原因發生日期	中華民國△△年△月△△日

(3)申請登記事由（選擇打✓一項）
- ☐ 所有權第一次登記
- ☐ 所有權移轉登記
- ☐ 抵押權登記
- ☐ 抵押權塗銷登記
- ☐ 抵押權內容變更登記
- ☐ 標示變更登記
- ✓ 更正登記

(4)登記原因（選擇打✓一項）
- ☐ 第一次登記
- ☐ 買賣 ☐ 贈與 ☐ 繼承 ☐ 分割繼承 ☐ 拍賣 ☐ 共有物分割
- ☐ 設定 ☐ 法定
- ☐ 清償 ☐ 拋棄 ☐ 混同 ☐ 判決塗銷 ☐
- ☐ 權利價值變更 ☐ 權利內容等變更
- ☐ 分割 ☐ 合併 ☐ 地目變更 ☐
- ✓ 基地號更正

(5)標示及申請權利內容 詳如 ☐ 契約書 ☐ 登記清冊 ✓ 複丈結果通知書 ✓ 建物測量成果圖 ☐

(6)附繳證件
1. 戶口名簿影本 1份
2. 測量成果圖 1份
3. 建物所有權狀 1份
4.

5.
6.
7.
8.

9.
10.
11.
12.

份
份
份
份

(7)委任關係　本土地登記案之申請委託 陳△△ 代理。 複代理。
委託人確為登記標的物之權利人或權利關係人，如有虛偽不實，本代理人（複代理人）願負法律責任。

印

(8)聯絡方式
權利人電話	△△△△－△△△△
義務人電話	△△△△－△△△△
代理人聯絡電話	△△△△－△△△△
傳真電話	△△△△－△△△△
電子郵件信箱	
不動產經紀業名稱及統一編號	
不動產經紀業電話	

(9)備註

(10)申請人	(11)權利人或義務人	(12)姓名或名稱	(13)出生年月日	(14)統一編號	(15)住　　所										(16)簽章
					縣市	鄉鎮市區	村里	鄰	街路	段	巷	弄	號	樓	
	所有權人	黃△△	△△△	△△△△△	△△	△△	△△	△	△△	△	△	△	△	△	印
	代理人	陳△△	△△△	△△△△△△	△△	△△	△△	△	△△	△	△	△	△	△	印
		事務所地址：△△△△△													

本案處理經過情形（以下各欄申請人請勿填寫）	初審	複審	審查	核定	登簿	校簿	書狀列印	校狀	書狀用印	地價異動	通知領狀	異動通知	支付發狀	歸檔

登記清冊　申請人　所有權人　黃△△㊞

　　　　　　　　　代理人　陳△△㊞　簽章

土地標示		以下空白						
(1) 坐落	鄉鎮市區							
	段							
	小段							
(2) 地號								
(3) 地目								
(4) 面積（平方公尺）								
(5) 權利範圍								
(6) 備註								

建 物 標 示		更正前	更正後
(7) 建號		2100	2100
(8) 門牌	鄉鎮市區	△△	△△
	街 路	△△	△△
	段 巷 弄	△△	△△
	號 樓	△△	△△
(9) 建物坐落	段	△△	△△
	小 段	△	△
	地 號	21	22
(10) 面積（平方公尺）	一層	85.21	85.21
	共 計	85.21	85.21
(11) 建物附屬物	用 途		
	面 積（平方公尺）		
(12) 權 利 範 圍		全 部	全 部
(13) 備 註		更正前	更正後

第二節　限制登記

一、暫時性登記

　　土地或建物之各種權利，經過登記後，其標示及權利，常因分割、合併、增減、得喪、移轉或其他原因而變更，如是，即需辦理變更登記，這是經常性的工作，故有謂之為經常性登記。此外，尚有所謂暫時性登記者，係指因某種原因發生，而需對現有之登記狀態予以限制，以排除經常性之變更登記，俾就現狀主張權利或達到目的而所為之登記，因具有限制性質，故亦謂為限制登記。

二、土地法規定

　　土地法第75條之1規定，登記尚未完畢前，登記機關接獲法院查封、假扣押、假處分或破產登記之囑託時，應即改辦查封、假扣押、假處分或破產登記，並通知登記聲請人。

三、土地登記規則規定

㈠限制登記之意義及種類（第136條）
　　1.土地法第78條第8款所稱限制登記，謂限制登記名義人處分其土地權利所為之登記。
　　2.前項限制登記，包括預告登記、查封、假扣押、假處分或破產登記，及其他依法律所為禁止處分之登記。

㈡限制登記之處理（第138條）
　　1.土地總登記後，法院或行政執行分署囑託登記機關辦理查封、假扣押、假處分、暫時處分、破產登記或因法院裁定而為清算登記時，應於囑託書內記明登記之標的物標示及其事由。登記機關接獲法院或行政執行分署之囑託時，應即辦理，不受收件先後順序之限制。
　　2.登記標的物如已由登記名義人申請移轉或設定登記而尚未登記完畢者，應即改辦查封、假扣押、假處分、暫時處分、破產或清算登記，並通知登記申請人。
　　3.登記標的物如已由登記名義人申請移轉與第三人並已登記完畢者，登記機關應即將無從辦理之事實函復法院或行政執行分署。但法院或行政執行分署因債權人實行抵押權拍賣抵押物，而囑託辦理查封登記，縱其登記標的物已移轉登記與第三人，仍應辦理查封登記，並通知該第三人及將移轉登記之事實函復法院或行政執行分署。
　　4.前三項之規定，於其他機關依法律規定囑託登記機關為禁止處分之登記，或管理人持法院裁定申請為清算之登記時，準用之。

(三)**未登記建物限制登記之處理**（第139條）

1. 法院或行政執行分署囑託登記機關，就已登記土地上之未登記建物辦理查封、假扣押、假處分、暫時處分、破產登記或因法院裁定而為清算登記時，應於囑託書內另記明登記之確定標示以法院或行政執行分署人員指定勘測結果為準字樣。

2. 前項建物，由法院或行政執行分署派員定期會同登記機關人員勘測。勘測費，由法院或行政執行分署命債權人於勘測前向登記機關繳納。

3. 登記機關勘測建物完畢後，應即編列建號，編造建物登記簿，於標示部其他登記事項欄辦理查封、假扣押、假處分、暫時處分、破產或清算登記。並將該建物登記簿與平面圖及位置圖之影本函送法院或行政執行分署。

4. 前三項之規定，於管理人持法院裁定申請為清算之登記時，準用之。

(四)**法院再限制登記之處理**（第140條）

同一土地經辦理查封、假扣押或假處分登記後，法院或行政執行分署再囑託為查封、假扣押或假處分登記時，登記機關應不予受理，並復知法院或行政執行分署已辦理登記之日期及案號。

(五)**停止有關登記**（第141條）

1. 土地經辦理查封、假扣押、假處分、暫時處分、破產登記或因法院裁定而為清算登記後，未為塗銷前，登記機關應停止與其權利有關之新登記。但有下列情形之一為登記者，不在此限：

   (1)徵收、區段徵收或照價收買。

   (2)依法院確定判決申請移轉、設定或塗銷登記之權利人為原假處分登記之債權人。

   (3)公同共有繼承。

   (4)其他無礙禁止處分之登記。

2. 有前項第2款情形者，應檢具法院民事執行處或行政執行分署核發查無其他債權人併案查封或調卷拍賣之證明書件。

(六)**與行政機關重複限制登記之處理**（第142條）

有下列情形之一者，登記機關應予登記，並將該項登記之事由分別通知有關機關：

1. 土地經法院或行政執行分署囑託查封、假扣押、假處分、暫時處分、破產登記或因法院裁定而為清算登記後，其他機關再依法律囑託禁止處分之登記者。

2. 土地經其他機關依法律囑託禁止處分登記後，法院或行政執行分署再囑託查封、假扣押、假處分、暫時處分、破產登記或因法院裁定而為清算登記者。

◎限制登記作業補充規定（105.11.25內政部修正發布）

一、土地經設定抵押權後，第三人為保全土地權利移轉之請求權，得辦理預告登記。

二、為保全土地所有權移轉之請求權，已辦理預告登記之土地，再申辦他項權利設定登記，應檢附預告登記請求權人之同意書。但他項權利設定登記之權利人與預告登記請求權人相同者，不在此限。

三、（刪除）

四、（刪除）

五、日據時期之假扣押查封登記不因臺灣光復後辦理總登記而影響，登記機關得逕為辦理轉載登記。

六、囑託限制登記應以囑託登記文書為之，其所列之標示，權利範圍或所有權人姓名不符時，登記機關應即敘明其事由，通知原囑託機關七日內更正或補正，並於登記簿註記「囑託限制登記補正中」，俟更正或補正後，再辦理限制登記或確定該土地權利非限制登記標的時，塗銷該註記。於未獲更正或補正前，如有申請移轉或設定登記時，登記機關應即函催原囑託機關儘速辦理，並以副本抄送申請人。

七、法院或行政執行分署囑託就未登記建物共有部分之應有部分辦理勘測及查封登記時，因其共有部分之產權無從查悉，應將無從辦理之事由函復法院或行政執行分署。

八、法院或行政執行分署囑託就宗地之部分面積或特定位置為查封登記時，應函知法院或行政執行分署先辦理分割登記後，始得為之。

九、法院或行政執行分署囑託就公同共有人之一之公同共有權利為查封登記，應予受理。

十、法院或行政執行分署囑託就登記簿加註之拍定人權利予以查封，登記機關應予受理。但不得再就原登記名義人為債務人受囑託辦理查封登記。

十一、（刪除）

十二、破產管理人處分破產人之不動產，申辦所有權移轉登記時，應先報請法院囑辦塗銷破產登記，再行辦理。

十三、稅捐稽徵機關依稅捐稽徵法第24條規定，囑託登記機關辦理禁止處分登記，無須經法院之裁定，其囑託禁止處分登記之標的應以已登記之土地或建物為限，否則應將無從受理之理由函復之。

十四、檢察官函請登記機關辦理禁止處分登記，應予受理。

十五、公司於裁定重整前，法院囑託辦理保全處分登記，係屬土地登記規則第124條第2項所稱「其他依法律所為禁止處分」，應予受理。

十六、法院依強制執行法第116條規定禁止第三人不動產所有權移轉與債務人，係屬土地登記規則第124條第2項所稱「其他依法律所為禁止處分」，應據以辦理禁止處分登記，至第三人將不動產移轉與債務人以外之人者，非屬禁止之事項。

十七、不動產經法院或行政執行分署囑託辦理查封、假扣押、假處分登記後,可再為破產登記。

不動產經法院或行政執行分署囑託辦理限制登記後,同一法院或行政執行分署之檢察官或行政執行官再囑託為禁止處分登記,應予受理。

十八、就法人籌備人公推之代表人名義登記之土地,囑託辦理限制登記時,應予受理。

十九、持憑法院確定判決,就已辦理假處分登記之土地,申請移轉、設定或塗銷登記之權利人為原假處分登記之債權人或其指定之第三人時,依土地登記規則第141條規定應予受理。但在假處分登記塗銷前,登記機關不得受理其權利移轉、設定、內容變更或合併登記。

二十、所有權或抵押權經查封登記未塗銷前,持憑法院確定判決申請塗銷所有權登記或塗銷抵押權登記,應不予受理。

二一、不動產經法院或行政執行分署拍賣,囑託登記機關辦理塗銷查封登記時,如有預告登記、經稅捐稽徵機關囑託或依國軍老舊眷村改建條例所為之禁止處分登記,應同時辦理塗銷,並於登記完畢後通知原預告登記請求權人或原囑託機關。

二二、徵收放領之耕地於徵收前有查封登記尚未塗銷,於繳清地價後,仍得受理所有權移轉登記。

二三、未登記建物查封登記塗銷後,再辦理建物所有權第一次登記時,應另編建號為之。於法院囑託塗銷查封登記時,地政機關應併同刪除該未登記建物之標示部及建號。至已使用之建號應納入管理,不得重複使用。

二四、辦理限制登記時,登記簿之登記日期欄除應載明年、月、日外,應加載時、分。惟電腦處理作業地區無須加註「時、分」。

二五、法院或行政執行分署囑託查封、假扣押、假處分或檢察官、稅捐稽徵機關函囑禁止處分信託財產,登記機關應於登記完畢後,將執行標的已辦理信託登記情形通知法院、行政執行分署、檢察官或稅捐稽徵機關。

第三節　預告登記

由於限制登記,類多為法院或政府機關以囑託登記方式辦理,而本書係以申請登記方式為主,故僅就預告登記及其塗銷之申請予以敘述,其餘則從略。

一、意　義

土地建物權利之得喪變更,非經登記不生效力,(民第758條)一經登記,即有絕對效力。(土第43條)故對於已經登記之土地建物權利,得主張其得喪變

更之人，預為保全其權利，依法辦理登記，以限制權利人處分移轉或變更其土地建物之權利，以免遭受權利之損失，是為預告登記。

二、預告登記之情形

土地法第79條之1規定，下列情形之一者，得申請預告登記。

㈠為保全關於土地權利移轉或使其消滅之請求權

1. 為保全土地權利移轉之請求權：例如甲將土地建物出賣予乙，於未辦妥所有權移轉登記前，乙惟恐甲再行出賣予他人，故乙可經法院假處分程序請求法院囑託地政機關予以預告登記，或經甲之同意，申請辦理預告登記，以保全該所有權能順利地由甲移轉給乙。似此，於申請登記之過程中，甲為義務人，乙為權利人。

2. 為保全關於土地權利消滅之請求權：例如甲為債務人，乙為債權人，甲因賴債而虛偽脫產，將其房地產所有權虛偽移轉與丙，乙乃訴請判決塗銷該移轉登記。此時，乙如未保全關於丙權利消滅之請求權，則丙可能於判決確定前再移轉給善意第三人丁，則丁之權利受法律之保護，乙則無從使該土地權利歸於消滅。故乙為保全其請求權，得於起訴時，請求法院准許其就丙之所有權為預告登記。又如已買賣移轉登記，因解除契約使已登記之所有權歸於消滅，亦得辦理預告登記。

㈡為保全土地權利內容或次序之變更請求權

1. 為保全關於土地權利內容變更之請求權：例如甲為債權人，乙為債務人，原設定新臺幣200萬元之抵押權，其約定無利息，現乙願變更抵押權之利息為百分之五，甲得經乙之同意，或經法院假處分之程序，申請預告登記，以保全該權利內容之變更。

2. 為保全關於土地權利次序變更之請求權：例如甲為債務人，以其所有不動產為擔保，向乙借款新臺幣200萬元，並辦妥第一順位抵押權登記，嗣後甲又以該不動產為擔保，向丙借款新臺幣100萬元，亦辦妥第二順位抵押權登記，乙則居於第一順位，有優先受清償之權。如今乙、丙協議，由乙第一順位中之新臺幣100萬元擔保之權利次序讓與丙，該不動產嗣後如賣得新臺幣250萬元，則乙、丙基於第一順位，均可各分得新臺幣100萬元，其餘新臺幣50萬元，則另歸由乙取得似此，丙為保全關於土地權利次序變更之請求權，除得要求乙會同申辦次序讓與之登記外，亦得申請預先登記。

㈢預告登記於附有條件或期限之請求權，亦得為之

例如甲乙雙方約定，如乙為甲完成某項工作，甲願將其所有之不動產贈與給乙，乙為確保將來之權益，得經甲之同意，或經假處分之程序，辦理預告登記。

三、預告登記之效力

　　經預告登記後，土地或建物權利人對於其土地權利所為之處分，有妨礙保全之請求權者無效。（土第79條之1第2項）但對於因徵收、法院判決或強制執行而為新登記，無排除之效力。（土第79條之1第3項）

四、申請實務

㈠申請人

1. 土地登記規則第137條規定，申請預告登記，除提出第34條各款規定之文件外，應提出登記名義人同意書。前項登記名義人除符合第41條第2款、第4款至第8款及第10款規定之情形者外，應親自到場，並依第40條規定程序辦理。
2. 另依土地登記規則第27條規定，得單獨申請登記。

㈡應備書件

1. 土地登記申請書。
2. 登記清冊。
3. 預告登記原因文件：亦即成立預告登記之書據或土地建物權利人之同意書，通常繕造二份，一份於登記完畢後，由地政機關抽存，一份退還申請人存執。
4. 登記名義人印鑑證明。
5. 雙方身分證明文件。
6. 土地或建物所有權狀或他項權利證明書。

㈢申辦手續

1. 備齊繕妥所需書件

　　將登記申請書對摺放置於第一頁，登記清冊對摺放置於第二頁，權利書狀置於最後，其餘書件再依土地登記規則第34條規定提出文件之次序放置整齊，裝訂成冊，即可提向土地建物所在地之主管地政事務所申請。

2. 申請收件

　　⑴計費：申請案件於核對申請人身分後，計算登記費。惟目前係免費。

　　⑵收件：將申請案件送請收件處收件，並取具收件收據。

　　⑶補正：申請案件經審查發現有填寫錯誤或文件不全或證件不符等情事，經通知應限期補正。

　　⑷領狀：經審查無誤登記完畢後，即可持收件收據及原蓋用之印章，領回申請登記所附繳之權利書狀及其他不需存查之文件及申請之登記簿謄本。

五、書表填寫說明

㈠預告登記申請書填寫說明

1. 一般填法

　(1)以毛筆、黑色、藍色墨汁鋼筆、原子筆或電腦打字正楷填寫。

　(2)字體需端正，不得潦草，如有增、刪文字時，應在增、刪處由申請人蓋章，不得使用修正液（帶）。

2. 各欄填法

　(1)第(1)欄「受理機關」：按土地（建物）所在地之市（縣）及地政事務所之名稱填寫。如屬跨所申請案件，請於「跨所申請」欄打勾，並分別填寫受理機關及資料管轄機關名稱。

　(2)第(2)(3)(4)(5)欄「原因發生日期」「申請登記事由」「登記原因」「標示及申請權利內容」：按後列表所列自行打勾或選擇填入空格內。

(2)原因發生日期	(3)申請登記事由	(4)登記原因	(5)標示及申請權利內容
登記名義人 所立同意書之日	預告登記	預告登記	預告登記同意書或 登記清冊

　(3)第(6)欄「附繳證件」：應按所附證件之名稱、份數分行填列並裝訂，若空格不夠填寫時，可填入第(9)欄，身分證或戶口名簿請影印正反面，並切結與正本相符後認章。

　(4)第(7)欄「委任關係」：係指由代理人申請登記時填寫代理人之姓名，若尚有複代理人時一併註明複代理人姓名，並依地政士法第18條規定，請代理人（複代理人）切結認章，如無委託他人代理申請者，則免填此欄。

　(5)第(8)欄為便利補正通知申請人，請填寫「聯絡電話」、「傳真電話」及「電子郵件信箱」。

　(6)第(9)欄「備註」：專供申請書上各欄無法填寫而必須填載事項，並蓋章。

　(7)第(10)欄「申請人」除包括權利人、義務人姓名外，如有委託代理人（含複代理人）申請登記者，尚包括代理人；如不敷使用，增頁部分應加蓋騎縫章。

　　①所稱請求權人：係指登記結果受有利益或免除義務之人，如請求權人。

　　②所稱登記名義人：係指登記結果受不利益或喪失權利之人，如登記名義人（土地所有權人或抵押權人）。

　(8)第(11)欄「權利人或義務人」：

　　①預告登記分填「請求權人」、「登記名義人」（如附有登記名義人同意

　　　書者，得僅填請求權人即可）。

　　②申請人為未成年人、禁治產人或法人者，須加填法定代理人（如父母、監護人或公司法定代表人）。如有委託他人申請者加填「代理人」，若尚有委任複代理者，一併加填「複代理人」。

(9)第(12)欄「姓名或名稱」：自然人依照戶籍謄本、戶口名簿、身分證或其他證明文件記載填寫，法人則先填法人名稱後再加填法定代表人姓名。

(10)第(13)(14)欄「出生年月日」「統一編號」：自然人依照戶籍謄本、戶口名簿、身分證或其他證明文件記載填寫，法人或其他非自然人請填寫公司統一編號或扣繳單位統一編號。

(11)第(15)欄「住所」：自然人依照戶籍謄本、戶口名簿、身分證或其他證明文件記載填寫，得不填寫里、鄰，法人依照法人登記有案地址填寫，代理人或複代理人如住所與通訊處不同時，得於住所欄另外註明通訊地址。

(12)第(16)欄「簽章」：

　　①權利人應蓋用與所填之姓名或名稱相同之簽章。

　　②義務人應蓋用與印鑑證明或於登記機關設置之土地登記印鑑相同之印章，如親自到場應依土地登記規則第40條規定辦理，或依土地登記規則第41條其他各款規定辦理。

(13)本案處理經過情形欄及申請書上方之收件與登記書狀費，係供地政事務所人員審核用，申請人毋須填寫，如非連件辦理者，連件序別，亦無須填寫。

(二)預告登記清冊填寫說明

1. 以毛筆、黑色、藍色墨汁鋼筆、原子筆或電腦打字正楷填寫。

2. 字體需端正，不得潦草，如有增、刪文字時，應在增、刪處由申請人蓋章，不得使用修正液（帶）。

3. 如「土地標示」「建物標示」等欄有空白時，應將空白欄以斜線劃除或註明「以下空白」字樣。如有不敷使用時，可另加相同格式之清冊，並由申請人在騎縫處蓋章。

4. 所謂「簽章」係指得簽名或蓋章。

5. 第(1)(2)(3)(4)欄「土地標示」：應照土地登記資料所載分別填寫。

6. 第(7)(8)(9)(10)(11)欄「建物標示」：應照建物登記資料所載分別填寫。

7. 面積填寫方式，以小數點表示，如一百二十平方公尺五十平方公寸則填寫為120.5。

8. 第(5)(12)欄「權利範圍」：填寫各筆棟申請事項之權利範圍。

9. 申辦登記項目，如不涉及權利變更者，地目、面積及權利範圍欄得予免

　　填。

㈢**預告登記同意書填寫說明**

　　預告登記同意書，應記明不動產座落、原因、發生日期及權利主體——詳見範例。

六、書表填寫範例

收件	日期	年 月 日 時 分	收件者
	字號	字 第 號	件章

連件序別	連（非連件者免填）件　共 1 件 第 1 件

登記費	元	書
書狀費	元	
罰鍰	元	
合計	元	據收者
		核算者

字號	字
	號
	元

土地登記申請書

(1)受理機關	△△市△△地政事務所	資料管轄機關	△△市 △△ 地政事務所	(2)原因發生日期	中華民國△△年△月△△日

(3)申請登記事由（選擇打✓一項）

- ☐ 所有權第一次登記
- ☑ 所有權移轉登記
- ☐ 抵押權登記
- ☐ 抵押權塗銷登記
- ☐ 抵押權內容變更登記
- ☐ 標示變更登記
- ☑ 預告登記

(4)登記原因（選擇打✓一項）

- ☐ 第一次登記
- ☐ 買賣 ☐ 贈與 ☐ 繼承 ☐ 分割繼承 ☐ 拍賣 ☐ 共有物分割
- ☐ 設定 ☐ 法定
- ☐ 清償 ☐ 拋棄 ☐ 混同 ☐ 判決塗銷 ☐
- ☐ 權利價值變更 ☐ 權利內容等變更
- ☐ 分割 ☐ 合併 ☐ 地目變更 ☐ 行政區域調整
- ☑ 預告登記

(5)標示及申請權利內容　詳如　☑契約書　☐登記清冊　☐複丈結果通知書　☐建物測量成果圖

(6)附繳證件

- 1.戶口名簿影本　2份
- 2.預告登記同意書　1份
- 3.土地所有權狀　1份
- 4.建物所有權狀　1份
- 5.印鑑證明　2份
- 6.　　　份
- 7.　　　份
- 8.　　　份
- 9.　　　份
- 10.　　份
- 11.　　份
- 12.　　份

(7)委任關係　本土地登記案之申請委託 陳△△ 代理。 複代理。
委託人確為登記標的物之權利人或權利關係人，如有虛偽不實，本代理人（複代理人）願負法律責任。 ☐印

(8)聯絡方式

權利人電話	△△△△－△△△△
義務人電話	△△△△－△△△△
代理人聯絡電話	△△△△－△△△△
傳真電話	△△△△－△△△△
電子郵件信箱	△△△△－△△△△
不動產經紀業名稱及統一編號	
不動產經紀業電話	

(9)備註

(10)申請人	(11)權利人或義務人	(12)姓名或名稱	(13)出生年月日	(14)統一編號	(15)住　　所										(16)簽章
					縣市	鄉鎮市區	村里	鄰	街路	段	巷	弄	號	樓	
申請人	權利人	張△△	△△	△△△	△△	△△	△△	△	△△	△	△	△	△		印
	義務人	王△△	△△	△△△	△△	△△	△△	△	△△	△	△	△	△		印
	代理人	陳△△		△△△	△△	△△	△△	△	△△	△	△	△	△		
	事務所地址：△△△△△△														

本案處理經過情形（以下各欄申請人請勿填寫）

初　審	複　審	審　核	定		
登簿	校簿	書狀列印	校狀	書狀用印	
地價異動	通知領狀	異動通知	支付發狀	歸檔	

登記　　　清　　　冊

申請人　請求權人　張△△ 印
代理人　陳△△ 印　　簽章

			內容	簽章
土地標示	(1) 坐落	鄉鎮市區	△△	
		段	△△	
		小段	△	
	(2) 地號		21	
	(3) 地目		建	
	(4) 面積（平方公尺）		256	
	(5) 權利範圍		$\frac{1}{4}$	
	(6) 備註			

建物標示			
(7) 建　　號	1213		
(8) 門牌	鄉鎮市區	△△	
	街　　路	△△	
	段 巷 弄	△△	
	號	△△	
	樓	△△	
(9) 建物坐落	段	△	
	小　段	△△	
	地　號		
(10) 面積（平方公尺）	二層	65	
	共　計	65	
(11) 附屬建物	用　途		
	面　積（平方公尺）		
(12) 權利範圍	全　部		
(13) 備　註	更正前		

預告登記同意書

　　立同意書人王△△所有座落臺北市△△區△△小段△△地號土地壹筆，面積零點零玖捌公頃，持分肆分之一，及地上建物建號△△△△座落臺北市△△路△段△△號第二層房屋壹戶，面積陸伍平方公尺所有權全部，於民國△△年△月△日預約出賣與張△△，茲為保全該標的物權利之移轉，同意向主管地政機關申辦預告登記，恐口無憑，立此為據。

　　此致

　　張　△　△　先生

　　　　立同意書人

　　　　姓　　名：王　△　△　印（簽名）

　　　　身分證字號：F100235211

　　　　住　　址：臺北市△△區△里鄰△△街△△號

　　　　出生年月日：民國△年△月△日

中　華　民　國　△　△　年　△　△　月　△　△　日

第四節　預告登記塗銷

一、塗銷原因

預告登記得因下列原因予以塗銷：

㈠預告登記之原因消滅。

㈡預告登記之標的物滅失。

㈢預告登記所附之條件已成就，如特定期限屆滿。

㈣原預告登記申請人放棄其預告之事項。

㈤原預告登記申請人同意土地權利人撤銷其預告事項。

二、土地登記規則規定

㈠預告登記之塗銷，由權利人或登記名義人單獨申請。（第27條）

㈡預告登記之塗銷，應提出原預告登記請求權人之同意書。前項請求權人除符合第41條第2款、第4款至第8款及第10款規定之情形外，應親自到場，並依第40條規定程序辦理。（第146條）

三、申請實務

㈠應備書件

1. 土地登記申請書。
2. 登記清冊。
3. 塗銷登記證明文件：依塗銷原因檢附，本文件一式二份，塗銷登記完畢後，由地政機關抽存一份，一份由所有權人存執。
4. 原預告登記之原因文件。
5. 原預告登記申請人之印鑑證明。
6. 身分證明文件。

㈡申辦手續

1. 備齊繕妥所需書件：將塗銷登記申請書對摺放置於第一頁，登記清冊對摺放置於第二頁，其餘書件再依土地登記規則第34條規定提出文件之次序放置整齊，裝訂成冊，即可提向主管之地政事務所申請。
2. 申請收件：
   (1)計費：申請案件於核對申請人身分後計算規費，惟目前係免費。
   (2)收件：將申請案件送請收件處收件，並取具收件收據。
3. 補正：申請案件經審查發現繕寫錯誤或文件不全或證件不符者，應依通知限期補正。
4. 領狀：申請案件經審查無誤並完成登記，即可依通知持收件收據及原蓋用之印章領取不須存查之文件並領取申請之登記簿謄本。

四、書表填寫說明

㈠登記申請書填寫說明

1.一般填法:

(1)以毛筆、黑色、藍色墨汁鋼筆、原子筆或電腦打字正楷填寫。

(2)字體需端正,不得潦草,如有增、刪文字時,應在增、刪處由申請人蓋章,不得使用修正液(帶)。

2.各欄填法:

(1)第(1)欄「受理機關」:按土地(建物)所在地之市(縣)及地政事務所之名稱填寫。如屬跨所申請案件,請於「跨所申請」欄打勾,並分別填寫受理機關及資料管轄機關名稱。

(2)第(2)(3)(4)(5)欄「原因發生日期」「申請登記事由」「登記原因」「標示及申請權利內容」:按下表所列自行打勾或選擇填入空格內。

(2)原因發生日期	(3)申請登記事由	(4)登記原因	(5)標示及申請權利內容
原請求權人 所立同意書之日	塗銷登記	塗銷預告登記	預告登記塗銷同意書 或登記清冊

(3)第(6)欄「附繳證件」:應按所附證件之名稱、份數分行填列並裝訂,若空格不夠填寫時可填入第(9)欄,身分證或戶口名簿請影印正反面,並切結與正本相符後認章。

(4)第(7)欄「委任關係」:係指由代理人申請登記時填寫代理人之姓名,若尚有複代理人時一併註明複代理人姓名,並依地政士法第18條規定,請代理人(複代理人)切結認章,如無委託他人代理申請者,則免填此欄。

(5)第(8)欄為便利通知申請人,請填寫「聯絡電話」、「傳真電話」及「電子郵件信箱」。

(6)第(9)欄「備註」:專供申請書上各欄無法填寫而必須填載事項。

(7)第(10)欄「申請人」除包括權利人、義務人姓名外,如有委託代理人(含複代理人)申請登記者,尚包括代理人;如不敷使用,增頁部分應加蓋騎縫章。

①所稱權利人:係指登記結果受有利益或免除義務之人,如登記名義人(土地所有權人或抵押權人)。

②所稱義務人:係指登記結果受不利益或喪失權利之人,如請求權人。

(8)第(11)欄「權利人或義務人」:

①無義務人之申請登記,則填「權利人」。

②申請人為未成年人、禁治產人或法人者,須加填法定代理人(如

父母、監護人或公司法定代表人）。如有委託他人申請者加填「代理人」，若尚有委任複代理者，一併加填「複代理人」。

(9)第(12)欄「姓名或名稱」：自然人依照戶籍謄本、戶口名簿、身分證或其他證明文件記載填寫，法人則先填法人名稱後再加填法定代表人姓名。

(10)第(13)(14)欄「出生年月日」「統一編號」：自然人依照戶籍謄本、戶口名簿、身分證或其他證明文件記載填寫，法人請填寫公司統一編號或扣繳單位統一編號。

(11)第(15)欄「住所」：自然人依照戶籍謄本、戶口名簿、身分證或其他證明文件記載填寫，得不填寫里、鄰，法人依照法人登記有案地址填寫，代理人或複代理人如住所與通訊處不同時，得於住所欄另外註明通訊地址。

(12)第(16)欄「簽章」：申請人應蓋用與印鑑證明或於登記機關設置之土地登記印鑑相同之印章，如親自到場應依土地登記規則第40條規定辦理，或依土地登記規則第41條其他各款規定辦理。

(13)本案處理經過情形欄及申請書上方之收件與登記書狀費，係供地政事務所人員審核用，申請人毋須填寫，如非連件辦理者，連件序別，亦無須填寫。

(二)塗銷登記清冊填寫說明

1. 以毛筆、黑色、藍色墨汁鋼筆、原子筆或電腦打字正楷填寫。

2. 字體需端正，不得潦草，如有增、刪文字時，應在增、刪處由申請人蓋章，不得使用修正液（帶）。

3. 如「土地標示」「建物標示」等欄有空白時，應將空白欄以斜線劃除或註明「以下空白」字樣。如有不敷使用時，可另加相同格式之清冊，並由申請人在騎縫處蓋章。

4. 所謂「簽章」係指得簽名或蓋章。

5. 第(1)(2)(3)(4)欄「土地標示」：應照土地登記資料所載分別填寫。

6. 第(7)(8)(9)(10)(11)欄「建物標示」：應照建物登記資料所載分別填寫。

7. 面積填寫方式，以小數點表示，如一百二十平方公尺五十平方公寸則填寫為120.5。

8. 第(5)(12)欄「權利範圍」：填寫各筆棟申請事項之權利範圍。

9. 申辦登記項目，如不涉及權利變更者，地目、面積及權利範圍欄得予免填。

(三)預告登記塗銷同意書填寫說明

應記明原預告登記之收件日期字號、不動產標示、原因發生日期及權利主體——詳見範例。

五、書表填寫範例

土地登記申請書

收件	日期	年 月 日 時 分		連件序別	共 1 件 第 1 件	收件者章	登記費		元
	字號	字第 號					書狀費		元
							罰鍰		元
							合計		元
							收據		字 號
							核算者		

(1)受理機關	△△市△△地政事務所	資料管轄機關	△△市 △△地政事務所	(2)原因發生日期	中華民國△△年△月△△日

(3)申請登記事由（選擇打✓一項)　　(4)登記原因（選擇打✓一項)

□所有權第一次登記　　　　□第一次登記
□所有權移轉登記　　　　　□買賣 □贈與 □繼承 □分割繼承
□抵押權登記　　　　　　　□設定 □法定
□抵押權塗銷登記　　　　　□清償 □抛棄 □混同 □判決塗銷
□抵押權內容變更登記　　　□權利價值變更 □權利內容等變更
□標示變更登記　　　　　　□分割 □合併 □地目變更 □行政區域調整
✓預告登記塗銷登記　　　　✓書 □登記清冊 □複丈結果通知書 □建物測量成果圖

(5)標示及申請權利內容 詳如 □契約書 ✓登記清冊 □預告登記塗銷登記

(6)附繳證件
1.戶口名簿影本　2份　　5.　　　　9.　　份
2.預告登記同意書　1份　6.　　　　10.　　份
3.印鑑證明　1份　　　　7.　　　　11.　　份
4.　　　　　　　　　　　18.　　　　12.　　份

(7)委任關係
本土地登記案之申請委託 陳△△ 代理。 複代理。
委託人確為登記標的物之權利人或權利關係人，如有虛偽不實，本代理人（複代理人）願負法律責任。　印

(8)聯絡方式
權利人電話　　　　　　　　△△△△△-△△△△△
義務人電話　　　　　　　　△△△△△-△△△△△
代理人聯絡電話　　　　　　△△△△△-△△△△△
傳真電話　　　　　　　　　△△△△△-△△△△△
電子郵件信箱
不動產經紀業名稱及統一編號
不動產經紀業電話

(9)備註

(10) 申請人	(11)權利人或義務人	(12)姓名或名稱	(13)出生年月日	(14)統一編號	(15)住所 縣市	鄉鎮市區	村里	鄰	街路	段	巷	弄	號	樓	(16)簽章
	所有權人	王△△	△△	△△△	△△	△△	△△	△	△△	△			△		印
	預告登記權利人	張△△	△△	△△△	△△	△△	△△	△	△△	△			△		印
	代理人	陳△△		△△△	△△	△△	△△	△	△△	△			△		
	事務所所地址：				△△△△△△										

本案處理經過情形（以下各欄申請人請勿填寫）

初審	複審	審核	核定	登簿	校簿	書狀列印	校狀	書狀用印
				地價異動	通知領狀	異動通知	交付發狀	歸檔

登 記 清 冊

	項目	內容
土地標示	(1) 坐落 鄉鎮市區	△△
	段	△△
	小段	△
	(2) 地號	21
	(3) 地目	建
	(4) 面積（平方公尺）	256
	(5) 權利範圍	$\frac{1}{4}$
	(6) 備註	

申請人　所有權人　王△△印
　　　　代理人　　陳△△印

簽章

			項目	內容
建 物 標 示	(7) 建		建　號	1213
	(8) 門牌		鄉鎮市區	△△
			街　路	△△
			段巷弄	△△
			號　樓	△△
	(9) 建物坐落		段	△△
			小段	△
			地號	△△
	(10) 面積（平方公尺）		二層	65
			共計	65
	(11) 建物附屬物		用途	
			面積（平方公尺）	
	(12) 權利		範圍	全部
	(13) 備註		註	

預告登記塗銷同意書

　　立同意書人張△△會同不動產所有權人王△△於民國△△年△月△日△△地政事務所收件△△字第五六三八號辦妥預告登記在案，現預告登記之原因業經消滅，特立此同意書，同意提向主管地政機關申辦預告登記塗銷等一切事宜。

　　此致

　　王　△　△　先生

　　立同意書人

　　　　姓　　名：張　△　△　印（簽名）

　　　　身分證字號：A100214531

　　　　住　　址：臺北市△△區△里△鄰通化街△△號

　　　　出生年月日：民國△年△月△日

　中　華　民　國　△　△　年　△　△　月　△　△　日

第15章 塗銷登記與消滅登記

第一節 塗銷登記

一、土地登記規則規定

㈠塗銷原因（土登第143條）

1. 依本規則登記之土地權利，因權利之拋棄、混同、終止、存續期間屆滿、債務清償、撤銷權之行使或法院之確定判決等，致權利消滅時，應申請塗銷登記。
2. 前項因拋棄申請登記時，有以該土地權利為標的物之他項權利者，應檢附該他項權利人之同意書，同時申請他項權利塗銷登記。
3. 私有土地所有權之拋棄，登記機關應於辦理塗銷登記後，隨即為國有之登記。

㈡單獨申請

他項權利塗銷登記除權利終止外，得由他項權利人、原設定人或其他利害關係人提出第34條第1項所列文件，單獨申請之。（土登第145條）

前項單獨申請登記有下列情形之一者，免附第34條第1項第2款、第3款之文件：

1. 永佃權或不動產役權因存續期間屆滿申請塗銷登記。
2. 以建物以外之其他工作物為目的之地上權，因存續期間屆滿申請塗銷登記。
3. 農育權因存續期間屆滿六個月後申請塗銷登記。
4. 因需役不動產滅失或原使用需役不動產之物權消滅，申請其不動產役權塗銷登記。

㈢預告登記之塗銷

預告登記之塗銷，應提出原申請人之同意書。（土登第146條）

㈣囑託塗銷

查封、假扣押、假處分、破產登記，或其他禁止處分之登記，應經原囑託登記機關或執行拍賣機關之囑託，始得辦理塗銷登記。但因徵收、區段徵收或

照價收買完成後，得由徵收或收買機關囑託登記機關辦理塗銷登記。（土登第147條）

　　㈤登記機關之塗銷

　　　土地登記規則第144條規定：

　　　1.依本規則登記之土地權利，有下列情形之一者，於第三人取得該土地權利之新登記前，登記機關得於報經直轄市或縣（市）地政機關查明核准後塗銷之：

　　　⑴登記證明文件經該主管機關認定係屬偽造。

　　　⑵純屬登記機關之疏失而錯誤之登記。

　　　2.前項事實於塗銷登記前，應於土地登記簿其他登記事項欄註記。

二、各種權利塗銷登記

　　㈠所有權塗銷登記

　　　1.說　明

　　　⑴所有權人死亡而無人繼承，最後歸屬國有者，應將其所有權塗銷。（民第1185條）通常由政府機關以囑託登記為之。

　　　⑵土地、建物因坍沒流失或拆除、焚燬等標的物滅失，其所有權亦因而消滅，登記實務上是為消滅登記，而非塗銷登記。

　　　2.應備書件

　　　⑴土地登記申請書——如係判決塗銷，應另備回復登記申請書。

　　　⑵登記清冊。

　　　⑶塗銷原因證明文件：所有權塗銷登記，以法院判決者居多。如經法院判決者，應附法院判決書及判決確定證明書，惟如經最高法院判決者，僅附判決書即可。

　　　⑷申請人身分證明文件。

　　　⑸所有權狀：如經法院判決塗銷，依土地登記規則第35條第3款規定，免予檢附。

　　　⑹其他文件：視個案性質檢附，如死亡證明書等等。

　　㈡抵押權塗銷登記

　　　1.說　明

　　　⑴抵押權因抵押物滅失而消滅。（民第881條）此於登記實務上，屬於消滅登記。

　　　⑵債之關係消滅者，其債權之擔保及其他從屬之權利亦同時消滅。（民第307條）關於債之消滅，民法之規定，計有清償（民第309條）、提存（民第326條）、抵銷（民第334條）、免除（民第343條）及混同（民第344條）等各種情形。

　　⑶抵押權擔保之債權，其請求權已因時效而消滅，如抵押權人於消滅時
　　　效完成後五年間不實行其抵押權者，其抵押權消滅。（民第880條）有
　　　關請求權之時效分十五年、五年及二年等三種——可參閱民法第125
　　　條、第126條及第127條之規定。
　　⑷以數宗土地權利為共同擔保，經設定抵押權登記後，就其中一宗或數
　　　宗土地權利，為抵押權之塗銷或變更時，應辦理抵押權部分塗銷及抵
　　　押權內容變更登記。（土登第114條）
　　⑸申請他項權利塗銷登記，未能提出權利書狀者，經檢附他項權利人切
　　　結書者，或他項權利人出具已交付權利書狀之證明文件，並經申請人
　　　檢附未能提出之切結書者，應於登記完畢後公告註銷。（土登第67條）
　　⑹相關法令。
　2.應備書件
　　⑴土地登記申請書。
　　⑵登記清冊。
　　⑶塗銷登記原因證明文件——正副本二份，登記後發還正本：
　　　①如係清償者，應附繳塗銷同意書。
　　　②如係拋棄或免除，應附繳拋棄證明書或免除證明書：如係無償拋棄
　　　　或無償免除債務者，應另附繳有關贈與稅之文件。
　　　③如係時效完成者，應附繳法院判決之證明文件。
　　⑷義務人印鑑證明：於塗銷登記場合中，抵押權人為義務人，應附繳本
　　　項文件。
　　⑸身分證明文件。
　　⑹原抵押權設定契約書。
　　⑺他項權利證明書或切結書。

㈢地上權塗銷登記
　1.說　明
　　⑴地上權未定有期限者，地上權人得隨時拋棄其地上權，拋棄時應向土
　　　地所有權人以意思表示為之。（民第834條）有支付地租而為拋棄時，
　　　應於一年前通知土地所有人或支付未到支付期之一年分地租。（民第
　　　835條）
　　⑵地上權人積欠地租達二年之總額，除另有習慣外，土地所有人得定相
　　　當期限催告地上權人支付地租，如地上權人於期限內不為支付，土地
　　　所有人得終止地上權。（民第836條）
　　⑶地上權因存續期間屆滿而消滅。（民第840條）地上權消滅時，地上權
　　　人得取回其工作物，但應回復土地原狀，如土地所有人願以時價購買
　　　者，地上權人非有正當理由，不得拒絕。（民第839條）

(4)地上權不因建築物或其他工作物之滅失而消滅。（民第841條）

2.應備書件

(1)土地登記申請書。

(2)登記清冊。

(3)塗銷登記原因證明文件——正副本二份，登記完畢後發還正本。

(4)義務人印鑑證明：於塗銷登記場合中，地上權人為義務人，應附繳本項文件。

(5)身分證明文件。

(6)原地上權設定契約書。

(7)他項權利證明書或切結書。

四不動產役權塗銷登記

1.說　明

(1)如土地登記規則第143條規定之拋棄、混同、存續期限屆滿、撤銷權之行使或法院之確定判決等各種原因，得為不動產役權塗銷登記。

(2)不動產役權無存續之必要時，法院因供役不動產所有人之請求，得就其無存續必要之部分，宣告不動產役權消滅。（民第859條）

2.應備書件

(1)土地登記申請書。

(2)登記清冊。

(3)塗銷登記原因證明文件——正影本二份，登記完畢後發還正本。

(4)義務人印鑑證明：於塗銷登記場合中，不動產役權人為義務人，應附繳本項文件。

(5)身分證明文件。

(6)原不動產役權設定契約書。

(7)他項權利證明書或切結書。

五典權塗銷登記

1.說　明

(1)典權存續中，典物因不可抗力致全部或一部滅失者，就其滅失部分，典權及回贖權均歸於消滅。（民第920條）

(2)典權定有期限者，於期限屆滿後，出典人得以原典價回贖典物。（民第923條）其未定期限者，出典人得隨時以原典價回贖典物。（民第924條）典物經回贖後，其典權因而消滅，得為塗銷登記。

(3)回贖典物應於六個月前通知典權人。（民第925條）

(4)出典人於典期屆滿後，經過二年，不以原典價回贖者，典權人即取得典物所有權。（民第923條）典權未定期限者，自出典後經過三十年不回贖者，典權人即取得典物所有權。（民第924條）

　2.應備書件

　　⑴土地登記申請書。

　　⑵登記清冊。

　　⑶塗銷登記原因證明文件——正影本二份，登記完畢後發還正本。

　　⑷義務人印鑑證明：於塗銷登記場合中，典權人為義務人，應附繳本項
　　　文件。

　　⑸身分證明文件。

　　⑹原典權設定契約書。

　　⑺他項權利證明書或切結書。

三、申請實務

㈠申請人

　　他項權利塗銷登記，得由他項權利人、原設定人或其他利害關係人提出第
34條所列文件，單獨申請之。但定有存續期間之地上權，於期間屆滿後，單獨
申請塗銷登記時，免附第34條第2款、第3款之文件。（土登第145條）

㈡申請期限

　　1.土地權利消滅時，應為變更登記。（土第72條）

　　2.土地權利變更後，應於一個月內申請登記，逾期申請者，每逾一個月得
　　　處應納登記費額一倍之罰鍰，最高至二十倍為止。（土第73條）惟目前係
　　　免繳登記費，故無罰鍰。

㈢申辦手續

　　1.備齊繕妥所需文件

　　將登記申請書對摺放置於第一頁，登記清冊對摺放置於第二頁，權利書狀
置於最後，其餘書件再依土地登記規則第34條規定提出文件之次序放置整齊，
裝訂成冊，即可提向土地建物所在地之地政機關申請登記。

　　2.申請收件

　　因免繳登記費，於核對申請人身分後，即可將申請案件送請收件處收件，
並取具收件收據。

　　3.補　正

　　申請案件如經審查發現填寫錯誤或文件不全或證件不符時，應依通知期限
補正。

　　4.領　件

　　申請案件經審查無誤完成登記後，即可持收件收據及原蓋用之印章，至發
狀處領取應行發還之文件及申請之登記簿謄本。

四、書表填寫說明

(一)塗銷登記申請書填寫說明

1. 一般填法：請參閱前述各章節。

2. 各欄填法：

(1)受理機關：按土地（建物）所在地之市（縣）及地政事務所之名稱填寫。如屬跨所申請案件，請於「跨所申請」欄打勾，並分別填寫受理機關及資料管轄機關名稱。

(2)原因發生日期：依判決日期或事實發生日期填寫。

(3)申請登記事由：依申請塗銷之權利種類填寫，如「所有權塗銷登記」、「抵押權塗銷登記」、「地上權塗銷登記」等，並於其□內打✓。

(4)登記原因：依權利塗銷之原因填寫，如「判決塗銷」、「拋棄」、「清償」、「部分清償」、「混同」、「存續期間屆滿」、「時效完成」等，並於其□內打✓。

(5)標示及權利內容：於詳如「登記清冊」之□內打✓。

其餘請參閱前述各章節。

(二)塗銷登記原因證明文件填寫說明

1. 塗銷登記原因證明文件，如係當事人自行繕寫者，均得繕寫一式二份，於塗銷登記完畢後，一份由地政機關抽存，一份發還給當事人存執。如係法院判決有關文件，或其他政府機關核發之文件，登記時得附繳正影本，於登記完竣後，影本由地政機關抽存，正本發還給當事人存執。

2. 塗銷登記原因證明文件，如係當事人自行繕寫者，應表明原權利設定登記之收件日期、收件字號、權利種類及塗銷之原因，如能填明不動產之標示更佳，並由當事人簽名蓋印鑑章──可參閱登記範例。

五、書表填寫範例

（一）抵押權塗銷登記

收件	日期	年　月　日　時　分		收者
	字號	字第　　號		件章

登記費	元
書狀費	元
罰鍰	元
合計	元
收據	字　　號
核算者	

連件序別（非連件）　共 1 件　第 1 件

土　地　登　記　申　請　書

(1)受理機關　△△市△△地政事務所　　資料管轄機關　△△市　△△　地政事務所申請

(2)原因發生日期　中華民國△△年△△月△△日

(3)申請登記事由（選擇打✓一項）
- □ 所有權第一次登記
- □ 所有權移轉登記
- □ 抵押權登記
- ✓ 抵押權塗銷登記
- □ 抵押權內容變更登記
- □ 標示變更登記
- □

(4)登記原因（選擇打✓一項）
- □ 第一次登記
- □ 買賣　□ 贈與　□ 繼承　□ 分割繼承　□ 拍賣　□ 共有物分割
- □ 設定　□ 法定
- ✓ 清償　□ 拋棄　□ 混同　□ 判決塗銷
- □ 權利內容等變更　□ 權利價值變更　□ 權利內容等變更
- □ 分割　□ 合併　□ 地目變更

(5)標示及申請權利內容　詳如　□契約書　✓登記清冊　□複丈結果通知書　□建物測量成果圖

(6)附繳證件
- 1.戶口名簿影本　2份
- 2.抵押權塗銷同意書　1份
- 3.抵押權設定契約書　1份
- 4.他項權利證明書　1份
- 5.印鑑證明　1份
- 6.
- 7.
- 8.
- 9.
- 10.
- 11.
- 12.

(7)委任關係　本土地登記案之申請委託　陳△△　代理。　複代理。
委託人確為登記標的物之權利人或權利關係人，如有虛偽不實，本代理人（複代理人）願負法律責任。　　印

(8)聯絡方式

權利人電話	△△△△－△△△△
義務人電話	△△△△－△△△△
代理人聯絡電話	△△△△－△△△△
傳真電話	
電子郵件信箱	△△△△－△△△△
不動產經紀業名稱及統一編號	△△△△－△△△△
不動產經紀業電話	

(9)備註

(11)權利人或義務人	(12)姓名或名稱	(13)出生年月日	(14)統一編號	(15)住所 縣市	鄉鎮市區	村里	鄰	街路	段	巷	弄	號	樓	(16)簽章
所有權人	張△△	△△	△△△	△△	△△	△△	△	△△	△	△		△	△	印
抵押權人	林△△	△△	△△△	△△	△△	△△	△	△△	△	△		△	△	印
代理人	陳△△			△△△△△											

事務所所地址：

(10)申請人

本案處理經過情形（以下各欄申請人請勿填寫）	初審	複審	審查	核定	登簿	校簿	書狀列印	校狀	書狀用印	歸檔
					地價異動	通知領狀	異動通知	交付發狀		

| 登 記 清 冊 | 申請人 | 所有權人張△△ | 印 | 簽章 |
| | | 代理人　陳△△ | 印 | |

土地標示	(1)坐落	鄉鎮市區	大溪				
		段	△△				
		小段	△				
	(2)地　號		21				
	(3)地　目		△				
	(4)面　積（平方公尺）		253				
	(5)權利範圍		全　部				
	(6)備　註						

建物標示	(7) 建　號		135				
	(8)門牌	鄉鎮市區	△△				
		街　路	△△				
		段巷弄	△△				
		號　樓	△△				
	(9)建物坐落	段	△△				
		小　段	△				
		地　號	△△				
	(10)面積（平方公尺）	一　層	78.51				
		二　層	78.51				
		共　計	157.02				
	(11)附屬建物	用　途	陽臺				
		面　積（平方公尺）	16.36				
	(12)權利範圍		全　部				
	(13)備　註						

抵押權塗銷同意書

　　茲因債權已獲清償，同意△△縣△△地政事務所於中華民國△△年△△月△△日收件△△字第△△△△號權利價值新臺幣△△△△△元抵押權登記全部塗銷。

　　　　　　　　　立同意書人：林△△　印（簽名）

　　　　　　　　　地　　　址：△△△△△△△△△△

　　　　　　　　　身分證字號：△△△△△△△△△△

　　　　　　　　　出生年月日：△△△△

　　中　華　民　國　△　△　△　年　△　△　月　△　△　日

(二)地上權塗銷登記

收件	日期	年 月 日	時	分	收件者		連件序別	連件（非連件） 共 1 件 第 1 件	免填者			登記費	元
	字號	字第 號			件章							書狀費	元
												罰鍰	元

土　地　登　記　申　請　書

(1)受理機關	△△市△△地政事務所	△△ 地政事務所（跨所申請）	資料管轄機關

(2)原因發生日期	中 華 民 國 △△ 年 △ 月 △△ 日

(3)申請登記事由（選擇打✓一項）

□所有權第一次登記
□所有權移轉登記
□抵押權登記
□抵押權塗銷登記
□抵押權內容變更登記
□標示變更登記
✓地上權塗銷登記

(4)登記原因（選擇打✓一項）

□第一次登記
□買賣　□贈與　□繼承　□分割繼承
□設定　□法定
□清償　□抛棄　□混同　□判決塗銷
□權利價值變更　□權利內容等變更
□分割　□合併　□地目變更
✓抛棄

(5)標示及申請權利內容　詳如　□契約書　✓登記清冊　□複丈結果通知書　□建物測量成果圖

(6)附繳證件

1.戶口名簿影本　　　　　2份
2.地上權塗銷同意書　　　1份
3.地上權設定契約書　　　1份
4.地上項權利證明書　　　1份
5.印鑑證明　　　　　　　1份
6.　　　　　　　　　　　1份
7.　　　　　　　　　　　1份
8.　　　　　　　　　　　1份
9.　　　　　　　　　　　份
10.　　　　　　　　　　 份
11.　　　　　　　　　　 份
12.　　　　　　　　　　 份

(7)委任關係

本土地登記案之申請委託　陳△△　代理。　　複代理。
委託人確為登記標的物之權利人或權利關係人，如有虛偽不實，本代理人（複代理人）願負法律責任。　　　　　　　　　印

(8)聯絡方式

權利人電話	△△△△－△△△△
義務人電話	△△△△－△△△△
代理人聯絡電話	△△△△－△△△△
傳真電話	△△△△－△△△△
電子郵件信箱	△△△△－△△△△
不動產經紀業名稱及統一編號	
不動產經紀業電話	

(9)備註

(10)申請人	(11)權利人或義務人	(12)姓名或名稱	(13)出生年月日	(14)統一編號	(15)住　　　　　　　　所									(16)簽章
					縣市	鄉鎮市區	村里	鄰	街路	段	巷弄	號	樓	
	所有權人	黃△△	△△	△△△	△△	△△	△△	△	△△	△		△		印
	地上權人	王△△	△△	△△△	△△	△△	△△	△	△△	△		△		印
	代理人	陳△△	△△	△△△	△△△△	△△	△△	△	△△	△		△		
	事務所地址：				△△△△△△									

(10)申請人	本案處理經過情形（以下各欄申請人請勿填寫）									
初審	複審	審核	定	登簿	校簿	書狀列印	校狀	書狀用印		
				地價異動	通知	異動通知	支付發狀			
					領狀			歸檔		

| 登 記 清 冊 | | | 申請人 | 所有權人黃△△ | 印 印 | 簽章 |
| | | | | 代理人　陳△△ | | |

土地標示	(1)坐落	鄉鎮市區	新興						
		段	△△					
		小段	△					
	(2)地號		△△					
	(3)地目		△					
	(4)面積（平方公尺）		135.22					
	(5)權利範圍		全部					
	(6)備註							

建物標示	(7)	建號	以下空白			
	(8)門牌	鄉鎮市區				
		街路				
		段巷弄				
		號樓				
	(9)建物坐落	段				
		小段				
		地號				
	(10)面積（平方公尺）	一層				
		二層				
		共計				
	(11)附屬建物	用途				
		面積（平方公尺）				
	(12)權利範圍					
	(13)備註					

地上權塗銷同意書

　　茲土地所有權人黃△△，地上權人王△△於民國△△年△月△日△△地政事務所收件第△△號設定權利價值臺幣△△萬元之地上權。地上權人對於該地上權已無實際需要，願意全部塗銷。恐口無憑，特立本證明書為憑。

此致

土地所有權人黃△△先生

　　　　　　　　立同意書人　　王△△　　印 （簽名）
　　　　　　　　即地上權人

　　　　　　　　住　　　　址：臺北市△△區
　　　　　　　　　　　　　　　△△里△鄰　　△△△△△△

　　　　　　　　民國△年△月△日

　　　　　　　　身分證字號：△△△△△△

中　華　民　國　△　△　年　△　△　月　△　△　日

(三)典權塗銷登記

土地登記申請書

(1)受理 機關	△△市△△地政事務所	(2)原因 發生日期	中華民國△△年△月△△日

收件 者章	收件	日期　年　月　日 字號　字第　號 時　分	件	連件序別 (非連件者免填)	共1件　第1件	登記費　　元 書狀費　　元 罰鍰　　　元	合計　　元 收據　　字　號 核算者

(3)申請登記事由　(選擇打✓一項)

資料管 轄機關	△△市△△地政事務所	(4)登記原因　(選擇打✓一項)

- □所有權第一次登記　　□第一次登記
- □所有權移轉登記　　　□買賣　□贈與　□繼承　□分割繼承　□拍賣　□共有物分割　□
- □抵押權登記　　　　　□設定　□法定
- □抵押權塗銷登記　　　□清償　□拋棄　□混同　□判決塗銷　□
- □抵押權內容變更登記　□權利價值變更　□權利內容等變更
- □標示變更登記　　　　□分割　□合併　□地目變更　□
- ✓典權塗銷登記　　　　□回贖　✓登記清冊　□複丈結果通知書　□建物測量成果圖

(5)標示及申請權利內容　詳如　□契約書　✓登記清冊　□複丈結果通知書　□建物測量成果圖

(6)附繳證件	1.戶口名簿影本　　　　2份　5.印鑑證明	9.	份
	2.典權塗銷同意書　　　1份　6.	10.	份
	3.原典權設定契約書　　1份　7.	11.	份
	4.他項權利證明書　　　1份　8.	12.	份

(7)委任關係　本土地登記案之申請委託　陳△△　代理。　　複代理。
委託人確為登記標的物之權利人或權利關係人，如有虛偽不
實，本代理人(複代理人)願負法律責任。　　印

(8)聯絡方式	權利人電話 義務人電話 代理人聯絡電話 傳真電話 電子郵件信箱 不動產經紀業 名稱及統一編號 不動產經紀業電話	△△△△－△△△△ △△△△－△△△△ △△△△－△△△△ △△△△－△△△△

(9)備註	

(11)權利人或義務人	(12)姓名或名稱	(13)出生年月日	(14)統一編號	(15)住所 縣市	鄉鎮市區	村里	鄰	街路	段	巷弄	號	樓	(16)簽章
所有權人	張△△	△△	△△△	△△	△△	△△	△	△△		△	△		印
典權人	吳△△	△△	△△△	△△	△△	△△	△	△△		△	△		印
代理人	陳△△	△△	△△△	△△	△△	△△	△	△△		△	△		
	事務所地址：			△△△△△△									

(10) 申請人

本案處理經過情形（以下各欄申請人請勿填寫）							
初審	複審	審查	核定	登簿	校簿	書狀列印	書狀用印
				地價異動	通知領狀	異動通知	校狀
						交付發狀	歸檔

登　記　　　清　　　　冊

登	土　　地　　標　　示						
記	(1)坐落	鄉鎮市區	段	小段	(2)地號	(3)地目	(4)面積（平方公尺）	(5)權利範圍	(6)備註

| | 大安 | △△ | △ | 21 | 建 | 158 | 全部 | |

申請人　請求權人　張△△［印］　簽章
　　　　代理人　　陳△△［印］

建物標示			
(7) 建　　號	256		
(8) 門牌	鄉鎮市區	△△	
	街　路	△△	
	段巷弄	△△	
	號　樓	△△	
(9) 建物坐落	段	△△	
	小　段	△	
	地　號	△△	
(10) 面積（平方公尺）	一　層	166.67	
	共　計	166.67	
(11) 建物附屬物	用　途		
	面　積（平方公尺）		
(12) 權利範圍	全　部		
(13) 備　註			

典權塗銷同意書

　　茲出典人張△△，典權人吳△△，於民國△△年△△月△△日臺北市△△地政事務所收件△△字第△△號辦妥權利價值新臺幣△△△萬元之典權設定登記，出典人業於民國△△年△△月△△日回贖並清償典價完畢，特立此同意書，同意塗銷該典權。

　　　　　　　立同意書人：

　　　　　　　典權人：吳△△　[印]（簽名）

　　　　　　　住　　址：臺北市△△△△△△

　　　　　　　身分證字號：△△△△△△

　　　　　　　出生年月日：民國△△年△月△日

中　華　民　國　△　△　年　△　△　月　△　△　日

第二節　消滅登記

一、概　述

㈠消滅原因

1. 土地如因自然災變，致有流失、坍沒或侵蝕情事發生。其屬部分流失、坍沒或侵蝕者，固為一部分所有權消滅，惟實務上，係以標示變更登記為之。如全部流失、坍沒或侵蝕者，實務上則係以消滅登記為之。

2. 建物如因自然因素或人為因素，致有倒塌、焚燬或拆除情事發生。其屬部分倒塌、焚燬或拆除者，固為一部分所有權消滅，惟實務上，係以標示變更登記為之。如全部倒塌、焚燬或拆除者，實務上則係以消滅登記為之。

㈡消滅登記

土地滅失時應申請消滅登記，其為需役土地者，應同時申請其供役不動產上之不動產役權塗銷登記。其設定有他項權利或限制登記者，登記機關應於登記完畢後，通知他項權利人、囑託機關或預告登記請求權人。（土登第148條）

㈢他項權利之同時消滅登記

辦理所有權消滅登記之標的物，如設定有他項權利登記，宜另案同時辦理他項權利消滅登記。

二、土地消滅登記申請實務

㈠申請人

土地所有權消滅登記，由所有權人或管理人申請。

㈡申請期限

依土地法第72條及第73條規定，消滅登記屬變更登記，應於變更後一個月內為之，否則每逾一個月，得處應納登記費一倍之罰鍰，但最高不得超過二十倍。惟目前登記費免費，是以無罰鍰。

㈢應備書件

1. 土地複丈及標示變更登記申請書。
2. 登記清冊。
3. 複丈結果通知書：於提出土地複丈申請書，實地複丈後才有本項文件。
4. 身分證明文件。
5. 土地所有權狀。
6. 如設定他項權利應另案同時辦理消滅登記。

㈣申辦手續

1. 備齊繕妥所需書件：

   ⑴將登記申請書對摺放置於第一頁，登記清冊對摺放置於第二頁，所有

權狀放置於最後，其他書件再依土地登記規則第34條規定提出文件之次序放置整齊，裝訂成冊。

　　(2)如有他項權利，得另案同時提出申請消滅登記。

2.申請收件：

　　(1)計費：申請案件於核對申請人身分後計算複丈費。複丈費每筆每公頃新臺幣800元，不足1公頃者，以1公頃計算。至於土地滅失所為之所有權消滅登記，其登記費及書狀費，依土地法第78條規定，均免予繳納。

　　(2)開單：經計費後，即開發規費繳納通知單。

　　(3)繳費：開發規費繳納通知單後，可即時繳費，取具繳費收據。

　　(4)收件：申請案件經收件後，取具收件收據。

3.領丈：申請人接獲通知，應攜帶通知書及印章，準時至現場領丈，複丈後經認定無誤，即在複丈圖上簽名蓋章。

4.登記：經完成複丈之內外作業後，複丈結果通知書由複丈人員直接逕附於申請案件內，移送登記部門重新收件，收件後經審查無誤，即予消滅登記。如經審查發現填寫錯誤或文件不全或證件不符，經通知應依限期補正。經駁回補正者，應重新送請收件。

㈤書表填寫說明

1.本申請書填寫時，仍應依登記書表之一般填法填寫為宜。

2.受理機關：填寫土地所在地之主管地政事務所名稱。

3.複丈原因：填寫「坍沒」。

4.登記事由及原因：於消滅登記之滅失□內打✓。

5.土地坐落：依土地登記資料填寫。

6.附繳文件：依所附繳之證件名稱及份數分行填寫。

7.委任關係：如委任代理人時填寫。

8.聯絡方式：填寫電話號碼。

9.申請人身分：填寫「所有權人」，如為未成年人或受監護人或為法人，應加填「法定代理人」。若委託代理人代辦時，應加填「代理人」。

10.「姓名」、「出生年月日」、「住址」：自然人則依戶籍資料填寫，法人則照登記有案之資料填寫。

11.蓋章：無論是所有權人或法定代理人或代理人，均應蓋用與所填之姓名相同之印章。

12.土地複丈略圖：依複丈之土地繪製略圖，並標明地號。通常係依地籍圖謄繪。

㈥書表填寫範例

土地複丈及標示變更登記申請書

複丈收件	日期	年 月 日 時 分		字第 號		收件者章		登記收件	日期	年 月 日 時 分		字第 號		收件者章	
	字號								字號						

複丈費	收據		新臺幣 字第 號	元	收費者章		書狀費	收據		新臺幣 字第 號	元	收費者章

土 地 複 丈 及 標 示 變 更 登 記 申 請 書

受理機關 △△ 縣市 △△ 地政事務所

原因發生日期 中華民國△△年 △月 △日

申請複丈原因（選擇打∨一項）
□鑑界 □再鑑界 □他項權利位置測量（ 權） □其他（ ）

申請複丈原因（選擇打∨一項）
□分割 □合併 □界址調整 □調整地形
☑坍沒 □其他（ ）

申請標示變更登記事由及登記原因（選擇打∨一項）
□標示變更登記（□分割 □合併 □界址調整）
☑消滅登記（☑滅失 □部分滅失）
□所有權回復登記（□回復）
□ 登記（□ ）

土 地 坐 落	鄉鎮市區	段	小段	地號	面積（平方公尺）
	△△	△△	△	21	121

附繳證件
1. 戶口名簿影本 1份
2. 土地所有權狀 1份
3.

4.
5.
6.

7.
8.
9.

委任關係：本土地複丈及標示變更登記案之申請委託 林△△ 代理（ 複代理（ ）。委託人確為登記標的物之權利人或權利關係人，並經核對身分無誤，如有虛偽不實，本代理人（複代理人）願負法律責任。 印

聯絡方式
聯絡電話 △△△△－△△△△
傳真電話 △△△△－△△△△
電子郵件信箱 △△△△－△△△△

備註

複丈略圖

21

申請會同地點 現場
（請申請人填寫）

申請人	權利人或義務人	姓名或名稱	出生年月日	統一編號	住（縣市）	所（鄉鎮市區）	（村里）	（鄰）	（街路）	（段）	（巷）	（弄）	（號）	（樓）	權利範圍	簽章
	所有權人	陳△△	△△△	△△△	△△	△△	△△	△	△△				△		全部	印
	代理人	林△△	△△△	△△△	△△	△△	△△	△	△△				△			印

簽收複丈定期通知書　　年　月　日　簽章

結果通知

登記核定	登記複審	登記初審	複丈成果核定	複丈成果檢查	複丈人員	登簿

歸檔	交付發狀	異動通知	通知領狀	地價異動	書狀用印	校狀	書狀列印	簿校

本案處理經過情形（以下各欄申請人請勿填寫）

登　記　清　冊

申請人　請求權人　陳△△印　簽章
　　　　代理人　　林△△印

	登記標示		
土地標示	(1) 坐落	鄉鎮市區	內湖
		段	△△
		小段	△
	(2) 地號		24
	(3) 地目		建
	(4) 面積（平方公尺）		4100
	(5) 權利範圍		全部
	(6) 備註		

		建物標示						
(7) 建號	(8) 門牌	鄉鎮市區						
		街路						
		段巷弄						
		號樓						
(9) 建物坐落	段							
	小段							
	地號							
(10) 面積（平方公尺）								以下空白
	共計							
(11) 附屬建物	用途							
	面積（平方公尺）							
(12) 權利範圍								
(13) 備註								

三、建物消滅登記申請實務

㈠申請人

1. 建物所有權消滅登記，由所有權人或管理人申請。
2. 建物滅失時，該建物所有權人未於規定期限內申請消滅登記者，得由土地所有權人或其他權利人得代位申請，亦得由登記機關查明後逕為辦理消滅登記。登記機關於登記完畢後，應將登記結果通知該建物權利人及他項權利人。建物已辦理限制登記者，並應通知囑託機關或預告登記請求權人。（土登第31條）

㈡申請期限

依土地法第72條及第73條規定，消滅登記屬變更登記，應於變更後一個月內為之，否則每逾一個月，得處應納登記費一倍之罰鍰，但最高不得超過二十倍。目前登記費免費，是以無罰鍰。

㈢應備書件

1. 建物測量及標示變更登記申請書。
2. 登記清冊。
3. 測量成果圖：於提出建物測量申請書，實地測量後才有本項文件。
4. 身分證明文件。
5. 建物所有權狀。
6. 如有設定他項權利，應同時辦理消滅登記。

㈣申辦手續

1. 備齊繕妥申請書及有關書件：將申請書放置於第一頁，其他書件再依次放置整齊，裝訂成冊。
2. 申請收件：
   (1)計費：申請案件，於核對申請人身分後，計算測量規費。若全部滅失，測量費不論其面積大小，每建號均以新臺幣400元計收。如部分滅失，按未滅失部分面積以五十平方公尺為單位，每單位新臺幣800元。消滅登記則免收登記費。
   (2)開單：經計費後，即開發規費繳納通知單。
   (3)繳費：開發規費繳納通知單後，可即時繳費，並取具繳費收據。
   (4)收件：申請案件經收件後，取具收件收據。
3. 領測：申請人接獲通知，應攜帶通知書及印章，準時至現場領測，測量後經認定無誤，即在測量圖上簽名並蓋章。經完成測量之作業後，測量成果圖逕附於申請案件內，移送登記部門審查及登記。
4. 補正：申請案件經審查發現填寫錯誤或文件不合或證件不符時，經通知應於期限內補正。

5.登記：申請案件經審查相符無誤，即予消滅登記。

㈤申請停課房屋稅

可繕寫申請書，並檢附建物測量成果圖或消滅登記之登記簿謄本，提向建物所在地之主管稅捐機關申辦停課房屋稅。

㈥書表填寫說明

1.本申請書填寫時，仍應依登記書表之一般填法填寫為宜。

2.受理機關：填寫建物所在地之主管地政事務所名稱。

3.申請測量事由：填寫「建物滅失」。

4.登記事由及原因：於消滅登記之滅失□內打✓。

5.建物標示：依建物登記資料填寫，門牌號碼及面積可用阿拉伯數字填寫。

6.附繳證件：依附繳之證件名稱及份數分行填寫。

7.申請人：填寫「所有權人」，如為未成年人或受監護人或為法人，應加填「法定代理人」。如委託代理人代辦時，應加填「代理人」。

8.「姓名」、「出生年月日」、「住址」：自然人則依戶籍資料填寫，法人則照登記有案之資料填寫。

9.蓋章：無論是所有權人或法定代理人或代理人，均應蓋用與所填之姓名相同之印章。

10.建物平面略圖：依建物之平面，繪製略圖。

11.「收件日期」、「收件號碼」、「測量費」、「收據號碼」等各欄，申請人免填寫。

㈥書表填寫範例

建物測量及標示變更登記申請書

測量日期	年　月　時　分	收費者章	測量費收據	新臺幣　　元	收費者章	登記日期	年　月　時　分	收件者章	登記費	書狀費　　元	合計　　元
量收件字號	字第　　號		字第　　號			收件字號	字第　　號			罰鍰　　元	收據　　元

受理機關　　　△△縣市　　地政事務所

建物略圖

申請測量原因（選擇打∨一項）
□ 建物第一次測量　□ 申請未登記建物基地號及門牌號勘查

申請測量原因（選擇打∨一項）
□ 建物分割　□ 建物合併　□ 基地號勘查
□ 門牌號勘查
☑ 建物滅失
□ 建物增建
□ 其他（　　　）

標示及發生原因　原因發生日期　中華民國△△年△月△日

申請標示變更登記事由及登記原因（選擇打∨一項）
□ 標示變更登記（□ 分割　□ 合併　□ 基地號變更）
　　　　　　　　（□ 門牌整編）
☑ 消滅登記（☑ 滅失　□ 部分滅失）
□ 所有權第一次登記（□ 增建）
□ 登記（　　　）

建物標示	建號	鄉鎮市區	基地坐落 段	小段	地號	建物門牌 街路	段	巷	弄	號	樓	主要用途	主要構造
	2100	△△	△△	—	21	△△	△			△		住家	磚造

附繳證件
1. 戶口名簿影本　　1 份
2. 拆除執照影本　　1 份
3. 建物所有權狀　　1 份
4.　　　　　　　　1 份
5.　　　　　　　　1 份
6.　　　　　　　　1 份
7.　　　　　　　　份
8.　　　　　　　　份
9.　　　　　　　　份

委任關係　本建物測量及標示變更登記案之申請委託　陳△△　代理　　複代理
及指界認章。委託人確為登記標的物之權利人或權利關係人，並經核對身分無誤，如有虛偽不實，（複代理人）願負法律責任。印

聯絡方式
聯絡電話　△△△△－△△△△
傳真電話　△△△△－△△△△
電子郵件信箱　△△△△－△△△△

備註

申請人	姓名或名稱	出生年月日	統一編號	住所										權利範圍	簽章
				縣市	鄉鎮市區	村里	鄰	街路	段	巷	弄	號	樓		
權利人或義務人　所有權人	張△△	△△△	△△△	△△	△△	△△	△	△△				△		全部	印
代理人	陳△△	△△△	△△△	△△	△△	△△	△	△△				△			印

發收測量定期通知書　年　月　日　簽章　核發成果

本案處理經過情形（以下各欄申請人請勿填寫）

登簿	測量人員	測量成果檢查	測量成果核定	登記初審	登記複審	登記核定
校簿		書狀列印	書狀用印	校狀		
		通知領狀	地價異動	通知異動	交付發狀	歸檔

登記清冊

土地標示			以下空白						申請人	
(1) 坐落	鄉鎮市區								請求權人	張△△印
	段								代理人	陳△△印
	小段								簽章	
(2) 地號										
(3) 地目										
(4) 面積（平方公尺）										
(5) 權利範圍										
(6) 備註										

建物標示			
(7)	建　號	2001	以下空白
(8) 門牌	鄉鎮市區	△△	
	街　路	△△	
	段　巷 弄	△△	
	號　樓	△△	
(9) 建物坐落	段	△△	
	小段	△	
	地號	△△	
(10) 面積（平方公尺）	一　層	88.25	
	共　計	88.25	
(11) 附屬建物	用途		
	面積（平方公尺）		
(12) 權利範圍		全部	
(13) 備註			

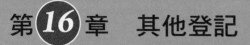

第16章　其他登記

第一節　更名登記── 姓名變更登記

一、應用本名

　　姓名條例第7條規定，財產之取得、設定、喪失、變更、存儲或其他登記時，應用本名，其未使用本名者，不予受理。故產權登記時，應以本名登記始有效，登記後如發現姓名登記錯誤，應辦理更正登記。

二、土地登記規則規定

㈠第149條

　　土地權利登記後，權利人之姓名或名稱有變更者，應申請更名登記。設有管理人者，其姓名變更時，亦同。權利人或管理人為自然人，其姓名已經戶政主管機關變更者，登記機關得依申請登記之戶籍資料，就其全部土地權利逐為併案辦理更名登記；登記完畢後，應通知權利人或管理人換發權利書狀。

㈡第150條

　　法人或寺廟於籌備期間取得之土地所有權或他項權利，已以籌備人之代表人名義登記者，其於取得法人資格或寺廟登記後，應申請為更名登記。

㈢第104條

　　法人或寺廟在未完成法人設立登記或寺廟登記前，取得土地所有權或他項權利者，得提出協議書，以其籌備人公推之代表人名義申請登記。其代表人應表明身分及承受原因。

　　登記機關為前項之登記，應於登記簿所有權部或他項權利部其他登記事項欄註記取得權利之法人或寺廟籌備處名稱。

　　第1項之協議書，應記明於登記完畢後，法人或寺廟未核准設立或登記者，其土地依下列方式之一處理：

　　　1.申請更名登記為已登記之代表人所有。

　　　2.申請更名登記為籌備人全體共有。

　　　　第1項之法人或寺廟在未完成法人設立登記或寺廟登記前，其代表人變更者，已依第1項辦理登記之土地，應由該法人或寺廟籌備人之全體出具新

協議書，辦理更名登記。

㈣第121條第1項

胎兒為繼承人時，應由其母以胎兒名義申請登記，俟其出生辦理戶籍登記後，再行辦理更名登記。

三、申請實務

㈠申請人

1. 更名登記，得由原登記人——即所有權人或他項權利人單獨申請。（土登第27條）
2. 胎兒出生之更名則由其母為法定代理人提出申請。

㈡應備書件

1. 自然人名義變更登記應備書件
   ⑴土地登記申請書。
   ⑵登記清冊。
   ⑶戶籍謄本：應有姓名變更之記載，如為未成年或受監護人，應另附其法定代理人之戶籍謄本。
   ⑷權利書狀：如係所有權姓名變更，則附繳所有權狀，如係他項權利人姓名變更，則檢附他項權利證明書。

2. 法人名稱變更登記應備書件
   ⑴土地登記申請書。
   ⑵登記清冊。
   ⑶變更登記證明文件：該證明文件需記載名稱變更之情事始有效。
   ⑷法人登記證明文件及其代表人資格證明。
   ⑸權利書狀：如係所有權人姓名變更，則附繳所有權狀，如係他項權利人姓名變更，則檢附他項權利證明書。

3. 其他更名登記應備書件
   ⑴土地登記申請書。
   ⑵登記清冊。
   ⑶更名登記證明文件：
   　①公司法人於籌備期間，所購置之不動產，暫以其負責人名義辦理所有權登記，公司法人成立後之更名登記，應附繳已註明其負責人之身分及係為公司法人所購置之原契約書，並應附繳公司法人之登記證明文件及其法定代理人資格證明。
   　②胎兒繼承登記後出生，則以戶籍謄本辦理。
   ⑷身分證明文件。
   ⑸所有權狀：依土地或建物之標的物，分別附繳各該所有權狀或他項權

　　　利證明書。

　㈢**申辦手續**

　　　1.備齊繕妥所需文件：將登記申請書對摺放置於第一頁，登記清冊對摺放
　　　　置於第二頁，權利書狀置於最後，其餘文件再依土地登記規則第34條規
　　　　定提出文件之次序放置整齊，裝訂成冊，即可提向土地建物所在地之主
　　　　管地政事務所申請。

　　　2.申請收件：

　　　　⑴計費：申請案件，於核對申請人身分後，計算登記費，更名登記免繳
　　　　　登記費。但換發書狀，每張新臺幣80元。

　　　　⑵收件：申請案件經收件後，取具收件收據。

　　　3.補正：申請案件經審查發現有填寫錯誤或文件不全或證件不符等情事，
　　　　應依通知期限補正。

　　　4.領狀：申請案件經審查無誤登記完畢，即可持收件收據及原蓋用之印
　　　　章，領取權利書狀。

四、書表填寫說明

　㈠**一般填法**

　　　請參閱前述各章節。

　㈡**各欄填法**

　　　1.受理機關：填寫土地建物所在地之縣市及地政事務所名稱。

　　　2.原因發生日期：以戶籍記載變更或法人核准變更或妻子死亡等日期填
　　　　寫。

　　　3.申請登記事由：填寫「更名登記」並於其□內打✔。

　　　4.登記原因：填寫「更名」，並於其□內打✔。

　　　5.標示及權利內容：於詳如「登記清冊」之□內打✔。

　　　其餘請參閱前述各章節。

五、書表填寫範例

收件	日期	年 月 日		分		件 章	收者		連件序別	連（非連件者免填）		第 1 件 共 1 件	登記費		元	合計		元	元 字號
	時	字第 號		號									書狀費		元	收據			
													罰鍰		元	核算者			

土 地 登 記 申 請 書

(1)受理機關	△△市△△地政事務所 □跨所申請	資料管轄機關	△△市 △△ 地政事務所	(2)原因發生日期	中華民國△△年△月△△日

(3)申請登記事由（選擇打✓一項）　　　　(4)登記原因（選擇打✓一項）

- ☑所有權第一次登記　　　第一次登記
- □所有權移轉登記　　　□買賣 □贈與 □繼承 □分割繼承 □拍賣 □共有物分割 □
- □抵押權登記　　　□設定 □法定 □
- □抵押權塗銷登記　　　□清償 □拋棄 □混同 □判決塗銷 □
- □抵押權內容變更登記　　　□權利價值變更 □權利內容等變更 □
- □標示變更登記　　　□分割 □合併 □地目變更 □
- ☑更名登記　　　☑更名書 □

(5)標示及申請權利內容　　詳如　□契約書　☑登記清冊　□複丈結果通知書　□建物測量成果圖 □

(6)附繳證件
1. 戶籍謄本　1份　4.　1份　7.　份
2. 土地所有權狀　1份　5.　1份　8.　份
3. 建物所有權狀　1份　6.　1份　9.　份

(7)委任關係　本土地登記案之申請委託 陳△△ 代理。 複代理。
委託人確為登記標的物之權利人或權利關係人，如有虛偽不實，本代理人（複代理人）願負法律責任。　印

(8)聯絡方式
- 權利人電話
- 義務人電話
- 代理人聯絡電話
- 傳真電話
- 電子郵件信箱
- 不動產經紀業名稱及統一編號
- 不動產經紀業電話

| △△△△－△△△△ |
| △△△△－△△△△ |
| △△△△－△△△△ |
| △△△△－△△△△ |
| △△△△△△－△△△ |

(9)備註

(10) 申請人	(11) 權利人或義務人	(12) 姓名或名稱	(13) 出生年月日	(14) 統一編號	(15) 住　所										(16) 簽章
					縣市	鄉鎮市區	村里	鄰	街路	段	巷	弄	號	樓	
	權利人	林△△	△△△	△△△△	△△	△△	△△	△	△△	△	△	△	△	△	印
	代理人	陳△△	△△△	△△△△	△△	△△	△△	△	△△	△	△	△	△	△	印
本案處理經過情形（以下各欄申請人請勿填寫）	初審	複審	審核	核定	登簿	校簿	書狀列印	校狀	書狀用印	地價異動	通知領狀	異動通知	交付發狀	歸檔	

登 記 清 冊

申請人　林△△印
代理人　陳△△印
簽章

土地標示			
(1) 坐落	鄉鎮市區	△△	
	段	△△	
	小段	△	
(2) 地號		△△	
(3) 地目		△	
(4) 面積（平方公尺）		210	
(5) 權利範圍		$\frac{125}{10000}$	
(6) 備註		更名前：林△德　更名後：林△彰	

建物標示		內容
(7) 建號		△△△△
(8) 門牌	鄉鎮市區	△△
	街路	△△
	段巷弄	△△
	號樓	△△
(9) 建物坐落	段	△△
	小段	△
	地號	△△
(10) 面積（平方公尺）	三層	86.15
	層	
	層	
	層	
	共計	86.15
(11) 建物附屬物	用途	
	面積（平方公尺）	12.25
(12) 權利範圍		全部
(13) 備註		更名前：林△德　更名後：林△彰

第二節　管理人設置與變更登記

　　財產因實際之需要，依法設置管理人，若管理人有變更，應辦理管理人變更登記。

一、遺產管理人

　㈠民法的規定

　　1.第1177條

　　　繼承開始時，繼承人之有無不明者，由親屬會議於一個月內選定遺產管理人，並將繼承開始及選定遺產管理人之事由，向法院報明。

　　2.第1178條

　　　親屬會議依前條規定為報明後，法院應依公示催告程序，定六個月以上之期限，公告繼承人，命其於期限內承認繼承；無親屬會議或親屬會議未於前條所定期限內選定遺產管理人者，利害關係人或檢察官，得聲請法院選任遺產管理人，並由法院依前項規定為公示催告。

　㈡家事事件法的規定

　　1.第133條

　　　親屬會議報明繼承開始及選定遺產管理人時，應由其會員一人以上於陳報書記載下列各款事項，並附具證明文件：

　　　⑴陳報人。

　　　⑵被繼承人之姓名、最後住所、死亡之年月日時及地點。

　　　⑶選定遺產管理人之事由。

　　　⑷所選定遺產管理人之姓名、性別、出生年月日及住、居所。

　　2.第134條

　　　親屬會議選定之遺產管理人，以自然人為限。前項遺產管理人有下列各款情形之一者，法院應解任之，命親屬會議於一個月內另為選定：

　　　⑴未成年。

　　　⑵受監護或輔助宣告。

　　　⑶受破產宣告或依消費者債務清理條例受清算宣告尚未復權。

　　　⑷褫奪公權尚未復權。

　　3.第135條

　　　親屬會議選定之遺產管理人有下列情形之一者，法院得依利害關係人或檢察官之聲請，徵詢親屬會議會員、利害關係人或檢察官之意見後解任之，命親屬會議於一個月內另為選定：

　　　⑴違背職務上之義務者。

　　　⑵違背善良管理人之注意義務，致危害遺產或有危害之虞者。

⑶有其他重大事由者。

4. 第136條

利害關係人或檢察官聲請選任遺產管理人時，其聲請書應記載下列事項，並附具證明文件：

⑴聲請人。

⑵被繼承人之姓名、最後住所、死亡之年月日時及地點。

⑶聲請之事由。

⑷聲請人為利害關係人時，其法律上利害關係之事由。

親屬會議未依第134條第2項或前條另為選定遺產管理人時，利害關係人或檢察官得聲請法院選任遺產管理人，並適用前項之規定。法院選任之遺產管理人，除自然人外，亦得選任公務機關。

5. 第141條

第八章之規定，除法律別有規定外，於遺產管理人、遺囑執行人及其他法院選任財產管理人準用之。

二、失蹤人財產管理人

家事事件法規定如下：

㈠第143條

失蹤人未置財產管理人者，其財產管理人依下列順序定之：

1. 配偶。

2. 父母。

3. 成年子女。

4. 與失蹤人同居之祖父母。

5. 家長。

不能依前項規定定財產管理人時，法院得因利害關係人或檢察官之聲請，選任財產管理人。

財產管理人之權限，因死亡、受監護、輔助或破產之宣告或其他原因消滅者，準用前二項之規定。

㈡第147條

失蹤人財產之取得、設定、喪失或變更，依法應登記者，財產管理人應向該管登記機關為管理人之登記。

㈢第153條

法院得依財產管理人之聲請，按財產管理人與失蹤人之關係、管理事務之繁簡及其他情形，就失蹤人之財產，酌給相當報酬。

三、土地登記規則第151條規定

公有土地管理機關變更者，應囑託登記機關為管理機關變更登記。

四、申請實務

㈠申請人

財產管理人之設置及變更登記，由管理人申請之。

㈡應備書件

1. 繼承人有無不明之遺產管理人登記及變更應備書件
   (1)土地登記申請書。
   (2)登記清冊。
   (3)管理人登記或變更之證明文件：
     ①親屬會議選任之決議錄：如係由親屬會議選任者，應附本項文件，並另附親屬會議之會員印鑑證明及戶籍謄本（能證明其親屬關係之戶籍謄本）。
     ②如管理人變更登記，應附原管理人解任之法院裁定書。
     ③如管理人之選任改任，係由親屬會議為之者，應另附呈報法院之核備文件。
   (4)被繼承人之戶籍謄本。
   (5)管理人之戶籍謄本。
   (6)權利書狀：依權利種類分別檢附。
2. 失蹤人之財產管理人登記及變更應備書件
   (1)土地登記申請書。
   (2)登記清冊。
   (3)管理人登記或變更之證明文件：
     ①設置登記者，應附繳失蹤證明文件，如已註記之戶籍謄本。
     ②由法院選任或改任者，應附繳法院之證明文件。
     ③如依法定順序決定管理人者，應附繳有註記親屬關係之戶籍謄本。如由第二順序以後之人擔任管理人者（如父母、成年子女、同居之祖父母或家長），應附繳前順序之管理人業已死亡或無能管理之證明文件。
   (4)管理人之戶籍謄本。
   (5)權利書狀：依權利種類分別檢附。

㈢申辦手續

1. 備齊繕妥所需文件：將登記申請書對摺放置於第一頁，登記清冊對摺放置於第二頁，權利書狀置於最後，其餘文件再依土地登記規則第34條規

定提出文件之次序放置整齊，裝訂成冊，即可提向土地建物所在地之主
管地政事務所申請。

2. 申請收件：

(1) 計費：申請案件，於核對申請人身分後計算登記費。其登記費免費，
但換發書狀，每張新臺幣80元。

(2) 收件：申請案件經收件後，取具收件收據。

3. 補正：申請案件經審查發現有填寫錯誤或文件不全或證件不符等情事，
應依通知限期補正。如駁回補正者，再送請收件，應取具收件收據。

4. 領狀：申請案件經審查無誤登記完畢，即可持收件收據及原蓋用之印
章，領取權利書狀。

五、書表填寫説明

㈠一般填法

請參閱前述各章節。

㈡各欄填法

1. 受理機關：按土地（建物）所在地之市（縣）及地政事務所之名稱填寫。
如屬跨所申請案件，請於「跨所申請」欄打勾，並分別填寫受理機關及
資料管轄機關名稱。

2. 原因發生日期：以選任或改選或改派之日期填寫。

3. 申請登記事由：填寫「管理人設置」或「管理人變更」並於其□內打✓。

4. 登記原因：填寫「遺產管理人登記」，或「失蹤人財產管理人登記」或
「管理者變更」並於其□內打✓。

5. 標示及權利內容：於詳如「登記清冊」之□內打✓。

其餘請參閱前述各章節。

六、書表填寫範例

(一)遺產管理人設置登記

收件	日期	年 月 日 時 分	收件者		分件章
	字號	字第　　號			

土地登記申請書

(1)受理機關	△△市△△地政事務所 跨所申請 △△地政事務所	資料管轄機關		連件序別	(非連件者免填) 連件序別	共 1 件 第 1 件

(2)原因發生日期　中華民國△△年△月△△日

(3)申請登記事由(選擇打✔一項)
- □ 所有權第一次登記
- □ 所有權移轉登記
- □ 抵押權登記
- □ 抵押權塗銷登記
- □ 抵押權內容變更登記
- □ 標示變更登記
- ✔ 管理人設置登記

(4)登記原因(選擇打✔一項)
- □ 第一次登記
- □ 買賣　□ 贈與　□ 繼承　□ 分割繼承　□ 共有物分割
- □ 設定　□ 法定
- □ 清償　□ 拋棄　□ 混同　□ 判決塗銷　□
- □ 權利價值變更　□ 權利內容等變更
- □ 分割　□ 合併　□ 地目變更
- ✔ 遺產管理人登記

(5)標示及申請權利內容　詳如　□契約書　✔登記清冊　□複丈結果通知書　□建物測量成果圖

(6)附繳證件
1. 戶籍謄本　6份
2. 親屬會議記錄　1份
3. 法院核備文件　1份
4. 所有權狀　2份
5.
6.
7.
8.
9.
10.
11.
12.

(7)委任關係　本土地登記案之申請委託　陳△△　代理。　　複代理。
委託人確為登記標的物之權利人或權利關係人，如有虛偽不實，本代理人(複代理人)願負法律責任。　　印

(8)聯絡方式
- 權利人電話
- 義務人電話
- 代理人聯絡電話
- 傳真電話
- 電子郵件信箱
- 不動產經紀業名稱及統一編號
- 不動產經紀業電話

登記費		元	合計		元
書狀費		元	收據		字號
罰　鍰		元	核算者		

本案處理經過情形(以下各欄申請人請勿填寫)

		△△△△	△△△－△△△△－△△△△
		△△△△	△△△－△△△△－△△△△
		△△△△	△△△－△△△△－△△△△
		△△△△	△△△－△△△△－△△△△

(9)備註

(10)申請人	(11)權利人或義務人	(12)姓名或名稱	(13)出生年月日	(14)統一編號	(15)住　所											(16)簽章
					縣市	鄉鎮市區	村里	鄰	街路	段	巷	弄	號	樓		
申請人	被繼承人	王△△	△△△	△△△	△△	△△	△△	△	△△	△	△	△	△	△		印
	管理人	王△△	△△△	△△△	△△	△△	△△	△	△△	△	△	△	△	△		印
	代理人	陳△△			△△△△△△△△△											
	事務所地址：															

本案處理經過情形（以下各欄申請人請勿填寫）	初審	複審	審查	核定	登簿	校簿	書狀列印	校狀	書狀用印
					地價異動	通知領狀	異動通知	交付發狀	歸檔

登記清冊

登記		以下空白	申請人 被繼承人　王△△ 管理人　　王△△　印 代理人　　陳△△　印	簽章
土地標示	(1) 坐落	鄉鎮市區	△△	
		段	△△	
		小段	△	
	(2) 地號		25	
	(3) 地目		建	
	(4) 面積（平方公尺）		125	
	(5) 權利範圍		$\frac{1}{5}$	
	(6) 備註			

建物標示

項目	欄位	內容
(7) 建　號		2100
(8) 門牌	鄉鎮市區	△△
	街　路	△△
	段巷弄	△△
	號　樓	△△
(9) 建物坐落	段	△
	小段	△△
	地號	125.11
(10) 面積（平方公尺）	三層	125.11
	共計	125.11
(11) 附屬建物	用途	陽臺
	面積（平方公尺）	16.22
(12) 權利範圍		全部
(13) 備註		

以下空白

王△△死亡繼承人不明親屬會議
選任管理人決議錄

一、時間：民國　△△　年　△△　月　△△　日

二、地點：臺北市△△路△△巷△△弄△△號

三、出席人員：王振△、王全△、王三△、王金△、王秀△

四、主席：王振△　　　　　　　紀錄：王秀△

五、主席報告：

　　本宗親族王△△死亡，其繼承人不明至今無人承認繼承，致其遺產無人管理，理應依法選任其遺產管理人俾便管理其遺產，故特召請各位宗親前來開會，選舉管理人。

六、討論事項：

　　王△△所遺財產，其管理人之人選，似應以其最近之親屬

擔任為宜，故本人認為王△福年青力壯，係王△△之姪，可否

推選為管理人（王全△提議）。

決議：與會人士全部同意選任王△福為王△△之遺產管理人。

推選人：王振△　印（簽名）　A100234101　出生年月日：△△△

　　　　王全△　印（簽名）　A100234201　出生年月日：△△△

　　　　王三△　印（簽名）　A100234301　出生年月日：△△△

　　　　王金△　印（簽名）　A200432112　出生年月日：△△△

　　　　王秀△　印（簽名）　A200434121　出生年月日：△△△

本會議出席人員之資格均符合民法第一千一百三十一條及第

一千一百三十三條規定，如有不實，願負完全法律責任。

印印印印印（簽名）

(二)遺產管理人變更登記

土地登記申請書

收件	日期	年 月 日 時 分	收者件章		登記費	元
	字號	字第 號	分件章		書狀費	元
			資料管轄機關 △△地政事務所	資料跨所申請	罰鍰	元
					合計	元
連件序別	非連件	共1件 第1件			書狀字號	
	(非連件者免填)				收據字號	
					核算者	

申請書

(1)受理機關 △△市△△地政事務所 跨所申請

(2)原因發生日期 中華民國△△年△月△△日

(3)申請登記事由(選擇打✓一項)
- □所有權第一次登記
- ☑所有權移轉登記
- □抵押權登記
- □抵押權塗銷登記
- □抵押權內容變更登記
- □標示變更登記
- ☑管理人變更

(4)登記原因(選擇打✓一項)
- □第一次登記
- □買賣 □贈與 □繼承 □分割繼承 □拍賣 □共有物分割
- □設定 □法定
- □清償 □拋棄 □混同 □判決塗銷
- □權利價值變更 □權利內容等變更
- □分割 □合併 □地目變更
- ☑管理者變更

(5)標示及申請權利內容 詳如 □契約書 ☑登記清冊 □複丈結果通知書 □建物測量成果圖

(6)附繳證件

1.戶籍謄本	6份	5.所有權狀	份
2.親屬會議記錄	1份	6.	份
3.法院裁定書	4份	7.	份
4.法院核定備文件	1份	8.	份

9.
10.
11.
12.

(7)委任關係 本土地登記案之申請委託 陳△△ 代理。 複代理。
委託人確為登記標的物之權利人或權利關係人,如有虛偽不實,本代理人(複代理人)願負法律責任。 印

(8)聯絡方式

權利人電話	△△△△△－△△△△△
義務人電話	△△△△△－△△△△△
代理人聯絡電話	△△△△△－△△△△△
傳真電話	△△△△△－△△△△△
電子郵件信箱	△△△△△－△△△△△
不動產經紀業名稱及統一編號	
不動產經紀業電話	

(9)備註

(11)權利人或義務人	(12)姓名或名稱	(13)出生年月日	(14)統一編號	縣市	鄉鎮市區	村里	鄰	街路	段	巷	弄	號	樓	(16)簽章
權利人	李△△	△△	△△△△	△△	△△	△△	△	△△	△	△	△	△	△	印
義務人	王△△	△△	△△△△	△△	△△	△△	△	△△	△	△	△	△	△	印
雙方代理人	陳△△			△△	△△	△△	△	△△	△	△	△	△	△	印
登記助理員	林△△			△△	△△	△△	△	△△	△	△	△	△	△	印

事務所地址：

(10) 申 請 人	本案處理經過情形（以下各欄申請人請勿填寫）								
初審	複審	審核	核定	登簿	校簿	書狀列印	校狀	書狀用印	
				地價異動	通知領狀	異動通知	支付發狀	歸檔	

登　記　清　冊

	申請人	被繼承人　王△△ 管理人　王△△　印 代理人　陳△△　印	簽章

土　地　標　示	(1) 坐落	鄉鎮市區	△△	以下空白
		段	△△	
		小段	△	
	(2) 地號		△△	
	(3) 地目		△	
	(4) 面積（平方公尺）		△△△	
	(5) 權利範圍		△△△	
	(6) 備註		變更前：王△福 變更後：王△利	

建物標示		△△△		
(7) 建　號		△△△		
(8) 門牌	鄉鎮市區	△△		
	街　路	△△		
	段巷弄	△△		
	號　樓	△△		
(9) 建物坐落	段	△△		
	小　段	△		
	地　號	△△		
(10) 面積（平方公尺）	三層	△△△△		
	共　計	△△△△		
(11) 附屬建物	用　途	陽臺		
	面積（平方公尺）	△△△△		
(12) 權利範圍		全　部		
(13) 備　註		變更前：王△福 變更後：王△利		

以下空白

王△△遺產管理人改選親屬會議決議錄

一、時間：民國　△△　年　△△　月　△△　日

二、地點：臺北市△△區△△路△△巷△△弄△△號

三、出席：王振△　王全△　王三△　王金△　王秀△

四、主席：王振△　　　　　紀錄：王秀△

五、主席報告：

　　本宗親族王△△死亡，其遺產管理人原選任王△福擔任，由於王△福因故為法院所解任，未能履行其管理人之職務，故特召請各位宗親前來開會，俾改選管理人。

六、討論事項：

　　王△△之遺產管理人王△福，既然因故為法院解任，似可

由其弟王△利擔任該遺產管理人為佳（王三△提議）。

決議：與會人士全部同意改選王△利為王△△之遺產管理人。

　　　推選人：王振△　　印（簽名）　　A100223301　　出生年月日：△△△

　　　　　　　王全△　　印（簽名）　　A100223401　　出生年月日：△△△

　　　　　　　王三△　　印（簽名）　　A100223501　　出生年月日：△△△

　　　　　　　王金△　　印（簽名）　　A200114351　　出生年月日：△△△

　　　　　　　王秀△　　印（簽名）　　A200114361　　出生年月日：△△△

本會議出席人員之資格均符合民法第1131條及第1133條規定，

如有不實，願負完全法律責任。

印 印 印 印 印 （簽名）

第三節　住址變更登記

一、民法規定

㈠以久住之意思，住於一定之地域者，即為設定其住所於該地，一人同時不得有兩住所。（第20條）

㈡無行為能力人及限制行為能力人，以其法定代理人之住所為住所。（第21條）

㈢有左列情形之一者，以其居所視為住所：（第22條）

　　1.住所無可考者。

　　2.在中國無住所者。但依法須依住所地法者，不在此限。

㈣法人以其主事務所之所在地為住所。（第29條）

二、戶籍法規定

㈠第16條

　　1.遷出原鄉（鎮、市、區）三個月以上，應為遷出登記。但法律另有規定、因服兵役、國內就學、入矯正機關收容、入住長期照顧機構或其他類似場所者，得不為遷出登記。

　　2.出境二年以上，應為遷出之登記。

㈡第17條

　　由他鄉（鎮、市、區）遷入三個月以上，應為遷入之登記。

㈢第18條

　　同一鄉（鎮、市、區）內變更住址三個月以上，應為住址變更之登記。

三、土地登記規則規定

㈠**住址變更應檢附之文件**（土登第152條）

　　1.登記名義人之住址變更者，應檢附國民身分證影本或戶口名簿影本，申請住址變更登記。如其所載身分證統一編號與登記簿記載不符或登記簿無記載統一編號者，應加附有原登記住址之身分證明文件。

　　2.登記名義人為法人者，如其登記證明文件所載統一編號與登記簿不符者，應提出其住址變更登記文件。

㈡**逕為變更登記**（土登第153條）

　　登記名義人住址變更，未申請登記者，登記機關得查明其現在住址，逕為住址變更登記。

四、專案或併案申請

　　如有遷居或門牌整編，可依本節所述，專案申請住址變更登記，惟如申

請合併分割等標示變更登記或抵押權設定登記時，得於各該申請書備註欄加註住址變更登記即可，不必另案填寫住址變更登記案件。住址變更，可能是「遷居」，如未遷居，但是「行政區域調整」或是「門牌整編」，亦屬住址變更。

五、申請實務

㈠申請人

住址變更登記，得僅由權利人或登記名義人申請之（土登第27條）——即土地所有權人或建物所有權人或他項權利人等單獨申請辦理。

㈡應備書件

1. 自然人住址變更登記應備書件
   (1)土地登記申請書。
   (2)登記清冊。
   (3)身分證明文件：
   ①登記簿所記載住址與現在住址變更經過脫節，無法查明確係同一人者，應提繳中間歷次遷徙之戶籍謄本。
   ②如行政區域調整或門牌整編，戶籍資料無是項記載時，應另附戶政事務所所核發之證明書。
   (4)權利書狀：如係所有權人住址變更登記，應附繳土地或建物所有權狀，如係他項權利人住址變更登記，應檢附他項權利證明書。

2. 法人住址變更登記應備書件
   (1)土地登記申請書。
   (2)登記清冊。
   (3)變更登記證明文件：證明文件需記載地址變更之情事，始有效。
   (4)權利書狀：如係所有權人住址變更登記，應檢附土地或建物所有權狀，如係他項權利人住址變更登記，應檢附他項權利證明書。
   (5)法人登記證件、法定代理人資格證明。

㈢申辦手續

1. 備齊繕妥所需書件：將登記申請書對摺放置於第一頁，登記清冊對摺放置於第二頁，權利書狀置於最後，其餘書件再依土地登記規則第34條規定提出文件之次序放置整齊，裝訂成冊，即可提向土地建物所在地之主管地政事務所申請。

2. 申請收件：
   (1)計費：住址變更登記，無須繳納登記規費，但換發權利書狀，每張新臺幣80元。
   (2)收件：申請案件經收件後，取具收件收據。

3. 補正：申請案件經審查發現填寫錯誤或文件不全或證件不符者，經通知

應限期補正。如申請案件經駁回補正者，再送請收件，應取具收件收
據。

4.領狀：申請案件經審查無誤登記完畢後，即可持收件收據及原蓋用之印
章，領取於背面加註新地址之原檢附之權利書狀。

六、住址變更登記申請書填寫說明

㈠一般填法

請參閱前述各章節。

㈡各欄填法

1.受理機關：按土地（建物）所在地之市（縣）及地政事務所之名稱填寫。
如屬跨所申請案件，請於「跨所申請」欄打勾，並分別填寫受理機關及
資料管轄機關名稱。

2.原因發生日期：以戶籍記載變更或法人核准變更之日期填寫。

3.申請登記事由：填寫「住址變更登記」並於其□內打✓。

4.登記原因：無論「遷居」或「行政區域調整」或「門牌整編」均填寫
「住址變更」並於其□內打✓。

5.標示及權利內容：於詳如「登記清冊」之□內打✓。

其餘請參閱前述各章節。

七、書表填寫範例

土地登記申請書

(1)受理機關	△△市△△地政事務所	資料管轄機關	△△市△△地政事務所		跨所申請 ☑	連件序別（非連件者免填） 共1件 第1件

收件	日期	年 月 日 時 分	字號	字 第 號	收件者章

登記費	元
書狀費	元
罰鍰	元
合計	元
收據 字 號	
書狀費	
核算者	

(2)原因發生日期　中華民國△△年△月△△日

(3)申請登記事由（選擇打✓一項）
- □所有權第一次登記
- □所有權移轉登記
- □抵押權登記
- □抵押權塗銷登記
- □抵押權內容變更登記
- □標示變更登記
- ☑住址變更登記

(4)登記原因（選擇打✓一項）
- □第一次登記
- □買賣 □贈與 □繼承 □分割繼承 □拍賣 □共有物分割
- □設定 □法定
- □清償 □拋棄 □混同 □判決塗銷
- □權利價值變更 □權利內容等變更
- □分割 □合併 □地目變更
- ☑住址變更

(5)標示及申請權利內容　詳如　□契約書　☑登記清冊　□複丈結果通知書　□建物測量成果圖

(6)附繳證件

1.戶籍謄本	1份	5.	份	9.	份
2.土地所有權狀	1份	6.	份	10.	份
3.建物所有權狀	1份	7.	份	11.	份
4.	份	8.	份	12.	份

(7)委任關係　本土地登記案之申請委託　陳△△　代理。　複代理。
委託人確為登記標的物之權利人或權利關係人，如有虛偽不實，本代理人（複代理人）願負法律責任。　印

(8)聯絡方式

連絡方式	權利人電話	△△△△－△△△△
	義務人電話	△△△△－△△△△
	代理人聯絡電話	△△△△－△△△△
	傳真電話	△△△△－△△△△
	電子郵件信箱	△△△△－△△△△
	不動產經紀業名稱及統一編號	△△△△－△△△△
	不動產經紀業電話	

(9)備註

(10)申請人	(11)權利人或義務人	(12)姓名或名稱	(13)出生年月日	(14)統一編號	(15)住所 縣市	鄉鎮市區	村里	鄰	街路	段	巷	弄	號	樓	(16)蓋章
	權利人	林△△	△△△	△△△△△	△△	△△	△△	△	△△	△			△	△	印
	代理人	陳△△	△△△	△△△△△	△△	△△	△△	△	△△	△			△	△	印
	事務所地址：														

本案處理經過情形（以下各欄申請人請勿填寫）

初審	複審	審查	核定	登簿	校簿	書狀列印	校狀	書狀用印	
				地價異動	通知領狀	異動通知	支付發狀	歸檔	

登 記 清 冊

申請人 權利人 林△△[印] 簽章
代理人 陳△△[印]

登記			
土地標示	(1) 坐落	鄉鎮市區	△△
		段	△△
		小段	△
	(2) 地號		△△
	(3) 地目		△
	(4) 面積（平方公尺）		245
	(5) 權利範圍		全部
	(6) 備註		變更前：台北市行善路25號 變更後：台北市行愛路25號

建物標示		
(7) 建號	1051	
(8) 門牌	鄉鎮市區	△△
	街 路 段 巷 號 樓 弄	△△
		△△
		△
(9) 建物坐落	段	△△
	小段	△
	地號	△△
(10) 面積（平方公尺）	一層	72.31
	二層	72.31
	共計	144.62
(11) 附屬建物	用途	
	面積（平方公尺）	
(12) 權利範圍	全部	
(13) 備註	變更前：台北市行行善路25號 變更後：台北市行行愛路25號	

第四節　權利書狀換給與補給登記

一、權利書狀的種類

所謂權利書狀，係指土地所有權狀、建築改良物所有權及他項權利證明書等。

㈠共有人保持證

土地所有權或他項權利登記完畢後，應發給申請人土地所有權狀或他項權利證明書。土地所有權如係共有，早期均分發各共有人以圖狀保持證。此種發給共有人保持證，係舊式作法，現階段共有者，於所有權總登記時，或移轉登記時，或補換發權利書狀時，均發給新式之持分所有權狀。

㈡建物附表

「臺灣省各縣市辦理土地登記有關建築改良物登記補充要點」第3點規定，建物經登記後，按照權利分別填發「建物附表」，分別附於土地所有權狀或他項權利證明書作為次頁。此種建物附表，亦係舊式作法，現階段建物所有權總登記時，或移轉登記時，或補換發權利書狀時，均發給新式之建築改良物所有權狀。

㈢實際種類

綜前各點，可知權利書狀應包括土地所有權狀、共有人保持證、建築改良物所有權狀、建物附表及他項權利證明書等五種。

二、權利書狀換給登記

㈠土地法規定

權利書狀因損壞或舊式之權利書狀等，均可請求換發新權利書狀，但應提出原損壞或原舊式之權利書狀。（土第79條）

㈡土地登記規則規定

權利書狀損壞，應由登記名義人申請換給。（土登第154條）

㈢申請實務

1.申請人：權利書狀換發登記之申請人，如係所有權狀換給登記者則為所有權人，如係他項權利證明書換給登記者，則為他項權利人。

2.應備書件：

(1)土地登記申請書。

(2)登記清冊。

(3)身分證明文件。

(4)原權利書狀：依申請換給之權利分別附繳土地所有權狀、建物所有權狀或他項權利證明書。

3.申辦手續：

⑴備齊繕妥所需書件：將登記申請書對摺放置於第一頁，登記清冊對摺放置於第二頁，權利書狀置於最後，其餘書件再依土地登記規則第34條規定提出文件之次序放置整齊，裝訂成冊，即可提向主管之地政事務所申請。

⑵申請收件：

①計費：申請案件，於核對申請人身分後，計算規費，其登記費免費，其書狀費每份新臺幣80元。

②開單：經計費後，即行開發規費繳納通知單。

⑶繳費：經開單後，即可繳費，並取具繳費收據。

⑷收件：申請案件經收件後，取具收件收據。

4.補正：申請案件經審查發現繕寫錯誤或文件不全或證件不符時，應依通知限期補正。

5.領狀：申請案件經審查無誤登記完畢後，即可持收件收據及原蓋用之印章，領取換發之權利書狀。

㈣書狀換給登記申請書

1.一般填法：

請參閱前述各節。

2.各欄填法：

⑴受理機關：按土地（建物）所在地之市（縣）及地政事務所之名稱填寫。如屬跨所申請案件，請於「跨所申請」欄打勾，並分別填寫受理機關及資料管轄機關名稱。

⑵原因發生日期：依損壞或換狀之日期填寫。

⑶申請登記事由：填寫「書狀換給登記」並於其□內打✓。

⑷登記原因：填寫「書狀換給」並於其□內打✓。

⑸標示及權利內容：於詳如「登記清冊」之□內打✓。

其餘請參閱前述各章節。

㈤書表填寫範例

土地登記申請書

收件	日期	年 月 日 時 分	收件者章
	字號	字第 號	
	分	號	

登記費	元	合計	元
書狀費	元	收據	字號
罰鍰	元	核算者	

連件序別（非連件者免填） 共1件 第1件

(1)受理機關 △△市△△地政事務所 資料管轄機關 ☑跨所申請 △△市 △△ 地政事務所

(2)原因發生日期 中華民國△△年△△月△△日

(3)申請登記事由（選擇打✓一項）
- □所有權第一次登記
- ☑所有權移轉登記
- □抵押權登記
- □抵押權塗銷登記
- □抵押權內容變更登記
- □標示變更登記
- ☑書狀換給登記

(4)登記原因（選擇打✓一項）
- □第一次登記
- □買賣 □贈與 □繼承 □分割繼承 □拍賣 □共有物分割
- □設定 □法定
- □清償 □混同 □判決塗銷
- □權利價值變更 □權利內容等變更
- □分割 □合併 □地目變更
- ☑書狀換給

(5)標示及申請權利內容 詳如 □契約書 ☑登記清冊 □複丈結果通知書 □建物測量成果圖

(6)附繳證件
1. 戶口名簿影本 1份
2. 土地所有權狀 1份
3. 建物所有權狀 1份
4.
5. 份
6. 份
7. 份
8. 份
9.
10.
11.
12.

(7)委任關係 本土地登記案之申請委託 陳△△ 代理。 複代理。
委託人確為登記標的物之權利人或權利關係人，如有虛偽不實，本代理人（複代理人）願負法律責任。 印

(8)聯絡方式

連絡方式	
權利人電話	△△△△－△△△△
義務人電話	△△△△－△△△△
代理人聯絡電話	△△△△－△△△△
傳真電話	
電子郵件信箱	
不動產經紀業名稱及統一編號	△△△△－△△△△
不動產經紀業電話	

(9)備註 請同時辦理所有權人王△△住址變更登記。 印

(10)申請人	(11)權利人或義務人	(12)姓名或名稱	(13)出生年月日	(14)統一編號	(15)住所 縣市	鄉鎮市區	村里	鄰	街路	段	巷	弄	號	樓	(16)簽章
	權利人	王△△	△△△	△△△△△	△△	△△	△△	△	△△	△			△	△	印
	代理人	陳△△	△△△	△△△△△	△△	△△	△△	△	△△	△			△	△	印
		事務所所地址： △△△△△													

本案處理經過情形（以下各欄申請人請勿填寫）

初審	複審	核	定	登簿	校簿	書狀列印	校狀	書狀用印
				地價異動	通知領狀	異動通知	交付發狀	歸檔

登記清册

申請人 權利人 王△△印　簽章
　　　　代理人 陳△△印

登	土地標示		
(1) 坐落	鄉鎮市區	△△	
	段	△△	
	小段	△	
(2) 地號		△△	
(3) 地目		△	
(4) 面積（平方公尺）		251.31	
(5) 權利範圍		$\frac{121}{10000}$	
(6) 備註			

(7) 建號		1056
(8) 門牌	鄉鎮市區	△△
	街路	△△
	段巷弄	△△
	號	△
	樓	△△
(9) 建物坐落	段	△
	小段	△△
	地號	△△
(10) 面積（平方公尺）	七層	96.21
	共計	96.21
(11) 附屬建物	用途	陽臺
	面積（平方公尺）	12.32
(12) 權利範圍		全部
(13) 備註		

建物標示

三、權利書狀補給登記

㈠土地法規定

土地所有權狀及土地他項權利證明書因滅失請求補給者,應敘明滅失原因,檢附有關證明文件,經地政機關公告三十日,公告期滿無人就該滅失事實提出異議後補給之。(土第79條)

㈡土地登記規則規定

1. 第154條:土地所有權狀或他項權利證明書損壞或滅失,應由登記名義人申請換給或補給。
2. 第155條:申請土地所有權狀或他項權利證明書補給時,應由登記名義人敘明其滅失之原因,檢附切結書或其他有關證明文件,經登記機關公告三十日,並通知登記名義人,公告期滿無人提出異議後,登記補給之;前項登記名義人除符合第41條第2款、第7款、第8款、第10款及第15款規定之情形外,應親自到場,並依第40條規定程序辦理。

㈢申請實務

1. 申請人:權利書狀補給登記之申請人,如係所有權狀補給登記者則為所有權人,如係他項權利證明書補給登記者,則為他項權利人。
2. 應備書件:
   (1)土地登記申請書。
   (2)登記清冊。
   (3)切結書或證明書。
   (4)身分證明文件。
   (5)印鑑證明。
3. 申辦手續:
   (1)備齊繕妥所需書件:將登記申請書對摺放置於第一頁,登記清冊對摺放置於第二頁,其餘書件再依土地登記規則第34條規定提出文件之次序放置整齊,裝訂成冊,即可提向主管之地政事務所申請。
   (2)申請收件:
     ①計費:申請案件,於核對申請人身分後,計算規費。其登記費免費,其書狀費每份新臺幣80元。
     ②開單:經計費後,即行開發規費繳納通知單。
     ③繳費:經開單後,即可繳費,並取具繳費收據。
     ④收件:申請案件經收件後,取具收件收據。
   (3)補正:申請案件經審查發現填寫錯誤或文件不全或證件不符時,應依通知限期補正。
   (4)公告:申請案件經審查無誤後,應行公告三十日,公告期滿無異議

　　者，即可補給登記。

　　(5)領狀：經登記完畢後，即可持收件收據及原蓋用之印章，領取補給之權利書狀。

(四)書狀補給登記申請書

1.一般填法：

　請參閱前述各節。

2.各欄填法：

　(1)受理機關：按土地（建物）所在地之市（縣）及地政事務所之名稱填寫。如屬跨所申請案件，請於「跨所申請」欄打勾，並分別填寫受理機關及資料管轄機關名稱。

　(2)原因發生日期：依遺失或滅失事實發生之日期填寫。

　(3)申請登記事由：填寫「書狀補給登記」並於其□內打✓。

　(4)登記原因：填寫「書狀補給」並於其□內打✓。

　(5)標示及權利內容：於詳如「登記清冊」之□內打✓。

　　其餘請參閱前述各章節。

(五)書表填寫範例

土地登記申請書

收件	日期	年 月 日 時		收件者章		連件序別	共 1 件 第 1 件	登記費	元		合計	元
	字號	字第 號	分			（非連件者免填）		書狀費	元		收據	字號
								罰鍰	元		核算者	

(1)受理機關	△△市△△地政事務所	資料管轄機關	△△市 △△地政事務所	(2)原因發生日期	中華民國△△年△月△△日

(3)申請登記事由（選擇打✓一項）

- □所有權第一次登記
- ☑所有權移轉登記
- □抵押權登記
- □抵押權塗銷登記
- □抵押權內容變更登記
- □標示變更登記
- ☑書狀換給登記

(4)登記原因（選擇打✓一項）

- □第一次登記
- □買賣　□贈與　□繼承　□分割繼承　□拍賣　□共有物分割 □
- □設定　□法定
- □清償　□抛棄　□混同　□判決塗銷 □
- □權利價值變更　□權利內容等變更
- □分割　□合併　□地目變更 □
- ☑書狀補給 □

(5)標示及申請權利內容　詳如 □契約書 ☑登記清冊 □複丈結果通知書 □建物測量成果圖

(6)附繳證件

1. 戶口名簿影本 1份　5. 　　　份　9. 　　　份
2. 切結書 1份　6. 　　　份　10. 　　份
3. 印鑑證明 1份　7. 　　　份　11. 　　份
4. 　　　　　　份　8. 　　　份　12. 　　份

(7)委任關係
本土地登記案之申請委託 陳△△ 代理。 複代理。
委託人確為登記標的物之權利人或權利關係人，如有虛偽不實，本代理人（複代理人）願負法律責任。 [印] [印]

(8)聯絡方式

- 權利人電話 △△△△－△△△△
- 義務人電話 △△△△－△△△△
- 代理人聯絡電話 △△△△－△△△△
- 傳真電話 △△△△－△△△△
- 電子郵件信箱
- 不動產經紀業名稱及統一編號
- 不動產經紀業電話

(9)備註 請同時辦理所有權人林△△住址變更登記。

(11)權利人或義務人	(12)姓名或名稱	(13)出生年月日	(14)統一編號	(15)住所										(16)簽章
				縣市	鄉鎮市區	村里	鄰	街路	段	巷	弄	號	樓	
權利人	林△△	△△△	△△△△△	△△	△△	△△	△	△△	△			△	△	印
代理人	陳△△	△△△	△△△△△△	△△	△△	△△	△	△△	△			△	△	印

事務所地址：

(10)申請人

本案處理經過情形（以下各欄申請人請勿填寫）

初審	複審	審核	定	核	審	複	審	初
登簿	校簿	書狀列印	校狀	書狀用印				
地價異動	通知領狀	異動通知	交付發狀	歸檔				

登記清冊

申請人　權利人　林△△ 印　　簽章
　　　　代理人　陳△△ 印

土地標示			
(1) 坐落	鄉鎮市區	△△	以下空白
	段	△△	
	小段	△	
(2) 地號		△△	
(3) 地目		△	
(4) 面積（平方公尺）		135.78	
(5) 權利範圍		$\frac{86}{10000}$	
(6) 備註			

	建物　標　示		
(7)	建　號	1022	以下空白
(8) 門牌	鄉鎮市區	△△	
	街　路	△△	
	段巷弄	△△	
	號　樓	△	
(9) 建物坐落	段	△△	
	小段	△	
	地號	△△	
(10) 面積（平方公尺）	五　層	93.45	
	共　計	93.45	
(11) 附屬建物	用　途	陽臺	
	面積（平方公尺）	15.22	
(12)	權利範圍	全　部	
(13)	備　註		

切　結　書

　　立切結書人林△△，於民國△△年△月△日購買△△縣△△鎮△△段△小段△△地號土地壹筆，面積△△△△公頃，持分△△△△及地上建物建號△△門牌△△△△△所有權全部，並辦妥所有權移轉登記，領取土地所有權狀△△△△地字第△△△△號及建物所有權狀△△△字第△△△號各壹份。於民國△△年△△月△△日，因在家被竊遺失，無法尋獲，特立本切結書切結屬實。如有虛偽不實或其他不法情事，致損害他人權益時，立切結書人願負賠償責任及法律責任。

此　致

△△縣△△地政事務所　　公鑒

　　　　　立切結書人

　　　　　姓　　名：林　△　△　　印　（簽名）

　　　　　身分證字號：A100112234

　　　　　住　　址：△△市△△區△△里△鄰△△路△號

　　　　　出生年月日：民國△年△月△日

中　華　民　國　△　△　年　△　△　月　△　△　日

第五節　共有物使用管理登記

　　為配合民法增訂第826條之1規定，辦理不動產共有人間關於共有物使用、管理、分割或禁止分割之約定及多數決決定或法院裁定之相關規定，土地登記規則於民國98年7月6日修正增訂本節。

一、民法規定

　　㈠「多數決」決定或法院裁定（第820條）

　　共有物之管理，除契約另有約定外，應以共有人過半數及其應有部分合計過半數之同意行之。但其應有部分合計逾三分之二者，其人數不予計算。

　　依前項規定之管理顯失公平者，不同意之共有人得聲請法院以裁定變更之。

　　前二項所定之管理，因情事變更難以繼續時，法院得因任何共有人之聲請，以裁定變更之。

　　共有人依第1項規定為管理之決定，有故意或重大過失，致共有人受損害者，對不同意之共有人連帶負賠償責任。

　　共有物之簡易修繕及其他保存行為，得由各共有人單獨為之。

　　㈡約定、決定或裁定登記後具有效力（第826條之1）

　　不動產共有人間關於共有物使用、管理、分割或禁止分割之約定或依第820條第1項規定所為之決定，於登記後，對於應有部分之受讓人或取得物權之人，具有效力。其由法院裁定所定之管理，經登記後，亦同。

　　動產共有人間就共有物為前項之約定、決定或法院所為之裁定，對於應有部分之受讓人或取得物權之人，以受讓或取得時知悉其情事或可得而知者為限，亦具有效力。

　　共有物應有部分讓與時，受讓人對讓與人就共有因使用、管理或其他情形所生之負擔連帶負清償責任。

二、土地登記規則規定

　　㈠登　記（第155條之1）

　　共有人依民法第826條之1第1項規定申請登記者，登記機關應於登記簿標示部其他登記事項欄記明收件年月日字號及共有物使用、管理、分割內容詳共有物使用管理專簿。

　　共有人依民法第820條第1項規定所為管理之決定或法院之裁定，申請前項登記時，應於登記申請書適當欄記明確已通知他共有人並簽名；於登記後，決定或裁定之內容有變更，申請登記時，亦同。

　　區分地上權人與設定之土地上下有使用、收益權利之人，就相互間使用收

益限制之約定事項申請登記時，登記機關應於該區分地上權及與其有使用收益限制之物權其他登記事項欄記明收件年月日字號及使用收益限制內容詳土地使用收益限制約定專簿。

前項約定經土地所有權人同意者，登記機關並應於土地所有權部其他登記事項欄辦理登記；其登記方式準用前項規定。（第155條之2）

㈡**使用管理專簿**（第155條之3）

登記機關依前二條規定辦理登記後，應就其約定、決定或法院裁定之文件複印裝訂成共有物使用管理專簿或土地使用收益限制約定專簿，提供閱覽或申請複印，其提供資料內容及申請人資格、閱覽費或複印工本費之收取，準用第24條之1及土地法第79條之2規定。

㈢**使用管理內容變更**（第155條之4）

依第155條之1或第155條之2規定登記之內容，於登記後有變更或塗銷者，申請人應檢附登記申請書、變更或同意塗銷之文件向登記機關提出申請。

前項申請為變更登記者，登記機關應將收件年月日字號、變更事項及變更年月日，於登記簿標示部或該區分地上權及與其有使用收益限制之物權所有權部或他項權利部其他登記事項欄註明；申請為塗銷登記者，應將原登記之註記塗銷。

前項登記完畢後，登記機關應將登記申請書件複印併入共有物使用管理專簿或土地使用收益限制約定專簿。

三、註記登記

依前述土地登記規則第155條之1規定，關於共有物使用管理登記，係屬註記登記。於申請登記時，應備文件為：

㈠土地登記申請書。

㈡登記清冊。

㈢登記原因證明文件：共有人之約定書或「多數決」之決議書或法院之裁定書。

㈣申請人之身分證明文件。

㈤共有物之所有權狀。

第 17 章　祭祀公業及地籍清理

第一節　概　說

　　祭祀公業及日據時期之會社、組合、神明會、質權、賃借權、抵押權、查封、假扣押，甚至姓名不符或不全等，為土地登記之一大困擾，不僅影響地籍及稅籍之管理，更影響土地之利用。

　　緣此，政府特於民國96年3月21日公布「地籍清理條例」；於民國96年12月12日公布「祭祀公業條例」；並同時於民國97年7月1日施行。

第二節　祭祀公業條例

壹、立法總說明

　　祭祀公業，係以祭祀祖先為目的所設立之獨立財產，淵源於南宋時之「祭田」，乃漢人社會獨特習尚。就維持宗族之意識、發揚崇祖睦親之傳統習慣及土地經濟而言，祭祀公業自有其時代背景並具重要意義與價值。惟今日傳統農業社會結構解體，人際關係疏離，以致派下為爭奪祀產而訴訟不斷，且祭祀公業設立悠久，受日據影響以致宗譜闕如、系統不明、權利主體認定不易。經查目前臺灣地區祭祀公業土地約有6萬4000餘筆，土地面積逾13900公頃，甚多土地資源未能有效利用，部分稅賦無法徵收，允宜正視並妥善解決。

　　為解決祭祀公業土地問題，內政部及臺灣省政府雖分別訂定「祭祀公業土地清理要點」及「臺灣省祭祀公業土地清理辦法」，作為行政機關清理祭祀公業土地之依據，惟因未具法律位階且祭祀公業錯綜複雜，致清理效果未臻理想。是以祭祀公業相關事務，必須制定專法予以規範。

　　為達到延續宗族傳統兼顧土地利用及增進公共利益之目標，配合地籍清理之政策方向，以維持祭祀公業之優良傳統，並解決其原為公同共有關係所生之土地登記、財產處分運用之困難問題，乃制定「祭祀公業條例」，計分六章，共六十條條文。

貳、總　則

一、立法目的（第1條）

　　為祭祀祖先發揚孝道，延續宗族傳統及健全祭祀公業土地地籍管理，促進土地利用，增進公共利益，特制定本條例。

二、主管機關及權責爭議時之處理方式（第2條）

㈠主管機關

　　本條例所稱主管機關：在中央為內政部；在直轄市為直轄市政府；在縣（市）為縣（市）政府；在鄉（鎮、市）為鄉（鎮、市）公所。

㈡權責劃分

　　主管機關之權責劃分如下：

　　1.中央主管機關：

　　　⑴祭祀公業制度之規劃與相關法令之研擬及解釋。

　　　⑵對地方主管機關祭祀公業業務之監督及輔導。

　　2.直轄市、縣（市）主管機關：

　　　⑴祭祀公業法人登記事項之審查。

　　　⑵祭祀公業法人業務之監督及輔導。

　　3.鄉（鎮、市）主管機關：本條列施行前已存在之祭祀公業，其申報事項之處理、派下全員證明書之核發及變動事項之處理。

㈢前項第3款之權責

　　前項第3款之權責於直轄市或市，由直轄市或市主管機關主管。

㈣區公所辦理

　　本條例規定由鄉（鎮、市）公所辦理之業務，於直轄市或市，由直轄市或市之區公所辦理。

㈤遇有爭議時

　　第2項未列舉之權責遇有爭議時，除本條例或其他法律另有規定者外，由中央主管機關會商直轄市、縣（市）主管機關決定之。

三、用詞定義（第3條）

　　本條例用詞定義如下：

　　㈠祭祀公業：由設立人捐助財產，以祭祀祖先或其他享祀人為目的之團體。

　　㈡設立人：捐助財產設立祭祀公業之自然人或團體。

　　㈢享祀人：受祭祀公業所奉祀之人。

　　㈣派下員：祭祀公業之設立人及繼承其派下權之人；其分類如下：

　　1.派下全員：祭祀公業或祭祀公業法人自設立起至目前止之全體派下員。
　　2.派下現員：祭祀公業或祭祀公業法人目前仍存在之派下員。
　㈤派下權：祭祀公業或祭祀公業法人所屬派下員之權利。
　㈥派下員大會：由祭祀公業或祭祀公業法人派下現員組成，以議決規約、
業務計畫、預算、決算、財產處分、設定負擔及選任管理人、監察人。

四、本條例施行前之祭祀公業之派下員（第4條）

㈠派下員為設立人及其男系子孫（含養子）

　　本條例施行前已存在之祭祀公業，其派下員依規約定之。無規約或規約未
規定者，派下員為設立人及其男系子孫（含養子）。

㈡無男系子孫時

　　派下員無男系子孫，其女子未出嫁者，得為派下員。該女子招贅夫或未招
贅生有男子或收養男子冠母姓者，該男子亦得為派下員。

㈢女子、養女、贅婿等亦得為派下員之情形

　　派下之女子、養女、贅婿等有下列情形之一者，亦得為派下員：
　　1.經派下現員三分之二以上書面同意。
　　2.經派下員大會派下現員過半數出席，出席人數三分之二以上同意通過。

五、本條例施行後男女繼承權平等（第5條）

　　本條例施行後，祭祀公業及祭祀公業法人之派下員發生繼承事實時，其繼
承人應以共同承擔祭祀者列為派下員。

參、祭祀公業之申報

一、本條例施行前已存在之祭祀公業辦理申報（第6條）

㈠尚未申報並核發派下全員證明書，由管理人辦理申報

　　本條例施行前已存在，而未依祭祀公業土地清理要點或臺灣省祭祀公業土
地清理辦法之規定申報並核發派下全員證明書之祭祀公業，其管理人應向該祭
祀公業不動產所在地之鄉（鎮、市）公所（以下簡稱公所）辦理申辦。

㈡由派下現員過半數推舉派下現員一人辦理申報

　　前項祭祀公業無管理人、管理人行方不明或管理人拒不申報者，得由派下
現員過半數推舉派下現員一人辦理申報。

二、清查、公告、通知並限期辦理申報（第7條）

　　直轄市、縣（市）地政機關應自本條例施行之日起一年內清查祭祀公業土地
並造冊，送公所公告九十日，並通知尚未申報之祭祀公業，應自公告之日起三

年內辦理申報。

三、申報時應填具及檢附之文件（第8條）

　㈠文　件

　　　第6條之祭祀公業，其管理人或派下員申報時應填具申請書，並檢附下列文件：

　　　1.推舉書。但管理人申報者，免附。

　　　2.沿革。

　　　3.不動產清冊及其證明文件。

　　　4.派下全員系統表。

　　　5.派下全員戶籍謄本。

　　　6.派下現員名冊。

　　　7.原始規約。但無原始規約者，免附。

　㈡派下全員戶籍謄本

　　　前項第5款派下全員戶籍謄本，指戶籍登記開始實施後，至申報時全體派下員之戶籍謄本。但經戶政機關查明無該派下員戶籍資料者，免附。

四、應向面積最大土地所在之公所申報（第9條）

　　祭祀公業土地分屬不同直轄市、縣（市）、鄉（鎮、市）者，應向面積最大土地所在之公所申報；受理申報之公所應通知祭祀公業其他土地所在之公所會同審查。

五、書面審查、補正、駁回及二人以上申報之協調（第10條）

　㈠書面審查、補正及駁回

　　　公所受理祭祀公業申報後，應就其所附文件予以書面審查；其有不符者，應通知申報人於三十日內補正；屆期不補正或經補正仍不符者，駁回其申報。

　㈡二人以上申報者之協調及駁回

　　　同一祭祀公業有二人以上申報者，公所應通知當事人於三個月內協調以一人申報，屆期協調不成者，由公所通知當事人於一個月內向法院提起確認之訴並陳報公所，公所應依法院確定判決辦理，屆期未起訴者，均予駁回。

六、公告、陳列、刊登新聞紙及電腦網站刊登公告文（第11條）

　　　公所於受理祭祀公業申報後，應於公所、祭祀公業土地所在地之村（里）辦公處公告、陳列派下現員名冊、派下全員系統表、不動產清冊，期間為三十日，並將公告文副本及派下現員名冊、派下全員系統表、不動產清冊交由申報人於公告之日起刊登當地通行之一種新聞紙連續三日，並於直轄市、縣（市）主

管機關及公所電腦網站刊登公告文三十日。

七、異議之提出及處理（第12條）

㈠異議之提出
　　祭祀公業派下現員或利害關係人對前條公告事項有異議者，應於公告期間內，以書面向公所提起。

㈡異議書轉知及申復
　　公所應於異議期間屆滿後，將異議書轉知申報人自收受之日起三十日內申復；申復人未於期限內提出申復書者，駁回其申報。

㈢申復書轉知及向法院提起確認之訴
　　申報人之申復書繕本，公所應即轉知異議人；異議人仍有異議者，得自收受申復書之次日起三十日內，向法院提起確認派下權、不動產所有權之訴，並將起訴狀副本連同起訴證明送公所備查。

㈣接受異議之更正申報事項及公告
　　申報人接受異議者，應於第2項所定三十日內更正申報事項，再報請公所公告三十日徵求異議。

八、核發派下全員證明書（第13條）

㈠核　發
　　異議期間屆滿後，無人異議或異議人收受申復書屆期未向公所提出法院受理訴訟之證明者，公所應核發派下全員證明書；其經向法院起訴者，俟各法院均判決後，依確定判決辦理。

㈡包括之文件
　　前項派下全員證明書，包括派下現員名冊、派下全員系統表及不動產清冊。

九、訂立、修正規約及同意、備查（第14條）

㈠限期訂立規約
　　祭祀公業無原始規約者，應自派下全員證明書核發之日起一年內，訂定其規約。

㈡限期修正規約
　　祭祀公業原始規約內容不完備者，應自派下全員證明書核發之日起一年內，變更其規約。

㈢同意及備查
　　規約之訂定及變更應有派下現員三分之二以上之出席，出席人數四分之三以上之同意或經派下現員三分之二以上之書面同意，並報公所備查。

十、規約應記載之事項（第15條）

祭祀公業規約應記載下列事項：

㈠名稱、目的及所在地。

㈡派下權之取得及喪失。

㈢管理人人數、權限、任期、選任及解任方式。

㈣規約之訂定及變更程序。

㈤財產管理、處分及設定負擔之方式。

㈥解散後財產分配之方式。

十一、管理人、監察人之選任及備查（第16條）

㈠管理人之選任及備查

祭祀公業申報時無管理人者，應自派下全員證明書核發之日起一年內選任管理人，並報公所備查。

㈡監察人之選任及備查

祭祀公業設有監察人者，應自派下全員證明書核發之日起一年內選任監察人，並報公所備查。

㈢異議者提起民事確認之訴

祭祀公業管理人、監察人之選任及備查事項，有異議者，應逕向法院提起確認之訴。

㈣選任及解任之同意

祭祀公業管理人、監察人之選任及解任，除規約另有規定或經派下員大會議決通過者外，應經派下現員過半數之同意。

十二、漏列、誤列派下員之更正（第17條）

祭祀公業派下全員證明書核發後，管理人、派下員或利害關係人發現有漏列、誤列派下員者，得檢具派下現員過半數之同意書，並敘明理由，報經公所公告三十日無人異議後，更正派下全員證明書。有異議者，應向法院提起確認派下權之訴，公所應依法院確定判決辦理。

十三、派下員有變動之公告、備查及應檢具之文件（第18條）

祭祀公業派下全員證明書核發後，派下員有變動者，管理人、派下員或利害關係人應檢具下列文件，向公所申請公告三十日，無人異議後准予備查；有異議者，依第12條、第13條規定之程序辦理：

㈠派下全員證明書。

㈡變動部分之戶籍謄本。

㈢變動前後之系統表。

㈣拋棄書（無人拋棄者，免附）。

㈤派下員變動前後之名冊。

㈥規約（無規約者，免附）。

十四、管理人變動之申請備查（第19條）

祭祀公業管理人之變動，應由新管理人檢具下列證明文件，向公所申請備查，無須公告。

㈠派下全員證明書。

㈡規約（無規約者，免附）。

㈢選任之證明文件。

十五、文件偽造之駁回或撤銷（第20條）

祭祀公業申報時所檢附之文件，有虛偽不實經法院判決確定者，公所應駁回其申報或撤銷已核發之派下全員證明書。

肆、祭祀公業法人之登記

一、特殊性質法人（第21條）

㈠申報、登記後為祭祀公業法人

本條例施行前已存在之祭祀公業，其依本條例申報，並向直轄市、縣（市）主管機關登記後，為祭祀公業法人。

㈡視為已依本條例申報

本條例施行前已核發派下全員證明書之祭祀公業，視為已依本條例申報之祭祀公業，得逕依第25條第1項規定申請登記為祭祀公業法人。

㈢當事人能力

祭祀公業法人有享受權利及負擔義務之能力。

㈣應冠以法人名義

祭祀公業申請登記為祭祀公業法人後，應於祭祀公業名稱之上冠以法人名義。

二、應設管理人及其人數（第22條）

祭祀公業法人應設管理人，執行祭祀公業法人事務，管理祭祀公業法人財產，並對外代表祭祀公業法人。管理人有數人者，其人數應為單數，並由管理人互選一人為代理人；管理事務之執行，取決於全體管理人過半數之同意。

三、得設監察人（第23條）

祭祀公業法人得設監察人，由派下現員中選任。監察祭祀公業法人事務之執行。

四、章程應記載之事項（第24條）

祭祀公業法人章程，應記載下列事項：

㈠名稱。
㈡目的。
㈢主事務所之所在地。
㈣財產總額。
㈤派下權之取得及喪失。
㈥派下員之權利及義務。
㈦派下員大會之召集、權限及議決規定。
㈧管理人之人數、權限、任期、選任及解任方式。
㈨設有監察人者，其人數、權限、任期、選任及解任方式。
㈩祭祀事務。
(十一)章程之訂定及變更程序。
(十二)財產管理、處分及設定負擔之方式。
(十三)定有存立期間者，其期間。
(十四)解散之規定。
(十五)解散後財產分配之方式。

五、申請登記爲祭祀公業法人應檢附之文件（第25條）

㈠應檢附之文件

祭祀公業得填具申請書，並檢附下列文件，報請公所轉報直轄市、縣（市）主管機關申請登記為祭祀公業法人：

1.派下現員過半數之同意書。
2.沿革。
3.章程。
4.載明主事務所所在地之文件，設有分事務所者，亦同。
5.管理人備查公文影本；申報前已有管理人者，並附管理人名冊。
6.監察人備查公文影本；申報前已有監察人者，並附監察人名冊；無監察人者，免附。
7.派下全員證明書。
8.祭祀公業法人圖記及管理人印鑑。

㈡圖記樣式及規格之訂定

前項祭祀公業法人圖記之樣式及規格，由中央主管機關定之。

六、發給祭祀公業法人登記證書（第26條）

㈠發給登記證書

直轄市、縣（市）主管機關受理祭祀公業法人登記之申請，經審查符合本條例規定者，發給祭祀公業法人登記證書。

㈡冠以法人名義

前項法人登記證書應於祭祀公業名稱之上冠以法人名義。

㈢證書格式之訂定

祭祀公業法人登記證書之格式，由中央主管機關定之。

七、法人登記簿（第27條）

㈠應備置法人登記簿及記載之事項

直轄市、縣（市）主管機關辦理祭祀公業法人登記，應備置法人登記簿，並記載下列事項：

1.祭祀公業法人設立之目的、名稱、所在地。

2.財產總額。

3.派下現員名冊。

4.管理人之姓名及住所；定有代表法人之管理人者，其姓名。

5.設有監察人者，其姓名及住所。

6.定有存立期間者，其期間。

7.祭祀公業法人登記證書核發之日期。

8.祭祀公業法人圖記及管理人印鑑。

㈡登記簿格式之訂定

祭祀公業法人登記簿之格式，由中央主管機關定之。

八、更名登記爲法人所有

㈠限期更名（第28條）

管理人應自取得祭祀公業法人登記證書之日起九十日內，檢附登記證書及不動產清冊，向土地登記機關申請，將其不動產所有權更名登記為法人所有，逾期得延展一次。

㈡未依規定期限辦理之處理（第50條第3項）

未依前項規定期限辦理者，由直轄市、縣（市）主管機關依派下全員證明書之派下現員名冊，囑託該管土地登記機關均分登記為派下員分別共有。

九、法人登記之效力（第29條）

祭祀公業法人登記後，有應登記之事項而不登記，或已登記之事項有變更而不為變更之登記者，不得以其事項對抗第三人。

伍、祭祀公業法人之監督

一、派下員大會（第30條）

㈠定期召開

祭祀公業法人派下員大會每年至少定期召開一次，議決下列事項：

1.章程之訂定及變更。

2.選任管理人、監察人。

3.管理人、監察人之工作報告。

4.管理人所擬訂之年度預算書、決算書、業務計畫書及業務執行書。

5.財產處分及設定負擔。

6.其他與派下員權利義務有關之事項。

㈡會議紀錄之備查

祭祀公業法人應將派下員大會會議紀錄於會議後三十日內，報請公所轉報直轄市、縣（市）主管機關備查。

二、派下員大會之召集（第31條）

㈠管理人召集

祭祀公業法人派下員大會，由代表法人之管理人召集，並應有派下現員過半數之出席；派下現員有變動時，應於召開前辦理派下員變更登記。

㈡召集臨時派下員大會

管理人認為必要或經派下現員五分之一以上書面請求，得召集臨時派下員大會。

㈢管理人擔任主席

依前二項召集之派下員大會，由代表法人之管理人擔任主席。

㈣派下現員推舉代表召集

管理人未依章程或第1項及第3項規定召集會議，得由第2項請求之派下現員推舉代表召集之，並互推一人擔任主席。

三、派下員大會因故不能成會時（第32條）

為執行祭祀公業事務，依章程或本條例規定應由派下員大會議決事項時，祭祀公業法人派下員大會出席人數因故未達定額者，得由代表法人之管理人取

得第33條所定比例派下現員簽章之同意書為之。

四、決議之出席及同意人數（第33條）

㈠一般及特別事項之決議

祭祀公業法人派下員大會之決議，應有派下現員過半數之出席，出席人數過半數之同意行之；依前條規定取得同意書者，應取得派下現員二分之一以上書面之同意。但下列事項之決議，應有派下現員三分之二以上之出席，出席人數超過四分之三之同意；依前條規定取得同意書者，應取得派下現員三分之二以上書面之同意。

　1.章程之訂定及變更。

　2.財產之處分及設定負擔。

　3.解散。

㈡章程定有較高之決數者

祭祀公業法人之章程定有高於前項規定之決數者，從其章程之規定。

五、訂定及變更章程召開派下員大會時之派員列席（第34條）

祭祀公業法人為訂定及變更章程召開派下員大會時，應報請直轄市、縣（市）主管機關派員列席。

六、管理人選任及解任之同意（第35條）

祭祀公業法人管理人、監察人之選任及解任，除章程另有規定或經派下員大會議決通過者外，應經派下現員過半數之同意。

七、財產之管理限制（第36條）

管理人就祭祀公業法人財產之管理，除章程另有規定外，僅得為保全及以利用或改良為目的之行為。

八、派下現員變更登記（第37條）

㈠應檢具之文件

祭祀公業法人之派下現員變動者，應檢具下列文件，報請公所轉報直轄市、縣（市）主管機關辦理派下現員變更登記：

　1.派下全員證明書。

　2.派下員變動部分之系統表。

　3.變動部分派下員之戶籍謄本。

　4.派下員變動前名冊及變動後現員名冊。

　5.派下權拋棄書；無拋棄派下權者，免附。

6.章程。

㈡有無異議之處理

1.前項祭祀公業法人之派下現員之變動、經直轄市、縣（市）主管機關公告三十日，無人異議者，予以備查，有異議者，依第12條、第13條規定之程序辦理。

2.第12條：

⑴異議之提出：祭祀公業派下現員或利害關係人對前條公告事項有異議者，應於公告期間內，以書面向公所提出。

⑵異議書轉知及申復：公所應於異議期間屆滿後，將異議書轉知申報人自收受之日起三十日內申復；申報人未於期限內提出申復書者，駁回其申報。

⑶申復書轉知及向法院提起確認之訴：申報人之申復書繕本，公所應即轉知異議人；異議人仍有異議者，得自收受申復書之次日起三十日內，向法院提起確認派下權、不動產所有權之訴，並將起訴狀副本連同起訴證明送公所備查。

⑷接受異議之更正申報事項及公告：申報人接受異議者，應於第2項所定三十日內更正申報事項，再報請公所公告三十日徵詢異議。

3.第13條：

⑴核發：異議期間屆滿後，無人異議或異議人收受申復書屆期未向公所提出法院受理訴訟之證明者，公所應核發派下全員證明書；其經向法院起訴者，俟各法院均判決後，依確定判決辦理。

⑵包括之文件：前項派下全員證明書，包括派下現員名冊、派下全員系統表及不動產清冊。

九、管理人或監察人變更登記（第38條）

㈠變更登記

　　祭祀公業法人管理人或監察人變動者，應檢具選任管理人或監察人證明文件，報請公所轉報直轄市、縣（市）主管機關辦理管理人或監察人變更登記。

㈡異議之提起民事確認之訴

　　祭祀公業法人之管理人、監察人之選任及變更登記，有異議者，應逕向法院提起民事確認之訴。

十、不動產之變更登記（第39條）

　　祭祀公業法人之不動產變動者，應檢具土地、建物變動證明文件及變動後不動產清冊，報請公所轉報直轄市、縣（市）主管機關辦理變更登記。

十一、法人圖記或管理人印鑑變更登記（第40條）

祭祀公業法人圖記或管理人印鑑變動者，應檢具新圖記、印鑑及有關資料，報請公所轉報直轄市、縣（市）主管機關辦理變更登記。

十二、應設置帳簿（第41條）

㈠應設置帳簿

祭祀公業法人應設置帳簿，詳細記錄有關會計事項，按期編造收支報告。

㈡預算書、業務計畫書、決算及業務執行書之備查

祭祀公業法人應自取得法人登記證書之日起三個月內及每年度開始前三個月，檢具年度預算書及業務計畫書，年度終了後三個月內，檢具年度決算及業務執行書，報請公所轉報直轄市、縣（市）主管機關備查。

十三、監察人得隨時查核及向派下員大會報告監察意見（第42條）

祭祀公業法人設有監察人者，監察人得隨時查核業務執行情形及財務簿冊文件，並對管理人提出之各種表冊、計畫，向派下員大會報告監察意見。

十四、糾正及通知限期改善（第43條）

㈠糾正及通知限期改善之情形

祭祀公業法人有下列情形之一者，直轄市、縣（市）主管機關應予糾正，並通知限期改善。

1. 違反法令或章程規定。
2. 管理運作與設立目的不符。
3. 財務收支未取具合法憑證或未有完備之會計紀錄。
4. 財產總額已無法達成設立目的。

㈡未於期限內改善之處置

祭祀公業法人未於前項期限內改善者，直轄市、縣（市）主管機關得解除其管理人職務，令其重新選任管理人或廢止其登記。

十五、違反法律、公序良俗者之宣告解散（第44條）

祭祀公業法人之目的或其行為，有違反法律、公共秩序或善良風俗者，法院得因主管機關、檢察管或利害關係人之請求，宣告解散。

十六、祭祀公業法人之解散（第45條）

㈠解散之事由

祭祀公業法人發生章程所定解散之事由或經直轄市、縣（市）主管機關廢止

其登記時，解散之。

㈡清算之備查

祭祀公業法人解散時，應由清算人檢具證明文件及財產清算計畫書，報請直轄市、縣（市）主管機關備查。

十七、解散後財產之清算（第46條）

祭祀公業法人解散後，其財產之清算由管理人為之，但章程有特別規定或派下員大會另有決議者，不在此限。

十八、選任清算人（第47條）

不能依前條規定定其清算人時，法院得因直轄市、縣（市）主管機關、檢察管或利害關係人之聲請，或依職權選任清算人。

十九、清算人之職務（第48條）

㈠職　務

清算人之職務如下：
1.了結現務。
2.收取債權、清償債務。
3.移交分配賸餘財產。

㈡法人之視為存續

祭祀公業法人至清算終結止，在清算之必要範圍內，視為存續。

陸、祭祀公業土地之處理

一、不動產清冊內有漏列、誤列建物或土地者之更正（第49條）

祭祀公業派下全員證明書核發後，管理人、派下現員或利害關係人發現不動產清冊內有漏列、誤列建物或土地者，得檢具派下現員過半數之同意書及土地或建物所有權狀影本或土地登記（簿）謄本，報經公所公告三十日無人異議後，更正不動產清冊。有異議者，應向法院提起確認不動產所有權之訴，由公所依法院確定判決辦理。

二、土地或建物之處理（第50條）

㈠限期處理及方式

祭祀公業派下全員證明書核發，經選任管理人並報公所備查後，應於三年內依下列方式之一，處理其土地或建物：
1.經派下現員過半數書面同意依本條例規定登記為祭祀公業法人，並申辦

　　　　所有權更名登記為祭祀公業法人所有。

　　2.經派下現員過半數書面同意依民法規定成立財團法人，並申辦所有權更
　　　　名登記為財團法人所有。

　　3.依規約規定申辦所有權變更登記為派下員分別共有或個別所有。

㈡**本條例施行前已核發派下全員證明書者之辦理**

　　本條例施行前已核發派下全員證明書之祭祀公業，應自本條例施行之日起
三年內，依前項各款規定辦理。

㈢**未依前二項規定辦理之處置**

　　未依前二項規定辦理者，由直轄市、縣（市）主管機關依派下全員證書明之
派下現員名冊，囑託該管土地登記機關均分登記為派下員分別共有。

三、代為標售（第51條）

㈠**代為標售之情形**

　　祭祀公業土地於第7條規定公告之日屆滿三年，有下列情形之一者，除公共
設施用地外，由直轄市或縣（市）主管機關代為標售：

　　1.期滿三年無人申報

　　2.經申報被駁回，屆期未提起訴願或訴請法院裁判。

　　3.經訴願決定或法院裁判駁回確定。

㈡**得申請暫緩代為標售**

　　前項情形，祭祀公業及利害關係人有正當理由者，得申請暫緩代為標售。

㈢**代為標售辦法之訂定**

　　前二項代為標售之程序，暫緩代為標售之要件及期限，底價訂定及其他應
遵行事項之辦法，由中央主管機關定之。

四、優先購買權（第52條）

㈠**優先購權人及優先順序**

　　依前條規定代為標售之土地，其優先購買權人及優先順序如下：

　　1.地上權人、典權人、永佃權人。

　　2.基地或耕地承租人。

　　3.共有土地之他共有人。

　　4.本條例施行前已占有達十年以上，至標售時仍繼續為該土地之占有人。

㈡**地上權人、典權人、永佃權人優先購買權之順序**

　　前項第1款優先購買權之順序，以登記之先後定之。

五、公告及通知（第53條）

㈠公告三個月

直轄市或縣（市）主管機關代為標售土地前，應公告三個月。

㈡公告應載明前條之優先購買權意旨及代替對優先購買權人之通知

前項公告，應載明前條之優先購買權意旨，並以公告代替對優先購買權人之通知。優先購買權人未於決標後十日內以書面為承買之意思表示者，視為放棄其優先購買權。

㈢公告時一併通知

直轄市或縣（市）主管機關於代為標售公告清理之土地前，應向稅捐、戶政、民政、地政等機關查詢；其能查明祭祀公業土地之派下現員或利害關係人者，應於公告時一併通知。

六、應於國庫設立地籍清理土地權利價金保管款專戶（第54條）

㈠保管代為標售土地之價金

直轄市或縣（市）主管機關應於國庫設立地籍清理土地權利價金保管款專戶，保管代為標售土地之價金。

㈡扣除稅費後儲存

直轄市或縣（市）主管機關應將代為標售土地價金，扣除百分之五行政處理費用、千分之五地籍清理獎金及應納稅賦後，以其餘額儲存於前項保管款專戶。

㈢十年內之申請發給土地價金

祭祀公業自專戶儲存之保管款儲存之日起十年內，得檢附證明文件向直轄市或縣（市）主管機關申請發給土地價金；經審查無誤，公告三個月，期滿無人異議時，按代為標售土地之價金扣除應納稅賦後之餘額，並加計儲存於保管款專戶之實收利息發給之。

㈣期間屆滿後之歸屬國庫

前項期間屆滿後，專戶儲存之保管款經結算如有賸餘，歸屬國庫。

㈤儲存、保管、繳庫等事項辦法之訂定

地籍清理土地權利價金保管款之儲存、保管、繳庫等事項及地籍清理獎金之分配、核發等事項之辦法，由中央主管機關定之。

七、未完成標售者之處置（第55條）

㈠囑託登記為國有

依第51條規定代為標售之土地，經二次標售而未完成標售者，由直轄市或縣（市）主管機關囑託登記為國有。

⼆申請發給土地價金

前項登記為國有之土地，自登記完畢之日起十年內，祭祀公業得檢附證明文件，向直轄市或縣（市）主管機關申請發給土地價金；經審查無誤，公告三個月，期滿無人異議時，依該土地第二次標售底價扣除應納稅賦後之餘額，並加計儲存於保管款專戶之應收利息發給。所需價金，由地籍清理土地權利價金保管款支應；不足者，由國庫支應。

柒、附　則

一、本條例施行前以祭祀公業以外名義登記之不動產之準用（第56條）

本條例施行前以祭祀公業以外名義登記之不動產，具有祭祀公業之性質及事實，經申請人出具已知過半數派下員願意以祭祀公業案件辦理之同意書或其他證明文件足以認定者，準用本條例申報及登記之規定；財團法人祭祀公業，亦同。前項不動產為耕地時，得申請變更為祭祀公業法人或以財團法人社團法人成立之祭祀公業所有，不受農業發展條例之限制。

二、有異議者得逕向法院起訴（第57條）

管理人、派下員或利害關係人對祭祀公業申報、祭祀公業法人登記、變更及備查之事項或土地登記事項，有異議者，除依本條例規定之程序辦理外，得逕向法院起訴。

三、興辦公益慈善及社會教化事務之獎勵（第58條）

中央主管機關得訂定獎勵措施，鼓勵祭祀公業運用其財產孳息興辦公益慈善及社會教化事務。

四、新設立之祭祀公業（第59條）

⼀新設立之成立社團法人或財團法人

新設立之祭祀公業應依民法規定成立社團法人或財團法人。

⼆已成立財團法人之變更登記為祭祀公業法人

本條例施行前，已成立之財團法人祭祀公業，得依本條例規定，於三年內辦理變更登記為祭祀公業法人，完成登記後，祭祀公業法人主管機關應函請法院廢止財團法人之登記。

五、施行日期（第60條）

本條例施行日期，由行政院定之。

第三節　地籍清理條例

壹、重點概說

一、清理之土地

計分七章，共計四十三條條文，將清理的土地，主要包括：

(一)日據時期會社、組合、神明會等非法定名義登記。

(二)不動產質權、賃借權等非法定物權名稱登記。

(三)日據時期登記的抵押權、查封、假扣押等至今無法辦理塗銷。

(四)土地登記名義人姓名或住址資料不全或不符等類型。

二、全面清理

依據內政部初步統計，全國該類待清理土地約有23萬筆，長久以來，除造成土地權利人無法使用及處分土地，且影響國土整體利用及地籍資料正確性。本條例施行後，將由市縣政府進行全面清理，以解決民眾土地產權問題，並活絡土地交易，增加土地稅收及促進土地利用。

三、清理程序

地籍清理程序將由市縣政府採分期、分區、分類方式清查，清查結果將先公告九十日，土地權利人應於公告後一年內申報或申請登記，經審查及公告期滿無人提出異議才可為登記。而其中會社、組合、神明會等部分類型土地，如土地權利人未於期限內申報或申請登記，將由市縣政府代為標售或議售，經二次標售而未能完成標售的土地將囑託登記為國有，而土地權利人可於十年內依標售金額或第二次標售底價申請發給土地價金。

貳、總　則

一、立法目的（第1條）

為健全地籍管理，確保土地權利，促進土地利用，特制定本條例。

二、主管機關（第2條）

本條例所稱主管機關：在中央為內政部；在直轄市為直轄市政府；在縣（市）為縣（市）政府。

本條例所稱登記機關，指土地所在地之直轄市或縣（市）地政事務所；未設地政事務所者，指直轄市或縣（市）主管機關辦理土地登記之機關。

三、清理程序（第3條）

㈠清理程序

主管機關為清查權利內容不完整或與現行法令規定不符之地籍登記，經釐清權利內容及權屬後，應重新辦理登記；其未能釐清權利內容及權屬者，應予標售或處理；除本條例另有規定外，其清理程序如下：

    1.清查地籍。

    2.公告下列事項：

      ⑴應清理之土地。

      ⑵受理申報或受理申請登記之機關。

      ⑶申報或申請登記之期間。

    3.受理申報。

    4.受理申請登記。

    5.審查及公告審查結果。

    6.登記並發給權利證書。

    7.異動或其他之處理。

㈡公告及期間

前項第2款之公告，由直轄市或縣（市）主管機關為之，其期間為九十日；申報或申請登記之期間，除本條例另有規定外，為期一年。

四、應於一定期間內清查及辦法之訂定（第4條）

直轄市或縣（市）主管機關應於一定期間內清查轄區內第17條至第33條規定之土地地籍；其清查之期間、範圍、分類，程序及其他相關事項之辦法，由中央主管機關定之。

五、應清理之土地及查詢、公告時之一併通知（第5條）

有下列各款情形之一者，直轄市或縣（市）主管機關依第3條第1項第2款公告應清理之土地前，應向稅捐、戶政、民政、地政、法院等機關查詢；其能查明土地權利人或利害關係人者，應於公告時一併通知：

    ㈠以日據時期會社或組合名義登記。

    ㈡以神明會名義登記。

    ㈢土地總登記時或金門馬祖地區實施戰地政務終止前，登記名義人姓名或住址記載不全或不符。

六、審查及補正（第6條）

登記機關受理申請登記後，應即開始審查，經審查應補正者，通知申請人

於六個月內補正。

七、駁回（第7條）

(一)駁回之情形

有下列各款情形之一者，登記機關應以書面駁回：

1. 依法不應登記。
2. 登記之權利人、義務人或其與權利關係人間涉有私權爭執。
3. 不能補正或屆期未補正。

(二)不服駁回之提起訴願或訴訟

依前項第1款、第3款規定駁回者，申請人如有不服，得依法提起訴願；依前項第2款規定駁回者，應於收受駁回通知書之次日起三個月內，向管轄法院提起訴訟。

八、應即辦理登記及應即公告三個月（第8條）

登記機關受理申請登記，經審查無誤者，除第19條至第26條及第34條至第39條規定之土地應即辦理登記外，其餘土地應即公告三個月。

九、異議及調處（第9條）

(一)異　議

土地權利關係人於前條公告期間內，得以書面向該管登記機關提出異議，並應檢附證明文件；經該管登記機關審查屬土地權利爭執者，應移送直轄市或縣（市）主管機關調處。

(二)進行調處

直轄市或縣（市）主管機關為前項之調處時，準用土地法第34條之2規定，進行調處。不服調處者，得於收受調處結果通知次日起三十日內，向管轄法院提起訴訟，屆期未提起訴訟者，依原調處結果辦理。

十、辦理登記（第10條）

申請登記事項於公告期滿無人異議、經調處成立或法院判決確定者，應即依其結果辦理登記。

十一、代爲標售（第11條）

(一)代為標售之情形

第17條至第26條、第32條及第33條規定之土地，有下列情形之一者，除公共設施用地外，由直轄市或縣（市）主管機關代為標售：

1. 屆期無人申報或申請登記。

2.經申報或申請登記而被駁回，且屆期未提起訴願或訴請法院裁判。

3.經訴願決定或法院裁判駁回確定。

㈡暫緩代為標售

前項情形，相關權利人有正當理由者，得申請暫緩代為標售。

㈢辦法之訂定

前二項代為標售之程序、暫緩代為標售之要件及期限、底價訂定及其他應遵行事項之辦法，由中央主管機關定之。

十二、優先購買權（第12條）

㈠優先購買權人及優先順序

依前條規定代為標售之土地，其優先購買權人及優先順序如下：

1.地上權人、典權人、永佃權人。

2.基地或耕地承租人。

3.共有土地之他共有人。

4.本條例施行前已占有達十年以上，至標售時仍繼續為該土地之占有人。

㈡優先購買權之順序

前項第1款優先購買權之順序，以登記之先後定之。

十三、代為標售土地前之公告（第13條）

㈠公告期間

直轄市或縣（市）主管機關代為標售土地前，應公告三個月。

㈡公告代替對優先購買權人之通知

前項公告，應載明前條之優先購買權意旨，並以公告代替對優先權購買權人之通知。優先購買權人未於決標後十日內以書面為承買之意思表示者，視為放棄其優先購買權。

十四、土地權利價金保管（第14條）

㈠設立保管款專戶

直轄市或縣（市）主管機關應於國庫設立地籍清理土地權利價金保管款專戶，保管代為標售或代為讓售土地之價金。

㈡扣除稅費之儲存

直轄市或縣（市）主管機關應將代為標售或代為讓售土地價金，扣除百分之五行政處理費用、千分之五地籍清理獎金及應納稅賦後，以其餘額儲存於前項保管款專戶。

㈢十年內之申請發給土地價金

權利人自專戶儲存之保管款儲存之日起十年內，得檢附證明文件向直轄市

或縣（市）主管機關申請發給土地價金；經審查無誤，公告三個月，期滿無人異議時，按代為標售或代為讓售土地之價金扣除應納稅賦後之餘額，並加計儲存於保管款專戶之實收利息發給之。

四繼承人申請發給土地價金

前項權利人已死亡者，除第19條及第26條規定之土地外，得由部分繼承人於前項申請期限內按其應繼分申請發給土地價金。

五歸屬國庫

第3項期間屆滿後，專戶儲存之保管款經結算如有賸餘，歸屬國庫。

六辦法之訂定

地籍清理土地權利價金保管款之儲存、保管、繳庫等事項及地籍清理獎金之分配、核發等事項之辦法，由中央主管機關定之。

十五、未完成標售之處理（第15條）

一登記為國有

第11條規定代為標售之土地，經二次標售而未完成標售者，由直轄市或縣（市）主管機關囑託登記為國有。

二申請發給土地價金

前項登記為國有之土地，權利人自登記完畢之日起十年內，得檢附證明文件向直轄市或縣（市）主管機關申請發給土地價金；經審查無誤，公告三個月，期滿無人異議時，依該土地第二次標售底價扣除應納稅賦後之餘額，並加計自登記國有之日起儲存於保管款專戶之應收利息發給。所需價金，由地籍清理土地權利價金保管款支應；不足者，由國庫支應。

三繼承人申請發給土地價金

前項權利人已死亡者，除第19條及第26條規定之土地外，得由部分繼承人於前項申請期限內按其應繼分申請發給土地價金。

十六、異議處理之準用（第16條）

第14條第3項及前條第2項公告期間異議之處理，準用第9條規定辦理。

參、日據時期會社或組合名義登記土地之清理

一、更正登記（第17條）

一申請更正登記為原權利人所有

以日據時期會社或組合名義登記之土地，原權利人或其繼承人應於申請登記期間內提出有關股權或出資比例之證明文件，向該管登記機關申請更正登記為原權利人所有。

㈡原權利人

前項所稱原權利人，指中華民國34年10月24日為股東或組合員，或其全體法定繼承人者。但股東或組合員為日本人者，以中華民國為原權利人。

二、土地之處理（第18條）

㈠處理方式

前條規定之土地，依下列方式處理：

1. 原權利人及其股權或出資比例已確知者，依各該原權利人之股權或出資比例登記為分別共有。
2. 原權利人之股權或出資比例全部或部分不明者，原權利人或其繼承人應就不明部分之土地權利協議其應有部分，協議不成者，其應有部分登記為均等。
3. 原權利人及其股權或出資比例全部或部分不明者，其不明部分之土地權利依第11條第1項規定辦理。

㈡登記為國有

原權利人中有前條第2項但書情形者，應依該日本人之股權或出資比例登記為國有。

肆、神明會名義登記土地之清理

一、申報（第19條）

㈠申報應檢附之文件

神明會土地，應由神明會管理人或三分之一以上會員或信徒推舉之代表一人，於申報期間檢附下列文件，向土地所在地之直轄市或縣（市）主管機關申報：

1. 申報書。
2. 神明會沿革及原始規約。無原始規約者，得以該神明會成立時組織成員或出資證明代替。
3. 現會員或信徒名冊、會員或信徒系統表及會員或信徒全部戶籍謄本。
4. 土地登記謄本及土地清冊。
5. 其他有關文件。

㈡二人以上之協調以一人申報

前項申報有二人以上者，直轄市、縣（市）主管機關應通知當事人於三個月內協調以一人申報，逾期協調不成者，由直轄市、縣（市）主管機關通知當事人於一個月內向法院提起確認之訴，並陳報直轄市、縣（市）主管機關，直轄市、縣（市）主管機關應依法院確定判決辦理，屆期未起訴者，均予駁回。

㈢向土地面積最大之直轄市或縣（市）主管機關申報

　　神明會土地位在不同直轄市或縣（市）者，應向該神明會土地面積最大之直
轄市或縣（市）主管機關申報；受理申報之主管機關應通知神明會其他土地所在
之主管機關會同審查。

二、審查無誤後之公告（第20條）

㈠公告及陳列

　　神明會依前條規定所為之申報，直轄市或縣（市）主管機關於審查無誤後，
應於土地所在地之鄉（鎮、市、區）公所、村里辦公處公告及陳列會員或信徒
名冊、系統表及土地清冊，期間為三個月，並將公告文副本及現會員或信徒名
冊、系統表、不動產清冊交由申報人於公告之日起刊登當地通行之一種新聞紙
連續三日，並於直轄市、縣（市）主管機關及公所電腦網站刊登公告文三十日。

㈡提出異議

　　權利關係人於前項公告期間內，得以書面向該管直轄市或縣（市）主管機關
提出異議，並檢附證明文件。

㈢調處之準用

　　前項異議涉及土地權利爭執時，準用第9條規定辦理。

三、補　正（第21條）

　　神明會依第19條第1項規定所為之申報，其應檢附之文件有不全者，直轄市
或縣（市）主管機關應通知申報人於六個月內補正；不能補正或屆期未補正者，
駁回之。

四、驗印後發還申報人之文件（第22條）

　　神明會依第19條第1項規定所為之申報，於公告期滿無人異議或經調處成立
或法院判決確定者，直轄市或縣（市）主管機關應即將神明會現會員或信徒名
冊、系統表及土地清冊予以驗印後發還申報人，並通知登記機關。

五、變動、漏列或誤列之更正（第23條）

㈠申請更正

　　神明會現會員或信徒名冊或土地清冊經直轄市或縣（市）主管機關驗印後，
有變動、漏列或誤列者，神明會之管理人、會員、信徒或利害關係人得檢具會
員或信徒過半數同意書，敘明理由，並檢附相關文件，申請更正。

㈡公告及通知

　　直轄市或縣（市）主管機關受理前項申請，經審查無誤後，應即公告三十日
並通知登記機關，如無異議，更正現會員或信徒名冊或土地清冊，更正完成並

通知登記機關。

　　㈢**爭執調處之準用**

　　　前項異議涉及土地權利爭執時，準用第9條規定辦理。

六、土地之處理（第24條）

　　㈠**處理方式**

　　　申報人於收到直轄市或縣（市）主管機關驗印之神明會現會員或信徒名冊、系統表及土地清冊後，應於三年內依下列方式之一辦理：

　　　　1.經會員或信徒過半數書面同意依法成立法人者，申請神明會土地更名登記為該法人所有。

　　　　2.依規約或經會員或信徒過半數書面同意，申請神明會土地登記為現會員或信徒分別共有或個別所有。

　　㈡**囑託登記**

　　　申報人未依前項規定辦理者，由直轄市或縣（市）主管機關逕依現會員或信徒名冊，囑託該管土地登記機關均分登記為現會員或信徒分別共有。

七、已依有關法令清理者之處理（第25條）

　　　本條例施行前已依有關法令清理之神明會土地，於本條例施行後仍以神明會名義登記者，應自本條例施行之日起三年內，依前條第1項規定辦理；屆期未辦理者，由直轄市或縣（市）主管機關依前條第2項規定辦理。

八、以神明會以外名義登記者之準用（第26條）

　　　本條例施行前以神明會以外名義登記之土地，具有神明會之性質及事實，經申報人出具已知過半數現會員或信徒願意以神明會案件辦理之同意書或其他證明文件足以認定者，準用本章之規定。

伍、所有權以外土地權利之清理

一、逕為塗銷登記（第27條）

　　㈠**逕為塗銷登記之情形**

　　　土地權利，於中華民國38年12月31日以前登記，並有下列各款情形之一者，由登記機關公告三個月，期滿無人異議，逕為塗銷登記。

　　　　1.以典權或臨時典權登記之不動產質權。

　　　　2.耕權。

　　　　3.賃借權。

　　　　4.其他非以法定不動產物權名稱登記。

　　㈡異議調處之準用

　　　　前項公告期間異議之處理，準用第9條規定辦理。

二、抵押權之塗銷（第28條）

　　㈠塗銷之情形

　　　　中華民國38年12月31日以前登記之抵押權，土地所有權人得申請塗銷登記，由登記機關公告三個月，期滿無人異議，塗銷之。

　　㈡異議調處之準用

　　　　前項公告期間異議之處理，準用第9條規定辦理。

　　㈢受有損害之賠償

　　　　因第1項塗銷登記致抵押權人受有損害者，由土地所有權人負損害賠償責任。

三、地上權之塗銷（第29條）

　　㈠塗銷之情形

　　　　中華民國45年12月31日以前登記之地上權，未定有期限，且其權利人住所不詳或行蹤不明，而其土地上無建築改良物或其他工作物者，土地所有權人得申請塗銷登記，由登記機關公告三個月，期滿無人異議，塗銷之。

　　㈡異議調處之準用

　　　　前項公告期間異議之處理，準用第9條規定辦理。

　　㈢受有損害之賠償

　　　　因第1項塗銷登記致地上權人受有損害者，由土地所有權人負損害賠償責任。

陸、限制登記及土地權利不詳之清理

一、限制登記之塗銷（第30條）

　　㈠塗銷之情形

　　　　中華民國34年10月24日以前之查封、假扣押、假處分登記，土地所有權人得申請塗銷登記；經登記機關公告三個月，期滿無人異議者，塗銷之。

　　㈡異議調處之準用

　　　　前項公告期間異議之處理，準用第9條規定辦理。

　　㈢受有損害之賠償

　　　　因第1項塗銷登記致債權人受有損害者，由土地所有權人負損害賠償責任。

二、權利範圍合計不等於一之更正（第31條）

㈠逕為辦理更正登記及申請更正登記

共有土地，各共有人登記之權利範圍合計不等於一，除依原始登記原因證明文件或其他足資證明之資料，得由登記機關逕為辦理更正登記者外，得經權利範圍錯誤之共有人過半數及其應有部分合計過半數之同意，由共有人之一，於申請登記期間內，申請更正登記。

㈡逕為更正登記

未依前項規定申請更正登記者，由登記機關依各相關共有人登記之權利範圍比例計算新權利範圍，逕為更正登記。

㈢無須同意及不受影響

依前二項規定辦理更正登記，無須經他項權利人之同意，且不受限制登記之影響。

三、土地總登記時登記名義人登記之權利範圍空白之更正登記（第31條之1）

㈠逕為辦理更正登記或申請更正登記

土地總登記時登記名義人登記之所有權權利範圍空白且現仍空白者，除依原始登記原因證明文件或其他足資證明之資料，得由登記機關逕為辦理更正登記者外，由權利人於申請登記期間內，申請更正登記。

㈡申請更正登記之要件

前項權利人為數人者，得經權利人過半數之同意，由權利人之一，申請更正登記。

㈢登記機關計算新權利範圍並逕為更正登記

未依前二項規定申請權利範圍空白之更正登記者，由登記機關依下列原則計算新權利範圍，並公告三個月，期滿無人異議，逕為更正登記：

1.登記名義人為一人者，為該權利範圍空白部分之全部。

2.登記名義人為數人者，按其人數均分該權利範圍空白部分。

㈣權利範圍空白部分之定義

前項所稱權利範圍空白部分，為權利範圍全部扣除已有登記權利範圍部分之餘額。

㈤異議調處之準用

第3項公告期間異議之處理，準用第9條規定辦理。

㈥無須同意

依第1項至第3項規定辦理更正登記，無須經他項權利人之同意，且不受限制登記之影響。

四、姓名、名稱或住址記載不全或不符者之申請更正登記（第32條）

　　已登記之土地權利，除第17條至第26條及第33條規定之情形外，土地總登記時或金門、馬祖地區實施戰地政務終止前，登記名義人之姓名、名稱或住址記載不全或不符者，土地權利人或利害關係人應於申請登記期間內檢附證明文件，申請更正登記。

五、非以自然人、法人或依法登記之募建寺廟名義之申請更正登記（第33條）

　　非以自然人、法人或依法登記之募建寺廟名義登記之土地權利，除第17條至第26條、第35條及登記名義人為祭祀公業或具有祭祀公業性質及事實者之情形外，利害關係人應於申請登記期間內檢附足資證明文件，申請更正登記。

柒、寺廟或宗教團體土地之清理

一、以他人名義登記之更名（第34條）

㈠更名之要件

　　原以寺廟或宗教團體名義登記，於中華民國34年10月24日前改以他人名義登記之土地，自始為該寺廟或宗教團體管理、使用或收益者，經登記名義人或其繼承人同意，由該寺廟或宗教團體於申報期間內，檢附證明文件向土地所在地直轄市或縣（市）主管機關申報發給證明書，並於領得證明書後三十日內，向該管登記機關申請更名登記。

㈡申報發給證明書之寺廟或宗教團體資格

　　依前項規定申報發給證明書之寺廟或宗教團體，於申報時應為已依法登記之募建寺廟或法人。

㈢登記名義人為數人之同意決數

　　第1項登記名義人為數人者，以共有人過半數及其應有部分合計過半數之同意行之。

㈣行蹤不明或住址資料記載不全之申報

　　第1項登記名義人為行蹤不明或住址資料記載不全之自然人；或為未依第17條規定申請更正之會社或組合，且無股東或組合員名冊者，得由該寺廟或宗教團體檢附相關證明文件，並切結真正權利人主張權利時，該寺廟或宗教團體願負返還及法律責任後申報。

㈤行使同意權後之備查

　　第1項登記名義人為法人或非法人團體者，其行使同意權後，應報經其目的事業主管機關備查。

二、以神祇、未依法登記之寺廟或宗教團體名義登記之更名登記（第35條）

以神祇、未依法登記之寺廟或宗教團體名義登記之土地，現為依法登記之募建寺廟或宗教性質之法人使用，且能證明登記名義人與現使用之寺廟或宗教性質之法人確係同一主體者，由該已依法登記之寺廟或宗教性質之法人於申報期間內，檢附證明文件，向土地所在地之直轄市或縣（市）主管機關申報發給證明書；並於領得證明書後三十日內，向該管登記機關申請更名登記。

三、申報後之辦理（第36條）

㈠辦理程序
直轄市或縣（市）主管機關依前二條規定受理申報後，應依下列程序辦理：
1. 經審查無誤，應即公告三個月。
2. 公告期滿無人異議，經調處成立或法院判決確定者，應即發給證明書，並通知登記機關。

㈡異議處理之準用
前項審查及公告期間異議之處理，準用第6條、第7條及第9條規定辦理。

四、申請代為讓售（第37條）

以神祇、未依法登記之寺廟或宗教團體名義登記之土地，現為依法登記之募建寺廟或宗教性質之法人使用，未能證明登記名義人與現使用之寺廟或宗教性質之法人確係同一主體者，得由使用該土地之寺廟或宗教性質之法人於申報期間內，向土地所在地之直轄市或縣（市）主管機關，按當期公告土地現值，申請代為讓售予該寺廟或宗教性質之法人。

五、受理申購後之辦理（第38條）

㈠公告、通知人限期繳納價款及發給土地權利移轉證明書
直轄市或縣（市）主管機關依前條規定受理土地申購後，應依下列規定辦理：
1. 經審查無誤，應即公告三個月。
2. 公告期滿無人異議、經調處成立或法院判決確定者，應即通知申購土地之寺廟或宗教性質之法人限期繳納價款。
3. 價款繳清後，應發給土地權利移轉證明書，並通知登記機關。

㈡審查及公告期間異議處理之準用
前項審查及公告期間異議之處理，準用第6條、第7條及第9條規定辦理。

六、申請贈與（第39條）

㈠要件及辦法之訂定

日據時期經移轉為寺廟或宗教團體所有，而未辦理移轉登記或移轉後為日本政府沒入，於本條例施行時登記為公有之土地，自日據時期即為該寺廟或宗教團體管理、使用或收益，且該寺廟為已依法登記之募建寺廟，該宗教團體為已依法登記之法人者，得由該寺廟或宗教性質之法人於申報期間內，向土地管理機關就其實際管理、使用或收益範圍，申請贈與之；其申請贈與之資格、程序、應附文件、審查、受贈土地使用處分之限制及其他應遵行事項之辦法，由行政院定之。

㈡申請贈與之土地限制

依前項規定申請贈與之土地，以非屬公共設施用地為限。

㈢免受土地法第25條規定之限制

依第1項規定辦理之土地，免受土地法第25條規定之限制。

捌、附　則

一、經費來源（第40條）

辦理地籍清理所需經費，除本條例另有規定外，由中央主管機關編列預算支應。

二、建物權利清理之準用（第41條）

已登記建築改良物權利之清理，準用本條例之規定。

三、施行細則之訂定（第42條）

本條例施行細則，由中央主管機關定之。

四、施行日（第43條）

本條例施行日期，由行政院定之。
本條例修正條文自公布日施行。

第 18 章　總　結

第一節　建築工地產權處理

　　本書各章節雖然詳述各種登記案例，惟筆者在教學及從事地政士業務之時，發現甚多同學及地政士同仁，雖已對各種登記案件能予作業，但對於建築商所委託之整批興建房屋之登記案件無法輕鬆承辦，其苦惱處大多在於不知何時辦理何種事項，致不敢接辦者有之，延誤者有之，屢遭建築商責怪者有之。是以特繪製流程圖，俾供同學者參考，並為本書之總結。

一、流程圖

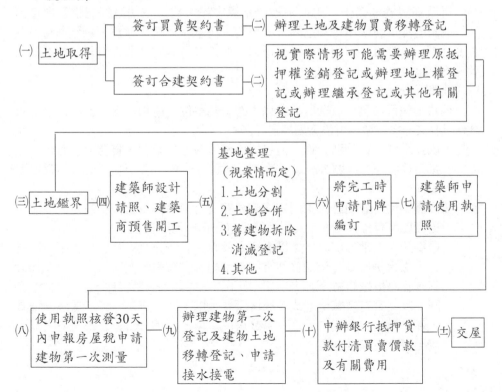

二、說　明

㈠前述流程圖僅係大綱，實務上如有其他需辦理登記者，仍應於適當之時辦理。

㈡如有產權登記之舊建物，宜於第　時辦理拆除消滅登記。

㈢如有其他應辦之登記，宜於第　以前全部辦妥，如土地所有權狀補換發登記。

㈣銀行申請貸款手續，宜於領取使用執照時，即行提出申請並辦妥有關手續，俾產權一經登記完畢，即可辦理抵押權設定登記。

㈤如遇較為複雜之問題，亦應於使用執照取得前全部理清，以免延誤產權登記，進而影響抵押貸款之取得。

第二節　地政士所得稅課徵

一、課徵標準

㈠標　準

財政部對於地政士，未依法辦理結算申報、或未依法設帳記帳及保存憑證、或未能提供證明所得額之帳簿文據者，按承辦移轉之性質，每年一月份左右，公布上年度每件課徵所得稅之標準，但經查得其確實收入資料較標準為高者，不在此限。

㈡計件原則

地政士執行業務，收費計算應以「件」為單位，所稱「件」原則上以地政事務所收文一案為準，再依下列規定計算：

1. 依登記標的物分別計算：惟包括房屋及基地之登記，實務上，有合為一案送件者，有分開各一案送件者，均視為一案，其「件」數之計算如第4點。

2. 依登記性質分別計算：例如同時辦理所有權移轉及抵押權設定之登記，則應就所有權移轉登記及抵押權設定登記分別計算。

3. 依委託人人數分別計件：以權利人或義務人一方之人數計算，不得將雙方人數合併計算，但如係共有物之登記，雖有數名共有人，仍以一件計算，且已按標的物分別計件者，即不再依委託人人數計件。

4. 同一收文案有多筆土地或多棟房屋者，以土地一筆為一件，房屋一棟為一件計算；另每增加土地一筆或房屋一棟，則加計百分之二十五，以加計至百分之二百為限。

二、費用標準

(一)對於未依法辦理結算申報，或未依法設帳記帳及保存憑證，或未能提供證明所得額之帳簿文據者，依核定收入全年總額百分之三十計算必要費用，扣除後之餘額為地政士所得淨額，合併入年度內之綜合所得，計繳所得稅。

(二)如有設帳記帳者，實務之查核，則就每年之收支，實際認定，但亦有以所得總額百分之五十為費用標準者。

國家圖書館出版品預行編目資料

房地產登記實務／陳銘福編著. 陳冠融修訂 --
二十三版. -- 臺北市：五南, 2017.02
　　面；　公分.

ISBN 978-957-11-8969-7（精裝）

1.土地登記

554.283　　　　　　　　105023948

1K08

房地產登記實務

編 著 者－陳銘福

修 訂 者－陳冠融

發 行 人－楊榮川

總 編 輯－王翠華

主　　編－劉靜芬

責任編輯－張若婕　李孝怡

封面設計－P. Design視覺企劃

出 版 者－五南圖書出版股份有限公司

地　　址：106台北市大安區和平東路二段339號4樓

電　　話：(02)2705-5066　傳　真：(02)2706-6100

網　　址：http://www.wunan.com.tw

電子郵件：wunan@wunan.com.tw

劃撥帳號：01068953

戶　　名：五南圖書出版股份有限公司

法律顧問　林勝安律師事務所　林勝安律師

出版日期　2004年 4 月21版 1 刷
　　　　　2017年 2 月23版 1 刷

定　　價　新臺幣1300元